Sozialmedizinische Begutachtung
für die gesetzliche Rentenversicherung
6., völlig neu bearbeitete Auflage

Springer

*Berlin
Heidelberg
New York
Hongkong
London
Mailand
Paris
Tokio*

Verband Deutscher Rentenversicherungsträger

Sozialmedizinische Begutachtung für die gesetzliche Rentenversicherung

6., völlig neu bearbeitete Auflage

Mit 10 Abbildungen und 176 Tabellen

Herausgeber

VDR Frankfurt
Abteilung Sozialmedizin (3.2)
Eysseneckstraße 55
60322 Frankfurt

ISBN 3-540-01296-6 Springer-Verlag Berlin Heidelberg New York

Bibliographische Information der Deutschen Bibliothek
Die Deutsche Bibliothek verzeichnet diese Publikation in der Deutschen Nationalbibliografie; detaillierte bibliografische Daten sind im Internet über <http://dnb.ddb.de> abrufbar.

Werden in diesem Buch Personen in der männlichen Form angesprochen (Richter, Gutachter, Proband, Patient usw.), so ist die weibliche Form (Richterin, Gutachterin, Probandin, Patientin usw.) gleichermaßen gemeint.

Dieses Werk ist urheberrechtlich geschützt. Die dadurch begründeten Rechte, insbesondere die der Übersetzung, des Nachdrucks, des Vortrags, der Entnahme von Abbildungen und Tabellen, der Funksendung, der Mikroverfilmung oder der Vervielfältigung auf anderen Wegen und der Speicherung in Datenverarbeitungsanlagen, bleiben, auch bei nur auszugsweiser Verwertung, vorbehalten. Eine Vervielfältigung dieses Werkes oder von Teilen dieses Werkes ist auch im Einzelfall nur in den Grenzen der gesetzlichen Bestimmungen des Urheberrechtsgesetzes der Bundesrepublik Deutschland vom 9. September 1965 in der jeweils gültigen Fassung zulässig. Sie ist grundsätzlich vergütungspflichtig. Zuwiderhandlungen unterliegen den Strafbestimmungen des Urheberrechtsgesetzes.

Springer-Verlag Berlin Heidelberg New York ist ein Unternehmen der BertelsmannSpringer Science + Business Media GmbH

http://www.springer.de/medizin

© Springer-Verlag Berlin Heidelberg 2003
Printed in Germany

Die Wiedergabe von Gebrauchsnamen, Handelsnamen, Warenbezeichnungen usw. in diesem Werk berechtigt auch ohne besondere Kennzeichnung nicht zu der Annahme, dass solche Namen im Sinne der Warenzeichen- und Markenschutz-Gesetzgebung als frei zu betrachten wären und daher von jedermann benutzt werden dürften.

Lektoratsplanung: Jörg Engelbrecht, Heidelberg
Umschlaggestaltung: deblik, Berlin
Satz: Dr. Peter Conrad, c/o VDR Frankfurt
Druck- und Bindearbeiten: Appl, Wemding

22/3160 Sy – 5 4 3 2 1 0 – Gedruckt auf säurefreiem Papier

Vorwort zur 6. Auflage

Es ist schlimm genug, rief Eduard, daß man jetzt nichts mehr für sein ganzes Leben lernen kann. Unsere Vorfahren hielten sich an den Unterricht, den sie in ihrer Jugend empfangen; wir aber müssen jetzt alle fünf Jahre umlernen, wenn wir nicht ganz aus der Mode kommen wollen.

JOHANN WOLFGANG VON GOETHE:
Die Wahlverwandtschaften, 1809.

Entsprechend der Empfehlung der „Kommission zur Weiterentwicklung der Rehabilitation in der gesetzlichen Rentenversicherung" (Reha-Kommission) von 1991 war 1995 die „Sozialmedizinische Begutachtung in der gesetzlichen Rentenversicherung" in der 5., völlig neu bearbeiteten Auflage herausgegeben worden. Seitdem haben sich die diagnostischen und therapeutischen Verfahren und die Möglichkeiten der Rehabilitation zum Teil erheblich verbessert und weisen eine deutlich größere Flexibilität auf.

Auch in der Rechtslage haben sich gravierende Änderungen ergeben. Hier sind das Wachstums- und Beschäftigungsförderungsgesetz (WFG) vom 01.01.1997, die grundlegende Reform der Renten wegen verminderter Erwerbsfähigkeit zum 01.01.2001 und das Neunte Buch des Sozialgesetzbuches – Rehabilitation und Teilhabe behinderter Menschen – (SGB IX) zum 01.07.2001 zu nennen.

Die seit Mitte 2002 in deutscher Übersetzung vorliegende Internationale Klassifikation der Funktionsfähigkeit, Behinderung und Gesundheit (ICF) nimmt ebenfalls erheblichen Einfluss auf das Rehabilitations- und Begutachtungsgeschehen. Eine vollständige Neubearbeitung des Begutachtungsbuches war deshalb nicht mehr länger zurückzustellen.

Das Buch soll als Zielgruppe primär die sozialmedizinischen Gutachter im Bereich der Gesetzlichen Rentenversicherung erreichen, insbesondere Fortgeschrittene und Experten, aber auch die Bedürfnisse von Begutachtungsanfängern berücksichtigen. Es soll „Brücken schaffen von Befunden zur Leistungsbeurteilung". Dabei sollte in allen fachspezifischen Kapiteln grundsätzlich eine kompakte Darstellung des Begutachtungsgeschehens erfolgen. Eine propädeutische Betrachtung der einzelnen Krankheiten sollte ausdrücklich nicht versucht werden, ebensowenig eine „kochbuchartige" Darstellung des Begutachtungsprozesses.

Es wird u. a. darauf abgezielt, die Qualität der sozialmedizinischen Begutachtung für die gesetzliche Rentenversicherung zu fördern und die sozialmedizinische Beurteilung der Versicherten im Einzelfall, dem Grundsatz der Gleichbehandlung entsprechend, nach einheitlichen Kriterien sicherzustellen. Der Titel wurde demgemäß leicht abgeändert in „Sozialmedizinische Begutachtung für die gesetzliche Rentenversicherung". Das Buch soll auch einen Beitrag zur fachübergreifenden Verständigung und Zusammenarbeit aller am Begutachtungsgeschehen beteiligten Berufsgruppen liefern und insbesondere eine Orientierungshilfe für nachfolgende Verwaltungs- und Sozialgerichtsentscheidungen darstellen.

Diese Neubearbeitung gliedert sich weiterhin in einen allgemeinen und einen speziellen Teil. Der allgemeine Teil stellt den Rahmen der Begutachtung dar, der spezielle Teil behandelt systematisch die Begutachtung bei einzelnen Krankheitsbildern. Alle Kapitel wurden vollständig neu bearbeitet und neu geordnet. Dabei wurde beim speziellen Teil eine Vereinheitlichung des Kapitelaufbaues angestrebt. Soweit möglich wurde jedem

Kapitel ein Abschnitt „Allgemeines" vorangestellt, der alle Gemeinsamkeiten der nachfolgenden Unterkapitel extrahiert, die dann nicht mehr bei jeder Krankheit wiederholt zu werden brauchen. Besondere Bedeutung wurde auf die mögliche Herausarbeitung der Begutachtungs- bzw. Beurteilungskriterien gelegt, wobei mit Hilfe der ICF-Konzeption die entscheidenden Funktionsparameter für die Leistungsbeurteilung beschrieben und bewertet werden. In den dann folgenden Unterkapiteln werden die allgemeinen Regeln krankheitsspezifisch ergänzt und präzisiert. Für die eigenständige Lesbarkeit wurden im Allgemeinen Teil die Kapitel und Unterkapitel als jeweils umfassende, eigenständige Module konzipiert, wodurch sich z. T. redundante Darstellungen ergeben.

Neu eingebracht wurden die Kapitel 4 „Ausgewählte Klassifikationssysteme", Kapitel 6 „Medizinische Rehabilitation bei Kindern und Jugendlichen" und Kapitel 25 „Schmerzsyndrome". Die Tumorerkrankungen werden nicht mehr als eigenständiges Kapitel, sondern in den jeweiligen fachspezifischen Kapiteln behandelt.

Dank sagen wir allen, die an der intensiven Neubearbeitung mitgearbeitet haben. Dies sind in erster Linie die Autoren, die sich auf die gewünschte ICF-bezogene Darstellung des aktuellen Begutachtungsstandards einstellen mussten und für zahlreiche Anregungen und Änderungswünsche offen waren; weiter dem Redaktionskollegium, das die Konzepte erarbeitet und die Autoren bei der schwierigen Umsetzung beraten hat. Besonderer Dank gilt Herrn Dr. Conrad, der die Arbeit der Autoren und des Redaktionskollegiums fachlich und organisatorisch betreut hat und mit dessen spezieller Hilfe unter Verwendung des Computersatzsystems LaTeX unter Linux eine Camera-ready-Buchproduktion in nur zwei Jahren gelang.

Wie schon bisher, werden die Mitwirkenden weiterhin sachliche Kritik und Verbesserungsvorschläge dankbar aufnehmen.

Frankfurt im Mai 2003 Der Herausgeber

Inhaltsverzeichnis

Vorwort — V

Autorenverzeichnis — XXI

I   Allgemeiner Teil — 1

1   Gesetzliche Grundlagen der Rentenversicherung — 3
- 1.1   Leistungen zur Teilhabe — 3
  - 1.1.1   Rechtsgrundlagen — 3
  - 1.1.2   Leistungsvoraussetzungen — 4
  - 1.1.3   Ausschluss von Leistungen — 6
  - 1.1.4   Antrag und Zuständigkeitsklärung — 8
  - 1.1.5   Leistungen zur medizinischen Rehabilitation — 9
  - 1.1.6   Leistungen zur Teilhabe am Arbeitsleben — 12
  - 1.1.7   Ergänzende Leistungen — 13
  - 1.1.8   Sonstige Leistungen — 14
- 1.2   Rentenleistungen — 16
  - 1.2.1   Renten wegen verminderter Erwerbsfähigkeit — 16
  - 1.2.2   Renten wegen Alters — 24
  - 1.2.3   Renten wegen Todes — 25
  - 1.2.4   Verfahren — 27

2   Rechtliche Rahmenbedingungen der Begutachtung — 29
- 2.1   Der medizinische Sachverständige — 29
  - 2.1.1   Die Aufklärung des Sachverhaltes — 29
  - 2.1.2   Sachverständiger und sachverständiger Zeuge — 30
  - 2.1.3   Die Auswahl des Sachverständigen — 31
  - 2.1.4   Die Beauftragung des Sachverständigen — 32
  - 2.1.5   Die Pflicht zur Begutachtung — 34
  - 2.1.6   Weigerungsgründe — 35
  - 2.1.7   Sachverständiger und Proband — 35
  - 2.1.8   Die Ablehnung des Sachverständigen — 36
  - 2.1.9   Rechte und Pflichten des Sachverständigen — 37
  - 2.1.10   Grenzen der Kompetenz — 37
  - 2.1.11   Formen der Erstattung von Gutachten — 38
  - 2.1.12   Der Aufbau des schriftlichen Gutachtens — 40

2.2		Die Mitwirkung des Versicherten	41
	2.2.1	Ausgangslage	41
	2.2.2	Amtsermittlung	41
	2.2.3	Die Rolle des Versicherten	42
	2.2.4	Die Rolle des Sachverständigen	42
	2.2.5	Übersicht über die Mitwirkungspflichten	43
	2.2.6	Aufklärungspflichten	43
	2.2.7	Grenzen der Mitwirkung	44
	2.2.8	Mitwirkung bei Untersuchungen	44
	2.2.9	Mitwirkung bei Heilbehandlungen	45
	2.2.10	Folgen fehlender Mitwirkung	46
	2.2.11	Praktisches Vorgehen	46
	2.2.12	Relevante Gesetzestexte (SGB I)	47

3 Arbeitsmedizinische und berufskundliche Grundlagen — 49

3.1		Belastung und Beanspruchung	49
	3.1.1	Belastung	49
	3.1.2	Beanspruchung	50
3.2		Arbeitszeit	50
	3.2.1	Normalarbeitszeit	51
	3.2.2	Schicht- und Nachtarbeit	51
3.3		Arbeitsorganisation	52
	3.3.1	Arbeitspausen und Verteilzeiten	52
	3.3.2	Taktgebundene Arbeit	52
3.4		Arbeitsweg	54
3.5		Arbeitsumgebung	54
	3.5.1	Beleuchtung	54
	3.5.2	Lärm	54
	3.5.3	Klimatische Bedingungen	55
	3.5.4	Stäube, Rauche, Gefahrstoffe	57
	3.5.5	Mechanische Schwingungen	59
3.6		Aspekte arbeitsmedizinischer Beurteilung	60
	3.6.1	Fähigkeitsprofil	60
	3.6.2	Anforderungsprofil	61
	3.6.3	Arbeitsmedizinische Vorsorgeuntersuchungen	62

4 Ausgewählte Klassifikationssysteme — 65

4.1		Die ICD-10	65
	4.1.1	Gesetzliche Grundlagen	65
	4.1.2	Basisinformationen	66
	4.1.3	Praktische Hinweise	69
4.2		Die ICF	72
	4.2.1	Das Konzept der ICF	72
	4.2.2	Ziele, Bedeutung und Grenzen der ICF	75
	4.2.3	Die Teilklassifikationen der ICF	75

Inhaltsverzeichnis

    4.2.4   Beurteilungsmerkmale 77
    4.2.5   Ausbildung in der Anwendung der ICF 77

5 Die sozialmedizinische Begutachtung — 79
- 5.1 Fragestellungen 80
  - 5.1.1 Grundsätzliche Fragen 81
  - 5.1.2 Fragen bei Anträgen auf Erwerbsminderungsrente 85
  - 5.1.3 Spezielle Fragen bei Anträgen auf Leistungen zur Teilhabe ... 90
- 5.2 Das sozialmedizinische Gutachten 95
  - 5.2.1 Die Bedeutung der ICF 96
  - 5.2.2 Vorbereitung der Begutachtung 98
  - 5.2.3 Anamnese 98
  - 5.2.4 Untersuchung 101
  - 5.2.5 Diagnosen 103
  - 5.2.6 Epikrise 103
  - 5.2.7 Sozialmedizinische Beurteilung 104
- 5.3 Weitere Aspekte der Begutachtung 106
  - 5.3.1 Der ärztliche Gutachter 106
  - 5.3.2 Der Gutachtenbegriff 107
  - 5.3.3 Konkrete Anhaltspunkte 108
  - 5.3.4 Validität der sozialmedizinischen Beurteilung 108
  - 5.3.5 Objektivierung und Objektivität 109
  - 5.3.6 Bedeutung exakter Grenzwerte 110
  - 5.3.7 Krebskranke 110
  - 5.3.8 Migranten und Arbeitnehmer ausländischer Herkunft 111
  - 5.3.9 Ermessens-/Beurteilungsspielraum 111
  - 5.3.10 Auf Kosten der Gesundheit 111
  - 5.3.11 Teilweise Rücknahme der Schweigepflichtentbindung ... 112
- 5.4 Qualitätssicherung und Qualitätsmanagement 113
  - 5.4.1 Grundbegriffe 114
  - 5.4.2 Leitlinien 117
  - 5.4.3 Qualitätssicherung/-management der sozialmedizinischen Sachaufklärung ... 121

6 Medizinische Rehabilitation bei Kindern und Jugendlichen — 129
- 6.1 Grundlagen und Aufgaben 129
  - 6.1.1 Das WHO-Modell der Rehabilitation 129
  - 6.1.2 Reha-Statistik 2001 130
  - 6.1.3 Rechtliche Zielvorgaben 130
  - 6.1.4 Aufgaben der Kinder-Rehabilitation 131
- 6.2 Einleitung der Rehabilitation 132
  - 6.2.1 Zugang zur Rehabilitation 132
  - 6.2.2 Antragsprüfung und Zuweisung 132
- 6.3 Weitere Besonderheiten 135
  - 6.3.1 Schulunterricht 135
  - 6.3.2 Ausbildung und Beruf 135

6.4	Versorgungsstrukturen und Perspektiven		136

II Spezieller Teil — 137

7 Krankheiten des Stütz- und Bewegungssystems — 139
- 7.1 Allgemeines ... 139
  - 7.1.1 Diagnostik ... 139
  - 7.1.2 Begutachtungskriterien ... 142
  - 7.1.3 Sozialmedizinische Beurteilung ... 143
- 7.2 Wirbelsäule ... 144
  - 7.2.1 Allgemeines ... 145
  - 7.2.2 Halswirbelsäule ... 149
  - 7.2.3 Brustwirbelsäule ... 153
  - 7.2.4 Lendenwirbelsäule ... 155
- 7.3 Obere Extremitäten ... 158
  - 7.3.1 Allgemeines ... 158
  - 7.3.2 Schultergürtel und Oberarm ... 160
  - 7.3.3 Ellenbogen und Unterarm ... 164
  - 7.3.4 Hand und Finger ... 167
- 7.4 Untere Extremitäten ... 172
  - 7.4.1 Allgemeines ... 172
  - 7.4.2 Becken, Hüfte, Oberschenkel ... 174
  - 7.4.3 Kniegelenk und Unterschenkel ... 181
  - 7.4.4 Sprunggelenk und Fuß ... 188
- 7.5 Kombinationsschäden und Systemerkrankungen ... 194
  - 7.5.1 Allgemeines ... 194
  - 7.5.2 Polyarthrose ... 196
  - 7.5.3 Tendomyosen ... 198
  - 7.5.4 Osteopenie, Osteoporose, Osteomalazie ... 199
  - 7.5.5 Knochentumoren und Skelettmetastasen ... 201
  - 7.5.6 Aseptische Knochennekrosen ... 202
  - 7.5.7 Skelettmissbildungen ... 204

8 Entzündlich-rheumatische Erkrankungen — 209
- 8.1 Allgemeines ... 209
  - 8.1.1 Diagnostik ... 209
  - 8.1.2 Begutachtungskriterien ... 210
  - 8.1.3 Sozialmedizinische Beurteilung ... 211
- 8.2 Arthritiden ... 211
  - 8.2.1 Chronische Polyarthritis ... 211
  - 8.2.2 Juvenile idiopathische Arthritis ... 214
  - 8.2.3 Arthritis psoriatica ... 214
  - 8.2.4 Reaktive Arthritiden ... 215
- 8.3 Spondarthritiden ... 217

		8.3.1	Spondylitis ankylosans	217

	8.3.1	Spondylitis ankylosans	217
	8.3.2	Enteropathische Spondarthritiden	219
8.4	Konnektivitiden		220
	8.4.1	Systemischer Lupus erythematodes	220
	8.4.2	SJÖGREN-Syndrom	222
	8.4.3	Progressiv-systemische Sklerose	224
	8.4.4	Polymyalgia rheumatica (arteriitica)	225
	8.4.5	Mischkollagenose	226
	8.4.6	(Dermato)Polymyositis	227

9 Hämatologische und immunologische Krankheiten — 231

9.1	Allgemeines		231
	9.1.1	Diagnostik	231
	9.1.2	Begutachtungskriterien	231
	9.1.3	Sozialmedizinische Beurteilung	232
9.2	Benigne Erkrankungen		232
	9.2.1	Störungen der Hämatopoese	232
	9.2.2	Hämorrhagische Diathesen	235
	9.2.3	Erkrankungen des Immunsystems	237
9.3	Maligne Erkrankungen		238
	9.3.1	Allgemeines	238
	9.3.2	Akute Leukämien, myelodysplastisches Syndrom	240
	9.3.3	Chronische myeloproliferative Erkrankungen	241
	9.3.4	Maligne Lymphome	243
9.4	Häufige Therapiefolgen		246
	9.4.1	Chemotherapie	247
	9.4.2	Hämatopoetische Stammzelltransplantation	248
	9.4.3	Immunsuppression	249
	9.4.4	Antikoagulation	249

10 HIV-Infektion und AIDS — 253

10.1	Allgemeines		253
	10.1.1	Diagnostik	253
	10.1.2	Begutachtungskriterien	254
	10.1.3	Sozialmedizinische Beurteilung	254
10.2	HIV-Infektion		255
	10.2.1	Epidemiologie	255
	10.2.2	Natürlicher Infektionsverlauf	255
	10.2.3	Infektionsverlauf und Prognose im HAART-Zeitalter	256
	10.2.4	Therapienebenwirkungen	258
10.3	AIDS-definierende Erkrankungen		259
	10.3.1	Pneumocystis-carinii-Pneumonie	259
	10.3.2	Zerebrale Toxoplasmose	259
	10.3.3	Soor-Ösophagitis	259
	10.3.4	Cytomegalievirus-Retinitis und andere CMV-Erkrankungen	259

10.3.5		KAPOSI-Sarkom	261
10.3.6		Non-HODGKIN-Lymphome	261
10.3.7		Progressive multifokale Leukenzephalopathie	261
10.3.8		Tuberkulose und atypische Mykobakteriosen	261
10.3.9		Kryptosporidiose	262
10.3.10		HIV-Enzephalopathie	262
10.3.11		Kryptokokken-Meningitis	262
10.3.12		Wasting-Syndrom	262
10.4		Nicht-AIDS-definierende Erkrankungen	262

11 Metabolische und endokrine Krankheiten — 265

11.1	Allgemeines		265
	11.1.1	Diagnostik	265
	11.1.2	Begutachtungskriterien	266
	11.1.3	Sozialmedizinische Beurteilung	266
11.2	Metabolisches Syndrom		266
	11.2.1	Adipositas	266
	11.2.2	Hyperlipoproteinämie	267
	11.2.3	Hyperurikämie und Gicht	268
11.3	Diabetes mellitus		268
	11.3.1	Allgemeines	268
	11.3.2	Diabetes mellitus Typ 1	270
	11.3.3	Diabetes mellitus Typ 2	272
	11.3.4	Folgeerkrankungen	273
11.4	Endokrine Krankheiten		277
	11.4.1	Allgemeines	277
	11.4.2	Hypothalamus und Hypophyse	278
	11.4.3	Schilddrüse	280
	11.4.4	Nebenschilddrüsen	282
	11.4.5	Nebennieren	282

12 Herz-Kreislauf-Erkrankungen — 285

12.1	Allgemeines		285
	12.1.1	Spezielle Diagnostik	286
	12.1.2	Begutachtungskriterien	289
	12.1.3	Sozialmedizinische Beurteilung	290
12.2	Arterielle Hypertonie		291
	12.2.1	Allgemeines	291
	12.2.2	Folge- und Begleiterkrankungen	292
	12.2.3	Spezielle Diagnostik	294
	12.2.4	Begutachtungskriterien	297
	12.2.5	Sozialmedizinische Beurteilung	297
12.3	Koronare Herzkrankheit		299
	12.3.1	Allgemeines	299
	12.3.2	Koronarinsuffizienz	299

		12.3.3	Herzinfarkt und instabile Angina	301
		12.3.4	Spezielle Diagnostik	301
		12.3.5	Begutachtungskriterien	306
		12.3.6	Sozialmedizinische Beurteilung	306
	12.4	Kardiomyopathien und Herzinsuffizienz		309
		12.4.1	Allgemeines	309
		12.4.2	Sekundäre Kardiomyopathien	309
		12.4.3	Primäre Kardiomyopathien	309
		12.4.4	Herzinsuffizienz	310
		12.4.5	Herztransplantation	310
		12.4.6	Spezielle Diagnostik	311
		12.4.7	Begutachtungskriterien	312
		12.4.8	Sozialmedizinische Beurteilung	312
	12.5	Herzrhythmusstörungen		313
		12.5.1	Allgemeines	313
		12.5.2	Bradykarde Rhythmusstörungen	313
		12.5.3	Tachykarde Rhythmusstörungen	313
		12.5.4	Spezielle Diagnostik	314
		12.5.5	Begutachtungskriterien	315
		12.5.6	Sozialmedizinische Beurteilung	316
	12.6	Herzklappenfehler und Herzmissbildungen		317
		12.6.1	Allgemeines	317
		12.6.2	Mitralvitien	317
		12.6.3	Aortenvitien	317
		12.6.4	Vorhofseptumdefekt	318
		12.6.5	Ventrikelseptumdefekt	318
		12.6.6	Pulmonalstenose	318
		12.6.7	Trikuspidalklappenfehler	319
		12.6.8	Spezielle Diagnostik	319
		12.6.9	Begutachtungskriterien	321
		12.6.10	Sozialmedizinische Beurteilung	321
	12.7	Pulmonale Hypertonie und Cor pulmonale		322
		12.7.1	Allgemeines	322
		12.7.2	Pulmonale Hypertonie	323
		12.7.3	Lungenembolie	324
		12.7.4	Cor pulmonale	324
		12.7.5	Spezielle Diagnostik	324
		12.7.6	Begutachtungskriterien	325
		12.7.7	Sozialmedizinische Beurteilung	326

13 Gefäßkrankheiten — 329

	13.1	Arterielles System		329
		13.1.1	Diagnostik	329
		13.1.2	Begutachtungskriterien	331
		13.1.3	Sozialmedizinische Beurteilung	332

   13.1.4 Einzelne Krankheitsbilder 333
 13.2 Venöses System 336
   13.2.1 Diagnostik 337
   13.2.2 Begutachtungskriterien 338
   13.2.3 Sozialmedizinische Beurteilung 338
   13.2.4 Einzelne Krankheitsbilder 339
 13.3 Lymphatisches System 341
   13.3.1 Diagnostik 341
   13.3.2 Sozialmedizinische Beurteilung 341
   13.3.3 Einzelne Krankheitsbilder 342

14 Krankheiten der Atmungsorgane   345
 14.1 Allgemeines 345
   14.1.1 Diagnostik 345
   14.1.2 Begutachtungskriterien 347
   14.1.3 Sozialmedizinische Beurteilung 352
 14.2 Obstruktive Lungenerkrankungen 353
   14.2.1 Allgemeines 353
   14.2.2 Asthma bronchiale 353
   14.2.3 Chronische Bronchitis 356
   14.2.4 Lungenemphysem 357
   14.2.5 Bronchiektasen 358
 14.3 Interstitielle Lungenerkrankungen 359
   14.3.1 Allgemeines 359
   14.3.2 Sarkoidose 359
   14.3.3 Lungenfibrosen 360
   14.3.4 Pneumokoniosen 361
 14.4 Infektiöse Lungenerkrankungen 362
   14.4.1 Tuberkulose 362
   14.4.2 Pneumonien 363
 14.5 Bronchialkarzinom und Lungenmetastasen 363
 14.6 Erkrankungen von Thoraxwand und Pleura 364
 14.7 Folgen thoraxchirurgischer Eingriffe 364
 14.8 Schlafbezogene Atmungsstörungen 365

15 Krankheiten des Verdauungssystems   369
 15.1 Allgemeines 369
   15.1.1 Begutachtungskriterien 369
   15.1.2 Sozialmedizinische Beurteilung 372
 15.2 Oberer Gastrointestinaltrakt 372
   15.2.1 Ösophagus 372
   15.2.2 Magen und Duodenum 373
   15.2.3 Operationsfolgen 375
 15.3 Unterer Gastrointestinaltrakt 376
   15.3.1 Dünndarm 377

	15.3.2	Dickdarm und Enddarm	378
	15.3.3	Entzündliche Darmerkrankungen	380
	15.3.4	Operationsfolgen	381
15.4	Erkrankungen der Leber		383
	15.4.1	Allgemeines	383
	15.4.2	Diffuse Lebererkrankungen	386
	15.4.3	Fokale Leberläsionen	388
	15.4.4	Lebertransplantation	389
15.5	Krankheiten der Gallenblase und Gallenwege		390
	15.5.1	Steine und Abflussstörungen	390
	15.5.2	Chronisch entzündliche Erkrankungen	391
	15.5.3	Gallenwegstumoren	392
15.6	Krankheiten des Pankreas		392
	15.6.1	Allgemeines	392
	15.6.2	Pankreatitis	393
	15.6.3	Pankreaskarzinom	394

16 Krankheiten der Nieren — 397

16.1	Allgemeines		397
	16.1.1	Diagnostik	397
	16.1.2	Begutachtungskriterien	399
	16.1.3	Sozialmedizinische Beurteilung	401
16.2	Nierenersatztherapie		403
	16.2.1	Hämodialyse	403
	16.2.2	Peritonealdialyse	404
	16.2.3	Nierentransplantation	405
16.3	Einzelne Krankheitsbilder		406
	16.3.1	Glomeruläre Erkrankungen	406
	16.3.2	Interstitielle Erkrankungen	406
	16.3.3	Tubuläre Erkrankungen	408
	16.3.4	Vaskuläre Erkrankungen	408
	16.3.5	Hereditäre Erkrankungen	408
	16.3.6	Nierenbeteiligung bei Allgemeinerkrankungen	409

17 Urologische Erkrankungen — 411

17.1	Allgemeines		411
	17.1.1	Diagnostik	411
	17.1.2	Begutachtungskriterien	412
	17.1.3	Sozialmedizinische Beurteilung	413
17.2	Benigne Erkrankungen		413
	17.2.1	Harnsteine	413
	17.2.2	Urogenitalinfektionen	414
	17.2.3	Harninkontinenz	415
	17.2.4	Harnblasenentleerungsstörungen	417
17.3	Urologische Tumoren		418

17.3.1	Nierentumoren	418
17.3.2	Harnblasenkarzinom	419
17.3.3	Prostatakarzinom	421
17.3.4	Hodentumoren	423

18 Gynäkologische Erkrankungen 427

- 18.1 Allgemeines 427
    - 18.1.1 Diagnostik 427
- 18.2 Benigne Erkrankungen 428
    - 18.2.1 Zyklusstörungen 428
    - 18.2.2 Fertilitätsstörungen 429
    - 18.2.3 Klimakterium und Menopause 429
    - 18.2.4 Adnexitis 429
    - 18.2.5 Endometriose 430
    - 18.2.6 Uterus myomatosus, Ovarialzysten 431
    - 18.2.7 Deszensus und Inkontinenz 431
    - 18.2.8 Folgen gynäkologischer Operationen 432
    - 18.2.9 Der chronische Unterbauchschmerz 434
- 18.3 Gynäkologische Tumoren 435
    - 18.3.1 Allgemeines 435
    - 18.3.2 Mammakarzinom 435
    - 18.3.3 Zervixkarzinom 439
    - 18.3.4 Korpuskarzinom 441
    - 18.3.5 Ovarialkarzinom 442
    - 18.3.6 Vaginal- und Vulvakarzinom 443

19 Hauterkrankungen 445

- 19.1 Allgemeines 445
    - 19.1.1 Diagnostik 445
    - 19.1.2 Begutachtungskriterien 445
    - 19.1.3 Sozialmedizinische Beurteilung 446
- 19.2 Ekzemerkrankungen 447
    - 19.2.1 Toxisch-kumulatives (Kontakt-)Ekzem 448
    - 19.2.2 Allergisches (Kontakt-)Ekzem 449
    - 19.2.3 Konstitutionell bedingte Ekzemformen 449
    - 19.2.4 Primär mikrobielle Ekzeme 451
- 19.3 Psoriasis und andere nicht-infektiöse entzündliche Hauterkrankungen 451
    - 19.3.1 Psoriasis 451
    - 19.3.2 Parapsoriasis-Gruppe 452
    - 19.3.3 Chronisch entzündliche Dermatosen 452
- 19.4 Infektiös bedingte Hauterkrankungen 454
    - 19.4.1 Borreliose 454
    - 19.4.2 Erysipel 455
    - 19.4.3 Hauttuberkulose 455
    - 19.4.4 Mykose 455

19.5	Gewerbedermatosen	455
19.6	Hauttumoren	456
19.6.1	Leistungen zur Teilhabe	456
19.6.2	Sozialmedizinische Beurteilung	457

20 Augenkrankheiten 459

20.1	Allgemeines	459
20.2	Untersuchungen	459
20.2.1	Sehschärfe	461
20.2.2	Gesichtsfeld	462
20.2.3	Akkommodation	462
20.2.4	Farbensehen	462
20.2.5	Fragwürdige Ergebnisse von Sehprüfungen	463
20.3	Sehbehinderung und Blindheit	463
20.4	Sozialmedizinische Beurteilung	466
20.5	Rehabilitation	466
20.6	Erkrankungen der vorderen Augenabschnitte	467
20.7	Erkrankungen der Aderhaut und Netzhaut	467

21 HNO-Krankheiten 469

21.1	Untersuchungsmethoden	469
21.1.1	Anamnese und klinische Untersuchung	469
21.1.2	Funktionsdiagnostik	469
21.2	Beeinträchtigungen im beruflichen Alltag	471
21.2.1	Schwerhörigkeit	471
21.2.2	Gleichgewichtsstörungen	471
21.2.3	Stimme und Sprache	472
21.2.4	Schlucken	472
21.3	Ausgewählte Krankheitsbilder	473
21.3.1	Erkrankungen des Ohres	473
21.3.2	Erkrankungen der Nase und der Nasennebenhöhlen	474
21.3.3	Erkrankungen des Kehlkopfes und der Luftröhre	475
21.3.4	Funktionelle Störungen	477
21.4	Kombination mit anderen Störungen	478
21.5	Rehabilitationsmöglichkeiten	479

22 Neurologische Erkrankungen 481

22.1	Grundlagen der sozialmedizinischen Beurteilung in der Neurologie	481
22.1.1	Ein Ausflug in die Geschichte	481
22.1.2	Die ICF in der neurologischen Begutachtung	482
22.1.3	Aggravation und Simulation	482
22.1.4	Hinweise zur neurologischen Untersuchung	484
22.1.5	Neurologische Rehabilitation	489
22.2	Zerebrovaskuläre Erkrankungen	490
22.2.1	Ischämische Hirninfarkte	491
22.2.2	Subarachnoidalblutung und intrazerebrale Blutung	494

22.3	Schädel-Hirn-Trauma	495
	22.3.1 Leistungsvermögen nach SHT	496
	22.3.2 Verhaltensneurologische Beeinträchtigungen	497
22.4	Multiple Sklerose	498
	22.4.1 Beeinträchtigungen von Funktionen und Aktivitäten	498
	22.4.2 Beurteilung des Leistungsvermögens	500
22.5	Epilepsie	500
	22.5.1 Klassifikation der Epilepsien	500
	22.5.2 Sozialmedizinische Beurteilung	500
	22.5.3 Rehabilitation bei Epilepsie	502
	22.5.4 Leistungsbeurteilung	503
22.6	PARKINSON-Krankheit und andere Bewegungserkrankungen	503
	22.6.1 PARKINSON-Krankheit	503
	22.6.2 Essentieller Tremor	504
	22.6.3 Dystonien	504
22.7	Neoplasien des ZNS	505
	22.7.1 Astrozytome	505
	22.7.2 Meningeome	505
22.8	Neuromuskuläre Erkrankungen	506
	22.8.1 Diagnostik	506
	22.8.2 Myopathien und Muskeldystrophien	507
	22.8.3 Andere neuromuskuläre Erkrankungen	507
	22.8.4 Polyneuropathien	508
	22.8.5 Periphere Nervenkompressionen	508
	22.8.6 Traumatische Nervenverletzungen	509
22.9	Radikuläre Symptome	510
22.10	Spinale Traumen – Querschnittlähmungen	512
	22.10.1 Komplikationen und Begleiterkrankungen	513
	22.10.2 Rehabilitation	514
	22.10.3 Psychosoziale Aspekte	515
	22.10.4 Leistungsbeurteilung	515
22.11	Nicht-traumatische spinale Erkrankungen	515
	22.11.1 Zervikale Myelopathie	515
	22.11.2 Lumbale Stenose	516
	22.11.3 Andere nicht-traumatische spinale Erkrankungen	516
22.12	Kopfschmerzen	517
22.13	Schwindel	518

23 Psychische und Verhaltensstörungen — 525

23.1	Allgemeines	525
	23.1.1 Diagnostik	525
	23.1.2 Begutachtungskriterien	528
	23.1.3 Sozialmedizinische Beurteilung	529
23.2	Organisch bedingte psychische Störungen	529
	23.2.1 Allgemeines	529

		23.2.2	Einzelne Krankheitsbilder	530
23.3	Schizophrene Störungen			532
	23.3.1	Allgemeines		532
	23.3.2	Schizophrenie		532
	23.3.3	Sonstige Wahnerkrankungen		537
23.4	Affektive Störungen			537
	23.4.1	Diagnostik		538
	23.4.2	Begutachtungskriterien		540
	23.4.3	Sozialmedizinische Beurteilung		541
23.5	Neurotische, Belastungs- und somatoforme Störungen			541
	23.5.1	Angst- und Panikstörungen		541
	23.5.2	Zwangsstörungen		543
	23.5.3	Belastungs- und Anpassungsstörungen		543
	23.5.4	Dissoziative oder Konversionsstörungen		544
	23.5.5	Somatoforme Störungen		544
	23.5.6	Andere neurotische Störungen		547
23.6	Verhaltensauffälligkeiten mit körperlichen Störungen und Faktoren			549
	23.6.1	Ess-Störungen		549
	23.6.2	Andere Verhaltensauffälligkeiten		551
23.7	Persönlichkeits- und Verhaltensstörungen			551
	23.7.1	Allgemeines		552
	23.7.2	Spezifische und kombinierte Störungen		553
	23.7.3	Sonstige Persönlichkeits- und Verhaltensstörungen		554
23.8	Intelligenzminderung			555
23.9	Entwicklungsstörungen			556

24 Sucht und suchtähnliche Erkrankungen — 559

24.1	Allgemeines		559
	24.1.1	Begriffsbestimmungen	559
	24.1.2	Diagnostik	561
	24.1.3	Begutachtungskriterien	562
	24.1.4	Sozialmedizinische Beurteilung	567
24.2	Alkoholismus		568
	24.2.1	Akute Alkoholintoxikation	569
	24.2.2	Alkoholentzugssyndrom	569
	24.2.3	Schädlicher Alkoholkonsum	570
	24.2.4	Alkoholabhängigkeit	571
24.3	Medikamentenabhängigkeit		573
	24.3.1	Diagnostik	574
	24.3.2	Begutachtungskriterien	576
	24.3.3	Sozialmedizinische Beurteilung	576
24.4	Drogenabhängigkeit		576
24.5	Tabakabhängigkeit		577

25 Schmerzsyndrome — 581
- 25.1 Nosologie — 581
- 25.2 Diagnostik — 583
  - 25.2.1 Apparative Verfahren — 583
  - 25.2.2 Fragebogen und Skalen — 583
- 25.3 Die Begutachtung subjektiver Beschwerden — 585
  - 25.3.1 Das Problem der „Objektivierung" — 585
  - 25.3.2 Simulation und Aggravation — 586
  - 25.3.3 Zumutbare Willensanspannung — 586
- 25.4 Inhalt von Schmerzgutachten — 587
  - 25.4.1 Anamnese — 587
  - 25.4.2 Klinische Befunde — 590
  - 25.4.3 Diagnose — 590
  - 25.4.4 Zusammenfassung und Beurteilung — 590
- 25.5 Plausibilitätsprüfung — 590
  - 25.5.1 Hinweise auf Inkonsistenzen — 590
  - 25.5.2 Schmerzempfindung und -schilderung bei Migranten und Arbeitnehmern ausländischer Herkunft — 591
  - 25.5.3 Übertragungsprobleme des Gutachters — 591
  - 25.5.4 Der Gutachter als „Kriminalist" — 592
- 25.6 Sozialmedizinische Beurteilung — 592
  - 25.6.1 Leistungsbeurteilung — 592
  - 25.6.2 Rehabilitation — 593
- 25.7 Spezielle Problemfälle — 594
  - 25.7.1 Das „Fibromyalgie-Syndrom" — 594
  - 25.7.2 Komplexe regionale Schmerzsyndrome — 595
  - 25.7.3 Schmerzen bei primär psychiatrischen Erkrankungen — 595
- 25.8 Qualitätssicherung — 595
  - 25.8.1 Inhaltliche Standards — 595
  - 25.8.2 Fachkompetenz — 596

A VDR-Statistiken — 601

B Glossar — 611

Index — 619

Autorenverzeichnis

BAITSCH, GÜNTER, Dr. med., Chefarzt der Hochrheinklinik, Bergseestraße 57, 79713 Bad Säckingen

BEYER, WOLFGANG, Prof. Dr. med., Chefarzt der Rheumaklinik Bad Füssing der LVA Oberbayern, Waldstraße 12, 94072 Bad Füssing

BUHLES, NORBERT, Dr. med., Chefarzt der Klinik für Dermatologie und Allergologie in der Asklepios Nordseeklinik Westerland/Sylt, Norderstraße 81, 25980 Westerland/Sylt

CIBIS, WOLFGANG, Dr. med., VDR Frankfurt, Leiter der Abteilung Sozialmedizin, Eysseneckstr. 55, 60322 Frankfurt

DIEHL, RAINER, Dr. med., Leitender Arzt Abt. I, LVA Hessen, Städelstraße 28, 60596 Frankfurt

DREINER, NORBERT, Dr. med., Stimmheilzentrum Bad Rappenau, Salinenstraße 26, 74906 Bad Rappenau

EHRET-WAGENER, BARBARA, Dr. med., Chefärztin des Fachbereiches Gynäkologie der Kliniken am Burggraben, Median Klinikum, Alte Vlothoer Straße 47–49, 32105 Bad Salzuflen

FISCHER, JÜRGEN, Prof. Dr. med., Chefarzt der Klinik Norderney der LVA Westfalen, Kaiserstraße 26–28, 26548 Norderney

FOERSTER, KLAUS, Prof. Dr. med., Leiter der Sektion Forensische Psychiatrie und Psychotherapie an der Universitätsklinik für Psychiatrie und Psychotherapie der Eberhard-Karls-Universität Tübingen, Osianderstraße 24, 72076 Tübingen

FRANZ, INGOMAR-WERNER, Prof. Dr. med., Leitender Arzt der Klinik Wehrawald der BfA, Schwarzenbacher Straße 3, 79682 Todtmoos

FRIEDRICH, KLAUS, Dr. med., Oberarzt der Klinik Föhrenkamp der BfA, Birkenweg 24, 23879 Mölln

FRITSCHKA, EMANUEL, Prof. Dr. med., Chefarzt der Sinntalklinik der LVA Unterfranken, Wernarzer Straße 12, 97769 Bad Brückenau

FROMMELT, PETER, Dr. med., Chefarzt der Abteilung Neurologische und Neuropsychologische Rehabilitation, Asklepios Klinik Schaufling, Hausstein 2, 94571 Schaufling

HAGENAU, GISELA, Dr. med., Augenärztin, Wirtelstraße 22, 52349 Düren

HAGENAU, WOLFGANG, Dr. med., Augenarzt, Wirtelstraße 22, 52349 Düren

HAUPT, EKKE, Prof. Dr. med., Saale-Klinik der BfA, Pfaffstraße 10, 97688 Bad Kissingen

HEISEL, JÜRGEN, Prof. Dr. med. Dr. h. c. mult., Chefarzt der Fachkliniken Hohenurach, Immanuel-Kant-Straße 31, 72574 Bad Urach

HOFFMANN, CHRISTIAN, Dr. med., HIV-Ambulanz im Städt. Krankenhaus Kiel, Chemnitzstraße 33, 24116 Kiel

HOFFMANN, HORST, Dr. med., Chefarzt der Asklepios Klinik Helenenheim, Laustraße 35, 34537 Bad Wildungen

HÜLLER, ELISABETH, Dr. med., VDR Frankfurt, Abteilung Sozialmedizin, Eysseneckstraße 55, 60322 Frankfurt

KOLENDA, KLAUS-DIETER, Prof. Dr. med., Chefarzt der Ostseeklinik Schönberg-Holm, An den Salzwiesen 1, 24217 Schönberg

LAYHER, TRUDBERT, Dr. med., Hochrheinklinik, Bergseestraße 57, 79713 Bad Säckingen

MIEHLE, WOLFGANG, Dr. med., Chefarzt der Klinik Wendelstein der BfA, Rheumazentrum, Kolbermoorer Str. 56, 83043 Bad Aibling

MOESCH, WILHELM, Dr. med., Leitender Arzt, LVA Braunschweig, Kurt-Schumacher-Straße 20, 38102 Braunschweig

NIEHUES, CHRISTIANE, Dr. med., Oberärztin des Fachbereiches Gynäkologie der Kliniken am Burggraben, Alte Vlothoer Straße 47–49, 32105 Bad Salzuflen

ROTH, SABINE, VDR Frankfurt, Referat Medizinische Rehabilitation, Eysseneckstraße 55, 60322 Frankfurt

SCHNEIDER, MARION, Richterin am Sächsischen Landessozialgericht Chemnitz, Parkstraße 28, 09120 Chemnitz

SCHULZ, ANETTE, Dr. med., Klinik Wendelstein der BfA, Rheumazentrum, Kolbermoorer Straße 56, 83043 Bad Aibling

SCHUNTERMANN, MICHAEL, PD Dr. rer. pol., VDR Frankfurt, Referat Epidemiologie und Methodenberatung, Eysseneckstraße 55, 60322 Frankfurt

SEIDEL, EHRENTRAUD, VDR Frankfurt, Leiterin der Abteilung Rente, Eysseneckstraße 55, 60322 Frankfurt

SIEVEKING, CASPAR FRIEDRICH, Dr. med., Chefarzt der Paracelsus-Wiehengebirgsklinik, Kokenrottstraße 71, 49152 Bad Essen

STENZINGER, WERNER, PD Dr. med., Chefarzt der Odenwaldklinik, Waldstraße 7, 64732 Bad König

VAHLENSIECK, WINFRIED, PD Dr. med., Chefarzt der Klinik Wildetal, Mühlenstraße 8, 34537 Bad Wildungen

WEIG, WOLFGANG, Prof. Dr. med., Niedersächsisches Landeskrankenhaus Osnabrück, Knollstr. 31, 49088 Osnabrück

WIDDER, BERNHARD, Prof. Dr. med. Dr. Dipl.-Ing., Direktor der Klinik für Neurologie und Neurologische Rehabilitation, Bezirkskrankenhaus Günzburg, Ludwig-Heilmeyer-Straße 2, 89312 Günzburg

ZILLESSEN, EBERHARD, Dr. med., Chefarzt der Klinik Niederrhein der LVA Rheinprovinz, Hochstraße 13–19, 53474 Bad Neuenahr-Ahrweiler

Redaktionskollegium

BLINDOW, DIETRICH, Dr. med., LVA Baden-Württemberg, 76122 Karlsruhe

DIEHL, RAINER, Dr. med., LVA Hessen, 60596 Frankfurt

KERTZENDORFF, KARL-WALTER, Dr. med., c/o BfA Berlin, z. Hd. Frau Kather, Abteilung 80, H 3324, 10704 Berlin

LEGNER, REINHARD, Dr. med., LVA Niederbayern-Oberpfalz, 84024 Landshut

SCHMIDT, DIETER, Dr. med., LVA Oberbayern, 81729 München

Berater

CELLARIUS, JÜRGEN, Dr. med., LVA Schleswig-Holstein, 23544 Lübeck

Vorsitzender

CIBIS, WOLFGANG, Dr. med., VDR Frankfurt, Leiter der Abteilung Sozialmedizin, Eysseneckstr. 55, 60322 Frankfurt

Redaktion und Computersatz

CONRAD, PETER, Dr. med., c/o VDR Frankfurt, Abteilung Sozialmedizin, Eysseneckstraße 55, 60322 Frankfurt

Teil I

Allgemeiner Teil

1 Gesetzliche Grundlagen der Rentenversicherung

Sabine Roth (1.1), Ehrentraud Seidel (1.2)

1.1 Leistungen zur Teilhabe

Das historisch gewachsene gegliederte System der Rehabilitation in der Bundesrepublik Deutschland basiert darauf, dass nicht ein einheitlicher Träger für die Erbringung dieser Sozialleistungen zuständig ist, sondern verschiedene Rehabilitationsträger entsprechend ihren gesetzlichen Bestimmungen. Nach dem Prinzip der einheitlichen Risikozuordnung soll jeweils derjenige für die Leistung verantwortlich sein, der das finanzielle Risiko ihres Scheiterns trägt. Die mit dieser Differenzierung verknüpfte Einbindung der Leistungen zur Rehabilitation und Eingliederung behinderter Menschen in das jeweilige Recht und die Leistungspraxis der unterschiedlichen Rehabilitationsträger hat sich bewährt. Die Vorteile des gegliederten Systems liegen in der Arbeitsaufteilung und Spezialisierung, in einer besseren Plan- und Steuerbarkeit sowie in mehr Flexibilität der einzelnen Rehabilitationsträger mit ihrem jeweils klar definierten Versorgungsauftrag. Deshalb ist das gegliederte System auch nach dem Inkrafttreten des *Neunten Buches des Sozialgesetzbuches – Rehabilitation und Teilhabe behinderter Menschen – (SGB IX)* vom 19.06.2001 (BGBl. I, 1046) am 01.07.2001 erhalten geblieben.

1.1.1 Rechtsgrundlagen

Die Rehabilitationsleistungen der gesetzlichen Rentenversicherung waren bis zum Inkrafttreten des SGB IX im wesentlichen in den §§ 9–32 SGB VI geregelt. Mit der Kodifikation des SGB IX hat der Gesetzgeber nunmehr eine einheitliche Grundlage für alle Rehabilitationsträger geschaffen und damit einer seit langem bestehenden Forderung Rechnung getragen, das Recht der Rehabilitation mit seinen unterschiedlichen Leistungszuständigkeiten transparenter zu gestalten und weiterzuentwickeln. Politisches Ziel war es, anstelle der beklagten Divergenz und Unübersichtlichkeit im Rehabilitationsrecht mehr Bürgernähe und eine verbesserte Effizienz auf der Basis einer einheitlichen Praxis der Rehabilitation und der Behindertenpolitik zu erreichen.

Recht zur Teilhabe

Das bisherige Gesetz über die Angleichung der Leistungen zur Rehabilitation (RehaAnglG) aus dem Jahre 1974 wurde aufgehoben und das bestehende Rehabilitationsrecht mit dem Schwerbehindertenrecht (SchwbG) zusammengefasst zu einem neuen *Recht zur Teilhabe*. Diese Terminologie entstammt der fachpolitischen Diskussion in der WHO (Partizipationsmodell der ICF, vgl. Kapitel 4.2). Im Mittelpunkt stehen der behinderte und von Behinderung bedrohte Mensch und seine gleichberechtigte Teilhabe. Er soll weitgehend das Maß an Selbstbestimmung erhalten, das für jeden Bürger ohne Behinderung selbstverständlich ist. Damit wird das im Grundgesetz verankerte Benachteiligungsverbot (Art. 3 Abs. 3 S. 2 GG) umgesetzt.

Das SGB IX beabsichtigt eine Stärkung individueller Rechtspositionen, z. B. durch *Wunsch- und Wahlrechte* (§ 9 SGB IX) des Rehabilitanden und durch *persönliche Budgets* (§ 17 Abs. 1 Nr. 8 SGB IX). Damit rückt die Dienstleistungsfunktion der Rehabilitationsträger in den Vordergrund. Ein Kernanliegen besteht in der Organisation eines bürgernahen Zugangs zu den erforderlichen Leistungen und deren Erbringung. Dieser soll u. a. erreicht werden durch eine umfassende, trägerübergreifende Beratung und Unterstützung der Betroffenen in *Gemeinsamen Servicestellen* (§§ 22 ff. SGB IX) sowie durch ein beschleunigtes *Zuständigkeitsklärungsverfahren* (§ 14 SGB IX).

- Gesetzliche Krankenkassen
- Bundesanstalt für Arbeit
- Gesetzliche Unfallversicherung
- Gesetzliche Rentenversicherung sowie Alterssicherung der Landwirte
- Kriegsopferversorgung und -fürsorge
- Öffentliche Jugendhilfe
- Sozialhilfe

Tab. 1.1: Rehabilitationsträger nach § 6 Abs. 1 SGB IX

Der Kreis der *Rehabilitationsträger* (vgl. Tabelle 1.1) wurde erweitert um die öffentliche Jugendhilfe und die Sozialhilfe, da zu einer umfassenden Teilhabe am Leben in der Gesellschaft neben medizinischen und beruflichen Leistungen zur Rehabilitation in vielen Fällen auch weitere (soziale) Leistungen gehören.

Durch die Zusammenfassung der Rechtsvorschriften zur Rehabilitation und Eingliederung Behinderter zum Recht der Teilhabe wirkt das SGB IX in ähnlicher Weise bereichsübergreifend wie die Regelungen von SGB I, IV und X. Die Vorschriften zu *Inhalt und Zielsetzung der Leistungen* wurden im SGB IX vereinheitlicht. Sie gelten nun originär und unmittelbar für alle Rehabilitationsträger. Aufgrund der Besonderheiten des gegliederten Systems richten sich jedoch die *Zuständigkeiten* und die *Leistungsvoraussetzungen* nach wie vor nach den trägerspezifischen Leistungsgesetzen, sprich für die Rentenversicherung nach dem SGB VI. Damit werden hohe Anforderungen an Kooperation und Koordination der Träger gestellt. Einerseits müssen die Inhalte der Leistungen nach Art, Intensität und Qualität der eingesetzten Methoden und Verfahren weitgehend gleich gestaltet werden. Andererseits sind darüber hinausgehende, trägerspezifische Leistungskomponenten zu definieren, sofern die Aufgaben eines Rehabilitationsträgers dies im gegliederten System erfordern. Als ein wichtiges Instrument zur Förderung einer reibungslosen Zusammenarbeit der Rehabilitationsträger wurde die *Pflicht zur Vereinbarung gemeinsamer Empfehlungen* in § 13 SGB IX gesetzlich normiert.

Leistungen zur Teilhabe

Mit dem SGB IX hat der Gesetzgeber auch den neuen Begriff der *Leistungen zur Teilhabe* eingeführt, die sich unterteilen in

▷ Leistungen zur medizinischen Rehabilitation
▷ Leistungen zur Teilhabe am Arbeitsleben
▷ Unterhaltssichernde und andere ergänzende Leistungen
▷ Leistungen zur Teilhabe am Leben in der Gemeinschaft

Im **Leistungsrecht der Rentenversicherung** hat sich insbesondere folgendes geändert: Die inhaltlich gleichen und für alle Rehabilitationsträger verbindlichen Regelungen zur beruflichen Rehabilitation (jetzt: Leistungen zur Teilhabe am Arbeitsleben) finden sich vollständig im SGB IX wieder, ebenso wie die Leistungsvoraussetzungen zu den ergänzenden Leistungen der Haushaltshilfe und der Reisekosten. Hinzugekommen sind einige neue Einzelleistungen wie z. B. Überbrückungsgeld, Arbeitsassistenz, Kinderbetreuungskosten (vgl. Abschnitte 1.1.6 und 1.1.7). Die Regelungstatbestände für das Übergangsgeld sind je nach Personengruppe entweder im SGB IX oder im SGB VI neu gegliedert. Gegenüber den bisherigen Vorschriften sind sie jedoch weitgehend inhaltsgleich (vgl. Abschnitt 1.1.7).

Von besonderer Tragweite in verfahrensrechtlicher Hinsicht ist die neue Vorschrift des § 14 SGB IX, die den Rehabilitationsträgern im Interesse der Leistungsberechtigten eine schnelle Zuständigkeitsklärung und Entscheidung abverlangt; siehe Abschnitt 1.1.4. Unter bestimmten Voraussetzungen kann sich der Betroffene die erforderlichen Leistungen auch *selbst beschaffen* und die ihm entstandenen Kosten vom zuständigen Leistungsträger einfordern (§ 15 SGB IX). Ferner sind Leistungen zur Teilhabe jetzt auch im *Ausland* möglich, wenn sie dort bei zumindest gleicher Qualität und Wirksamkeit wirtschaftlicher ausgeführt werden können (§ 18 SGB IX).

1.1.2 Leistungsvoraussetzungen

Die gesetzliche Rentenversicherung ist Träger von Leistungen zur medizinischen Rehabilitation, Leis-

1.1 Leistungen zur Teilhabe

tungen zur Teilhabe am Arbeitsleben sowie unterhaltssichernden und anderen ergänzenden Leistungen (§ 6 Abs. 1 Nr. 4 SGB IX). Hinzu kommen nach § 31 SGB VI die sonstigen Leistungen zur Teilhabe. Im gegliederten System sind diese Leistungen darauf ausgerichtet, den Auswirkungen einer Krankheit oder Behinderung auf die Erwerbsfähigkeit eines Versicherten entgegenzuwirken oder diese zu überwinden. Dadurch sollen Beeinträchtigungen der Erwerbsfähigkeit des Betroffenen oder sein vorzeitiges Ausscheiden aus dem Erwerbsleben verhindert bzw. seine möglichst dauerhafte Wiedereingliederung in das Erwerbsleben erreicht werden (§ 9 Abs. 1 S. 1 SGB VI).

Die Rentenversicherung konzentriert sich auf Versicherte, bei denen Leistungen erforderlich sind, um sie zur weiteren Ausübung ihrer Erwerbstätigkeit zu befähigen oder um sie wieder in das Erwerbsleben einzugliedern. Leistungen zur Teilhabe haben grundsätzlich Vorrang vor Rentenleistungen, die bei erfolgreichen Leistungen nicht oder voraussichtlich erst zu einem späteren Zeitpunkt zu erbringen sind (Grundsatz „Reha vor Rente", vgl. § 9 Abs. 1 S. 2 SGB VI). Dies gilt während des Bezuges einer Rente entsprechend.

Leistungspflicht und Kostenträgerschaft der Rentenversicherung sind an das Vorliegen bestimmter *versicherungsrechtlicher und persönlicher Voraussetzungen* (§§ 10 und 11 SGB VI) geknüpft.

Versicherungsrechtliche Voraussetzungen

Nach § 11 SGB VI sind die versicherungsrechtlichen Voraussetzungen erfüllt, wenn einer der folgenden Tatbestände vorliegt:

▷ Der Versicherte hat im Zeitpunkt der Antragstellung die Wartezeit von 15 Jahren erfüllt. Einbezogen werden Pflichtbeitragszeiten – einschließlich Kindererziehungszeiten –, freiwillige Beitragszeiten sowie Ersatzzeiten (§ 51 Abs. 4 i. V. m. §§ 250, 251 SGB VI).

▷ Der Versicherte bezieht bei Antragstellung eine Rente wegen verminderter Erwerbsfähigkeit, also wegen teilweiser oder voller Erwerbsminderung oder im Bergbau verminderter Berufsfähigkeit.

▷ Der überlebende Ehegatte des Versicherten hat Anspruch auf große Witwenrente bzw. Witwerrente wegen verminderter Erwerbsfähigkeit.

Für Leistungen zur medizinischen Rehabilitation liegen darüber hinaus die versicherungsrechtlichen Voraussetzungen in den folgenden Fällen vor:

▷ Der Versicherte hat in den letzten 2 Jahren vor der Antragstellung 6 Kalendermonate Pflichtbeitragszeiten („6 aus 24 Monate").

▷ Der Versicherte hat innerhalb von 2 Jahren nach Beendigung einer Ausbildung eine versicherte Beschäftigung oder selbständige Tätigkeit aufgenommen und bis zum Rehabilitationsantrag ausgeübt oder ist nach einer solchen Beschäftigung oder Tätigkeit bis zum Antrag arbeitsunfähig oder arbeitslos gewesen.

▷ Der Versicherte ist vermindert erwerbsfähig oder verminderte Erwerbsfähigkeit ist in absehbarer Zeit zu erwarten, die allgemeine Wartezeit von 5 Jahren ist erfüllt.

Ferner sind für Leistungen zur Teilhabe am Arbeitsleben die versicherungsrechtlichen Voraussetzungen erfüllt, wenn von einem der folgenden Tatbestände auszugehen ist:

▷ Ohne diese Leistungen wäre Rente wegen verminderter Erwerbsfähigkeit zu leisten; d. h. ein solcher Rentenanspruch liegt vor oder droht unmittelbar.

▷ Die Leistungen zur Teilhabe am Arbeitsleben sind unmittelbar im Anschluss an Leistungen zur medizinischen Rehabilitation der Rentenversicherung erforderlich. Mit dieser Nahtlosigkeitsregelung werden vor allem Verfahrensverzögerungen durch eine etwaige Abgabe an die Arbeitsverwaltung verhindert. Die Rentenversicherung ist damit auch für die berufliche Rehabilitation im Einzelfall wesentlich jüngerer Versicherter zuständig, weil hier die o. a. Regel „6 aus 24 Monate" gilt.

Persönliche Voraussetzungen

Nach § 10 Abs. 1 SGB VI sind die persönlichen Voraussetzungen erfüllt, wenn die Erwerbsfähigkeit des

Versicherten wegen Krankheit oder körperlicher, geistiger oder seelischer Behinderung erheblich gefährdet oder gemindert ist und wenn voraussichtlich durch die Leistungen zur Teilhabe

- bei erheblicher Gefährdung der Erwerbsfähigkeit eine Minderung der Erwerbsfähigkeit abgewendet werden kann,
- bei bereits geminderter Erwerbsfähigkeit diese wesentlich gebessert oder wiederhergestellt werden kann oder hierdurch deren wesentliche Verschlechterung abgewendet werden kann,
- bei teilweiser Erwerbsminderung ohne Aussicht auf eine wesentliche Besserung der Erwerbsfähigkeit durch Leistungen zur Teilhabe am Arbeitsleben der Arbeitsplatz erhalten werden kann.

Für im Bergbau tätige Versicherte enthält § 10 Abs. 2 SGB VI eine Sonderregelung.

Die vorgenannten Rechtsbegriffe sind in den *Auslegungsgrundsätzen der Rentenversicherungsträger zu den persönlichen und versicherungsrechtlichen Voraussetzungen der Leistungen zur Teilhabe und zur Mitwirkung der Versicherten* i. d. F. vom 18.07.2002 näher definiert. Danach gilt – vorbehaltlich künftiger redaktioneller Anpassungen – folgende Auslegung:

Krankheit Regelwidriger körperlicher, geistiger oder seelischer Zustand.

Behinderung Die körperliche Funktion, geistige Fähigkeit oder seelische Gesundheit weicht mit hoher Wahrscheinlichkeit länger als sechs Monate von dem für das Lebensalter typischen Zustand ab, und daher ist die Teilhabe am Leben in der Gesellschaft beeinträchtigt.

Erwerbsfähigkeit Fähigkeit eines Versicherten, unter Ausnutzung der Arbeitsgelegenheiten, die sich ihm nach seinen Kenntnissen und Erfahrungen sowie seinen körperlichen und geistigen Fähigkeiten *im ganzen Bereich des wirtschaftlichen Lebens* bieten, Erwerbseinkommen zu erzielen.

Erhebliche Gefährdung der Erwerbsfähigkeit Durch die gesundheitlichen Beeinträchtigungen und die damit verbundenen Funktionseinschränkungen ist *innerhalb von drei Jahren* mit einer Minderung der Erwerbsfähigkeit zu rechnen.

Minderung der Erwerbsfähigkeit Infolge von gesundheitlichen Beeinträchtigungen entstandene, erhebliche und länger andauernde Einschränkung der Leistungsfähigkeit, wodurch der Versicherte seine bisherige oder zuletzt ausgeübte berufliche Tätigkeit nicht oder nicht mehr ohne wesentliche Einschränkungen ausüben kann.

Wesentliche Besserung Nicht nur geringfügige oder nicht nur kurzzeitige Steigerung der durch gesundheitliche Beeinträchtigungen geminderten Leistungsfähigkeit des Versicherten im Erwerbsleben. Eine wesentliche Besserung liegt nicht vor, wenn nur eine Linderung des Leidens oder eine sonstige Erleichterung in den Lebensumständen erreicht wird oder volle Erwerbsminderung bestehen bleibt, unbeschadet der Sonderregelungen für Versicherte in einer Werkstatt für Behinderte.

Wiederherstellung der Erwerbsfähigkeit Die Minderung der Leistungsfähigkeit im Erwerbsleben wird dauerhaft behoben.

Abwenden einer wesentlichen Verschlechterung Durch die Leistungen zur Teilhabe kann eine weitere, nicht nur geringfügige oder nicht nur kurzzeitige Verschlechterung der Erwerbsfähigkeit des Versicherten verhindert werden. Dabei kommt es nicht auf ein rentenrechtlich relevantes Absinken der Leistungsfähigkeit an.

Voraussichtlich Der angestrebte Erfolg wird mit überwiegender Wahrscheinlichkeit eintreten.

1.1.3 Ausschluss von Leistungen

Aus der Aufgabenverteilung im gegliederten System und dem spezifischen Rehabilitationsziel der gesetzlichen Rentenversicherung folgt, dass die Rentenversicherungsträger trotz des Vorliegens der versicherungsrechtlichen und persönlichen Voraussetzungen für Versicherte unter bestimmten Umständen nicht originär

1.1 Leistungen zur Teilhabe

zuständig sein können. Die Tatbestände, in denen ein Leistungsausschluss gesetzlich festgelegt ist (§§ 12, 13 Abs. 2, 3 SGB VI), werden im Folgenden dargestellt:

▷ Versicherte, die wegen eines Arbeitsunfalls, einer Berufskrankheit oder einer Schädigung im Sinne des sozialen Entschädigungsrechts gleichartige Leistungen eines anderen Rehabilitationsträgers erhalten können. In diesen Fällen sind als Sondersysteme die gesetzliche Unfallversicherung oder die Kriegsopferversorgung leistungszuständig.

▷ Versicherte, die Rente wegen Alters von wenigstens zwei Dritteln der Vollrente beziehen oder eine solche Rente beantragt haben. Dieser Personenkreis ist aus Altersgründen bereits aus dem Erwerbsleben ausgeschieden und insofern nicht mehr Zielgruppe von Leistungen zur Teilhabe der gesetzlichen Rentenversicherung. Hierfür sind andere Trägergruppen, insbesondere die gesetzliche Krankenversicherung zuständig. Dies gilt allerdings nicht für onkologische Nachsorgeleistungen (vgl. Abschnitt 1.1.8).

▷ Versicherte, die eine Beschäftigung ausüben, aus der ihnen nach beamtenrechtlichen oder entsprechenden Vorschriften Anwartschaft auf Versorgung gewährleistet ist, oder die als Bezieher einer Beamtenversorgung oder beamtenähnlichen Versorgung wegen Erreichens einer Altersgrenze versicherungsfrei sind. Hierfür muss ein anderes Versorgungssystem einstehen.

▷ Versicherte, die eine Leistung beziehen, die regelmäßig bis zum Beginn einer Rente wegen Alters gezahlt wird. Damit werden insbesondere ältere Versicherte, die bereits dauerhaft aus dem Erwerbsleben ausgeschieden sind und durch entsprechende Lohnersatzleistungen auf die Altersrente hingeführt werden, ausgeschlossen (z. B. Vorruheständler, Bezieher von Altersübergangsgeld). Für diesen Personenkreis kann das Ziel der Leistungen zur Teilhabe der Rentenversicherung, die Verhinderung des vorzeitigen Ausscheidens aus dem Erwerbsleben, nicht mehr erreicht werden. Dies gilt allerdings nicht für onkologische Nachsorgeleistungen (siehe Abschnitt 1.1.8)

▷ Versicherte, die sich in Untersuchungshaft oder im Vollzug einer Freiheitsstrafe oder freiheitsentziehenden Maßregel der Besserung und Sicherung befinden oder einstweilig nach der Strafprozessordnung untergebracht sind.

▷ Leistungen zur medizinischen Rehabilitation in der Phase akuter Behandlungsbedürftigkeit einer Krankheit. In diesen Fällen obliegt die medizinische Betreuung grundsätzlich der gesetzlichen Krankenversicherung als Leistung der Krankenbehandlung bzw. Krankenhausbehandlung. Die Rentenversicherung kann hier nur ausnahmsweise Leistungen bei akuter Behandlungsbedürftigkeit übernehmen, wenn diese während einer Leistung zur medizinischen Rehabilitation eintritt. Es handelt sich dabei um die sog. interkurrenten Erkrankungen, deren Behandlungskosten nach einer Vereinbarung zwischen der gesetzlichen Kranken- und der Rentenversicherung unter bestimmten Voraussetzungen vom Rentenversicherungsträger mitgetragen werden (vgl. *Vereinbarung zur Leistungsabgrenzung nach § 13 Abs. 4 SGB VI vom 21.01.1993*).

▷ Leistungen zur medizinischen Rehabilitation anstelle einer sonst erforderlichen Krankenhausbehandlung. Dieser Regelung wird von der Rentenversicherung keine praktische Bedeutung zugemessen, da sich Leistungen zur medizinischen Rehabilitation und Krankenhausbehandlungen grundsätzlich ausschließen. Ist eine Krankenhausbehandlung erforderlich, hat diese Vorrang vor einer Leistung zur medizinischen Rehabilitation.

▷ Leistungen zur medizinischen Rehabilitation, die dem allgemein anerkannten Standard medizinischer Erkenntnisse nicht entsprechen.

▷ Leistungen bei Schwangerschaft und Mutterschaft. Ausnahmsweise können diese von der Rentenversicherung übernommen werden, wenn sie während einer Leistung zur medizinischen Rehabilitation durch die Rentenversicherung erforderlich werden. Die Rentenversicherung kann in diesen Fällen von der Krankenversicherung Erstattung ihrer Aufwendungen verlangen.

1.1.4 Antrag und Zuständigkeitsklärung

Leistungen zur Teilhabe setzen grundsätzlich einen Antrag voraus. Sie können allerdings auch von Amts wegen erbracht werden, wenn der Versicherte dem zustimmt (§ 115 Abs. 1, 4 SGB VI).

Die Anträge können unmittelbar beim zuständigen Rentenversicherungsträger, aber auch bei den übrigen Rehabilitationsträgern sowie bei den Gemeinsamen Servicestellen wirksam gestellt werden. Zur Antragsaufnahme sind auch alle anderen Sozialleistungsträger sowie Gemeinden und Versicherungsämter befugt. Sie sind verpflichtet, den Antrag unverzüglich an den zuständigen Rehabilitationsträger weiterzuleiten.

Zuständigkeitsklärung nach § 14 SGB IX

Zur Beschleunigung des Antragsverfahrens hat der Gesetzgeber in § 14 SGB IX ein *fristenabhängiges Zuständigkeitsklärungsverfahren* eingeführt. Dieses tritt an die Stelle des bisherigen Systems der vorläufigen Leistungsverpflichtung bei ungeklärter Zuständigkeit. Damit soll gewährleistet werden, dass der Leistungsberechtigte seine erforderliche Leistung möglichst rasch erhält. Schwierigkeiten hinsichtlich der zum Teil recht zeitaufwändigen Abklärung der Leistungszuständigkeit eines Rehabilitationsträgers gehen nicht (mehr) zu Lasten des Antragstellers, sondern werden erst im nachhinein im Rahmen des Erstattungsrechts gelöst.

Erstangegangener Träger Wird ein Antrag auf Leistungen zur Teilhabe bei einem Rehabilitationsträger gestellt, hat dieser als erstangegangener Träger wie folgt zu verfahren:

1. Feststellung der Zuständigkeit Er hat innerhalb von zwei Wochen festzustellen, ob er nach seinem spezifischen Leistungsgesetz für die beantragten Leistungen sachlich und örtlich zuständig ist. Der Rentenversicherungsträger ist also gehalten, die versicherungsrechtlichen und persönlichen Voraussetzungen, etwaige Ausschlussgründe sowie seine örtliche Zuständigkeit binnen zwei Wochen ab Antragseingang zu klären.

Hält sich der erstangegangene Träger für unzuständig, leitet er den Antrag unverzüglich an den aus seiner Sicht zuständigen (und nunmehr zweitangegangenen) Träger weiter. Andernfalls hat er umgehend den Rehabilitationsbedarf festzustellen und ggf. eine hierfür erforderliche Begutachtung in die Wege zu leiten.

Eine Sonderregelung besteht für die Fälle, in denen die Zuständigkeit von der *Ursache einer Behinderung* (Arbeitsunfall, Berufskrankheit) abhängt. Hier hat der erstangegangene Rehabilitationsträger den Antrag dem Rehabilitationsträger zuzuleiten, der für die Leistung ohne Rücksicht auf die Ursache der Behinderung zuständig wäre.

2. Feststellung des Rehabilitationsbedarfs Die sozialmedizinische Sachaufklärung (Begutachtung) hat in der Regel zwei Aufgabenstellungen: Zum einen gilt es, den Rehabilitationsbedarf festzustellen und zum anderen das Vorliegen der medizinischen/persönlichen Voraussetzungen zu prüfen, bei der gesetzlichen Rentenversicherung im Sinne des § 10 SGB VI.

Das SGB IX bezieht sich mit § 14 Abs. 2 Satz 1 i. V. m. Abs. 5 lediglich auf die Feststellung des Rehabilitationsbedarfes durch ein ggf. notwendiges Gutachten. Dazu sieht § 14 Abs. 5 Satz 5 SGB IX vor, dass die in dem Gutachten getroffenen Feststellungen zum Rehabilitationsbedarf den Entscheidungen der (also aller ggf. beteiligten) Rehabilitationsträger zugrunde gelegt werden und nicht nur der Entscheidung des Trägers, der das Gutachten in Auftrag gegeben hat.

Die sozialmedizinische Begutachtung hat insofern umfassend und unter Berücksichtigung aller sozialmedizinischen Aspekte zu erfolgen. Damit sollen unnötige, verfahrensverzögernde und den Betroffenen belastende Mehrfachbegutachtungen vermieden werden; siehe auch § 96 SGB X. Bestehen jedoch aus Sicht des Trägers Zweifel an der sozialmedizinischen Begutachtung oder haben die gutachterlichen Fragestellungen für die Entscheidung keine Relevanz (mehr), so steht es ihm nach dem Grundsatz der unabhängigen Beweiswürdigung frei, z. B. ein Zusatzgutachten oder Zweitgutachten einzuholen.

Ist eine *Begutachtung* erforderlich, hat der Rehabilitationsträger nach § 14 Abs. 5 SGB IX dem Antragsteller in der Regel drei geeignete Sachverständige zur Auswahl zu benennen, die möglichst wohnortnah erreichbar und entsprechend dem individuellen Bedarf barrierefrei zugänglich sind. Laut Gesetz sind hierbei auch die bestehenden sozialmedizinischen Dienste zu berücksichtigen. Die Pflicht zur Benennung von drei Sachverständigen bezieht sich nur auf externe Gutachter. Bedienen sich Rentenversicherungsträger eigener sozialmedizinischer Dienste, ist eine entsprechende Gutachterbenennung nicht erforderlich. Das Gutachten ist innerhalb von zwei Wochen zu erstellen. Von den Rehabilitationsträgern ist darauf hinzuwirken, dass die Begutachtung unverzüglich – spätestens innerhalb von zwei Wochen nach Beauftragung – erfolgt.

3. Entscheidung über den Antrag Über den Antrag ist innerhalb von drei Wochen nach Eingang zu entscheiden, sofern der Rehabilitationsbedarf anhand der vorliegenden Unterlagen ohne ein (weiteres) Gutachten festgestellt werden kann. Ist ein Gutachten erforderlich, ergeht die Entscheidung innerhalb von zwei Wochen nach Vorliegen des Gutachtens.

Zweitangegangener Träger Für diesen gelten die gleichen Entscheidungsfristen wie für den erstangegangenen Träger. Er kann sich jedoch nicht auf eine fehlende Zuständigkeit berufen, da diese mit der Weiterleitung des Antrags an ihn als vorläufig gegeben normiert ist. Er *muss* demnach leisten, sofern ein Rehabilitationsbedarf besteht. Eine Rückgabe oder eine erneute Weiterleitung des Antrags ist grundsätzlich ausgeschlossen.

Die Prüfung der spezifischen Leistungsvoraussetzungen des zweitangegangenen Rehabilitationsträgers (für die Rentenversicherung nach den §§ 10, 11, 12, 13 SGB VI) ist nachgelagert – nach Leistungsbewilligung – durchzuführen. Im Falle seiner Unzuständigkeit erhält der zweitangegangene Träger die ihm entstandenen Aufwendungen vom eigentlich zuständigen Träger erstattet.

Über die Ausgestaltung des Zuständigkeitsklärungsverfahrens nach § 14 SGB IX ist von den Rehabilitationsträgern auf der Ebene der Bundesarbeitsgemeinschaft für Rehabilitation (BAR) eine *Gemeinsame Empfehlung zur Zuständigkeitsklärung* zu vereinbaren.

Anträge nach § 51 Abs. 1 SGB V und § 125 SGB III

In bestimmten, gesetzlich definierten Fällen kann ein Versicherter durch die Krankenkasse (§ 51 Abs. 1 SGB V) oder das Arbeitsamt (§ 125 SGB III) aufgefordert werden, einen Antrag auf Leistungen zur Teilhabe bei der Rentenversicherung zu stellen.

Nach *§ 51 Abs. 1 SGB V* kann die Krankenkasse einen Versicherten, dessen Erwerbsfähigkeit nach ärztlichem Gutachten erheblich gefährdet oder gemindert ist, zu einem Antrag auf Leistungen zur medizinischen Rehabilitation oder zur Teilhabe am Arbeitsleben bei der Rentenversicherung auffordern. Tut er das nicht, entfällt sein Anspruch auf Krankengeld bis zu dem Tag, an dem die Antragstellung nachgeholt wird. Näheres für die Verfahrenspraxis regeln die *Empfehlungen zur Anwendung des § 51 Abs. 1 Satz 1 SGB V* in der Fassung vom 05.02.2001.

Nach *§ 125 Abs. 1 SGB III* hat ein Arbeitsloser auch dann Anspruch auf Arbeitslosengeld, wenn ihm wegen einer nicht nur vorübergehenden Minderung seiner beruflichen Leistungsfähigkeit (mehr als 6 Monate) eine regelmäßige Beschäftigung unter den üblichen Bedingungen des allgemeinen Arbeitsmarkts (mindestens 15 Wochenstunden) nicht zumutbar ist. In diesen Fällen soll ihn das Arbeitsamt auffordern, binnen eines Monats einen Antrag auf Leistungen zur medizinischen Rehabilitation oder zur Teilhabe am Arbeitsleben zu stellen. Tut er dies nicht, ruht sein Anspruch auf Arbeitslosengeld bis zum Tag der nachgeholten Antragstellung (§ 125 Abs. 2 SGB III).

Im Rahmen des Zuständigkeitsklärungsverfahrens nach § 14 SGB IX ist nicht der nach § 51 Abs. 1 SGB V bzw. § 125 SGB III auffordernde Rehabilitationsträger erstangegangener Träger, sondern der Träger, bei dem der Antrag auf Leistungen zur medizinischen Rehabilitation bzw. Teilhabe am Arbeitsleben zu stellen ist.

1.1.5 Leistungen zur medizinischen Rehabilitation

Gemäß § 15 Abs. 1 SGB VI erbringen die Träger der Rentenversicherung Leistungen zur medizinischen Rehabilitation nach den §§ 26 bis 31 SGB IX. Ausgenommen sind die Früherkennung und Frühförderung be-

- Behandlung durch Ärzte, Zahnärzte und Angehörige anderer Heilberufe, soweit deren Leistungen unter ärztlicher Aufsicht oder auf ärztliche Anordnung ausgeführt werden, einschließlich der Anleitung, eigene Heilungskräfte zu entwickeln
- Arznei- und Verbandmittel
- Heilmittel einschließlich physikalischer, Sprach- und Beschäftigungstherapie
- Psychotherapie als ärztliche und psychotherapeutische Behandlung
- Hilfsmittel
- Belastungserprobung und Arbeitstherapie

Tab. 1.2: Leistungen zur medizinischen Rehabilitation

hinderter und von Behinderung bedrohter Kinder. Die wesentlichen Leistungen ergeben sich aus dem nicht abschließend formulierten Katalog des § 26 Abs. 2 SGB IX (vgl. Tabelle 1.2).

Zahnärztliche Behandlung einschließlich der Versorgung mit Zahnersatz wird nur erbracht, wenn sie unmittelbar und gezielt zur wesentlichen Besserung oder Wiederherstellung der Erwerbsfähigkeit, insbesondere zur Ausübung des bisherigen Berufs, erforderlich ist und soweit sie nicht als Leistung der Krankenversicherung oder als vorbeugende Gesundheitshilfe nach dem Bundessozialhilfegesetz zu erbringen ist.

Bestandteil der medizinischen Leistungen sind auch medizinische, psychologische und pädagogische Hilfen, die zur Erreichung des Rehabilitationszieles erforderlich sein können. Hierzu gehören Hilfen zur Unterstützung bei Krankheits- und Behinderungsverarbeitung, Aktivierung von Selbsthilfepotentialen, Information und Beratung von Partnern und Angehörigen sowie von Vorgesetzten und Kollegen im Einvernehmen mit den Leistungsberechtigten, Vermittlung von Kontakten zu örtlichen Selbsthilfe- und Beratungsstellen, Hilfen zur psychischen Stabilisierung und zur Förderung der sozialen Kompetenz (u. a. Training sozialer und kommunikativer Fähigkeiten und Umgang mit Krisensituationen) sowie Anleitung und Motivation zur Inanspruchnahme von Leistungen zur medizinischen Rehabilitation.

Leistungen zur medizinischen Rehabilitation können sowohl stationär als auch ambulant erbracht werden. Der früher in der Rentenversicherung bestehende „Vorrang" stationärer Leistungen ist durch das *Wachstums- und Beschäftigungsförderungsgesetz (WFG)* vom 25.09.1996 (BGBl. I, 1461) mit Wirkung zum 01.01.1997 aufgehoben worden. Die geeignete Form der Leistungen zur Teilhabe hängt damit vom konkreten Einzelfall ab. Entscheidend ist das individuelle Teilhabeziel unter dem Primat von Effektivität und Effizienz. Dieser notwendigen Flexibilisierung trägt auch § 19 Abs. 2 SGB IX Rechnung. Hier werden zwar die Vorteile ambulanter Betreuung hervorgehoben, jedoch wird kein strikter Grundsatz „ambulant vor stationär" festgeschrieben, sondern auf den Einzelfall und die persönlichen Umstände abgestellt.

Stationäre Leistungen werden einschließlich der erforderlichen Unterkunft und Verpflegung in Einrichtungen erbracht, die unter ständiger ärztlicher Verantwortung und unter Mitwirkung von besonders geschultem Personal stehen, soweit die Art der Behandlung dies erfordert. Die Einrichtungen werden entweder vom Rentenversicherungsträger selbst betrieben oder es besteht mit ihnen ein Vertrag. Nach § 15 Abs. 3 SGB VI sollen die stationären Leistungen für längstens 3 Wochen erbracht werden.

Eine längere Leistungsdauer ist jedoch möglich, wenn sie aus gesundheitlichen Gründen zum Erreichen des Rehabilitationszieles erforderlich ist. Dies ist z. B. grundsätzlich anzunehmen bei psychischen und psychosomatischen sowie Abhängigkeitserkrankungen.

Ambulante Leistungen können eigenständig an die Stelle einer stationären Rehabilitation treten, sie können die stationäre Rehabilitation durch ambulante Fortsetzung verkürzen oder auch dazu beitragen, den Erfolg einer stationären Leistung nachgehend zu sichern. Ambulante Rehabilitation kann insbesondere sinnvoll sein bei Erkrankungen, für die ein länger dauernder oder wiederholter Rehabilitationsbedarf besteht, bei Erkrankungen, die wechselnde Behandlungsformen notwendig machen oder in Fällen, die eine enge Einbindung in das berufliche oder familiäre Umfeld erfordern.

Die *Grundsätze und Anwendungsempfehlungen der gesetzlichen Rentenversicherung zur ambulanten medizinischen Rehabilitation* vom 31.10.2001 treffen Aussagen zu den Anforderungen an die ambulante Rehabilitation und die ambulanten Rehabilitationseinrichtungen sowie zu den Zuweisungskriterien. Als Grundlage für den koordinierten Ausbau der ambulanten Rehabilitation dienen die auf der Ebene der Bundesarbeitsgemeinschaft für Rehabilitation (BAR) vereinbarten *Rahmenempfehlungen zur ambulanten medizinischen Rehabilitation* vom 20.10.2000 einschließlich ihrer indikationsspezifischen Konzepte.

- Krankheiten des Herzens und des Kreislaufs
- Krankheiten der Gefäße
- Entzündlich-rheumatische Erkrankungen
- Degenerativ-rheumatische Krankheiten und Zustände nach Operationen und Unfallfolgen an den Bewegungsorganen
- Gastroenterologische Erkrankungen und Zustände nach Operationen an den Verdauungsorganen
- Stoffwechselerkrankungen
- Krankheiten und Zustände nach Operationen an den Atmungsorganen
- Krankheiten der Niere und Z. n. Operationen an Nieren, ableitenden Harnwegen und Prostata
- Neurologische Krankheiten und Z. n. Operationen an Gehirn, Rückenmark und peripheren Nerven
- Bösartige Geschwulsterkrankungen und maligne Systemerkrankungen
- Gynäkologische Krankheiten und Z. n. Operationen

Tab. 1.3: Katalog der AHB-Indikationen

Anschlussheilbehandlung (AHB)

Eine besondere Form der Leistungen zur medizinischen Rehabilitation ist die *Anschlussheilbehandlung* (AHB), die im Bereich der gesetzlichen Krankenversicherung der *Anschlussrehabilitation* (AR) entspricht. Bei bestimmten Indikationen (vgl. Tabelle 1.3) kann der Rehabilitationserfolg und damit die dauerhafte Wiedereingliederung des Versicherten in das Erwerbsleben nur erreicht werden, wenn die Leistungen zur medizinischen Rehabilitation im unmittelbaren Anschluss oder in einem engen zeitlichen Zusammenhang mit der Krankenhausbehandlung durchgeführt werden. Hierfür haben die Rentenversicherungsträger ein vereinfachtes und beschleunigtes Verwaltungsverfahren entwickelt.

Eine Anschlussheilbehandlung (AHB) wird in besonders spezialisierten Rehabilitationseinrichtungen in ambulanter oder stationärer Form durchgeführt. Um sicherzustellen, dass die Behandlung nahtlos an die Behandlung im Akutkrankenhaus erfolgt, wird die Antragstellung bereits während des Aufenthalts im Akutkrankenhaus vorbereitet. Die Überweisung wird entweder durch Absprache mit dem Akutkrankenhaus und der aufnehmenden Rehabilitationseinrichtung oder aber durch ein besonderes Eilverfahren vom Rentenversicherungsträger organisiert. Der enge zeitliche Zusammenhang mit der Krankenhausbehandlung ist auch dann gewahrt, wenn die Anschlussheilbehandlung bereits vom Akutkrankenhaus eingeleitet wurde und der Patient mit ärztlicher Genehmigung zunächst für einen Zwischenaufenthalt nach Hause entlassen wird. Dieser Zwischenaufenthalt sollte jedoch einen Zeitraum von 14 Tagen nicht überschreiten.

Entwöhnungsbehandlungen

Für Alkohol-, Medikamenten- und Drogenabhängige kann die Rentenversicherung ambulante oder stationäre *Entwöhnungsbehandlungen* erbringen, wenn diese unter Einbeziehung der Prognosekriterien, der Motivation des Patienten, seiner sozialen Situation, der bisherigen Entwicklung seines Suchtverhaltens und der Auswertung somatischer und psychischer Befunde aussichtsreich erscheinen. Näheres insbesondere zur Leistungsabgrenzung zur Krankenversicherung ist der *Vereinbarung Abhängigkeitserkrankungen* vom 04.05.2001 zu entnehmen.

Stufenweise Wiedereingliederung

Analog zum Leistungsrecht der gesetzlichen Krankenversicherung (§ 74 i. V. m. §§ 44 ff. SGB V) ist durch die Neuregelung des § 28 SGB IX auch für die Träger der Rentenversicherung die Möglichkeit der stufenweise Wiedereingliederung gesetzlich vorgesehen. Damit können Leistungsberechtigte bei fortdauernder Arbeitsunfähigkeit, jedoch erkennbarer Teilarbeitsfähigkeit, wieder schonend an die Belastung ihres bisherigen Arbeitsplatzes herangeführt werden. Die Ren-

- Hilfen zur Erhaltung oder Erlangung eines Arbeitsplatzes einschließlich der Beratung und Vermittlung, Trainingsmaßnahmen und Mobilitätshilfen. Hierzu gehören u. a. auch Kraftfahrzeughilfen, Hilfsmittel oder technische Arbeitshilfen sowie Wohnungskosten.
- Berufsvorbereitung, einschließlich der wegen einer Behinderung erforderlichen Grundausbildung
- Berufliche Ausbildung sowie berufliche Anpassung und Weiterbildung, einschließlich eines bei Inanspruchnahme dieser Leistungen erforderlichen schulischen Abschlusses
- Überbrückungsgeld zur Sicherung des Lebensunterhalts bei Aufnahme einer selbständigen Tätigkeit
- Kosten einer notwendigen Arbeitsassistenz für schwerbehinderte Menschen als Hilfe zur Erlangung eines Arbeitsplatzes (z. B. Vorlesekraft für Blinde)
- Sonstige Hilfen zur Förderung der Teilnahme am Arbeitsleben, um behinderten Menschen eine angemessene und geeignete Beschäftigung oder eine selbständige Tätigkeit zu ermöglichen oder zu erhalten.

Tab. 1.4: Leistungen zur Teilhabe am Arbeitsleben

tenversicherung erbringt hier lebensunterhaltssichernde Entgeltersatzleistungen zur schrittweisen Wiederaufnahme der bisherigen Tätigkeit. Zum Verfahren der stufenweisen Wiedereingliederung ist auf der Ebene der Bundesarbeitsgemeinschaft für Rehabilitation (BAR) eine trägerübergreifende Arbeitshilfe in Vorbereitung.

1.1.6 Leistungen zur Teilhabe am Arbeitsleben

Leistungen zur Teilhabe am Arbeitsleben nach § 16 SGB VI i. V. m. §§ 33–38, 40 SGB IX werden erbracht, um die Erwerbsfähigkeit behinderter und von Behinderung bedrohter Menschen entsprechend ihrer Leistungsfähigkeit zu erhalten, zu verbessern oder (wieder)herzustellen und ihre Teilhabe am Arbeitsleben möglichst auf Dauer zu sichern.

Leistungen an Versicherte

Der Leistungskatalog des § 16 SGB VI a. F. ist durch die §§ 33 ff. SGB IX aufgenommen und erweitert worden (vgl. Tabelle 1.4). Als neue Leistungen hinzugekommen sind das Überbrückungsgeld sowie die Arbeitsassistenz.

Bei der Auswahl der Leistungen sind die Eignung, Neigung und bisherige Tätigkeit des Versicherten und die Entwicklung auf dem Arbeitsmarkt angemessen zu berücksichtigen. Soweit erforderlich, wird die berufliche Eignung geklärt oder eine Arbeitserprobung durchgeführt. Deren Kosten sowie die erforderlichen Reisekosten, Haushaltshilfe und Kinderbetreuungskosten übernimmt die Rentenversicherung.

Die Dauer der Leistungen hängt von der vorgeschriebenen oder allgemein üblichen Zeitdauer ab, die erforderlich ist, um das angestrebte Teilhabeziel zu erreichen. Bei ganztägigem Unterricht soll eine Weiterbildung in der Regel nicht länger als zwei Jahre dauern, es sei denn, dass das Teilhabeziel nur über eine länger dauernde Leistung erreicht oder die Eingliederungsaussicht nur durch eine länger dauernde Leistung wesentlich verbessert werden kann.

Stationäre Leistungen zur Teilhabe am Arbeitsleben werden in Berufsbildungswerken, Berufsförderungswerken und vergleichbaren Einrichtungen der beruflichen Rehabilitation erbracht, soweit die Art und Schwere der Behinderung oder die Sicherung des Erfolges dies erfordern.

Leistungen an Arbeitgeber

Leistungen zur Teilhabe am Arbeitsleben können auch als Zuschüsse an Arbeitgeber erbracht werden, insbesondere als

▷ Ausbildungszuschüsse für betriebliche Bildungsleistungen,
▷ Eingliederungszuschüsse,
▷ Zuschüsse für Arbeitshilfen im Betrieb
▷ teilweise oder volle Kostenerstattung für eine befristete Probebeschäftigung.

Werkstatt für behinderte Menschen

Können Versicherte oder Rentenbezieher wegen verminderter Erwerbsfähigkeit aufgrund der Schwere ihrer Behinderung auf dem allgemeinen Arbeitsmarkt nicht mehr oder noch nicht wettbewerbsfähig erwerbstätig sein, kann die Rentenversicherung Leistungen zur Teilhabe am Arbeitsleben im *Eingangsverfahren* und/oder *Berufsbildungsbereich* einer anerkannten Werkstatt für behinderte Menschen (WfB) erbringen. Ziel dieser Förderleistung ist die Eingliederung in den Arbeitsbereich der WfB. Die Voraussetzungen sowie die Dauer der Leistungen im Eingangsverfahren und Berufsbildungsbereich einer WfB sind in § 40 SGB IX geregelt.

Für die Erbringung von Leistungen zur beruflichen Teilhabe im *Arbeitsbereich* einer WfB sind die Träger der Unfallversicherung, der Kriegsopferfürsorge oder der öffentlichen Jugendhilfe zuständig sowie im übrigen die Träger der Sozialhilfe.

1.1.7 Ergänzende Leistungen

Ergänzende Leistungen sind akzessorisch. Sie können von der Rentenversicherung nur im Zusammenhang mit Leistungen zur medizinischen Rehabilitation oder Leistungen zur Teilhabe am Arbeitsleben und deshalb nicht selbständig erbracht werden. Sie bestehen insbesondere aus finanziellen Zuwendungen.

Nach dem durch das Inkrafttreten des SGB IX neugefassten § 28 SGB VI werden die Leistungen zur Teilhabe der gesetzlichen Rentenversicherung außer durch das Übergangsgeld durch die Leistungen nach § 44 Abs. 1 Nr. 2 bis 6 und Abs. 2 sowie §§ 53 und 54 SGB IX ergänzt (vgl. Tabelle 1.5). Das SGB IX hat damit die bislang bestehenden, z. T. voneinander abweichenden Vorschriften der einzelnen Rehabilitationsträger zu den ergänzenden Leistungen zusammengefasst und einheitliche Rechtsgrundlagen geschaffen, die unmittelbar Anwendung finden.

Übergangsgeld

Das Übergangsgeld ist eine Barleistung zur Sicherung der wirtschaftlichen Existenz als Ausgleich für entgangenes Einkommen während bzw. im Zusammenhang mit einer Leistung zur Teilhabe. Die Anspruchsvoraussetzungen, Berechnung und Zahlungsweise des Übergangsgeldes sind in den §§ 20 und 21 SGB VI sowie den §§ 45 bis 52 SGB IX geregelt.

- Übergangsgeld
- Beiträge und Beitragszuschüsse zur Sozialversicherung
- Ärztlich verordneter Rehabilitationssport in Gruppen unter ärztlicher Betreuung und Überwachung, einschließlich Übungen für behinderte oder von Behinderung bedrohte Frauen und Mädchen, die der Stärkung des Selbstbewusstseins dienen
- Ärztlich verordnetes Funktionstraining in Gruppen unter fachkundiger Anleitung und Überwachung
- Reisekosten
- Haushaltshilfe und Kinderbetreuungskosten

Tab. 1.5: Ergänzende Leistungen

Das SGB IX hat ab dem 01.07.2001 die Voraussetzungen für den Bezug von Übergangsgeld erleichtert. Bestand bisher nur ein Anspruch bei stationären Leistungen und dies auch nur dann, wenn Arbeitsunfähigkeit vorlag oder wegen dieser Leistungen eine ganztägige Erwerbstätigkeit nicht ausgeübt werden konnte, haben Empfänger von Leistungen zur medizinischen Rehabilitation und sonstigen Leistungen jetzt generell einen Anspruch auf Übergangsgeld, auch wenn die Leistungen in ambulanter Form erbracht werden.

Das Übergangsgeld in der gesetzlichen Rentenversicherung basiert bei versicherungspflichtig Beschäftigten, freiwillig Versicherten und pflichtversicherten Selbständigen auf der zu ermittelnden Berechnungsgrundlage. Diese richtet sich im Allgemeinen nach den letzten Arbeitseinkünften sowie bestimmten persönlichen Voraussetzungen. Die Höhe des Übergangsgeldes hängt davon ab, ob der Leistungsempfänger mindestens ein Kind i. S. d. § 32 Abs. 1, 3–5 Einkommensteuergesetz hat oder ob sein Ehegatte oder Lebenspartner einer Erwerbstätigkeit nicht nachgehen kann, weil er den Leistungsempfänger pflegt oder selbst der Pflege bedarf und keinen Anspruch auf Leistungen aus der Pflegeversicherung hat. Das Übergangsgeld beträgt in diesen Fällen 75 v. H. und für die übrigen Leistungsempfänger 68 v. H. der maßgebenden Berechnungsgrundlage. Bei Arbeitslosigkeit im Anschluss an eine Leistung zur Teilhabe am Arbeitsleben beträgt das Übergangsgeld 67 v. H. bzw. 60 v. H. Von einer Reduzierung des Übergangsgeldes sind diejenigen nicht betroffen, die vor einer Leistung zur medizinischen Rehabilitation oder sonstigen Leistung zur Teilhabe Arbeitslosengeld, Arbeitslosenhilfe oder Unterhaltsgeld oder Krankengeld in Höhe dieser Leistungen bezogen haben. Sie erhalten Übergangsgeld in Höhe der bisherigen Leistung.

Auf das Übergangsgeld wird ein gleichzeitig erzieltes Arbeitsentgelt angerechnet. Einmalig gezahltes Arbeitsentgelt sowie Leistungen des Arbeitgebers zum Übergangsgeld, soweit sie zusammen mit dem Übergangsgeld das vor der Arbeitsunfähigkeit oder medizinischen/sonstigen Leistungen erzielte und um gesetzliche Abzüge verminderte Arbeitsentgelt nicht übersteigen, bleiben außer Ansatz.

Die leistungsrechtlichen Vorschriften zum Übergangsgeld sind in einem *Gemeinsamen Rundschreiben der Rentenversicherungsträger zum Übergangsgeld* (Stand: 7/2001) kommentiert.

Rehabilitationssport und Funktionstraining

Um die Behandlungsergebnisse von Leistungen zur medizinischen Rehabilitation langfristig zu sichern, ist im unmittelbaren Anschluss daran die ärztliche Verordnung von Rehabilitationssport und Funktionstraining möglich (§ 28 SGB VI i. V. m. §§ 44 Abs. 1 Nr. 3 und 4 SGB IX). Diese umfassen bewegungstherapeutische Übungen, die als Gruppenbehandlung unter ärztlicher Betreuung im Rahmen regelmäßiger Übungsveranstaltungen durchgeführt werden. Die Übungen müssen auf Art oder Schwere der Behinderung einerseits sowie auf den gesundheitlichen Allgemeinzustand des Einzelnen andererseits abgestimmt sein.

Eine Erweiterung hat sich durch die eigens durch das SGB IX aufgenommene Zielsetzung ergeben, im Rahmen des Rehabilitationssports dem besonderen Hilfebedarf und den besonderen Bedürfnissen behinderter und von Behinderung bedrohter Frauen und Mädchen durch Übungen zur Stärkung des Selbstbewusstseins (sog. Selbstbehauptungskurse) Rechnung zu tragen.

1.1.8 Sonstige Leistungen

Abgesehen von den vorgenannten Leistungen können die Träger der Rentenversicherung *sonstige Leistungen*

- Leistungen zur Eingliederung in das Erwerbsleben
- Leistungen zur Sicherung der Erwerbsfähigkeit
- Nach- und Festigungskuren wegen Geschwulsterkrankungen
- Kinderheilbehandlungen
- Zuwendungen an bestimmte Einrichtungen

Tab. 1.6: Sonstige Leistungen

zur Teilhabe nach § 31 Abs. 1 Nr. 1–5 SGB VI erbringen (vgl. Tabelle 1.6).

Mit Ausnahme der stationären Leistungen zur Eingliederung sowie der Nach- und Festigungskuren wegen Geschwulsterkrankungen sind die Aufwendungen für die sonstigen Leistungen budgetiert. Sie dürfen im Kalenderjahr 7,5 v. H. der Haushaltsansätze für die Leistungen zur medizinischen Rehabilitation, die Leistungen zur Teilhabe am Arbeitsleben und die ergänzende Leistungen nicht übersteigen.

Entsprechend der Vorgabe des Gesetzgebers haben die Rentenversicherungsträger zwecks einheitlicher Gewährung der in § 31 Abs. 1 Nr. 1–5 SGB VI geregelten sonstigen Leistungen *Gemeinsame Richtlinien* verabschiedet.

Leistungen zur Eingliederung in das Erwerbsleben

Als Leistungen zur Eingliederung von Versicherten in das Erwerbsleben kommen Leistungen zur Rehabilitationsvorbereitung und -nachsorge in Betracht sowie weitere Leistungen, die erforderlich sind, um das Ziel der Rehabilitation zu erreichen oder zu sichern; vgl. die *Gemeinsamen Richtlinien nach § 31 Abs. 1 Nr. 1 SGB VI* vom 10.12.1991. Diese sind in ambulanter oder stationärer Form möglich und setzen das Vorliegen der persönlichen und versicherungsrechtlichen Voraussetzungen voraus.

Gesetzlich besonders hervorgehoben sind in § 31 Abs. 1 Nr. 1 SGB VI die nachgehenden Leistungen zur Sicherung des Rehabilitationserfolges. Sie unterscheiden sich von den entsprechenden Leistungen nach § 15 SGB VI durch das Kriterium des zeitlichen Zusammenhangs zwischen den stationären und den daran anschließenden/fortlaufenden Leistungen. Als „Nachsorgeleistungen" nach § 15 SGB VI kommen nur Leistungen in Betracht, die nicht später als 3 Monate nach Abschluss vorangegangener stationärer Leistungen zur Teilhabe angetreten werden und nicht länger als 6 Monate dauern. Nachsorgeleistungen nach § 31 Abs. 1 Nr. 1 SGB VI sind nur solche, die nicht in unmittelbarem zeitlichen Zusammenhang mit vorherigen Leistungen stehen.

Leistungen zur Sicherung der Erwerbsfähigkeit

Zur Sicherung der Erwerbsfähigkeit können nach § 31 Abs. 1 Nr. 2 SGB VI stationäre medizinische Leistungen erbracht werden für Versicherte, die eine besonders gesundheitsgefährdende, ihre Erwerbsfähigkeit ungünstig beeinflussende Beschäftigung ausüben. Damit kann die Rentenversicherung auch präventiv tätig werden ohne den Nachweis einer erheblichen Gefährdung oder bereits eingetretenen Minderung der Erwerbsfähigkeit. Voraussetzung ist allerdings, dass die versicherungsrechtlichen Voraussetzungen vorliegen. Als besonders gesundheitsgefährdend sind Beschäftigungen mit außergewöhnlich schweren körperlichen oder psychischen Belastungen anzusehen, z. B. unter ständiger Einwirkung von Lärm, Hitze, Kälte, Nässe, Stäuben, Gasen oder Dämpfen, wenn bei entsprechender Disposition erhöhte Erkrankungsgefahr besteht. Näheres ist den *Gemeinsamen Richtlinien nach § 31 Abs. 1 Nr. 2 SGB VI* vom 05.09.1991 zu entnehmen.

Nach- und Festigungskuren wegen Geschwulsterkrankungen

Nach § 31 Abs. 1 Nr. 3 SGB VI können die Rentenversicherungsträger Nach- und Festigungskuren wegen Geschwulsterkrankungen (sog. onkologische Nachsorgeleistungen) erbringen.

Der Kreis der Leistungsberechtigten ist weiter als bei den Leistungen zur medizinischen Rehabilitation und schliesst neben Versicherten auch Rentenbezieher sowie ihre Angehörigen (nichtversicherte Ehegatten, Lebenspartner und Kinder) ein; vgl. Abschnitt 1.1.3.

Die *Gemeinsamen Richtlinien nach § 31 Abs. 1 Nr. 3 SGB VI (CA-Richtlinien)* in der Fassung vom 18.07.2002 enthalten die notwendigen Leistungsvoraussetzungen und -inhalte. Für Versicherte gelten die gleichen versicherungsrechtlichen Voraussetzungen wie bei Leistungen zur medizinischen Rehabilitation (§ 11 SGB VI); allerdings reicht anstelle einer Wartezeit von 15 Jahren die allgemeine Wartezeit von 5 Jahren aus. Die persönlichen Voraussetzungen nach § 10 SGB VI müssen demgegenüber nicht vorliegen. Es ist also nicht erforderlich, dass durch die onkologischen Nachsorgeleistungen die Erwerbsfähigkeit des Patienten voraussichtlich erhalten, wesentlich gebessert, wiederhergestellt oder eine wesentliche Verschlechterung abgewendet werden kann. Ausreichend ist vielmehr, dass die durch die Tumorerkrankungen oder deren Therapie bedingten körperlichen, seelischen, sozialen und beruflichen Behinderungen positiv beeinflussbar sind. Ferner muss die Diagnose geklärt und eine vorher stattgefundene operative oder Strahlentherapie abgeschlossen sein. Der Patient muss für die onkologischen Nachsorgeleistungen ausreichend belastbar sein und sollte in der Regel allein reisefähig sein.

Die Leistungen umfassen gezielte diagnostische und therapeutische Maßnahmen, die geeignet sind, zur Stabilisierung oder Besserung des Gesundheitszustandes beizutragen und insbesondere Funktionsstörungen zu beseitigen oder auszugleichen. Sie können auch als Anschlussheilbehandlung durchgeführt werden.

Die Leistungsgewährung ist nach den *CA-Richtlinien* bis zum Ablauf eines Jahres nach einer beendeten Primärbehandlung möglich, bei erheblichen Funktionsstörungen im Einzelfall auch bis zum Ablauf von zwei Jahren danach.

Kinderheilbehandlungen

Kinder von Versicherten, Beziehern einer Rente wegen Alters oder wegen verminderter Erwerbsfähigkeit und Bezieher einer Waisenrente können nach § 31 Abs. 1 Nr. 4 SGB VI stationäre Kinderheilbehandlungen von der Rentenversicherung erhalten, wenn hierdurch voraussichtlich eine erhebliche Gefährdung ihrer Gesundheit beseitigt oder eine beeinträchtigte Gesundheit wesentlich gebessert oder wiederhergestellt werden kann und dies Einfluss auf die spätere Erwerbsfähigkeit hat; vgl. Kapitel 6.3. Die Rentenversicherungsträger haben hierzu *Gemeinsame Richtlini-*

en nach § 31 Abs. 1 Nr. 4 SGB VI *(Kinderheilbehandlungsrichtlinien)* i. d. F. vom 18.07.2002 festgelegt.

Bei akuten Krankheiten und Infektionskrankheiten ist nicht die Rentenversicherung, sondern die Krankenversicherung für die Durchführung der Kinderheilbehandlung leistungszuständig.

Die Leistungen umfassen insbesondere die Gewährung von ärztlicher und nichtärztlicher Therapie, Pflege und Versorgung mit Medikamenten, Unterkunft und Verpflegung in geeigneten Rehabilitationseinrichtungen sowie Übernahme von Reisekosten und sonstigen notwendigen Nebenkosten. Auch die Unterbringung einer Begleitperson kann aus medizinischen Gründen zu Lasten der Rentenversicherung erfolgen.

Zuwendungen an bestimmte Einrichtungen

Als sonstige Leistungen nach § 31 Abs. 1 Nr. 5 SGB VI kann die Rentenversicherung finanzielle Zuwendungen für Einrichtungen erbringen, die auf dem Gebiet der Rehabilitation forschen oder die Rehabilitation fördern. Näheres ist in den *Zuwendungsrichtlinien* vom 30.09.1991 geregelt.

1.2 Rentenleistungen

In einer Gesellschaft, in der jeder seinen Lebensunterhalt im Wesentlichen durch Erwerbsarbeit bestreitet, ist es von existenzieller Bedeutung, Vorsorge gegen den Verlust der Erwerbsmöglichkeiten zu treffen. Die Bedrohung durch Risiken wie Alter, Krankheit oder Erwerbslosigkeit war deshalb im 19. Jahrhundert der Grund für die Schaffung des Systems der Sozialversicherung, das vorwiegend auf abhängig beschäftigte Arbeitnehmer ausgerichtet ist. Innerhalb dieses Systems ist es Aufgabe der gesetzlichen Rentenversicherung, durch wiederkehrende Geldleistungen (= Renten) die Folgen von bereits eingetretenen Risiken auszugleichen. Versicherte Risiken sind hier die Minderung der Erwerbsfähigkeit, die Erreichung der Altersgrenze und der Tod der Versicherten unter Hinterlassung eines Ehegatten oder von Kindern. Die Renten an Versicherte haben Lohnersatzcharakter, die Renten an Hinterbliebene sollen den durch den Tod des Versicherten eingetretenen Unterhaltsverlust kompensieren.

1.2.1 Renten wegen verminderter Erwerbsfähigkeit

Versicherte, deren Erwerbsfähigkeit aus gesundheitlichen Gründen eingeschränkt ist, haben unter bestimmten Voraussetzungen Anspruch auf Rente wegen verminderter Erwerbsfähigkeit. Diese Renten sollen den teilweisen oder vollen Verlust der Erwerbsfähigkeit infolge Krankheit oder Behinderung ausgleichen.

Der allgemein im internationalen Sprachgebrauch übliche Begriff der Invalidität war im Bereich der gesetzlichen Rentenversicherung seit der Rentenreform 1957 durch die beiden Begriffe der Berufsunfähigkeit und Erwerbsunfähigkeit abgelöst worden (§§ 1246, 1247 RVO; 23, 24 AVG; 46, 47 RKG). Diese Differenzierung – die auch in dem mit der Rentenreform 1992 in Kraft getretenen SGB VI beibehalten wurde – sollte dem Umstand Rechnung tragen, dass es Versicherte gibt, die trotz einer Minderung ihrer Leistungsfähigkeit noch in der Lage waren, erwerbstätig zu sein und Einkommen zu erzielen. So wurde eine Rente wegen Berufsunfähigkeit gewährt bei einer Einbuße der Erwerbsfähigkeit im bisherigen bzw. einem zumutbaren Beruf um mehr als die Hälfte (§ 43 SGB VI a. F.). Bei dieser Rente wurde unterstellt, dass der betroffene Versicherte sein Restleistungsvermögen noch in Erwerbseinkommen umsetzen kann. Rente wegen Erwerbsunfähigkeit erhielten Versicherte, die auf nicht absehbare Zeit außerstande waren, noch irgendeine Erwerbstätigkeit auf dem allgemeinen Arbeitsmarkt in gewisser Regelmäßigkeit auszuüben oder mehr als ein geringfügiges Arbeitsentgelt oder Arbeitseinkommen zu erzielen (§ 44 SGB VI a. F.), oder bei denen der Teilzeit-Arbeitsmarkt als verschlossen anzusehen war. Die Erwerbsunfähigkeitsrente wurde deshalb mit dem Rentenartfaktor 1,0 berechnet, der auch bei einer Rente wegen Alters maßgebend ist (§ 67 Nr. 3 SGB VI a. F.). Die Rente wegen Berufsunfähigkeit war demgegenüber mit dem Rentenartfaktor 0,6667 um ein Drittel geringer (§ 67 Nr. 2 SGB VI a. F.).

Eine grundlegende Reform der Renten wegen verminderter Erwerbsfähigkeit ist am 01.01.2001 mit dem *Gesetz zur Reform der Renten wegen verminderter Erwerbsfähigkeit* vom 20.12.2000 (EM-ReformG, BGBl I, S. 2998) in Kraft getreten. Das Gesetz führ-

1.2 Rentenleistungen

te anstelle der bisherigen Berufsunfähigkeits- bzw. Erwerbsunfähigkeitsrente eine zweistufige Erwerbsminderungsrente ein.

Für Versicherte, die am 31.12.2000 bereits Bezieher einer Berufs- oder Erwerbsunfähigkeitsrente waren, wird das bisherige Recht beibehalten.

Rentenarten

Nach der neuen Konzeption wird die Minderung der Erwerbsfähigkeit grundsätzlich nicht mehr an dem ausgeübten Beruf, sondern an der Fähigkeit gemessen, jede denkbare Tätigkeit auf dem allgemeinen Arbeitsmarkt unter den üblichen Bedingungen ausüben zu können.

Rente wegen voller Erwerbsminderung Die Rente wegen voller Erwerbsminderung setzt voraus, dass das Restleistungsvermögen auf dem allgemeinen Arbeitsmarkt *unter drei Stunden* gesunken ist. Diese Grenze entspricht der Geringfügigkeitsgrenze in der Renten- und Arbeitslosenversicherung und wurde gewählt, um die Nahtlosigkeit zwischen den Regelungen für die Rentenversicherung und die Arbeitslosenversicherung zu gewährleisten. Wer nicht mehr drei Stunden täglich unter den üblichen Bedingungen des allgemeinen Arbeitsmarktes erwerbstätig sein kann, steht den Vermittlungsbemühungen der Arbeitsverwaltung nicht zur Verfügung (§ 119 Abs. 3 Nr. 1 SGB III). Die Höhe der vollen Erwerbsminderungsrente orientiert sich an der Höhe einer Altersrente (Rentenartfaktor: 1,0, § 67 Nr. 3 SGB VI).

Rente wegen teilweiser Erwerbsminderung Wenn noch ein Restleistungsvermögen auf dem allgemeinen Arbeitsmarkt von *drei bis unter sechs Stunden* besteht, liegt eine „teilweise Erwerbsminderung" vor. Die Rente wegen teilweiser Erwerbsminderung hat – wie die bisherige Berufsunfähigkeitsrente – keine volle Lohnersatzfunktion. Sie soll vielmehr an die Stelle des Teils des Einkommens treten, der wegen der gesundheitlichen Beeinträchtigung wegfällt. Entsprechend der Höhe dieser halben Erwerbsminderungsrente (Rentenartfaktor: 0,5, § 67 Nr. 2 SGB VI) wird davon ausgegangen, dass die betroffenen Versicherten zur Sicherung ihres Lebensunterhaltes weiteres Einkommen erzielen.

Bei einem Restleistungsvermögen auf dem allgemeinen Arbeitsmarkt von täglich *sechs Stunden und mehr* liegt keine rentenrechtlich relevante Erwerbsminderung vor (§ 43 Abs. 3 SGB VI). Von diesen Versicherten wird erwartet, dass sie ihre Leistungsfähigkeit auf dem allgemeinen Arbeitsmarkt zur Ausübung einer Erwerbstätigkeit einsetzen. Finden sie keinen Arbeitsplatz, so fällt dies in den Risikobereich der Arbeitslosenversicherung. Damit verdeutlicht der Gesetzgeber, dass nicht jede, sondern nur eine wesentliche Einbuße in der Erwerbsfähigkeit zu einem Rentenanspruch führen soll (BT-Drucks. 14/4230, S. 23).

Rente wegen teilweiser Erwerbsminderung bei Berufsunfähigkeit Das Risiko der Berufsunfähigkeit wird aus dem Leistungsspektrum der gesetzlichen Rentenversicherung herausgenommen. Allerdings besteht für Versicherte, die bei Inkrafttreten der Reform am 1.1.2001 das 40. Lebensjahr bereits vollendet hatten, also vor dem 02.01.1961 geboren sind, Vertrauensschutz. Diese Versicherten erhalten auch dann eine Rente wegen teilweiser Erwerbsminderung, wenn sie zwar auf dem allgemeinen Arbeitsmarkt mindestens sechs Stunden, in ihrem bisherigen Beruf oder in zumutbaren Verweisungstätigkeiten aber nicht mehr sechs Stunden täglich arbeiten können (Rente wegen teilweiser Erwerbsminderung bei Berufsunfähigkeit, §§ 33 Abs. 5, 240 SGB VI). Der Berufsschutz wird damit übergangsweise in das neue System der zweistufigen Erwerbsminderungsrente eingebunden. Dabei sind einerseits die Anspruchsvoraussetzungen gegenüber der bisherigen Berufsunfähigkeitsrente erleichtert worden: So musste nach früherem Recht die Erwerbsfähigkeit „auf weniger als die Hälfte derjenigen" von gesunden Vergleichspersonen gesunken sein – jetzt liegt die Grenze bei 6 Stunden. Andererseits ist jedoch die Rente wegen teilweiser Erwerbsminderung bei Berufsunfähigkeit nur noch in Höhe der Hälfte der vollen Rente zu zahlen (Rentenartfaktor 0,5, § 67 Nr. 2 SGB VI). Die bisherige Rente wegen Berufsunfähigkeit betrug zwei Drittel der vollen Rente (Rentenartfaktor 0,6667, § 67 Nr. 2 SGB VI a. F.).

Rente für Bergleute Neben den Renten wegen teilweiser oder voller Erwerbsminderung gibt es in der knappschaftlichen Rentenversicherung eine weitere Rentenart wegen verminderter Erwerbsfähigkeit: die Rente für Bergleute. Diese Rente ist eine knappschaftliche Sonderleistung, die Einkommenseinbußen kompensieren soll, wenn der Versicherte entweder seiner knappschaftlichen Beschäftigung aus Gesundheitsgründen nicht mehr nachgehen kann oder sie ihm nach langjähriger Untertagearbeit nicht mehr zuzumuten ist. Die Rente für Bergleute unterscheidet demnach zwei Personenkreise, und zwar Versicherte, die im Bergbau vermindert berufsfähig sind, sowie Versicherte, die das 50. Lebensjahr vollendet, eine Beitragszeit vom 25 Jahren mit ständigen Arbeiten unter Tage zurückgelegt haben und im Vergleich zu der von ihnen bisher ausgeübten knappschaftlichen Beschäftigung eine wirtschaftlich gleichwertige Beschäftigung oder selbständige Tätigkeit nicht mehr ausüben.

Rehabilitation vor Rente

Vor der Bewilligung einer Rente wegen verminderter Erwerbsfähigkeit ist stets zu prüfen, ob die festgestellte Minderung der Erwerbsfähigkeit durch Leistungen zur medizinischen Rehabilitation oder zur Teilhabe am Arbeitsleben behoben werden kann. Insoweit müssen alle Möglichkeiten genutzt werden, leistungsgeminderte Versicherte wieder in das Erwerbsleben zu integrieren und für sie die Voraussetzungen zu schaffen, ihr verbliebenes Restleistungsvermögen auch weiterhin einsetzen zu können. Im Aufgabenbereich der Rentenversicherung ist die Abwendung der Rente durch Leistungen zur Rehabilitation seit jeher verankert. Bereits in dem ersten Gesetz über die deutsche gesetzliche Rentenversicherung, dem Reichsgesetz über die Invaliditäts- und Altersversicherung vom 22.06.1889, RGBl. I, S. 97, wurden die Landesversicherungsanstalten ermächtigt, „Heilverfahren" zu übernehmen, wenn als Folge einer Krankheit Erwerbsunfähigkeit zu erwarten war, die einen Anspruch auf Invalidenrente begründete.

Bei entsprechender Erfolgsaussicht sind somit alle Möglichkeiten der Rehabilitation auszuschöpfen. Der Vorrang der Leistungen zur Teilhabe vor Rente („Reha vor Rente"), den auch das SGB VI ausdrücklich betont (§ 9 Abs. 1 Satz 2 SGB VI), ist jetzt auch für alle Leistungsträger in § 8 Abs. 2 SGB IX festgelegt; vgl. Abschnitt 1.1.

Voraussetzung für den Erfolg dieser Leistungen zur Rehabilitation ist allerdings, dass mit Hilfe geänderter Rahmenbedingungen für diesen Personenkreis in Betrieben und Verwaltungen ein ausreichendes Angebot auch an qualifizierten Teilzeitarbeitsplätzen geschaffen wird. Dementsprechend ist für die Gruppe der teilweise erwerbsgeminderten Versicherten eine ausdrückliche Regelung in § 10 SGB VI aufgenommen worden: Danach haben Versicherte die persönlichen Voraussetzungen für Leistungen zur Teilhabe auch bei teilweiser Erwerbsminderung ohne Aussicht auf eine wesentliche Besserung der Erwerbsfähigkeit erfüllt, wenn ihnen der Arbeitsplatz durch Leistungen zur Teilhabe am Arbeitsleben voraussichtlich erhalten werden kann.

Versicherungsrechtliche Voraussetzungen

Der Anspruch auf Rente wegen teilweiser oder voller Erwerbsminderung sowie wegen verminderter Berufsfähigkeit im Bergbau setzt voraus, dass die Berechtigten die allgemeine Wartezeit von 5 Jahren erfüllt haben und in den letzten 5 Jahren vor Eintritt der Erwerbsminderung mindestens 3 Jahre Pflichtbeitragszeiten für eine versicherte Beschäftigung oder Tätigkeit nachweisen können (§ 43 Abs. 1 und 2, 45 Abs. 1 SGB VI).

Leistungsfall der Erwerbsminderung

Maßstab für die Feststellung des Leistungsvermögens des Versicherten ist die ihm verbliebene Erwerbsfähigkeit in jeder denkbaren Tätigkeit, die es auf dem allgemeinen Arbeitsmarkt gibt (Gesetzesbegründung zu § 43 SGB VI, BT-Drucks. 14/4230, S. 25).

Erwerbsfähigkeit ist die individuelle Fähigkeit, Arbeit zu verrichten und Erwerbseinkommen zu erzielen. Geprägt wird die Erwerbsfähigkeit einerseits durch die subjektiven Merkmale der körperlichen, geistigen oder seelischen Leistungsfähigkeit des Versicherten, zu der die in Ausbildung und Berufserfahrung erworbenen Kenntnisse und Fähigkeiten beitragen, anderer-

1.2 Rentenleistungen

seits durch das objektive Merkmal der Verwertbarkeit dieser Leistungsfähigkeit in der Arbeitswelt. Somit ist nicht nur das nach der stundenweisen Einsatzfähigkeit beschriebene Ausmaß der gesundheitlichen Leistungsminderungen, sondern auch die Fähigkeit, das Leistungsvermögen unter den üblichen Bedingungen auf dem allgemeinen Arbeitsmarkt einsetzen zu können, von entscheidender Bedeutung.

Eine Minderung der Erwerbsfähigkeit setzt voraus, dass sie zunächst in vollem Umfang bestanden und sich erst im Laufe der Zeit verringert hat. Eine Leistungseinschränkung, die bereits bei Eintritt in die Versicherung vorhanden war (sog. eingebrachtes Leiden), kann grundsätzlich nicht zu einem Rentenanspruch führen, solange keine wesentliche Verschlechterung des Gesundheitszustandes eingetreten ist.

Ursachen der Erwerbsminderung Die Minderung der Erwerbsfähigkeit muss auf Krankheit oder Behinderung zurückzuführen sein. Das Risiko einer aus anderen als gesundheitlichen Gründen verursachten Minderung der Erwerbsfähigkeit ist grundsätzlich nicht vom Invaliditätsschutz der Rentenversicherung erfasst. Sind z. B. berufliche Fähigkeiten mangels deutscher Sprachkenntnisse nicht verwertbar oder sind Berufserfahrungen nutzlos geworden, weil bestimmte Produktionsverfahren grundlegend umgestellt wurden, so hat bei Arbeitsplatzverlust die Arbeitslosenversicherung für den Versicherten einzutreten. Auch Veränderungen der körperlichen Leistungsfähigkeit als Folge des normalen Alterungsprozesses sind grundsätzlich nicht als Krankheit oder Behinderung anzusehen. Hat jedoch das fortgeschrittene Alter schon zu einem krankhaften geistigen Abbau geführt, der es dem Versicherten unmöglich macht, sich anderweitig einzuarbeiten oder an eine andere Arbeitsumwelt zu gewöhnen, so ist zu prüfen, ob der Versicherte im Einzelfall noch unter den üblichen Bedingungen des allgemeinen Arbeitsmarktes erwerbstätig sein kann.

Eine Einschränkung der Erwerbsfähigkeit muss also auf krankhaften Gesundheitsveränderungen beruhen, d. h. auf regelwidrigen Veränderungen des körperlichen, geistigen oder seelischen Zustandes. Dabei kommt es nicht darauf an, ob Arbeitsunfähigkeit i. S. d. Krankenversicherungsrechts vorliegt, nämlich die krankheitsbedingte Unfähigkeit, der zuletzt verrichteten oder einer ähnlichen Arbeit nachzugehen. So kann z. B. durch eine stark entstellende Veränderung des Aussehens eines Versicherten dessen Erwerbsfähigkeit gemindert sein, ohne dass gleichzeitig auch seine konkrete Arbeitsfähigkeit beeinträchtigt wird.

Restleistungsvermögen Im Unterschied zum Recht der Unfallversicherung (§§ 56 ff. SGB VII) und zum Recht der Schwerbehinderten (§§ 2 Abs. 2, 69 SGB IX) ist in der Rentenversicherung nicht die prozentuale Minderung der Erwerbsfähigkeit (MdE in der Unfallversicherung) bzw. der Grad der Behinderung (GdB im Schwerbehindertenrecht), sondern das *verbliebene individuelle Leistungsvermögen* (Restleistungsvermögen) festzustellen. Die MdE bzw. der GdB bezeichnen lediglich das abstrakte Ausmaß einer Beeinträchtigung der körperlichen, geistigen oder seelischen Funktionen, wobei die Funktionseinschränkung in der Unfallversicherung (MdE) sich grundsätzlich an der Fähigkeit zur Teilnahme am allgemeinen Erwerbsleben orientiert, während im Schwerbehindertenrecht (GdB) die Auswirkungen der Behinderung in allen Lebensbereichen beurteilt werden. Für den GdB werden die Behinderungen nach den vom Bundesministerium für Arbeit und Sozialordnung zuletzt 1996 herausgegebenen „Anhaltspunkten für die ärztliche Gutachtertätigkeit im sozialen Entschädigungsrecht und nach dem Schwerbehindertengesetz" (AHP 1996) bemessen. Für die Bemessung der MdE stehen vereinfachende, tabellarisch zusammengefasste „Erfahrungswerte" von Gutachtern, Unfallversicherungsträgern und Gerichten zur Verfügung.

Das alleinige Vorliegen einer Schwerbehinderung (GdB von mindestens 50) oder einer hohen MdE (z. B. beinamputierter Buchhalter) bedingt noch nicht, dass eine Leistungsminderung i. S. d. gesetzlichen Rentenversicherung anzunehmen ist.

Das individuelle Leistungsvermögen des Versicherten wird durch den sozialmedizinischen Dienst des Rentenversicherungsträgers beurteilt; vgl. Kapitel 5 auf Seite 79 ff. Dazu werden alle vorliegenden ärztlichen und psychologischen Gutachten und Unterlagen beigezogen und berücksichtigt.

Zu prüfen ist sowohl, welchen beruflichen Anforderungen der Versicherte nicht mehr gewachsen ist (negatives Leistungsbild) als auch, welchen er noch gerecht wird (positives Leistungsbild). Im Mittelpunkt stehen die Beurteilung vor allem der körperlichen und geistigen Leistungsfähigkeit, der Dauer der arbeitstäglichen Einsatzfähigkeit, der Wegefähigkeit und der Fähigkeit, üblichen Arbeitsbedingungen zu entsprechen.

Ob besondere zusätzliche Leistungseinschränkungen zu einem Rentenanspruch führen, ist stets vom konkreten Einzelfall abhängig, d. h. die Ausprägung eines Leidens oder das Vorhandensein mehrerer außergewöhnlicher Beeinträchtigungen sind in ihrer Auswirkung auf die Prüfung der Frage, ob der Versicherte dem allgemeinen Arbeitsmarkt unter den üblichen Bedingungen zur Verfügung steht, zu berücksichtigen.

Quantitatives Arbeitsmerkmal ist die Arbeitszeit. Eine rentenrechtlich relevante Erwerbsminderung liegt erst vor, wenn ein Versicherter aus gesundheitlichen Gründen nicht mehr in der Lage ist, täglich mindestens 6 Stunden unter den üblichen Bedingungen des allgemeinen Arbeitsmarktes tätig zu sein. Der zeitliche Umfang der noch zumutbaren Arbeitsleistung bestimmt, ob eine teilweise oder volle Erwerbsminderung vorliegt. Zu unterscheiden ist, ob der Versicherte

▷ noch mindestens 3 bis unter 6 Stunden oder
▷ weniger als 3 Stunden

unter den üblichen Bedingungen des allgemeinen Arbeitsmarktes täglich im Rahmen einer Fünftagewoche erwerbstätig sein kann. Damit wird das zeitliche Leistungsvermögen unter den üblichen Bedingungen des allgemeinen Arbeitsmarktes das maßgebliche Entscheidungskriterium.

Bedeutung des Arbeitsmarktes

Der Begriff allgemeiner Arbeitsmarkt ist gesetzlich nicht definiert. Gleichwohl ist eine inhaltliche Bestimmung erforderlich, da die Erwerbsfähigkeit auf dem allgemeinen Arbeitsmarkt Maßstab für die sozialmedizinische Beurteilung und die daraus abzuleitende Rechtsfolge ist. Auch außerhalb des SGB VI findet sich der Begriff des „(allgemeinen) Arbeitsmarktes".

Ausgehend von der volkswirtschaftlichen Definition ist Arbeitsmarkt der Markt, auf dem sich Nachfrage und Angebot an Arbeit gegenüberstehen. Auf diesem Arbeitsmarkt werden sehr unterschiedliche Arbeitsqualitäten nachgefragt und angeboten. Dementsprechend setzt sich der Arbeitsmarkt aus einer Vielzahl von Teilarbeitsmärkten zusammen (bestimmt z. B. nach Wirtschaftszweigen, Berufen/Qualifikationen, Frauen/Männer, Teilzeit- und Vollzeitarbeit, Ausbildungsstellen).

Der Begriff des „allgemeinen" Arbeitsmarktes findet im Wirtschaftsleben keine Verwendung, weder für einen Teilarbeitsmarkt noch für den gesamten Arbeitsmarkt.

Allgemeiner Arbeitsmarkt im Bereich der Arbeitsverwaltung (SGB III) In der Arbeitsverwaltung ist der Begriff des Arbeitsmarktes Bestandteil der Verfügbarkeit (Arbeitsfähigkeit, -bereitschaft). Arbeitsfähig ist ein Arbeitsloser, der eine Beschäftigung unter den üblichen Bedingungen des für ihn in Betracht kommenden Arbeitsmarktes annehmen kann und darf (§ 119 Abs. 3 Ziff. 1 SGB III). Der für den Arbeitslosen in Betracht kommende Arbeitsmarkt erstreckt sich räumlich und fachlich grundsätzlich auf das gesamte Bundesgebiet und umfasst all diejenigen Beschäftigungen, die dem Arbeitslosen bei sachgemäßer Durchführung der Arbeitsvermittlung angeboten werden dürfen. Die „Beschränkung" auf den für den Versicherten zumutbaren Arbeitsmarkt ist inhaltlich gleich mit der bisherigen Auslegung des Begriffes allgemeiner Arbeitsmarkt in § 103 AFG in der bis 31.12.1997 geltenden Fassung. Die Bezeichnung als „allgemeiner" Arbeitsmarkt wurde jedoch aufgegeben.

Allgemeiner Arbeitsmarkt im Bereich der Rentenversicherung Seit der Neuregelung der Renten wegen verminderter Erwerbsfähigkeit in § 43 Abs. 1 und 2 SGB VI ab 01.01.2001 ist das zeitliche Leistungsvermögen des Versicherten „unter den üblichen Bedingungen des allgemeinen Arbeitsmarktes" festzustellen.

Nach der Rechtsprechung des Bundessozialgerichts zur Berufs- und Erwerbsunfähigkeit waren unter Tätigkeiten auf dem „allgemeinen Arbeitsmarkt" ungelernte Tätigkeiten zu verstehen. Ungelernte Tätigkeiten sind alle Tätigkeiten, die keine betriebliche Einarbeitung oder Einweisung oder nur eine solche bis zu einer Dauer von weniger als drei Monaten erfordern.

Eine Übertragung dieser Grundsätze auf das neue Recht würde dazu führen, dass das (abstrakt anhand der zeitlichen Einsatzfähigkeit) festzustellende Leistungsvermögen auf dem allgemeinen Arbeitsmarkt nur anhand ungelernter Tätigkeiten erfolgen würde und alle qualifizierten Tätigkeiten aus dem Kreis geeigneter Erwerbstätigkeiten ausschieden. Dies würde der gesetzgeberischen Zielsetzung, wonach jede nur denkbare Tätigkeit in Betracht kommt, die es auf dem allgemeinen Arbeitsmarkt gibt, zuwider laufen. Gegen eine derartige Einschränkung spricht auch der Umstand, dass nach der Regelung des § 43 Abs. 2 Satz 3 Nr. 1 SGB VI lediglich Tätigkeiten in einer beschützenden Einrichtung im Sinne des § 1 Satz 1 Nr. 2 SGB VI – ob qualifiziert oder nicht – nicht dem „allgemeinen Arbeitsmarkt" zuzuordnen sind.

Der Begriff des allgemeinen Arbeitsmarktes wird deshalb für den Bereich der gesetzlichen Rentenversicherung wie folgt definiert: *Allgemeiner Arbeitsmarkt umfasst alle nur denkbaren Tätigkeiten außerhalb einer beschützenden Einrichtung, für die auf dem Arbeitsmarkt (in einer Vielzahl von Teilarbeitsmärkten) Angebot und Nachfrage besteht.* Dem Begriff „allgemein" kommt somit nur zur Abgrenzung von Sonderbereichen Bedeutung zu und ist ansonsten gleichbedeutend mit Arbeitsmarkt. Die bisherige Definition als Teilarbeitsmarkt für ungelernte Tätigkeiten kann daher nur noch auf die Fälle nach den Übergangsvorschriften des § 240 SGB VI und § 302b SGB VI Anwendung finden.

Übliche Bedingungen des allgemeinen Arbeitsmarktes Die Erwerbsfähigkeit eines Versicherten ist anhand der üblichen Bedingungen des allgemeinen Arbeitsmarktes zu beurteilen. Kann das vom ärztlichen Dienst des Rentenversicherungsträgers festgestellte Leistungsvermögen aufgrund der qualitativen gesundheitlichen Einschränkungen nicht mehr unter den üblichen Bedingungen des allgemeinen Arbeitsmarktes in eine Erwerbstätigkeit umgesetzt werden, ist die attestierte zeitliche Leistungsfähigkeit für sich allein nicht mehr relevant. Demnach hängt die Erwerbsfähigkeit eines Versicherten nicht nur vom Zeitfaktor, sondern insbesondere von den realen Anforderungen in der Berufswelt ab.

Die üblichen Bedingungen des allgemeinen Arbeitsmarktes erstrecken sich auf alle Bestandteile einer Erwerbstätigkeit. Hierzu zählen die auf ein Beschäftigungsverhältnis einwirkenden Rechtsnormen ebenso wie kollektiv- oder individualvertragliche Vereinbarungen. Insbesondere zu nennen ist in diesem Zusammenhang die Arbeitszeit. Sowohl die Dauer als auch die Lage und Verteilung der Arbeitszeit sind maßgebliche Elemente einer Erwerbstätigkeit. Im Normalfall muss ein Arbeitnehmer die erforderliche Arbeitsleistung an jedem Tag der Arbeitswoche erbringen können, um einen Arbeitsplatz auszufüllen. Zur Erwerbsfähigkeit gehört demnach, dass eine Erwerbstätigkeit in gewisser Regelmäßigkeit ausgeübt werden kann. Liegt jede Woche für mehrere Tage Arbeitsunfähigkeit vor oder benötigt der Versicherte häufige zusätzliche Arbeitspausen, die über den üblichen Rahmen der persönlichen Verteilzeit hinausgehen, kann nach der Rechtsprechung des Bundessozialgerichts von gewisser Regelmäßigkeit nicht mehr gesprochen werden.

Zum Recht der Arbeitslosenversicherung (§ 103 Abs. 1 Nr. 1 AFG) hatte das Bundessozialgericht entschieden, dass übliche Bedingungen vorliegen, wenn Arbeitsplätze nicht nur in Einzel- oder Ausnahmefällen anzutreffen sind, sondern in nennenswertem Umfang, in beachtlicher Zahl; so sah das BSG zwanzig in Wohnortnähe in Betracht kommende Arbeitsplätze als ausreichend an, um von üblichen Bedingungen auszugehen.

Risikoverteilung zwischen Arbeitslosen- und Rentenversicherung Auf Grund der Rechtsprechung des Bundessozialgerichts seit 1969 bzw. 1976 zum Recht der Erwerbsminderungsrenten kam es bei der Beurteilung, ob ein Versicherter erwerbsunfähig war, nicht allein auf das Ausmaß seiner gesundheitlichen Beeinträchtigung an, sondern auch auf die jeweilige Lage auf dem Arbeitsmarkt (sog. konkrete Betrachtungsweise). Danach war die Rente bereits dann zu leisten, wenn einem zwar gesundheitlich eingeschränkten, aber noch teilzeitarbeitsfähigen Versicherten kein Arbeitsplatz angeboten werden konnte, der seinem Restleistungsvermögen entsprach. Angesichts der Tatsache, dass der Teilzeitarbeitsmarkt für leistungsgeminderte Versicherte als praktisch verschlossen zu betrachten war, konnte infolge dieser Rechtsprechung bereits eine minimale zeitliche Leistungseinschränkung zur Erwerbsunfähigkeitsrente führen. Auf diese Weise trägt die Rentenversicherung einen erheblichen Teil des Arbeitsmarktrisikos; rund ein Drittel der Renten wegen verminderter Erwerbsfähigkeit wird nicht ausschließlich wegen einer gesundheitlichen Beeinträchtigung, sondern auch wegen des verschlossenen (Teilzeit-)Arbeitsmarktes gezahlt.

Auch nach dem EM-ReformG werden wegen der derzeit noch bestehenden ungünstigen Arbeitsmarktsituation die konkrete Betrachtungsweise und damit die arbeitsmarktbedingten Erwerbsminderungsrenten bis auf weiteres beibehalten. Versicherte mit einem Restleistungsvermögen von drei bis unter sechs Stunden täglich, die damit teilweise erwerbsgemindert sind und daher an sich nur einen Anspruch auf eine halbe Erwerbsminderungsrente haben, erhalten dennoch eine Rente wegen voller Erwerbsminderung, wenn sie keinen Teilzeitarbeitsplatz finden können. Die Beibehaltung der konkreten Betrachtungsweise hat zur Folge, dass die Risikoverteilung zwischen Arbeitslosen- und Rentenversicherung weiterhin zuungunsten der Rentenversicherung verschoben bleibt.

Befristung der Renten wegen verminderter Erwerbsfähigkeit

Nach bisherigem Recht wurden Renten wegen verminderter Erwerbsfähigkeit nur dann auf Zeit geleistet, wenn begründete Aussicht bestand, dass die Minderung der Erwerbsfähigkeit in absehbarer Zeit behoben werden konnte (§ 102 Abs. 2 Satz 1 Nr. 1 SGB VI a. F.). In allen anderen Fällen war – mit Ausnahme der arbeitsmarktbedingten Renten – eine Dauerrente zu leisten.

Nach der Neuregelung der Renten wegen verminderter Erwerbsfähigkeit wird dieses Regel-Ausnahme-Prinzip umgekehrt. Danach werden auch aus medizinischen Gründen bewilligte Renten grundsätzlich nur noch als Zeitrenten geleistet (§ 102 Abs. 2 Satz 1 SGB VI). Die Befristung der Erwerbsminderungsrenten erfolgt für längstens drei Jahre nach Rentenbeginn und kann wiederholt werden (§ 102 Abs. 2 Sätze 2 und 3 SGB VI). Die Rente kann auch auf kürzere und ggf. auch auf bereits abgelaufene Zeiträume befristet werden, wenn die maßgebliche Erwerbsminderung in dieser Zeit behoben werden kann oder behoben worden ist. Befristete Renten enden mit Zeitablauf; die Weitergewährung muss gesondert bewilligt werden.

Eine unbefristete Rente wird nur dann geleistet, wenn unwahrscheinlich ist, dass die Minderung der Erwerbsfähigkeit behoben werden kann. „Unwahrscheinlich" wird so definiert, dass aus ärztlicher Sicht bei Betrachtung des bisherigen Krankheitsverlaufs nach medizinischen Erkenntnissen auch unter Berücksichtigung noch vorhandener therapeutischer Möglichkeiten eine Besserung auszuschließen ist, durch die sich eine rentenrelevante Steigerung der qualitativen und/oder quantitativen Leistungsfähigkeit ergeben würde. Nach einer Gesamtdauer der Befristung von neun Jahren wird gesetzlich vermutet, dass eine künftige Besserung unwahrscheinlich ist (§ 102 Abs. 2 Satz 4 SGB VI). Im übrigen bleibt es dabei, dass arbeitsmarktbedingte Erwerbsminderungsrenten stets auf Zeit geleistet werden (§ 102 Abs. 2 Satz 1 SGB VI).

Eine Rente wird auch dann befristet, wenn Leistungen zur medizinischen Rehabilitation oder zur Teilhabe am Arbeitsleben vorgesehen sind, durch die die Erwerbsminderung voraussichtlich behoben werden kann. In diesem Fall endet die Frist mit Ablauf des Kalendermonats, in dem die Leistung zur Rehabilitation beendet wird (§ 102 Abs. 2a SGB VI). Diese Regelung ist durch das EM-ReformG eingeführt worden, weil nach Änderung des § 116 Abs. 1 SGB VI ein Rentenanspruch nunmehr nicht mehr wegen eines Anspruchs auf Übergangsgeld ausgeschlossen wird. Es ist also auch während einer Reha-Maßnahme Rente zu zahlen, wenn die entsprechende Erwerbsminderung vorliegt.

Unbefristete Renten werden von dem Kalendermonat an geleistet, zu dessen Beginn die Anspruchsvoraussetzungen für die Rente erfüllt sind, wenn der Rentenantrag rechtzeitig gestellt wird (§ 99 Abs. 1 Satz 1 SGB VI). Befristete Renten hingegen werden nicht vor Beginn des siebten Kalendermonats nach dem Eintritt der Minderung der Erwerbsfähigkeit gewährt (§ 101 Abs. 1 SGB VI). In allen Fällen, in denen die Rentenversicherungsträger die Erwerbsminderungsrente nunmehr als Zeitrente bewilligen, haben ggf. andere Leistungsträger, insbesondere die Krankenkassen ihre Leistungen bis zum Ende des sechsten Kalendermonats weiter zu zahlen, ohne für diese Zeit – wie bei Bewilligung einer unbefristeten Rente – einen Erstattungsanspruch geltend machen zu können (§ 103 SGB X i. V. m. § 50 Abs. 1 Satz 1 Nr. 1 SGB V).

Rentenentziehung

Renten wegen verminderter Erwerbsfähigkeit können grundsätzlich auch entzogen werden. Dies gilt sowohl für Zeit- als auch für Dauerrenten. Voraussetzung ist, dass der Empfänger einer Rente wegen verminderter Erwerbsfähigkeit infolge Änderungen in seinen gesundheitlichen Verhältnissen nicht mehr entsprechend erwerbsgemindert ist. Liegt bei dem Empfänger einer Rente wegen voller Erwerbsminderung nur noch teilweise Erwerbsminderung vor, so wird die Rente wegen voller Erwerbsminderung in eine Rente wegen teilweiser Erwerbsminderung umgewandelt.

Um die Änderung festzustellen, ist der Sachverhalt am Tag der Rentenfestsetzung mit dem am Tag der Entziehung zu vergleichen. Nur wenn sich die Änderung zwischen diesen beiden Zeitpunkten ereignet hat, ist eine Entziehung oder Umwandlung gerechtfertigt. War der Rentenempfänger schon bei der Rentenbewilligung nicht oder nicht mehr erwerbsgemindert, so war der Rentenbescheid rechtswidrig und kann nur im engen Rahmen des § 45 SGB X zurückgenommen werden. Das ist z. B. bei einer Fehldiagnose der Fall.

Änderungen, die eine Rentenentziehung auslösen können, müssen wesentlich sein, wie z. B. die Heilung einer Krankheit, die Anpassung und Gewöhnung an einen regelwidrigen Körperzustand wie auch der Erwerb neuer Fähigkeiten und Kenntnisse. Die Aufnahme einer Erwerbstätigkeit allein kann aber dann zu einer Rentenentziehung führen, wenn dem Versicherten die Rente wegen des verschlossenen Arbeitsmarktes gewährt worden ist und er nunmehr eine mehr als geringfügige Tätigkeit ausübt.

Von Seiten der Gerichte werden hohe Anforderungen an das Vorliegen entziehungsrelevanter Sachverhalte gestellt, nicht zuletzt deshalb hat sich der Gesetzgeber nunmehr für den Regelfall der Befristung der Erwerbsminderungsrente entschieden. Damit können die gesundheitlichen Verhältnisse anlässlich der Entscheidung über die Weitergewährung der Zeitrente nochmals geprüft werden.

Antragsprinzip

Die Leistungen der gesetzlichen Rentenversicherung werden grundsätzlich auf Antrag erbracht. Der Rentenversicherungsträger entscheidet dann anhand der eingereichten Unterlagen, Befundberichte oder weiterer Gutachten, ob und welche Leistungen erforderlich sind – und zwar grundsätzlich unabhängig davon, ob es sich um einen Rehabilitations- oder Rentenantrag handelt. Denn nach dem Grundsatz „Reha vor Rente" werden stets zunächst die Rehabilitationsmöglichkeiten geprüft.

Antragsumdeutung Wird eine Rehabilitationsmaßnahme für erfolgversprechend gehalten, wird diese durchgeführt. Stellt sich im Laufe oder nach Ende der Maßnahme heraus, dass doch eine maßgebliche Erwerbsminderung vorliegt, wird – sofern ursprünglich nur ein Rehabilitations-Antrag gestellt war – dieser in einen Rentenantrag „umgedeutet".

Eine Umdeutung ist auch möglich, wenn sich bereits bei Prüfung des Rehabilitationsantrags ergibt, dass eine Maßnahme wegen Art und Schwere der Erkrankung nicht erfolgreich sein wird.

Die Versicherten können dieser Umdeutung allerdings widersprechen, wenn sie die Rente noch nicht haben wollen. (Sie können einen anderen – späteren – Zeitpunkt wählen oder müssen einen neuen Antrag stellen.) Dies ist häufig dann der Fall, wenn noch Ansprüche auf ein höheres Krankengeld oder Arbeitslosengeld bestehen und diese erst noch ausgeschöpft, oder wenn aufgrund weiterer Beitragszahlungen noch ein höherer Altersrentenanspruch erworben werden soll.

Einschränkung der Dispositionsfreiheit Soweit die Entscheidung der Versicherten gegen die Umdeutung in einen Rentenantrag zu Lasten der Krankenversicherung bzw. der Arbeitsverwaltung geht, ist sie jedoch unter bestimmten Voraussetzungen wirkungslos:

Die Krankenkasse kann Versicherte, deren Erwerbsfähigkeit nach ärztlichem Gutachten erheblich gefährdet oder gemindert ist, auffordern, innerhalb von 10 Wochen einen Rehabilitationsantrag zu stellen (§ 51 SGB V), und zwar in aller Regel bei dem zuständigen Rentenversicherungsträger. Stellen die Versicherten innerhalb der Frist den Antrag nicht, so entfällt der Anspruch auf Krankengeld. Wird der Antrag später doch gestellt, lebt der Krankengeldanspruch wieder auf. Damit hat die Krankenkasse ein Druckmittel, um die Versicherten in die Leistungszuständigkeit der Rentenversicherung zu „transportieren". Ist der Versicherte der Aufforderung der Krankenkasse nachgekommen, kann er über das weitere Schicksal seines Rehabilitationsantrages nach höchstrichterlicher Auffassung nicht mehr mitbestimmen: einer Umdeutung in einen Rentenantrag darf er in diesem Fall nicht widersprechen, seine Dispositionsbefugnis ist insoweit eingeschränkt. Der Anspruch der Krankenkasse auf Erstattung des Krankengeldes aus der Rentennachzahlung überwiegt gegenüber der Dispositionsfreiheit des Versicherten, es sei denn, dass dieser im Einzelfall ein berechtigtes Interesse an der Nichtinanspruchnahme der Rente geltend machen kann. Im übrigen kann der Versicherte auf die spätere Weiterzahlung der Rente verzichten.

Eine vergleichbare Regelung wie in § 51 SGB V gibt es auch im Recht der Arbeitsförderung. Nach § 125 Abs. 2 SGB III soll das Arbeitsamt den Arbeitslosen, der wegen einer mehr als sechsmonatigen Minderung seiner Leistungsfähigkeit Arbeitslosengeld nach § 125 Abs. 1 SGB III erhält, unverzüglich auffordern, innerhalb eines Monats einen Antrag auf Maßnahmen zur Rehabilitation oder zur beruflichen Eingliederung Behinderter zu stellen. Stellt der Arbeitslose den Antrag nicht, ruht der Anspruch auf Arbeitslosengeld bis zum Tag, an dem entweder dieser Antrag oder ein Rentenantrag gestellt wird. Damit soll erreicht werden, dass der Rentenversicherungsträger so bald wie möglich die Erwerbsfähigkeit des Arbeitslosen prüfen kann, denn nach der sog. „Nahtlosigkeitsregelung" des § 125 Abs. 1 SGB III ist das Arbeitslosengeld bis zur Feststellung der Erwerbsminderung durch die Rentenversicherung weiterzuzahlen.

Diese gesetzlichen Regelungen sollen gewährleisten, dass die Versicherten nicht nach Belieben die Leistungen der verschiedenen Sozialversicherungszweige in Anspruch nehmen, sondern so früh wie möglich in dem für sie zuständigen Bereich betreut werden. Zuständiger Träger ist für erwerbsgeminderte Rentenversicherte die gesetzliche Rentenversicherung.

1.2.2 Renten wegen Alters

Die Altersrenten dienen der wirtschaftlichen Sicherung des Ruhestandes. Bei den Anspruchsvoraussetzungen wird unterschieden nach der Regelaltersrente mit Vollendung des 65. Lebensjahres und den vorzeitigen Altersrenten ab Vollendung des 60. bzw. des 63. Lebensjahres. Eine Altersrente wird für Zeiten vor Vollendung des 65. Lebensjahres außerdem nur geleistet, wenn bestimmte Hinzuverdienstgrenzen nicht überschritten werden.

Rentenarten

Regelaltersrente Der Anspruch auf die Regelaltersrente (§ 35 SGB VI) setzt neben der Vollendung des 65. Lebensjahres lediglich voraus, dass die allgemeine Wartezeit von 5 Jahren erfüllt ist.

Altersrente für langjährig Versicherte Die Altersrente für langjährig Versicherte kann beanspruchen, wer das 63. Lebensjahr vollendet hat und die Wartezeit von 35 Jahren nachweist. Nachdem die Altersgrenze von 63 Jahren inzwischen (seit 01.01.2000) stufenweise auf das 65. Lebensjahr angehoben worden ist, sind bei einem früheren Rentenbeginn entsprechende Rentenabschläge hinzunehmen (§ 236 SGB VI).

Altersrente für schwerbehinderte Menschen Ab dem 60. Lebensjahr haben anerkannte Schwerbehinderte mit einem Grad der Behinderung (GdB) von mindestens 50 sowie übergangsweise ältere Berufsunfähige und Erwerbsunfähige einen Anspruch auf Altersrente für schwerbehinderte Menschen (§ 37 SGB VI), wenn sie die Wartezeit von 35 Jahren erfüllt haben. Für den Anspruch auf diese Altersrente reichen somit das maßgebende Alter und die Erfüllung der besonderen

1.2 Rentenleistungen

Wartezeit nicht aus; hinzu tritt als weiteres Risiko die Beeinträchtigung der Erwerbsfähigkeit durch Krankheit oder Behinderung.

Die vorgezogene Altersgrenze von 60 Jahren für schwerbehinderte Menschen wird seit 01.01.2001 in monatlichen Schritten auf die Altersgrenze von 63 Jahren angehoben. Ein vorzeitiger Bezug der Rente für Schwerbehinderte ist möglich, aber mit Abschlägen – maximal 10,8 % – verbunden. Die Einbeziehung dieser Rente in die Heraufsetzung der Altersgrenzen war ursprünglich nicht vorgesehen; sie ergab sich aber als unvermeidbare Folge der Einführung von Abschlägen bei den Erwerbsminderungsrenten und den übrigen vorgezogenen Altersrenten, weil sonst ein Ausweichen der älteren Versicherten in die Altersrente für Schwerbehinderte kaum hätte verhindert werden können.

Eine Vertrauensschutzregelung (§ 236a SGB VI) sieht vor, dass Versicherte, die am Stichtag 16. November 2000, das ist der Tag der 3. Lesung des Gesetzes im Deutschen Bundestag, 50 Jahre alt und bereits schwerbehindert, berufs- oder erwerbsunfähig nach dem am 31. Dezember 2000 geltenden Recht waren, noch ohne Abschläge mit 60 Jahren in Rente gehen können. Dabei kommt es nicht auf das Datum der Anerkennung der Schwerbehinderung oder der Feststellung der Erwerbsminderung an, sondern auf das Vorliegen des entsprechenden Sachverhalts am Stichtag. Das bedeutet, dass in Einzelfällen noch künftig bis zu 10 Jahren nachträglich geprüft werden muss, ob die Schwerbehinderung oder die Erwerbsminderung am Stichtag bereits vorgelegen hatte.

Altersrente wegen Arbeitslosigkeit oder nach Altersteilzeitarbeit Ebenfalls vom 60. Lebensjahr an kann derzeit noch – wenn auch mit Abschlägen – die Altersrente wegen Arbeitslosigkeit oder nach Altersteilzeitarbeit (§ 237 SGB VI) beansprucht werden. Diese Rentenart ist zunächst gedacht für Arbeitslose, die nach Vollendung eines Lebensalters von 58 Jahren und 6 Monaten insgesamt 52 Wochen arbeitslos waren und in den letzten 10 Jahren vor Beginn der Rente acht Jahre an Pflichtbeitragszeiten haben. Dabei kann sich der Zeitraum von 10 Jahren um Anrechnungszeiten sowie um Zeiten des Bezuges einer Rente wegen verminderter Erwerbsfähigkeit verlängern. Alternative Voraussetzung für diese Rentenart ist die Ausübung von Altersteilzeitarbeit nach dem Altersteilzeitgesetz für 24 Kalendermonate. Weitere Voraussetzung für beide Alternativen ist die Erfüllung der Wartezeit von 15 Jahren.

Die steigende Inanspruchnahme dieser Rente war letztlich der Auslöser für die in den letzten Jahren vom Gesetzgeber getroffenen Sparmaßnahmen, insbesondere für die Heraufsetzung der Altersgrenzen. Die Anhebung für diese Rente begann bereits ab 01.01.1997; d. h. die reguläre Altersgrenze liegt hier schon bei 65 Jahren. Dadurch hat diese Rentenart ihre ursprüngliche Bedeutung verloren und wird langfristig (für Versicherte ab Geburtsjahrgang 1952) abgeschafft.

Altersrente für Frauen Bislang noch können Frauen unter bestimmten Voraussetzungen ab Vollendung des 60. Lebensjahres die Altersrente für Frauen (§ 237a SGB VI) vorzeitig beziehen. Im Zuge der Gleichstellung von Frauen und Männern geriet diese Rentenart bereits seit längerem in die Kritik. Sie wird nicht zuletzt deshalb für Frauen ab Geburtsjahrgang 1952 abgeschafft. Die stufenweise Heraufsetzung der Altersgrenze auf das 65. Lebensjahr hat seit dem 01.01.2000 begonnen und wird Ende 2004 abgeschlossen sein.

1.2.3 Renten wegen Todes

Nach dem Tod eines Versicherten erhalten die Witwe bzw. der Witwer, die Waise sowie unter bestimmten Voraussetzungen auch der geschiedene Ehegatte Hinterbliebenenrenten. Diese haben die Funktion, den durch Tod des Versicherten eingetretenen Verlust an Unterhaltsleistungen auszugleichen. Auf die Renten wegen Todes wird eigenes Einkommen teilweise angerechnet, soweit es einen bestimmten Freibetrag übersteigt.

Voraussetzung für alle Hinterbliebenenrenten ist, dass der Verstorbene zur Zeit seines Todes eine Versicherungszeit von fünf Jahren (allgemeine Wartezeit) zurückgelegt hatte oder ihm zu diesen Zeitpunkt eine Versichertenrente zustand.

Die Reform der Hinterbliebenenrenten, die mit dem Altersvermögensergänzungsgesetz (AVmEG)[1], dem Altersvermögensgesetz (AVmG)[2] und dem Gesetz zur Verbesserung des Hinterbliebenenrentenrechts[3] zum 01.01.2002 in Kraft getreten ist, hat erhebliche Änderungen gebracht. Sie werden allerdings nur ganz allmählich – dank langfristiger Übergangsregelungen – in die Praxis umgesetzt werden.

Die Änderungen sollen sich nicht auf „Altehen" auswirken; für diese soll weiterhin das bisherige Hinterbliebenenrentenrecht insgesamt gelten (§ 242a SGB VI). Konkret ist bestimmt, dass das bisherige Hinterbliebenenrentenrecht weiterhin gilt bei

▷ Hinterbliebenenrenten aus Todesfällen vor dem 01.01.2002 und

▷ Hinterbliebenen, die vor dem 01.01.2002 geheiratet hatten und sie oder ihr Partner vor dem 02.01.1962 geboren war, also am 01.01.2002 bereits das 40. Lebensjahr vollendet hatte.

Rentenarten

Witwen-/Witwerrente Bei der Witwen-/Witwerrente (§ 46 SGB VI) ist im Hinblick auf die Rentenhöhe zwischen der kleinen und der großen Witwen-/Witwerrente zu unterscheiden. Für den Anspruch auf *kleine* Witwenrente oder kleine Witwerrente genügt, dass der versicherte Ehegatte die allgemeine Wartezeit von fünf Jahren erfüllt hatte. Die kleine Witwen-/Witwerrente beträgt – nach Ablauf des Sterbevierteljahres, in dem die volle Rente gezahlt wird – ein Viertel der Rente des verstorbenen Versicherten. Die höhere *große* Witwen-/Witwerrente wird gezahlt, wenn der hinterbliebene Ehegatte entweder 45 Jahre alt ist oder erwerbsgemindert ist oder mindestens ein Kind erzieht oder versorgt. Entsprechendes gilt unter bestimmten Voraussetzungen auch für vor dem 01.07.1977 geschiedene Ehegatten. Bei „Altehen" beträgt die große Witwen-/Witwerrente – nach Ablauf des Sterbevierteljahres – 60 % der Versichertenrente.

Im Falle der Wiederheirat entfällt der Anspruch auf Witwen- oder Witwerrente. Der überlebende Ehegatte erhält dann eine Abfindung in Höhe des zweifachen Jahresbetrags der weggefallenen Rente.

Für Hinterbliebene, die von dem neuen Recht betroffen sind, ergeben sich im Vergleich zum früheren Recht folgende Veränderungen:

▷ Witwen und Witwer haben keinen Anspruch auf eine Hinterbliebenenrente, wenn die Ehe nicht mindestens ein Jahr gedauert hat. Bei kürzeren Ehen wird unterstellt, dass die Ehe zur Erlangung einer Versorgung geschlossen worden ist. Diese Vermutung kann jedoch im Einzelfall widerlegt werden.

▷ Die kleine Witwen-/Witwerrente wird längstens für zwei Jahre geleistet.

▷ Der Rentenartfaktor bei der großen Witwen-/Witwerrente wird von 0,6 auf 0,55 abgesenkt; die Hinterbliebenenrente beträgt nicht mehr 60 %, sondern nur noch 55 % der Versichertenrente.

▷ Hinterbliebene, die Kinder erzogen haben, erhalten einen dynamischen Zuschlag von maximal einem Entgeltpunkt je Kind; für das erste Kind beträgt der Zuschlag 2 Entgeltpunkte.

Darüber hinaus hält das Gesetz ab 2002 für die Betroffenen eine Alternative zum künftig eingeschränkten Hinterbliebenenrentenrecht bereit: das *Rentensplitting unter Ehegatten*. Die Eheleute können auf den Hinterbliebenenschutz verzichten und stattdessen die in der Ehezeit erworbenen Rentenanwartschaften gleichmäßig teilen. Diejenigen, die Vertrauensschutz genießen und das „alte" Hinterbliebenenrecht in Anspruch nehmen können, haben diese Wahlmöglichkeit hingegen nicht. Wegen dieser Übergangsregelung wird das Rentensplitting vorerst voraussichtlich nur in wenigen Einzelfällen durchzuführen sein.

Soweit die Splittingregelung anwendbar ist, können Ehegatten gemeinsam das Splitting bestimmen,

---

1. *Gesetz zur Ergänzung des Gesetzes zur Reform der gesetzlichen Rentenversicherung und zur Förderung eines kapitalgedeckten Altersvorsorgevermögens* (AVmEG) vom 21.03.2001 – BGBl I, S. 403

2. *Gesetz zur Reform der gesetzlichen Rentenversicherung und zur Förderung eines kapitalgedeckten Altersvorsorgevermögens* (AVmG) vom 26.06.2001 – BGBl I, S. 1310

3. *Gesetz zur Verbesserung des Hinterbliebenenrentenrechts* vom 17.07.2001 – BGBl I, S. 1598

1.2 Rentenleistungen

wenn erstmalig beide Partner Anspruch auf eine Altersvollrente haben oder wenn zumindest ein Ehegatte einen solchen Anspruch hat und der andere bereits das 65. Lebensjahr vollendet hat. Außerdem müssen am Ende der Splittingzeit – das ist die Zeit vom Beginn des Monats der Eheschließung bis zum Ende des Monats, in dem der Anspruch auf Durchführung des Splittings entstanden ist – bei beiden Ehegatten 25 Jahre mit rentenrechtlichen Zeiten vorhanden sein. Falls dass ein Ehegatte stirbt, bevor die Möglichkeit einer gemeinsamen Bestimmung des Splittings bestand, hat der überlebende Ehegatte ein einseitiges Erklärungsrecht und es bestehen Sonderregelungen hinsichtlich der erforderlichen 25 Jahre mit rentenrechtlichen Zeiten.

Das Splitting wird durch die Übertragung von Entgeltpunkten durchgeführt. Der Ehegatte mit den niedrigeren Entgeltpunkten erhält die Hälfte des ehezeitbezogenen Unterschieds zwischen der Summe seiner Entgeltpunkte und der seines Ehegatten; dem ausgleichsverpflichteten Ehegatten wird die entsprechende Summe abgezogen. Das Splitting kann gegenüber einer Hinterbliebenenrente also nur dann vorteilhaft sein, wenn der ausgleichsberechtigte Partner den anderen überlebt. Andererseits bietet das Rentensplitting gegenüber der Hinterbliebenenrente zwei Vorteile: Der zugesplittete Anteil fällt bei einer Wiederheirat des überlebenden Ehegatten nicht weg und er unterliegt auch keiner Einkommensanrechnung.

Waisenrente Eine Hinterbliebenenrente ist auch die Waisenrente (§ 48 SGB VI). Sie wird bis zur Vollendung des 18. Lebensjahres der Waise stets voll gezahlt. Bei Schul- oder Berufsausbildung, Ableistung des freiwilligen sozialen Jahres oder bei Behinderung wird die Waisenrente bis zur Vollendung des 27. Lebensjahres gewährt, ggf. verlängert um die Zeit der Erfüllung des gesetzlichen Wehr- oder Zivildienstes. Vollwaisen erhalten eine höhere Rente als Halbwaisen. Neben der Waisenrente darf bis zur Vollendung des 18. Lebensjahres unbeschränkt hinzuverdient werden. Bei Verlängerung des Waisenrentenbezuges nach Vollendung des 18. Lebensjahres wird Einkommen, das den gesetzlich festgelegten Freibetrag (derzeit rd. 445 Euro in den alten, 388 Euro in den neuen Bundesländern) übersteigt, in Höhe von 40 % auf die Rente angerechnet.

Erziehungsrente Die Erziehungsrente für geschiedene Ehegatten (§ 47 SGB VI) ist zwar den Renten wegen Todes zugeordnet, weil der Tod des früheren Ehegatten maßgebliche Anspruchsvoraussetzung ist. Dennoch ist sie im Unterschied zur Witwen-/Witwerrente für geschiedene Ehegatten eine Rente aus eigener Versicherung. Denn für frühere Ehegatten, deren Ehe nach dem 30.06.1977 geschieden ist, besteht nach dem Tode ihres versicherten früheren Ehegatten kein Anspruch auf Hinterbliebenenrente mehr. In diesen Fällen ist regelmäßig ein Versorgungsausgleich durchgeführt worden, so dass abgeleitete Rentenansprüche nicht in Betracht kommen. Der überlebende frühere Ehegatte kann danach aus der gesetzlichen Rentenversicherung nur aus eigener Versicherung Leistungen erhalten, also grundsätzlich nur Rente wegen verminderter Erwerbsfähigkeit und Altersrente. Da aber durch den Tod des früheren Ehegatten Unterhaltszahlungen entfallen und wegen Kindererziehung möglicherweise kein oder kein ausreichendes Erwerbseinkommen erzielt wird, wurde im Zusammenhang mit dem neuen Scheidungsrecht auch die Erziehungsrente (§ 47 SGB VI) eingeführt.

Anspruch auf Erziehungsrente haben nach dem 30.06.1977 geschiedene Versicherte, wenn ihr geschiedener Ehegatte gestorben ist, sie ein eigenes Kind oder ein Kind des geschiedenen Ehegatten erziehen, sie nicht wieder geheiratet haben und sie selbst bis zum Tode des geschiedenen Ehegatten die allgemeine Wartezeit erfüllt haben. Die Erziehungsrente wird wie die eigene Rente wegen voller Erwerbsminderung berechnet.

1.2.4 Verfahren

Die Renten der gesetzlichen Rentenversicherung werden von dem Kalendermonat an geleistet, zu dessen Beginn die Anspruchsvoraussetzungen erfüllt sind (§ 99 SGB VI). Hat der verstorbene Versicherte im Sterbemonat keine Rente bezogen, beginnt die Hinterbliebenenrente bereits am Todestag.

Erforderlich ist, dass die Rente rechtzeitig beantragt wurde, d. h. bei Versichertenrenten innerhalb von drei Kalendermonaten und bei Hinterbliebenenrenten innerhalb eines Jahres nach Eintritt des Leistungsfalls.

Bei verspäteter Antragstellung wird die Rente aus eigener Versicherung erst vom Antragsmonat an gezahlt, während die Hinterbliebenenrente rückwirkend für längstens zwölf Kalendermonate geleistet werden kann.

Der Rentenantrag ist beim zuständigen Rentenversicherungsträger zu stellen. Der Antrag wird aber auch von allen anderen Sozialleistungsträgern, von allen Gemeinden und bei Personen, die sich im Ausland aufhalten, auch von den amtlichen Vertretungen der Bundesrepublik Deutschland im Ausland fristwahrend entgegengenommen (§ 16 SGB I). Der beim Renten Service der Deutschen Post AG gestellte Antrag der Witwe oder des Witwers auf Zahlung eines Vorschusses für das Sterbevierteljahr wird ebenfalls als Antrag auf Witwen-/Witwerrente behandelt.

Die Erwerbsminderungsrenten und die Erziehungsrente werden längstens bis zur Vollendung des 65. Lebensjahres geleistet. Danach ist von Amts wegen die Regelaltersrente zu zahlen (§ 115 Abs. 3 SGB VI).

Literatur

[1] Gerkens K, Schliehe F, Steinke B (Hrsg.): *Handbuch Rehabilitation und Vorsorge.* Sankt Augustin: Asgard-Verlag, 2002.

[2] Ruland F: Rentenversicherung. In: Maydell B, Ruland F (Hrsg.) *Sozialrechtshandbuch.* Neuwied: Hermann Luchterhand, 2. Auflage, 1996.

[3] Seidel E: Das Rentenversicherungsrecht – Die gesicherten Risiken. In: Maydell B, Ruland F (Hrsg.) *Handbuch der gesetzlichen Rentenversicherung.* Neuwied: Hermann Luchterhand, 1990.

[4] Verband Deutscher Rentenversicherungsträger, VDR (Hrsg.): *Richtlinien, Empfehlungen und Vereinbarungen zur Rehabilitation in der gesetzlichen Rentenversicherung (Reha-Richtlinien).* DRV-Schriften, Band 17. Bad Homburg: WDV Wirtschaftsdienst, Oktober 1999.

[5] Verband Deutscher Rentenversicherungsträger, VDR: Die Erwerbsminderungsrente, Grundsätze der gesetzlichen Rentenversicherung. *Deutsche Rentenversicherung (DRV)* 57 (2–3): 81–213, 2002.

2 Rechtliche Rahmenbedingungen der Begutachtung

Marion Schneider

2.1 Der medizinische Sachverständige

2.1.1 Die Aufklärung des Sachverhaltes

Die Behörden im Bereich der Sozialverwaltung und die Gerichte der Sozialgerichtsbarkeit haben den Sachverhalt in eigener Zuständigkeit von Amts wegen aufzuklären, ohne an das Vorbringen und die Beweisanträge der Beteiligten gebunden zu sein (§ 103 SGG, § 20 SGB X). Sozialverwaltung wie Sozialgerichte müssen daher von sich aus alle Möglichkeiten zur Klärung entscheidungserheblicher Tatsachen ausschöpfen. Die Verwaltung darf also z. B. nicht etwa nur die vom Antragsteller vorgebrachten Angaben berücksichtigen. Vielmehr liegt die Verantwortung für die erforderliche Stoffsammlung bei der Verwaltung selbst. Ergibt sich m. a. W. ein Anhalt für das Vorliegen eines anspruchsbegründenden Merkmals, haben Verwaltung bzw. Sozialgericht dem von Amts wegen nachzugehen. Lässt z. B. ein beigezogener Arztbrief die Möglichkeit offen, dass der eine Erwerbsminderungsrente geltend machende Antragsteller an einer bislang noch nicht bekannten Erkrankung leidet, die ihrerseits für die Beurteilung der Leistungsfähigkeit und damit des Anspruchs erheblich ist, hat die Verwaltung diesbezüglich zu ermitteln, ggf. ein Gutachten einzuholen.

Bei ihren Ermittlungen sind Verwaltung und Sozialgerichte nicht auf bestimmte Beweismittel beschränkt, sondern zu Ermittlungen jeder Art befugt. Als Mittel zur Sachaufklärung kann z. B. das Sozialgericht (nichts anderes gilt zuvor für die Verwaltung) in weitem Umfang insbesondere Krankenpapiere und Krankengeschichten, Untersuchungsbefunde und Röntgenbilder, Akten anderer Sozialleistungsträger und sonstiger Stellen beiziehen. Sozialgerichte und ihnen zuvor die Verwaltung können Auskünfte aller Art, amtliche wie private, einholen; sie können von Ärzten Befundberichte anfordern. Außerdem besteht in jedem Stadium des Verfahrens die Möglichkeit, nach Lage des Falles ggf. auch die Pflicht, Beteiligte anzuhören; dies ist ein oftmals unentbehrliches Mittel zur Sachaufklärung. Zur Durchführung der Amtsermittlung zählt nicht zuletzt, Zeugen und Sachverständige zu vernehmen oder schriftliche Gutachten einzuholen.

So sehr sich Verwaltung und Rechtsprechung im Verfassungsgefüge des sozialen Rechtsstaats unterscheiden, sind beide in gleicher Weise an Gesetz und Recht gebunden (Art. 20 Abs. 3 GG). Dieser Bindung folgend sind sowohl die Verwaltung als auch die Gerichte verpflichtet, den Sachverhalt von Amts wegen in den zur Entscheidung über eine Sozialleistung erheblichen Tatfragen aufzuklären und dabei ein Höchstmaß an Sorgfalt aufzuwenden. Insoweit besteht kein Unterschied dahin, ob ein medizinisches Sachverständigengutachten für eine Verwaltungsentscheidung (z. B. Rentenantrag) erforderlich ist oder der richterlichen Beurteilung dient. In beiden Fällen geht es um die Feststellung von Tatsachen, im hier gegebenen Sachzusammenhang um die Feststellung von entscheidungserheblichen medizinischen Fragen. Soweit sich gleichwohl einzelne Unterschiede im Verfahrensablauf und Verfahrensinhalt zwischen den im Verwaltungsverfahren eingeholten Gutachten gegenüber sozialgerichtlich in Auftrag gegebenen Gutachten ergeben mögen, wird darauf gesondert hingewiesen.

Hinzuweisen bleibt darauf, dass gerade auch im Verwaltungsverfahren Gutachten nicht „parteiisch" zu erstatten sind. Das Verwaltungsgutachten hat die gleiche finale Funktion zur Sachaufklärung wie das Gerichtsgutachten. Gutachten stellen namentlich keine „Parteigutachten" dar. Hier wie dort beantwortet der beauftragte Sachverständige die Beweisfragen, die ihm gestellt werden, als Arzt nach „bestem Wissen und Gewissen".

2.1.2 Sachverständiger und sachverständiger Zeuge

Der Arzt ist jeweils für diejenigen Bereiche seines Gebietes als *Sachverständiger* anzusehen, in denen er *besondere Kenntnisse und Erfahrungen* besitzt. In dieser Funktion gibt er gegenüber dem gerichtlichen, behördlichen oder auch privaten Auftraggeber eine Beurteilung aus Tatsachen auf Grund seiner besonderen Sachkunde und der Fragestellung der Beweisanordnung ab. Die hier relevanten „Tatsachen" sind die Befunde, die er in der Regel durch selbst ausgeführte Untersuchungen erhoben und unter Berücksichtigung der Dokumente und Befunde etwaiger früherer Untersuchungen ausgewertet hat. Lediglich bei reinen Aktengutachten stehen dem Sachverständigen neben dem Akteninhalt als „Tatsachen" nur die Dokumente und Befunde früherer Untersuchungen zur Verfügung.

Darüber hinaus bleibt auf die Abgrenzungsproblematik gegenüber dem *Zeugen* und dem *sachverständigen Zeugen* hinzuweisen. Zeuge, sachverständiger Zeuge und Sachverständiger sind nach den einzelnen Prozessordnungen jeweils Beweismittel (vgl. die §§ 373 ff., 402 ff. und 414 ZPO, § 118 SGG, § 98 VwGO, § 21 SGB X, § 46 Abs. 2 und § 64 Abs. 6 Satz 1 ArbGG, § 72 ff. StPO). Der Zeuge bekundet sein – zumeist zufällig erlangtes – Wissen über bestimmte Tatsachen. Demgegenüber gibt der Sachverständige dem Richter auf Grund seiner besonderen Qualifikation und der Nutzung seines Wissens, seiner Erfahrungen und der Fachliteratur eine *Bewertung* der ihm vorliegenden „Tatsachen", seien diese nun eigene Untersuchungen oder Voruntersuchungen, unter Berücksichtigung der Aktenlage wieder, kraft deren dem Richter die Rechtsanwendung ermöglicht wird. Auch wenn das Gericht dem Sachverständigen nicht die Entscheidung überlassen darf, sondern zu prüfen hat, ob die gutachtlich getroffene Äußerung überzeugend ist, darf sich der Richter trotz der Notwendigkeit einer Beweiswürdigung und damit der richterlichen Bewertung einer gutachtlich getroffenen Äußerung *nicht ohne eigene genügende Sachkenntnis über das Gutachten hinwegsetzen*. Hat er ernsthafte Zweifel, muss er ggf. einen weiteren Sachverständigen zu der gleichen Frage bestellen. Die Entscheidung, welcher von mehreren voneinander abweichenden gutachterlichen Äußerungen zu folgen ist, gehört zu den schwierigsten, oft nicht objektiv lösbaren Problemen der Rechtsfindung.

Im Unterschied zum Sachverständigen soll der *sachverständige Zeuge* seine ohne einen Zusammenhang mit einem gerichtlichen Auftrag gezogenen Wahrnehmungen bekunden und daraus Schlüsse ziehen. Klassischer Anwendungsfall ist die Übermittlung der bei dem jeweiligen Patienten bestehenden Befunde im Rahmen der Erstellung eines Befundberichts oder einer richterlichen Vernehmung über den Gesundheitszustand des Patienten. Damit nimmt der sachverständige Zeuge, wie bereits die bloße Wortbezeichnung erkennen lässt, eine Zwischenstellung zwischen Zeugen und Sachverständigen ein:

▷ Sachverständige berichten über Erfahrungssätze ihrer Wissenschaft und ziehen daraus Schlussfolgerungen, sie vermitteln die bei ihnen gegebene besondere Sachkunde.

▷ Sachverständige Zeugen bekunden dagegen allein Tatsachen oder Zustände, zu deren Wahrnehmung es der besonderen Sachkunde bedarf.

Ein Arzt kann demnach, je nach Beauftragung, Sachverständiger oder sachverständiger Zeuge sein. Letztes wird dann anzunehmen sein, wenn vom Auftraggeber (Gericht bzw. Verwaltung) die Bekundung von Tatsachen verlangt wird, die er als Arzt kraft seiner medizinischen Sachkunde wahrgenommen hat; dann ist der Arzt als sachverständiger Zeugen berufen. Geht es dagegen darum, dass der Arzt – über die Bekundung von Tatsachen hinaus – aus medizinischen Erkenntnissen bestimmte Schlussfolgerungen ziehen soll, ist er als Sachverständiger beauftragt.

Die Unterschiede ergeben sich vor allem in der verfahrensrechtlichen Stellung: Der sachverständige Zeuge ist gerade nicht Sachverständiger, sondern Zeuge.

2.1 Der medizinische Sachverständige

Auf ihn finden daher andere Rechtsregeln Anwendung als auf den Sachverständigen. So klar die Grenzziehung mithin ist, mag es Grenzfälle geben, in denen die Zuordnung nicht offensichtlich ist. Typisches Beispiel: Der behandelnde Arzt, der einen Behandlungs- und Befundbericht abgibt, ist sachverständiger Zeuge. Wird er außerdem aufgefordert, zum Leistungsvermögen seines Patienten oder zu Fragen der Rehabilitationsfähigkeit Auskunft zu geben, kann er, soweit von ihm *besondere Kenntnisse und Erfahrungen und wissenschaftliche Erfahrungssätze* in Bezug auf die konkrete Beauftragung eingesetzt werden müssen, unabhängig von der Auftragsbezeichnung als Sachverständiger anzusehen sein.

Soweit sich für den beauftragten Arzt im Einzelfall Zweifel ergeben, ob eine Beauftragung als Sachverständiger oder als sachverständiger Zeuge vorliegt, ist ihm anzuraten, bei dem Auftraggeber (Verwaltung bzw. Gericht) *vor der Wahrnehmung des Auftrags Rücksprache* zu halten.

2.1.3 Die Auswahl des Sachverständigen

Gerade in sozialrechtlichen Angelegenheiten und damit namentlich im Zusammenhang mit Ansprüchen, die gegen gesetzliche Rentenversicherungsträger erhoben werden, kann nur ein begrenzter Teil der Verfahren ohne die Erhebung von Gutachten abgeschlossen werden. Die sich nach medizinischem Sachverstand ausrichtende Beurteilung des Bestehens etwa einer Erwerbsminderung als Voraussetzung für die Zuerkennung eines entsprechenden Rentenanspruchs oder die Prognose für die Wiedereingliederung als Voraussetzung für die Geltendmachung eines Anspruchs auf medizinische Rehabilitation erfordern vielfach eine medizinische Gutachtenerhebung. Es bleibt darauf hinzuweisen: Die Beurteilung von Ansprüchen im Bereich der gesetzlichen Rentenversicherung erfordert weithin die Erstattung von medizinischen Sachverständigengutachten.

Die damit aufgeworfene Frage, welche Ärzte als geeignete Sachverständige im Einzelfall in Betracht kommen, obliegt dem Auftraggeber und damit der Verwaltung bzw. den Sozialgerichten. Nicht jeder Arzt ist für alle Bereiche seines Faches per se als Sachverständiger anzusehen. Er ist vielmehr in der Regel nur dann als Sachverständiger zu bestellen, wenn er auf dem aus dem Beweisbeschluss oder der Auftragsstellung hervorgehenden Teil seines Gebietes durch besondere Kenntnisse und Erfahrungen ausgewiesen ist. Die Wahl geeigneter Sachverständiger unter diesen Gesichtspunkten ist eine besonders verantwortungsvolle Aufgabe für den Richter und die Verwaltung gleichermaßen. Sie kann oft nicht ohne vorherige Konsultation erfahrener Ärzte erfüllt werden.

Dem Gutachten kommt die Aufgabe zu, im Rahmen der Diagnostik unter Einsatz der hierfür geeigneten Untersuchungsmethoden Befunde zu erheben und zu beurteilen sowie auf Grund der Aktenlage und seiner Untersuchungsergebnisse die Fragestellungen der Beweisanordnung so zu beantworten, dass dem Richter oder im weitesten Sinne dem Auftraggeber die Rechtsanwendung ermöglicht wird. Für sämtliche Aufgabenfelder benötigt der Sachverständige ein *besonderes Fachwissen*, das dem Auftraggeber fehlt. Verwaltung und Gerichte sind mangels eigener medizinischer Sachkunde nicht in der Lage, einen medizinischen Sachverhalt angemessen zu bewerten. In diesem Sinne ist der Sachverständige Helfer des Auftraggebers. Bei gerichtlicher Sachverständigentätigkeit wird diese besondere Beziehung zwischen Richter und Sachverständigem auch durch die Bestimmung unterstrichen, dass der Richter die Tätigkeit des Sachverständigen erforderlichenfalls zu leiten hat. Dies geschieht bei Gerichtsgutachten i. d. R. ausschließlich durch den Inhalt des Beweisbeschlusses.

Der Richter ist – dies liegt auf der Hand – im Bereich der Medizin nicht ausgebildet. Er ist allerdings auf dem Gebiet der Medizin, denkt man nur an die Sozialgerichte, vielfach mit Halbwissen ausgestattet, welches die erforderliche Sachkunde nicht zu ersetzen vermag. Auch wenn die dem Richter im Einzelfall zugänglichen medizinischen Begriffe geeignet sein mögen, im Rahmen der Beweisanordnung sachlich zutreffende Fragen zu stellen, fehlt ihm die hinreichende Sachkunde, die es ihm ermöglichen würde, ein Verfahren ohne die Einholung eines erforderlichen medizinischen Sachverständigengutachtens abzuschließen.

Hieraus werden sowohl die *Bedeutung des Gutachtens* als auch die *Stellung des Sachverständigen* deutlich: Das Gutachten soll dem Auftraggeber zur Klärung eines medizinischen Sachverhalts verhelfen, die für ihn selbst mangels eigener Sachkunde nicht möglich ist. Nicht selten ergibt sich für den Sachverständigen auf Grund des Aktenstudiums und seiner Untersuchungsergebnisse auch die Notwendigkeit, eine *Erweiterung der Beweisanordnung* vorzuschlagen. Dem Probanden gegenüber, auch wenn dieser der Auftraggeber ist, nimmt der Sachverständige insofern eine andere Stellung als seinem Patienten gegenüber ein, als er bei dieser Aufgabe ausschließlich zu einer möglichst objektiven Bewertung nach patho-anatomischen und funktionellen Gesichtspunkten verpflichtet ist und sich dabei nicht durch Vorstellungen und Äußerungen des Probanden beeinflussen lassen darf.

Damit ist das *Gutachten* als die Anwendung besonderer medizinischer Erkenntnisse und Erfahrungen auf einen Einzelfall im Hinblick auf eine bestimmte, zumeist aus rechtlichen Gründen gebotene Fragestellung zu verstehen. Im Rahmen eines Sachverständigengutachtens hat der beauftragte Arzt aus Tatsachen und Sachverhalten, die sich aus den eigenen Untersuchungen oder den Akten einschließlich der Voruntersuchungen ergeben, mit Hilfe seiner besonderen Befähigung Schlussfolgerungen zu ziehen. Im Unterschied zum Befundbericht, der eine bloße Zustandsbeschreibung auf Grund von Untersuchungsergebnissen enthält, ist das ärztliche Gutachten dadurch gekennzeichnet, dass es auf Grund des von dem Urheber eingebrachten besonderen Kenntnis- und Erfahrungsschatzes eine wissenschaftlich begründete Schlussfolgerung enthält und die Fragen der Beweisanordnung beantwortet.

2.1.4 Die Beauftragung des Sachverständigen

Ein Arzt kann in unterschiedlichster Form als Sachverständiger beauftragt werden, etwa von einem privaten Auftraggeber (Privatperson, Versicherungsgesellschaft), einer Verwaltungsbehörde, einem Gericht oder einer Staatsanwaltschaft. Im hier gegebenen Zusammenhang geht es um zwei Auftraggeber: Einerseits um die Beauftragung durch ein Sozialgericht, andererseits durch einen Rentenversicherungsträger.

Im Verwaltungsverfahren und im Gerichtsprozess ist dem Sachverständigen eine im Wesentlichen gleiche Rolle zugewiesen. Gleichgültig, wer den Gutachtenauftrag erteilt hat, ob also der Versicherungsträger oder das Gericht: In beiden Fällen hilft der Sachverständige medizinischen Laien bei der Sachaufklärung, ordnet den medizinischen Sachverhalt und trägt im weitesten Sinne zur Wahrheitsfindung bei.

Je nachdem, von wem er beauftragt ist, kommt ihm die Stellung eines medizinischen Helfers und Beraters entweder der Verwaltung oder des Gerichts zu. Er entscheidet damit nicht selbst, sondern trägt mit seinem medizinischen Fachwissen, seinen aus medizinischer Praxis gewonnenen Erfahrungen und seinem fachkundigen Rat dazu bei, dass die Verwaltung, im Streitfall das Gericht die Entscheidung findet. In dieser Funktion gerät der Arzt als Sachverständiger leicht in Gefahr, mit einer Rolle versehen zu werden, die ihm gesetzlich nicht zukommt: Er wird zum eigentlichen Herrn des Verfahrens gemacht. So wird behauptet, in der heutigen Sozialordnung besäßen die Ärzte die Schlüssel, mit deren Hilfe sich Fächer zu Sozialleistungen vielfältiger Art öffnen ließen. Mit der Brille der Versicherten gesehen, ist diese Behauptung – so irrig sie ist – nicht einmal übertrieben, wenn man sich die Rolle vergegenwärtigt, die dem Arzt im Sozialstaat zufällt. An welche Sozialleistung oder soziale Vergünstigung man auch denkt, ob an Krankengeld oder Rente wegen Erwerbsminderung, ob an den Schwerbehindertenschutz oder an Rehabilitation, im Kern geht es immer darum: Krankheit ist Merkmal von gesetzlichen Tatbeständen, aus denen sich Rechtsansprüche gegen Sozialleistungsträger ableiten. Wo der Bürger aus Krankheitsgründen eine Sozialleistung beantragt, überall begegnet er dem Arzt, von dessen Beurteilung aus seiner Sicht viel, wenn nicht alles abhängt. Für ihn liegt der Gang zum medizinischen Sachverständigen stets vor der Entscheidung über seinen Leistungsantrag. In dieser Situation ist es nicht verwunderlich, dass er den medizinischen Sachverständigen für denjenigen hält, der das letzten Endes entscheidende Wort spricht.

Rechtlich jedoch liegt die Entscheidungskompetenz allein bei der Verwaltung oder beim Gericht. Der Sachverständige muss deshalb nicht nur bei seinen Gesprächen mit dem Gutachtenpatienten, sondern auch in seiner gutachtlichen Aussage den Eindruck vermeiden, als sei er es, der entscheidet, ob die beantragte Sozialleistung zusteht. Er muss vor allem darauf bedacht sein, medizinische und außermedizinische Kompetenzen nicht zu verwischen.

Gutachten im Auftrag eines Sozialgerichts

Bereits die Benennung als „Gerichtsgutachten" weist aus, dass der Auftraggeber des Sachverständigen ein Gericht ist. Zwischen diesem und dem Sachverständigen besteht ein öffentlich-rechtliches Rechtsverhältnis, das seine rechtlichen Grundlagen in den einschlägigen Prozessordnungen findet. Das Sozialgerichtsgesetz (SGG) als maßgebliche Grundlage für den sozialgerichtlichen Gutachtensauftrag verweist dazu auf die Vorschriften des Zivilprozessrechts (vgl. § 118 Abs. 1 Satz 1 SGG; §§ 402 ff. ZPO). Auf diese Vorschriften wird im Folgenden abgestellt.

Anders als im Verwaltungsverfahren stehen sich im Rechtsstreit der erfolglos gebliebene Antragsteller als Kläger und der Rentenversicherungsträger als Beklagter gegenüber. Sie sind damit Parteien eines Streitfalles („Beteiligte"; vgl. § 69 SGG), zwischen denen in prozessualer Hinsicht „Waffengleichheit" herrscht. Aus diesem Grund zeichnet sich das gerichtliche Prozessrecht durch Formstrenge aus (§§ 402 bis 414 ZPO).

Auftraggeber des Sachverständigen ist immer das Gericht, niemals eine Partei oder ein Beteiligter eines Verfahrens. Der gerichtlich beauftragte Sachverständige ist daher gegenüber dem Prozessbeteiligten niemals – weder gegenüber dem Kläger noch dem Rentenversicherungsträger – vertraglich gebunden. Er unterliegt ausschließlich einem als öffentlich-rechtliches Vertragsverhältnis zu beurteilenden Rechtsverhältnis gegenüber dem beauftragenden Gericht. Darin liegt keine unnötige Förmelei. Im Gegenteil beruht die besondere Förmlichkeit der richterlichen Beauftragung eines Sachverständigen auf der besonderen Rolle, die dem Gericht gegenüber den Prozessbeteiligten obliegt. Der Richter ist der Unparteilichkeit verpflichtet. Er muss jeden Eindruck der Parteilichkeit vermeiden, etwa dergestalt, dass der Versicherungsträger mit seinen Gutachten eine bevorrechtigte Stellung einnähme. Vielmehr hat der Richter den gesamten Prozessstoff und damit auch die im Verwaltungsverfahren beigezogenen Gutachten ebenso unparteiisch und neutral zu würdigen wie das Vorbringen der Beteiligten.

Die Beauftragung des Sachverständigen erfolgt durch Beweisbeschluss des Gerichtes (§ 118 SGG sowie die §§ 404 i. V. m. 358 ZPO). Beweisbeschlüsse sind nach Beweisthema, Beweismittel und Beweisführer gegliedert. Der Sachverständige ist an die Fragestellung im Rahmen des Beweisthemas gebunden. Er sollte sich an die mit dem Beweisthema abgesteckten sachlichen Grenzen der Begutachtung streng halten. Eine Auftragsüberschreitung des mit dem Beweisbeschluss gezogenen Rahmens ist dem Sachverständigen verwehrt. Sollte sich eine Unklarheit oder offenkundige Lücke im Rahmen des – von einem Nichtmediziner verkündeten – Beweisbeschlusses ergeben, so empfiehlt sich die unmittelbare Rückfrage gegenüber dem Gericht. Das Gericht bestellt eine bestimmte Person als Gutachter. Gerade wegen der Pflicht zur persönlichen Gutachtenerstattung kommt die Beauftragung einer Klinik oder einer Institution als solcher nicht in Betracht.

Für das sozialgerichtliche Verfahren besteht die Besonderheit, dass der Kläger gem. § 109 SGG die Einholung eines Gutachtens bei einem von ihm bestimmten Sachverständigen beantragen kann. Das Sozialgericht hat dem grundsätzlich nachzukommen. Dies ändert aber nichts daran, dass das Gericht (und nicht der den Antrag i. S. d. § 109 SGG stellende Kläger) Auftraggeber ist.

§ 118 SGG i. V. m. § 407a Abs. 2 ZPO verbietet, dass der Sachverständige den Gutachtenauftrag auf einen anderen Arzt überträgt. Daher muss auch der gerichtliche Beweisbeschluss klar erkennen lassen, welche Person zum Sachverständigen ernannt wird. Dieser Sachverständige – nur er – hat die Pflicht, das Gutachten vorzubereiten und zu erstatten. Das Gericht will gerade seine Antwort zu dem mit seiner Hilfe aufzuklärenden medizinischen Sachverhalt hören, nicht die eines anderen. Selbstverständlich darf er zur Vorbereitung des Gutachtens *Hilfskräfte* hinzuziehen; neuerdings ist er jedoch gesetzlich verpflichtet, seine Hilfskräfte namhaft zu machen und den Umfang ihrer Tätigkeit anzugeben, soweit sie nicht bloß Dienste „von untergeordneter Bedeutung" geleistet haben (§ 407a Abs. 2 ZPO). Der Sinn aller dieser Beweisvorschriften liegt darin, dem gerichtlich bestellten Sachverständigen eine unabhängige, über den streitenden Parteien stehende Stellung zu sichern.

Die vorstehenden Ausführungen machen deutlich, dass dem Sachverständigen *eine herausragende Bedeutung bei der prozessualen Wahrheitsfindung* zukommt: Das Sozialgericht bedient sich wie z. B. auch die Zivil- oder Strafgerichte des Sachverständigen zur Entscheidungsfindung. Die deshalb gegebene Notwendigkeit einer Kooperation zwischen dem Sachverständigen und dem Gericht ist evident. Der medizinische Sachverständige sollte sich allerdings verdeutlichen, dass er im Verhältnis zum Gericht nicht selbst zur rechtlichen Bewertung berufen ist. Er ist und bleibt vielmehr dessen Gehilfe. Dabei darf freilich nicht übersehen werden, dass die Sozialgerichte, die vielfach über medizinische Sachverhalte zu befinden haben, auf die *Mithilfe des medizinischen Sachverständigen angewiesen* sind. Auch wenn sich das Gericht im Rahmen einer Sachverständigenbestellung dem Gutachter nicht ausliefern und damit die Aufgabe der Entscheidungsfindung nicht auf diesen übertragen darf, bleibt dennoch hervorzuheben, dass ein Gericht nur selten von gutachterlich getroffenen Bewertungen abweichen wird. Gerade dies verdeutlicht die Verantwortungsposition des Sachverständigen.

Gutachten im Auftrag eines Rentenversicherungsträgers

Von Versicherungsträgern und Gerichten werden gleiche Beweismittel mit dem gleichen Ziel eingesetzt, den Sachverhalt aufzuklären und eine Entscheidung zu finden. Auch dem Rentenversicherungsträger obliegt es, den Sachverhalt von Amts wegen aufzuklären (§ 20 SGB X; vgl. Abschnitt 2.1.1). Dieser Rechtspflicht folgend, hat sich der Rentenversicherungsträger der Beweismittel zu bedienen, die er nach seinem pflichtgemäßen Ermessen für erforderlich hält. Damit hat er auch die Möglichkeit, nach Lage des Falles aber auch die Rechtspflicht, „Sachverständige zu vernehmen" oder „die schriftliche Äußerung von Sachverständigen einzuholen" (vgl. § 21 Abs. 1 SGB X).

Gerade bei der Einholung von Gutachten auf der Verwaltungsebene besteht hinsichtlich des Formzwanges allerdings ein Unterschied zu den Gerichtsgutachten. Zwar kann der Verwaltungsträger den Sachverständigen sowohl in einem „nichtförmlichen" als auch einem „förmlichen" Verwaltungsverfahren heranziehen. Allerdings besteht für den Bereich des Sozialrechts der Grundsatz der „Nichtförmlichkeit" des Verwaltungshandelns (vgl. § 9 SGB X). Der Versicherungsträger ist folglich nicht an derart strenge Verfahrensregeln gebunden wie die Gerichte.

Art und Umfang der Ermittlungen werden im Verwaltungsverfahren nach pflichtgemäßem Ermessen bestimmt (§ 20 Abs. 1 SGB X). Dem Versicherungsträger ist gesetzlich die Aufgabe übertragen, den Sachverhalt mit dem Ziel zu ermitteln, Entscheidungsreife herbeizuführen. Dabei bedient er sich der Beweismittel, die er für erforderlich hält; insbesondere kann er Zeugen und Sachverständige vernehmen (§ 21 SGB X) – eine Vorschrift, die einen Bogen zum gerichtlichen Prozessrecht der ZPO schlägt.

Dies bedeutet, dass dem von der Verwaltung erteilten Gutachtenauftrag nicht dieselbe Förmlichkeit zukommt wie dies für die gerichtliche Beauftragung gilt. Doch muss auch er zumindest das Beweisthema klar festlegen, also bestimmte Beweisfragen enthalten. Die Vorschrift, dass der Gutachtenauftrag nicht auf einen anderen Arzt übertragbar ist, gilt zwar nicht. Trotzdem ist es nicht in das freie Belieben des beauftragten Arztes gestellt, einen Auftrag kurzerhand weiterzuleiten.

2.1.5 Die Pflicht zur Begutachtung

Gegenüber den Gerichten und damit auch in sozialgerichtlichen Angelegenheiten ist dem Arzt eine gesetzliche Verpflichtung zur Erstattung von Gutachten auferlegt. Voraussetzung ist, dass er gerichtlich zum Sachverständigen bestellt worden ist (§ 118 Abs. 1 Satz 1 SGG i. V. m. § 407 ZPO). Dieser Begutachtungspflicht kann sich der Arzt, aus der besonderen Stellung seines Berufes folgend, nur schwer entziehen (vgl. §§ 406, 408, 411 ZPO).

Dem gemäß hat der medizinische Sachverständige einem gerichtlichen Auftrag zur Gutachtenerstattung Folge zu leisten, soweit ihm nicht ein Gutachtenver-

2.1 Der medizinische Sachverständige

weigerungsrecht zusteht; vergleiche hierzu auch den Abschnitt 2.1.6.

Unabhängig davon wird aber das Gericht – dem Grundsatz der Kooperation entsprechend – auch im eigenen Interesse den Sachverständigen von der Pflicht zur Gutachtenerstattung entbinden, wenn dieser z. B. arbeitsüberlastet ist oder auch den Probanden zuvor selbst behandelt hat. Dem beauftragten Sachverständigen ist anzuraten, solche, die Gutachtenerstellung verzögernde oder gar hindernde Gründe dem Gericht anzuzeigen. Der Griff zum Telefon schadet ihm ebenso wenig wie zuvor dem Richter, der einen Gutachter, ohne diesen zu kennen, möglicherweise erstmals beauftragt.

Im *Verwaltungsverfahren* besteht eine vergleichbare Verpflichtung ausdrücklich dann, wenn die Erstattung eines Gutachtens unabweisbar ist, um eine Entscheidung zu treffen, ob ein Leistungsanspruch entstanden, eine Sozialleistung zu erbringen, fortzusetzen oder zu entziehen ist, ruht oder wegfällt oder in welcher Höhe sie zusteht (vgl. zum Ganzen § 21 Abs. 3 SGB X). Wegen der Verweisung auf § 407 ZPO können Ärzte dieser Begutachtungspflicht auch im Verwaltungsverfahren nur schwer ausweichen. Sie haben, wie § 407 ZPO dies apodiktisch ausdrückt, "der Ernennung Folge zu leisten". Bei grundloser Weigerung, den Gutachtenauftrag zu erfüllen, können sogar – im Verwaltungsverfahren allerdings nicht vom Versicherungsträger, sondern nur auf dessen Antrag vom zuständigen Sozialgericht – Zwangsmittel eingesetzt werden (§ 22 SGB X). Auch hier gilt: Ebenso wie mit den Sozialgerichten sollte der beauftragte Arzt mit dem Auftraggeber auf der Grundlage einer vertrauensvollen Zusammenarbeit kooperieren.

Die vorstehenden Regeln gelten im Verwaltungsverfahren namentlich für beauftragte externe Ärzte. Für die dem Versicherungsträger angehörenden Ärzte beruht die Begutachtungspflicht entweder auf dienstrechtlicher Grundlage (Beamte) oder sie ergibt sich aus arbeitsvertraglichen Pflichten (Angestellte). Darüber hinaus verweist § 21 Abs. 3 SGB X generell für Sachverständige, gleichgültig in welchen Rechtsbeziehungen sie zum Versicherungsträger stehen, auf Vorschriften der Zivilprozessordnung über

▷ das Recht, ein Gutachten zu verweigern (§ 408),

▷ die Ablehnung von Sachverständigen (§ 406) und

▷ die Vernehmung von Angehörigen des öffentlichen Dienstes (§ 408 Abs. 2).

2.1.6 Weigerungsgründe

Zur Verweigerung der Erstattung eines Gutachtens ist der Sachverständige aus gleichen Gründen wie ein Zeuge berechtigt (§ 118 Abs. 1 Satz 1 SGG i. V. m. den Bestimmungen der ZPO). Die ZPO zählt im einzelnen namentlich verwandtschaftliche Beziehungen und sonstige sachliche Gründe auf. Außerdem ist dem Versicherungsträger wie dem Gericht die Möglichkeit eingeräumt, den Sachverständigen aus Zweckmäßigkeitsgründen von seiner Begutachtungspflicht zu entbinden, z. B. bei beruflicher Überlastung oder bei Fehlen der erforderlichen speziellen Sachkunde. Ein Weigerungsrecht zur Gutachtenerstattung besteht auch, wenn der medizinische Sachverständige der ärztlichen Schweigepflicht unterliegen würde (§ 408 Abs. 1 i. V. m. § 383 ff. ZPO).

Liegen solche Hinderungsgründe vor, sollte der Sachverständige seinem Auftraggeber unverzüglich Mitteilung geben und zugleich um Freistellung von dem Gutachtenauftrag nachsuchen.

Gerade hierbei ist dem Sachverständigen die enge Kooperation mit dem Gericht anzuraten. Verweigert der von einem Gericht bestellte Sachverständige die Auftragsübernahme ohne entsprechenden Grund, teilt er eine persönliche Verhinderung zur Gutachtenerstattung dem Gericht nicht unverzüglich mit oder lässt er gesetzte Abgabefristen ohne wichtigen Grund verstreichen, so steht dem Gericht das Recht zur Erteilung einer Ordnungsstrafe in der Form eines Ordnungsgeldes zu. Die Entscheidung ist beschwerdefähig.

2.1.7 Sachverständiger und Proband

Wie eingangs dargelegt, ist der Sachverständige, sei er sozialgerichtlich oder von einem Rentenversicherungsträger beauftragt, der Objektivität und Neutralität unbedingt verpflichtet.

Nicht zu verkennen ist allerdings, dass der medizinische Sachverständige – wiederum: gleichgültig, ob er im Verwaltungs- oder im Gerichtsverfahren tätig wird – in einer schwierigen Doppelrolle steht. Denn er ist Arzt und Gutachter zugleich. Wie für jeden Arzt gilt damit auch für ihn der Pflichtenkreis der ärztlichen Berufsordnung, und zwar uneingeschränkt. Diese Doppelfunktion verlangt im Rahmen des Gutachtenauftrags Bemühungen, die Gesundheit des Probanden zu schützen, nicht zu gefährden und eine Gesundung des Gutachtenpatienten nicht zu behindern. Der prozessrechtlichen Eidesformel des § 410 ZPO folgend, die auch im sozialgerichtlichen Verfahren (§ 118 SGG) und dem Verwaltungsverfahren (§ 21 SGB X) Geltung beansprucht, hat der Sachverständige sein Gutachten

▷ unparteiisch und

▷ nach bestem medizinischen Wissen und ärztlichen Gewissen

zu erstatten. Dies verlangt im Verhältnis des Sachverständigen gegenüber dem Probanden nach Neutralität. Es sei daran erinnert, dass die Erstattung des Gutachtens zur Klärung eines medizinischen Sachverhalts dient. Zu dieser medizinischen Klärung ist der Auftraggeber mangels eigener medizinischer Kompetenz nicht in der Lage und daher insoweit zur Wahrheitsfindung auf den Sachverständigen angewiesen. Daher nimmt der Arzt als Sachverständiger dem Probanden gegenüber insofern eine andere Stellung als seinem Patienten gegenüber ein, als er bei dieser Aufgabe ausschließlich zu einer möglichst objektiven Bewertung nach patho-anatomischen und funktionellen Gesichtspunkten verpflichtet ist. Dies gilt selbst in den Fällen, in denen der Proband – z. B. bei der Einholung eines Privatgutachtens – der Auftraggeber ist. Der Sachverständige darf sich dabei ebensowenig durch Vorstellungen und Äußerungen des Probanden wie im Verhältnis zu Dritten beeinflussen lassen. Er ist bei der Wahrnehmung seiner gutachtlichen Aufgabe nicht an Weisungen gebunden und nur seinem ärztlichen Gewissen unterworfen.

2.1.8 Die Ablehnung des Sachverständigen

Der gerichtliche wie der von der Verwaltung beauftragte Sachverständige kann wegen Besorgnis der Befangenheit abgelehnt werden (§ 118 Abs. 1 Satz 1 SGG, § 406 ZPO und § 60 SGG). Dies wird in den Fällen erfolgen, in denen ein Sachverhalt geeignet erscheint, Misstrauen gegen die Unparteilichkeit des Sachverständigen herzuleiten („Besorgnis der Befangenheit"). Aber auch dem Sachverständigen selbst steht ein Recht auf Selbstablehnung zur Seite (§ 48 ZPO). Besorgnis der Befangenheit setzt das Vorliegen eines Grundes voraus, der geeignet ist, Misstrauen gegen die Unparteilichkeit des Sachverständigen zu rechtfertigen.

Beispiele für Ablehnungsgründe: Freundschaft zum Sachverständigen oder Zwistigkeiten mit ihm; unsachliche oder gar beleidigende Bemerkungen während der Untersuchung oder im Gutachten; erkennbar einseitige Parteinahme zugunsten eines Prozessbeteiligten, im Verwaltungsverfahren zu Ungunsten des Gutachtenpatienten; frühere Erstattung eines Privatgutachtens in derselben Sache; noch andauernde Behandlung als Patient des zum Sachverständigen bestellten Arztes; Ausstellung eines Attestes mit Stellungnahme zu dem durch Gutachten zu klärenden Sachverhalt.

Keine Ablehnungsgründe: Mangel an Sachkunde; Fehler bei der Begutachtung; Tätigkeit als Sachverständiger in früheren, inzwischen beendeten Verfahren; abgeschlossene ärztliche Behandlung, besonders in einer Klinik.

Für die Vernehmung von Beamten und sonstigen Personen des öffentlichen Dienstes als Sachverständige gelten Vorschriften entweder des Bundes- oder Landesbeamtenrechts oder für die im Angestelltenverhältnis tätigen Ärzte des Bundesangestelltentarifs (§ 408 Abs. 2), namentlich aus zwei Blickpunkten:

▷ der Amtsverschwiegenheit und

▷ der Nebentätigkeit besonders bei externer Begutachtung.

Fallgestaltungen sind z. B. die besondere Nähe zu einem Beteiligten aus persönlichen oder beruflichen Gründen, vor allem aber die Abgabe unbesonnener und vorschneller Erklärungen des Sachverständigen über den vermutlichen Prozessausgang.

2.1.9 Rechte und Pflichten des Sachverständigen

Allgemein unterliegt der Sachverständige denselben Sorgfaltspflichten wie der privatrechtlich beauftragte. Dem gemäß hat er nach dem geltenden ärztlichen Berufsrecht mit der notwendigen Sorgfalt zu verfahren und nach bestem Wissen und Gewissen seine ärztliche Überzeugung auszusprechen.

Darüber hinaus ergeben sich infolge der richterlichen Bestellung des Sachverständigen besondere prozessualen Pflichten (vgl. § 118 SGG i. V. m. § 407a ZPO). So ist er z. B. zum Erscheinen vor Gericht verpflichtet, wenn ihn das Gericht zu einer mündlichen Verhandlung ordnungsgemäß geladen hat. Eine Delegation des Sachverständigen an einen Mitarbeiter ist unzulässig und steht dem Nichterscheinen vor Gericht gleich. Dieses wird in diesen Fällen ein Ordnungsgeld verhängen.

Grundlage für den prozessualen Pflichtengehalt ist namentlich § 407a ZPO, dessen Zielsetzung darin liegt, im Gerichtsprozess die Zusammenarbeit zwischen Sachverständigen, Richtern und Prozessbeteiligten zu verbessern sowie eine rasche und trotzdem richtige Erledigung von Rechtsstreitigkeiten zu fördern. Daraus ergeben sich vor allem die folgenden Pflichten:

▷ Der Sachverständige hat unverzüglich zu prüfen, ob der Auftrag in sein Fachgebiet fällt und erledigt werden kann, ohne weitere Sachverständige hinzuzuziehen.

▷ Er ist nicht befugt, den Auftrag auf einen anderen zu übertragen, hat die Personen, deren Mitarbeit er sich bedient, namhaft zu machen und den Umfang ihrer Tätigkeit anzugeben.

▷ Hat er Zweifel an Inhalt und Umfang des Auftrages, so hat er unverzüglich eine Klärung durch das Gericht herbeizuführen.

▷ Auf Verlangen des Gerichts hat er Akten und sonstige zur Begutachtung beigezogene Unterlagen sowie Untersuchungsergebnisse unverzüglich herauszugeben oder mitzuteilen.

▷ Das Gericht wiederum soll den Sachverständigen auf diese seine Pflichten hinweisen.

Im Verwaltungsverfahren ergeben sich für den Sachverständigen der Sache nach keine wesentlichen Unterschiede. Zwar verweist § 21 Abs. 3 SGB X nicht unmittelbar auf § 407a ZPO. Gleichwohl unterliegt der Sachverständige auch beim Rentenversicherungsträger einem allgemeinen Pflichtenkatalog:

▷ Unverzügliche Prüfung der eigenen Fachkunde zur Erfüllung gerade dieses Gutachtenauftrags.

▷ Keine Weiterleitung eines persönlich gebundenen Auftrags ohne Zustimmung des Versicherungsträgers.

▷ Unverzügliche Klärung von Zweifeln an Inhalt und Umfang des Auftrags.

▷ Rückgabe von Akten und sonstigen Unterlagen an den Versicherungsträger zusammen mit dem fertiggestellten Gutachten.

2.1.10 Grenzen der Kompetenz

Es versteht sich von selbst, dass der Sachverständige, sei er in gerichtlichem oder im Auftrag der Verwaltung tätig, streng darauf zu achten hat, bei der Erarbeitung der gutachlichen Bewertungen seine Fachkompetenz nicht zu überschreiten, andernfalls eine Haftung die Folge sein kann.

Der Sachverständige sollte daher stets darauf bedacht sein, weder seine medizinische Fachkompetenz noch den Rahmen seines Gutachtenauftrags zu überschreiten. Der Gutachtenauftrag ist Expertenauftrag, aber eben nur für das Gebiet, auf dem der Sachverständige Experte ist: Das Gebiet der Medizin. Ärztliche Gutachten sind Hilfsmittel bei der Sachaufklärung. Der Sachverständige hilft der Verwaltung oder dem Gericht auf dem Wege zum Ziel, eine Entscheidung zu finden. Diese auf das vorbereitende Stadium des Verfahrens beschränkte Funktion macht die Grenzen seiner Kompetenz deutlich.

Sofern Sachkunde und Erfahrungen des Sachverständigen daher nicht ausreichen, sollte er beim Auftraggeber des Gutachtens anregen, die offenen nichtmedizinischen Fragen selbst zu klären. Notfalls kann – und muss – er eine gutachtliche Aussage ablehnen. Er darf sich nicht, nur weil er als Gutachter befragt wird, eine Antwort abringen, die nicht stichhaltig ist und die er mit gutem Gewissen nicht zu geben vermag. Die Aufgabe, Sachaufklärung zu betreiben und schließlich eine Entscheidung zu treffen, ist gesetzlich nicht ihm, sondern dem Versicherungsträger und im Rechtsstreit dem Gericht übertragen (§ 20 SGB X, § 103 SGG).

Das Reichsversicherungsamt (RVA) hat zu diesem Fragenkomplex frühzeitig in einem Rundschreiben vom 31.12.1901 klar und eindeutig Stellung genommen (Amtliche Nachrichten 1902, S. 178):

> Die ärztlichen Gutachten haben den Zweck, dass mit Hilfe der ärztlichen Wissenschaft festgestellt wird, woran der Rentenbewerber leidet und inwiefern er durch diese Leiden an dem freien Gebrauch seiner körperlichen und geistigen Kräfte behindert wird. Die alsdann noch offene Frage, ob die festgestellten Leiden und deren Auswirkungen auf den Kräftegebrauch die Fähigkeit zu einem hinreichenden Arbeitsverdienst zulassen, liegt nicht auf ärztlichem Gebiet, hierüber haben die rechtsprechenden Instanzen nach ihrer freien richterlichen Überzeugung zu entscheiden.

Diese Feststellungen haben der Sache nach auch heute noch uneingeschränkt Geltung. Sie finden in der Praxis jedoch trotz gleichlautender Hinweise des Bundessozialgerichts (vgl. BSGE 9, 206; Sozialrecht 2200 § 1247 Nr. 12) oft zu geringe Beachtung.

Ärzte dürfen es sich daher nicht gefallen lassen, auf außermedizinisches Gebiet gedrängt zu werden. Sie sind keine Sachverständigen für allgemeine Fragen zum Arbeits- und Erwerbsleben. Bei Anträgen auf Rente wegen Erwerbsminderung erstrecken sich ihre Aufgaben darauf, die gesundheitlichen Verhältnisse festzustellen und danach die Leistungsfähigkeit im Erwerbsleben zu beurteilen. Gutachtliche Aussagen zur Leistungsfähigkeit für bestimmte Berufstätigkeiten setzen spezielle arbeitsmedizinische Fachkenntnisse voraus. Gewiss mag es Berufe geben, über die sich jedermann ein zutreffendes Bild machen kann. Auch bieten einige Sammlungen zur Berufskunde einen Anhalt. Bei zahlreichen Berufen liegt aber nicht offen zutage, welche Anforderungen sie stellen.

Für *Verwaltungsverfahren* gilt, jedenfalls im Ausgangspunkt, die gleiche Regel wie für Gerichtsverfahren: Der Mediziner sollte sich hüten, sich als Sachverständiger zu weit auf nichtmedizinische Gebiete vorzuwagen. Die im unaufhörlichen Wandel begriffene Arbeitswelt verlangt eine gleiche Mobilität und Aktualität von berufskundlichen Aussagen. Berufe geraten in den Sog des technischen Wandels, viele verschwinden völlig, noch mehr verändern sich, andere entstehen neu. Wer berufliche Leistungsanforderungen verlässlich beurteilen möchte, muss die körperlichen und psychischen Belastungen und Beanspruchungen kennen, die aus realen Arbeitsbedingungen der heutigen Industriegesellschaft hervorgehen. Häufig wird es genügen, in Sammlungen zur Berufskunde Einblick zu nehmen. Doch wird es immer wieder Fälle geben, in denen auch solche Sammlungen nicht weiterhelfen.

Der von einem Versicherungsträger beauftragte Sachverständige ist gleichwohl freier gestellt als im Gerichtsprozess, weil das Verwaltungsverfahren weniger förmlich verläuft. Daher steht es ihm auch frei, den für die medizinische Beurteilung wesentlichen Sachverhalt zu vervollständigen, wenn er Lücken im Tatsachenstoff findet. Soweit er es für zweckmäßig und sinnvoll hält, ist er ohne weiteres befugt, sachdienliche Erkundigungen einzuziehen und z. B. mit Hilfe dazu geeigneter Stellen Leistungsanforderungen in Berufen zu klären, die ihm nicht oder nicht genau genug bekannt sind.

2.1.11 Formen der Erstattung von Gutachten

Sachverständigengutachten werden ganz überwiegend als *schriftliches Gutachten* erstattet. Der Auftraggeber hat damit eine bleibende Entscheidungshilfe, die im Rahmen einer nur mündlichen Äußerung fehlt. Gerade im gerichtlichen Bereich werden nahezu ausschließlich schriftliche Gutachten eingeholt. Soweit – in wenigen Fällen – ein Richter im Einzelfall auch einen „Termingutachter" bevorzugen mag, ist davon abzuraten. Oftmals ist in diesen Fällen der Aussagewert solcher Gutachten mangels Vorhandenseins der erforderlichen technischen Ressourcen vor Ort (also im Gericht) oder auch nur wegen der Kürze der zur

2.1 Der medizinische Sachverständige

Verfügung stehenden Zeit, nur sehr begrenzt. Unabhängig davon ist die Notwendigkeit des schriftlichen Vorliegens einer gutachterlichen Äußerung offensichtlich. Insbesondere der Richter hat mit einem schriftlich erstatteten Gutachten die Möglichkeit einer hinreichenden Vorbereitung auf die mündliche Verhandlung. Daher legen die einschlägigen Prozessordnungen die Möglichkeit der richterlichen Anordnung einer schriftlichen Begutachtung nahe (vgl. nur § 411 ZPO für den Zivilprozess).

Hinzuweisen ist auf die Notwendigkeit einer mündlichen Erläuterung des schriftlichen Gutachtens, die im Einzelfall in Betracht kommen kann. Der Richter hat im Rahmen seines pflichtgemäßen Ermessens zu beurteilen, ob das Erscheinen des Sachverständigen zur mündlichen Erläuterung erforderlich ist. Die Anordnung wird in den Fällen notwendig, in denen Zweifel oder Unklarheiten zu beseitigen sind. Die mündliche Erläuterung des schriftlichen Gutachtens kann die Möglichkeit bieten, die bereits vorhandene schriftliche Ausarbeitung mündlich zu verfestigen – ggf. aber auch zu korrigieren.

Wie bereits dargelegt (Termingutachten), lassen die einschlägigen Verfahrensbestimmungen die Erstattung eines mündlichen Gutachtens zu (vgl. § 411 ZPO, § 118 Abs. 1 Satz 1 SGG, § 46 Abs. 2 Satz 1 ArbGG, § 98 VwGO, § 82 und 161a StPO sowie § 26 VwVfG und 21 SGB X). Das mündliche Gutachten kann geeignet sein, Missverständnisse und offen erscheinende Fragen sofort zu klären. Nachteilig gegenüber dem schriftlichen Gutachten sind indessen die mögliche Ungenauigkeit und letztlich die denkbare Missdeutung des gesprochenen Wortes. Da insbesondere in Gerichtsverhandlungen nur sehr begrenzte Zeit zur Verfügung steht, ist die Möglichkeit einer ungenauen mündlichen Darstellung evident. Zudem sind die Prozessbeteiligten oftmals nicht in der Lage, in der zur Verfügung stehenden Zeit ihre Fragen vollständig anzubringen. Mündliche Gutachten sollten daher die Ausnahme bleiben, zumal sie sich für die Bewertung komplizierter Sachverhalte kaum eignen dürften.

In sozialrechtlichen Fragestellungen kommen oft „Begutachtungen nach Lage der Akten" (§ 21 SGB X) vor. Hierbei zählt die Untersuchung des Probanden nicht zum Auftragsinhalt. Der jeweilige Auftraggeber, z. B. das Sozialgericht, stellt bei der Erteilung eines Gutachtenauftrages zumeist klar heraus, ob eine Untersuchung des Probanden in ambulanter oder stationärer Form zu erfolgen hat. Gleichwohl wird zur Vorsicht geraten: Wird dem Sachverständigen deutlich, dass in der Beweisanordnung nicht vorgesehene zusätzliche Untersuchungen notwendig sind oder dass die Bestellung weiterer Sachverständiger aus anderen Gebieten erforderlich erscheint, so muss er das Einverständnis des Auftraggebers sofort nach Eingang des Gutachtenauftrages, d. h. noch vor Durchführung der Untersuchung einholen. Wird eine stationäre Untersuchung vom Sachverständigen für erforderlich gehalten, obwohl der Auftraggeber nur eine ambulante Untersuchung vorgegeben hat, bedarf es ebenfalls einer vorherigen Zustimmung durch den Auftraggeber.

Hinzuweisen bleibt auf folgende weitere Verfahrenskonstellationen: Die Verwaltung und die Gerichte können ggf. ein weiteres Gutachten einholen. Hierbei ist für den Auftraggeber der Sachverhalt mit einem bereits vorliegenden Gutachten nicht hinreichend geklärt. In diesem Falle wird der Auftraggeber einen anderen Sachverständigen heranziehen und von diesem ein neues – weiteres – Gutachten einholen, wenn die Sachkunde des früheren Gutachters zweifelhaft ist, das Erstgutachten von unzutreffenden tatsächlichen Voraussetzungen ausgegangen oder in sich widersprüchlich ist oder wenn dem neuen Sachverständigen auf neuen wissenschaftlichen oder technischen Erkenntnissen beruhende Forschungsmittel zur Verfügung stehen. In einem solchen Fall hat sich der beauftragte (weitere) Sachverständige dem bis dahin angefallenen Prozessstoff auseinanderzusetzen. Von einem „Obergutachten" sollte weder hierbei noch im Ganzen gesprochen werden. Dieses Wort ist den Verfahrensbestimmungen fremd. Ein prozessualer Begriff des „Obergutachtens" existiert schlicht nicht.

Schließlich bleibt auf die Besonderheit hinzuweisen, dass ein Gutachten auch als „gemeinschaftliches" bzw. als „Teamgutachten" zu erstatten ist. Auch hier gilt, dass bei Unklarheiten hinsichtlich der Auftragserteilung bzw. des Auftragsinhalts vor Ausführung Rücksprache mit dem Auftraggeber gehalten werden sollte.

2.1.12 Der Aufbau des schriftlichen Gutachtens

Wie dargelegt, dürfte das schriftliche Gutachten der Regelfall sein. Verwertbarkeit und auch Überzeugungskraft des Gutachtens steigen in dem Maße, als der Verfasser eines Gutachtens dieser Ausgangslage Rechnung trägt. In diesem Sinne stellt ein Gutachten das Bindeglied zwischen medizinischem und juristischen Sachverstand dar. Daher sollte das Gutachten grundlegend nicht ausschließlich von medizinischer Fachsprache geprägt, sondern von einer für den medizinisch unkundigen Leser verständlichen Ausdrucksform getragen sein.

Unerlässlich sind folgende Einzelheiten über die Auftragserteilung:

1. Auftraggeber (Geschäftszeichen) und Datum der Auftragserteilung
2. Bestellung des Sachverständigen
3. Auftragsgegenstand
4. Präzise Wiedergabe des Auftragsinhalts (Beweisfragen)
5. Gedrängte Wiedergabe des Akteninhalts
6. Objektive Befundung
7. Beantwortung der Beweisfragen
8. Ggf. Literaturverzeichnis

Einzelheiten

Anknüpfungstatsachen Für Gerichtsverfahren schreibt § 404a ZPO vor, dass das Gericht bestimmt, welche Tatsachen der Sachverständige seiner Beurteilung zugrunde legen soll, soweit der Sachverhalt noch nicht eindeutig feststeht. Dies gilt auch für das Verwaltungsverfahren. Bei einem eindeutigem Sachverhalt reicht es aus, auf den Akteninhalt zu verweisen. Freilich muss auch dabei Klarheit herrschen. Der Sachverständige hat nicht die Aufgabe, sich mühsam aus Akten zusammenzusuchen, welcher Sachverhalt für ihn wohl erheblich sein könnte. Grundsätzlich hat das Gericht ihm den gesamten Tatsachenstoff für das Gutachten zu liefern, d. h. die Tatsachen kenntlich zu machen, auf denen das Gutachten aufbauen soll (sog. „Anknüpfungstatsachen").

Befundtatsachen Die Befunde („Befundtatsachen") hat der Sachverständigen selbst zu ermitteln. Darunter werden die Wahrnehmungen verstanden, die nur er – kraft seiner medizinischen Sachkunde – machen kann. Er ist also berechtigt und verpflichtet, Informationen mit dem Ziel einzuholen, sich die medizinische Grundlage für seine gutachtliche Beurteilung zu schaffen. Solche Befundtatsachen werden vor allem in die Anamnese aufgenommen, der je nach dem Gutachtenthema besonderes Gewicht zukommt. Den Beweisfragen angepasst, muss sie, soweit im Einzelfall erforderlich, eine sachgemäße Sozial-, Berufs- und Arbeitsanamnese umfassen.

Andererseits ist es *im Übrigen* Aufgabe des Gerichts bzw. der Verwaltung, den über das medizinische Aufgabenfeld hinaus reichenden Tatsachenstoff zu klären. Es fällt also in den Bereich des Auftraggebers, z. B. Ermittlungen zur vollständigen Sachaufklärung zu führen und die dazu erforderliche Verwaltungsarbeit zu leisten, die ohne medizinische Sachkunde erledigt werden kann (vgl. auch § 20 SGB X). Zu dieser Aufgabe gehört es, die Sache zur Begutachtung so vorzubereiten, dass sie gewissermaßen „arztreif" wird.

Untersuchung Soweit der Gutachtenauftrag nicht auf eine Erstattung nach Aktenlage begrenzt ist, sondern sich – wie im Regelfall – auf eine Untersuchung des Probanden erstreckt, muss das Gutachten sowohl über die eingesetzten Untersuchungsverfahren und deren Dokumentation als auch über die Ergebnisse der Untersuchung berichten. Es muss insbesondere erkennen lassen, ob und in welchem Maße der Gutachter Hilfskräfte zur Ausführung einzelner Untersuchungen herangezogen hat.

Folgerungen Als *Bindeglied* zwischen Auftragserteilung und dem von dem Gutachter gewonnenen Ergebnis muss das Gutachten die Folgerungen aus den der Begutachtung zugrunde liegenden Anknüpfungstatsachen (Akteninhalt) und der gutachtlichen Untersuchung aufweisen. Neben einer exakten Beantwortung der Fragestellung sollte das Gutachten auch kenntlich machen, ob dem Sachverständigen eine Fragestellung als nicht hinreichend aufklärbar erscheint.

Insbesondere bei der Frage nach dem Bestehen oder Nichtbestehen von *Ursachenzusammenhängen* sollte das Gutachten von Vorsicht getragen sein. Je nach Rechtsgebiet kann dem Begriff des Ursachenzusammenhangs ein unterschiedlicher Bedeutungsgehalt zuteil werden. Dem Sachverständigen ist hier dringend anzuraten, sich bei Unklarheiten mit dem Auftraggeber, meist einem Gericht, in Verbindung zu setzen, um sich über den genauen Bedeutungsinhalt Klarheit zu verschaffen. Erst dann wird das Gutachten im Rahmen der von dem Gutachter zu treffenden Folgerungen überhaupt verwertbar.

Zusammenfassung Die Begutachtung sollte mit einer Zusammenfassung der Ergebnisse abgeschlossen werden, die die Fragestellung im Grundriss beantwortet. Das Gutachten schließt mit der Unterschrift des Sachverständigen. Es ist eigenhändig von dem Sachverständigen zu unterschreiben, dem zu empfehlen ist, die Versicherung abzugeben, das Gutachten unparteiisch und nach bestem Wissen und Gewissen erstattet zu haben.

2.2 Die Mitwirkung des Versicherten

2.2.1 Ausgangslage

Maßgebend für die gerichtliche Überprüfung ist der vom Kläger behauptete Anspruch, das „Klagebegehren". Der Kläger bestimmt mit seinem Vorbringen, ob und in welchem Umfang er seinen Streitfall mit der Verwaltung durch das Gericht entscheiden lassen will. Das Gericht entscheidet insoweit „über die vom Kläger erhobenen Ansprüche" (§ 123 SGG), ohne jedoch an die Fassung der Anträge gebunden zu sein. Dabei ist es eine der wichtigsten Aufgaben des Richters gerade im sozialgerichtlichen Verfahren, in dem in besonders großer Zahl rechtlich unerfahrene Bürger auftreten, das Klagevorbringen sachgerecht zu würdigen, den mutmaßlichen Willen des Klägers zu erforschen und darauf hinzuwirken, dass sachdienliche Klageanträge gestellt werden.

Auch im Verwaltungsverfahren geht es darum, dass die Behörde, z. B. der Rentenversicherungsträger, über einen vom Rechtsuchenden geltend gemachten Anspruch zu befinden hat. In diesem Sinne finden die vorstehenden Darlegungen sinngemäß Anwendung. Auch hier geht es darum, dass die Verwaltung überwiegend einem in sozialrechtlichen Belangen oft unerfahrenen Antragsteller gegenübersteht. Die gesetzliche Rentenversicherung gewährt unter anderem auf Antrag ihres Versicherten Sozialleistungen nach Maßgabe des SGB VI, z. B. Rehabilitationsmaßnahmen oder Renten wegen Erwerbsminderung. Ob der Antragsteller einen Anspruch auf eine Leistung aus der Rentenversicherung hat, diese noch zu Recht bezieht oder ob der „Leistungsfall" nicht gegeben ist, setzt eine Ermittlung des Sachverhaltes voraus.

Sowohl die Sozialversicherungsträger als auch die Gerichte der Sozialgerichtsbarkeit haben daher die Aufgabe, über vom Antragsteller geltend gemachte Ansprüche zu entscheiden. Die hierfür erforderliche vollständige Aufklärung des Sachverhaltes ist die Grundlage für eine sachgerechte Entscheidung über den geltend gemachten Anspruch. Der Sozialleistungsträger hat folglich die für seine Entscheidung erheblichen Tatsachen zu ermitteln und muss unter Umständen auch Beweis erheben. Die Erforschung des Sachverhaltes klärt, ob der Betroffene einen Anspruch auf Sozialleistungen hat. Nur wenn die gesetzlichen Voraussetzungen für eine Sozialleistung erfüllt sind, darf der Sozialleistungsträger die jeweilige Leistung, die letztlich von der Versichertengemeinschaft zu tragen ist, erbringen.

2.2.2 Amtsermittlung

Anders als insbesondere im zivilgerichtlichen Verfahren unterliegen die Sozialleistungsverwaltung und die Sozialgerichte bei der Beurteilung über die jeweils geltend gemachten Ansprüche der Pflicht, den Sachverhalt *von Amts wegen* aufzuklären. Die der Amtsermittlung verpflichtete Behörde – damit auch der Rentenversicherungsträger – bestimmt daher sowohl die

Art als auch den Umfang der Ermittlungen. An das Vorbringen und die Beweisanträge der Beteiligten ist sie nicht gebunden. Ihre Ermittlungen erstrecken sich auf alle bedeutsamen Umstände des Einzelfalles, und zwar gerade auch, wenn diese für den Rechtsuchenden günstig sind (vgl. § 20 SGB X). In gleicher Weise legt § 103 SGG fest, dass die Gerichte der Sozialgerichtsbarkeit den Sachverhalt von Amts wegen berücksichtigen; an das Vorbringen und die Beweisanträge der Beteiligten besteht auch hier keine Bindung.

2.2.3 Die Rolle des Versicherten

Wegen der Amtsermittlung ist dem Versicherten nach der verfahrensrechtlichen Ausgangslage zwar weder im Verfahren vor dem Rentenversicherungsträger noch vor den Sozialgerichten die Pflicht auferlegt, die den jeweiligen Anspruch begründenden Tatsachen in bestimmter Art und Weise vorzutragen oder zu substantiieren. Überdies geht die Pflicht zur Erforschung des Sachverhaltes so weit, dass weder die Verwaltung noch das (Landes-)Sozialgericht im Falle der Weigerung eines Betroffenen zur Mitwirkung berechtigt wäre, jegliche Amtsermittlung zu unterlassen. Jedenfalls müssen diejenigen entscheidungserheblichen Beweise erhoben werden, die ohne Mitwirkung beigetrieben werden können. Z. B. verletzt ein Sozialgericht die ihm obliegende Amtsermittlung, wenn es nach der Weigerung des Klägers, sich vom Sachverständigen untersuchen zu lassen, die Einholung eines Gutachtens unterlässt, ohne festzustellen, ob eine Untersuchung überhaupt erforderlich ist, ob m. a. W. die Erstattung eines Gutachtens nach Aktenlage nicht ausreicht.

Eine andere Frage ist indes, dass der Versicherte im eigenen Interesse bei der Erforschung und Feststellung des Sachverhaltes nach Kräften mitwirken sollte. Vielfach kann die Verwaltung – nichts anderes gilt für die Gerichte – den entscheidungserheblichen Sachverhalt ohne die Mitwirkung des Rechtsuchenden nicht aufklären wie dies vor allem bei Ermittlungen im Bereich medizinischer Sachverhalte der Fall ist. Dies wird gerade am Beispiel der gesetzlichen Rentenversicherung deutlich, wie etwa die Beispiele der Ansprüche auf Renten wegen Erwerbsminderung oder auf Rehabilitation belegen.

Dem Erfordernis der Mitwirkung des Betroffenen tragen die einschlägigen verfahrensrechtlichen Bestimmungen Rechnung. Allgemein bestimmt § 21 Abs. 2 SGB X, dass „die Beteiligten" (hierzu zählt auch der Antragsteller!) bei der Ermittlung des Sachverhaltes „mitwirken" sollen. In Konkretisierung dieser Vorschrift und darüber hinaus legen sowohl die Verfahrensbestimmungen des SGB X (§§ 60 bis 67 SGB I) als auch die prozessualen Regelungen des SGG (§ 103 Satz 1 Halbsatz 2 SGG) die dem Betroffenen auferlegten Pflichten zur Mitwirkung im Verwaltungs- und sozialgerichtlichen Verfahren nach Inhalt, Reichweite und Rechtsfolgen fest. Die in diesen Vorschriften getroffenen Regelungen sollte der Antragsteller bzw. Rechtsuchende im eigenen Interesse befolgen. Aus ihnen, vor allem aus den allgemeinen Bestimmungen des SGB I, ergibt sich grundlegend, dass der Rechtsuchende, will er seinen Anspruch mit Erfolg durchsetzen, im Sinne einer Obliegenheit hierbei zur Mitwirkung verpflichtet ist.

2.2.4 Die Rolle des Sachverständigen

Obgleich der Antragsteller bzw. Rechtsuchende Adressat der Mitwirkungspflicht ist, muss auch der Sachverständige ihr Rechnung tragen. Der Anspruch auf Rehabilitationsmaßnahmen und auf Renten wegen Erwerbsminderung setzt unter anderem das Vorliegen der jeweiligen (sozial-)medizinischen Tatbestandsmerkmale voraus. Ihre Ermittlung ist eine der wesentlichen Aufgaben des Sachverständigen. Er soll auf Grund seiner medizinischen Sachkenntnisse Befunde erheben und sozialmedizinisch bewerten. In seiner Verantwortung liegt, mit seinem Fachwissen im jeweiligen Einzelfall zu prüfen, welche Maßnahmen im Rahmen der Sachaufklärung erforderlich sind. Weil die Begutachtung Teil des Beweiserhebungsverfahrens ist, sind auch die Grundsätze der Verhältnismäßigkeit zwischen Mittel und Zweck im Sinne des „Übermaßverbotes" zu beachten. Vom Versicherten darf nur die Mitwirkung an den im Einzelfall „erforderlichen" Maßnahmen verlangt werden. Sind mehrere Maßnahmen für den Begutachtungszweck „geeignet", ist die für den Versicherten am geringsten belastende einzusetzen.

Die Beurteilung, ob der Versicherte gegenüber dem Sachverständigen z. B. eine Lungenfunktionsdiagnostik oder auch eine therapeutische Maßnahme als „unzumutbar" ablehnen darf, ob m. a. W. eine Maßnahme das Übermaßverbot verletzt, setzt auf Seiten des Sachverständigen die Kenntnis über die wesentlichen einschlägigen Regelungen voraus. In seiner Stellung als Sachverständiger muss der Arzt daher gerade auch hier den erforderlichen Wissensstand aufweisen, andernfalls er Gefahr läuft, ein wegen der Verletzung von Verfahrensvorschriften nicht verwertbares Gutachten zu erstatten. Wie allgemein bei der Erstattung eines Sachverständigengutachtens ergibt sich auch hier: Zweifelsfragen über die Reichweite von Mitwirkungspflichten sollte der Sachverständige rechtzeitig mit seinem Auftraggeber, d. h. der Verwaltung oder dem Gericht abklären.

2.2.5 Übersicht über die Mitwirkungspflichten

Namentlich die Pflichten zur Mitwirkung, ihre Grenzen sowie die Pflicht zur Duldung der im Rahmen der Sachaufklärung von dem Versicherten geforderten Maßnahmen sind für die Sozialleistungsträger in den §§ 60 bis 67 SGB I gesetzlich festgelegt. Diese Vorschriften gliedern sich in die allgemeine Pflicht zur Angabe von Tatsachen und zum persönlichen Erscheinen. Besondere Beachtung aus der Sicht des Sachverständigen verdienen die nachfolgenden Bestimmungen:

▷ § 62 SGB I legt Inhalt und Umfang der Pflicht zur Mitwirkung bei Untersuchungsmaßnahmen fest.

▷ Weitergehend verpflichten die § 63 und § 64 SGB I zur Teilnahme an Leistungen zur medizinischen Rehabilitation und Teilhabe am Arbeitsleben.

▷ § 65 SGB I zieht jeweils die Grenze der dem Betroffenen auferlegten Mitwirkungspflicht.

▷ Schließlich erstrecken sich die §§ 66 und 67 SGB I auf die jeweiligen Rechtsfolgen bei fehlender oder verspäteter Mitwirkung.

Bezüglich des Wortlautes dieser Vorschriften wird auf den Abschnitt 2.2.12 verwiesen. Von besonderem Interesse sind für den Sachverständigen die Fragen dahin, welche rechtlichen Grenzen bei der Durchführung von Untersuchungs- und Heilbehandlungsmaßnahmen gezogen sind, in welchen Fällen eine Mitwirkungsobliegenheit des Probanden nicht besteht. Von dem selben Interesse ist die Frage nach den rechtlichen Folgen eines Verstoßes gegen die Mitwirkungsobliegenheit.

Diese Fragen werden in den folgenden Abschnitten behandelt. Wiederum im Vordergrund steht aus der Sicht des Sachverständigen die in § 65 Abs. 1 Nr. 2, Abs. 2 SGB I erfassten Frage nach der „Zumutbarkeit" einer Maßnahme. Wie im Allgemeinen kommt es entscheidend darauf an, ob und inwieweit der Sachverständige den Probanden hinreichend aufklärt.

2.2.6 Aufklärungspflichten

Jeder ärztliche körperliche Eingriff unterliegt in Abhängigkeit von der Belastung, den zu erwartenden Unannehmlichkeiten für den Patienten und dem Gefährdungsgrad der Aufklärungspflicht und der wirksamen Einwilligung des Patienten. Erst die vollständige Aufklärung versetzt den Patienten in die Lage, in Ausübung seines Selbstbestimmungsrechtes eine wirksame Einwilligung in die jeweilige ärztliche Maßnahme zu erteilen.

Auch innerhalb von medizinischen Aufgaben, die der Arzt als Sachverständiger gegenüber seinem Probanden wahrzunehmen hat, gilt im Ausgangspunkt nichts anderes. Gerade auch der Sachverständige ist gut beraten, wenn er den Probanden sorgfältig aufklärt, die Gründe für die notwendige Untersuchung nennt und eine Risikoabwägung vornimmt. Auch insoweit ist der Proband in die Lage versetzt, in eine ihn belastende oder möglicherweise gefährdende Untersuchung oder Therapiemaßnahme rechtswirksam einzuwilligen. Erst die Nennung der Gründe, warum der Sachverständige eine Untersuchung für erforderlich hält, ermöglicht daher dem Versicherten folglich die Entscheidung darüber, ob er einen diagnostischen Eingriff, der ja nicht der Förderung seiner Gesundheit, sondern der Entscheidungsfindung über eine Sozialleistung dient, dulden will oder nicht. Auch belastende Therapiemaßnahmen sind erst dann der Frage nach der Duldungspflicht zugänglich und werfen erst dann die Frage nach Mitwirkungspflichten auf, wenn ihn der Sachverständige über den Umfang, das Ziel und ggf. dabei auftretende Nebenwirkungen oder Unannehmlichkeiten umfassend informiert hat.

Erst die dem betroffenen Versicherten auf der Grundlage einer vollständigen Aufklärung ermöglichte Risikoabwägung zwischen den Belastungen der Untersuchung oder der therapeutischen Maßnahme erlaubt folglich, seine Mitwirkung bei der Sachaufklärung und damit der Untersuchung oder der therapeutischen Maßnahme wirksam zu verlangen.

2.2.7 Grenzen der Mitwirkung

§ 65 SGB I legt in seinem Absatz 1 unter anderem fest, dass Mitwirkungspflichten nicht bestehen, soweit ihre Erfüllung dem Betroffenen „aus einem wichtigen Grund nicht zugemutet werden kann". Hierbei handelt es sich um eine besondere Ausprägung des allgemeinen Verhältnismäßigkeitsgebotes. Es geht um jeden die Willensbildung bestimmenden Umstand, der die Weigerung des Probanden als berechtigt erscheinen lassen kann. Dies richtet sich in der Regel nach einem objektive Maßstab, der unter Heranziehung von Grundrechtspositionen und dem jeweiligen Ausmaß der Betroffenheit des Probanden zu beurteilen ist. Liegt ein wichtiger Grund vor, besteht die Mitwirkungspflicht nicht.

Die in Absatz 2 festgelegten Grenzen der Zumutbarkeit von Untersuchungs- oder Behandlungsmaßnahmen sind für den Sachverständigen von besonderer Bedeutung. Im Unterschied zu Absatz 1 ist die Grenze der Mitwirkung nur in dem Fall zu beachten, in dem der Proband sich hierauf tatsächlich beruft. Dies setzt notwendig die angemessene Aufklärung gegenüber dem Probanden voraus.

Einzelheiten werden in den nachfolgenden Abschnitten behandelt. Auch hier gilt: In Zweifelsfragen sollte der Sachverständige mit seinem Auftraggeber Rücksprache halten.

2.2.8 Mitwirkung bei Untersuchungen

Der Betroffene soll sich auf Verlangen des Leistungsträgers ärztlichen bzw. psychologischen Untersuchungsmaßnahmen unterziehen, soweit diese für die Entscheidung über den jeweilgen Anspruch erforderlich sind. Hierbei geht es um ärztliche und psychologische Untersuchungsmaßnahmen, die nach dem Stand der medizinischen Wissenschaft zur Feststellung des Gesundheitszustandes des Untersuchten angezeigt und erforderlich sind. Hierzu zählen etwa Beobachtungen und Messungen, auch die Entnahme von Blut und anderen Körperflüssigkeiten oder die Einhaltung einer Diät oder Medikation zu diagnostischen Zwecken. Zu den psychologischen Maßnahmen gehören diejenigen, die nach dem maßgeblichen psychologischen Standard von einem ausgebildeten Psychologen getroffen werden müssen. Die Maßnahmen unterstehen der persönlichen Verantwortung eines approbierten Arztes bzw. eines ausgebildeten Psychologen.

Zu den Untersuchungsmaßnahmen zählen:

▷ Anamneseerhebung;

▷ körperliche Untersuchung (Feststellung von Größe und Gewicht, Puls, Blutdruck, Hautbeschaffenheit, Gelenkzustände, Zustand des Halte- und Bewegungsapparates, Seh-, Hör-, Riech- und Geschmacksteste, Nerventestungen);

▷ psychometrische und psychiatrische Untersuchungen;

▷ Untersuchungen im Rahmen ambulanter oder stationärer Beobachtungen;

▷ Blutabnahme (Ohrläppchen, Finger, Vene);

▷ Elektrodiagnostik (EKG, Belastungs-EKG, EEG, EMG, ENG, Urodynamik);

▷ Lungenfunktionsdiagnostik;

▷ Ultraschall (ohne intraluminale Verfahren):

▷ Röntgenuntersuchungen (ohne Kontrastmittel);

▷ Computertomographie (ohne Kontrastmittel);

▷ Kernspintomographie.

2.2 Die Mitwirkung des Versicherten

Bedingt zumutbar und damit auch im wesentlichen duldungspflichtig sind Untersuchungsverfahren, die zwar eine größere Belastung darstellen, aber je nach Einzelfall keine nennenswert höhere Gefährdung darstellen. Hierher gehören z. B. Röntgenuntersuchungen mit Kontrastmitteln, wenn möglichen Allergiezwischenfällen vorgebeugt wird oder diese nahezu ausgeschlossen werden können (Phlebographie, Cholegraphie, Uro-, Nephrographie, Computertomographie mit Kontrast). Injektionen für diagnostische Verfahren (subkutan, intravenös, intramuskulär) sind nach besonderer Risikoabwägung ebenfalls bedingt zumutbar.

Nicht zumutbar sind Kontrastmitteldarstellungen von Körperhohlräumen, die mit größeren Belastungen, körperlichen Eingriffen und höheren Gefährdungen einhergehen wie: Angio-Kardiographie, zerebrale Angiographie, Pneumenzephalographie, Lymphographie, Myelographie, Splenoportographie, Bronchographie, retrograde Pyelographie u. ä. Unabhängig von möglichen wissenschaftlichen Diskussionen über das tatsächliche Ausmaß der Gefährdung oder Belastung des Patienten gelten alle nuklearmedizinischen Untersuchungsverfahren als nicht zumutbar.

Allerdings bleibt auf den Fall hinzuweisen, in welchem der Proband nach ausreichender Aufklärung eine vorgeschlagene Untersuchung duldet. In diesem Fall darf die Untersuchung unabhängig von der Frage der Zumutbarkeit oder Duldungspflicht durchgeführt werden, wenn sie zur Klärung des Sachverhaltes beiträgt.

2.2.9 Mitwirkung bei Heilbehandlungen

Im Ausgangspunkt ist der Versicherte auch im Rahmen von Heilbehandlungsmaßnahmen zur Duldung der Maßnahme und allgemein zur aktiven Mitwirkung verpflichtet. Dies gilt namentlich für solche ärztlichen Eingriffe, die keinen Schaden für Leben und Gesundheit bergen, die nicht mit erheblichen Schmerzen verbunden sind und die keinen erheblichen Eingriff in die körperliche Unversehrtheit bedeuten. Er muss z. B. die ihm vom Sachverständigen auferlegten Verhaltensregeln (etwa Diät, Einnahme von Medikamenten, kein Alkohol- oder Nikotinkonsum) beachten.

§ 63 SGB I legt darüber hinaus fest, dass sich der Betroffene auf Verlangen des Leistungsträgers einer Heilbehandlung unterziehen soll, wenn zu erwarten ist, dass sie eine Besserung seines Gesundheitszustandes herbeiführen oder eine Verschlechterung verhindern wird. Es kommt jede Maßnahme in Betracht, die geeignet ist einen bestehenden oder drohenden regelwidrigen körperlichen, seelischen oder Geisteszustand zu erheben, zu mildern oder zu vermeiden. Insoweit besteht auf Seiten des Leistungsträgers wie auch des Gerichts eine Auswalermessen dahin, ob und bejahendenfalls welche Maßnahme im Einzelfall in Betracht zu ziehen ist.

Die Zumutbarkeit und Duldungspflicht therapeutischer Maßnahmen kann grundsätzlich nach den gleichen Kriterien beurteilt werden, wie sie zuvor bei der Frage der Zumutbarkeit diagnostischer Maßnahmen beschrieben worden sind. Neben den für eine erfolgreiche Heilbehandlung notwendigen und duldungspflichtigen diagnostischen Maßnahmen sind demzufolge auch die therapeutischen Maßnahmen duldungspflichtig und zumutbar, wenn sie keine Gefahren für Leben oder Gesundheit bergen, nicht mit erheblichen Schmerzen verbunden sind und keinen erheblichen Eingriff in die körperliche Unversehrtheit bedeuten. Diese Kriterien erfüllen ohne Weiteres medikamentöse Behandlungen, bei denen erhebliche Nebenwirkungen (Organgefährdungen, länger dauernde Beeinträchtigungen des Wohlbefindens oder der Psyche) nicht zu befürchten sind oder nur mit einem sehr geringen Wahrscheinlichkeitsgrad vorkommen.

Unter Abwägung der möglichen Nebenwirkungen gehören im wesentlichen zu den zumutbaren therapeutischen Maßnahmen z. B.:

▷ Diabetesbehandlung (oral, Insulin);

▷ Herz-Kreislauf stützende, rhythmisierende Medikamente;

▷ Anfallsverhindernde Medikamente;

▷ Antibiotika u. a.

Auch weitergehende therapeutische Maßnahmen, die leistungsmindernde Schmerzzustände oder Funktionsstörungen bessern können, sind gleichfalls zumutbar und duldungspflichtig. Sie umfassen z. B.:

▷ Physiotherapeutische Maßnahmen;

▷ Psychotherapeutische Behandlungen;

▷ Logopädische Behandlung;

▷ Anwendung von Prothesen und anderen Körperersatzstücken;

▷ Weitere Heil- und Hilfsmittel.

Wenn mit hoher Wahrscheinlichkeit medizinisch davon ausgegangen werden kann, dass z. B. eine regelmäßige Medikamenteneinnahme, eine balneophysikalische Maßnahme oder das Tragen einer Prothese den Eintritt des Leistungsfalles verhindern könnte und dies zumutbar ist, hat sie der Versicherten zu dulden und muss nach seinen Kräften hierbei mitwirken. Bei der Beurteilung des Leistungsvermögens für die Entscheidung über eine beantragte Erwerbsminderungsrente kann dann von der durch die medizinischen Maßnahmen zu erwartenden Verbesserung des Gesundheitszustandes ausgegangen werden. Dies gilt in besonderem Maße für Rehabilitationsmaßnahmen, weil diese gerade die Erwartung der gesundheitlichen Verbesserung und damit den Erhalt oder die Wiederherstellung der Erwerbsfähigkeit voraussetzt.

Die Mitwirkungspflicht des Versicherten unterliegt indessen Grenzen, wenn eine mangelnde Compliance vorliegt und medizinisch notwendige Maßnahmen vom Versicherten nicht bewusst oder tendenziell verweigert werden. Eine ungenügende Compliance kann dabei in psychischen Veränderungen oder besonderen persönlichen Lebensumständen begründet sein.

Therapeutische Maßnahmen, die erhebliche körperliche oder psychische Nachteile mit sich bringen können, insbesondere auch operative Eingriffe, deren Gefährdungsgrad grundsätzlich nicht vernachlässigbar ist, müssen vom Probanden nicht geduldet werden und unterliegen daher keiner Duldungspflicht. Insoweit besteht auch keine Mitwirkungspflicht. Zum Beispiel kann bei einer rentenrelevanten Einschränkung der Gehfähigkeit durch eine Coxarthrose die mit hoher Wahrscheinlichkeit zu erwartende Wiederherstellung der Gehfähigkeit durch eine Totalendoprothese diese Operation vom Versicherten nicht verlangt werden. Erst recht kann bei einer eingeschränkten Leistungsfähigkeit wegen Bandscheibenvorfalls kein operativer Eingriff verlangt werden, wenn der zu erwartende Erfolg nicht mit ausreichend hoher Wahrscheinlichkeit erwartet werden kann.

2.2.10 Folgen fehlender Mitwirkung

Verweigert der Versicherte die notwendige Sachaufklärung gegenüber dem Sachverständigen, lehnt er insbesondere die Teilnahme an einer Begutachtung ab, sollte ihm der Sachverständige deutlich machen, dass er eine Begutachtung nicht durchführen kann und die Akten dem Auftraggeber zurückreichen muss. Der Sozialleistungsträger hat nachfolgend zu prüfen, ob der bis dahin – ohne die Begutachtung – ermittelte Sachverhalt für eine abschließende Entscheidung ausreicht. Hierbei ist er auf die Mitteilung des Gutachters angewiesen, aus welchen Gründen der Proband die Mitwirkung verweigert hat, und weshalb die vom Versicherten abgelehnte Maßnahme für eine Sachaufklärung und die sozialmedizinische Beurteilung notwendig ist.

Ist die unterlassene Mitwirkung erforderlich und zumutbar, wird der Sozialleistungsträger die beantragte Sozialleistung nach Anhörung des Betroffenen versagen. Er muss ihn aber auf die Folgen der fehlenden Mitwirkung schriftlich hinweisen und ihm unter Fristsetzung Gelegenheit zur Nachholung geben. Kommt der Versicherte dieser Aufforderung nach, darf der geltend gemachte Anspruch nicht wegen fehlender Mitwirkung verneint werden.

2.2.11 Praktisches Vorgehen

Ein sozialmedizinisch tätiger Sachverständiger oder rehabilitativ tätiger Arzt wird sich im Laufe des Verfahrens bis zur Entscheidung über eine Sozialleistung bzw. bei der Durchführung einer Rehabilitationsmaßnahme wiederholt mit den Fragen der Zumutbarkeit, der Duldungspflicht und letztendlich der Mitwirkungspflicht konfrontiert sehen. Die nachfolgenden Empfehlungen sollte er als Richtschnur für die vollständige Wahrnehmung seines Gutachtenauftrages im Zusammenhang mit dem Bestehen von Mitwirkungsobliegenheiten auf Seiten des Probanden zu Grunde legen:

1. Welcher medizinische Aufwand ist erforderlich, um die Beweisfragen vollständig zu beantworten?

2. Reichen die dem Sachverständigen verfügbaren Beweismittel (Arztbriefe, Befundberichte, Reha-Entlassungsberichte, Gutachten anderer Sozialleistungsträger, Akteninhalte usw.) für eine Begutachtung nach Aktenlage aus oder können wenigstens aufwändige, evtl. belastende Doppeluntersuchungen vermieden werden?

3. Ist eine ausreichend sichere medizinische Ermittlung und sozialmedizinische Wertung des Sachverhaltes nur auf der Grundlage einer körperlichen Untersuchung möglich?

4. Sind weitergehende diagnostische, evtl. auch apparative Untersuchungen erforderlich, gerechtfertigt und angemessen?

2.2.12 Relevante Gesetzestexte (SGB I)

§ 60 Angabe von Tatsachen

(1) Wer Sozialleistungen beantragt oder erhält, hat

1. alle Tatsachen anzugeben, die für die Leistung erheblich sind, und auf Verlangen des zuständigen Leistungsträgers der Erteilung der erforderlichen Auskünfte durch Dritte zuzustimmen,

2. Änderungen in den Verhältnissen, die für die Leistung erheblich sind oder über die im Zusammenhang mit der Leistung Erklärungen abgegeben worden sind, unverzüglich mitzuteilen,

3. Beweismittel zu bezeichnen und auf Verlangen des zuständigen Leistungsträgers Beweisurkunden vorzulegen oder ihrer Vorlage zuzustimmen.

(2) Soweit für die in Absatz 1 Nr. 1 und 2 genannten Angaben Vordrucke vorgesehen sind, sollen diese benutzt werden.

§ 61 Persönliches Erscheinen

Wer Sozialleistungen beantragt oder erhält, soll auf Verlangen des zuständigen Leistungsträgers zur mündlichen Erörterung des Antrags oder zur Vornahme anderer für die Entscheidung über die Leistung notwendiger Maßnahmen persönlich erscheinen.

§ 62 Untersuchungen

Wer Sozialleistungen beantragt oder erhält, soll sich auf Verlangen des zuständigen Leistungsträgers ärztlichen und psychologischen Untersuchungsmaßnahmen unterziehen, soweit diese für die Entscheidung über die Leistung erforderlich sind.

§ 63 Heilbehandlung

Wer wegen Krankheit oder Behinderung Sozialleistungen beantragt oder erhält, soll sich auf Verlangen des zuständigen Leistungsträgers einer Heilbehandlung unterziehen, wenn zu erwarten ist, dass sie eine Besserung seines Gesundheitszustands herbeiführen oder eine Verschlechterung verhindern wird.

§ 64 Berufsfördernde Maßnahmen

Wer wegen Minderung der Erwerbsfähigkeit oder wegen Arbeitslosigkeit Sozialleistungen beantragt oder erhält, soll auf Verlangen des zuständigen Leistungsträgers an berufsfördernden Maßnahmen teilnehmen, wenn bei angemessener Berücksichtigung seiner beruflichen Neigung und seiner Leistungsfähigkeit zu erwarten ist, dass sie seine Erwerbs- oder Vermittlungsfähigkeit auf Dauer fördern oder erhalten werden.

§ 65 Grenzen der Mitwirkung

(1) Die Mitwirkungspflichten nach den §§ 60 bis 64 bestehen nicht, soweit

1. ihre Erfüllung nicht in einem angemessenen Verhältnis zu der in Anspruch genommenen Sozialleistung steht oder

2. ihre Erfüllung dem Betroffenen aus einem wichtigen Grund nicht zugemutet werden kann oder

3. der Leistungsträger sich durch einen geringeren Aufwand als der Antragsteller oder Leistungsberechtigte die erforderlichen Kenntnisse selbst beschaffen kann.

(2) Behandlungen und Untersuchungen,

1. bei denen im Einzelfall ein Schaden für Leben oder Gesundheit nicht mit hoher Wahrscheinlichkeit ausgeschlossen werden kann,

2. die mit erheblichen Schmerzen verbunden sind oder

3. die einen erheblichen Eingriff in die körperliche Unversehrtheit bedeuten,

können abgelehnt werden.

(3) Angaben, die dem Antragsteller, dem Leistungsberechtigten oder ihnen nahestehende Personen (§ 383 Abs. 1 Nr. 1 bis 3 Zivilprozessordnung) die Gefahr zuziehen würden, wegen einer Straftat oder Ordnungswidrigkeit verfolgt zu werden, können verweigert werden.

§ 66 Folgen fehlender Mitwirkung

(1) Kommt derjenige, der eine Sozialleistung beantragt oder erhält, seinen Mitwirkungspflichten nach §§ 60 bis 62, 65 nicht nach und wird hierdurch die Aufklärung des Sachverhalts erheblich erschwert, kann der Leistungsträger ohne weitere Ermittlungen die Leistung bis zur Nachholung der Mitwirkung ganz oder teilweise versagen oder entziehen, soweit die Voraussetzungen der Leistung nicht nachgewiesen sind. Dies gilt entsprechend, wenn der Antragsteller oder Leistungsberechtigte in anderer Weise absichtlich die Aufklärung des Sachverhaltes erheblich erschwert.

(2) Kommt derjenige, der eine Sozialleistung wegen Pflegebedürftigkeit, wegen Arbeitsunfähigkeit, wegen Gefährdung oder Minderung der Erwerbsfähigkeit oder wegen Arbeitslosigkeit beantragt oder erhält, seinen Mitwirkungspflichten nach §§ 62 bis 65 nicht nach und ist unter Würdigung aller Umstände mit Wahrscheinlichkeit anzunehmen, dass deshalb die Arbeits-, Erwerbs- oder Vermittlungsfähigkeit beeinträchtigt oder nicht verbessert wird, kann der Leistungsträger die Leistung bis zur Nachholung der Mitwirkung ganz oder teilweise versagen oder entziehen.

(3) Sozialleistungen dürfen wegen fehlender Mitwirkung nur versagt oder entzogen werden, nachdem der Leitungsberechtigte auf diese Folge schriftlich hingewiesen worden ist und seiner Mitwirkungspflicht nicht innerhalb einer ihm gesetzten angemessenen Frist nachgekommen ist.

§ 67 Nachholung der Mitwirkung

Wird die Mitwirkung nachgeholt und liegen die Leistungsvoraussetzungen vor, kann der Leistungsträger Sozialleistungen, die er nach § 66 versagt oder entzogen hat, nachträglich ganz oder teilweise erbringen.

Literatur

[1] Dörfler H, Eisenmenger W, Lippert HD (Hrsg.): *Das medizinische Sachverständigengutachten – Rechtliche Grundlagen, relevante Klinik, praktische Anleitung.* Berlin; Heidelberg; New York: Springer-Verlag, 1999 ff. (Loseblatt).

[2] Hennies G: Zumutbarkeit diagnostischer Maßnahmen. *Med Sach* 87: 189–192, 1991.

[3] Lampert G: Sind Röntgenuntersuchungen bei der Begutachtung mit der Röntgenverordnung vereinbar? *Med Sach* 92: 37–40, 1996.

[4] Lindner JP: Relevanz der Medizintechnik für die medizinische Begutachtung – aus Sicht eines Sozialrichters. *Med Sach* 95: 37–42, 1999.

[5] Maydell Bv: Mitwirkungspflicht des Betroffenen sowie Aufklärungspflicht und Haftung des Sachverständigen. *SGb* S. 392–398, 1987.

[6] Maydell Bv: Das medizinische Gutachten im Sozialgerichtsprozeß. *JbFfS* S. 403–413, 1988/1989.

[7] Widder B, Hausotter W, Marx P, Puhlmann HU, Wallesch CW: Empfehlungen zur Schmerzbegutachtung. *Med Sach* 98: 27–29, 2002.

3 Arbeitsmedizinische und berufskundliche Grundlagen

Wilhelm Moesch

3.1 Belastung und Beanspruchung

Der Mensch ist am Arbeitsplatz einer Vielzahl von Belastungen ausgesetzt. Abhängig von der jeweiligen Tätigkeit kann es sich um physische oder psychische Belastungen handeln. Die Belastungen werden bestimmt durch die Arbeitsaufgaben und die Arbeitsumgebung. Im Zusammenspiel mit individuellen Faktoren ergibt sich als Reaktion auf die Belastungssituation die individuelle psycho-physische Beanspruchung.

3.1.1 Belastung

Belastung kann als die Gesamtheit aller erfassbaren Einflüsse des Arbeitssystems auf den Menschen angesehen werden [22]. Belastungsfaktoren bei der Arbeit ergeben sich aus zwei Einflussgrößen: Arbeitsaufgabe und Arbeitsumgebung.

Arbeitsaufgabe

Die Arbeitsaufgabe ist abhängig von:

Arbeitsinhalt z. B. schweres Heben und Tragen von Lasten, hohe Konzentration und Verantwortung bei Fahr-, Steuer- und Überwachungstätigkeiten (Fluglotse etc.), monotone, einfache Bürotätigkeit („Knicken, Heften, Lochen").

Arbeitsmitteln z. B. Einsatz von schweren Werkzeugen (Presslufthammer, Schlagschrauber), PC-Benutzung, persönliche Schutzausrüstung (z. B. schwerer Atemschutz, Kälteschutzkleidung)

Arbeitsplatz/Arbeitsraum z. B. Arbeiten in ungünstiger Körperhaltung bei engen räumlichen Verhältnissen (Arbeiten unter Tage, Kanal- und Schachtarbeiten); fehlende ergonomische Raumausstattung/Mobiliar)

Arbeitsorganisation Einzelarbeit oder Gruppenarbeit, Zeitdruck durch taktgebundene Arbeit, Stückakkord, Arbeitspausen, Schichtarbeit etc.

Arbeitsumgebung

Von besonderer Bedeutung sind:

▷ **Beleuchtung**
▷ **Klima** Lufttemperatur, Luftfeuchtigkeit, Luftbewegung, Temperaturstrahlung
▷ **Lärm**
▷ **Gefahrstoffe** z. B. Stäube, Rauche, toxische, infektiöse oder kanzerogen wirkende Substanzen
▷ **Physikalische Einwirkungen** z. B. mechanische Schwingungen, Strahlen

Die Arbeitsumgebung sollte ausreichend Platz für die durchzuführenden Tätigkeiten lassen und wechselnde Körperhaltungen ermöglichen. Die Einrichtung ist so zu gestalten, dass sich eventuelle störende Umwelteinflüsse so wenig wie möglich auswirken. Ausreichend breite Verkehrswege sind frei zu halten. Gesetzliche Vorgaben und Normen (z. B. DIN) sind bei der Einrichtung zu beachten.

Durch Einsatz der Beschäftigten in verschiedenartigen Tätigkeiten können einseitige und hohe Belastungen verringert werden. Durch individuelle Arbeitsgestaltung kann Konzentration und Motivation der Mitarbeiter gesteigert werden. Bei wechselnden Tätigkeiten hat der Mitarbeiter die Möglichkeit, seine Qualifikationen und Fähigkeiten verstärkt in den Arbeitsprozess einzubringen. Erweiterte Handlungsspielräume steigern Motivation und Arbeitsfreude und führen so zu höherer Qualität und Produktivität.

3.1.2 Beanspruchung

Unter *Beanspruchung* versteht man die Reaktion eines Menschen auf eine einwirkende Belastung. Sie ist abhängig von Art, Dauer und Ausprägung der Belastung sowie von den nachfolgend genannten persönlichen Faktoren. Durch Anpassung der Arbeitsbedingungen an die menschlichen Fähigkeiten soll das gesundheitliche Wohlbefinden des arbeitenden Menschen gefördert werden. Als Folge soll auch die Produktivität der Arbeit steigen [18].

Die Tatsache, dass verschiedene Personen auf vergleichbare Belastungen unterschiedlich reagieren, d. h. unterschiedlich beansprucht werden, ergibt sich aus *individuell zu berücksichtigenden Faktoren* wie:

- Alter
- Geschlecht
- Trainingszustand
- Ausbildung/Erfahrung
- Konstitution
- Psychische Verfassung
- Tagesrhythmik/Ermüdungszustand
- Gesundheitszustand
- Soziale Bedingungen (z. B. Betriebsklima, Lohnanreize)

Bei der beruflichen Leistungsbeurteilung ist das Erkennen und Bewerten von Belastungen und Beanspruchungen von besonderer Bedeutung. Nützliche allgemeine Hinweise erhält man in berufskundlichen Datensammlungen [1, 2, 6, 16]. Da die individuelle Gestaltung von Arbeitsplätzen jedoch sehr unterschiedlich ist und nur noch sehr wenige einheitliche Berufsbilder bestehen (so kann die Tätigkeit eines Schlossers abhängig vom jeweiligen konkreten Einsatz zwischen leichter und körperlich sehr schwerer Arbeit variieren), ist eine konkrete Analyse anzustreben. Hierzu ist eine ausführliche Arbeitsplatzanamnese erforderlich.

Darüber hinaus sollte jeder sozialmedizinisch tätige Arzt versuchen, sich im Rahmen seiner Fortbildung durch regelmäßige Betriebsbegehungen einen Überblick über die Arbeitsplätze in seiner Region zu verschaffen. Die betriebsärztlichen Dienste von Großbetrieben bieten häufig auf Nachfrage Betriebsbesichtigungen oder -führungen an.

Zur Beurteilung der beruflichen Leistungsfähigkeit muss dem hier ermittelten Anforderungsprofil das jeweilige Fähigkeitsprofil gegenübergestellt werden. In den letzten Jahren werden hierzu in Europa vermehrt Assessmentverfahren eingesetzt. Je nach angewandtem Verfahren wird das Anforderungsprofil entweder durch Jobanalyse individuell ermittelt (z. B. EFL nach S. ISERNHAGEN [7]) oder auf der Grundlage von Datenbanken (z. B. Dictionary of Occupational Titels (DOT)) erstellt. Zur Bestimmung des Fähigkeitsprofils werden entsprechend der beruflichen Anforderung überwiegend funktionell motorische, zum Teil aber auch koordinative und psychische Testungen durchgeführt.

In das Fähigkeitsprofil fließen die oben genannten *individuell zu berücksichtigenden Faktoren* ein. Während Gesundheits-, Trainingszustand und Konstitution noch relativ leicht objektiv zu messen sind, lassen sich manche der dort aufgeführten Belastungen nur schwer erfassen. Bestimmte psychosoziale Bedingungen, wie z. B. ein vordergründiges oder latentes Rentenbegehren, haben entscheidenden Einfluss auf die Leistungsbereitschaft und behindern die Festlegung der Leistungsgrenzen. Hier ist es wichtig, die fehlende Leistungsbereitschaft zu erkennen und durch entsprechende Tests zu objektivieren.

3.2 Arbeitszeit

Der Mensch ist „tagaktiv" mit einem Maximum der Leistungsbereitschaft gegen 9.00 Uhr vormittags und zwischen 19.00 und 20.00 Uhr abends, sowie einem Minimum zwischen 2.00 und 3.00 Uhr nachts und ca. 15.00 Uhr nachmittags [15].

BJERNER, HOLM und SWENSSON (1955) haben bei Beschäftigten eines Fernmeldeamtes in Nordschweden bei der Handvermittlung von Telefongesprächen und bei Mitarbeitern des städtischen Gaswerkes in Stockholm eine deutliche Fehlerzunahme um 15.00 Uhr und 3.00 Uhr festgestellt [11]. FOLKARD et al. (1976) fanden heraus, dass bei Aufgaben, die hohe Anforderung an die Wahrnehmung, Aufmerksamkeit und Sensomotorik stellen, nachts bzw. in der Mittagssenke mit mehr Fehlleistungen zu rechnen ist, während für relativ komplexe Aufgaben, bei denen hohe Anforderungen an das Kurzzeitgedächtnis gestellt werden, nachts weniger Fehlleistungen als am Tage gefunden wurden [9]. Schicht- und Nachtarbeit kann somit durch herabgesetzte Leistungsfähigkeit zu Arbeitssicherheitsproblemen führen.

3.2.1 Normalarbeitszeit

Um Sicherheit und Gesundheitsschutz der Arbeitnehmer zu gewährleisten, wird die Arbeitszeitgestaltung im Arbeitszeitgesetz (ArbZG) [24] geregelt. Arbeitszeit im Sinne des Gesetzes ist die Zeit vom Beginn bis zum Ende der Arbeit ohne die Ruhepause. Im Bergbau unter Tage zählen die Ruhepausen als Arbeitszeit.

Nach dem Arbeitszeitgesetz darf die werktägliche Arbeitszeit acht Stunden nicht überschreiten. Sie kann auf bis zu zehn Stunden verlängert werden, wenn innerhalb von sechs Kalendermonaten oder innerhalb von 24 Wochen im Durchschnitt 8 Stunden werktäglich nicht überschritten werden.

Nachtzeit im Sinne dieses Gesetzes ist die Zeit von 23 bis 6 Uhr, in Bäckereien und Konditoreien die Zeit von 22 bis 5 Uhr. Nachtarbeit im Sinne des Gesetzes ist jede Arbeit, die mehr als zwei Stunden Nachtzeit umfasst.

3.2.2 Schicht- und Nachtarbeit

Schichtarbeit ist Arbeit zu wechselnder oder ungewöhnlicher Arbeitszeit (z. B. Dauernachtschicht). Um die Versorgung und Sicherheit der Bevölkerung sicherzustellen, ist Schichtarbeit bei Polizei, Feuerwehr, Energieversorgungsunternehmen, im öffentlichen Nah- und Fernverkehr, in Krankenhäusern etc. unverzichtbar.

Technische Sachzwänge (qualitätsgesicherte Produktion ist oftmals nur bei konstanten Produktionsbedingungen möglich) begründen in manchen Industriebetrieben, meist unstrittig, die Notwendigkeit eines „Rund-um-die-Uhr-Betriebes". Hinzu kommen wirtschaftliche Zwänge der Unternehmen, die teure Produktionsanlagen maximal ausnützen wollen. Dies führt häufig zur Diskussion, ob hierfür eventuelle gesundheitliche Störungen und soziale Nachteile der Mitarbeiter in Kauf genommen werden müssen.

Schichtarbeiter sind eine gesundheitlich selektierte Gruppe. Schichtarbeiter mit entsprechenden Beschwerden scheiden häufig bereits nach kurzer Zeit aus („healthy worker Effekt"). Daher ergeben sich methodische Schwierigkeiten bei der Beurteilung von Studien über die gesundheitlichen Probleme von Schichtarbeitern.

Schlaf-, Appetit- und Magen-Darmstörungen werden häufig geklagt. Bedingt durch den geänderten circadianen Rhythmus und durch oft lärmbedingt (Verkehr, Kinder etc.) gestörten Tagschlaf kommt es zu einer Verkürzung der Schlafzeit mit Beeinträchtigung der Schlafqualität (REM-Schlaf-Verkürzung). Wechselnde, unregelmäßige, von der Norm abweichende Zeiten der Nahrungsaufnahme sowie die nachts reduzierte Magensaftsekretion verursachen Appetitstörungen und Magen-Darm-Beschwerden. Einige Autoren fanden auch eine größere Häufigkeit kardiovaskulärer Beschwerden bei Schichtarbeitern, andere konnten dies nicht bestätigen [9].

(Nacht-)Schichtarbeit beeinträchtigt auch die sozialen Kontakte und führt zu einer Störung des Soziallebens. Wenn andere feiern, geht der Schichtarbeiter arbeiten. Seine Freizeit stimmt oftmals nicht mit der Freizeit seiner Familie oder seines Freundeskreises überein. Innerfamiliäre Spannungen treten auf. Die Eltern-Kind-Beziehung leidet häufig. Die Kinder wollen mit den Eltern spielen, diese wollen/müssen schlafen.

Das Jugendschutzgesetz bzw. das Mutterschutzgesetz regelt bzw. schließt Nachtarbeit für bestimmte Personen z. B. Jugendliche, schwangere Frauen und stillende Mütter aus.

Tabelle 3.1 auf der nächsten Seite fasst Personengruppen zusammen, bei denen aus arbeitsmedizinischer Sicht gesundheitliche Bedenken gegen Nachtarbeit bestehen.

Durch Reduzierung des Umfangs der Schichtarbeit (insbesondere der Nachtarbeit) pro Person, durch von der Arbeitsschwere abhängige Schichtlängen, durch angepasste Schichtpläne (eingestreute Nachtschichten sind besser als längere Nachtschichtblöcke), durch übersichtliche Schichtpläne und damit planbarer Freizeit, durch möglichst viele freie Wochenenden kann man versuchen, die negativen Auswirkungen der Schichtarbeit zu reduzieren. Durch

- Zustand nach Magen-Darm-Resektion
- Chronische Ulkuserkrankung des Magens und des Zwölffingerdarmes
- Chronische Gastritis
- Chronische Lebererkrankungen
- Diabetes mellitus
- Schilddrüsenfunktionsstörungen
- Epilepsie
- Psychosen
- Nicht behebbaren chronische Schlafstörungen
- Organischen Herz-Kreislaufleiden von Krankheitswert
- Lungenfunktionsstörungen mit Krankheitswert
- Alkohol-, Suchtmittel-, Medikamentenabhängigkeit
- Hemeralopie (Nachtblindheit) stärkeren Ausmaßes und erheblicher nicht kompensierbarer Sehschwäche

Nach KNAUTH, 1992 [9]

Tab. 3.1: Erkrankungen, bei denen arbeitsmedizinische Bedenken gegen Nachtarbeit bestehen

Nacht(Lohn)zuschläge allein lassen sich die Probleme sicher nicht lösen. Im Gegenteil, der Mehrverdienst führt häufig zu einer Erhöhung des Lebensstandards, mit der Konsequenz, künftig auch bei auftretenden Problemen, zur Sicherung dieses höheren Lebensstandards auf die Nachtzuschläge angewiesen zu sein.

3.3 Arbeitsorganisation

3.3.1 Arbeitspausen und Verteilzeiten

Bei jeder Arbeit tritt eine physische oder psychische Ermüdung ein mit nachfolgender Leistungs- und Funktionsminderung. Arbeitsermüdung ist ein reversibler Prozess und lässt sich durch Erholung beseitigen. Ermüdung lässt sich somit deutlich von Schädigungsprozessen, mit dauerhafter Veränderung biologischer Strukturen oder Funktionen, abgrenzen. Unter Erholung versteht man in der Arbeitsphysiologie die Beseitigung der Ermüdung. Jeder Erholungsvorgang verläuft nach einer e-Funktion. Daraus folgt, dass der Erholungswert zu Beginn einer Erholungsphase wesentlich größer ist als im weiteren Verlauf [13].

Arbeitspausen Arbeitspausen sind Arbeitsunterbrechungen zur Erholung und Wiederherstellung der Leistungsfähigkeit. Tabelle 3.2 gibt hierzu einen Überblick. Der Erholungswert einer Pause hängt u. a. von der individuellen Leistungsfähigkeit (Alter, Geschlecht, Trainings- bzw. Gesundheitszustand), der geleisteten Arbeit, der Länge des vorausgegangenen Arbeitsabschnittes und seinen Wiederholungen ab. Da der Erholungswert zu Beginn einer Pause am größten ist und mit zunehmender Dauer der Pause abnimmt, ist es sinnvoll, häufigere Kurzpausen einzulegen, anstatt nach längeren Arbeitsphasen eine geringere Anzahl längerer Pausen zu machen. Für den Abbau der Ermüdung nach körperlicher Belastung haben Pausen erst nach 5 Minuten Dauer einen Erholungswert [15].

Verteilzeiten Unter persönlichen Verteilzeiten versteht man Zeitanteile, die nicht für den Arbeitsprozess selbst verwendet werden, aber dennoch als Arbeitszeit gerechnet werden (z. B. persönliche Verrichtungen, Erholung- und Entspannungszeiten außerhalb der Pausen) und deshalb bei der Ermittlung des Personalbedarfs, der Kapazität oder des Auslastungsgrades berücksichtigt werden. Erfahrungwert für persönliche Verteilzeiten sind etwa 10 % der Arbeitszeit [10].

Zusätzliche (atypische) Pausen Zusätzliche oder atypische Pausen gehen über den zeitlichen Rahmen der regulären Arbeitspausen und Verteilzeiten hinaus. Mitunter werden bei *Diabetikern* zusätzliche Pausen für die Einnahme von Zwischenmahlzeiten (z. B. Essen eines Apfels), zur Blutzuckerselbstkontrolle oder zur Insulininjektion gefordert. In der Regel lassen sich atypische Pausen aber medizinisch nicht begründen, da die regulären Pausen und Verteilzeiten hierfür hinreichend Gelegenheit bieten.

3.3.2 Taktgebundene Arbeit

Unter gebundener Fließbandarbeit versteht man nach SCHAFFLER die „Durchführung arbeitsplanmäßig aneinandergereihter Herstellverfahren von Arbeitsgängen mit bestimmter Arbeitszeit und Arbeitsmenge an Arbeitsfließbändern, wobei die auszuführende Arbeit für jeden Arbeitsgang durch die Arbeitszeit t und den

3.3 Arbeitsorganisation

Freie, selbstgewählte, willkürliche Pausen Diese Pausen sind in der Regel kurz und werden bei anstrengenden Arbeiten häufig eingesetzt. Der Beschäftigte kann die Pausen seinem individuellen Leistungsrhythmus anpassen. Eine zuverlässige Erholung ist jedoch nicht gewährleistet, da z. B. bei Akkordarbeit möglicherweise nicht alle Pausen genutzt werden, um einen möglichst hohen Lohn zu erhalten. Überlässt man dem Arbeitnehmer die zeitliche Verteilung von Kurzpausen, so werden diese häufig „angespart", um vorzeitig nach Hause gehen zu können bzw. um einzelne Pausen, z. B. die Mittagspause, zu verlängern. Der Erholungseffekt ist dann nur gering.

Maskierte Pausen Toilettengänge bzw. die Durchführung von Nebentätigkeiten mit geringer Arbeitsbelastung, die zu diesem Zeitpunkt nicht notwendig sind, verschleiern oft eine eigentlich notwendige Erholungspause. Der Erholungseffekt ist jedoch deutlich reduziert, da der Arbeitnehmer nicht gänzlich untätig ist und sich hierzu auch nicht berechtigt fühlt.

Arbeitsbedingte Pausen Hierunter fallen alle Wartezeiten die produktionsbedingt, einschließlich nötiger Reparaturarbeiten, anfallen. Bei Fließbandarbeit kann es zu Wartezeiten kommen, wenn bei der Bearbeitung eines Arbeitsstückes an unterschiedlichen Bandarbeitsplätzen unterschiedlich viel Zeit benötigt wird. Da diese Wartephasen nicht vorhersehbar sind und durch das Warten auf den Vordermann immer eine Anspannung besteht, ist jedoch keine zufriedenstellende Erholung möglich [8, 13].

Vorgeschriebene Pausen Das Arbeitszeitgesetz (ArbZG) vom 6. Juni 1994 schreibt im § 4 im voraus feststehende Ruhepausen von mindestens 30 Minuten bei einer Arbeitszeit von mehr als sechs bis zu neun Stunden und 45 Minuten bei einer Arbeitszeit von mehr als neun Stunden vor. Die Ruhepausen können in Zeitabschnitten von jeweils mindestens 15 Minuten aufgeteilt werden. Länger als sechs Stunden dürfen Arbeitnehmer nicht ohne Ruhepause beschäftigt werden [24]. Bei bestimmten Tätigkeiten sind zusätzliche Pausen vorgeschrieben, z. B. Aufwärmpausen bei Kältearbeit (Seite 57), Kühlpausen bei Hitzearbeit (Seite 56).

Tab. 3.2: Formen von Arbeitspausen

Abstand E zwischen zwei Arbeitsstücken sowie an die Geschwindigkeit v des Arbeitsfließbandes gebunden ist" [19]. Die Taktung wird entweder durch die Bandgeschwindigkeit oder durch optische bzw. akustische Signale vorgegeben, kann aber auch frei bestimmbar sein. Individuelle Leistungsunterschiede der Fließbandarbeiter erschweren die Abstimmung des Arbeitstempos und können bei Einzelnen zur Überforderung (Hetzarbeit) führen.

Handgeschicklichkeit ist altersabhängig mit einem Optimum etwa im Alter von 20–25 Jahren. Lebensalter und Handgeschicklichkeit beeinflussen somit ganz wesentlich die Leistungsfähigkeit von Bandarbeitern. Ältere und „ungeschicktere" Arbeitnehmer werden durch Bandarbeit leicht überfordert, ermüden schneller und haben wenig Gelegenheit für zusätzliche Pausen. Jüngere, „geschicktere" und somit schnellere Arbeitnehmer vergrößern den Leistungsunterschied noch dadurch, dass sie sich zusätzlich die längsten Pausen verschaffen. Durch Einfügen von „Pufferzonen" kann der Zwangsablauf des Bandes gemildert werden. Flexible Bandgeschwindigkeiten, abhängig von der Tageszeit, können die tagesrhythmisch schwankende Leistungsfähigkeit berücksichtigen und so die „Hetze", erhöhte Fehlerquoten sowie mögliche Unfallgefahren begrenzen; vgl. Abschnitt 3.2.

Beschränkt sich Fließbandarbeit auf wenige Handgriffe mit geringen Arbeitsinhalten (Monotonie), sinkt das Interesse an der Arbeit. Insbesondere gut ausgebildete Arbeitnehmer fühlen sich unterfordert, und lehnen derartige Tätigkeiten oft ab. Durch erweiterte Arbeitsinhalte (Zusammenfassen mehrerer Tätigkeiten an einer „Bandstation", oder Wechsel zwischen einzelnen Tätigkeiten (Job rotation), kann man Arbeitszufriedenheit und Produktivität steigern [8, 19].

Nach § 23 Abs. 1 Satz 3 des *Gesetzes zum Schutz der arbeitenden Jugend* dürfen Jugendliche nicht mit Arbeiten beschäftigt werden, „bei denen ihr Arbeitstempo nicht nur gelegentlich vorgeschrieben, vorgegeben oder auf andere Weise erzwungen wird" [26].

3.4 Arbeitsweg

Der Weg von und zur Arbeitsstelle gehört in der Regel nicht zur tariflich bezahlten Arbeitszeit, verlängert jedoch den Arbeitstag und verkürzt somit die „sozial nutzbare" Freizeit. Von den im Jahr 2000 ca. 32,1 Millionen Erwerbstätigen in der Bundesrepublik Deutschland [1] pendelten 37,8 % zwischen den Gemeinden des jeweiligen Landes; 5,1 % pendelten über die Landesgrenzen hinaus. 1.434.000 (4,6 %) der Erwerbstätigen legten auf dem Hinweg zur Arbeitsstelle 50 und mehr Kilometer zurück. 1.491.000 Erwerbstätige benötigten 60 Minuten und mehr einfache Wegezeit [3].

Damit verlängert sich nicht nur der Arbeitstag erheblich, sondern es besteht auch ein verkehrsbedingtes Unfallrisiko. Nach geltendem Recht (§ 8 SGB VII) besteht für Unfälle auf dem Weg von und zu der versicherten Tätigkeit Versicherungsschutz durch den zuständigen Unfallversicherungsträger. Der Wegeunfall ist somit dem Arbeitsunfall versicherungsrechtlich gleichgestellt und muss dem zuständigen Unfallversicherungsträger angezeigt werden.

Der Arbeitsweg kann für Behinderte zu einer besonderen Belastung werden.

Nach Rechtsprechung des Bundessozialgerichts gehört zur Erwerbsfähigkeit auch das Vermögen, eine Arbeitsstelle aufzusuchen *(vgl. BSG SozR 2200 § 1247 Nr. 56 mwN)*, denn eine Tätigkeit zum Zweck des Gelderwerbs ist in der Regel nur außerhalb der Wohnung möglich *(vgl. BSG SozR 2200 § 1247 Nrn. 47, 50)*. Da der Eintritt des Versicherungsfalls von dem Vorhandensein dieser Mobilität abhängt, ist näher zu bestimmen, über welche Fähigkeiten der Versicherte verfügen muss, um Arbeitsstellen erreichen zu können. Dabei sind alle zumutbaren und verfügbaren Mobilitätshilfen zu berücksichtigen. Im Normalfall ist davon auszugehen, dass öffentliche Verkehrsmittel benutzt werden müssen.

Die Rechtsprechung des Bundessozialgerichts nimmt generell das Fehlen der Wegefähigkeit an, wenn der Versicherte aufgrund der bei ihm bestehenden Gesundheitsstörungen – auch unter Verwendung von Hilfsmitteln – nicht in der Lage ist, viermal täglich eine Wegstrecke von mehr als 500 m mit zumutbarem Zeitaufwand zu Fuß zurückzulegen und zweimal öffentliche Verkehrsmittel während der Hauptverkehrszeiten zu benutzen. Als zumutbaren Zeitaufwand sieht das BSG eine Gehzeit von maximal 20 min für 500 m an *(siehe u. a. Urteil des BSG 10. Senat vom 9.8.2001, Az B10 LW 18/00 R)*.

3.5 Arbeitsumgebung

3.5.1 Beleuchtung

Die Beleuchtung sollte ausreichend sein und eine gleichmäßige, harmonische Raumausleuchtung ermöglichen. Blendung ist nach Möglichkeit zu vermeiden bzw. zu begrenzen. Tageslicht ist Kunstlicht vorzuziehen. Bei Kunstlichteinsatz ist auf richtige Lichtfarbe und Farbwiedergabe zu achten.

3.5.2 Lärm

Der Begriff *Lärm* wird uneinheitlich gebraucht und bezeichnet im allgemeinen Sprachgebrauch Geräusche, Töne oder Klänge, die als störend, belästigend und unangenehm empfunden werden oder schädigend wirken können [11]. Ob ein Geräusch als Lärm empfunden wird, hängt stark von seiner subjektiven Störwirkung ab und lässt sich nur bedingt objektivieren. Entscheidend ist die Stärke und Dauer des Schalls, seine Frequenz (hohe Frequenzen werden als störender empfunden), die Einstellung des Hörenden zum Geräusch (z. B. Diskobesuch) und die Befindlichkeit des Hörenden. Tabelle 3.3 zeigt Alltagsbeispiele und mögliche Auswirkungen von Lärm.

Eine schwerwiegende Folge des Lärms ist die Lärmschwerhörigkeit. Es handelt sich hierbei um eine Innenohrschwerhörigkeit (sensorische Schwerhörigkeit, Haarzellschaden) mit Senke der Hörschwellenkurve bei c^5 (4000 Hz) oder Abfall der Kurve im hohen Tonbereich.

Die Entwicklung eines Lärmschadens ist abhängig von der Dauer und Intensität des Lärms. Je länger ein Mensch einer Lärmbelastung ausgesetzt ist und je

---

1. Ohne Personen, die keine Angaben zum Pendlerverhalten gemacht haben (6.630.000).

3.5 Arbeitsumgebung

Geräuschart	dB(A)	Auswirkungen
Hörschwelle	0–10	
Blätterrauschen	20	
	30	
Leise Radiomusik	40	
	50	Beeinträchtigung von Konzentration und Sprachverständigung, evtl. Leistungsabfall
Normales Gespräch	60	
Auto (Pkw)	70	
Starker Straßenverkehr	80	Entwicklung von Gehörschäden möglich
	90	
	100	
Bohrmaschine	110	
	120	Schmerzgrenze
Düsenflugzeug	130	
	140	
	>150	Lähmung und Tod von Organismen

Tab. 3.3: Alltagsbeispiele und Auswirkungen von Lärm

höher deren Intensität ist, desto größer ist die Wahrscheinlichkeit eines Gehörschadens [22].

In der Arbeitsmedizin sind Schalldruckpegel ab 85 dB(A) von besonderer Bedeutung, da bei langjähriger Lärmexposition ab diesem Beurteilungspegel die Gefahr der Entwicklung einer Lärmschwerhörigkeit besteht. Hat die Lärmexposition durchweg unter 85 dB(A) gelegen, ist eine Lärmschwerhörigkeit ausgeschlossen, es sei denn, der Geräuschpegel enthält stark hochfrequente Frequenzanteile, die für das Gehör besonders schädlich sind [17]. Bei Schalldruckpegeln oberhalb von 120 dB(A) können bleibende Gehörschäden schon nach kurzer Einwirkungszeit auftreten. Knalltraumen, die mit einer mechanischen Zerstörung des Innenohrs einhergehen, werden bei Schallpegeln oberhalb 140 dB(A) beobachtet [13].

Lärmbelastete Tätigkeiten findet man insbesondere in der metallver- und bearbeitenden Industrie, bei Arbeiten mit Druckluftwerkzeugen, in Nagelfabriken, in der Holzbearbeitung (insbesondere Kreissäge und Hobelmaschine), bei Arbeiten an Motor- oder Turbinenprüfständen, bei Bodenpersonal im Luftverkehr, in Getränkeabfüllanlagen, an Webstühlen in der Textilindustrie, in der Bauindustrie, Druck- und Papierindustrie.

Bei Beschäftigung in Lärmbereichen sind spezielle arbeitsmedizinische Vorsorgeuntersuchungen und Präventionsmaßnahmen (u. a. persönliche Arbeitsschutzmittel, Gehörschutz) vorgeschrieben, wobei grundsätzlich Maßnahmen zur Lärmvermeidung und Lärmminderung vorrangig zu ergreifen sind. Lärmbereiche sind Bereiche, in denen der ortsbezogene Beurteilungspegel 85 dB(A) oder der Höchstwert des nicht bewerteten Schalldruckpegels 140 dB erreicht oder überschreitet [5]. Die Lärmschwerhörigkeit ist derzeit die häufigste Berufskrankheit, die von den gewerblichen Berufsgenossenschaften mit einer Rente entschädigt wird. 1999 entfielen mit 6.235 Fällen 36,9 % der anerkannten Berufskrankheiten auf die Lärmschwerhörigkeit [14].

Neben der Gehörschädigung kann Lärm auch extraaurale Wirkungen haben. Es sind dies vor allem vegetative und psychische Reaktionen, wobei die psychischen bzw. die psychosomatischen Reaktionen weniger durch den Lärm, sondern eher durch die damit einher gehende Belästigung hervorgerufen werden [22].

Unter Lärmeinwirkung wird berichtet [8, 15, 22] über: Erhöhte Herzschlagfrequenz, erhöhten Blutdruck, Verengung peripherer Gefäße, Anstieg von Adrenalin und Noradrenalin im Blut, Schlaf- und Konzentrationsstörungen, Störungen des sozialen Wohlbefindens.

In § 15 der *Arbeitsstättenverordnung* (ArbStättV) [23] wurden daher als Schutz gegen Lärm für bestimmte Tätigkeiten Obergrenzen festgelegt:

Bei überwiegend geistigen Tätigkeiten	55 dB(A)
Bei einfachen oder überwiegend mechanisierten Büro- und vergleichbaren Tätigkeiten	70 dB(A)
Bei allen sonstigen Tätigkeiten	85 dB(A)
In Pausen-, Bereitschafts-, Liege- und Sanitätsräumen (maximal)	55 dB(A)

3.5.3 Klimatische Bedingungen

Die klimatischen Bedingungen sollten der Tätigkeit angepasst werden. Auf gute Luftqualität ist zu achten. Für ausreichende Lüftung muss gesorgt werden; Nichtraucherschutz ist zu beachten. Kalte Wand- und

Fensterfronten müssen isoliert werden. Zugluft ist zu vermeiden; hierbei ist auch der Luftstrom von Gerätelüftern zu beachten. Ein übermäßiges Aufheizen der Räume durch Sonneneinstrahlung ist zu verhindern; gegebenenfalls sind Fensterjalousien anzubringen.

Klima wird bestimmt durch Lufttemperatur, Luftfeuchtigkeit, Luftgeschwindigkeit, Wärmestrahlung. Die Beurteilung der am Arbeitsplatz auftretenden thermischen Belastung ist weiterhin abhängig von der Arbeitsschwere (Wärmeerzeugung durch Muskelarbeit und Erhöhung des Grundumsatzes), der Expositionsdauer und der getragenen Bekleidung [5].

Die *Arbeitsstätten-Richtlinien* geben folgende Mindesttemperaturwerte vor:

Bei überwiegend sitzender Tätigkeit	19 °C
Bei überwiegend nicht sitzender Tätigkeit	17 °C
Bei schwerer körperlicher Arbeit	12 °C
In Büroräumen	20 °C
In Verkaufsräumen	19 °C
Die Raumtemperatur soll 26 °C nicht überschreiten.	

- Herz-Kreislauf-Krankheiten mit Funktionseinbußen
- Pneumokoniosen von Krankheitswert
- Aktive oder ausgedehnte inaktive Lungentuberkulose
- Chronisch obstruktive Atemwegserkrankungen
- Anfallsleiden
- Nicht ausgeheilte Schädel- und Gehirnverletzungen
- Diabetes mellitus
- Ausgeprägte Arteriosklerose
- Katarakt (bei überwiegender Wärmestrahlungsexposition)
- Erkrankungen der Nieren und/oder der harnableitenden Organe
- Chronische Magen-Darm-Erkrankungen
- Chronische Lebererkrankungen
- Ausgeprägte Fettsucht
- Chronisch rezidivierende und generalisierte Hauterkrankungen
- Alkohol-, Rauschmittel-, Medikamentenabhängigkeit

Tab. 3.4: Arbeitsmedizinische Bedenken gegen Hitzearbeit

Der Mensch ist in der Lage, durch verschiedene Regulationsmechanismen seine Körperinnentemperatur geänderten Klimabedingungen anzupassen [15, 22]. Diese *Thermoregulation* erfolgt über Durchblutung der Körperoberfläche, Leistung des Herz-Kreislaufsystems, Schweißproduktion, Muskelarbeit. Eine Belastung durch Klima ergibt sich, wenn die Wärmebilanz des Menschen durch die Thermoregulation nicht mehr ausgeglichen werden kann.

Hitze

Im allgemeinen Sprachgebrauch versteht man unter Hitze störend hoch empfundene oder schädigende Temperatur. Die Hitzebelastung am Arbeitsplatz wird beurteilt mit Hilfe der Effektivtemperatur für den bekleideten Menschen NET (°C) nach YAGLOU – einem Klimasummenmaß für das menschliche Klimaempfinden – und der Wärmestromdichte [5]. Unter Hitzearbeit versteht man Tätigkeiten, welche die Thermoregulationsmechanismen stark in Anspruch nehmen, um die Körperinnentemperatur konstant zu halten [15]. Es kommt zu Störungen der körperlichen und mentalen Leistungsfähigkeit, zum Anstieg von Herzfrequenz und Blutdruck; die Hautdurchblutung und die Schweißsekretion nehmen zu, die Tätigkeit der Verdauungsorgane nimmt ab. Es kann zu Kreislaufkollaps (Hitzekollaps), Hitzekrämpfen, Hitzschlag kommen.

Hitzearbeitsplätze findet man in der Eisen- und Stahlindustrie, in der Glas- und Keramikindustrie im Bergbau aber auch in Großküchen und Wäschereien. Der Berufsgenossenschaftliche Grundsatz G 30 regelt die Notwendigkeit arbeitsmedizinischer Vorsorgeuntersuchungen vor Aufnahme einer entsprechenden Beschäftigung.

Tabelle 3.4 fasst Personengruppen zusammen, bei denen aus arbeitsmedizinischer Sicht gesundheitliche Bedenken gegen Hitzearbeit bestehen.

In warmer Umgebung erfolgt zunächst eine Wärmeabgabe über die Haut. Dies ist jedoch nur solange möglich, solange die Temperatur der Körperoberfläche (ca. 32 °C) größer ist als die Umgebungstemperatur. Bei höherer Umgebungstemperatur würde dem Körper Wärme zugeführt. Die effektivste Form zur Steigerung der Wärmeabgabe ist die Schweißverdunstung. Durch Verdunstung von einem Liter Schweiß können 2400 kJ Wärme abgegeben werden. Voraussetzung hierfür ist eine adäquate Flüssigkeitszufuhr und die Fähigkeit der Umgebungsluft noch Flüssigkeit aufzuneh-

3.5 Arbeitsumgebung

men. In warmen tropischen Regionen mit hoher Luftfeuchtigkeit ist daher die Wärmeabgabe erschwert.

Hitzeschutzmaßnahmen sind u. a. reflektierende bzw. kühlende Spezialkleidung, Absenkung der Raumtemperatur durch Klimaanlagen, Reduzierung der Arbeitszeit, zusätzliche Kühlpausen.

Kälte

Kälte ist störend niedrig empfundene oder schädigende Temperatur. An Arbeitsplätzen, an denen dem Körper durch Luftbewegung in erhöhtem Maße Wärme entzogen wird, sind die Beschäftigten besonders gefährdet. Nach der UVV Kälteanlagen ist ab einer Temperatur von $+10\,°C$ und darunter von einem Kältearbeitsplatz auszugehen. An Kältearbeitsplätzen hat der Unternehmer den Mitarbeitern entsprechende Schutzkleidung zur Verfügung zu stellen und ihre regelmäßige Überwachung zu sichern, wenn die Gefahr der Unterkühlung besteht [8]. Bei Arbeiten in Räumen mit Temperaturen kälter als $-25\,°C$ (tiefkalter Bereich) sind spezielle arbeitsmedizinische Vorsorgeuntersuchungen nach dem berufsgenossenschaftlichen Grundsatz G 21 durchzuführen.

Tabelle 3.5 fasst Personengruppen zusammen, bei denen aus arbeitsmedizinischer Sicht gesundheitliche Bedenken gegen Kältearbeit bestehen [5].

Kältearbeitsplätze im tiefkalten Bereich findet man insbesondere in Kühlräumen, Gefrierräumen, Gefriertrockenräumen und Tieftemperaturversuchskammern. Kälteeinfluss ist aber auch bei Arbeiten im Freien (insbesondere bei winterlicher Witterung), in der Schifffahrt, oder bei Aufenthalt in Höhen etc. zu erwarten.

Neben einer allgemeinen Unterkühlung mit erhöhter Infektanfälligkeit und lokalen Erfrierungen (siehe oben) kann der Kältereiz rheumatische Beschwerden, Angina pectoris Anfälle sowie Asthmaanfälle durch Irritation der Atemwege hervorrufen. Mit zunehmender Kälte erhöht sich u. a. die Gefahr von Herzrhythmusstörungen bis hin zum Kammerflimmern, Kreislaufkollaps und schließlich Kältetod.

Bei zunehmender Kälte muss in erster Linie auf entsprechende Bekleidung geachtet werden. Da bei Kälte zur Aufrechterhaltung der Körperinnentemperatur regulatorisch die Durchblutung der Haut und Ex-

- Erkrankungen des Herzens und des Kreislaufsystems
- Erkrankungen der Atmungsorgane
- Erkrankungen des Blutes
- Erkrankungen der Haut, falls sie die Durchblutung beeinflussen
- Erkrankungen der Nieren und der ableitenden Harnwege
- Erkrankungen des rheumatischen Formenkreises und damit verwandter Zustände
- Erkrankungen des äußeren Auges
- Epilepsie und andere Anfallsleiden
- Neigung zu Überempfindlichkeitsreaktionen bei Kälteeinwirkung (z. B. Kälteurticaria, Kältehämoglobinurie)
- Nicht ausgeheilte Zuständen bei Schädel- und Hirnverletzungen
- Neigung zu Alkoholmissbrauch
- Betäubungsmittelsucht und anderen Suchtformen

Tab. 3.5: Arbeitsmedizinische Bedenken gegen Kältearbeit

tremitäten abnimmt, sind die Akren (Finger, Zehen, Hände, Füße, Nase, Ohren u. a.) besonders häufig von Kälteschäden (Erfrierungen) betroffen. Bei der Auswahl von Kälteschutzkleidung ist darauf zu achten, dass die Beweglichkeit nicht zu sehr eingeschränkt wird (mögliche Unfallgefahr). Durchgeschwitzte Kleidung kann die Wirkung des Schutzkleidung plötzlich erheblich verschlechtern [8]. Weitere Schutzmaßnahmen sind zeitliche Begrenzung der Kältearbeit mit zwischenzeitlichen Aufwärmpausen.

3.5.4 Stäube, Rauche, Gefahrstoffe

Die MAK-Liste (MAK = Maximale Arbeitsplatz-Konzentration) definiert:

Stäube sind disperse Verteilungen fester Stoffe in Gasen mit Teilchengrößen $< 200\,\mu m$, entstanden durch mechanische Prozesse oder durch Aufwirbelung

Rauche sind disperse Verteilungen feinster (Teilchengröße $< 1\,\mu m$) fester Stoffe in einem Gas, insbesondere in Luft.

Stäube und Rauche bilden sich durch chemische oder thermische Prozesse [8, 13]. Ihre Aufnahme erfolgt in erster Linie über die Atemwege, den Magen-Darm-Trakt und die Haut. Sie können toxische und/oder chemisch-irritative, cancerogene, allergisierende und fibrinogene Wirkungen hervorrufen. Art und Ausmaß der jeweiligen Gesundheitsgefährdung ergeben sich aus Zusammensetzung (Art) des Staubes, Teilchengröße und Teilchenform, Staubkonzentration, Dauer der Einwirkung [8].

Toxische Wirkungen von Stäuben und Rauchen finden sich u. a. bei Schwermetallen z. B. bei Bleiverbindungen. Gefährdete Arbeitsbereiche sind z. B.:

▷ Verhüttung von Bleierzen
▷ Herstellung von bleihaltigen Farben, Entfernung bleihaltiger Anstriche
▷ Bearbeitung bleihaltiger Metalle
▷ Akkumulatorenherstellung
▷ Herstellung von Bleiglas
▷ Entsorgung/Recycling bleihaltiger Altmaterialien

Fibrinogene Stäube sind z. B. Quarz- und Asbeststäube die zur Staublungenerkrankung Silikose bzw. Asbestose führen können. Gefährdete Arbeitsbereiche finden sich u. a. in:

▷ Bergbau
▷ Stein- und Bauindustrie
▷ Keramische Industrie
▷ Gießerei
▷ Asbestzementindustrie
▷ Asbesttextilindustrie
▷ Chemische Industrie
▷ Herstellen, Ver- und Bearbeiten von Wärme-, Schall- und Feuerschutzisolierungen

Allergisierende Stäube sind z. B. Ursache für das „Bäckerasthma" (Mehlstauballergie) und die exogen allergische Alveolitis (Farmer- oder Drescher-Lunge) durch Staub aus verschimmeltem Heu, Stroh oder Getreide.

Krebserregende Stäube sind u. a. Asbest (Lungenkarzinome, Mesotheliome von Ripppenfell, Bauchfell und Pericard) und Stäube von Buchen- und Eichenholz (Adenokarzinome der Nasenhaupt- und Nasennebenhöhlen).

Stäube und Rauche gehören zur Gruppe der **Gefahrstoffe**, die in feste Gefahrstoffe, flüssige Gefahrstoffe und in der Luft schwebende Gefahrstoffe (u. a. Stäube, Rauche) unterteilt werden können. Der Umgang mit Gefahrstoffen ist u. a. im Chemikaliengesetz (ChemG), der Gefahrstoffverordnung (GefStoffV), den Technischen Regeln für Gefahrstoffe (TRGS), im Sozialgesetzbuch VII (SGB VII) sowie in den Unfallverhütungsvorschriften (UVV) und dem sonstigen Regelwerk der gesetzlichen Unfallversicherungsträger geregelt.

Beim Umgang mit Gefahrstoffen gilt es, die jeweils geltenden Grenzwerte zu beachten. So gibt z. B. die Maximale Arbeitsplatzkonzentration (**MAK-Wert**) die Konzentration eines Stoffes an, die maximal in der Luft am Arbeitsplatz vorhanden sein darf, ohne den Beschäftigten gesundheitlich zu beeinträchtigen oder unangemessen zu belästigen [22].

Der Biologische Arbeitsplatztoleranzwert (**BAT-Wert**) ist die Konzentration eines Stoffes oder seines Umwandlungsproduktes im Körper oder die dadurch ausgelöste Abweichung eines biologischen Indikators von seiner Norm, bei der im allgemeinen die Gesundheit der Arbeitnehmer nicht beeinträchtigt wird.

Bei krebserregenden oder erbgutverändernden Substanzen, für die man keinen gesicherten, gesundheitlich unschädlichen Schwellenwert festlegen kann, gilt die Technische Richtkonzentration (**TRK-Wert**).

Der TRK-Wert orientiert sich am Stand der Technik und ist die Konzentration eines Stoffes in der Luft am Arbeitsplatz, die nach dem Stand der Technik erreicht werden kann. Stand der Technik im Sinne dieser Verordnung ist der Entwicklungsstand fortschrittlicher Verfahren, Einrichtungen oder Betriebsweisen, der die praktische Eignung einer Maßnahme zum Schutz der Gesundheit der Beschäftigten gesichert erscheinen lässt. Bei der Bestimmung des Standes der Technik sind insbesondere vergleichbare Verfahren, Einrichtungen oder Betriebsweisen heranzuziehen, die mit Erfolg in der Praxis erprobt worden sind. Gleiches gilt für den Stand der Arbeitsmedizin und Hygiene (§ 3 Abs. 9 Gefahrstoffverordnung [18]). Durch den Einsatz persönlicher Schutzmaßnahmen (z. B. Atemschutz bei Asbestentsorgung) können sich zusätzliche, zum Teil erhebliche, Belastungen am Arbeitsplatz ergeben. Dies gilt es bei der Leistungsbeurteilung zu berücksichtigen.

3.5.5 Mechanische Schwingungen

Mechanische Schwingungen (Vibrationen, Erschütterungen) sind Bewegungen eines festen Körpers und können über die Füße, das Gesäß und die Hände auf den Menschen einwirken. Die Wirkung von mechanischen Schwingungen ist abhängig von der Amplitude (Schwingweg), der Schwinggeschwindigkeit und der Schwingbeschleunigung. Schwingungen können harmonisch, periodisch oder stochastisch auftreten. Von besonderer Bedeutung sind stoßhaltige Schwingungen

Ganzkörper-Schwingungen ausgesetzt sind vor allem Kraftfahrer, Fahrer von Arbeitsmaschinen, Kettenfahrzeugen, Militärfahrzeugen im Gelände, Hubschrauberpiloten. Besonders betroffen sind Fahrzeuge die in unebenem Gelände eingesetzt werden. Das Risiko für Wirbelsäulenerkrankungen, insbesondere im Bereich der LWS, ist erhöht. Patienten mit vorgeschädigter Wirbelsäule sollten daher keine Tätigkeiten mit Ganzkörper-Schwingungen verrichten. Präventiv sollten technische Maßnahmen ergriffen werden um hohe Schwingungsbelastungen zu vermeiden und/oder die Schwingungsübertragung auf den menschlichen Körper zu vermindern (z. B. schwingungsdämpfende Sitze).

„Bandscheibenbedingte Erkrankungen der Lendenwirbelsäule durch langjährige, vorwiegend vertikale Einwirkung von Ganzkörperschwingungen im Sitzen, die zur Unterlassung aller Tätigkeiten gezwungen haben, die für die Entstehung, die Verschlimmerung oder das Wiederaufleben der Krankheit ursächlich waren oder sein können" [25], wurden als Berufskrankheit Nr. 2110 in die Liste der Berufskrankheiten aufgenommen.

Auch von stationären oder mobilen, handgehaltenen bzw. handgeführten Maschinen (z. B. Motorsägen, Bohrhämmern, Rüttelplattenverdichter, Schleifgeräte), können Schwingungen übertragen werden, die als sogenannte **Hand-Arm-Schwingungen** auf den menschlichen Körper übertragen werden. Schäden am Gelenke-Knochen-System der Arme sowie Schäden am Gefäß-Nervensystem können entstehen. Gelenk- und Knochenschädigung werden überwiegend durch niederfrequente mechanische Schwingungen verursacht, da in diesem Frequenzbereich aufgrund von Resonanzeigenschaften Relativbewegungen der Körpergelenke auftreten, die zur Überbeanspruchung der Gewebe führen können [4]. Je größer der Kraftschluss (Anpress-, Haltedruck) zwischen Hand und Gerät ist, umso größer ist die schädigende Wirkung. Neben Ellenbogengelenk, Schulter-Schlüsselbeingelenk, handgelenksnahem Ellen-Speichengelenk sind auch die Handwurzelknochen betroffen. Eine Arthrosis deformans, Spontanfrakturen, Pseudarthrosen (Os navikulare), Malazien (Os lunatum), Osteochondrosis dissecans, Gefäßstenosen, Nervenstörungen durch Druck können entstehen. Eine besondere berufliche Betroffenheit ist u. a. bei Bauarbeitern (z. B. Einsatz von Rüttelmaschinen oder Stopfmaschinen im Gleisbau), Steinmetzen (Pressluftschlagwerkzeuge), Forstarbeitern (Motorkettensäge) und im Bergbau zu erwarten. „Erkrankungen durch Erschütterungen bei Arbeit mit Druckluftwerkzeugen oder gleichartig wirkenden Werkzeugen und Maschinen" werden unter Nr. 2103 in der Liste der Berufskrankheiten berücksichtigt.

Ein **Vibrationsbedingtes Vasospastisches Syndrom (VVS)** wurde unter der Listen Nr. 2104 in der BK-Liste berücksichtigt. „Vibrationsbedingte Durchblutungsstörungen an den Händen, die zur Unterlassung aller Tätigkeiten gezwungen haben, die für die Entstehung, die Verschlimmerung oder das Wiederaufleben der Krankheit ursächlich waren oder sein können", können seit 1976 als Berufskrankheit anerkannt werden. Ein vibrationsbedingtes vasospastisches Syndrom kann einzeln oder in Kombination mit den oben genannten Gelenk- bzw. Knochenschäden auftreten. Betroffen ist der oben genannte Personenkreis. Das Risiko ist größer bei höherfrequenten Schwingungsbelastungen, Kälte wirkt begünstigend. Betroffen sind die Finger II–V der Halte- bzw. Bedienhand. Es kommt anfallsweise zum Abblassen der Finger mit nachfolgender Zyanose. Gefühllosigkeit, Kribbeln und Schmerzen treten auf. Ein oder mehrere Finger können betroffen sein, der Daumen ist nie beteiligt. Die Anfallsdauer geht von Minuten bis zu einer Stunde. Die Anfälle müssen nicht unbedingt während der Arbeit auftreten. Zu Beginn der Erkrankung treten Anfälle oft nur in Verbindung mit zusätzlicher Kältebelastung auf. Präventiv kommen neben technischen Maßnahmen zur Vermeidung bzw. Verringerung der Schwingungsbelastungen, eine Verkürzung der persönlichen Expositionszeit (durch Verteilung der belastenden Tätigkeiten auf mehrere Mitarbeiter), und der Einsatz von vibrationshemmenden, gefütterten Schutzhandschuhen in Frage. Letztere verhindern gleichzeitig ein Auskühlen der Finger. Bei Kälteeinfluss sind rechtzeitige Aufwärmphasen einzuplanen. Hier haben sich auch beheizte Gerätehandgriffe bewährt [4, 13, 15].

3.6 Aspekte arbeitsmedizinischer Beurteilung

Der ärztliche Gutachter hat die Aufgabe, die medizinische Wahrheit zu finden. Hierzu bedarf es einer dem Auftrag und der Fragestellung angemessenen objektiven Sachaufklärung. Bei Begutachtungen im Bereich der Rentenversicherung geht es überwiegend um die Beurteilung der Leistungsfähigkeit im Erwerbsleben. Hierzu muss ein individuelles Fähigkeitsprofil erstellt werden, dass mit dem spezifischen Anforderungsprofil verglichen wird. Mancher Nichtmediziner träumt hier von einer „Diagnostikmaschine", die gefüttert mit Befunden, ein nicht zu widerlegendes Leistungsbild auswirft. Eine solche Maschine gibt es jedoch nicht. Mit den uns derzeit zur Verfügung stehenden diagnostischen Möglichkeiten sind wird lediglich in der Lage eine **Einschätzung** des Leistungsvermögens durchzuführen. Je mehr Informationen wir zum Anforderungs- und Fähigkeitsprofil erhalten, umso genauer wird diese Einschätzung sein. Die individuelle Leistungsbereitschaft ist hier von besonderer Bedeutung und schränkt die Aussagefähigkeit vieler Leistungstests ein (vgl. auch Abschnitt 3.1).

3.6.1 Fähigkeitsprofil

Anamnese (mit Angaben zum Schulabschluss, erlernten Beruf und beruflicher Entwicklung), allgemeine körperliche Untersuchung und technische Diagnostik liefern uns die medizinischen „Grunddaten". Diese lassen allein nur begrenzt Rückschlüsse auf das funktionelle Leistungsvermögen zu. So gibt die Angabe der aktiven und passiven Beweglichkeit der Gelenke nach der Neutral-Null-Methode zwar wertvolle diagnostische Hinweise, eventuelle zusätzliche Einschränkungen bei spezifischer beruflicher Belastung können jedoch nur relativ „grob" eingeschätzt werden. Funktionell technische Diagnostik bringt uns hinsichtlich der funktionellen Leistungsfähigkeit schon weiter. Maximalkraftmessungen lassen gewisse Rückschlüsse auf die Dauerleistungsfähigkeit zu, Ergometerbelastungen ergeben bei Erreichen eines „Steady state" Zustandes Hinweise auf die Dauerbelastbarkeit. Wir müssen jedoch berücksichtigen, dass diese Art der Leistungsmessung unter „idealen Laborbedingungen" erfolgt, die nicht zwingend mit realen Lebens-, geschweige denn Arbeitsbedingungen vergleichbar sind. In den letzten Jahren werden verstärkt allgemeine Assessmentverfahren in der Leistungsdiagnostik eingesetzt (z. B. EFL nach S. ISERNHAGEN oder ERGOS). Allgemeine Assessmentverfahren testen genau definierte Belastungen der gewerblichen Wirtschaft unter standardisierten Bedingungen und beziehen sich im allgemeinen, da sie überwiegend aus den USA stammen, auf das Dictionary of Occupational Titels (DOT). Je nach System werden eine unterschiedliche Anzahl von Items getestet.

Die Testelemente der Evaluation funktioneller Leistungsfähigkeit (EFL) nach S. ISERNHAGEN [7] sind in Tabelle 3.6 dargestellt.

Derartige Funktionsuntersuchungen bringen uns dem individuellen Fähigkeitsprofil des Probanden schon deutlich näher, vorausgesetzt der Proband ist leistungswillig und versucht nicht – z. B. bei bestehendem Rentenbegehren – seine Leistungs**un**fähigkeit zu demonstrieren. Durch im Test enthaltene Plausibilitätsprüfungen und „Kreuztests" (testen derselben Funktion bei unterschiedlicher Testanordnung) kann jedoch zwischen Leistungsunvermögen und Leistungsunwilligkeit unterschieden werden. Dies gilt es dann in der Epikrise zu beschreiben und entsprechend zu würdigen.

3.6 Aspekte arbeitsmedizinischer Beurteilung

Last hantieren/Kraft
– Heben Boden zu Taillenhöhe
– Heben Taillen-/Überkopfhöhe
– Heben horizontal
– Schieben, Drücken, Ziehen
– Tragen rechts/links
– Tragen vorne beidhändig
– Handkraft rechts/links

Länger dauernde Haltung
– Sitzen, Stehen

Handkoordination
– Geschicklichkeit rechts/links

Haltung/Beweglichkeit
– Arbeit über Kopfhöhe
– Bücken im Sitzen/Stehen
– Rotation im Sitzen/Stehen
– Kriechen, Knien, Hocken
– wiederholte Kniebeuge

Fortbewegung
– Gehen
– Treppe steigen
– Leiter steigen
– Gehen auf Balken

Tab. 3.6: Evaluation funktioneller Leistungsfähigkeit (EFL)

In ausgewählten Fällen wird es möglich sein, durch Abwandlung der obengenannten Tests, die Bedingungen am konkreten Arbeitsplatz zu simulieren (z. B. Schiebetest nicht mit standardisiertem Schlitten im Untersuchungsraum sondern mit Schubkarre auf unebenem Boden bei einem Bauarbeiter, Montieren von Verteilerdosen über Kopfhöhe auf einer Leiter stehend bei einem Elektriker). Solche, nicht standardisierte, Tests sind zwar mit einfachsten technischen Mitteln durchzuführen, wegen des damit verbundenen Aufwandes sind sie in der Routinebegutachtung jedoch kaum einsetzbar. Bei einer arbeitsplatzbezogenen Rehabilitationsmaßnahme (stationär, ambulant, teilstationär) können hier jedoch neben den diagnostischen Erkenntnissen gleichzeitig therapeutische Ziele (Wiedereingliederung am Arbeitsplatz, „Training for the Job") verfolgt werden.

Um arbeitsplatzbezogen zu testen bzw. zu rehabilitieren, müssen jedoch zunächst die Anforderungsbedingungen am Arbeitsplatz bekannt sein.

3.6.2 Anforderungsprofil

Das für die arbeitsmedizinische Beurteilung zwingend erforderliche Anforderungsprofil ergibt sich im wesentlichen aus der Arbeitsanamnese mit Arbeitsplatzbeschreibung. Benötigt werden u. a. Angaben zur

▷ Jetzigen beruflichen Stellung mit Beschreibung des derzeitigen oder letzten Arbeitsplatzes.

▷ Räumliche Verhältnisse, Mobiliar, Geräte.

▷ Art der Tätigkeit. Muskuläre und geistige Belastung, Verantwortung, Körperhaltung, Körperfortbewegung etc..

▷ Zu bearbeitendes, bzw. zu fertigendes Produkt (Größe und Gewicht etc.)

▷ Benötigte bzw. zur Verfügung stehende Werkzeuge, Hilfsmittel. Sie können die Arbeit erleichtern (z. B. Flaschenzug zum Heben von Lasten), aber auch zu einer zusätzlichen Belastung führen (z. B. hantieren mit schwerem Gerät).

▷ Äußere Einflüße (Stäube, Rauche, Gefahrstoffe, Klima (Hitze, Kälte, Nässe), Lichtverhältnisse etc.).

▷ Persönliche Schutzmaßnahmen (z. B. erhöhte Belastung durch Tragen von Atemschutz, Kommunikationseinschränkung durch Gehörschutz), Arbeitsschutz-, technische Arbeitssicherheitseinrichtungen.

▷ Arbeitsorganisation (Schichtarbeit, Akkordarbeit, taktgebundene Arbeit, Einzelarbeit, Gruppenarbeit).

▷ Arbeitsatmosphäre, psychische Belastung.

Der Abgleich von Fähigkeits- und Anforderungsprofil ermöglicht eine Einschätzung der beruflichen Leistungsfähigkeit im zuletzt ausgeübten bzw. erlernten

durch Art. 36 G vom 21.12.2000 I 1983 Umsetzung der EGRL 33/94 (CELEX Nr: 394L0033) vgl. G v. 24.2.1997 I 311.

4 Ausgewählte Klassifikationssysteme

Wolfgang Cibis (4.1) und Michael Schuntermann (4.2)

4.1 Die ICD-10

Seit dem 01.01.2000 ist in Deutschland bei allen Sozialleistungsträgern die „Internationale statistische Klassifikation der Krankheiten und verwandter Gesundheitsprobleme" in der 10. Revision (ICD-10) [2, 3, 4] zu verwenden. Für die amtliche Todesursachenstatistik wird sie bereits seit 1998 benutzt. Die Abkürzung ICD-10 leitet sich ab aus der englischsprachigen Originalausgabe „International Statistical Classification of Diseases and Related Health Problems, Tenth Revision" [15].

Für den Bereich der GRV gibt es noch den „Einheitlichen Diagnosenschlüssel der Rentenversicherung", der ein speziell auf das Krankheitsgeschehen in der medizinischen Rehabilitation und Frühberentung ausgerichteter Auszug aus der ICD-10 ist [1].

4.1.1 Gesetzliche Grundlagen

Krankenversicherung

Der § 295 SGB V regelt die Abrechnung ärztlicher Leistungen für den ambulanten Bereich. Hier findet sich in Absatz 1 Satz 2 die Vorschrift, dass die Diagnosen nach der ICD in der jeweils gültigen Fassung zu verschlüsseln sind. Für den stationären Bereich (nach § 108 zugelassene Krankenhäuser) regelt der § 301 SGB V im Absatz 2 die Verschlüsselung der Diagnosen in gleicher Weise.

Die SGB-V-Fassung, die sogenannte ICD-10-SGB-V [5, 6], ist eine Überarbeitung der vollständigen amtlichen Ausgabe der ICD-10 und soll die Klassifikation für die Belange des V. Buches SGB vereinfachen. Diese Fassung (Version 1.3) wurde zur Verschlüsselung in der vertragsärztlichen Praxis (Arbeitsunfähigkeitsbescheinigungen und Abrechnungsunterlagen nach § 295) und im stationären Bereich (Diagnosenverschlüsselung nach § 301) seit dem 1. Januar 2000 eingesetzt.

Im Rahmen des GKV Gesundheitsreformgesetzes 2000 vom 22.12.1999 wurde mit Wirkung zum 01.01.2003 die Einführung eines durchgängig leistungsorientierten und pauschalierten Entgeltsystems für die Vergütung von Krankenhausleistungen im § 17b des Krankenhausfinanzierungsgesetzes (KHG) geregelt. Die Deutsche Krankenhausgesellschaft (DKG), die Spitzenverbände der Krankenkassen (GKV) und der Verband der privaten Krankenversicherung (PKV) haben in ihrer Zuständigkeit am 27.06.2000 vereinbart, die australischen AR-DRGs (Australian Refined Diagnosis Related Groups) in der Version 4.1 als Grundlage für die Entwicklung eines deutschen DRG-Systems zu verwenden. Daraus ergab sich die Notwendigkeit, die vorhandenen Diagnosen- und Prozedurenklassifikationen anzupassen.

Das Deutsche Institut für Medizinische Dokumentation und Information (DIMDI) hatte im Auftrag des damaligen Bundesministeriums für Gesundheit (BMG) die amtlichen Klassifikationen überarbeitet und in ihrer neuen Fassung am 15.11.2000 bekannt gegeben. Die Bekanntmachung durch das BMG erfolgte am 15. November 2000 im Bundesanzeiger.

Mit Wirkung zum 01.01.2001 sind – für den Bereich der Krankenversicherung! – die neue ICD-10-SGB-V-Ausgabe in der Version 2.0 und der Operationenschlüssel (OPS) nach § 301 SGB V in der Version 2.0 in den Krankenhäusern anzuwenden. Am 16.08.2001 wurde der erneut überarbeitete Operationenschlüssel in der Version 2.1 durch DIMDI bekannt gegeben und ist mit Wirkung zum 01.01.2002 anzuwenden. Im ambulanten Bereich muss ausdrücklich weiterhin mit der ICD-10-SGB-V in der Version 1.3 verschlüsselt werden. Diesen beiden ICD-10-SGB-V-Versionen sind auch verschiedene Versionen eines Diagnosenthesaurus zugeordnet. Mittlerweile wurde die erste Gesamtfassung der „Allgemeinen und Speziellen Kodierrichtlinien" erstellt, die für die Verschlüsselung von Krankenhausfällen seit dem 01.01.2002 zu beachten sind und für diesen Bereich das Regelwerk (Band 2) der ICD-10-Originalausgabe [3] bedeutungslos machen.

Rentenversicherung

Die Vorgaben für die Weitergabe von statistischem Material von Versicherungsträgern und VDR sind in § 79 Geschäftsübersichten und Statistiken des SGB IV geregelt. Hier heißt es in Abs. 2: „Das Nähere zu Abs. 1, insbesondere zu Inhalt, Art und Form der Unterlagen, wird durch allgemeine Verwaltungsvorschriften bestimmt, die der Bundesminister für Arbeit und Sozialordnung mit Zustimmung des Bundesrates erlässt". § 4 der Rentenstatistik-Verwaltungsvorschrift (RSVwV) vom 30.01.1992 bezieht sich auf die jeweils gültige Fassung der ICD.

4.1.2 Basisinformationen

Die ICD in der 10. Revision wurde von der WHO erstellt und von DIMDI ins Deutsche übertragen und in drei Bänden publiziert. Dazu gibt es von DIMDI einen Diagnosenthesaurus, in mittlerweile drei verschiedenen Versionen. Schließlich haben die Träger der Sozialversicherung die ICD-10 eigenen Bedürfnissen angepasst. Tabelle 4.1 vermittelt einen ersten Überblick.

Das Kuratorium für Fragen der Klassifikation im Gesundheitswesen beim Bundesministerium für Gesundheit (KKG) bemüht sich intensiv um die allseits gewünschte Vereinheitlichung der Diagnosenverschlüsselung und Diagnosenthesaurusentwicklung. Geplant ist die Bereitstellung eines neuen einheitlichen Diagnosenschlüssels von DIMDI zum August 2003, der dann vom Gesetzgeber bekannt gemacht wird und zum 01.01.2004 gültig wird.

Dreibändige Version

I Einführung, drei- und vierstelliges systematisches Verzeichnis, Morphologieschlüssel [2].

II Einführung, Geschichte, Regelwerk für die Verschlüsselung von Mortalität und Morbidität [3].

III Alphabetisches Verzeichnis von Diagnosen, Ursachen von Verletzungen, Vergiftungen bzw. unerwünschten Wirkungen von Arzneimitteln und Chemikalien [4].

Diagnosenthesaurus

Version 3.0 Stand 01/2000 [5]

Version 3.1 Stand 11/2000 für den ambulanten Bereich der gesetzlichen Krankenversicherung (§ 295 SGB V)

Version 4.0 Stand 01/2001 für den stationären Bereich der gesetzlichen Krankenversicherung (§ 301 SGB V). Sie verwendet erstmals das Kreuz-Stern-System und zusätzliche Schlüsselnummern.

Bearbeitungen

WHO-Fassung für die Todesursachenverschlüsselung
ICD-10-SGB-V, v 1.3 für den ambulanten Bereich der GKV
ICD-10-SGB-V, v 2.0 für den stationären Bereich der GKV
GRV-Fassung für den Bereich der GRV

Tab. 4.1: Versionen der ICD-10

Die ICD-10 ist ein eindimensionales Klassifizierungssystem mit einer baumartigen Verzweigungsstruktur. Ausgehend von Kapiteln gelangt man über Gruppen und Kategorien (dreistellige Notation) zu den Subkategorien (vierstellige Notation), die die differenzierteste Verschlüsselungsebene darstellen. Längs einer einzigen Achse werden also alle Diagnosen klassifiziert und verschlüsselt.

Während die ICD-9 19 Kapitel (mit V- und E-Klassifikation), 138 Gruppen, 1.182 Kategorien und 6.722 Subkategorien enthielt, bildet die ICD-10 21 Kapitel mit 261 Gruppen, 2.036 Kategorien und 12.161 Subkategorien ab. Eine gravierende Änderung ist die Umstellung der dreistelligen Notation von einem numerischen auf einen alphanumerischen Code. Dadurch wurde die Anzahl der möglichen dreistelli-

Zerebrale transitorische ischämische Attacken und verwandte Syndrome
G45.5   Subclavian-Steal-Syndrom
G45.6   TIA (Transitorische ischämische Attacke)
G45.7   PRIND (prolonged reversible ischaemic neurological deficit)

Essentielle (primäre) Hypertonie
I10.1   Hypertonie, Stadium I (ohne Organveränderung)
I10.2   Hypertonie, Stadium II (mit 1 Organveränderung)
I10.3   Hypertonie, Stadium III (> 1 Organveränderung)

Atherosklerotische Herzkrankheit
I25.10 Null-Gefäßerkrankung
I25.11 Ein-Gefäßerkrankung
I25.12 Zwei-Gefäßerkrankung
I25.13 Drei-Gefäßerkrankung
I25.14 Linke Hauptstammstenose

Alter Myokardinfarkt
I25.21 Z. n. Herzinfarkt, 1.–3. Monat
I25.22 Z. n. Herzinfarkt, 4.–12. Monat
I25.23 Z. n. Herzinfarkt, > 1 Jahr zurückliegend

Nichtrheumatische Mitralklappenkrankheiten
I34.3   Mitralklappenstenose mit Insuffizienz

Atherosklerose der Extremitätenarterien (Periphere arterielle Verschlusskrankheit)
I70.21 Becken-Bein, FONTAINE I
I70.22 Becken-Bein, FONTAINE II
I70.23 Becken-Bein, FONTAINE III
I70.24 Becken-Bein, FONTAINE IV
I70.25 Schulter-Arm, FONTAINE I–IV

Tab. 4.2: Zusätzliche vier- und fünfstellige Diagnosen im „Einheitlichen Diagnosenschlüssel der Rentenversicherung", die nicht in der Original-ICD-10 enthalten sind.

gen Notationen erheblich erweitert, von rechnerisch 1000 Kodierungen (000–999) auf 2500 (A00–Z99). Der Buchstabe U fehlt, er ist freigehalten für die vorläufige Zuordnung neuer Krankheiten mit unbekannter Ätiologie (U00–U49) und für Forschungszwecke (U50–U99).

Die meisten Kapitel fangen mit einem neuen Buchstaben an. Ein Buchstabe kennzeichnet aber nicht immer ein ganzes Kapitel. Die Nummernfolge ist nicht durchgängig, z. B. beginnt nach I89 eine neue Gruppe mit I95, in der I96 fehlt. Es gibt also Platz für zukünftige Erweiterungen.

Besonders beachten sollte man die Verwechslungsmöglichkeiten des Buchstaben I mit der Zahl 1 und des Buchstaben O mit der Zahl 0. Insbesondere bei einer handschriftlichen Dokumentation sollten die Buchstaben I und J sicher differenziert werden können.

Zusätzliche Unterteilungen auf der fünften Stelle und weitere Ebenen stellen gewöhnlich eine von der vierten Stelle verschiedene Bezugsachse dar. In Kapitel XIII finden sich Unterteilungen nach der anatomischen Lokalisation, in Kapitel XIX Unterteilungen für offene und geschlossene Frakturen und für intrakranielle, intrathorakale und intraabdominale Verletzungen mit oder ohne offene Wunde und in Kapitel XX Unterteilungen für die Art der Tätigkeit zum Zeitpunkt des Unfallereignisses.

Einige der dreistelligen Kategorien innerhalb einer Gruppe stehen für einzelne Krankheitszustände. Diese wurden aufgrund ihrer Häufigkeit und ihrer Bedeutung ausgewählt (z. B. E10 *Primär insulinabhängiger Diabetes mellitus*). Die übrigen dreistelligen Kategorien entsprechen Gruppen von Krankheiten mit gewissen gemeinsamen Merkmalen (z. B. D59 *Erworbene hämolytische Anämien*).

Die meisten dreistelligen Kategorien sind durch eine Ziffer nach dem Punkt in Viersteller unterteilt. **Achtung:** der Punkt wird bei Formularen nicht in die Kästen übertragen, er ist nur eine Art Lesehilfe und würde ansonsten eine vorhandene vierte Stelle fälschlicherweise zu einer fünften machen, wenn er das vierte Kästchen allein besetzt.

Die vierstelligen Subkategorien – pro Dreisteller sind bis zu 10 Viersteller (0–9) möglich – sind in einer jeweils sinnvollen Art und Weise zu verwenden. Ist z. B. der dreistelligen Kategorie eine einzelne Krankheit zugeordnet, können durch Viersteller unterschiedliche Lokalisationen oder Arten festgehalten werden. Ist der dreistelligen Kategorie eine Gruppe von Krankheitszuständen zugeordnet, können durch den Viersteller Einzelzustände bezeichnet werden. Üblicherweise wird die vierte Stelle .8 für sonstige Zustände innerhalb der dreistelligen Kategorie benutzt. Die vierte Stelle .9 hat meist die gleiche Bedeutung wie die Titelbezeichnung der dreistelligen Kategorie und zwar in dem Sinne, dass keine zusätzliche Informationen vorliegen.

ICD-10 RV	ICD-10 SGB-V Version 2.0
I25.1 Atherosklerotische Herzkrankheit	
I25.10 Null-Gefäßerkrankung	I25.10 Nicht näher bezeichnetes Gefäß
I25.11 Ein-Gefäßerkrankung	I25.11 Natürliche Koronararterie
I25.12 Zwei-Gefäßerkrankung	I25.12 Autologer Venenbypass
I25.13 Drei-Gefäßerkrankung	I25.13 Nicht-autologer biologischer Bypass
I25.14 Linke Hauptstammstenose	
I70.2 Atherosklerose der Extremitätenarterien	
I70.21 Becken Bein, FONTAINE I	I70.20 Nicht näher bezeichnet
I70.22 Becken Bein, FONTAINE II	I70.21 Mit intermittierendem Hinken
I70.23 Becken Bein, FONTAINE III	I70.22 Mit Ruheschmerzen
I70.24 Becken Bein, FONTAINE IV	I70.23 Mit Ulzeration
I70.25 Schulter Arm, FONTAINE I–IV	I70.24 Mit Gangrän

Tab. 4.3: Überschneidungen zwischen ICD-10 RV und ICD-10 SGB-V v2.0

Falls sich vierstellige Unterteilungen auf eine Reihe dreistelliger Kategorien beziehen, werden sie am Anfang der Reihe nur einmal aufgeführt, z. B. beim Diabetes mellitus E10 bis E14.

Wichtig ist in diesem Zusammenhang die Erinnerung an das „Kreuz-Stern-System" [dagger and asterisk system] bzw. die Bedeutung der Symbole „†" und „*", die allerdings schon bei der ICD-9 verwendet wurden. Der Stern „*" kennzeichnet die lokalisierte Manifestation oder Komplikation und das Kreuz „†" die entsprechenden Grundkrankheiten. Sie dienen als Verweissystem und werden *nicht* in die Erfassungsfelder eingetragen. Bei entsprechendem Krankheitsbild sind gewöhnlich beide Sachverhalte zu verschlüsseln. Will man sich auf eine Angabe beschränken, ist als Grundprinzip die Grundkrankheit zu verwenden, also die sog. Kreuz-Diagnose, z. B. für die Meldungen an den VDR.

Die inhaltliche größten Änderungen gegenüber der ICD-9 zeigt die ICD-10 im Bereich der psychiatrischen Krankheiten, die jetzt im Kapitel V als Psychische und Verhaltensstörungen (F00–F99) gruppiert sind. Z. B. wurden das Demenzkonzept verändert, das Neurosenmodell und die traditionelle Differenzierung zwischen neurotischer und endogener Depression weitgehend aufgegeben und die zugehörigen Störungen werden größtenteils neu bezeichnet und gruppiert. Der in der ICD-9 verwendete Begriff der „psychiatrischen Erkrankung" ist weitgehend durch „psychische Störung" ersetzt worden. Erstmals in der ICD-10 findet bei einigen Störungen der Schweregrad Eingang in die Kodierung.

Der Einheitliche Diagnosenschlüssel der Rentenversicherung

Speziell auf das Krankheitsgeschehen in der medizinischen Rehabilitation und Frühberentung ausgerichtet wurde der „Einheitliche Diagnosenschlüssel der Rentenversicherung" [1], der einen Auszug aus der ICD-10 darstellt. Er enthält vollständig die Kapitel I bis XVIII der dreistelligen Systematik der ICD-10, ergänzt durch sozialmedizinisch notwendige Differenzierungen und Spezifizierungen auf vier und fünfstelliger Ebene aus der Original-ICD. Allerdings wurden zwanzig vier- und fünfstellige Codes für den Bereich der Rentenversicherung neu eingefügt, d. h. diese Codes sind nicht in der Original-ICD-10 enthalten (siehe Tabelle 4.2 auf der vorherigen Seite). Alle Ergänzungen wurden im Rahmen der vorgegebenen Klassifikationslogik der amtlichen ICD vorgenommen, so dass ein ICD-kompatibles Verzeichnis entstanden war. Allerdings gibt es jetzt durch die Erweiterung bei der SGB-V-ICD-10 der Version 2.0 Überschneidungen; vgl. Tabelle 4.3.

Reha-Einrichtungen, die sowohl für die Krankenversicherung als auch für die Rentenversicherung Reha-Maßnahmen durchführen, müssen derzeit je nach Auftraggeber ggf. bei den o. g. Diagnosen unterschiedlich verschlüsseln. Damit ist einerseits die Kompatibilität zwischen RV- und KV-Fassung nicht mehr vollständig gegeben und andererseits die Dokumentationssicherheit gefährdet. Die Problematik wird voraussichtlich mit der nächsten einheitlichen Version aufgelöst werden.

Hatte die ICD-9 rund 8000 Drei- und Viersteller, kommt die ICD-10 auf rund 14000. Der RV-Auszug reduzierte bei der ICD-9 auf etwa 1500 Drei-, Vier- und Fünfsteller und bei der ICD-10 auf etwa 2100. Es werden nur die Buchstaben A bis T verwendet, da die Buchstaben V bis Z den nicht übernommenen Kapiteln XX und XXI zugeordnet sind und der Buchstabe U fehlt, wie auch in der Original-ICD-10.

Unverändert gilt, dass bevorzugt die vier- und fünfstelligen Schlüssel aus dem Diagnosenverzeichnis zu verwenden sind. Die in Klammern gesetzten Texte gelten als Lesehilfen für die ICD-Bezeichnungen. In den eckigen Klammern „[ ]" befinden sich Synonyme, wie B01 Varizellen [Windpocken], und in den runden Klammern „( )" beispielhaft aufgeführte Diagnosen, wie M79.0 Rheumatismus, n. n. bez. (Fibromyalgie), und typische Medizinbegriffe, wie M87 Knochennekrose (aseptisch).

Neu ist der Hinweis auf Querverweise (Exklusiva, mit einem „•" gekennzeichnet) als Angaben über Krankheitszustände, die nicht unter diese Kategorie zu klassifizieren sind (Vorkommen 11 x). Damit sollen fehlerhafte Verschlüsselungen vermieden werden:

E41 Alimentärer Marasmus
• Eßstörung nichtorganischen Ursprungs (F50)
• Anorexie o.n.A. (R63.0)

Bei einigen Hinweisen ist die vierte Stelle durch einen Strich ersetzt, hier soll darauf hingewiesen werden, dass eine weitere Differenzierung auf der Ebene der vierten Stelle existiert und man deshalb dort nachsehen muss:

G55.2* Kompression von Nervenwurzeln und Nervenplexus bei Spondylose (M48.–†)

4.1.3 Praktische Hinweise

Einige wichtige Regeln zur Erinnerung:

Diagnosentext und Diagnosenschlüssel sollen nicht zur gegenseitigen Ergänzung genutzt werden, sondern sich möglichst genau entsprechen. Die rheumatische Ursache einer Mitralklappeninsuffizienz muss z. B. sowohl im Text als auch im Schlüssel enthalten sein.

Der Diagnosentext unterstützt die individuelle Betreuung des Versicherten und muss deshalb möglichst genau die vorliegende Erkrankung in ihrem Ausmaß wiedergeben. Daher ist es oft sinnvoll, die wesentliche Krankheitsmanifestation als Funktionsdiagnose zu formulieren. Der Diagnosenschlüssel klassifiziert die genannte Erkrankung und ermöglicht die statistische Verwendung für z. B. erforderliche Planungs- und Steuerungsaufgaben.

Unzulässig ist die Verknüpfung mehrerer Diagnosen in einem Text, wenn nach der ICD jeweils eigene Schlüssel zur Verfügung stehen. Da jedem Text nur eine Verschlüsselungszeile zugeordnet ist, können dann unverschlüsselte medizinische Sachverhalte in statistische Betrachtungen nicht einbezogen werden.

Es dürfen nur allgemein übliche Abkürzungen verwendet werden, die Missverständnisse und Mehrdeutungen ausschließen. Fachspezifische Abkürzungen sind zu vermeiden.

Drei- und vierstellige Schlüssel werden linksbündig eingetragen, ggf. entstehende Leerstellen, d. h. Lücken an der *vierten* Stelle, sollen nicht freigelassen, sondern durch ein kleines **x** gekennzeichnet werden. Dies dient der Datensicherheit, insbesondere wenn Diagnosenschlüssel in einem freien Gutachtenteil ohne Kästchenvorgabe aufgeführt werden. Dies entsprach auch der Empfehlung der WHO, sie wurde aber für die ICD-10-SGB-V Version 2.0 außer Kraft gesetzt, um die Kompatibilität mit der australischen ICD-10-AM zu erhalten. Aus demselben Grunde sind für den GKV-Bereich auch bei den Zusatzkennzeichen Änderungen durchgeführt worden und für 2004 noch weitere zu erwarten, ggf. erneut auch für die GRV.

Es folgen einige Beispiele, an denen die Systematik und ggf. auch die Problematik des Suchvorganges deutlich gemacht werden sollen.

Empfehlung Der schnellste Weg zum Ziel führt (vor allem bei unkomplizierten Diagnosen) über das alphabetische Register der RV-Ausgabe und des Verzeichnisses in Band 3 oder den ICD-Diagnosenthesaurus. Das Alphabetische Verzeichnis in Band 3 ist nach Leitbegriffen geordnet, d. h. man findet das SUDECK-Syndrom unter „Syndrom, SUDECK", den Harnwegsinfekt unter „Infekt, Harnwege". Diese formale Absprache gilt für den Diagnosenthesaurus nicht, dort findet man das SUDECK-Syndrom unter „SUDECK". Die Verschlüsselungsregeln empfehlen, eine so gefundene Schlüsselnummer sicherheitshalber im systematischen Verzeichnis zu überprüfen.

Wird man andererseits bei den vermuteten Krankheitsgruppen nicht fündig, sollte man in dieser Gruppe nicht vorschnell eine unspezifische Diagnosenangabe wählen, sondern ggf. die Gruppe „Sonstige Krankheiten" bzw. das ganze Kapitel sorgfältig durchsuchen. Auf diesem Wege gelingt zudem auch gleich die wichtige allgemeine Orientierung.

Diagnosebeispiel: Niereninsuffizienz durch diabetische Glomerulonephrose

Der Diagnosenthesaurus (bei diesen Beispielen wird grundsätzlich nur die Version 3.0 zitiert) weist unter „Niereninsuffizienz" nur auf die N19, unter „Glomerulonephrose" nur auf N04.9, jeweils ohne Bezug zum Diabetes mellitus.

In der RV-Ausgabe findet man im Kapitel XIV „Krankheiten des Urogenitalsystems" die Gruppe N17–N19 Niereninsuffizienz, in der nur drei Krankheiten aufgeführt sind:

N17	akutes Nierenversagen
N18	chronische Niereninsuffizienz und
N19	nicht näher bezeichnete Niereninsuffizienz

In der Original-ICD finden sich hierbei auch viele ausgeschlossene Erkrankungen, aber kein Hinweis auf den Diabetes mellitus. Unter dem Aspekt der „Glomerulonephrose" findet sich in der Gruppe N00–N08 Glomeruläre Krankheiten die N08* Glomeruläre Krankheiten bei anderenorts klassifizierten Krankheiten. N08* wäre also eine Verschlüsselungsmöglichkeit, jedoch weist das „*" darauf hin, dass primär die Grundkrankheit als Kreuzschlüssel zu benutzen ist. Die Original-ICD-10 zeigt unter N08.3* die Bezeichnung „Glomeruläre Krankheiten bei Diabetes mellitus (E10–E14†, vierte Stelle .2)".

Die RV-Ausgabe zeigt unter E10–E14 den Diabetes mellitus, bei dem die vierte Stelle mit der dort aufgelisteten Kodierung jeweils anzugeben ist. In dieser Liste findet man als .2* die Bezeichnung „mit Nierenkomplikation". Da in der o. g. Diagnose der Diabetes nicht differenziert ist, muss auf E14 „nicht näher bezeichneter Diabetes mellitus" zurückgegriffen werden. Zu verschlüsseln ist also „nicht näher bezeichneter Diabetes mellitus mit Nierenkomplikationen" (E14.2† und N08.3*).

Zur Diagnoseverschlüsselung des Diabetes mellitus ist noch Verschiedenes zu bemerken:

Der Typ-2-Diabetes ist auch dann als „E11 nicht primär insulinabhängiger Diabetes mellitus" zu verschlüsseln, wenn er insulinpflichtig geworden sein sollte oder es bereits bei der Diagnosestellung war.

Zur Klarstellung der verschiedenen Kombinationsmöglichkeiten beim Diabetes mellitus kommt man nicht umhin, in die Original-ICD zu schauen, da dort die Inklusiva und Exklusiva eine eindeutige Zuordnung in den meisten Fällen erst ermöglichen.

Die WHO-Empfehlung, ungewöhnliche Begriffe zuerst über das Alphabetische Verzeichnis (Band III) der ICD-10 zu suchen, ist auch hier hilfreich, wenn man etwas „umdenkt". Wird z. B. der Diabetes mellitus gesucht, der durch eine Pankreasentfernung verursacht wurde, so kann die „Hypoinsulinämie nach medizinischen Maßnahmen" oder die „Hyperglykämie nach Pankreatektomie" oder die „postoperative Hypoinsulinämie" als E89.1 gefunden werden. Keine speziellen Schlüsselnummern gibt es für den „diabetischen Fuß" (im Diagnosenthesaurus wird aber unter diesem Begriff auf die E14.7 „nicht näher bezeichneter D. m. mit multiplen Komplikationen" verwiesen) und den „Herzinfarkt bei Diabetes mellitus".

Die Transplantation des Pankreas oder von Inselzellen lässt sich mit der ICD-10 *nicht* verschlüsseln, da es sich um Maßnahmen und nicht um Krankheitszustände handelt. Vergeblich sucht man in Band III den MODY-Diabetes [Maturity onset diabetes of young people], aber man findet den deutschen Begriff „Diabetes, nichtinsulinabhängig (beim Jugendlichen) E11.–". Im Diagnosenthesaurus wird der Begriff aufgeführt und auf E11.9 hingewiesen.

Die diabetische Schwangere wurde in das Kapitel 15 „Schwangerschaft, Geburt und Wochenbett" eingeordnet, das alle Zustände in der Gestationszeit in einem eigenen Kapitel zusammenfasst und in den anderen Kapiteln explizit ausschließt, um auf einen Blick statistische Angaben über Mortalität und Morbidität in der Schwangerschaft zu erhalten. Dies wäre niemals möglich, wenn Krankheitszustände in der Schwangerschaft quer durch alle Kapitel der ICD verstreut wären.

Das „Metabolische Syndrom" (Rauchen, Hypertonie, Hyperlipämie, Diabetes mellitus und Übergewicht) ist ebenfalls nicht durch Band III zuzuordnen. Es müssen die einzelnen Diagnosen verschlüsselt werden. Im Diagnosenthesaurus wird unter „Metabolisches Syndrom" zwar die E88.9 ausgewiesen (Stoffwechselstörung, nicht näher bezeichnet), was aber dem Sachverhalt nicht gerecht wird.

Diagnosebeispiel: Periphere arterielle Verschlusskrankheit (PAVK)

Im alphabetischen Verzeichnis der RV-Ausgabe findet sich lediglich der Begriff „Arterien-Krankheiten" mit dem Hinweis auf I70–179. Der ICD-10 Diagnosenthesaurus (Version 3.0) ist schon ergiebiger. Unter dem Begriff „Arterielle" finden sich die peripheren Durchblutungsstörungen (I73.9) und die Verschlusskrankheit (I73.9). Unter dem Suchbegriff „Verschlusskrankheit" findet man arteriell (I73.9) und peripher (I73.9), neben speziellen Lokalisationsangaben (alle mit I73.9 gekennzeichnet).

In der RV-Ausgabe wird in der Gruppe I70–I79 die I70 Atherosklerose weiter spezifiziert mit I70.2 Atherosklerose der Extremitätenarterien (Periphere arterielle Verschlusskrankheit).

Die Original-ICD-10 kennzeichnet die I70.2 nur als Atherosklerose der Extremitätenarterien und ergänzt lediglich die Atherosklerotische Gangrän und die MÖNCKEBERG-Sklerose, jedoch definitiv nicht die periphere arterielle Verschlusskrankheit.

Wie sollte man verfahren? Was trifft zu?

Die periphere arterielle Verschlusskrankheit (PAVK) ist keine definierte Erkrankung und deshalb in der ICD-10 auch nicht explizit aufgeführt. Die PAVK wird synonym auch als „chronische arterielle Verschlusskrankheit" (AVK) der Extremitäten bezeichnet. Ätiologisch ist die PAVK meist ($>95\%$) eine Arteriosklerose. Als andere Ursachen kommen z. B. rezidivierende Thromboembolien oder auch eine Trombangiitis obliterans infrage.

Unter der Diagnosenziffer I73.9 ist in der Original-ICD der Version 1.0 die „Periphere Gefäßkrankheit, nicht näher bezeichnet" aufgeführt und ergänzt durch die Begriffe „Arterienspasmus" und „Claudicatio intermittens". In der aktuellen Version 1.3 findet sich gleichlautend für die amtliche als auch für die SGB V-Version folgende Beschreibung:

I73.9 Periphere Gefäßkrankheit, nicht näher bezeichnet
Arterielle Verschlusskrankheit [AVK]
Arterienspasmus
Claudicatio intermittens

Hier ist also mittlerweile eine Ergänzung durchgeführt worden, wobei allerdings nicht der Begriff „periphere arterielle Verschlusskrankheit (PAVK)", sondern nur „arterielle Verschlusskrankheit (AVK)" Verwendung findet.

Dies bedeutet jedoch nicht, dass immer bei Vorhandensein einer AVK oder PAVK die Ziffer I73.9 zu verwenden ist, da grundsätzlich bei Kenntnis der zugrunde liegenden Krankheit (z. B. Arteriosklerose) diese und nicht die allgemeine, eher symptomatische Bezeichnung zugrunde gelegt werden muss. Dass unter I73.9 primär nur Symptome und keine Krankheiten verschlüsselt werden, wird insbesondere bei der Claudicatio intermittens deutlich.

Ergebnis: Sofern die Atherosklerose als Grundkrankheit bekannt ist, ist die I70.2 zu verwenden (und die Textdiagnose entsprechend zu gestalten).

4.2 Die ICF

Die ICF (International Classification of Functioning, Disability and Health [14], deutsch: Internationale Klassifikation der Funktionsfähigkeit, Behinderung und Gesundheit [7]) ist die Nachfolgerin der Internationalen Klassifikation der Schädigungen, Fähigkeitsstörungen und Beeinträchtigungen (ICIDH) von 1980 [13]. Die ICF wurde von der 54. Vollversammlung der WHO, an der auch Vertreter der Bundesregierung teilgenommen haben, im Mai 2001 verabschiedet. Das bio-psycho-soziale Modell, auf dem die ICIDH in Ansätzen basiert, wurde mit der ICF erheblich erweitert und damit der Lebenswirklichkeit Betroffener besser angepasst. Insbesondere wird nun der gesamte Lebenshintergrund der Betroffenen (Kontextfaktoren: Umweltfaktoren, personbezogene Faktoren) berücksichtigt; vgl. Abbildung 4.1. Im Neunten Buch des Sozialgesetzbuches (SGB IX) – Rehabilitation und Teilhabe behinderter Menschen – und im Gesetz zur Gleichstellung behinderter Menschen wurden wesentliche Aspekte der ICF unter Berücksichtigung der in Deutschland historisch gewachsenen und anerkannten Besonderheiten aufgenommen. Die Rentenversicherung hat im Dezember 2002 eine grundsätzliche Stellungnahme zur ICF abgegeben [11]. Diese ist eine der Grundlagen für die folgenden Ausführungen.

4.2.1 Das Konzept der ICF

Der zentrale Begriff der ICF ist die *funktionale Gesundheit*. Eine Person ist funktional gesund, wenn vor dem Hintergrund ihrer Kontextfaktoren (materielle, soziale und verhaltensbezogene Umweltfaktoren, personbezogene oder persönliche Faktoren)

1. ihre körperlichen und mentalen Funktionen sowie ihre Körperstrukturen allgemein anerkannten statistischen Normen entsprechen (Konzepte der *Körperfunktionen und -strukturen*),

2. sie all das tut oder tun kann, was von einem Menschen ohne Gesundheitsproblem (im Sinn der ICD) erwartet wird (Konzept der *Aktivitäten*)

3. sie ihr Dasein in allen Lebensbereichen, die ihr wichtig sind, in der Weise und dem Umfang entfal-

ten kann, wie es von einem Menschen ohne Beeinträchtigung der Körperfunktionen oder -strukturen oder der Aktivitäten erwartet wird (Konzept der *Teilhabe an Lebensbereichen*).

In diesem Zusammenhang spricht die WHO auch von *Funktionsfähigkeit* (functioning). Funktionsfähigkeit umfasst alle Aspekte der funktionalen Gesundheit.

Eine Beeinträchtigung der funktionalen Gesundheit oder Funktionsfähigkeit bzw. eine funktionale Problematik besteht, wenn in wenigstens einem der ge-

---

Körperfunktionen sind die physiologischen Funktionen von Körpersystemen (einschließlich psychische Funktionen).

Körperstrukturen sind anatomische Teile des Körpers, wie Organe, Gliedmaßen und ihre Bestandteile.

Schädigungen sind Beeinträchtigungen einer Körperfunktion oder -struktur wie z. B. eine wesentliche Abweichung oder ein Verlust.

Aktivitäten bezeichnen die Durchführung von Aufgaben oder Handlungen durch einen Menschen. *Beeinträchtigungen der Aktivität* sind Schwierigkeiten, die ein Mensch bei der Durchführung einer Aktivität haben kann.

Teilhabe ist das Einbezogensein in eine Lebenssituation oder einen Lebensbereich. *Beeinträchtigungen der Teilhabe* sind Probleme, die ein Mensch beim Einbezogensein in eine Lebenssituation oder einen Lebensbereich erlebt.

Kontextfaktoren umfassen Umweltfaktoren und personbezogene Faktoren.

Umweltfaktoren bilden die materielle, soziale und einstellungsbezogene Umwelt ab, in der Menschen leben und ihr Dasein entfalten.

Personbezogene Faktoren sind der individuelle Hintergrund des Lebens und der Lebensführung einer Person (Eigenschaften und Attribute) und umfassen Gegebenheiten, die nicht Teil ihres Gesundheitsproblems oder -zustandes sind; z. B. Alter, Geschlecht, Charakter, Lebensstil, Coping, sozialer Hintergrund, Bildung/Ausbildung, Beruf, Erfahrung, genetische Prädisposition. Sie sind in der ICF nicht klassifiziert.

Tab. 4.4: Definitionen

4.2 Die ICF

nannten Bereiche eine Beeinträchtigung vorliegt, d. h. eine Funktionsstörung, ein Strukturschaden, eine Einschränkung einer Aktivität oder eine Beeinträchtigung der Teilhabe an einem Lebensbereich.

Insbesondere die Teilhabe an Lebensbereichen kann durch Gegebenheiten der Umwelt wie Einstellungen, Werte und Überzeugungen der Menschen in einer Gesellschaft, das politische und Rechtssystem eines Landes mit seinen Vorschriften, Verfahrensweisen und Standards, die Art des Gesundheits- und Bildungswesens sowie des Wirtschafts- und Verkehrswesens und die Art der zur Verfügung stehenden Güter und Technologien beeinträchtigt (*Barrieren*, z. B. fehlende Teilzeitarbeitsplätze) oder unterstützt (*Förderfaktoren*, z. B. soziale Unterstützung, „gebraucht zu werden") werden.

Eine funktionale Problematik wird meist durch eine Krankheit ausgelöst. Eine Person, deren funktionale Gesundheit beeinträchtigt ist, muss jedoch nicht im engeren Sinn krank sein, also z. B. der akutmedizinischen Versorgung bedürfen. Hintergrund einer Beeinträchtigung der funktionalen Gesundheit können auch Verletzungen, Unfälle oder angeborene Leiden sein. Eine funktionale Problematik kann für die betrachtete Person eine Eigendynamik entwickeln (z. B. drohender Verlust der Eingliederung in das Erwerbsleben), die für die Person erheblich schwerer wiegt als die zugrunde liegende Krankheit.

Heilt eine Krankheit vollständig aus (restitutio ad integrum) und bestehen auch keine anderweitigen Erkrankungen, kann hieraus nicht notwendigerweise geschlossen werden, dass die betreffende Person auch funktional gesund ist. Beispielsweise kann eine Person, deren psychische Krankheit geheilt wurde, dennoch Stigmatisierungen erleben, die ihre Teilhabe an bestimmten Lebensbereichen auf Grund der Einstellungen in der Gesellschaft (Barrieren) erschweren oder unmöglich machen. Eine Krankheit braucht nicht manifest zu sein, um eine Beeinträchtigung der funktionalen Gesundheit auszulösen; vgl. die Einschränkung der Teilhabe an bestimmten Lebensbereichen durch eine bekannt gewordene HIV-Infektion.

Die ICF definiert *Behinderung* als negative Wechselwirkung zwischen einer Person mit einem Gesundheitsproblem (ICD) und ihren Kontextfaktoren auf ih-

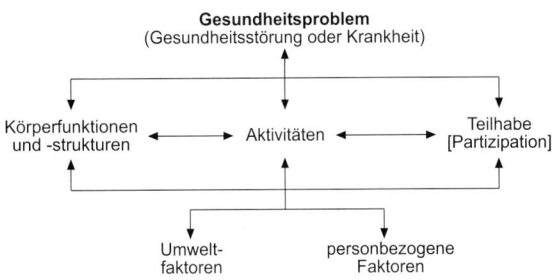

Abb. 4.1: Das bio-psycho-soziale Modell. Komponenten der Gesundheit nach der ICF

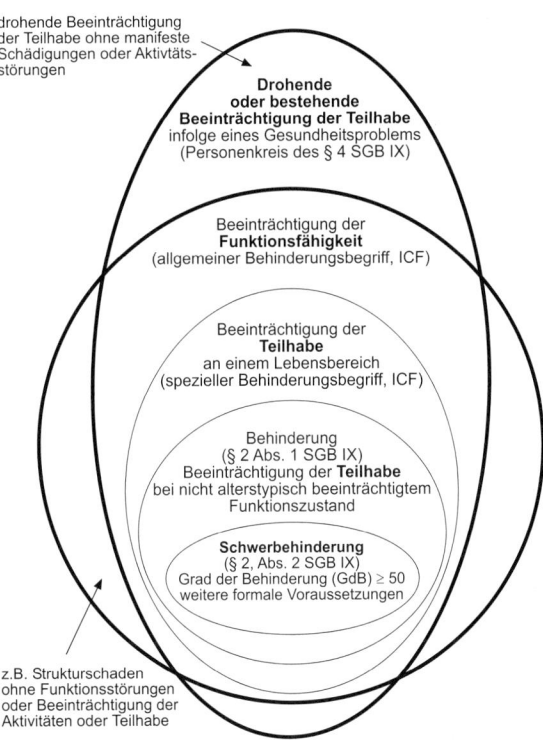

Abb. 4.2: Beeinträchtigungen der Funktionsfähigkeit nach ICF und SGB IX

re funktionale Gesundheit (insbesondere die Teilhabe an einem oder mehreren Lebensbereichen), d. h. jede Beeinträchtigung der funktionalen Gesundheit. Dieser Behinderungsbegriff dient damit als Oberbegriff zu Beeinträchtigungen der funktionalen Gesundheit auf den Ebenen der Körperfunktionen/-strukturen, Aktivitäten und Teilhabe. Damit fällt auch jede Funktionsstörung oder jeder Strukturschaden, der weder mit Beeinträchtigungen der Aktivitäten noch der Teilhabe einhergeht, unter den Behinderungsbetriff der ICF. Dieser Behinderungsbegriff ist wesentlich weiter als der des SGB IX; vgl. Abbildung 4.2 auf der vorherigen Seite. Es sollte in Deutschland im Bereich der Sozialleistungsträger nur der Behinderungsbegriff des SGB IX verwendet werden, um Missverständnisse zu vermeiden. Der Behinderungsbegriff der ICF kann mit „Beeinträchtigung der funktionalen Gesundheit" oder „Beeinträchtigung der Funktionsfähigkeit" umschrieben werden.

Das „Normalitätskonzept", auf welchem das Modell der funktionalen Gesundheit basiert, dürfte in den meisten Fällen angemessen sein. Im Einzelfall sollte es jedoch kritisch überprüft werden.

Die ICF ist eine Klassifikation, mit welcher der Zustand der funktionalen Gesundheit einer Person beschrieben werden kann. Insbesondere ermöglicht sie es, Beeinträchtigungen in den Bereichen der

1. Funktionen und Strukturen des menschlichen Organismus,

2. Tätigkeiten (Aktivitäten) aller Art einer Person und

3. Teilhabe an Lebensbereichen (z. B. Erwerbsleben, Erziehung/Bildung, Selbstversorgung, usw.)

vor dem Hintergrund möglicher Förderfaktoren und Barrieren standardisiert zu dokumentieren.

In Abbildung 4.1 ist das bio-psycho-soziale Modell der Komponenten der Gesundheit, auf dem die ICF basiert, skizziert. Nach diesem komplexen Interdependenzmodell variiert der Zustand der funktionalen Gesundheit mit dem Gesundheitsproblem und den Kontextfaktoren, und eine Beeinträchtigung der funktionalen Gesundheit kann neue Gesundheitsprobleme nach sich ziehen. Jedes Element des Modells kann als Ausgangpunkt für mögliche neue Probleme herangezogen werden. So kann eine längere Bettlägerigkeit einer Person (Aktivitätseinschränkung) eine Muskelatrophie (Schädigung) bewirken. Eine langzeitarbeitslose Person (Beeinträchtigung der Teilhabe) kann eine Depression entwickeln oder alkoholabhängig werden. Dieses Modell ist wesentlich aussagefähiger und wirklichkeitsnäher als das eher eindimensionale Krankheitsfolgenmodell der ICIDH von 1980: Gesundheitsproblem → Schädigung → Beeinträchtigung der Aktivitäten → Beeinträchtigung der Teilhabe.

Die Frage, ob eine Person im Sinne der ICF behindert *ist* oder behindert *wird*, wird mit dem bio-psycho-sozialen Modell dialektisch gelöst, da „Behinderung" als negative Wechselwirkung zwischen dem Gesundheitsproblem (ICD) und den Kontextfaktoren (Umweltfaktoren, personbezogene Faktoren) einer Person betrachtet wird. Wird das Gesundheitsproblem als gegeben vorausgesetzt, dann kann der Einfluss der Kontextfaktoren auf die Entwicklung einer Behinderung beliebig zwischen „sehr hoch" und „sehr niedrig" sein, je nach Konstellation der Kontextfaktoren. Der Einfluss kann beurteilt werden, wenn die Konstellation der Kontextfaktoren modellhaft variiert wird. Kann z. B. eine Person infolge ihres Gesundheitsproblems noch halbtags arbeiten und möchte sie dies auch, besteht im aktuellen Wirtschaftssystem jedoch eine ausgesprochene Abneigung, Teilzeitarbeitsplätze zur Verfügung zu stellen, dann hat bei dieser Person dieser Umweltfaktor (Einstellungen in der Wirtschaft als Barriere) einen sehr hohen Einfluss auf die Beeinträchtigung ihrer Teilhabe am Erwerbsleben. In einer Wirtschaft hingegen, in der für gesundheitlich Beeinträchtigte genügend Teilzeitarbeitsplätze zur Verfügung stehen (Einstellungen in der Wirtschaft als Förderfaktor), käme es unter sonst gleichen Voraussetzung praktisch kaum zu einer Beeinträchtigung der Teilhabe am Erwerbsleben. Theoretisch gibt es nur einen Fall, bei dem eine Person behindert *ist*. Das ist dann der Fall, wenn sich die Behinderung nach Art und Umfang nicht ändert, welche Konstellation von Kontextfaktoren auch immer betrachtet wird. Daher ist das bio-psycho-soziale Modell Komponenten der Gesundheit der ICF für die Rehabilitation besonders wichtig.

4.2.2 Ziele, Bedeutung und Grenzen der ICF

Das wichtigste Ziel der ICF ist, eine gemeinsame Sprache für die Beschreibung der funktionalen Gesundheit zur Verfügung zu stellen, um die Kommunikation zwischen Fachleuten im Gesundheits- und Sozialwesen, insbesondere in der Rehabilitation, sowie den Menschen mit Beeinträchtigungen ihrer Funktionsfähigkeit zu verbessern. Darüber hinaus stellt sie ein systematisches Verschlüsselungssystem für Gesundheitsinformationssysteme bereit und ermöglicht Datenvergleiche zwischen Ländern, Disziplinen im Gesundheitswesen, Gesundheitsdiensten sowie im Zeitverlauf. Die Bedeutung der ICF für Rehabilitation und sozialmedizinische Begutachtung lässt sich wie folgt skizzieren:

▷ Alle modernen Definitionen des Begriffs der Rehabilitation basieren auf der ICF (ICIDH). Die Wiederherstellung oder wesentliche Besserung der Funktionsfähigkeit insbesondere auf den Ebenen der Aktivitäten und der Teilhabe an Lebensbereichen einer Person ist eine zentrale Aufgabe der Rehabilitation. Daher ist die ICF für die Rehabilitation bei der Feststellung des Reha-Bedarfs, bei der funktionalen Diagnostik, dem Reha-Management, der Interventionsplanung und der Evaluation rehabilitativer Maßnahmen nutzbar.

▷ Der Abbau von Barrieren in der Gesellschaft und materiellen Umwelt, welche die Teilhabe erschweren oder unmöglich machen, und der Ausbau von Förderfaktoren, welche die Teilhabe trotz erheblicher gesundheitlicher Beeinträchtigungen wiederherstellen oder unterstützen, sind wichtige Aufgaben der Gesundheits- und Sozialpolitik sowie der Behinderten- und Menschenrechtspolitik. Abbau von Barrieren und Ausbau von Förderfaktoren sind jedoch auch bei der Rehabilitation zu berücksichtigen.

Insbesondere zwei Aspekte sind es, welche die Grenzen der ICF aufzeigen:

▷ Die ICF ist keine Klassifikation funktionaler Diagnosen, sondern mit ihr können funktionale Befunde und Symptome (Schädigungen bestimmter Funktionen oder Strukturen, Einschränkungen bestimmter Aktivitäten, Beeinträchtigung der Teilhabe in bestimmten Lebensbereichen, Vorhandensein oder Fehlen von Barrieren oder Förderfaktoren) angegeben werden. Darüber hinaus können mit ihr das positive und negative Funktions- und Strukturbild (Organismus), Aktivitätsbild und Teilhabebild einschließlich der relevanten Umweltfaktoren (i. S. von Barrieren und Förderfaktoren) beschrieben werden.

▷ Sie ist kein Assessmentinstrument (Methoden und Instrumente zur Beschreibung und Beurteilung der Körperfunktionen/-strukturen, der Aktivitäten und der Teilhabe). Auf ihrer Grundlage können jedoch solche Instrumente entwickelt bzw. weiterentwickelt werden [10].

4.2.3 Die Teilklassifikationen der ICF

Die ICF enthält folgende Teile; vgl. Tabelle 4.5 auf der nächsten Seite:

▷ Klassifikation der Körperfunktionen (einschließlich des mentalen Bereichs).

▷ Klassifikation der Körperstrukturen.

▷ Klassifikation der Aktivitäten/Teilhabe in Form von Lebensbereichen (s. u.).

▷ Liste der Umweltfaktoren.

Die Klassifikationen der Körperfunktionen, der Körperstrukturen und der Aktivitäten/Teilhabe enthalten Bereiche, in denen Beeinträchtigungen auftreten können, jedoch in der Regel nicht die Bezeichnungen der Beeinträchtigungen selbst (wichtigste Ausnahme: Schmerz). Störungsterme werden jedoch in den Ein- und Ausschlusskriterien genannt.

Körperfunktionen

Die Namen der Items der Klassifikation der Körperfunktionen beginnen i. d. R. mit dem Wort „Funktionen" (z. B. b110: Funktionen des Bewusstseins, b210: Funktionen des Sehens (Sehsinn), b710: Funktionen

Körperfunktionen
1. Mentale Funktionen
2. Sinnesfunktionen und Schmerz
3. Stimm- und Sprechfunktionen
4. Funktionen des kardiovaskulären, hämatologischen, Immun- und Atmungssystems
5. Funktionen des Verdauungs-, des Stoffwechsel- und des endokrinen Systems
6. Funktionen des Urogenital- und reproduktiven Systems
7. Neuromuskuloskeletale und bewegungsbezogene Funktionen
8. Funktionen der Haut und der Hautanhangsgebilde

Körperstrukturen
1. Strukturen des Nervensystems
2. Das Auge, das Ohr und mit diesen in Zusammenhang stehende Strukturen
3. Strukturen, die an der Stimme und dem Sprechen beteiligt sind
4. Strukturen des kardiovaskulären, des Immun- und des Atmungssystems
5. Mit dem Verdauungs-, Stoffwechsel und endokrinen System in Zusammenhang stehende Strukturen
6. Mit dem Urogenital- und dem Reproduktionssystem im Zusammenhang stehende Strukturen
7. Mit der Bewegung in Zusammenhang stehende Strukturen
8. Strukturen der Haut und Hautanhangsgebilde

Aktivitäten/Teilhabe
1. Lernen und Wissensanwendung
2. Allgemeine Aufgaben und Anforderungen
3. Kommunikation
4. Mobilität
5. Selbstversorgung
6. Häusliches Leben
7. Interpersonelle Interaktionen und Beziehungen
8. Bedeutende Lebensbereiche
9. Gemeinschafts-, soziales und staatsbürgerliches Leben

Umweltfaktoren
1. Produkte und Technologien
2. Natürliche und vom Menschen veränderte Umwelt
3. Unterstützung und Beziehungen
4. Einstellungen
5. Dienste, Systeme und Handlungsgrundsätze

Tab. 4.5: Klassifikationen der ersten Gliederungsstufe

der Gelenkbeweglichkeit). Dieses Wort weist auf die Frage hin, ob die den betreffenden Konstrukten unterliegenden Phänomene (wie „Bewusstsein"), die betreffenden Körpersysteme (wie „Sehsinn") oder deren Attribute (wie „Gelenkbeweglichkeit") ihre Aufgabe oder ihren Zweck usw. erfüllen oder nicht. Nur dies ist Gegenstand der Betrachtung [9].

Aktivitäten und Teilhabe: Lebensbereiche

Die Bezeichnung „Aktivitäten/Teilhabe" in dieser Klassifikation ist missverständlich, suggeriert sie doch, dass Aktivitäten und Teilhabe klassifiziert werden. Tatsächlich werden jedoch Lebensbereiche klassifiziert. Diese Lebensbereiche haben eine Doppelfunktion: Sie können als „Aktivitätenbereiche" (Bereiche menschlichen Tuns) und als „Teilhabebereiche" (Bereiche menschlicher Daseinsentfaltung und Selbstbestimmung) interpretiert werden. In beiden Fällen stehen unterschiedliche Fragestellungen im Vordergrund.

Leistung und Leistungsfähigkeit Das, was Menschen tun oder tun können, sind im Sinn der ICF Aktivitäten, z. B. alle Tätigkeiten und Handlungen, die zu den Lebensbereichen „berufliche Tätigkeit", „Selbstversorgung", „Kommunikation" oder „Mobilität" gehören. Aktivitäten können unter zwei Gesichtspunkten betrachtet werden,

1. der *Leistung* (Umfang und Art der Durchführung einer Aktivität unter realen Lebensbedingungen, insbesondere unter den üblichen Alltagsbedingungen der betrachteten Person mit ihren Förderfaktoren und Barrieren) und

2. der *Leistungsfähigkeit* (maximales Leistungsvermögen der Person bezüglich der Aktivität unter Testbedingungen oder hypothetischen Bedingungen wie Standard-, „Ideal-", bzw. „Optimal"-bedingungen).

Beide Ansätze sind für die Rehabilitation und die sozialmedizinische Begutachtung wichtig.

Das Konzept der Aktivitäten berücksichtigt in Ansätzen die Ergebnisse der Handlungstheorie [8]. Danach kommt es genau dann zu einer Handlung (ICF:

4.2 Die ICF

Leistung), wenn die Person (1) hierzu körperlich, geistig, seelisch sowie ggf. ausbildungsmäßig hinreichend leistungsfähig ist, (2) die Gegebenheiten (ICF: Umweltfaktoren) es ihr objektiv erlauben, diese Leistungsfähigkeit in die Handlung umzusetzen, und (3) sie hierzu auch den Willen hat.

Die Unterscheidung zwischen Leistung und Leistungsfähigkeit sowie die Beurteilung beider erfolgt ausschließlich durch Beurteilungsmerkmale (s. u.) im Zusammenhang mit Items der Klassifikation der Aktivitäten/Teilhabe.

Daseinsentfaltung und Selbstbestimmung Wird hingegen die Teilhabe an einem Lebensbereich betrachtet, stellen sich andere Fragen. Diese betreffen zum einen die Eingliederung, das Einbezogensein, die Teilnahme, die Beteiligung, den Zugang zu haben, Möglichkeiten zur Daseinsentfaltung zu haben, selbstbestimmt zu handeln, Wertschätzung und Anerkennung zu finden, sowie zum anderen Feststellungen darüber, welche Umweltfaktoren die Teilhabe beeinträchtigen bzw. verhindern (Barrieren) und welche Umweltfaktoren die Teilhabe trotz des gesundheitlichen Problems ermöglichen oder erleichtern (Förderfaktoren). Fragen dieser Art sind ebenfalls für die Rehabilitation und sozialmedizinische Begutachtung wichtig, jedoch auch für die Sozial-, Behinderten-, Rehabilitations- und Menschenrechtspolitik.

Die Beurteilung der Teilhabe an einem Lebensbereich konnte in der ICF wegen der sehr unterschiedlichen Vorstellungen der Vertreter der Mitgliedsländer der WHO leider nicht optimal gelöst werden. Im Ergebnis wurde „Teilhabe" mit „Leistung" gleichgesetzt. In Deutschland ist der Teilhabebegriff der sozialrechtlichen Ebene und der Aktivitätsbegriff mit seiner Ausdifferenzierung in „Leistung" und „Leistungsfähigkeit" der Interventionsebene zuzuordnen.

4.2.4 Beurteilungsmerkmale

Die ICF enthält verschiedene Beurteilungsmerkmale, um den Zustand der funktionalen Gesundheit auf Item-Ebene der vier Klassifikationen zu charakterisieren. Das erste (allgemeine) Beurteilungsmerkmal gibt das Ausmaß eines Problems an und ist für alle Klassifikationen formal gleich. Bei den Umweltfaktoren kann dieses Beurteilungsmerkmal auch positiv wirkende Umweltfaktoren (Förderfaktoren) beschreiben. Alle anderen Beurteilungsmerkmale sind klassifikationsspezifisch. Ohne Angabe der Scores (Ausprägungen) zumindest der obligatorischen Beurteilungsmerkmale ist eine Kodierung sinnlos.

Das allgemeine Beurteilungsmerkmal wird zur Kodierung von Problemen bei Körperfunktionen, Körperstrukturen, Aktivitäten/Teilhabe sowie zur Kodierung von Umweltfaktoren in Form von Barrieren oder Förderfaktoren verwendet. Seine Kodierung ist einheitlich und lautet, wobei „xxx" für ein beliebiges Item steht:

xxx.0:	nicht vorhanden (kein, ohne, vernachlässigbar, ...)
xxx.1:	leicht ausgeprägt (gering, niedrig, ...)
xxx.2:	mäßig ausgeprägt (mittel, ziemlich, ...)
xxx.3:	erheblich ausgeprägt (hoch, extrem, ...)
xxx.4:	voll ausgeprägt (vollständig, komplett, ...)
xxx.8:	nicht spezifiziert
xxx.9:	nicht anwendbar

4.2.5 Ausbildung in der Anwendung der ICF

Die ICF kann in verschiedenen Stufen angewendet werden: (1) nur Berücksichtigung des bio-psycho-sozialen Modells der Komponenten der Gesundheit, (2) als informeller „Leitfaden" oder (3) Dokumentation (Verschlüsselung). Die unterschiedlichen Stufen bauen aufeinander auf.

Die ICF wird, was insbesondere die Verschlüsselung betrifft, nicht einfach anzuwenden sein. Die WHO empfiehlt daher dringend Schulungen in der Anwendung dieser Klassifikation. Sie wird auch Schulungsmaterialien in englischer Sprache entwickeln. Da dies vermutlich länger dauern wird, werden unter der Koordination der Rehabilitationswissenschaftlichen Abteilung des VDR deutsche Schulungsmaterialien erstellt werden. Darüber hinaus ist vorgesehen, Anwendungsbeispiele (Fallvignetten) für Schulungen zur ICF zu erarbeiten, die den deutschen Bedürfnissen (Rehabilitation, Rente usw.) entsprechen. Die Schulungsmaterialien und die Sammlung von Fallvignetten sollen ins Internet (www.vdr.de) gestellt werden, damit jeder Interessierte darauf zugreifen kann.

Literatur

[1] Bundesversicherungsanstalt für Angestellte: *Einheitlicher Diagnosenschlüssel der Rentenversicherung auf der Basis der Internationalen statistischen Klassifikation der Krankheiten und verwandter Gesundheitsprobleme, 10. Revision.* Berlin: BfA, 1999.

[2] Deutsches Institut für Medizinische Dokumentation und Information, DIMDI: *ICD-10: Internationale statistische Klassifikation der Krankheiten und verwandter Gesundheitsprobleme, 10. Revision.* Band 1: Systematisches Verzeichnis. Version 1.0, Stand: August 1994. München; Wien; Baltimore: Urban & Schwarzenberg, 1994. URL http://www.dimdi.de.

[3] Deutsches Institut für Medizinische Dokumentation und Information, DIMDI: *ICD-10: Internationale statistische Klassifikation der Krankheiten und verwandter Gesundheitsprobleme, 10. Revision.* Band 2: Regelwerk. Version 1.0, Stand: Juni 1995. München; Wien; Baltimore: Urban & Schwarzenberg, 1995. URL http://www.dimdi.de.

[4] Deutsches Institut für Medizinische Dokumentation und Information, DIMDI: *ICD-10: Internationale statistische Klassifikation der Krankheiten und verwandter Gesundheitsprobleme, 10. Revision.* Band 3: Alphabetisches Verzeichnis. Version 1.0, Stand: Oktober 1995. München; Wien; Baltimore: Urban und Schwarzenberg, 1995. URL http://www.dimdi.de.

[5] Deutsches Institut für Medizinische Dokumentation und Information, DIMDI: *ICD-10-Diagnosenthesaurus. Alphabetische Sammlung von Krankheitsbegriffen im deutschen Sprachraum, verschlüsselt nach der Internationalen statistischen Klassifikation der Krankheiten und verwandter Gesundheitsprobleme (ICD-10-SGB V, Version 1.3, Stand Juli 1999).* Version 3.0, Stand Januar 2000. München; Jena: Urban & Fischer, 1. Auflage, 2000. URL http://www.dimdi.de.

[6] Deutsches Institut für Medizinische Dokumentation und Information, DIMDI: *ICD-10-SGB V. Systematisches Verzeichnis. Ausgabe für die Zwecke des SGB V. Internationale statistische Klassifikation der Krankheiten und verwandter Gesundheitsprobleme, 10. Revision.* Version 1.3, Stand Juli 1999. München; Jena: Urban & Fischer, 1. Auflage, 2000. URL http://www.dimdi.de.

[7] Deutsches Institut für Medizinische Dokumentation und Information, DIMDI: *Internationale Klassifikation der Funktionsfähigkeit, Behinderung und Gesundheit (Deutsche Fassung der ICF)*, 2002. URL http://www.dimdi.de.

[8] Nordenfelt L: *Action, ability and health: Essays in the philosophy of action and welfare.* Dordrecht: Kluwer Academic Publishers, 2000.

[9] Schuntermann MF: Some remarks to ICIDH-2 beta-2-version: Are the items named correctly? *RIVM Newsletter* 3 (2): 1–3, 2000.

[10] Schuntermann MF: ICIDH und Assessments. *Physikalische Medizin* 11: 28–34, 2001.

[11] Schuntermann MF: Grundsatzpapier der Rentenversicherung zur Internationalen Klassifikation der Funktionsfähigkeit, Behinderung und Gesundheit (ICF) der Weltgesundheitsorganisation (WHO). *Deutsche Rentenversicherung (DRV)* S. 52–59, 1–2 2003.

[12] Verband Deutscher Rentenversicherungsträger, VDR (Hrsg.): *Kommission zur Weiterentwicklung der Rehabilitation in der gesetzlichen Rentenversicherung (Reha-Kommission).* Abschlußberichte, Band IV, Teilband 2: EDV- und Dokumentationsverfahren. Darmstadt: Dissertationsdruck, 1991.

[13] Word Health Organization (WHO), Mathesius RG, Jochheim KA, Barolin GS, Heinz C: *ICIDH – International Classification of Impairments, Disabilities and Handicaps (Deutsche Übersetzung).* Berlin, Wiesbaden: Ullstein Mosby, 1995.

[14] World Health Organization: *International Classification of Functioning, Disability and Health (ICF).* Genf: WHO, 2001. URL http://www.who.int/classification/icf. Deutschsprachige Fassung bei http://www.dimdi.de.

[15] World Health Organization, WHO: *International Statistical Classification of Diseases and Related Health Problems (ICD).* Tenth Revision. Genf: WHO, 1992. URL http://www.who.int/whosis/icd10.

5 Die sozialmedizinische Begutachtung

Wolfgang Cibis (5.1, 5.3, 5.4), Elisabeth Hüller (5.2)

Die soziale Sicherung ist eine wichtige Lebensgrundlage für jeden Menschen. Die Solidargemeinschaft schützt den Versicherten, der seinerseits bestimmte Pflichten hat, wie z. B. Beitragszahlungen, dafür aber auch Anspruch auf bestimmte Leistungen, beispielsweise die Rehabilitation (Leistungen zur Teilhabe) oder die Erwerbsminderungsrente. Das gesamte Sozialrecht wird im Sozialgesetzbuch (SGB) zusammenfasst. Die gesetzlichen Grundlagen für die Gesetzliche Rentenversicherung (GRV) sind speziell im SGB VI aufgeführt. Daneben gelten aber auch Bestimmungen aus anderen Sozialgesetzbüchern, insbesondere das trägerübergreifende Recht des SGB IX, das sich mit den Leistungen zur Teilhabe bzw. der Rehabilitation beschäftigt. Dabei ergibt sich nach den versicherungsrechtlichen Bedingungen für die verschiedenen Sozialleistungsträger jeweils eine unterschiedliche Klientel und eine grundsätzlich geregelte Vorrangigkeit der Zuständigkeit für gleichartige Leistungen.

Um festzustellen, ob Versicherte bei der GRV in diesem Sinne Ansprüche auf eine Erwerbsminderungsrente oder auf Leistungen zur Teilhabe (Rehabilitation) haben und wie diese ggf. zu gestalten sind, bedarf es einer entsprechenden Sachaufklärung. Dabei werden die versicherungsrechtlichen Voraussetzungen von der Verwaltung geklärt und die medizinischen (persönlichen) Voraussetzungen vom medizinischen Sachverständigen, dem ärztlichen/sozialmedizinischen Gutachter. Die letztendliche und tatsächliche Entscheidung, ob und wie Leistungen zu erbringen sind, trifft allein die Verwaltung [58].

Das sozialmedizinische Gutachten dient dem Auftraggeber als maßgebliche Grundlage (Beweismittel) für die Entscheidung über die beantragte Sozialleistung. Dabei ist der sozialmedizinische Gutachter nicht behandelnder Arzt, der die Anliegen der Antragsteller unterstützt, sondern er erfüllt vielmehr die Funktion des objektiven und neutralen Sachverständigen. Er darf medizinische und außermedizinische Kompetenzen nicht verwischen [31] und ist bereits durch die ärztliche (Muster-)Berufsordnung (§ 16 MBO) zur Wahrheit verpflichtet und unabhängig: „Bei der Ausstellung ärztlicher Gutachten und Zeugnisse hat der Arzt mit der notwendigen Sorgfalt zu verfahren und nach bestem Wissen seine ärztliche Überzeugung auszusprechen" [6]. Dies betrifft die Erhebung und insbesondere die Bewertung der Untersuchungsbefunde. Der ärztliche Gutachter ist also in seiner gutachterlichen Tätigkeit eigenverantwortlich und inhaltlich nicht an Weisungen gebunden. Der sozialmedizinische Gutachter hat aber keine juristischen Festlegungen zu treffen und sollte sich als medizinischer Sachverständiger ausschließlich auf medizinische Angaben beschränken.

Der Versicherte selbst begegnet dem Gutachter mit bestimmten Ansprüchen und Erwartungen, hat bestimmte Motive, vielleicht auch Ängste, muss einerseits auch einiges erdulden und andererseits bei der Sachaufklärung und ggf. dann später auch bei der Rehabilitation aktiv mitarbeiten. Er erwartet zurecht, dass die Gleichbehandlung der Versicherten bundesweit gewährleistet und die Qualität der Begutachtung gesichert wird.

Der Gutachter andererseits muss gute fachliche Kenntnisse besitzen und ein aufmerksamer Zuhörer und Beobachter sein. Er soll dem zu Begutachtenden begründet das Gefühl vermitteln können, dass er ihm vorurteilsfrei gegenübersteht.

Auch für den ärztlichen Gutachter gilt die ärztliche Schweigepflicht. Der Schutz der Privatsphäre ist ein in Artikel 1 und 2 des Grundgesetzes geschützter Bereich. Die Schweigepflicht wird in den Berufsordnungen formuliert und der Verstoß gegen sie ist nach § 203 Abs. 1 Nr. 1 Strafgesetzbuch ein Straftatbestand. Für die gutachterliche Tätigkeit ist der Arzt aufgrund der entsprechenden Erklärung des Versicherten in den Antragsformularen der Sozialleistungsträger von der Schweigepflicht teilentbunden.

5.1 Fragestellungen

Sozialmedizinische Gutachten können mit unterschiedlichen Anlässen und damit auch mit sehr unterschiedlichen Fragestellungen verknüpft sein. Im Bereich der GRV werden die meisten sozialmedizinischen Gutachten natürlich im Zusammenhang mit Anträgen auf Leistungen zur Teilhabe und auf Erwerbsminderungsrenten erstellt.

Bei folgenden Antragsarten ist eine sozialmedizinische Sachaufklärung erforderlich:

1. Anträge auf Leistungen zur Teilhabe (medizinische Rehabilitation) nach § 15 SGB VI.
2. Anträge auf Leistungen zur Teilhabe am Arbeitsleben (Berufsfördernde Leistungen) nach § 16 SGB VI.
3. Anträge auf Rente wegen Erwerbsminderung bzw. teilweiser Erwerbsminderung bei Berufsunfähigkeit nach §§ 43 und 240 SGB VI.
4. Änderung der Verhältnisse im Rentennachprüfverfahren.
5. Anträge auf Witwenrente und Witwerrente (bei Berufsunfähigkeit oder Erwerbsunfähigkeit) nach § 242a SGB VI.
6. Erweiterte medizinische Sachaufklärung im Rechtsmittelverfahren.
7. Anträge auf onkologische Rehabilitationsleistungen nach § 31 Abs. 1 Ziffer 3 SGB VI.
8. Anträge auf stationäre Rehabilitation für Kinder und Jugendliche nach § 31 Abs. 1 Ziffer 4 SGB VI.
9. Anträge auf Leistungen zur Teilhabe nach § 51 Abs. 1 SGB V.
10. Anträge auf Prüfung einer möglichen verminderten Erwerbsfähigkeit (bei Minderung der Leistungsfähigkeit) nach § 125 SGB III.
11. Prüfung der Umdeutung eines Reha-Antrags in einen Rentenantrag nach § 116 SGB VI.
12. Anträge auf Waisenrente bei Behinderung (früher sog. „Gebrechlichkeitsgutachten") nach § 48 SGB VI.
13. Anträge auf Sozialleistungen gemäß zwischenstaatlicher Regelungen.
14. Anträge auf Leistungen nach dem Grundsicherungsgesetz (GSiG).

Die unterschiedlichen Aufgaben von Gutachter und Verwaltung sind in den Auslegungsgrundsätzen des VDR [58] näher erläutert (siehe auch Kapitel 1):

„Das Vorliegen von Krankheit und Behinderung sowie deren aktuelle und zu erwartende Auswirkungen auf die Leistungsfähigkeit des Versicherten im Erwerbsleben sind Gegenstand ärztlicher/sozialmedizinischer Feststellungen und Beurteilungen unter Berücksichtigung aller im Einzelfall relevanter Aspekte.

Die Entscheidung, ob eine erhebliche Gefährdung oder bereits eine Minderung der Erwerbsfähigkeit vorliegt und auch die anderen Leistungsvoraussetzungen erfüllt sind, trifft auf der Grundlage der ärztlichen Angaben die Verwaltung".

Diese Unterscheidung differenziert die grundsätzliche Aufgabenteilung zwischen Ärzten und Verwaltung. Die zentrale Fragestellung an den Arzt ist mit der **Leistungsfähigkeit** des Versicherten im Erwerbsleben verknüpft, während die Verwaltungsjuristen den entscheidungsrelevanten Bezug zur **Erwerbsfähigkeit** des Versicherten herstellen.

In diesem Sinne wird z. B. erwartet, dass der ärztliche Gutachter bei einem Versicherten Angaben zur noch „zumutbaren Gehstrecke" macht (ärztliche Sachaufklärung), der Verwaltungsjurist daraus dann erkennt, ob die „Wegefähigkeit" gegeben ist (juristische Bedeutung). Ebenso erklärt sich daraus z. B. die

Notwendigkeit, dass der ärztliche Gutachter Aussagen „zum Pausenbedarf" macht (natürlich mit ausreichender Erklärung warum und wozu) und der Verwaltungsjurist zu klären hat, ob dadurch „betriebsunübliche Pausen" bedingt sind (siehe auch das Glossar). Jede Profession ist für ihren Bereich zuständig, der Arzt für die (Sozial-)Medizin, die Verwaltung für die rechtliche Wertung der sozialmedizinischen Beurteilungen.

5.1.1 Grundsätzliche Fragen

Bei Auftragsvergabe

Kann das Gutachten zeitgerecht erstellt werden? Insbesondere wegen der Fristsetzungen durch das SGB IX, wonach das ärztliche Gutachten bei Anträgen zur Teilhabe innerhalb von zwei Wochen zu erstellen ist, bekommt eine korrekte Antwort große Bedeutung. Kann das Gutachten nicht zeitgerecht erstellt werden, muss nachgefragt und der Auftrag ggf. zurückgegeben werden.

Gibt es andere Gründe, den Gutachtenauftrag abzulehnen bzw. zurückzugeben? Auch für die ärztliche Begutachtung im Verwaltungsverfahren der GRV sind die für die Sozialgerichte entsprechend §§ 407 und 407a der Zivilprozessordnung (ZPO) definierten Pflichten eines Sachverständigen von Bedeutung, wonach der Sachverständige unverzüglich prüfen muss, ob die eigene Fachkompetenz für die Erfüllung des Auftrages ausreicht. Er darf einen persönlich gebundenen Auftrag nicht ohne Zustimmung des Versicherungsträgers weiterleiten und hat die Akten und Unterlagen vollständig mit dem fertigen Gutachten zurückzugeben [3].

Der Gutachtenauftrag sollte ebenso zurückgegeben werden, wenn der zu Untersuchende ein Patient des Gutachters ist, dies in den zurückliegenden zwei Jahren war oder wenn er mit ihm verwandt oder verschwägert ist. Zudem wird es im Einzellfall Konstellationen geben, in denen die Bedingungen einer objektiven Untersuchung aufgrund einer Befangenheit nicht gewährleistet sind [49]. Dies kann z. B. auch der Fall sein, wenn der zu Untersuchende während der Untersuchung Ton- oder Videoaufnahmen über den Vorgang machen möchte oder auf der Anwesenheit seines Anwaltes oder anderer Zeugen während der Untersuchung besteht. Andererseits kann die gleichzeitige Anwesenheit einer Begleitperson, wie sie häufiger von Versicherten gewünscht wird, auch für den Gutachter von Vorteil sein, z. B. bei sprachlichen Verständigungsproblemen. Allerdings bedarf es auch hierzu der Einwilligung des Gutachters, die nicht willkürlich versagt werden kann. Die berechtigten Interessen des Versicherten sind gegenüber dem Ziel der vom Gutachter vorzunehmenden Sachaufklärung abzuwägen.

Liegen alle für die Begutachtung relevanten Unterlagen vor? Der Gutachter hat Anspruch darauf, dass ihm vorhandene medizinische Unterlagen vor der Erstellung des Gutachtens übermittelt werden. Sind zuvor noch bestimmte Sachverhalte zu klären, ist eine umgehende Rücksprache mit dem Auftraggeber notwendig.

Bei der Begutachtung

Das Gutachten selbst ist Ergebnis und Dokumentation der Begutachtung. Dabei sind in Abhängigkeit vom ggf. verwendeten Formular meist auch verschiedene spezielle Fragen zu beantworten bzw. Sachverhalte zu bewerten, wie z. B.:

▷ Wie haben Sie sich von der Identität des Untersuchten überzeugt?

▷ Wann fand die Untersuchung statt (Datum und Uhrzeit)?

▷ Besteht Arbeitsunfähigkeit? Seit wann? Aufgrund welcher Erkrankung?

▷ Was war für die Fahrt zur Untersuchung erforderlich (öffentliche Verkehrsmittel, Pkw, Begleitperson)?

▷ Sind die ggf. festgestellten Gesundheitsschäden bzw. die Leistungsminderung (vermutlich) verursacht durch einen Arbeitsunfall, Berufskrankheit, Wehrdienstbeschädigung, Fremdverschulden (z. B. Unfall, gemäß Opferentschädigungsgesetz)?

Die Kardinalfrage an den ärztlichen Gutachter ist natürlich die Frage nach der Leistungsfähigkeit des Versicherten im Erwerbsleben und deren Beeinflussung oder Bedrohung durch Krankheit oder Behinderung. Die Internationale Klassifikation der Funktionsfähigkeit, Behinderung und Gesundheit (ICF) kann dabei als Basis für eine gemeinsame Sprache für die Beschreibung der funktionalen Gesundheit genutzt werden (vgl. Kapitel 4.2).

Nicht die Diagnostik von Krankheit und/oder Behinderung steht im Mittelpunkt der Begutachtung, sondern das Herausarbeiten von Schäden und Funktionsstörungen sowie deren sozialmedizinische Bewertung (gemäß SGB VI und SGB IX). Die Beziehung einer Krankheit zum Schaden bzw. zur Funktionsstörung ist ebenso plausibel abzuleiten, wie die Wechselwirkung zur Aktivitätsebene.

▷ Welche Störungen von Aktivitäten liegen vor? Diese sind zu beschreiben und ihre Bedeutung für die Teilhabeebene (Partizipation).

▷ Welche Kontextfaktoren entfalten ihre Wirkung, d. h. können durch die persönlichen oder Umweltfaktoren (Kapitel 4.2) Besserungen erreicht werden?

▷ Welche Einflüsse haben Krankheit/Behinderung und Aktivitätsstörungen auf die Teilhabe und speziell auf die Teilhabe am Arbeitsleben?

Es handelt sich bei diesen Ableitungen nicht um eine völlig neue Betrachtungsweise in der sozialmedizinischen Begutachtung, jedoch stellt sie in ihrer systematischen Erhebung einen neuen geforderten Standard dar, und sie erzwingt den Umgang mit neuen Begrifflichkeiten.

Die ICF darf aber dabei nicht überschätzt oder falsch genutzt werden. Die ICF ist (nur) eine Klassifikation funktionaler Befunde und Symptome zum Zeitpunkt (!) der Untersuchung. Für diesen Zeitpunkt kann das positive und negative Funktions- und Strukturbild (Organismus), das Aktivitätsbild (Aktivitäten) und das Teilhabebild (Partizipation) einschließlich der relevanten Umweltfaktoren beschrieben (und klassifiziert) werden, aber es fehlt dabei die für die sozialmedizinische Begutachtung so wichtige prognostische Betrachtung. Die zu erwartende Entwicklung von Krankheit und Behinderung und vor allem die Gefährdungs- und Belastungsfaktoren, die sich durch die Krankheit oder Behinderung selbst oder auch durch die notwendige Therapie (z. B. Medikamente) oder durch bestimmte Tätigkeiten ergeben, werden dabei nicht berücksichtigt.

Vereinfacht ausgedrückt stellt man mit der ICF die Frage: „Was kann der Untersuchte im Moment tatsächlich tun?" (Querschnittsbetrachtung), der ärztliche Gutachter fragt: „Was kann/darf/soll er ab jetzt noch tun?" (Längsschnittbetrachtung).

Die ICF ist kein Assessmentinstrument für die sozialmedizinische Begutachtung, d. h. sie ist keine Methode und kein Instrument zur Beschreibung und Beurteilung der Körperfunktionen und -strukturen, der Aktivitäten und der Teilhabe/Partizipation. In diesem Sinne Messinstrumente wären z. B. eine Röntgenanlage, ein Sonographiegerät, ein EKG, ein Zentimetermaß, ein Winkelmesser, ein Funktionstest, ein Fragebogen.

Die ICF ist eine krankheitsunabhängige Klassifikation, in der sozialmedizinischen Begutachtung für die GRV spielt in der Regel die zugrundeliegende Krankheit aber weiterhin eine wichtige Rolle. Das Klassifizieren bzw. Verschlüsseln von Körperfunktionen, Körperstrukturen, von Lebensbereichen und Umweltfaktoren kann durch die damit einhergehende statistische Auswertungsmöglichkeit für Aufgaben der Gesundheits- und Sozialpolitik von Bedeutung sein. Weder der eigentliche Begutachtungsprozess noch das Begutachtungsergebnis sind auf diese Art vollständig abbildbar.

Das sog. bio-psycho-soziale Modell der funktionalen Gesundheit, das bei der Betrachtung von Krankheit und Behinderung und ihren Aus- und Wechselwirkungen zugrunde gelegt wird, weist auf die Komplexität des zu beurteilenden Sachverhaltes hin. Bei jeder Klassifikation oder Verschlüsselung geht aber Information verloren, es findet eine Datenreduktion statt. Ein genauer Rücktransfer vom Klassifikationscode auf den beschriebenen (individuellen) Sachverhalt ist deshalb in der Regel nicht möglich. Dass allein mit der Angabe einer Krankheitsdiagnose mit Verwendung der ICD-10 zur Verschlüsselung der zu beurteilende Sachverhalt nicht korrekt wiedergegeben werden kann, ist den Meisten wohl sehr klar. Der Gutachter wird deshalb aufgefordert, im Textbereich des Gutachtenformulars möglichst eine Funktionsdiagnose anzugeben, mit der das individuelle Ausmaß der Krankheit bzw. Krankheitsfolge deutlich wird. Die gleichzeitige Verwendung der ICD-10 und der ICF wird die Möglichkeit erheblich verbessern, die funktionale Gesundheit eines Menschen und die Auswirkung auf die Teilhabe standardisiert einzuschätzen. Gleichwohl ist die sozialmedizinische Betrachtung aus den genannten Gründen auch dadurch nicht vollständig zu erfassen.

Eins macht die Gedankenwelt der ICF auch für die sozialmedizinische Begutachtung deutlich: Nachvollziehbar und plausibel wird eine sozialmedizinische Beurteilung nur durch eine folgerichtige Verknüpfung von

▷ Anamnese und Befund

▷ Anamnese, Befund und Diagnosen

▷ Anamnese, Befund, Diagnosen und Epikrise,

▷ Anamnese, Befund, Diagnosen, Epikrise und sozialmedizinischer Leistungsbeurteilung.

Ein übersichtlicher Aufbau des Gutachtens, eine klare Ausdrucksweise und eine auch für Nicht-Mediziner verständliche Sprache sowie die Verwendung der Begrifflichkeiten der ICF (soweit passend) fördern nicht nur die Brauchbarkeit für den Auftraggeber, sondern auch die Transparenz für alle anderen infrage kommenden Nutzer (z. B. der Versicherte, Sozialgerichte, andere Sozialleistungsträger).

Eignung und Begabung

Die Frage, was die Leistungsfähigkeit im Erwerbsleben ausmacht, beschäftigt die Forschung seit langem [43]. Dabei geht man bei der sozialmedizinischen Begutachtung immer noch von einer Grundannahme aus:

Der gesunde (nicht kranke oder behinderte) erwachsene Mensch ist grundsätzlich in seiner Leistungsfähigkeit für das Erwerbsleben (allgemeiner Arbeitsmarkt) nicht eingeschränkt, also voll einsatzfähig. Gleichwohl ist es eine Binsenweisheit, dass nicht jeder für alles geeignet ist. Für bestimmte Tätigkeiten benötigt man oft bestimmte Begabungen/Talente bzw. Befähigungen. Vieles ist erlernbar, jeder findet aber seine persönlichen Grenzen. Ein musikalisch völlig „Unbegabter" kann i. d. R. kein erfolgreicher Pianist werden (damit seinen Unterhalt verdienen), auch wenn die Fingerbeweglichkeit nicht eingeschränkt sein sollte. Die Fragestellung nach dem individuellen Begabungspotenzial kann sich aber bei der Abklärung von Möglichkeiten im Zusammenhang mit Berufsfindungsmaßnahmen ergeben und ist dann sinnvoller Weise von einem Team mit Psychologen, Soziologen und Berufskundlern usw. zu beantworten. Manche Firmen bedienen sich mittlerweile bei der Auswahl neuer Mitarbeiter oft der Hilfe eines Assessmentcenters, in dem professionell und systematisch standardisierte Testverfahren (Assessments) zur Eignungsprüfung angewendet werden.

Bei der (normalen) sozialmedizinischen Begutachtung wird aber nicht nach besonderen Begabungen gesucht bzw. untersucht, sondern es wird eher ein grundsätzlicher (medizinischer) Fähigkeitstest durchgeführt, der speziell an den Krankheiten und ihren Folgen ansetzt. Es werden systematisch die Determinanten der Leistungsfähigkeit (Leistungsvermögen und Leistungsbereitschaft) betrachtet [52]. Von Krankheit betroffene somatische oder psychische Bereiche werden in ihrer „Restleistungsfähigkeit" beurteilt. Genau dafür benötigt man den ärztlichen Sachverständigen, weil er der Fachmann zur Beurteilung von medizinischen Sachverhalten ist. Mit Hinweis auf das o. g. bio-psycho-soziale Modell der funktionalen Gesundheit der ICF muss dieser medizinische Fachmann oder Sachverständige aber auch die persönlichen und sozialen Rahmenbedingen des Versicherten (Kontextfaktoren) in seine sozialmedizinische Beurteilung mit einbeziehen.

Der „allgemeine Arbeitsmarkt" und die „zuletzt ausgeübte Tätigkeit"

Der Gesetzgeber verwendet den Begriff des allgemeinen Arbeitsmarktes in § 43 SGB VI, weshalb der Verwaltungsjurist bei seiner Entscheidung darauf Bezug nehmen muss. Derjenige ist z. B. als erwerbsfähig zu betrachten, der unter den üblichen Bedingungen des allgemeinen Arbeitsmarktes sechs Stunden und mehr einsatzfähig ist (siehe Kapitel 1.2). Die Kenntnis des allgemeinen Arbeitsmarktes ist im Zusammenhang mit dem Begriff der „Erwerbsfähigkeit" zu sehen, der wiederum zum Vokabular des Juristen gehört. Der ärztliche Gutachter muss und kann den – sich ständig ändernden – „allgemeinen Arbeitsmarkt" nicht kennen und direkt dazu auch keine Aussagen machen.

Gleichwohl nimmt auch der ärztliche Gutachter Bezug *zum Erwerbsleben*. Bei der Beurteilung und Beschreibung der qualitativen Leistungsfähigkeit werden Aussagen zur Fähigkeit des Untersuchten gemacht, die sich auf einzelne Tätigkeiten bzw. Aktivitäten oder spezielle Arbeitsbedingungen beziehen. Gewöhnlich wird ja allgemein ein zumutbarer Schweregrad von körperlicher Arbeit angegeben, aber auch mögliche Arbeitshaltungen und Arbeitsorganisationen oder ggf. werden z. B. das mögliche Heben und Tragen von Lasten ohne Hilfsmittel, das Besteigen von Leitern und Gerüsten beurteilt. Diese Angaben beziehen sich auf das vom Individuum ausgehende Potenzial, allgemeine oder sehr spezielle Tätigkeiten, die es auf dem allgemeinen Arbeitsmarkt gibt, ungefährdet auszuführen.

Das qualitative und das quantitative Leistungsbild zusammen kennzeichnen die Leistungsfähigkeit des Versicherten im Erwerbsleben und werden von der Verwaltung zur Grundlage der Beurteilung der Erwerbsfähigkeit des Versicherten gemacht und in Beziehung zum allgemeinen Arbeitsmarkt gesetzt. Dabei beinhaltet der allgemeine Arbeitsmarkt selbstverständlich auch die zuletzt ausgeübte berufliche Tätigkeit des Versicherten, die einer besonderen Betrachtung bedarf.

Der ärztliche Gutachter ist gefordert, sich ein möglichst genaues Bild von dieser zuletzt ausgeübten beruflichen Tätigkeit zu machen und somit ein spezielles Anforderungsprofil zu schaffen, das mit dem allgemeinen Fähigkeitsprofil des Untersuchten abgeglichen werden muss. Es muss die spezielle Frage beantwortet werden, ob und ggf. unter welchen Bedingungen der Untersuchte an seinen alten Arbeitsplatz zurückkehren kann, ob z. B. eine Berufsförderung angeraten ist oder eine stufenweise Wiedereingliederung oder andere Hilfen. Dieser besondere (relativ kleine) Ausschnitt des „allgemeinen Arbeitsmarktes" sollte vom ärztlichen Gutachter konkret in Erfahrung gebracht werden. Dazu dienen bekanntlich in erster Linie die Arbeits- und Berufsanamnese, also die subjektiven Angaben des Versicherten, die deshalb sehr genau hinterfragt und dokumentiert werden müssen. Möglicherweise lassen sich – mit Einverständnis des Betroffenen – weitere Informationen über den Arbeitgeber oder den Betriebsarzt einholen, in Einzelfällen vielleicht sogar Arbeitsplatzbegehungen ermöglichen. Keinesfalls ist aber davon auszugehen, dass sich der ärztliche Gutachter auf diesem Wege langsam einen Überblick über den allgemeinen Arbeitsmarkt verschaffen könnte, der jeweils aktuell und valide wäre.

Aus dem oben Gesagten ergeben sich also folgende Fragen:

▷ Welches qualitative und quantitative Leistungsbild (Leistungsfähigkeit im Erwerbsleben) liegt beim Untersuchten vor? Bestehen Möglichkeiten der Verbesserung?

▷ Wie ist das Anforderungsprofil der zuletzt ausgeübten beruflichen Tätigkeit?

▷ Ist die festgestellte Leistungsfähigkeit im Erwerbsleben mit diesem speziellen Anforderungsprofil in Einklang zu bringen, was könnte ggf. dazu beitragen?

▷ Wie ist der zeitliche Umfang zu beurteilen, in dem die letzte berufliche Tätigkeit ausgeübt werden kann?

▷ Seit wann bestehen ggf. vorhandene Einschränkungen der Leistungsfähigkeit allgemein und ggf. davon unterschiedlich in Bezug zu der zuletzt ausgeübten Tätigkeit?

▷ Wie ist die Prognose in diesem Zusammenhang?

▷ Sind die therapeutischen Möglichkeiten ausgeschöpft?

▷ Und selbstverständlich: Sind Leistungen zur Teilhabe (medizinische Rehabilitation und/oder Leistungen zur Teilhabe am Arbeitsleben) zu empfehlen?

5.1.2 Fragen bei Anträgen auf Erwerbsminderungsrente

Da die rechtliche Grundlage für die Erwerbsminderungsrente eine Einschränkung der Leistungsfähigkeit ist, können sich die Fragen der Verwaltung an den medizinischen Sachverständigen auf folgende Aspekte beziehen:

▷ Wie ist das qualitative Leistungsvermögen des Versicherten einzuschätzen?

▷ Ist bei dem Versicherten die Leistungsfähigkeit im Erwerbsleben quantitativ gemindert

   a) im Bezug zum positiven und negativen Leistungsbild (allgemeiner Arbeitsmarkt)
   b) für die zuletzt ausgeübte Tätigkeit (spezieller Aspekt des allg. Arbeitsmarktes)?

▷ Seit wann bestehen diese Leistungseinschränkungen?

▷ Ist eine rentenrelevante Besserung des Leistungsvermögens unwahrscheinlich?

▷ Sofern eine Besserung innerhalb von drei Jahren möglich scheint, können ggf. genauere Angaben über die zu erwartende Dauer dieser Leistungseinschränkungen gemacht werden?

▷ Kann die Leistungsfähigkeit im Erwerbsleben voraussichtlich durch Leistungen zur Teilhabe wesentlich gebessert oder die Verschlechterung verhindert werden?

▷ Liegen mögliche Regressgründe für Leistungen der gesetzlichen Rentenversicherung vor (Beeinträchtigung des Leistungsvermögens durch Wehrdienstbeschädigung, Unfallfolgen, Berufskrankheit usw.)?

Die sozialmedizinische Leistungsbeurteilung beschreibt das Fähigkeitsprofil des Versicherten allgemein als positives und negatives Leistungsbild und bestimmt dann die damit verbundene quantitative Leistungsfähigkeit (allgemeiner Arbeitsmarkt). Für eine weitere Fragestellung ist es zudem noch in Beziehung zu den Anforderungen hinsichtlich der zuletzt ausgeübten Tätigkeit zu setzen.

Beim positiven und negativen Leistungsbild sind die Fähigkeiten zu beschreiben, über die der Versicherte unter Berücksichtigung der festgestellten Funktionseinbußen im Hinblick auf die noch zumutbare körperliche Arbeitsschwere, die Arbeitshaltung und die Arbeitsorganisation noch verfügt (positives Leistungsbild) und welche krankheitsbedingt nicht mehr bestehen (negatives Leistungsbild).

Die positiven wie negativen Leistungsmerkmale müssen sich aus den in der Epikrise erörterten Gesundheitsstörungen herleiten lassen. Damit ergeben sich die qualitativen Leistungseinschränkungen aus dem Krankheitsbild anhand von funktionellen Einschränkungen. Diese Einschränkungen können sich beziehen z. B. auf die geistig/psychische Belastbarkeit, Sinnesorgane, Bewegungs- und Haltungsorgane und/oder Gefährdungs- und Belastungsfaktoren. Es muss also auch stets dargelegt werden, ob die geistige Leistungsfähigkeit eingeschränkt ist und ob psychische Auffälligkeiten vorliegen oder nicht. Zur geistigen Beanspruchung gehören z. B. Arbeiten unter besonderer Konzentration (z. B. an Steuer- und Sichtgeräten), ferner die Verantwortung für andere Personen, Arbeitserfolge etc. Auch sollten die Ergebnisse von orientierenden Untersuchungen der Sinnesorgane beschrieben werden. Qualitative Leistungseinschränkungen können sich auch auf die physikalische Belastung (z. B. Kälte, Wärme/Hitze) auf den Bewegungs- und Haltungsapparat beziehen.

Auf der Grundlage der qualitativen Leistungsbeurteilung ist dann eine Aussage zum quantitativen Leistungsvermögen erforderlich. Es geht dabei immer um die tägliche Ausdauerleistungsfähigkeit unter Berücksichtigung des positiven und negativen Leistungsbildes. Maschinen brauchen regelmäßige Wartung und ggf. Austausch von Verschleißteilen, der Mensch als biologisches Wesen braucht Gelegenheit zur regelmäßigen (täglichen) Erholung und Zeit zur Regeneration. Dieser Umstand wird in der Regel über die übliche tägliche Arbeitszeit (einschließlich der Pausen) für Gesunde bzw. Nichtleistungsgeminderte ausreichend berücksichtigt; siehe Kapitel 3. Wochenendfreizeiten und Jahresurlaub bieten dazu ebenso Gelegenheit. Von grundsätzlicher Bedeutung ist zudem eine physiologische Arbeitsgestaltung [27].

Dass einzelne Aktivitäten nur zeitweise bzw. zeitlich begrenzt durchführbar sind, muss keinen Einfluss auf das quantitative Leistungsvermögen haben. Wegen einer Knieerkrankung können z. B. durchaus verschiede Funktionen/Aktivitäten zeitlich (Dauer/Frequenz) beeinträchtigt oder ganz aufgehoben sein (Bücken, Knien, Heben, Tragen, Laufen, Gehen usw.). Wenn dies alles im positiven und negativen Leistungsbild korrekt beurteilt und beschrieben wurde, ergibt sich typischerweise deswegen allein kein Einfluss auf die – dies alles berücksichtigende – quantitative Leistungsfähigkeit. Dies gilt allerdings nur für den allgemeinen Arbeitsmarkt, nicht für die letzte berufliche Tätigkeit, die sowohl bei den nach sog. altem Recht bewilligten Bestandrenten, wie für die Renten nach § 240 SGB VI weiter von Belang ist.

Einzelne qualitative Leistungseinschränkungen oder deren Kombination können aber auch so gravierend sein, dass sie das Leistungsvermögen aufheben. Dies ergibt sich aber nicht einfach aus einer „Theorie des überlaufenden Fasses" anhand der Anzahl von Einschränkungen. Die Qualität kann nicht einfach zur Quantität „umdefiniert" werden, da keine direkte Relation besteht.

Qualitative Leistungsmerkmale, die Voraussetzung zur Fähigkeit für körperlich leichte Arbeiten (Mindest-Arbeitsschwere) sind, können ggf. das quantitative Leistungsvermögen des Versicherten direkt begrenzen. Eine Einschränkung der kardiopulmonalen Belastbarkeit kann z. B. einen solchen direkten Einfluss auf die zumutbare tägliche Arbeitsdauer haben.

Solange wesentliche Funktionseinschränkungen kompensiert werden können, muss aber keine relevante Einschränkung des quantitativen Leistungsvermögens vorliegen. Die Kontextfaktoren, d. h. die persönlichen und Umweltfaktoren, sind dabei also entsprechend zu bewerten. Jede rehabilitative Hilfemöglichkeit ist in diesem Sinne gleichzeitig mit zu prüfen und zu nutzen. Dies bedeutet und verlangt die gesetzliche Vorrangstellung von Leistungen zur medizinischen Rehabilitation und/oder Teilhabe am Arbeitsleben vor einer Rentenleistung (§ 12 SGB VI).

Sollte die Ausdauerfähigkeit zu körperlich schwerer Arbeit z. B. auf 3 bis 6 Stunden herabgesetzt sein, resultiert daraus nicht einfach eine teilweise Erwerbsminderungsrente, wenn die Fähigkeit für mittelschwere oder leichte Arbeiten als in der Dauer nicht rentenrelevant vermindert (also mehr als 6 Stunden möglich) einzustufen ist. Erst wenn in der qualitativen Einstufung auch die Grundlage für eine körperlich leichte Arbeit nicht mehr gegeben sein sollte, fehlen die Voraussetzungen für eine sinnvolle Angabe zur Dauer der Belastungsfähigkeit im Erwerbsleben.

Eine allgemein akzeptierte analoge Darstellung einer „geistig leichten Arbeit" gibt es nicht, die zeitlichen Einschränkungen von mentalen Fähigkeiten können aber selbstverständlich ebensolche direkten Einflüsse auf die zumutbare tägliche Arbeitsdauer haben.

Wenn beispielsweise eine ausgeprägte respiratorische Insuffizienz bei chronischer Emphysembronchitis auch körperlich leichte Arbeiten nicht mehr erlaubt, ist mit dem Wegfall dieses Leistungsmerkmals also auch kein ausreichendes quantitatives (mehr als 3 Stunden) Leistungsvermögen mehr gegeben. Zum gleichen Ergebnis kann man auch bei einer gravierenden Beeinträchtigung des Antriebes oder einer Störung des Zeitgitters bei hirnorganischem Psychosyndrom kommen.

Die qualitative und quantitative Leistungsbeurteilung setzt eine abwägende Einschätzung voraus, welche sich aus dem klinischen Gesamtbild ergeben und nachvollziehbar begründet sein muss. Dies gilt vor allem für die besonderen Einschränkungen, die eine Rente wegen verminderter Erwerbsfähigkeit zur Folge haben können (z. B. quantitativ eingeschränktes Leistungsvermögen, fehlende „Wegefähigkeit", „betriebsunüblicher" Pausenbedarf). Auch eine „Summierung ungewöhnlicher Leistungseinschränkungen" kann nach der Rechtsprechung zur Anerkennung einer Erwerbsminderung führen. Dabei sind aber die Leistungseinschränkungen nicht tatsächlich „ungewöhnlich", sondern eher im Sinne von „bedeutsam" zu verstehen, und die „Summierung" ist das ausschlaggebende Element [62].

5.1 Fragestellungen

Die Zeitgrenzen

Wie sind die neuen Zeitgrenzen bei der quantitativen Leistungsbeurteilung zu verstehen? Nach dem bisherigen Recht waren die Begriffe „vollschichtig", „halb- bis unter vollschichtig", „unter halbschichtig bis zwei Stunden" und „weniger als zwei Stunden" (bzw. aufgehobenes Leistungsvermögen) die markanten Zeitbereiche. Die neuen Zeitbereiche sind „6 Stunden und mehr", „3 bis unter 6 Stunden" und „unter 3 Stunden" (natürlich haben die alten zeitlichen Abstufungen für die Bestandsrenten weiterhin Gültigkeit).

Der Anspruch auf eine (teilweise) Erwerbsminderungsrente entsteht erst bei einem Leistungsvermögen von unter sechs Stunden. Damit führt nicht jede objektivierbare Funktionsstörung zum Rentenanspruch. Erst bei einer wesentlichen Minderung der Leistungsfähigkeit besteht eine rechtserhebliche Erwerbsminderung.

Mit „vollschichtig" war die „übliche ganztägige Arbeitszeit" zu verstehen. Aus gutem Grund wurde „vollschichtig" nicht mit einer Stundenangabe verknüpft, denn die gab und gibt es nicht auf dem „allgemeinen Arbeitsmarkt". Je nach Branche und/oder Tarifgebiet gab und gibt es verschiedene „übliche tägliche Arbeitszeiten", die jeweils eine fiktive 8-Stundengrenze über- oder unterschreiten können. In diesem Sinne war „vollschichtig" eine unscharfe bzw. breitbandige, auf jeden Fall branchenabhängige Begrifflichkeit.

Logischerweise ergibt sich die gleiche breitbandige „Grenzbetrachtung" bei dem Begriff „halbschichtig", was ja die Hälfte der üblichen Arbeitszeit bedeutet. Lediglich die Stufe „unter halbschichtig bis zwei Stunden" hatte nach unten eine genaue Zeitgrenze.

Da die früher unscharfen Begriffe jetzt durch genaue Zeitgrenzen ersetzt wurden, entsteht leicht der Eindruck, dass man jetzt die quantitative Leistungsfähigkeit eines Versicherten auch stunden- oder gar minutengenau angeben müsse. Dies ist jedoch weder möglich noch nötig.

Der Mensch ist als biologisches Wesen naturgemäß Schwankungen in seiner Leistungsfähigkeit unterworfen, dies gilt vor allem für die Ausdauerleistung. Bei allen Funktionen des menschlichen Körpers kann ein rhythmischer Wechsel zwischen Kräfteverbrauch und Kräfterestauration bzw. Arbeit und Erholung festgestellt werden [27]. Aber auch der Trainingszustand und insbesondere die Motivation sind wichtige, oft sogar die wichtigsten Parameter für die realisierte Ausdauerleistung. Bei der Beurteilung der Leistungsfähigkeit sind die diesbezüglichen Entwicklungsmöglichkeiten, insbesondere die rehabilitativen, entsprechend zu beachten.

Es geht grundsätzlich nicht um seltene Spitzenleistungen, sondern um die zumutbare durchschnittliche berufliche Belastbarkeit. Gemäßigte Schwankungen, etwa in der Dimension der persönlichen Verteilzeit oder etwas darüber hinaus, sind – in Bezug auf Phasen etwas ungünstigerer Belastbarkeit – meist durch zumutbare Anstrengung kompensierbar. Dabei müssen ggf. vorhandene Gefährdungs- und Belastungsfaktoren angemessen berücksichtigt werden. Vom Gutachter ist deshalb auch nur eine sachgerecht begründete Einschätzung der zeitlichen (Dauer-)Belastbarkeit im Hinblick auf das positive und negative Leistungsbild und in speziellem Bezug zur zuletzt ausgeübte Tätigkeit zu verlangen. Dabei sollte er keine exakten Zeiten angeben, sondern die verlangten Stundenbereiche. Insofern ergibt sich auch unter den Bedingungen des neuen Rechts das gleiche Grundproblem der Einschätzung der quantitativen Leistungsfähigkeit.

Renten ohne zeitliche Befristung, das wahrscheinlich Unwahrscheinliche

Nach bisherigen Recht wurden Frühberentungen nur dann auf Zeit geleistet, wenn begründete Aussicht bestand, dass die Minderung der Erwerbsfähigkeit in „absehbarer" Zeit behoben werden konnte.

Dabei musste es nach gutachterlicher Einschätzung wahrscheinlich sein, dass die Minderung der Erwerbsfähigkeit in „absehbarer Zeit" (Zeitraum von maximal drei Jahren) behoben sein konnte. Als wahrscheinlich war die Möglichkeit anzusehen, der nach sachgerechter und vernünftiger Abwägung aller wesentlicher Umstände gegenüber jeder anderen Möglichkeit ein deutliches Übergewicht zukam. Die einfache Möglichkeit einer Besserung oder Heilung des Gesundheitszustandes genügte hier nicht.

Mit der Neuregelung der Renten wegen verminderter Erwerbsfähigkeit wurde das Regel-Ausnahme-Prinzip umgekehrt. Jetzt werden Renten wegen Erwerbsminderung grundsätzlich befristet, also auf Zeit geleistet. Eine unbefristete Rente kommt jetzt nur dann in Frage, wenn unwahrscheinlich ist, dass die Minderung der Erwerbsfähigkeit behoben werden kann.

Ein Zustand der dauerhaften Minderung der Erwerbsfähigkeit ist auf der qualitativen Ebene erreicht, wenn das Leistungsvermögen aufgehoben ist, d. h. auch körperlich leichte Arbeiten nicht mehr möglich sind oder aber auf der quantitativen Ebene nur eine Arbeitszeit von unter 3 oder 3 bis 6 Stunden täglich zumutbar sind. Dabei sind natürlich auch die Belastungs- und Gefährdungsfaktoren durch berufliche Tätigkeiten zu berücksichtigen, die für ein entsprechend dauerhaft aufgehobenes Leistungsvermögen sprechen, obwohl möglicherweise der derzeitige Funktionszustand den Versicherten ggf. noch befähigen könnte, z. B. körperlich leichte Arbeiten zu verrichten.

Die darauf aufbauende Frage nach der Prognose dieses Zustandes lässt sich nur beantworten unter Berücksichtigung des zu erwartenden Verlaufs der vorliegenden Krankheit oder Krankheitsfolgen und unter der Berücksichtigung des Verlaufs bei erfolgreicher Intervention, z. B. durch eine entsprechende Rehabilitation, Operation, Übungs- und Trainingseffekten und der Berücksichtigung vorhandener und noch herbeizuführender Kontextfaktoren im beruflichen oder privaten Bereich. An den Gutacher wird die Frage gestellt, ob der festgestellte Zustand/Prozess unumkehrbar und nicht kompensierbar ist.

Zu prospektiven Aussagen wird der Gutachter sowohl im Bereich des Renten- als auch des Reha-Verfahrens aufgefordert, allerdings mit jeweils unterschiedlichem Blickwinkel. Im Rentenverfahren geht es um die Einschätzung, was als **un**wahrscheinlich anzusehen ist, im Reha-Verfahren möchte man eine Aussage zum wahrscheinlichen (voraussichtlichen) Reha-Ergebnis haben.

Was ist das Problem?

Erklärungsbedürftig ist die Bedeutung von „unwahrscheinlich" im Zusammenhang mit § 43 SGB VI.

„Unwahrscheinlich" erklärt sich leider nicht einfach als das Gegenteil von „wahrscheinlich", und „wahrscheinlich" ist wiederum nicht eindeutig definiert bzw. sehr abhängig vom Kontext der Verwendung. Sehr gerne wird auf die Philosophie verwiesen: nach KANT bedeutet Wahrscheinlichkeit „das Führwahrhalten aus unzureichenden Gründen, die aber zu den zureichenden ein größeres Verhältnis haben, als die Gründe für das Gegenteil". Dies mag in vielen Fällen bei nur zwei alternativen Möglichkeiten (z. B. ja – nein) noch eine hilfreiche Erklärung sein. In diesem Sinne wird in den „Auslegungsgrundsätzen der Rentenversicherungsträger zu den persönlichen und versicherungsrechtlichen Voraussetzungen der Rehabilitationsleistungen und zur Mitwirkung der Versicherten" der Begriff „voraussichtlich" als „der angestrebte Erfolg wird mit überwiegender Wahrscheinlichkeit eintreten" beschrieben.

In der gesetzlichen Unfallversicherung lässt sich die Frage nach dem ursächlichen Zusammenhang zwischen schädigendem Vorgang und einer Gesundheitsstörung oft auch nicht sicher beweisen. Bei sehr hoher Beweiskraft spricht man oft von „mit an Sicherheit grenzender Wahrscheinlichkeit" oder von „so hohem Grad an Wahrscheinlichkeit, dass vernünftige Zweifel ausscheiden". Es ist verständlich, dass die bloße Möglichkeit eines Zusammenhanges in diesem Kontext keine ausreichende Wahrscheinlichkeit darstellen oder begründen kann. Erst dann schlagen in diesem Fall Möglichkeiten zur Wahrscheinlichkeit um, wenn nach objektiven medizinisch-wissenschaftlichen Erkenntnissen gewichtigere Umstände dafür als dagegen sprechen [24, 40].

Im Gegensatz zur gesetzlichen Unfallversicherung handelt es sich bei der sozialmedizinischen Begutachtung für die gesetzliche Rentenversicherung natürlich nicht um eine kausale, sondern mehr finale und nicht um eine retrospektive, sondern um eine prospektive Betrachtung bei einem sehr komplexen Geschehen, so dass es vielfach akzeptiert wird, wenn sich die sog. Wahrheit oft zwar nicht sicher aufdecken lässt, der Gutachter ihr jedoch sehr nahe kommt, seine Aussagen zur Prognose der Wahrheit ähnlich sind.[1] Die Kom-

---

1. Wahrscheinlich, Lehnübersetzung zu veri-similis [33]; veritas = Wahrheit; similis = ähnlich, gleichartig, gleich; similitudo = Ähnlichkeit, Gleichartigkeit; veritatis similitudo = Wahrscheinlichkeit [46].

5.1 Fragestellungen

plexität ergibt sich insbesondere durch die große (individuelle) Variabilität möglicher Krankheitsverläufe (therapiert oder auch nicht therapiert) und zahlreicher nicht durch Krankheit bedingter (persönlicher) Einflussgrößen, von denen hier beispielhaft nur die Motivation genannt werden sollen.

Erklärungsansatz für den Begriff „unwahrscheinlich" in Bezug zum § 102 SGB VI

Renten wegen Erwerbsminderung werden grundsätzlich befristet, also auf Zeit geleistet. Sie werden nur dann unbefristet geleistet, „wenn unwahrscheinlich ist, dass die Minderung der Erwerbsfähigkeit behoben werden kann" (§ 102 SGB VI). Das ist nach Auslegung des VDR [62] dann anzunehmen, wenn

1. aus ärztlicher Sicht

2. bei Betrachtung des bisherigen Verlaufes

3. nach medizinischen Erkenntnissen

4. auch unter Berücksichtigung noch vorhandener therapeutischer Möglichkeiten

5. eine Besserung auszuschließen ist,

6. durch die sich eine rentenrelevante Steigerung der qualitativen und/oder quantitativen Leistungsfähigkeit ergeben würde.

Diese sechs Punkte sind genauer zu betrachten:
Um die Bedeutung des „Ausschließens einer Besserung" (5) richtig einzuschätzen, sind die zuvor aufgeführten Rahmenbedingungen zu beachten. Der anfang des Bedingungssatzes „aus ärztlicher Sicht" (1) weist auf die Person des Arztes hin, die zu einer eigenen/persönlichen Überzeugung kommt, was also (akzeptierte) Subjektivität bedeutet. Die zweite Eingangsbedingung – „bei Betrachtung des bisherigen Verlaufes" (2) – kennzeichnet die empirische Basis eines individuellen Geschehens. Der Ausdruck „nach medizinischen Erkenntnissen" (3) führt auf die wissenschaftliche Grundlage (evidence based medicine) der gutachterlichen Betrachtung/Bewertung zurück, die kein Willkürakt sein darf. Die weitere Rahmenbedingung „auch unter Berücksichtigung noch vorhandener therapeutischer Möglichkeiten" (4) lässt den Gutachter auch das noch vorhandene Potenzial therapeutischer Interventionsmöglichkeiten beachten. Wer z. B. aus persönlichen Gründen eine mögliche, die Leistungsfähigkeit vermutlich deutlich verbessernde Operation jetzt ablehnt, kann seine Meinung später eventuell ändern. Der letzte o. a. Satzteil (6) kennzeichnet einen logischerweise selbstverständlichen Umstand: Auf der jeweils ausschlaggebenden Ebene der quantitativen oder qualitativen Leistungsfähigkeit dürfen die möglichen (bzw. ansonsten auszuschließenden) Besserungen nicht marginal sein, sondern müssen prinzipiell „rentenrelevant" sein, müssen also eine veränderte medizinische Basis sein können für eine andere Entscheidung der Verwaltung.

Bei allen Erkrankungen, die einen unsicheren Spontanverlauf (mit Besserungsmöglichkeit) beinhalten, muss für eine individuelle (akutmedizinische) Prognose für den Patienten auf der Ebene von Wahrscheinlichkeiten aus der Kenntnis der Verläufe einer großen Zahl von ähnlichen Krankheitsfällen auf den Einzelfall (rück)geschlossen werden. Dabei könnte z. B. die Aussage getroffen werden, dass eine Besserung (statistisch!) wenig wahrscheinlich sei. Unter der Fragestellung der rentenrechtlichen Einordnung ist in diesem Fall aber eine (rentenrelevante) Besserung nicht mit der geforderten Sicherheit auszuschließen.

Ist der mögliche Verlauf unklar, unsicher, ungewiss oder auch wegen fehlender Informationen nicht beurteilbar, ist die infrage kommende Besserung (im Zweifelsfall) im o. g. Sinne nicht unwahrscheinlich.

Krankheiten, die bei ausgeschöpfter Therapie typischerweise eine dauerhafte Einschränkung der Leistungsfähigkeit bzw. ein dauerhaft aufgehobenes Leistungsvermögen verursachen, sind z. B. eine dekompensierte Herzinsuffizienz mit Multiorganversagen oder eine ausgeprägte globale pulmonale Insuffizienz bei einer chronisch obstruktiven Lungenerkrankung oder irreversible, entsprechend ausgeprägte neurologische Defekte bei z. B. zerebralen Blutungen, zerebraler Mangeldurchblutung bei Schlaganfall, Schädelhirntraumata oder Residuen nach schweren Gehirninfektionen oder auch ein fortgeschrittener Morbus ALZHEIMER.

Zeitrenten können theoretisch auch für den Zeitraum bis zum Abschluss einer Rehabilitationsmaßnahme bewilligt werden, wenn eine bestehende Erwerbsminderung durch Leistungen zur medizinischen oder beruflichen Rehabilitation voraussichtlich zu beheben ist.

Nach einer Gesamtdauer der vorangegangenen Befristungen von neun Jahren ist davon auszugehen, dass nunmehr eine Besserung unwahrscheinlich ist. Die Rente ist dann auf Dauer zu zahlen.

Ungeachtet der ärztlichen Beurteilung, ob eine dauernde oder vorübergehende Erwerbsminderung vorliegt, wird die volle Erwerbsminderungsrente stets auf Zeit geleistet, wenn – bei einem Leistungsvermögen von 3 bis unter 6 Stunden – der Anspruch auch von der Arbeitsmarktlage abhängig ist.

5.1.3 Spezielle Fragen bei Anträgen auf Leistungen zur Teilhabe

Bei Antragen auf Leistungen zur Teilhabe (Rehabilitation) hat der ärztliche Gutachter die Aufgabe, bei der Klärung der Frage mitzuwirken, ob die persönlichen/medizinischen Voraussetzungen für die beantragte Leistung erfüllt sind. Der Gutachter hat die Reha-Bedürftigkeit, die Reha-Fähigkeit und die positive Reha-Erfolgsprognose sozialmedizinisch zu prüfen. Dies sind die Kriterien der medizinischen Zugangsbedingungen. Sie ergeben sich aus der sozialmedizinischen Interpretation der gesetzlichen Vorgaben der §§ 9 und 10 des SGB VI und sind somit trägerspezifisch auszulegen (siehe Definitionen im Kapitel 1).

Unter dem Aspekt des SGB IX (Kapitel 1.1) und unter Berücksichtigung der ICF (Kapitel 4.2) sollte eine „trägerübergreifende", d. h. grundlegende Betrachtung bzw. Feststellung der **funktionalen Gesundheit** (bio-psycho-soziales Modell der ICF) erfolgen; s. a. Abschnitt 5.2.1.

Danach ist eine Person funktional gesund, wenn (1) die Funktionen/Strukturen ihrer Körpersysteme (einschließlich geistig-seelischer Bereich) keine Störungen aufweisen, (2) sie alles tun kann, was sie tun möchte und (3) sie ihr Dasein in allen Lebensbereichen, die sie für wichtig hält, entfalten kann. Die funktionale Gesundheit ist abhängig von ihren Kontextfaktoren (gesamter Lebenshintergrund der Person).

Eine Beeinträchtigung der funktionalen Gesundheit wird von der WHO „Behinderung" genannt. Dieser Begriff ist wesentlich weiter gefasst als der Behinderungsbegriff des SGB IX. Ziele dieser Betrachtung sind, (1) eine gemeinsame allgemeine Grundlage für die sozialmedizinische Begutachtung in allen Teilbereichen des Gesundheitswesens und der sozialen Sicherung zu geben und (2) ein gemeinsames, sektorenübergreifendes Verständnis sicherzustellen. Darauf können die trägerspezifischen Besonderheiten in der Begutachtung aufbauen.

Zur Beschreibung der **funktionalen Problematik** können die funktionalen Befunde und Symptome auf den Ebenen der Funktionen, Strukturen, Aktivitäten und Teilhabe einschließlich Angaben zum Schweregrad angegeben werden.

Die **Kontextfaktoren** haben praktisch immer einen Einfluss auf die funktionale Gesundheit einer Person. In der Begutachtung werden sie in Form von Faktoren, die sich negativ bzw. positiv auf die funktionale Gesundheit auswirken, berücksichtigt. Hierbei steht die Teilhabe im Vordergrund.

Die **Prognose** gibt eine begründete, fachliche Einschätzung an über den weiteren Verlauf der funktionalen Problematik vor dem Hintergrund der Dynamik des Gesundheitsproblems. Hierbei sind die Kontextfaktoren, die Wechselwirkungen zwischen Gesundheitsproblem und funktionaler Problematik und mögliche Sekundärprozesse zu berücksichtigen. In der Reha-Begutachtung ist es erforderlich, sich den Verlauf zu vergegenwärtigen, der eintreten würde, wenn die weitere medizinische Versorgung auf kurative Maßnahmen beschränkt bliebe. Hieraus leitet sich ein Interventionsbedarf ab bzw. die Notwendigkeit zur Überprüfung der Interventionsmöglichkeiten.

Unter **Interventionsmöglichkeiten** werden im Grundsatz Interventionen aller Art (medizinische, berufliche, gesellschaftliche, private, kontextbezogene) verstanden.

Um eine Begriffsverwirrung zu vermeiden, sollten die bislang üblichen trägerspezifischen Begriffe – Reha-Bedürftigkeit, Reha-Fähigkeit, positive Reha-Erfolgsprognose und Reha-Motivation – möglichst nicht verändert werden, da sie für die Klärung der leistungsrechtlichen *Zuständigkeit* weiterhin ihre Gültigkeit haben. Auch vor Einführung des SGB IX war die tatsächliche Durchführung der Rehabilitation bzw. die Festlegung der Reha-Ziele auf dieser Ebene nicht grundsätzlich unterschiedlich bei den Reha-Trägern. Unter dem seit langem von allen Sozialleistungsträgern akzeptierten ganzheitlichen Ansatz der Rehabilitation nach dem bio-psycho-sozialen Modell der funktionalen Gesundheit gibt es nur Differenzierungen bei den Klientel-Zuständigkeiten, aber nicht bei dem vom SGB IX als „Reha-Bedarf" bezeichneten Reha-Inhalt und den individuellen Reha-Zielen.

Für die GRV ist – für die Frage der Zuständigkeit – **Rehabilitationsbedürftigkeit** dann gegeben, wenn die Erwerbsfähigkeit des Versicherten aus medizinischen Gründen erheblich gefährdet oder gemindert ist. Dabei ergibt sich das Vorliegen von Rehabilitationsbedürftigkeit aus der zusammenfassenden Bewertung aller wesentlichen sozialmedizinischen Faktoren wie

▷ Funktionseinschränkungen

▷ Risikokonstellationen

▷ Kombination von Gesundheitsstörungen bzw. Multimorbidität

▷ Bisherige Therapie

▷ Erfordernis der Koordination mehrerer Therapieformen

▷ Hoher Schulungsbedarf

▷ Probleme bei der Krankheitsbewältigung.

Die **Rehabilitationsfähigkeit** bezieht sich auf die somatische und psychische Verfassung des Versicherten für die Teilnahme an einer geeigneten Rehabilitation, d. h. er muss in der Lage sein, das Angebot aktiver und passiver therapeutischer Leistungen wahrnehmen zu können. Dabei gilt grundsätzlich, dass der Rehabilitand mit öffentlichen Verkehrsmitteln alleine reisefähig sein soll. Falls im Einzelfall notwendig besteht aber die Möglichkeit, mit Hilfe einer Begleitperson oder auch durch eine Pkw-Verwendung den Rehabilitationsort zu erreichen. Er muss sich zudem innerhalb der Rehabilitationseinrichtung selbst versorgen können, darf also nicht pflegebedürftig sein. Allerdings gilt es dabei natürlich indikationsbezogen Besonderheiten angemessen zu berücksichtigen.

Die im § 10 des SGB VI geforderte zweite, konjunktionale Bedingung der voraussichtlichen Wirkung dieser Reha-Leistungen wird als **positive Reha-Erfolgsprognose** bezeichnet. Wie bereits erwähnt, soll hier eine prospektive Aussage getroffen werden, die sich am allgemeinen Reha-Erfolg orientiert, somit am Erreichen des trägerspezifischen Reha-Ziels. Die individuellen Reha-Ziele können, je nach gegebener Voraussetzung, dabei sehr unterschiedlich sein.

Bei erheblicher Gefährdung der Erwerbsfähigkeit soll deren Minderung voraussichtlich abgewendet werden können. Dabei wird nicht vorausgesetzt, dass die als Gefahr gesehene Minderung der Erwerbsfähigkeit zu einem tatsächlichen Rentenanspruch führen können müsste.

Bei bereits geminderter Erwerbsfähigkeit soll diese voraussichtlich wesentlich gebessert oder wiederhergestellt oder deren wesentliche Verschlechterung abgewendet werden können.

Und letztlich soll bei teilweiser Erwerbsminderung ohne Aussicht auf eine wesentliche Besserung der Erwerbsfähigkeit der Arbeitsplatz durch Leistungen zur Teilhabe (berufsfördernde Leistungen) voraussichtlich erhalten werden können.

Unter Berücksichtigung der „Auslegungsgrundsätze der Rentenversicherungsträger" heißt das, dass die Stabilisierung des Leistungsvermögens im Erwerbsleben, letztendlich die Vermeidung oder zumindest das Hinausschieben einer teilweisen oder vollen Erwerbsminderungsrente mit überwiegender Wahrscheinlichkeit erreicht werden können müssen. Dies bedeutet schließlich, dass funktionelle Beeinträchtigungen, die einem rehabilitativen Behandlungsansatz gar nicht zugänglich oder so gravierend sind, dass das Rehabilitationsziel der GRV nicht erreicht werden kann, eine Rehabilitation zulasten der Rentenversicherung ausschließen. In diesem Fall kann ein Antrag des Versicherten auf Leistungen zur Teilhabe vom Rentenversicherungsträger in einen Antrag auf Erwerbsminderungsrente „umgedeutet" werden (§ 116 Abs. 2 Nr. 1 SGB VI). Soweit Reha-Ziele anderer Sozialleistungsträger der medizinischen Rehabilitation (Leistungen zur Teilhabe) noch erreichbar sind, insbesondere der Krankenversicherung, ergibt sich deren leistungsrechtliche Zuständigkeit aus den für sie geltenden gesetzlichen Bestimmungen. Eine Rehabilitation mit dem Ziel der Vermeidung einer Pflegebedürftigkeit oder zur Besserung des Gesundheitszustandes kann z. B. stattdessen indiziert sein.

Die im SGB IX neu geregelte Zuständigkeitsklärung und die Leistungsverpflichtung des zweitangegangenen Leistungsträgers ist kein grundsätzlich gutachterliches Problem.

Natürlich beeinflusst die Motivation des Versicherten, das Angebot einer Rehabilitation für sich annehmen zu können (**Reha-Motivation**), die Prognose erheblich. Die Empfehlung von Reha-Leistungen im Rentenantragsverfahren muss begleitet sein von der expliziten Bereitschaft und erkennbaren Motivation des Versicherten, an einer Rehabilitation konstruktiv mitzuwirken. Aufgabe des Gutachters ist es deshalb auch, diese Umstände näher zu ergründen. Unter besonderen Umständen, z. B. bei Suchterkrankungen, kann der Aufbau von Motivation auch ein Ziel der Rehabilitation sein.

In Einzelfällen kann sich die Frage ergeben, ob für die Durchführung von Leistungen zur Teilhabe die Anwesenheit einer Begleitperson notwendig ist. Dies ist nicht nur häufig bei der Rehabilitation von Kindern und Jugendlichen zu prüfen (siehe Kapitel 6), sondern kann vereinzelt auch bei Erwachsenen zu klären sein. In beiden Fällen ergibt sich die Notwendigkeit einer Einzelfallprüfung, ob im anderen Fall die Durchführung der Rehabilitation unmöglich, die Erfolgsaussicht gemindert oder der dauerhafte Reha-Erfolg gefährdet ist. In diesem Sinne müssen also medizinische Gründe für die Notwendigkeit einer Begleitperson sprechen.

Gibt es medizinisch begründete Empfehlungen zur Reha-Gestaltung und Zuweisungsteuerung?

Um die Rehabilitation optimal zu gestalten, sind unter medizinischen Gesichtspunkten und unter Berücksichtigung der Einzelfallgestaltung vom Rentenversicherungsträger u. a. Festlegungen zu treffen über Art, Dauer, Umfang, Ort der Reha-Maßnahme, die Reha-Ziele und ggf. die dazu nötigen Reha-Konzepte. Auch für diese Fragen der Reha-Zuweisungssteuerung sind vom Gutachter ggf. entsprechende Empfehlungen zu entwickeln. An dieser Stelle ist zur Information insbesondere auf das Reha-Rahmenkonzept der GRV zu verweisen [57] [2], das eine allgemeine Übersicht bietet, und die indikationsspezifischen Reha-Rahmenkonzepte und Arbeitshilfen, die z. B. von der BAR [3] zu beziehen sind.

Nach den gesetzlichen Vorschriften (§ 15 Abs. 3 SGB VI) sollen stationäre Leistungen zur medizinischen Rehabilitation für längstens drei Wochen erbracht werden. Sie können für einen längeren Zeitraum erbracht werden, wenn dies erforderlich ist, um das Rehabilitationsziel zu erreichen. Der Gutachter sollte also einen ggf. erkennbaren anderen Zeitbedarf möglichst gleich verdeutlichen, um den nachfolgenden Verwaltungsaufwand möglichst klein zu halten.

Dringlichkeit von Leistungen zur Teilhabe

Zwar ist mit Inkrafttreten des SGB IX die Frage, wie dringlich eine Leistung zur Teilhabe ist, in den Hintergrund getreten, da die vorgegebenen Fristen und Verfahren praktisch alle Fälle zu „Eilfällen" machen, jedoch ergibt sich immer noch eine tatsächliche Bedeutung im Zusammenhang mit dem Ausschluss von Leistungen nach § 12 Abs. 2 Satz 2 SGB VI. Danach werden Leistungen zur Rehabilitation nicht vor Ablauf von vier Jahren nach Durchführung solcher oder ähnlicher Leistungen zur Rehabilitation erbracht, deren Kosten aufgrund öffentlich-rechtlicher Vorschriften getragen oder bezuschusst worden sind. Dies gilt nicht, wenn vorzeitige Leistungen aus gesundheitlichen Gründen dringend erforderlich sind.

Eine solche Vier-Jahresbefristung ist sozialmedizinisch kaum verständlich, da sie eine grundsätzliche zeitliche Regelhaftigkeit der Rehabilitation unterstellt. Gelegentlich werden diese gesetzgeberischen Vorgaben von Versicherten derart interpretiert, dass „Wiederholungsmaßnahmen" nach vier Jahren ein automatischer und sinnvoller Reha-Rhythmus seien und lediglich „vorzeitige" Leistungen „dringend" erforderlich sein müssten. Aber jede erforderliche Rehabilitation

---

2. http://www.vdr.de
3. http://www.bar-frankfurt.de

5.1 Fragestellungen

sollte nicht einfach regelhaft sondern primär zu einem sinnvollen Zeitpunkt durchgeführt werden.

Was ist also dringend?

Die Dringlichkeit beantwortet die Frage nach der spätesten zeitlichen Abfolge einer notwendigen rehabilitativen Intervention, bei der der Reha-Erfolg noch uneingeschränkt zu gewährleisten bzw. zu erwarten ist. Dringlichkeit bedeutet in diesem Sinne keine Wertigkeit, d. h. gibt keine Auskunft über die individuelle Bedeutung einer medizinischen Rehabilitation.

Leistungen zur Teilhabe am Arbeitsleben (berufliche Rehabilitation), §§ 16 ff. SGB VI

Jeder Gutachter hat auch die Frage zu beantworten, ob berufsfördernde Leistungen zu prüfen sind. Hierzu zählen z. B.:

▷ innerbetriebliche Umsetzungen

▷ Arbeitsplatzbeschaffungen, ggf. mit befristeten Lohnkostenzuschüssen

▷ behindertengerechte Arbeitsplatzumrüstungen

▷ Anlernmaßnahmen mit teilweiser Lohnkostenübernahme

▷ Auffrischungs- oder Weiterbildungskurse bzw. -lehrgänge

▷ Zuschüsse zum Kauf von Kraftfahrzeugen oder deren geeignete Umrüstung für Versicherte, die behinderungsbedingt nicht in der Lage sind, ein öffentliches Verkehrsmittel zu benutzen, um den Arbeitsplatz zu erreichen

▷ Ausbildungs- bzw. Qualifizierungsmaßnahmen in einem Berufsförderungswerk oder einem Betrieb

▷ Maßnahmen in einer Werkstatt für Behinderte.

Nicht selten ist die Sachaufklärung bei Anträgen auf Leistungen zur Teilhabe am Arbeitsleben über die rein medizinische Begutachtung hinaus um weitere Ermittlungen im Hinblick auf die Kenntnisse und Fähigkeiten sowie Neigungen des Versicherten zu ergänzen. Dies kann beispielsweise in Form einer Berufsfindung oder Arbeitserprobung in einem Berufsförderungswerk durchgeführt werden. Die hier veranlassten psychologischen Tests, ergänzt durch berufspraktische Belastungserprobungen, erlauben eine fundierte Aussage über die Leistungsfähigkeit und die gegebenenfalls in Frage kommenden Formen der Leistungen zur Teilhabe am Arbeitsleben (berufliche Rehabilitation) (§ 16 SGB VI verweist jetzt auf §§ 33 bis 38 und 40 des SGB IX).

Von wesentlicher Bedeutung für eine positive Rehabilitations-Erfolgsprognose sind die schulische und berufliche Qualifikation des Versicherten und die Qualität der zuletzt ausgeübten Tätigkeit. Bei Versicherten ohne Berufsausbildung und mit einer zuletzt ausgeübten Tätigkeit ohne besondere qualifizierende Merkmale wird sich eine berufliche Rehabilitation in der Regel nicht auf eine Maßnahme in Form einer zweijährigen Qualifizierung richten können. Hier ist die Verweisbarkeit auf den allgemeinen Arbeitsmarkt gegeben.

Die Kenntnis aller möglichen Formen der beruflichen Rehabilitation wird von einem sozialmedizinischen Gutachter nicht erwartet. Wesentlich für ihn ist allerdings das Wissen, dass die berufliche Rehabilitation zum Leistungsspektrum der gesetzlichen Rentenversicherung gehört und dass die Frage der Indikation auch bei Anträgen auf andere Leistungen im Einzelfall zu prüfen ist. Die Leistungen zur Teilhabe am Arbeitsleben, insbesondere wenn sie eine längerdauernde Qualifizierungsmaßnahme beinhalten, sind natürlich ohne eine entsprechende Motivation des Versicherten in ihrem Erfolg gefährdet.

Im Bereich der Leistungen zur Teilhabe am Arbeitsleben gehört es nicht zu den Aufgaben des Gutachters, konkrete Leistungen zu empfehlen. Hierfür fehlen ihm in aller Regel die erforderlichen Fachkenntnisse. Damit gehört auch nicht die Beurteilung der Rehabilitationsprognose zu seinem Aufgabenbereich. Allerdings muss er sich im Einzelfall zur Belastbarkeit für eine in Aussicht genommene Leistung aus medizinischer Sicht äußern und auch zu der Frage, ob medizinische Bedenken gegen die in Aussicht genommene spätere Tätigkeit bestehen.

Die Verfahren nach § 51 SGB V und § 125 SGB III

Die Krankenkasse kann arbeitsunfähige Versicherte, deren Erwerbsfähigkeit nach ärztlichen Gutachten erheblich gefährdet oder gemindert ist, auffordern, innerhalb einer Frist von 10 Wochen einen Antrag auf Leistungen zur Rehabilitation zu stellen. Kommt der Versicherte dieser Aufforderung nicht nach, entfällt sein Anspruch auf Krankengeld mit Ablauf der Frist bis zu dem Tag, an dem die Antragstellung nachgeholt wird (§ 51 SGB V).

Von der Krankenversicherung wird im wesentlichen bei zwei Fallgestaltungen nach § 51 SGB V vorgegangen: Im ersten Fall besteht bei in der Regel schon länger anhaltendem Krankenstand die Möglichkeit, dass die Dauer der Arbeitsunfähigkeit durch Leistungen zur medizinischen Rehabilitation verkürzt werden kann.

Bei der zweiten Fallkonstellation liegt möglicherweise schon ein quantitativ eingeschränktes Leistungsvermögen vor, so dass der Versicherte einen Anspruch auf Rente wegen verminderter Erwerbsfähigkeit haben könnte.

Hinzuweisen ist darauf, dass der Antrag nach § 51 SGB V auch auf eine Leistung zur Teilhabe am Arbeitsleben gerichtet sein kann. Dies kann dann der Fall sein, wenn der Versicherte zwar bezogen auf die zuletzt ausgeübte Tätigkeit auf Dauer arbeitsunfähig ist, sein Leistungsvermögen aber im übrigen quantitativ nicht eingeschränkt ist. Den vom Medizinischen Dienst der Krankenkassen im Rahmen des § 51 SGB V zu erstellenden Gutachten sollten derartige Konstellationen zu entnehmen sein.

Oft ist eine zusätzliche Begutachtung durch die gesetzliche Rentenversicherung entbehrlich. Soweit gleichwohl eine weitere Sachaufklärung für erforderlich gehalten wird, hat der Gutachter im Verfahren nach § 51 SGB V daher die Leistungsfähigkeit des Versicherten sowohl unter dem Aspekt medizinischer oder beruflicher Rehabilitationsleistungen zu prüfen als auch unter dem einer eingeschränkten Leistungsfähigkeit mit der Folge einer Berentung wegen Erwerbsminderung.

In aller Regel liegt bei Verfahren nach § 51 SGB V Arbeitsunfähigkeit vor. Sie ist gegeben, wenn der Versicherte aufgrund von Krankheit seine zuletzt ausgeübte oder eine gleichartige Tätigkeit nicht mehr oder nur unter der Gefahr der Verschlimmerung der Erkrankung ausführen kann. Die Arbeitsunfähigkeit bezieht sich bei bestehendem Arbeitsverhältnis auf das Anforderungsprofil dieser Tätigkeit und ist nicht mit Minderung der Erwerbsfähigkeit gleichzusetzen, die sich auf das Anforderungsprofil des allgemeinen Arbeitsmarktes bezieht. Bei Versicherten, die zum Zeitpunkt des Eintritts der Arbeitsunfähigkeit arbeitslos sind, ist Maßstab für die Arbeitsunfähigkeit nicht die zuletzt vor der Arbeitslosigkeit ausgeübte Erwerbstätigkeit sondern der Tätigkeitsbereich, der für eine Vermittlung des Arbeitslosen in Betracht kommt. Dies orientiert sich an den Bestimmungen des SGB III.

Eine ähnliche Regelung besteht im Bereich der Arbeitslosenversicherung (§ 125 Abs. 2 SGB III). Hier kann das Arbeitsamt einen Versicherten, dessen Leistungsvermögen voraussichtlich länger als sechs Monate gemindert sein wird, auffordern, innerhalb eines Monats einen Antrag auf Leistungen zur Rehabilitation zu stellen. Kommt der Arbeitslose dieser Aufforderung nicht nach, ruht sein Anspruch auf Arbeitslosengeld ab Ablauf der Frist bis zum Tage der (späteren) Antragstellung.

Sonstige Leistungen nach § 31 SGB VI

Abweichend von den sog. Regelleistungen nach den §§ 9 ff. SGB VI sind die sog. Sonstigen Leistungen nach § 31 SGB VI mit etwas anderen Zielsetzungen möglich; vgl. Kapitel 1.

Nach § 31 Abs. 1 Satz 1 **Nr. 1** SGB VI können auch Leistungen zur Eingliederung von Versicherten ins Erwerbsleben erbracht werden, insbesondere nachgehende Leistungen zur Sicherung des Erfolges der Leistungen zur Teilhabe. Solche Nachsorgeleistungen sollen in einem direkten zeitlichen Zusammenhang mit der vorherigen Leistung zur Teilhabe stehen und bis sechs Monate danach abgeschlossen sein.

Nach § 31 Abs. 1 Satz 1 **Nr. 2** SGB VI können stationäre medizinische Leistungen zur Sicherung der Erwerbsfähigkeit für Versicherte erbracht werden, die eine besonders gesundheitsgefährdende, ihre Erwerbsfähigkeit ungünstig beeinflussende Beschäftigung ausüben. Diese mehr präventiv ausgerichtete Leistungsmöglichkeit wurde in der Vergangenheit nur sehr wenig ausgeschöpft und dürfte auch zukünftig wohl kaum für die Begutachtung eine Rolle spielen.

Nach § 31 Abs. 1 Satz 1 **Nr. 3** SGB VI können Nach- und Festigungskuren wegen Geschwulsterkrankungen für Versicherte, Bezieher einer Rente sowie ihre Angehörigen erbracht werden. Auch wenn hier im Text das Wort „Kuren" verwendet wird, ist darauf hin zuweisen, dass es sich hier um onkologische Rehabilitationsleistungen handelt. Gleichwohl ist hier nicht die „wahrscheinliche" Wiedereingliederung ins Erwerbsleben die (sonst begrenzende) Zugangsvoraussetzung, sondern die wesentliche Besserung der funktionalen Gesundheit das primäre Ziel. Auch wegen der naturgemäß besonders schwierigen prognostischen Abschätzung bei malignen Erkrankungen ergibt sich hier eine besondere Betrachtung des Sachverhaltes. In den „Richtlinien für die Erbringung von onkologischen Nachsorgeleistungen bei malignen Geschwulst- und Systemerkrankungen" („CA-Richtlinien") werden die Rahmenbedingungen näher erläutert. Danach können (gemäß § 3) onkologische Nachsorgeleistungen erhalten:

a. Versicherte, bei denen nach sozialmedizinischen Erkenntnissen die Wiedereingliederung in das Erwerbsleben nicht mehr möglich erscheint, bei denen aber gleichwohl Funktionsstörungen erfolgreich kompensiert werden können.

b. Bezieher einer Rente aus der gesetzliche Rentenversicherung (Rentenbezieher).

c. Nicht versicherte Ehegatten und Kinder von Versicherten und von Rentenbeziehern nach a. und b. (Angehörige).

Die Leistungen werden bis zum Ablauf eines Jahres nach beendeter Primärbehandlung gewährt. Darüber hinaus können spätestens bis zum Ablauf von zwei Jahren nach beendeter Primärbehandlung Maßnahmen im Einzelfall erbracht werden, wenn erhebliche Funktionsstörungen entweder durch die Tumorerkrankung selbst oder durch Komplikationen bzw. Therapiefolgen vorliegen.

Folgende Fragestellungen ergeben sich für den Gutachter:

Ist die onkologische Diagnose ausreichend geklärt? Weder eine Präkanzerose noch ein Carcinoma in situ und erst Recht kein „Verdacht auf Malignom" begründen eine solche Rehabilitationsleistung. Hat eine operative oder Strahlentherapie stattgefunden, so muss diese Behandlung abgeschlossen sein. Eine noch laufende zytostatische Behandlung ist allerdings kein grundsätzlicher Hinderungsgrund für onkologische Nachsorgeleistungen. Von besonderer Bedeutung ist hierbei natürlich eine gute Zusammenarbeit zwischen Tumorzentrum und onkologischer Rehabilitationsklinik. Die durch die onkologische Erkrankung oder deren Therapie bedingten körperlichen, seelischen, sozialen und beruflichen Behinderungen sollen positiv beeinflussbar sein. Zudem muss selbstverständlich eine ausreichende Belastbarkeit für onkologische Nachsorgeleistungen gegeben sein und die entsprechende Reisefähigkeit, d. h. der Betreute soll in der Regel allein reisefähig sein.

Nach § 31 Abs. 1 Satz 1 **Nr. 4** SGB VI können Leistungen zur Rehabilitation bei Kindern und Jugendlichen erbracht werden; vgl. hierzu Kapitel 6.

5.2 Das sozialmedizinische Gutachten

Das ärztliche Gutachten für die gesetzliche Rentenversicherung hat die zentrale Aufgabe zu erfüllen, die medizinische Grundlage für eine nachfolgend sachgerechte Verwaltungsentscheidung im Reha- und Rentenverfahren zu schaffen. Der Schwerpunkt der sozialmedizinischen Begutachtung liegt in der Ermittlung und Bewertung der medizinischen Fakten im Hinblick auf die Leistungsfähigkeit des Versicherten im Erwerbsleben. Die sozialmedizinische Leistungsbeurteilung ist Ausgangspunkt einerseits für die Reha-Indikationsstellung und andererseits für die verwaltungsseitige Entscheidung über das Vorliegen der medizinischen Anspruchsvoraussetzungen für eine volle oder teilweise Erwerbsminderungsrente. Mit diesem Ziel wurde auf VDR-Ebene ein Leitfaden für die Erstellung ärztlicher Gutachten im Reha- und Rentenverfahren erarbeitet [60]. In diesen *Hinweisen zur Begutachtung* wurden einheitliche Rahmenbedingungen, definierte Anforderungen und ein einheitlicher Formularsatz entwickelt und dadurch die Grundlagen für eine größere Transparenz und Vergleichbarkeit der Gutachten sowie eine einheitliche Dokumentations- und Bewertungsbasis geschaffen. Dafür dient auch der für alle Rentenversicherungsträger einheitliche Gutachtenvordruck im Reha- und Rentenantragsverfahren. Die relevanten Fragestellungen des Gutachtenauftrags sind in der Regel dem Gutachtenformular zu entnehmen. Für Fragestellungen, bei denen die medizinische Sachaufklärung unterhalb der Anforderungen an ein (Fach-)Gutachten anzusiedeln ist, werden entsprechend angepasste Instrumente, wie verschiedene Formblätter und Dokumentationsbögen eingesetzt. Die auf VDR-Ebene als Verbandsempfehlung veröffentlichten Formulare und Hinweise zur Begutachtung werden in entsprechenden Abständen aktualisiert und sind auf der Internetseite des VDR[4] abrufbar.

An die inhaltliche Gesamtdarstellung und an die formale Gestaltung des Gutachtens werden konkrete Anforderungen gestellt. Dazu gehört auch die Einhaltung der vorgegebenen Gliederung des Gutachtens, wie sie in den o. g. *Hinweisen zur Begutachtung* [60] festgelegt ist. Insbesondere ist auf eine folgerichtige und schlüssige Verknüpfung von Anamnese, Befund, Diagnosen, Epikrise und sozialmedizinischer Leistungsbeurteilung zu achten. Das Gutachten muss übersichtlich aufgebaut und in seiner Sprache klar und auch für Nicht-Mediziner verständlich sein. Klarheit in Sprache, Schrift und Layout erhöhen zudem die Akzeptanz.

5.2.1 Die Bedeutung der ICF

Die sozialmedizinische Begutachtung beruht auf den zugrunde liegenden gesundheitlichen Störungen/Krankheiten. Für die sozialmedizinische Beurteilung sind aber nicht primär die Krankheitsdiagnosen (ICD-10, siehe Kapitel 4.1) ausschlaggebend, sondern die für die Leistungsfähigkeit im Erwerbsleben maßgebenden Krankheitsfolgen unter Berücksichtigung von Kontextfaktoren. Diese bio-psycho-soziale Betrachtung ist in der sozialmedizinischen Begutachtung schon lange etabliert. Das Denkmodell der im Kapitel 4.2 dargestellten *Internationalen Klassifikation der Funktionsfähigkeit, Behinderung und Gesundheit (ICF)* stellt hierfür ein Bezugssystem zur Verfügung. Im Hinblick auf eine mögliche Implementierung der ICF in Deutschland wird ein Konsens mit den Sozialleistungsträgern angestrebt. Die Diskussion über die mit dem SGB IX an die Reha-Begutachtung gestellten trägerübergreifenden Anforderungen und den Stellenwert der ICF in diesem Zusammenhang sind noch nicht abgeschlossen. Umso mehr gilt dies für den Bereich der Rentenbegutachtung mit dem umschriebenen Bezugspunkt der Leistungsfähigkeit im Erwerbsleben. Die Rentenversicherung hat in ihrem Grundsatzpapier zur ICF das zugrunde liegende Modell und die möglichen Bereiche für die Implementierung dargestellt [63] und betont, dass noch große Unklarheit darüber besteht, in welcher Form die ICF speziell bei der sozialmedizinischen Begutachtung sinnvoll und nützlich eingesetzt werden kann. Von Bedeutung ist auch, dass die ICF ausschließlich zur Beschreibung einer Querschnittsbetrachtung („Momentaufnahme") geeignet ist. Aussagen zur Längsschnittbetrachtung (insbesondere zur Prognose und zur Indikation einer Behandlung/Intervention) können nicht abgebildet werden. Aussagen hierzu sind aber wesentlicher Bestandteil der sozialmedizinischen Beurteilung. Weitere Schwierigkeiten können sich bei der Frage nach den jeweils für die individuelle Leistungsbeurteilung heranzuziehenden Kontextfaktoren bieten. Aus sozialmedizinischer Sicht sind für die Leistungsbeurteilung grundsätzlich nur diejenigen zu berücksichtigen, die einen engen Bezug zum Gesundheitsproblem aufweisen.

Da die ICF eine krankheitsunabhängige Klassifikation ist, ist sie bei sozialmedizinischen Fragestellungen immer unter Berücksichtigung der vorliegenden gesundheitlichen Störungen/Krankheiten zu verwenden. In diesem Sinne kann die ICF als Basis für eine gemeinsame Sprache für die bio-psycho-sozialen Dimensionen der Krankheit/Krankheitsfolgen genutzt werden.

Mit den Möglichkeiten einer systematischen Einbindung der ICF in die sozialmedizinische Begutachtung beschäftigen sich sowohl die beim VDR am 01.01.2002 eingerichtete „Kommission zur Weiterentwicklung der Sozialmedizin in der gesetzlichen Rentenversicherung" (SOMEKO) als auch eine Arbeitsgruppe der Bundesarbeitsgemeinschaft für Rehabilita-

---

4. http://www.vdr.de

5.2 Das sozialmedizinische Gutachten

tion (BAR) im Zusammenhang mit einer trägerübergreifenden Konzeption. Im Folgenden wird bei der Darstellung der Begutachtungselemente das Denkmodell der ICF bei der Begutachtung berücksichtigt. Dies soll zum Verständnis der ICF und zu ihren möglichen Anknüpfungspunkten im Bereich der sozialmedizinischen Begutachtung beitragen; keinesfalls ist damit eine Empfehlung verbunden, die ICF als Kodierungsinstrument bereits umzusetzen.

Funktionale Problematik

Im Sinne der ICF wird mit dem Begriff „Funktionale Problematik" der aktuelle Status von Strukturen/Funktionen und Aktivitäten/Teilhabe gekennzeichnet.

Anhand der Einteilung der *Körperstrukturen und -funktionen* in der ICF kommen bei Störungen auf der *Funktionsebene* folgende Bereiche in Betracht: Mentale Funktionen, Sinnesfunktionen und Schmerz, Stimm- und Sprechfunktionen, Funktionen des kardiovaskulären, hämatologischen, Immun- und Atmungssystems, Funktionen des Verdauungs-, Stoffwechsel- und endokrinen Systems, Funktionen des Urogenital- und reproduktiven Systems, neuromuskuloskeletale und bewegungsbezogene Funktionen sowie Funktionen der Haut und der Hautanhangsgebilde.

Anhand der Einteilung der *Aktivitäten und Teilhabe* in der ICF kommen bei Störungen auf dieser Ebene folgende Bereiche in Betracht: Lernen und Wissensanwendung, allgemeine Aufgaben und Anforderungen, Kommunikation, Mobilität einschließlich Tragen, Bewegen und Handhaben von Gegenständen, Selbstversorgung, häusliches Leben, interpersonelle Interaktionen und Beziehungen, bedeutende Lebensbereiche wie Erziehung/Bildung, Arbeit/Beschäftigung und wirtschaftliches Leben sowie Gemeinschafts-, soziales und staatsbürgerliches Leben.

Kontextfaktoren

Gemäß ICF gehören zu den *Umweltfaktoren* folgende Bereiche: Produkte, Ausrüstungen und Technologien, natürliche Umwelt einschließlich klimatischer Faktoren, vom Menschen beeinflusste Umweltfaktoren wie beispielsweise Lärm und Luftqualität, psychosozialer Bereich der Unterstützung und Beziehungen, Einstellungen einzelner Personen oder Personengruppen einschließlich gesellschaftlicher Einstellungen, Auswirkungen und Ansatzmöglichkeiten vorhandener Dienste und Systeme einschließlich gesetzlicher Grundlagen, Regeln und Konventionen (insbesondere auch Möglichkeiten des Gesundheitswesen und unterstützende Einrichtungen).

Kontextfaktoren umfassen neben Umweltfaktoren auch *personbezogene Faktoren*. Diese beziehen sich auf Gegebenheiten des Individuums, die nicht Teil ihres Gesundheitsproblems oder -zustandes sind, wie z. B. Alter, Geschlecht, Lebensstil, Gewohnheiten, Erziehung, Bildung.

Hinsichtlich der Vielzahl möglicher Kontextfaktoren wurde bereits darauf hingewiesen, dass nur diejenigen, die mit dem Gesundheitsproblem in Zusammenhang stehen, bei der sozialmedizinischen Beurteilung zu berücksichtigen sind. Umweltfaktoren, die sich auf die konkreten Arbeitsbedingungen beziehen, sind beispielsweise Schicht- oder Akkordarbeit, Tätigkeiten mit besonderer körperlicher oder psychomentaler Belastung, hoher Verantwortung etc. Kontextfaktoren können die Leistungsfähigkeit im Erwerbsleben grundsätzlich unterschiedlich beeinflussen. Der Gutachter hat dabei immer zu prüfen, welche der im Einzelfall wirksamen fördernden oder hemmenden Kontextfaktoren einen Bezug zum Gesundheitsproblem aufweisen. Hierzu zählen beispielsweise medikamentöse Behandlung, Gebrauch von Hilfsmitteln oder gesundheitsbezogene Lebensführung einschließlich Umgang mit sog. Alltagsdrogen (Nikotin und Alkohol). Persönliche Wünsche, berufliche Neigungen, Arbeitslosigkeit oder finanzielle Vorstellungen dürfen bei der Beurteilung der Leistungsfähigkeit im Erwerbsleben aber keine Rolle spielen.

Die Einbindung des ICF-Modells in den Begutachtungsprozess sollte insbesondere dazu dienen, den Bereich der funktionalen Gesundheit im Zusammenhang mit dem individuellen Lebenshintergrund in einheitlichen Begrifflichkeiten („gemeinsame Sprache") abzubilden, wobei nicht nur defizit- sondern auch ressourcen-orientierte Faktoren berücksichtigt werden. In diesem Zusammenhang darf aber nicht versäumt werden, gedanklich streng zwischen dem Bereich der „Teilhabe am Erwerbsleben" und dem der „Leistungsfähigkeit im Erwerbsleben" zu trennen. Für die Teilhabe am Erwerbsleben spielt nicht nur die vorhandene Leistungsfähigkeit, sondern je nach Einzelfallkonstellation eine Vielzahl weiterer Faktoren eine Rolle, wie z. B. Verfügbarkeit eines entsprechenden Arbeitsplatzes, persönliche Lebensumstände, Motivation und/oder finanzielle Aspekte. All diese müssen bei der Beurteilung der Leistungsfähigkeit im Erwerbsleben unberücksichtigt bleiben.

5.2.2 Vorbereitung der Begutachtung

Für eine umfassende, korrekte und zeitlich praktikable sozialmedizinische Sachaufklärung und Beurteilung ist es erforderlich, dass der Gutachter in die schon vorhandenen medizinischen Unterlagen bereits vor der eigentlichen Begutachtung Einsicht genommen hat. Der Gutachter hat Anspruch darauf, dass ihm Ergebnisse ambulanter Behandlungen, Entlassungsberichte aus Rehabilitationskliniken und Krankenhäusern sowie Berichte anderer Sozialleistungsträger vor der Erstellung des Gutachtens übermittelt werden. Einige Unterlagen wird der Arzt vom Versicherten erst am Tage der Begutachtung erhalten. Auch über deren Inhalt sollte er sich ausreichend informieren. Das ermöglicht dem Gutachter, sich anhand der Unterlagen bereits frühzeitig über krankengeschichtliche Daten zu informieren, die eigene Diagnostik daran auszurichten und bereits vorliegende medizinische bzw. sozialmedizinische Untersuchungsergebnisse in die Begutachtung einzubeziehen.

5.2.3 Anamnese

Die Anamnese gehört zu den wichtigsten Bestandteilen des Gutachtens. Die gründliche und gezielte Anamnese ist Voraussetzung dafür, dass die im weiteren Prozess der Begutachtung erhobenen Befunde und Diagnosen in der Epikrise richtig gewertet und die Leistungsfähigkeit des Versicherten im Erwerbsleben auch korrekt festgestellt werden können. Deshalb ist schon bei der Erhebung der Anamnese die konkrete Fragestellung des Versicherungsträgers zu berücksichtigen. Diese bezieht sich insbesondere auf die qualitative und quantitative Leistungsfähigkeit des Versicherten im Erwerbsleben, auf prognostische Aspekte, z. B. hinsichtlich einer Erwerbsminderung auf Dauer und/oder auf die Indikation zur Leistung einer medizinischen Rehabilitation bzw. Teilhabe am Arbeitsleben. Der Gutachter kann diese Fragen nur dann sozialmedizinisch fundiert beantworten, wenn er die festgestellten gesundheitlichen Störungen in Beziehung zur beruflichen Tätigkeit und – soweit für die Fragestellung von Belang – auch zum weiteren sozialen Umfeld setzen kann. Von wesentlicher Bedeutung sind konkrete Angaben zu beruflichen Belastungen. Daher ist es wichtig, dass der Gutachter neben den medizinischen Daten in der Arbeits- und Sozialanamnese auch die wesentlichen Kontextfaktoren, insbesondere die berufsbezogenen Informationen ermittelt. Die Anamnese sollte sich anhand der Vorgaben in den *Hinweisen zur Begutachtung* gliedern in die Familienanamnese, Eigenanamnese sowie Arbeits- und Sozialanamnese. Eine biographische Anamnese ist nur bei psychiatrischen Gutachten erforderlich.

Die Berücksichtigung des Denkmodells der ICF kann bei der Erhebung und Dokumentation der Anamnese hilfreich sein. Dabei spielen vielfältige Einflussfaktoren auf die Krankheit bzw. Krankheitsfolgen und ihre Auswirkungen auf die Leistungsfähigkeit in Alltag und Beruf eine Rolle. Diese liegen sowohl in der Person des Versicherten selbst (z. B. Alter, Konstitution) als auch außerhalb (z. B. Lebensumstände, beruflicher Kontext). Anhand des bio-psycho-sozialen Modells und der unterschiedlichen Ebenen der Auswirkungen der Krankheit/Krankheitsfolgen lässt sich die Anamnese bereits systematisch strukturieren. So können sich bei korrekter Mitwirkung des Probanden in der Anamnese bereits Funktions-, Aktivitäts- und Teilhabestörungen abzeichnen, die im weiteren Begutachtungsablauf zu evaluieren sind. Hinsichtlich der Kontextfaktoren ist zu differenzieren, ob es sich um Aspekte handelt, die im Zusammenhang mit dem Gesundheitsproblem zu sehen sind oder nicht. Beispielsweise kann die Information einer zusätzlichen häuslichen Belastung durch die Pflege chronisch kranker Angehöriger wertvoll sein für die kausale Einschätzung von psychophysischen Erschöpfungssymptomen, die aus Krankheitsfaktoren allein nicht erklärbar sind.

So könnte die Anamnese bei einem Versicherten mit Koxarthrose beispielsweise die Fragen nach Gelenkschmerzen, -beweglichkeit und Muskelkraft (Ebene der *Funktionen*), Fragen zur Mobilität (z. B. zur Gehstrecke, Treppensteigen, Sitzen und Stehen), zur Selbstversorgung (z. B. Selbständigkeit im An- und Auskleiden) und zu bedeutenden Lebensbereichen wie Arbeit und Beschäftigung (Ebene der *Aktivitäten* und *Teilhabe*) umfassen. Darüber hinaus sind die für die nachfolgende Beurteilung der Leistungsfähigkeit und Prognose einschließlich der Empfehlung geeigneter Interventionsmöglichkeiten relevanten *Kontextfaktoren* zu erheben. Negativ wirkende Umweltfaktoren könnten im vorliegenden Fall zum einen beispielsweise die Anforderungen der beruflichen Tätigkeit, wie häufiges Treppensteigen, zum anderen eine erforderliche antirheumatische Dauermedikation sein. Als Umweltfaktoren mit positivem Einfluss auf die funktionale Problematik könnten beispielsweise eine leichte körperliche Tätigkeit im Innendienst (Fehlen von Nässe- und Kälteexposition und von schweren körperlichen Belastungen) genannt werden. Bei den personbezogenen Faktoren könnte sich auf den Erhalt der Erwerbstätigkeit (Teilhabebene) beispielsweise ein fortgeschrittenes Alter ungünstig auswirken, eine vorhandene Motivation zur Weiterführung der beruflichen Tätigkeit hingegen günstig.

Familienananamnese Sie sollte die wesentlichen Angaben zu familiären gesundheitlichen Belastungen enthalten, z. B. Herz-Kreislauf-, Stoffwechsel-, Lungenerkrankungen, psychische und bösartige Erkrankungen.

Eigenanamnese In ihr sind aufzuführen die Kinderkrankheiten mit Folgeschäden, schwere Akuterkrankungen, Beginn und Verlauf chronischer Erkrankungen, zeitliche Angaben zu Krankenhausaufenthalten und Rehabilitationsmaßnahmen, Unfälle einschließlich Berufserkrankungen und Arbeitsunfälle. Allergische Dispositionen (z. B. Arbeitsplatzumgebung, Tierhaltung) sind zu erwähnen, ebenso Angaben zu Risikofaktoren, Gebrauch von Genussmitteln (Alltagsdrogen) und Suchtstoffen. Bei Frauen Angabe der gynäkologischen Anamnese. Weiterhin Angaben zu: Appetit, Durst, Speiseunverträglichkeit, Gewichtsverhalten, Stuhlgang, Nykturie, Husten, Auswurf und Schlaf.

Jetzige Beschwerden Die aktuelle Anamnese umfasst die jetzigen Beschwerden, die anhand der Beschwerdeschilderung des Patienten dokumentiert werden müssen. Die Beschwerden sind ihren Symptomkomplexen zugeordnet, also strukturiert, aufzuzeichnen (z. B. retrosternales Druckgefühl bei gleichzeitigem Schmerz in den Kiefergelenken und im linken Arm). Wichtig sind der Beschwerdeverlauf und dessen Folgen für Beruf und Alltagsleben. Der Gutachter sollte nach typischen Symptomen im Hinblick auf spezielle Erkrankungen fragen und differenzialdiagnostische Erwägungen anstellen. Insbesondere ist gezielt nachzufragen, wenn vermeintliche Widersprüche zwischen vorliegenden medizinischen Unterlagen und Angaben des Versicherten bestehen. Weiterhin sollte der Gutachter dem Versicherten Gelegenheit geben, sein subjektives Krankheitsverständnis darzustellen. Aus diesen Angaben kann der Gutachter entscheidende Erkenntnisse gewinnen zu verschiedenen persönlichen, berufsbezogenen und psychosozialen Aspekten, die im Einzelfall z. B. die Krankheitsbewältigung bzw. Kompensationsmechanismen unterstützen oder hemmen können.

Therapie Diese umfasst die medikamentösen und nicht-medikamentösen Behandlungsformen. Es sind insbesondere Angaben erforderlich zur Dauer- und Bedarfsmedikation, zum Zeitraum (seit wann), zur Dosis und zur Frage, mit welchem Erfolg oder Misserfolg und welchen Nebenwirkungen die Behandlung erfolgte. Weiterhin sollte ein Hinweis auf weitere Therapien, deren Art, Häufigkeit und Dosierung gegeben werden. Es sollte bei der Angabe der behandelnden Ärzte auch deren Fachrichtung und Anschrift enthalten sein. Die sorgfältige Erfassung der Therapie unter Berücksichtigung des Krankheitsverlaufes mit Angabe der Behandlungsart, der subjektiven Einstellung des Versicherten zur Behandlung (ggf. auch Compliance-Probleme) ist für die weitere prognostische Einschätzung sehr wertvoll und kann entsprechend hilfreich sein bei der Prüfung der Indikation zu einer weiter führenden Maßnahme (kurativ, rehabilitativ).

Biographische Anamnese Eine biographische Anamnese ist in der Regel ausschließlich bei psychiatrischen Gutachten erforderlich. Grundsätzlich sind vom Gutachter nur solche Fragen zu stellen, die für die Feststellung der Leistungsfähigkeit oder bzw. der Indikation für eine Leistung zur Teilhabe von Bedeutung sind. Bei psychischen Störungen kann die biographische Vorgeschichte wesentliche Erkenntnisse liefern, die zur diagnostischen Einordnung der Störung, zur Beurteilung des Leistungsvermögens und zur prognostischen Einschätzung des weiteren Krankheitsverlaufes beitragen können. In der biographischen Anamnese sollte die ausführliche Erhebung der Lebensgeschichte des Patienten enthalten sein. Diese umfasst auch Besonderheiten der frühkindlichen Entwicklung, der sozialen Herkunft, des späteren Lebensweges im Hinblick auf Familie, Partnerschaft und Beruf, so dass Zusammenhänge von Lebensgeschichte und Erkrankungsbeginn, -art und -verlauf zu erkennen sind.

Berufs- und Arbeits- und Sozialanamnese Dieser sollten vor allem die sozialen und beruflichen Belastungen zu entnehmen sein. Es sind Angaben erforderlich zur Berufsausbildung und konkrete Informationen darüber, ob diese Ausbildung mit oder ohne Abschluss erfolgte. Das Arbeitsschicksal ist zu skizieren; dies umfasst auch die Gründe für evtl. Berufswechsel, Umschulungen und Qualifizierungsmaßnahmen sowie die Beschreibung der jetzigen Tätigkeit einschließlich Arbeitsplatz und Arbeitsatmosphäre. Wichtig sind vor allem krankheitsbedingte Gründe, die zu einem Wechsel oder Änderungen der beruflichen Tätigkeit geführt haben. Besondere psychische und physische Belastungen am Arbeitsplatz sollten möglichst konkret beschrieben werden u. a. zu Art, Dauer und Häufigkeit der verschiedenen Tätigkeiten, Arbeitsschwere, Körperhaltung, speziellen Belastungen, Arbeitszeit und Arbeitsorganisation. Der Gutachter sollte auch Fragen zur betriebsärztlichen Betreuung und zum Weg zur Arbeitsstelle stellen. Besonders in unklaren Fällen kann es für die spätere epikritische Wertung und Leistungsbeurteilung sehr hilfreich sein, sowohl die subjektiven Angaben des Versicherten als auch, wenn möglich, noch weitere Informationen zum Arbeitsplatz (z. B. über den Betriebsarzt) einzuholen und zu vergleichen. Weiterhin ist anzugeben, ob derzeit Arbeitslosigkeit besteht, ggf. seit wann und ob beim Versicherten Arbeitsunfähigkeit (gemäß AU-Bescheinigung) vorliegt, ggf. seit wann und warum. Diese Informationen liefern zum einen ggf. wertvolle Ergänzungen im Hinblick auf die gutachterliche Einschätzung der Krankheitsgeschichte, und zum anderen sind damit unterschiedliche Leistungen (z. B. Krankengeldbezug, Arbeitslosengeld) verbunden.

Familiäre Situation Auch hier gilt ähnlich wie bei den Ausführungen zur biographischen Vorgeschichte: Angaben zur familiären Situation und deren Belastungen sowie zum Freizeitverhalten sollten nur insoweit gemacht werden, als sie für die Feststellung der Leistungsfähigkeit oder eine Leistung zur Teilhabe von Bedeutung sind. Grundsätzlich ist hierbei besondere Zurückhaltung geboten, insbesondere wenn es um konkrete Angaben über „Dritte" geht.

Umstände der Antragstellung, bisherige Sozialleistungen Die Hintergründe der Antragstellung sind zu erfragen und ggf. durch wen die Aufforderung zur Antragstellung erfolgte. Dies kann insbesondere bei in Betracht kommenden Leistungen zur Teilhabe von Bedeutung sein, da für eine positive Reha-Erfolgsprognose i. d. R. eine aktive Mitwirkung des Versicherten von Bedeutung ist. Dabei sind mögliche motivationale Defizite aber auch vor dem Krankheitshintergrund zu beurteilen. Bei Abhängigkeitserkrankungen ist eine Fremdmotivation zur medizinischen Rehabilitation nicht selten. Hier ist gezielt nach den Umständen der Antragstellung zu fragen. Weiterhin sind Angaben erforderlich zu der bisherigen Gewährung von Sozialleistungen (evtl. auch im Herkunftsland): z. B. Leistung zur Teilhabe, Rente, Krankengeld, Versorgungsamt (GdB), Renten der Berufsgenossenschaft (MdE), Arbeitslosenunterstützung, Sozialhilfe. Frühere und aktuelle weitere Anträge auf Sozialleistungen (u. a. auf Leistungen zur Teilhabe, Rente, ggf. Rechtsmittelverfahren).

5.2.4 Untersuchung

Die klinische Untersuchung muss die Informationen aus der Anamneseerhebung und Auswertung früher erstellter Befunde und sonstiger Unterlagen berücksichtigen. Grundlage der gutachterlichen Beurteilung des Leistungsvermögens im Erwerbsleben ist die Beschreibung der dafür relevanten Funktionen und Aktivitäten.

Die Berücksichtigung des Denkmodells der ICF kann auch bei der Erhebung und Wertung der Befunde, sowohl im Bereich der klinischen Untersuchung als auch der medizinisch-technischen Diagnostik, ein Hilfsmittel für die systematische Zuordnung in die entsprechenden Ebenen der „funktionalen Problematik" sein. Auf dieser Grundlage können die Störungen von Strukturen, Funktionen und Aktivitäten überprüft und beschrieben werden. Nähere Erläuterungen zum Begriff der „Funktionalen Problematik" finden sich im Abschnitt 5.2.1 und in Kapitel 4.2.

Für eine Nachvollziehbarkeit der aus den einzelnen Begutachtungsschritten gewonnenen Erkenntnisse, insbesondere im Hinblick auf die sozialmedizinische Beurteilung, ist es wichtig, dass die Befunde möglichst präzise beschrieben und die entsprechenden Ebenen (Struktur, Funktion und/oder Aktivität) der funktionalen Problematik, denen die Befunde jeweils zuzuordnen sind, berücksichtigt werden. So bezieht sich beispielsweise die Beschreibung eines Röntgenbefundes auf die Strukturebene (morphologischer Befund); mit „Funktionsaufnahmen" können zusätzliche Aussagen zur Funktionsebene getroffen werden. Die Kenntnis der jeweiligen Ebene, auf der ein Befund festgestellt wird, ist insbesondere deshalb wichtig, da die Befunde eine sehr unterschiedliche Wertigkeit für die einzelnen Ebenen besitzen. Beispielsweise muss ein pathologischer Röntgenbefund (z. B. Osteochondrose der LWS) nicht zwangsläufig eine Störung der Funktionsfähigkeit (z. B. Schmerzen und/oder Bewegungseinschränkung) bedeuten und die Funktionsstörung (z. B. eingeschränkte Entfaltbarkeit der LWS) kann sich wiederum in unterschiedlicher Weise auf die LWS-bezogenen Aktivitäten auswirken (z. B. Bücken, Aufrichten). Aufgrund des komplexen Zusammenspiels verschiedener Funktionen und der vielfältigen Einflussmöglichkeiten können sich einzelne Funktionsstörungen auf eine bestimmte zugehörige Aktivität sehr unterschiedlich auswirken und u. U. völlig oder teilweise kompensiert werden. Der Gutachter sollte deshalb bei der Untersuchung, Dokumentation und Bewertung der Befunde berücksichtigen, dass zwischen den einzelnen Ebenen keine Korrelation bestehen muss.

Untersuchung von Strukturen/Funktionen und Aktivitäten In der kurativmedizinischen Diagnostik, die von der klinischen Konstellation zur entsprechenden Diagnose führen soll, beziehen sich die Untersuchungen schwerpunktmäßig auf die Strukturebene (z. B. Röntgenbild, Sonographie) und Funktionsebene (z. B. Echokardiographie). Bei der sozialmedizinischen Begutachtung geht es letztlich um die Feststellung der Leistungsfähigkeit (Aktivitätsebene). Einzelne Aktivitäten können zwar mit diagnostischen Instrumenten zur Aktivitäts-/Leistungsdiagnostik untersucht werden, der überwiegende Teil muss aber indirekt von den verbliebenen bzw. eingeschränkten Funktionen (Funktionsebene) abgeleitet werden. Daher sind die Funktionen und deren Einschränkungen präzise zu beschreiben, möglichst mit Maßangaben. Die medizinisch-technische Zusatzdiagnostik sollte der Objektivierung von Funktionseinbußen dienen. Zur Objektivierung von Funktionen bzw. Funktionseinschränkungen gibt es unterschiedliche Instrumente und Methoden, beispielsweise klinische Funktionstests (vigorimetrische Untersuchung, Prüfung der Gelenkbeweglichkeit), Ergometrie, Spirometrie. Die für die sozialmedizinische Leistungsbeurteilung wesentlichen Aktivitätseinschränkungen sind unter Berücksichtigung ihrer Komplexität von den Funktionsstörungen abzuleiten.

An dieser Stelle ist auf die aktuellen Entwicklungen von Assessmentinstrumenten hinzuweisen. Assessments dienen als Instrumente für eine gezielte Funktions- und Leistungsdiagnostik, deren Ergebnisse der Gutachter dann den Anforderungen des Einzelfalles entsprechend einordnen muss. Für diese Kernaufgabe des sozialmedizinischen Begutachtungsprozesses bleibt der Gutachter auch weiterhin uneingeschränkt verantwortlich. Der gezielte Einsatz geeigneter Hilfsinstrumente kann aber zu einer verbesserten Datenbasis führen und dadurch dem Gutachter einen engeren Beurteilungskorridor zur Einschätzung des Leistungsvermögens ermöglichen. Die Entscheidung über die Auswahl und den Einsatz eines Assessments ist insbesondere vor dem Hintergrund der Eignung für die jeweilige Fragestellung und der Aussagekraft zu treffen. Die Assessmentinstrumente reichen von einfachen Messmethoden, wie z. B. Neutral-Null-Methode, über technisch-apparative Standardverfahren zur Funktionsdiagnostik, wie Spirometrie bis hin zu komplexen Verfahren zur Aktivitätsdiagnostik. Zu diesen gehören typischerweise die FCE-Systeme („functional capacity evaluation-systems") mit ihren Schwerpunkten EFL (Evaluation funktioneller Leistungsfähigkeit) und ERGOS als computergestütztes Arbeitssimulationssystem. Auch solche komplexen Assessments zur Aktivitätsdiagnostik stellen nur eine Ergänzung der klinischen Befunde dar. Standardisierte aktivitätsbezogene Untersuchungen sind in der sozialmedizinischen Begutachtung der GRV noch nicht fest etabliert.

Klinischer Untersuchungsbefund Der Versicherte muss unter Berücksichtigung der jeweiligen Fragestellung entsprechend untersucht und das Untersuchungsergebnis in seiner Gesamtheit dokumentiert und übersichtlich gegliedert werden. Eine Beschränkung lediglich auf einzelne Körperregionen ist unzureichend. Auch bei allen Fachgutachten wird ein orientierender klinischer Gesamtstatus mit Angabe von zumindest Größe und Gewicht, Blutdruck und Pulsfrequenz erwartet. Dies ist besonders wichtig, wenn fachgebietsbezogene Symptome oder Befunde (z. B. Sehstörungen oder Tinnitus) an einen Zusammenhang mit anderen Erkrankungen (z. B. arterielle Hypertonie) denken lassen. Außerdem sollten klinische Hinweise auf Erkrankungen, die außerhalb des jeweiligen Fachgebietes liegen, dokumentiert werden (z. B. äußerlich sichtbare Veränderungen wie Zyanose, Ikterus oder Verhaltensauffälligkeiten).

Messbare Untersuchungsbefunde sollten unter Angabe ihrer Messgröße und Dimension (z. B. Neutral-Null-Methode, vergleichende Umfangsmessungen in cm u. a. m.), ggf. mit Einbeziehung von Messblättern, aufgezeigt werden.

Die pauschale Zusammenfassung des Befundes in „unauffällig" oder „o. B." ist nicht ausreichend. Normalbefunde sind aufzuführen, insbesondere wenn

▷ entsprechende Beschwerden vorgetragen werden

▷ pathologische Vorbefunde vorliegen

▷ das Krankheitsbild korrelierende pathologische Befunde erwarten lässt (z. B. M. HODGKIN, bei dem Milzgröße und Lymphknotenstatus unauffällig sind)

▷ die Untersuchung im symptomfreien Intervall einer typischerweise in Schüben bzw. klinisch sehr wechselhaft (mit Exazerbationen) verlaufenden Krankheit (z. B. Asthma bronchiale, chronische Polyarthritis, Enzephalomyelitis disseminata) erfolgt.

Eine orientierende Prüfung der Sinnesorgane ist erforderlich.

Eine neurologische Untersuchung ist – vor allem wenn sie nicht durch einen Nervenarzt erfolgt – in ihrem Umfang aufzuzeigen (z. B. Angabe, ob die Sensomotorik geprüft wurde). Beschreibungen des Bewegungsablaufes (z. B. Stand, Gang, Sitzen, beim Aus- und Ankleiden, Aufrichten von der Untersuchungsliege) sind weitere wichtige Informationen. Unabhängig vom jeweiligen Fachgebiet müssen psychische Auffälligkeiten beachtet und mitgeteilt werden. Vor allem bei einer Diskrepanz zwischen „Befund" und „Befindlichkeit" sollten mögliche Zusammenhänge mit psychosomatischen oder psychiatrischen Erkrankungen in die differenzialdiagnostischen Überlegungen einbezogen werden.

Medizinisch-technische Diagnostik Die medizinisch-technische Diagnostik ist gezielt einzusetzen und sollte sich individuell nach dem Krankheitsbild richten. Die Diagnostik muss angemessen und zumutbar sein; ein Routineprogramm ist abzulehnen. Die Wirtschaftlichkeit muss beachtet werden. Daraus ergibt sich, dass eine weiterführende Diagnostik nicht erforderlich ist, wenn bereits aus den mitgebrachten medizinischen Unterlagen der Umfang der Funktionsdefizite abgeleitet werden und die Leistungsfähigkeit durch den klinischen Befund bereits beurteilt werden kann. Eine medizinisch-technische Diagnostik ist auch dann nicht erforderlich, wenn keinerlei Hinweise auf eine organbezogene Leistungseinschränkung bestehen.

Entsprechend der Röntgenverordnung sind bereits erstellte Röntgenbilder beizuziehen. Röntgenaufnahmen, die in ein anderes Fachgebiet gehören, sind grundsätzlich nicht zu erstellen bzw. sollten diesem vorbehalten sein.

5.2.5 Diagnosen

Diagnosen sind möglichst übersichtlich und auch für Nichtmediziner verständlich zu formulieren. Sie sind

▷ nach dem Schweregrad (ggf. mit Klassifikation und/oder Stadieneinteilung) ihrer funktionalen Einschränkungen zu ordnen

▷ als Funktionsdiagnosen anzugeben (z. B. operative Gelenkversteifung nach traumatischer Hüftkopfnekrose rechts).

Sozialmedizinisch relevante chronische Erkrankungen, die zur Zeit erscheinungsfrei sind, sollten so mit ihrer Diagnose beschrieben werden. Das Aufzeigen funktionell bedeutungsloser Diagnosen ist nicht erforderlich (z. B. Appendektomie 1988). Die Formulierung „Zustand nach" ist wenig aussagekräftig. Sie enthält keine Information über zwischenzeitliche Abheilung oder fortbestehende Funktionseinbußen. Die Diagnosen werden nach der jeweils gültigen ICD verschlüsselt.

5.2.6 Epikrise

In der Epikrise erfolgt die zusammenfassende Darstellung der Erkrankungen und der damit verbundenen klinischen Auswirkungen. Die Epikrise ist damit die Grundlage für die nachfolgende sozialmedizinische Leistungsbeurteilung einschließlich der Reha-Indikationsstellung.

Jeweils auf den Einzelfall bezogen sollte die Epikrise die Manifestation einschließlich Lokalisation und Schweregrad sowie den Verlauf jeder relevanten Erkrankung enthalten. Krankheiten ohne Bedeutung für diese Beurteilung sollten als solche benannt werden. Dabei gilt es, besonders die Anamnese, die erhobenen Befunde, die bisherige Therapie und die noch denkbaren therapeutischen und rehabilitativen Möglichkeiten kritisch zu würdigen. Besonderheiten des Krankheitsverlaufs sind zu benennen, beispielsweise Aussagen zur Dauer und Frequenz der Schübe bei diskontinuierlichem Krankheitsverlauf. Wichtige Vorbefunde (Krankenhaus- und Rehabilitations-Entlassungsberichte, mitgereichte Untersuchungsergebnisse, Gutachten anderer Sozialleistungsträger) und ggf. differenzialdiagnostische Überlegungen sind einzubeziehen und zu bewerten. Dies umfasst auch die Darstellung von Widersprüchen, wenn sich medizinische Aussagen in Berichten und Attesten gutachterlich nicht bestätigen lassen oder erhobene Befunde durch Beobachtungen innerhalb und außerhalb des Untersuchungsvorganges in Frage zu stellen sind. In jedem Fall sind prognostische Aussagen zum weiteren Verlauf zu treffen, ggf. unter Einbeziehung von Rehabilitationsanregungen. Die ggf. angeregten weiteren Begutachtungen müssen entsprechend begründet werden. Weiterhin ist darauf hinzuweisen, wenn besondere Probleme bei der Begutachtung (z. B. Sprachschwierigkeiten, auffällige Verhaltensweisen) aufgetreten sind.

Wenn das Konzept der ICF bereits in Anamnese und Untersuchung/Diagnostik systematisch berücksichtigt wurde, kann in der Epikrise an die dargestellten Elemente der funktionalen Gesundheit nahtlos angeknüpft werden. Die durchgängige Verwendung der ICF-Begrifflichkeiten mit systematischer Ableitung der jeweiligen krankheitsbezogenen Befunde auf die Ebenen der Strukturen/Funktionen und Aktivitäten/Teilhabe unter Berücksichtigung der gesundheitlich relevanten Kontextfaktoren kann dazu beitragen, den Begutachtungsvorgang transparenter und nachvollziehbarer zu machen. Durch systematische Einordnung der anamnestischen Angaben und objektiven Befunde in die einzelnen Ebenen der funktionalen Gesundheit kann das Konzept der ICF auch bei der Bewertung subjektiver Beschwerden, widersprüchlicher oder nicht zu bestätigender Befunde helfen.

Aktuell wird auf der Ebene der BAR unter Berücksichtigung der Anforderungen an die Reha-Begutachtung durch das SGB IX, eine erste trägerübergreifende Grundlage zur Begutachtung erarbeitet. Sie soll der Verbesserung der Transparenz und der trägerübergreifenden Kooperation dienen. Dabei wird die ICF als Denkmodell benutzt. Die Diskussion ist noch nicht abgeschlossen.

5.2.7 Sozialmedizinische Beurteilung

Reha-Bedarf Im Sinne des SGB IX soll bei der sozialmedizinischen Beurteilung sowohl im Renten- als auch Reha-Antragsverfahren eine (trägerübergreifend angelegte) Prüfung vorgenommen werden, ob bzw. welche Leistungen zur Teilhabe zu empfehlen sind. Für den Bereich der sozialmedizinischen Reha-Indikationsstellung im Sinne der GRV wird auch auf Abschnitt 5.1 verwiesen.

Sozialmedizinische Leistungsbeurteilung

Die sozialmedizinische Leistungsbeurteilung ist der zentrale Anknüpfungspunkt für die nachfolgenden Verwaltungsentscheidungen in den Leistungsbereichen Rehabilitation und Erwerbsminderungsrenten. Die Leistungsbeurteilung beschreibt das Fähigkeitsprofil des Versicherten und setzt es in Beziehung zu den Anforderungen der zuletzt ausgeübten Tätigkeit. Auf der Grundlage der qualitativen Leistungsmerkmale erfolgt dann die Beurteilung des zeitlichen (quantitativen) Leistungsvermögens. Die sozialmedizinische Leistungsbeurteilung wird sowohl in freier als auch in standardisierter Form auf dem entsprechenden Bogen des Gutachtenformularsatzes dokumentiert, wobei auf Übereinstimmung zu achten ist.

Individuelles qualitatives Leistungsbild (positives und negatives Leistungsbild) Es sind die Fähigkeiten zu beschreiben, über die der Versicherte unter Berücksichtigung der festgestellten Funktions- und Aktivitätseinbußen im Hinblick auf die noch zumutbare körperliche Arbeitsschwere, die Arbeitshaltung und die Arbeitsorganisation noch verfügt (positives Leistungsbild) und welche krankheitsbedingt nicht mehr bestehen (negatives Leistungsbild).

Die positiven wie negativen Leistungsmerkmale müssen sich aus den in der Epikrise erörterten Gesundheitsstörungen herleiten lassen. Damit ergeben sich die qualitativen Leistungseinschränkungen aus dem Krankheitsbild anhand bestehender Einschränkungen von Funktionen und Aktivitäten. Diese Einschränkungen können sich beziehen z. B. auf die geistige/psychische Belastbarkeit, Sinnesorgane, Bewegungs- und Haltungsapparat oder Gefährdungs- und Belastungsfaktoren.

Die zentrale Frage an den ärztlichen Gutachter bezieht sich auf die Leistungsfähigkeit des Versicherten im Erwerbsleben und deren Beeinflussung oder Bedrohung durch Krankheit oder Behinderung. Er hat die Auswirkungen von Krankheit/Behinderung auf die Funktions-/Aktivitätsebene plausibel abzuleiten und letztlich die Folgen für die Teilhabe am Erwerbsleben festzustellen. Dabei muss er berücksichtigen, welche Kontextfaktoren ihre Wirkung entfalten, d. h. welche personbezogenen und/oder Umweltfaktoren verstärkend oder hemmend wirken.

Individuelles quantitatives Leistungsbild Die zeitliche Einstufung des Leistungsvermögens hat große rechtliche Relevanz. Einschränkungen des quantitativen Leistungsvermögens resultieren häufig aus energetisch-metabolischer Insuffizienz (z. B. Anämie, kardio-respiratorische Insuffizienz), komplexen Funktions- oder Aktivitätsstörungen mit unzureichenden Kompensationsmechanismen bzw. vorzeitiger Dekompensation, beeinträchtigter Leistungskontinuität bei psychiatrischen Krankheitsbildern, neuropsychologischen Defektzuständen und schweren oder chronischen Schmerzsyndromen.

Qualitative Leistungseinschränkungen haben eine sehr unterschiedliche Bedeutung für das quantitative Leistungsvermögen. Viele der qualitativen Leistungseinschränkungen haben keine Auswirkung auf das quantitative Leistungsvermögen. Es gibt aber auch qualitative Leistungseinschränkungen, die das quantitative Leistungsvermögen vollständig aufheben können. Zu berücksichtigen ist dabei die Kompensationsfähigkeit sowohl auf Organ- als auch Aktivitätsebene einschließlich günstig wirkender Kontextfaktoren. Das bedeutet, dass keine relevante Einschränkung des quantitativen Leistungsvermögens vorliegen muss, wenn wesentliche Funktions- und/oder Aktivitätsstörungen kompensiert werden können.

Teilzeitbeschäftigte Versicherte sind primär unabhängig vom aktuellen Arbeitsumfang zu beurteilen. Bei einer selbst gewählten Teilzeittätigkeit kann nicht von vornherein davon ausgegangen werden, dass auch nur eine der jeweiligen Arbeitszeit entsprechende Leistungsfähigkeit besteht. Eine zum Zeitpunkt der gutachterlichen Untersuchung bestehende Arbeitsunfähigkeit ist nicht gleichzusetzen mit einem aufgehobenen Leistungsvermögen.

Herleitung des Leistungsbildes Es gibt viele Kontextfaktoren (siehe unter 5.2.1), die sich auf die Leistungsfähigkeit auswirken können und deshalb bei der Begutachtung berücksichtigt werden müssen. Hierzu gehören insbesondere spezielle Arbeitsbedingungen, die im qualitativen Leistungsbild zu berücksichtigen sind, wie z. B. Vermeidung von Mehlstaubexposition bei einem Versicherten mit „Bäckerasthma". Es gibt aber auch Beispiele für Kontextfaktoren, die für sich allein keine Einschränkung der Leistungsfähigkeit begründen können, wie z. B. die Vermittelbarkeit am Arbeitsmarkt, eine bestehende Arbeitslosigkeit, die „Entwöhnung" von einer beruflichen Tätigkeit, das Lebensalter des Versicherten, eine „Doppelbelastung", z. B. die Pflege kranker Eltern oder eines behinderten Kindes sowie die Anerkennung eines GdB (Versorgungsamt) oder einer MdE (Berufsgenossenschaft). Diesen letztgenannten Begriffen liegen andere Rechtsgrundlagen und Beurteilungskriterien zugrunde.

Die qualitative und quantitative Leistungsbeurteilung setzt eine abwägende Einschätzung voraus, welche sich aus dem klinischen Gesamtbild ergeben und nachvollziehbar begründet sein muss. Dies gilt vor allem für die Merkmale, die eine Rente wegen Erwerbsminderung zur Folge haben können (z. B. quantitativ eingeschränktes Leistungsvermögen, fehlende Wegefähigkeit, betriebsunüblicher Pausenbedarf).

Die sozialmedizinische Leistungsbeurteilung ergibt ein Fähigkeitsbild des Versicherten, das mit den Anforderungen der letzten beruflichen Tätigkeit in Beziehung zu setzen ist. Maßgeblich ist die zuletzt ausgeübte berufliche Tätigkeit. Besondere Fragestellungen des Auftraggebers sind zu beachten.

Der Gutachter hat festzustellen, welche Krankheiten (oder Behinderungen) vorliegen (vorgelegen haben), welche Folgen/Wechselwirkungen daraus für die Fähigkeiten und Aktivitäten festzustellen sind und welche persönlichen Konsequenzen sich daraus für die Teilhabe ergeben. Daher werden bei der sozialmedizinischen Begutachtung nicht nur die Ergebnisse der Funktionsdiagnostik benötigt, sondern zusätzlich möglichst standardisierte Beurteilungsinstrumente für die Leistungsfähigkeit im Erwerbsleben (Assessments) eingesetzt. Der Gutachter hat die gewonnenen Assessment-Ergebnisse in Bezug auf die Leistungsfähigkeit im Erwerbsleben zu bewerten, auch im Hinblick auf den Abgleich der Testbedingungen mit den konkreten Anforderungen der beruflichen Tätigkeit. Da sich die Beurteilung der arbeitsbezogenen Belastungen an den Gegebenheiten des Einzelfalles orientieren muss, sind auch die Ergebnisse komplexer Instrumente zur Leistungsdiagnostik immer unter Berücksichtigung der für die Leistungsfähigkeit relevanten somatischen, psychischen und sozialen Komponenten zu bewerten. Dafür ist die fachliche Qualifikation des Gutachters äußerst wichtig, damit nicht durch „scheinbar objektive" Daten falsche Schlüsse gezogen werden und letztlich eine fehlerhafte Leistungsbeurteilung resultiert. Zur Problematik der Beurteilung hinsichtlich der zeitlichen Abstufung der Leistungsfähigkeit wird insbesondere auf Abschnitt 5.1 verwiesen.

Leistungsfall Der Beginn einer leistungsrelevanten Einschränkung im Erwerbsleben soll möglichst exakt festgelegt werden, z. B.

▷ auf ein akutes Ereignis (Herzinfarkt, Apoplex, Unfall)

▷ auf eine akute Verschlechterung des Krankheitsbildes.

Der Zeitpunkt des Beginns der Leistungsminderung ist bei solchen akuten Ereignissen meist relativ leicht zu ermitteln. Wesentlich schwieriger wird es, wenn die Leistungsfähigkeit im Rahmen einer chronischen bzw.

schleichend progredient verlaufenden Erkrankung beeinträchtigt wurde. Dann gestaltet sich die zeitliche Festlegung der Leistungsminderung für den Gutachter meist äußerst schwierig, da er bei der retrospektiven Einschätzung in der Regel auf Daten angewiesen ist, die keine sicheren Rückschlüsse auf die damals tatsächlich vorgelegene medizinische Konstellation erlauben. Hilfsweise muss der Gutachter in diesen Fällen beispielsweise zurückgreifen

▷ auf den Beginn der letzten Arbeitsunfähigkeit, wenn das Ausmaß der jetzigen Erkrankung bereits zu diesem Zeitpunkt vorgelegen hat

▷ auf das Datum der Berufs-/Arbeitsaufgabe aus Krankheitsgründen

▷ auf das Datum des Renten- oder Rehabilitationsantrages

▷ auf eine krankheitsgeschichtliche Rekonstruktion bei diskontinuierlichem Verlauf.

Voraussichtliche Dauer der Leistungseinschränkung Da Renten wegen Erwerbsminderung auch hinsichtlich der Dauer der Rentengewährung auf der gutachterlichen Begründung beruhen, muss sich der Gutachter auch zur voraussichtlichen Dauer der Leistungseinschränkung äußern. Falls der Gutachter eine Besserung der Leistungsfähigkeit für unwahrscheinlich[5] hält, hat er dies anzugeben und entsprechend zu begründen. In allen anderen Fällen (wenn also eine Besserung der Leistungsminderung nicht unwahrscheinlich ist), wird dies eine Zeitrente von bis zu drei Jahren zur Folge haben. Der Gutachter hat deshalb auch bei diesen Fällen eine prognostische Einschätzung des zeitlichen Verlaufs der Leistungsminderung vorzunehmen. Dabei bezieht sich die Prüfung darauf, ob die Leistungsminderung voraussichtlich weniger als drei Jahre bestehen wird. Dies hat er ggf. entsprechend zu begründen.

5.3 Weitere Aspekte der Begutachtung

5.3.1 Der ärztliche Gutachter

An die Rolle des Arztes werden von allen Seiten zahlreiche, verschiedenenartige, meist komplexe und auf jeden Fall sehr hohe Anforderungen geknüpft [22, 28, 32, 49]. Es ist schon eine Kunst, ein „guter Arzt" zu werden [53, 54] und dann bei den zunehmend widrigen Alltagsbelastungen auch noch zu bleiben. Ärztliches Wissen, ärztliches Können, ärztliche Erfahrung und ärztliches Verhalten sind in ihrer Gesamtheit die Basis für einen „guten Arzt". Der ärztliche Handlungsspielraum ist allerdings nicht nur im Bereich der Sozialversicherungen durch normative Vorgaben stark eingeschränkt, so dass sich vielfältige Intra- und Interrollenkonflikte ergeben können [55].

Die geforderte Rolle des ärztlichen Gutachters ist die eines unabhängigen, unparteiischen und objektiven Sachverständigen. Aus der Sicht der Verwaltung wird er oft nur als „Erfüllungsgehilfe" gesehen, in den Augen des zu Begutachtenden ist er aber für die entscheidende Weichenstellung im Antragsverfahren verantwortlich, eine Art „Gatekeeper" für die Solidargemeinschaft. Für die Akzeptanz bei allen Beteiligten ist eine valide sozialmedizinische Bewertung allein allerdings nicht ausreichend. Gelingt es dem ärztlichen Gutachter jedoch, die korrekte sozialmedizinische Sachaufklärung auch transparent und nachvollziehbar zu machen, so leistet er einen Beitrag zum sozialen Frieden.

Eine besondere Konfliktsituation besteht für den in der medizinischen Rehabilitation tätigen Arzt, der in der überwiegenden Zeit in der üblichen Arzt-Patient-Beziehung meist das entsprechende Vertrauen des Rehablititanden erhält und am Ende mit seinem Reha-Entlassungsbericht und der darin enthaltenen sozialmedizinischen Beurteilung in die Rolle des unparteilichen und neutralen Gutachters wechseln muss; vgl. auch Kapitel 2.1.7. Insofern stellt das ärztliche Entlassungsgespräch oft eine besondere Herausforderung für beide Seiten dar. Besonders enttäuschend dürfte die Situation für den Versicherten sein, wenn er erst bei die-

---

5. Vgl. Definition des Begriffes „unwahrscheinlich" in Abschnitt 5.1

sem Gespräch die notwendige Doppelrolle des Arztes als Betreuer und Gutachter erkennt.

Eine Gefahr kann aber auch zum anderen darin bestehen, dass der Rehabilitand – diese andere ärztliche Aufgabe von Anfang an erkennend – das notwendige Vertrauen und die persönliche Offenheit gegenüber dem betreuenden Arzt nicht herstellen kann oder will und das Erreichen der Rehabilitationsziele ggf. dadurch gefährdet oder die Einschätzung der Leistungsfähigkeit erschwert werden. Desweiteren könnte beim Arzt eine in dieser Zeit gewachsene persönliche Verbundenheit zum Patienten bei der sozialmedizinischen Leistungsbeurteilung zu einer unangemessenen Parteinahme führen.

Zu empfehlen ist eine frühzeitige Offenheit gegenüber dem Versicherten über die Aufgabenstellung des Reha-Mediziners. Hilfreich dürfte auch eine regelhafte Einbindung des Ober- oder Chefarztes in den Prozess der Leistungsbeurteilung sein, wodurch der mögliche Rollenkonflikt des Einzelnen entschärft werden kann.

5.3.2 Der Gutachtenbegriff

Der Gutachtenbegriff ist nicht für alle Rechtsgebiete einheitlich. Allgemein lässt sich das medizinische Gutachten definieren als die Anwendung medizinischer Erkenntnisse und Erfahrungen auf einen Einzelfall im Hinblick auf eine meist aus rechtlichen Gründen notwendige Fragestellung. Ein medizinisches Gutachten wird von einem als Sachverständiger bestellten Arzt aufgrund seiner Sachkenntnis erstellt. Dabei kann die Begutachtung sowohl nach Aktenlage, als auch mit einer körperlichen Untersuchung des Probanden erfolgen. Dies ist letztlich davon abhängig, wie der Sachverständige den tatsächlichen Stoff für die Beantwortung der Gutachtenfrage gewinnen kann oder will. Das wesentliche Merkmal eines Gutachtens ist, dass es eine wissenschaftliche Schlussfolgerung enthält [16, 22, 24, 36]; siehe auch Kapitel 2.

Begutachtungen nach Aktenlage, sog. Aktenlagegutachten, werden auf dem Boden der vorhandenen Unterlagen erstellt, also ohne aktuelle eigene körperliche Untersuchung durch den Gutachter. Die in den Akten vorhandenen Angaben, medizinischen Daten und frühere Gutachten sind in ihrer Gesamtheit zu erfassen und in Bezug auf die aktuelle Fragestellung zu bewerten. Da diese Daten richtig oder falsch oder verschieden interpretierbar sein können und ggf. zu anderen Zwecken erhoben wurden, so dass deshalb dafür nicht notwendige Angaben auch nicht dokumentiert wurden, sie also möglicherweise unvollständig sind, ist die Bearbeitung besonders schwierig, setzt besondere Erfahrung und großes medizinisches Wissen voraus [40].

In Sozialgerichtsverfahren vorgelegte Gutachten, die in einem anderen Gerichtsverfahren eingeholt wurden, gelten nicht als Beweis durch Sachverständige, sondern als Urkundenbeweis. Es ist zwar denkbar, dass sie für das Gericht als alleinige Entscheidungsgrundlage dienen, meist sind sie jedoch dafür nicht geeignet, da sie nach einer ganz anderen Fragestellung erstattet wurden. Immer dann jedoch, wenn es zur Klärung des Vorliegens von Tatbestandsmerkmalen auf den aktuellen Gesundheitszustand des Antragstellers ankommt, ist ein Untersuchungsgutachten regelmäßig notwendig [51].

In den Fällen, bei denen z. B. der Tod des Versicherten Anlass für eine sozialmedizinische Sachaufklärung ist (z. B. Unfallversicherung, Lebensversicherung), sind die oft schwierigen Zusammenhangsfragen mangels Alternative nur retrospektiv anzugehen. Dem Auftraggeber sind die besonders schwierigen Voraussetzungen und Bedingungen natürlich zu erläutern, aber auch hier müssen die sozialmedizinischen Beurteilungen plausibel, rechtlich wahrscheinlich und Ausdruck der persönlichen Überzeugung des Gutachters sein [24, 40].

Da im Bereich der GRV bei Anträgen auf Rehabilitation bzw. Teilhabeleistungen und Erwerbsminderungsrenten die Antragsteller üblicherweise leben, gibt es alternative Möglichkeiten. Entsprechend den vorgegebenen Fragestellungen kann in geeigneten Fällen eine Beurteilung nach Aktenlage versucht werden. Dabei muss der gleiche Grad an persönlicher Überzeugung beim Gutachter erreicht werden, wie dies bei der Begutachtung mit körperlicher Untersuchung erwartet werden darf. Gleichwohl muss man sich darüber im Klaren sein, dass das Lesen von Befunden und Fremdbeurteilungen im Kopf des Gutachters ein anderes und eher fremdes oder verfremdetes Bild entstehen lässt, als wenn er durch persönlichen Umgang mit dem Probanden eigenes Erleben und Sinneserfahrungen mit einbringen kann, die meist stärkere und kontrastreichere Bilder entstehen lassen. Zudem können z. B. Missverständnisse oder Unklarheiten durch direkte Rückfragen beim Untersuchten ausgeräumt und die Anamnese mit aktueller Schwerpunktsetzung fokussiert durchgeführt werden. Auch wenn darauf hinzuweisen ist, dass auch dieses „Bild" und diese Beurteilung letztlich an einen Dritten korrekt weiter vermittelt werden muss, so dürfte doch klar sein, dass jede „Zwischenstation" Veränderungen (positive wie negative) verursachen kann. Abhilfe schaffen können auch hier nur das Einhalten von Standards und eine systematische Qualitätssicherung.

Wenn bei multimorbiden Antragstellern z. B. verschiedene Fachgutachten aktuell in Auftrag gegeben wurden und letztlich in einer Art Zusammenschau der Befunde einer *eigenständigen* sozialmedizinischen Gesamtbewertung unterzogen werden müssen, wird es typischerweise Aufgabe eines „Prüfarztes" eines sozialmedizinischen Dienstes sein, diese „Begutachtung nach Aktenlage" vorzunehmen. Dabei ist der Prüfarzt eigenständiger Gutachter. Die Funktion eines sog. „Obergutachters" gibt es allerdings nicht. Der Begriff suggeriert, dass es spezielle Gutachten oder Gutachter gäbe, denen bei Zweifelsfragen die Befugnis zukomme, die endgültige Entscheidung zu treffen. Die gutachterliche Wahrheitsfindung unterliegt aber keinem hierarchischen Prinzip, wie etwa bei gerichtlichen Urteilen. Widersprüche zwischen Sachverständigengutachten sind nicht nach formalen Regeln zu lösen, sondern allein anhand einer Würdigung der jeweiligen Argumente [51].

Prüft der „Prüfarzt" jedoch lediglich die Qualität oder Plausibilität eines vorgelegten (Fach-)Gutachtens oder hilft er der Verwaltung beim Verstehen desselben, so wird er als beratender Arzt tätig [16].

5.3.3 Konkrete Anhaltspunkte

Die Komplexität der sozialmedizinischen Sachaufklärung in Verbindung mit dem Wunsch nach Standardisierung und Gleichbehandlung der Versicherten lassen immer wieder die Forderung nach „konkreten Anhaltspunkten" für die Bewertung von Funktionseinschränkungen in Analogie zum Schwerbehindertenrecht aufkommen. Die Entwicklungen im Schwerbehindertenrecht lassen sich allerdings nicht einfach auf die sozialmedizinische Beurteilung im Reha- und Rentenrecht übertragen. Während auf der einen Seite ein Nachteilsausgleich geschaffen werden soll für primär statische Zustände, geht es auf der anderen Seite bei der Frage der Rehabilitation (Leistungen zur Teilhabe) mehr um eine Betrachtung der Dynamik bzw. bei der Erwerbsminderungsrente mehr um die Perspektive des Einzelfalls. Von oft entscheidender Bedeutung ist dabei die Berücksichtigung der Kontextfaktoren. Nicht der Schaden wird isoliert betrachtet, sondern die Fähigkeits- bzw. Aktivitätsstörung und ihre *tatsächliche* Bedeutung für die individuelle Teilhabe. Ein solches wechselseitiges Beziehungsgeflecht lässt sich wegen der individuellen Ausrichtung/Auswirkung auf der Ebene des Schadens und der Fähigkeitsstörung nicht sinnvoll in einem Zahlensystem (z. B. „Grad der Minderung der Leistungsfähigkeit") abbilden. Deshalb kann auch die in vielen Fällen mögliche Schweregradbestimmung chronischer Krankheiten den Wunsch nach einem einfachen Bewertungssystem nicht erfüllen. Die standardisierte Zuordnung eines Krankheitsbildes zu bestimmten Schweregraden gibt in Stufen das Ausmaß von Funktionseinschränkungen bzw. vom Fortschreiten des Krankheitsprozesses wieder. Solche medizinisch definierten Schweregrade stellen aber für sich noch keinen Parameter für die Leistungsfähigkeit im Erwerbsleben dar. Das Schweregrad-Instrumentarium ist nur *ein* Bestandteil auf dem Weg zur objektiven Beurteilung *einer* speziellen chronischen Erkrankung. Die hinterfragte Leistungsfähigkeit im Erwerbsleben ist eher ein „Bild" (qualitative und quantitative Leistungsfähigkeit), das mit anderen „Bildern" (Anforderungsprofilen des Arbeitsmarktes) verglichen werden muss. Dabei ist grundsätzlich weniger ein defizitorientierter Ansatz, als vielmehr eine positivistische Betrachtung des „Restleistungsvermögens" sinnvoll.

5.3.4 Validität der sozialmedizinischen Beurteilung

In biologischen Systemen bedingen die vielen zusammenkommenden Einflüsse eine hohe Variabilität. Die

Validität der sozialmedizinischen Beurteilung ist daher ausgesprochen schwer messbar. Ob die Bewertung eines sozialmedizinischen Sachverhaltes valide ist, lässt sich nur als Näherung bestimmen, nämlich inwieweit sie mit der durchschnittlichen Beurteilung von Ärzten desselben Fachgebietes, die mit der nötigen Sorgfalt arbeiten, übereinstimmt; vgl. Abschnitt 5.4.

5.3.5 Objektivierung und Objektivität

Da der beauftrage Gutachter in verschiedener Hinsicht selbst eine Art „Messinstrument" darstellt, sind die mögliche Objektivierung der Befunde und die Objektivität des Gutachters von besonderer Bedeutung. Objektivität bedeutet, dass die Befundung oder Bewertung sachlich, unvoreingenommen, unparteilich, allgemein gültig, unbeeinflusst vom Messinstrument oder Untersuchenden, also nicht von Gefühlen, Wünschen oder Vorurteilen beeinträchtigt, vorgenommen wird.

Wo unter standardisierten Rahmenbedingungen primär technisch-apparative Befunde zu erheben sind, wie bei Laborbefunden, Röntgenuntersuchungen usw., lässt sich in aller Regel eine ausreichende Objektivierung erreichen, insbesondere für die Diagnostik von Krankheiten, Schädigungen und Funktionsstörungen (sog. „harte Daten"). Die Bewertung der Fähigkeits- bzw. Aktivitäts- und Teilhabestörungen im Zusammenhang mit den Kontextfaktoren bedingt aber zwangsläufig die persönliche und direkte Interaktion von Probanden und Untersucher. Da zwei Subjekte miteinander agieren, lassen sich naturgemäß (störende) subjektive Einflüsse niemals vollständig vermeiden [4]. Es werden ja gerade subjektive bzw. persönliche Eigenschaften beim Gutachter gefordert, um z. B. die Sensitivität und Spezifität der Beurteilung zu erhöhen, wie z. B. Geduld, Einfühlungsvermögen und die Fähigkeit zur Selbstkontrolle und Selbstkritik.

Bekannte Interaktionsphänomene sind Übertragung und Gegenübertragung, die natürlich auch bei der Gutachter-Proband-Beziehung eine Rolle spielen [5, 11, 65]; siehe auch Kapitel 25.5.3. Aber auch eine Begutachtung ohne persönlichen Kontakt, lediglich auf der Grundlage der (ausreichend) vorliegenden Befunde kann keine absolute Objektivität garantieren. Durch das sich darüber bewusst sein bei der sozialmedizinischen Bewertung kann die endogene Objektivität gefördert werden. Die exogene Objektivität verlangt den Abgleich der eigenen Meinung mit der anderer Experten, z. B. durch eine entsprechende Fortbildung. Grundsätzlich wichtig bei der Begutachtung sind daher die Einhaltung allgemein anerkannter Standards, nachvollziehbare Begründungen und eine systematische Qualitätssicherung.

Im speziellen Teil wurde deshalb besonderes Gewicht auf die mögliche Darstellung der indikationsspezifischen Beurteilungskriterien gelegt. Es sind ja nicht primär die Krankheiten, sondern die dadurch bedingten Folgen zu erkennen und sozialmedizinisch zu werten. Die fokussierte Betrachtung der ausschlaggebenden Faktoren nach konsentierten oder evidenzbasierten standardisierten Kriterien ermöglicht sowohl die Gleichbehandlung der Versicherten als auch die korrekte Bewertung des Einzelfalles, der insbesondere durch die Kontextfaktoren und die möglichen krankheitsspezifischen Gefährdungs- und Belastungsfaktoren charakterisiert wird. Die subjektiven Klagen oder Schmerzangaben eines Antragstellers sind aber immer durch objektive Befunde zu hinterfragen (siehe Abschnitt 5.4). Auch im psychosomatischen Indikationsbereich bedarf es z. B. des Nachweises eines psychopathologischen Befundes [61]. Gerade dafür benötigt man den *medizinischen* Sachverständigen.

Die Befunde die der Gutachter als „Messinstrument" selbst erhebt, wie der allgemeine klinische Gesamteindruck, konvergierende oder divergierende anamnestische Hinweise auf konkrete Einschränkungen im Alltagsablauf, spontane Verhaltens- und Bewegungsmuster in der Begutachtungssituation usw., werden meist als sog. „weiche Daten" betrachtet und eher gering geschätzt, da man ihnen wegen der damit verbundenen Gutachter-Subjektivität und einer möglichen Zurschaustellung des Probanden weniger trauen könne. Dabei sollte man sich jedoch davor hüten, den sog. „harten Daten" ein zu großes Gewicht zu geben. Harte Daten werden in der Interpretation meist zu weichen Daten, ursprünglich weiche Daten werden in der richtigen Interpretation oft zu harten Daten. Zwar gibt es insbesondere in der Orthopädie und Chirurgie offensichtliche Unfähigkeiten (für deren Erkennen man auch kein Arzt sein müsste), andererseits sind aber auch z. B. röntgenologisch schwere Wirbelsäulenveränderungen ohne entsprechende Funktionseinschränkungen feststellbar (siehe auch Kapitel 25.2.1) oder sie können ggf. durch geeignete Kontextfaktoren in ihrer Bedeutung kompensiert werden. Auch kann ein einfühlsamer Gutachter mit guter Beobachtungsgabe ein feines Gespür für den tatsächlichen Sachverhalt haben, so dass „harte Daten" in ihrer Bedeutung ggf. zu Recht infrage gestellt werden. Das grundsätzliche Sicherheitsgefühl für die eine, „harte" Seite ist so wenig berechtigt, wie das permanente Unsicherheitsempfinden auf der anderen, „weichen" Seite. Es ist weniger das Prinzip des „überlaufenden Fasses" in der gutachterlichen Urteilsbildung anzunehmen [34] als vielmehr der Entwurf eines aus vielen Einzelteilen entstehenden Bildes, das eben „stimmig" sein muss, damit es zur Überzeugung des Gutachters werden kann; vgl. auch Kapitel 25.3.1.

5.3.6 Bedeutung exakter Grenzwerte

Für viele Bereiche der Leistungsbeurteilung fehlen geeignete Instrumente, die es dem Gutachter ersparen würden, eine in der Gesamtschau der Befunde eher allgemeine Einschätzung abgeben zu müssen. Die anzugebenden Leistungsgrenzen, z. B Gewichtsangaben wie max. 10 kg beim Tragen und Heben von Lasten ohne Hilfsmittel, suggerieren ein exaktes Messergebnis, 9,999 kg wären somit noch erlaubt, 10,001 kg aber bereits gefährlich. In biologischen Systemen gibt es aber typischerweise solche exakten Grenzen nicht. Gutachterliche Angaben wie z. B. „dem Probanden kann regelmäßig eine Gehstrecke von 513 Meter zugemutet werden" oder er könne „regelmäßig 3 Stunden und 24 Minuten körperlich leichte Arbeiten verrichten" wird man in einem seriösen Gutachten vergeblich suchen. Die Grenzziehungen orientieren sich an den vorgegeben gestuften Anforderungsprofilen und kategorisieren das individuelle Leistungsprofil.

5.3.7 Krebskranke

Besondere Probleme können sich auch bei der sozialmedizinischen Begutachtung von Krebskranken ergeben. Im Bewusstsein der Bevölkerung haben Tumorerkrankungen häufig immer noch eine Sonderstellung. Der meist schleichende Beginn der Erkrankung, ihre „Heimtücke", die langwierigen und oft mit unangenehmen Begleiterscheinungen verbundenen therapeutischen Maßnahmen und die relativ hohe Todesrate bei manchmal langem Leidensweg machen das verständlich.

Gleichwohl hat sich in den letzten Jahrzehnten eine Änderung in der sozialmedizinischen Beurteilung auf diesem Gebiet entwickelt. Kam früher wegen therapeutischer Ausweglosigkeit die Diagnose „Krebs" einem „Todesurteil" gleich, so dass fast in einem Automatismus der Rentenantrag gestellt und auch bewilligt wurde, so ist heute, auch auf Grund der vielen therapeutischen Möglichkeiten zur Verbesserung der Prognose, eine sehr differenzierte Betrachtung notwendig. Bei der Frage der Erwerbsminderung kommt es nicht auf die Krankheitsdiagnose an, sondern darauf, ob aufgrund von Krankheit oder Behinderung die Erwerbsfähigkeit langfristig gemindert ist. Eine automatische Invalidisierung der Krebskranken würde auch gegen den Grundsatz der Gleichbehandlung aller Versicherten verstoßen und Versicherte mit anderen chronischen Krankheiten könnten eine ähnliche Sonderbehandlung erwarten. Eine verfrühte Rentengewährung könnte den Krebskranken ggf. auch als unheilbar abstempeln, ihn demotivieren gegenüber den oft belastenden Therapieverfahren, ihm das Vertrauen in eine mögliche Heilung nehmen, und die soziale Integration in Beruf und Familie vermindern [24]. Die mittlerweile gesetzlich vorgegebene grundsätzliche zeitliche Befristung einer Erwerbsminderungsrente kommt der prognostischen Unsicherheit bei Krebserkrankungen insofern sehr entgegen. Das verbliebene individuelle Leistungsvermögen (Restleistungsvermögen) ist für die Beurteilung maßgeblich. Der Verdacht auf eine Krankheit oder die Ungewissheit über den tatsächlichen Gesundheitszustand kann keine Grundlage für eine Erwerbsminderungsrente sein. Das bloße Risiko eines Rezidivs ohne tatsächlich feststellbare Einschränkungen der Leistungsfähigkeit stellt keine Minderung der Erwerbsfähigkeit dar. Wegen der Vielfalt der Manifestationsmöglichkeiten und der oft individuell sehr unterschiedlichen Entwicklungen, erfolgt in diesem Buch die krankheitsspezifische Beurteilung in den jeweiligen Fachkapiteln.

5.3.8 Migranten und Arbeitnehmer ausländischer Herkunft

Die Begutachtung von Migranten und Arbeitnehmern ausländischer Herkunft stellt oft wegen sehr ungünstiger Kontextfaktoren eine besondere Herausforderung an den Gutachter dar [15, 25, 29, 30, 66]; vgl. hierzu auch Kapitel 25.5.2. Migranten sind Personen, die ihren Wohnsitz in andere Länder verlegen, unabhängig von der Motivation oder dem kulturellen Hintergrund. Die Erfüllung der Gleichbehandlung aller Versicherten bei adäquater Berücksichtigung der individuellen Gegebenheiten ist wegen oft vorhandener vielschichtiger Probleme ausgesprochen schwierig. Bei der Begutachtung muss bewusst sein, dass es nicht Aufgabe der gesetzlichen Rentenversicherung sein kann, Sozialkonflikte oder soziokulturelle Besonderheiten zu entschädigen. Vielmehr müssen die Beurteilungskriterien Anwendung finden, nach denen die Gemeinschaft aller Versicherten beurteilt wird, worin aber auch eingeschlossen ist, dass den Besonderheiten des Einzelfalles Rechnung zu tragen ist. Dabei muss auch eine kritisch-abwägende Wertung transkultureller und ethnomedizinischer Hintergründe – sofern dies ggf. von Bedeutung ist, wie z. B. in der Psychiatrie – im Gutachten Berücksichtigung finden. „Pseudo-ethnologische" Gutachten sind jedoch zu vermeiden [23].

5.3.9 Ermessens-/Beurteilungsspielraum

Ermessensentscheidungen werden im Verwaltungsbereich getroffen, wenn der Gesetzgeber z. B. die Möglichkeit vorgesehen hat, es einer Behörde selbst zu überlassen, zwischen verschiedenen richtigen Möglichkeiten eine auszuwählen (§ 39 SGB I). Das Ermessen muss aber richtig ausgeübt werden, es darf kein Ermessensfehler vorliegen [35]. Für einen Arzt bedeutet der „Ermessensspielraum" eher die Bewegungs- und Entscheidungsfreiheit, die er dadurch hat, dass Vorschriften oder Gesetze etwas offenlassen. Für die Problematik der „richtigen" sozialmedizinischen Beurteilung der Leistungsfähigkeit im Erwerbsleben passt diese Begrifflichkeit aber nicht. Bei der Suche nach der sozialmedizinischen „Wahrheit" kann man meistens nicht zwischen verschiedenen richtigen Möglichkeiten wählen, sondern es ist deutlich zu machen, welche man mit welcher Wahrscheinlichkeit für die richtige oder angemessene hält. Deshalb stellt sich eher die Frage nach dem ärztlichen Beurteilungsspielraum. Der Arzt ist in seiner gutachterlichen Tätigkeit eigenverantwortlich und nicht weisungsgebunden, aber er hat das Gutachten mit der nötigen Sorgfalt und nach bestem Wissen und Gewissen zu erstellen. Er hat ärztliche Standards einzuhalten, muss die normativen Vorgaben des Auftraggebers berücksichtigen und seinen persönlichen Sachverstand plausibel und nachvollziehbar bei der Beantwortung der gutachterlichen Fragen einsetzen. Sofern dabei Sachverhalte zu bewerten sind ohne dass die Möglichkeit zu einer standardisierten und objektiven Beurteilung gegeben ist, darf die subjektive Überzeugung des Gutachters aufgrund persönlicher Erfahrung ausschlaggebend sein, was aber im Gutachten entsprechend erkennbar sein muss. Insofern kann ein und derselbe Versicherte von verschiedenen Gutachtern ggf. durchaus verschieden beurteilt werden, ohne dass eine fehlerhafte Begutachtung vorliegen muss. Einheitliche Beurteilungskriterien und eine Weiterentwicklung der Qualitätssicherung der sozialmedizinischen Begutachtung sind dabei zielführend für die Gleichbehandlung der Versicherten.

5.3.10 Auf Kosten der Gesundheit

Gelegentlich wird an den Gutachter die Frage gestellt, ob die tatsächliche Ausübung einer beruflichen Tätigkeit unmittelbar auf Kosten der Gesundheit erfolgt. Das auf der Grundlage der sozialmedizinischen Begutachtung festgestellte Leistungsvermögen ist nämlich auch dann maßgebend, wenn der Versicherte darüber hinausgehend weiterhin erwerbstätig ist und unmittelbar auf Kosten der Gesundheit arbeitet. Dies ist dann der Fall, wenn mit dieser Tätigkeit eine unmittelbare und konkrete Gefahr der Verschlechterung des Gesundheitszustandes des Versicherten verbunden ist. Das dürfte in der Praxis selten gegeben sein und muss medizinisch sehr sorgfältig und nachvollziehbar begründet werden. Die gesetzlich festgelegten Hinzuverdienstgrenzen schließen einen Missbrauch aus.

Zudem ist darauf zu achten, ob der Versicherte tatsächlich noch vollschichtig erwerbstätig ist oder ob der Arbeitgeber eine nur noch zeitlich eingeschränkte Leistungsfähigkeit des Versicherten akzeptiert und ihn „vergönnungsweise" nominell vollschichtig beschäftigt. In diesem Fall gilt die ärztlich festgestellte quantitativ eingeschränkte Leistungsfähigkeit mit den entsprechenden sozialrechtlichen Folgen. Aber auch hier gelten die Hinzuverdienstgrenzen, die den Zahlbetrag der Rente begrenzen.

Allerdings hat die tatsächliche Berufsausübung nach Auffassung des Bundessozialgerichtes einen hohen Beweiswert. Wenn der Versicherte nicht unmittelbar auf Kosten der Gesundheit arbeitet und auch nicht „vergönnungsweise" erwerbstätig ist, kann u. U. das Vorliegen einer vollen Erwerbsminderung verneint werden, selbst wenn ein ärztliches Gutachten ein aufgehobenes Leistungsvermögen angibt.

5.3.11 Teilweise Rücknahme der Schweigepflichtentbindung

Über grundsätzliche Rechte und Pflichten der Mitwirkung des Versicherten bei der sozialmedizinischen Sachaufklärung gibt Kapitel 2.2 Auskunft. Problematisch kann es im Einzelfall werden, wenn der Antragsteller zwar grundsätzlich in die Begutachtung eingewilligt hat und auch aktiv mitwirkt, in deren Verlauf oder später jedoch dem Gutachter die Weitergabe oder Verwertung bestimmter Befunde oder Erkenntnisse mit Hinweis auf die ärztliche Schweigepflicht verbieten möchte und damit seine Einwilligung teilweise rückgängig macht. Gleiches könnte auch im Rahmen einer Rehabilitation geschehen und dort z. B. auch andere Mitglieder des Reha-Teams betreffen, wie z. B. den Psychologen, dem ggf. untersagt werden soll, an den Reha-Arzt oder andere Mitglieder des Reha-Teams bestimmte oder überhaupt Angaben weiterzugeben.

Sofern solche Informationen für die Rehabilitation oder Leistungsbeurteilung keine (wesentliche) Rolle spielen, sind sie ohnehin nicht zu berichten und auch nicht schriftlich zu dokumentieren. In diesem Sinne ist der Gutachter von der Schweigepflicht grundsätzlich nur „teilentbunden". Was nicht zur Sache gehört, das gehört nicht ins Gutachten.

Handelt es sich dagegen um wesentliche Informationen, gilt unverändert der Grundsatz, dass der Gutachter sein Gutachten unparteiisch und nach bestem ärztlichen Wissen und Gewissen zu erstellen hat. Hierbei ist er weder weisungsgebunden, noch darf er sich durch Vorstellungen und Äußerungen des Probanden oder im Verhältnis zu Dritten beeinflussen lassen; vgl. Abschnitt 2.1.7 auf Seite 35.

Da der Versicherte Herr über seine Privatsphäre bleibt, kann er grundsätzlich festlegen, dass bestimmte Befunde, Angaben oder Daten nicht an den RV-Träger mitgeteilt werden. In einem solchen Fall hat der Gutachter zu prüfen, ob er den Gutachtenauftrag mit diesen Einschränkungen durch den Versicherten noch erfüllen kann oder ihn – ebenfalls unter Hinweis auf die Einwendungen des Versicherten – zurückgeben muss, da evtl. Sinn und Zweck der Begutachtung in Frage gestellt werden. Bei derartigen Vorbehalten des Versicherten sind ggf. weder eine „Wahrheitsfindung" noch eine transparente und nachvollziehbare Begründung der sozialmedizinischen Beurteilung im Gutachten möglich, und der Rentenversicherungsträger kann sich evtl. nicht der Beweismittel bedienen, die er nach seinem pflichtgemäßen Ermessen für erforderlich hält (siehe Abschnitt 2.1.4). Daher liegt es in solchen Fällen im Ermessen des Rentenversicherungsträgers zu entscheiden, ob entweder dem Versicherten der Anspruch wegen fehlender Mitwirkung gem. § 66 SGB I zu versagen ist oder ob die ansonsten vorliegenden Erkenntnisse für eine sachgerechte Verwaltungsentscheidung ausreichen.

Gleiches gilt für die Problematik im Zusammenhang mit einer Rehabilitation. Eine umfassende Sachaufklärung (auch im Sinne des SGB IX) ist ggf. nicht möglich, wenn nur Teilbefunde nach Vorgaben des Versicherten verwendet werden dürfen. Der betroffene Psychologe z. B. müsste das Reha-Team über die Beschränkung durch den Versicherten (allgemein) informieren, worauf dann über die Möglichkeit einer sinnvollen Weiterführung der gesamten Rehabilitation im Einzelfall entschieden werden muss. Sollten die Reha-Ziele im weiteren Verlauf letztlich doch nicht erreicht werden, muss vom zuständigen Arzt auch über den möglichen Einfluss auf die sozialmedizinische Leistungsbeurteilung entschieden werden. Im Reha-Ent-

1. Qualitätssicherung ist seit jeher eine der ärztlichen Berufsausübung immanente gemeinschaftliche Aufgabe der Ärzteschaft.	7. Qualitätssicherung ist nicht vorrangig Forschung, sondern ein zielorientierter, innovativer fortdauernder und interdisziplinärer Prozess in allen medizinischen Versorgungsbereichen. Sie bedient sich wissenschaftlicher Methoden zur Entwicklung und Evaluation geeigneter Maßnahmen zur Anwendung in Praxis und Klinik.
2. Qualitätssicherung umfasst alle Bereiche ärztlicher Berufsausübung und muss im Sinne eines Qualitätssicherungsmanagements in gleicher Weise in allen Versorgungsbereichen durchgeführt werden.	
3. Qualitätssicherung dient ausschließlich der Sicherung und Verbesserung der Patientenversorgung und ist daher kein Selbstzweck.	8. Qualitätssicherung darf nicht mit Maßnahmen zur Verbesserung der Wirtschaftlichkeit im Gesundheitswesen verwechselt werden, auch wenn mit den Methoden der Qualitätssicherung eine Verbesserung der Wirtschaftlichkeit erreicht werden kann.
4. Qualitätssicherung bedient sich problemadäquater Methoden.	
5. Qualitätssicherung bedarf bei uneingeschränkter Wahrung des Patientengeheimnisses des Vertrauensschutzes. Dabei gilt der Grundsatz: Selbstkontrolle vor Fremdkontrolle.	9. Qualitätssicherung bedarf angemessener personeller und organisatorischer Strukturen. Diese sind mit Kosten verbunden.
	10. Für den finanziellen Mehraufwand, der den Teilnehmern an Qualitätssicherungsmaßnahmen entsteht, sind zusätzliche notwendige Finanzmittel bereitzustellen. Dies ist durch die Erhöhung der betreffenden Budgets durch den Gesetzgeber zu regeln.
6. Qualitätssicherung setzt valide Daten und enge Kooperation aller Beteiligten voraus.	

Tab. 5.1: Thesen der Ärzteschaft zur medizinischen Qualitätssicherung und Qualitätsverbesserung

lassungsbericht ist dieser Umstand auf jeden Fall entsprechend zu berücksichtigen und in der Bedeutung extra zu würdigen.

5.4 Qualitätssicherung und Qualitätsmanagement

Ein wichtiger Bestandteil der ärztlichen Berufsausübung ist die Sicherung der Qualität der eigenen Arbeit. In den letzten Jahren wuchs die Notwendigkeit, Qualitätssicherung (QS) und Qualitätsmanagement (QM) systematisch zu betreiben und für die Öffentlichkeit transparent zu machen. Die Ärzteschaft hat sich seit 1988 in den Ärztlichen Berufsordnungen ausdrücklich zur Teilnahme an Qualitätssicherungsmaßnahmen verpflichtet. Später hat der Bundesgesetzgeber den Beteiligten im Gesundheitswesen im SGB V die Verpflichtung zur Entwicklung und Durchführung von Qualitätssicherungsmaßnahmen zur Aufgabe gemacht. Die Landesgesetzgeber haben entsprechende Vorgaben in den Heilberufsgesetzen aufgenommen. Die Einrichtung einer Bundesgeschäftsstelle für Qualitätssicherung (BQS) ist ein weiterer Schritt zur Umsetzung des § 137 SGB V i. d. F. vom 01.01.2000.

Beim 96. Deutschen Ärztetag 1993 wurden „10 Thesen der Ärzteschaft zur medizinischen Qualitätssicherung und Qualitätsverbesserung" beschlossen (siehe Tabelle 5.1), die vom 101. Deutschen Ärztetag 1998 betont und bekräftigt wurden.

Im Bereich der Rehabilitation hat die Gesetzliche Rentenversicherung (GRV) eine führende Rolle eingenommen und im Jahre 1994 ein Qualitätssicherungsprogramm für die stationäre medizinische Rehabilitation eingeführt [56]. Mittlerweile sind auch weitere Programme in der medizinischen Rehabilitation für die Gesetzlichen Krankenkassen, die Träger der Unfallversicherung und für Mütter- und Mutter-Kind-Einrichtungen begonnen worden, so dass von einer breiten Entwicklung gesprochen werden kann.

Ein zentrales Instrument zur Analyse der Prozessqualität der medizinischen Rehabilitation ist das Peer-Review-Verfahren, das 1999 im Zuständigkeitsbereich der GRV im Rahmen des QS-Programms für alle Einrichtungen mit somatischen Indikationsschwerpunkten verbindlich eingeführt wurde [56, 59].

Auch auf dem Gebiet der beruflichen Rehabilitation gibt es – beschleunigt durch das Inkrafttreten des SGB IX – gemeinsame Aktivitäten der daran Beteiligten zur Entwicklung eines Qualitätsmanagements.

Im Bereich der ärztlichen Begutachtung gibt es ebenfalls verschiedene Bemühungen zur Systematisierung der Qualitätssicherung. Der Medizinische Dienst der Krankenkassen (MDK) arbeitet an der Entwicklung eines modernen Qualitätsmanagements [41], einzelne RV-Träger haben bereits eigenständige Entwicklungen von trägerinternen QS-Programmen in der Erprobung [39]. Beim VDR wurde zum 01.01.2002 die auf zwei Jahre terminierte „Kommission zur Weiterentwicklung der Sozialmedizin in der gesetzlichen Rentenversicherung" (SOMEKO) etabliert, die u.a. zum Ziel hat, einheitliche Grundlagen zu schaffen für eine systematische Qualitätssicherung bzw. ein Qualitätsmanagement für die sozialmedizinische Begutachtung.

Voraussetzung dafür ist nicht nur die Bereitschaft zur selbstkritischen Überprüfung der eigenen Arbeit sondern auch das Vorliegen allgemein anerkannter Standards. Das beginnt bereits bei den Begrifflichkeiten. Deshalb einige Hinweise zu den komplexen Begriffen im Zusammenhang mit Qualitätssicherung:

5.4.1 Grundbegriffe

Qualität

Der oft verschieden gebrauchte Begriff „Qualität" leitet sich aus dem Lateinischen ab: qualitas heißt „Beschaffenheit" [46]. Aus „Eigenschaft, Beschaffenheit" entstand aus einigen Ableitungen die Bedeutung „besondere Eigenschaft, besonders gute Eigenschaft". In den einfachen Wörterbüchern heißt es zur Qualität meist: „die Gesamtheit der charakteristischen Eigenschaften einer Person oder Sache, ihre Beschaffenheit, ihre Güte". In der Wirtschaft z.B. verwendet man den Begriff Qualität für die Beschaffenheit einer Ware, die Produktqualität, und andererseits auch für die Beschaffenheit einer Dienstleistung nach ihren Vorzügen und Mängeln.

Die Bundesärztekammer (BÄK) bezieht sich in ihrem Glossar zum Gebiet Qualitätssicherung und Qualitätsmanagement[6] in erster Linie auf die Definition nach DIN EN ISO 8402:1995, Nr. 2.1: „Qualität ist die Gesamtheit von Merkmalen (und Merkmalswerten) einer Einheit bezüglich ihrer Eignung, festgelegte und vorausgesetzte Erfordernisse zu erfüllen."

Dabei wird ausdrücklich darauf hingewiesen, dass der Qualitätsbegriff der DIN EN ISO-Normen wertneutral und positivistisch ist und sich ausschließlich auf die Eignung oder Fähigkeit einer Einheit zur Erfüllung vorausgesetzter oder festgelegter Erfordernisse, aber nicht auf die Ausprägung bzw. den tatsächlich vorhandenen Ausprägungsgrad dieser Eignung bezieht. Zudem betont die BÄK, dass die DIN EN ISO-Normen nicht mit einer Einschränkung des individuellen Handlungsspielraumes gleichzusetzen sind, da sich niemand durch das Anwenden von Normen der Verantwortung für eigenes Handeln entziehen kann. Jeder handelt also auf eigene Gefahr. Zwar erhöht das Einhalten von Normen die Wahrscheinlichkeit, Ergebnisse im Sinne der Erfordernisse zu erhalten, und kann unter forensischen Aspekten Schutz bieten, jedoch sind Normabweichungen – soweit keine gesetzlichen oder anderweitig festgelegten Einschränkungen vorliegen – nicht nur immer und überall möglich, sondern können im Einzelfall sogar zwingend sein, bedürfen jedoch der plausiblen rationalen Begründung. Die Qualitätsbewertung nach DIN EN ISO-Normen kann also den Abgleich zwischen tatsächlicher und erwünschter Ausprägung einer Eignung sowie die Ermittlung von Effektivität und Effizienz bezüglich der Erfordernisse nicht ersetzen.

DIN-ISO-Normen

DIN steht für Deutsches Institut für Normung e.V., ISO für Internationale Standardisierungsorganisation (International Organisation for Standardization). Die DIN-Normen werden von interessierten Gruppen im Inland erarbeitet, die ISO-Normen von Delegierten aus mehr als 100 nationalen Normungsinstituten. Das DIN koordiniert auf der Basis eines Vertrages mit der Bundesrepublik Deutschland die Normungsaktivitäten

---

6. http://www.bundesaerztekammer.de (Stand 12.02.03)

auf internationaler Ebene und ist gleichsam „nationale Spiegelorganisation" zu ISO und CEN (Comité Européen de Normalisation, eine europäischen Normierungsbehörde ähnlich DIN und ISO). Nach DIN sind Normen „dokumentierte Vereinbarungen, die technische Spezifika oder andere präzise Kriterien festlegen, die als Regeln, technische Anleitungen, Definitionen oder Charakterisierungen vorgeschlagen werden, um Stoffe, Produkte, Prozesse oder Dienstleistungen herzustellen und in den Wirtschaftskreislauf einzubringen" [20, 21].

Ein Ausschuss der ISO bekam 1980 die Aufgabe, die nationalen Normen zum Qualitätsmanagement zu harmonisieren, was zu der **ISO-9000 ff-Normenreihe** führte, die über 70 Länder als nationale Normen übernahmen. Die Bezeichnung DIN „EN" ISO 9000 ff. unterstreicht den Status der Normenfamilie zugleich als europäische Norm. ISO 9000 ff gibt Empfehlungen zur Organisation, zum Aufbau, zur Aufrechterhaltung, zur Dokumentation, zu internen und externen Kontrollen und zur Zertifizierung von Qualitätsmanagementsystemen [17, 18, 19].

Qualitätsmanagement-Darlegung

Qualitätssicherung (QS) nennt man bislang alle Maßnahmen, die darauf abzielen, eine nach dem gegenwärtigen Kenntnisstand erreichbare Qualitätsverbesserung zu erreichen und damit eine Optimierung von Leistungen. Allerdings weist die BÄK in ihrem Glossar darauf hin, dass nach allgemeinen Übereinkünften in den nationalen und internationalen Normungsgremien dafür zukünftig der Begriff *Qualitätsmanagement (QM)* verwendet werden soll. Während also bisher „Qualitätssicherung" der übergeordnete Begriff war, soll sie nach DIN EN ISO 8402:08.95 zukünftig in der Doppelbenennung „Qualitätssicherung/QM-Darlegung" aufgehen und eine Untermenge des Qualitätsmanagements darstellen [21]. Dieser Fachsprache steht aber die weiterhin übliche Verwendung des Begriffs „Qualitätssicherung" in der Umgangssprache gegenüber.

Um Qualität zu erreichen, muss man sie planen, Ziele vorgeben, den Plan verwirklichen, dabei seine Umsetzung überprüfen, ggf. ändern und dies mit neuen Vorgaben ständig wiederholen. Dies alles beinhaltet üblicherweise der Begriff *Qualitätsmanagement*. Nach DIN EN ISO 8402:08.95 versteht man darunter alle Tätigkeiten des Gesamtmanagements, die im Rahmen des QM-Systems die Qualitätspolitik, die Ziele und Verantwortungen festlegen sowie diese durch Mittel wie Qualitätsplanung, Qualitätslenkung, Qualitätssicherung bzw. QM-Darlegung und Qualitätsverbesserungen verwirklichen. Dabei ist Qualitätsmanagement die Verantwortung aller Ausführungsebenen, muss jedoch von der obersten Leitung angeführt werden. Ihre Verwirklichung bezieht alle Mitglieder der Organisation ein. Beim Qualitätsmanagement werden Wirtschaftlichkeitsgesichtspunkte beachtet.

Qualitätsaudit

So nennt man die Prüfung des Qualitätsmanagements nach diesen Normen, selber oder durch Zertifizierungsstellen.

Qualitätszirkel

Ärztliche Qualitätszirkel sind für die BÄK auf freiwilliger Initiative gegründete Foren (Kleingruppen) für einen kontinuierlichen interkollegialen Erfahrungsaustausch, der problembezogen, systematisch und zielgerichtet ist und der in gleichberechtigter Diskussion der Teilnehmer eine gegenseitige Supervision zum Ziel hat.

Total Quality Management

Von besonderer Bedeutung ist das sog. *Umfassende Qualitätsmanagement*, das auch als *Total Quality Management (TQM)* bezeichnet wird. Darunter versteht man eine auf die Mitwirkung aller Mitglieder gestützte Managementmethode einer Organisation, die Qualität in den Mittelpunkt stellt und durch Zufriedenstellung der Kunden auf langfristigen Geschäftserfolg sowie auf Nutzen für die Mitglieder der Organisation und für die Gesellschaft zielt (DIN EN ISO 8402: 08.95).

Standard

Die Verwendung des Begriffes *Standard* ist sehr vielschichtig [42] und kann z. B. definiert werden als

„maßgebliche Aussage über (1) minimal akzeptable Versorgungsprozesse bzw. -ergebnisse, (2) optimale Versorgungsprozesse und -ergebnisse oder (3) einen Toleranzbereich akzeptabler Versorgungsprozesse bzw. -ergebnisse" [26]. Standards kann man aber auch definieren als gemittelte Werte validierter Indikatoren von Struktur-, Prozess- und Ergebnisqualität von solchen Kliniken und Ärzten, die mit der erforderlichen Sorgfalt arbeiten [44].

Die BÄK bezeichnet in ihrem Glossar Standards als „eine normative Vorgabe qualitativer und/oder quantitativer Art bezüglich der Erfüllung vorausgesetzter oder festgelegter Qualitätsanforderungen" und empfiehlt, nur noch die Formulierung des qualitativen Standards zu akzeptieren.

Kunde

Die meisten Begriffe stammen aus dem Wirtschaftsbereich, wo natürlich die „Kundschaft" (Käuferkreis) bzw. der einzelne „Kunde" eine zentrale Regelgröße darstellt. Ursprünglich bedeutete „Kunde" „der Bekannte" und wurde über die Bedeutung „Wirtshausgast" zum heutigen Käufer [33]. Kundenorientierung bedeutet, sich an den Wünschen des Kunden zu orientieren, danach das Angebot, die Produktion, den Service und den Preis zu gestalten, um sich z. B. einen Wettbewerbsvorteil zu verschaffen, eine möglichst marktbeherrschende Stellung und langfristigen Gewinn zu erzielen. Das Preis-Leistungsverhältnis wird meist durch die Nachfrage reguliert. Der Erfolg beim Kunden ist die Grundlage des unternehmerischen Erfolges.

Es ist nicht unproblematisch, den Kundenbegriff im Zusammenhang mit der sozialmedizinischen Begutachtung zu verwenden. Nicht nur die typische Arzt-Patient-Beziehung, sondern auch die Beziehung zwischen Gutachter und Antragsteller bzw. Probanden unterscheidet sich deutlich von der üblichen Beziehung zwischen Dienstleister und Kunden/Käufer. Der Gutachter „verkauft" dem zu Begutachtenden nichts, jedenfalls nicht direkt. Als „Kunden" kann man eher den RV-Träger als direkten Auftraggeber sehen. Als Vertreter der Versichertengemeinschaft/Solidargemeinschaft hat der Sozialleistungsträger kein natürliches Interesse an einer Gewinnmaximierung (Non-Profit-Organisation), er hat eine gesetzliche Aufgabe zu erfüllen, dies muss er allerdings effektiv und effizient tun. Insofern ist ihm daran gelegen, seine Aufgabe sachgerecht und angemessen zu erfüllen, er ist weder ein unangemessener „Freund", noch ein irgendwie gearteter „Feind" des Versicherten. Zudem hat der ärztliche Gutachter bei der sozialmedizinischen Sachaufklärung die klar zugewiesene Position des unabhängigen und unparteilichen Sachverständigen und damit eine gewisse „Garantenstellung" für ein neutrales und sachbezogenes Bewertungssystem.

Allerdings wird dies gelegentlich bezweifelt, und von politischer Seite wurden – insbesondere begründet mit der Unterstellung der Parteilichkeit und Abhängigkeit der RV-trägereigenen Gutachter – zuletzt 1996 die Einrichtung regionaler Sozialmedizinischer Zentren bzw. eine Neuordnung der sozialmedizinischen Begutachtung gefordert. Aus Sicht der RV besteht dafür keine Notwendigkeit, da das bestehende System die zu stellenden Anforderungen im Grundsatz sachgerecht und kostengünstig erfüllt [14].

Eine einfache Analogie mit einseitiger oder extremer Kundenorientierung, wie sie im Bereich der Wirtschaft möglich ist, trifft den Sachverhalt im Bereich des sozialmedizinischen Dienstes genau so wenig wie bei anderen überparteilichen Verhältnissen der Beziehungen, wie z. B. zwischen Zivilprozessrichter und Parteien (ähnlich: TÜV-Prüfer und Fahrzeughalter, Strafprozessrichter und Angeklagter, Polizist und Tatverdächtiger usw.). Ebenso wenig lässt sich der Erfolg der korrekten Kundenorientierung einfach am Umsatz, am Gewinn oder an der sog. Kundenzufriedenheit festmachen. Ein Rentenantragsteller wird kaum damit zufrieden sein können, wenn ihm ggf. korrekterweise eine beantragte Erwerbsminderungsrente nicht bewilligt wird, und andererseits nutzt die beste Kundenakzeptanz nichts, wenn das Ergebnis der Sachaufklärung unrichtig sein sollte.

Alle Beteiligten haben ein gemeinsames Interesse an einer unabhängigen, unparteilichen und qualifizierten sozialmedizinischen Sachaufklärung. Der „Kunde" ist insofern gerade nicht „König".

Gleichwohl ist die sozialmedizinische Sachaufklärung kein Selbstzweck und deshalb kann der Kundenbegriff im Rahmen der Qualitätssicherung und des Qualitätsmanagements den gewünschten Charakter der Dienstleistung, z. B. die gewünschte Hinwendung zum Menschen oder Auftraggeber und die Berücksichtigung seiner Bedürfnisse deutlich machen. Der Medizinische Dienst der Kassen [41] definiert im Kontext der Qualitätssicherung und des Qualitätsmanagements den Kunden wie folgt:

„Kunde ist jeder, der mit dem MDK und seiner sozialmedizinischen Dienstleistung in Berührung kommt". Zudem wird angegeben, dass innerhalb des MDK in diesem Sinne jeder Mitarbeiter – unabhängig von der Hierarchieebene – Kunde und gleichzeitig auch Dienstleister des anderen ist.

Dieser Ansatz erlaubt die systematische Betrachtung eines wichtigen Teils des komplexen Beziehungs- und Aufgabengeflechts eines sozialmedizinischen Dienstes, ohne dass damit zwangsläufig eine ggf. einseitige Gewichtung erfolgt. Damit wird auch den Beteiligten klarer, dass die Dienstleistung eines Sozialmediziners z. B. auch die Abgabe eines tatsächlichen Produktes (z. B. Gutachten) sein kann, das durch einen Prozess (sozialmedizinische Sachaufklärung) innerhalb bestimmter Strukturen (z. B. sozialärztlicher Dienst) erstellt wird und bestimmten Qualitätsanforderungen entsprechen muss. Forderungen der Auftraggeber nach Transparenz und Nachvollziehbarkeit sozialmedizinischer Betrachtungen, Schnelligkeit der Auftragserfüllung mit möglichst minimalem Kostenaufwand können z. B. so fokussiert berücksichtigt werden. Kundenzufriedenheit wird hierbei durchaus messbar. Allerdings ist dies nicht immer widerspruchsfrei mit allen Qualitätsanforderungen an die sozialmedizinische Begutachtung zu erreichen, da z. B. fachliche Qualifikation, sachgerechte Beweiserhebung, korrekte Dokumentation und selbst freundlicher, empathisch-korrekter Umgang mit kranken und behinderten Menschen letztlich auch entsprechende Zeit und damit Geld kosten. Man muss also Prioritäten setzen: Qualität ist vorrangig zu gestalten, Laufzeiten und Kosten sind nachrangig zu optimieren/minimieren. Da in diesem Zusammenhang selbstverständlich auch die Mitarbeiterzufriedenheit eine Rolle spielt, kann die (bei allen Beteiligten!) geforderte Kundenorientierung positiv katalysierend für die Qualitätssicherung wirken.

5.4.2 Leitlinien

Im Bereich der medizinischen Versorgung bemüht man sich seit längerem um die Erstellung von Leitlinien. Von Bedeutung ist die sog. Ärztliche Zentralstelle Qualitätssicherung (ÄZQ), die seit Anfang 2003 *Ärztliches Zentrum für Qualität in der Medizin* genannt wird. Sie wurde von der Bundesärztekammer (BÄK) und der Kassenärztlichen Bundesvereinigung (KBV) errichtet und ist mittlerweile vertraglich mit den Krankenkassen und seit 2002 auch mit dem VDR verbunden. Die Einbindung der gesetzlichen Rentenversicherung soll in erster Linie sicherstellen, dass bei den Qualitätssicherungsmaßnahmen im Bereich der akutmedizinischen Versorgung die Schnittstelle zur Rehabilitation der GRV angemessen berücksichtigt wird.

Der Beirat der Bundesärztekammer unterscheidet vier Klassifikationen [2]. Zur Frage der Verbindlichkeit der Richtlinien, Leitlinien, Empfehlungen und Stellungnahmen gibt die BÄK[7] folgende Erklärung ab:

„Die Qualität der ärztlichen Berufsausübung orientiert sich an Maßstäben, die von Experten, insbesondere der Medizin, aber auch der Rechtswissenschaften, der Philosophie, der Ethik und der Theologie, erarbeitet werden. Im deutschen Sprachgebrauch haben sich Begriffe etabliert, deren Verbindlichkeit in der unten genannten Reihenfolge abnimmt:

Richtlinien sind meist von Institutionen veröffentlichte Regeln des Handelns und Unterlassens, die dem einzelnen Arzt einen geringen Ermessensspielraum einräumen. Ihre Nichtbeachtung kann Sanktionen nach sich ziehen.

Eine ähnliche Verbindlichkeit wie Richtlinien haben **Standards**, die als normative Vorgaben bezüglich der Erfüllung von Qualitätsanforderungen verstanden werden und durch ihre i. d. R. exakte Beschreibung einen mehr technisch-imperativen Charakter haben.

Demgegenüber sind **Leitlinien** systematisch entwickelte Entscheidungshilfen über angemessene Vorgehensweisen bei speziellen diagnostischen und therapeutischen Problemstellungen. Sie lassen dem Arzt einen Entscheidungsspielraum und ‚Handlungskorridore', von denen in begründeten Einzelfällen auch abgewichen werden kann.

---
7. http://www.bundesaerztekammer.de

Leitlinien

▷ sind systematisch entwickelte Entscheidungshilfen über angemessene ärztliche Vorgehensweise bei speziellen gesundheitlichen Problemen,
▷ stellen den nach einem definierten, transparent gemachten Vorgehen erzielten Konsens mehrerer Experten aus unterschiedlichen Fachbereichen und Arbeitsgruppen (ggf. unter Berücksichtigung von Patienten) zu bestimmten ärztlichen Vorgehensweisen dar,
▷ sind wissenschaftlich begründete und praxisorientierte Handlungsempfehlungen,
▷ sind Orientierungshilfen im Sinne von „Handlungs- und Entscheidungskorridoren", von denen in begründeten Fällen abgewichen werden kann oder sogar muss,
▷ werden regelmäßig auf ihre Aktualität hin überprüft und ggf. fortgeschrieben.
▷ Methodische Instrumente zur Erstellung von Leitlinien sind unter anderem Konsensuskonferenzen, Delphi-Analysen, Therapiestudien, Metaanalysen.

Leitlinien dienen

▷ der Sicherung und Verbesserung der gesundheitlichen Versorgung der Bevölkerung,
▷ der Berücksichtigung systematisch entwickelter Entscheidungshilfen in der ärztlichen Berufspraxis,
▷ der Motivation zu wissenschaftlich begründeter und ökonomisch angemessener ärztlicher Vorgehensweise unter Berücksichtigung der Bedürfnisse und Einstellungen der Patienten,
▷ der Vermeidung unnötiger und überholter medizinischer Maßnahmen und unnötiger Kosten,
▷ der Information der Öffentlichkeit (Patienten, Kostenträger, Verordnungsgeber, Fachöffentlichkeit und andere) über notwendige und allgemein übliche ärztliche Maßnahmen bei speziellen Gesundheitsrisiken und Gesundheitsstörungen.

Qualitätskriterien für Leitlinien

▷ Transparenz
▷ Gültigkeit (Validität)
▷ Zuverlässigkeit und Reproduzierbarkeit
▷ Multidisziplinäre Entwicklung
▷ Anwendbarkeit
▷ Flexibilität
▷ Klarheit, Eindeutigkeit
▷ Dokumentation der Leitlinienentwicklung
▷ Planmäßige Überprüfung
▷ Überprüfung der Anwendung
▷ Kosten-Nutzen-Verhältnis
▷ Verfügbarkeit der Leitlinie

Tab. 5.2: Leitlinien: Definition, Ziele und Qualitätskriterien

Empfehlungen und Stellungnahmen wollen die Aufmerksamkeit der Ärzteschaft und der Öffentlichkeit auf änderungsbedürftige und beachtenswerte Sachverhalte lenken.

Ein **Memorandum** dient mit seinem Inhalt der umfassenden Information und Aufklärung. Seine Inhalte sollen für die Urteilsbildung des Arztes über den aktuellen Stand des Wissens ggf. auch über veraltetes Wissen von Nutzen sein."

Als Beschlüsse der Vorstände von BÄK und KBV von Juni 1997 wurden die „Beurteilungskriterien für Leitlinien in der medizinischen Versorgung" bekannt gemacht [7]. Definitionen, Ziele und Qualitätskriterien für Leitlinien zeigt Tabelle 5.2.

Nachdem der Sachverständigenrat für die Konzertierte Aktion im Gesundheitswesen die Arbeitsgemeinschaft der Wissenschaftlichen Medizinischen Fachgesellschaften (AWMF) angeregt hatte, Leitlinien für die rationelle Diagnostik und Therapie zu entwickeln, kam es zu einem Entwicklungsboom mit Erstellung von mittlerweile über 1.000 Leitlinien, die als Kurzfassungen auch im Internet[8] abrufbar sind. Die

---

8. http://www.uni-duesseldorf.de/WWW/AWMF/

5.4 Qualitätssicherung und Qualitätsmanagement

Hierarchien der Evidenz

I Wenigstens ein systematischer Review auf der Basis methodisch hochwertiger kontrollierter, randomisierter Studien (RCT = randomized controlled trial).
II mindestens ein ausreichend großer, methodisch hochwertiger RCT.
III methodisch hochwertige Studien ohne Randomisierung bzw. nicht prospektiv (Kohorten-, Fall-Kontroll-Studien).
IV mehr als eine methodisch hochwertige nichtexperimentelle Studie.
V Meinungen und Überzeugungen von angesehenen Autoritäten (aus klinischer Erfahrung), Expertenkommissionen, beschreibende Studien.

Härtegrade der Evidenz

Ia Evidenz aufgrund von Metaanalysen von randomisierten, kontrollierten Studien.
Ib Evidenz aufgrund mindestens einer randomisierten, kontrollierten Studie.
IIa Evidenz aufgrund mindestens einer gut angelegten, kontrollierten Studien ohne Randomisierung.
IIb Evidenz aufgrund mindestens einer anderen Art von gut angelegter, quasi-experimenteller Studie.
III Evidenz aufgrund gut angelegter, nicht-experimenteller, deskriptiver Studien, wie z. B. Vergleichsstudien, Korrelationsstudien und Fall-Kontroll-Studien.
IV Evidenz aufgrund von Berichten der Experten-Ausschüsse oder Expertenmeinungen und/oder klinischer Erfahrung anerkannter Autoritäten.

Tab. 5.3: Hierarchien und Härtegrade von Evidenz

großen Qualitätsunterschiede von Leitlinien führten mittlerweile zur Konzeption eines Clearingverfahrens [38, 45]. Die ÄZQ hat dafür eine Checkliste „Methodische Qualität von Leitlinien" veröffentlicht [8].

Für den Bereich der sozialmedizinischen Sachaufklärung ist ein spezieller Blickwinkel notwendig, da der Versicherte nicht Patient und der Gutachter nicht behandelnder Arzt ist. Zudem geht es dabei nicht primär um die „angemessene ärztliche Vorgehensweise bei speziellen gesundheitlichen Problemen", sondern insbesondere um die Prüfung eines medizinischen Sachverhaltes und seine sozialmedizinischen Bewertung. Daher sollten Leitlinien in diesem Zusammenhang vor allem

▷ wissenschaftlich begründete und praxisorientierte Handlungsempfehlungen und

▷ Orientierungshilfen im Sinne von „Handlungs- und Entscheidungskorridoren" sein, von denen in begründeten Fällen abgewichen werden kann oder sogar muss.

Damit haben Leitlinien in erster Linie „Empfehlungscharakter". Die Komplexität der sozialmedizinischen Begutachtungsproblematik muss dem Gutachter einen ausreichenden Handlungs- und Beurteilungsspielraum für die Einzelfallbetrachtung lassen. Leitlinien sind auch keine „Kochbuchanleitungen", die aus einem verständnisvollen Laien einen Sachverständigen machen. Leitlinien zeigen den theoretischen Weg und die Richtung, der Sachverständige geht ihn nach den individuellen und aktuellen Verhältnissen.

In diesem Zusammenhang ist auch der Gedanke der „Evidence Based Medicine" (EBM) zu erwähnen. Bei der EBM geht es darum, die am besten gesicherten medizinischen Erkenntnisse (Evidence) so rasch wie möglich allen Patienten nutzbar zu machen. Aus der Entstehung heraus ergeben sich Abstufungen nach Hierarchie bzw. Härtegrad der Evidenz [1, 37]; vgl. Tabelle 5.3.

Mit der EBM beginnt in Deutschland allerdings kein neues Zeitalter in der Medizin [36], sie war hier in der (Hoch-)Schulmedizin schon immer selbstverständlich. Die ihr zugrunde liegenden Studien erfassen zudem nur einen Ausschnitt und deren Ergebnisse bedürfen wiederum der kritischen Interpretation des Kundigen [50]. Der einfache Transfer von EBM-Daten/-Erkenntnissen auf die Alltagspraxis ist bereits durch die Rahmenbedingungen bei der Studienerstellung problematisch (Bias: Systematischer Fehler oder Verzerrung der Studienresultate). Da insbesondere kontrollierte Studien sehr zeitaufwändig und teuer sind, müssen oft sehr einfache und leicht quantifizierbare Studien-Endpunkte gewählt werden, die aber mit der Realität der medizinischen Versorgung meist wenig gemein haben, insbesondere in sehr unterschiedlichen Ländern. Den gleichen Effekt haben oft die strengen Ein- und Ausschlusskriterien für die teilnehmenden Patienten. Manchmal werden auch ganze Personengruppen ausgeschlossen, wie z. B. Frauen und Kinder. Insbesondere multimorbide Patienten, wie sie bei der sozialmedizinischen Begutachtung besonders häufig vorkommen, werden meist im Studiendesign zur leichteren Beweisführung der infrage stehenden Hypothese nicht berücksichtigt. Keineswegs gelingt ein Erkenntnisgewinn ausschließlich nur über randomisierte, doppelblinde Studien. Wie in anderen Wissenschaften auch (z. B. Physik, Astronomie, Biologie) können auch in der Medizin physiologische Experimente und klinische Beobachtungen dazu führen. Leitlinien müssen diese systematischen Fehlermöglichkeiten bei Studien entsprechend berücksichtigen. Insofern hat jede Stufe oder Härtegrad der Evidenz eine Berechtigung, gleichwohl ist natürlich ein größtmögliches Maß an Evidenz anzustreben.

Für die Probleme der sozialmedizinischen Begutachtung liegen derzeit kaum verwertbare Studien vor, so dass hier von einem erheblichen Forschungsbedarf gesprochen werden muss. Die Entwicklung standardisierter funktionaler und arbeitsplatzspezifischer Assessmentsysteme steckt erst in den Anfängen und kann im günstigsten Fall nur einen Teilbereich der sozialmedizinischen Problematik lösen helfen.

Erste Schritte zur Leitlinienerstellung sind im Bereich der Rentenversicherung bereits zu verzeichnen. Unter indikationsbezogenen Gesichtspunkten wurden z. B. von der BfA „Leitlinien zur Rehabilitationsbedürftigkeit" [9] und auch verschiedene „Leitlinien zur sozialmedizinischen Leistungsbeurteilung" [10] für den beratungsärztlichen Dienst der BfA erstellt. Vom VDR wurden im Jahre 2000 Hinweise zur Begutachtung gegeben [60] und 2001 der „Leitfaden zum einheitlichen Entlassungsbericht in der Medizinischen Rehabilitation der gesetzlichen Rentenversicherung" neu überarbeitet und neue „Empfehlungen für die sozialmedizinische Beurteilung psychischer Störungen" [61] herausgegeben.

Risiken und Nebenwirkungen von Leitlinien

Leitlinien haben eine qualitätssichernde Funktion, die prozessbezogen und ergebnisorientiert ist. Sie sind also primär nicht geeignet, Kosten zu sparen [47], vielmehr ist zu erwarten, dass die qualifizierte Erstellung von Leitlinien viel Geld kosten [37, 48] und ihre Anwendung möglicherweise mehr Kosten verursachen als einsparen wird. Damit ist nicht nur der ggf. vermehrte Einsatz bereits vorhandener qualifizierter Technik, sondern auch die Entwicklung notwendiger neuer Assessmentsysteme gemeint. Zu erwarten ist auch ein zunehmender zeitlicher Aufwand für den Gutachter zur Beantwortung immer komplexer werdenden Fragen, die immer qualifizierter zu beantworten sind. Auch die neue Notwendigkeit einer entsprechend qualifizierenden Fort- und Weiterbildung ist leicht einsehbar.

Während sich in der medizinischen Versorgung auch eine Art „Defensivmedizin" ergeben könnte [64], wäre im sozialmedizinischen Sektor auch eine Art „Defensivbegutachtung" denkbar, um ggf. durch striktes – aber im Einzelfall unsinniges/unnötiges – Einhalten von Leitlinien keine juristischen oder honorarmäßigen Risiken bzw. Nachteile einzugehen. Was vielleicht einfach, preiswert, schnell und auch korrekt zu erfüllen wäre, muss unter genauer Beachtung von Leitlinien ggf. umständlich, teuer, aber weniger angreifbar abgesichert, ebenfalls korrekt erfüllt werden.

Die Unabhängigkeit des Gutachters

Die gutachterliche Unabhängigkeit ist ein Kristallisationspunkt im Spannungsfeld der Erwartungen von Versicherten und Sozialleistungsträgern bzw. Solidargemeinschaft und auch der juristischen und medizinisch wissenschaftlichen Rahmenbedingungen. Und dies um so mehr, als in Zeiten immer knapper werdender Ressourcen durch politische Vorgaben und Budgetierungen nach Ausschöpfung der Rationalisierungsreserven letztlich Rationierungsmaßnahmen zumindest im Bereich der Rehabilitation der gesetzlichen Rentenversicherung möglich scheinen [12]. Die sog. Budgetverantwortung hat die Politik, die durch die Gesetze die Budgetierung vorgibt. Die haushaltsrechtliche Verantwortung, dass ein vorgegebenes Budget nicht überschritten wird, liegt bei der Verwaltung [35]. Die Verantwortung für die einzelfallbezogene korrekte Beurteilung der für die Bewilligung von Sozialleistungen bedeutenden medizinischen Verhältnisse (Voraussetzungen) liegt bei den ärztlichen Sachverständigen.

Bei der Bewilligung von Reha-Leistungen liegt es somit z. B. in der Verantwortung der Verwaltung, zur haushaltsrechtlichen Einhaltung des Budgets sog. „stringentere Beurteilungen der sozialmedizinischen Kriterien" vorzunehmen. Durch Erstellen von Leitlinien für die sozialmedizinische Begutachtung und insbesondere der Leistungsbeurteilung darf allerdings der gewissenhaften gutachterlichen Beurteilungsfreiheit kein Riegel vorgeschoben und der Arzt nicht zum verdeckten Rationierungsinstrument der Bewilligungen missbraucht werden [12, 13]. Auf der Ebene der unabhängigen und unparteilichen ärztlichen Sachaufklärung dürfen ökonomische Interessen des Auftraggebers keinen Einfluss haben.

Dazu regelt das Berufsrecht: Jeder Arzt ist nach der ärztlichen (Muster-)Berufsordnung [6] verpflichtet (§ 25), bei der Ausstellung ärztlicher Gutachten und Zeugnisse mit der notwendigen Sorgfalt zu verfahren und nach bestem Wissen *seine* ärztliche Überzeugung auszusprechen.

Der medizinische Sachverständige hat sich also bei der Einzelfallbetrachtung auf die sozialmedizinischen Feststellungen zu beschränken, die für die Verwaltung nötig sind, um beurteilen zu können, ob die medizinischen/persönlichen Voraussetzungen für eine Reha- oder Rentenleistung vorliegen. Dabei ist von ihm nicht zu berücksichtigen, ob das Jahres-Reha-Budget schon ausgeschöpft ist bzw. der aktuelle Beitragssatz für die Gesetzliche Rentenversicherung oder der Bundeszuschuss wegen zunehmender Rentenleistungen ggf. angehoben werden muss.

5.4.3 Qualitätssicherung/-management der sozialmedizinischen Sachaufklärung

Der Prozess der Feststellung der sozialmedizinischen Befunde und ihre Bewertung nach ärztlicher Überzeugung ist ein sehr komplexes, individuelles Geschehen, bleibt aber grundsätzlich überprüfbar nach wissenschaftlichen Kriterien (z. B. Validität, Objektivität, Plausibilität, Reliabilität). Am Ende steht meist als Produkt das Gutachten zur Verfügung, das ggf. auf der Grundlage ausreichend vorliegender medizinischer Unterlagen zustande gekommen ist (Aktengutachten) oder zusammen mit einer eigenen Untersuchung des Versicherten.

Bei dem Bemühen um Qualitätssicherung bzw. -management muss man sich mit den bekannten Ebenen der Struktur, des Prozesses und des Ergebnisses auseinandersetzen. Dabei sollte man sich erst über die gewünschte Qualität des Ergebnisses klar werden, um dann den dafür geeigneten Prozess in den dafür wiederum notwendigen Strukturen zu bestimmen.

Ergebnisqualität

Für die Qualitätssicherung sind die formale und inhaltliche Qualität des Gutachtens die wichtigsten Produktmerkmale. Das Qualitätsmanagement optimiert den mit der Herstellung verknüpften Zeit- und Kostenaufwand und sorgt sich letztlich auch noch um die von anderen Faktoren abhängige „Kundenzufriedenheit" bei allen Beteiligten.

Im Mittelpunkt steht das ärztliche Gutachten als Dokumentation des Ergebnisses eines Begutachtungsprozesses. Die Gliederung und das Anforderungsprofil des ärztlichen Gutachtens für die gesetzliche Rentenversicherung werden vom Auftraggeber standardmäßig vorgegeben (siehe Abschnitt 5.2). Die Gutachten müssen medizinisch-inhaltlich den feststellbaren Sachverhalten gerecht werden und zudem für den Auftraggeber hilfreich zur Erfüllung seiner Aufgaben sein. Es muss insofern sachlich richtig sein, rechtmäßig, aktuell, vollständig, darf dabei aber unter Wahrung der Intimität und des Datenschutzes nur die zur Erfüllung der Aufgaben notwendigen Daten enthalten. Die Kernstücke sind die Epikrise, aus der idealerweise jeder fachkundige Leser ein klares Bild vom medizinischen Sachverhalt bekommen kann, und die sozialmedizinische Leistungsbeurteilung, die in nachvollziehbarer Weise die Einschätzung transparent macht, durch die auch der nichtfachkundige Leser zumindest die Plausibilität der Beurteilung erfassen kann.

Sprachliche Klarheit und Verständlichkeit sind dabei von grundlegender Bedeutung. Grundlage dafür – im Sinne einer konstruktivistischen Wissenschaft – ist eine gemeinsame Wirklichkeit, die wiederum eine gemeinsame Sprache voraussetzt. Definierte Begriffe ermöglichen eine gemeinsame Deutung der Phänomene. In diesem Sinne hilfreich sind die Klassifikationen ICD-10, für das Phänomen Krankheit, und die ICF, als ein einheitliches theoretisches Grundmodell für das Verstehen von funktionaler Gesundheit und Behinderung (siehe Kapitel 4).

Wichtig ist auch die zeitgerechte Erstellung eines Gutachtens, was durch die Vorgaben des SGB IX bei der Feststellung des Reha-Bedarfs nochmals von besonderer Bedeutung ist. Dies darf aber nicht so verstanden werden, dass das Einhalten von Fristen allein ein ausreichendes Gütekriterium sein könnte. Zeitgerechte Erstellung kann auch das sachgerechte Überschreiten von Fristen bedeuten. Vorrangig ist die ausreichende Qualität der Begutachtung (als Prozess) und des Gutachtens.

Die Begutachtungskosten sind durch ständige Rationalisierungsbemühungen möglichst gering zu halten. Wie bei der Laufzeit, stellen die Kosten allein kein vorrangiges Gütekriterium gegenüber der im Einzelfall erforderlichen Qualität der Begutachtung dar.

Die Kundenzufriedenheit wird durch die vorgenannten, aber auch durch die Faktoren der Struktur- und Prozessqualität grundlegend beeinflusst und könnte bei einem Qualitätsmanagementprogramm entsprechend berücksichtigt werden.

Zur Qualitätsanalyse von Gutachten werden natürlich entsprechende Assessmentsysteme benötigt. Einen ersten Schritt in diese Richtung stellte z. B. der Prüfbogen dar, der in Band 21 der DRV-Schrift „Das sozialmedizinische Gutachten für die gesetzliche Rentenversicherung – Hinweise zur Begutachtung" veröffentlicht wurde.[9] Verschiedene RV-Träger haben bereits eigene Lösungen der systematischen Qualitätssicherung der Begutachtung für ihren Bereich entwickelt, wobei das Peer-Review-Verfahren eine zentrale Rolle spielt [39]. Dabei analysieren und bewerten z. B. die Fachgutachter selbst unter Zugrundelegung vereinbarter, kritischer Maßstäbe das Produkt „Fachgutachten". Jeder Prüfer ist wechselseitig auch Geprüfter.

Durch eine gemischte und vor allem wechselnde Zusammensetzung der Prüfergruppen und Verwendung einer verbindlichen Gutachtenanleitung als einheitlichen Maßstab soll dabei im Längsschnitt eine möglichst hohe Einheitlichkeit der Bewertungen erreicht werden. Um eine Gleichbehandlung der Versicherten bei allen RV-Trägern zu erreichen, muss nicht nur ein entsprechendes einheitliches Bewertungssystem für alle existieren, sondern es muss auch ein wechselseitiges Gutachten-Prüfsystem genutzt werden können.

Prozessqualität

Die sozialmedizinische Sachaufklärung hat nach bestimmten einheitlichen Vorgaben, Regeln und Richtlinien zu erfolgen, um die gewünschte Ergebnisqualität zu ermöglichen. Am Beginn steht ein klar definierter Auftrag mit eindeutigen Fragestellungen. Im Rahmen der ganzheitlichen Betrachtung umfasst die Prozessebene den Bereich von der Auftragsannahme über den Ablauf der Begutachtung selbst, also Untersuchungsgang und Abfassung des Gutachtens, bis zur Abgabe des Ergebnisses, unter Einbeziehung der Qualitätssicherung der medizinisch-technischen Abläufe und Informationssysteme und der Einhaltung der Aufklärungs- und Sicherheitsstandards, wie z. B. Unfallverhütungs- und Hygienevorschriften. Was dabei erreicht werden muss, ist eine rechtlich gebotene Vereinheitlichung auf dem Niveau, das Wissenschaft und Sozialgesetze aktuell vorgeben. Evidenzbasierte Leitlinien könnten den Gutachter dabei unterstützen und den möglichen Weg korridorartig aufzeigen.

Eine Qualitätssicherung der Begutachtung als Prozess ist wegen der Komplexität des Geschehens als besonders schwierig anzusehen. Es drängt sich natürlich die Frage auf, ob in Analogie zum Reha-Qualitätssicherungsprogramm der RV hier ebenfalls aus dem Produkt Gutachten auf die Qualität des Begutachtungsprozessen zurückgeschlossen werden kann und sollte. Die Sinnhaftigkeit des Vorgehens und die Berechtigung der Beurteilungsergebnisse lassen sich vermutlich ebenfalls in einem Peer-Review-Verfahren prüfen, sofern das Gutachten die Kriterien Vollständigkeit, Transparenz und Nachvollziehbarkeit in ausrei-

---

9. http://www.vdr.de

chendem Maße erfüllt. Auswahl und Anwendung vorhandener Assessmentsysteme lassen sich durch eine geeignete Ausbildung der Gutachter standardisieren. Da es aber in vielen Bereichen letztlich keine absoluten Maßstäbe für richtige und unrichtige Beurteilungen gibt, so plausibel sie auch in der Schriftform aufgeführt sein mögen, kann dieses Verfahren nur Teilaspekte klären helfen.

Von besonderer Bedeutung sind natürlich auch die möglichen zwischenmenschlichen Beziehungs- und Interaktionsmuster. Echte Freundlichkeit, Offenheit und Empathie z. B. sind natürlich nicht zu erzwingen, aber diesbezügliche „Mindeststandards" zu fordern und zu fördern und die persönliche Fähigkeit dazu am besten bereits bei der Einstellung der Gutachter zu hinterfragen. Die „Kundenorientierung" als Dienstleistungsphilosophie bahnt den Weg für ein differenziertes und individuell ausgerichtetes Dienstleistungsangebot. Das Begutachtungs- und auch das Verwaltungsverfahren und die damit verknüpften Handlungsweisen sollten möglichst transparent sein. Dabei sind auch die Mitwirkungs- und Gestaltungsmöglichkeiten der Mitarbeiter zu berücksichtigen, was nicht nur Bedeutung für die Arbeitszufriedenheit, sondern auch für eine erfolgreiche Qualitätssicherung hat.

Natürlich muss auch die Qualitätssicherung als Programm selbst in diesen Prozess implementiert sein.

Trägerspezifische Qualitätszirkel – verschiedentlich bereits seit langem eingeführt – haben sicherlich einen förderlichen Einfluss auf die Qualitätssicherung. Ebenso hilfreich und in der Industrie außerordentlich erfolgreich ist das sog. umfassende Qualitätsmanagement (TQM), das die Qualität in den Mittelpunkt und die Kundenzufriedenheit in den Vordergrund stellt.

Eine Standardisierung des Untersuchungsvorganges sorgt für Vollständigkeit und innere Logik sich ergänzender Teilkomponenten. Da die Eigenverantwortlichkeit des ärztlichen Sachverständigen auch angesichts normierender Empfehlungen/Leitlinien erhalten bleibt, obliegt ihm die Auswahl der diagnostischen Technik. Der Auftraggeber kann aber Vorgaben zu Art und Umfang der für bestimmte Gutachten erforderlichen Diagnostik machen, deren Grenzen vom Gutachter nur nach Rücksprache mit dem Auftraggeber ggf. überschritten werden dürfen.

Ziel der Qualitätssicherung in diesem Bereich ist es, im gewünschten Umfang vollständige und reproduzierbare Befunde zu ermitteln und zu dokumentieren. Dabei spielen die Gütekriterien der angewandten Assessmentsysteme eine wesentliche Rolle.

Zwei wichtige Kriterien zur Beurteilung von Tests sind Validität und Reliabilität. Aussagen über die Validität eines Tests geben darüber Auskunft, bis zu welchem Grad tatsächlich das gemessen wird, was gemessen werden soll. Die Validität ist insofern ein Lagemaß, d. h. es wird die Entfernung vom „wahren" Wert gemessen und setzt ein Außenkriterium voraus. Sensitivität (Empfindlichkeit, Kenngröße für richtig positive Resultate) und Spezifität (Kenngröße für richtig negative Resultate) der Methode sind Maßzahlen der Validität, sie beschreiben die Aussagekraft bzw. wie gut ein Test ist. Die Reliabilität (Zuverlässigkeit) ist ein Präzisionsmaß und beschreibt die Streuung um einen „wahren" Wert.

Ein Mindestmaß an Validität und Reliabilität ist eine notwendige, aber nicht hinreichende Voraussetzung für ein akzeptables Assessmentsystem und muss durch die Qualitätssicherung bewertet werden. Im Gutachten selbst sind die im Einzelfall ggf. vorhandenen Fehlermöglichkeiten und Grenzen der Untersuchungssysteme dem Auftraggeber natürlich verständlich zu machen.

Strukturqualität

Um die geforderte Prozessqualität zu ermöglichen, bedarf es angemessener struktureller Voraussetzungen.

Auch wenn die sozialmedizinischen Dienste bzw. die sozialmedizinischen Gutachter bei den verschiedenen Rentenversicherungsträgern in unterschiedliche Organisationsstrukturen eingebunden sind, so kann doch allgemein als Forderung festgehalten werden, dass die äußeren Begutachtungsbedingungen, die medizinisch-technische Ausstattung und die Arbeitsorganisation bis hin zur Fachkompetenz der Gutachter und auch des Fachpersonals geeignet sein müssen, den Begutachtungsprozess derart zu ermöglichen, dass die geforderten Standards der Prozess- und Ergebnisqualität auch erreicht werden können. Die Qualifikation der Gutachter und des Fachpersonals muss bereits bei der Einstellung den grundlegenden (fachlichen und persönlichen) Standards genügen, eine entsprechende Fort- und Weiterbildung ist zu fordern (zu kontrollieren) und zu fördern (z. B. finanziell und durch Freistellung). Die vorhandenen Assessmentsysteme sind den Vorschriften gemäß regelmäßig zu kontrollieren und zu warten. Neben der Gerätesicherheit spielt aber auch die vorsorgende Beachtung anderer Risiken eine Rolle. So kann ggf. durch Bereitstellung von Notfallmedikamenten und Reanimationsgeräten speziellen Gefahren leichter begegnet werden.

Die Begutachtungskosten sind durch ständige Rationalisierungsbemühungen möglichst gering zu halten. Dazu gehören z. B. ein intelligentes, modernes Management der sozialmedizinischen Sachaufklärung bzw. des sozialmedizinischen Dienstes, preiswerte, valide Assessmentsysteme, ein systematisches Qualitätssicherungsprogramm. Gleichwohl müssen die personelle und sachliche Ausstattung und das zugebilligte Budget ausreichend bemessen sein, um die auf allen Ebenen geforderte Qualität zu ermöglichen.

Verschiedene Elemente der Strukturqualität beeinflussen auch die Kundenzufriedenheit: Auf dieser Ebene können z. B. für die zu Untersuchenden die gute Erreichbarkeit der Untersuchungsstelle, günstige Öffnungszeiten, barrierefreier Zugang, die behindertengerechte Ausstattung der Untersuchungsräume, Möglichkeiten für störungsfreie, vertrauliche Gespräche, die angenehme räumliche Atmosphäre, ggf. ein Angebot von Speisen und Getränken, sinnvoll ausgestatte Warteräume/-zonen auch für Begleitpersonen, ausreichende Beheizung für Untersuchungen im entkleideten Zustand, moderne Untersuchungsgeräte, gute Sanitäreinrichtungen usw. genannt werden.

Für den Auftraggeber (RV-Träger) als Kunden könnten zusätzlich zu den o. g. Gutachten-Faktoren z. B. ein modernes Dokumentations- und Archivierungssystem, die Verwendung einer modernen EDV-Anlage für raschen und sicheren Datentransfer oder eine fachlich hoch qualifizierte Ärzteschaft für spezielle Fragestellungen oder Widerspruchsverfahren genannt werden. Ein etabliertes Beschwerdemanagement könnte ggf. nicht nur für die Kundenzufriedenheit förderlich sein, sondern ebenfalls zur Qualitätssicherung beitragen.

Literatur

[1] Antes G: Evidence-Based Medicine. *Internist* 39: 899–908, 1998.

[2] Bachmann KD, Heerklotz B: Der Wissenschaftliche Beirat der Bundesärztekammer, Funktion und Arbeit sowie Bilanz (1951 bis 1996). *Dt Ärztebl* 94 (10): A582–A588, 1997.

[3] Berchtold J: Juristische Anforderungen an sozialmedizinische Gutachten: Vorüberlegungen zur Kommunikation in einer schwierigen Beziehung. *Deutsche Rentenversicherung (DRV)* 54 (6–7): 415–425, 1999.

[4] Bock HE: Von der Schwierigkeit des Gutachters bei der objektiven Beurteilung des Patienten. *Med Sach* 77 (1): 3–6, 1981.

[5] Bühne M: Die psychosomatische Grundhaltung des Gutachters. *Med Sach* 93 (4): 121–125, 1997.

[6] Bundesärztekammer: (Muster-)Berufsordnung für die deutschen Ärztinnen und Ärzte. *Dt Ärztebl* 94 (37): C1772–C1780, 1997.

[7] Bundesärztekammer und Kassenärztliche Bundesvereinigung: Beurteilungskriterien für Leitlinien in der medizinischen Versorgung. *Dt Ärztebl* 94 (33): C1622–C1623, 1997.

[8] Bundesärztekammer und Kassenärztliche Bundesvereinigung: Checkliste „Methodische Qualität von Leitlinien". *Dt Ärztebl* 95 (41): C1838–C1840, 1998.

[9] Bundesversicherungsanstalt für Angestellte (Hrsg.): *Leitlinien zur Rehabilitationsbedürftigkeit für den beratungsärztlichen Dienst der BfA*. Berlin: Hausdruckerei der BfA, 1999.

[10] Bundesversicherungsanstalt für Angestellte (Hrsg.): *Leitlinien zur sozialmedizinischen Leistungsbeurteilung bei koronarer Herzkrankheit (KHK) für den beratungsärztlichen Dienst der BfA*. Berlin: Hausdruckerei der BfA, Juli 2001.

[11] Burgemeister W: Zur Gegenübertragung in der Begutachtungssituation. *Med Sach* 95 (5): 150–152, 1999.

[12] Cibis W: Die Indikationsstellung zur medizinischen Rehabilitation und die Probleme einer Rationierung bei der Bewilligung aus sozialmedizinischer Sicht. *Deutsche Rentenversicherung (DRV)* 52 (5–6): 345–354, 1997.

[13] Cibis W: Leitlinienentwicklung in der sozialmedizinischen Begutachtung. *Deutsche Rentenversicherung (DRV)* 53 (12): 878–882, 1998.

[14] Cibis W: Der Antrag der SPD-Bundestagsfraktion zur Neuordnung der sozialmedizinischen Begutachtung aus Sicht der Gesetzlichen Rentenversicherung. *Deutsche Rentenversicherung (DRV)* 54 (3): 150–156, 1999.

[15] Collatz J, Koch E, Salman R, Machleit W (Hrsg.): *Transkulturelle Begutachtung: Qualitätssicherung sozialgerichtlicher und sozialmedizinischer Begutachtung für Arbeitsmigranten in Deutschland*. Das transkulturelle Psychoforum, Band 1. Berlin: VWB, Verl. für Wiss. und Bildung, 1997.

[16] Deutscher Bundestag, Ausschuss für Arbeit und Sozialordnung, 14 Wahlperiode (2002): Information für den Ausschuss des Bundesministeriums für Arbeit und Sozialordnung: Begutachtung in der gesetzlichen Unfallversicherung. Ausschussdrucksache 14/2253 vom 26. März 2002.

[17] Deutsches Institut für Normung: *DIN 9004 – Teil 2*, 1992. Berlin: Beuth Verlag.

[18] Deutsches Institut für Normung: *DIN 9004 – Teil 4, Leitfaden für Qualitätsverbesserung*, 1992. Berlin: Beuth Verlag.

[19] Deutsches Institut für Normung: *DIN 9004 – Teil 1*, 1994. Berlin: Beuth Verlag.

[20] Deutsches Institut für Normung: *DIN: ISO 10013, Leitfaden für die Erstellung von Qualitätsmanagement-Handbüchern*, Februar 1994. Berlin: Beuth Verlag.

[21] Deutsches Institut für Normung: *DIN: EN ISO 8402, Begriffe des QM*, Februar 1995. Berlin: Beuth Verlag.

[22] Dörfler H, Eisenmenger W, Lippert HD (Hrsg.): *Das medizinische Gutachten – Rechtliche Grundlagen, relevante Klinik, praktische Anleitung*. Band 1. Berlin; Heidelberg; New York: Springer-Verlag, 2002.

[23] Ebner G: Grundlagen transkultureller Begutachtung. In: Hegemann T (Hrsg.) *Transkulturelle Psychiatrie: Konzepte für die Arbeit mit Menschen aus anderen Kulturen*. Bonn: Psychiatrie Verlag, 2001.

[24] Fritze E, May B, und Mehrhoff F (Hrsg.): *Die ärztliche Begutachtung: Rechtsfragen, Funktionsprüfungen, Beurteilungen, Beispiele*. Darmstadt: Steinkopff, 2001.

[25] Gardemann J, Salman R: Migrationsspezifische Begutachtung im Spannungsfeld von Medizin, Recht, Psychologie und Politik – Bericht über eine interdisziplinäre Fachtagung. *Gesundheitswesen* 64: 645–650, 2002.

[26] Gerlach FM, Beyer M, Szecsenyi J, Fischer GC: Leitlinien in Klinik und Praxis. *Dt Ärztebl* 95 (17): A1014–A1021, 1998.

[27] Grandjean E: *Physiologische Arbeitsgestaltung – Leitfaden der Ergonomie*. Landsberg am Lech: Ecomed, 4. Auflage, 1991.

[28] Hausotter W: Aufgaben und Stellung des ärztlichen Gutachters. *Gesundheitswesen* 62: 468–472, 2000.

[29] Hausotter W: Begutachtung von Migranten und Arbeitnehmern ausländischer Herkunft. *Med Sach* 98 (5): 161–166, 2002.

[30] Hegemann T, Salman R (Hrsg.): *Transkulturelle Psychiatrie: Konzepte für die Arbeit mit Menschen aus anderen Kulturen*. Bonn: Psychiatrie-Verlag, 2001.

[31] Hennies G: Aufgaben und Stellung der medizinischen Sachverständigen im Verwaltungs- und Sozialgerichtsverfahren. In: Verband deutscher Rentenversicherungsträger, VDR (Hrsg.) *Sozialmedizinische Begutachtung in der gesetzlichen Rentenversicherung*, S. 43–49. Stuttgart: Gustav Fischer Verlag, 5. Auflage, 1995.

[32] Jessnitzer K: *Der gerichtliche Sachverständige: Ein Handbuch für die Praxis. Begründet von Kurt Jessnitzer. Fortgeführt von Günter Frieling. Bearbeitet von Jürgen Ulrich*. Köln; Bonn; München: Heymann, 11. Auflage, 2001.

[33] Kluge F: *Etymologisches Wörterbuch der deutschen Sprache. Bearbeitet von Elmar Seebold*. Berlin; New York: de Gruyter, 23. Auflage, 1999.

[34] Körner M: Messen und Ermessen jenseits von Vermessenheit – Zur Anatomie des ärztlichen Begutachtungsprozesses am Beispiel der Beurteilung des Leistungsvermögens in der gesetzlichen Rentenversicherung. *Med Sach* 95 (3): 77–81, 1999.

[35] Langenheim H: Möglichkeiten und Grenzen einer Steuerung des Reha-Budgets. *Deutsche Rentenversicherung (DRV)* 53 (12): 870–878, 1998.

[36] Lasek R, und Müller-Oerlinghausen B: Evidence Based Medicine, Ein neues Zeitalter der Medizin? *Dt Ärztebl* 95 (28–29): A1780–A1782, 1998.

[37] Lauterbach K: Chancen und Grenzen von Leitlinien in der Medizin. *ZäFQ* 92: 99–105, 1998.

[38] Lauterbach KW, Lubecki P, Oesingmann U, Ollenschläger G, Richard S, Straub C: Konzept eines Clearingverfahrens für Leitlinien in Deutschland. *ZäFQ* 91: 283–288, 1997.

[39] LVA Hamburg: *Qualitätssicherung in der sozialmedizinischen Begutachtung: Manual des Sozialärztlichen*

Dienstes der LVA Hamburg. Stand: 6. Dezember 2002.

[40] Marx HH, und Klepzig H (Hrsg.): *Medizinische Begutachtung innerer Krankheiten: Grundlage und Praxis.* Stuttgart; New York: Thieme, 7. Auflage, 1997.

[41] Medizinischer Dienst der Kassen (MDK): *Qualitätsmanagement im MDK – Grundlagen, Bausteine, Arbeitshilfen.* Arbeitsgruppe M6 – Methoden der Qualitätssicherung. Loseblattsammlung, 1999.

[42] Nagel E, Fuchs C (Hrsg.): *Leitlinien und Standards im Gesundheitswesen: Fortschritt in sozialer Verantwortung oder Ende der ärztlichen Therapiefreiheit?* Köln: Deutscher Ärzte-Verlag, 1997.

[43] Nellessen G: *Leistungsdiagnostik und Leistungsprognostik – zentrale Elemente der sozialmedizinischen Begutachtung: Theoretisch-konzeptionelle Analyse und Entwicklung von Grund- und Leitsätzen.* Sportwissenschaftliche Forschungsberichte. Berlin: Mensch & Buch Verlag, 2002.

[44] Oldiges FJ: Ärztliche Behandlungsrichtlinien und Sicherung von Qualität und Wirtschaftlichkeit in der GKV. *KrV* April 1998.

[45] Ollenschläger G, Oesingmann U, Thomeczek C, Lampert U, Kolkmann FW: Leitlinien und Evidence-based Medicine in Deutschland. *Münch Med Wschr* 140 (38): 30/502–505/33, 1998.

[46] Petschenig M: *Der kleine Stowasser. Lateinisch-deutsches Schulwörterbuch.* München: G. Freytag Verlag, 1971.

[47] Porzolt F, Kunz R: Unterschiede zwischen Evidence-Based-Medicine und konventionell bester Medizin. *Med Klin* 92 (9): 567–569, 1997.

[48] Reinauer H: Leitlinien der AWMF zur rationellen Diagnose und Therapie. *KrV* S. 95–98, April 1998.

[49] Rösner N: Unabhängigkeit und Unparteilichkeit oder Besorgnis der Befangenheit bei Sachverständigen – aus Sachverständigensicht. *Med Sach* 91 (2): 40–44, 1995.

[50] Rothmund M: Qualitätssicherung bei Publikationen. *Dtsch Med Wschr* 117: 1854–1858, 1992.

[51] Stevens-Barthol E: Das medizinische Gutachten im Sozialgerichtsprozess. In: Ehlers APF (Hrsg.) *Medizinisches Gutachten im Prozess – anwaltliche Strategie und Taktik beim Umgang mit Sachverständigen.* München: Verlag C.H. Beck, 2. Auflage, 2000.

[52] Tittor W, Lux A: Überlegungen zur Standardisierung des leistungsdiagnostischen Vorgehens in der Rehabilitationsmedizin. *Die Rehabilitation* 39: 77–83, 2000.

[53] Troschke Jv: *Die Kunst, ein guter Arzt zu werden. Anregungen zum Nach- und Weiterdenken.* Bern: Verlag Hans Huber, 2001.

[54] Troschke Jv: Die Vermittlung von Haltungen und Fähigkeiten eines „guten Arztes" als fächerübergreifendes Lehrziel der ärztlichen Ausbildung. *Psychomed* 15 (1): 28–35, 2003.

[55] Troschke Jv, Schmidt H (Hrsg.): *Ärztliche Entscheidungskonflikte. Falldiskussionen aus rechtlicher, ethischer und medizinischer Sicht.* Medizin in Recht und Ethik. Stuttgart: Enke-Verlag, 1983.

[56] Verband Deutscher Rentenversicherungsträger, VDR: Das Reha-Qualitätssicherungsprogramm der gesetzlichen Rentenversicherung – Perspektiven und Ziele. *Deutsche Rentenversicherung (DRV)* 49 (11): 746–750, 1994.

[57] Verband Deutscher Rentenversicherungsträger, VDR: Rahmenkonzept zur medizinischen Rehabilitation in der gesetzlichen Rentenversicherung – Empfehlungen des Verbandes Deutscher Rentenversicherungsträger. *Deutsche Rentenversicherung (DRV)* 49 (10–11): 633–665, 1994.

[58] Verband Deutscher Rentenversicherungsträger, VDR (Hrsg.): *Richtlinien, Empfehlungen und Vereinbarungen zur Rehabilitation in der gesetzlichen Rentenversicherung (Reha-Richtlinien).* DRV-Schriften, Band 17. Bad Homburg: WDV Wirtschaftsdienst, 1999.

[59] Verband Deutscher Rentenversicherungsträger, VDR (Hrsg.): *Das Qualitätssicherungsprogramm der gesetzlichen Rentenversicherung in der medizinischen Rehabilitation – Instrumente und Verfahren.* DRV-Schriften, Band 18. Bad Homburg: WDV Wirtschaftsdienst, 2000.

[60] Verband Deutscher Rentenversicherungsträger, VDR (Hrsg.): *Das ärztliche Gutachten für die gesetzliche Rentenversicherung – Hinweise zur Begutachtung.* DRV-Schriften, Band 21. Bad Homburg: WDV Wirtschaftsdienst, 2000. Ergänzungsblätter auf http://www.vdr.de.

[61] Verband Deutscher Rentenversicherungsträger, VDR (Hrsg.): *Empfehlungen für die sozialmedizinische Beurteilung psychischer Störungen – Hinweise zur Begutachtung.* DRV-Schriften, Band 30. Bad Homburg: WDV Wirtschaftsdienst, 2001.

[62] Verband Deutscher Rentenversicherungsträger, VDR: Die Erwerbsminderungsrente, Grundsätze der gesetzlichen Rentenversicherung. *Deutsche Rentenversiche-*

rung (DRV) 57 (2–3): 81–213, 2002.

[63] Verband Deutscher Rentenversicherungsträger, VDR: Grundsatzpapier der Rentenversicherung zur Internationalen Klassifikation der Funktionsstörung, Behinderung und Gesundheit (ICF). *Deutsche Rentenversicherung (DRV)* 58 (1–2): 52–59, 2003.

[64] Wienke A: Leitlinien als Mittel der Qualitätssicherung in der medizinischen Versorgung. *MedR* 16 (4): 172–174, 1998.

[65] Winckler P, Foerster K: Zum Problem der „zumutbaren Willensanspannung" in der sozialmedizinischen Begutachtung. *Med Sach* 92 (4): 120–124, 1996.

[66] Zimmermann E: *Kulturelle Mißverständnisse in der Medizin: ausländische Patienten besser versorgen.* Bern: Verlag Hans Huber, 2000.

6 Medizinische Rehabilitation bei Kindern und Jugendlichen

Elisabeth Hüller

Im Kindes- und Jugendalter auftretende chronische Erkrankungen bzw. Krankheitsfolgen bleiben häufig im Erwachsenenalter bestehen und können die spätere Leistungsfähigkeit im Erwerbsleben gefährden oder beeinträchtigen. Besondere Bedeutung gewinnt die Rehabilitation von Kindern und Jugendlichen durch die Tatsache, dass die Kindheit als optimale Entwicklungs- und Lernphase für Krankheitsbewältigungsstrategien und gesundheitsförderndes Verhalten zu betrachten ist. Dadurch kann einer sekundären Chronifizierung von Krankheiten entgegengewirkt werden. Gesundheitsrelevante Verhaltensweisen, die in dieser Entwicklungsphase aufgebaut werden können, haben große Chancen, langfristig beibehalten zu werden.

Unter diesem Aspekt hat die gesetzliche Rentenversicherung ihre spezifischen und qualifizierten Rehabilitationsangebote für Kinder und Jugendliche ausgebaut und weiterentwickelt. Auf VDR-Ebene wurden ein Rahmenkonzept und indikationsspezifische Konzepte zur stationären medizinischen Rehabilitation von Kindern und Jugendlichen [6] entwickelt.

6.1 Grundlagen und Aufgaben

Nachfolgend werden die Grundlagen, Zielsetzungen und Inhalte der medizinischen Rehabilitation bei Kindern und Jugendlichen durch die gesetzliche Rentenversicherung (GRV) dargestellt. Dabei sollen die hierfür maßgeblichen gesetzlichen Rahmenbedingungen und die Besonderheiten für die medizinische Rehabilitation bei Kindern und Jugendlichen herausgestellt werden.

6.1.1 Das WHO-Modell der Rehabilitation

In der Charta des Kindes der Weltgesundheitsorganisation (WHO) ist festgesetzt, dass jedes Kind ein Anrecht auf die ihm gemäße ungestörte körperliche, geistige und seelische Entwicklung hat. Alle modernen Begriffe der Rehabilitation beziehen sich im internationalen Bereich auf die ICIDH (ICF). Das der ICIDH[1] zugrunde liegende bio-psycho-soziale Modell wurde mit der ICF[2] [3] erheblich erweitert und insbesondere mit der Einbeziehung der Kontextfaktoren (Umweltfaktoren und personbezogene Faktoren) der Lebenswirklichkeit Betroffener besser angepasst. Die ICF setzt ein Gesundheitsproblem voraus, das keine Krankheit sein muss, sondern auch das Ergebnis einer Verletzung (Unfall, Gewalteinwirkung, Krieg) oder ein angeborenes Leiden sein kann; siehe auch Kapitel 4.2. Eine speziell bei Kindern anzuwendende ICF wird derzeit auf WHO-Ebene erarbeitet.

Ziele der medizinischen Rehabilitation bei Kindern und Jugendlichen sind:

▷ Beseitigung und Vorbeugung von krankheits- oder behinderungsbedingten körperlichen und psychischen Fähigkeitsstörungen (Förderung und Wiederbefähigung);

▷ Vorbeugung von Sekundärprozessen;

▷ Sicherung und Wiederherstellung der Eingliederung der Betroffenen in Schule, Ausbildung, Beruf, Familie und Gesellschaft (Reintegration).

---
1. ICIDH = International Classification of Impairments, Disabilities and Handicaps (1980)
2. ICF = International Classification of Functioning, Disability and Health (2001).

Indikation	Anzahl	%
Krankheiten des Atmungssystems	11.538	34,2
davon Asthma bronchiale	*7.166*	*21,2*
Adipositas u. sonst. Überernährung	5.964	17,7
Psychische u. Verhaltensstörungen	5.105	15,1
Krankheiten der Haut	3.965	11,7
Krankheiten des Muskel-Skelett-Systems	1.942	5,7
davon Deformitäten der Wirbelsäule	*1.236*	*3,6*
Bösartige Neubildungen	475	1,4
Krankheiten des Nervensystems	465	1,4
Diabetes mellitus	355	1,0
Krankheiten des Verdauungssystems	144	0,5
Krankheiten der Niere und des Harnsystems	77	0,2
Sonstige Krankheiten	1.811	5,4
Nicht unter die o. g. Indikationen einzuordnende Krankheiten	1.910	5,7

Reha-Statistik 2001 des VDR [8]

Tab. 6.1: Rehabilitation von Kindern und Jugendlichen durch die gesetzliche Rentenversicherung im Jahr 2001

6.1.2 Reha-Statistik 2001

Im Jahr 2001 wurden über die GRV 33.751 Reha-Maßnahmen für Kinder und Jugendliche durchgeführt; vgl. Tabelle 6.1. Die einzelnen Indikationsbereiche verteilen sich auf unterschiedliche Altersgruppen. Medizinische Rehabilitation im Kleinkindesalter findet beispielsweise besonders häufig in den Indikationsgruppen Hauterkrankungen und Krankheiten der Atmungsorgane statt, während Wirbelsäulendeformität, Adipositas und psychische bzw. Verhaltensstörungen auch typische Reha-Indikationen im Jugendalter darstellen. Die Dauer der medizinischen Rehabilitation bei Kindern und Jugendlichen betrug im Mittel 34 Tage (Spannweite 28–42 Tage).

6.1.3 Rechtliche Zielvorgaben

Zu Lasten der Rentenversicherungsträger können stationäre Reha-Maßnahmen nach § 31 Abs. 1 Satz 1 Nr. 4 SGB VI (Sonstige Leistungen) für Kinder von Versicherten, Beziehern einer Rente wegen Alters, wegen verminderter Erwerbsfähigkeit oder für Bezieher einer Waisenrente erbracht werden, wenn hierdurch voraussichtlich eine erhebliche Gefährdung der Gesundheit beseitigt oder eine beeinträchtigte Gesundheit wesentlich gebessert oder wiederhergestellt werden kann. Als Kinder im gesetzlichen Sinne können auch Jugendliche sowie junge Erwachsene bis zum 27. Lebensjahr eingestuft werden, wenn sie sich in einer Schul- oder Berufsausbildung befinden oder wegen körperlicher, geistiger oder seelischer Behinderung außerstande sind, sich selbst zu unterhalten.

Für die Kinderheilbehandlungen nach § 31 Abs. 1 Satz 1 Nr. 4 SGB VI existieren *Gemeinsame Richtlinien der Träger der Rentenversicherung für Kinderheilbehandlungen (KiHB-Richtlinien)*.[3] In § 2 (persönliche Voraussetzungen) Abs. 1 wird der Bezug zur Erwerbsfähigkeit verdeutlicht: „Kinderheilbehandlungen werden erbracht, wenn hierdurch voraussichtlich eine erhebliche Gefährdung der Gesundheit beseitigt oder eine beeinträchtigte Gesundheit wesentlich gebessert oder wiederhergestellt werden kann und dies Einfluss auf die spätere Erwerbsfähigkeit haben kann. Das ist insbesondere der Fall bei folgenden Erkrankungen:

1. Krankheiten der Atemwege,
2. Allergische Krankheiten,
3. Hautkrankheiten,
4. Herz- und Kreislaufkrankheiten,
5. Leber-, Magen- und Darmkrankheiten,
6. Nieren- und Harnwegskrankheiten,
7. Stoffwechselkrankheiten,
8. Entzündliche und nicht entzündliche Krankheiten des Bewegungsapparates
9. Neurologische Erkrankungen,
10. Psychosomatische und psychomotorische Störungen, Verhaltensstörungen,
11. Übergewicht mit weiteren Risikofaktoren und anderen Erkrankungen."

---

3. KiHB-Richtlinien vom 05.09.1991 i. d. F. vom 18.07.2002.

6.1 Grundlagen und Aufgaben

Da die Rehabilitation von Kindern und Jugendlichen durch die Rentenversicherung darauf ausgerichtet ist, ein späteres Erwerbsleben zu ermöglichen, steht in diesem Zusammenhang nicht die Wiederbefähigung, sondern die Stärkung und Befähigung zum angemessenen Einstieg ins spätere Arbeitsleben bei der Rehabilitation im Vordergrund.

Grundsätzlich sind die Besonderheiten im Kinds- und Jugendalter bei der Durchführung stationärer Reha-Maßnahmen zu berücksichtigen. Sie bedingen deshalb in der Regel im Vergleich zu Erwachsenen eine längere Reha-Dauer, um die festgelegten Reha-Ziele zu erreichen. In diesem Sinne heißt es in § 5 (Umfang und Dauer der Leistungen) Abs. 3 der KiHB-Richtlinien: „Kinderheilbehandlungen sollen für vier Wochen erbracht werden. Sie können für einen längeren Zeitraum erbracht werden, wenn dies erforderlich ist, um das Reha-Ziel zu erreichen."

Im Unterschied zur Erwachsenen-Rehabilitation gibt es keine Vorrangregelung zwischen den Leistungsträgern, so dass Rentenversicherung und Krankenversicherung gleichrangig leisten können.

In der Vergangenheit gab es wiederholt Diskussionen um eine Zuständigkeitsverlagerung der Kinder-Rehabilitation von der GRV auf die gesetzliche Krankenversicherung (GKV), so im Zusammenhang mit dem Wachstums- und Beschäftigungsförderungsgesetz (WFG) 1996. Unter Berücksichtigung der angestrebten Ausgabenreduzierung im Rehabilitationsbereich der Rentenversicherung wurde von politischer Seite damit argumentiert, dass die Rehabilitation keine originäre Aufgabe der Rentenversicherung sei, da es bei Kindern nicht um die Vermeidung von Rentenzahlungen gehe. Der VDR hat sich klar dagegen ausgesprochen und dies mit Argumenten aus medizinischer Sicht, aber auch mit der zentralen Rolle der Rentenversicherung für den Ausbau und die qualitative Weiterentwicklung der Kinder-Rehabilitation begründet [2].

Ein wichtiger Beitrag für die Verbesserung der Koordination von Reha-Verfahren bei Kindern und Jugendlichen zwischen Kranken- und Rentenversicherung wurde mit der BAR-Empfehlung *Gemeinsames Rahmenkonzept für die Durchführung stationärer medizinischer Maßnahmen der Vorsorge und Rehabilitation für Kinder und Jugendliche* [1] geleistet.

Gesetzliche Regelungen durch das SGB IX

Am 01. Juli 2001 trat das Sozialgesetzbuch IX (Rehabilitation und Teilhabe behinderter Menschen) in Kraft, in dem behinderte und von Behinderung bedrohte Kinder besonders berücksichtigt sind. Für die medizinische Rehabilitation von Kindern und Jugendlichen sind insbesondere folgende Regelungen des SGB IX von Bedeutung:

In § 1 (Selbstbestimmung und Teilhabe am Leben in der Gesellschaft) wird betont, dass den besonderen Bedürfnissen behinderter und von Behinderung bedrohter Kinder Rechnung zu tragen ist.

Die Regelung des § 4 (Leistungen zur Teilhabe) Abs. 3 bezieht sich auf Leistungen für behinderte oder von Behinderung bedrohte Kinder, die so geplant und gestaltet werden, dass nach Möglichkeit Kinder nicht von ihrem sozialen Umfeld getrennt und gemeinsam mit nicht behinderten Kindern betreut werden können. Dabei werden behinderte Kinder alters- und entwicklungsentsprechend an der Planung und Ausgestaltung der einzelnen Hilfen beteiligt und ihre Sorgeberechtigten intensiv in Planung und Gestaltung der Hilfen einbezogen.

Mit § 54 SGB IX werden Haushalts- oder Betriebshilfe und Kinderbetreuungskosten geregelt.

6.1.4 Aufgaben der Kinder-Rehabilitation

Chronische Erkrankungen und ihre Folgen lassen ebenso wie Akuterkrankungen und traumatische Ereignisse nicht selten auch bei Kindern und Jugendlichen eine völlige Wiederherstellung der Gesundheit nicht mehr zu. Die Aufgabe der Rehabilitation liegt in diesen Fällen darin,

▷ den Gesundheitszustand zu verbessern,

▷ ein Fortschreiten des Krankheitsprozesses aufzuhalten,

▷ bereits eingetretene Aktivitätsstörungen und Beeinträchtigungen weitestgehend zu reduzieren und

▷ dem Auftreten dauerhafter Benachteiligungen vorzubeugen.

Entscheidende Aufgabe und Ziel einer Rehabilitation im Kindes- und Jugendalter ist es, individuelle kind- und umgebungsbezogene Risikofaktoren kennenzulernen und ihren ungünstigen Einfluss auf den Krankheitsverlauf und seine Folgen zu minimieren. Darüber hinaus sollen Schutzfaktoren gestärkt und aufgebaut werden, die eine angemessene Krankheitsbewältigung des chronisch kranken Kindes unterstützen und fördern. Die Risiko- und Schutzfaktoren können sich auf das Kind wie auf seine Umgebung beziehen [4]. Es sollen also trotz einer Erkrankung oder weiterbestehender Krankheitsfolgen optimale Bedingungen für die körperliche, geistige und psychische Entwicklung geschaffen werden. Hierzu gehört die Unterstützung individueller Ressourcen unter Berücksichtigung der im Einzelfall vorliegenden alters-, entwicklungs- und krankheitsspezifischen Konstellation. Weiterhin zählt das Training von Restfunktionen und Ausbildung neuer Fertigkeiten zur Kompensation von Fähigkeitsstörungen zu wesentlichen Bestandteilen der medizinischen Rehabilitation. Weiterhin ist wesentlicher Bestandteil der medizinischen Rehabilitation von Kindern und Jugendlichen die Anleitung und Schulung zur Selbstkontrolle und zum eigenverantwortlichen Umgang mit der Erkrankung (Krankheitsmanagement), ggf. auch unter Einbeziehung der Bezugspersonen. Während der medizinischen Rehabilitation erfolgt eine schulische Betreuung in Form eines wissenserhaltenden Stützunterrichtes in den Schwerpunktfächern.

Zum Aufgabenspektrum der Rehabilitation gehört auch die Vermittlung von allgemeinen und medizinischen Informationen und die Beratung der Kinder und Jugendlichen hinsichtlich Alltagsleben und Berufswahl auf der Basis des erreichten Leistungsvermögens. Von wesentlicher Bedeutung ist auch die Beratung und Anleitung der Bezugspersonen zum adäquaten Umgang mit dem Rehabilitanden und den Folgen seiner Gesundheitsstörung. Daneben wird den Rehabilitanden, die kurz vor dem Schulabschluss stehen, eine Berufsberatung der Arbeitsverwaltung angeboten. Weiterhin sind ggf. erforderliche Maßnahmen im Rahmen der Nachsorge, Berufsberatung, bzw. -findung und Indikationsstellung für weitere diagnostische und/oder therapeutische Maßnahmen anzuregen und zu planen.

Im Hinblick auf eine spätere Erwerbstätigkeit sollte auch eine sozialmedizinische Stellungnahme zur Leistungsfähigkeit des Rehabilitanden (medizinisch relevante berufliche Aspekte) abgegeben werden.

6.2 Einleitung der Rehabilitation

6.2.1 Zugang zur Rehabilitation

Der Weg in die Rehabilitation von Kindern und Jugendlichen führt i. d. R. über den Antrag des zugehörigen Versicherten bzw. Beziehers einer Rente gemäß § 31 Abs. 1 Satz 1 Nr. 4 SGB VI. In welchem Ausmaß Leistungen für rehabilitationsbedürftige Kinder und Jugendliche beantragt werden, hängt jedoch nicht nur vom Gesundheitszustand der Kinder und Jugendlichen ab, sondern wird u. a. auch vom Informationsstand, von der Motivation und psychosozialen Faktoren der Antragsteller und der Einbindung unterschiedlicher Stellen, wie z. B. niedergelassener Ärzte, Krankenhausärzte, Amtsärzte, Schulen, Krankenkassen und ihre Medizinischen Dienste oder andere Sozialleistungsträger, beeinflusst. Der niedergelassene Arzt wird mit dem ärztlichen Befundbericht zum Antrag auf Kinderheilbehandlung in das Einleitungsverfahren eingebunden.

6.2.2 Antragsprüfung und Zuweisung

Der Rentenversicherungsträger trifft unter Einbindung sozialmedizinischen Sachverstands im Einzelfall die Entscheidung über Art, Dauer und Umfang, Beginn und Durchführung der Rehabilitationsleistung sowie über die Indikation zur Mitaufnahme von Eltern bzw. Bezugspersonen und über die geeignete Einrichtung und deren Reha-Konzept. Um den individuellen Erfordernissen der Zuweisung bestmöglich zu entsprechen, sind umfassende Kenntnisse von Schwerpunkten und Konzepten der Rehabilitationseinrichtungen unabdingbar. Bei Dringlichkeit ist eine rasche Zuweisung (z. B. nach stationärer Akutbehandlung) zu gewährleisten. Je nach Alter und Indikation können volljährige Kinder zur Rehabilitation auch in Einrichtungen für Erwachsene eingewiesen werden.

Reha-Bedürftigkeit

Im Rahmen einer stationären Rehabilitation sollen Kinder und Jugendliche behandelt werden, bei denen als Krankheitsfolge Einschränkungen der körperlichen Leistungsfähigkeit, der Lebensqualität und der sozialen Integration eingetreten sind oder bei denen dies zu befürchten ist. Die Beurteilung von Rehabilitationsbedürftigkeit erfolgt aus der zusammenfassenden Bewertung aller sozialmedizinisch relevanten Kriterien.

Rehabilitationsbedürftigkeit kann z. B. angenommen werden bei fehlender Krankheitsakzeptanz, ungenügend wirksamem Krankheitsmanagement, ambulant nicht hinreichender Kompensation, bereits vorhandenen oder drohenden Folgeschäden der entsprechenden Erkrankung, Erreichen eines therapeutischen Erfolgs im Rahmen einer Anwendung von ortsgebundenen Heilmitteln und/oder Klimatherapie.

Keine Reha-Bedürftigkeit liegt dagegen vor bei vorrangig akutmedizinischem Handlungsbedarf und bei akuten Infektionskrankheiten.

Reha-Fähigkeit

Für Rehabilitationsfähigkeit müssen die allgemeinen, indikationsübergreifenden Kriterien erfüllt sein, wie z. B. ausreichende körperliche und psychosoziale Belastbarkeit, Voraussetzungen für eine aktive, entwicklungsgemäße Mitarbeit an der Rehabilitation, soziale Integrationsfähigkeit (Gruppenfähigkeit).

Keine Reha-Fähigkeit besteht bei Kindern und Jugendlichen daher in der Regel bei schwerer geistiger Behinderung, fehlender Gruppenfähigkeit und bei Abhängigkeitserkrankungen, es sei denn, letztere ist selbst Reha-Indikation; in diesem Falle wird für die meist jugendlichen Rehabilitanden in der Regel eine Entwöhnungsbehandlung in speziellen Sucht-Einrichtungen für Erwachsene durchgeführt.

Die Einschätzung der Gruppenfähigkeit bzw. der sozialen Integrationsfähigkeit von Kindern im Kleinkindesalter erfordert eine sozialmedizinische Einzelfallbeurteilung. Zu berücksichtigen sind die krankheits- und entwicklungsbedingte Variabilität und die Möglichkeit bzw. Bereitschaft zur Mitaufnahme einer Begleit- oder Bezugsperson. Ein generelles Mindestalter als Voraussetzung für Reha-Fähigkeit wird den Besonderheiten des Einzelfalles nicht gerecht und kann deshalb nicht festgelegt werden.

Reha-Motivation

In die sozialmedizinische Beurteilung der Reha-Indikation und der Reha-Erfolgsprognose geht auch die Reha-Motivation des Rehabilitanden (und seiner Bezugspersonen) ein. Hier sind z. B. patientenbezogene Aspekte zu nennen, die auf Art und Fähigkeit der Wahrnehmung und Verarbeitung der Erkrankung Einfluss nehmen. Bei der Beurteilung der Motivation von Kindern für die Mitarbeit bei der Behandlung sollte, wie auch z. B. der Krankheits- und Behandlungseinsicht, immer auch das familiäre Umfeld berücksichtigt werden. Selbstverständlich hängt die Motivation des Kindes und damit seine Mitarbeit bei der Behandlung vom Alters- und Entwicklungsstand ab.

Reha-Erfolgsprognose

Bei der Beurteilung der Reha-Erfolgsprognose müssen die Schwere der (chronischen) Erkrankung bzw. Behinderung sowie ihre Dauer, Verlaufsform und die krankheitsaufrechterhaltenden Risikofaktoren berücksichtigt werden. Entscheidend wird die Prognose dadurch bestimmt, wie der Verlauf dieser Erkrankung durch die Vielzahl körperlicher, psychischer und sozialer Faktoren und deren wechselseitige Rückwirkungen beeinflusst wurde. Im Unterschied zur medizinischen Rehabilitation bei Erwachsenen wird sich eine negative Reha-Erfolgsprognose bei Kindern für den Bereich der gesetzlichen Rentenversicherung durch den sehr vagen Bezug zum späteren Erwerbsleben nur dann klar abzeichnen, wenn eine spätere Erwerbsfähigkeit überhaupt nicht mehr in Betracht zu ziehen ist.

Reha-Dauer

Bei der Festlegung der Dauer der stationären Rehabilitation bleibt grundsätzlich zu berücksichtigen, dass die Reha-Ziele in dieser Zeit erreichbar sind. Dabei ist zu berücksichtigen, dass für Untersuchungs-, Behandlungs- und Lernprozesse bei Kindern in der Regel wesentlich mehr Zeit und Aufwand anzusetzen

Gruppe I (i. d. R. 6-wöchige Reha-Dauer)

▷ Asthma bronchiale
▷ Neurodermitis
▷ Adipositas mit Folgestörungen
▷ Diabetes mellitus
▷ Mukoviszidose
▷ ausgeprägte Skoliose
▷ entzündlich-rheumatische Krankheiten

Gruppe II (i. d. R. 4-wöchige Reha-Dauer)

▷ Herz-Kreislauf-Krankheiten
▷ onkologische Reha-Leistungen
▷ Erkrankungen des Urogenitaltrakts

Gruppe III (einzelfallbezogene Reha-Dauer)

Da sich diese Indikationsgruppe aus Krankheitsbildern mit typischerweise sehr inhomogener Reha-Bedürftigkeit zusammensetzt, ist eine Festlegung der jeweiligen Reha-Dauer in der Regel nur nach Einzelfallentscheidung zulässig. Hierzu gehören beispielsweise:

▷ Verhaltensstörungen wie z. B. Enuresis oder ein hyperkinetisches Syndrom
▷ zerebrale Bewegungsstörungen
▷ Morbus CROHN, Colitis ulcerosa
▷ psychomotorische Retardierung
▷ Zustand nach Polytrauma
▷ Zustand nach Organtransplantation.

Tab. 6.2: Typische Reha-Dauer für einzelne Indiktionsgruppen

ist als bei Erwachsenen (z. B. Konzentration, Verständnis). Von entscheidender Bedeutung ist die Tatsache, dass auch ohne Vorliegen einer psychosomatischen Erkrankung i. d. R. ein verhaltensmedizinisches Konzept anzuwenden ist. Dies umfasst komplexe Lernstrategien mit dem Ziel, neue Fertigkeiten und Verhaltensweisen zu erwerben und Übungsphasen für deren Erprobung und Festigung. Dabei wird das Reha-Kozept – unter besonderer Beachtung des Bindungsverhaltens von Kindern als „Gruppenwesen" – auf altersbezogene Gruppenprozesse abgestellt. Einen besonderen Aspekt stellt der während der Kinder-Rehabilitation stattfindende Schulunterricht (in der Regel ca. 3 Stunden täglich) dar, der integraler Bestandteil des Reha-Konzeptes ist und in dessen Rahmen auch die Alltagserprobung stattfinden kann. Unter Berücksichtigung des für Schulunterricht anzusetzenden Zeitbedarfs, der unterschiedlich verlaufenden Eingewöhnungsphasen, des für Kinder erforderlichen Freiraumes (altersgemäßes Spielbedürfnis) und immunologischer Adaptationsphasen (z. B. bei interkurrenten Infekten) wird deutlich, dass bei Kindern im Vergleich zu Erwachsenen eine längere Reha-Dauer anzusetzen ist.

In Anbetracht der unterschiedlichen Konstellationen von Reha-Bedürftigkeit ist für die Festlegung der notwendigen Reha-Dauer eine indikationsbezogene Überprüfung erforderlich. Bei einer Einteilung der Reha-Dauer von Erstmaßnahmen empfiehlt es sich, insbesondere die Notwendigkeit sowie den Umfang von Schulungsmaßnahmen und den Aufwand verhaltenstherapeutischen Trainings zu berücksichtigen. Als Orientierungshilfe sollen drei Indikationsgruppen beispielhaft häufiger und wichtiger Diagnosen (Indikationen) dienen, denen eine entsprechende Reha-Dauer zugeordnet wird; vgl. Tabelle 6.2. Diese stellt – unter Berücksichtigung der o. g. Aspekte – eine Empfehlung bzw. einen Richtwert dar und muss nach sozialmedizinischer Beurteilung ggf. den Besonderheiten des Einzelfalls entsprechend angepasst werden.

Reha-Dauer bei erneuter Heilbehandlung derselben Indikation

Für eine erneute Heilbehandlung bei Kindern und Jugendlichen mit derselben Indikation kommt in der Regel eine Dauer von vier (oder in begründeten Fällen ggf. auch drei) Wochen in Betracht. Hierbei sind selbstverständlich entwicklungsspezifische Besonderheiten (ggf. Multimorbidität) der Rehabilitanden und indikationsbezogene, therapeutische Notwendigkeiten zu berücksichtigen und Einzelfallprüfungen vorzunehmen.

Begleit- bzw. Bezugsperson

Die Mitaufnahme einer Begleitperson im Rahmen einer stationären Kinder-Rehabilitation kommt nur in Betracht, wenn das Reha-Ziel bei einem rehabilitationsbedürftigen Kind aller Voraussicht nach nicht ohne deren Anwesenheit erreicht werden kann. Die Indikation hierfür kann in der Krankheit oder Behinderung des Kindes (z. B. bei Mukoviszidose) liegen, wenn eine ständige Betreuung oder intensive Schulung und Anleitung der Begleitperson für den krankheitsadäquaten Umgang mit dem Kind erforderlich ist. Sie kann sich auch aus dem Alters des Kindes ergeben, z. B. bei Kleinkindern oder Kindern im Vorschulalter. Hier kann die medizinische Rehabilitation in der Regel nur dann effektiv durchgeführt werden, wenn eine Begleit- bzw. Bezugsperson anwesend ist. Falls aus sozialmedizinischer Sicht bei bereits schulpflichtigen Kindern die Mitaufnahme einer Begleit- bzw. Bezugsperson zur Erreichung des Reha-Ziels erforderlich sein sollte, ist dies besonders zu begründen. Typischerweise ist die Begleitperson auch eine Bezugsperson des Kindes. Die Bezugsperson ist in der Regel bereits mit der Erkrankung und Betreuung des Kindes vertraut und erhält durch Schulung und Beratungen während der Rehabilitation entscheidende und spezifische Hilfsangebote für die Weiterversorgung des Kindes. Im Einzelfall entscheidet die sozialmedizinische Beurteilung über das Vorliegen einer Indikation für die Mitaufnahme einer Begleitperson, ggf. auch für einen begrenzten Zeitraum.

Vor allem bei chronischen Erkrankungen von Kindern und Jugendlichen, deren Manifestation und Verlauf entscheidend durch personengebundene und umgebungsbezogene Risikofaktoren der Erkrankten beeinflusst werden, ist eine aktive Mitwirkung der Rehabilitanden unter Einbeziehung der Eltern oder Bezugspersonen von ausschlaggebender Bedeutung. Schulungen von Angehörigen kommen in Betracht, wenn deren Mitwirkung für einen langfristigen Rehabilitationserfolg wesentlich ist; z. B. bei Asthma bronchiale, Adipositas mit Folgestörungen, Diabetes mellitus, Neurodermitis, Mukoviszidose.

6.3 Weitere Besonderheiten

6.3.1 Schulunterricht

Der Schulunterricht während der Rehabilitation ist einerseits bei der organisatorischen Planung als täglicher Stützunterricht zeitlich zu berücksichtigen, andererseits ist er als „Belastungserprobung" während der Rehabilitation zu werten und kann in diesem Zusammenhang auch schulpädagogische Anregungen für die nachbetreuenden Institutionen geben. Zum anderen ist ausreichend Raum für alters- und entwicklungsgerechte Freizeitaktivitäten außerhalb der therapeutischen Maßnahmen einzuplanen, da diese Eigenaktivitäten bei Kindern und Jugendlichen für die Motivation, das Erleben der eigenen Kompetenz und im Rahmen der sozialen Integration eine große Rolle spielen und in geeigneter Weise zu fördern sind.

6.3.2 Ausbildung und Beruf

Die gesetzliche Rentenversicherung richtet an die medizinische Rehabilitation von Kindern und Jugendlichen den Auftrag, nicht nur die allgemeine Leistungsfähigkeit der betroffenen Kinder und Jugendlichen zu verbessern, sondern speziell optimale Voraussetzungen für eine spätere Leistungsfähigkeit im Erwerbsleben zu schaffen. Deshalb sind während der Rehabilitation die Ausbildungssituation und hiermit verbundene potentielle Belastungsfaktoren einzubeziehen. Daneben ist ggf. durch Berufsberatung seitens der Arbeitsverwaltung zu klären, ob bestimmte Berufe aus medizinischen Gründen (z. B. Allergien) nicht zu empfehlen sind. Bei bereits in beruflicher Ausbildung stehenden Jugendlichen kann darüber hinaus eine arbeitspsychologische Eignungsdiagnostik und konkrete Erprobung der täglichen Arbeitsbelastbarkeit in der Rehabilitationseinrichtung erforderlich sein. Bei Bedarf und/oder Interesse kann eine ausbildungsbezogene Beratung erfolgen; ggf. sind dabei auch die Reha-Fachberater der Rentenversicherung einzubeziehen.

6.4 Versorgungsstrukturen und Perspektiven

Die Rentenversicherung führt ihre Rehabilitationsleistungen für Kinder und Jugendliche stationär in eigenständigen Einrichtungen durch. Diese müssen verschiedene Anforderungen erfüllen, die sich aus dem Rehabilitations-Rahmenkonzept und je nach Behandlungsschwerpunkten aus den entsprechenden indikationsspezifischen Konzepten ergeben bei lückenlos zu gewährleistender pädiatrischer Betreuung. Bei Jugendlichen bzw. „erwachsenen Kindern", die gemäß § 31 SGB VI bis zum 27. Lebensjahr Leistungen der Kinder-Rehabiltation erhalten können, kann krankheitsbezogen (z. B. bei Essstörungen) und unter Berücksichtigung des Entwicklungsstandes auch eine medizinische Rehabilitation in Einrichtungen für Erwachsene in Betracht kommen.

Erprobungsmodelle ambulanter Rehabilitation der Rentenversicherung existieren derzeit ausschließlich für Erwachsene. Bei der Weiterentwicklung der Qualität der Kinder-Rehabilitation sind auch die unterschiedlichen Angebote in den stationären und ambulanten Versorgungsstrukturen einschließlich der Nachsorge zu berücksichtigen, damit die im Einzelfall indizierten Maßnahmen gezielt und effizient erbracht werden können. Dabei werden sich für jede Form spezielle Aufgabenschwerpunkte ergeben, die entsprechend herausgearbeitet werden müssen.

Derzeit wird in der gesetzlichen Rentenversicherung für den Bereich der Rehabilitation von Kindern und Jugendlichen ein Konzept für die Qualitätssicherung entwickelt und ein gemeinsames Vorgehen mit der Krankenversicherung angestrebt.

Literatur

[1] Bundesarbeitsgemeinschaft für Rehabilitation, BAR (Hrsg.): *Gemeinsames Rahmenkonzept für die Durchführung stationärer medizinischer Maßnahmen der Vorsorge und Rehabilitation für Kinder und Jugendliche.* Frankfurt/Main: BAR, 1998.

[2] Cibis W, Hüller E: Anmerkungen zur geplanten Zuständigkeitsverlagerung der Rehabilitation von Kindern und Jugendlichen von der gesetzlichen Rentenversicherung auf die gesetzliche Krankenversicherung. *Deutsche Rentenversicherung (DRV)* 52 (9–10): 543–547, 1997.

[3] Deutsches Institut für Medizinische Dokumentation und Information, DIMDI: *Internationale Klassifikation der Funktionsfähigkeit, Behinderung und Gesundheit (Deutsche Fassung der ICF)*, 2002. URL http://www.dimdi.de.

[4] Petermann F (Hrsg.): *Fallbuch der Klinischen Kinderpsychologie.* Göttingen: Hogrefe, 1997.

[5] Petermann F, Warschburger P (Hrsg.): *Kinderrehabilitation.* Göttingen: Hogrefe, 1999.

[6] Verband Deutscher Rentenversicherungsträger, VDR (Hrsg.): *Rahmenkonzept und indikationsspezifische Konzepte zur medizinischen Rehabilitation von Kindern und Jugendlichen in der gesetzlichen Rentenversicherung.* DRV-Schriften, Band 8. Bad Homburg: WDV Wirtschaftsdienst, 1998.

[7] Verband Deutscher Rentenversicherungsträger, VDR (Hrsg.): *Richtlinien, Empfehlungen und Vereinbarungen zur Rehabilitation in der gesetzlichen Rentenversicherung (Reha-Richtlinien).* DRV-Schriften, Band 17. Bad Homburg: WDV Wirtschaftsdienst, 1999.

[8] Verband Deutscher Rentenversicherungsträger, VDR (Hrsg.): *VDR-Statistik Rehabilitation des Jahres 2001 – Leistungen zur medizinischen Rehabilitation, sonstige Leistungen zur Teilhabe und Leistungen zur Teilhabe am Arbeitsleben der gesetzlichen Rentenversicherung im Jahre 2001*, Band 142. Frankfurt am Main: VDR, 2002.

[9] Wiedebusch S, Petermann F, Warschburger P: Chronische Erkrankungen im Kindes- und Jugendalter. In: Petermann F (Hrsg.) *Rehabilitation*, S. 477–506. Göttingen: Hogrefe, 2. Auflage, 1997.

Teil II

Besonderer Teil

7 Krankheiten des Stütz- und Bewegungssystems

Wolfgang Beyer (7.1, 7.2), Jürgen Heisel (7.1, 7.3 bis 7.5)

7.1 Allgemeines

Alle beruflichen wie außerberuflichen Aktivitäten des Menschen beanspruchen die Haltungs- und Bewegungsorgane. Die Beantwortung der Frage, inwieweit bei deutlichen Beeinträchtigungen eine *Erwerbstätigkeit* ausgeübt werden kann, ob das Leistungsvermögen eines Menschen im Erwerbsleben durch spezielle Maßnahmen, Hilfsmittel oder Rehabilitationsmaßnahmen verbessert werden kann oder ob kein ausreichendes Leistungsvermögen mehr besteht, erfordert umfangreiche Kenntnisse von Anatomie, Biomechanik und Pathophysiologie der Extremitäten und Wirbelsäule, gleichzeitig aber auch ein Wissen um arbeitsplatzspezifische Beanspruchungen.

7.1.1 Diagnostik

Ergänzend zu dem in Kapitel 5 auf Seite 79 ff. dargestellten allgemeinen Untersuchungsablauf gibt es fachspezifische Gesichtspunkte, die bei der Begutachtung des Halte- und Bewegungssystems zu beachten sind:

Anamnese

Allgemeinanamnese, vegetative Anamnese, Medikamentenanamnese und Sozialanamnese gehören auch in ein orthopädisches Gutachten. Ebenso selbstverständlich sind Fragen zur bisherigen Diagnostik und Therapie: Was? Wann? Wie lange? Welcher Verlauf? Welcher Erfolg? Welche Nebenwirkungen?

Traumatische Schädigungen Unfälle sind zeitlich einzuordnen, der Unfallhergang und die nachfolgende Behandlung zu erfragen. Hieraus können sich Hinweise auf Fremdeinwirkung und administrative Zuständigkeiten (Haftpflicht, Arbeitsunfall, Regressmöglichkeiten) ergeben.

Formstörungen Diese lässt man sich berichten und zeigen: angeboren, erworben, gleichbleibend, progredient; z. B. Beinachsenfehler, Hand- und Fußdeformitäten, Asymmetrien, lokale Verschmächtigungen oder Verdickungen von Weichteilen, Schwellungen, Konsistenzveränderungen (weich, teigig, derb etc.).

Funktionsstörungen Häufig berichtet bereits der Patient darüber: Gangbild, maximale Gehstrecke (Zeit und Distanz), Hinken, Beeinträchtigung der Stehfähigkeit, Steifigkeitsgefühl, Bewegungseinschränkung, erforderliche Hilfsmittel (Schuhwerk, Gehstock, Orthese, Prothese u. a.), muskuläre Verspannungen, reversible hypomobile Funktionsstörungen von Gelenken, Instabilitäten.

Aktivität und Partizipation Die täglichen Aktivitäten, Probleme bei Selbstversorgung und Haushaltsführung, spezielle berufsbezogene Beeinträchtigungen können die Teilhabe am sozialen wie beruflichen Leben stören oder beeinträchtigen.

Schmerzen Der Schmerz ist als subjektives Phänomen vorrangig durch die Anamnese zu charakterisieren (Tabelle 7.1). Ausführliche Hinweise zur Beurteilung chronischer Schmerzzustände gibt Kapitel 25 auf Seite 581 ff.

Körperliche Untersuchung

Die körperliche Untersuchung in der Orthopädie erfordert eine von allen Seiten zugängliche Liege, Stift und

> **Lokalisation** Körperregion, punctum maximum, oberflächlich, tiefsitzend, gelenkbezogen, einseitig, bilateral.
> **Qualität** hell (oberflächlich), dumpf (tiefsitzend), scharf, brennend, stechend, klopfend, pochend, quälend, bohrend, einschießend, ziehend, krampfartig, elektrisierend.
> **Quantität** vage, kaum, gering, schwach, mäßig, stark, invalidisierend, unerträglich; evtl. Graduierung (0–10).
> **Häufigkeit** akut, plötzlich, anfallsartig, subakut, schleichend, langsam progredient, remittierend, rezidivierend, gelegentlich, schubweise, schmerzfreie Intervalle, gleichbleibend, zunehmend.
> **Auslösung** durch äußere Umstände, intensivierende oder lindernde Faktoren; Abhängigkeit von Belastung, Bewegungsmuster, Körperhaltung, Tageszeit, Witterung, Temperatur; Anlaufschmerz (sog. Startschmerz), Endphasenschmerz, Besserung unter mechanischer Entlastung, Ruheschmerz.

Tab. 7.1: Merkmale von Schmerz

Maßband, Winkelmesser, Lot, Reflexhammer, Vibrationsstimmgabel nach RYDEL-SEIFFER, KALTENBACH-Nadel, WARTENBERG-Rädchen, Dynamometer, Brettchen zum Längenausgleich der Beine, Messbögen zur Dokumentation.

Allgemeinbefund Körpergewicht unbekleidet (kg), Körpergröße (cm), Habitus; Durchblutung von Haut und Schleimhäuten; Gang- und Standvarianten: Gehen, Treppensteigen, Einbeinstand, Zehen- und Fersengang, Einnehmen des tiefen Hocksitzes, Aufrichten aus der Hockstellung; Hinken: Verkürzung, Schonung, Versteifung, Kontraktur, Insuffizienz aufgrund einer muskulären Schwäche oder einer Lähmung. Art des Schuhwerkes, spezielle Schuhzurichtungen, eingesetzte Gehhilfen. Körperhaltung, Koordination, psychische Situation.

Funktionale Befunde Sozialmedizinisch im Vordergrund stehen Funktionsbefunde bzw. Funktionsdefizite, die für die Beurteilung des Leistungsvermögens von grundlegender Bedeutung sind.

Die *Bewegungsmaße* von Wirbelsäule und Gelenken werden nach der Neutral-Null-Methode im Seitenvergleich und in allen Bewegungsebenen auf einem standardisierten Untersuchungsbogen festgehalten. *Komplexbewegungen* wie der Nacken- und Schürzengriff für das Schultergelenk oder der Grob-, Spitz- und Feingriff bei den Fingergelenken sind von hoher Aussagekraft, auch wenn sie nicht detailliert messbar sind.

Die *Schmerzempfindlichkeit* und eine verminderte *Belastbarkeit* von Knochen, Gelenken und Weichteilen werden durch Provokationstests geprüft.

Messungen des *Muskelumfanges* im Seitenvergleich: im Bereich der oberen Extremitäten 15 cm oberhalb sowie 10 cm unterhalb des radiohumeralen Gelenkspaltes, im Bereich der unteren Extremitäten 20 cm und 10 cm oberhalb sowie 15 cm unterhalb des inneren Kniegelenkspaltes. Der *Muskeltonus* wird durch passives Durchbewegen, durch die Palpation sowie durch aktives Anspannen überprüft.

Aufschlussreich ist auch die *Spontanmotorik*. So erlaubt die Beobachtung des An- und Auskleidens Rückschlüsse über die Einsatzmöglichkeiten der oberen und unteren Extremitäten sowie der Wirbelsäule: Abstreifen eines Pullovers über den Kopf, Aufknöpfen eines Hemdes mit den Fingern, Bücken beim Ausziehen von Schuhen und Strümpfen, Standsicherheit beim Ausziehen der Hose usw.

Neurologischer Befund Auffälligkeiten der Sensibilität wie Hypästhesie, Dysästhesie, Hyperästhesie, Hypalgesie, Hyperalgesie; lokale oder segmentbezogene Störungen; Kraftentfaltung (jeweils gelenkspezifisch im Seitenvergleich); Nervenkompressionssymptomatik; Muskeldehnungsreflexe; vgl. Kapitel 22 auf Seite 481 ff.

Durchblutung Palpation der Radialis-, Femoralis-, Popliteal- und Fußpulse im Seitenvergleich; Überprüfung des venösen Abflusses v. a. im Bereich der unteren Extremitäten (bei Varikosis); Erfassung lymphogener Umlaufstörungen, Beinödeme (Dellenbildung); vgl. Kapitel 13 auf Seite 329 ff.

Bildgebende Verfahren

Zur Lokalisation und quantitativen Erfassung krankhafter Veränderungen im Bereich von Wirbelsäule und Extremitäten sowie zur Verlaufsbeurteilung bei chronischen Erkrankungen ist eine bildgebende Diagnostik unerlässlich. Speziell für die Wirbelsäule existieren nationale (Leitlinien der Deutschen Gesellschaften für Neuroradiologie bzw. Orthopädie und Orthopädische Chirurgie) und internationale (www.acr.org, www.guideline.gov) Empfehlungen.

Röntgenaufnahmen Sie bilden vorwiegend Skelettstrukturen ab. Im Vordergrund stehen *Nativaufnahmen*. Im Bereich der unteren Extremität und der Wirbelsäule sollte auf *Belastungsaufnahmen* im Stehen zurückgegriffen werden, die zusätzliche Informationen über die Statik (z. B. bei Beckenschiefstand) geben. *Funktionsaufnahmen* in Flexion, Extension usw. ergänzen die Standardaufnahmen bei speziellen Fragestellungen. *Stressaufnahmen* belegen eine Instabilität z. B. von Daumengrundgelenk, Kniegelenk, oberem Sprunggelenk. Die *Tomographie* spielt heutzutage keine wesentliche Rolle mehr. Auch die *Arthrographie* des Schulter- oder Kniegelenkes hat nur noch eine sehr begrenzte Indikation.

Computertomographie Die Computertomographie stellt vor allem Knochenstrukturen gut dar. An den Extremitäten ist sie nur in Ausnahmefällen erforderlich, z. B. bei posttraumatischen Störungen wie anatomisch nicht korrekter Frakturheilung (Rotationsfehler). Im Bereich der Wirbelsäule sind die Frakturdiagnostik und die Beurteilung des knöchernen Durchbaus nach Spondylodese eine Domäne der Computertomographie. Von Vorteil sind die 3-D-Rekonstruktion sowie die Kombination mit einer Myelographie (Weite des Spinalkanals) oder Diskographie. Trotz hoher Treffsicherheit ist sie bei der Beurteilung von Bandscheibenvorfällen der Kernspintomographie unterlegen.

Kernspintomographie Die Kernspintomographie (MRT, NMR) erlaubt die Abgrenzung von Weichteilen gegenüber Spongiosa und Fettgewebe bei hoher Detailauflösung (T1-Wichtung) sowie die Darstellung pathologischer Gewebeprozesse mit guter Abgrenzung der Weichgewebe gegen Kortikalis, Muskulatur, Sehnen, Knorpel und Bänder bei geringerer Detailauflösung (T2-Wichtung). Bei Rückenschmerzen mit radikulärer Symptomatik ist sie Methode der Wahl. Weitere Indikationen sind der Nachweis intraspinaler und vertebraler Raumforderungen, entzündlicher Veränderungen und die postoperative Unterscheidung eines Rezidiv-Bandscheibenvorfalls von Narbengewebe. An den Extremitäten spielt sie eine Rolle zur Untersuchung sonographisch nicht exakt abgrenzbarer Weichteilstrukturen im Bereich der Schulter und Kniebinnenregion (Menisken, Kreuzbandstrukturen) sowie für die Früherfassung von Knochenumbaustörungen (Humeruskopf- bzw. Femurkopfnekrose) und Osteochondrosen (Knie- und Sprunggelenk).

Osteodensitometrie Eine Knochendichtemessung im Bereich der Extremitäten (Schenkelhals, handgelenksnaher Speichenknochen) und der unteren LWS wird im Rahmen der Osteoporose-Diagnostik erforderlich.

Sonographie Mit der Ultraschalltechnik lassen sich vor allem Weichteilbefunde im Bereich der Schultergelenke (Rotatorenmanschette, subakromialer Raum), der Kniekehle (z. B. dorsales Kniekehlenganglion), der Muskulatur (z. B. Bündelriss) und der Sehnenansätze (z. B. am Kalkaneus) darstellen.

Szintigraphie Die Skelettszintigraphie belegt Umbauveränderungen mit übersteigertem lokalem Stoffwechsel. Sie ist sensibel, aber nur gering spezifisch; d. h. sie differenziert unter anderem nicht zwischen Entzündungen und Tumoren. Sie eignet sich zur Fraktur- oder Metastasensuche, zum Nachweis einer Prothesenlockerung und zur Aktivitätsbeurteilung von entzündlich-rheumatischen Prozessen.

Elektrophysiologie

Elektrophysiologische Untersuchungen fallen in das Fachgebiet der Neurologie und werden in Kapitel 22 auf Seite 481 ff. besprochen.

Krankheitsbild	Kalzium	Phospat	AP
Solitäre Knochenzyste	n	n	n
Osteoporose	n	n	n
Osteomalazie, Rachitis, Vitamin-D-Mangel	n – ↓	n – ↓	⇑
Vitamin-D-Überdosierung	⇑	↑	n – ↑
Hyperparathyreoidismus	⇑	⇓	⇑
Hypoparathyreoidismus	⇓	⇑	n
Knochenmetastasen	n – ↑	↑ – ↓	n – ↑
Multiples Myelom	n – ↑	↑ – ↓	n – ↑
Morbus PAGET	n	n – ↑	⇑

Zeichenerklärung: n = normal, ↓ = leicht erniedrigt, ⇓ = stark erniedrigt, ↑ = leicht erhöht, ⇑ = stark erhöht

Tab. 7.2: Kalzium- und Phosphatspiegel sowie alkalische Phosphatase bei Knochenstoffwechselerkrankungen

Laboruntersuchungen

Sie dienen in der Orthopädie im Wesentlichen zum Ausschluss eines entzündlichen Prozesses (BSG, CRP, Blutbild) oder zur Überprüfung der Art und Aktivität von Erkrankungen des rheumatischen Formenkreises (Rheumafaktoren, HLA, Elektrophorese u. a.). In Einzelfällen ist eine Kontrolle der Harnsäure bei möglichem Gichtbefall der Gelenke sowie der Elektrolyte (Kalzium, Magnesium, Phosphat) und der alkalischen Phosphatase (AP) bei Störungen des Knochenmetabolismus (Tabelle 7.2) notwendig.

7.1.2 Begutachtungskriterien

Die zahlreichen Detailbefunde aus Anamnese und Untersuchung lassen sich zu Begutachtungskriterien ordnen, die für eine Beurteilung des Leistungsvermögens im Erwerbsleben maßgebend sind.

Anatomische Strukturen Sie sind die Grundlage sämtlicher Funktionen des Körpers. Aus der Struktur lassen sich indirekte, aber keineswegs immer zuverlässige Rückschlüsse auf die Funktionsfähigkeit ziehen. So ist beispielsweise bekannt, dass degenerative Veränderungen der Wirbelsäule oder Bandscheibenvorfälle nur bedingt mit Bewegungsmaßen und Schmerzen korrelieren oder dass Ausweichmechanismen bestimmte Funktionsdefizite ersetzen können.

Stabilität Die Stabilität von Knochen, Gelenken, Sehnen und Bändern ist Voraussetzung für ihre Belastbarkeit. Instabilitäten lassen sich gelegentlich direkt (Krepitation einer Fraktur, Aufklappbarkeit eines Gelenkes), häufig aber nur indirekt über Strukturveränderungen nachweisen. Prospektive Aussagen über die Belastbarkeit sind i. d. R. Erfahrungswerte, die sich aus der Kenntnis typischer Krankheitsverläufe ableiten, und keine empirisch (z. B. durch Messung der Bruch- oder Reißfestigkeit) gewonnenen Daten.

Muskulatur Kraft, Tonus und Ausdauer der Muskulatur lassen sich klinisch nur orientierend prüfen. Auch Messgeräte (z. B. einfaches Handdynamometer) oder isokinetische Testsysteme hängen von der Kooperation des Probanden sowie von Innervation, Kreislauf und Atmung ab. Entsprechend ungenau sind die Aussagen, die zu diesen Parametern bei der Begutachtung möglich sind. Häufig orientiert man sich am Muskelumfang bzw. an einer evtl. Muskelatrophie, also wiederum an Strukturkriterien. Auch Gebrauchsspuren (z. B. die Beschwielung der Hände und Fußsohlen, die Abnutzung von Schuhsohlen und Orthesen) geben einen Anhalt für den Einsatz der betreffenden Extremität bzw. des Hilfsmittels im täglichen Leben.

Bewegungsmaße Wirbelsäule und Gelenke haben ein definiertes Bewegungsspiel, das sich mit einfachen Mitteln (Neutral-Null-Methode) dokumentieren lässt. Einschränkungen dieser Beweglichkeit führen je nach der Lokalisation zu unterschiedlichen Folgen im Alltag; so hat eine steife Großzehe andere Konsequenzen als ein steifes Hüftgelenk. Bei den meisten Aktivitäten des täglichen Lebens wirken mehrere Gelenke zusammen: z. B. Hüft-, Knie-, Sprung-, Fuß- und Zehengelenke beim Gehen. Die isolierte Betrachtung nur eines Gelenkes kann daher ebenso zu Fehlschlüssen führen wie die Untersuchung nur einer Extremität oder eines Wirbelsäulenabschnittes.

7.1 Allgemeines

Bewegungsabläufe Im Alltag dominieren komplexe Bewegungsmuster, die Teil zielgerichteter Aktivitäten sind; z. B. Gehen, Laufen, Hinsetzen, Aufstehen, sich Bücken, in die Hocke gehen, die Arme über den Kopf heben, einen Gegenstand tragen, stoßen, werfen etc. Diese Bewegungsmuster setzen sich aus koordinierten Einzelbewegungen zusammen. Dabei gibt es charakteristische und recht flexible Kompensationsmechanismen, wenn eine Einzelbewegung eingeschränkt oder nicht mehr möglich ist. So wird eine Beugekontraktur der Hüfte durch ein Hohlkreuz kompensiert, ein Rotationsdefizit im Unterarm über eine Abduktion in der Schulter, eine Quadrizepsschwäche durch Abstützen beim Aufstehen und Durchdrücken der Kniegelenke im Stehen usw. Die Beobachtung der Spontanmotorik ist daher in solchen Fällen mitunter aussagekräftiger als isolierte Funktionsprüfungen.

Kompensationsmechanismen Im Bereich der oberen Extremitäten spielt darüberhinaus die Händigkeit des betroffenen Patienten eine wesentliche Rolle, dies im Hinblick auf die Durchführung kraftvoller Bewegungen, aber auch von Sortierarbeiten, Schreibarbeiten, fein koordinierten Bewegungsabläufen u. a. m., wobei die geschädigte kontralaterale Extremität evtl. als Beihand unterstützend eingesetzt werden kann. Im Bereich der unteren Extremitäten ist im Falle einer deutlicheren Schädigung mit Einschränkung der Belastbarkeit einer Seite ein stabiles und funktionstüchtiges kontralaterales Bein von großer Bedeutung. Auch die jeweiligen Nachbargelenke können Funktionsausfälle kompensieren.

Schmerzzustände Schmerzbilder im Bereich der Haltungs- und Bewegungsorgane beruhen im Allgemeinen auf lokalen Reizzuständen, z. B. im Bereich der Kapsel-, Band- oder Sehnenansätze, andererseits aber auch auf vorzeitigen degenerativen Aufbrauchserscheinungen von Gelenkbinnenstrukturen. Folge dieser lokalen Schmerzbilder sind meistens Funktionseinschränkungen, die dann die Leistungsfähigkeit deutlich limitieren können. Unter diesem Aspekt ist für den Gutachter die Kenntnis spezieller Bewegungsabläufe und auch der statischen Belastungen der einzelnen Körperregionen während des beruflichen Einsatzes von großer Wichtigkeit. In diesem Zusammenhang wird auf das Schmerzkapitel auf Seite 581 ff. hingewiesen.

7.1.3 Sozialmedizinische Beurteilung

Anhand der o. g. Begutachtungskriterien lassen sich die Auswirkungen einer Beeinträchtigung der Körperstrukturen und -funktionen auf die Aktivitäten und die Teilhabe des Probanden in aller Regel gut beurteilen. Dabei ist die Bedeutung der einzelnen Kriterien durchaus nicht konstant, sondern lokalisationsabhängig. So spielt an den oberen Extremitäten die Beweglichkeit unter visueller Kontrolle eine entscheidende Rolle, wohingegen der kraftvolle Einsatz und die optimale Stabilität je nach Anforderungen in den Hintergrund treten können (Grundsatz: *Mobilität vor Stabilität*). Umgekehrt haben an den unteren Extremitäten die Statik und Belastbakeit größere Bedeutung als eine maximale Beweglichkeit (Grundsatz: *Stabilität vor Mobilität*).

Mobilität Sie umfasst sowohl die Bewegungen zum Halten und Ändern der Körperposition als auch die Fortbewegung von einem Ort zum anderen (wie Gehen, Laufen, Klettern, Springen usw.), das Transportieren von Gegenständen und den Gebrauch von Hilfsmitteln (z. B. Gehstützen, Rollstuhl) und von Transportmitteln wie Fahrrad, Auto, öffentliche Verkehrsmittel, Flugzeug, Schiff. Die körperlichen Anforderungen dafür sind allgemein bekannt. Ein Gutachten hat darzulegen, ob und inwieweit die Mobilität des Probanden beeinträchtigt ist, was aus Anamnese, Befunden und Begutachtungskriterien hergeleitet wird.

Gehstrecke und Gewichtsangaben Vom Gutachter werden häufig exakte Aussagen zur Gehstrecke in Metern (Weg zur Arbeit, bei der Arbeit) oder zur Belastbarkeit von Extremitäten und Wirbelsäule in Kilogramm (kg) verlangt. In Rechtsprechung und Begutachtungspraxis sind Grenzwerte üblich wie $4 \times 500\,\text{m}$ für die Gehstrecke (evtl. unter Einsatz einer unterstützenden Gehhilfe) oder 8 bis 20 kg für das Heben und Tragen von Lasten. Der Wunsch nach Zahlen unterstellt, die Belastbarkeit eines Menschen sei präzise messbar, was nicht der Fall ist. Diese Zahlenangaben haben nur dann einen Sinn, wenn sie als *biologische Größenordnungen* (abhängig auch von Konstitution und Habitus) und nicht als physikalische Messwerte verstanden werden. Dies gilt für alle entsprechenden quantitativen Aussagen zur Belastbarkeit in diesem Kapitel.

In der Begutachtung hat es sich eingebürgert, die verbliebene Belastbarkeit mit unterschiedlichen Lastgewichten zu beschreiben, wobei hier ein Bezug zu typischen Alltagsgegenständen sinnvoll erscheint: 1 kg entspricht einem Paket Zucker, 3 kg entsprechen einem leichteren Postpaket, 8–10 kg einem großen Waschmittelpaket, 12 kg einem Kasten Sprudel.

Selbstversorgung Hierzu zählen elementare Dinge wie sich Waschen, seinen Körper pflegen, die Toilette benutzen, das An- und Auskleiden, Essen und Trinken, auf seine Gesundheit achten u. a. m.

Haushaltsführung Dies schliesst ein z. B. das Beschaffen und Möblieren des Wohnraums, das Beschaffen aller Waren und Dienstleistungen des täglichen Bedarfs, das Zubereiten der Mahlzeiten, das Erledigen von Hausarbeiten wie Putzen, Waschen, Trocknen, Bügeln, Müll entsorgen, auch das Reparieren und Pflegen von Kleidung, Gegenständen, Einrichtung, Pflanzen und Tieren.

Soziale Aktivitäten Möglichkeit, auf fester Unterlage oder auch auf unebenem Gelände spazieren zu gehen; Betreiben einzelner Sportarten; Teilnahme an Veranstaltungen, Möglichkeit der Nutzung öffentlicher Verkehrsmittel; Führen eines Pkw u. a. m.

Erwerbsleben Welche motorischen Anforderungen wie z. B. Stehen, Gehen, Sitzen, Knien, Hocken, Bücken, Klettern, Steigen, Überkopfarbeiten, Gewichtsbelastungen, feinmotorische Arbeit der Hände beinhaltet ein Arbeitsplatz und wie weit sind diese ggf. beeinträchtigt?

Kontextfaktoren Äußere Einflüsse wie Hitze, Kälte, Nässe sowie Zugluft; Auswirkungen von berufsfördernden Leistungen (BfL) wie z. B. Kfz-Hilfe, adäquates Arbeitsumfeld, Arbeitsplatzgestaltung (z. B. behinderungsgerechte Ausstattung bzw. ergonomische Umgestaltung) usw.

Zeitlicher Verlauf von Krankheiten wie z. B. Beachtung der Dauer der Arbeitsunfähigkeit im Sinne der Krankenversicherung bis zur knöchernen Konsolidierung von Frakturen (teilweise 3–6 Monate); Zeitbedarf nach operativen Eingriffen vor allem im Bereich der unteren Extremität mit weiterer erforderlicher Therapie und auch rehabilitativen Maßnahmen bis zur endgültigen Wiederherstellung einer vollen Belastbarkeit. So ist z. B. nach einer Anschlussheilbehandlung (AHB) in vielen Fällen noch keine definitive Aussage zum Zeitpunkt der Wiederaufnahme der beruflichen Tätigkeit bzw. die Abgabe einer definitiven Leistungsbeurteilung möglich, sondern lediglich eine prognostische Abschätzung im Vergleich zu ähnlich gelagerten Fällen.

Rehabilitationsmöglichkeiten Bestehen Beeinträchtigungen und/oder Behinderungen, welche die Teilhabe im Berufsleben gefährden oder vermindern, ist zu prüfen, inwieweit medizinische und/oder berufliche Leistungen zur Teilhabe möglich und geeignet sind, diese zu lindern oder zu beheben (Reha vor Rente).

7.2 Wirbelsäule

In allen westlichen Industrienationen haben Rückenschmerzen mit einer Punktprävalenz von 15–40 % und einer Lebensprävalenz von 12–86 % (Übersicht bei [36]) enorme gesundheitspolitische Bedeutung. In Deutschland sind sie teilweise erheblich häufiger [24]. Als Ursachen werden eine Zunahme rückenrelevanter Noxen, eine vermehrte Chronifizierungsneigung, eine veränderte Schmerzwahrnehmung bzw. -mitteilung sowie ein veränderter Zusammenhang von Schmerz, Behinderung und Sozialleistung diskutiert. Direkte und indirekte (AU, Berentung) Folgekosten werden auf jährlich 17 Milliarden Euro [51] geschätzt.

Stellungsdiagnose Hierbei werden visuell, palpatorisch oder mit technischen Mitteln die Stellung von Knochen oder Wirbelsäulenabschnitten zueinander beurteilt (z. B. Hohlrücken, Rundrücken, Beckenschiefstand).

Provokationstests prüfen die Schmerzauslösung beim Patienten durch Kompression von Gelenken oder Dehnung von irritierten Weichteilen (z. B. Zeichen nach LASÈGUE, Fersenfallschmerz, Klopfschmerz). Diese Tests besitzen nach neueren Untersuchungen die höchste Reliabilität.

Reflektorische Krankheitszeichen umfassen segmental zuordenbare Veränderungen von Trophik und Tonus an Haut, Unterhaut, Bindegewebe und Muskulatur. Hierzu gehören die Verquellung von Kutis und Subkutis (Hautfalte nach MAX KIEBLER), Muskelverspannungen und -hypertonus, Myogelosen, Triggerpunkte und viele mehr. Gemeinsam ist ihnen, dass sie zwar sensibel und klinisch einfach nachweisbar sind, jedoch eine relativ geringe Spezifität besitzen.

Funktionstests untersuchen die Gelenkbeweglichkeit und Muskelfunktion. Bei letzterer genügt meist die klinische Untersuchung auf isometrische Kraft und Verkürzung. In Einzelfällen lassen sich Defizite durch standardisierte Tests (Hebetest nach PILE, Kraftausdauertests nach SPRING, Tests nach MÜLLER und HILLE) oder Geräte (z. B. SCHNELL, DAVID oder back-check) quantifizieren. Für einige Geräte werden alters- und geschlechtsspezifische Normwerte angegeben; einige Studien weisen jedoch erhebliche methodische Schwächen auf.

Zu erwähnen sind hier auch Assessmentverfahren, die auf komplexe Fähigkeitsstörungen abzielen: EFL (Evaluation funktioneller Leistungsfähigkeit) nach ISERNHAGEN, BLANKENSHIP oder ERGOS. Problematisch sind die ungenügende Standardisierung, die unzureichende Absicherung bzw. Publikation der Gütekriterien, Kosten und Dauer der Testverfahren, die geringe Vergleichbarkeit der Systeme und der Einfluss psychologischer und verhaltensbedingter Faktoren auf das Testergebnis.

Tab. 7.3: Grundprinzipien der körperlichen Untersuchung

7.2.1 Allgemeines

Primäre Wirbelsäulenerkrankungen sind abzugrenzen von Krankheitsbildern, bei denen übertragene Schmerzen im Bereich des Achsorganes wahrgenommen werden, deren Ursache in anderen Organsystemen liegt. Rückenschmerzen kommen vor bei gynäkologischen, urologischen, internistischen und neurologischen Erkrankungen. Eine Differenzialdiagnose des Rückenschmerzes würde den Rahmen des Kapitels sprengen, doch darf dieser Aspekt gerade bei Therapieresistenz nicht aus den Augen verloren werden.

Diagnostik

Ergänzend zu den Ausführungen in Abschnitt 7.1 sind einige wirbelsäulenspezifische Aspekte zu beachten.

Anamnese Die Familienanamnese kann auf eine entzündlich-rheumatische Grunderkrankung hinweisen. Begleiterkrankungen (Tumor, Gewichtsverlust, Fieber, Unfall, sonstige Gelenkerkrankungen) sind zu erfragen. Lokalisation, Qualität und (reproduzierbare) Auslöser einer Schmerzsymptomatik erlauben oft eine diagnostische Zuordnung; so sind die Ausstrahlung in die Extremitäten und die Verstärkung durch Husten, Pressen, Niesen wesentlich für die Differenzierung von radikulärem und pseudoradikulärem Schmerz.

In den letzten Jahren haben sich standardisierte evaluierte *Fragebögen* durchgesetzt. Am verbreitetsten sind für den allgemeinen Gesundheitszustand der SF-36 und der IRES, für die Rückenfunktion speziell der Funktionsfragebogen Hannover Rücken [29].

Körperliche Untersuchung Sie umfasst die statische und dynamische Inspektion sowohl der Haltung als auch von Bewegungsabläufen wie Vorbeuge, Seitneige, Rotation, Gehen usw. Die Funktionen von Gelenken und Muskulatur der Wirbelsäule werden systematisch für alle Bewegungssegmente und in allen drei Ebenen untersucht. Ziel der manuellen Diagnostik ist es, eine Funktionsstörung segmental und anatomisch-topographisch exakt zuzuorden und ihre klinische Relevanz zu bestimmen. Die körperliche Untersuchung kann, muss aber nicht, durch apparative Verfahren wie Oberflächenvermessung, Ultraschalltopometrie etc. ergänzt bzw. dokumentiert werden.

Verbreitet sind die Messblätter der Berufsgenossenschaften und privaten Unfallversicherungen, die auch einige einfache Funktionsprüfungen enthalten: SCHOBER (Strecke zwischen Dornfortsatz S1 und 10 cm weiter kranial in Neutralstellung und Vorbeuge), OTT (Strecke zwischen Dornfortsatz HWK 7 und 30 cm kaudal in Neutralstellung und Vorbeuge) und Fingerbodenabstand (FBA). Allerdings sind sie weder ausreichend sensibel noch spezifisch; so gehen in den FBA neben der Wirbelsäulenbeweglichkeit auch die Hüftgelenksbeweglichkeit, die Dehnbarkeit der ischiokruralen Muskulatur und weitere Parameter ein.

Die klinischen Untersuchungsmethoden und Tests folgen vier Grundprinzipien (Tabelle 7.3 auf der vorherigen Seite). Eine rasche Festlegung des Prozedere erlaubt die im angloamerikanischen Schrifttum verbreitete Unterscheidung von „red flags", „yellow flags" und „non organic physical signs" nach WADDELL [55]; vgl. Tabelle 7.4.

Neurologische Untersuchung An der Wirbelsäule dient sie vorwiegend der Abgrenzung radikulärer von pseudoradikulären Störungen. *Radikuläre* Läsionen weisen eine typische Minussymptomatik auf: Abschwächung oder Verlust des segmentbezogenen Muskeleigenreflexes, Abschwächung der groben Kraft des/der zugehörigen Kennmuskeln (Paresegrad) und Abschwächung der Ästhesie und – strenger dermatombezogen – der Algesie. Ferner sind sog. Spannungszeichen nachweisbar: Zeichen nach LASÈGUE, BRAGARD oder NERI an der unteren, upper limb tension test (ULLT 1–3) an der oberen Extremität. Bei den *pseudoradikulären* Läsionen hingegen ist der Schmerz meist dumpf und umfasst meist mehrere Dermatome, der Muskeleigenreflex ist unverändert seitengleich, der Muskel ermüdet zwar schneller, ist jedoch nicht paretisch oder atrophiert, im Dermatom findet sich eine Dys- und/oder Hyperästhesie bzw. -algesie. Zusätzlich finden sich oftmals lokale vegetative Symptome.

Begutachtungskriterien

Da sich die Begutachtungskriterien (Stabilität, Beweglichkeit, Achs- bzw. Lotabweichung, Gelenke, Muskulatur, Reizzustände) in den einzelnen Wirbelsäulen-

Red flags

Alarmzeichen, die sofortiger Abklärung bedürfen:

Anamnese Tumoren, Steroide, HIV, Immunsuppression, Drogen, Trauma, Osteoporose, Gewichtsverlust, Fieber; keine Besserung in Ruhe; Alter > 50 bzw. < 18 Jahre, Therapieresistenz über 6–7 Wochen hinaus

Klinisch Reithosenanästhesie, Paresen, Caudasyndrom, Kontinenzstörungen, weitere neurologische Symptome

Laborbefunde auffällig

Radiologisch nachgewiesene Knochendestruktionen

Yellow flags

Risikofaktoren einer drohenden Chronifizierung:

Biologisch höheres Alter, degenerative Prozesse, Mikrotraumen

Psychisch psychosoziale Überforderung oder Traumatisierung, mangelnde assertive Kompetenz, emotionale Beeinträchtigungen (Depression, Angst), passive Grundeinstellung, inadäquates Krankheitsmodell, operante Faktoren („Krankheitsgewinn")

Beruflich Schwerarbeit (Heben/Tragen schwerer Lasten), monotone Körperhaltung, Vibrationsexposition, geringe berufliche Qualifikation, berufliche Unzufriedenheit

Lebensstil Rauchen, Übergewicht, geringe Kondition

Iatrogen mangelnde Respektierung der Multikausalität

Non organic physical signs

Hinweise auf nicht-somatische Rückenschmerzen:

Empfindlichkeit Lumbaler Schmerz bei oberflächlicher Berührung der Beckenkämme

Simulation Lumbaler Schmerz bei axialem Druck auf den Kopf bzw. bei gemeinsamer Rotation von Schulter- und Beckengürtel

Scheinmanöver Unterschied der Schmerzreaktion zwischen LASÈGUEschem Zeichen und dem slump test

Neuroanatomie Segmental nicht zuordenbare sensible oder motorische Defizite

Überreaktion Auffallendes Stöhnen und Gestikulieren

Tab. 7.4: „Red flags", „yellow flags" und „non organic physical signs" nach WADDELL

abschnitten unterschiedlich auswirken, werden sie bei den jeweiligen Kapiteln abgehandelt.

Stabilität Die Anforderungen an die Stabilität der Wirbelsäule nehmen von kranial nach kaudal zu. Besonderen Belastungen sind in der Regel die Übergangsregionen (HWS-BWS- und BWS-LWS-Übergang) ausgesetzt. Die Stabilität wird zumeist durch die Stellung der Gelenkflächen der kleinen Wirbelbogengelenke, in einigen Wirbelsäulenabschnitten (z. B. Kopfgelenke) jedoch überwiegend durch den Bandapparat, immer jedoch durch die Muskulatur und hier überwiegend durch die in der Tiefe gelegene autochthone Muskulatur gewährleistet.

Mobilität Während die oberen Wirbelsäulenabschnitte vorwiegend die Beweglichkeit des Kopfes und den Einsatz der Arme bestimmen, bedingen Störungen der Beweglichkeit und Stabilität der unteren Wirbelsäule Beeinträchtigungen der Steh- und Gehfähigkeit sowie evtl. besonderer beruflich notwendiger Funktionen wie Heben, Bücken, Hocken oder Tätigkeiten mit Knien, Klettern und Steigen.

Sozialmedizinische Beurteilung

Es ist seit langem bekannt und aufgrund der o. g. Ausführungen nur folgerichtig, dass ein nicht unbedeutender Anteil von Rückenschmerzen zumindest teilweise psychosomatischen Erkrankungen zuzurechnen ist bzw. eine psychosomatische Komponente beinhaltet. Dies gilt insbesondere, wenn der Schmerz das Leitsymptom darstellt und eindeutige körperliche Befunde – wie z. B. ein neurologisches Defizit – fehlen.

Zunächst ist es die wichtigste, oftmals sehr schwierige Aufgabe des Gutachters, geklagte Beschwerden durch die klinische und apparative Untersuchung strukturellen Schäden zuzuordnen. Gefordert wird eine zumindest hinreichende Erklärbarkeit der Schmerzen [46]. Über das Übliche bzw. zu Erwartende hinausgehende Schmerzen sind vom Gutachter anhand der Auswirkungen auf die Leistungsfähigkeit des Untersuchten zu bewerten. Hierbei muss berücksichtigt werden, dass die Objektivierung von Rückenschmerzen aufgrund der geringen Reliabilität und Spezifität nur eingeschränkt möglich ist:

▷ Bildgebende Verfahren (Röntgen, Computertomographie und Kernspintomographie) besitzen eine teilweise sehr hohe Sensitivität, jedoch nur eine geringe Spezifität.

▷ Frei oder strukturiert (FfbH-R, SF 36, WHO-DAS) abgefragte Anamnesedaten geben nicht nur die Leistungsfähigkeit wieder, sondern sind auch durch den chronischen Schmerz und die Betroffenheit des Patienten beeinflusst.

▷ Bei chronischen Schmerzen kommt es in den wiederholten Untersuchungssituationen zu einem bestimmten Ausweich- oder Demonstrationsverhalten. Dieses ist nicht mit (bewusster) Simulation oder Aggravation gleichzusetzen. Sie ist vielmehr diagnostisches Kriterium einer somatoformen Störung oder Ausdruck einer anderen psychischen Erkrankung [46].

„Die eingeschränkte Befundspezifität erfordert vom orthopädischen Gutachter, differenzialdiagnostische Gesichtspunkte im Beschwerdekatalog des Untersuchten zu berücksichtigen. Inwieweit ein Beschwerdebild mit ischialgieformer Ausprägung wesentlich durch eine Bandscheibenerkrankung verursacht wird, oder konkurrierende – zum Beispiel psychosomatische – (Mit-)Erkrankungen vorliegen, kann nur beurteilt werden, wenn diese Möglichkeit auch erwogen wird" [46].

Die operierte Wirbelsäule

In Deutschland werden jährlich 30.000 bis 40.000 Bandscheibenoperationen durchgeführt. Die AU-Dauer liegt im Durchschnitt zwischen 10,5 und 16 Wochen [47]. Bei Selbständigen beträgt sie durchschnittlich 5,4 Wochen, bei Beamten 10,1 Wochen, bei Angestellten 14,0 und bei Arbeitern 17,2 Wochen. In 3,6 % der Fälle resultiert eine bleibende Arbeitsunfähigkeit. Die Langzeitprognose ist bei jüngeren und weiblichen Patienten günstiger. Ein Einfluss unterschiedlicher Operationsmethoden lässt sich nicht verifizieren. Bemerkenswert ist, dass nach fünf Jahren lediglich

13% der operierten Patienten schmerzfrei sind. Circa 60% sind noch im gleichen Beruf tätig, knapp 12% aufgrund von bandscheibenbedingten Beschwerden berentet [48]. 35% befinden sich in kontinuierlicher ärztlicher Behandlung, 23% klagen über ständige und 70% über erneut aufgetretene Rückenschmerzen [47].

Als positive Prädiktoren gelten das Fehlen von Rückenschmerzen, kein Rückenschmerz bei der Prüfung des Zeichens nach LASÈGUE, ein positiver LASÈGUE, eine Parese, eine Reflexabschwächung, eine ungestörte Sensibilität sowie ein vom Patienten nicht gesehener Zusammenhang mit einem „Arbeitsunfall". Als negative Prädiktoren werden ein über sechs Monate bestehender Rückenschmerz, eine AU-Dauer von länger als sechs Monaten, mehr als zwei Schmerzereignisse in der Anamnese, ein laufendes Rentenverfahren und in der Bildgebung lediglich eine Protrusion angesehen [28].

Bei anhaltenden bzw. neu auftretenden Schmerzen nach Nukleotomien sind eine Spondylodiszitis, ein sog. Postnukleotomiesyndrom, ein Rezidivprolaps, eine fehlerhafte Operationstechnik und eine psychosomatische Mitverursachung von Schmerzen und Funktionsstörungen differenzialdiagnostisch abzuwägen. Die *Spondylodiszitis* tritt zumeist wenige Tage postoperativ auf und geht mit heftigen Schmerzen, hochgradiger Bewegungseinschränkung und einer entzündlichen Laborkonstellation einher. Für einen *Rezidivprolaps* sprechen ein freies Intervall und ein plötzlicher Neubeginn von Ischialgien, Wurzelspannungszeichen und neurologischen Symtomen. Bei *fehlerhafter Operationstechnik* (falsches Segment, iatrogener Nervenschaden usw.) halten die präoperativen Beschwerden zumeist postoperativ ohne freies Intervall an. Die *Abgrenzung von Narbe und Rezidiv* erfolgt am besten mit der MRT mit Kontrastmittel. Die alleinige Begründung eines Postnukleotomiesyndroms durch die Narbenbildung ist wegen der geringen Spezifität jedoch nicht ausreichend. Bei ausbleibendem Operationserfolg sind schließlich auch psychosomatische Ursachen abzugrenzen. Die Diagnostik hat umfassend und exakt zu erfolgen. Eine ständige ungezielte Wiederholung fördert jedoch eher die Chronifizierung, als dass sie dem Patienten nützt.

Bei Spondylodesen im Bereich der Lendenwirbelsäule ist bis zum knöchernen Durchbau, der je nach gewähltem Operationsverfahren und -zugang (ventraler und/oder dorsaler Zugang) bis zu 12 Wochen betragen kann, Arbeitsunfähigkeit gegeben. Liegen in den Nachbarsegmenten keine strukturellen oder funktionellen Störungen vor, ist nach dieser Zeit für leichte Tätigkeiten eine über sechsstündige Leistungsfähigkeit gegeben. Nach spätestens sechs Monaten können auch leichte bis mittelschwere körperliche Arbeiten wieder ohne zeitliche Einschränkung ausgeübt werden.

Bei Dekompressionen gelten die gleichen Maßstäbe für die Beurteilung der Leistungsfähigkeit wie bei Bandscheibenoperationen.

Der unspezifische Rückenschmerz

Bei den meisten Patienten mit Rückenschmerzen ist eine ursächliche Zuordnung der Beschwerden zu anatomischen Strukturen nicht wissenschaftlich einwandfrei möglich. Im deutschsprachigen Schrifttum und in der Praxis wird oft versucht, diese überwiegend funktionellen Störungen den kleinen Wirbelbogengelenken, der Muskulatur oder dem Bandapparat zuzuordnen. In der internationalen Literatur hat sich der Begriff unspezifischer Rückenschmerz oder *low back pain* (LBP) durchgesetzt. Seine Differenzierung in akut, subakut und chronisch wird uneinheitlich gehandhabt [51]. Häufigkeit und Ausmaß einer Chronifizierung sind weitgehend diagnoseunabhängig [39]. Auf individueller Ebene gelten Rauchen und Übergewicht als schwache, vorbestehende Schmerzen als mäßige Risikofaktoren; auf biomechanischer Ebene gelten schweres Heben und Ganzkörperschwingungen als mäßige, statische und dynamische Belastung und ungünstige Körperhaltung als starke Risikofaktoren; auf psychosozialer Ebene gelten Arbeitsunzufriedenheit, Arbeitstempo und Entscheidungsunsicherheit als schwache, der Sozialstatus sowie die emotionale Verfassung als mäßige Risikofaktoren [11].

Patienten mit chronischen Rückenschmerzen klagen häufig über eine generelle Beeinträchtigung ihrer körperlichen Leistungsfähigkeit. Die Schmerzen bleiben bei längerer Krankheitsdauer nicht auf die Wirbelsäule begrenzt, häufig werden Brust-, Hüft-, Schulter-, Gesichtsschmerzen und weitere angegeben [41]. Diese Patienten sind pychosozial stark belastet. Depressivität, Ängstlichkeit, vitale Erschöpfung und familiäre Sorgen sind bei ihnen ausgeprägt [24]. Zur Erklärung existieren unterschiedliche Theoriemodelle: das Stress-Muskelspannung-Schmerz-Modell [10], das Fear-Avoidance-Modell [40, 53], das Avoidance-Endurance-Modell [19] sowie das operante Modell. Beim Fear-Avoidance-Modell reagiert der Patient auf den akuten Schmerz mit Katastrophieren, Angst und Inaktivität, was zur muskulären Insuffizienz und zur Schmerzchronifizierung führt. Das Avoidance-Endurance-Modell erweitert dies dahingehend, dass der Patient den akuten Schmerz ignorieren bzw. durch übermäßige Aktivität überspielen kann, wobei die Hyperaktivität wiederum zu einer Chronifizierung der Schmerzen beiträgt.

Zum Screening psychosozialer Risikofaktoren betreffend einer drohenden Chronifizierung des akuten Rückenschmerzes dienen der acute low back pain screening questionnaire [31] sowie im deutschsprachigen Raum der SPR (Screening psychosozialer Risikofaktoren) als evaluierte und validierte Testverfahren [19]. Interessant ist in diesem Zusammenhang die Tatsache, dass speziell erfahrene Chirurgen bei dem Versuch, psychisch auffällige Patienten zu erkennen, nur eine Sensitivität von 26 % erzielen. Einige Autoren postulieren deshalb generell den Einsatz strukturierter psychologischer Screeningverfahren im klinischen Entscheidungsprozess, insbesondere präoperativ [15].

Die Prognose des akuten unspezifischen Rückenschmerzes ist mit oder ohne Therapie benigne. Nach 1–4 Wochen sind 90 % der Patienten schmerzfrei, allerdings bekommen 35 % nach über sechs Monaten erneut Schmerzen. Bei ca. 10 % der Patienten besteht von Anfang an ein kontinuierlicher Schmerz, der persistiert bzw. chronifiziert. Diese eher kleine Gruppe der chronifizierten Patienten verursacht das Gros der indirekten Kosten. So kehren nach einer AU von sechs Monaten noch 50 % der Patienten an ihren Arbeitsplatz zurück, nach 18 Monaten sind es nur noch 20 % [54].

7.2.2 Halswirbelsäule

Begutachtungskriterien

Stabilität Instabilitäten im Bereich der Halswirbelsäule können Folge einer lokalen oder generellen Hypermobilität sein, sind aber auch im Rahmen entzündlich-rheumatischer Krankheiten sowie posttraumatisch relativ häufig zu sehen. Funktionell treten sie oft als kompensatorische Überlastung bei erheblicher Bewegungseinschränkung angrenzender Wirbelsäulenabschnitte auf. Anamnestische Hinweise auf Instabilitäten sind ein bei Belastung verzögert auftretender Schmerz mit Crescendocharakter, überwiegend Schmerzen bei längerem Sitzen speziell mit vorgeneigter Halswirbelsäule, im Stehen oder beim Bücken mit Besserung bei Bewegung. Ausstrahlende Schmerzen in die Schulterregion und in die Arme (Zervikobrachialgie) sprechen überwiegend für eine Pathologie im Bereich der mittleren und unteren Halswirbelsäule, in den Hinterkopf ausstrahlende Beschwerden sowie halswirbelsäuleninduzierte Kopfschmerzen lassen eher an eine Pathologie der oberen HWS denken. Klinisch finden sich typischerweise ein Druckschmerz an den Bandansätzen sowie positive reflektorische Krankheitszeichen einschließlich lokalem Muskelhartspann. Die segmentale Untersuchung zeigt ein vermehrtes Gelenkspiel, entsprechende Provokationsmanöver mit Dehnung der irritierten Bandstrukturen sind positiv. Ausgeprägte Instabilitäten können zu Irritationen bzw. Schädigungen von Nervenwurzeln und/oder Rückenmark mit entsprechenden neurologischen Defiziten führen. Zum Nachweis mit bildgebenden Verfahren sind Funktionsaufnahmen im seitlichen, selten auch im a. p. Strahlengang (Seitneigeaufnahmen) sowie sehr selten – für den Nachweis von Rotationsinstabilitäten im Bereich der Kopfgelenke – mittels Funktions-CT oder -MRT erforderlich.

Beweglichkeit Die Beweglichkeit der Halswirbelsäule ist in allen drei Ebenen sehr ausgeprägt. Je nach Alter und Geschlecht kann eine Rotation von bis zu 90 Grad nach jeder Richtung erzielt werden. Bewegungseinschränkungen können aus angeborenen Krankheiten (KLIPPEL-FEIL-Syndrom, Blockwirbel etc.) resultieren, meist sind sie Folge degenerativer, seltener posttraumatischer oder postoperativer Veränderungen. Insbesondere für Überkopfarbeiten, aber auch für Tätigkeiten, die ein ausreichend großes Gesichtsfeld erfordern, ist eine ausreichende Beweglichkeit unumgänglich.

Lotabweichungen Eine Hyperlordose der HWS führt zur Überlastung der kleinen Wirbelbogengelenke mit entsprechender Schmerzsymptomatik und Bewegungseinschränkung. Entscheidend ist, ob im Bereich der BWS Ausgleichs- bzw. Kompensationsmöglichkeiten bestehen. Fixierte Kyphosen erschweren alle Überkopfarbeiten bzw. machen sie abhängig vom Ausmaß unmöglich.

Gelenkflächen Die Gelenkmechanik der beiden oberen Halswirbel (Kopfgelenke) unterscheidet sich wesentlich von der restlichen (Hals)wirbelsäule. Bei fehlenden Bandscheiben resultiert eine komplexe Mechanik, die insbesondere unter funktionellen Aspekten sehr störanfällig ist. Die Gelenkflächenstellung der restlichen Halswirbelsäule ermöglicht eine relativ große Bewegungsamplitude.

Muskulatur Die Nackenmuskulatur wird der posturalen Muskulatur zugerechnet und neigt entsprechend zur Verkürzung. Die ventrale und die monosegmentale autochthone Muskulatur gehören zur phasischen Muskulatur, die auf Störungen mit einer reflektorischen Abschwächung reagiert. Entsprechend ist bei der Untersuchung die Muskulatur auf Kraft und Verkürzung zu testen. Zusätzlich sind die Muskeln zu palpieren, um entsprechende Triggerpunkte nachzuweisen.

Sozialmedizinische Beurteilung

Chronische oder akut rezidivierende Schmerzzustände der Halswirbelsäule beeinträchtigen die Kopfbeweglichkeit und damit die rasche Orientierung im Raum. Dies kann entsprechende Berufstätigkeiten beeinträchtigen, so z. B. Arbeiten am Bau, Kraftfahrer, Montagearbeiten usw.

Einzelne Krankheitsbilder

Wirbelvariationen Angeborene Fehlbildungen an der HWS sind häufig (15 bis 30 % [43]). Hierzu gehören die Atlashypoplasie, die atlantoaxiale oder atlantobasiläre Fusion, die Halsrippe und weitere. In der Regel kommt ihnen kein Krankheitswert zu. Sie führen zwar häufig zu einer vom Probanden als nicht störend empfundenen Bewegungseinschränkung, aber nur im Einzelfall zu Beschwerden oder einem neurologischen Defizit, z. B. bei einer Halsrippe. Von wenigen Ausnahmen abgesehen (z. B. Entfernung der Halsrippe) ist die Therapie konservativ und symptomorientiert. Lediglich bei erheblichen Bewegungseinschränkungen (KLIPPEL-FEIL-Syndrom) oder bei einem neurologischen Defizit ist eine qualitative Leistungsminderung anzunehmen.

Spondylose, Spondylarthrose, Unkovertebralarthrose, Osteochondrose Degenerative Veränderungen der HWS lassen sich bei 40jährigen in knapp der Hälfte und bei über 65jährigen praktisch immer nachweisen. Die Beurteilung des Leistungsvermögens richtet sich nicht nach dem Röntgenbild, sondern nach dem klinischen Befund. Zu berücksichtigen sind dabei immer auch die funktionellen Einschränkungen anderer Wirbelsäulenabschnitte und der Extremitäten. Bei schweren Affektionen mit klinischer und radiologischer Instabilität ist auch eine längerdauernde sitzende Tätigkeit nicht mehr möglich, hier besteht häufig nur mehr eine Leistungsfähigkeit von 3 bis unter 6 Stunden. Zu vermeiden sind ferner einseitige monotone sowie gelenkbelastende Tätigkeiten, Überkopfarbeiten, Arbeiten, die ein ausreichend großes Gesichtsfeld erfordern sowie Kälte, Nässe und Zugluft.

Bandscheibenvorfälle Moderne bildgebende Verfahren haben die Diagnostik von Bandscheibendegeneration, -protrusion und -prolaps erheblich verbessert. Leider ist die Nomenklatur bis heute international uneinheitlich. In der Regel spricht man dann von einem Prolaps, wenn die äußersten Anteile des Anulus fibrosus durchbrochen sind. Die Patienten klagen über starke, entsprechend dem Nervenverlauf in den Arm ausstrahlende Schmerzen, die sich durch Husten,

Pressen, Luftanhalten, Extension und Seitneige zur betroffenen Seite (SPURLING-Zeichen) verstärken. Im Gegensatz zur LWS kann ein zervikaler Bandscheibenvorfall nicht nur die Nervenwurzel, sondern auch das Rückenmark bzw. die langen Rückenmarksbahnen komprimieren. Dann treten nicht nur segmentale Ausfälle an der oberen, sondern auch an der unteren Extremität auf (siehe zervikale Myelopathie). Eine weitere Besonderheit besteht darin, dass – anders als an der unteren Extremität – die neurologischen Ausfälle oftmals mehrere benachbarte Segmente betreffen. Ein kompletter neurologischer Befund ist daher obligat. Bei ausgeprägtem oder trotz konservativer Therapie zunehmendem neurologischen Defizit und/oder therapieresistenten Schmerzen sind operative Verfahren angezeigt. In der Regel erfolgt die ventrale Dekompression und Bandscheibenentfernung sowie die anschließende Spondylodese mittels Knochenspan oder Cage. In jüngerer Zeit gewinnt auch die Implantation einer sog. künstlichen Bandscheibe an Bedeutung.

Bei einem akuten Bandscheibenvorfall besteht in der Regel Arbeitsunfähigkeit. Nach Rückgang der akuten Syptomatik resultieren häufig eine eingeschränkte Beweglichkeit und verminderte Belastbarkeit. Überkopfarbeiten und monotone Zwangshaltungen sind zu vermeiden. Mit Ausnahme dieser Einschränkungen besteht meist nach sechs Monaten wieder eine volle Belastbarkeit.

Bei mehr als 25 % schmerzfreier Patienten mit leerer Anamnese lassen sich mit bildgebenden Verfahren Diskushernien nachweisen. Daher begründet der alleinige Nachweis einer Bandscheibendegeneration oder eines -vorfalls ohne begleitende adäquate Klinik keine Einschränkung von Funktion und Fähigkeiten. Lediglich bei der Beurteilung des negativen Leistungsbildes sollte hier – überwiegend aus forensischen Gründen – Rücksicht genommen werden.

Zervikale Myelopathie Ein enger Spinalkanal oder ein zervikaler Bandscheibenvorfall kann zum Krankheitsbild der zervikalen Myelopathie führen. Die Patienten klagen über Hinterkopf- und Nackenschmerzen, Brachialgien, eine dumpfe Schmerzausstrahlung in die Beine, über Missempfindungen (Kribbeln, Taubheitsgefühl, Steifigkeit, Schwere, Elektrisieren), über Gangunsicherheit, Hängenbleiben des Fusses, Gangabweichung und Unsicherheit beim Zugreifen sowie Probleme beim Halten und Führen feiner Gegenstände. Klinisch finden sich u. U. mehrere Segmente betreffende sensible und motorische Ausfälle, eine Beeinträchtigung des Temperatur- und Schmerzempfindens, eine Ataxie, sowie eine Spastik der Beine und gelegentlich der Arme. Die Weite des Spinalkanals kann im CT oder MRT exakt bestimmt werden. Für jedes Segment existieren geschlechtsbezogene Normwerte. Abhängig vom neurologischen Befund ist eine operative Dekompression zu erwägen. Für die Begutachtung ist nicht die Weite des Spinalkanals, sondern das Beschwerdebild des Patienten und insbesondere das neurologische Defizit entscheidend. Bei erheblichen Einschränkungen sind Überkopfarbeiten und Arbeiten, die eine freie HWS-Beweglichkeit erfordern (z. B. Kraftfahrer), auszuschließen.

Die operierte Wirbelsäule Nach Spondylodesen (unabhängig ob mit autologem oder homologem Knochenspan oder Cage) sowie nach Dekompressionen (Laminoplastik, Laminektomie etc.) resultiert abhängig vom Berufsbild i. d. R. eine Arbeitsunfähigkeit von 6–12 Wochen. Für die Zeit bis zum sechsten Monat postoperativ liegen meist noch erhebliche Einschränkungen des Leistungsbildes vor (keine monotone oder Zwangshaltung, kein Heben und Tragen schwerer Lasten über 20 kg, keine Überkopfarbeit). Nach spätestens sechs Monaten kann bei monosegmentalen Operationen ohne persistierende Instabilität die berufliche Tätigkeit wieder aufgenommen werden.

Auch nach einer gut ausgeheilten Wirbelsäulen-Operation können besondere wirbelsäulenbelastende Tätigkeiten (schweres Heben, Körperzwangshaltungen usw.) die Wiedereingliederung in bestimmte Berufe unmöglich machen. Ein frühzeitig zu erstellender Reha-Gesamtplan u. U. mit berufsfördernden Leistungen ist zu erwägen.

Beschleunigungsverletzungen der HWS Nach einer Distorsion oder Beschleunigungsverletzung der HWS klagt ein Teil der Patienten über bleibende Beschwerden wie Schwindel, Übelkeit, Gleichgewichtsstörungen, vegetative Symptome bis hin zu kognitiven und Konzentrationsstörungen (zervikocephales Syndrom). In Einzelfällen lässt sich eine Instabilität der Kopfgelenke nachweisen, in der Mehrzahl bleibt die anatomische Grundlage unklar. CT, MRT, Funktions-CT, Myelo-CT führen oft nicht weiter. So wird eine Signalinhomogenität der Ligg. alaria im MRT oft als Beweis einer Teilruptur oder stattgehabten Einblutung und somit als ursächlich und beweisend für die geklagten Beschwerden interpretiert. Diese Veränderungen konnten jedoch auch bei gesunden, beschwerdefreien Probanden nachgewiesen werden [56]. Diskutiert werden Psychogenie und Entschädigungswünsche, wobei jedoch auch diese Vermutungen spekulativ und nicht wissenschaftlich gesichert sind.

Die Leistungsbeurteilung entspricht der von chronischen Schmerzpatienten (vgl. Kapitel 25 auf Seite 581). Spätestens nach zwei Jahren ist jedoch nach Ausschluss struktureller Veränderungen im Interesse der Rechtssicherheit eine Leistungsbeeinträchtigung auf orthopädischem Fachgebiet generell nicht mit ausreichender Wahrscheinlichkeit zu beweisen.

Entzündliche Wirbelsäulenerkrankungen Unterschieden werden Spondylitis (Entzündung des Wirbelkörpers), Spondylodiszitis (Entzündung der Bandscheibe) und Spondylarthritis (Entzündung der kleinen Wirbelsäulengelenke). Übergänge und Mischformen sind möglich.

Die weitere Einteilung erfolgt in Entzündungen mit und ohne Erregernachweis. Potentielle Erreger sind Bakterien, Pilze, aber auch Parasiten und Viren. Die Erreger gelangen am häufigsten über die Blutbahn, seltener über die Lymphbahn oder aber direkt im Rahmen von diagnostischen oder therapeutischen Interventionen (z. B. Punktionen, Operationen; sogenannte iatrogene Infektionen) an die Wirbelsäule. Am häufigsten sind heute die iatrogenen Infektionen, gefolgt von der an Häufigkeit wieder zunehmenden Tuberkulose. Aber auch Patienten mit Immundefekten und Immunsuppression (HIV, Drogenabhängige, Rheumatiker mit entsprechender Medikation) sind gefährdet. In der Anfangsphase sind (Ruhe)schmerz und ggf. Fieber und Schüttelfrost die führenden klinischen Symptome, das Röntgenbild kann noch unauffällig sein. Mit der sehr sensiblen, jedoch unspezifischen Skelettszintigraphie, aber auch mit der Kernspintomographie ist die Frühdiagnose möglich. Richtungsführend sind oftmals die erhöhten Entzündungswerte im Blut, die aber speziell nach Operationen nicht immer eindeutig zu interpretieren sind. Wenn möglich wird der Erreger bestimmt und eine gezielte Antibiose eingeleitet, in Einzelfällen ist auch die operative Sanierung des Infektes erforderlich. Die Ausheilung und die damit sich ergebende Funktionseinschränkung hängt von der Ausdehnung des Infektes, der Resistenz des Erregers, dem Zeitpunkt der Diagnosestellung, der durchgeführten Therapie und von weiteren Faktoren ab. Im günstigsten Fall resultiert ein Blockwirbel mit minimaler Bewegungseinschränkung und unbedeutender Einschränkung der Belastbarkeit, aber auch eine Ausheilung in erheblicher Fehlstellung (Gibbus, „Buckel") mit reduzierter Belastbarkeit des Achsorganes (kein schweres Heben oder Tragen, keine einseitigen Belastungen, keine Zwangshaltung) ist möglich. In Einzelfällen greift die Infektion auf die Weichteile oder den Spinalkanal über, dies wiederum kann zu einem neurologischen Defizit bis hin zur Querschnittssymptomatik führen und ist dann entsprechend gutachterlich zu werten. Eine Besonderheit besteht in der grundsätzlichen Gefahr des Wiederaufflackerns einer Entzündung, was auch nach Jahren oder Jahrzehnten möglich ist.

Rheumatoide Arthritis Häufig ist ein Mitbefall der HWS bei der rheumatoiden Arthritis; vgl. Kapitel 8.2.1 auf Seite 211. In bis zu 40 % sind die Kopfgelenke beteiligt, wobei die Entzündung zu einer Zerstörung des stabilisierenden Bandapparates führt. Infolge der Instabilität kommt es zu starken Bewegungs- und Ruheschmerzen, auch neurologische Ausfälle bis hin zum plötzlichen Tod durch Druck auf das obere Halsmark sind möglich. Die Rückenmarkskompression ist bereits bei extremen Bewegungen möglich, so dass einzelne Autoren das Tragen einer Halsorthese beim Autofahren empfehlen. Die Diagnose erfordert Funktionsaufnahmen der Halswirbelsäule, im Fall einer Rotationsinstabilität u. U. auch ein Funktions-CT oder -MRT. Die klinischen und manualmedizinischen Tests besitzen keine hohe Validität und Sensibilität. Bei neurologischen Ausfällen oder therapieresistenten Schmerzen sind operative Versteifungen (Spondylodesen) angezeigt. Je nach Ausmaß der Instabilität und neurologischem Defizit bestehen qualitative Leistungseinschränkungen bis hin zu einem aufgehobenen Leistungsvermögen.

Halswirbelsäuleninduzierter Kopfschmerz Typisch sind lokalisierte Schmerzen im Nacken und Hinterkopf mit fakultativer Ausstrahlung zur Stirn, zur Augenhöhle und zum Ohr, welche durch HWS-Bewegungen bzw. -stereotypien ausgelöst bzw. verstärkt werden. Als mögliche Ursachen werden Irritationen der Nervenwurzeln C1 oder C2, Anastomosen zum N. trigeminus sowie fraglich über Faszien und Aponeurosen diskutiert. Klinisch findet man eine eingeschränkte Beweglichkeit, einen erhöhten Muskeltonus oder eine erhöhte Druckempfindlichkeit der Nackenmuskulatur. Radiologisch findet man eine abnorme Haltung der HWS, eine dysfunktionelle Beweglichkeit auf den Funktionsaufnahmen oder eine eindeutige strukturell-pathologische Veränderung (Tumor, Entzündung etc.). Der alleinige Nachweis degenerativer Veränderungen reicht nicht aus. Therapeutisch ist, wenn möglich (z. B. Tumor), eine kausale Therapie, in allen übrigen Fällen ist eine konservative Therapie angezeigt. Bei bestehender oder drohender Chronifizierung sind meist Rehabilitationsmaßnahmen sinnvoll. Abhängig vom Ausmaß und der Richtung der Bewegungseinschränkung sind Überkopfarbeiten sowie Arbeiten in monotoner oder Zwangshaltung auszuschließen. Ebenfalls bestehen Einschränkungen betreffend Kälte-, Nässe- und Zugluftbelastung sowie Arbeiten, die besondere Anforderungen an die Konzentration stellen.

7.2.3 Brustwirbelsäule

Begutachtungskriterien

Stabilität Die Stabilität der BWS wird durch einen komplexen Bandapparat und zusätzlich durch die Rippen bzw. den knöchernen Thorax gewährleistet. Hypermobilitäten an der Brustwirbelsäule sind daher selten.

Beweglichkeit Der knöcherne Thorax kann vor allem die Extension einzelner thorakaler Segmente erheblich einschränken, was dann zur Überlastung der angrenzenden LWS führt. Eine weitere Besonderheit ist die Verknüpfung mit der Atemmechanik. So kann eine Kostotransversalgelenksarthrose im Bereich der unteren BWS über eine zunächst schmerzhafte Einschränkung der Atemfunktion zusätzliche Begrenzungen des Leistungsprofiles bewirken. Wichtig sind auch viscerovertebrale Wechselwirkungen, die anamnestisch und klinisch auszuschließen sind.

Lotabweichungen kommen sowohl in der Frontalebene (Skoliose) als auch in der Sagittalebene (Kyphose, Lordose) vor und stellen eine der häufigsten Pathologien der BWS dar.

Gelenkflächen Degenerative Veränderungen der Wirbelbogengelenke und Bandscheiben sind seltener als in den anderen Wirbelsäulenabschnitten, aber häufiger als früher angenommen.

Muskulatur Muskuläre Krankheitsbilder sind deutlich seltener als im Bereich der LWS. Betroffen sind meist die oberflächlich gelegenen, langen, polysegmentalen Muskeln.

Einzelne Krankheitsbilder

Einsteifende Spondylose Bei der Spondylosis hyperostotica (Morbus FORESTIER) entwickeln sich zuckergussartige Wirbelkörperspangen, die zu einer fast vollständigen, in der Regel schmerzlosen Bewegungseinschränkung der Brust-, Lenden- und seltener Halswirbelsäule führen können. Eine Kombination mit Fibroostosen an Becken- und Fersenkämmen ist möglich.

Entspechend dem Ausmaß der Wirbelsäulenfixierung sind Rumpfbewegungen mit Belastungen und Erschütterungen, Arbeiten in Zwangshaltung sowie Arbeiten, die eine entsprechende Beweglichkeit des Rumpfes voraussetzen, zu vermeiden. Durch beeinträchtigte Ausgleichsbewegungen ist auch die Absturzgefahr erhöht, so dass auch Arbeiten auf Leitern,

Gerüsten oder Dächern nicht zugemutet werden können. Körperlich leichte Tätigkeiten sind meist noch über sechs Stunden möglich.

Traumatische Wirbelsäulenerkrankungen Die heute am weitesten verbreitete Klassifikation der Verletzungen von Brust- und Lendenwirbelsäule stammt von MAGERL et al. [32]. Sogenannte Typ-A-Verletzungen entstehen infolge einer Kompression der vorderen Säule und werden in Kompressionsfrakturen ohne Hinterkantenbeteiligung, Splitfrakturen und Berstungsfrakturen (mit Hinterkantenbeteiligung) differenziert. Typ-B-Verletzungen resultieren aus einer Distraktion der vorderen oder hinteren Säule, es werden Flexions-Distraktions-Verletzungen und Hyperextensionsverletzungen unterschieden. Rotationsverletzungen der vorderen und der hinteren Säule werden als Typ-C-Verletzung definiert.

Mögliche Spätfolgen sind die posttraumatische Kyphose, die posttraumatische Instabilität sowie posttraumatische Bandscheibenveränderungen bei Mitbefall der Bandscheiben. Am seitlichen Röntgenbild im Stand kann der vertebrale und segmentale Kyphosewinkel bestimmt werden. Neben dem Ausmaß der Kyphose ist aber auch die Lokalisation von entscheidender Bedeutung. So wirkt sich eine kyphotische Fehlstellung im thorakolumbalen Übergangsbereich funktionell wesentlich ungünstiger aus als beispielsweise im Bereich der mittleren Brustwirbelsäule. Die Korrelation zwischen verbleibender Wirbelverformung und möglichen Beschwerden und Funktionseinschränkungen ist gering und im Wesentlichen abhängig vom Lebensalter, einem möglichen Vorschaden, von resultierenden Achsabweichungen und Instabilitäten.

Zu vermeiden sind extreme Wirbelsäulenbewegungen, mehrdimensionale Bewegungen speziell mit ausgeprägter Rotationskomponente, Heben und Tragen von Lasten von mehr als 20 kg, monotone Arbeiten in Zwangshaltung sowie unkontrollierte Bewegungen und stochastische Erschütterungen.

Querschnittlähmung Die Begutachtung der neurologischen Folgen von Wirbelsäulenverletzungen wird in Kapitel 22 auf Seite 481 besprochen.

Haltungsfehler Haltungsfehler entsehen als Folge sogenannter muskulärer Dysbalancen bzw. muskulärer Insuffizienzen. So können abgeschwächte und/oder verkürzte Muskeln zu einer vermehrten Beckenkippung und hieraus resultierendem Hohlkreuz der Lendenwirbelsäule mit konsekutiver Überlastung der Wirbelbogengelenke („Facettensyndrom") führen. Im Bereich der Brustwirbelsäule führt eine Insuffizienz der Rückenstreckmuskulatur zu einer vermehrten Thorakalkyphose (Rundrücken). Die Diagnostik erfolgt klinisch mittels der sog. „Verkürzungstests" der manuellen Medizin bzw. mit dem Haltungstest nach MATTHIASS oder apparativ mittels entsprechender Geräte (z. B. ZEBRIS, back-check o. a.). Problematisch ist die hohe Prävalenz dieser Befunde. So fanden sich bei fast 11.000 Flugbewerbern der Bundeswehr bei mehr als 30 % verstärkte Thorakalkyphosen bzw. Lendenlordosen [16]. Zum anderen sind die Normwerte oftmals unzureichend definiert [30]. Wesentliche Funktionseinbußen resultieren meist nicht, ansonsten kann an dieser Stelle betreffend der Therapie und der Begutachtung auf den sog. unspezifischen Rückenschmerz verwiesen werden.

Rundrücken und Flachrücken Eine vermehrte Kyphose der Brustwirbelsäule („Rundrücken") kann muskulär (Haltungsinsuffizienz, Lähmungen etc.), aber auch knöchern durch Missbildungen, Unfälle, Entzündungen oder Fehlwachstum bedingt sein. Am häufigsten ist der Morbus SCHEUERMANN, auch idiopathische juvenile Kyphose oder Adoleszentenkyphose genannt. Röntgenologisch finden sich unregelmäßig gestaltete Grund- und Deckplatten, sog. SCHMORLsche Knötchen, verschmälerte Intervertebralräume sowie mehr oder weniger stark ausgeprägte Deformierungen der Wirbelkörper um mehr als 5 Grad im Sinne einer Keilwirbelbildung. Die Prävalenz beträgt je nach zugrunde gelegten Kriterien zwischen 0,4 und 8,3 [50] bzw. 25,4 % [16]. Während ältere Arbeiten eine Korrelation zwischen Beschwerden und Ausmaß der Kyphose beschreiben, kommen neuere Untersuchungen zu dem Ergebnis, dass unbehandelte Fälle kein höheres Risiko von später auftretenden Rückenschmerzen als radiologisch unauffällige Altersgenossen besitzen [18]. Bei schweren Fällen treten oftmals

Beschwerden im Bereich der kompensatorischen Hyperlordosen auf. Deshalb sind nicht nur Tätigkeiten mit vermehrter Vorbeugehaltung, sondern auch mit vermehrter Reklination zu vermeiden.

Die verminderte Lendenlordose, der Flachrücken, führt möglicherweise zu einer eingeschränkten Dämpfungsfunktion, entsprechend sind Erschütterungen und axiale Belastungen zu reduzieren.

Skoliosen Man unterscheidet idiopathische, neuromuskuläre und kongenitale sowie Skoliosen bei Systemerkrankungen. Die idiopathische ist mit Abstand am häufigsten. Ihre Ursache ist letztendlich unbekannt. Neben der Seitverbiegung liegt eine Fehlrotation und eine Torsion (Verwringung) der Wirbelsäule vor, die zum Scheitelpunkt hin zunimmt und für den klinisch oftmals führenden Rippenbuckel oder Lendenwulst verantwortlich ist. Je nach dem Zeitpunkt des Entstehens werden infantile (bis zum dritten Lebensjahr), juvenile (4.–10. Lebensjahr) und adoleszente (nach dem 10. Lebensjahr bis Wachstumsende) Skoliosen unterschieden. Eine weitere Klassifizierung unterscheidet rechtskonvexe thorakale, rechtskonvexe thorakolumbale, linkskonvexe lumbale und doppelbogige Skoliosen. Der Schweregrad wird trotz neuerer Messmethoden immer noch an der Röntgenaufnahme nach der Methode von COBB bestimmt.

Die sozialmedizinische Beurteilung hängt ab vom Schweregrad, von Funktionseinschränkungen der Wirbelsäule und der Atmung, von Beschwerden und ggf. erforderlichen Operationen. Adoleszente Skoliosen mit einer Hauptkrümmung von weniger als 20 Grad sind in 80 % der Fälle nicht progredient [17] oder neigen sogar zu einer spontanen Besserung, sie führen nur in Ausnahmefällen zu einer Beeinträchtigung. Skoliosen bis zu einem COBBwinkel von 40 Grad lumbal bzw. 50 Grad thorakal erlauben leichte bis mittelschwere Tätigkeiten im Gehen, Stehen und Sitzen ohne häufiges und schweres Heben und Tragen sowie Bücken. Schmerzhafte degenerative Veränderungen, restriktive Lungenfunktionsstörungen sowie eine bei Skoliosen über 70 Grad häufige Rechtsherzinsuffizienz sind gesondert zu berücksichtigen und limitieren die Belastbarkeit oft wesentlich stärker als die Grunderkrankung. Gleiches gilt für eine nicht kompensierbare Wirbelsäulenstatik (Lotabweichung) sowie gegebenenfalls postoperativ aufgetretene neurologische Defizite.

Ausgeprägte Skoliosen können in ihrem Fortschreiten wie auch in ihren teils sehr starken Beeinträchtigungen in speziell für diese Problemgruppe ausgerichteten Einrichtungen gut rehabilitiert werden. Die Therapie ist sehr auf aktive Mitwirkung ausgerichtet. Weil Skoliosepatienten oft sehr motiviert mitarbeiten, sind auch anfängliche Wiederholungs-Heilbehandlungen innerhalb der Vierjahresfrist gerechtfertigt.

Tumoren, Metastasen Primärtumore an der Wirbelsäule sind selten. Metastasen treten überwiegend bei Mamma-, bei Prostata-, bei Schilddrüsen- und hypernephroiden Karzinomen auf. Beim Mammakarzinom können die Metastasen Jahre bis Jahrzehnte nach der Primärerkrankung auftreten. Neben Schmerzen kann abhängig von der Lokalisation ein unterschiedliches neurologisches Defizit resultieren. Neben den klinischen Allgemeinsymptomen (Gewichtsverlust, Leistungsabfall etc.) werden zusätzliche Symptome vom Primärtumor bestimmt.

Handelt es sich um einen benignen Tumor, besteht nach einer radikalen Operation zumeist keine zeitliche Einschränkung des Leistungsvermögens, allerdings mit qualitativen Einschränkungen. Die Metastasenchirurgie ist fast immer palliativ, das Leistungsbild wird durch die Grunderkrankung bestimmt.

7.2.4 Lendenwirbelsäule

Wirbelvariationen Wirbelvariationen am lumbosakralen Übergang sind sehr häufig. Hierzu gehören die Lumbalisation von S1, die Sakralisation von L5, der Megatransversus L5, die Spina bifida occulta und weitere. Grundsätzlich kommt ihnen kein Krankheitswert zu. Leistungseinschränkungen resultieren i. d. R. nicht. In Einzelfällen kommen Beschwerden oder ein neurologisches Defizit vor. Bei der Häufigkeit sowohl von Wirbelvariationen als auch von unspezifischen Rückenschmerzen belegt ihr Zusammentreffen aber noch keinen Kausalzusammenhang. Vor einer evtl. geplanten Operation muss daher eine sehr sorgfältige Abklärung erfolgen.

Entzündliche Wirbelsäulenerkrankungen In Ergänzung zu den Ausführungen im Abschnitt HWS gilt, dass insbesondere beim Morbus BECHTEREW der Befall eines oder beider Iliosakralgelenke typisch und oftmals pathognomonisch ist. Typisch ist der morgendliche tiefsitzende Rückenschmerz, der ein- oder beidseitig auftreten kann. Oft wird die Diagnose verzögert oder – speziell bei Frauen – gar nicht gestellt. Betreffend Therapie und der Leistungsbeschränkungen wird auf den Abschnitt HWS verwiesen.

Morbus BECHTEREW Synonym: Spondylitis ankylosans. Während das HLA-B27 bei circa 6 % der „gesunden Bevölkerung" zu finden ist, besitzen bis zu 95 % der Bechterewpatienten diesen genetischen Marker. Dies bedeutet aber auch, dass es durchaus Patienten mit negativem HLA-B27 gibt, und dass umgekehrt der alleinige Nachweis dieses Parameters die Diagnose nicht zulässt. Überflüssig ist die Kontrolle dieses Parameters, da er sich – wie die Blutgruppe auch – während des Lebens nicht verändert. Während man früher davon ausging, dass überwiegend junge Männer betroffen sind, weiß man heute, dass die Erkrankung wohl fast genau so häufig Frauen betrifft, wenngleich mit in der Regel deutlich blanderem Verlauf. Die Angaben zur Prävalenz schwanken zwischen 0,1 und 2,0 % [7]. Typisch ist der morgendliche tiefe Rückenschmerz, der sich im Laufe des Tages und bei Belastung eher bessert, die eingeschränkte Atemtiefe (< 2,5 cm in Höhe des vierten Interkostalraumes) bei Mitbeteiligung der Kostotransversalgelenke, die zunehmende Einsteifung, aber auch der oftmals geklagte Fersenschmerz. Bisweilen kommt es auch zu einer Arthritis von Knie- und/oder Hüftgelenk. Häufig ist in 4–40 % die Iritis bzw. Iridozyklitis, eine Aorteninsuffizienz, Kardiomyopathie sowie Reizleitungsstörung in 2–10 % sowie eine Amyloidose der Niere in bis zu 8 % [17], so dass bei der Begutachtung oftmals internistische Zusatzgutachten erforderlich sind. Die röntgenologischen Veränderungen an der Wirbelsäule (Syndesmophyten durch Verkalkung der äußersten Anteile des Anulus fibrosus) und am Iliosakralgelenk („buntes Bild") sind typisch. Neben einer konsequenten medikamentösen und physikalischen Therapie sind in Einzelfällen auch korrigierende operative Eingriffe an der Wirbelsäule indiziert, bei Befall der Hüft- und Kniegelenke ist die Indikation zur Endoprothese wie bei anderen entzündlichen Gelenkerkrankungen zu stellen. Ziel einer oftmals lebenslangen begleitenden Bewegungstherapie ist die Vermeidung einer frühzeitigen Einsteifung und die damit meist einhergehende Frühberentung. Abhängig von der Aktualität des Krankheitsbildes, dem Befallsmusters, den Begleiterkrankungen und der entzündlichen Aktivität ist deshalb die Behandlung im Rahmen des Funktionstrainings, die Verordnung ambulanter Physiotherapie oder aber einer Rehabilitationsmaßnahme erforderlich. Trotz einer bisweilen fast vollständigen Einsteifung des Achsskeletts und einer durch die Mitbeteiligung der Rippenwirbelgelenke erheblichen Einschränkung im Bereich der Atmung besitzen diese Patienten oftmals eine außergewöhnlich hohe Motivation und sind trotz ihrer Behinderungen erstaunlich gut in der Gesellschaft integriert. Bei der beruflichen und sozialen Integration leisten auch die Selbsthilfegruppen gute Dienste. Zu vermeiden sind jeweils gelenkbelastende Bewegungsmuster, wobei sowohl einseitig uniforme statische Belastungen als auch monotone Bewegungsabläufe (vor allem bei gleichzeitiger Lastaufnahme) nur noch begrenzt möglich sind. Durch entsprechende Gestaltung des Arbeitsplatzes sind unter Umständen noch sitzende Tätigkeiten über sechs Stunden möglich. Zu vermeiden sind immer schweres Heben und Tragen, Kälte und Nässe, Zwangshaltungen sowie Arbeiten, die eine entsprechende Beweglichkeit und Anpassung erfordern (Arbeiten auf Gerüsten, Leitern etc.).

Weitere HLA-B27 assoziierte Erkrankungen sind die Arthritis psoriatica, der Morbus REITER und die enterogenen Spondylarthropathien bei Morbus CROHN und Colitis ulcerosa. Deshalb sind sowohl bei der Anamneseerhebung als auch bei der sozialmedizinischen Beurteilung die Symptome, Beschwerden und Beeinträchtigungen der Haut, des Darmes und des Urogenitaltraktes mit zu berücksichtigen.

Spondylolisthese (Wirbelgleiten) Die Spondylolisthesis vera infolge beiderseitiger Spondylolyse ist abzugrenzen vom degenerativen Wirbelgleiten. Aufgrund unterschiedlicher Prävalenz (in Deutschland 5–6 %, bei manchen Eskimostämmen 50 %) werden ge-

7.2 Wirbelsäule

netische Faktoren angenommen. Als exogene Faktoren gelten repetitive Mikrotraumen im Wachstumsalter, wofür die Häufung bei Sportarten mit Hyperextension (Speerwerfer, Kunstturner, Delphinschwimmer) spricht. Die relative Häufigkeit nimmt mit dem Alter ab; 30 % der unter 20jährigen und 5 % der über 40jährigen mit Rückenschmerzen. Klinisch besteht eine segmentale Instabilität, bei stärkerem Gleitvorgang auch eine Stufe in der Dornfortsatzreihe ein Segment weiter kranial, sowie i. d. R. eine Hyperlordosierung oberhalb des betroffenen Segmentes. Der radiologische Nachweis der Spaltbildung gelingt am besten mit Schrägaufnahmen, das Gleiten wird in der Seitaufnahme nach MEYERDING quantifiziert. Funktionsaufnahmen im seitlichen Strahlengang zeigen das Ausmaß der Instabilität im Gleitsegment. Die Funktionsmyelographie zum Nachweis einer Kompression des Duralsackes hat hier eine ihrer wenigen klaren Indikationen.

Einschränkungen der körperlichen Leistungsfähigkeit ergeben sich aus der Schmerzsymptomatik, einem nachweisbaren neurologischen Defizit, dem Ausmaß der Instabilität im Gleitsegment und ggf. der Kompression des Duralsackes und/oder der Spinalnerven (meist L5). Bei erwiesener Progredienz oder ab Stadium II sind nur leichte Tätigkeiten überwiegend im Sitzen zumutbar.

Enger Spinalkanal Ein enger Spinalkanal kann primär (z. B. bei Mukopolysaccharidosen) oder sekundär (degenerative Wirbelsäulenveränderungen) bedingt sein und mono- oder plurisegmental auftreten. Im Bereich der HWS kann dies zur zervikalen Myelopathie, im Bereich der LWS zur spinalen Stenose führen. Durchmesser und Querschnittsfläche des Spinalkanals werden im CT oder MRT bestimmt. Für jedes Segment existieren geschlechtsbezogene Normwerte. Sozialmedizinisch relevant ist aber nicht die Weite des Spinalkanals, sondern das Beschwerdebild des Patienten. Typisch ist die *claudicatio spinalis*, die differenzialdiagnostisch von der arteriellen Durchblutungsstörung abzugrenzen ist. Da ein neurologisches Defizit in der Frühphase der spinalen Stenose nur bei stärkerer Lordosierung der LWS auftritt bzw. in Kyphose verschwindet, sind im Liegen und nach längerem Sitzen erhobene Befunde bisweilen falsch negativ.

Bandscheibenvorfall Mit Abstand am häufigsten betroffen sind die Segmente L4/L5 und L5/S1. Neben lokalen Rückenschmerzen mit reflektorisch verspannter Muskulatur kommt es durch den Druck der Bandscheibe auf die Nervenwurzel zu einer radikulären Symptomatik mit Abschwächung des zugehörigen Muskeldehnungsreflexes, Parese des Kennmuskels, Wurzelspannungszeichen und einer Hypalgesie im Dermatom.

Die Problematik bildgebender Verfahren liegt in der hohen Sensitivität bei geringer Spezifität bzw. Validität. So fand sich in einer Studie im Jahr 1994 bei fast 100 beschwerdefreien Probanden in nur 36 % ein Normbefund, in 52 % eine Protrusion und in 14 % ein Prolaps, bei 1 % ein Massenprolaps [25]. Diese Ergebnisse wurden mittlerweile durch weitere Studien bestätigt bzw. untermauert. Die gleiche Problematik besteht aber auch für invasive Verfahren wie die Diskographie. So fand sich nur eine vage Korrelation zwischen der Seite des Anuluseinrisses in der Diskographie und der Seite der klinischen Symptomatik [49]. Sowohl die Therapie als auch die Leistungsbeurteilung darf sich deshalb nicht allein am MRT oder anderen bildgebenden Verfahren orientieren, sie hat immer die Anamnese und den klinischen Befund mit einzubeziehen.

Um therapeutische Empfehlungen erteilen zu können, sind Aussagen zum Spontanverlauf erforderlich.

So beschrieben SCALE et al [45] bei lumbalen, computertomographisch gesichertem Bandscheibenvorfall mit radikulärer Symptomatik nach 1,7 Jahren bei 90 % der Patienten eine deutliche Schmerzreduktion, bei 67 % noch Restbeschwerden. Der Prolaps hatte sich von durchschnittlich 5,2 mm auf 2,7 mm zurückgebildet. Entsprechend empfehlen die meisten Autoren zunächst eine konservative Therapie. Bei Conus-Cauda-Symptomatik ist eine sofortige Operation erforderlich, bei ausgeprägten oder zunehmenden Paresen sowie bei Therapieresistenz über 6 bis maximal 12 Wochen ist die Operationsindikation in diesem Fall vor dem Hintergrund einer drohenden Chronifizierung zu überprüfen.

Beim akuten Bandscheibenvorfall besteht in der Regel Arbeitsunfähigkeit. Nach Rückgang der akuten Syptomatik resultieren oft eine eingeschränkte Beweglichkeit und eine verminderte Belastbarkeit. Heben und Tragen schwerer Lasten über 30 kg und monotone Zwangshaltungen sind zu vermeiden. Leichte körperliche Arbeit kann im Wechsel zwischen sitzender und stehender Tätigkeit nach sechs Wochen wieder ohne zeitliche Einschränkung aufgenommen werden, mittelschwere Tätigkeiten nach spätestens 12 Wochen. Mit Ausnahme der oben genannten Einschränkungen besteht beim komplikationslosen Verlauf meist nach sechs Monaten wieder eine volle Belastbarkeit.

Der alleinige Nachweis einer Bandscheibendegeneration oder eines -prolapses mittels bildgebender Verfahren ohne begleitende adäquate Klinik bedingt für sich alleine keine Einschränkung von Funktion und Fähigkeiten. Lediglich bei der Beurteilung des negativen Leistungsbildes sollte hier – überwiegend aus forensischen Gründen – Rücksicht genommen werden.

Tumoren, Metastasen Primärtumore an der Wirbelsäule sind selten, Metastasen treten überwiegend bei Mamma-, bei Prostata-, bei Schilddrüsen- und hypernephroiden Karzinomen auf. Beim Mammakarzinom können die Metastasen Jahre bis Jahrzehnte nach der Primärerkrankung auftreten. Neben Schmerzen kann abhängig von der Lokalisation ein unterschiedliches neurologisches Defizit resultieren, Neben den klinischen Allgemeinsymptomen (Gewichtsverlust, Leistungsabfall etc.) werden zusätzliche Symptome vom Primärtumor bestimmt.

Handelt es sich um einen benignen Tumor, besteht nach einer radikalen Operation zumeist keine zeitliche Einschränkung des Leistungsvermögens, allerdings mit qualitativen Einschränkungen. Die Metastasenchirurgie ist fast immer palliativ, das Leistungsbild wird durch die Grunderkrankung bestimmt.

7.3 Obere Extremitäten

Eine gute Funktionalität sowie eine ausreichende Kraftentfaltung sind für den Einsatz der oberen Extremitäten im täglichen Leben unverzichtbar, wobei hierzu i. Allg. ein Arbeitseinsatz der Arme unter visueller Kontrolle vor dem Körper als wichtige Voraussetzung gefordert werden muss. Beeinträchtigungen der Funktionalität einzelner Gelenke erfordern häufig Kompensationsmechanismen und bringen ebenso wie eine Herabsetzung der Kraftentfaltung und evtl. der Stabilität qualitative Einschränkungen des Leistungsvermögens mit sich.

7.3.1 Allgemeines

Diagnostik

Körperliche Untersuchung Zunächst Erhebung von Globalbefunden (zusammengesetzte Bewegungsabläufe wie Nacken- und Schürzengriff, Führen der Hand zum Gesicht; Einsatz der Arme beim Ablegen der Kleidung und Schuhe u. a. m). Als zweiter Schritt sollte dann eine detaillierte Untersuchung der Funktionsabläufe der einzelnen Gelenke unter Berücksichtigung der standardisierten Neutral-Null-Methode erfolgen.

Bildgebende Verfahren *Radiologische* Abklärung der betroffenen Körpergelenke in zumindest zwei Strahlengängen vor allem zum Erfassen des Ausmaßes evtl. bestehender degenerativer Veränderungen. *Sonographische* Befundung der Schulterweichteile als nicht invasive und nicht strahlenbelastende Methode mit durchaus hoher Aussagekraft. Nur bei besonderen Fragestellungen ist eine *kernspintomographische* Untersuchung erforderlich (z. B. differenzierte Beurteilung der Rotatorenmanschette der Schulter). Eine *szintigraphische* Abkärung kommt zur Beurteilung der Entzündungsaktivität (z. B. im Falle einer Erkrankung des rheumatischen Formenkreises mit häufiger Mitbeteiligung der Fingergelenke) in Frage.

Begutachtungskriterien

Stabilität Die Gewichtsbelastung ist wesentlich geringer als an der unteren Wirbelsäule oder an den Beinen; unter diesem Gesichtspunkt haben auffällige Weichteilbefunde mit möglichen lokalen Irritationen der Kapsel- bzw. Sehnenansätze eine größere Bedeutung als knöcherne Veränderungen im Gelenkbinnenraum. Eine instabiles Schultergelenk bzw. eine (Teil)Instabilität im Bereich der Fingergelenke schränken das Leistungsvermögen zwar qualitativ ein, bringen jedoch in aller Regel keine wesentlichen zeitlichen Begrenzungen der täglichen Arbeitszeit mit sich.

Beweglichkeit Für die oberen Extremitäten bedeutsam ist der Greifraum der Arme vor dem Körper, wobei v. a. der Einsatz der Arme bis etwa zur Augenhöhe wichtig ist. Im Falle spezieller Affektionen der Schultergelenke ist der Greifraum oberhalb dieser Grenze limitiert. Eingeschränkte Rotationsbeweglichkeit im Ellenbogengelenk mit Kompensationsmöglichkeit über die homolaterale Schulter.

Muskulatur Standardisiertes Messen der Muskelumfänge 15 cm oberhalb sowie 10 cm unterhalb des radialen Humerusepikondylus im Seitenvergleich. Die Differenz der Händigkeit kann bei körperlich starkem Einsatz im Oberarmbereich bis zu 1,5 cm, an den Unterarmen bis zu 1,0 cm betragen; bei Durchführung körperlich weniger stark belastender Tätigkeiten beträgt die Umfangsdifferenz in den allermeisten Fällen 5 mm und weniger. Der Muskelumfang ist ein sehr empfindlicher Parameter für den zeitlichen Einsatz der betroffenen Extremität im täglichen Leben (früh einsetzende Schonatrophie). Zusätzlich ist eine Bestimmung des muskulären Tonus durch willkürliches Anspannen (abhängig von der Mitarbeit des Probanden) möglich.

Gelenkflächen Klein dimensioniert; Inkongruenzen aufgrund nur geringer axialer Belastungen sind meist weniger bedeutungsvoll als im Bereich der unteren Extremitäten. Ulnaköpfchen, Langfingergrund- und -mittelgelenke sind häufige Prädilektionsstellen bei Erkrankungen des rheumatischen Formenkreises; Daumensattelgelenke, Langfingermittel- und -endgelenke häufig bei Polyarthrosen betroffen.

Achsabweichungen Nicht selten Folge einer kindlichen suprakondylären Fraktur. Für den täglichen Einsatz der betroffenen Extremität meist ohne wesentliche Relevanz.

Längendifferenzen Auch Unterschiede von 2–3 cm im Ober- und Unterarmbereich sind ohne wesentliche sozialmedizinische Relevanz.

Reizzustände Konstitutionsabhängig werden bei diadochokinetischen und auch kraftvollen Bewegungsabläufen, viel häufiger als im Bereich der unteren Extremitäten, Beschwerdebilder der Sehnenansätze berichtet. Hier sind exakte Kenntnisse über die Art der beruflichen Betätigung erforderlich; eine sinnvolle qualitative Limitierung gewisser Belastungsmuster ist zu empfehlen. Gelenkbinnenreizzustände werden, auch bei deutlicheren degenerativen Veränderungen, eher selten beobachtet.

Amputationen Die Länge des Amputationsstumpfes wird gemessen von der Schulterhöhe bis zum Stumpfende bei gestrecktem Restarm.

Der *Verlust eines Armes* bedeutet eine erhebliche Beeinträchtigung manueller Tätigkeiten, erst recht wenn die Händigkeit betroffen ist. Außerdem wird die kontralaterale Extremität kompensatorisch vermehrt gefordert. In der Frühphase nach der Amputation ist eine stationäre Rehabilitation über einen Zeitraum von 4–6 Wochen mit sinnvollem Einhandtraining erforderlich. Leichte Tätigkeiten, die auch mit nur einem Arm durchgeführt werden können, sind über sechs Stunden möglich. Eine *Doppelarm-* oder *Doppelhandamputation* führt zu schweren Beeinträchtigungen der Selbstversorgung wie des Leistungsvermögens im Erwerbsleben. In besonders günstig gelagerten Fällen sind leichte Tätigkeiten an behindertengerechten Arbeitsplätzen möglich. Bei diesem Patientengut sind vorab umfangreiche Berufsfindungsmaßnahmen erforderlich.

Sozialmedizinische Beurteilung

Mobilität Eine gute Globalfunktion der oberen Extremitäten ist zumindest für den Greifakt vor dem Körper bedeutungsvoll. Zum beruflichen Einsatz ist des Weiteren zumindest eine gut funktionierende Hand erforderlich, wobei die kontralaterale Extremität auf die Einsatzmöglichkeit einer Beihand überprüft werden sollte.

Selbstversorgung An- und Ablegen der Kleidung, Durchführung der Körperhygiene (Haare waschen, Zähne putzen, Genital- und Afterhygiene), Öffnen und

Art der Bewegung	Grad
Anteversion/Retroversion	180 / 0 / 40
Abduktion/Adduktion	170 / 0 / 40
Außenrotation/Innenrotation	
Arm am Körper anliegend	60 / 0 / 90
Arm 90° abduziert (Hochrotation)	80 / 0 / 70

Tab. 7.5: Bewegungsmaße des Schultergelenkes

Schließen eines Geldbeutels, Umgang mit Hartgeld und Geldscheinen u. a. m.

Haushaltsführung Zubereiten und selbständiges Einnehmen der Mahlzeiten, Putzen der Wohnung, Betten machen, Abfallbeseitigung u. a. m.

Soziale Aktivitäten Sportliche Aktivitäten. Bedienen eines Kraftfahrzeuges ohne spezielle Zurichtung möglich (Lenkrad, Gangschaltung u. a.)? Halten und Tragen von Gegenständen (Einkaufstasche u. a.).

Erwerbsleben Einsatz eines oder beider Arme vor dem Körper oberhalb der Schulterebene möglich? Ausgabe von Arbeitsgeräten als Magazinarbeiter? Fein- und Sortierarbeiten? Bedienen einer Tastatur? Anheben von Gegenständen vom Boden auf Knie- bzw. Becken- oder gar Schulterhöhe? Halten bzw. Bewegen schwerer Lastgewichte vor dem Körper auf ebener Erde bzw. Tragen von Gegenständen (z. B. Aktenmaterial u. a.) auf Treppen u. a. m.

7.3.2 Schultergürtel und Oberarm

Biomechanik

Das *Schulterhauptgelenk* zwischen Skapula und Humeruskopf erlaubt bei fixiertem Schulterblatt eine Armhebung nach vorne und zur Seite von jeweils 90°. Die *Schultereckgelenke*, u. a. zwischen Skapula und Klavikula, gewährleisten nahezu die Hälfte der Anteversion und Abduktion des Armes, und zwar über die Verschieblichkeit des Schulterblattes auf dem dorsalen knöchernen Thorax. Bewegungsmaße vgl. Tabelle 7.5.

Diagnostik

Körperliche Untersuchung *Inspektion:* Schultergeradstand? Konfiguration der schulterumspannenden Muskulatur im Seitenvergleich, insbesondere Überprüfung auf Atrophie des Supra- bzw. Infraspinatusmuskels, Kontur des Bizepsbauches (Distalisierung als Hinweis für Abriss der langen Bizepssehne). Prominenz des Schultereckgelenkes als Hinweis auf arthrotische Veränderungen; Konturvergrößerung des Sternoklavikulargelenkes als Hinweis auf möglichen entzündlichen Prozess (z. B. reaktive Arthritis). Typische druckschmerzhafte Palpationspunkte wie Processus coracoideus (ventral), Tuberkulum majus, Schultereckgelenk, Sulcus intertubercularis bei 10° Innenrotation (lange Bizepssehne). *Impingementteste:* Schmerzangabe bei Abduktion zwischen 60 und 120° (sog. painful arc) als Hinweis für subakromialen Reizzustand; sog. drop arm sign (der Arm kann nicht in 90° Abduktion gehalten werden) bei degenerativem Aufbrauchsschaden der Supraspinatussehne; Hochrotation des Armes gegen Widerstand bzw. Außenrotation des anliegenden Armes gegen Widerstand; YERGASON-Test (Supination gegen Widerstand bei 90° flektiertem und proniertem Unterarm) als Hinweis für Schädigung der langen Bizepssehne; Pseudoparalyse als Ausdruck eines völligen Verlustes der Abduktionskraft bei Rotatorenmanschettenruptur.

Stabilitätsprüfung Apprehensiontest (schmerzhafte Subluxation des Humeruskopfes bei Außenrotation und Abduktion (vordere Instabilität); hinterer bzw. unterer Schubladentest; Klaviertastenphänomen als klinisches Zeichen für eine Instabilität des Schultereckgelenkes.

Röntgen *Schulter in 2 Ebenen:* Darstellung von Humeruskopf, Schulterpfanne und Schultereckgelenk; Beurteilung der Gelenkkongruenz; Überprüfung auf Subluxations- oder Luxationsstellung bzw. freie Gelenkkörperbildung; Darstellung periartikulärer Verkalkungen (vor allem im Bereich der Supraspinatussehne). *Innenrotations- bzw. Außenrotationsaufnahme (Schwedenstatus):* Darstellung einer HILL-SACHS-Läsion im Gefolge einer Schulterluxation. *Skapu-*

la-Spezialaufnahme (tangentialer Strahlengang) zur Überprüfung auf fehlverheilte Fraktur oder Tumor. *Laterale transthorakale Aufnahme* (stehender Patient mit angehobenem kontralateralen Arm) zur Überprüfung auf anteriore oder posteriore Subluxationsstellung. *Laterale Y-Projektion* mit Darstellung des Schulterblattes zur Überprüfung der Kongruenz des Humeroglenoidalgelenkes; Ausmaß einer Dislokation nach Tuberkulum majus-Fraktur. *Schulterpanoramaaufnahme* (beide Schultern a. p. auf einer Kassette mit einer Gewichtsbelastung von 15 kg) zum Nachweis einer Instabilität des Schultereckgelenkes (Einteilung nach TOSSY).

Sonographie Differenzierte Darstellung der Rotatorenmanschette (Kaliberabschwächung, lokale Ausdünnung, Inhomogenität, Verkalkung u. a.), der Bursa subacromialis und subdeltoidea (Vernarbung, Flüssigkeitsfüllung), entzündliche Reizzustände der langen Bizepssehne (entzündlicher Hof?).

Computertomographie Lediglich zur Frühdiagnostik einer Humeruskopfnekrose bzw. zur Überprüfung einer Fragmentdislokation im Falle einer Stückfraktur erforderlich.

Kernspintomographie Überprüfung einer möglichen Schädigung der Rotatorenmanschette bzw. des Labrum glenoidale; frühestmögliche Abklärung auf Knochenumbaustörung (Humeruskopfnekrose).

Szintigraphie Nur bei Verdacht auf Affektion im Rahmen einer Erkrankung des rheumatischen Formenkreises sinnvoll (Beurteilung der Aktivität).

Begutachtungskriterien

Bei der Begutachtung von Läsionen der Schultern und Oberarme sind folgende Merkmale von Bedeutung:

Stabilität Gelenkführung durch schulterumspannende Muskulatur; mögliche dorsale, ventrale sowie kaudale Subluxationsphänomene (eine vordere Instabilität mit Subluxationsneigung wird in Abduktion und Außenrotation überprüft). Unsicherheit beim Halten und Greifen von Gegenständen.

Beweglichkeit (in allen drei Ebenen) unter Berücksichtigung von Haupt- und Nebengelenken: Bewegungsmaß, Komplexbewegungen (Nacken- bzw. Schürzengriff), Ausgleichsbewegungen (z. B. über das Ellenbogengelenk), Händigkeit (seitendifferente Beschwielung der Hohlhand als Ausdruck einer längeren Schonung der Extremität).

Ein freier Nacken- und Schürzengriff belegen eine ausreichende Globalfunktion der Schulter, was den wichtigen Einsatz der oberen Extremität vor dem Körper, aber auch für Überkopfhaltungen ermöglicht. Bezüglich der Muskelkraft ist auf die Konfiguration der Schulterkappe im Seitenvergleich (M. deltoideus) zu achten, Überprüfung der Oberarmmuskulatur, insbesondere der Kraftentfaltung des M. trizeps und des M. bizeps im Seitenvergleich. Im Falle einer Arthrodese des Humeroglenoidalgelenkes in Funktionsstellung (Anteversion und Abduktion von jeweils 30°, Innenrotation) kann die Hand noch problemlos zum Mund und zur Stirn geführt werden. Unter diesem Aspekt spielt eine gute Funktionalität der Nachbargelenke (Ellenbogen- und Handgelenk), aber auch der mittleren und unteren Halswirbelsäule eine kompensatorisch wichtige Rolle.

Achs- und Rotationsfehler *Achsfehler* sind im Oberarmbereich ohne wesentliche sozialmedizinische Relevanz. *Drehfehler* des Humerusschaftes von mehr als 20° (nahezu immer posttraumatisch) bringen nicht selten deutliche qualitative Einschränkungen des Armes im täglichen Leben mit sich und können über den Schultergürtel und das homolaterale Ellenbogengelenk bisweilen nur unzufriedenstellend kompensiert werden.

Reizzustände betreffen vor allem das Schultereckgelenk, des Weiteren die Rotatorenmanschette und den Verlauf der langen Bizepssehne im Bereich des Sulcus intertubercularis.

Sozialmedizinische Beurteilung

Läsionen des Schultergelenkes und auch des Oberarmes haben typische qualitative Einschränkungen des Leistungsvermögens zur Folge, wobei vor allem Überkopfarbeiten qualitativ beeinträchtigt sind. Heben und Tragen von Lastgewichten über 10 kg sowie Arbeiten mit ausgestreckten Armen bei degenerativen Veränderungen der Rotatorenmanschette sind häufig limitiert. Axiale Belastungen der Schultergelenke und Arme im täglichen Leben kommen nur bei schweren körperlichen Tätigkeiten vor und sind bei auffälliger muskulärer Kraftminderung nur limitiert möglich. Umwendebewegungen setzen bei guter Funktionalität des Ellenbogengelenkes meist auch eine ausreichende Funktionalität der Rotatorenmanschette voraus.

Im Falle einer *bilateralen* Schädigung der Schulterhauptgelenke sind Bewegungsmuster i. Allg. nur noch vor dem Körper und auch nur mit limitiertem Krafteinsatz möglich. In aller Regel können Fein- und Sortierarbeiten ohne zeitliche Einschränkung verrichtet werden, ebenso das Bedienen einer Tastatur. Bei Tätigkeiten mit Materialausgabe können Einschränkungen verbleiben.

Einzelne Krankheitsbilder

Die sozialmedizinische Beurteilung richtet sich nach den oben dargestellten Regeln. Besonderheiten sind bei den einzelnen Krankheitsbildern aufgeführt.

Omarthrose Posttraumatisch (Humeruskopffraktur), nach Luxationen, im Gefolge einer Osteonekrose oder postentzündlich, auch bei Rotatorenmanschettenarthropathie. Typischer Belastungsschmerz bei maximalem Funktionsausschlag (Abduktion, Hochrotation), Bewegungseinschränkung, Krepitation, sekundäre Atrophie der Mm. supraspinatus, infraspinatus und deltoideus. Konservative medikophysikalische und krankengymnastische Behandlung. Bei hochschmerzhaften Zustandsbildern ohne konservativen Behandlungserfolg Indikation zur Arthrodese bzw. Alloarthroplastik. In schwerwiegenden Fällen ambulante oder stationäre Rehabilitation.

Qualitative Einschränkungen des Leistungsvermögens sind abhängig vom Ausmaß der degenerativen Veränderungen und Funktionsdefizite: Keine schweren und ausschließlich mittelschweren Tätigkeiten; kein Heben, Tragen bzw. Bewegen von Lastgewichten über 6–8 kg, keinerlei Überkopfarbeiten (Augenhöhe), keine Arbeiten mit längerer Armvorhaltung unter Belastung, keine Tätigkeiten unter Kälte-, Nässe und Zuglufteinfluss. Leichte bis gelegentlich mittelschwere Arbeiten mit Armhaltung vor dem Körper sind in aller Regel über sechs Stunden verrichtbar, z. B. auch Fein- und Sortierarbeiten.

Humeruskopfnekrose Nicht selten bilaterale aseptische Nekrose mit späterem Zusammensintern und Einbruch der knorpeligen Kopfkalotte. Ursache ist in den meisten Fällen eine hochdosierte Kortikoidmedikation, z. B. im Rahmen der Chemotherapie einer Leukämie oder eines Morbus HODGKIN. Lokale, teilweise bewegungsabhängige Schmerzen bei zunächst noch guter Funktion. Frühdiagnose im MRT; ein Nachweis im Röntgenbild ist oft erst um 3–4 Monate zeitlich versetzt möglich. Mit der Zeit zunehmende Bewegungseinschränkung und Ausbildung einer Omarthrose. Therapie symptomatisch, da es sich zumeist um jüngere Patienten handelt. Bei persistierenden Schmerzbildern Indikation zum endoprothetischen Gelenkersatz. Leistungsvermögen: → Omarthrose.

Akromioklavikulargelenksarthrose Bei jungen Menschen meist posttraumatisch, im höheren Lebensalter meist degenerativ. Lokaler Belastungs- und Druckschmerz, *painful arc* mit Beschwerden in der letzten Phase der Anteversion und vor allem der Abduktion (120°–180°) des Armes im Schulterhauptgelenk. Primär konservative Behandlung, bei Beschwerdepersistenz arthroskopische oder offene AC-Gelenksresektion. Es besteht eine qualitative Einschränkung des Leistungsvermögens mit Ausschluss längerer Überkopfarbeiten sowie von Tätigkeiten mit Heben und Tragen von Lasten über 10–12 kg. Nach operativer Sanierung bestehen i. Allg. keine wesentlichen Einschränkungen der Schultergelenksbelastbarkeit mehr.

7.3 Obere Extremitäten

Rotatorenmanschettenarthropathie Supraspinatussehnen-Ansatztendopathie, Teil- oder Komplettruptur der Rotatorenmanschette, Bursitis subacromialis bzw. subdeltoidea, Bizepssehnentendinitis u. a. Typische, belastungsabhängige Reizzustände (Impingement-Symptomatik im Falle einer begleitenden Bursitis subacromialis) mit positiven Provokationstests. Tendinitis calcarea bei degenerativer Kalkeinlagerung in den Sehnenansatz des M. supraspinatus (Selbstauflösung bei Einbruch in die Bursa subacromialis möglich). Beurteilung im statischen und dynamischen Sonogramm, in Einzelfällen zusätzliche MRT-Abklärung. Primär konservative Therapie, bei Beschwerdepersistenz arthroskopische oder offene Akromioplastik (subakromiale Dekompression). In Einzelfällen ambulante oder stationäre Rehabilitation. Das Leistungsvermögen entspricht etwa der Situation einer Omarthrose.

Schulter(teil)steife Fibrosierung und Schrumpfung der Schultergelenkskapsel mit nachfolgender schmerzhafter Bewegungseinschränkung (Capsulitis adhaesiva, frozen shoulder). Weiterer Kausalfaktor ist eine überlagernde Zervikobrachialgie. Typisch ist der relativ feste, schmerzhafte Bewegungsanschlag im Schultergelenk vor allem bei Abduktion, Hochrotation und Anteversion. Intensive medikophysikalische und krankengymnastische Behandlung über Wochen und Monate, auch im Rahmen einer ambulanten oder stationären Rehabilitation. Evtl. Narkosemobilisation. Im Allgemeinen ist z. T. nach langmonatigem Verlauf eine Restitutio ad integrum möglich, so dass eine bleibende Erwerbsminderung nicht zu erwarten ist.

Schulterinstabilität Eine habituelle Schulterluxation *nach vorne unten* ist zumeist Folge einer traumatischen Luxation mit Abriss des knorpeligen Labrum glenoidale (BANKART-Läsion) und einer knöchernen Impression des Humeruskopfes (HILL-SACHS-Läsion). Eine Luxation *nach außen* bei kraftvoller Hochrotation beruht auf einer Dysplasie des Glenoids. Bei traumatischer Genese mit bleibender Instabilität wird zur operativen Stabilisierung (Kapselshift, Bandplastik) geraten. Bei einer persistierenden Schulterinstabilität Vermeiden von belastenden Bewegungsmustern mit Heben und Tragen schwerer Lasten sowie Tätigkeiten mit Überkopfhaltung der Arme; Unsicherheit beim Halten und Greifen. Nach einer erfolgreichen operativen Stabilisierung verbleiben i. d. R. nur geringfügige, für den Einsatz im Erwerbsleben kaum relevante Beeinträchtigungen des maximalen Bewegungsausschlages.

Folgen von Frakturen

Subkapitale Humerusfraktur Anatomische Fehlstellungen werden nicht selten gut toleriert und kompensiert. Die Belastbarkeit des betroffenen Armes wird limitiert durch die Schulterbeweglichkeit (v. a. Anteversion, Abduktion, Hochrotation), durch die Gelenkkongruenz (Subluxation? sekundäre degenerative Veränderungen?) sowie durch eine mögliche primäre oder sekundäre Schädigung der Rotatorenmanschette.

Humerusschaftfraktur Eine Verkürzung und/oder ein leichter Achsfehler sind ohne wesentliche Bedeutung. Ein Rotationsfehler kann sich deutlicher behindernd auswirken. Posttraumatische Schäden der angrenzenden Gelenke sind die Ausnahme. In Einzelfällen bleiben Funktionsstörungen infolge einer Schädigung des N. radialis bzw. einer VOLKMANNschen Kontraktur.

Folgen operativer Eingriffe

Rekonstruktion der Rotatorenmanschette Arthroskopische oder offene Versorgung einer frischen Rotatorenmanschettenläsion; plastische Rekonstruktion älterer Veränderungen (v. a. bei jüngeren Patienten), evtl. mit gleichzeitiger Akromioplastik. Ziel ist die Wiederherstellung einer stabilen und schmerzfreien Funktionalität des Schulterhauptgelenkes. Das Leistungsvermögen hängt ab vom Ausmaß der regressiven Veränderungen der Sehnen, einem möglicherweise persistierenden subakromialen Impingement sowie vom Bewegungsspiel der Schulter.

Akromioplastik Arthroskopische oder offene Resektion des AC-Gelenkes bei degenerativen Veränderungen des Schultereckgelenkes (Akromioklavikulargelenksarthrose) bzw. der Rotatorenmanschette mit Impingement (Rotatorenmanschettenarthropathie). Ziel ist die Beschwerdereduktion, vor allem beim kraftvollen Einsatz bzw. bei Überkopfhaltung des betroffenen Armes. Bei erfolgreichem Eingriff verbleibt i. Allg. keine wesentliche qualitative Leistungseinschränkung.

Arthrodese des Schulter(haupt)gelenkes Operative Versteifung des Humeroglenoidalgelenkes in Funktionsstellung (Anteversion von 40–50°, Abduktion von 50–60°, mittlere Rotation). Sie wird heute nur noch selten durchgeführt im Falle hochschmerzhafter Destruktionen bzw. einer subjektiv nicht tolerierten Instabilität (habituelle Luxationsneigung). Knöchern stabile Ausheilung nach 12 Wochen. Nach geglücktem Eingriff können leichte bis gelegentlich mittelschwere Tätigkeiten mit Armhaltung vor dem Körper und ohne spezielle Beanspruchung der betroffenen Extremität durchgeführt werden.

Endoprothese des Schulter(haupt)gelenkes Alloplastischer Ersatz des Humeroglenoidalgelenkes mit meist zementierter, seltener zementfreier Endoprothese, humeraler Teilprothese oder inverser Delta-Endoprothese (letztere bei Rotatorenmanschettenarthropathie). Indikation (sehr selten bei jüngeren Patienten!) primär bei Trümmerfrakturen des Humeruskopfes, sekundär bei degenerativen posttraumatischen oder entzündlich-rheumatischen Gelenkdestruktionen oder Humeruskopfnekrose. Eine postoperative stationäre Rehabilitation (AHB) von 4–5 Wochen ist in vielen Fällen erforderlich. Postoperative Arbeitsunfähigkeit nicht selten 3–4 Monate. Auch bei gelungenem Eingriff verbleiben in den meisten Fällen mehr oder weniger deutliche qualitative Einschränkungen der Schulterbelastbarkeit.

Folgen von Amputationen

Schulter(gelenks)exartikulation Bei fehlendem Stumpf ergibt sich meist keine befriedigende Möglichkeit zur funktionstüchtigen prothetischen Versorgung. Längerfristig kommt es aufgrund asymmetrischer Gewichtsverteilung zu einer Skoliose der Brustwirbelsäule mit muskulärer Dysfunktion.

Oberarmamputation Die Fixation einer Exoprothese am hängenden, konischen Oberarmstumpf ist technisch schwierig. Eine Winkelosteotomie des knöchernen Humerusstumpfes kann Vorteile bringen. Das Kunstglied sollte über Drahtzüge und Schlingen zur gesunden Schulter einen Grobgriff zwischen Daumen und Langfingern ermöglichen. Das Ellenbogengelenk bleibt dabei in Funktionsstellung ruhiggestellt. Mit der Hand der Gegenseite kann der Unterarm der Prothese zu ihrem optimalen Einsatz gedreht werden. Seltene Alternativen sind eine über Kontraktionen synergistischer Muskeln elektronisch gesteuerte Fremdkraftprothese oder eine leichte, aber funktionslose Schmuckprothese.

7.3.3 Ellenbogen und Unterarm

Biomechanik

Der Ellenbogen setzt sich aus dem humeroulnaren Scharniergelenk und dem radioulnaren Drehgelenk zusammen. Ein leichter Kubitus valgus ist normal (Frauen > Männer). Beim weiblichen Geschlecht liegt nicht selten eine leichte Überstreckbarkeit von 5–10° vor. Im Humeroulnargelenk erfolgt die Beuge- und Streckbewegung (0/0/140°), seine Gebrauchsstellung liegt zwischen 60–90°. Der radioulnare Gelenkanteil erlaubt die wichtige Umwendebewegung der Hand (Pro- und Supination; physiologisches Bewegungsspiel 80/0/70°). Der radiale und ulnare Epikondylusbereich stellen die anatomischen Ursprungspunkte für die handgelenks- und fingergelenksbewegende Muskulatur dar.

Diagnostik

Körperliche Untersuchung Gelenkumfang im Seitenvergleich; Bewegungsausmaß bezüglich Beugung/Streckung, Ein- und Auswärtsrotation. Palpation des radialen bzw. des ulnaren Humerusepikondylus; kraftvolle Dorsalextension bzw. Palmarflexion des Handgelenkes gegen Widerstand (Provokationsteste bei V. a. Epikondylitis); Speichenköpfchen; Kollateralbandstabilität, Gelenkreiben.

Röntgen *Ellenbogengelenk in 2 Ebenen* (a. p., möglichst in voller Streckung): Beurteilung der gelenkbildenden Anteile von Humerus, Radius und Ulna sowie des Gelenkspaltes; freie Gelenkkörper; Darstellung periartikulärer Ossifikationen.

Begutachtungskriterien

Stabilität Beurteilung der kollateralen Bandverbindungen (Varus- bzw. Valgusstress); Stabilität des Speichenköpfchens.

Beweglichkeit Ein Streckdefizit bis 10° ist funktionell unbedeutend. Beträgt dieses jedoch 30° und mehr, kommt es zu deutlichen Beeinträchtigungen. Eine Beugefähigkeit von 90–100° erlaubt einen durchaus guten Arbeitseinsatz des betroffenen Armes. Die Gebrauchsstellung für das Bedienen einer Tastatur, das Schreiben sowie den Greifakt ist die Pronation, wobei hier 50° für eine Tätigkeit mit Anforderungen an das manuelle Geschick ausreichen. Eine Einsteifung in Mittelstellung bzw. in Supinationshaltung (sog. „Spuckhand") führt zu einer erheblichen Gebrauchsminderung des betroffenen Armes. Eine Einschränkung der Umwendebewegungen des Unterarmes erschwert den Einsatz von Hand und Fingern deutlich, wenn die günstige Gebrauchsstellung von 60°–90° Beugung nicht erreicht wird.

Sozialmedizinische Beurteilung

Läsionen des Ellenbogengelenkes haben typische qualitative Einschränkungen des körperlichen Leistungsvermögens zur Folge: mittelschwere Tätigkeiten können nur noch mit zeitlichen Einschränkungen, schwere Tätigkeiten i. Allg. überhaupt nicht mehr verrichtet werden. Heben und Tragen von Lastgewichten sind eingeschränkt auf etwa 10–12 kg, insbesondere Tätigkeiten, die eine kraftvolle Beugung bzw. kraftvolle Umwendebewegungen erfordern, sind limitiert. Bei Weichteilirritationen sind auch weniger kraftvolle diadochokinetische Bewegungsabläufe eingeschränkt. Im Falle einer beeinträchtigten Schultergelenksfunktion werden vermehrte Kompensationsmechanismen durch das homolaterale Ellenbogengelenk gefordert.

Einzelne Krankheitsbilder

Die sozialmedizinische Beurteilung richtet sich nach den oben dargestellten Regeln. Besonderheiten sind bei den einzelnen Krankheitsbildern aufgeführt.

Ellenbogengelenksarthrose In Fehlstellung verheilte intraartikuläre Frakturen, Chondromatosis synovialis, avaskuläre Nekrose, Gelenkentzündung führen langfristig zur Arthrose. Langsam progrediente aktive und passive Bewegungseinschränkung (Extension/Flexion), Gelenkschwellung, Ergussbildung (aktivierte Arthrose), belastungsabhängiger Bewegungsschmerz. Bei Therapieresistenz Arthrodese in Funktionsstellung (jüngerer Patient) bzw. Alloarthroplastik (älterer Patient). Leichte, auch feinmanuelle Arbeiten sind bei Armhaltung vor dem Körper i. Allg. ohne zeitliche Einschränkung verrichtbar. Auf Dauer keine schweren, allenfalls noch gelegentlich mittelschwere Tätigkeiten; kein Heben, Tragen und/oder Bewegen von Lasten über 8 kg; keine Arbeitsabläufe mit diadochokinetischem Bewegungsmuster (Extension/Flexion, Pro-/Supination); keine Arbeiten unter Kälte-, Nässe- und Zuglufteinfluss.

Chondromatose des Ellenbogengelenkes Metaplastische Veränderung der Synovialmembran mit Bildung multipler, teils sessiler, teils freier Gelenkkörper. Meist chronische Gelenkschwellung, belastungsabhängige stechende lokale Schmerzen, evtl. Gelenkblockierung. Indikation zur (radikalen) Synovektomie mit Gelenkkörperentfernung. Das Leistungsvermögen hängt ab vom Funktionsspiel des Gelenkes sowie vom Ausmaß der degenerativen Veränderungen.

Morbus PANNER Relativ seltene avaskuläre Nekrose des Capitulum humeri bei Kindern und Jugendlichen vor dem Wachstumsabschluss; in seltenen Fällen Dissektion (Osteochondrosis dissecans). Radiologisch umschriebene subchondrale Verdichtung mit

rheumatischen Formenkreises. Degenerative Veränderungen betreffen in erster Linie die Daumensattelgelenke sowie die Langfingergrund- und -mittelgelenke (Polyarthrose). Auch das Handskelett ist bevorzugte Frühlokalisation von entzündlich-rheumatischen Veränderungen (Langfingergrund- und -mittelgelenke), wobei neben den knöchernen Gelenkanteilen auch die umgebenden Sehnenstrukturen mit betroffen sind. Typisch sind in diesen Fällen lokale Schwellungen und radiologisch fassbare Erosionen; im Spätstadium kommt es zu Ulnardeviationen in den Langfingergrundgelenken, zu Knopfloch-, Schwanenhals- und Entenschnabeldeformitäten mit Instabilitäten und dann radiologisch ausgeprägten Destruktionen (→ rheumatoide Arthritis).

Leichte Fehlstellungen z. B. nach distaler Radiusfraktur oder eine mittlere Extensionseinschränkung des Handgelenkes spielen funktionell meist keine wesentliche Rolle. Flexionsbehinderungen werden i. Allg. schlecht toleriert und erschweren den kraftvollen Handeinsatz.

Diagnostik

Körperliche Untersuchung Zunächst Überprüfung von Komplexbewegungen wie z. B. An- und Ausziehen, Aufknöpfen eines Hemdes, Greifen eines Glases bzw. eines Stiftes; Schreiben. Differenzierte Überprüfung der Sensibilität, Erfassung der Radialispulse sowie der Kapillardurchblutung. Nagelmykose? Überprüfung des Grobgriffes (Daumen gegen alle Langfinger), des Schlüsselgriffes (Daumen gegen den Zeigefinger), der Spitz- und Feingriffe (Daumen gegen die einzelnen Langfinger), weiterhin des Flaschengriffes (Daumen gegen sämtliche Langfinger) sowie des Faustschlusses (kraftvolles Zupacken); Kraftentfaltung beim gekreuzten Händedruck. Differenzierte Betrachtung des Bewegungsspieles des Handgelenkes (Extension, Flexion, Radial- und Ulnarabduktion), der Daumensattelgelenke (Oppositionsfähigkeit), weiterhin der Daumengrund- und -endgelenke sowie sämtlicher Langfingergrund-, -mittel- und -endgelenke. Überprüfung der Händigkeit (evtl. unterschiedliche muskuläre Situation im Unterarmbereich), der Hohlhandbeschwielung (evtl. mit exogenem Pigment) als Hinweis für den täglichen Einsatz der Hand. Atrophie im Thenar- bzw. Hypothenarbereich, der Interossealmuskulatur; Überprüfung auf Kontrakturen (Langfingerextension bei DUPUYTRENscher Erkrankung u. a.).

Röntgen *Handgelenke in 2 Ebenen:* gelenkbildende Anteile von Radius, Ulna und Handwurzel, Usuren und Erosionen (Ulnaköpfchen) im Falle einer rheumatoiden Arthritis, Erfassung freier Gelenkkörper sowie periartikulärer Verkalkungen. *Hand in 2 Ebenen:* Handwurzelknochen, Metakarpalia, Phalangen; Gelenkspalte mit evtl. arthrotischen Veränderungen. *Navikulare-Spezialaufnahmen in 4 Ebenen:* Nachweis einer Kahnbeinfraktur bzw. -pseudarthrose. *Karpaltunnel-Axialaufnahme:* Knöcherne Einengung z. B. im Gefolge einer Radiusbasis- bzw. Navikularefraktur. *Finger in 2 Ebenen:* fehlverheilte Fraktur, knöcherner Bandausriss, Luxation, entzündliche (erosive) und degenerative (polyarthrotische) Veränderungen.

Begutachtungskriterien

Stabilität Eine stabile Handgelenksfunktion ist vor allem beim Greifakt sowie beim Heben und Tragen schwerer Lastgewichte von über 5 kg erforderlich; eine federnde Elle mit leichter Instabilität im Bereich des distalen Radioulnargelenkes spielt im Allgemeinen keine wesentliche Rolle.

Beweglichkeit Eine exakte Darstellung der Einzel- und Komplexbewegungen mit definierten Griffleistungen ist insbesondere zur Beurteilung von Tätigkeiten mit grob- bzw. feinmanuellen Bewegungsabläufen (Fein- und Sortierarbeiten, Bedienen einer Tastatur u. a.) erforderlich.

Muskelkraft Das kraftvolle Durchführen der Fein- und Spitzgriffe ist vor allem für Halteleistungen, für das Arbeiten mit Werkzeugen, das Arbeiten an Maschinen u. a. wesentlich.

Reizzustände Entzündliche Irritationen im Rahmen rheumatischer Erkrankungen führen oft zu erheblichen qualitativen Einschränkungen des Leistungsvermögens. Nicht entzündliche degenerative polyarthrotische Veränderungen bringen, trotz teilweise erheblicher klinischer oder röntgenologischer Auffälligkeiten, i. Allg. nur mäßige Reizzustände und damit auch nur leichtere qualitative Beeinträchtigungen des körperlichen Leistungsvermögens mit sich.

Sozialmedizinische Beurteilung

Einschränkungen der feinmanuellen Leistungen führen zu einer erheblichen Gebrauchsminderung der Hand, die auch bei guter Funktionstüchtigkeit der kontralateralen oberen Extremität in aller Regel nicht ersetzt und auch kaum kompensiert werden kann. In diesen Fällen sind beim Leistungsvermögen daher erhebliche qualitative Abstriche zu machen. Bei erhaltenen Grobfunktionen verbleibt noch eine Einsatzmöglichkeit der Hand als sog. Beihand für das Fixieren oder Balancieren eines Gegenstandes. Überprüft werden sollte, ob eine Hilfsmittelversorgung mit Griffanpassung bei Arbeits- und Schreibgeräten die Einsatzmöglichkeiten einer funktionsgestörten Hand verbessert. Die ergotherapeutische Analyse der Restfunktionen im Hinblick auf eine sinnvolle Arbeitsplatzgestaltung ist in Einzelfällen sinnvoll.

Einzelne Krankheitsbilder

Die sozialmedizinische Beurteilung richtet sich nach den oben dargestellten Regeln. Besonderheiten sind bei den einzelnen Krankheitsbildern aufgeführt.

Handgelenksarthrose Meist posttraumatischer degenerativer Aufbrauch des Radiokarpalgelenkes, z. B. nach handgelenksnaher Radiusfraktur mit Gelenkbeteiligung oder Handwurzelbruch. Belastungsabhängiges Schmerzbild mit Schwellneigung und Funktionsbeeinträchtigung. Versuch einer Stabilisierung mittels Walkledermanschette. Zum Ausschalten maximaler (schmerzhafter) Bewegungsausschläge evtl. Einsatz eines Handgelenksriemens mit Daumenschlaufe. Bei konservativ refraktären heftigen Beschwerden Arthrodese des Radiokarpalgelenkes in Funktionsstellung.
Leichte bis gelegentlich mittelschwere Tätigkeiten sind i. d. R. möglich. Einschränkung des kraftvollen Zupackens. Keine handwerklichen Arbeiten mit diadochokinetischen Bewegungsmustern wie Pro-/Supination, Extension/Flexion. Keine monotonen Fein- und Sortierarbeiten. Das Schreiben auf einer Tastatur mit zehn Fingern ist möglich.

Lunatummalazie (Morbus KIENBÖCK) Aseptische Knochennekrose des Mondbeines. Im Verlauf nicht selten Zusammensinterung des Knochens mit Entwicklung einer Radiokarpalarthrose. Relative OP-Indikation (Radiusverkürzungsosteotomie, STT-Arthrodese, Lunatum-Resektion). Das Leistungsvermögen wird bestimmt vom klinischen Bewegungsausmaß des Handgelenkes sowie vom Ausprägungsgrad einer nicht seltenen sekundären Arthrose.

Navikulare-Pseudarthrose Falschgelenkbildung im Gefolge eines nicht ausgeheilten Kahnbeinbruches. Bei belastungsabhängigen Schmerzbildern operative Stabilisierung. Auch hier wird das Leistungsvermögen durch die klinische Gelenkfunktion sowie das Ausmaß sekundär-arthrotischer Veränderungen bestimmt.

Fingerpolyarthrose, Rhizarthrose Degenerative, im Spätstadium destruierende, jedoch nicht entzündlich-rheumatische Veränderungen der Daumensattelgelenke (Rhizarthrose), der Langfingermittelgelenke (Typ BOUCHARD) und/oder der Langfingerendgelenke (Typ HEBERDEN). Vorkommen in erster Linie bei Frauen (postklimakterisch). Vergrößerung der Gelenkkonturen, lokale Druckdolenz, Überempfindlichkeit bei Kälte sowie beeinträchtigter Gelenkfunktion (Spitz- und Feingriffe) bei meist gut erhaltenem Grobgriff. Symptomatische Behandlung. Bei hochschmerzhafter Rhizarthrose Resektion des Os trapezium mit nachfolgender Daumenverkürzung, jedoch durchaus guter Kraftentfaltung bei der Opposition bzw. Implantation einer Endoprothese zu überlegen.
Qualitative Beeinträchtigung der Greiffunktion der Hand (z. B. für Fein- und Sortierarbeiten, kraftvolles Zupacken). Eine Arthrose im Daumensattelgelenk behindert alle typischen Griffarten. Das Bedienen einer leichtgängigen Tastatur ist in den meisten Fällen noch

stundenweise möglich. Ausschluss von Arbeiten unter Einfluss von Kälte, Nässe und Zugluft.

Handgelenksganglion In den meisten Fällen streckseitig lokalisierte, mit visköser Flüssigkeit prall gefüllte, teilweise bindegewebig gekammerte Aussackung der Gelenkkapsel. Gelegentliche lokale, unter Belastung verstärkte Schmerzbilder. In diesen Fällen Zerdrücken des Ganglions bzw. Stichelung. Bei Rezidiv operative Entfernung Therapie der Wahl. In der Regel keine qualitative Leistungseinschränkung.

Tendovaginitis Überlastungsbedingte abakterielle Entzündung der Sehnenscheiden im Bereich des distalen Unterarmes (v. a. in Höhe des 1. Strecksehnenfaches). Bewegungsabhängige Beschwerden, lokale Schwellung mit Druckdolenz, evtl. Krepitation. Symptomatische lokale Maßnahmen, Schonung, evtl. temporäre Ruhigstellung. Bei Beschwerdepersistenz operative lokale Dekompression (Retinakulumspaltung). Nur bei chronischen Veränderungen bleibende qualitative Einschränkung des kraftvollen Handeinsatzes sowie diadochokinetischer Bewegungsabläufe im Hand- und in den Fingergelenken.

Karpaltunnelsyndrom Kompression des N. medianus im Bereich des Karpaltunnels. Meist degenerativ, seltener postentzündlich (z. B. rheumatoide Arthritis) oder posttraumatisch (Radiusfraktur loco typico, Navikularefraktur). Nächtliche Schmerzen und periphere Dysästhesien der Finger I–III, lokale Klopfdolenz (TINEL-HOFFMANN-Zeichen), Thenaratrophie mit Kraftverlust des Daumens (Flaschengriff). Konservative Behandlung meist nur vorübergehend wirksam. Operation bei persistierenden Beschwerden: sog. Medianusdekompression durch Karpaltunnelspaltung mit Diszision des Lig. carpi transversum. Nach gelungener Operation i. Allg. keine bleibende Beeinträchtigung der Leistungsfähigkeit.

Morbus DUPUYTREN Derbe, knotige Strangbildung der Hohlhandfaszie mit sekundärer Umscheidung der Flexorensehnen der Finger und Einwachsen in die Subkutis. Vorkommen v. a. bei Männern (IV. und V. Strahl). Schubweiser progredienter Verlauf mit zunehmender Beugekontraktur der Langfinger. Beeinträchtigung der Funktionalität der Hand erst spät, da die eingeschränkte Extension der Langfinger zunächst weniger ins Gewicht fällt. Ist ein Finger bereits stark in die Hohlhand eingeschlagen, ist auch eine Grobgriff nicht mehr möglich. Relative Operationsindikation mit Exstirpation der Hohlhandfaszie im fortgeschrittenem Stadium; evtl. sogar Amputation des 5. Fingers mit Hohlhandverschmälerung nach ADELMANN (wenn dieser beim Greifakt erheblich behindern sollte). In Abhängigkeit vom Ausmaß der lokalen Veränderungen qualitative Beeinträchtigung des Arbeitseinsatzes der Hand beim kraftvollen Zupacken, bei Fein- und Sortierarbeiten sowie beim Flaschengriff.

Ski-Daumen Posttraumatische Instabilität des Daumengrundgelenkes (ulnares Seitenband). Lokaler Schmerz, Kraftminderung beim festen Spitzgriff. Diagnose durch Röntgen-Stressaufnahme. Relative Indikation zur operativen Bandplastik bei veralteten Fällen. Im Falle einer bleibenden Instabilität Kraftminderung v. a. beim Spitz- und beim Schlüsselgriff.

Morbus SUDECK (Algodystrophie) Schmerzhafte Dystrophie der Hand mit lokalen Durchblutungsstörungen der Weichteile und des knöchernen Handskeletts (auch im Bereich des Fußes vorkommend). Auslöser ist eine nicht zwingend adäquate exogene Noxe (Trauma, operativer Eingriff) mit nachfolgender reflektorischer neurovegetativer Entgleisung. Vorkommen v. a. bei Frauen im mittleren Lebensalter. *Stadium I:* Lokale Entzündung mit ödematöser Schwellung, Spontan- und Belastungsschmerzen, überwärmte und glänzende Haut. *Stadium II:* Feinfleckige Entkalkung im Röntgenbild mit Rarefizierung der Spongiosa. *Stadium III:* Haut- und Muskelatrophie, zunehmende Funktionsstörungen mit Kontrakturen. Therapie stadienabhängig: NSAR, durchblutungsfördernde Substanzen, Sedativa, milde Krankengymnastik bis zur Schmerzgrenze. Oft langwierige (ambulante) Rehabilitation. Entscheidend ist die verbliebene Funktionalität der Hand- und Fingergelenke (Faustschluss, Spitz- und Feingriffe u. a.). Nicht selten resultieren nicht unerhebliche qualitative Beeinträchtigungen bis hin zum Extremfall einer völlig gebrauchsunfähigen (evtl. auch schmerzhaften) Hand.

Folgen von Frakturen

Mittelhand- und Fingerfrakturen Die Globalfunktion der Hand ist nur in ganz seltenen Fällen dauerhaft beeinträchtigt. Entscheidend sind die verbliebene Funktionalität sowie das Ausmaß der sekundären degenerativen Veränderungen (→ Handgelenksarthrose, → Polyarthrose, → Rhizarthrose). In aller Regel verbleibt keine wesentliche Einschränkung der Belastbarkeit der betroffenen Hand.

Folgen operativer Eingriffe

Arthrodese des Handgelenkes Operative Versteifung (Osteosynthese mit Platte/Schrauben, Metallkrampen, Fixateur externe) des Radiokarpalgelenkes in Gebrauchsstellung wegen einer hochschmerzhaften Destruktion (z. B. im Gefolge eines handgelenksnahen Speichenbruches, einer Lunatummalazie, einer Navikulare-Pseudarthrose u. ä.). Ziel ist die Wiederherstellung einer stabilen und belastbaren Armsituation. Knöchern stabile Ausheilung nach 10–12 Wochen zu erwarten. Postoperative Arbeitsunfähigkeit 3–4 Monate. Leichte bis gelegentlich mittelschwere Tätigkeiten sind in aller Regel über sechs Stunden möglich. Keine schweren körperlichen Arbeiten, kein kraftvolles Zupacken, kein Heben und Tragen schwerer Lasten über 8–10 kg, keine Tätigkeiten mit diadochokinetischen Umwendebewegungen des Unterarmes.

Eingriffe im Bereich der Hohlhand (Teil-)fasziektomie bei Morbus DUPUYTREN (s. o.), Ringbandspaltung bei fibrinösen Umbauveränderungen der Sehnenscheiden der Fingerbeuger mit sog. schnellendem Finger. Postoperative Wundheilung nicht selten prolongiert. In den meisten Fällen ist spätestens nach 12 Wochen in Abhängigkeit von einem eventuell verbleibenden Funktionsdefizit wieder von einer weitgehend uneingeschränkten Einsatzmöglichkeit der betroffenen Hand im täglichen Leben auszugehen.

Eingriffe im Bereich des Daumensattelgelenkes, v. a. bei degenerativer Polyarthrose Zum Erhalt einer guten Funktion ohne wesentliche Kraftentfaltung (z. B. Bedienen einer Tastatur) ist die Implantation einer Daumensattelgelenksendoprothese überlegenswert. Steht mehr der Krafterhalt beim Spitzgriff im Vordergrund und spielt ein geringer Funktionsverlust keine große Rolle (Arbeiter mit manuellen Tätigkeiten), kommt eine Exstirpation des Os trapezium mit Seheninterpositionsplastik in Frage. Von wesentlicher Bedeutung ist der Erhalt der Opponierbarkeit des Daumens mit guter Durchführbarkeit der Spitz- und Feingriffe.

Arhrodesen im Bereich der Langfingergelenke Spickdrahtarthrodese betroffener Langfingergelenke in Funktionsstellung (leichte Flexion), um bei erhaltener Oppositionsfähigkeit des Daumens einen schmerzfreien Spitzgriff zu ermöglichen. Zwar führt dies zu einer gewissen Funktionsverbesserung der Hand, dennoch verbleiben qualitative Beeinträchtigungen bzgl. Fein- und Sortierarbeiten.

Folgen von Amputationen

Handamputation Prothetische Versorgung wie im Falle einer Unterarmamputation, auch Schmuckhand ohne Funktion. Als wertvolle Alternative zu einer prothetischen Versorgung – vor allem im Falle eines bilateralen Handverlustes – bietet sich die KRUKENBERG-Plastik an, bei der Elle und Speiche durch operative Trennung mit gleichzeitiger adäquater muskulärer Versorgung zur Durchführung eines durchaus kraftvollen Zangengriffes ermächtigt werden. Bei ergonomischer Hilsmittelversorgung wird so der Schreibakt möglich.

Daumenamputation Von entscheidender Bedeutung ist die Länge des Stumpfes, der evtl. noch einen Restgreifakt ermöglicht. Bei völligem Verlust ist ein kraftvolles Zugreifen nicht mehr denkbar, bei einigem Geschick geht der Arbeitseinsatz jedoch über eine Beihand hinaus. Vor allem bei jüngeren Menschen relative Indikation zur Daumenplastik (durch operative Verlagerung des Zeige- oder Kleinfingers) mit dem Ziel der Wiederherstellung einer Greiffunktion.

Langfingeramputation Im Falle eines Verlustes einzelner Finger bleibt der Greifakt meistens ausreichend gut erhalten, die Gebrauchsfähigkeit der Hand ist kaum beeinträchtigt. Ein Fingerteilverlust ist sozialmedizinisch irrelevant. Bei Verlust aller Langfinger ist ein Zugreifen völlig aufgehoben, Arbeitseinsatz der Extremität nur noch im Sinne einer Beihand denkbar.

7.4 Untere Extremitäten

Die unteren Extremitäten dienen der individuellen Fortbewegung, was eine weitgehend schmerzfreie und auch ausreichende Funktionalität der axial belasteten Körpergelenke voraussetzt. Liegen erhebliche Beeinträchtigungen vor (z. B. im Falle von Lähmungen), müssen besondere Maßnahmen ergriffen werden, um dem Betroffenen das Erreichen eines Arbeitsplatzes zu ermöglichen; des Weiteren ist in diesen Fällen immer nur noch eine Tätigkeit in ausschließlich sitzender Körperhaltung denkbar.

7.4.1 Allgemeines

Diagnostik

Körperliche Untersuchung Zunächst ist wiederum auf die Globalfunktion bezüglich der Gangabwicklung im getragenen Schuhwerk, evtl. unter Einsatz weiterer Hilfsmittel zu achten; Überprüfung der Gang- und Standvarianten (Zehengang, Fersengang, Einbeinstand, Einnehmen des tiefen Hocksitzes, Aufrichten aus gebückter Körperhaltung, Treppauf- bzw. Treppabgehen, Besteigen eines Stuhles). Zu erfassen ist zunächst die ökonomische Abfolge des Gangaktes selbst mit evtl. Auffälligkeiten (Hinken aufgrund einer muskulären Schwäche, einer Verkürzung u. a.); im Weiteren ist dann in jedem Falle eine detaillierte palpatorische und funktionelle Untersuchung der großen und kleinen Gelenke erforderlich.

Begutachtungskriterien

Stabilität Überprüfung vor allem der Hüft-, Knie- und Sprunggelenke auf muskuläre bzw. ligamentäre Führung unter Belastungssituationen. Notwendigkeit des Tragens spezieller Orthesen bzw. Einsatz sonstiger Hilfsmittel. Ausmessen der Beinmuskulatur an definierten Stellen (20 bzw. 10 cm oberhalb sowie 15 cm unterhalb des inneren Kniegelenksspaltes) im Seitenvergleich.

Beweglichkeit Globales Bewegungsausmaß der Gelenke im Hinblick auf das Einnehmen spezieller Körperhaltungen beim Arbeitseinsatz (im Stehen, im Sitzen, Hockstellung, Bückstellung u. a.). Für das Hüft- und Kniegelenk ist eine ausreichende Funktionalität auch für eine sitzende Körperhaltung zu fordern, beim Sprunggelenk ist die Stabilität bedeutsamer als die Funktionalität.

Achsenfehler Meist idiopathische, häufiger auch posttraumatische Ursache. Aufgrund der axialen Belastung im täglichen Leben häufige konsekutive asymmetrische Gelenkbeanspruchung (vor allem der Hüft- und Kniegelenke) mit Begünstigung einer sekundären Arthrose. Unter diesem Aspekt spielen konservative achskorrigierende Maßnahmen (z. B. Verordnung einer Schuhaußen- bzw. -innenranderhöhung zur Verlagerung der Trageachse des Beines), zur Verbesserung der Prognose bereits bestehender degenerativer Veränderungen eine wesentliche Rolle.

Längendifferenzen Die reale Gesamtlänge eines Beines ist die Strecke von der Spina iliaca anterior superior bis zur Außenknöchelspitze. Die Länge des Oberschenkels wird von der Spina iliaca anterior superior bis zum medialen Kniegelenksspalt, die des Unterschenkels vom medialen Kniegelenksspalt bis zur Innenknöchelspitze gemessen. Im Stehen zeigt die Höhe der Kniebeugefalten an, wo die Verkürzung liegt: bei gleicher Höhe im Oberschenkel, bei ungleicher Höhe zumindest teilweise im Unterschenkel.

Reale Beinlängenunterschiede ab 1,0 cm sind ausgleichsbedürftig (Tabelle 7.6 auf der nächsten Seite), und zwar sowohl im Konfektions- als auch im Arbeitsschuhwerk. Sie führen zu einer asymmetrischen Belastung der Iliosakralgelenke und zur kompensatorischen Lumbalskoliose (Idem-Skoliose nach homolateral, Kontra-Skoliose nach kontralateral) mit Fehlbeanspruchung der lumbalen Rückenstreckmuskula-

7.4 Untere Extremitäten

Verkürzung	Therapeutische Maßnahmen
0,50–0,75 cm	keine
0,75–1,00 cm	Absatzerhöhung oder Einlage
< 1,50 cm	Absatzerhöhung und Einlage
1,50–3,00 cm	Sohlenerhöhung (Zwischensohle), Ballenrolle, evtl. kontralaterale Absatzminderung am Konfektionsschuhwerk
3,00–7,00 cm	orthopädisches Maßschuhwerk mit eingearbeitetem Längenausgleich
7,00–12,0 cm	orthopädisches Maßschuhwerk mit Innenschuh
> 12,0 cm	orthopädischer Etagenschuh (Spezialorthese) mit Fuß in maximaler Equinusstellung
ab 3,00 cm	relative Operationsindikation zur Längenkorrektur

Tab. 7.6: Therapierichtlinien bei Beinverkürzung

tur und entsprechenden Schmerzbildern. Da die Distanz der horizontalen Beckenkammhälften aufgrund des Drehpunktes in den Hüftgelenken nahezu doppelt so groß ist wie das tatsächliche Ausmaß der einseitigen Beinverkürzung, wird die Höhe einer Fersenunterlage durch Unterlegen von Brettchen bis zum Beckengeradstand bestimmt.

Virtuelle (funktionelle) Beinlängenunterschiede sind meist Folge von Achsenfehlern (Genu varum, Genu valgum) oder Hüftkontrakturen (Adduktion mit Verkürzung, Abduktion mit Verlängerung). Hier ist ein alleiniger Längenausgleich ohne adäquate Behandlung der zugrunde liegenden Störung nicht sinnvoll. Von einer *variablen* Beinlänge spricht man im Falle einer rezidivierenden einseitigen Funktionsstörung des Kreuz-Darmbein-Gelenkes (Beeinträchtigung der Nutation). Auch hier ist eine technische Beinlängenkorrektur kontraproduktiv.

Amputationen Der *Verlust einer unteren Extremität* bringt immer eine deutliche Einschränkung der quantitativen Geh- und Stehleistung mit sich. Für die Gesamtmobilität bedeutungsvoll ist die Kompensationsmöglichkeit durch ein gesundes und voll belastbares kontralaterales Bein. Eine stationäre Frührehabilitation ab der 3. Woche nach dem (Teil)Absetzen des Beines von 4–6wöchiger Dauer mit adäquater prothetischer Versorgung und anschließender gezielter Gangschulung (sog. Prothesengebrauchsschulung) ist daher unbedingt ratsam. Sozialmedizinisch sind i. Allg. nur noch körperlich leichtere Tätigkeiten (in aller Regel ohne zeitliche Einschränkung) in überwiegend sitzender Körperhaltung durchführbar.

Bei einem *gleichzeitigen Verlust beider Beine im Oberschenkel* ist in aller Regel eine Gehfähigkeit, auch bei einer optimalen Prothesenanpassung nicht zu erwarten; hier sollte im Rahmen der Rehabilitation auf ein Rollstuhl- und Transfertraining abgezielt werden.

Nach beidseitigem Verlust des rechten und des linken Beines, *auf der einen Seite im Oberschenkel, auf der anderen Seite im Unterschenkel* ist ein Gehvermögen mit Prothesen prinzipiell zu erreichen, der Rehabilitationsverlauf jedoch langwierig und für den betroffenen Patienten oft anstrengend; das Restleistungsvermögen ist dauerhaft erheblich beeinträchtigt, eine über sechsstündige Arbeit ist in der Regel kaum mehr möglich. Nach bilateralem Unterschenkelverlust ist bei optimaler Nachbetreuung ein befriedigendes Gehen mit Kunstgliedern durchaus erreichbar, so dass bei Menschen im jüngeren und mittleren Lebensalter eine berufliche Reintegration angestrebt werden sollte.

Hilfsmittel Konfektionsschuhwerk (evtl. mit spezieller Zurichtung wie Außen- bzw. Innenranderhöhung, Abrollhilfe, Einlagenversorgung u. a.), orthopädische Schuhe (mit Gebrauchsspuren?), stützende Orthesen (Textil, metallisch geführt mit Gelenk), Gehhilfen (Handstock, Fischergehstock, Unterarmgehstütze, Vierfüßlergehstütze, Achselgehstütze), Rollstuhl.

Sozialmedizinische Beurteilung

Gehstrecke 4 × 500 Meter „an einem Stück" in einer hierfür adäquaten Zeit (jeweils etwa 10 Minuten) als Mindestleistung, evtl. unter Einsatz einer kontralateralen Gehstütze; bei einseitiger Schädigung einer Extremität Überprüfung der Kompensationsfähigkeit der kontralateralen Seite. Bei bilateraler Affektion (z. B. im Falle einer fortgeschrittenen Arthrose der Hüft- und Kniegelenke) ist die Gehstrecke oft deutlich beeinträchtigt, so dass ein Arbeitsplatz evtl. nicht mehr in der hierfür adäquaten Zeit erreicht werden kann.

Mobilität Überprüfung der Stabilität der hüftumspannenden und auch der Oberschenkelmuskulatur (M. quadriceps femoris) als wichtiges Kriterium für das Gehen auf unebenem Gelände, Besteigen von Leitern und Gerüsten, häufiges Begehen von Treppen, Arbeiten in Hock- oder Bückstellung. Auch hier Überprüfung auf Kompensationsfähigkeit durch die kontralaterale untere Extremität. Gang- und Standsicherheit; muskuläre oder ligamentäre Instabilität der Gelenke, deutliche Bewegungseinschränkungen bzw. Kontrakturen, fortgeschrittene degenerative Veränderungen (vor allem der Hüft- und Kniegelenke). Folgen peripherer Nervenlähmungen können zu einer erheblichen Beeinträchtigung der Gebrauchsfähigkeit einer unteren Extremität führen. Überprüfung erforderlich, ob durch Einsatz einer Gehstütze bei Kompensationsfähigkeit durch das kontralaterale Bein eine ausreichende Belastbarkeit gegeben ist. Evtl. Limitierung des beruflichen Einsatzes auf überwiegend sitzende Tätigkeiten mit nur gelegentlicher Geh- und Stehbelastung ohne Heben und Tragen von Lastgewichten über 5–6 kg.

7.4.2 Becken, Hüfte, Oberschenkel

Biomechanik

Der Beckengürtel verbindet den Rumpf mit den beiden freien unteren Extremitäten. Für eine optimale Lastübertragung mit Standfestigkeit spielt die Stabilität der muskulären Führung die wesentliche Rolle, für ein zügiges und gleichmäßiges Fortbewegen eine gute Funktionalität der nachgeordneten Gelenke.

Die Iliosakralgelenke (ISG) verbinden als sog. Amphiarthrosen die Wirbelsäule mit dem Becken; ihr Bewegungsspiel ist auf eine Nutation beschränkt, die im Zuge der Oberkörperanteklination im Stehen bzw. im Einbeinstand im Zuge des Anbeugens des kontralateralen Beines im Hüftgelenk erfolgt. Reversible Funktionsstörungen mit konsekutiven Beschwerdebildern vor allem beim Sitzen (sog. pseudoradikuläres Syndrom, Blockierung) sind häufig (dann Versuch der

Art der Bewegung	Grad
Flexion/Extension	110–120 / 0 / 10
Abduktion/Adduktion	45 / 0 / 30
Innenrotation/Außenrotation	
– Rückenlage, Hüfte gebeugt (90°)	30 / 0 / 40
– Bauchlage, Hüfte gestreckt (0°)	40 / 0 / 50

Tab. 7.7: Bewegungsmaße des Hüftgelenkes

Chirotherapie sinnvoll); primäre arthrotische Veränderungen kommen nur selten vor, einseitige oder doppelseitige entzündliche Störungen (Sakroiliitis) sind meist Frühsymptome von Erkrankungen des rheumatischen Formenkreises (→ Spondylarthritiden), seltener Ausdruck einer chronischen mechanischen Fehlbelastung. Bewegungsmaße vgl. Tabelle 7.7.

Diagnostik

Körperliche Untersuchung *Inspektion:* Beckengeradstand; Konfiguration der hüftumspannenden und Oberschenkelmuskulatur; Achsfehlstellung, Rotationsfehler (außen- bzw. innenrotiertes Bein). *Palpation:* druckschmerzempfindliche ventrale Hüftgelenkskapsel unterhalb des Leistenbandes, typische Ansatzirritation im Bereich des lateralen und dorsalen Trochanter major, der Spina iliaca anterior superior bzw. inferior, des dorsalen Beckenkammes bzw. der hinteren Beckenkammspinen oder der Adduktorenursprungspunkte. *Funktionsbefundung:* Instabilität der hüftumspannenden Muskulatur (TRENDELENBURGsches Zeichen, DUCHENNEsches Zeichen), Bewegungsausschlag des Hüftgelenkes in drei Ebenen (Beugung/Streckung, An- und Abspreizung, Ein- und Auswärtsdrehung); DREHMANNsches Zeichen (Durchführung einer spontanen Außenrotation im Zuge der Hüftflexion im Falle einer früheren Hüftkopfepiphysenlösung), Scherenphänomen (bilaterales DREHMANNsches Zeichen). Gangbild (Verkürzungs-, Schmerz-, Schonungs-, Lähmungshinken), vermehrte Einwärtsdrehung des Beines (z. B. bei Coxa antetorta), Beinachse (X-Beinstellung, O-Beinstellung), Beinverkürzung.

Streckdefizite werden durch eine Hyperlordosierung (Hohlkreuz) der LWS kompensiert und nicht selten übersehen. Prüfung durch den THOMASschen Handgriff: Die lumbale Lordose wird durch Beugen der kontralateralen Hüfte in Rückenlage des Patienten ausgeglichen. Dadurch hebt sich der ipsilaterale Oberschenkel bei einem Streckdefizit von der Unterlage ab.

Röntgen *Beckenübersicht:* Beckenform, Iliosakralgelenke, Hüftkopf und -pfanne, Gelenkspalt, Weichteilverkalkungen, Winkelmaße (CCD-Winkel: Schenkelhalswinkel, normal 120–130°; CE-Winkel: Zentrum-Eckenwinkel als Maß für die Hüftkopfüberdachung, unter 20° Hüftpfannendysplasie; AC-Winkel: Azetabulum-Winkel als Maß für die Hüftpfannenentwicklung im Kleinkindesalter). *Hüftgelenk in 2 Ebenen:* Gelenkkongruenz, Winkelmessung, degenerative Veränderungen, Verlaufskontrolle nach Endoprothese. LAUENSTEIN-*Aufnahme:* ventraler Anteil des Hüftkopfes z. B. bei Epiphyseolyse. *Ala- und Obturatum-Aufnahmen:* Darstellung des vorderen bzw. hinteren Pfannenrandes. RIPPSTEIN-*Aufnahme:* Messung des Antetorsionswinkels des Schenkelhalses. *Hüftkopfkonturaufnahme nach* SCHNEIDER: Ausdehnung einer ventral lokalisierten partiellen Hüftkopfnekrose. *ISG-Einblick-Aufnahme:* mögliche Affektion des Iliosakralgelenkes (z. B. bei Erkrankungen des rheumatischen Formenkreises).

Kernspintomographie Frühestmögliche Darstellung einer Hüftkopfnekrose (3–4 Monate vor einem positiven Befund im Nativröntgenbild).

Begutachtungskriterien

Stabilität Insuffizienz der pelvitrochantären Muskulatur bei Coxa vara, Lähmung des Glutealnervs, Hüftgelenks(sub)luxation, Resektionshüfte u. a. (TRENDELENBURGsches Zeichen) mit deutlicher Beeinträchtigung der Geh- und Stehfähigkeit; evtl. kontralaterale Gehhilfe erforderlich; Tätigkeiten evtl. nur noch in überwiegend sitzender Körperhaltung zumutbar.

Beweglichkeit Funktionsstellung ist eine jeweils leichte Flexion, Abduktion sowie Außenrotation. Für einen regelrechten Gang genügt eine Extension bis zur Nullstellung. Eine Beugekontraktur bis 5° wird meist toleriert. Ab 20° Extensionsdefizit entstehen Probleme beim Sitzen (deutliche Hyperlordose der LWS). Bei einer Beugefähigkeit über 80° sind Sitzen und Gehstrecke i. Allg. nicht wesentlich eingeschränkt. Eine mäßige (bis hälftige) Beeinträchtigung von Ab- und Adduktion wird subjektiv oft kaum wahrgenommen. Auch eine Einschränkung der Rotation ist kaum relevant. Eine mäßige Außenrotationskontraktur spielt unter globalen funktionellen Gesichtspunkten ebenfalls keine große Rolle. Im Falle einer Hüftankylose oder Hüftarthrodese ist eine individuelle ergonomische Arbeitsplatzgestaltung mit Höhenverstellbarkeit von Sitz- und Arbeitsflächen unerlässlich. Evtl. sollte auf der betroffenen Seite eine Abklappmöglichkeit der Sitzhälfte bestehen (sog. Arthrodesenstuhl).

Muskulatur Überprüfung der hüftumspannenden Muskulatur im Rahmen der Gang- und Standvarianten sowie des Einbeinstandes; Ausmessen der Muskelumfänge im Oberschenkelbereich 20 bzw. 10 cm oberhalb des inneren Kniegelenksspaltes. Erfassung des muskulären Tonus durch willkürliches Anspannen (Mitarbeit des Patienten erforderlich). Auch deutlichere, klinisch fassbare Defekte nach Muskelfaserrissen sind bezüglich der Belastbarkeit in den meisten Fällen irrelevant.

Gelenkflächen Das Hüftgelenk ist als zentral liegende Einheit im Körper hohen axialen Belastungen beim Gehen und Stehen ausgesetzt. Gelenkinkongruenzen führen nicht selten zu vorzeitigen Aufbrauchserscheinungen (eine Coxa valga zu kranio-lateralen, eine Coxa vara zur Pfannengrundarthrose). Konzentrische Gelenkspaltverschmälerungen ohne schwerwiegende knöcherne Destruktion sind hinweisend auf eine entzündliche Komponente, Hüftkopfdeformierung mit halskrausartigen Ausziehungen sprechen eher für eine nicht entzündliche Destruktion. Im Falle deutlicher Veränderungen mit konzentrischer Bewegungseinschränkung Überprüfung der Kompensationsfähigkeit durch die kontralaterale Extremität.

Achsabweichungen Bei ungünstigen Hebelverhältnissen am Schenkelhals im Sinne einer *Coxa vara* (kurzer Hebelarm) wird eine muskuläre Insuffizienz begünstigt. Aus einer *Coxa valga* (langer Hebelarm) resultiert eine vermehrte muskuläre Kraftforderung mit Neigung zu Sehnenansatzproblemen im Bereich der Trochanterregion.

Beinlängendifferenzen Eine reale Beinlängendifferenz bis zu 3 cm ist problemlos durch eine entsprechende Schuhzurichtung ausgleichbar.

Reizzustände Coxalgien (z. B. als Ausdruck einer aktivierten Arthrose) äußern sich typischerweise durch einen schmerzhaften Palpationsbefund der ventralen Hüftgelenkskapsel (unterhalb des Leistenbandes) mit Beschwerden bei der Überstreckung. Irritationen im Flankenbereich bzw. Druckschmerzempfindlichkeiten in Höhe der Trochanter-Region, auch Empfindlichkeiten im Bereich des Schambeines sprechen eher für insertionstendopathische Affektionen der hüftbewegenden Muskelgruppen.

Sozialmedizinische Beurteilung

Gravierende Störungen der Hüftgelenksfunktion beeinträchtigen das körperliche Leistungsvermögen und die Gehstrecke. Einer Kompensationsmöglichkeit durch die kontralaterale untere Extremität kommt große Bedeutung zu. Im Allgemeinen sind nur Tätigkeiten überwiegend im Sitzen, ohne längere Geh- und Stehbelastung, ohne Arbeiten auf unebenem Gelände, ohne Besteigen von Leitern und Gerüsten und ohne Heben, Tragen sowie Bewegen schwerer Lastgewichte möglich.

Eine über die qualitativen Einschränkungen des Leistungsvermögens hinausgehende zusätzliche quantitative Limitierung ist bei einer gleichzeitig bestehende erhebliche Affektion der Rumpfwirbelsäule (ausgeprägte Fehlstatik mit frühzeitiger muskulärer Dekompensation; chronisch rezidivierende Lumboischialgie bei Nukleus-pulposus-Prolaps; schwere degenerative lumbale Facettenarthrose; lumbale Instabilität im Sinne einer Spondylolisthese; u. a. m.) denkbar. In diesen Fällen empfiehlt sich die Durchführung einer stationären Rehabilitation über 4–6 Wochen mit abschließender sozialmedizinischer Beurteilung, u. U. eine vorübergehende Berentung auf Zeit.

Bestehen deutliche klinische Beeinträchtigungen und ausgeprägte radiologische Veränderungen, so bietet der → alloarthroplastische Gelenkersatz auch bei jüngeren Menschen eine gute Möglichkeit der Wiederherstellung einer zumindest zufriedenstellenden Funktionalität und auch (beruflichen) Belastbarkeit (→ Endoprothese des Hüftgelenkes).

Operative Eingriffe im Bereich der unteren Extremitäten werden in der überwiegenden Anzahl erforderlich auf Grund bestehender degenerativer Aufbrauchserscheinungen der Gelenke. Die hierdurch hervorgerufene klinische Beschwerdesymptomatik ist in aller Regel längere Zeit einer konservativen Behandlung durchaus gut zugänglich, wobei das Ausmaß der statischen und dynamischen Belastung im Tagesablauf, so v. a. auch unter sozialmedizinischen Aspekten den bestehenden Veränderungen qualitativ angepasst werden muss. Unter diesem Aspekt stehen operative Behandlungsstrategien als ultima ratio im Allgemeinen am Ende der Behandlungskette. Vordringliche therapeutische Ziele sind hier natürlich die Reduktion bzw. gar Ausschaltung subjektiver Beschwerdebilder, die (Wieder)Herstellung evtl. verloren gegangener Stabilität, die Verbesserung einer evtl. eingeschränkten Bewegungsfunktion, der Gehstrecke und damit der (axialen) Belastbarkeit (bei dann möglichst optimalem Funktionserhalt; Stabilität geht vor Funktionalität).

Einzelne Krankheitsbilder

Die sozialmedizinische Beurteilung richtet sich nach den oben dargestellten Regeln. Besonderheiten sind bei den einzelnen Krankheitsbildern aufgeführt.

Coxa valga, Coxa vara, Coxa antetorta Zumeist bilaterale, wachstumsbedingte Fehlstellung im Schenkelhalsbereich: Coxa valga > 140°, Coxa vara < 115°, Coxa antetorta mit konsekutiver Einwärtsdrehfehlstellung des Beines und innenrotiertem Gangablauf. Teilweise verbunden mit einer Kongruenzstörung im Hüftgelenk (Präarthrose). Belastungskoxalgien, bei Coxa vara relative Insuffizienz der pelvitrochanteren Muskulatur mit Hüfthinken (TRENDELENBURG). In aller Regel keine wesentliche Beeinträchtigung des Leistungsvermögens und der Gehstrecke. In Fällen rezidivierender Belastungsbeschwerden sollten spezielle hüftgelenksbelastende Bewegungsabläufe weitgehend ausgeschlossen werden.

Hüft(pfannen)dysplasie Kongenitale Reifungsstörung der Hüftpfanne mit (Sub-)Luxationsneigung. Mädchen ≫ Jungen, familiäre Häufung, in 40–45 % bilateral. Meist kombiniert mit einer Coxa valga antetorta. Früherkennung durch Screening mittels Ultraschall und frühzeitige Therapie im Säuglingsalter. Bei Behandlungsbeginn jenseits des 1. Lebensjahres verbleibt eine Gelenkinkongruenz mit Dysplasiekoxarthrose als Spätfolge. Das Leistungsvermögen hängt ab von der Stabilität und Kraftentfaltung der hüftumspannenden Muskulatur (TRENDELENBURG-Zeichen) sowie vom Ausmaß einer sekundären Koxarthrose.

Periarthropathia coxae Sehnenansatztendopathie im Bereich des Trochanters, evtl. mit sekundären fibroostotischen Veränderungen. Behandlung konservativ: Ausschaltung der auslösenden Noxe, Sportpause, Krankengymnastik (Querfriktion, postisometrische Relaxation), lokale Infiltration von Kristallkortikoiden. Im Allgemeinen bleibt keine wesentliche Einschränkung des Leistungsvermögens. Bei chronischen Verläufen Ausschluss hüftgelenksbelastender Bewegungsmuster wie langes Stehen und Gehen oder unebenes Gelände.

Coxa saltans Schnappen des Tractus iliotibialis am Trochanter major im Verlauf der Hüftbeugung, evtl. verbunden mit Schmerzempfinden. Bei chronischem Verlauf Entwicklung einer Bursitis trochanterica und lokaler Reizzustände. Therapie lokal physikalisch, in hartnäckigen Fällen operative Traktopexie. Limitierung der Bewegungen, die zum Traktusschnappen führen. Überwiegend sitzende Tätigkeit.

Hüftkopfnekrose Meist kranioventral lokalisierter Knocheninfarkt des Femurkopfes; nicht selten zeitlich versetzt bilateral auftretend. Männer ≫ Frauen, meist im 30.–40. Lebensjahr. Auslöser ist meist eine Durchblutungsstörung der A. circumflexa femoris medialis (funktionelle Endarterie), seltener auch posttraumatische oder degenerative Ursachen. Risikofaktoren sind Fettstoffwechselstörungen, Alkohol- und Nikotinabusus sowie systemische Kortikoidmedikation. Erhebliche Belastungsschmerzen bei noch guter Gelenkfunktion. Früher Nachweis im NMR, Veränderungen im Röntgenbild erst nach 3–4 Monaten. Behandlung durch Schmerzabdeckung und Entlastung. Gelenkerhaltende Operationen sind allenfalls im Frühstadium erfolgreich. In der Regel kommt es im Verlauf von 1–2 Jahren zur Ausbildung einer schweren destruktiven Arthrose mit Indikation zur Hüfttotalendoprothese. Arbeitsunfähigkeit im akuten Stadium. Das Leistungsvermögen hängt ab vom Ausmaß der sekundären Koxarthrose.

Protrusio acetabuli Unphysiologisch tiefe, ins kleine Becken hineinragende Hüftpfanne, meist bei Coxa vara. Evtl. Beeinträchtigung der Hüftfunktion, vor allem Abduktion und Rotation. Begünstigung der Entstehung einer Pfannengrundarthrose. Einschränkungen des Leistungsvermögens abhängig von der Hüftbeweglichkeit und vom Ausmaß einer möglichen Sekundärarthrose.

Koxarthrose In jüngeren Lebensjahren vor allem posttraumatische oder dysplastische sekundäre Koxarthrose, z. B. bei Pfannendysplasie, nach Morbus PERTHES (Kindesalter), Epiphyseolyse (Adoleszentenalter), Hüftkopfnekrose, bei Erkrankungen des rheumatischen Formenkreises. Im höheren Lebensalter meist idiopathische primäre Koxarthrose (25–30 %). Trotz auffälligem Röntgenbild meist langjährige subjektive Kompensation mit lediglich überlastungsbedingten Schmerzen in der Leiste, die nicht selten bis zum Kniegelenk ausstrahlen. Bei Aktivierung Schonbeugung der Hüfte mit lokaler Druckdolenz der ventralen Kapselweichteile. Allmählich zunehmende Einschränkung zunächst der Rotation mit späterer Außenrotationskontraktur, dann der Abduktion mit Ausbildung einer Adduktionskontraktur, schließlich der Extension (Kontraktur der ventralen Hüftgelenkskapsel) mit kompensatorischer Hyperlordose der Lendenwirbelsäule und typischem Gangbild, zuletzt zunehmendes Flexionsdefizit. Im Röntgenbild typische Gelenkspaltverschmälerung, Entrundung des Hüftkopfes mit späterer Ausbildung zystisch-sklerotischer Destruktionen sowie von halskraueartigen Exophyten und evtl. Zusammensinterung. Ausschöpfen der konservativen medikophysikalischen und krankengymnastischen Behandlungspalette mit dem Ziel des Erreichens einer kompensierten Situation; häufigere Maßnahmen der teilstationären oder stationären Rehabilitation über 3–4 Wochen zum Erhalt der Gelenkbeweglichkeit und Vermeidung eines operativen Eingriffes (zeitliche Verschiebung nach hinten) sinnvoll. Gelenkerhaltendes operatives Vorgehen im Sinne einer intertrochanteren Osteotomie evtl. auch einer Arthrolyse im Frühstadium bei jüngeren Patienten überlegenswert. Im Falle fortgeschrittener Destruktionen alloplastischer Gelenkersatz (Endoprothese des Hüftgelenkes).

Zur Vermeidung überlastungsbedingter Beschwerden (Dekompensation der Arthrose) sollten hüftgelenksstrapazierende Bewegungsmuster ausgeschlossen werden. Daher sind keine schweren sowie keine ausschließlich mittelschweren körperlichen Tätigkeiten mehr zumutbar, kein Heben und Tragen bzw. Bewegen von Lasten über 10–15 kg, kein Arbeiten in Hock- oder Bückstellung bzw. in kniender Körperhaltung, keine Tätigkeiten in Vorbeugehaltung des Oberkörpers, keine Arbeiten auf unebenem Gelände, kein Besteigen von Leitern und Gerüsten, kein häufiges Treppensteigen, keine ausschließliche Steh- und Gehbelastung; Arbeiten unter Ausschluss von Kälte, Nässe und Zugluft. Die Gehstrecke ist in Abhängigkeit vom Ausmaß der degenerativen Veränderungen eingeschränkt. Der Einsatz einer kontralateralen Gehstütze ist überlegenswert.

Positives Leistungsbild: Im Allgemeinen ist von einem über sechsstündigen Leistungsvermögen für leichte bis gelegentlich mittelschwere Tätigkeiten in überwiegend sitzender Körperhaltung auszugehen (in Einzelfällen unter ergonomischen Gesichtspunkten Höhenverstellbarkeit der Arbeits- und Sitzfläche, evtl. auch Abklappbarkeit der homolateralen Sitzhälfte erforderlich); Arbeiten in wohltemperierten Räumen; gelegentliche Geh- und Stehbelastung in den meisten Fällen möglich.

Bedeutsamkeit der Kompensationsfähigkeit durch eine weitgehend belastbare kontralaterale Extremität. Im Falle einer ausgeprägten bilateralen Störung kommt nur noch eine nahezu ausschließlich sitzende Tätigkeit in Betracht. Bei gleichzeitig vorliegenden erheblichen Störungen im Bereich der Rumpfwirbelsäule (Instabilität der LWS bzw. des lumbosakralen Überganges, ausgeprägter degenerativer Bandscheibenschaden, statische Fehlhaltung mit erheblichen muskulären Dysfunktionen u. ä.) können aufgrund der hierdurch bedingten Behinderungen eines längeren Sitzens unter Umständen auch quantitative Beeinträchtigungen des Restleistungsvermögens resultieren.

Koxitis Hochschmerzhafte Entzündung des Hüftgelenkes mit meist rascher, irreparabler Destruktion des Gelenkknorpels und Ausbildung einer Koxarthrose. Ursache: unspezifische (dann meist subakut) oder spezifische (v. a. tuberkulöse) Infektionen, rheumatisch (dann oft schleichener Verlauf), seltener reaktiv nach einer Infektion alio loco. Für die Leistungsbeurteilung entscheidend ist das Ausmaß der Koxarthrose.

Morbus PERTHES Ischämische Knochennekrose des Hüftkopfes im Kindesalter (3.–12. LJ), in 10–20 % doppelseitig. Jungen : Mädchen = 4 : 1. Die Prognose ist umso schlechter, je später die Erkrankung beginnt. Krankheitsverlauf über 2–4 Jahre in vier Stadien. Ausheilung mit Deformierung des Hüftkopfes (Coxa vara). Im Falle einer bleibenden deutlichen Kongruenzstörung Entwicklung einer sekundären Koxarthrose. Entscheidend für die Belastbarkeit sind das Funktionsspiel des betroffenen Hüftgelenkes, seine muskuläre Stabilität (TRENDELENBURGsches Zeichen, DUCHENNE-Hinken) sowie das Ausmaß der Kongruenzstörung bzw. der bereits bestehenden Arthrose.

Epiphyseolyse des Femurkopfes Wachstumsstörung im Bereich der Femurkopfepiphysenfuge mit lokaler Auflockerung und meist langsamem (Lenta-Form), seltener abruptem (akute Form) Abrutschen der knöchernen Kopfkalotte nach dorsokaudal. Jungen > Mädchen, häufig bei adipösem Hochwuchs mit unterentwickelten Gonaden, meist zwischen dem 10. und

16. Lebensjahr, in 50–60 % bilateral. Bei der Lenta-Form uncharakteristische Leisten- oder Knieschmerzen, schnelle Ermüdbarkeit, Schonhinken, DREHMANNsches Zeichen (Hüftabduktion bei Flexion des außenrotierten Beines). Bei der akuten Form hochgradiger Belastungsschmerz des betroffenen Beines mit Bewegungseinschränkung der Hüfte. Pathognomonischer Röntgenbefund in der LAUENSTEIN-Aufnahme. Therapie operativ: bei Abrutschen unter 20° Spickung mit Kirschnerdrähten bzw. Stabilisierung mit 3-Lamellennagel, zwischen 20°–50° intertrochantere valgisierende und flektierende Korrekturosteotomie, über 50° subkapitale Osteotomie. Prognose bei frühzeitiger Diagnose und adäquater Operation gut, wenngleich immer eine Restinkongruenz des Hüftgelenkes (Coxa vara epiphysarea) als Präarthrose verbleibt. In Einzelfällen sekundäre Hüftkopfnekrose. Nach optimaler operativer Versorgung über Jahre und Jahrzehnte meist keine wesentlichen Beeinträchtigungen. Bei vorzeitigen sekundären degenerativen Veränderungen evtl. qualitative Leistungsminderung.

Folgen von Frakturen

Beckenfrakturen Frakturen des *Os ilium* heilen ohne Folgen für die Beckenstabilität aus. Bei Beteiligung der *Iliosakralgelenke* (z. B. Fugensprengung) oder im Falle einer *Symphysensprengung* sind oft operative Maßnahmen erforderlich. Verbleibt eine Instabilität, die v. a. beim Einbeinstand zum Tragen kommt, sind Arbeiten mit längerem Gehen und Stehen, Tätigkeiten auf unebenem Gelände u. a. nicht mehr zumutbar. *Sitz- und Schambeinfrakturen* sind für die Stabilität des Beckens und für die Hüftgelenkfunktion unbedeutend. Nach Ausheilung verbleibt keine Einschränkung der körperlichen Belastbarkeit. *Azetabulumfrakturen* bedürfen bei Gelenkflächeninkongruenz immer einer peniblen operativen Rekonstruktion. Sie gelten als Präarthrose, unter vermehrter axialer Belastung wird die Entstehung einer Koxarthrose begünstigt.

Schenkelhalsfrakturen werden eingeteilt in die intrakapsulär gelegenen medialen Schenkelhalsfrakturen (Typ PAUWELS I–III), die lateralen Schenkelhalsfrakturen sowie die per- und subtrochantären (proximalen) Femurfrakturen. Von entscheidender Bedeutung ist die muskuläre Stabilität und die Funktionalität des betroffenen Hüftgelenkes sowie das Ausmaß bereits vorhandener sekundärer Aufbrauchserscheinungen.

Femurfrakturen können zu Beinverkürzungen und Fehlstellungen führen. Eine diaphysäre Einstauchung mit Beinverkürzung von bis zu 3 cm sowie ein leichterer Achsfehler von 10–15° sind irrelevant. Beinlängendifferenzen von über 0,75 cm sollten durch entsprechende Schuhzurichtung ausgeglichen werden. Stärkere Achsfehler begünstigen auf längere Sicht bei starker axialer Belastung die Entwicklung einer Sekundärarthrose des gleichseitigen Hüft- und Kniegelenks. Ein deutlicher Rotationsfehler wirkt sich durch Überlastung des homolateralen Hüftgelenkes negativ auf die Gangabwicklung aus. Nach einer Marknagelung kommt es im Bereich der Glutealmuskulatur oberhalb des Trochanter major nicht selten zu Weichteilverknöcherungen („Kallushütchen"), die beim längeren Sitzen Beschwerden macht. Nach fehlverheilten suprakondylären oder kondylären Frakturen kann sich durch übersteigerte Kniegelenksbelastung eine Gonarthrose entwickeln.

Femurosteomyelitis Eine blande Femurosteomyelitis ohne wesentliche entzündliche Aktivität (Abklärung durch Labordiagnostik, evtl. Tomographie und Szintigraphie) schränkt das Leistungsvermögen nur unwesentlich ein. Im Falle einer chronischen Fistelung mit täglich erforderlichen Verbandswechseln besteht die Notwendigkeit einer operativen Sanierung und somit Arbeitsunfähigkeit im Sinne der Krankenversicherung.

Folgen operativer Eingriffe

Beckenosteotomie „Pfannenverbessernder" Eingriff im Falle einer Inkongruenz des Hüftgelenkes zwecks Optimierung der axialen Lastverteilung, z. B. durch CHIARI-Osteotomie, Schwenkplastik nach TÖNNIS, appositionelle Pfannendachplastik. Hierdurch soll einer vorzeitigen Arthrose entgegengesteuert werden. Die knöcherne Ausheilung bis zur Vollbelastung dauert mindestens 3 Monate, die

Arbeitsunfähigkeit postoperativ nicht selten 4 Monate und länger. Das Leistungsvermögen hängt ab vom Ausmaß einer bereits bestehenden Koxarthrose, von der pelvitrochanteren muskulären Stabilität sowie vom funktionellen Bewegungsspiel der Hüfte. Gelingt der Eingriff, ist i. Allg. mit einem über sechsstündigen Leistungsvermögen für leichte bis gelegentlich mittelschwere körperliche Tätigkeiten in überwiegend sitzender Körperhaltung zu rechnen. Die Gehstrecke ist nur bei erheblichen Funktionsstörungen beeinträchtigt.

Intertrochantere Korrekturosteotomie Intertrochantere Umstellungsosteotomie mittels Winkelplatte und Schrauben (varisierend, valgisierend, derotierend, flektierend, extendierend) zur Korrektur einer Fehlstellung im Schenkelhalsbereich (Coxa vara, Coxa valga, Coxa antetorta). Damit sollen bei jüngeren Patienten die Biomechanik des Hüftgelenkes verbessert, belastungsabhängige Beschwerden reduziert und eine vorzeitige Arthrose vermieden werden. Postoperative Teilentlastung der operierten Extremität für 8–12 Wochen, Arbeitsunfähigkeit 3–4 Monate, stationäre Rehabilitation (AHB) nur im Einzelfall erforderlich. Das Leistungsvermögen wird bestimmt durch die pelvitrochantere Stabilität (TRENDELENBURG), die Gelenkfunktion sowie das Ausmaß einer bereits vorhandenen Arthrose. In der Regel besteht nach einem gelungenen Eingriff ein über sechsstündiges Leistungsvermögen für leichte und zumindest gelegentlich mittelschwere Arbeiten ohne ausschließliche Geh- und Stehbelastung. Die Gehstrecke ist nicht wesentlich eingeschränkt.

Endoprothese des Hüftgelenkes Ersatz des Hüftgelenkes mit zementfreier, teil- oder vollzementierter Endoprothese, femoraler Teil- bzw. Schenkelhalsendoprothese. Heutzutage Indikationsstellung auch bei jüngeren Patienten, die noch im Erwerbsleben stehen. Postoperative Rehabilitation i. Allg. über mindestens 12 Wochen (operierende Klinik etwa 2 Wochen; stationäre oder teilstationäre Nachsorge in einer AHB-Klink für 3–5 Wochen, dann ambulante Weiterbetreuung). Dauer der Arbeitsunfähigkeit unabhängig von der Art der Endoprothese im Regelfall etwa 3–4 Monate.

Für die körperliche Belastbarkeit wesentlich ist die Funktionalität des Gelenkes (Restbeugekontraktur mit erforderlicher Kompensation über die untere Lendenwirbelsäule, Beugebeeinträchtigung z. B. im Falle ausgeprägter periartikulärer Ossifikationen, Gelenkstabilität, TRENDELENBURGsches Zeichen), seltener Außenrotationsfehler (bei persistierender Kontraktur oder bei Fehlimplantation der Stielkomponente). Eine Beeinträchtigung der Rotation ist kaum relevant. Ausgleich einer nicht seltenen postoperativen Beinlängenzunahme am Schuhwerk, wenn die Differenz > 0,75 cm beträgt).

Im Allgemeinen über sechsstündiges Leistungsvermögen für leichte bis gelegentlich mittelschwere Tätigkeiten. Auf Dauer keine ausschließlich mittelschweren und keine schweren körperlichen Arbeiten. Keine ausschließliche Geh- und Stehbelastung (Anteil an sitzender Tätigkeit zumindest 40 %). Unter Umständen sind Rotationsfehler zu beachten, die evtl. die Gehfähigkeit beeinträchtigen können. Kein tiefes Sitzen wegen Luxationsgefahr beim Aufstehen aus maximaler Hüftbeugung, kein Gehen auf unebenem Gelände, kein Besteigen von Leitern und Gerüsten, kein häufiges Treppensteigen. Keine Arbeiten im Hocksitz, keine Tätigkeiten mit häufigem Bücken (Luxationsgefahr); kein Heben, Tragen bzw. Bewegen von Lasten über 10 kg; keine Arbeiten unter Kälte-, Nässe- und Zuglufteinfluss. Gehstrecke begrenzt, in aller Regel sind jedoch Strecken von 1.000–1.500 m mehrmals am Tag zumutbar. Bei muskulären Beschwerdebildern (pelvitrochantäre Insuffizienz) Einsatz eines kontralateralen Handstockes ratsam.

Arthrodese des Hüftgelenkes Versteifung des Hüftgelenkes in Funktionsstellung, d. h. Flexion 10–15°, Abduktion 5°, Außenrotation 5°. Heutzutage selten indiziert, z. B. bei Kontraindikation zur Implantation einer Hüftendoprothese wie im Falle einer bakteriellen oder tuberkulösen Coxitis. Langer postoperativer Zeitraum bis zur knöchernen Stabilisierung (3–4 Monate!) bei nicht unerheblicher Misserfolgsquote. Nach geglücktem Eingriff ist das betroffene Bein weitgehend schmerzfrei belastbar. Das Gangbild ist mäßig, das Sitzen deutlicher behindert. Außerdem kommt es zu einer konsekutiven kompensatorischen Überlastung der Lendenwirbelsäule sowie des homolateralen Kniegelenkes.

Leichte bis gelegentlich mittelschwere Tätigkeiten in überwiegend sitzender Körperhaltung. Hierbei sind eine Stuhlauflage (Arthrodesenkissen) oder gar ein Arthrodesenstuhl erforderlich. Arbeiten nur noch ebenerdig in geschlossenen, wohltemperierten Räumen; keine Hock- oder Bückstellung. Gehstrecke beeinträchtigt, Strecken von 1.000–1.200 m sind i. Allg. jedoch zumutbar; evtl. kontralateraler Gehstock.

Resektionshüfte (Girdlestone-Situation) Operative Entfernung von Femurkopf und -hals z. B. wegen eitriger Coxitis oder nach dem Ausbau einer infizierten Endoprothese, jeweils mit Belassen der instabilen Defektsituation. Ein Fortbewegen ohne Gehhilfe ist nur über kurze Strecken möglich. Bei persistierender, fistelnder Infektion besteht ein aufgehobenes Leistungsvermögen. Nach Ausheilung der Entzündung sind leichte Tätigkeiten in ganz überwiegend sitzender Körperhaltung bei möglicher Kompensation durch die kontralaterale untere Extremität noch denkbar. Die Gehstrecke ist deutlich eingeschränkt, 500–800 m mit Gehhilfe sind meistens möglich.

Folgen von Amputationen

Hüft(gelenks)exartikulation Eine Oberschenkelprothese kann nicht angepasst werden. Zum Einsatz kommt ein Beckenkorb mit Umfassung der Gegenseite. Ein unterstützungsfreies Gehen ist in aller Regel nicht umzusetzen. Auch beim Sitzen besteht eine erhebliche Beeinträchtigung. Leistungsvermögen und Gehstrecke sind erheblich eingeschränkt. Nur in Ausnahmefällen ist noch von einer sozialmedizinisch relevanten Leistungsfähigkeit auszugehen. Öffentliche Verkehrsmittel sind nur sehr begrenzt nutzbar. Ein Pkw muss umgerüstet werden: breiter Einstieg, Sitzverlängerung, Umbau der Bedienungspedale.

Oberschenkelamputation Entscheidend sind eine ausreichende Stumpflänge (gemessen vom Tuber ossis ischii bis zum Stumpfende), eine optimale Myoplastik ohne „Weichteilpseudarthrose" und entzündungsfreie Hautverhältnisse. Meist ist eine konventionelle Versorgung mit einer am Tuber ossis ischii abstützenden bzw. einer über die Oberschenkelstumpfweichteile geführten querovalen Exoprothese möglich. Bei gutem Sitz kann auf kurzen Strecken nicht selten auf eine kontralaterale Gehhilfe verzichtet werden. In Einzelfällen (z. B. bei Kurzstumpf) ist ein stabilisierender Beckengurt erforderlich.

7.4.3 Kniegelenk und Unterschenkel

Biomechanik

Das Kniegelenk verbindet Ober- mit Unterschenkel. Anatomisch ist es ein Drehwinkelgelenk (sog. Trochlogynglimus). Im Zuge der Beugebewegung führt die asymmetrisch geformte Femurkondyle auf dem Tibiaplateau eine gleichzeitige Rollbewegung nach ventral durch (Scharniergelenk mit wandernder Achse). In der Endphase der Streckung kommt es zu einer Schlussrotation nach außen von etwa 10°. Bei gebeugtem Knie sind darüber hinaus um eine Längsachse eine Innen- und Außenrotation von 20–30° möglich. Das physiologische Bewegungsspiel bezüglich Extension/Flexion liegt beim Mann bei 0°/0°/140°, bei der Frau besteht nicht selten eine leichte Überstreckbarkeit von 5–10°. Die Funktionsstellung ist eine leichte Flexion von 5°. Die Beinachse unter Belastung in stehender Körperhaltung beträgt normalerweise 6–7° valgus.

Die Stabilisierung des Kniegelenkes erfolgt über zwei rotationslimitierende Kreuzbänder sowie über ein sehr starkes mediales sowie ein eher schwächeres laterales Kollateralband. Zusätzlich besteht eine eher mäßige muskuläre Führung. Eine knöcherne Gelenkstabilisierung fehlt. Intraartikulär gleichen der halbmondförmige Innenmeniskus sowie der halbkreisförmige Außenmeniskus die Inkongruenzen der Gelenkflächen von Oberschenkelrolle und Schienbeinkopf aus. Die Kniescheibe liegt als Sesambein in der Kniestrecksehne und bildet mit dem ventralen Anteil der Oberschenkelrolle das sog. Femoropatellargelenk. Unter biomechanischen Gesichtspunkten ist sie als Hypomochlion bei der muskulären Kraftübertragung vom Ober- auf den Unterschenkel bedeutungsvoll.

Diagnostik

Körperliche Untersuchung *Inspektion:* O-Bein/X-Bein; Kapselschwellung (Knieumfang im Seitenvergleich), Unterschenkelödem. *Palpation/Funktion:* Druckschmerz des (medialen, lateralen) Gelenkspaltes bzw. der Kapsel- oder Kollateralbandansatzpunkte, Patellaspiel, Patellaanpress- und -verschiebeschmerz, ZOHLEN-Zeichen, Kniekehle (Vorwölbung?), Gelenkreiben, Gelenkerguss, Meniskusprovokationsteste, Kollateralbandführung (Valgus- bzw. Varusstress), Kreuzbandführung (Schubladentest, LACHMANN-Test), Streckung und Beugung (minimaler Abstand Ferse–Oberschenkel im Seitenvergleich); Wadenumfang (gemessen 15 cm unterhalb des inneren Kniegelenksspaltes im Seitenvergleich).

Röntgen *Kniegelenk in 2 Ebenen:* gelenkbildende Anteile (mechanische Achse 87°, anatomische Achse beim Erwachsenen 5–7° Valgus), ligamentäre Verknöcherungen. *Patella axial-Aufnahme:* Beurteilung der Patellaform (Einteilung nach WIBERG) sowie des Alignments. FRICKsche *Tunnelaufnahme:* Nachweis freier Gelenkkörper. *Stressaufnahmen (Varus, Valgus):* Objektivierung einer Kollateralbandinstabilität.

Sonographie Einsatz vor allem zur Darstellung der Weichteile im Bereich der Kniekehle, z. B. bei V. a. auf Ganglionbildung.

Kernspintomographie In Einzelfällen zur Abklärung pathologischer Gelenkbinnenstrukturen (Menisken, Kreuzbänder, Knorpeloberflächen) sinnvoll.

Arthroskopie Sie ist unter gutachterlichen Fragestellungen als operativ-invasiver Eingriff nur in Ausnahmefällen indiziert und erfordert in jedem Falle das Einverständnis des Betroffenen.

Begutachtungskriterien

Stabilität Eine *Bandinstabilität* erfordert verstärkte muskuläre Kompensationsmechanismen. Oft verbleibt eine Unsicherheit bei plötzlich unvorhergesehen von außen einwirkenden Krafteinflüssen sowie beim Gehen auf unebenem Gelände.

Beweglichkeit Ein *Streckdefizit* im Kniegelenk von bis zu 5° wird beim Gehen weitgehend kompensiert und fällt funktionell kaum ins Gewicht. Ab 10° kommt es zu einer mäßigen, ab 20° zu einer deutlichen und ab 30° zu einer erheblichen Beeinträchtigung der Gangabwicklung mit funktioneller Beinverkürzung und Problemen bei der Kraftübertragung mit vermehrter Muskelarbeit (v. a. beim Begehen von Treppen) sowie einer Gangunsicherheit auf unebenem Untergrund. Eine *Beugefähigkeit* von 110° reicht aus für einen normalen Einsatz im täglichen Leben. Ist die Flexion ab 100° limitiert, resultiert eine Beeinträchtigung des Fahrradfahrens, ab 90° eine deutliche Behinderung beim Treppauf- und -abgehen, bei der Benutzung öffentlicher Verkehrsmittel sowie auch beim Einnehmen des tiefen Hocksitzes. Die komplette *Einsteifung* eines Kniegelenkes z. B. nach Kniearthrodese bringt Beeinträchtigungen beim Gehen, beim längeren Sitzen und vor allem beim Aufrichten aus einer sitzenden Körperhaltung mit sich.

Gelenkflächen (Arthrotische) Veränderungen der Gelenkflächen führen oft zu belastungsabhängigen Beschwerden. Im *Femorotibialgelenk* erhöhen Körpergewicht und Traglasten im Stehen und Gehen sowie beim Aufstehen aus ruhender Körperhaltung den axialen Druck auf die Gelenkflächen. Im *Femoropatellargelenk* presst ein kraftvoller Einsatz der Quadrizepsmuskulatur die Kniescheibe in ihr femorales Gleitlager; z. B. beim Tragen schwerer Lasten, beim Bergauf- und Bergab- bzw. Treppauf- und Treppabgehen sowie beim Einnehmen der bzw. Aufrichten aus der Hockstellung.

Muskulatur Standardisierte Messung des Muskelumfanges 15 cm unterhalb des inneren Kniegelenksspaltes (Wade) im Seitenvergleich; Differenzen von 1,0 cm und mehr weisen auf eine längere Schonung bzw. Entlastung des betroffenen Beines hin (z. B. auf Grund einer persistierenden radikulären Störung oder einer posttraumatischen Situation). Überprüfung des muskulären Tonus durch willkürliches Anspannen

7.4 Untere Extremitäten

(Mitarbeit des Patienten erforderlich). Selbst auffällige, klinisch fassbare Defekte nach Muskelfaserrissen sind bezüglich der Belastbarkeit in den meisten Fällen irrelevant.

Achsabweichung Im Falle einer Achsabweichung im O- oder X-Sinne kommt es über die Verlagerung der Trageachse des Beines nach innen oder außen zu einer asymmetrischen Lastübertragung vom Oberschenkel auf den Unterschenkel mit Entwicklung einer einseitigen Arthrose (Genu varum, Genu valgum).

Reizzustände Gonalgien (z. B. als Ausdruck einer aktivierten Arthrose) äußern sich typischerweise durch eine (synoviale) Kapselschwellung mit schmerzhaftem anteromedialen und anterolateralen Palpationsbefund sowie Belastungsarthralgien; Irritationen im Bereich der tibialen Kapselansatzpunkte, des Pes anserinus, des Ober- bzw. des Unterrandes der Patella, der Tuberositas tibiae oder der proximalen Anteile des dorsalen Schienbeinkopfes sprechen eher für insertionstendopathische Affektionen der kniebewegenden Muskulatur bzw. der ligamentären Strukturen.

Sozialmedizinische Beurteilung

Ebenso wie für das Hüftgelenk gilt es auch bei Affektionen des Kniegelenkes, bei der Beurteilung des körperlichen Leistungsvermögens und der Gehstrecke unter sozialmedizinischen Gesichtspunkten die Möglichkeit der Kompensation durch eine schmerzfrei belastbare kontralaterale untere Extremität zu beachten; evtl. Einsatz einer Gehhilfe.

Einzelne Krankheitsbilder

Die sozialmedizinische Beurteilung richtet sich nach den oben dargestellten Regeln. Besonderheiten sind bei den einzelnen Krankheitsbildern aufgeführt.

Genu varum und Genu valgum O- bzw. X-Bein-Fehlstellung mit asymmetrischer axialer Belastung des Kniegelenkes (normal sind 6–7° valgus). Die Folge sind Belastungsgonalgien mit Kniebinnenreizzuständen und Kapselschwellung, Meniskopathien sowie die Entwicklung einer sekundären Gonarthrose. Therapie symptomatisch (medikophysikalische und krankengymnastische Palette). Optimierung der Lastverteilung durch Sohlenaußenranderhöhung bei Genu varum, Sohleninnenranderhöhung bei Genu valgum. Relative Operationsindikation im Sinne der Achskorrektur (kniegelenksnahe Umstellungsosteotomie). Die körperliche Belastbarkeit wird bestimmt durch das Ausmaß degenerativer Aufbrauchserscheinungen mit entsprechenden lokalen Reizzuständen, die Stabilität des Gelenkes sowie einer bestehenden Funktionseinschränkung.

Gonarthrose Degenerativer Aufbrauch des Kniegelenkes idiopathischer, aber auch posttraumatischer sowie entzündlich-rheumatischer Genese. Einflussfaktoren: dispositionelle Veranlagung, Beinachsenfehler, traumatische Vorschädigung des Gelenkknorpels, der Menisken und/oder Bänder, Stoffwechselstörungen (Chondrokalzinose, Hyperurikämie u. a.), Übergewicht. Ziel einer konservativen Behandlung (medikophysikalisch, intraartikuläre Kristallkortikoide, Krankengymnastik u. a.) ist das Erreichen eines kompensierten, d. h. beschwerdefreien bzw. beschwerdearmen Zustandes. Im Falle der Dekompensation (aktivierte Arthrose) belastungsabhängige Schmerzen, Kniegelenkserguss, Bewegungseinschränkung (Streck- und Beugebehinderung). Radiologische Diagnostik durch Belastungsaufnahmen im Stehen sowie durch Patella-axial-Aufnahmen. Die Indikation zu gelenkerhaltenden Eingriffen (knorpelsanierende Eingriffe, kniegelenksnahe Umstellungsosteotomie) bzw. zum endoprothetischen Ersatz hängt ab vom Schweregrad der degenerativen Veränderungen, vom bestehenden Funktionsdefizit sowie vom Lebensalter des Patienten. Evtl. diagnostische Arthroskopie zur exakten Erfassung von Ausmaß und Lokalisation der Arthrose. Bereits angelegte regressive Veränderungen sind nicht mehr rückbildungsfähig. Um eine Dekompensation der Arthrose zu vermeiden, sollten kniegelenksstrapazierende Aktivitäten vermieden werden. Von großer Wichtigkeit ist auch die Möglichkeit der Kompensation und Entlastung durch die kontralaterale Extremität.

Im Allgemeinen ist von einem über sechsstündigen Leistungsvermögen für leichte bis gelegentlich mittelschwere Tätigkeiten in temperierten Räumen und überwiegend im Sitzen, durchaus mit gelegentlicher Geh- und Stehbelastung auszugehen. Keine schweren sowie ausschließlich mittelschweren Tätigkeiten, keine Arbeiten mit ständigem Stehen und Gehen, mit Heben, Tragen sowie Bewegen von Lasten über 10–15 kg, in Hock- oder Bückstellung, im Knien, auf unebenem Gelände, kein Besteigen von Leitern und Gerüsten, kein häufiges Treppensteigen, keine Kälte-, Nässe- und Zugluftexposition. Abhängig vom Ausmaß der degenerativen Veränderungen ist die Gehstrecke eingeschränkt. Ein kontralateraler Gehstock ist überlegenswert. Bei ausgeprägter bilateraler Gonarthrose sind nur noch Arbeiten in überwiegend sitzender Körperhaltung möglich. Bei dekompensiertem Beschwerdebild besteht evtl. auch eine quantitative Leistungseinschränkung.

Meniskusdegeneration, Meniskusläsionen Überwiegend degenerative, seltener traumatische Schädigung des Innen- oder Außenmeniskus. Belastungsabhängiges Schmerzbild, vor allem bei Rotationsbewegungen sowie in Hockstellung; gonalgische Reizzustände mit Ergussbildung, Gelenkblockade (Streckhemmung). Arthroskopische Sanierung (Teilresektion, Refixation). Nach optimaler operativer Sanierung meist lange Zeit gut kompensierter Zustand ohne wesentliche Beeinträchtigungen. Begünstigung einer späteren Gonarthrose.

Meniskusganglion Gallertige Degeneration meist des Außenmeniskus mit druckdolenter lokaler Schwellung in Höhe des Gelenkspaltes und bewegungsabhängigem Schnappen. Operative Ganglionexstirpation zusammen mit Teilresektion des Meniskus (sonst Rezidivneigung!). Nach erfolgreicher operativer Sanierung verbleiben i. Allg. keine relevanten Störungen. In Einzelfällen Präarthrose.

Chondropathia patellae und Retropatellararthrose Degenerativer Aufbrauch der Kniescheibengelenkfläche mit resultierendem belastungsabhängigem femoropatellaren Schmerzsyndrom. Idiopathisch, bei Beinachsenfehlern, bei Patella- bzw. Gleitlagerdysplasie, posttraumatisch (vor allem nach Patellafraktur mit Gelenkflächenbeteiligung). Konservative Behandlungspalette mit dem Ziel des Erreichens einer kompensierten Belastungssituation (→ Gonarthrose). Evtl. Versorgung mit einer textilen kniestabilisierenden Orthese.

Tätigkeiten mit besonderer Beanspruchung des femoropatellaren Gelenkes sind auszuschließen: keine Arbeiten mit aussschließlicher Steh- und Gehbelastung, auf unebenem Gelände, mit häufigem Besteigen von Treppen, auf Leitern und Gerüsten, in Hockstellung, unter Kälte-, Nässe- und Zuglufteinfluss, auch mit häufigem Wechsel zwischen Sitzen und Stehen. Tragen von flachem Schuhwerk ist empfehlenswert. Gehstrecke nur bei ausgeprägten degenerativen Veränderungen eingeschränkt.

Patellainstabilität Rezidivierende bzw. habituelle Kniescheibenluxation vor allem nach lateral im Zuge der Kniebeugung bzw. bei inadäquatem Trauma. Hypermobilität der Patella, evtl. belastungsabhängiges retropatellares Schmerzbild (→ Chondropathia patellae). Röntgenologisch oft Dysplasie der Kniescheibe, evtl. mit Gleitlagerdysplasie. Auf längere Sicht Begünstigung der Entstehung einer sekundären → Retropatellararthrose. Im Falle erheblicher Beschwerden Tragen einer kniescheibenstabilisierenden Orthese, operative Optimierung des Weichteilalignments (mediale Kapselraffung), evtl. mit Medialisierung der Tuberositas tibiae. Leistungsbeurteilung: → Chondropathia patellae, Retropatellararthrose.

Poplitealzyste Kniekehlenganglion, BAKERzyste. Meist dorsomedial gelegene Ausstülpung der dorsalen Kniegelenkskapsel (Zyste mit stielartiger Verbindung zum Gelenk). Ganz überwiegend Folge einer Kniebinnenerkrankung mit vermehrter Bildung von Synovialflüssigkeit und hierdurch bedingtem länger andauerndem Innendruck. Prall elastische Vorwölbung (vor allem bei Kniestreckung tastbar), charakteristisches Spannungsgefühl in der Kniekehle mit schmerzhafter Beugebewegung. Diagnosesicherung durch Sonographie, evtl. Arthrographie. Abklärung der Kniebinnensituation (evtl. arthroskopische Sanierung) erforderlich, Exstirpation des

7.4 Untere Extremitäten

Ganglions bei persistierenden Beschwerdebildern (Rezidive möglich). Längerandauernde Arbeiten in Hockstellung sind nicht möglich. Die Gehstrecke ist nicht beeinträchtigt.

Osteochondrosis dissecans Subchondrale aseptische Knochennekrose im Bereich des lateralen Randes der medialen Femurkondyle, seltener im Bereich der lateralen Kondyle oder der Patellarückfläche. Doppelseitiges Auftreten in etwa 25 %. Vorkommen zumeist im Kindes- und Jugendalter mit nicht seltener spontaner Rückbildung noch vor dem 12. Lebensjahr. Diagnose im Frühstadium durch Kernspintomogramm, sonst radiologisch. Belastungsabhängige Beschwerden, bei Ausbildung eines freien Gelenkkörpers (Gelenkmaus mit leerem Mausbett) Reizknie mit Einklemmungserscheinungen. Nach Dissezierung verbleibt eine präarthrotische Deformität. Therapie symptomatisch, evtl. temporäre Entlastung. Im fortgeschrittenen Stadium evtl. Anbohrung (mit dem Ziel der Revaskularisierung des Nekrosebezirkes). Im Falle einer frischen Dissezierung Versuch der Refixation, im Spätstadium autologe Knorpelknochenplastik. Die körperliche Belastbarkeit ist abhängig vom Bewegungsspiel des betroffenen Kniegelenkes, vom Auftreten möglicher Kniebinnenreizzustände sowie vom Ausprägungsgrad möglicher degenerativer Veränderungen (→ Gonarthrose).

Femurrollennekrose (Morbus AHLBÄCK) Segmentale Osteonekrose des inneren Femurkondylus. Idiopathisch, seltener nach systemischer oder lokaler Kortikoidbehandlung; v. a. bei älteren Menschen, Frauen ≫ Männer. Plötzlicher Beginn mit erheblichen Ruhe- und Belastungsschmerzen im inneren Kniegelenksbereich, Kapselschwellung und Gelenkerguss; zunehmend arthrotische Veränderungen. Im Frühstadium Entlastung und symptomatische Behandlung. Im fortgeschrittenen Stadium mit großer Defektzone Implantation einer monokondylären Schlittenendoprothese. Die körperliche Belastbarkeit hängt ab vom Bewegungsspiel des betroffenen Kniegelenkes, vom Auftreten möglicher Kniebinnenreizzustände sowie vom Ausprägungsgrad der degenerativen Veränderungen (→ Gonarthrose).

Chondromatosis synovialis Metaplastische Veränderung der Synovialmembran mit Bildung multipler, teils sessiler, teils freier Gelenkkörper. Meist chronische Gelenkschwellung, belastungsabhängige lokale Schmerzbilder, evtl. Gelenkblockade. Indikation zur möglichst radikalen Synovektomie mit Entfernung sämtlicher Gelenkkörper. Meist deutliche qualitative Einschränkung des körperlichen Leistungsvermögens, abhängig vom Funktionsspiel des Gelenkes sowie vom Ausmaß möglicher sekundärer Veränderungen (→ Gonarthrose).

Persistierende Kniebandinstabilität Unzureichende Stabilität der Kollateralbänder bzw. Kreuzbänder. Meist posttraumatisch, sehr selten idiopathische Bandlaxizität. Belastungsabhängige Schmerzen, Umknickneigung und Unsicherheitsgefühl vor allem beim Treppabwärtsgehen und beim Gehen auf unebenem Gelände. Diagnosesicherung durch Röntgenaufnahmen im Valgus- bzw. Varus-Stress. Krankengymnastische Behandlung mit gezieltem Auftrainieren der Quadrizepsmuskulatur, Tragen einer kniestabilisierenden Orthese (externe Schienung). Vor allem im Falle einer Rotationsinstabilität (Kreuzbänder) sind sekundäre degenerative Meniskusveränderungen zu befürchten; unter diesem Aspekt bei Patienten im jüngeren und mittlerem Lebensalter Indikation zur (autologen) Bandplastik. → Kniebandplastik

Leichte bis gelegentlich mittelschwere körperliche Tätigkeiten sind i. Allg. ohne zeitliche Einschränkung verrichtbar. Vermeidung kniestrapazierender Bewegungsmuster wie Hockstellung oder Bückstellung, kein Gehen auf unebenem Gelände, kein Arbeiten auf Leitern und Gerüsten, kein häufiges Begehen von Treppen, kein Heben, Tragen und Bewegen schwerer Lasten > 10–15 kg, keine ausschließlich gehenden und stehenden Tätigkeiten. Beeinträchtigung beim Gehen ohne Augenkontrolle. Evtl. Möglichkeit zum plötzlichen Abstützen (z. B. Handlauf an einer Treppe u. ä.). Die Gehstrecke ist in aller Regel nicht wesentlich eingeschränkt.

Morbus OSGOOD-SCHLATTER Relativ häufige aseptische Knochennekrose der Tuberositas tibiae. Ätiologie: Sportliche Überlastung? (verstärkter Zug am Lig.

patellae?). Vor allem bei Jungen, bevorzugt zwischen dem 10.–14. Lebensjahr. Typischer lokaler Belastungsschmerz, druckbedingte Schwellung, Schmerzverstärkung bei kraftvoller Extension des Kniegelenkes gegen Widerstand. Temporäre Schonung, lokale Antiphlogese, Sportpause. Gute Prognose. In Einzelfällen verbleibt eine deutliche Prominenz der Tuberositas tibiae, die beim Knien schmerzen kann; dann evtl. operative Entfernung.

Achillessehnenruptur Meist komplette Rissbildung etwa 3–4 cm oberhalb des Ansatzpunktes am Fersenbein (nicht zwingend adäquates Trauma bei oft gegebener degenerativer Vorschädigung). Akuter Schmerz mit typischem Knall, Zehenspitzenstand unmöglich, lokale Druckdolenz, Schwellung, tastbare Gewebelücke. Im Liegen kann eine aktive Plantarflexion durch die Sehne des M. plantaris erhalten sein. Diagnosesicherung durch sonographische Kontrolle. Operative Versorgung, anschließende sechswöchige Ruhigstellung bzw. frühfunktionelle Behandlung unter axialer Entlastung. Dauer der Arbeitsunfähigkeit bei Sitzberufen etwa 3–4 Wochen, bei Tätigkeiten mit überwiegender stehender und gehender Körperhaltung 7–10 Wochen. Nach optimaler operativer Versorgung verbleibt i. Allg. bis auf eine geringe Beeinträchtigung der Dorsalextension im oberen Sprunggelenk keine wesentliche Leistungseinschränkung.

Folgen von Frakturen

Frakturen mit Beteiligung des Kniebinnenbereiches Nach einer Schädigung tragender Gelenkflächen (Oberschenkelrolle, Schienbeinkopf oder Kniescheibe) verbleibt abhängig von der Qualität der anatomischen Wiederherstellung eine präarthrotische Deformität. Belastungsgonalgien, → Gonarthrose, → Retropatellararthrose.

Unterschenkelschaftfrakturen Diaphysäre Frakturen des Schienbeines (evtl. auch gleichzeitig des Wadenbeines) meist als Folge eines direkt einwirkenden Traumas. Osteosynthetische Versorgung mit intramedullärem Tibiamarknagel, mit Platte oder durch Fixateur externe.

Eine Ausheilung unter leichter Verkürzung (durch entsprechende Schuhzurichtung ohne Probleme kompensierbar) sowie geringe Achsfehler bis zu 5° sind klinisch kaum relevant. Im Falle eines stärkeren Achsfehlers und bei Rotationsfehlern resultiert eine Fehlbelastung des femorotibialen und des femoropatellaren Gelenkes sowie auch der Sprunggelenke mit Begünstigung der Entwicklung einer sekundären Arthrose (→ Gonarthrose, → Retropatellararthrose, obere → Sprunggelenksarthrose) mit entsprechenden qualitativen Einschränkungen der Belastbarkeit des betroffenen Beines.

Tibiaosteomyelitis Eine blande Tibiaosteomyelitis ohne wesentliche entzündliche Aktivität (Abklärung durch Labordiagnostik, evtl. Tomographie und Szintigraphie) schränkt das Leistungsvermögen nur unwesentlich ein. Im Falle einer chronischen Fistelung mit täglich erforderlichen Verbandswechseln besteht die Notwendigkeit einer operativen Sanierung und somit Arbeitsunfähigkeit im Sinne der Krankenversicherung.

Folgen operativer Eingriffe

Kniegelenksnahe Umstellungsosteotomie Achskorrigierender Eingriff im suprakondylären femoralen (v. a. beim Genu valgum) oder infrakondylären tibialen (v. a. beim Genu varum) Bereich zur Verbesserung der axialen Lastverteilung. Hierdurch soll einer vorzeitigen Arthroseentwicklung entgegengewirkt bzw. ihre Progredienz verlangsamt werden. Die knöcherne Ausheilung nach der Osteosynthese (Platte mit Schrauben, Metallklammern, Fixateur externe) dauert etwa 3 Monate, die postoperative Arbeitsunfähigkeit 4 Monate. Das Leistungsvermögen hängt ab vom Ausmaß der bereits bestehenden degenerativen Gelenkveränderungen (→ Gonarthrose) und den hierdurch möglicherweise bedingten Gelenkbinnenreizzuständen sowie der Bandstabilität und Funktionaliät des Knies.

Kniebandplastiken In den meisten Fällen ist das vordere Kreuzband (autologer Ersatz z. B. durch Anteile des Lig. patellae bzw. der Sehne des M. semitendinosus), seltener das hintere Kreuzband und in Ausnahmefällen auch das mediale oder laterale Kollateralband betroffen. Dauer der postoperativen Arbeitsunfähigkeit nicht selten 3–4 Monate. Ambulante oder teilstationäre, im Einzelfall auch stationäre Rehabilitation zwischen der 2.–8. Woche sinnvoll. Das Leistungsvermögen wird bestimmt durch das Ausmaß bereits vorhandener sekundärarthrotischer Veränderungen (→ Gonarthrose); i. Allg. ist bei gelungenem Eingriff wieder eine volle Belastbarkeit und auch Sportfähigkeit zu erwarten.

Knorpelsanierende Eingriffe am Kniegelenk Arthroskopisch oder offen durchgeführte operative Eingriffe bei degenerativen Veränderungen der kartilaginären Gelenkflächenanteile (reine Lavage, Gelenktoilette, Microfracturing, Mosaikplastik, Chondrozytentransplantation u. a. m.) zur Verbesserung der Gelenkmechanik und damit der Belastbarkeit des Kniegelenkes. Indikationsstellung v. a. bei sonstig therapieresistenten Arthralgien und hartnäckigen Reizzuständen. Art des Eingriffes abhängig von der Lokalisation und vom Ausmaß der degenerativen Veränderungen sowie vom Lebensalter des Patienten. Postoperativ ist bei aufwändigeren Knorpelplastiken oft eine konsequente axiale Entlastung für 8–12 Wochen erforderlich. Dann ist eine ambulante oder teilstationäre Rehabilitation zwischen der 2. und 8. Woche durchaus sinnvoll. Dauer der postoperativen Arbeitsunfähigkeit nicht selten 3–4 Monate. Das Leistungsvermögen wird bestimmt durch das Ausmaß der bereits vorhandenen arthrotischen Veränderungen; i. Allg. ist mit qualitativen Beeinträchtigungen im Arbeitsleben, evtl. auch der Gehstrecke zu rechnen (→ Gonarthrose).

Patellektomie Operative Entfernung der Kniescheibe als ultima ratio bei schwerer Femoropatellararthrose mit sonst therapierefraktären Beschwerden. Postoperative Arbeitsunfähigkeit mindestens 6–8 Wochen (stabile Ausheilung des verbliebenen Kniestreckapparates), evtl. weitere teilstationäre/stationäre Rehabilitation mit gezielter Aufschulung der kniestabilisierenden Muskulatur über weitere 4–6 Wochen. Es verbleibt durchaus öfter eine nicht unerhebliche Beeinträchtigung der Gang- und Standsicherheit v. a. beim Treppensteigen durch verminderte Kraftentfaltung des M. quadriceps, vor allem beim Aufstehen aus sitzender Körperhaltung bzw. beim Aufrichten aus der Hock- oder Bückstellung. In Einzelfällen ist das Tragen einer teilstabilisierenden Textilorthese überlegenswert.

Leichte bis gelegentlich mittelschwere Tätigkeiten in überwiegend sitzender Körperhaltung mit nur gelegentlicher Geh- und Stehbelastung sind i. Allg. über sechs Stunden zumutbar. Kein Heben und Tragen sowie Bewegen von Lasten über 10 kg, keine Arbeiten in Hock- oder Bückstellung, keine Arbeiten, die einen häufigen Wechsel zwischen Sitzen und Stehen bzw. Gehen erfordern. Die Gehstrecke ist beeinträchtigt; 1.000 m sind jedoch i. d. R. ohne große Probleme zu bewältigen. Ein kontralateraler Handstock ist meist erforderlich.

Endoprothese des Kniegelenkes Ersatz des Kniegelenkes mit zementfreier, teilzementierter oder vollzementierter Schlitten-, ungekoppelter Oberflächen- oder gekoppelter Scharnierendoprothese im Falle konservativ therapieresistenter Beschwerdebilder im Zuge schwerergradiger degenerativer, posttraumatischer oder entzündlich-rheumatischer Gelenkdestruktionen (→ Gonarthrose). Im Jahre 2001 wurden etwa 48.000 dieser Eingriffe in Deutschland durchgeführt. Indikationsstellung v. a. bei Patienten im höheren Lebensalter (meist nicht mehr im Erwerbsleben). Postoperative Rehabilitation i. Allg. über mindestens 12 Wochen (operierende Klinik etwa 2 Wochen; stationäre oder teilstationäre Nachsorge in einer AHB-Klink für 3–5 Wochen, dann ambulante Weiterbetreuung). Arbeitsfähigkeit unabhängig von der Art der implantierten Endoprothese im Regelfall nach etwa 3–4 postoperativen Monaten anzunehmen.

Für die Beurteilung der körperlichen Belastbarkeit wesentlich ist die Funktionalität (Streckdefizit > 10° ungünstig für die Gangabwicklung; Beugefähigkeit von < 90° ungünstig beim Treppensteigen u. ä.) sowie die Stabilität des Gelenkes (kollateraler Bandapparat, Streckapparat, Oberschenkelmuskulatur; evtl. verbleibende Beeinträchtigung der Gangabwicklung). Eine biomechanisch fehlerhafte Gelenkführung oder eine schleichende Infektion können nicht unerhebliche lokale Reizzustände verursachen mit dann deutlich eingeschränkter (axialer) Belastbarkeit.

Im Allgemeinen besteht ein über sechsstündiges Leistungsvermögen für leichte bis gelegentlich mittelschwere Tätigkeiten. Ausschließlich mittelschwere und schwere Arbeiten sind nicht mehr zumutbar. Keine ausschließliche Geh- und Stehbelastung (Anteil sitzender Tätigkeit zumindest 50 %), kein Gehen auf unebenem Gelände, kein Besteigen von Leitern und Gerüsten, kein häufiges Treppensteigen, keine Arbeiten in gebückter Haltung, kniend oder im Hocksitz, kein Heben, Tragen bzw. Bewegen von Lastgewichten > 10 kg, keine Arbeiten unter Kälte-, Nässe- und Zuglufteinfluss. Die Gehstrecke ist begrenzt, in aller Regel sind jedoch Strecken von 1.000–1.200 m mehrmals täglich zumutbar, evtl. unter Benutzung eines kontralateral eingesetzten Handstockes.

Arthrodese des Kniegelenkes Operative Versteifung in Funktionsstellung (10° Flexion, 5° Valgus). Vor allem bei jüngeren Menschen im Falle einer eitrigen Gonitis, Rückzugsmöglichkeit nach septisch fehlgeschlagener Knieendoprothese (dann aufgrund des schlechten Knochenlagers höhere Misserfolgsquote). Nach geglücktem Eingriff ist das betroffene Bein i. Allg. gut und schmerzfrei belastbar, die Gangabwicklung ist nur mäßig behindert. Die konsekutive reale und virtuelle Beinverkürzung von 2 cm und mehr sollte im Hinblick auf ein besseres Gangbild nicht ganz ausgeglichen werden. Außerdem resultiert eine deutliche Beeinträchtigung beim längeren Sitzen. Weiterhin Rückwirkung auf das kompensatorisch funktionell vermehrt geforderte homolaterale Hüftgelenk.

Leichte und gelegentlich mittelschwere körperliche Tätigkeiten ohne ausschließliche gehende und stehende Körperhaltung sind i. d. R. ohne zeitliche Einschränkung verrichtbar. Keine Arbeiten auf unebenem Gelände, auf Leitern und Gerüsten, kein häufiges Begehen von Treppen, keinerlei Arbeiten in Hock- oder Bückstellung. Aufgrund der Beeinträchtigung beim Sitzen ist unter ergonomischen Gesichtspunkten eine erhöhte Sitzposition erforderlich. Gehstrecken von 1.000 m am Stück sind in aller Regel ohne Probleme möglich.

Folgen von Amputationen

Die Länge eines Unterschenkelstumpfes wird gemessen vom medialen Kniegelenksspalt bis zur Stumpfspitze bei gestrecktem Restbein.

Knie(gelenks)exartikulation Prothetische Versorgung ähnlich wie bei einer Oberschenkelamputation. Aufgrund der anatomisch schlechteren knöchernen Weichteildeckung oft akribischere und aufwändigere Köchergestaltung erforderlich.

Unterschenkelamputation Wie bei der Oberschenkelamputation sind für eine sichere Prothesenführung die knöcherne Stumpflänge und die muskuläre Weichteildeckung entscheidend. Meist ist ein Oberschenkelköcher nicht notwendig, eine medial und lateral knieumfassende Versorgung genügt. Oft ist ein unterstützungsfreies Gehen möglich.

7.4.4 Sprunggelenk und Fuß

Biomechanik

Das obere Sprunggelenk, gebildet aus der Knöchelgabel und dem Sprungbein (sog. tibiotalares Gelenk) ist ein rein knöchern geführtes Scharniergelenk. Sein physiologisches Bewegungsspiel bezüglich Extension und Flexion beträgt 20°/0/50°, gemessen in leichter Knieflexion mit Entlastung des zweigelenkigen M. gastrocnemius. Der hintere Anteil des unteren Sprunggelenkes (sog. vorderes und hinteres subtalares Gelenk) wird aus der Unterfläche des Sprungbeines sowie der Oberfläche des Fersenbeines gebildet; hier erfolgen die Pro- und Supination des Fußes (sog. Fußkantung im Sinne einer Kippbewegung). Die Stabilität dieses Gelenkes wird gesichert durch die drei lateralen Anteile des Außenbandapparates.

Der vordere Anteil des unteren Sprungelenkes, das sog. CHOPARTsche Gelenk (medial: talonavikular, lateral: calcaneocuboidal) ermöglicht eine Verwringungsbewegung des Mittelfußes gegen den Rückfuß, die den Abrollmechanismus beim Gehen ergänzt. Im LISFRANCschen Gelenk zwischen Tarsus und Metatarsus (Amphiarthrosen) erfolgt die Verwringung des Mittelfußes.

Das Fußlängsgewölbe zwischen Ferse und Mittelfußköpfchen sowie das Fußquergewölbe dienen dem optimalen Auffangen der axialen Last. Unterstützend wirken hier ein straffer Bandapparat sowie ein ausgewogenes muskuläres Gleichgewicht. Sämtliche Gelenke der Großzehe und der Langzehen erlauben lediglich Scharnierbewegungen, die in die Endphase der Fußabrollung integriert werden.

Degenerative Veränderungen des oberen und der einzelnen Anteile des unteren Sprungelenkes sind fast immer posttraumatischer Genese (→ obere und untere Sprungelenksarthrose). Das Großzehengrundgelenk ist früher Manifestationsort einer Gichtarthritis, die Langzehengrund- und -mittelgelenke sind häufige Prädilektionsstellen einer → rheumatoiden Arthritis.

Diagnostik

Körperliche Untersuchung Globale Überprüfung der Gangabwicklung (Abrollvorgang des Fußes) im Schuhwerk und barfuß zu ebener Erde; Zehen- und Fersengang, Einnehmen des tiefen Hocksitzes mit Überstreckung im oberen Sprungelenk. *Inspektion:* Knöchelschwellung, Fehlstellung des Fußes (Knick-, Senk-, Spreiz-, Platt-, Hohl-, Klumpfuß), Fußsohlenbeschwielung (einseitige Minderung als Ausdruck einer Schonung, atypisch als Hinweis auf Fehlbelastung); Fußrückenödem, Konturvergrößerung des Großzehengrundgelenkes (z. B. beim Hallux rigidus), Langzehenschwellung (bei rheumatoider Arthritis), Zehenfehlstellung (Hallux valgus, Hammerzehen, Krallenzehen), Klavus, Mykose; livide Verfärbung bei arterieller Durchblutungsstörung? *Palpation/Funktion:* Druckdolenz der Kapselansatzpunkte medial, lateral und ventral; laterale Kapselbandinstabilität des OSG; Druckempfindlichkeit der plantaren Sehnenansätze am Kalkaneus oder der Mittelfußköpfchen; Beweglichkeit des oberen und unteren Sprungelenkes, des CHOPART- und LISFRANCschen Gelenkes sowie sämtlicher Zehengelenke (Kontrakturen?). Fußpulse. Überprüfung auf globale (z. B. im Falle einer Polyneuropathie) oder segmentale sensible Dysfunktionen.

Röntgen *Sprunggelenk in 2 Ebenen a. p. in 20–25° Innenrotation:* gelenkbildende Anteile. *Gehaltene Aufnahmen:* Nachweis einer Bandinstabilität. *Fuß in 2 Ebenen a. p. und seitlich oder a. p. und schräg:* Beurteilung des Fußgewölbes; Usuren, Erosionen? *Vorfuß in 2 Ebenen:* Beurteilung der Zehen. *Kalkaneus in 2 Ebenen:* Nachweis einer Fersenbeinfraktur bzw. -pseudarthrose oder eines Fersensporns.

Begutachtungskriterien

Stabilität Im Falle einer persistierenden lateralen Kapselbandinstabilität mit Beeinträchtigung des Gehens auf unebenem Gelände kommt als Alternative zu einem operativ-stabilisierenden Eingriff der Einsatz einer teilimmobilisierenden Orthese in Frage.

Beweglichkeit Eine leichte Beeinträchtigung der Dorsalextension im *oberen Sprungelenk* von 10° wird i. Allg. gut toleriert. Wird lediglich die Nullstellung erreicht, ist das Abrollen behindert, evtl. wird am Konfektionsschuhwerk eine spezielle Zurichtung erforderlich (bilaterale Absatzerhöhung, Schmetterlingsrolle). Außerdem ist dann das Einnehmen des tiefen Hocksitzes nur noch schwer möglich. 25–30° Flexion genügen meist für ein unauffälliges Gehen. Eine Funktionsstörung im *subtalaren Gelenk* führt zur Behinderung der Fußkantung und damit zu einer Beeinträchtigung beim Gehen auf unebenem Gelände. Eine Aufhebung der *Mittelfuß- und Vorfuß*verwringung im CHOPART- bzw. LISFRANC-Gelenk spielt keine wesentliche Rolle. Bei Tragen korrekten (Arbeits-)Schuhwerkes mit optimaler Fußbettung liegen keine nennenswerten Beeinträchtigungen der Belastbarkeit und Gehstrecke vor. Eine Streckbehinderung im *Großzehengrundgelenk* (Hallux rigidus) und auch in den *Langzehengrundgelenken* beeinträchtigt das Abrollen des Fußes in der letzten Gangphase. Eine Beugebehinderung ist zumeist irrelevant. Ebenso fallen Bewegungsstörungen der übrigen Zehengelenke funktional nicht ins Gewicht.

Muskulatur Eine gute Funktionalität der plantaren Muskelgruppen ist bei adäquater Schuhversorgung auch im Falle deutlicher Deformitäten sozialmedizinisch von untergeordneter Bedeutung.

Gelenkflächen Degenerative Veränderungen der Knorpelflächen im Bereich der Sprunggelenke sind meist traumatischer Genese; in Abhängigkeit vom klinischen Beschwerdebild sollte eine (teil)immobilisierende Orthesen- oder gar eine spezielle Schuhversorgung zur Verbesserung der axialen Belastbarkeit der Extremität versucht werden. Aufbrauchserscheinungen im Bereich der Zehengelenke sind meist degenerativer Natur; adäquate (Teil)Entlastung und Weichpolsterung durch Einlagenversorgung oder Schuhzurichtung sinnvoll.

Achsabweichungen im Sinne eines Pes varus bzw. valgus v. a. im Gefolge einer labilen Fußdeformität (Ausgleich durch spezielle Einlagen), seltener fixierte Kontraktur (z. B. beim Klumpfuß) mit der Notwendigkeit einer individuellen Schuhfertigung.

Reizzustände Arthralgische Reizzustände im Sprunggelenks- und Fußbereich (v. a. degenerativer Genese) gehen weniger mit einer synovialen Kapselschwellung einher als vielmehr mit typischen Belastungs- und Bewegungsschmerzen. Häufiger sind Metatarsalgien im Gefolge einer Fußdeformität mit Überlastungsproblematik der Kapsel-Bandansätze, auch Sehnenansatzirritationen am Tuber calcanei, am Ursprungspunkt des Lig. plantare longum am Kalkaneus sowie im Ansatzbereich des M. tibialis posterior, des M. tibialis anterior sowie der peronealen Muskeln; seltene tarsale Engpasssymptomatik im medialen Fußbereich.

Sozialmedizinische Beurteilung

Ähnlich wie bei der Hüft- und Kniegelenksregion spielen hier die Einzelkriterien wie axiale Belastbarkeit der Extremität, Sicherheit und Ökonomie des Gangablaufes, Standsicherheit, Gehstrecke sowie Kompensierbarkeit durch ein belastbares kontralaterales Bein (evtl. unter Einsatz einer Gehilfe und/oder Versorgung mit speziellem Schuhwerk) eine wesentliche Rolle.

Einzelne Krankheitsbilder

Die sozialmedizinische Beurteilung richtet sich nach den oben dargestellten Regeln. Besonderheiten sind bei den einzelnen Krankheitsbildern aufgeführt.

Arthrose des oberen/unteren Sprunggelenkes Degenerativer Aufbrauchsschaden des tibiotalaren, des subtalaren und/oder des CHOPART-Gelenkes. Meist posttraumatisch (fehlverheilte Knöchel-, Talus- oder Kalkaneusfrakturen), seltener Talusosteochondrose und Erkrankungen des rheumatischen Formenkreises. Beschwerden v. a. bei offenem Schuhwerk und beim Gehen auf instabiler Unterlage, Bewegungseinschränkung, Schwellneigung. Medikophysikalische Therapie; Tragen einer adäquaten Schuhzurichtung (z. B. Abrollhilfe, zurückgesetzte Ballenrolle, Pufferabsätze, Einlagenversorgung), evtl. Versorgung mit orthopädischem Schuhwerk. Bei Beschwerdepersistenz → Sprunggelenksarthrodese; auch relative Indikation zur Endoprothese des oberen Sprunggelenkes.

Tragen leidensgerechten (Arbeits-)Schuhwerkes. Keine längerdauernden Arbeiten in ausschließlich gehender und/oder stehender Körperhaltung, keine häufigen Tätigkeiten im Hocksitz, kein Gehen auf unebenem Gelände, kein Besteigen von Leitern und Gerüsten. Gehstrecke bei ausgeprägten Veränderungen evtl. beeinträchtigt (Handstock). Wichtig ist die Kompensationsfähigkeit einer gut belastbaren kontralateralen Extremität. In den meisten Fällen können leichte bis gelegentlich mittelschwere Tätigkeiten mit der Möglichkeit des häufigeren Einnehmens einer sitzenden Arbeitshaltung über sechs Stunden verrichtet werden.

Persistierende laterale Kapsel-/Bandinstabilität des oberen Sprungelenkes Angeborene Laxität oder posttraumatische Insuffizienz des äußeren Kapselbandapparates im Bereich des oberen Sprunggelenkes. Daraus resultieren Gang- und Standunsicherheit, eine Neigung zur „habituellen Distorsion" mit häufigem Umknicken im Supinationssinne und nicht selten lokale belastungsabhängige Schmerzen und Schwellungen. Exakte Diagnose durch gehaltene Röntgenaufnahmen.

Zur Vorbeugung eines Umknicktraumas Tragen von stabilem Schuhwerk evtl. mit Sohlenaußenranderhöhung (etwa 5 mm). Tragen einer externen stabilisierenden Orthese. Bei persistierendem, subjektiv beeinträchtigendem Unsicherheitsgefühl operative stabilisierende Bandplastik indiziert. Kein Gehen auf unebenem Gelände, kein Besteigen von Leitern und Gerüsten. Kein ausschließliches Stehen und Gehen. Die Gehstrecke ist bei Tragen adäquaten Schuhwerkes i. Allg. nicht beeinträchtigt.

Senkfuß, Spreizfuß, Plattfuß, Hohlfuß Angeborene oder erworbene Fußdeformitäten mit Abflachung bzw. Aufhebung des Längs- und/oder Quergewölbes bzw. mit einem übersteigerten Längsgewölbe. Bei monotoner länger dauernder axialer Belastung (Übergewicht) metatarsalgische Beschwerdebilder. Versorgung des (Arbeits)Schuhwerkes mit individuell nach Abdruck gefertigten Einlagen. Berufliche Tätigkeiten ohne ständiges monotones Gehen oder Stehen. Die Gehstrecke ist nicht beeinträchtigt.

Spitzfuß Perstisierende Fehlstellung im oberen Sprunggelenk mit Unmöglichkeit der aktiven Dorsalextension. Bei *schlaffem Spitzfuß* z. B. als Folge einer Wurzelschädigung S1 oder einer peripheren Peronaeusläsion genügt i. d. R. das Tragen einer Fußheberorthese (Peronaeusfeder). Bei *kontraktem Spitzfuß* etwa infolge einer kongenitalen Fußdeformität sind spezielle orthopädische Schuhzurichtungen erforderlich (Absatzerhöhung bds., Innenschuh u. a.). Relative Indikation zur operativen Korrektur durch Sehnentransposition, Verlängerung der Achillessehne, knöcherne Fußwurzelkorrektur.

Das Tragen korrekten (Arbeits)Schuhwerkes bzw. einer unterstützenden Orthese ist erforderlich. Behinderung bei überwiegend stehenden und gehenden Tätigkeiten, auch bei Arbeiten in Hock- oder Bückstellung; kein Arbeiten auf unebenem Gelände, Leitern oder Gerüsten. Gehstrecke nur in Einzelfällen deutlicher beeinträchtigt. → Sprunggelenksarthrose.

Klumpfuß Kombinierte kongenitale Fußdeformität im Sinne eines Pes equinovarus (Fehlstellung im Spitz- und O-Fuß) mit gleichzeitiger Vorfußadduktion sowie fakultativem Hohlfuß. Zusätzlich besteht eine Insuffizienz der Peronealmuskulatur (Klumpfußwade). Konservative manuelle Redression im Säuglingsalter. Oft sind operative Korrekturen der kontrakten Weichteile unumgänglich. Bei Persistenz einer deutlichen Fehlstellung knöcherne Korrektur nach Wachstumsabschluss (untere Sprunggelenksarthrodese). In der Regel verbleibt eine Fußfehlform, evtl. mit Belastungsschmerzhaftigkeit und Beeinträchtigung der Gangabwicklung. Lebenslanges konsequentes Tragen von Schuhen mit gutem Fußbett (optimalerweise individuell gefertigt), in Einzelfällen auch von orthopädischen Schuhen erforderlich.

Das Tragen korrekten (Arbeits-)Schuhwerkes ist unerlässlich. Gehstrecke in Einzelfällen beeinträchtigt. → Sprunggelenksarthrose, → Spitzfuß.

Kongenitaler Plattfuß (Talus verticalis) Seltene kongenitale Störung mit angeborener Fehlstellung des Talus, Verkürzung der Achillessehne sowie Fehlfunktion der Peronealmuskulatur. Kontrakter Rückfuß-Valgus, Vorfußadduktion, abgeflachtes Fußgewölbe evtl. mit konvexer Fußsohle (sog. Schaukel- bzw. Tintenlöscherfuß). Frühe konservative redressierende Maßnahmen. Bei sehr kontrakter Situation operative Reposition im Alter von 4–6 Monaten. Es verbleibt immer eine deutliche anatomische Störung des Fußes; unter diesem Gesichtspunkt Schuhversorgung mit optimaler Fußbettung, in Einzelfällen sogar orthopädisches Schuhwerk erforderlich.

In aller Regel resultieren bleibende qualitative Einschränkungen nur bezüglich Tätigkeiten mit ausschließlicher Geh- und Stehbelastung sowie für Arbeiten auf unebenem Gelände.

Fersensporn Verknöcherung des Achillessehnen-Ansatzpunktes am Fersenbein (*dorsaler F.*) bzw. des Ursprungspunktes des Lig. plantare longum am Fersenbein (*plantarer F.*). Bei langem Stehen lokale Reizzustände mit Belastungsschmerz. Ein radiologisch auffälliger Befund ist nicht immer klinisch relevant. Versorgung des Schuhwerkes mit dorsaler Weichpolsterung bzw. mit weicher Einlage und individueller lokaler Hohlbettung. Lokale Kristallkortikoidinfiltration bei hartnäckig persistierenden lokalen Beschwerden. In Ausnahmefällen ist eine operative Intervention indiziert.

Korrekte Fußbettung im Arbeitsschuhwerk. Berufliche Tätigkeit ohne mehrstündiges monotones Stehen und/oder Gehen. Gehstrecke i. Allg. nicht beeinträchtigt.

Morbus LEDDERHOSE Sehr selten auftretende, dann oft progredient in Schüben verlaufende lokale Verschwielung der Plantaraponeurose mit lokale Belastungsschmerzen. Versorgung des Schuhwerkes mit weicher (Korkleder)Einlage mit individueller Hohlbettung des betroffenen Bereiches. Eine operative Entfernung der Gewebeverhärtung ist bei Beschwerdepersistenz sinnvoll.

Korrekte Fußbettung im Arbeitsschuhwerk. Berufliche Tätigkeit ohne mehrstündiges monotones Stehen und/oder Gehen. Gehstrecke i. Allg. nicht beeinträchtigt.

Hallux rigidus, Hallux valgus, Hammer- und Krallenzehen Degenerativer Aufbrauch, evtl. mit X-Fehlstellung im Bereich des Großzehengrundgelenkes. Spreizfußbedingte Kontrakturstellung der Langzehengelenke. Häufige „Schuhkonflikte" mit Druckstellen über dem lateralen und dorsalen ersten Mittelfußköpfchen, dorsaler Clavus über dem Langzehenmittelgelenk. Tragen breiter Schuhe mit gut gearbeitetem Fußbett, evtl. durchgehende weiche Einlagen, Abrollhilfe. Bei Beschwerdepersistenz operative Sanierung, z. B. Resektionsarthroplastik I nach BRANDES, Korrekturosteotomie MFK I, HOHMANNsche Resektionsarthroplastik Langzehenmittelgelenk u. a. m.

Die korrekte Fußbettung im Arbeitsschuhwerk ist zu beachten. Der Verlust der Dorsalextension im Großzehengrundgelenk behindert bei jedem Schritt. Auch eine Beeinträchtigung der Streckung in den Langzehengrundgelenken führt zu einer deutlichen Behinderung der Fußabrollung und damit zu einer Einschränkung der Gehfähigkeit. Ein Funktionsverlust des Großzehenendgelenkes sowie der Langzehenmittel- und -endgelenke ist ohne wesentliche sozialmedizinische Relevanz.

Sprunggelenksdistorsion Traumatisches Umknicken im oberen Sprunggelenk im Supinationssinne. Lokale Schwellung und Druckdolenz des lateralen Kapselbandapparates, Supinations- und Plantarflexionsschmerz ohne Instabilität. Frühzeitige lokale Kryotherapie, Fußhochlagerung, evtl. temporäre Immobilisation und Schonung. Dauer der Arbeitsunfähigkeit etwa 7–10 Tage.

Bleibende Beeinträchtigungen sind nicht zu erwarten. Bei persistierenden lokalen Beschwerden ist evtl. eine temporäre Schuhaußenranderhöhung hilfreich.

Außenbandruptur des Sprunggelenkes Einriss des Lig. fibulotalare anterius und/oder des Lig. fibulocalcaneare im Zuge eines Supinations- oder Adduktionstraumas. Schwellung und Hämatombildung unterhalb und vor dem Außenknöchel, lokale Druckdolenz, Supinations- und Plantarflexionsschmerz, klinisch und radiologisch durch gehaltene Aufnahmen nachweisbare vermehrte laterale Aufklappbarkeit bzw. übersteigerte ventrale Talusverschieblichkeit. Temporäre Ruhigstellung im Schienenverband in Pronationsstellung, nach Abschwellen Zinkleimverband oder Tape-Verband, lokale Kryotherapie, lokale und systemische Antiphlogese, Fußhochlagerung, evtl. bei eingeschränkter Belastbarkeit Thromboseprophylaxe. Operation heutzutage nur noch in wenigen Einzelfällen mit erheblicher Schädigung. Arbeitsunfähigkeit im Falle eines Sitzberufes 2–4 Wochen, bei vornehmlich gehender und stehender Körperhaltung 4–6 Wochen. Dann ist i. Allg. bei evtl. noch angelegter orthetischer Schienung eine ausreichende Belastbarkeit möglich. Bei bleibender Bandinsuffizienz ist eine sekundäre Bandplastik zu überlegen.

Im Falle einer bandstabilen Ausheilung keine bleibende Beeinträchtigung. Evtl. vorübergehende geringe Schuhaußenranderhöhung (0,5 cm) bzw. Einsatz einer sprunggelenksstabilisierenden Orthese (Knöchelsocke). Nur in Ausnahmefällen bleibende qualitative Beeinträchtigungen, z. B. bei persistierender Instabilität mit Umknickneigung; dann Probleme beim Gehen auf unebenem Gelände sowie beim Heben und Tragen schwerer Lasten über längere Strecken.

Folgen von Frakturen

Knöchelfrakturen vom Typ WEBER A werden konservativ, solche vom Typ WEBER B oder C (Schädigung der Syndesmose) operativ behandelt. *Innenknöchelfrakturen* werden rotationsstabil mit Draht- oder Schrauben versorgt. Postoperative Entlastung sechs Wochen, weitere 3–6 Wochen Arbeitsunfähigkeit. Rehabilitation nicht erfoderlich. In Einzelfällen verbleibt eine leichte Extensions- und/oder Flexionsbehinderung. Sekundärarthrosen sind bei korrekter Operation eher selten.

Talus- oder Kalkaneusfrakturen führen selbst nach guter operativer Rekonstruktion zu oft erheblichen Funktionseinschränkungen mit unweigerlichem Auftreten einer Sekundärarthrose des unteren Sprunggelenkes und hierfür typischen belastungsabhängigen Beschwerden, die mit einer orthopädischen Schuhzurichtung gebessert werden können.

Mittelfußfrakturen zeigen unter konservativer Therapie (meist temporäre Gipsruhigstellung) eine gute Ausheilungstendenz. Schmerzbilder unter Belastung bei verbliebener Fehlstellung können meist durch eine Einlage mit individueller Fußbettung deutlich reduziert werden.

Großzehengrundgliedfrakturen werden im temporären Unterschenkel-Gipsverband für sechs Wochen ruhiggestellt. In der Regel keine bleibenden Folgen.

Langzehenfrakturen und Großzehenendgliedfrakturen werden für etwa 4–6 Wochen in einem Pflasterzügelverband temporär immobilisiert. Arbeitsunfähigkeit bei Berufen mit sitzender Körperhaltung 3–4 Wochen, sonst 6–8 Wochen. Nur in Ausnahmefällen verbleiben subjektiv beeinträchtigende Störungen.

Folgen operativer Eingriffe

Endoprothese des oberen Sprunggelenkes Ersatz des tibiotalaren Gelenkes mit zementfreier, teilzementierter oder vollzementierter Oberflächen-Scharnierendoprothese. Postoperative Rehabilitation i. Allg. über mindestens 12 Wochen: operierende Klinik etwa 2 Wochen; stationäre oder teilstationäre Nachsorge in einer AHB-Klink für 3–5 Wochen, dann ambulante Weiterbetreuung. Arbeitsfähigkeit unabhängig von der Art der implantierten Endoprothese im Regelfall nach etwa 3–4 postoperativen Monaten anzunehmen.

In aller Regel können leichte bis gelegentlich mittelschwere körperliche Tätigkeiten wieder über sechs Stunden verrichtet werden. Überwiegend sitzende Körperhaltung, kein langes Stehen oder Gehen, kein Gehen auf unebenem Gelände, kein Besteigen von Leitern und Gerüsten, kein häufiges Begehen von Treppen, kein Arbeiten in Hock- oder Bückstellung.

Arthrodese des oberen Sprunggelenkes Versteifung des tibiotalaren Gelenkes, bei Männern in neutraler Nullstellung, bei Frauen oft in geringer Spitzfußstellung zum Tragen von Schuhen mit leichtem Absatz. Knöcherne Ausheilung nach stabiler Osteosynthese in etwa 12 Wochen. Rehabilitation i. Allg. nicht erforderlich. Bei geglücktem Eingriff resultiert ein gut und schmerzfrei belastbares Bein. Wegen des Verlustes der Plantarflexion und Dorsalextension des Fußes bei erhaltener Fußkantung und Vorfußverwringung ist die Versorgung der Konfektionsschuhe mit einer Abrollhilfe sinnvoll.

Adäquates (Arbeits-)Schuhwerk. Keine Arbeiten in Hock- oder Bückstellung, auf unebener Fläche oder auf Leitern und Gerüsten. Behinderung beim Treppauf- und Treppabsteigen. Die muskuläre Wadenpumpe ist weniger effizient, daher ist wegen Ödemneigung ein gelegentliches Hochlagern des Unterschenkels nötig. Gehstrecken von 1.000 m und mehr sind meist problemlos zu bewältigen.

Arthrodese des unteren Sprunggelenkes Versteifung des subtalaren Gelenkes, evtl. auch des CHOPART-Gelenkes in Neutralstellung, nicht selten mit gleichzeitiger korrigierender Fußwurzelosteotomie. Knöcherne Ausheilung bei stabiler Osteosynthese nach 12–16 Wochen. Rehabilitation im allgemeinen nicht erforderlich. Bei geglückter Operation resultiert ein gut und schmerzfrei belastbares Bein. Es verbleibt ein Verlust der Fußkantungsbewegungen, evtl. auch der Vorfußverwringung bei erhaltener Plantarflexion und Dorsalextension im oberen Sprunggelenk. In aller Regel reichen Konfektionsschuhe mit individuellem Fußbett aus. Nur in Einzelfällen ist die Versorgung mit orthopädischem Schuhwerk zwingend erforderlich.

Adäquates (Arbeits-)Schuhwerk. Keine Arbeiten auf unebener Fläche oder auf Leitern und Gerüsten, Behinderung beim Treppauf- und Treppabsteigen, die Gehstrecke ist im Regelfall nicht beeinträchtigt.

Korrektureingriffe im Bereich des Vorfußes Bei *Hallux valgus* Resektions(interpositions)arthroplastik (KELLER/BRANDES) oder MFK-I-Osteotomie; bei *Hallux rigidus* Arthrodese oder Endoprothese des Großzehengrundgelenkes bzw. Resektionsarthroplastik; bei *dekompensiertem Spreizfuß* mit schweren rezidivierenden Metatarsalgien Mittelfußosteotomien nach HELAL; bei *Krallen-/Hammerzehen* Resektionsarthroplastik (HOHMANN); bei *Langzehengrundgelenksdestruktionen* (v. a. bei rheumatoider Arthritis) MFK-Köpfchenresektion. Auch nach abgeschlossener Wundheilung verbleibt oft über einen Zeitraum von 3–4 Monaten eine hartnäckige lokale Schwellneigung mit Belastungsbeschwerden. Volle axiale Belastung (teilweise im vorfußentlastenden Spezialschuh) ist i. d. R. nach sechs Wochen möglich, freies Gehen nicht selten erst ab der 12. postoperativen Woche.

Für etwa 3–6 Monate postoperativ sollte keine ausschließlich sitzende Tätigkeit ohne die Möglichkeit der Fußhochlagerung bzw. einer kurzfristigen Geh- und Stehbelastung (Einsatz der Wadenpumpe) verrichtet werden. Ab dem 6. Monat verbleiben im Falle eines geglückten Eingriffes i. Allg. keine schwerwiegenden Leistungsbeeinträchtigungen.

Folgen von Amputationen

Fußamputation Angestrebt wird die optimale Endbelastungfähigkeit bei erhaltenen Fersenweichteilen; z. B. beim PIROGOFF-Stumpf, bei dem das Fersenbein mit belastungsfähigem Fersenpolster unter die distale Tibia eingestellt wird. Versorgung mit orthopädischem Innenschuh. Nicht selten resultieren deutlichere Beeinträchtigungen durch Weichteilprobleme und muskuläre Imbalancen.

Mittelfußamputation Amputationslinie bevorzugt im Bereich der CHOPARTschen bzw. LISFRANCschen Gelenklinie. In der Regel erlaubt eine gute orthopädische Schuhversorgung ein sicheres, unterstützungsfreies Gehen.

Zehenamputation Mit adäquatem Schuhwerk resultiert aus einem Großzehenverlust allenfalls eine geringe, aus einem (kompletten) Langzehenverlust meist keine wesentliche funktionelle Beeinträchtigung. Das Leistungsvermögen wird häufig durch die ursächliche bzw. begleitende internistische Störung wie z. B. Diabetes mellitus oder arterielle Verschlusskrankheit limitiert.

7.5 Kombinationsschäden und Systemerkrankungen

Zahlreiche Krankheitsbilder des Halte- und Bewegungssystems sind nicht auf eine einzelne Körperregion beschränkt. Sie manifestieren sich an mehreren Gelenken (Polyarthrose), an Sehnen und Muskulatur (Tendomyosen), diffus (Osteoporose, Osteomalazie) oder polytop (Erkrankungen des rheumatischen Formenkreises, Metastasen) am Skelett; einige sind typisch für bestimmte Lebensphasen (aseptische Knochennekrosen, Skelettmissbildungen).

7.5.1 Allgemeines

Die Begutachtung dieser Kombinationsschäden und Systemerkrankungen richtet sich wie immer nach Art und Lokalisation der Funktionsstörungen, welche sich hier oft zu vielgestaltigen und komplexen Beschwerdebildern kombinieren. Die sozialmedizinische Beurteilung muss diese Details berücksichtigen, sie umfasst aber mehr als die Kumulation von Einzelheiten.

Diagnostik

Körperliche Untersuchung Habitus, globale Körperhaltung (Haltungsschwäche, Haltungsfehler); Gang- und Standvarianten; evtl. Erfassung eines typischen Befallsmusters. Detaillierte Untersuchung der

Stabilität und Funktionalität der oberen Extremitäten, der Wirbelsäule sowie der unteren Extremitäten (s. o.).

Röntgen in Abhängigkeit vom subjektiven Beschwerdebild sowie von der klinischen Situation (s. o.); evtl. in Einzelfällen zusätzlich *Wirbelsäulenganzaufnahme a. p.* und *seitlich im Stehen, Beinganzaufnahmen a. p. im Stehen*.

Szintigraphie zur Erfassung des Befallsmuster einer entzündlich rheumatischen Erkrankung oder bei V. a. auf Metastasierung sinnvoll.

Begutachtungskriterien

Lokale Funktion Die Untersuchung und Beurteilung einzelner Gelenke bzw. Wirbelsäulenabschnitte richtet sich nach den Ausführungen der Abschnitte 7.1 bis 7.4. Noch bedeutungsvoller sind bei diesen Krankheitsbildern die Erfassung von Ausweichbewegungen im Falle einer persistierenden Störung sowie Art und Umfang kompensatorischer Funktionsabläufe.

Regionale Funktion Globalfunktionen eines ganzen Armes oder Beines bzw. der Wirbelsäule als Ganzes ohne detaillierte Berücksichtigung der einzelnen Gelenke.

Gesamtfunktion Sind gleichzeitig mehrere Extremitäten und/oder Wirbelsäulenabschnitte in ihrer Funktion beeinträchtigt, so resultiert im Allgemeinen neben einer qualitativen Beeinträchtigung auch eine zeitlich limitierte Belastbarkeit des betroffenen Patienten.

Zeitlicher Verlauf Sowohl der Spontanverlauf einer Erkrankung als auch der Zeitbedarf und die Begleiterscheinungen der akutmedizinischen Therapie bzw. der medizinischen und beruflichen Rehabilitation spielen für die Begutachtung eine bedeutsame Rolle (z. B. medikamentöse Dauertherapie, schubweiser Verlauf, stetige chronische Progredienz).

Schmerzzustände Vor allem multilokuläre Affektionen degenerativer und/oder entzündlicher Veränderungen schränken das Leistungsvermögen nicht nur qualitativ, sondern auch quantitativ deutlich ein. Nicht selten besteht im Falle sozialer Probleme und auch bei längerem Krankheitsverlauf eine nicht unerhebliche psychogene Überlagerung oder Einfärbung, die dem orthopädischen Gutachter eine Objektivierung der tatsächlichen, morphologisch fassbaren Störungen erschwert.

Kompensationsmechanismen Leidensgerechter, ergonomisch ausgerüsteter Arbeitsplatz, adäquate Hilfsmittelversorgung; stressfreie Umgebung mit evtl. häufigeren Arbeitspausen u. a. m.

Sozialmedizinische Beurteilung

Bei degenerativen Erkrankungen der Wirbelsäule und/oder der Extremitätengelenke spielen für die Beurteilung des körperlichen Leistungsvermögens einerseits die Gesamtmobilität des Patienten die wesentliche Rolle, andererseits das klinische Bewegungsspiel der jeweils betroffenen Körperregion, die Möglichkeit der muskulären Kraftentfaltung, das Auftreten überlastungs- bzw. fehlbelastungsbedingter Irritationen von Gelenkbinnenanteilen oder periartikulären Strukturen sowie das tatsächliche Ausmaß der bestehenden regressiven Aufbrauchserscheinungen. Zu beachten ist, dass unter Ausnutzung milder konservativer Behandlungsstrategien zwar viele dieser Erkrankungen in der bildgebenden Diagnostik teilweise beeindruckende morphologische Veränderungen zeitigen, letztendlich jedoch bei Vermeidung spezieller kinetischer und/oder statischer Belastungen der betroffenen Körperregion oft ein kompensierter (klinisch stummer oder symptomarmer) Zustand erreicht werden kann. Die adäquate Anpassung der Arbeitstätigkeit einerseits, des Arbeitsplatzes bzw. seiner Umgebung andererseits im Hinblick auf persistierende Beeinträchtigungen sind bei allen den Haltungs- und Bewegungsapparat global betreffenden Erkrankungen von essentieller sozialmedizinischer Bedeutung, wobei mögliche Kompensationsmechanismen z. B. durch eine weniger stark geschädigte kontralaterale Extremität unter gutachterlichen Gesichtspunkten ebenfalls beachtet werden müssen.

Kombinationsschäden und Systemerkrankungen der Haltungs- und Bewegungsorgane zeigen in vielen Fällen einen periodenhaften Verlauf, nicht selten auch eine deutliche Progression der krankmachenden Veränderungen. In diesem Zusammenhang sollte u. U. die häufigere Durchführung rehabilitativer Maßnahmen unter ambulanten oder stationären Bedingungen zum Erhalt der Leistungsfähigkeit und zur Vermeidung einer vorzeitigen Erwerbsunfähigkeit überlegt werden, wobei hier durchaus öfter auch die üblichen Wartezeiten von 4 Jahren unterschritten werden können.

7.5.2 Polyarthrose

Viel häufiger als die entzündlich-rheumatischen Erkrankungen (vgl. Kapitel 8 auf Seite 209 ff.) sind mit zunehmendem Lebensalter die nicht entzündlichen *degenerativen Veränderungen* der Wirbelsäule und Extremitätengelenke. In der allgemein- und fachärztlichen Praxis stellen sie die zweithäufigste Ursache für eine Behandlung und für die Attestierung von Arbeitsunfähigkeit dar; sie sind auch die häufigste Begründung für einen Antrag auf Leistungen zur Teilhabe oder auf eine Erwerbsminderungsrente.

Diagnostik

Klinische Untersuchung Zunächst globale Erfassung des Befallsmusters; anschließend detaillierte Befunderhebung der einzelnen Körpergelenke (Stabilität, Funktionalität, Binnenreizzustände, u. a.; s. o.).

Röntgen Erfassung der morphologischen Situation v. a. des Hand- bzw. auch des Fußskeletts (s. o.); hier ist das Ausmaß der tatsächlich nachweisbaren Veränderungen nicht zwingend mit einem entsprechendem Krankheitswert gleichzusetzen.

Szintigraphie Im Rahmen der Begutachtung in aller Regel entbehrlich (da keine entzündliche Affektion anzunehmen).

1. Primäre Störungen
   a) dispositionelle individuelle biologische Fehlanlage des Gelenkknorpels (minderwertig belastbares Gewebe aufgrund genetischer Faktoren; z. B. idiopathische Störungen, Chondrodystrophien u. a.)
   b) im Wirbelsäulenbereich Degeneration der Zwischenwirbelscheiben mit nachfolgender Protrusion bzw. Prolaps

2. Sekundäre Störungen
   a) kongenitale isolierte oder kombinierte Fehlanlage mit sekundärer Fehlbelastung und Instabilität (z. B. Gelenkdysplasien)
   b) kindliche oder juvenile Wachstumsstörungen (→ Morbus PERTHES, → Epiphyseolyse des Femurkopfes u. a. m.)
   c) posttraumatische Störungen nach Verletzung von nur unvollständig reparablen Binnenstrukturen (Gelenkknorpel, stabilisierender Bandapparat, Meniskusstrukturen)
   d) Folgen entzündlich-bakterieller Gelenkprozesse mit nachfolgender meist schwerer Knorpeldestruktion
   e) metabolische Störungen (z. B. Hyperurikämie, Chondrokalzinose, Ochronose)
   f) endokrine Stoffwechselstörungen (z. B. Hyperparathyreoidismus, Hypothyreose, Diabetes mellitus)
   g) Hämophilien mit Neigung zu rezidivierenden Gelenkbinnenblutungen

Tab. 7.8: Ätiologische Faktoren für die Ausbildung globaler degenerativer Gelenkveränderungen

Begutachtungskriterien

Aufgrund der teilweise deutlichen Komplexität der Krankheitsbilder wird nicht selten eine aufwändige klinische Bewertung der globalen (Rest)Funktionen erforderlich, bevor dann detailliert auf die symptomführenden Krankheitsstörungen eingegangen werden muss (s. o.).

7.5 Kombinationsschäden und Systemerkrankungen

Betroffene Gelenke	Gelenktoilette	Resektions-arthroplastik	Allo-arthroplastik	Arthrodese
Schultergelenk	++	(+)	++	+
Akromioklavikulargelenk	+	+++	–	–
Sternoklavikulargelenk	+	+++	–	–
Ellenbogengelenk	++	(+)	++	+
Handgelenk	(+)	(+)	(+)	++
Daumengelenke	++	++	+	++
Langfingergrundgelenke	++	+	+	-
Langfingermittelgelenke	++	–	+	++
Langfingerendgelenke	+	–	–	++
Hüftgelenk	(+)	(+)	+++	(+)
Kniegelenk	+++	–	+++	(+)
Femoropatellargelenk	+	(+)	++	–
oberes Sprunggelenk	+	–	+	++
unteres Sprunggelenk	(+)	–	–	++
Großzehengrundgelenk	(+)	+++	(+)	+
Langzehengrundgelenke	(+)	+++	–	–
Langzehenmittelgelenke	–	++	–	++
Langzehenendgelenke	–	–	–	++

Zeichenerklärung: +++ sehr gute Erfolgsaussicht, Therapie der Wahl, ++ gute Erfolgsaussicht, + im Einzelfall sinnvoll, (+) unsichere Erfolgsaussicht, – wenig sinnvoll

Tab. 7.9: Operative Differenzialtherapie und ihre Erfolgsaussichten bei Affektionen unterschiedlicher Körpergelenke

Sozialmedizinische Beurteilung

Primär regressive Veränderungen des mesenchymalen Gewebes ohne echte Entzündungszeichen; konsekutive reaktive und reparative Prozesse der betroffenen Gelenkbinnenstrukturen bzw. der periartikulären Weichteile. Begünstigende Faktoren siehe Tabelle 7.8 auf der vorherigen Seite.

Bei Auftreten regressiver Veränderungen unweigerliche Tendenz zur Progression, vor allem unter weiterer kinetischer oder statischer Belastung der betroffenen Körperregion mit sekundärer Ausbildung reparativer Umbauvorgänge (knöcherne Ausziehungen der Gelenkumschlagfalten im Sinne von Osteophyten; Fibrosierungen der periartikulären Strukturen mit Funktionseinschränkung u. a. m.). Typischer Anlaufschmerz (arthrotischer Startschmerz) nach längerer Einnahme einer ruhenden Körperhaltung; lokale Reizzustände mit periartikulärer Schwellung, Begünstigung muskulärer Dysfunktionen mit Verspannungen und Schmerzbildern, zunehmende Bewegungseinschränkung, Deformitäten und Instabilitäten. Labordiagnostik allenfalls bei akzentuierten Reizzuständen mit geringen Auffälligkeiten. Radiologisch auffällige Befunde gehen nicht zwingend einher mit einer tatsächlichen subjektiven klinischen Störung; oft bestehen, vor allem bei Vermeidung von Fehlbelastungen, kompensierte Zustandsbilder. Konservative Behandlungspalette (medikamentös, physikalisch, krankengymnastisch, balneologisch, orthetisch) sinnvoll; operative Behandlungsmaßnahmen im Frühstadium bei gegebener Fehlbelastung eines Gelenkes zur Verbesserung der Lastverteilung (Korrektur präarthrotischer Deformitäten); im Falle fortgeschrittener Veränderungen gelenkerhaltende Maßnahmen (z. B. Lavage, Gelenktoilette, Resektionsarthroplastiken), gelenkstabilisierende Maßnahmen (z. B. Arthrodese) bzw. künstlicher Gelenkersatz (siehe Tabelle 7.9).

Um das 40. Lebensjahr werden zumindest röntgenmorphologisch bei mehr als der Hälfte der Bevölkerung typische degenerative Aufbrauchserscheinungen einzelner oder mehrerer Körpergelenke und auch der Wirbelsäule (HWS, BWS, LWS) vorgefunden; ab dem 65. Lebensjahr ist praktisch jeder Mensch betroffen. Die individuelle Beurteilung des körperlichen Restleistungsvermögens erfolgt vor allem unter Würdigung der klinischen Situation differenziert für die jeweilige Körperregion, wobei eine Bilateralität bzw. ein gleichzeitiges Betroffensein von Wirbelsäule und unteren Extremitäten zu erheblichen qualitativen und eventuell auch quantitativen Beeinträchtigungen des körperlichen Restleistungsvermögens Anlass geben kann. So sind zum Beispiel bei einer schweren Wirbelsäulenaffektion mit Instabilität keine längerdauernden sitzenden Tätigkeiten mehr möglich; bestehen gleichzeitig erhebliche Veränderungen der Hüft- und Kniegelenke mit Begrenzung einer stehenden und gehenden Arbeitshaltung, so ist u. U. nicht mehr von einer zeitlich uneingeschränkten Leistungsfähigkeit auf dem allgemeinen Arbeitsmarkt auszugehen.

Zu vermeiden sind jeweils spezielle gelenkbelastende Bewegungsmuster, wobei sowohl einseitige uniforme statische Belastungen als auch monotone Bewegungsabläufe (vor allem bei gleichzeitiger Lastaufnahme) nur noch begrenzt möglich sind.

→ Omarthrose (7.3.2), → Ellenbogengelenksarthrose (7.3.3), → Handgelenksarthrose (7.3.4), → Polyarthrose der Hände (7.3.4), → Koxarthrose (7.4.2), → Gonarthrose (7.4.3), → obere und untere Sprunggelenksarthrose (7.4.4), → degenerative Wirbelsäulenveränderungen (7.2).

7.5.3 Tendomyosen

Generalisierte Tendomyosen treten bei etwa 3 % der Bevölkerung auf. Ganz überwiegend (> 90 %) sind davon Frauen betroffen.

Diagnostik

Klinische Untersuchung Detaillierte palpatorische Befunderhebung (evtl. in unterschiedlicher Reihenfolge der einzelnen Untersuchungsgänge unter Setzung von Markierungspunkten) erforderlich (tender points, Triggerpunkte, Kontrollpunkte mit jeweils definierter Druckbelastung; s. u.). Bewertung der Schwingungsfähigkeit und der Stimmungslage; Erfragen von life events in der Anamnese (Schicksalsschlag, Ehescheidung, Verlust des Arbeitsplatzes, Mobbing u. a.).

Röntgen Meist wenig aufschlussreich; Ausschluss degenerativer Gelenkveränderungen, von Fibroostosen sowie von periartikulären Affektionen erforderlich.

Sonographie Ausschluss degenerativer perartikulärer Weichteilprozesse (z. B. im Bereich des Schultergelenkes).

Szintigraphie Im Allgemeinen wenig aussagekräftig.

Labordiagnostik Ausschluss entzündlicher (rheumatischer) Affektionen.

Begutachtungskriterien

Da bei diesen globalen Störungen klinisch tatsächlich fassbare Funktionsdefizite nur selten vorliegen, in aller Regel auch radiologische und laborserologische Auffälligkeiten fehlen, sollte der orthopädische Gutachter lediglich die aktuelle Situation unter Würdigung der Situation der Haltungs- und Bewegungsorgane beurteilen und auf die Notwendigkeit einer neurologisch-psychiatrischen Zusatzbegutachtung verweisen (psychogene Überlagerung, Aggravation, Schmerzverarbeitungsstörung?).

Sozialmedizinische Beurteilung

Unter orthopädischen Gesichtspunkten ist bei derartigen, klinisch nur schwer fassbaren Störungen in aller Regel von einem zeitlich uneingeschränkten Leistungsvermögen auf dem allgemeinen Arbeitsmarkt für leichte körperliche Tätigkeiten auszugehen; mittelschwere Arbeitsabläufe, Tätigkeiten mit kinetischen Kraftspitzen, mit vermehrten Halteleistungen, monotone Bewegungsabläufe, Arbeiten unter Stress bzw. unter Kälte-, Nässe- und Zuglufteinfluss sind weitgehend auszuschließen. Eine wesentliche Beeinträchtigung der Gehstrecke liegt i. Allg. nicht vor.

Fibromyalgie(-Syndrom)

Synonyme: generalisierte Tendomyopathie (GTM), Fibrositis-Syndrom. Anhaltende sensomotorische Schmerzstörung bisher ungeklärter Genese (primäre Form) mit tpischerweise herabgesetzter Schmerzschwelle (somatoforme Schmerzverarbeitungsstörung); vgl. hierzu ausführlicher den Abschnitt 25.7.1 auf Seite 594 ff. Muskuloskeletale Beschwerdebilder unterschiedlicher Stärke über einen Zeitraum von mehr als drei Monaten. Lokalisation vor allem stammnah, aber auch periartikulär im periostalen Sehneneinstrahlungsgebiet großer Gelenke charakteristisch.

Eine stationäre Rehabilitation mit psychosomatischer Mitbehandlung über 4–6 Wochen ist zur Strukturierung der häufig polypragmatischen ambulanten Behandlung oft sinnvoll.

Myofasziale Schmerzsyndrome

Synonym: (extraartikulärer) Weichteilrheumatismus. Klinisch noch weniger exakt definiert. Globale, polytope chronische Myalgie mit diffusen druckdolenten Triggerpunkten sowie negativen Kontrollpunkten; ebenfalls erhebliche psychovegetative Begleitstörungen (s. o.).

Die Attestierung einer Erwerbsminderung ist bei diesen Krankheitsbildern kontraproduktiv und führt eher zu einem Krankheitsgewinn mit weiterer psychischer Fixierung. In der Regel können leichte körperliche Tätigkeiten mit gleichmäßigen Bewegungsabläufen ohne kinetische Kraftspitzen über sechsstündig verrichtet werden; monotone Bewegungsabläufe, Akkordarbeiten, Stress und körperliche Zwangshaltungen sollten vermieden werden; keine Tätigkeiten mit Heben, Tragen und Bewegen von Lastgewichten von über 5 kg; Arbeiten in wohltemperierten Räumen unter Ausschluss von Kälte, Nässe und Zugluft; arbeitsübliche Pausen genügen. Die Gehstrecke ist i. d. R. nicht wesentlich eingeschränkt.

7.5.4 Osteopenie, Osteoporose, Osteomalazie

Bei diesen Veränderungen handelt es sich um unterschiedliche Stoffwechsel- oder morphologische Störungen des knöchernen Skeletts.

Diagnostik

Körperliche Untersuchung Globale Körperhaltung; Verkürzung der Rumpfwirbelsäule aufgrund zusammengesinterter Wirbelkörper (Tannenbaumphänomen der Haut; Rundrücken im Sinne eines Witwenbuckels, Aufsitzen des unteren Rippenbogens auf dem Beckenkamm, relative Überlänge der Arme); lokale oder ubiquitäre Klopf- und/oder Druckdolenz v. a. der Dornfortsatzreihe; Skelettdeformierungen (femorale O-Verbiegung, Säbelbeine u. a. m.).

Röntgen *BWS, LWS in 2 Ebenen (jeweils im Stehen):* Fehlhaltung bzw. Deformität (Globalkyphose, Skoliose, Rotationslisthese u. a.), Knochenstruktur, Strahlentransparenz; frische oder ältere (Spontan)Frakturen. *Beckenübersicht:* Coxa vara, Spongiosastruktur des Schenkelhalses, schleichende Fraktur? *Klinisch deformierte Körperregion (untere Extremität unter Belastung im Stehen) mit angrenzendem Gelenk in 2 Ebenen:* Erfassung osteomalazischer Knochenbezirke.

Osteodensitometrie *Sonographische Messung*, z. B. im Bereich des Fersenbeines allenfalls als Grobscreening geeignet (keine Strahlenbelastung). Exakte Werte liefert lediglich die *CT-Messung* (z. B. DEXA), standardisiert im Bereich des Schenkelhalses, der LWS oder der Radiusbasis. Zur Stadieneinteilung der Osteoporose vgl. Tabelle 7.10 auf der nächsten Seite.

Labordiagnostik Im Falle einer Osteopenie oder Osteoporose in aller Regel wenig aussagekräftig. Bei einer Osteomalazie dagegen typische Befundkonstellation mit normalem bis leicht erniedrigtem Serumkalzium, deutlich erniedrigtem Serumphosphat sowie stark erhöhter alkalischer Phosphatase (siehe Tabelle 7.2 auf Seite 142).

Grad	Definition
0	*Osteopenie* BMD < -1 bis -2,5 SD im T-Score keine Frakturen
1	*präklinische Osteoporose* BMD < -2,5 SD im T-Score keine Frakturen
2	*symptomatische Osteoporose* BMD < -2,5 SD im T-Score bereits eine bis drei Wirbelkörperfrakturen
3	*symptomatische Osteoporose* BMD < -2,5 SD im T-Score bereits mehr als drei Wirbelkörperfrakturen oder andere Frakturen (Schenkelhals, radiale Speichenbasis u. a.)

BMD = Bone mineral density (Knochenmineraldichte)
Tab. 7.10: Stadieneinteilung der Osteoporose (WHO, 1994)

Begutachtungskriterien

Osteoporotische und auch osteomalazische Veränderungen spielen für die Stabilität und Belastbarkeit v. a. der Wirbelsäule sowie der unteren Extremitäten eine wesentliche Rolle. Subjektives Beschwerdebild, die Kraftentfaltung der Rückenstreck- und der hüftumspannenden Muskulatur, eine nach einer Fraktur (Oberarmkopf, Wirbelkörper, Schenkelhals) eingetretene Fehlstellung mit hieraus resultierenden funktionellen Beeinträchtigungen sowie das evtl. fortbestehende Frakturrisiko sind gutachterlich zu bewerten. In allen Fällen sollte die Effektivität einer medikamentösen anabolen und evtl. auch antikatabolen Therapie überprüft bzw. vor Abgabe einer Bewertung des Leistungsvermögens abgewartet werden.

Sozialmedizinische Beurteilung

Die gutachterliche Beurteilung ist abhängig von der jeweiligen Grunderkrankung; im Falle einer Osteopenie oder einer mäßigen Osteoporose sind i. d. R. leichte und gelegentlich mittelschwere Tätigkeiten mit gleichmäßigen Bewegungsabläufen ohne kinetische Kraftspitzen ohne zeitliche Einschränkung möglich; keine Akkordarbeiten; Arbeiten in wohltemperierten Räumen unter Ausschluss von Kälte, Nässe und Zugluft; keine monotone, möglichst wechselnde Körperhaltung, keine Zwangsposition; kein Heben, Tragen bzw. Bewegen von Lastgewichten > 8–10 kg. Gehstrecke in der Regel nicht beeinträchtigt.

Bei schwerer Osteoporose mit erheblicher Frakturgefährdung bzw. bei bereits eingetretenen Knochenbrüchen, bei klinisch symptomatischen Osteomalazien sowie bei tumorösen Destruktionen wird das körperliche Leistungsvermögen durch die Grunderkrankung wesentlich bestimmt; in vielen Fällen ist die Belastbarkeit im Berufsleben bleibend schwerergradig beeinträchtigt.

Osteopenie

Abnahme an Knochengewebe, die sowohl die anorganischen als auch die organischen Bestandteile in etwa gleichem Ausmaß betrifft; spongiöse Strukturen sind stärker betroffen als kortikale. Im Röntgenbild erhöhte gleichmäßige Strahlentransparenz; Osteodensitometrie siehe Tabelle 7.10. Allenfalls uncharakteristische Beschwerden; Ausdruck eines typischen Alterungsprozesses des Knochenskeletts.

Osteoporose

Im Gegensatz zur Osteopenie über die Alters- und Geschlechtsnorm hinausgehende Minderung der Gesamtknochenmasse, wobei der Verlust an anorganischen Bestandteilen etwas größer ist als der an organischen Strukturen (Verschlechterung der Mikroarchitektur des Knochens). Es resultiert eine vermehrte Knochenbrüchigkeit.

Epidemiologie: Jede 4. Frau > 60 Jahre ist betroffen. Bis zum 76. Lebensjahr kommt es bei > 30 % der Bevölkerung zu einer pathologischen Fraktur. Im jüngeren Lebensalter, in der Prämenopause sowie bei Männern wird eine Osteoporose nur selten beobachtet; vgl. Tabelle 7.11. *Ätiologie und Einteilung:* Low turn over mit verminderter Knochenneubildung (ungenügende anabole Situation); high turn over mit verstärkter Knochenresorption (katabole Situation). *Klinik:* Zunehmender Rundrücken mit reaktiven fehl-

Primäre Osteoporosen

Idiopathisch juvenil, adult, prämenopausal, präsenil

Postmenopausal (Typ I) v. a. im Bereich der Wirbelkörper der BWS und oberen LWS

Senil (Typ II) Rumpfwirbelsäule, Schenkelhalsregion, Humeruskopf, distaler Radius

Sekundäre Osteoporosen

Endokrin-metabolisch Hyperparathyreoidismus, Hyperthyreose, Akromegalie, CUSHING-Syndrom, Diabetes mellitus, Homozystinurie, Hypogonadismus

Parainfektiös-immunogen rheumatoide Arthritis, Spondylitis ankylosans

Myelogen-onkologisch Plasmozytom, lymphoproliferative Erkrankungen, diffuse Knochenmarkskarzinose

Inaktivität, Immobilisation lange Bettruhe, Paraplegie

Iatrogen-medikamentös längere systemische Glukokortikoidgabe, längere Thyroxin-Einnahme, Laxantienabusus

Folge komplexer Osteopathien renale Osteopathie, Osteogenesis imperfecta, intestinale Malabsorption

Tab. 7.11: Ätiologie und Einteilung der Osteoporosen

Vitamin-D-Mangel Mangelernährung (Umwelt, vegetarische Kost, Senium), Maldigestion (Pankreasinsuffizienz, verminderte Gallensekretion, Z. n. Gastrektomie), Malabsorption (Pankreasinsuffizienz, Z. n. Dünndarmresektion, Sprue), Bildungsstörung (ungenügende UV-Lichtexposition)

Störungen des Vitamin-D-Stoffwechsels Leberzirrhose (Aufbaustörung), Niereninsuffizienz (sog. Pseudo-Vitamin-D-Mangel)

Störungen des Phosphatstoffwechsels Kongenitaler Phosphatdiabetes (Phosphaturie), DEBRÉ-DETONIE-FANCONI-Syndrom (Phosphaturie, Glukosurie, Aminoazidurie), kongenitale renal-tubuläre Azidose (LIGHTWOOD-BUTLER-ALBRIGHT-Syndrom), Knochen- und mesenchymale Tumoren

Phosphatmangel Kongenitale Hypophosphatasie

Tab. 7.12: Ätiologie und Einteilung der Osteomalazien

statischen muskulären Beschwerden, häufiger Spontanschmerz; im Spätstadium Haltungsverfall, Tannenbaumphänomen der Haut. Frakturneigung (BWS, LWS, Schenkelhalsregion, Oberarmkopf, distale Speichenbasis u. a.). *Röntgen:* Verminderung der Knochendichte erst ab einem Verlust von 30–40 % nachweisbar; Rarefizierung der Spongiosatrabekel im Spätstadium. Stadieneinteilung durch Osteodensitometrie (Tabelle 7.10). *Labor:* Meist unauffällig (siehe Tabelle 7.2 auf Seite 142). *Therapie:* Systemische Analgesie, physikalische Maßnahmen, milde Krankengymnastik, gleichmäßige Bewegung; standardisierte medikamentöse Abdeckung (antikatabol und dann anabol bei high turn over, anabol bei low turn over).

Osteomalazie

Generalisierte Knochenerweichung mit unzureichender Mineralisation der Grundsubstanz (sog. qualitative Strukturschädigung).

Ätiologie und Einteilung: siehe Tabelle 7.12. *Klinik:* rasche Ermüdbarkeit, erhebliche Muskelschmerzen, sekundäre Knochenverbiegungen (u. a. Beinachsenfehler, Glockenthorax, Wirbelsäulenfehlkrümmungen). Im *Röntgenbild* neben den typischen Zeichen einer → Osteoporose pathognomonische LOOSERsche Umbauzonen, verwaschene Konturunschärfe der Spongiosabälkchen, multiple (meist nur inkomplette) Frakturen. *Labor:* evtl. leicht erniedrigter Kalziumspiegel, Phosphatwert deutlich erniedrigt, alkalische Phosphatase deutlich erhöht; vgl. Tabelle 7.2 auf Seite 142. *Therapie:* adäquate Behandlung der jeweiligen Grunderkrankung. Bezüglich der klinischen Beschwerden der Haltungs- und Bewegungsorgane → Osteoporose.

7.5.5 Knochentumoren und Skelettmetastasen

Bösartige primäre Knochentumoren können im Bereich des Skeletts in jedem Lebensalter auftreten, die Inzidenz ist in den letzten Jahren gleichbleibend. Knöcherne Metastasen sind eher eine Domäne im Lebensalter > 60 Jahren. Eine verbesserte bildgebende Frühdiagnostik und moderne, funktionserhaltende operative Behandlungsstrategien bieten heute für eine Vielzahl an Patienten eine deutlich verbesserte Prognose als noch vor 20 Jahren.

Diagnostik

Klinische Untersuchung Tumoröse Destruktionen des Knochengewebes führen meist zu einer derben, eng lokalisierten druckschmerzempfindlichen Schwellung; uncharakteristischer Belastungsschmerz, nur selten Funktionseinschränkung eines Gelenkes. Spontanfraktur im fortgeschrittenen Stadium.

Röntgen Bei *primären Knochentumoren* oft zunächst nur auffällige periostale Reaktion mit dann fortschreitenden knöchernen Destruktionen. Bei *metastatischen Absiedelungen* klassischer Befund der Osteolyse (überwiegende Beteiligung der spongiösen Knochenanteile mit oft unscharfer Begrenzung, Kompaktaanteile meist erst sekundär betroffen), hyperplastische Reaktionen v. a. bei Prostatakarzinom-Metastasen.

Labordiagnostik meist nur uncharakteristische Erhöhung einiger Entzündungsparameter; im Falle eines Plasmozytoms hohe BSG, atypische Elektrophorese.

Primäre Knochentumoren

Im jüngeren Lebensalter in erster Linie **Osteosarkome** und **Ewing-Sarkome** im Bereich der unteren Extremitäten, v. a. kniegelenksnah. Bei frühzeitiger Diagnose und adäquater zytostatischer Therapie in Kombination mit einem radikalen operativen Vorgehen (heutzutage ganz überwiegend gelenkerhaltend möglich) liegen die Überlebensquoten bei über 50 %. Im mittleren und höheren Lebensalter handelt es sich meistens um ein **Chondrosarkom** oder ein **Plasmozytom**.

Skelettmetastasen

Diese treten überwiegend im mittleren und höheren Lebensalter auf. Häufigste Ursache ist ein *hypernephroides Nierenzellkarzinom*, ein *Bronchialkarzinom*, ein *Mammakarzinom*, ein *Prostatakarzinom* sowie ein *Schilddrüsenkarzinom*. Häufigste Lokalisationen sind die thorakale und lumbale Wirbelsäule, der Schenkelhals und das proximale Femur.

Begutachtungskriterien

Tumorfreiheit bzw. Stadium einer Remission nach operativer oder zytostatischer Behandlung? Ausreichende Stabilität und Funktionalität der betroffenen Skelettabschnitte? Notwendigkeit und Ausmaß einer orthetischen Versorgung? Ausreichende Gehstrecke gegeben?

Sozialmedizinische Beurteilung

Im Falle einer tumorösen Erkrankung im Jugend- und jungen Erwachsenenalter, auch nach der operativen Intervention (alloplastischer Gelenkersatz im Bereich der unteren Extremitäten, evtl. Umkehrplastik nach BORGREVE mit anschließender orthetischer Versorgung, Amputation) noch langwierige, meist sehr aggressive zytostatische Behandlung erforderlich. Während dieses Zeitraumes ist von einer wesentlichen körperlichen Leistungsfähigkeit auf dem allgemeinen Arbeitsmarkt nicht auszugehen. Im Stadium der Remission wird die körperliche Belastbarkeit von der Funktionalität der betroffenen Extremität sowie dem Ausmaß einer möglichen bleibenden Defektsituation bestimmt. Bei einer metastatischen Tumorabsiedelung im Bereich des Skeletts wird das Restleistungsvermögen zusätzlich von der Grunderkrankung mitbestimmt; in vielen Fällen ist von einem aufgehobenen Leistungsvermögen auszugehen.

7.5.6 Aseptische Knochennekrosen

Aseptische Knochennekrosen sind lokalisierte, v. a. durchblutungsbedingte Störungen des knöchernen Skeletts mit Manifestation in unterschiedlichen Lebensepochen.

Diagnostik

Klinische Untersuchung Uncharakteristische lokale Beschwerden, verstärkt bei körperlicher Belastung; meist keine nennenswerte Funktionseinschränkung.

Röntgen Für die jeweilige Störung typischer Befund.

Labordiagnostik In aller Regel unauffällig.

Begutachtungskriterien

Erfassung einer evtl. bestehenden lokalen Funktionseinschränkung; Überprüfung auf mögliche sekundär arthrotische Veränderungen, die sich auch auf die Geh- und Stehfähigkeit auswirken können.

Sozialmedizinische Beurteilung

Knöcherne Störungen im *Kindes- und Jugendalter* heilen meist ohne wesentliche bleibende Folgen aus (Ausnahmen: Epiphyseolyse des Hüftkopfes, M. PERTHES; siehe Abschnitt 7.4.2 auf Seite 174) und beeinträchtigen das körperliche Restleistungsvermögen in aller Regel allenfalls geringgradig qualitativ. Im *mittleren Lebensalter* steht die aseptische Hüftkopfnekrose (7.4.2), im *höheren Lebensalter* der Morbus AHLBÄCK (7.4.3) im Vordergrund mit bleibender, teilweise deutlicher Beeinträchtigung des Leistungsvermögens.

Krankheitsbilder im Kindes-, Jugend- und Adoleszentenalter

Störungen des Knochenwachstums im Bereich der Epiphysen bei Kindern und Jugendlichen (Tabelle 7.13) können als reine Ossifikationsstörung (sog. aseptische Osteochondrose) u. U. mit begleitender Knochennekrose, seltener auch mit einer Knorpelnekrose (Osteochondronekrose) einhergehen. Als Ursache wird ein vorübergehend gestörtes Gleichgewicht zwischen lokaler Belastung und Belastbarkeit (Durchblutungsstörung? Vermehrte Aktivität? Übersteigertes Körpergewicht? Anomalie des Knorpel- und Kollagenstoffwechsels?) vermutet.

Die Beschwerden sind belastungsabhängig und treten daher vor allem im Bereich der unteren Extremitäten auf. Frühdiagnose nur im NMR. Die Veränderungen im Röntgenbild folgen den Schmerzen 3–4 Monate später: zuerst Aufhellung, dann ein Nebeneinander von Verdichtungs- und Auflockerungszonen (Fragmentation, Reparation). Im weiteren Verlauf kommt es

Obere Extremitäten Proximaler Humerus, Capitulum humeri (Morbus PANNER), Speichenköpfchen, Olekranon, Ulnaköpfchen, Os lunatum (Morbus KIENBÖCK), Os naviculare, Metakarpalköpfchen, Basis der Phalangen, Endphalanx V.

Thorax, Wirbelsäule, Becken Sternales Ende der Klavikula, sternales Rippenende (TIETZE-Syndrom), Grund- und Deckplatten der Wirbelkörper von BWS und oberer LWS (Morbus SCHEUERMANN), Crista iliaca, Os sacrum, Synchondrose Sitzbein/Schambein, Symphyse, Sitzbeinapophyse, Spina iliaca anterior inferior.

Untere Extremitäten Hüftkopf (Morbus PERTHES), Trochanter major, innere Tibiametaphyse, Tuberositas tibiae (Morbus OSGOOD-SCHLATTER), Patella (Morbus SINDING-LARSEN), Apophyse des Innenknöchels, Apophyse des Außenknöchels, Apophyse des Kalkaneus (HAGLUND-Exostose), Os naviculare pedis (Morbus KÖHLER I), Köpfchen MFK II (Morbus KÖHLER II), Os metatarsale V.

Tab. 7.13: Aseptische Knochennekrosen im Kindes- und Jugendalter

zu eventuell über Jahre andauernden Umbauvorgängen der Epiphyse mit sekundärer Deformierung.

Im Bereich der oberen Extremitäten aufgrund meist fehlender axialer Beanspruchung lediglich Beobachtung, Sportpause, temporäre Schonung; im Bereich der unteren Extremitäten strengere Schonung, evtl. über längere Zeit axiale Entlastung.

Spätestens mit Abschluss des Skelettwachstums sind die Wachstumsstörungen ausgeheilt, evtl. unter Hinterlassung einer anatomischen Deformierung oder gar einer Gelenkinkongruenz (→ Morbus PERTHES); in Einzelfällen Entwicklung einer Arthrose als Spätfolge mit dann typischen Belastungsarthralgien und Funktionseinschränkungen; unter diesen Gesichtspunkten können dann auch qualitative Einschränkungen der körperlichen Belastbarkeit verbleiben.

Krankheitsbilder im Erwachsenenalter

Ätiologie: Arterielle Durchblutungsstörungen mit nachfolgender knöcherner Infarzierung; aufgrund der

Lokalisation	Ätiologie
Humeruskopf	vor allem bei längerdauernder systemischer Kortikoidtherapie
Os lunatum	Minusvariante der Elle? Gefäßanomalie? ständige Mikrotraumen (z. B. Arbeiten mit Pressluftwerkzeugen)
Femurkopf	alimentären Störungen (Fettstoffwechsel, Alkoholmissbrauch, Diabetes u. a.) nach längerdauernder systemischer Kortikoidtherapie
Talus	posttraumatisch

Tab. 7.14: Aseptische Knochennekrosen im Erwachsenenalter

Zusammensinterung des nekrotischen Bezirkes sekundäre Auswirkungen auf angrenzende Gelenke mit möglichem Einbruch des Knorpelüberzuges und Ausbildung einer Sekundärarthrose möglich.

Lokalisation: Tabelle 7.14.

7.5.7 Skelettmissbildungen

Einige angeborene Missbildungen des knöchernen Skeletts sind durchaus häufig; z. B. beträgt die Inzidenz einer kongenitalen Hüftpfannendysplasie 2 %, die eines kongenitalen Klumpfußes 0,4 %. Da erhebliche sekundäre Spätschäden zu erwarten sind, erfolgt hier bereits im Säuglings- und Kleinkindesalter eine intensive konservative, z. T. auch operativ-korrigierende Therapie. Andere Krankheitsbilder werden im späteren Leben ohne Behandlung kompensiert bzw. können unter funktionellen Gesichtspunkten nicht zufriedenstellend verbessert werden. In vielen Fällen lässt sich aber der Funktionsverlust durch eine adäquate apparatetechnische Versorgung in Grenzen halten.

Allgemeines

Der Untersuchungsgang richtet sich nach der betroffenen Körperregion; vgl. die Abschnitte 7.1 bis 7.4 dieses Buches. Dabei sind sowohl die verwendeten Hilfsmittel als auch die individuelle Kompensationsfähigkeit zu berücksichtigen. Komplexe Behinderungen erfordern einen großen orthopädisch-funktionellen Sachverstand, um die limitierenden Befunde klar herauszuarbeiten und zu bewerten.

Systemerkrankungen

Osteogenesis imperfecta (Glasknochenkrankheit)
Erbliche Störung der Knochen- und Zahnbildung mit Knochenbrüchigkeit und Schwerhörigkeit. Vier unterschiedliche Formen mit autosomal-rezessivem bzw. autosomal-dominantem Erbgang. Bei den nicht frühzeitig letalen Formen bleibende Verbiegungen von fehlverheilten Frakturen, Sekundärarthrosen und Minderwuchs. Nach der Pubertät bessert sich die Knochenbrüchigkeit. In Abhängigkeit von den funktionellen Defiziten bestehen erhebliche qualitative und quantitative Einschränkungen des Leistungsvermögens.

MARFAN-Syndrom (Arachnodaktylie) Autosomal dominant erbliche Bindegewebsstörung verbunden mit Hochwuchs, langen und dünnen Extremitäten, progredienter Kyphoskoliose, Spinnenfingern, Augenlinsenektopie, Mitralklappenprolaps, Aortenaneurysmen. Kardiovaskuläre Komplikationen sind die häufigste Todesursache. Zumeist besteht seit der Kindheit ein aufgehobenes Leistungsvermögen.

Chondrodysplasien Erbliche Störungen der enchondralen Ossifikation. Zahlreiche verschiedene Formen. **Achondroplasie** mit dysproportioniertem Minderwuchs: Größe bis 130 cm, kurze Extremitäten, langer Rumpf, großer Kopf. **Spondyloepiphysäre Dysplasie** mit Befall der Wachstumsfugen im Bereich der Wirbelsäule, Minderwuchs, Rundrücken. **Multiple epiphysäre Dysplasie** mit Befall der Wachstumsfugen der unteren Extremitäten und Sekundärarthrosen. Die Intelligenz ist nicht beeinträchtigt. Meist resultieren erhebliche qualitative motorische Einschränkungen und eine frühzeitige quantitative Leistungsminderung.

Mukopolysaccharidosen Gruppe von fünf Stoffwechselstörungen (Hurler, Hunter, Sanfilippo, Morquio-Brailsford, Maroteaux-Lamy), die mit polytopen Dystrophien der Wirbelsäule und Gelenke und oft mit einer geistigen Behinderung einhergehen. In der Regel besteht seit der Kindheit ein aufgehobenes Leistungsvermögen.

Arthrogryposis multiplex congenita Multiple, oft symmetrische Gelenkkontrakturen mit im Verlauf des Wachstums auftretenden Deformitäten von Wirbelsäule und Gliedmaßen (Gelenke wirken wie ausgestopft): Streckluxation der Kniegelenke, Hüftgelenksluxation, Streckkontraktur der Ellenbogengelenke, Adduktions-/Innenrotationskontraktur der Schultergelenke, Klump- oder Schaukelfüße. Die Intelligenz ist nicht beeinträchtigt. In der Regel besteht seit der Kindheit ein aufgehobenes Leistungsvermögen.

Ehlers-Danlos-Syndrom Unterschieden werden elf Typen unterschiedlicher Heredität mit kongenitaler allgemeiner Bindegewebsschwäche, Hypermobilität sämtlicher Körpergelenke, Hyperlaxität und Verletzlichkeit der Haut, Weichteilverkalkungen, Osteopenie. Das körperliche Leistungsvermögen wird begrenzt durch die Stabilität der betroffenen Gelenke und durch die nicht seltene Skoliose. In der Regel bestehen erhebliche qualitative Einschränkungen.

Multiple kartilaginäre Exostosen Überschießende Neubildung der Spongiosa im metaphysären kniegelenksnahen Bereich mit Druckschädigung der umgebenden Weichteile. Das Risiko einer malignen Entartung (Chondrosarkom) nach dem 20. Lebensjahr wird mit etwa 20 % angegeben. Operative Abtragung beeinträchtigender Exostosen. Qualitative Einschränkungen resultieren zumeist aus einer Minderbelastbarkeit des Kniegelenkes.

Lokalisierte Krankheitsbilder im Bereich der oberen Extremität

Dysmelien Amelie = Fehlen einer Extremität, Peromelie = Fehlen eines Extremitätenabschnittes, Phokomelie = intersegmentaler Defekt (z. B. Hand am Schultergürtel). Prothetische Versorgung ab dem 1. Lebensjahr mit intensiver Schulung notwendig. Leistungsbeurteilung individuell nach dem Ausmaß des Defektes und der funktionellen Kompensation.

Klavikulaaplasie (kleidokraniale Dysplasie) Partielle oder komplette Fehlanlage des Schlüsselbeines. Hypermobilität des Schultergürtels: die Schultern können vor der Brust zusammengeführt werden. Im Allgemeinen keine Therapie, da Beschwerdefreiheit. Wegen der Instabilität des Schultergürtels kein schweres Heben und Tragen, keine Überkopfarbeiten.

Sprengelsche Deformität Schulterblatthochstand mit unterentwickelter Schultergürtelmuskulatur, oft kombiniert mit Fehlbildungen von HWS und BWS. Die funktionellen Auswirkungen sind i. d. R. gering.

Radioulnare Synostose Meist angeborene knöcherne Verbindung von proximaler Elle und Speiche; auch posttraumatisch als sog. Brückenkallus. Aufhebung der Unterarmdrehung (Pronation) mit Ausweichbewegungen im Schulter- und Ellenbogengelenk sowie kompensatorischer Hypermobilität des homolateralen Handgelenkes. Operative Korrektur nur bei limitierter Anpassungsfähigkeit. Es resultiert lediglich eine qualitative Beeinträchtigung der Armfunktion.

Madelungsche Deformität Kongenitale Entwicklungsstörung der distalen Radiusepiphyse mit konsekutiver Ulnar- und Volarabweichung der Hand und bleibender Bewegungseinschränkung des Handgelenkes, die auch durch eine operative (kosmetische) Stellungskorrektur der Hand nicht gebessert wird. Frühzeitige Entwicklung einer Radiokarpalgelenksarthrose.

Klumphand Angeborener Defekt des Radius, seltener der Ulna, mit nachfolgender Verkürzung des Unterarmes und Abweichung der Hand. Konservative redressierende Behandlung im Säuglingsalter, operative Korrektur im 1. Lebensjahr. Es resultiert eine bleibende Behinderung der Handgelenks- und evtl. auch der Handfunktion, an die sich der Betroffene im Laufe des Lebens oft erstaunlich gut adaptiert.

Spalthand Krebsscherenartiges Erscheinungsbild (kosmetisches Problem), dabei gute Funktion beim Spitzgriff und in der Feinmotorik der Finger.

Syndaktylie, Polydaktylie Verwachsung eines oder mehrerer Finger bzw. Anlage eines zusätzlichen Fingers. Unter kosmetischen und funktionellen Gesichtspunkten sollte bereits im Kleinkindesalter operiert werden. In aller Regel verbleiben keine wesentlichen Beeinträchtigungen.

Lokalisierte Krankheitsbilder im Bereich der unteren Extremität

Proximaler fokaler Femurdefekt (PFFD) Proximale longitudinale Fehlbildung unterschiedlichen Ausmaßes. Bei geringer Ausprägung genügt ein Beinlängenausgleich am Schuhwerk. In schweren Fällen mit Hypoplasie oder Aplasie der Fibula ist i. d. R. eine orthetische/prothetische Versorgung erforderlich. Bei ausgeprägter Mobilitätsbeeinträchtigung Einschränkung auf überwiegend sitzende Tätigkeiten ohne längeres Stehen und/oder Gehen.

Kongenitale Kniegelenksluxation Dislokation der Tibia nach ventral und proximal auf Grund eines angeboren fehlenden vorderen Kreuzbandes. Frühe geschlossene Reposition und Retention, seltener operatives Vorgehen. Meist bleibendes Beugedefizit und Entwicklung einer vorzeitigen Gonarthrose. In der Regel orthetische Versorgung erforderlich.

Tibiaaplasie, Tibiahypoplasie Durch das Fehlen der Tibia entsteht eine erhebliche Varusfehlstellung des Unterschenkels. Evtl. ist eine operative Fibulaunterstellung mit dann belastungsfähiger Situation möglich, meist aber eine orthetische Versorgung mit Kniestabilisierung bei oft fehlendem oder geschwächtem Kniestreckapparat erforderlich. Eine überwiegend sitzende Tätigkeit ist anzustreben.

Fibulaaplasie, Fibulahypoplasie Häufigster longitudinaler Defekt der unteren Extremität, evtl. mit ausgeprägter Beinverkürzung und Fehlanlage des Fußes. Klinisch besteht eine Unterschenkelantekurvation mit Valgusstellung des Fußes. In schweren Fällen SYME-Amputation mit danach belastungsfähiger Prothese. In leichteren Fällen zunächst orthetische Versorgung und später aufwändige Korrektur- und Verlängerungsosteotomien. Auch hier ist eine überwiegend sitzende Tätigkeit erforderlich.

Crus varum congenitum (kongenitale Unterschenkelpseudarthrose) Grunderkrankung: Neurofibromatosis RECKLINGHAUSEN. Varusdeformität des Unterschenkels, bei der es auf Grund von Spontanfrakturen mit schlechter Heilungstendenz zur Ausbildung einer Pseudarthrose kommt. Häufig Entwicklung einer progredienten kurzbogigen Skoliose. Orthetische Versorgung des Unterschenkels bis zum 5.–6. Lebensjahr, dann stabile osteosynthetische Versorgung der Tibia. Das körperliche Leistungsvermögen wird v. a. durch die Skoliose und durch die neurologischen Folgen der Grunderkrankung limitiert.

Klumpfuß siehe Abschnitt 7.4.4 auf Seite 188 ff.

Syndaktylie, Polydaktylie Verwachsung einer oder mehrerer Zehen bzw. Anlage eines zusätzlichen Zehs. Operative Korrektur unter kosmetischen Gesichtspunkten bzw. zur Ermöglichung einer normalen Schuhversorgung. Kein bleibendes Funktionsdefizit.

Literatur

[1] Arzneimittelkommission der deutschen Ärzteschaft: Empfehlungen zur Therapie von Kreuzschmerzen. Juli 2000. Sonderheft.

[2] Baumgartner R, Botta P: *Amputationen und Prothesenversorgung an der unteren Extremität.* Stuttgart: Enke Verlag, 2. Auflage, 1995.

[3] Baumgartner R, Botta P: *Amputationen und Prothesenversorgung an der oberen Extremität.* Stuttgart: Enke Verlag, 2. Auflage, 1998.

[4] Bengel J, Koch U (Hrsg.): *Grundlagen der Rehabilitationswissenschaften.* Berlin: Springer Verlag, 2000.

[5] Buckup K: *Klinische Tests an Knochen, Gelenken und Muskeln.* Stuttgart; New York: Thieme Verlag, 1995.

[6] Bundesministerium für Arbeit und Sozialordnung (Hrsg.): *Anhaltspunkte für die ärztliche Gutachtertätigkeit im sozialen Entschädigungsrecht und nach dem Schwerbehindertengesetz.* Bonn: Köllen Druck und Verlag GmbH, 1996.

[7] Calin A, Fries JF: The striking prevalence of ankylosing spondylitis in healthy W 27 positive males and females. Controlled study. *N Engl J Med* 293: 835–839, 1975.

[8] Delbrück H, Haupt E (Hrsg.): *Rehabilitationsmedizin.* München; Wien; Baltimore: Verlag Urban & Schwarzenberg, 2. Auflage, 1998.

[9] Dvorak J, Gauchat MH, Valach L: The outcome of surgery for lumbar disc herniation I. A 4–17 years follow-up with emphasis on somatic aspects. *Spine* 13 (12): 1418–1422, 1988.

[10] Flor H, Birbaumer N, Schulte W, Roos R: Stress related electromyographic responses in patients with chronic temporomandibular pain. *Pain* 46 (2): 145–152, 1991.

[11] Frank JW, Kerr MS, Brooker AS, et al.: Disability resulting from occupational low back pain. I. What do we know about primary prevention? *Spine* 21: 2908–2917, 1996.

[12] Frisch H: *Programmierte Untersuchung des Bewegungsapparates.* Berlin; Heidelberg: Springer Verlag, 6. Auflage, 1995.

[13] Gostomzyk JG (Hrsg.): *Angewandte Sozialmedizin. Handbuch für Weiterbildung und Praxis.* 1. Ergänzungslieferung. Landsberg/Lech: Ecomed Verlagsgesellschaft, 2002.

[14] Greenspan A: *Skelettradiologie.* München; Jena: Urban & Fischer, 3. Auflage, 2002.

[15] Grevitt M, Pande K, O'Dowd J, Webb J: Do first impressions count? A comparison of subjective and psychologic assessment of spinal patients. *Eur Spine J* 7 (3): 218–223, 1998.

[16] Hald HJ, Danz B, Schwab R, Burmeister K, Bahren W: Radiologische Wirbelsäulenveränderungen bei asymptomatischen jungen Männern. *Rofo Fortschr Geb Röntgenstr Neuen Bildgeb Verfahren* 163 (1): 4–8, 1995.

[17] Halm H: Wirbelsäulendeformitäten – Prognose und Begutachtung. In: Orthopädisches Forschungsinstitut, OFI (Hrsg.) *Beurteilung und Begutachtung von Wirbelsäulenschäden.* Darmstadt: Steinkopff Verlag, 2002.

[18] Harreby M, Neergard K, Hesselsoe G, Kjer J: Are radiologic changes in the thoracic and lumbar spine of adolescents risk factors for low back pain in adults? *Spine* 20, 1995.

[19] Hasenbring M, Hallner D, Klasen B: Psychological mechanisms in the transition from acute to chronic pain: over- or underrated? *Schmerz* 15 (6): 442–447, 2001.

[20] Heisel J: *Entzündliche Gelenkerkrankungen.* Bücherei des Orthopäden, Band 58. Stuttgart: Enke Verlag, 1992.

[21] Heisel J: Diagnostik und Behandlungsstrategien beim Fibromyalgie-Syndrom. In: Imhoff AB (Hrsg.) *Fortbildung Orthopädie 2.* Darmstadt: Steinkopff Verlag, 1999, 4.

[22] Heisel J: Rehabilitation des Hüftgelenkes. In: Stahl C, Zeidler H, Koebke J, Lorenz R (Hrsg.) *Klinische Arthrologie.* Landsberg/Lech: Ecomed Verlagsgesellschaft, 2002.

[23] Hohmann D, Uhlig R: *Orthopädische Technik.* Stuttgart: Enke Verlag, 7. Auflage, 1982.

[24] Jäckel WH, Gerdes N: Medizinische Rehabilitation bei Rückenschmerzen – die Situation in Deutschland. In: Pfingsten M, Hildebrandt J (Hrsg.) *Chronischer Rückenschmerz. Wege aus dem Dilemma.* Bern: Verlag Hans Huber, 1998.

[25] Jensen MC, Brant-Zawazki MN, Obuchowski N, Modic MT, Malkasian D, Ross JS: Magnetic resonance imaging of the lumbar spine in people without back pain. *N Engl J Med* 331 (2): 69–73, 1994.

[26] Jerosch J, Castro WHM (Hrsg.): *Orthopädisch-traumatologische Gelenkdiagnostik.* Stuttgart: Enke Verlag, 1995.

[27] Jerosch J, Heisel J: *Endoprothesenschule – Rehabilitations- und Betreuungskonzepte für die ärztliche Praxis.* Köln: Deutscher Ärzte-Verlag, 1996.

[28] Junge A, Fröhlich M, Ahrens S, Hasenbring M, Sandler A, Grob D, Dvorak J: Predictors of bad and good outcome of lumbar spine surgery. A prospective clinical study with 2 years follow up. *Spine* 219: 1056–1065, 1996.

[29] Kohlmann T, Raspe H: Der Funktionsfragebogen Hannover zur alltäglichen Diagnostik der Rückenschmerzen (FfbH-R). *Rehab* 35: 1–8, 1996.

[30] Küster M: *Theoretische und empirische Untersuchungen zum motorischen Leistungsvermögen 12 bis 14-jähriger Schulkinder.* Dissertation, Technische Universität München, Fakultät für Wirtschafts- und Sozialwis-

[31] Linton SJ, Hallden K: Can we screen for problematic back pain? A screening questionnaire for predicting outcome in acute and subacute back pain. *Clin J Pain* 14 (3): 209–215, 1998.

[32] Magerl F, Aebi M, Gertzbein S, Harms J: A comprehensive classification of thoracic and lumbar injuries. *Eur Spine J* 3: 184–192, 1994.

[33] Miehle W, Fehr K, Schattenkirchner M, Tillmann K: *Rheumatologie in Praxis und Klinik.* Stuttgart; New York: Thieme Verlag, 2. Auflage, 1999.

[34] Müller W, Lautenschläger J: Die generalisierte Tendomyopathie (GTM). Teil I: Klinik, Verlauf und Differentialdiagnose. *Z Rheumatol* 49: 11, 1990.

[35] Müller W, Lautenschläger J: Die generalisierte Tendomyopathie (GTM). Teil II: Pathogenese und Therapie. *Z Rheumatol* 49: 22, 1990.

[36] Nachemson AL, Jonsson E (Hrsg.): *Neck and Back Pain. The Scientific Evidence of Causes, Diagnosis and Treatment.* Philadelphia: Lippincott Williams & Wilkins, 2000.

[37] Niethard FU: *Kinderorthopädie.* Stuttgart; New York: Thieme Verlag, 1997.

[38] Orthopädisches Forschungsinstitut (OFI) (Hrsg.): *Beurteilung und Begutachtung von Gelenkschäden.* Darmstadt: Steinkopff, 2001.

[39] Pfingsten M: Chronifizierungsausmaß von Schmerzerkrankungen. *Schmerz* 14: 10–17, 2000.

[40] Philips HC: Avoidance behaviour and its role in sustaining chronic pain. *Behav Res Ther* 25 (4): 273–279, 1987.

[41] Raspe H, Kohlmann T: Die aktuelle Rückenschmerz-Epidemie. In: Pfingsten M, Hildebrandt J (Hrsg.) *Chronischer Rückenschmerz. Wege aus dem Dilemma.* Bern: Verlag Hans Huber, 1998.

[42] Reichelt A: *Therapie orthopädischer Erkrankungen.* Stuttgart: Enke Verlag, 2. Auflage, 1993.

[43] Rohe K, Rompe G: Krankheiten des Stütz- und Bewegungssystems. In: Verband Deutscher Rentenversicherungsträger, VDR (Hrsg.) *Sozialmedizinische Begutachtung in der gesetzlichen Rentenversicherung.* Stuttgart; Jena; New York: G. Fischer, 5. Auflage, 1995.

[44] Rompe G, Erlenkämper A: *Begutachtung der Haltungs- und Bewegungsorgane.* Stuttgart: Thieme Verlag, 2. Auflage, 1992.

[45] Scale D, Zichner L: Der natürliche Verlauf beim Bandscheibenvorfall. *Orthopäde* 23 (3): 236–242, 1994.

[46] Schiltenwolf M: Psychosomatische Aspekte der orthopädischen Begutachtung. *Z Orthop* 140: 232–240, 2001.

[47] Schwerdtfeger A, Heisel J: Langzeiteffizienz einer AHB nach Bandscheibenoperation. *Orth Praxis* 33: 441–444, 1997.

[48] Schwerdtfeger A, Heisel J: Klinische und sozialmedizinische Spätergebnisse nach monosegmentaler lumbaler Bandscheibenoperation (5 Jahre poststationär). *Orth Praxis* 37: 791–793, 2001.

[49] Slipman CW, Patel RK, Zhang L, Vreilovic E, Lenrow D, Shin C, Herzog R: Side of symptomatic annular tear and site of low back pain: is there a correlation? *Spine* 15 (8): 15–26, 2001.

[50] Sorenson KH: *Scheuermann's juvenile Kyphosis.* Copenhagen: Munksgaard, 1964.

[51] Strohmeier M: Was ist chronisch am chronischen Rückenschmerz? *Orth Praxis* 37: 648–651, 2001.

[52] Verband Deutscher Rentenversicherungsträger, VDR (Hrsg.): *Sozialmedizinische Begutachtung in der gesetzlichen Rentenversicherung.* Stuttgart; Jena; New York: G. Fischer, 5. Auflage, 1995.

[53] Vlaeyen JW, Linton SJ: Fear avoidance and its consequences in chronic musculoskeletal pain: a state of the art. *A review Pain* 85 (3): 317–332, 2000.

[54] Waddell G: *The Low Back Pain Revolution.* Edinburgh: Churchill Livingstone, 1998.

[55] Waddell G, McCulloch JA, Kummel ED, Venner RM: Nonorganic physical signs in low back pain. *Spine* 5: 117–125, 1980.

[56] Willauschus WG, Kladny B, Beyer WF, Glückert K, Arnold H, Scheithauer R: Lesions of the alar ligaments. In vivo and in vitro studies with magnetic resonance imaging. *Spine* 20 (23): 2493–2498, 1995.

[57] Wirth CF, Bischoff HP: *Praxis der Orthopädie.* Stuttgart: Thieme Verlag, 3. Auflage, 2000.

8 Entzündlich-rheumatische Erkrankungen

Wolfgang Miehle, Anette Schulz

Die entzündlich-rheumatischen Erkrankungen manifestieren sich als „Rheuma" am Stütz- und Bewegungssystem und knüpfen insoweit an das vorige Kapitel an. Gemeinsam ist ihnen ein immunologischer Prozess, der zahlreiche weitere Organe mit einbeziehen kann, was das Spektrum möglicher Krankheitserscheinungen und -folgen beträchtlich erweitert.

8.1 Allgemeines

Aus der Vielgestalt der Krankheitsbilder ergeben sich Querbezüge zu fast allen Fachkapiteln dieses Buches. Für die Begutachtung ist es entscheidend, die jeweils *funktionslimitierenden* Befunde klar herauszuarbeiten und die Beurteilung darauf aufzubauen.

8.1.1 Diagnostik

Ausgangspunkt ist eine breit angelegte internistische Untersuchung, an die sich ein rheumatologischer Status anschließt. Die allgemeinen Hinweise zur Begutachtung in Kapitel 5 und die orthopädischen Untersuchungstechniken aus Kapitel 7 werden als bekannt vorausgesetzt.

Anamnese

Neben Familien- und Eigenanamnese sind insbesondere folgende Aspekte zu berücksichtigen: *Allgemeinsymptome:* Müdigkeit, Fieber, Gewichtsabnahme; viszerale Manifestationen; Haut-, Augen-, neurologische und psychische Symptome. *Schmerzen:* Ausprägung, Art und Lokalisation; artikulär, extraartikulär, ossär, ubiquitär; Morgensteife, nächtliche Schmerzen; Beeinflussung durch Ruhe, Bewegung, Belastung und Medikamente. Krankheitsbeginn „donnernd" oder schleichend; mono-, oligo- oder polyartikulär; Krankheitsverlauf durchgehend, chronisch rezidivierend, schubweise; spontane oder therapieinduzierte Remissionen. *Therapie:* medikamentös, operativ, andere. Ergebnis? Beeinträchtigungen von Funktionen und Aktivitäten in Alltag und Beruf.

Körperliche Untersuchung

Wirbelsäule, Gelenke und Weichteile werden systematisch „von Kopf bis Fuß" untersucht (Inspektion, Palpation, Funktionsprüfung). Zu achten ist auf Schwellungen, ihre Kontur (spindel- oder knötchenförmig, daktylitisch) und Konsistenz (sulzig, weich, fluktuierend, derb, knöchern), den Bezug zu Gelenken (intra-/interartikulär), Sehnen, Sehnenscheiden und Schleimbeuteln. Bei einer Arthralgie (*subjektiv empfundener Gelenkschmerz*) ist eine sorgfältige Untersuchung auf klinische Hinweise für eine Arthritis (*Gelenkentzündung*) erforderlich. Die Arthritis geht mit Schmerzen, Schwellung, Rötung, Überwärmung, Erguss und Bewegungseinschränkungen einher und kann im Verlauf zu Gelenksdestruktionen führen. *Bewegungsketten*, z. B. Hand-, Ellbogen- und Schultergelenk der gleichen Seite, werden sorgfältig analysiert.

Laborwerte

Laborchemische Hinweise auf eine Systementzündung erhält man durch unspezifische Entzündungszeichen wie Blutsenkung (BSG), C-reaktives Protein (CrP) und Elektrophorese. Fachspezifisch – vgl. spezielle Krankheitsbilder – wird dann nachgehakt (Rheumafaktoren, verschiedene Antikörper und genetische

Marker sowie die Synoviaanalyse). Fast alle entzündlich-rheumatischen Erkrankungen bieten aber in der Frühphase kein eindeutiges diagnosespezifisches Laborprofil.

Bildgebende Verfahren

Konventionelles Röntgen, Sonographie, Computertomographie, Kernspintomographie und Skelettszintigraphie haben jeweils eine spezifische diagnostische Validität; vgl. hierzu Kapitel 7. Hervorzuheben ist die *Kernspintomographie* zum Nachweis initialer Erosionen, zur optimalen Abbildung des Rückenmarks in der Sagittalebene, zur Aktivitätsbeurteilung von entzündlichem Pannusgewebe und zur Darstellung des hyalinen Gelenkknorpels. Die *Skelettszintigraphie* weist Regionen mit beschleunigtem knöchernem Umbau nach und kann bei unklaren Arthralgien helfen, Arthritiden auszuschließen.

8.1.2 Begutachtungskriterien

Die meisten entzündlich-rheumatischen Erkrankungen beeinträchtigen Struktur, Funktion, Aktivität und Partizipation. Infolge ihres individuell variablen Verlaufes entziehen sie sich jedoch einer schematischen Beurteilung. Viele Kranke sind typische Schmerzpatienten mit allen damit verbundenen Problemen bei der Begutachtung; vgl. Kapitel 25 auf Seite 581 ff.

Allgemeinsymptome

Subjektive Allgemeinsymptome wie z. B. Schwäche, Müdigkeit oder Schmerz können die Lebensqualität drastisch senken, sind aber schwierig zu beurteilen. Typischerweise finden sich bei vielen Kollagenosen eine gesteigerte Ermüdbarkeit, Abgeschlagenheit, myalgiforme Schmerzen und Leistungsminderung. Ähnliche, somatisch schwer einzuordnende Symptome finden sich auch bei anderen rheumatischen Krankheiten und lassen sich dann nur durch Verhaltensbeobachtung objektivieren. Je nach Krankheitsbild sind sie unterschiedlich beeinflussbar. Nach Möglichkeit wird man ein Gutachten nicht nur auf diesen Allgemeinsymptomen aufbauen.

Topologie von Wirbelsäule und Gelenken

Die funktionalen Auswirkungen entzündlich-rheumatischer Manifestationen im Bereich der Wirbelsäule und der peripheren Gelenke werden insbesondere durch die Lokalisation bestimmt. Dies gilt erst recht bei einer Erkrankung mehrerer oder zahlreicher Gelenke, wie sie in der Rheumatologie die Regel ist. Die Gelenktopologie ist sowohl diagnostisch als auch für die sozialmedizinische Beurteilung wegweisend. So hat ein *isolierter* Befall von Finger- oder Zehenendgelenken geringere Relevanz als der eines Schultergelenkes. Sind *Bewegungsketten* der oberen (Schulter, Ellenbogen, Hand) bzw. unteren (Hüfte, Knie, Sprunggelenke) Extremitäten oder von Wirbelsäule und ISG-Gelenken (Spondylitis ankylosans) betroffen, sind die Folgen gravierender als die Summe der Einzelbefunde.

Viszerale Manifestationen

Viszerale Manifestationen sind obligat beim systemischen Lupus erythematodes und bei der progressiv-systemischen Sklerose; fakultativ bei der chronischen Polyarthritis, der Spondylitis ankylosans oder bei Borreliosen; sie fehlen bei vielen Spondarthritiden oder reaktiven Arthritiden.

Verlauf im Quer- und Längsschnitt

Im Verlauf einer jahrelangen Erkrankung erfasst die Begutachtung immer nur einen *Querschnittsbefund*, der durch eine retrospektive und prospektive *Längsschnittbetrachtung* zu ergänzen ist. So ist die entzündliche Aktivität zum Zeitpunkt der Begutachtung wenig aussagekräftig; sie wird es aber dann, wenn sie über Jahre persistierte und dies weiterhin zu erwarten ist. Mit Ausnahme fortgeschrittener Fälle mit irreversiblen Destruktionen ist auch bei Funktionsdefiziten zu unterscheiden, ob diese Resultat einer längeren Krankheitsentwicklung oder eine Momentaufnahme der aktuellen (sub)akuten Krankheitssituation sind.

Therapie und Prognose entzündlich-rheumatischer Erkrankungen haben sich in den letzten Jahren erheblich gewandelt. Durch ihre rasche entzündungshemmende und destruktionsverhindernde Wirkung spielen

Methotrexat und „Biologicals" wie TNFα- oder Interleukin-1-Hemmer in der Behandlung eine weitaus größere Rolle als die Basistherapeutika früherer Jahre wie D-Penicillamin. Nur die Berücksichtung der aktuellen therapeutischen Möglichkeiten erlaubt hier eine sachgerechte Beurteilung.

8.1.3 Sozialmedizinische Beurteilung

Zusammenfassend beruht die sozialmedizinische Beurteilung entzündlich-rheumatischer Krankheiten auf den Puzzle-Teilen: „schwer zu stellende Prognose", „Wissen um Spontanverläufe", „variable Chronizität", „Kenntnis um die Auswirkung auf die am häufigsten betroffenen Gelenke und Wirbelsäule", „viszerale Manifestationen", „häufig Systemerkrankungen" und „meist chronische Schmerzpatienten". Dabei bezieht sich die sozialmedizinische Beurteilung auf die Leistungsfähigkeit im Erwerbsleben, und hierbei sind insbesondere folgende Kriterien zu beachten:

▷ *Arbeitszeit und Arbeitsorganisation*; z. B. Frühschicht, Pausen im Hinblick auf Morgensteife, Schmerzmaximum, Ermüdbarkeit

▷ *Arbeitsschwere und Körperhaltung*; z. B. auch Berücksichtigung technischer Hilfen

▷ *Witterungseinflüsse*; z. B. Kälte, Nässe, Hitze, UV-Exposition

▷ *Aufmerksamkeit und Konzentration*; z. B. bei chronischen Schmerzen, zentralnervösen Manifestationen

Leistungen zur Teilhabe

Die meisten entzündlich-rheumatischen Krankheiten beginnen vor dem 45. Lebensjahr. Bei 25–30 % der an einer chronischen Polyarthritis Erkrankten besteht bereits nach 4–6 Jahren eine volle oder teilweise Erwerbsminderung [35, 45]. Ein klar definiertes Ziel ist es, diese meist jungen Menschen in der familiären und beruflichen Aufbauphase so lange wie möglich im Erwerbsleben zu halten. Dabei können auch ergonomische Arbeitsplatzanpassungen eine große Rolle spielen.

Medizinische Leistungen Da es besonders in frühen Krankheitsphasen gelingt, durch engmaschige Leistungen zur Teilhabe zahlreiche Patienten im Erwerbsleben zu halten, ist dies bei der Reha-Anregung zu beachten. Die für diese Patienten wichtige Krankengymnastik muss in kürzeren Abständen dem Krankheitsbild angepasst werden. Am erfolgversprechendsten sind hierfür konzeptgeschulte Teams (Ärzte, Psychologen, Physiotherapeuten usw.).

Berufliche Leistungen Ebenso wichtig können auch Leistungen zur Teilhabe am Arbeitsleben sein, z. B. innerbetriebliche Umsetzung oder Qualifizierungsmaßnahmen, wobei insbesondere die Topologie der betroffenen Gelenke und der Wirbelsäule zu berücksichtigen ist.

8.2 Arthritiden

8.2.1 Chronische Polyarthritis

Die chronische Polyarthritis ist eine entzündlich-systemische Bindegewebserkrankung unklarer Ätiologie und teilerforschter Pathogenese. Sie manifestiert sich vorwiegend an den Gelenken, involviert als Systemerkrankung (Polyserositis) auch Sehnenscheiden, Bursen, Blutgefäße, Augen, seröse Häute und innere Organe. Bei der polyätiologischen Entstehung der chronischen Polyarthritis spielen autoimmunologische, genetische und infektiöse Faktoren eine entscheidende Rolle [9].

Diagnostik

Bei der Diagnostik einer chronischen Polyarthritis sind die hierfür maßgeblichen Kriterien (Tabelle 8.1) zu berücksichtigen.

Anamnese Eine sorgfältige Anamnese besitzt für die Diagnostik der chronischen Polyarthritis einen hohen Stellenwert.

Körperliche Untersuchung Die Inspektion kann Gelenkdeformierungen, Wirbelsäulenfehlhaltungen

Kriterium	Definition
1. Morgensteife	Morgensteife in einem Gelenk von mindestens einer Stunde Dauer bis zum vollständigen Abklingen
2. Arthritis in 3 oder mehr Gelenkregionen	Fluktuierende Kapselschwellung (nicht knöcherne Verdickung) in mindestens 3 Gelenkregionen, objektiv beobachtet. Die 14 möglichen Gelenkregionen sind: proximale Interphalangealgelenke, Metakarpophalangealgelenke, Hand-, Ellenbogen-, Knie-, Sprunggelenke und Metatarsophalangealgelenke.
3. Arthritis an Hand- oder Fingergelenken	Befall mindestens eines Hand-, Metakarpophalangeal- oder proximalen Interphalangealgelenkes
4. Symmetrische Arthritis	Gleichzeitiger beidseitiger Befall derselben Gelenkregion
5. Rheumaknoten	Subkutane Knoten über Knochenvorsprüngen oder gelenknahen Streckseiten
6. Rheumafaktornachweis	Jegliche Methode, deren positiver Rheumafaktornachweis < 5% bei einer normalen Kontrollgruppe liegt
7. Radiologische Veränderungen	Typische Röntgenveränderungen in der dorsopalmaren Handaufnahme mit gelenknaher Osteoporose und (oder) Erosionen der betroffenen Gelenke. Arthrotische Veränderungen allein reichen nicht aus.

Vier der 7 Kriterien müssen zur Klassifikation erfüllt sein, die Kriterien 1–4 müssen mindestens 6 Wochen lang bestehen. Nach ARNETT et al. [2]

Tab. 8.1: ACR-Kriterien zur Diagnose der chronischen Polyarthritis

oder -formen, Veränderungen der Haut (DD z. B. Psoriasis) und der Augen (z. B. Iritis, Konjunktivitis, Episkleritis), von Entzündungen der Sehnen, Sehnenscheiden und Bursen (z. B. BAKER-Zyste) objektivieren. Finden sich Rötung, Schwellung, verstrichenes „Berg-und-Tal-Relief" (z. B. der Metakarpophalangealgelenke)? Auch die Entwicklungen am c. P.-Fuß lassen sich häufig bereits durch die Inspektion diagnostizieren (z. B. charakteristische Fußsohlenbeschwielung).

Dem „diagnostischen Händedruck" (GAENSLEN-Zeichen) an Händen und Füßen folgen die Messung der groben Kraft und die Festlegung der (noch möglichen) Feinmotorik der Hände. Bei den Funktionsprüfungen der Hand sind Kraft- und Präzisionsgriffe, Fingerkuppen-Hohlhand-Abstand, Faustschluss und Knopftest durchzuführen.

Danach werden systematisch Gelenk für Gelenk, Wirbelsäule und Weichteile untersucht. Aktive/passive Beweglichkeit, Tonus, Hyper- oder Hypotrophie der Muskulatur, Gelenkstabilität, Erguss: ja/nein werden festgelegt. Wichtig ist auch die Untersuchung von Sehnen und Sehnenscheiden – es gibt „reine" Sehnen(scheiden)verläufe der c. P. Ein spezieller Blick gilt den Kiefergelenken, die nicht nur prodromal von Bedeutung sind - sondern über eine Temporomandibulararthritis angegriffen werden können, was in Kauschmerzen und/oder einer verkleinerten Mundöffnung resultieren kann.

Periphere Kompressionssyndrome werden durch EMG/ENG und klinisch z. B. durch das PHALENsche, TINELsche, das Flaschen-Zeichen usw. untersucht.

Bildgebende Verfahren Nach wie vor dominiert das konventionelle Röntgen; z. B. Hände in 2 Ebenen d. p. und in 25° Supination oder 45° Pronation. Die Kernspintomographie wird für Weichteilprozesse (Aktivität eines Pannus, frühe Knochenödeme, frühe Erosionen), die Computertomographie bei knöchernen Veränderrungen (obere HWS, ISG-Arthritis) eingesetzt. Mehr und mehr in den Vordergrund rückt die Ultraschalluntersuchung bei BAKER-Zysten, Sehnenscheidenentzündungen, Schulter- und Hüftgelenken.

Labor Unspezifische Entzündungszeichen (BSG, CrP, Elektrophorese), Rheumafaktor und antinukleäre Antikörper (ANA) oder extrahierbare Antikörper (ENA), wie SS-A, SS-B, die auch auf ein sekundäres SJÖGREN-Syndrom hinweisen können, sind weniger für die Diagnose als für die Verlaufsbeurteilung nützlich. Prognostisch günstig sind niedrige Rheumafaktoren und ein niedrig-persistierendes Entzündungsniveau sowie der Nachweis von HLA-DR2; prognostisch ungünstig sind ein initial hoher IgM-Rheumafaktor, persistierend hohe Enzündungszeichen, die Allele des HLA-DR4/DR1 (0401, 0404, 0408 und 0101), insbesondere wenn homozygot vorhanden, und aszendierende oder persistierend hohe antinukleäre Antikörper.

Begutachtungskriterien

Schmerzen Der chronische Polyarthritiker ist ein chronischer Schmerzpatient. Funktionseinschränkungen sind bei allen Untersuchungen auf schmerzreflektorische bzw. organ-/ossärdestruierende Gelenk- und Halswirbelsäulenursachen zu untersuchen.

Gelenktopologie Diagnostisch eine bedeutende Rolle spielt die Hand des chronischen Polyarthritikers. Das symmetrische Erkranken beider Handgelenke kommt bei anderen systemischen Arthritiden nur sehr selten vor. Sehr häufig erkranken – ebenfalls symmetrisch – die Metakarpophalangealgelenke und proximalen Interphalangealgelenke; wesentlich seltener (8–12 %) die distalen Interphalangealgelenke. Häufig – gerade initial – übersehen: die Zehengrund- und Mittelgelenke. In absteigender Häufigkeit erkranken Knie-, Ellbogen-, Sprung- und Hüftgelenke. Zu beachten, wenn auch selten: die Temporomandibulargelenke.

Achsenbeteiligung In 60–70 % persistierend aktiver Verläufe kommt es zu einer Arthritis der atlantookzipitalen und Atlantoaxialgelenke. Prognostisch relevant sind die ventrale (25–40 %) und die seltenere (0,9–3,7 %) vertikale Dislokation (pseudobasiläre Impression) von Atlas und Dens, deren Stabilität, Mobilität und die Weite des Rückenmarkkanals. Im Bereich von HWK 3–7 treten Diszitis, Spondylodiszitis, Spondylarthritis, Step-ladder-Dislokation und häufig eine Osteoporose auf. Typische Folgen sind myogene Nacken- und Hinterkopfschmerzen, Nackensteife, Schädigungen kaudaler Hirnnerven sowie vegetativer und sensibler Bahnen, zervikale Wurzelsyndrome und Symptomatik i. S. e. vertebrobasilären Insuffizienz.

Viszerale Manifestationen Die viszeralen Manifestationen sind vaskulitisch bzw. nichtvaskulitisch verursacht. Der Rheumatologe sucht nach digitalen Nekrosen, Lungenfibrosen oder Gangrän (1–2 %), nach einer Pleuritis oder Perikarditis, einer sekundären Nieren-Amyloidose (5–8 %), nach subkutanen oder pulmonalen Rheumaknoten (12–15%). Nichtvaskulitische periphere Nervenkompressionssyndrome wie das Karpaltunnelsyndrom oder Tarsaltunnelsyndrom lassen sich in 45 %, zervikale Myelopathien in 20 % objektivieren [9, 21].

Verlauf Spontanremissionen sind sehr selten, therapeutische häufiger. Heute wird in der internistischen Rheumatologie so früh wie möglich und so aggressiv wie möglich (nötig) behandelt. Früh gegeben, wirken Methotrexat und „Biologicals" wie TNFα-Hemmer, Interleukin-1-Hemmer erheblich besser. Das immunpathologische „Karussell" der c. P. – einmal richtig in Fahrt Ursache für viele Therapieversager – kommt erst gar nicht in Schwung.

Sozialmedizinische Beurteilung

Wie in Abschnitt 8.1.3 dargelegt, ist eine Betrachtung im Querschnitt und Längsschnitt erforderlich. Bei der Querschnittsbetrachtung einer c. P. werden die Befunde auf den verschiedenen Ebenen (humoral, bildgebend, funktionserfassend usw.) festgelegt. Entscheidenden Anteil an der *sozialmedizinischen Beurteilung* eines c. P.-Patienten haben die Einordnung des Spontanverlaufs, die retrospektive Bewertung des Entzündungsniveaus (persistierend hoch, niedrig, schwankend), die Gelenktopologie (Bewegungskette, Gebrauchshand, obere/untere Extremitätengelenke) das Mitbetroffensein der oberen Halswirbelsäule und mögliche viszerale Manifestationen (Vaskulitiden). „Last but not least" müssen personenbezogene (z. B. Alter, Partnerschaft) und umweltbezogene (z. B. Arbeitsbedingungen) Kontextfaktoren in die Begutachtung mit einfließen.

Rehabilitation Da ein erheblicher Teil aller chronischen Polyarthritiker zwischen dem 18. und dem 40. Lebensjahr ersterkrankt, gilt für die Durchführung medizinischer Reha-Leistungen das Motto: engmaschig und früh. Nicht weniger wichtig sind rechtzeitig induzierte Leistungen zur Teilhabe am Arbeitsleben – manchmal lebensentscheidend.

8.2.2 Juvenile idiopathische Arthritis

Nach neuester Nomenklatur sind juvenile idiopathische Arthritiden (JIA) als Krankheiten definiert, die bei Kindern unter 16 Jahren zu einer ärztlich diagnostizierten Gelenkschwellung von über 6 Wochen Dauer führen, die nicht mechanisch induziert ist [26]. Im Übergang zum Erwachsenenalter und später differieren die Subtypen. Drei von ihnen – die seropositive juvenile Arthritis, die juvenile idiopathische Arthritis psoriatica und die mit Enthesitiden verlaufende JIA – finden im Erwachsenenalter Äquivalente. Andere Verlaufsformen, wie die systemische Arthritis, andere Arthritiden und die an wenigen Gelenken persistierende Oligarthritis spielen in der Beurteilung im Erwachsenenalter keine entscheidende Rolle.

Die Prävalenz aktiver juveniler Arthritiden im Erwachsenenalter liegt zwischen 0,00011 und 0,0005 % [23]; letzteres entspräche in Deutschland etwa 2000 Erkrankten. Früher nahm man an, dass 80–90 % im Erwachsenenalter beschwerdefrei werden. Arbeiten der letzten Jahre zeigen jedoch, dass jeder zweite Erwachsene noch aktiv erkrankt ist [10, 22, 46]

Die Langzeitprognose wird durch Wachstumsstörungen, Osteopenie, Osteoporose, Visusminderung nach Iritis und durch persistierende Arthritiden und Sekundärarthrosen bestimmt. Funktionell ist etwa jeder 10. Erwachsene mit JIA deutlich beeinträchtigt,

bevorzugt Patienten mit polyartikulärem Verlauf [11]. Sekundäre Coxarthrosen erfordern häufig eine frühzeitige endoprothetische Versorgung [25]. Während allgemeine Wachstumsstörungen an Bedeutung verlieren, finden sich lokale Wachstumsstörungen (z. B. Mikrognathie) noch relativ häufig. Im Mittelpunkt stehen die Langzeitschäden der Augen. Häufige, nicht selten foudroyante (Irido-)Zyklitiden führen bei 15–50 % der Betroffenen zu Sehminderungen [18].

Erstaunlicherweise spielen Krankheitsfolgen auf sozialer Ebene nahezu keine Rolle [22].

8.2.3 Arthritis psoriatica

Die Arthritis psoriatica ist eine rheumafaktor-negative Systemarthritis, die *vor* (10–15 %), *gleichzeitig* mit (15–20 %) oder *nach* (65–80 %) einer Psoriasis auftreten kann. Die Prävalenz der Psoriasis liegt bei ca. 2 %, wovon jeder 12. bis 15. an einer Arthritis erkrankt (Prävalenz: 0,13–0,17 %) [40]. Für die Diagnose einer *Arthritis psoriatica sine psoriase* sind spezifische, anderen Arthritiden mit Ausnahme des Morbus REITER nicht eigene bildgebende Befunde erforderlich.

Diagnostik

Charakteristisch ist der meist asymmetrische Befall der Finger- und Zehengelenke (distale Interphalangealgelenke, Befall im Strahl [Daktylitis]) und die Veränderungen im Röntgenbild. Fakultativ ist die Wirbelsäule betroffen. Autoimmunphänomene und viszerale Manifestationen sind viel seltener als bei den chronischen Polyarthritiden.

Begutachtungskriterien

Der Gutachter muss zwei Krankheitsbilder (Arthritis und Psoriasis) beurteilen; in manchen Fällen auch drei, wenn eine Spondylitis psoriatica hinzukommt.

Schmerz Zu differenzieren ist die Schmerzgenese. Die Psoriasis verläuft sehr häufig mit Arthralgien, ohne dass eine Arthritis vorliegt. Die Mitreaktion von peri- und interartikulären Geweben (Daktylitis, Wurstzehen, Wurstfinger) und die Enthesitis von vorderem

Verlaufsformen	Häufigkeit
1. **Arthritis mutilans** mit rapid-aggressivem Destruktionspotential	2 – 5 %
2. Olig- oder Polyarthritis mit Betonung **distaler Interphalangealgelenke** mit mittlerem bis deutlichem Destruktionspotential	15 – 25 %
3. **Symmetrische** Polyarthritis mit mittlerem bis deutlichem Destruktionspotential	25 – 35 %
4. **Asymmetrische** Polyarthritis mit mildem bis mittlerem Destruktionspotential	40 – 55 %
5. **Axiale** Manifestation (iliosakrale Arthritis oder Spondylarthritis)	25 – 30 %

Die Verlaufsformen überschneiden sich (Mehrfachnennungen). Eine axiale Mitbeteiligung ist bei allen Verläufen möglich.

Tab. 8.2: Verlaufsformen der Arthritis psoriatica

Schambein, großen Trochanteren, Achillessehnen usw. stellen ein eigenes, nichtarthrogenes Schmerzpotenzial dar. Enthesitische Reaktionen an den Dornfortsätzen der Halswirbelsäule, eventuell begleitet von Spondylarthritiden, weisen auf eine bipolare Achsenmanifestation (Halswirbelsäule und Iliosakralgelenke) der Spondylitis psoriatica hin.

Gelenktopologie Verlaufsform (Tab. 8.2) und Destruktionspotential spielen eine entscheidende Rolle. Mutilierende Verläufe (Windmühlenhände) beeinträchtigen Gelenkstrukturen und -funktionen erheblich. In abgeschwächter Form gilt dies auch für die symmetrischen polyartikulären Verläufe. Abhängig von den jeweils betroffenen Gelenken und Bewegungsketten ist die Prognose im Fall der Mutilation schlechter als bei der chronischen Polyarthritiden, im Fall der symmetrisch polyartikulär Erkrankten ähnlich schlecht. Dagegen erfordern pauci- oder oligartikuläre Arthritiden mit mildem bis mäßigem Destruktionspotenzial eventuell nur funktionsirrelevanter Gelenke ein kritisches Abwägen.

Achsenbeteiligung Die iliosakrale Arthritis im Rahmen einer Arthritis psoriatica verläuft in der Regel milder und schmerzärmer als die der Spondylitis ankylosans. Das gilt auch für die Wirbelsäulenmanifestationen. Wie im Rahmen anderer Spondarthritiden erkranken häufig auch Synchondrosen (manubriosternal, symphysär) und kostosternale Gelenke.

Psoriasis Häufig muss der internistische Rheumatologe die Frage nach der sozialmedizinischen Einschätzung der Psoriasis mitbeantworten. In Zweifelsfällen sollte jedoch ein dermatologisches Gutachten erstellt werden; vgl. hierzu Kapitel 19 auf Seite 445 ff.

Sozialmedizinische Beurteilung

Zu berücksichtigen sind insbesondere Aspekte hinsichtlich der Variabilität der Entzündungsaktivität (z. B. Remissionsphasen), des Befallsmusters (z. B. ausschließlich distale Finger- und Zehengelenke, Oligarthritis, symmetrische Polyarthritis, Achsenbeteiligung), des Destruktionspotenzials (z. B. mutilierende Arthritis) und des Einflusses der Psoriasis (Art und Ausmaß) auf die sozialmedizinische Beurteilung.

8.2.4 Reaktive Arthritiden

Reaktive Arthritiden folgen bakteriellen oder viralen Primärinfektionen. Ihre Verknüpfung mit HLA-B27 und die fakultative axiale Manifestation begründen die Einordnung zu den Spondarthritiden. Wegen der infektiösen Ätiologie werden sie separat von autoimmuninduzierten Gelenkerkrankungen abgehandelt [31].

Nach gastrointestinalen und urogenitalen Infektionen

Neben den in Tabelle 8.3 auf der nächsten Seite aufgeführten Erregern sind auch Meningokokken, Treponema pallidum, Parasiten (Toxoplasmen) sowie Impfungen (Röteln) in der Lage, Arthritiden zu induzieren. Die Primärinfektion ist oft asymptomatisch, was die Diagnose erschwert.

Urogenitale Infektionen werden antibiotisch behandelt, was aber keinen Einfluss auf die Entwicklung einer reaktiven Arthritis (30–45 %) hat. Arthritiden nach gastrointestinalen Infektionen limitieren sich nach 4–6 Monaten und werden in weniger als 20 % chronisch. Die Chronizität scheint an HLA-B27 gekoppelt.

Brucellen	Brucellen-Arthritis
Spirochäten (Borrelia burgdorferi)	Lyme-Arthritis
Streptokokken	Rheumatisches Fieber, Streptokokken-Arthritis
Salmonellen, Shigellen, Chlamydien, Mykoplasmen, Gonokokken	REITER-Syndrom
Yersinien	Yersinien-Arthritis
Rötelnviren	Röteln-Arthritis
Hepatitis B und C	Arthralgien, Arthritiden

Tab. 8.3: Häufige Erreger reaktiver Arthritiden

Typisch sind der „donnernde" Beginn und die nur in ca. 2/3 bestehende Korrelation mit HLA-B27. Gewichttragende Gelenke (Knie-, Sprunggelenk, Vorfuß) erkranken dominierend. Viele reaktive Arthritiden limitieren sich selbst nach einigen Monaten. Und nicht zuletzt: Nichts „konstruiert" sich leichter als eine reaktive Arthritis, wenn der zeitliche Zusammenhang (zwei bis maximal acht Wochen) zwischen den einzelnen Symptomen nicht beachtet wird.

Die selbstlimitierenden Verläufe spielen sozialmedizinisch keine Rolle. Bei den chronisch-rezidivierenden Verläufen sind Rezidivintervalle und -dauer maßgebend. Lediglich die durchgehend chronischen Erkrankungen, häufig eine Mischung von Arthralgien und Arthritiden, führen zu Strukturschäden und Funktionsdefiziten, welche das Leistungsvermögen einschränken.

Nach Borrelieninfektionen

Bei der Lyme-Borreliose entstehen stadienabhängig im Verlauf der Zeit Symptome an der Haut, den Gelenken, der Muskulatur, den Augen und dem ZNS. „Den Spontanverlauf" der Lyme-Borreliose gibt es nicht. Zwischen den einzelnen Stadien gibt es Überschneidungen. Auch können ein oder zwei Stadien von Patienten symptomlos durchlaufen werden. Erst spät wird die Krankheit dann klinisch manifest.

Die Diagnose der Lyme-Arthritis ist ausschließlich durch die Kombination klinische Befunde, anamnestische Daten und von Labordaten möglich, aber nicht durch isolierte Laborbefunde („endemische" Durchseuchung mit Borrelien-tragenden Zecken!). Den Erreger in der Kultur zu isolieren gelingt bei der Lyme-Borreliose meist nicht. Mit der PCR wird versucht, den Erreger in Synovia, Liquor und bioptischen Hautstanzen nachzuweisen. IgM-Antikörper treten vor IgG-Antikörpern auf. Letztere persistieren nicht selten auf mittelhohem Niveau. Dennoch sind sie eher als Durchseuchungs- denn als Ätiopathogenesetiter zu interpretieren. Positive IgM- und IgG-Titer im Serum (ELISA) müssen immer im Immunoblot abgesichert werden.

Bereits im Stadium II können heftige Arthralgien und Myalgien auftreten. Die (unbehandelte) Lyme-Borreliose entwickelt sich dann im Stadium III zur Lyme-Arthritis, einer rezidivierenden Olig- oder Monarthritis (Kniegelenk!), die häufig von daktylitischen Finger- und Zehenschwellungen sowie Enthesitiden begleitet ist.

Prognostisch bedeutsam sind etwa 10% aller Lyme-Arthritiden, die chronisch werden und Erosionen nachweisen lassen. Dauerhafte, sehr schwere Gelenkschäden entstehen selten. Prognostisch von großer Relevanz sind Neuroborreliosen, die sich als subakute Enzephalopathie, Leukoenzephalitis und axonale Polyneuropathie manifestieren.

Neuroborreliosen stehen in ihrer Symptomatik (radikulärer Schmerz, Parästhesien) ebenso wie das sog. „Post-Lyme-Syndrom" [4] nicht selten in der Nähe des „Fibromyalgie-Syndroms" und des „Chronic-Fatique-Syndroms" – aber auch des zerebralen systemischen Lupus erythematodes mit neuropsychiatrischen Symptomen.

Während – adäquat behandelt – der Löwenanteil der Lyme-Borreliosen ausheilt und deshalb nur zeitlich limitierte Phasen Indikationen für Leistungen zur Teilhabe darstellen, werden chronische Lyme-Arthritiden und Neuroborreliosen, flankiert von Arthritiden und Arthralgien sowie Myalgien nicht selten „schnell" zum Gegenstand sozialmedizinischer Betrachtungen. Auch bei ihnen gilt es, sich mit dem Problem der Müdigkeit, Abgeschlagenheit und Leistungsschwäche auseinander zu setzen.

A. Diagnose

klinische Kriterien:
1. tieflokalisierte Kreuzschmerzen und -steifigkeit von ≥ 3 Monaten, die nicht durch Ruhe, sondern durch Bewegung vermindert werden
2. Bewegungseinschränkungen der Lendenwirbelsäule in der sagittalen und frontalen Ebene
3. alters- und geschlechtsadaptiert verminderte Atembreite

radiologische Kriterien:
4. beidseitige Sakroiliitis, Grad II–IV
5. einseitige Sakroiliitis, Grad III–IV

B. Klassifikation

definitive Spondylitis ankylosans:
- einseitige Sakroiliitis, Stadium III oder IV,
- bzw. bilaterale Sakroiliitis, Stadium II–IV
+ ein klinisches Kriterium

wahrscheinliche Spondylitis ankylosans:
1. wenn alle klinischen Kriterien erfüllt sind oder
2. einseitige (III, IV) oder bilaterale Sakroiliitis (II–IV)

nach VAN DER LINDEN et al., 1984 [43]
Tab. 8.4: Modifizierte New-York-Kriterien zur Diagnose der Spondylitis ankylosans

8.3 Spondarthritiden

Spondarthritiden sind entzündliche Systemerkrankungen von Wirbelsäule, Gelenken, Band-, Sehnen- und Kapselstrukturen. Außerhalb des Bewegungssystems erkranken häufig die Augen (Iritis, Iridozyklitis), die Haut (Psoriasis) und der Darm (Colitis ulcerosa, Morbus CROHN). Diagnostische Kriterienkataloge unterscheiden zwischen undifferenzierten und feststehenden Spondarthritiden [7, 42]. Letztere umfassen nosologisch festgelegte Erkrankungen wie die Spondylitis ankylosans, die Arthritis psoriatica und einen Teil der reaktiven Arthritiden.

8.3.1 Spondylitis ankylosans

Die Spondylitis ankylosans (Morbus BECHTEREW) verläuft wechselnd progredient und ist nach heutigem Stand der Medizin nicht heilbar. Sie kommt schließlich von selbst zur Ruhe, was in jedem Stadium der Erkrankung möglich ist. Diagnostisch werden am häufigsten die modifizierten New-York-Kriterien genützt (Tabelle 8.4). Das früher angenommene Verhältnis Männer zu Frauen von 10:1 wurde infolge besserer diagnostischer Möglichkeiten auf 4:1 korrigiert. Kontrovers wird beurteilt, ob die Prognose bei Frauen günstiger ist als bei Männern. Schwere Verläufe gibt es bei beiden Geschlechtern, eine periphere Gelenkbeteiligung ist bei Frauen 3–4mal häufiger als bei Männern.

Diagnostik

Keine Spondylitis ankylosans ohne Iliosakralarthritis. Leitsymptom ist der *entzündliche Kreuzschmerz* mit Krankheitsbeginn vor dem 40. Lebensjahr, schleichendem Beschwerdebeginn, einer Dauer ≥ 3 Monate, Morgensteife und Besserung durch Bewegung [5].

Anamnese Typisch sind dumpf empfundene Kreuzschmerzen mit Ausstrahlung in die Darmbeinschaufeln und zur Hinterseite der Oberschenkel bis zur Kniekehle. Die Schmerzen treiben die Patienten nachts oder frühmorgens aus dem Bett, sie bessern sich durch Bewegung und verstärken sich durch Husten, Niesen, Pressen und Erschütterungen. Oft nicht vom Schmerz zu trennen ist eine morgendliche Steife der Lendenwirbelsäule. Vor den Kreuzschmerzen können Arthralgien, Arthritiden oder Gelenkergüsse auftreten, vorwiegend in Form von Mon- oder Oligarthritiden der Knie-, Sprung-, Hüft- oder selten der Schultergelenke. Gezielte Fragen erfassen frühere Iridozyklitiden, Fersenschmerzen, Schmerzen an den Übergängen vom Sternum zu den Rippen und dem Rippenknorpel. Wichtig sind auch Fragen nach Spondarthritiden in der Familie.

Körperlicher Befund Das MENNELLsche Zeichen signalisiert einen Verschiebeschmerz zwischen Os ileum und Os sacrum, das Vorlaufzeichen weist auf eine einseitige Hyper- oder Hypomobilität hin. Die Bewegungsmaße von HWS (Rotation, Seitneigung, Ante-/Retroversion, Kinn-Sternum-Abstand und Hinterhaupt-Wand-Abstand), BWS (OTT) und LWS

Stadium	Klinik	Röntgen	Funktion
I	Bewegung bessert den Schmerz. MENNELLsches Zeichen pathologisch. Insertionsschmerzen.	Iliosakrale Arthritis	Beginnende Funktionseinschränkung der Wirbelsäule durch nichtfixierte Fehlhaltungen.
II	SCHOBER, OTT und MACRAE pathologisch. Abgeflachte Lordose der LWS. Hyperkyphose der oberen BWS.	Iliosakrale Arthritis. Kastenwirbel (Spondylitis anterior)	Versteifung eines Wirbelsäulenabschnittes. Differenz zwischen Wirbelsäulenbewegungen mit u. ohne Belastung weist auf Reserven hin.
III	Kinn-Sternum- und Hinterhaupt-Wand-Abstand vergrößern sich. Alle Messzeichen pathologisch.	Iliosakrale Arthritis. Ein bis zwei überbrückende Syndesmophyten (Spondylitis anterior)	Knöcherne Thoraxcompliance reduziert. Wirbelsäule bis auf die HWS versteift und funktionslos.
IV	Fußballbauch. Bügelbrettrücken. Hüft-, Knie-, Schulterkontrakturen. „Pseudo-PARKINSON"-Gang.	Partielle/komplette ISG-Ankylose. Mehrere überbrückende ventrale und laterale Syndesmophyten (Bambusstab).	Wirbelsäulenbeweglichkeit funktionell vollständig aufgehoben.

Tab. 8.5: Stadieneinteilung der Spondylitis ankylosans

(SCHOBER, MACRAE) und die thorakolumbale Rotation bei fixiertem Becken werden in Kapitel 7.2 auf Seite 144 ff. ausführlicher dargestellt. Zu achten ist auch auf Thoraxkompressionsschmerz, Klopfschmerz einzelner Wirbelkörper sowie auf die Atembreite, die bei pathologischem Ausfall durch eine Lungenfunktionsmessung zu ergänzen ist.

Labor Die *Entzündungsparameter* (BSG, CrP) sind selten so hoch wie im Rahmen der chronischen Polyarthritis. Als sensitives Akute-Phase-Protein hat sich das Haptoglobin herausgestellt.

Das *HLA-B27* gilt zwar als genetischer Marker, beweist aber nicht die Diagnose. Von 1000 Untersuchten sind etwa 70 HLA-B27-Träger. Davon erkranken sechs ($< 10\%$) an einer HLA-B27-assoziierten Krankheit (Spondylitis ankylosans, Spondarthritiden, reaktive Arthritiden). Ein negatives HLA-B27 ist valider als ein positives [17]. Auch der Krankheitsverlauf hängt nicht vom HLA-B27 ab.

Bildgebende Verfahren Das *konventionelle Röntgen* (z. B. Tomographie der Iliosakralgelenke) bleibt schon aus Kostengründen die Methode der Wahl. Das gilt insbesondere für Manifestationen an der Wirbelsäule wie Spondylitis anterior, Diszitis, Spondylodiszitis, Syndesmophyten, Mixtaosteophyten usw. Die *Computertomographie* zeigt frühe Erosionen und subchondrale Sklerosen. Der Vorteil der *Kernspintomographie* liegt in der exzellenten Darstellung von Knorpelalterationen, subchondralen Knochenmarködemen und der Graduierung der Entzündungsaktivität.

Begutachtungskriterien

Den typischen Verlauf der Spondylitis ankylosans zeigt die Stadieneinteilung in Tabelle 8.5. Im Verlauf können Komplikationen wie axiale Osteoporose, Wirbelkörperfrakturen und Pseudoarthrosen auftreten. Letztere besitzen ein erhebliches Schmerzpotential. Darüber hinaus sind im konkreten Einzelfall zahlreiche weitere Kriterien zu berücksichtigen, die sich aus dem variablen Krankheitsverlauf ergeben:

Arthritiden Weit häufiger als bei einer „Wirbelsäulenkrankheit" vermutbar, entwickeln sich Arthritiden stammnah (Hüften, Knie, Schultern; in 30–50 %) aber auch der kleinen peripheren Gelenke (Finger, Zehen,

Hand, Ellbogen; in 8–12 %). Diese peripheren Arthritiden ähneln der chronischen Polyarthritis, verlaufen jedoch milder und weniger destruktiv.

Eine Bewegungseinschränkung der Schulter-, Hüft- oder Kniegelenke beraubt den BECHTEREW-Patienten im Endstadium mit gebeugter, versteifter Wirbelsäule und eingeschränktem HEPPschem Blickwinkel der letzten Möglichkeit, sich aufzurichten und seinem Gegenüber in die Augen zu schauen.

Enthesitis Allen Spondarthritiden eigen sind Entzündungen der Sehnen-, Band- und Kapselinsertionen. Prädilektionsorte sind die Ligg. interspinalia der Halswirbelsäule, Insertionsstellen an Scham- und Sitzbein, an der Achillessehne und der Plantarfaszie. Diese Enthesitiden bestimmen im Rahmen einiger Spondylitisankylosans-Verläufe das Schmerzgeschehen und legen das „Schmerzniveau" fest. Enthesitiden sind druckdolent, aber auch in Ruhe und ohne äußere Einflüsse sehr schmerzhaft.

Augen Initial erkranken Vorderkammer (Iritis) und Ziliarkörper (Iridozyklitis) eines Auges in fast 100 % einseitig. Im Verlauf wechseln HLA-B27-positive Patienten in ca. 60 % zwischen beiden Augen. Prognostisch sind die Häufigkeit der Iritisrezidive pro Jahr und ihre Folgen (hintere Synechien) relevant.

Lungen Die Entzündung der Kostovertebral- und Kostosternalgelenke führt zu einer restriktiven Ventilationsstörung unterschiedlicher Schwere. Extrem selten sind kavernöse Oberlappenfibrosen. Sie können zystoid oder diffus konfiguriert und mit Aspergillus und/oder Mykobakterien besiedelt sein.

Herz Etwa 2 bis 4 % aller Patienten mit Spondylitis ankylosans leiden unter einer mesaortitisch induzierten Aorteninsuffizienz, einem AV-Block ersten Grades und Herzrhythmusstörungen.

Amyloidose Eine über Jahrzehnte persistierende hohe Entzündungsaktivität führt in bis zu 8,5 % zur sekundären Amyloidose [16].

Sozialmedizinische Beurteilung

Die Spondylitis ankylosans ist die Erkrankung, bei der Leistungen zur Teilhabe (auch am Arbeitsleben) einen großen Stellenwert besitzen. Bestimmt doch die konsequent durchgeführte, dem Verlauf angepasste Krankengymnastik in den meisten Fällen, wie eine Spondylitis ankylosans funktionell verläuft. Diese Aussage gewinnt noch an Bedeutung, wenn Hüft-, Knie- oder Schultergelenke mitbetroffen sind.

Bei der Sp. a. haben letztlich die Ergebnisse des Spontanverlaufs, auch des krankengymnastisch und medikamentös beeinflussten, für die sozialmedizinische Beurteilung große Relevanz. Mit in diese Beurteilung fließen müssen Folgezustände von Iritiden, die Entwicklung einer restriktiven Lungenfunktionsstörung und (selten) anderer viszeraler Komplikationen und c. P.-ähnlichen Gelenkmanifestationen. Die Erkrankung der oberen Halswirbelsäule muss ebenfalls in die sozialmedizinische Bewertung miteinbezogen werden. Der in etwa 5 % existierende sogenannte Gamma-Typ [30] hat die schlechteste Prognose.

8.3.2 Enteropathische Spondarthritiden

Die Beziehung zwischen Darmentzündungen und (Spond)arthritiden reicht von den reaktiven Arthritiden nach Infektionen (z. B. Yersinien) über die Hypothese, dass Klebsiellen bei der Spondylitis ankylosans ursächlich eine Rolle spielen [8], bis zum Morbus CROHN und zu mikroskopischen Entzündungen von Ileum oder Colon [6]. Auch bei der Colitis ulcerosa finden sich Haut- und Schleimhautläsionen (15,9 %), Augenläsionen (9,7 %) und Gelenk- bzw. Wirbelsäulenmanifestationen (39 %) [28].

Die Koinzidenz einer chronisch-entzündlichen Darmerkrankungen (CED) mit einer Spondylitis ankylosans beim selben Patienten ist 100–200mal häufiger, als es einem zufälligen Zusammentreffen entspräche [32]. Diagnostische Kriterien der chronisch-entzündlichen Darmerkrankungen finden sich in Kapitel 15 und für die Spondarthritiden in Abschnitt 8.3. Für die Begutachtung ist von Bedeutung, welches der beiden Krankheitsbilder jeweils dominiert. Überwiegt das gastrointestinale Geschehen, ist zur Begutachtung immer ein Gastroenterologe zu Rat zu ziehen. Häufig finden sich parallel zu den CED blande verlaufende spondarthritische Abläufe (diskrete Sakroiliitis und Funktionseinschränkung der Lendenwirbelsäule). Andererseits kann sich bei koinzidentell schlechterem Verlauf die Schwere beider Krankheiten nicht nur addieren sondern potenzieren.

8.4 Konnektivitiden

8.4.1 Systemischer Lupus erythematodes

Der systemische Lupus erythematodes (SLE) ist eine schubweise verlaufende, chronisch-entzündliche Autoimmunerkrankung mit obligater viszeraler Beteiligung. Charakteristisch ist der Nachweis von Autoantikörpern gegen Zellkernbestandteile. Die Ätiologie ist unbekannt. Frauen erkranken 10mal häufiger als Männer. Das Prädilektionsalter liegt zwischen dem 15. und 30. Lebensjahr.

Diagnostik

Die häufigsten Symptome des systemischen Lupus erythematodes (SLE) im Verlauf zeigt Tabelle 8.6. Die Erkrankung kann schleichend oder hochakut beginnen. Sie verläuft zumeist in Schüben. Nahezu alle Organe können involviert und die Symptome zu unterschiedlichen Zeitpunkten manifest werden. Entsprechend schwierig sind die Diagnose und die Festlegung eindeutiger Spontanverläufe. Erschwerend kommt hinzu, dass sich die Verlaufsformen mittelfristig ändern.

Dennoch hat die wissenschaftliche Forschung in den letzten Jahren – nicht zuletzt spezifischer Therapieansätze wegen – erhebliche Anstrengungen unternommen, um „SLE-Subsets" (= spezielle Spontanverläufe) herauszuarbeiten.

Als für die sozialmedizinische Begutachtung (meist) nicht relevant können der medikamenteninduzierte SLE und der diskoide LE (er entwickelt sich nur in ca. 5 % aller Fälle zum systemischen Lupus erythematodes) ausgeklammert werden.

Dagegen müssen charakteristische Spontanverläufe, das primäre Antiphospholipid-Syndrom und der subakut kutane LE genauer aufgeschlüsselt werden.

> 50 – < 85	Prozent
Allgemeinsymptome	70 / 85
Arthralgien	75 / 85
Arthritiden	62 / 74
Erytheme	48 / 70
Nephritiden	
< 49 – 30	**Prozent**
Photosensitivität	29 / 45
ZNS-Beteiligung	21 / 47
RAYNAUD-Symptomatik	26 / 46
Pulmonale Erkrankungen	20 / 37
Schleimhautulzerationen	15 / 39
< 30	**Prozent**
Augen, Lymphadenopathie	
Peri-Myokarditis, Thrombozytopenie	

Nach SCHRÖDER et. al., 2000 [33] und HIEPE, 2001 [14]
Tab. 8.6: Häufigste Symptome des systemischen Lupus erythematodes zu Beginn und im Verlauf der Erkrankung

Das sekundäre Antiphospholipidantikörpersyndrom im Rahmen des systemischen Lupus erythematodes ist durch den Nachweis von Lupusantikoagulans und Antiphospholipidantikörpern, arterielle und venöse Thromben, rezidivierende Aborte und eine Thrombozytopenie gekennzeichnet. Die Abgrenzung vom primären Antiphospholipidantikörpersyndrom gründet sich auf das Fehlen von Symptomen, die beim SLE sehr häufig sind wie Arthritiden, Polyserositiden, Hautmanifestationen (diskoider LE, Schmetterlingserythem), eine Lymphopenie sowie Anti-dsDNA- (und ENA-)Antikörper.

Erschwerend zur genauen Einschätzung und letztlich Prognose ist, dass sich der systemische Lupus erythematodes in kurzen, aber auch in mittelfristig bis langen Zeiträumen in seiner Verlaufsform ändern kann. Aus der Tabelle geht auch hervor, dass es die fehlenden oder schweren bis sehr schweren Organmanifestationen sind, die – zum Zeitpunkt der Untersuchung – funktionelle Defizite unterschiedlichen Ausmaßes hinterlassen haben, die die Beurteilung entscheidend beeinflussen. Ähnliches gilt für den Lupus mit neuro-

1. Schmetterlings-erythem	fixiertes Erythem, das flach oder erhaben im Bereich der Wangen, meist unter Aussparung der nasolabialen Falten lokalisiert ist
2. Diskoide Hautveränderungen	erythematöse, erhabene Hautflecken mit adhärenten keratotischen Anteilen und follikulärem Verschluss; atrophische Narben können in älteren Läsionen auftreten
3. Photosensitivität	vom Patienten anamnestisch angegebene Hautrötungen, die infolge einer ungewöhnlichen Reaktion auf Sonnenlicht auftreten
4. Orale Ulzerationen	durch einen Arzt festgestellte orale oder nasopharyngeale Ulkusbildungen, gewöhnlich schmerzlos
5. Arthritis	nichterosive Arthritis mit dem Befall von zwei oder mehr peripheren Gelenken, charakterisiert durch Steife, Schwellung oder Gelenkerguss
6. Serositis	a) Pleuritis-typische Anamnese für einen Pleuraschmerz oder ein Reiben, das auskultatorisch durch einen Arzt festgestellt wird, oder Nachweis eines Pleuraergusses, oder b) Perikarditis – gesichert durch ein EKG oder durch ein Reibegeräusch oder durch den Nachweis eines perikardialen Ergusses
7. Nierenerkrankung	a) persistierende Proteinurie von mehr als 0,5 g/d oder $>3+$, wenn eine Quantifizierung nicht durchgeführt wird, oder b) zelluläre Zylinder, Erythrozyten-, Hämoglobin-, granuläre, tubuläre oder gemischte Zylinder
8. Neurologische Erkrankung	a) Schlaganfall – oder offensichtliche Medikamenteninduktion und nach Ausschluss einer metabolischen Stoffwechselstörung b) Psychose – ohne offensichtliche Medikamenteninduktion und nach Ausschluss einer metabolischen Stoffwechselstörung
9. Hämatologische Erkrankung	a) hämolytische Anämie – mit Retikulozytose oder b) Leukopenie $<4.000/\mu l$ – zwei oder mehrmaliger Nachweis oder c) Lymphopenie $<1.500/\mu l$ bei zwei oder mehr Untersuchungen oder d) Thrombozytopenie $<100.000/\mu l$ ohne die Einnahme eines möglicherweise ursächlichen Medikamentes
10. Immunologische Erkrankung	a) positiver LE-Zell-Test oder b) Anti-DNA: Ak gegen native dsDNA in einem erhöhten Titer oder c) Anti-Sm: Nachweis von Ak gegen Sm-Antigene oder d) falsch positiver serologischer Test für Syphilis[a], positiv mehr als 6 Monate lang, gesichert über einen Treponema-pallidum-Immobilisationstest oder Fluoreszenz-Treponema-Ak-Absorptionstest
11. Antinukleäre Antikörper	Nachweis eines erhöhten antinukleären Antikörpertiters in der Immunfluoreszenz oder einem gleichwertigen Test zu einem bestimmten Zeitpunkt, ohne Zusammenhang zu einem Medikament, das mit einem sog. medikamentös induzierten Lupussyndrom assoziiert sein kann.

a. Mittlerweile ist bekannt, dass die falsch positive Syphilisreaktion bei LE-Patienten auf Antiphospholipid-Ak zurückzuführen ist. Die Sensitivität spezifischer Tests (ELISA) auf Antiphospholipid-Ak ist höher als die der Syphilistests. Ihr Nachweis sollte als gleichwertig spezifisch gelten.

Nach TAN et. al. [38]

Tab. 8.7: Klassifikationskriterien der ARA von 1982 für den systemischen Lupus erythematodes

psychiatrischen Symptomen.

Die sozialmedizinische Beurteilung kann sich nicht allein auf die diagnostischen Kriterien und die zum Zeitpunkt der Begutachtung objektivierten Funktions- und Aktivitätsstörungen stützen, sie ergibt sich vielmehr aus der zusammenfassenden Retrospektive und den fassbaren prognostischen Faktoren.

Begutachtungskriterien

Allgemeinsymptome Sozialmedizinisch schwer fassbare Symptome wie Abgeschlagenheit, gesteigerte Ermüdbarkeit und Leistungsinsuffizienz bestehen i. d. R. nicht nur im Arbeitsleben – sie ziehen sich auch z. B. durch Urlaube oder Freizeitaktivitäten. Sie trotzen häufig ärztlichen Behandlungsmaßnahmen und persistieren meist über lange Erkrankungsverläufe. Trotz hoher Motivation ist die Symptomatik nicht durch Willensanstrengung zu überwinden. Wichtige, die Teilhabe am täglichen, beruflichen und privaten Leben einschränkende Kontextfaktoren sind die Beeinträchtigungen durch das beim SLE nicht seltene sekundäre SJÖGREN-Syndrom (Arbeitsbedingungen, Urlaub usw.), die Folgen eines sekundären Antiphospholipid-Syndroms (Möglichkeiten zur Schwangerschaft, Aborte usw.) und die Auswirkungen auf alle Lebensebenen, die gehäufte bakterielle, virale, mykotische und parasitäre Infektionen mit sich bringen. Auch beim SLE hat der Zeitpunkt der Begutachtung Relevanz. Je später im Verlauf, um so größer ist die Wahrscheinlichkeit von Folgekrankheiten: Proteinurien, Hypertonie und koronare Herzerkrankungen (vor allem nach langdauernder – auch low-dose – Glukokortikoid-Therapie) sind zu beachten [19, 27].

Gelenke Nahezu 85 % der Arthritiden verlaufen nicht destruierend, 15 % führen zu c. P.-ähnlichen Bildern (Deviation der Langfinger, Deformationen), die letztlich auch fassbare und damit wertbare Einschränkungen mit sich bringen.

Nieren Lupus-Nephritiden sind WHO-graduiert und führen – bioptisch objektiviert – zu unterschiedlichen Schäden und differenten Prognosen.

Haut Der subakut kutane LE ist durch eine ausgeprägte Dermatitis und Photosensitivität charakterisiert. Betroffen sind häufig das Gesicht, der Körperstamm und die Arme. Der Nachweis von SS-A- und SS-B-Antikörpern gelingt meist. Für den systemischen Lupus erythematodes typische Marker (wie z. B. Antikörper gegen ds-DNA) finden sich in weniger als 50 % der Fälle. Viszerale Manifestationen (Polyserositiden, Nephritiden) sind deutlich seltener und verlaufen milder.

Verlauf Wir erfassen heute den Verlauf des milden systemischen Lupus erythematodes (immunologische Diagnostik) zunehmend besser. Auch haben sich die therapeutischen Möglichkeiten erheblich verbessert. Insofern wundert es nicht, dass die Fünfjahresüberlebensrate 1995 noch <50 % – im Jahr 2000 dagegen >90 % liegt. Allerdings ist zwischen der frühen Letalität schwerer unbeherrschbarer SLE-Verläufe und der Spätmortalität (Krankheits- und Therapiefolgen; [19]) zu differenzieren.

Sozialmedizinische Beurteilung

Neben den o. g. Begutachtungskriterien sind für die sozialmedizinische Beurteilung des SLE die prognostischen Parameter zu berücksichtigen. Hierzu zählen insbesondere Nieren-, ZNS-Beteiligung, KHK und Infektionsneigung.

8.4.2 SJÖGREN-Syndrom

Das primäre SJÖGREN-Syndrom (Sicca-Syndrom) ist eine chronische Autoimmunerkrankung exokriner Drüsen mit den Leitsymptomen Xerostomie und Keratokonjunktivitis sicca. In ca. 20 % erkranken extraglanduläre Organe. Außerdem besteht ein erhöhtes Risiko, an einem malignen Lymphom zu erkranken. Das sekundäre SJÖGREN-Syndrom begleitet häufig die chronische Polyarthritis, den systemischen Lupus erythematodes, die progressiv-systemische Sklerose sowie autoimmune Hepatitiden und Thyreoititiden. Primäres und sekundäres SJÖGREN-Syndrom sind etwa gleich häufig. Die Ursache der Erkrankung ist unbekannt. Frauen erkranken neunmal häufiger als Männer.

1. *Okuläre Symptome:* Trockene Augen ($\geq$ 3 Monate) oder Fremdkörpergefühl oder Benutzen künstlicher Tränen > 3mal täglich
2. *Orale Symptome:* Trockener Mund ($\geq$ 3 Monate) oder Speicheldrüsenschwellung als Erwachsener oder Notwendigkeit des Trinkens beim Genuss trockener Speisen
3. *Augenbefunde:* SCHIRMER-Test[a] ($\leq$ 5 mm in 5 min) oder VAN-BIJSTERVELD-Score[b]
4. *Histopathologie (Lippenspeicheldrüsenbiopsie):* Fokus-Score[c] $\geq$ 1
5. *Speicheldrüsenmanifestation:* Speicheldrüsenszintigraphie pathologisch oder Parotissialographie pathologisch oder Speichelflussmessung unstimuliert $\leq$ 1,5 ml in 15 Minuten[d]
6. *Autoantikörper:* Anti-SS-A-(Ro-) oder Anti-SS-B-(La)-Antikörper oder ANA positiv

Ausschlusskriterien

– Lymphome, AIDS, Sarkoidose, Graft-versus-host-Reaktion, Sialadenose, Einnahme von Antidepressiva, Antiparkinsonmitteln, Neuroleptika oder Parasympathomimetika
– Ein sicheres primäres SJÖGREN-Syndrom wird angenommen, wenn mehr als 4 Kriterien (Kriterium 6 nur SS-A oder SS-B) positiv sind.
– Das sichere sekundäre SJÖGREN-Syndrom erfordert den Nachweis von Kriterium 1 oder 2 und zwei weitere positive Kriterien (nur 3, 4 oder 5).

a. SCHIRMER-Test: Filterpapierstreifen in die untere Konjunktivalfalte legen und 5 min belassen. Pathologisch bei < 5 mm Befeuchtung.
b. VAN-BIJSTERVELD-Score: Semiquantitative Bestimmung epithelialer Defekte durch Anfärbung der Bindehaut und Hornhaut mit Bengalrosa. Es wird eine Punktbewertung mit maximal 9 Punkten für jedes Auge zugrunde gelegt. Ein pathologischer Ausfall besteht bei mehr als 4 Punkten.
c. Ein Fokus ist eine Agglomeration von mindestens 50 mononukleären Zellen; der Fokus-Score wird definiert als die Anzahl von Foci pro 4 mm^2 Drüsengewebe.
d. Dieses Kriterium ist bei älteren Patienten auszuschließen.

Nach VITALI et al. [44]

Tab. 8.8: Diagnostische Kriterien des SJÖGREN-Syndroms

Diagnostik

Es dominieren glanduläre Symptome, die durch den Funktionsverlust exokriner (Augen, Mund, Vagina) und endokriner Drüsen (Pankreas) hervorgerufen werden. Daneben spielen extraglanduläre Manifestationen eine große Rolle: Müdigkeit, Abgeschlagenheit, Leistungsinsuffizienz, Myalgien, Arthralgien, RAYNAUD-Phänomen. Diagnostisch unterstützend sind viele Kriteriensets, von denen einer angeführt sei (Tab. 8.8).

Begutachtungskriterien

Keratokonjunktivitis Die verminderte Tränensekretion führt zu Sehstörungen mit Schleiersehen, Fremdkörpergefühl, Augenrötung, Juckreiz, Lichtscheu, Unverträglichkeit von Kontaktlinsen und Problemen beim Lesen und Fernsehen. Nachts ist die Tränenproduktion geringer, was die Beschwerden verstärkt. Als Komplikationen treten Blepharitis und Hornhautulcera auf.

Xerostomie Die Mundtrockenheit führt zu Schluckstörungen, Sprechproblemen, Geschmackstörungen, Mundgeruch, Karies, Zahnfleisch- und Schleimhautentzündungen, Soor und Rhagaden.

Allgemeinsymptome Wie beim systemischen Lupus erythematodes sind Müdigkeit, Abgeschlagenheit und ein allgemeiner Leistungsabfall häufig.

Gelenkbeteiligung Beim sekundären SJÖGREN-Syndrom dominieren die Symptome der jeweiligen Grunderkrankung. Das primäre SJÖGREN-Syndrom entwickelt in 10–20 % eine milde erosive Arthritis, die oft über längere Zeiträume stationär verläuft. In 30 % der Fälle finden sich jedoch persistierende hochaktive Krankheitsverläufe mit Organkomplikationen [36].

Sozialmedizinische Beurteilung

Das Sicca-Syndrom beeinträchtigt zahlreiche Alltagsaktivitäten. Tränen- und/oder Speichelflüssigkeit müssen regelmäßig substituiert werden. Die Kranken müssen häufig trinken, die Medikamente (Augentropfen, künstlicher Speichel) nehmen, Entwässerndes meiden (Alkohol, Kaffee, Tee, Diuretika). Sie vertragen Luftzug, trockene/heiße/kalte Luft, Staub und Rauch nicht. Die Xerostomie stört bei Nahrungsaufnahme und Kommunikation (Sprechen). Arbeiten in Großraumbüros, in zugigen Räumen, in Gaststätten (Raucher), Küchen (Dämpfe), in Hitze/Kälte, mit Staubexposition sind beim Sicca-Syndrom ungeeignet, ebenso Sprechberufe wie Verkäufer, Lehrer, Dozent usw.

8.4.3 Progressiv-systemische Sklerose

Unter dem Oberbegriff *Sklerodermie* werden die progressiv-systemische Sklerose (PSS), die zirkumskripte Sklerodermie und sog. Overlap-Syndrome gesehen. Die Ätiologie ist ungeklärt. Im Mittelpunkt der Pathogenese stehen ein veränderter Bindegewebsstoffwechsel sowie ein gestörtes Gefäß- und Immunsystem.

Diagnostik

Die international gültigen Klassifikationskriterien der Sklerodermie zeigt Tabelle 8.9. Die *limitierte* Verlaufsform beginnt mit einem ödematösen Stadium („puffy fingers"), das im Verlauf von Jahren in ein induratives Stadium mit Verdickung und Verhärtung der Haut, Madonnenfingern, dermatogenen Kontrakturen, Mikrostomie und Tabaksbeutelmund übergeht. Bei der *diffusen* Verlaufsform sind diese Veränderungen in den ersten Monaten und Jahren rasch progredient, und die Patienten haben ein hohes Risiko, Organmanifestationen zu entwickeln [12]. Können antinukleäre Antikörper (ANA) nicht nachgewiesen werden, ist die Diagnose einer PSS unwahrscheinlich. Diagnostisch wegweisend sind Scl-70 (in 20–70 % bei diffuser PSS), Zentromer-Antikörper (in 20–40 % bei initialer PSS und 80 % bei CREST), PM-Scl (in 25–75 % bei PM-PSS Overlap), U1-RNAP und U2-RNP (in 20–30 % bei limitierter PSS) und SS-A bzw. SS-B (in 60–90 % beim sekundären SJÖGREN-Syndrom) [13].

Begutachtungskriterien

Bei der Vielfalt möglicher Krankheitserscheinungen ist eine systematische Bestandsaufnahme erforderlich, auf der die gutachterliche Beurteilung aufbaut. Es bestehen zahlreiche Querverbindungen zu anderen Kapiteln dieses Buches.

Haut Die Indurationen können je nach Lokalisation, Ausdehnung und Dicke funktional unbedeutend sein oder zu schwersten Behinderungen führen. Das nahezu obligate RAYNAUD-Syndrom führt zu „Rattenbissnekrosen" an Finger- und Zehenkuppen, die nur unter Substanzverlust (Fingerverkürzung) heilen. Beim CREST-Syndrom (**C**alcinosis, **R**AYNAUD, **E**sophagus, **S**klerodermie, **T**eleangiektasie), einer Sonderform der limitierten Sklerodermie, finden sich Weichteilverkalkungen, am häufigsten an den Radialseiten der Finger und am Ellenbogen.

Gelenke Nahezu alle Sklerodermie-Patienten leiden unter Morgensteife, Arthralgien und Arthritiden, die jedoch nur in 10–15 % zu Gelenkerosionen führen. Weitaus häufiger als arthrogene sind dermatogene Kontrakturen die Ursache für ein Bewegungsdefizit.

Ösophagus Leitsymptome einer Ösophagusmotilitätsstörung sind Schluckstörungen, Sodbrennen und Dysphagie. Sie werden am besten durch ein Ösophagusfunktionsszintigramm objektiviert.

Lunge Interstitielle Pneumonitis und fibrosierende Alveolitis sind durch die Röntgen-Thoraxaufnahme, eine hochauflösende CT-Technik und Lungenfunktionsuntersuchungen objektivierbar. Die bronchoalveoläre Lavage kann zwischen beiden Verläufen differenzieren und ist für die Aktivitätsbeurteilung relevant. Eine pulmonale Hypertonie tritt häufig in späten Verlaufsphasen der limitierten kutanen PSS auf [37].

Internationale Nomenklatur	Deutschsprachige Nomenklatur	Symptome Prognose	Antikörper HLA-Antigene
Limited cutaneous systemic sclerosis (lSSc)	Typ I	Akrosklerose, auf die Hände beschränkt Prognose gut	ANA ↑ Antizentromer-Ak (ACA) DR5
	Sonderform CREST-Syndrom	CREST Prognose gut	ACA DR1, DR8, (DR4)
	Typ II +	von den Händen proximal aszendierende Sklerose	ANA ↑↑ Anti-Scl 70 DR2, (DR5)
	Typ II −	langsam progredient Prognose schlecht	ANA ↑↑ (Anti-Scl 70) DR3 (Mann), DR11 (Frau)
Diffuse cutaneous systemic sclerosis (dSSc)	Sonderformen	wie II ,+	PM-Scl 70
	Typ II	wie Polymyositis, ausgeprägte Teleangiektasien und Lungenbeteiligung	DR3 Fibrillarin-Ak
	Typ III + (Männer)	proximal und/oder zentral beginnende Sklerose; ausgeprägte interne Beteiligung; rasche Progression Prognose schlecht	ANA ↑↑↑ Anti-Scl 70 DR2, DR5 B8, DR3, DR5

Nach MIEHLE, 1999 [21] + = mit, − = ohne entzündliche Aktivität
Tab. 8.9: Progressive systemische Sklerose – Klassifikationskriterien, Assoziation mit Antikörpern und HLA-Antigenen

Nieren Maligne Hypertonie und (terminale) Niereninsuffizienz sind auch heute noch ein Risiko für PSS-Patienten, auch wenn sich ihre Prognose durch den Einsatz von ACE-Hemmern verbessert hat.

Herz Myokardfibrosen (in bis zu 50 %) sind die Ursache für meist tachykarde Herzrhythmusstörungen, Herzinsuffizienz und Perikardergüsse.

Sozialmedizinische Beurteilung

Die sozialmedizinische Beurteilung richtet sich nach den konkreten Befunden des Einzelfalles. Darüber hinaus spielen der Zeitpunkt der Erkrankung sowie die Verlaufsform eine entscheidende Rolle. Fast noch mehr als bei anderen entzündlich-rheumatischen Systemerkrankungen sind neben dem aktuellen Querschnitt der bisherige Verlauf (Längsschnitt) und die prospektiven Entwicklungsmöglichkeiten zu berücksichtigen.

8.4.4 Polymyalgia rheumatica (arteriitica)

Polymyalgia rheumatica (PMR) und Riesenzellarteriitis (RZA) – das „PMR-RZA-Syndrom" – treten erst in höherem Lebensalter auf. Das Durchschnittsalter liegt bei 70 Jahren [29]. Frauen erkranken häufiger als Männer. Die Prävalenz liegt zwischen 1,2 % und 1,4 %. Das

Polymyalgia rheumatica (PMR)

1. Beidseitige Schulterschmerzen und/oder beidseitige Steife (alternativ auch Schmerzen in den folgenden Regionen: Nacken, Oberarme, Gesäß, Oberschenkel)
2. Akuter Krankheitsbeginn (innerhalb von 2 Wochen)
3. Initiale BSG-Beschleunigug > 50 mm/h
4. Morgensteife von mehr als einer Stunde
5. Alter > 55 Jahre
6. Depressionen und/oder Gewichtsverlust
7. Beidseitiger Oberarmdruckschmerz

Eine PMR ist wahrscheinlich, wenn drei Kriterien oder ein Kriterium + Temporalarteriitis erfüllt sind.

Riesenzellarteriitis (RZA)

1. Alter bei Erkrankungsbeginn > 55 Jahre
2. Neuauftreten lokalisierter Kopfschmerzen
3. Lokaler Druckschmerz oder abgeschwächte Pulsation einer Temporalarterie (ohne offensichtliche arteriosklerotische Ursache)
4. BSG-Beschleunigug > 50 mm/h
5. Bioptischer Nachweis: Vaskulitis durch mononukleäre Zellinfiltration oder granulomatöse Gefäßentzündung meist mit Nachweis von Riesenzellen

Bei Vorliegen von mindestens drei Kriterien kann die Diagnose einer RZA gestellt werden.

Nach BIRD et al. [3] und HUNDER et al. [15]

Tab. 8.10: Diagnostische Kriterien für Polymyalgia rheumatica und Riesenzellarteriitis

PMR-RZA-Syndrom ist somit eine der häufigsten Kollagenosen.

Diagnosekriterien sind in Tabelle 8.10 zusammengestellt. Nicht selten findet sich eine Sturzsenkung zusammen mit anderen unspezifischen Entzündungszeichen, so dass an einen Tumor gedacht wird. Es bestehen extreme Schmerzen im Bereich von HWS und Schultergürtel bzw. LWS und Lendengürtel. Der Schmerz beschränkt die aktive, nicht aber die passive Gelenkbeweglichkeit. Ferner bestehen eine Morgensteife (>60–120 min), Schlaflosigkeit (Schmerz), (occipitaler) Kopfschmerz, Depression (kraniale Arteriitis), Gewichtsverlust. Schwierigkeiten in der Abgrenzung zur chronischen Polyarthritis bereitet eine Miterkrankung peripherer Gelenke. In etwa einem Drittel aller Fälle entwickeln sich Arthritiden der Hand-, Fingergrund-, Schulter- und Hüftgelenke mit Gelenkergüssen, aber ohne Erosionen. Selten sind die Sternoklavikulargelenke und die Sehnenscheiden betroffen. Alarmsymptome, die auf eine kraniale Arteriitis und/oder eine unzureichende Kontrolle des PMR-RZA-Syndroms durch Glukokortikoide hinweisen, sind Visusverluste, Kopfschmerzen und eine schmerzhafte Kopfhaut.

Auch heute noch ist in Büchern zu lesen: 10 mg Prednisolon/Tag, und schon nach 3 Tagen ist das Krankheitsbild wie weggeblasen. Das stimmt weder für die Dosis noch für die Zeitdauer. Die meisten Patienten brauchen eine mittlere Glukokortikoid-Dosis (etwa 0,5 mg/kg) über mindestens eine Woche, die auf eine Erhaltungsdosis ausgeschlichen wird. Auch die chronische Polyarthritis, andere Systemarthritiden und milde verlaufende Kollagenosen sprechen gut auf Glukokortikoide an, so dass eine Diagnose „ex juvantibus" fehlleiten kann.

Angesichts des hohen Lebensalters der meisten an PMA-RZA Erkrankten stellt sich die Frage nach dem Leistungsvermögen im Erwerbsleben meist nicht.

8.4.5 Mischkollagenose

Die Mischkollagenose (mixed connective tissue disease, MCTD) ist ein unscharf und uneinheitlich abgegrenztes Krankheitsbild [41]. Als SHARP-Syndrom [34] beschrieben wurde wohl die milde Verlaufsform dessen, was heute als Mischkollagenose bezeichnet wird. Etwa in 65 bis 85 % aller in der Literatur beschriebenen Verläufe entwickeln sich Mischkollagenosen zu einem spezifischen Krankheitsbild [1].

Die Symptomatik ist recht vielgestaltig (Tabelle 8.11). Letztlich sind es die Mischung und Schwere von Symptomen und Befunden, die eine Mischkollagenose einordnen lassen. Diagnostisch ist die häufige Verknüpfung des Nachweises von HLA-DR4 und hochtitriger U1-snRNP von Bedeutung.

Die klinischen Zeichen der Mischkollagenose wie Müdigkeit, Gewichtsabnahme, RAYNAUD-Syndrom, diffuse Schwellungen der Hände/Finger, Fingerspitzen-Ulzera, Hautsymptome der progressiv-systemi-

> 80 %	Arthralgien, Arthritiden, RAYNAUD-Phänomen
60 – 70 %	Diffuse Handschwellungen, Lungenveränderungen (Pleuritis), Myositiden, Ösophagusmotilitätsstörungen
20 – 40 %	(Poly)Serositis, Fieber, PSS-ähnliche Hautveränderungen, Lymphadenopathie
< 15 %	Hepatomegalie, Nierenmanifestationen, neurologische Symptome

Tab. 8.11: Symptome bei Mischkollagenosen

Muskelschwäche:	
Proximale untere Extremität	94–96 %
Proximale obere Extremität	70 %
Distale Muskulatur	32 %
Halsmuskulatur	60 %
Dysphagie	27 %
Gesichtsmuskulatur	3–5 %
Muskelschmerzen	58 %
Muskelatrophie	62 %

Tab. 8.12: Symptome bei (Dermato)Polymyositis

schen Sklerose und/oder des SLE treten selten alle gleichzeitig auf, und der Gutachter wird immer wieder mit der „Kollagenosenmüdigkeit" als vorherrschendem Symptom konfrontiert. Im Gegensatz zur Müdigkeit bei somatoformen Schmerzstörungen beruht diese aber auf einer breiteren empirischen Basis.

8.4.6 (Dermato)Polymyositis

Für die heterogenen Gruppen der seltenen „myositischen Syndrome" gibt es keine allgemein gültige Klassifikation. Zu den häufigsten entzündlichen Systemerkrankungen der Skelettmuskulatur gehören die Polymyositis und die (Dermato)Polymyositis (mit charakteristischen Hautveränderungen).

Diagnostik

Leitsymptom ist die symmetrische, vorwiegend proximale Muskelschwäche des Beckens und/oder Schultergürtels. Der Beginn kann foudroyant oder auch schleichend sein. Tabelle 8.12 zeigt die am häufigsten betroffenen Muskelgruppen. Nicht immer sind unspezifische Entzündungszeichen und/oder Autoantikörper nachweisbar. Die Muskelbiopsie aus dem M. vastus lateralis sollte nicht am Ende der Bemühungen stehen [24].

Begutachtungskriterien

Allgemeinsymptome Häufige Allgemeinsymptome sind Fieber, Arthralgien, Arthritiden und als Resultat vaskulitischer Abläufe intestinale, pulmonale und kardiale Mitreaktionen. Besonders letztere führen in fast 70 % zu Klappenfunktionsstörungen (Mitralklappenprolaps), Tachyarrhythmien und Kardiomyopathien [39].

Muskulatur In der Regel ist die Muskulatur der limitierende Faktor für das Leistungsvermögen. Muskelschmerzen werden als „extremer Muskelkater" geschildert. Geklagt wird anfangs über eine rasche Ermüdbarkeit z. B. beim Wandern. Im weiteren Verlauf wird es schwierig, sich von einem Stuhl oder aus der Hocke aufzurichten, Treppen zu steigen oder die Wäsche aufzuhängen. Kopfbeuger und -strecker erkranken häufig, auch eine Dysphagie kann sich entwickeln.

Die Myositis wird durch erhöhte Myoglobinwerte und Muskelenzyme (CK, Aldolase, ASAT, ALAT, LDH) nachgewiesen. Zumeist wird die CK als Aktivitätsparameter genützt. Die Muskelkraft ist standardisiert messbar: Die Skala reicht von 5 (volles Bewegungsausmaß gegen Widerstand) bis 0 (vollständige Lähmung, keine Kontraktion). Muskelatrophie und -ödem werden von der Kernspintomographie und der Computertomographie erfasst. Myopathische Aktionspotenziale objektiviert das Elektromyogramm.

Hautbefunde Die kutanen Befunde der Dermatomyositis manifestieren sich als „GOTTRONS sign": Papeln ähnelnde violette Rötungen, die häufig über den Metakarpophalangealgelenken lokalisiert sind. Am Dekolleté, den Streckseiten der Arme und Beine entwickeln sich häufig symmetrisch flächenhafte Eryteme oder heliotrope Exantheme.

Verlauf Spontanverläufe der (Dermato)Polymyositis sind nur wenig untersucht, da in der Regel eine Behandlung mit Glukokortikoiden und Immunsuppressiva erfolgt. Immer liegt ein Verlauf über mehrere Jahre – mit einem Aktivitätsmaximum in den ersten fünf Jahren – vor. Etwa ein Fünftel aller Fälle verläuft über 10 Jahre. Prognostisch ungünstig sind der Nachweis von Anti-Jo-1-Antikörpern und Anti-SRP-Antikörpern. Während für die Polymyositis kein erhöhtes Malignomrisiko besteht, scheint die Dermatomyositis ein deutlich erhöhtes Risiko zu haben [20, 47].

Sozialmedizinische Beurteilung

Leistungen zur Teilhabe machen in aktiven Phasen keinen Sinn und können eher schaden. In inaktiven, klinisch ruhigen Abschnitten dagegen sind sie indiziert. Bei der sozialmedizinischen Begutachtung sind Allgemeinsymptome (z. B. Abgeschlagenheit, Gewichtsverlust) ebenso zu beachten wie die speziellen muskulären Symptome (z. B. Muskelschwäche und -schmerzen). Einen wichtigen Stellenwert besitzt der Zeitpunkt der Begutachtung im Rahmen der Längsschnittbetrachtung.

Literatur

[1] Alarcon GS: Early undifferentiated connective tissue disease. *Arthritis Rheum* 39: 403–414, 1996.

[2] Arnett FC, Edworthy SM, Bloch DA: The American Rheumatism Association for the classification of rheumatoid arthritis. *Arthritis Rheum* 31: 315–324, 1988.

[3] Bird HA, Esselinckx W, Dixon AS, et al.: An evaluation of criteria for polymyalgia rheumatica. *Ann Rheum Dis* 38: 434–439, 1979.

[4] Bujak DE, Weinstein A, Dornbush RL: Clinical and neurocognitive features of the post lyme syndrome. *J Rheumatol* 23: 1297–1392, 1997.

[5] Calin A, Porta J, Fries JF, et al.: Clinical history as a screening test for ankylosing spondylitis. *J Amer Med Ass* 237: 676–681, 1977.

[6] de Vos M, Mielants H, Cuvelier C, et al.: Long-term evaluation of gut inflammation in patients with spondyloarthropathy. *Gastroenterology* 110 (6): 1696–1703, 1996.

[7] Dougados M, van der Linden S, Juhlind B: The European spondyloarthropathy study group preliminary criteria for the classification of spondyloarthropathy. *Arthritis Rheum* 34: 1218–1227, 1991.

[8] Ebringer A, Ahmadi K, Fielder M, et al.: Molecular mimicry: the geographical distribution of immune responses to Klebsiella in ankylosing spondylitis and its relevance to therapy. *Clin Rheumatol* 15 (Suppl. 1): 57–61, 1996.

[9] Fehr K: Rheumatoide Arthritis. In: Miehle W, Fehr K, Schattenkirchner M, Tillmann K (Hrsg.) *Rheumatologie in Praxis und Klinik*, S. 425–587. Stuttgart; New York: Georg Thieme Verlag, 2. Auflage, 2000.

[10] Flato B, Lien G, Smerdal A, et al.: Prognostic factors in juvenile rheumatoid arthritis: A case controll study revealing early predictors and outcome after 14.9 years. *J Rheum* in press, 2002.

[11] Foster H, Marshall N: JCA in adult life: A study of long-term outcome in patients with JCA or adult RA. *Clin Rheumatol* 19: 326–329, 2000.

[12] Genth E: Systemische Sklerose. In: Zeidler H, Zacher J, Hiepe F (Hrsg.) *Interdisziplinäre klinische Rheumatologie*, S. 904–920. Berlin; Heidelberg; New York: Springer Verlag, 2001.

[13] Genth E, Mierau R, Genetzky P: Immunogenetic association of scleroderma-related antinuclear antibodies. *Arthritis Rheum* 33: 657–665, 1990.

[14] Hiepe F: Systemischer Lupus erythematodes. In: Zeidler H, Zacher J, Hiepe F (Hrsg.) *Interdisziplinäre klinische Rheumatologie*, S. 865–887. Berlin; Heidelberg; New York: Springer Verlag, 2001.

[15] Hunder GG, Bloch BA, Michel BA, et al.: The American College of Rheumatology 1990 Criteria for the classification of giant cell arteriitis. *Arthritis Rheum* 33: 1122–1228, 1990.

[16] Jayson MIV, Salmon PR, Harrison W: Amyloidosis in ankylosing spondylitis. *Brit Med J* III: 492, 1971.

[17] Khan MA, Khan MK: Diagnostic value of HLA-B27 testing in ankylosing spondylitis and Reiters syndrome. *Amer Intern Med* 86: 70–76, 1982.

[18] Kotaniemi K, Aho K, Kotaniemi A: Uveitis as a cause of visual loss in arthritides and comparable conditions. *J Rheumatol* 28: 309–312, 2001.

[19] Manger K, Manger B: Kommentar: Konsequenzen der verbesserten Prognose des SLE. *Z Rheumatol* 61: 532–533, 2002.

[20] Maoz CR, Langevitz P, Livneh A, et al.: High incidence of malignances in patients with dermatomyositis and polymyositis: An 11-year-analysis. *Semin Arthritis Rheum* 27 (5): 319–324, 1998.

[21] Miehle W: *Rheumatoide Arthritis. Diagnose und Therapie.* Stuttgart; New York: Georg Thieme Verlag, 2. Auflage, 1999.

[22] Minden K, Niewerth M, Ganser G, et al.: Erwachsene mit juveniler idiopathischer Arthritis – Krankheitsfolgen und Versorgungssituation. *Akt Rheumatol* 27: 249–254, 2002.

[23] Minden K, Niewerth M, Listing J, et al.: Long-term outcome of patients with juvenile idiopathic arthritis. *Arthritis Rheum* 46: 2392–2401, 2002.

[24] O'Rourke KS, Iske RW: Muscle biopsy. *Curr Opin Rheumatol* 7 (6): 462–468, 1995.

[25] Packham JC, Hall MA: Long-term outcome in juvenile idiopathic arthritis. Total joint replacements in JIA. Abstracts of the XIVth European League Against Rheumatism Congress. *Ann Rheum Dis* 6: 359, 1999.

[26] Petty RE, Southwood TR, Baum J, et al.: Revision of the proposed classification criteria for idiopathic arthritides of childhood: Durban 1997. *J Rheumatol* 25, 1998.

[27] Rapp CA, Berner B, Müller GA: Long-term analysis of clinical disease activity and chronic organ damage in patients with systemic lupus erythematosus. *Z Rheumatol* 61: 521–531, 2002.

[28] Rath HC, Herfarth HH: Extraintestinale Manifestationen bei chronisch entzündlichen Darmerkrankungen. *Versicherungsmedizin* 54 (1): 16–19, 2002.

[29] Schaufelberger C, Bengtsson BA, Andersson R: Epidemiology and mortality in 220 patients with polymyalgia rheumatica. *Brit J Rheumatol* 34: 261–264, 1995.

[30] Schilling F: Spondylitis ankylopoetica. Die sogenannte Bechterewsche Krankheit und ihre Differentialdiagnose. In: Diethelm L (Hrsg.) *Handbuch der medizinischen Radiologie Band VI/2: Röntgendiagnostik der Wirbelsäule*, S. 452–689. Berlin: Springer, 1974.

[31] Schnarr S, Jendro MC, Wollenhaupt J, et al.: Reaktive Arthritiden. In: Zeidler H, Zacher J, Hiepe F (Hrsg.) *Interdisziplinäre klinische Rheumatologie*, S. 584–604. Berlin; Heidelberg; New York: Springer Verlag, 2001.

[32] Schölmerich J, Stange EF: Chronisch entzündliche Darmerkrankungen. *Internist* 42, 2001.

[33] Schröder JO, Harten P, Euler HH: Systemischer Lupus erythematodes. In: Miehle W, Fehr K, Schattenkirchner M, Tillmann K (Hrsg.) *Rheumatologie in Praxis und Klinik*, S. 909–953. Stuttgart; New York: Georg Thieme Verlag, 2. Auflage, 2000.

[34] Sharp GC, Irvin WS, Tan EM, et al.: Mixed connective tissue disease – an apparently distinct rheumatic disease syndrome associated with a specific antibody to an extractable nuclear antigen (ENA). *Amer J Med* 52: 148–159, 1972.

[35] Sokka T, Kautiainen H, Möttönen T, et al.: Work disability in rheumatoid arthritis 10 years after diagnosis. *J Rheumatol* 26 (8): 1681–1685, 1999.

[36] Späth M, Krüger K: Sjögren-Syndrom. In: Miehle W, Fehr K, Schattenkirchner M, Tillmann K (Hrsg.) *Rheumatologie in Praxis und Klinik*, S. 1042–1056. Stuttgart; New York: Georg Thieme Verlag, 2. Auflage, 2000.

[37] Stupi AM, Stehen VD, Owens GR, et al.: Pulmonary hypertension in the CREST syndrome variant of systemic sclerosis. *Arthritis Rheum* 29: 515–524, 1986.

[38] Tan EM, Cohen AS, Fries JF, et al.: The 1982 revised criteria for the classification of systemic lupus erythematosus. *Arthritis Rheum* 25: 1271–1277, 1982.

[39] Taylor AJ, Wortham DC, Burge JR, et al.: The heart in polymyositis: A prospective evaluation of 26 patients. *Clin Cardiol* 16: 802–808, 1993.

[40] Taylor WJ: Epidemiology of psoriatic arthritis. *Curr Opin Rheumatol* 14: 98–103, 2002.

[41] van den Hoogen FJH, van de Putte LBA: Is mixed connective tissue disease a myth? In: Isenberg DA, Tucker LA (Hrsg.) *Controversies in rheumatology*, Band 9:4, S. 87–95. London: Bailliére Tindall, 1995.

[42] van der Linden SH: Ankylosing spondylitis. In: Kelly WN, Harris ED, Ruddy S, Sledge CB (Hrsg.) *Textbook of Rheumatology*, S. 969–982. Philadelphia: Saunders, 1997.

[43] van der Linden SH, Valkenburg A, Cats A: Evaluation of diagnostic criteria for ankylosing spondylitis: A proposal for modification of the New York criteria. *Arthritis Rheum* 27: 361–368, 1984.

[44] Vitali C, Moutsopoulos HM, Bombardieri S, the European Community Study Group on diagnostic criteria for Sjoegrens syndrome: Sensitivity and specifity of tests for occular and oral involvement in sjoegrens syndrome. *Ann Rheum Dis* 53: 637–647, 1994.

[45] Wolfe F, Hawley DJ: The long-term outcomes of rheu-

matoid arthritis: Work disability: A prospective 18 year study of 823 patients. *J Rheumatol* 25 (11): 2108–2117, 1998.

[46] Zak M, Pedersen FK: Juvenile chronic arthritis into adulthood: a long-term followup study. *Rheumatol* 38: 198–204, 2000.

[47] Zantos D, Zhang Y, Felson D: The overall and temporal association of cancer with polymyositis and dermatomyositis. *J Rheumatol* 21/10: 1855–1859, 1994.

9 Hämatologische und immunologische Krankheiten

Werner Stenzinger

Die Vielfalt hämatologischer und immunologischer Erkrankungen erfordert eine Beschränkung auf häufige Krankheitsbilder. In diesem Kapitel nehmen die malignen hämatologischen Erkrankungen den größten Raum ein. Da sich Blut und Immunsystem über den ganzen Körper verteilen, ergeben sich zahlreiche Überschneidungen mit organbezogenen Fächern wie Kardiologie, Pneumologie, Nephrologie, Orthopädie, Neurologie und Psychiatrie, auf die bei Gelegenheit hingewiesen wird.

9.1 Allgemeines

9.1.1 Diagnostik

Diese dient sowohl der Erhebung des aktuellen Krankheitsstatus und der resultierenden Funktionseinschränkungen als auch der Abschätzung des Verlaufs einschließlich der prognostischen Einschätzung der Erkrankung. Letztere beinhaltet nicht nur eine Einschätzung der Krankheitsdynamik, sondern muss auch mögliche Folgezustände einer früheren Behandlung mit erfassen. Hierfür ist der Gutachter häufig auch auf externe Untersuchungen und Befunde angewiesen. Die Erhebung aktueller Untersuchungsbefunde dient einerseits der Verifizierung noch vorhandener Krankheitsaktivitäten, andererseits der Messung krankheits- und therapiebedingter Funktionsdefizite. Da der Gutachter über ein eingeschränktes diagnostisches Instrumentarium verfügt, muss er auch hier auf aktuelle externe Befunde zurückgreifen können (z. B. Untersuchungen des Knochenmarks oder bildgebende Untersuchungen wie die Computertomographie). Dennoch sollten über die sorgfältige körperliche Untersuchung hinaus auch technische Untersuchungen erfolgen können (z. B. Labor, Sonographie, konventionelles Röntgen, Echokardiographie, Belastungs-EKG, Spirometrie einschließlich Blutgasanalyse).

9.1.2 Begutachtungskriterien

Hilfreich in diesem Zusammenhang ist insbesondere die von dem Patienten selbst geschilderte Symptomatik. B-Symptome (unerklärlicher Gewichtsverlust von über 10 % des Ausgangsgewichtes innerhalb der letzten 6 Monate, persistierendes bzw. rekurrierendes Fieber ($>$ 38 °C) unklarer Genese und/oder Nachtschweiß) sprechen bei malignen Systemerkrankungen für eine noch vorhandene oder erneute Krankheitsaktivität. Allgemeine Schwäche, Schwindel und Kopfschmerzen sind typische Anämiesymptome.

Neu aufgetretene oder zunehmende Skelettschmerzen können Hinweise auf ein Rezidiv bzw. eine Progression einer malignen Systemerkrankung sein.

Blutungszeichen wie Hämatome oder Petechien sprechen für eine Störung des Gerinnungssystems, eine Vergrößerung von Lymphknoten, Leber und Milz oder auffällige Hautinfiltrate für eine noch bestehende bzw. rezidivierende maligne Systemerkrankung. Aktuelle Infekte des Sinu-Bronchial-Systems bzw. der ableitenden Harnwege oder der Haut geben Hinweise auf eine vermehrte Infektanfälligkeit.

Störungen der Funktion der peripheren Nerven bzw. des Konzentrationsvermögens und des Gedächtnisses können als Folge einer Behandlung mit bestimmten Zytostatika bzw. Hochdosischemotherapien oder Ganzhirnbestrahlungen auftreten.

Neben einer sorgfältigen Erhebung der Symptome und des körperlichen Untersuchungsbefundes spielen technische Untersuchungen eine Rolle, auf die bereits in Abschnitt 9.1.1 hingewiesen wurde. Sie helfen bei der Einordnung o. g. Symptome bzw. Befunde und der möglicherweise daraus resultierenden Einschränkungen der beruflichen Leistungsfähigkeit.

9.1.3 Sozialmedizinische Beurteilung

Die Beurteilung der Leistungsfähigkeit stützt sich auf die eigene und externe Diagnostik wie die oben skizzierten Begutachtungskriterien. Sie dienen vor allem der Beschreibung und Messung funktioneller Defizite. Dabei ist jedoch zu bedenken, dass es sich gerade bei den Therapiefolgen i. d. R. um komplexe Störungen aus verschiedenen Bereichen der Medizin handelt, die ggf. Zusatzbegutachtungen mehrerer Fachdisziplinen erfordern.

Rehabilitative Maßnahmen, seien sie medizinischer oder beruflicher Art, orientieren sich wie immer an den Möglichkeiten einer positiven Beeinflussung somatischer bzw. psychosozialer Defizite bzw. deren Kompensation durch gezielte berufsfördernde Leistungen. Dabei ist auch die Bereitschaft des Betroffenen zur Mitarbeit einzubeziehen. Die medizinische Rehabilitation erfordert besonders qualifizierte Einrichtungen, insbesondere dann, wenn Anschlussheilbehandlungen nach allogener hämatopoetischer Stammzelltransplantation durchgeführt werden. In diesen Fällen ist eine fachliche Spezialisierung unumgänglich, nicht zuletzt deswegen, weil ein akutmedizinischer Behandlungsbedarf während des Heilverfahrens nie auszuschließen ist. Auch in palliativer Situation ist in Abhängigkeit von der Krankheitsdynamik eine stationäre medizinische Rehabilitation auf der Basis des SGB V bzw. VI durchaus sinnvoll. Sie dient primär der Verbesserung oder zumindest Stabilisierung des Gesundheitszustandes bzw. einer Minderung der Pflegebedürftigkeit. Die Rehabilitationsklinik muss auch in dieser Situation über Behandlungskonzepte mit einer ausgewogenen Mischung aus rehabilitativen und akutmedizinischen Elementen verfügen.

9.2 Benigne Erkrankungen

Hierzu zählen qualitative und quantitative Störungen der Blutzellbildung, der Blutgerinnung und des Immunsystems. Dabei ergeben sich zwangsläufig Überschneidungen mit den malignen Systemerkrankungen, da in diesem Kontext auch Folgezustände antitumoraler Therapien erörtert werden.

9.2.1 Störungen der Hämatopoese

Erörtert werden verschiedene Anämieformen, Störungen der Leukozytopoese und die aplastische Anämie.

Erkrankungen der Erythrozyten

In diesem Zusammenhang soll nur auf die Anämien näher eingegangen werden.

Gutachterlich ist vor allem zu prüfen, ob es sich um reversible oder irreversible Störungen handelt. Im Falle einer irreversiblen Störung sind Fragen wie die Anpassung des Patienten an die Blutarmut, Häufigkeit und Ausmaß hämolytischer Krisen, der Transfusionsbedarf und die daraus resultierende mögliche Eisenüberladung des Organismus von Bedeutung. Einschränkungen der Leistungsfähigkeit durch eine chronische Anämie bzw. eine mögliche Hämosiderose-assoziierte Kardiomyopathie lassen sich durch ergometrische Untersuchungen bestimmen. Neuropsychologische Defizite sind durch geeignete Testverfahren aufzudecken, Leberfunktionsstörungen bzw. ein sekundärer Diabetes mellitus durch entsprechende Laboruntersuchungen zu erfassen.

Im Folgenden wird punktuell auf diese sozialmedizinischen Zusammenhänge hingewiesen.

Mikrozytäre Anämien Dazu zählen Eisenmangelanämien, Anämien bei chronisch entzündlichen und malignen Erkrankungen, sideroblastische Anämien und solche im Rahmen von Hämoglobinsynthesestörungen. Sideroblastische Anämien sind eine heterogene Krankheitsgruppe [3], die durch das Vorhandensein von Ringsideroblasten im Knochenmark gekennzeichnet sind. Ihre hereditäre Variante ist sehr selten und Folge eines angeborenen Enzymdefekts. Manche Patienten sprechen auf eine Pyridoxintherapie an. Je nach Ausmaß der Anämie ist die berufliche Belastbarkeit mehr oder weniger eingeschränkt. Besteht eine Transfusionsbedürftigkeit, so ist i. d. R. keine Leistungsfähigkeit über sechs Stunden mehr vorhanden, insbesondere dann, wenn es sich um Berufe mit erhöhten körperlichen bzw. psychomentalen Anforderungen handelt. Zu bedenken ist bei chronischer Transfusionstherapie auch die Eisenüberladung mit sekundären Organveränderungen insbesondere von Herz und Leber. Häufiger findet sich jedoch die sideroblastische Anämie im Rahmen des myelodysplastischen Syndroms (9.3.3). Hierbei handelt es sich um eine refraktäre Anämie mit Ringsideroblasten (RARS). Hinsichtlich der Leistungsbeurteilung gilt das oben Gesagte, darüber hinaus wird auf Abschnitt 9.3 verwiesen. Noch seltener werden sideroblastische Anämien im Rahmen anderer Systemerkrankungen oder der Einnahme von Medikamenten (im Prinzip reversibel) gesehen. Häufiger kommen sie bei chron. Alkoholabusus (potentiell reversibel) vor.

Für die Beurteilung mikrozytärer Anämien ist die Behandelbarkeit der zugrunde liegenden Erkrankung mit den noch resultierenden Funktionsstörungen von Bedeutung. Typische Eisenmangelanämien werden durch chronischen Blutverlust, einen gesteigerten Bedarf oder eine Malabsorption hervorgerufen. Auch diese Erkrankungen haben keine wesentliche sozialmedizinische Relevanz, soweit die Ursache eines Blutverlustes behoben werden kann bzw. Eisen substituiert wird. Im Rahmen einer Malabsorption ist der Eisenmangel nur ein Befund unter vielen. In diesem Zusammenhang wird auf das Kapitel 15 verwiesen.

Makrozytäre Anämien Diese finden sich vor allem bei Vitamin B_{12}- und Folsäuremangel, jedoch auch bei einer größeren Anzahl maligner Systemerkrankungen, bei Alkoholabusus, Lebererkrankungen und der Einnahme von zytotoxischen Medikamenten (z. B. Hydroxyurea, 6-Mercaptopurin). Die klassische makrozytäre Anämie durch Vitamin B_{12}- und Folsäuremangel hat per se keine Bedeutung für das Leistungsvermögen. Wesentlich ist die Behandelbarkeit der zugrundeliegenden Organstörungen (Kapitel 15). Auch als Sekundärphänomen im Rahmen einer zytostatischen Therapie bzw. einer gestörten Erythropoese im Rahmen von malignen hämatologischen Systemerkrankungen hat die makrozytäre Anämie nur dann eine sozialmedizinische Bedeutung, wenn sie irreversibel ist, klinische Symptome produziert bzw. mit einem Transfusionsbedarf einer geht (s. auch 9.1). Ergometrische und neuropsychologische Untersuchungen können in diesem Fall hilfreich sein.

Hämolytische Anämien Ihnen liegt ein gesteigerter intra- bzw. extravasaler Erythrozytenabbau zugrunde. Zu unterscheiden ist zwischen angeborenen und erworbenen Formen [15]. Zu den angeborenen Varianten zählen Defekte der Erythrozytenmembran, Enzymdefekte in den Erythrozyten und Hämoglobinanomalien. Erworbene hämolytische Anämien werden vor allem durch Autoantikörper oder Medikamente hervorgerufen. Hämolytische Anämien durch Erythrozytenmembrandefekte sind nicht so selten wie häufig angenommen. Als Beispiele seien die hereditäre Elliptozytose bzw. Sphärozytose genannt. Ist die Hämolyse kompensiert, sind die Betroffenen i. d. R. asymptomatisch bzw. nur gering symptomatisch. Bei nicht kompensierter Hämolyse mit z. T. hohem Transfusionsbedarf führt eine Splenektomie meist zu einer Besserung der Anämie. Erythrozytäre Enzymdefekte als Ursache einer Hämolyse kommen sowohl hereditär als auch bei malignen hämatologischen Systemerkrankungen als erworbene Varianten vor. Entscheidend ist auch hier die Frage, in wieweit die Anämie kompensiert ist bzw. die zugrundeliegende Erkrankung behandelt werden kann. Die Splenektomie führt bei einem Teil der Erkrankten (hereditäre Formen) zu einer Besserung der Anämie.

Sozialmedizinisch ist damit vor allem das Ausmaß der Anämie und seltener die zugrundeliegende Störung von Bedeutung. Ist die Anämie gut kompensiert, ist das Leistungsvermögen kaum eingeschränkt. Besteht Transfusionsbedürftigkeit, so ist die Leistungsfähigkeit vermindert, wobei i. d. R. nur leichte körperliche Tätigkeiten infrage kommen, bei denen z. B. kein gesteigertes Konzentrationsvermögen vorausgesetzt werden muss. Bei längerer Transfusionsbedürftigkeit sind die Organveränderungen im Rahmen einer Eisenüberladung zu berücksichtigen (z. B. Kardiomyopathie, Leberzirrhose). Hier wird auf die einschlägigen Kapitel verwiesen. Antikörpervermittelte hämolytische Anämien bedürfen i. d. R. einer immunsuppressiven Behandlung bzw. einer Therapie der zugrundeliegenden Erkrankung (z. B. NHL, Lupus erythematodes). Handelt es sich um eine primäre autoimmunhämolytische Anämie, so ist die berufliche Einsetzbarkeit im wesentlichen durch die Kompensierbarkeit der Anämie bestimmt. Bei laufender immunsuppressiver Behandlung sind allerdings Tätigkeiten mit Nässeexposition, Zugluft und extremen Temperaturschwankungen nicht möglich. Bei Therapieresistenz kann eine Splenektomie überlegt werden, sehr selten sind Transfusionen mit gewaschenen Erythrozyten erforderlich, was zur Eisenüberladung führen kann.

Hämoglobinopathien Bei den Hämoglobinopathien handelt es sich um hereditäre Defekte, aus denen entweder strukturell abnormale Hämoglobinvarianten oder eine verminderte Produktion einzelner Polypeptidketten des Hämoglobins resultieren, was letztlich zu einer leichteren Lädierbarkeit der Erythrozyten führt. Zu den strukturellen Hämoglobinanomalien zählt vor allem die Sichelzellkrankheit (höchste Präsenz in Afrika), bei der nur ein Teil der Patienten das mittlere Lebensalter erreicht. Kompliziert ist diese Erkrankung durch hämolytische und infektiöse Krisen, Gefäßverschlüsse (Apoplex), chronische Organschäden, z. B. durch eine myocardiale Hämosiderose. Durch häufig erforderliche Bluttransfusionen ist mit einer Eisenüberladung und den daraus resultierenden Folgen zu rechnen. Das Gesagte gilt im Prinzip auch für andere Hämoglobinopathien.

Thalassämien werden durch eine quantitative Störung der Hämoglobinsynthese hervorgerufen. Es handelt sich offensichtlich um die häufigste genetische Erkrankung weltweit. Man unterschiedet im wesentlichen die α- und die β-Form. Relevant für das Erwachsenenalter sind die Thalassämia intermedia und die Thalassämia minor. Während erstere (insbesondere in der alpha-Variante) mit einer Transfusionsbedürftigkeit einhergeht, besteht bei letzterer i. d. R. nur eine leichte Anämie, die nicht behandelt werden muss. Patienten mit einer α-Thalassämia minima weisen keine klinischen Zeichen einer Thalassämie auf, sind jedoch Träger dieser genetischen Störung. Leistungslimitierende Faktoren sind damit bei der Thalassämie neben den anämiebedingten Defiziten insbesondere Organschäden, die durch eine transfusionsbedingte Eisenüberladung hervorgerufen werden.

Erkrankungen der Leukozyten

Granulozyten Quantitative Störungen der Granulopoese kommen bei Autoimmunerkrankungen, Splenomegalie, angeborenen Stoffwechselerkrankungen oder als Nebenwirkung von Zytostatika oder Antibiotika vor; vgl. hierzu die entsprechenden Kapitel dieses Buches. Auf seltene Krankheitsbilder wie zyklische Neutropenie, kongenitale Agranulozytose, Leukozytenadhäsionsdefekte und septische Granulomatose wird hier nicht eingegangen, da die betroffenen Menschen fast nie im Erwerbsleben stehen und nur ein kleiner Teil überhaupt das Erwachsenenalter erreicht. Diese Erkrankungen führen zu häufigen, schweren Infektionen mit sekundären Organschäden. Das Leistungsvermögen lässt sich anhand des Verlaufes, des Antibiotikabedarfs und der funktionellen Defizite durch chronische Organschäden, insbesondere der Lunge, beurteilen.

Eine Erkrankung unklarer Dignität ist das lokalisierte bzw. systemische *eosinophile Granulom*. Es hat i. d. R. eine gute Prognose. Solitäre Knochenherde können operativ saniert werden, ein systemischer Befall ist häufig einer medikamentösen Therapie gut zugänglich. Das Leistungsbild wird sich deshalb an dem vorhandenen Therapiebedarf und den verbliebenen somatischen Schäden (z. B. Lungenveränderungen beim pulmonalen eosinophilen Granulom) richten. Sind keine messbaren organischen Funktionsdefizite vorhanden, ist die Leistungsfähigkeit i. d. R. nicht eingeschränkt, bei noch bestehenden ossären Manifestationen ist jedoch von einer Minderung der Leistungsfähigkeit auszugehen.

Monozyten Eine Monozytose ist Begleitphänomen verschiedener Infektionskrankheiten, nichtinfektöser Entzündungsprozesse und hämatologischer Systemerkrankungen. Immundefekte durch Störungen der Monozytenfunktion sind sehr selten. Sie sind entweder angeboren oder wie im Falle der HIV-Infektion bzw. der Autoimmunerkrankungen erworben. In diesem Zusammenhang wird bei den erworbenen Formen auf die entsprechenden Kapitel verwiesen. Patienten mit genetisch determinierten Monozytendefekten haben i. d. R. eine schlechte Prognose und erreichen selten das Erwachsenenalter.

Aplastische Anämie

Sie ist definiert als periphere Panzytopenie bei hypozellulärem Knochenmark ohne Blastennachweis bzw. myelodysplasietypische Reifungsstörungen der Hämatopoese. Die höchste Inzidenz liegt zwischen dem 50. und 60. Lebensjahr. Als Ursache gelten Autoimmunreaktionen, weshalb therapeutisch Immunsuppressiva (Antilymphozytenglobulin, Cyclosporin A) eingesetzt werden. Die Remissionsraten unter Behandlung liegen bei 60–80 %, die Fünf-Jahres-Überlebensrate beträgt knapp 60 % [21]. Das Risiko eines Übergangs in ein myelodysplastisches Syndrom, eine akute myeloische Leukämie oder eine paroxysmale nächtliche Hämoglobinurie liegt innerhalb von 10 Jahren bei etwa 20 %. Für Patienten unter 50 Jahren kommt prinzipiell auch eine allogene Stammzelltransplantation in Betracht. Hier liegt die Fünf-Jahres-Überlebensrate derzeit bei über 70 %; vgl. hierzu die Anmerkungen in Abschnitt 9.4. Eine komplette hämatologische Rekonstitution nach immunsuppressiver Therapie gelingt selten. Das Leistungsbild orientiert sich deshalb an den durch Anämie (Schwäche), Leukozytopenie (Infekte) und Thrombozytopenie (Blutungsrisiko) hervorgerufenen Einschränkungen. Sofern keine komplette hämatologische Remission (z. B. durch eine Stammzelltransplantation) erzielbar ist, sind Patienten nur leichte körperliche Tätigkeiten über sechs Stunden zumutbar, wenn u. a. folgende qualitative Einschränkungen berücksichtigt werden können: Keine Nässeexposition bzw. starke Temperaturschwankungen, keine Zugluft, keine Tätigkeiten mit erhöhtem Verletzungsrisiko, Vermeidung von häufigen Kundenkontakten.

9.2.2 Hämorrhagische Diathesen

Störungen der Blutgerinnung werden hervorgerufen durch Erkrankungen der Blutgefäße, des thrombozytären Systems oder der plasmatischen Gerinnung. Zu unterscheiden ist zwischen iatrogenen und nicht-iatrogenen Störungen dieser Systeme. Zu den iatrogenen Defiziten zählen alle Behandlungsmethoden, deren Ziel die Verhütung einer Thromboembolie ist. Der Gutachter muss bei beruflichen Tätigkeiten insbesondere auf ein mögliches Verletzungsrisiko achten. Für nicht-iatrogene Gerinnungsstörungen ist auch zu prüfen, ob es sich um eine reversible oder irreversible Erkrankung handelt, ob und in welchem Ausmaß eine Substitution mit gerinnungsfördernden Komponenten erforderlich ist bzw. ob ein Transfusionsbedarf mit den Folgen einer Eisenüberladung (s. Anämien) existiert. Auf diese und andere Kriterien wird in den folgenden Abschnitten z. T. noch einmal eingegangen.

Vaskulopathien

Man unterscheidet hereditäre und erworbene Formen. Zu den hereditären Vaskulopathien zählt der Morbus OSLER-WEBER-RENDU. Dabei handelt es sich um eine autosomal-dominante Erkrankung mit Teleangiektasien an der Haut und den Schleimhäuten von Nase, Mund und Gastrointestinaltrakt sowie arterio-venösen Shunts in der Leber. Auffällig werden die Patienten durch spontane Blutungen insbesondere im Bereich der genannten Schleimhäute.

Zu den erworbenen Formen zählt z. B. die primäre Amyloidose, die durch Hautblutungen bzw. Blutungen im Gastrointestinaltrakt kompliziert sein kann. Zu erwähnen ist in diesem Zusammenhang auch die Purpura SCHOENLEIN-HENOCH, die klassische Form der Hypersensitivitätsvaskulitis, die i. d. R. nach einem Virusinfekt der oberen Luftwege auftritt und vor allem Kinder betrifft. Daneben existieren eine Reihe von anderen Angiitiden, die den Autoimmunerkrankungen (s. dort) zuzurechnen sind. Für die sozialmedizinische Beurteilung gelten die unter 9.1 genannten Kriterien.

Thrombozytopenien und -pathien

Zu unterscheiden sind Störungen durch eine verminderte Thrombozytenzahl von solchen durch eine pathologische Thrombozytenfunktion. Erstere werden im Blutbild erfasst, letztere bedürfen einer aufwändigeren Gerinnungsdiagnostik. Diagnostisch irreführend ist die sog. *Pseudothrombozytopenie*, ein Laborartefakt durch Thrombozytenagglutination im EDTA-Blut.

Thrombozytopenien Sie entstehen durch verminderte Produktion (Knochenmarkinfiltration, myelotoxische Medikamente), vermehrten Verbrauch (Splenomegalie, Verbrauchskoagulopathie) oder beschleunigten Abbau (Allo- bzw. Auto-Antikörper). Extrem selten sind die amegakaryozytären Thrombozytopenien. Die häufigste nicht-medikamentös induzierte Form ist die Autoimmunthrombozytopenie (Morbus WERLHOF). Die akute postinfektiöse Variante heilt häufig spontan aus, chronische Verläufe bedürfen einer langfristigen immunsuppressiven Therapie. In einem Teil der Fälle bessert eine Splenektomie die Blutwerte.

Mit einer erhöhten Blutungsbereitschaft, zunächst meist in Form petechialer Blutungen, ist bei Thrombozytenzahlen < 50.000/µl zu rechnen. Dann müssen schwere körperliche Arbeiten und solche mit erhöhter Verletzungsgefahr vermieden werden. Sofern keine immunsuppressive Behandlung nötig ist, besteht meist ein über sechsstündiges Leistungsvermögen. Unter immunsuppressiver Therapie ist das Infektionsrisiko bei Tätigkeiten mit Zugluft-, Kälte- und Nässeexposition, extremen Temperaturschwankungen und Publikumsverkehr gesondert zu berücksichtigen.

Thrombozytopathien Angeborene Thrombozytopathien wie die Thrombasthenia GLANZMANN und das BERNARD-SOULIER-Syndrom sind extrem selten. Bei den homozygoten Formen ist die hämorrhagische Diathese ausgeprägter als bei heterozygoten. Die Leistungsbeurteilung orientiert sich am klinisch eruierbaren Blutungsrisiko (Auslöser, Frequenz, Dauer, Stärke, evtl. Eisenmangelanämie). Medikamentös induzierte Thrombozytopathien z. B. unter Azetylsalizylsäure erhöhen das Blutungsrisiko bei operativen Eingriffen, führen aber mit Ausnahme von Arbeiten mit hohem Verletzungsrisiko i. d. R. zu keinen Einschränkungen.

Koagulopathien

Hierunter versteht man Störungen der plasmatischen Gerinnung, die über eine Kaskade hintereinandergeschalteter Gerinnungsfaktoren vermittelt wird. Hierbei greifen Aktivatoren und Inhibitoren in die Regulation dieses Systems ein. Da diese zum wesentlichen Teil in der Leber synthetisiert werden, kann es bei schweren Leberfunktionsstörungen zu einer sekundären Koagulopathie kommen, die im Kapitel 15.4 besprochen wird.

Hämophilie A und B Sie ist eine X-chromosomal-rezessiv vererbte Gerinnungsstörung, die demnach nur das männliche Geschlecht betrifft und mit einer Minderung von Faktor VIII (Hämophilie A) bzw. Faktor IX (Hämophilie B) einhergeht. Die Einteilung in Schweregrade orientiert sich an der Aktivität der Gerinnungsfaktoren. Bei einer Restaktivität < 1 % können spontane Gelenk- und Weichteilblutungen auftreten. Um Blutungsrisiko und Folgeschäden gering zu halten, erhalten die Patienten Faktorenkonzentrate, die sie selbst i. v. applizieren können. Bei der Hämophilie sind nur leichte Arbeiten mit geringem Verletzungsrisiko möglich. Der Gerinnungsdefekt allein begrenzt das quantitative Leistungsvermögen gewöhnlich nicht. Leistungsmindernd sind häufig Arthrosen der großen Gelenke durch rezidivierende Gelenkeinblutungen; vgl. hierzu Kapitel 7.

Außer der Hämophilie A und B gibt es seltene Mangelzustände anderer Gerinnungsfaktoren, die analog zu beurteilen sind.

Hemmkörperhämophilie Sie entsteht durch Autoantikörper oder Alloantikörper, letztere im Rahmen einer Substitution mit Faktorkonzentraten [11]. Beim Nachweis von Autoantikörpern ist i. d. R. eine immunsuppressive Therapie erforderlich. Alloantikörperinduzierte Formen werden mit Immunsuppressiva und Faktorkonzentraten (Konzentrate von Faktor VIII oder IX, Bypasspräparate, Faktor-VIIa-Konzentrat) behandelt, was die Anbindung an ein geeignetes Zentrum erfordert. Bei der Leistungsbeurteilung müssen sowohl das Blutungsrisiko als auch die immunsuppressive Behandlung berücksichtigt werden. Meist sind diese Patienten aufgrund des komplizierten Verlaufes zumindest zweitweilig nicht mehr über sechs Stunden einsetzbar.

Kombinierte Formen

Hier zählen insbesondere das VON WILLEBRAND-Syndrom (vWS). Dabei handelt es sich um eine autosomal vererbte Gerinnungsstörung (drei verschiedene Typen), die mit quantitativen oder qualitativen Defekten des von WILLEBRAND-Faktors (vWF) verknüpft ist. Der vWF ist verantwortlich für die Adhäsion der Thrombozyten am Subendothel und die Stabilisierung des Faktor VIII:c [19]. Charakteristisch für das vWS sind Haut- und Schleimhautblutungen, während Hämarthrosen nur bei den schweren Formen, die mit einer deutlichen Verminderung des Faktor VIII:c einhergehen, beobachtet werden. In der Regel ist der Defekt mild oder klinisch asymptomatisch. Die Behandlung besteht in der Gabe von Desmopressin, z. B. vor Operationen. Nur bei den schwereren Verlaufsformen ist die Substitution mit Faktor-VIII-Konzentraten erforderlich, die auch den vWF enthalten. Symptomatisch werden manchmal auch Antifibrinolytika eingesetzt.

Bei den leichten Formen des vWS findet sich keine wesentliche Einschränkung des Leistungsvermögerns. Läßt sich anamnestisch jedoch eine Blutungsneigung eruieren, so ist diese bei dem beruflichen Einsatz zu berücksichtigen (s. o.). Deutliche Einschränkungen sind bei den schweren Formen des vWS gegeben, wobei auch hier in Einzelfällen ein über sechsstündiges Leistungsvermögen erreicht werden kann, wenn leichte körperliche Tätigkeiten ohne erhöhtes Verletzungsrisiko möglich sind.

9.2.3 Erkrankungen des Immunsystems

Von erheblicher sozialmedizinischer Relevanz sind die erworbenen Immundefekte bei malignen Systemerkrankungen (9.3), unter Immunsuppression (9.4.3) und im Rahmen der HIV-Infektion (10). Angeborene Immunmangelsyndrome sind dagegen sehr selten und mit dem Erwerbsleben kaum vereinbar; sie bleiben im Folgenden unberücksichtigt. Schließlich gibt es einige häufige *pathologische Immunreaktionen*, auf die hier kurz eingegangen wird. Sozialmedizinisch von Bedeutung sind insbesondere die Kriterien der Prophylaxe derartiger Störungen bzw. ihre Behandelbarkeit. Punktuell wird in den folgenden Abschnitten darauf noch einmal eingegangen.

Allergie

Bei der Allergie handelt es sich um eine besondere Form einer Immunreaktion, die i. d. R. durch äußere Einflüsse induziert werden kann und zu typischen klinischen Bildern führt. In diesem Zusammenhang sei auf die einschlägigen Kapitel (Atmungsorgane, Haut, HNO, Augen und Gastroenterologie) verwiesen. Die Diagnose erfolgt über eine sorgfältige Anamnese, Hauttests, serologische Untersuchungen und Provokationsteste. Bei der Beurteilung der beruflichen Einsetzbarkeit spielt die Frage eine Rolle, ob der Patient im Rahmen seiner Tätigkeit mit Allergenen Kontakt hat (z. B. Mehlstauballergie beim Bäcker). In solchen Fällen ist die Notwendigkeit berufsfördernder Leistungen zu überprüfen. Werden die Allergien durch nicht arbeitsspezifische Allergene ausgelöst, so ist die Frage zu prüfen, in wieweit die daraus resultierende Störung auch die berufliche Leistungsfähigkeit einschränkt. I. d. R. wird dies nicht oder kaum der Fall sein. Beim chronischen Asthma bronchiale kann sich jedoch auf dem Boden rezidivierender bronchialer Infekt eine chronisch-obstruktive Lungenerkrankung ausbilden, die die körperliche Leistungsfähigkeit limitiert. In diesem Zusammenhang sei auf das Kapitel Atmungsorgane verwiesen.

Anaphylaxie

Unter Anaphylaxie versteht man eine besondere Variante der Hypersensitivitätsreaktion, die als Immunreaktion Typ I bezeichnet wird und zu den Allergien vom Soforttyp zählt. Es handelt sich dabei um eine lebensbedrohliche Erkrankung, die sich innerhalb von wenigen Minuten nach erneutem Kontakt mit einem Antigen entwickelt. Die Ausprägung dieser Anaphylaxie kann das respiratorische bzw. kardiovaskuläre System betreffen oder sich als Urtikaria mit oder ohne Angioödem bzw. als gastrointestinale Manifestation zeigen. Auslösend sind insbesondere Medikamente. Die Prävention eines solchen Zustandes besteht in der Vermeidung des identifizierten Allergens. In der Regel wird es sich nicht um Allergene handeln, die unmittelbar mit dem Arbeitsprozess zu tun haben. Insofern hat die Diagnose einer Anaphylaxie keine unmittelbare Auswirkung auf die berufliche Einsetzbarkeit. Bedeutsam kann jedoch in diesem Zusammenhang durchaus eine Allergie gegen Insektengifte (z. B. Wespen) sein, die bestimmte Tätigkeiten limitiert, bei denen der Patient Verantwortung für Andere übernimmt (z. B. Busfahrer).

Angioödem

Darunter wird die umschriebene Schwellung des subkutanen bzw. submukösen Gewebes verstanden. In den meisten Fällen tritt es zusammen mit einer Urtikaria auf und ist der Hypersensitivitätsreaktion vom Typ I zuzuordnen. Sehr selten beruht das Angioödem auf einem C1-Esteraseinhibitormangel. Während das Angioödem im Bereich der Haut und des Gastrointestinaltrakts mit mehr oder weniger starken Symptomen einhergeht, ist seine Manifestation im Larynx- und Pharynx-Bereich potentiell lebensbedrohlich. Eine besondere pathogenetische Variante ist das erworbene Angioödem ohne Mastzelldegranulation, das mit einer Autoantikörperbildung gegen C1-Esteraseinhibitoren bzw. mit der medikamentösen Hemmung des Angiontensin Converting Enzyme durch ACE-Hemmer einhergeht. Die Therapie besteht in der Vermeidung oder Behandlung der auslösenden Ursachen bzw. bei hereditären Defekten in der Gabe von C1-Esteraseinhibitorkonzentraten bzw. Frischplasma im akuten Schub bzw. mit der Gabe von Androgenen und Fibrinolyseinhibitoren im Intervall.

Bei der Beurteilung des Leistungsvermögens ist insbesondere zu prüfen, in wieweit sich die Gefahr und Auswirkungen eines Angioödems durch Prävention bzw. Therapie einschränken lassen. Ist das auslösende Agens bekannt und lässt es sich vermeiden, besteht keine Einschränkung der beruflichen Einsetzbarkeit. Läßt sich der Verlauf nur mitigieren, so ist der Patient leistungsfähig, jedoch i. d. R. nur für leichte körperliche Arbeiten, überwiegend im Sitzen einsetzbar, wobei zusätzlich natürlich die Lokalisation des Angioödems (z. B. im Handbereich) mit einbezogen werden muss. Erweist sich das Angioödem als therapierefraktär, so kann – unabhängig von der Lokalisation – bei ungünstigem Verlauf ein Einsatz im Erwerbsleben nicht mehr möglich sein.

9.3 Maligne Erkrankungen

Die Inzidenz maligner hämatologischer Systemerkrankungen steigt weltweit. Dies gilt insbesondere für die Non-Hodgkin-Lymphome, die in den letzten 20 Jahren in Deutschland um 25–45 % zugenommen haben [22]. Andererseits wurden in den letzten 10–15 Jahren die Therapiemöglichkeiten wesentlich verbessert. Grund dafür sind u. a. die zunehmende Anwendung multimodaler Behandlungskonzepte, der Einsatz neuer Medikamente und die Zunahme hämatopoetischer Stammzelltransplantationen, die – im Falle der allogenen Variante – prinzipiell kurativen Charakter haben. Erkauft werden diese Fortschritte allerdings durch Therapiefolgen, welche die Leistungsfähigkeit erheblich mindern können. Vor diesem Hintergrund werden zunehmend höhere Ansprüche an den Gutachter gestellt, da er nicht nur die Krankheits-, sondern auch die Therapiefolgen berücksichtigen muss.

9.3.1 Allgemeines

Zur Beurteilung von Verlauf und Remissionsstatus einer malignen hämatologischen Systemerkrankung benötigt der Gutachter regelmäßig aktuelle Fremdbefunde (Knochenmark- bzw. spezielle bildgebende Diagnostik), da ihm entsprechende Untersuchungsmöglichkeiten i. d. R. nicht zur Verfügung stehen. Eine noch bestehende Krankheitsaktivität und deren Dynamik lassen sich am besten anamnestisch bzw. mit Hilfe eines durch externe Unterlagen gut dokumentierten Therapieverlaufes evaluieren.

Begutachtungskriterien

Für die Verlaufsbeurteilung wie für die Begutachtung maligner hämatologischer Systemerkrankungen sind die nachfolgende Kriterien zu berücksichtigen.

Remissionsstatus Die nachfolgenden Definitionen wurden in erster Linie für klinische Zwecke entwickelt, bei denen nach relativ kurzer Behandlungsdauer eine Entscheidung über die Wirksamkeit bzw. Fortsetzung einer Therapie erforderlich ist.

Komplette Remission (CR) vollständige Rückbildung aller messbaren Tumorparameter über einen Zeitraum von mindestens 4 Wochen

Partielle Remission (PR) Rückgang aller messbarer Tumorparameter im Vergleich zur Ausgangsgröße um mindestens 50 % für eine Dauer von mindestens 4 Wochen

Tumorstillstand (no change, NC) Änderung aller messbarer Tumorparameter in einem Bereich von 50 bis 125 % der Ausgangsgröße

Progression (progressive disease, PD) Zunahme der Parameter auf > 125 % des Ausgangsbefundes.

Bei akuten Leukämien besteht eine komplette Remission, wenn sich im peripheren Blut keine und im Knochenmark maximal 5 % Blasten nachweisen lassen und die Zellzahlen im peripheren Blut annähernd normal sind. Eine Teilremission liegt vor, wenn sich die Blastenzahl im Knochenmark zwischen 6 und 25 % bewegt. Bei der chronisch myeloischen Leukämie wird darüber hinaus zwischen hämatologischer (u. a. quantitative und qualitative Normalisierung des Blutbildes) und zytogenetischer (CR: keine Philadelphia-Chromosom positiven Metaphasen) Remission unterschieden.

Organbeteiligung Bei allen malignen Systemerkrankungen können extramedulläre bzw. extralymphatische Organe oder Organsysteme in Mitleidenschaft gezogen werden. Darüber hinaus finden sich funktionelle Störungen dieser Organe nicht nur als Krankheits-, sondern auch als Therapiefolgen; z. B. Kardiomyopathie, Lungenfibrose, Niereninsuffizienz, Leukenzephalopathie, Hypothyreose usw.

Therapiefolgen Weiterhin sind der Zeitaufwand und die Nebenwirkungen einer palliativen bzw. supportiven Therapie zu berücksichtigen: z. B. Schmerztherapie, Bluttransfusionen, antibiotische Behandlung.

Infektionen Granulozytenzahlen < 1.000/μl erhöhen das Risiko einer bakteriellen bzw. einer Pilzinfektion mit möglichem letalen Ausgang. Störungen der zellulären Immunität, seien sie iatrogen durch Immunsuppressiva oder Zytostatika bzw. krankheitsimmanent bei malignen Lymphomen, gehen mit einem erhöhten Infektionsrisiko, z. B. durch Zytomegalieviren oder Pneumozystis carinii, einher. Nach einer Splenektomie findet sich ein gesteigertes Infektionsrisiko durch Pneumokokken und Hämophilus influenzae. Erhöht ist das Infektionsrisiko auch bei Störungen der Blasenfunktion (Pyelonephritis) bzw. des Schluckreflexes (Aspirationspneumonie). Sie finden sich manchmal als Residuen eines Befalls des Nervensystems im Rahmen einer malignen Systemerkrankung oder als unmittelbare Therapiefolge.

Blutungen Thrombozytenzahlen < 20.000/μl gehen mit einem deutlich erhöhten Blutungsrisiko einher. Findet sich gleichzeitig eine Thrombozytopathie, so kann eine Blutungsneigung auch bei Thrombozytenzahlen oberhalb von 30.000/μl manifest werden. Bei malignen Lymphomen finden sich selten auch Koagulopathien bzw. Thrombozytopathien, die durch Autoantikörper oder Paraproteine ausgelöst werden. Krankheitsbedingte Splenomegalien führen über die splenomegale Markhemmung zu einer Absenkung der Thrombozytenzahl (u. a. Blutzellen). Extrem selten ist eine Koagulopathie durch eine (massive) Infiltration der Leber durch maligne Zellen.

Krankheitsbewältigung Einen hohen Stellenwert für den Verlauf hat auch die subjektive Krankheitsbewältigung durch den Patienten. Je nach Krankheitsphase stehen unterschiedliche Belastungsfaktoren im Vordergrund, die von dem Gefühl der Lebensbedrohung bis hin zum Gefühl der Abhängigkeit von medizinischem Personal reichen können. Ängste und depressive Stimmungslagen führen häufig zu einer Antriebsstörung mit entsprechend negativen Auswirkungen auf die berufliche Reintegration und Teilhabe.

Sozialmedizinische Beurteilung

Für diese spielen o. g. Begutachtungskriterien eine entscheidende Rolle. Während einer Radio- oder Chemotherapie kann keine Leistungsfähigkeit unterstellt werden. Das gleiche gilt auch für die posttherapeutische Phase, solange unmittelbare Behandlungsnebenwirkungen (z. B. eine akute Ösophagitis nach Strahlentherapie oder eine Hämozytopenie nach Chemotherapie) noch nicht überwunden sind.

Bei Vorliegen einer stabilen kompletten Remission entfallen jedoch i. d. R. diese unmittelbaren Therapienachwirkungen. Das Infektionsrisiko ist dann vor allem bei allogen Transplantierten erhöht, insbesondere aufgrund der Graft-versus-host-Reaktion, die den Einsatz von Immunsuppressiva erfordert (s. u.). Sieht man von der allogenen Transplantation ab, so wird die Leistungsfähigkeit eines Versicherten im Status der kompletten Remission damit wesentlich von den Therapiefolgewirkungen (z. B. Kardiomyopathie, Lungenfibrose etc.) und der Krankheitsbewältigung abhängen. Für erstere sind insbesondere Funktionstests, wie die Ergometrie und die Lungenfunktionsprüfung einschließlich Blutgasanalyse ein geeignetes Instrumentarium.

Dagegen wird man i. d. R. nur in den frühen Phasen einer palliativen Therapie von einer noch vorhandenen Leistungsfähigkeit ausgehen können. Zumutbar sind dann leichte Tätigkeiten unter Vermeidung extrem schwankender Temperaturen, Zugluft, Nässeexposition, Wechselschichten, ggf. auch Publikumsverkehr. Bei potentiell kurativ behandelten Patienten sind berufsfördernde Leistungen bis hin zur Umschulung zu überprüfen. Liegt eine palliative Situation (z. B. stabile Teilremission) vor, werden sich berufsfördernde Leistungen im wesentlichen auf Wiedereingliederungsmaßnahmen und eine innerbetriebliche Umsetzung konzentrieren.

Im folgenden wird bei den einzelnen Erkrankungen noch einmal kurz auf einige sozialmedizinische Aspekte eingegangen.

9.3.2 Akute Leukämien, myelodysplastisches Syndrom

Akute Leukämien sind foudroyant verlaufende und unbehandelt rasch zum Tode führende Erkrankungen, denen eine maligne Entartung pluripotenter Stammzellen oder hämatopoetischer Vorläuferzellen zugrunde liegt.

Akute lymphatische Leukämie

Sie wird anhand immunphänotypischer, zytogenetischer und molekulargenetischer Kriterien klassifiziert. Zusammen mit klinischen Faktoren ermöglicht dies eine Risikostratifikation, die von hoher prognostischer Relevanz ist und damit die Therapiestrategie maßgeblich beeinflusst [13].

Die konventionelle Therapie der ALL umfasst – mit Ausnahme der B-ALL – unter Einbeziehung einer evtl. Erhaltungstherapie eine Gesamtdauer von etwa 2 Jahren. Bei Patienten mit hohem bzw. sehr hohem Risiko (insbesondere Philadelphia-Chromosom bzw. bcr/abl-positiver ALL) wird eine frühzeitige allogene Stammzelltransplantation in erster kompletter Remission angestrebt. Eine autologe bzw. eine allogene Transplantation kommt ansonsten nur bei primärer Therapierefraktärität bzw. im Falle eines Rezidivs in Frage. Mit einer intensiven Kombinationschemotherapie allein lässt sich derzeit ein rezidivfreies Fünf-Jahres-Überleben von durchschnittlich 30–40 % erzielen. In den Hochrisikosubgruppen (s. o.) liegen diese Zahlen deutlich niedriger.

Eine Besonderheit der ALL-Behandlung ist, dass es sich – bei Standardrisiko – um eine ausgesprochen langwierige Therapie handeln kann. Bei der ca. ein Jahr dauernden Erhaltungstherapie handelt es sich um eine vergleichsweise niedrig dosierte Chemotherapie, die zwar ambulant durchführbar ist, jedoch durchaus eine bedeutsame (jedoch i. d. R. reversible) Hämato- bzw. Hepatotoxizität aufweisen kann. Die Leistungsfähigkeit ist während dieser Behandlung deutlich eingeschränkt. Vor einer endgültigen Leistungsbeurteilung sollte nach Ende der Therapie bis auf wenige Ausnahmen das Resultat der dann durchzuführenden Knochenmarkpunktion bzw. bildgebenden Diagnostik abgewartet werden.

Besteht eine komplette Remission, ist vor allem das Ausmaß der dauerhaften Therapiefolgen zu bestimmen. Auf diese wird im Abschnitt 9.4 näher eingegangen.

Akute myeloische Leukämie

Bei der AML unterscheidet man zwischen einer de novo- und einer sekundären AML. Letztere geht entweder aus einem myelodysplastischen Syndrom hervor oder entwickelt sich nach vorausgegangener Chemo- und/oder Strahlentherapie eines anderen malignen Tumors.

Die AML wird i. d. R. anhand von zytologischen Kriterien klassifiziert (FAB-Klassifikation). Für die Risikostratifikation sind darüber hinaus zytogenetische und verschiedene klinische Parameter wichtig. Als prognostisch günstig gelten z. B. die AML-M3 und AML-M4 eo [17]. Im Vergleich zur ALL ist die Therapie der AML bedeutend kürzer, umfasst jedoch dennoch einen Umfang von mehreren Monaten. In manchen Fällen wird heute jedoch auch eine mehr als zwei Jahre dauernde Erhaltungschemotherapie durchgeführt. Durch Chemotherapie allein lassen sich voraussichtlich 20–40 % der Patienten heilen (Fünf-Jahresrezidivfreiheit). Diese Ergebnisse werden nur von der allogenen Stammzelltransplantation in erster kompletter Remission übertroffen, wo Fünf-Jahres-Überlebensraten von 45–50 % erzielt werden [17]. Neuerdings werden solche Therapieresultate allerdings auch bei der AML-M3 (t15;17) durch eine Kombination von Chemotherapie und All-trans Retinsäure erreicht. Bei Patienten mit ungünstigen zytogenetischen Aberrationen wird heute die allogene Transplantation in erster kompletter Remission angestrebt. Ansonsten gilt die Stammzelltransplantation als Mittel der Wahl im früheren Rezidiv oder in zweiter kompletter Remission. Die Prognose ist in diesen Fällen allerdings deutlich schlechter.

Myelodysplastisches Syndrom

Das myelodysplastische Syndrom ist charakterisiert durch ein Missverhältnis zwischen erhöhter Proliferation hämatopoetischer Vorläuferzellen und ihrer fehlenden Ausreifung. Typisch ist das zellreiche Knochenmark verbunden mit einer peripheren Hämozytopenie, die eine oder mehrere Reihen betrifft. Die Klassifikation erfolgt nach FAB-Kriterien und hat prognostische Relevanz. Meist handelt es sich um eine Erkrankung des höheren Lebensalters; mehr als 80 % der Patienten sind über 60 Jahre alt. Die Prognose ist ungünstig. Die medianen Überlebenszeiten liegen zwischen 6 und 37 Monaten, abhängig von dem Risiko eines Übergangs in eine AML. Einzige kurative Behandlungsmöglichkeit ist die allogene Stammzelltransplantation [6]. Hier gelten die Kriterien von Abschnitt 9.4.2 für die Beurteilung der Leistungsfähigkeit.

Bei den refraktären Anämien (RA und RARS), die eine noch relativ günstige Prognose aufweisen, besteht ein mehr oder weniger großer Transfusionsbedarf. Die Leistungsfähigkeit dieser Patienten hängt ab vom Ausmaß der Anämie und der Transfusionshäufigkeit. Bei hoher Transfusionsfrequenz (Intervall 4 Wochen und weniger) besteht i. d. R. ein unter dreistündiges Leistungsvermögen. Hinzu kommen in manchen Fällen verschiedene Formen einer ambulanten antitumoralen Therapie mit entsprechenden subjektiven und objektiven Nebenwirkungen und die Möglichkeit einer Eisenüberladung mit entsprechenden Folgen.

Sonstige

Maligne Erkrankungen des monozytären Systems sind die maligne Histiozytose und die monozytären Leukämien. Letztere zählen zu den akuten myeloischen Leukämien (9.3.2). Die *maligne Histiozytose* ist extrem selten, hat einen sehr aggressiven Verlauf und ist nicht heilbar. In manchen Fällen sind jedoch mehrere Jahre anhaltende Remissionen beobachtet worden. Solche Patienten sind während einer aktiven Tumortherapie nicht leistungsfähig. Sollte eine Remission eingetreten sein, so gilt für die Leistungsbeurteilung im Prinzip das Prozedere, das bei den NHL niedriger Malignität beschrieben ist.

9.3.3 Chronische myeloproliferative Erkrankungen

Zu den chronischen myeloproliferativen Erkrankungen (CMPE) zählen die chronische myeloische Leukämie (CML), die Polyzythämia vera (PV), die essentielle Thrombozythämie (ET) und die idiopathische Myelofibrose (IMF). Ihnen liegt eine klonale Expansion einer multipotenten hämatopoetischen Vorläuferzelle zugrunde [12].

Chronische myeloische Leukämie Von der CML sind alle Altersgruppen betroffen, der Häufigkeitsgipfel liegt im 5. bis 6. Lebensjahrzehnt. Von prognostischer Relevanz ist – neben verschiedenen klinischen Parametern – insbesondere der Nachweis des Philadelphia-Chromosoms (BCR-ABL-Fusion). Diese Form der CML hat einen besseren Verlauf als die Ph-Chromosom-negative Variante. Abhängig von der

Krankheitsphase bei Diagnosestellung liegt die mediane Überlebenszeit zwischen wenigen Monaten und bis zu sechs Jahren. Einziger kurativer Ansatz ist nach heutigen Erkenntnissen die allogene hämatopoetische Stammzelltransplantation. In der chronischen Phase wird deshalb bei jedem Patienten unter 55 Jahren nach einem passenden Familienspender, notfalls auch einem Fremdspender gesucht [5]. Ansonsten kommt eine konventionelle Therapie (Hydroxyurea, Interferon-alpha, Cytosin-Arabinosid) und neuerlich auch der Einsatz von Tyrosinkinase-Inhibitoren mit der Option einer autologen Transplantation in Frage. Insbesondere der Einsatz von INFα hat zu einer deutlichen Verlängerung der Überlebenszeit beigetragen (ca. 70 % nach 10 Jahren bei zytogenetischer Remission). Der im Vergleich zu Alpha-Interferon deutlich besser verträgliche Tyrosinkinase-Inhibitor (Imatinib) wird derzeit im Rahmen von Studien hinsichtlich seines Stellenwertes in der Gesamttherapie überprüft.

Wurde eine allogene Transplantation durchgeführt, gelten für die Beurteilung der Leistungsfähigkeit die unter 9.4.2 genannten Kriterien. Bei Patienten, die nicht für eine Transplantation in Frage kommen, ist aufgrund der Therapiebedürftigkeit der Erkrankung in der chronischen Phase und erst recht in der Phase der Akzeleration ein reduziertes Leistungsvermögen zu unterstellen. Grund hierfür ist z. B. auch der häufige Einsatz von INFα in der chronischen Phase der Erkrankung mit einer Vielzahl von allgemeinen (Fieber, Grippesymptomatik), kardiorespiratorischen (Rhythmusstörungen, Myokardinfarkt, Lungenödem, Pneumonie), nephrologischen (Nephritis, Nierenversagen), neuropsychiatrischen (Psychosen), endokrinologischen (Hyper- bzw. Hypothyreose) und autoimmunologischen (z. B. Lupus erythematodes) Nebenwirkungen. Der Tyrosinkinase-Inhibitor scheint nach neuesten Untersuchungen in der chronischen Phase eine Alternative zu bisherigen Therapiekonzepten bei wesentlich besserer Verträglichkeit zu sein.

Polyzythämia vera Die Polyzythämia vera (PV) ist die häufigste Form der CMPE [16]. Sie ist letztendlich eine Ausschlussdiagnose, da die Leitsymptome Polyglobulie bzw. Erythrozytose bei zahlreichen anderen Erkrankungen vorkommen. Hepatosplenomegalie, Zyanose und Hypertonie sind weitere typische Befunde. Der Altersmedian bei Diagnose liegt bei 60 Jahren, d. h. ein Teil der Patienten befindet sich noch im Erwerbsleben. Die Prognose ist i. d. R. günstig (mediane Überlebenszeit mehr als 10 Jahre). Aderlässe, Thrombozytenaggregationshemmer und ggf. auch Zytostatika oder INFα zählen zu den üblichen Therapiemaßnahmen. Die Verträglichkeit dieser Behandlung ist i. d. R. gut, so dass bei adäquater Therapie nur geringe Leistungseinschränkungen zu erwarten sind. Sozialmedizinisch relevant können allerdings Residuen nach venösen (postthrombotisches Syndrom, chronisches Cor pulmonale nach rezidivierender Lungenembolien) und arteriellen (cerebraler Insult, Myocardfarkt) Thromboembolien oder auch nach Blutungen sein, die eine entsprechende Funktionsdiagnostik erfordern.

Essentielle Thrombozythämie Die Patienten sind bei Diagnosestellung häufig jünger als die an einer PV Erkrankten. Eine differenzialdiagnostische Abgrenzung gegenüber der CML ist erforderlich, da nicht selten auch eine Leukozytose mit Linksverschiebung gefunden wird. Die Prognose und die Komplikationen sind vergleichbar mit denen der PV. Interferon-alpha (INFα), Anagrelide, Thrombozytenaggregationshemmer, seltener auch Zytostatika zählen zum Therapierepertoire. Bis auf INFα sind alle Medikamente i. d. R. gut verträglich. Hinsichtlich der sozialmedizinischen Beurteilung gelten im wesenlichen die bei der PV gemachten Aussagen. Inwieweit sich die Gabe von INFα auf die Leistungsfähigkeit auswirkt, ist anhand der individueller Nebenwirkungen zu überprüfen (siehe CML).

Idiopathische Myelofibrose Bei Diagnosestellung liegt der Altersmedian bei etwa 60 Jahren. Die mediane Überlebenszeit beträgt 4–5 Jahre. Die Abgrenzung gegenüber den übrigen CMPE ist nicht immer einfach, sekundäre Myelofibrosen im Rahmen anderer Erkrankungen müssen ausgeschlossen werden. Die Therapie orientiert sich am Ausmaß von Anämie und Thrombozytose. In frühen Stadien sind die Patienten bei adäquater problemorientierter Therapie relativ beschwerdearm, so dass eine berufliche Einsetzbarkeit (evtl. in reduziertem zeitlichen Umfang) gegeben ist. In späteren Stadien ist aufgrund der intensiven Behandlungsbedürftigkeit (Transfusionen, antiinfektiöse Therapie) und krankheitsbedingter Beschwerden (allgemeine körperliche Schwäche etc.) ein Verbleiben im Erwerbsleben i. d. R. nicht möglich. Sehr selten kommt im Frühstadium der IMF eine allogene hämatopoetische Stammzelltransplantation in Frage [20]. In diesem Fall ist hinsichtlich der Leistungsbeurteilung im wesentlichen wie unter 9.4.2 zu verfahren.

9.3.4 Maligne Lymphome

Zu unterscheiden ist zwischen dem Morbus HODGKIN und den Non-HODGKIN-Lymphomen. Die Stadieneinteilung erfolgt nach der Ann-Arbor-Klassifikation von 1971 (Tabelle 9.1).

Morbus HODGKIN

Der Morbus HODGKIN (MH) entsteht nach heutiger Vorstellung in einem Lymphknoten und breitet sich anfangs lymphogen, später auch hämatogen aus. Betroffen sind überwiegend jüngere Menschen (Häufigkeitsgipfel bei 25 Jahren). Als maligne Zellpopulation gelten die HODGKIN- und REED-STERNBERG-Zellen. Der MH geht mit einem zellulären Immundefekt einher, der sich nach der Therapie nur z. T. zurückbildet. Die pathohistologische Einteilung des MH hat prognostische Relevanz. Entscheidender ist jedoch die Stadieneinteilung nach Ann Arbor, die zusammen mit weiteren Risikofaktoren die Therapiestrategie bestimmt [4]. In der günstigsten Prognosegruppe (Stadium CS I/II ohne Risikofaktoren) liegt nach alleiniger Radiotherapie die Heilungsrate bei etwa 80 %. Die kombinierte Radiochemotherapie ist für Patienten mit intermediärer Prognose (Stadium CS I/II mit Risikofaktoren) die Behandlung der Wahl. Die Langzeit-Überlebenszeiten liegen heute bei 75–85 %; dies gilt auch für das Stadium CS III A (ohne bulky disease), in dem eine totalnodale Bestrahlung durchgeführt wird. In der ungünstigen Prognosegruppe (Stadium II-Ib oder IV) steht die intensive Polychemotherapie im Vordergrund. Hier liegen die Langzeit-Überlebensraten heute bei etwa 70 %. Bei Frührezidiven (innerhalb von 12 Monaten nach Primärtherapie) bzw. partieller Remission nach primärer Chemotherapie wird für Patienten bis 60 Jahren eine autologe Stammzelltransplantation empfohlen (Fünf-Jahres-Überlebenszeiten von 30–40 %). Langzeitfolgen der Strahlentherapie können eine Lungenfibrose nach Strahlenpneumonitis, Myokardfibrosen, Myelopathien, Hypothyreosen und Sekundärtumoren sein. Nach einer Chemotherapie sind Kardiomyopathien, Lungenfibrosen, Hepatopathien, endokrine Störungen (u. a. Fertilitätsstörungen) und ebenfalls Sekundärmalignome, insbesondere Leukämien, denkbar; vgl. Abschnitt 9.4).

Da die Prognose des MH prinzipiell als günstig anzusehen ist, orientiert sich die Beurteilung der Leistungsfähigkeit an den irreversiblen Langzeitschäden. Hierzu zählen insbesondere kardiopulmonale Erkrankungen (s. o.). Eine sorgfältige Funktionsdiagnostik ist in diesen Fällen erforderlich (siehe Kapitel 12 und 14). In den meisten Fällen ist unabhängig von den Langzeitschäden zeitlich begrenzt von einer verminderten körperlichen Belastbarkeit auszugehen, jedoch ein über sechsstündiges Leistungsvermögen wieder erreichbar. Hinzu kommt ein – nicht selten langfristig – bestehender T-Zell-Defekt, der aufgrund des erhöhten Infektionsrisikos Tätigkeiten unter starken Temperaturschwankungen, Zugluft und Nässeexposition unmöglich macht. Da es sich i. d. R. um jüngere Menschen handelt, sollten im Einzelfall berufsfördernde Leistungen bis hin zur Umschulung geprüft werden.

Non-HODGKIN-Lymphome

Non-HODGKIN-Lymphome (NHL) sind klonale Tumorerkrankungen des lymphatischen Systems mit nodaler und/oder extranodaler Manifestation. Histologie, Klinik und Prognose unterscheiden sich z. T. erheblich. Dem stehen jedoch nur in wenigen Fällen entsprechend differenzierte Therapiestrategien gegenüber. Der Altersmedian liegt bei etwa 60 Jahren, die Schwankungsbreite ist jedoch groß, so dass ein Teil der Patienten noch im Erwerbsleben steht.

Die Non-HODGKIN-Lymphome werden nach der WHO-Klassifikation eingeteilt. Etwa 90 % sind vom B-Zell-Typ [14]. Die Einteilung in niedrig- und hochmaligne NHL wird von der WHO nicht mehr nachvoll-

I	Nodaler Befall einer einzelnen Lymphknotenregion (I) oder Vorliegen eines einzelnen, lokalisierten extranodalen Herdes (I_E)
II	Nodaler Befall (II) und/oder lokalisierte extranodale Herde (II_E) in ≥ 2 Regionen auf einer Seite des Zwerchfells
II_1	Befall von zwei benachbarten Lymphknotenregionen (II_1) oder Befall einer Lymphknotenregion mit lokalisiertem Übergang auf ein benachbartes Organ (II_{1E}) oder Befall zweier benachbarter extralymphatischer Organe (II_{1E}).
II_2	Befall von zwei nicht benachbarten oder > 2 benachbarten Lymphknotenregionen (II_2) oder Befall eines extralymphatischen Organs mit Lymphknotenbeteiligung über die regionären Lymphknoten hinaus (II_{2E}) oder Befall zweier nicht benachbarter extralymphatischer Organe (II_{2E}).
III	Nodaler Befall (III) und/oder lokalisierte extranodale Herde (III_E) auf beiden Seiten des Zwerchfells, ggf. mit Milzbefall (III_S oder III_{SE})
IV	Diffuser oder disseminierter Befall eines oder mehrerer extralymphatischer Organe mit oder ohne Lymphknotenbefall
A	Keine Allgemeinsymptome
B	Allgemeinsymptome (Fieber $> 38\,°C$, Nachtschweiß, Gewichtsverlust $> 10\,\%$ des Ausgangsgewichtes innerhalb von 6 Monaten)

Tab. 9.1: Stadieneinteilung der malignen Lymphome nach der Ann-Arbor-Klassifikation

Kiel-Klassifikation	REAL-/WHO-Klassifikation
Niedrig-maligne Lymphome:	
Chronische lymphatische Leukämie (B-CLL, T-CLL)	B-Zell/T-Zell Chronische lymphatische Leukämie
Lymphoplasmatisches Immunozytom	Lymphoplasmatisches Immunozytom
Zentrozytisches Lymphom	Mantelzell-Lymphom
Zentroblastisch-Zentrozytisches Lymphom	Follikelzentrums-Lymphom
MALT-Lymphom	Extranodales NHL vom MALT-Typ
Plasmozytisches Lymphome	Plasmozytom, Myelom
Hoch-maligne Lymphome:	
Zentroblastisches Lymphom	Diffuses großzelliges B-Zell-Lymphom
BURKITT-Lymphom	BURKITT-Lymphom
B-/T-lymphoblastisches Lymphom	B-/T-Vorläufer lymphoblastisches NHL
Großzellig anaplastisches (Ki-1) B-/T-Zell-Lymphom	Anaplastisches großzelliges B-/T-Zell-Lymphom

Tab. 9.2: Klassifikation der Non-HODGKIN-Lymphome

zogen. Da sie aber in der Klinik weiterhin gebräuchlich ist, wird sie im Folgenden verwendet. In Tabelle 9.2 findet sich eine stark selektionierte und vereinfachte Darstellung der derzeitigen Lymphomklassifikation.

Chronische lymphatische Leukämie Sie ist die häufigste Leukämie des Erwachsenenalters. Es handelt sich um eine Erkrankung des höheren Lebensalters (Altersmedian ca. 70 Jahre). Damit ist die Anzahl der Patienten, die sich im erwerbsfähigen Alter befinden, relativ gering. Das Stadium bei Primärdiagnose und die individuelle Krankheitsdynamik bestimmen die Prognose der Erkrankung. Die Stadieneinteilungen erfolgen nach RAI oder BINET. Je nach Stadium liegt die mittlere Überlebenszeit zwischen 2 und mehr als 10 Jahren. Die Abgrenzung der CLL (meist B-CLL) von anderen lymphoproliferativen Erkrankungen erfordert eine spezielle immunzytologische Diagnostik [8].

Im frühen Stadium und bei langsamer Progredienz der Erkrankung sind die meisten Patienten praktisch asymptomatisch. Die Diagnose beruht auf einer Routineuntersuchung oder der Exstirpation eines vergrößerten Lymphknotens ohne begleitende Symptomatik. Zu diesem Zeitpunkt ist die Leistungsfähigkeit der Patienten nicht eingeschränkt, d. h. in der Regel können sie ihrer bisherigen beruflichen Tätigkeit weiter nachgehen. Anders ist die Situation, wenn sich eine Therapiebedürftigkeit entwickelt (Chemotherapie, supportive Behandlung wie Bluttransfusionen, antiinfektiöse Therapie, Immunglobulinsubstitution etc.). Nur dann, wenn sich durch eine Chemotherapie bzw. Immunchemotherapie eine stabile Remission erreichen lässt, ist weiterhin eine Leistungsfähigkeit gegeben. Einen Sonderfall stellt die hämatopoetische Stammzelltransplantation (autolog oder allogen) dar. Die Erfahrungen mit dieser Behandlungsform sind bei der CLL allerdings relativ gering [9]. Gerade die allogene Transplantation hat jedoch potentiell kurativen Charakter. Allogen transplantierte Patienten sind ähnlich zu beurteilen, wie solche mit einer akuten Leukämie.

Niedrigmaligne Lymphome Hierzu zählen das follikuläre Lymphom (Grad 1 und 2), das lymphoplasmozytische Lymphom (Immunozytom) und das Mantelzellenlymphom. In den Stadien I A, II A und III A mit geringer Tumormasse hat die Strahlentherapie [10] mit einem rezidivfreien Überleben nach 10 Jahren von ca. 50 % kurative Potenz. In allen anderen Situationen ist nur eine palliative Chemotherapie möglich mit Fünf-Jahres-Überlebensraten von ca. 50 %, beim zentrozytischen NHL. Beim follikulären Lymphom wird eine Erhaltungstherapie mit Interferon-alpha empfohlen, welche die rezidivfreie Überlebenszeit, jedoch nicht das Gesamtüberleben verbessert. Ob eine myeloablative Therapie mit nachfolgender autologer peripherer Stammzelltransplantation eine kurative Möglichkeit besitzt, kann derzeit noch nicht beantwortet werden [10]. Das gleiche gilt für vereinzelte Behandlungsversuche mit allogener Stammzelltransplantation.

Hochmaligne Lymphome Zu den häufigsten hochmalignen NHL zählen das BURKITT-Lymphom und das diffuse großzellige B-Zell-Lymphom. Bei den hochmalignen Lymphomen vom B-Zell-Typ bietet die alleinige Chemotherapie bzw. neuerdings die Immunchemotherapie (Anti-CD 20 Antikörper: Rituximab) in allen Stadien kurative Chancen. Dies gilt nicht für eine alleinige Radiotherapie, deren Stellenwert als konsolidierende Behandlung nach Chemotherapie noch nicht zweifelsfrei geklärt ist.

Gastrointestinale Lymphome Zu 75 % betreffen sie den Magen. Das niedrigmaligne MALT-Lymphom ist in den Stadien I und II durch Bestrahlung heilbar, in den Stadien III und IV liegt dagegen eine palliative Situation vor. Hochmaligne Lymphome sind durch Chemotherapie im Prinzip heilbar, wobei zusätzlich ein Bestrahlung (Involved-field) empfohlen wird.

ZNS-Lymphome Die Prognose primärer ZNS-Lymphome ist im Vergleich zu anderen extranodalen NHL deutlich ungünstiger. Die alleinige Bestrahlung des Gehirns ist nicht kurativ. Eine kombinierte Radiochemotherapie verlängert zwar die Überlebenszeit, ist jedoch mit einer deutlich höheren Toxizität verbunden. Die Effektivität einer primären Chemotherapie ist noch nicht ausreichend evaluiert. Der Stellenwert der Hochdosischemotherapie mit nachfolgender Stammzelltransplantation (autolog/allogen) ist unklar.

Multiples Myelom Das Multiple Myelom (MM) zählt zwar zu den NHL, soll jedoch aufgrund seiner klinischen Besonderheiten eigens abgehandelt werden. Der Begriff *Plasmozytom* wird eigentlich nur noch für das sog. solitäre Plasmozytom verwendet. Das MM findet sich überwiegend im höheren Lebensalter, d. h. bei Patienten, die nicht mehr im Erwerbsleben stehen. Es kann jedoch auch im 4. oder 5. Lebensjahrzehnt auftreten. Prinzipiell ist das MM, das nach DURIE und SALMON in drei Stadien eingeteilt wird, und das sowohl medullär als auch extramedullär auftreten kann, bisher nicht heilbar [1]. Eine Ausnahme macht das extrem seltene solitäre Plasmozytom, bei dem die Strahlentherapie eine potentiell kurative Potenz hat. Die Behandlung des MM besteht im wesentlichen in einer palliativen Strahlen- und Chemotherapie. Die Strahlentherapie hat knochenstabilisierenden und schmerzstillenden Charakter. Eine Chemotherapie wird erst bei einer nachweisbaren Progression der Erkrankung im Stadium II/III eingesetzt. Weitere Behandlungsindikationen sind eine transfusionsbedürftige Anämie, eine Hyperkalzämie oder ein Hyperviskositätssyndrom. Die Prognose ist vor allem vom Krankheitsstadium bei Diagnosestellung abhängig.

Differenzialdiagnostisch zu unterscheiden vom MM ist die *monoklonale Gammopathie ungewisser Signifikanz (MGUS)*. Darunter versteht man den isolierten Nachweis eines Paraproteins im Serum bzw. im Urin ohne Nachweis von Osteolysen bzw. einer signifikanten Infiltration des Knochenmarks durch Plasmazellen (normal < 10 % Plasmazellen). Innerhalb von 10 Jahren kann sich bei 20 % der MGUS-Fälle ein multiples Myelom oder eine andere Erkrankung wie z. B. eine Amyloidose Typ AL entwickeln. Die mediane Überlebenszeit liegt beim MM im Bereich von 2–4 Jahren. Wesentliche längere Überlebenszeiten finden sich bei sogenannten Smouldering-Myelom. Die Hochdosischemotherapie mit autologer Stammzellreinfusion kommt für Patienten bis etwa 65 Jahren in Frage. Obwohl die rezidivfreien Überlebenszeiten darunter deutlich höher als unter einer Standardchemotherapie sind, muss bisher offen bleiben, ob die Überlebenszeit insgesamt durch eine aggressivere Therapie verlängert werden kann. Derzeit kommt dieses Verfahren nur bei primärer bzw. sekundärer Therapieresistenz in frage. Auch der Stellenwert der allogenen Transplantation in einem kurativen Konzept ist bisher unklar. Die meisten Patienten werden daher eine an den Beschwerden orientierte palliative Therapie erhalten.

Im frühen Stadium bei geringer Symptomatik (insbesondere fehlenden Schmerzen) ist prinzipiell noch Leistungsfähigkeit gegeben. Zumutbar sind jedoch nur leichte Tätigkeiten ohne Heben, Tragen und Bewegen von Lasten aufgrund der verminderten Belastbarkeit des Skeletts. Zu eruieren ist auch das Ausmaß der Infektbereitschaft, die Arbeiten unter extrem schwankenden Temperaturen, unter Zugluft und Nässe unmöglich macht. Mit Zunahme der Behandlungsbedürftigkeit (Analgetika, palliative Radio- und Chemotherapie, Thalidomid, Bisphosphonate, antiinfektiöse Therapie, Substitution von Immunglobulinen, Bluttransfusionen) wird die Leistungsfähigkeit immer mehr eingeschränkt. Der Umfang der beruflichen Einsetzbarkeit hängt damit, wie bei den anderen malignen hämatologischen Systemerkrankungen, von den krankheitsbedingten Beschwerden, dem Behandlungsbedarf und den Therapienebenwirkungen ab. Unter laufender Chemo- und/oder Strahlentherapie ist eine Erwerbstätigkeit nicht zumutbar. Das gleiche gilt für fortgeschrittene Krankheitsstadien bei häufigen infektiösen Komplikationen sowie ausgeprägten Analgetika- und Transfusionsbedarf ist von einer Leistungsunfähigkeit auszugehen.

Als Besonderheit kommt es bei länger dauernden Plasmozytomerkrankungen zu einer sekundären Amyloidose verschiedener Organe (Nieren, Herz etc.), die mit deutlichen Funktionsstörungen einhergehen können. Diese Defizite sind in die Gesamtbeurteilung des Leistungsvermögens einzubeziehen.

9.4 Häufige Therapiefolgen

In diesem Zusammenhang wird näher auf die Chemotherapie, die Stammzelltransplantation und die Therapie mit Immunsuppressiva eingegangen.

Organsystem	Zytostatika	Langzeitfolgen
Herz	Daunorubicin, Doxorubicin	Chronische Kardiomyopathie (Myokardfibrose)
Lunge	Cyclophosphamid/Cytosin-Arabinosid	Lungenfibrose
Nervensystem	Vincristin, Ifosfamid (HD), Methotrexat (HD, i. th.), Cytosin-Arabinosid (HD, i. th.)	Motorische Polyneuropathie, Enzephalopathie
Leber	Methotrexat	Leberfibrose, Leberzirrhose
Nieren	Methotrexat/Ifosfamid	Chronische Niereninsuffizienz
Harnblase	Cyclophosphamid	Chronische Zystitis
Gonaden	Cyclophosphamid/Ifosfamid	Gonadale Atrophie
Verschiedene	Cyclophosphamid/VM-26, 6-Mercaptopurin	Zweitmalignome
Knochen	Kortikosteroide	Aseptische Knochennekrose
Venen, Gerinnung	Asparaginase	Postthrombotisches Syndrom

Tab. 9.3: Therapiefolgen bei ALL und AML

Organsystem	Zytostatika (Beispiele)	Langzeitfolgen
Herz	Mitoxantron, Epirubicin, Idarubicin, 5-FU	Chronische Kardiomyopathie, Folgezustände nach Herzinfarkt
Lunge	Chlorambucil, Busulfan, Mitomycin C, Bleomycin	Lungenfibrose
Nervensystem	Paclitaxel, Docetaxel, Oxaliplatin	Polyneuropathie, zentralnervöse Störungen
Leber	Dacarbacin, Carmustin	Lebervenenverschluss-Syndrom, Lebernekrose
Nieren	Cisplatin, Lomustin	Chronische Niereninsuffizienz
Gonaden	Busulfan, Carmustin, Epirubicin, Idarubicin, Mitoxantron, Etoposid, Lomustin, Nimustin	Gonadale Atrophie
Gehör	Cisplatin	Innenohrschwerhörigkeit

Tab. 9.4: Häufige Chemotherapiefolgen

9.4.1 Chemotherapie

Die wichtigsten Folgen der Chemotherapie bei ALL und AML sind in Tabelle 9.3 zusammengefasst. Tabelle 9.4 ergänzt weitere häufige Chemotherapiefolgen. Bei der Verwendung dieser Zytostatika sind Langzeitnebenwirkungen möglich, welche die Leistungsfähigkeit des Patienten einschränken können. In diesem Zusammenhang wird noch einmal auf geeignete Funktionsuntersuchungen (z. B. Ergometrie, Lungenfunktionsprüfung, Audiometrie, allgemeine neurologische Untersuchung, Nervenleitungsgeschwindigkeit) verwiesen. Insgesamt sind aber schwere, bleibende Störungen relativ selten.

Kardiopulmonale Leistungseinschränkungen erfordern funktionsorientierte Untersuchungen bzw. geeignete Belastungstests. Eine Herzinsuffizienz (auch im kompensierten Zustand) und restriktive Ventilationsstörungen mit Hypoxämie (z. B. unter Belastung) schränken die Leistungsfähigkeit des Patienten deutlich ein. Zumutbar sind je nach Ausmaß der genannten Störungen leichte körperliche Arbeiten, überwiegend im Sitzen, in geschlossenen Räumen und ohne Wechselschichten bis zu sechs- und mehrstündig. Die Nephrotoxizität verschiedener Zytostatika kann im Extremfall zur Dialysepflichtigkeit führen. In dieser Situation ist die Leistungsfähigkeit einerseits durch die somatischen Auswirkungen der Niereninsuffizienz, andererseits durch die zeitlichen und psychophysischen Belastungen im Rahmen der Hämodialyse deutlich limitiert (s. Kapitel 16). Ein weiterer Folgezustand kann eine renale Hypertonie sein, die je nach Ausmaß und Be-

Probleme	Risiko	Sonstiges
Infektionen: bakteriell, mykotisch, Pneumocystis carinii, Cytomegalie	Risiko mit der Zeit abnehmend, selten ab Tag +180 nach Transplantation	Abhängig von Immunsuppression und GvHD
Graft versus host disease (GvHD), akute Form bis Tag +100, danach chronische GvHD	Hohe Letalität bei Grad III–IV (Haut, Leber, Darm etc.)	Abbau der Immunsuppression i. d. R. nach 3–6 Monaten
Pneumonitis (CMV, PCP etc.), Lungenfibrose, Bronchiolitis obliterans	Risiko in den ersten Monaten nach Transplantation, danach abnehmend	Bronchiolitis obliterans i. d. R. gut behandelbar
Veno occlusive disease (VOD)	Schwere Form mit hoher Letalität	
Hämorrhagische Zystitis	Bedeutend kurz nach Hochdosistherapie bzw. während noch vorhandener Immunsuppression	Meist durch Cyclophosphamid oder Viren ausgelöst
Transplantatversagen (Graft failure)	Sehr seltenes, meist sehr frühzeitiges Ereignis	Auch nach autologer Transplantation

Tab. 9.5: Risiken nach allogener Blut- bzw. Knochenmarkstammzelltransplantation

handelbarkeit i. d. R. nur leichte bis mittelschwere Tätigkeiten überwiegend in geschlossenen Räumen und ohne Nachtschicht ermöglicht.

Polyneuropathien bilden sich meist bis auf leichte Residuen komplett zurück. Probleme können jedoch entstehen, wenn während des Arbeitsprozesses besondere Anforderungen an den Tastsinn gestellt werden. In Ausnahmefällen kann es jedoch auch zu einer irreversiblen motorischen Polyneuropathie kommen. Noch schwerwiegender, allerdings ebenfalls selten, sind persistierende zentralnervöse Defizite wie Dysarthrie, Ataxie, Epilepsie etc. Das Risiko solcher Störungen ist bei der ALL durch die obligatorische prophylaktische Ganzhirnbestrahlung noch weiter erhöht. Hinzukommen können bleibende neuropsychische Defizite wie z. B. Konzentrations- und Gedächtnisstörungen. In diesem Zusammenhang sei auf die Kapitel 22 und 23 verwiesen.

Zu beachten ist, dass in Einzelfällen die Kombination mehrerer Störungen die Leistungsfähigkeit des Patienten so weitgehend einschränken kann, dass daraus eine Leistungsunfähigkeit resultiert, obwohl er hinsichtlich seiner Leukämie als geheilt gelten kann.

9.4.2 Hämatopoetische Stammzelltransplantation

Prinzipiell wird zwischen autologer und allogener Stammzelltransplantation unterschieden. Bei der autologen Form handelt es sich um ein Therapieverfahren, das nach myeloablativer Behandlung der Beschleunigung der Knochenmarkrekonstitution durch Übertragung von autologen, d. h. eigenen peripheren Blutstammzellen dient. Bei der allogenen Stammzelltransplantation werden nach entsprechender myeloablativer Vorbehandlung Stammzellen aus dem Knochenmark oder Blut von verwandten oder nicht-verwandten Spendern übertragen. Im Gegensatz zur autologen Transplantation bewirken die im Transplantat enthaltenen Lymphozyten eine Graft-versus-host-Erkrankung (GvHD), die verschiedene Organe betreffen kann; vgl. Tabelle 9.5. Diese Reaktion ist z. T. auch erwünscht, da mit der GvHD auch ein Graft-versus-Leukämie-Effekt einhergeht. Zur Kontrolle der GvHD ist der Einsatz von Immunsuppressiva (Kortikosteroide, Cyclosporin A etc.) erforderlich. Bezüglich der Indikation zur allogenen bzw. autologen Transplantation wird auf die Abschnitte 9.3.2 und 9.3.4 verwiesen.

Die wichtigsten Folgen der Stammzelltransplantation bei ALL und AML sind in Tabelle 9.5 zusammengefasst. Die genannten Komplikationen spielen sich i. d. R. in der Frühphase nach der Transplantation ab und sind zum Teil mit einer hohen Mortalität verbunden. Patienten, die noch eine immunsuppressive Behandlung – aufgrund der GvHD – benötigen, sind wegen der damit verbundenen Nebenwirkungen und Risiken i. d. R. nicht leistungsfähig. Nach Beendigung der immunsuppressiven Behandlung (bei eintretender Immuntoleranz, die mit einem Verschwinden der GvHD und einem deutlich geminderten Infektionsrisiko einhergeht) hängt die Leistungsfähigkeit des Patienten wesentlich von persistierenden Chemotherapiefolgen (Tab. 9.3) ab.

Meist wird ein Patient nach Transplantation bei bestehender kompletter Remission und beendeter immunsuppressiver und antiinfektiöser Therapie nur noch leichte bis maximal mittelschwere Tätigkeiten ausüben können. Berufsfördernde Leistungen bis hin zur Umschulung sind aufgrund des relativ jungen Alters der Patienten in jedem Fall in Erwägung zu ziehen.

9.4.3 Immunsuppression

Die iatrogene Immunsuppression findet Anwendung in der allogenen Transplantation (s. o.) und in der Behandlung von Autoimmunerkrankungen. Am häufigsten werden eingesetzt: Azathioprin, Cyclophosphamid, Methotrexat, Glukokortikoide, Cyclosporin A, Tacrolimus und Mycophenolatmofetil. Die wesentlichen Wirkungsmechanismen und Nebenwirkungen sind in Tabelle 9.6 festgehalten.

Der Einsatz von Immunsuppressiva führt in Abhängigkeit von der Dauer ihrer Anwendung und der Dosierung zu einer erhöhten Infektbereitschaft. Dies ist bei der beruflichen Einsetzbarkeit zu berücksichtigen. So sind Zugluft, Nässeexposition, stark wechselnde Temperaturen und körperlich anstrengende Tätigkeiten zu vermeiden. Wegen des gesteigerten Infektionsrisikos ist meist auch der Kontakt mit anderen Personen einzuschränken, d. h. Berufe mit häufigem Kundenkontakt oder Arbeiten in Großraumbüros sollten vermieden werden.

Leistungseinschränkungen können jedoch auch aus den medikamentenspezifischen Nebenwirkungen resultieren. Diese schränken insbesondere dann die Leistungsfähigkeit ein, wenn es sich um irreversible Folgezustände handelt und das Medikament trotz seiner Nebenwirkungen (insbesondere bei Glukokortikoiden) unverzichtbar ist. So kann eine Steroidmyopathie schweren Ausmaßes eine Erwerbsfähigkeit unmöglich machen. Cyclosporin A, Mycophenolatmofetil und Tacrolimus bieten das breiteste Nebenwirkungsspektrum, dabei sind u. a. von besonderer Relevanz für die Leistungsfähigkeit Störungen des peripheren und zentralen Nervensystems. Je nach Ausmaß und Ausprägung einer Polyneuropathie können z. B. feinmotorische Arbeiten nur noch eingeschränkt oder nicht mehr durchgeführt werden. Während im Falle der Transplantation solider Organe eine lebenslange immunsuppressive Therapie erforderlich ist, kann diese nach hämatopoetischer Stammzelltransplantation bei Erreichen der Immuntoleranz abgesetzt werden. Mit Wegfall der Medikamente und der dadurch bedingten Funktionsdefizite (s. o.) steigt damit auch die Leistungsfähigkeit des Patienten wieder. Bei Autoimmunerkrankungen kann in Abhängigkeit von der Ausprägung und dem Verlauf der Einsatz von Immunsuppressiva geändert und im günstigsten Fall auch einmal unterbrochen werden. Hier muss vor allem perspektivisch die Notwendigkeit einer immunsuppressiven Therapie mit ihren Folgen bei der Beurteilung des Leistungsvermögens eingeschätzt werden.

9.4.4 Antikoagulation

Eine erworbene Koagulopathie entsteht auch im Rahmen einer Therapie mit Antikoagulantien (Kumarinderivate, Standardheparin, niedermolekulares Heparin). Sie werden bei venösen tiefen Thrombosen mit oder ohne Lungenembolie, Vorhofflimmern mit nachweisbarer Herzerkrankung, kardiogener Embolie, mechanischen Herzklappen und dilatativer Kardiomyopathie eingesetzt. Je nach Rezidivrisiko (Thrombose/Embolie) wird die Antikoagulation zeitlich begrenzt (z. B. einmalige tiefe Beinvenenthrombose ohne Hinweis auf eine Thrombophilie) oder dauerhaft (z. B. mechanische Herzklappen) verwendet.

Substanz	Wirkungen	Nebenwirkungen
Glukokortikoide	T-Zell-abhängige Immunreaktionen	Steroidmyopathie, Steroiddiabetes
Azathioprin	Vor allem T-Zell-Reaktionen (T-Suppressorlymphozyten stärker als T-Helferlymphozyten), jedoch auch B-Zell-Reaktionen	Leberfunktionsstörungen, Muskel- und Gelenkschmerzen, Panzytopenie, allgemeine gastrointestinale Symptome
Cyclophosphamid	Schwächung der B-Zell-Reaktion stärker als der T-Zell-Reaktion, Suppression der Monozyten und Makrophagenfunktion	Panzytopenie, Kardiomyopathie
Methotrexat	T-Zell- und B-Zell-Reaktionen	Interstitielle Pneumonie, Nephrotoxizität, Leukenzephalopathie
Cyclosporin A	T-Zell-spezifisch	Nephrotoxizität, Hepatotoxizität, gastrointestinale Beschwerden, Parästhesien, arterielle Hypertonie, Anämie, Ödeme, Hyperkaliämie, Myopathie, Polyneuropathie, Enzephalopathie, Paresen
Mycophenolatmofetil	T-Zell-spezifisch	Fieber, Muskel- und Gelenkschmerzen, grippeartige Symptome, gastrointestinale Symptome, neurologische und psychiatrische Symptome, Hyperglykämie, Hypertonie, Herzrhythmusstörungen
Tacrolimus	T-Zell-spezifisch	Neurologische und psychiatrische Symptome, Nierenfunktionsstörungen, Hyperglykämie, gastrointestinale Symptome, Hypertonie, Anämie, Thrombozytopenie, Leukozytose, Lungenfunktionsstörungen, Gelenkschmerzen, Fieber

Tab. 9.6: Wirkung und Nebenwirkungen von Immunsuppressiva

In der Langzeittherapie kommen primär Cumarinderivate zum Einsatz. Die Intensität der Gerinnungshemmung wird heute anhand der International Normalized Ratio (INR) bestimmt; sie orientiert sich am Thromboemboliersiko (z. B. bei unkomplizierter tiefer Venenthrombose: INR 2,0–3,0). Jede Antikoagulation geht, in Abhängigkeit von Dauer und Intensität, mit einem erhöhten Blutungsrisiko einher. Unter einer Behandlung mit Antikoagulanzien ist die Leistungsfähigkeit nicht eingeschränkt, soweit keine schweren körperlichen Tätigkeiten oder solche mit erhöhtem Verletzungsrisiko ausgeübt werden. Mitunter sind eine innerbetriebliche Umsetzung oder anderweitige berufliche Förderungsmaßnahme angezeigt.

Literatur

[1] Alexanian R, Dimopoulos M: The treatment of multiple myeloma. *N Engl J Med* 330: 484–489, 1994.

[2] Austen KF: Disorders of immune-mediated injury. In: Isselbacher, et al. (Hrsg.) *Harrison's Principles of In-*

ternal Medicine, S. 1630–1638. New York: McGraw-Hill, 1994.

[3] Bottomley SS: Sideroblastic anemias. In: Lee GR, et al. (Hrsg.) *Wintrobe's Clinical Hematology*, S. 1022–1045. Baltimore: Williams & Wilkins, 1999.

[4] Engert A, Tesch H, Wolf J, Diehl V: Chemotherapie der Hodgkin-Lymphome. *Der Onkologe* 2: 143–149, 1996.

[5] Faderl S, Talpaz M, Estrov Z, Kantarjian HM: Chronic myelogenous leukemia: Biology and therapy. *Ann Intern Med* 131: 207–219, 1999.

[6] Germing U, Gattermann N, Strupp C, Aivado M, Hossfeld DK, Haas R, Aul C: Myelodysplastisches Syndrom. *Dt Ärztebl* 98: B1960–B1966, 2001.

[7] Gökbuget N, Hoelzer D: Therapie der ALL des Erwachsenen. *Der Onkologe* 9: 778–789, 1998.

[8] Hallek M, Schmitt B, Emmerich B, Stein H: Chronische lymphatische Leukämie, Teil 1: Diagnostik. *Dtsch Med Wschr* 126: 687–689, 2001.

[9] Hallek M, Schmitt B, Emmerich B, Stein H: Chronische lymphatische Leukämie, Teil 2: Therapie. *Dtsch Med Wschr* 126: 690–695, 2001.

[10] Hartmann F, Hiddemann W, Pfreundschuh M, Rübe C, Trümper L: Maligne Lymphome. *Der Onkologe* 8 (Suppl. 1): S21–S27, 2002.

[11] Hedner U: Treatment of patients with factor VIII and factor IX inhibitors with special focus on the use of recombinant factor VIIa. *Thromb Haemost* 82: 531–538, 1999.

[12] Hochhaus A, Hehlmann R: Chronische myeloproliferative Erkrankungen. In: Ostendorf PC, Seeber S (Hrsg.) *Hämatologie Onkologie*, S. 265–289. Stuttgart: Urban & Schwarzenberg, 1997.

[13] Hoelzer D, Gökbuget N: Diagnostik und Therapie der akuten lymphatischen Leukämie des Erwachsenen. *Der Onkologe* 8: 672–685, 2002.

[14] Jaffe ES, Harris NL, Diebold J, Müller-Hermelink HK: Wold Health Organization classification of neoplastic diseases of the hematopoietic and lymphoid tissues. A progress report. *Am J Clin Pathol* 111: 8–12, 1999.

[15] Lee GR: Hemolytic disorders: General considerations. In: Lee GR, et al. (Hrsg.) *Wintrobe's Clinical Hematology*, S. 1109–1131. Baltimore: Williams & Wilkins, 1999.

[16] Lengfelder E, Hehlmann R: Polyzythämia vera. Aktueller Stand der Therapie. *Dtsch Med Wschr* 125: 1243–1247, 2000.

[17] Löwenberg B, Downing JR, Burnett A: Acute myeloid leukemia. *N Engl J Med* 341: 1051–1062, 1999.

[18] Lukens JN: The thalassemias and related disorders: quantitative disorders of hemoglobin synthesis. In: Lee GR, et al. (Hrsg.) *Wintrobe's Clinical Hematology*, S. 1405–1448. Baltimore: Williams & Wilkins, 1999.

[19] Mannucci PM: Treatment of van Willebrand disease. *Thromb Haemost* 86: 149–153, 2001.

[20] Tefferi A: Myelofibrosis with myeloid metaplasia. *N Engl J Med* 342: 1255–1265, 2000.

[21] Tichelli A, Socié G, Henry-Amar M, et al.: Effectiveness of immunosuppressive therapy in older patients with aplastic anemia. *Ann Intern Med* 130: 193–201, 1999.

[22] Zeeb H, Blettner M: Steigende Inzidenz der Non-Hodgkin-Lymphome. Eine epidemiologische Übersicht über mehrere Studien zu Risikofaktoren des Non-Hodgkin-Lymphoms. *Med Klin* 96: 87–100, 2001.

10 HIV-Infektion und AIDS

Christian Hoffmann und Klaus-Dieter Kolenda

Das Humane Immunschwäche Virus (HIV-1) ist ein Retrovirus, zu dessen wesentlichen Zielzellen CD4-Rezeptor-positive T-Lymphozyten zählen. Allerdings werden auch Makrophagen, Monozyten und Nervenzellen befallen. Die HIV-Infektion wird durch einen positiven ELISA-Test diagnostiziert, der stets mit einem Western-Blot-Bestätigungstest verifiziert werden muss. Im Rahmen einer frischen Infektion kann es bis zu sechs Monaten dauern, bis der HIV-Test positiv wird (Serokonversion). Im weiteren Verlauf ist meist eine über Jahre allmählich fortschreitende CD4-Zelldepletion zu beobachten. Durch den Verlust dieser für die zelluläre Immunantwort entscheidenden Zellen kommt es schließlich zur Ausbildung typischer opportunistischer Infektionen und Malignome. Die wichtigsten Erkrankungen werden unter dem Begriff AIDS (Acquired Immune Deficiency Syndrom) zusammengefasst. An AIDS erkrankt zu sein bedeutet dabei, mindestens eine AIDS-definierende Erkrankung erlitten zu haben; vgl. hierzu Abschnitt 10.3. In Tabelle 10.3 sind jene Erkrankungen aufgeführt, die in die zuletzt 1993 von der CDC/WHO überarbeitete AIDS-Klassifikation aufgenommen wurden.

Mit der Einführung der antiretroviralen Kombinationstherapien, für die sich auch im deutschsprachigen Raum die englische Abkürzung HAART (Highly Active Antiretroviral Therapy) durchgesetzt hat, ist es in den westlichen Industrienationen zu einem dramatischen Rückgang sämtlicher AIDS-definierender Erkrankungen gekommen. In Europa hat sich die AIDS-Inzidenz zwischen 1994 und 1998 auf weniger als ein Zehntel reduziert. Erkrankungen wie die CMV-Retinitis oder atypische Mykobakteriosen sind, noch vor wenigen Jahren in der HIV-Medizin allgegenwärtig, inzwischen fast Raritäten. HAART hat nicht nur die Inzidenzen gesenkt, sondern besitzt auch einen immensen Einfluss auf den Verlauf AIDS-definierender Erkrankungen. Bestimmte Infektionen, für die noch immer keine spezifische Therapien existieren, können unter HAART ausheilen oder zumindest einen deutlich prolongierten Verlauf nehmen. Zahlreiche Prophylaxen oder Erhaltungstherapien, bis vor kurzem noch lebenslang obligat, können bei ausreichender Immunrekonstitution gefahrlos abgesetzt werden. Den Erfolgen von HAART stehen allerdings zunehmend Probleme gegenüber. Insbesondere Langzeittoxizitäten, Multidrug-Resistenzen und Compliance-Aspekte schieben sich mehr und mehr in den Vordergrund und gewinnen somit auch an sozialmedizinischer Relevanz.

10.1 Allgemeines

Sozialmediziner benötigen zur Begutachtung dieses komplexen Krankheitsbildes eine klare Definition der einzelnen Krankheitsstadien unter klinisch funktionellen Gesichtspunkten. Nur so können sie eine umfassende Beurteilung des Leistungsvermögens abgeben.

10.1.1 Diagnostik

Hierzu gehören Anamnese, körperliche Untersuchung und apparative Diagnostik sowie aktuelle Vorbefunde, auf die soweit wie möglich zurückgegriffen werden sollte. Das betrifft insbesondere das Ergebnis der HIV-spezifischen Befunde wie CD4-Zellzahl und Viruslast.

Anamnese Bisheriger Krankheitsverlauf; durchgeführte Therapien; aktuelles Beschwerdebild; Beeinträchtigungen im Alltag, in der Freizeit und im Beruf.

Darüber hinaus ist eine ausführliche Sozial- und Berufsanamnese, eine Beschreibung der beruflichen Tätigkeit einschließlich tätigkeitsbezogener Belastungsfaktoren und Beeinträchtigungen am Arbeitsplatz erforderlich. Nicht vergessen werden sollten Arbeitsunfähigkeitszeiten, möglichst mit Angaben des Grundes.

Körperliche Untersuchung Größe und Gewicht; Lymphknotenstatus; Inspektion von Haut und Schleimhäuten; kardiopulmonaler, neurologischer und psychischer Befund.

Apparative Diagnostik Übliche Laboruntersuchungen einschließlich Blutbild und Leberwerten; Ruhe-EKG, Ergometrie und Echokardiographie; Lungenfunktion und Blutgasanalyse; Sonographie des Abdomens. Darüber hinaus ist die Möglichkeit einer Fundoskopie wünschenswert. Der Röntgen-Thoraxbefund und die HIV-spezifischen Untersuchungsbefunde ergeben sich in der Regel aus den vorliegenden Vorbefunden.

10.1.2 Begutachtungskriterien

Nach dem bio-psycho-sozialen Modell sind die Krankheitserscheinungen und ihre Auswirkungen auf Aktivität und Partizipation für die sozialmedizinische Beurteilung maßgebend; vgl. Kapitel 4. Von Bedeutung sind außerdem das CDC-Stadium, AIDS-definierende und nicht-AIDS-definierende Begleiterkrankungen sowie Erfolg und Nebenwirkungen der antiretroviralen Therapie.

Die HIV-Infektion manifestiert sich in Form einer allgemeinen körperlichen Schwäche und Abgeschlagenheit, verbunden mit Gewichtsverlust und chronischen Diarrhöen. Auch können Depressivität und Angstzustände im Rahmen der Krankheitsverarbeitung auftreten. Darüber hinaus können viele Funktionen und Strukturen des menschlichen Organismus durch die HIV-Infektion selbst, durch die medikamentöse Therapie oder durch Folgeerkrankungen beeinträchtigt sein. Dazu gehören Störungen von mentalen Funktionen (Gedächtnis, Denken, höhere kognitive Funktionen, komplexe Aufgabenbewältigung), z. B. im Rahmen einer HIV-Enzephalopathie. Auch können Funktionen des Sehens und des vestibulären Systems, z. B. bei CMV- und Herpes-zoster-Erkrankung und Toxoplasmose, gestört sein. Unter dem Einfluss von Medikamenten kann der Geschmackssinn beeinträchtigt sein. Daneben sind nicht selten Störungen der Herzfunktion (Kardiomyopathie, pulmonaler Hypertonus), Störungen der Atemfunktion, z. B. nach PCP, Störungen des blutbildenden Systems und gastrointestinale Probleme (Blähungen, Druckgefühl, Schmerzen und Diarrhöen) festzustellen.

10.1.3 Sozialmedizinische Beurteilung

Einschränkungen können sich ergeben im Bereich der körperlichen Belastbarkeit (Tragen, Bewegen und Handhaben von Gegenständen, Ausdauer), bei der Fortbewegung (Gehstrecke, Treppensteigen, Bergangehen, Wegefähigkeit), am Arbeitsplatz (Umgang mit Stress, Zeitdruck, psychischen Anforderungen und Verantwortung) oder im Bereich der Krankheitsbewältigung (fehlende Akzeptanz der Erkrankung). Störungen sozialer Aktivitäten können zu beruflichem Abstieg, Arbeitsplatzverlust, interpersoneller und sozialer Isolierung und Stigmatisierung, z. B. durch ein KAPOSI-Sarkom und eine Lipodystrophie, führen.

Erwerbsleben Für die Leistungsbeurteilung ist das CDC-Stadium heute nicht mehr in dem Maße entscheidend wie in der Prä-HAART-Ära, da Befundbesserungen hiervon nicht erfasst werden. Vereinfachend ist davon auszugehen, dass in den Stadien A und B zwar eine vorübergehende Arbeitsunfähigkeit bestehen kann, die Leistungsfähigkeit im Erwerbsleben aber für leichte und mittelschwere Arbeiten für mehr als sechs Stunden täglich durchaus gegeben ist. Anders verhält es sich bei ausgeprägter Lipodystrophie, bei ausgeprägter Polyneuropathie und bei einer schweren Depression.

Selbst im Stadium C erlaubt die moderne antiretrovirale Therapie in vielen Fällen leichte Arbeiten von mehr als sechs Stunden täglich. Das gilt z. B. für Patienten mit überstandener Pneumocystis-carinii-Pneumonie (PCP) ebenso wie nach einer cerebralen Toxoplasmose oder Soor-Ösophagitis. Bei HIV-Enzephalopathie, progressiver multifokaler Leukenzephalopathie (PML), beim Wasting-Syndrom oder bei ausgedehnten

KAPOSI-Sarkomen der Haut oder innerer Organe das Leistungsvermögen dagegen meist aufgehoben.

Rehabilitation Eine stationäre medizinische Rehabilitation sollte bei HIV-Patienten in allen Krankheitsstadien (A, B, C nach CDC) grundsätzlich in Erwägung gezogen werden. Ausgenommen sind Patienten, die wegen einer akuten Erkrankung stationär behandlungsbedürftig sind, dauernd pflegebedürftige Patienten oder Patienten mit ungünstiger Rehabilitationsprognose.

10.2 HIV-Infektion

Medizinischer Fortschritt und Therapieoptionen haben sich in den letzten Jahren rasant entwickelt, so dass hier eine ausführlichere Darstellung des aktuellen Wissensstandes angebracht erscheint.

10.2.1 Epidemiologie

Seit Beginn der Epidemie haben sich weltweit rund 40 Millionen Menschen infiziert. Im Vergleich zur globalen Situation ist die Lage in Deutschland weniger bedrohlich. Im Jahr 2001 wurde im Robert-Koch-Institut (RKI) von ca. 38.000 Infizierten bei einer jährlichen – und seit Jahren weitgehend konstanten – Neuinfektionsrate von 2.000 Personen ausgegangen. Die Gesamtzahl der seit Beginn der Epidemie verstorbenen bzw. an AIDS erkrankten Personen belief sich auf ca. 19.000 bzw. 23.500. Im Gesamtjahr 2001 wurden dem RKI rund 700 Patienten mit einer neuen AIDS-Diagnose gemeldet. Die wesentlichen Übertragungswege in Deutschland waren neben homosexuellen Kontakten (50%) Spritzentausch bei intravenösem Drogenkonsum (10%) und, mit leicht steigender Tendenz, heterosexuelle Kontakte (18%). Patienten aus Hochprävalenzgebieten, vor allem aus Afrika, stellen inzwischen bei den Neuinfektionen die zweitgrößte Gruppe (21%). Übertragungen durch Blutprodukte oder die Mutter-Kind-Transmission spielen dagegen nur noch eine untergeordnete Rolle. HIV-Infektionen durch akzidentelle Verletzungen sind ebenfalls sehr selten. Dieses liegt zum einen an der Verfügbarkeit einer antiretroviralen Postexpositionsprophylaxe, die das Übertragungsrisiko deutlich senken kann – vor allem jedoch an dem insgesamt niedrigen Infektionsrisiko. So ergab eine Analyse von über 1.100 perkutanen Stichverletzungen ohne Postexpositionsprophylaxe eine Infektionsrate von lediglich 0,3%.

10.2.2 Natürlicher Infektionsverlauf

Die akute Infektion geht in mindestens der Hälfte der Fälle mit einem mehrwöchigen Lymphadenopathie-Syndrom einher, das oft mit einem PFEIFFERschen Drüsenfieber verwechselt wird. Gelegentlich finden sich bereits hier schwere Komplikationen wie HIV-Pneumonien oder HIV-Enzephalitiden. Im Anschluss an die akute Infektion beginnt meist eine längere Phase klinischer Latenz. Die Dauer dieser Phase, in der die Patienten körperlich gar nicht oder kaum beeinträchtigt sind, kann sehr variieren, wofür wahrscheinlich in erster Linie Wirtsfaktoren wie genetische Polymorphismen verantwortlich sind. Der Infektionsmodus scheint hingegen keinen wesentlichen Einfluss auf den Verlauf der Infektion zu haben. Vielfach findet sich bereits in den Frühstadien der Infektion eine reaktive Depression, die mitunter intensive psychologische Betreuung erfordert.

Erst mit Fortschreiten des CD4-Zellverlustes kommt es zunächst zu leichteren Infektionen wie zum Beispiel Mundsoor, oraler Haar-Leukoplakie oder Herpes zoster. In dieser Phase, in der die CD4-Zellen meist zwischen 200–500/µl liegen, bestehen oft erste Allgemeinsymptome wie Nachtschweiß, Abgeschlagenheit und vermehrte Müdigkeit. Die körperliche Leistungsfähigkeit kann bereits gemindert sein, längere Arbeitsunfähigkeitszeiten kommen vor. Allerdings gibt es Patienten, die auch bei bereits deutlich erniedrigten CD4-Zellen völlig beschwerdefrei und voll leistungsfähig sind.

Fast alle schweren opportunistischen Infektionen und AIDS-Komplikationen treten erst ab CD4-Zellen unterhalb von 100–200/µl auf. Im Mittel dauert es ohne antiretrovirale Therapie etwa 9 Jahre bis zur ersten AIDS-definierenden Erkrankung. Allerdings sind kürzere Verläufe von 3–5 Jahren möglich. Dem gegen-

klinisch/ immunologisch	asympto- matisch	sympto- matisch, kein AIDS	AIDS
> 500/µl CD4-Zellen	A1	B1	C1
200–499/µl CD4-Zellen	A2	B2	C2
< 200/µl CD4-Zellen	A3	B3	C3

Die klinische Kategorie A umfasst neben der asymptomatischen und der akuten HIV-Infektion auch eine persistierende generalisierte Lymphadenopathie. In die Kategorie B fallen alle Erkrankungen, die nicht unter A oder C (siehe Tabelle 10.3) gelistet sind. Hierzu zählen u. a. oropharyngeale oder vulvovaginale Candidosen, konstitutionelle Symptome, cervicale Dysplasien, orale Haar-Leukoplakie, multisegmentaler Herpes zoster, periphere Neuropathie, idiopathische thrombozytopenische Purpura sowie die bazilläre Angiomatose.

Tab. 10.1: CDC-Stadieneinteilung der HIV-Infektion

über gibt es Patienten, die auch ohne jede Therapie nach 15 Jahren noch ohne Komplikationen geblieben sind. Obwohl die meisten AIDS-definierenden Erkrankungen inzwischen behandelbar geworden sind und im HAART-Zeitalter ausheilen können, erfordern sie fast immer eine längere Rekonvaleszenz. In der Mehrzahl der Fälle besteht eine Arbeitsunfähigkeit über mehr als sechs Wochen.

Als eine einfache Stadieneinteilung, die sowohl klinische als auch immunologische Kriterien berücksichtigt, hat sich die CDC/WHO-Klassifikation in den letzten Jahren gegenüber früheren Einteilungen durchgesetzt (siehe Tabelle 10.1). Sie wird weltweit akzeptiert und erlaubt zumindest eine grobe Einschätzung der individuellen Situation des Patienten sowie des Schweregrades der Erkrankung. Die klinischen Kategorien A, B und C unterscheiden asymptomatische, symptomatische und AIDS-Patienten, die immunologischen Kategorien 1–3 differenzieren CD4-Zellen > 500/µl, 200–499/µl und < 200/µl. Eine Rückstufung ist nicht möglich (in den USA wird auch eine CD4-Zellzahl < 200/µl immer als „AIDS" gewertet).

10.2.3 Infektionsverlauf und Prognose im HAART-Zeitalter

In der antiretroviralen Behandlung der HIV-Infektion stehen drei Wirkstoffklassen zur Verfügung: Nukleosidanaloga (NRTIs), Nicht-Nukleosidische-Reverse-Transkriptase-Inhibitoren (NNRTIs) und Proteaseinhibitoren (PIs). Die Anfang 2002 zugelassenen bzw. kurz vor der Zulassung stehenden Medikamente sind in Tabelle 10.2 aufgeführt.

Bereits in naher Zukunft ist mit der Zulassung weiterer Substanzen sowie mit neuen Wirkstoffklassen wie den Entry-Inhibitoren zu rechnen. Zunehmend werden auch immunmodulatorische Ansätze mit Vakzinen oder Zytokinen (Interferone, Interleukine) erprobt. Wegen der wachsenden Komplexität der antiretroviralen Therapie sollte sie erfahrenen HIV-Behandlern bzw. spezialisierten Zentren vorbehalten bleiben.

Mit CD4-Zellen und Viruslast stehen zwei hervorragende Surrogatmarker zur Verfügung, mit deren Hilfe eine Einschätzung der immunologischen Situation und der Krankheitsaktivität und damit eine Beurteilung des aktuellen AIDS-Risikos möglich ist. Neben der Klinik sind daher sowohl CD4-Zellen als auch Viruslast wichtige Entscheidungshilfen bei der Frage, ob eine antiretrovirale Therapie begonnen werden soll. Der optimale Zeitpunkt für den Therapiebeginn wird allerdings kontrovers diskutiert. Nach dem 1996 ausgerufenen Dogma „hit hard and early", wonach oft bereits in den Frühstadien der Infektion mit HAART begonnen wurde, ist in den letzten Jahren wieder ein zurückhaltenderes Vorgehen zu beobachten. In dem Wissen um Langzeittoxizitäten und um den Umstand, dass oberhalb von 300–350 CD4-Zellen/µl nur selten schwere Krankheitskomplikationen zu beobachten sind, wird derzeit abgewartet, bis die CD4-Zellen unter diesen Schwellenwert gesunken sind. Ein früherer Therapiebeginn wird nur bei symptomatischen Patienten oder bei Patienten mit sehr hoher Viruslast (> 100.000 Kopien/ml) favorisiert.

Für die Primärtherapie besteht Konsens, dass mindestens drei verschiedene Substanzen eingesetzt werden müssen, um die Gefahr der Resistenzbildung zu minimieren. Hierbei werden meistens Regime aus 3 NRTIs, 2 NRTIs plus 1 NNRTI oder 2 NRTIs plus

10.2 HIV-Infektion

NRTIs	NNRTIs	PIs
AZT, Zidovudine (Retrovir®)	Nevirapin (Viramune®)	Saquinavir HGC (Invirase®)
D4T, Stavudine (Zerit®)	Efavirenz (Sustiva®)	Saquinavir SGC (Fortovase®)
ddC, Zalcitabine (HIVID®)	Delavirdine (Rescriptor®)	Ritonavir (Norvir®)
ddI, Didanosine (Videx®)		Indinavir (Crixivan®)
3TC, Lamivudine (Epivir®)	**NRTI-Kombinationen**	Nelfinavir (Viracept®)
ABC, Abacavir (Ziagen®)	AZT+3TC (Combivir®)	Amprenavir (Agenerase®)
TFV, Tenofovir (Viread®)	AZT+3TC+ABC (Trizivir®)	Lopinavir/Ritonavir (Kaletra®)

HGC = hard gelatine capsules, SGC = soft gelatine capsules

Tab. 10.2: Anfang 2002 zugelassene antiretrovirale Medikamente

1 bis 2 PIs verwendet. Bei den meisten Patienten lässt sich die Viruslast so innerhalb weniger Wochen auf Werte unterhalb der Nachweisgrenze (je nach Test zwischen 50 und 500 Kopien/ml) senken. Bei dauerhafter Virussuppression ist meist innerhalb mehrerer Monate eine immunologische Restauration zu beobachten, deren Ausmaß individuell stark variieren kann. Vor allem bei jüngeren Patienten sind mitunter Anstiege von kaum noch nachweisbaren CD4-Zellen bis hin in Normbereiche zu beobachten. Eine vollständige Immunrekonstitution ist jedoch eher selten. Insbesondere bei initial schwerer und länger bestehender Immunschwäche bleibt oft auch nach Jahren intensiver HAART ein partieller Immundefekt bestehen.

Eine eindeutige Überlegenheit einer spezifischen Kombination hat sich bislang nicht gezeigt, so dass sich die Auswahl des Regimes häufig an individuellen Gegebenheiten wie Compliance, Begleiterkrankungen und -medikation, aber auch an den Bedürfnissen des Patienten hinsichtlich Pillenzahl und Einnahmemodalitäten orientiert. Eine Umstellung ist im allgemeinen bei nicht ausreichender Virussuppression und/oder einem Wiederanstieg der Plasmavirämie angezeigt, da unter insuffizienter Therapie Resistenzen drohen. Diese bergen die Gefahr, dass über Kreuzresistenzen zukünftige Optionen verloren gehen. Bei intensiv vorbehandelten Patienten ist inzwischen oft der Einsatz von vier, fünf oder mehr Substanzen notwendig. Die Zahl der Patienten, bei denen sich aufgrund von Multidrug-Resistenzen trotz intensiver Therapien keine ausreichende Virussuppression mehr erzielen lässt, wächst. Mittelfristig ist bei diesen Patienten eine immunologische Verschlechterung und damit eine Krankheits-Progression zu befürchten, sofern sich keine neuen Optionen ergeben. Eine weitere Gefahr stellt die Transmission resistenter Viren dar, die in Deutschland noch selten ist, in Zukunft jedoch vermehrt erwartet werden muss.

Angesichts der rasanten Entwicklung der antiretroviralen Therapie sind allgemeingültige prognostische Aussagen bei HIV-Infizierten nur noch schwer zu treffen. Dies gilt auch für AIDS-Patienten. So ist die früher gemachte Beobachtung, wonach die mediane Lebensdauer nach der AIDS-Diagnose zwischen zwei und drei Jahren liegt, überholt. Längere Überlebenszeiten sind die Regel und auch für die Zukunft zu erwarten. Fest scheint allerdings zu stehen, dass eine Eradikation mit den jetzt zur Verfügung stehenden Wirkstoffklassen nicht möglich ist.

Neben dem Verlauf von CD4-Zellen und Viruslast spielen mehr und mehr individuelle Faktoren wie die Therapie-Vorgeschichte und die sich aufgrund der Resistenzlage und Begleitumstände ergebende therapeutische Perspektive eine Rolle. Dieses ist für die sozialmedizinische Begutachtung unter Umständen von großer Bedeutung. So hat ein seit Jahren antiretroviral therapierter Patient mit noch recht gutem Immunstatus und ohne AIDS-definierende Erkrankung – dafür mit einem multiresistenten Virus und Langzeittoxizitäten – unter Umständen eine deutlich schlechtere Prognose als ein bislang unbehandelter Patient mit AIDS und dramatisch erniedrigten CD4-Zellen, dem das gesamte therapeutische Arsenal aus rund 20 antiretroviralen Substanzen noch zur Verfügung steht.

Viele Patienten kommen erst zum Arzt, wenn

AIDS-Erkrankungen bereits manifest geworden sind. Etwa vier von fünf Patienten, die dem RKI in 2001 mit neuer AIDS-Erkrankung gemeldet wurden, wussten entweder nichts von ihrer HIV-Infektion oder waren zu diesem Zeitpunkt noch nicht antiretroviral behandelt worden. Durch HAART kann auch hier noch oft eine deutliche Immunrekonstitution erreicht und die AIDS-definierende Erkrankung zur Ausheilung gebracht werden.

An AIDS erkrankt zu sein, impliziert daher keineswegs zwangsläufig eine Leistungsminderung. Die Rehabilitationsfähigkeit der Patienten ist oft gut, und Maßnahmen zur Wiedereingliederung in das Arbeitsleben sind sinnvoll. Andererseits kann auch trotz des Fehlens einer AIDS-Erkrankung in der Vorgeschichte, nämlich aufgrund zahlreicher chronischer Therapiekomplikationen wie zum Beispiel einer Lipodystrophie oder einer schweren Polyneuropathie, eine aufgehobene Leistungsfähigkeit im Erwerbsleben bestehen.

Die in den Anfängen der Epidemie bewährten Schemata, die sich strikt am Ausmaß der Immunschwäche und an der unabänderlichen und irreversiblen Progression der Infektion orientierten, reflektieren die individuelle gesundheitliche Situation der Patienten nur noch unzureichend. Eine Begutachtung ohne genaue Kenntnisse der medizinischen und therapeutischen Vorgeschichte sowie des aktuellen Beschwerdebildes ist nicht sinnvoll. Eine enge Zusammenarbeit zwischen begutachtendem Sozialmediziner und HIV-Spezialisten ist daher wünschenswert.

10.2.4 Therapienebenwirkungen

Bei allen Erfolgen in der antiretroviralen Therapie treten in den letzten Jahren zunehmend Probleme durch Langzeittoxizitäten auf. Zu einem wesentlichen Morbiditätsfaktor hat sich dabei die **Lipodystrophie** entwickelt, eine 1998 erstmals beschriebene und in ihrer Pathogenese bislang nicht vollständig verstandene Störung des Fettstoff-Metabolismus. Nukleosidanaloga (via Störung des Mitochondrien-Stoffwechsels) und Proteasehemmer (via Störung der Adipozytendifferenzierung) wirken dabei wahrscheinlich synergistisch.

Die Lipodystrophie äußert sich in einer komplexen, individuell variablen Umverteilung des Körperfettes, die meist in den ersten zwei bis drei Jahren unter antiretroviraler Therapie auftritt. Dabei ist eine oft erhebliche Zunahme des intraabdominellen Fettes mit Vermehrung des Bauchumfanges sowie eine Fettansammlung im Nacken (sog. „Buffalo Hump"), bei Frauen überdies noch oft eine massive Vergrößerung der Brüste, zu beobachten. Andererseits besteht im Gegensatz dazu meistens eine Atrophie des subkutanen Fettgewebes vor allem im Gesicht, im Gesäß und an den Extremitäten. Klinisch wirken die Patienten krank und ausgezehrt. Frauen und Männer sind gleichermaßen betroffen. Die Lipodystrophie kann nicht nur zu erheblichen psychischen Beeinträchtigungen bis hin zur völligen sozialen Isolation führen, sie kann sogar – zum Beispiel bei der mitunter fast grotesken Fettansammlung im Bauch, Brüsten und Nacken – die körperliche Leistungsfähigkeit und die Beweglichkeit erheblich beeinträchtigen. Auch die gastrointestinale Motilität kann gestört sein. Appetitlosigkeit, Übelkeit, Völlegefühl sind die Folgen. Die therapeutischen Optionen der Lipodystrophie sind beschränkt, eine spezifische Therapie existiert nicht. Im Einzelfall sind operative Maßnahmen erforderlich.

Klinisch besteht zusätzlich häufig eine chronische Erschöpfung mit Kopfschmerzen, Abgeschlagenheit, Konzentrationsstörungen, Müdigkeit und vermehrtem Schlafbedürfnis, das mitunter schwer von einer ebenfalls häufig bestehenden reaktiven Depression zu unterscheiden ist. Hierdurch kann es zu längeren und häufigeren Arbeitsunfähigkeitszeiten und zu einem dauerhaft verminderten Leistungsvermögen kommen. Die Lipodystrophie und der mit ihr assoziierte Symptomenkomplex ist damit zu einem der dringlichsten Probleme in der HIV-Medizin geworden. Sie ist bei der sozialmedizinischen Begutachtung der Patienten unbedingt mit zu berücksichtigen.

Meist ist die Lipodystrophie mit einem komplexen metabolischen Syndrom aus Dyslipidämie und Insulinresistenz assoziiert. Obwohl bislang eindeutige Daten fehlen, lassen die Laborveränderungen vieler Patienten für die Zukunft eine erhebliche Zunahme kardiovaskulärer Komplikationen (zum Beispiel koronare Herzkrankheit) erwarten.

Ein weiteres wichtiges Problem kann eine periphere **Polyneuropathie** sein, die sowohl durch HIV selbst als auch durch antiretrovirale Substanzen verursacht werden kann. Hartnäckige, oft nachts auftretende Dysästhesien vor allem an den Füssen und Händen können die Lebensqualität erheblich einschränken und eine Ausübung bestimmter Berufe erschweren.

Weitere Nebenwirkungen der antiretroviralen Therapie, die die Arbeitsfähigkeit und berufliche Leistungsfähigkeit dauerhaft einschränken können und wahrscheinlich ebenfalls durch mitochondriale Toxizität bedingt sind, sind **Laktatazidosen** und rezidivierende **Pankreatitiden**. Oft sind gerade jene Patienten betroffen, bei denen eine HAART unbedingt erforderlich ist, die therapeutischen Optionen und damit Wechselmöglichkeiten jedoch gleichzeitig beschränkt sind, so dass die Behandler in dem Dilemma zwischen iatrogener oder AIDS-bedingter Morbidität stehen.

10.3 AIDS-definierende Erkrankungen

Tabelle 10.3 stellt die AIDS-definierenden Erkrankungen zusammen, welche in die AIDS-Klassifikation der CDC/WHO aufgenommen wurden.

10.3.1 Pneumocystis-carinii-Pneumonie

Die Pneumocystis-carinii-Pneumonie (PCP) ist eine schwere interstitielle Pneumonie und noch immer eine der häufigsten AIDS-definierenden Erkrankungen. Bei Letalitätsraten von bis zu 90 % in den 80er Jahren erfordert die PCP auch heute fast immer einen mehrwöchigen stationären Aufenthalt und nicht selten eine maschinelle Beatmung. In der Regel ist von einer langen Arbeitsunfähigkeit und Rekonvaleszenzzeit von bis zu vier Monaten auszugehen. Unter Immunrekonstitution sind Rezidive selten, so dass die früher im Anschluss an eine PCP lebenslang notwendige PCP-Prophylaxe oft abgesetzt werden kann. In der Mehrzahl der Fälle heilt eine PCP heute komplett aus, und nur selten bleiben Spätfolgen wie eine Neigung zu Pneumothoraces zurück. Nach längeren Beatmungstraumata kann allerdings eine chronische respiratorische Insuffizienz persistieren.

10.3.2 Zerebrale Toxoplasmose

Sie ist die häufigste opportunistische Infektion des ZNS und führt, je nach Lokalisation der Herde, zu neurologischen Ausfällen wie Paresen, aber auch zu Sensibilitäts-, Sprach-, Koordinations- und Gangstörungen. Ohne Therapie verläuft die zerebrale Toxoplasmose tödlich. Die antiparasitäre Therapie mit hoch dosierten Sulfonamiden ist schwierig und muss über mehrere Monate durchgeführt werden. Rezidive kommen häufig vor. Eine mehrmonatige Arbeitsunfähigkeit ist die Regel. Unter HAART-vermittelter Immunrekonstitution sind jedoch komplette Heilungen möglich und Rezidive sehr viel seltener geworden. Die früher lebenslang erforderlichen Erhaltungstherapien können bei ausreichender Immunrekonstitution sogar abgesetzt werden. Allerdings sind neurologische Residuen bis hin zur Halbseitenlähmung auch heute noch keine Seltenheit. Mitunter bleibt aufgrund von Narbenbildungen eine lebenslang antikonvulsiv zu behandelnde Epilepsie bestehen.

10.3.3 Soor-Ösophagitis

Im Gegensatz zur oropharyngealen Candidose ist die Soor-Ösophagitis AIDS-definierend. Sie ist eine der häufigsten AIDS-Erkrankungen. Fast immer liegt ein schwerer Immundefekt von < 200 CD4-Zellen/µl vor, oft besteht zeitgleich eine andere AIDS-Erkrankung wie zum Beispiel eine PCP. Leitsymptom ist eine Dysphagie mit postprandialen retrosternalen Schmerzen, die bei längerem Bestehen zur Gewichtsabnahme führen kann. Unter systemischer Azol-Therapie heilt die Soor-Ösophagitis in der Regel innerhalb weniger Wochen aus. Nur bei Azol-Resistenzen und fehlender Immunrekonstitution kann sie selten zu einem dauerhaften sozialmedizinischen Problem werden.

10.3.4 Cytomegalievirus-Retinitis und andere CMV-Erkrankungen

Die CMV-Retinitis ist eine späte Komplikation der HIV-Infektion. Sie tritt nur selten oberhalb von 50 CD4-Zellen/µl auf. Sie ist potentiell visusbedrohend, und in der Prä-HAART-Ära erblindeten bis zu 30 %

Krankheitsbilder/Erreger	Diagnose AIDS wird gestellt	
	nur bei gesicherter Erkrankung[1]	auch bei klinischem Verdacht[2]
Candidiasis des Ösophagus		ja
Candidiasis der Trachea, Bronchien, Lunge	ja	
HIV-Enzephalopathie	ja	
Herpes simplex-Virus bedingte chronische Ulzera ($>$ 1 Monat), Bronchitis, Pneumonie, Ösophagitis	ja	
Histoplasmose, extrapulmonal oder disseminiert	ja	
Isosporidiasis	ja	
KAPOSI-Sarkom		ja
Kokzidioidomykose, extrapulmonal oder disseminiert	ja	
Kryptokokkose, extrapulmonal	ja	
Kryptosporidiose, chronisch intestinal ($>$ 1 Monat)	ja	
Lymphome, BURKITT-Typ	ja	
Lymphome, immunoblastischer Typ	ja	
Lymphome, primär zerebral	ja	
Mykobakterium avium complex oder M. kansasii, extrapulmonal oder disseminiert		ja
Mykobakterium tuberculosis, alle Formen	ja	
Mykobakterien, andere und nicht klassifizierte Typen, extrapulmonal oder disseminiert	ja	
Pneumocystis carinii Pneumonie		ja
Pneumonien, wiederholt ($>$ 1 in 12 Monaten)		ja
Progressive multifokale Leukenzephalopathie	ja	
Salmonellen-Septikämie, wiederholt	ja	
Toxoplasmose des Gehirns		ja
Wasting-Syndrom (HIV-Kachexie)	ja	
Zervixkarzinom, invasiv	ja	
Zytomegalie-Virus (CMV)-Erkrankung (anderer Organe als Leber, Milz, Lymphknoten)	ja	
Zytomegalie-Virus (CMV)-Retinitis		ja
Zusätzlich bei Kindern ($<$ 13 Jahre)		
Bakterielle Infektionen ($>$ 1 in 2 Jahren)[3]	ja	
Lymphoide interstitielle Pneumonie oder pulmonale lymphoide Hyperplasie		ja

1) histopathologischer bzw. mikrobiologischer Nachweis
2) nur bei gesicherter HIV-Infektion
3) Septikämie, Pneumonie, Meningitis, Osteomyelitis, Arthritis oder Abszess eines inneren Organs oder Empyem (ausgenommen Otitis media und oberflächliche Haut- oder Schleimhautabszesse), verursacht durch Haemophilus, Streptococcus (einschließlich Pneumokokken) oder andere pyogene Bakterien

Quelle: Robert-Koch-Institut, in Kraft getreten am 1. Juli 1991.

Tab. 10.3: AIDS-definierende Erkrankungen (CDC-Kategorie C)

der Patienten. Rezidive waren die Regel, die Überlebenszeiten lagen bei weniger als 12 Monaten. Das Leistungsvermögen im Erwerbsleben war fast immer aufgehoben. Heute sind narbige Ausheilungen und ein Absetzen der intensiven, die Implatation eines Ports erfordernden Erhaltungstherapien mit Ganciclovir oder Foscavir möglich. Einmal aufgetretene Visusdefekte bleiben jedoch bestehen. Neuerdings werden auch Neovaskularisationen beschrieben, die trotz nachgewiesener CMV-Ausheilung noch nach mehreren Jahren den Visus progredient beeinträchtigen. Neben der Retina können bei CMV-Infektionen auch der Darm mit Colitiden mit schweren, lebensbedrohlichen Durchfällen sowie die Lunge betroffen sein. Gefürchtet ist überdies die CMV-Enzephalitis, die trotz adäquater CMV-Therapie und trotz einer HAART-vermittelten Immunrekonstitution oft schwere und dauerhafte kognitive Defizite hinterlässt.

10.3.5 KAPOSI-Sarkom

Das KAPOSI-Sarkom (KS) ist der häufigste AIDS-assoziierte Tumor. Er wird durch das humane Herpesvirus HHV-8 verursacht und manifestiert sich meist kutan und/oder mukokutan. Der Verlauf variiert individuell sehr stark. Verläufe von wenigen und über Jahre hinweg stabilen Hautläsionen bis hin zu einem fulminant-progressiven und generalisierten Befall mit viszeraler Beteiligung sind möglich. In der Mehrzahl der Fälle eher als soziales Stigma psychisch beeinträchtigend, kann das KS durch Lymphabflussstörungen teilweise groteske Lymphödeme verursachen, die sehr schmerzhaft sein und die Gehfähigkeit beeinträchtigen können. Pulmonaler und intestinaler Befall mit Atelektasen, Pneumonien, Pneumothoraces oder Perforationen sind mit einer ungünstigen Prognose behaftet. Unter Umständen bedarf das KS einer lebenslangen Therapie mit Interferon oder Chemotherapie.

10.3.6 Non-HODGKIN-Lymphome

Für HIV-Patienten liegt das relative Risiko für die Entwicklung von Non-HODGKIN-Lymphomen etwa 150 mal höher als in der Normalbevölkerung. Bestimmte Entitäten wie immunoblastische oder primäre zerebrale Lymphome sind noch sehr viel häufiger. Ein fortgeschrittenes Stadium mit oft extranodalem Befall ist die Regel. In der HAART-Ära scheint sich die Prognose, die früher im Median bei unter einem Jahr lag, zu verbessern. Allerdings birgt die Standard-Chemotherapie (CHOP) bei Immunschwäche erhebliche Risiken hinsichtlich infektiöser Komplikationen. Auch sind Rezidive häufig. Allerdings ist bei Erreichen einer Vollremission und einer HAART-vermittelten Immunrekonstitution eine Heilung möglich.

10.3.7 Progressive multifokale Leukenzephalopathie

Die progressive multifokale Leukenzephalopathie (PML) ist eine durch das Polyomavirus JCV verursachte Entmarkungskrankheit des ZNS. Je nach Lokalisation bestehen Sprachstörungen, Paresen und kognitive Defizite bis hin zur Demenz. Eine wirksame spezifische Therapie existiert nicht, die einzige Möglichkeit bleibt die antiretrovirale Therapie bzw. Immunrekonstitution. Früher führte die PML innerhalb von 6 Monaten zum Tod, in letzter Zeit wurden deutlich günstigere Verläufe beschrieben. Allerdings persistieren in der Mehrzahl der Fälle residuelle Syndrome.

10.3.8 Tuberkulose und atypische Mykobakteriosen

Infektionen mit Mykobakterien sind bei HIV ein sehr ernstzunehmendes Problem. Als fakultativ opportunistische Infektion tritt die Tuberkulose bei HIV-Patienten oft auch bei noch gutem Immunstatus auf. Sie verläuft bei HIV-Patienten überdurchschnittlich häufig foudroyant und erfordert eine mindestens neunmonatige Tuberkulostase, die durch komplexe Interaktionen mit HAART oft noch erschwert wird. Eine mehrmonatige Arbeitsunfähigkeit ist die Regel, vor allem bei Lungen-Tuberkulose.

Obligat mit einer schweren Immunschwäche (< 50 CD4-Zellen) assoziiert sind atypische Mykobakteriosen bzw. Infektionen mit MAC (Mycobacterium avium complex). Unbehandelt verursachen sie ein TB-ähnliches Krankheitsbild, bei dem Gewichtsabnahme,

Schwäche, Fieber und Diarrhöen dominieren. Die therapeutischen Optionen einer antibiotischen Kombinationstherapie sind noch immer unbefriedigend, Rezidive ohne ausreichende Immunrekonstitution die Regel. Im HAART-Zeitalter sind jedoch Heilungen und ein Absetzen der früher lebenslangen Erhaltungstherapien möglich.

10.3.9 Kryptosporidiose

Bei immunkompetenten Personen verursachen Kryptosporidien eine passagere Enteritis. Bei starker Immunschwäche geht eine Infektion mit diesen ubiquitären Protozoen mit profusen Diarrhöen einher, die über eine chronische Dehydratation bzw. Elektrolytverlust ein cholera-ähnliches, mitunter letales Krankheitsbild verursachen können. Die therapeutischen Optionen sind beschränkt, die wirkungsvollste Therapie ist HAART. Hier sind bei Immunrekonstitution Eradikationen und Ausheilungen möglich.

10.3.10 HIV-Enzephalopathie

Bedingt durch die Neurotropie der HIV-Viren war die HIV-Enzephalopathie in der Prä-HAART-Ära eine sehr häufige Spätkomplikation und betraf 10–15 % der Patienten. Von anderen neurologischen opportunistischen Infektionen unterscheidet sie sich durch einen meist schleichenden Verlauf. Klinisch stehen ein langsam fortschreitender Verlust der kognitiven Fähigkeiten mit Konzentrations- und Gedächtnisstörungen sowie Wesensveränderungen im Vordergrund, die nicht selten in eine Demenz münden. Psychosen, Koordinationsstörungen und fokale neurologische Störungen sind möglich. In der HAART-Ära sind auch hier erstaunliche Besserungen möglich, individuell aber nur schlecht vorhersagbar. Ähnliches gilt auch für seltenere neurologische HIV-Komplikationen wie Myelopathie, Polyradikulitis und Polyneuropathie.

10.3.11 Kryptokokken-Meningitis

Die durch Cryptococcus neoformans verursachte Meningitis kommt nur bei schwerem Immundefekt vor. Auch trotz intensiver antimykotische Therapie verläuft die Kryptokokkose dabei häufig letal. Allerdings sind in jüngster Zeit auch hier Heilungen beschrieben worden, nachdem nach mehrmonatiger antimykotischer Therapie unter HAART eine Immunrekonstitution erzielt werden konnte.

10.3.12 Wasting-Syndrom

Unter dem klassischen Wasting-Syndrom versteht man eine ungewollte Gewichtsabnahme von mindestens 10 % des ursprünglichen Körpergewichts, die gleichzeitig mit persistierenden Diarrhöen oder Abgeschlagenheit und/oder Fieber ohne erkennbare infektiöse Ursache auftritt. Die Patienten sind meist stark geschwächt. Früher sehr häufig, ist das Wasting-Syndrom im HAART-Zeitalter selten geworden. Allerdings bestehen oft fließende Übergänge zum antiretroviral induzierten Lipodystrophie-Syndrom.

10.4 Nicht-AIDS-definierende Erkrankungen

Im Gefolge der HIV-Infektion können eine ganze Reihe weiterer Probleme auftreten, die zwar nicht AIDS-definierend sind, jedoch das Leistungsvermögen trotzdem erheblich beeinträchtigen können. Hierzu zählen insbesondere die HIV-Kardiomyopathie, der HIV-assoziierte pulmonale Hypertonus und die HIV-assoziierte Nephropathie. In ihrer Pathogenese nur unzureichend verstanden, ist diesen Komplikationen eine ungünstige Prognose mit oft relativ raschem Organversagen und den damit verbundenen Folgen gemeinsam. Durch eine suffiziente antiretrovirale Therapie mit konsekutiver Senkung der HIV-Viruslast sind allerdings deutlich günstigere Verläufe möglich, ohne dass ein solcher im Einzelfall vorausgesagt werden kann. Ebenfalls häufig liegen hämatologische Störungen vor, insbesondere eine infektionsbedingte Anämie sowie eine HIV-assoziierte Thrombozytopenie. Des weiteren besteht ein enger Zusammenhang mit verschiedenen Dermatosen wie zum Beispiel Follikulitiden, Mollusca contagiosa, Dermatophytosen, seborrhoischen Dermatitiden oder verschiedenen Formen der Psoriasis.

Literatur

[1] Brockmeyer NH, Salzberger B, Doerr HW, Marcus U, Brodt HR: Antiretrovirale Therapie der HIV-Infektion. *Dt Ärztebl* 98: B175–B181, 2001. URL http://www.rki.de/INFEKT/AIDS_STD/AZ.HTM.

[2] Bundesministerium für Arbeit und Sozialordnung (Hrsg.): *Anhaltspunkte für die ärztliche Gutachtertätigkeit im sozialen Entschädigungsrecht und nach dem Schwerbehindertengsetz*. Bonn: Köllen Druck und Verlag GmbH, 1996.

[3] Bundesversicherungsanstalt für Angestellte (Hrsg.): *Leitlinien zur Rehabilitationsbedürftigkeit für den beratungsärztlichen Dienst der BfA*. Berlin: Hausdruckerei der BfA, 1999.

[4] Bundesversicherungsanstalt für Angestellte: Reform der Renten wegen verminderter Erwerbsfähigkeit. *BfA-aktuell* 2000.

[5] Carpenter CC, Cooper DA, Fischl MA, et al.: Antiretroviral therapy in adults: updated recommendations of the International AIDS Society – USA Panel. *JAMA* 283 (3): 381–390, 2000.

[6] Exner-Freisfeld H: Soziale Absicherung bei HIV und AIDS. *VAS* 2001.

[7] Hoffmann C, Jaeger H: Cardiology and AIDS – HAART and the consequences. *Ann N Y Acad Sci* 946: 130–144, nov 2001.

[8] Mocroft A, Katlama C, Johnson AM, Pradier C, Antunes F, Mulcahy F, Chiesi A, Phillips AN, Kirk O, Lundgren JD: AIDS across Europe, 1994-98: the EuroSIDA study. *Lancet* 356 (9226): 291–296, 2000.

[9] Palella Jr FJ, Delaney KM, Moorman AC, Loveless MO, Fuhrer J, Satten GA, Aschman DJ, Holmberg SD: Declining morbidity and mortality among patients with advanced human immunodeficiency virus infection. HIV Outpatient Study Investigators. *N Engl J Med* 338 (13): 853–860, 1998.

[10] Wießner P: *Erwerbsminderungsrente. Ein Reader*. Berlin: Deutsche AIDS-Hilfe e. V., 2001.

11 Metabolische und endokrine Krankheiten

Ekke Haupt, Rainer Diehl

Gemeinsam ist diesen Erkrankungen, dass sie jahrelang mit relativ geringen Beeinträchtigungen einhergehen und somit Gefahr laufen, undiagnostiziert und unbehandelt zu bleiben, bis es zu irreversiblen Folgeschäden kommt. Die Behandlung ist in hohem Maße auf die Sorgfalt und Mitarbeit des Patienten angewiesen. Häufig erfordert sie eine intensive Beratung, Motivierung und Schulung – typische Ziele und Inhalte einer medizinischen Rehabilitation.

11.1 Allgemeines

Ein *Rehabilitationsbedarf* liegt bei diesen Erkrankungen häufig vor. Mitunter ist der Gutachter zunächst auch mit anderen Antragsdiagnosen z. B. am Stütz- und Bewegungssystem konfrontiert, welche die Grunderkrankung unerwähnt lassen. Dann sollte er diese erkennen und die Indikation zur medizinischen Rehabilitation danach richten.

Eine rentenrelevante *Leistungsminderung* besteht i. d. R. erst bei gravierenden Folge- und Spätschäden. Deren fachübergreifende Beurteilung erfordert dann häufig einen erheblichen diagnostischen und Zeitaufwand, um die Vielfalt möglicher Krankheitsbilder und Langzeitverläufe zu erkennen und zu berücksichtigen.

11.1.1 Diagnostik

Anamnese Neben den oft nur subtil zu erfassenden aktuellen Krankheitserscheinungen (Gewichtsveränderungen, Ermüdung, Konzentrations- oder Muskelschwächen) gilt es hierbei den zeitlichen Verlauf, aber auch zugrundeliegende, teilweise komplexe Risikofaktorkonstellationen, Familienanamnese, bisherige Therapien und vor allem die subjektive Krankheitseinsicht des Patienten, seine Einstellung zur Krankheit sowie mögliche Folgekrankheiten zu erfragen und zu berücksichtigen.

Körperliche Untersuchung In ähnlich differenzierter Weise gilt es bei der körperlichen Untersuchung zum Teil vielgestaltige und oft nur subtile Krankheitszeichen an verschiedensten Organsystemen (z. B. Haut-, Muskel- oder Nervensystem) zu „erspüren" und im Gesamtkontext zu beurteilen. Dies erfordert beim endokrinologischen und Stoffwechselpatienten immer einen sorgfältigen Ganzkörperstatus.

Laboruntersuchungen Metabolische und endokrine Erkrankungen umfassen zahlreiche *biochemisch* definierte Funktionsstörungen, die im Labor nachgewiesen und quantifiziert werden. Dies gilt für Diagnosesicherung, Therapiesteuerung und Verlaufsbeurteilung in gleichem Maße; man denke z. B. an den Diabetes mellitus oder an eine Schilddrüsenüberfunktion.

Ein Schwerpunkt der Begutachtung ist die Verlaufsbeurteilung. Soweit hierfür besonders geeignete Laborwerte bekannt sind, wird im Folgenden darauf hingewiesen werden.

Bildgebende Verfahren Ergänzend zur vorab geschilderten Funktionsdiagnostik, die bei metabolischen und endokrinen Erkrankungen vorrangig von Bedeutung ist, können bildgebende Verfahren zur Lokalisationsdiagnostik aber auch zur Abschätzung von Dignität und/oder Operabilität regionaler Befunde hinzukommen. Besondere Bedeutung kommt auch hier wieder jenen Verfahren zu, die neben einer morphologischen und regionalen Aussage auch funktionelle

Informationen beinhalten, wie z. B. szintigraphischen oder angiographischen Verfahren.

11.1.2 Begutachtungskriterien

Grundsätzlich ist hierbei allen funktionellen Auswirkungen auf die für die Leistungsfähigkeit wesentlichen Organsysteme (Herz-Kreislauf-, Atmungs-, Bewegungs- und Nervensystem unter Einbeziehung der Sinnesorgane) Rechnung zu tragen.

Gerade aufgrund der zum Teil gravierenden Diskrepanz zwischen subjektiver Krankheitseinsicht und Beschwerdesituation einerseits sowie hohem Risikopotential für Folgeerkrankungen andererseits, die häufig auch noch angesichts erster Beeinträchtigungen fortbesteht, bekommen tertiär präventive Gesichtspunkte, aber auch die Einschätzung mentaler Fähigkeiten als Voraussetzung eines adäquaten Selbstmanagements in der Behandlung besondere Bedeutung für die Begutachtung.

11.1.3 Sozialmedizinische Beurteilung

Gerade endokrinologische und Stoffwechsel-Erkrankungen, die in besonderem Maße den gesamten Organismus und seine Leistungsfähigkeit betreffen, erfordern eine ganzheitliche Beurteilungsweise mit differenzierter Erfassung des primären Schadensbildes unter Einbeziehung resultierender funktioneller Einschränkungen und Fähigkeitsstörungen bis hin zu den Teilhabeeinschränkungen und den therapeutischen Möglichkeiten.

Aufgrund der häufigen Komplexität möglicher Gefährdungsfaktoren der Erwerbsfähigkeit sind endokrine und Stoffwechsel-Erkrankungen immer wieder Rehabilitationsindikationen „par excellence", die gerade mit dem umfassenden, interdisziplinären und ganzheitlichen Reha-Ansatz häufig optimale Therapieergebnisse erzielen lassen.

Erst bei am Ende irreversiblen Folgeschäden an den für die Leistungsfähigkeit relevanten Organsystemen sowie nach einem längerem Therapieverlauf mit zunehmenden Komplikationen und/oder Folgeerkrankungen kann sich eine Minderung der Leistungsfähigkeit auf Dauer ergeben.

$$\text{Body-Mass-Index (BMI)} = \frac{\text{Gewicht [kg]}}{\text{Größe [m]}^2}$$

Untergewicht: 15–18,9 Übergewicht: 25–29,9
Normalgewicht: 19–24,9 Adipositas: 30–39,9

Abb. 11.1: Der Body-Mass-Index (BMI)

11.2 Metabolisches Syndrom

Unter diesem Sammelbegriff werden Bluthochdruck, Diabetes mellitus Typ 2, Adipositas, Hyperlipoproteinämie, Mikroalbuminurie, Hyperurikämie und bestimmte Gerinnungsstörungen zusammengefasst. Gemeinsam ist ihnen ein erhöhtes Risiko für kardiovaskuläre Folgeerkrankungen. Das metabolische Syndrom ist aber keine einheitliche Erkrankung (Diagnose) und erscheint als solche auch nicht in der ICD-10.

Gemessen am Body-Mass-Index (Abb. 11.1) sind in Deutschland 56,1 % der Frauen und 77,3 % der Männer übergewichtig [4]. Die Prävalenz der Hypercholesterinämie beträgt in der deutschen Bevölkerung nach dem nationalen Survey der Deutschen Herz-Kreislauf-Präventionsstudie (DHP) für Frauen 35,6 % und für Männer 31,4 % [3]. Zur Inzidenz und Prävalenz der Gicht liegt in Deutschland kein Zahlenmaterial vor. Die DHP hat bei 4 % der Frauen und 19 % der Männer eine Hyperurikämie ermittelt [3]. Diese Häufung von ernährungsbedingten Risikofaktoren führt langfristig zu multimorbiden Patienten und enormen volkswirtschaftlichen Schäden.

11.2.1 Adipositas

Die Adipositas ist ein wesentlicher Faktor für die Entwicklung von Skeletterkrankungen, Bluthochdruck, Diabetes mellitus Typ 2, Herz-Kreislauf-Erkrankungen, obstruktiven Lungenerkrankungen und für das Schlafapnoe-Syndrom. Sie ist mittlerweile zur Volkserkrankung Nr. 1 geworden mit enormen Auswirkungen auf die individuelle Gesundheit und auf die weitere Finanzierbarkeit des Gesundheitssystems.

Hyperlipidämieform	Erhöhte Lipidfraktion	Symptome
Primäre Hyperlipidämien		
Polygene Hypercholinesterinämie	LDL	Xanthoma, Arcus lipoides corneae
Familiäre Hypercholinesterinämie	LDL	sehr hohes Risiko für KHK
Kombinierte Hyperlipidämie	LDL u./o. VLDL	bei Chylomikronämie Risiko der Pankreatitis
Remnant-Lipoproteinämie	LDL, VLDL	
Sekundäre Hyperlipidämien		
Übergewicht	VLDL, (LDL)	klinische Erscheinungen weitgehend
Kost mit reichlich tierischem Fett	(VLDL), LDL	von Grunderkrankung bestimmt
Alkoholabusus	VLDL, HDL	
Nikotinabusus	VLDL, LDL	eventuell Xanthome und Zeichen der
Diabetes mellitus Typ 2	VLDL, CHYL	arteriellen Durchblutungsstörung
Hypothyreose	VLDL, HDL, LDL	Risiko der KHK
Gestagene, Androgene	LDL	bei Chylomikronämie Risiko der Pankreatitis
Glukokortikoide	VLDL, LDL	
Diuretika	VLDL, LDL	

Tab. 11.1: Fettstoffwechselstörungen mit erhöhtem Atheroskleroserisiko

Verantwortlich hierfür ist in erster Linie der viel zu hohe Konsum an fetten Fleisch- und Wurstwaren, nicht entrahmten Molkereiprodukten und der hohe Verbrauch an Streichfetten und Ölen; beispielsweise haben in einem Jahr 60 Millionen Deutsche 80 Millionen Schweine verzehrt, ein global gesehen beispielloses Fehlverhalten. Demgegenüber ist der Kohlenhydratverzehr, insbesondere was komplexe Kohlenhydrate betrifft, zu gering. Der Verzehr ballaststoffhaltiger Getreideprodukte ist in den letzten Jahren deutlich zurück gegangen. Hülsenfrüchte als Eiweiß- und Ballaststoffträger spielen in der deutschen Bevölkerung praktisch keine Rolle mehr.

Der Gutachter muss sich mit den Folgeerkrankungen auseinandersetzen, die nach den Regeln der entsprechenden Fachgebiete beurteilt werden.

11.2.2 Hyperlipoproteinämie

Hyperlipoproteinämien spielen weniger in der Begutachtung als bei der Primär- und Sekundärprävention atherogener Herz-Kreislauf-Erkrankungen eine Rolle. Diese aber stellen in Deutschland – wie in vielen Industrieländern – nach wie vor die häufigste Todesursache dar. 1990 waren 43,8 % aller Todesfälle auf potentiell ernährungsabhängige Herz-Kreislauf-Erkrankungen zurückzuführen.

Hyperlipoproteinämien verlaufen selten mit dramatischen, den Patienten beeindruckenden Zwischenfällen. Nach jahrzehntelangem symptomlosen Verlauf sind dann oft irreparable Gefäßschäden nachweisbar. Das atherogene Risiko von Lipiden oder Lipoproteinen resultiert aus dem Zusammenwirken genetischer und erworbener Faktoren. Einige Varianten sind so häufig, dass über die Hälfte der Deutschen davon betroffen ist (Tabelle 11.1).

Die individuelle Reaktionsbreite auf vergleichbar ungünstige Verhaltensmuster (Ernährungsgewohnheiten, körperliche Inaktivität, Genussmittel) und Grunderkrankungen (Diabetes mellitus, Niereninsuffizienz etc.) gab immer wieder Anlass, die Bedeutung dieser Faktoren bei der Prävention und Therapie in Frage zu stellen. Es ist aber unbestritten, dass die bekannten Einflussfaktoren des Lipidstoffwechsels trotz quantitativer Unterschiede letztlich bei fast allen Menschen wirksam sind. Daher kann eine Hyperlipidämie fast immer durch Korrektur ungünstiger Einflussfaktoren gebessert werden. Langfristig ist damit auch eine Verminderung des Arterioskleroserisikos zu erwarten.

Die Kombination des Lipidrisikos mit weiteren Risiken wie Bluthochdruck, Rauchen, Diabetes mellitus vervielfältigt das Arterioskleroserisiko. Deshalb, und weil statistisch gesehen das Koronarrisiko parallel zum Cholesterinspiegel und der LDL/HDL-Relation bereits im Bereich des „Normalen" ansteigt, ist die Festlegung auf allgemeinverbindliche Grenzbereiche schwierig und kann nur individuell vorgenommen werden. Sie richtet sich nach der Anamnese, nach evtl. durchgemachten arteriosklerotischen Herz-Kreislauf-Erkrankungen, nach arterioskleroseförderden Begleiterkrankungen (Hypertonie, Diabetes mellitus) und sonstigen Risikokonstellationen (Rauchen, körperliche Inaktivität etc.)

Für die Renten-Begutachtung sind die eingetretenen Folgeschäden relevant, die Reha-Begutachtung berücksichtigt auch das Gefährdungspotential

11.2.3 Hyperurikämie und Gicht

Die Hyperurikämie spielt in der Rentenbegutachtung keine wesentliche Rolle. Bedeutung hat sie für die Primär- und Sekundärprävention und damit auch für die medizinische Rehabilitation.

Die Gicht beginnt häufig als akute Monoarthritis, rezidiviert nach symptomenfreien Intervallen und kann in eine chronische destruierende Gelenkerkrankung übergehen. Mitursache ist eine dominant vererbte familiäre Hyperurikämie, die bei Frauen erst nach der Menopause manifest wird. Die Diagnose beruht auf der Anamnese, dem Nachweis von Tophi, dem Ansprechen auf Colchizin während des Anfalls sowie einer erhöhten Serum-Harnsäure. Jede akute Monoarthritis des erwachsenen Mannes ist gichtverdächtig, besonders wenn sie ein Großzehengrundgelenk, ein Sprunggelenk, ein Kniegelenk oder ein Gelenk der Hand betrifft. Unter konsequenter Behandlung werden die Patienten binnen weniger Monate anfallsfrei. Weichteiltophi verschwinden, Knochentophi können sich zurückbilden (Defektheilung), Uratsteine können sich auflösen.

Typ 1
    Autoimmun
    Idiopathisch
Typ 2
    Vorwiegend Insulinresistenz
    Vorwiegend Sekretionsdefekt
Andere spezifische Formen
    Genetische Defekte der Beta-Zell-Funktion
    Genetische Defekte der Insulinwirkung
    Erkrankungen des exokrinen Pankreas
    Endokrinopathien
    Medikamenten- oder Chemikalien-induziert
    Infektionen
    Seltene Formen des immun-mediatisierten Diabetes
    Andere genetische Syndrome, die mit einem Diabetes assoziiert sein können
Schwangerschafts-Diabetes

http://whqlibdoc.who.int/hq/1999/WHO_NCD_NCS_99.2.pdf

Tab. 11.2: Klassifikation des Diabetes mellitus (WHO, 1999)

11.3 Diabetes mellitus

Ätiologisch wie auch pathophysiologisch ist der Diabetes mellitus keine einheitliche Erkrankung (Tabelle 11.2). Zugrunde liegt ein Defekt der Insulinsekretion und/oder der Insulinwirkung. Kennzeichnend ist die **Hyperglykämie** (zu hoher Blutzucker) in Verbindung mit Störungen des Kohlenhydrat-, Fett- und Eiweißstoffwechsels sowie entsprechende Folgeschäden (siehe 11.3.4). Die **Hypoglykämie** (Unterzuckerung) ist dagegen keine Diabetesmanifestation, sondern kann im Rahmen einer blutzuckersenkenden Behandlung auftreten.

11.3.1 Allgemeines

Wie bei vielen anderen chronischen Erkrankungen und Behinderungen erfordern gerade auch die Früherkennung, Verlaufskontrolle und Therapie des Diabetes mellitus die informierte, wachsame und dauerhafte Mitwirkung des aufgeklärten Patienten selbst, der zum wesentlichen (Co-)Therapeuten seiner eigenen Erkrankung werden muss.

Dies beginnt mit der möglichst frühzeitigen und sensiblen Erfassung initialer Erkrankungssymptome sowie der selbstkritischen Analyse bisherigen Fehlverhaltens in Ernährung und/oder Lebensweise und reicht bis zur aktiven Mitarbeit in Diätetik und Blutzuckerselbstkontrolle sowie zur flexiblen Selbstgestaltung des Insulinregimes bei der intensivierten Insulintherapie oder auch einer Insulinpumpentherapie (v. a. bei den Typ 1 und z. T. den eher normgewichtigen Typ 2 Diabetikern), wobei gerade die beiden letztgenannten Therapieformen besondere Anforderungen an die Mitarbeit des Diabetikers stellen.

Wesentliche Säulen in der Langzeitbehandlung des Diabetes mellitus sind deshalb die Schulung des Patienten, die Therapie der Stoffwechselstörung (durch Diät, Muskelarbeit, orale Antidiabetika und/oder Insulintherapie) sowie schließlich die achtsame Selbstkontrolle des Patienten hinsichtlich Körpergewicht, Blutzucker und auch der häufig begleitenden Hypertonie.

Diagnostik

Die Diagnostik des Diabetes mellitus als eine Erkrankung mit multiplen (körperlichen und psychischen) Folgeerscheinungen erfordert immer neben der gründlichen körperlichen Untersuchung mit Erhebung des psychischen Befundes gezielte Funktions- und Laboruntersuchungen zur Erfassung des aktuellen Ist-Zustandes wie auch zur dauerhaften Verlaufsbeurteilung.

Anamnese Symptome sind in der Frühphase des Typ 2 Diabetes nicht vorhanden. Deshalb verzögert sich die Diagnosestellung nicht nur in Deutschland um fünf bis zehn Jahre. Bei jedem zweiten Patienten in der kardiologischen Rehabilitation mit Bypass-Operation oder Dilatation ist das akute kardiologische Geschehen auch der späte Zeitpunkt, wo endlich der Typ 2 Diabetes als auslösender Risikofaktor erkannt und dann erst (viel zu spät) behandelt wird.

Die typischen Symptome des unerkannten Langzeitdiabetikers oder auch schlecht eingestellten Diabetikers wie Polydipsie, Polyurie, Gewichtsverlust, Schwäche, Pruritus oder Nykturie sollten anamnestisch beim gut eingestellten Diabetiker nicht mehr vorhanden sein. Hier dominieren in der Begutachtung eher anamnestische Fragen zu adäquaten Kenntnissen über die Diabeteserkrankung und Behandlung einschließlich bisheriger Schulungen bzw. zur Diätetik und/oder Blutzuckerselbstmessung, zum Insulinregime und zu den Injektionstechniken, aber auch vor allem zum frühzeitigen Erkennen von Hyperglykämie- bzw. Hypoglykämiesymptomen. Weiterhin gilt besondere Aufmerksamkeit der anamnestischen Erfassung diabetischer Folgeerkrankungen, beispielsweise der diabetischen Makro- und/oder Mikroangiopathie einschließlich der diabetischen Nephropathie (Leitparameter Mikroalbuminurie) sowie der Polyneuropathie, Retinopathie oder dermatologischer Folgeerscheinungen. Während der diätetisch und medikamentös gut eingestellte Diabetiker lange Zeit „funktional gesund" sein kann, können einzelne Folgeerkrankungen insbesondere dann, wenn sie kombiniert auftreten, oft leistungslimitierend werden.

Technische Diagnostik Neben der früher so bedeutsamen Bestimmung des Nüchternblutzuckers ist heute eher für die Früherkennung (v. a. des Typ 2 Diabetes) die Bestimmung des postprandialen Glukosewertes eine Stunde nach kohlenhydratreicher Mahlzeit bedeutsam. Der anschließende „Glukosebelastungstest" nach oraler Glukosegabe zur Insulinprovokation sichert die Diagnose. Für die Verlaufskontrolle erlaubt die Bestimmung des glykolysierten Hämoglobins HbA_1c eine längerfristige Abschätzung der Stoffwechseleinstellung. Hinzu kommt die Bestimmung von Mikroalbumin im Urin sowie der harnpflichtigen Substanzen im Blut und die ophthalmologische Kontrolle des Augenhintergrundes.

Begutachtungskriterien

Wie bereits erwähnt, spielen bei Diagnose und Verlaufskontrolle des Diabetes mellitus aber auch anderer endokriner Krankheitsbilder vor allem funktionsdiagnostische Untersuchungen unter Berücksichtigung der zugrunde liegenden Regelkreise eine besondere Rolle. Dies entspricht weitgehend der funktionellen Beurteilung des Gutachters, der sich ohnehin weniger an regionalen oder morphologischen Befunden, sondern vielmehr an ihren funktionellen Auswirkungen orientieren sollte. Während die unmittelbaren Symptome der Diabeteserkrankung nur bei unzureichend eingestellter Stoffwechselsituation von leistungsbegrenzender Bedeutung sein können, hat den funktionellen Auswirkungen der Komplikationen und Folgeerkrankungen das besondere Augenmerk des Gutachters zu gelten. Leider wird hierbei häufig an den Grenzbereich individueller Kooperationsbereitschaft des Patienten gestoßen, in dem sich Verbesserung des Informationsstandes und des Selbstmanagements nicht immer erzwingen lassen, auch wenn der Patient hierdurch gravierende Auswirkungen auf das noch verbleibende Leistungsvermögen und die restliche Lebenserwartung in Kauf nimmt. Neben der Erfassung des aktuellen Insulinbedarfs und der Konstanz der bisherigen Stoffwechselführung ist insbesondere der Selbstgefährdung und Leistungslimitierung durch wiederkehrende Hypoglykämien besondere Beachtung zu schenken.

Sozialmedizinische Beurteilung

Die Leistungseinschränkungen von Diabetikern werden oftmals mehr als kompensiert durch die disziplinierte Selbstorganisation und das konsequente Therapiemangement gut geschulter Diabetiker (insbesondere Typ 1 Diabetes), die aufgrund ihrer Diabetesschulung und ihrer disziplinierten „Eigentherapie" Eigenschaften und Fähigkeiten entwickelt haben, die sehr wohl auch dem Arbeitsprozess und dem Arbeitgeber zugute kommen können.

Ähnlich wie bei Epilepsiekranken ist auch bei Diabetikern die Konstanz und Verlässlichkeit der medikamentösen Therapie zur Vermeidung akuter Anfälle bzw. Stoffwechselentgleisungen (Hypoglykämien) entscheidend.

Berufswahl Diabetiker können nahezu alle Berufe ausüben. Einschränkungen ergeben sich allerdings bei der Behandlung mit blutzuckersenkenden Medikamenten, die Hypoglykämiepotential beinhalten, also Sulfonylharnstoffe, Glinide und insbesondere Insulin. Bei der Berufsausübung muss darauf geachtet werden, dass der hypoglykämiegefährdete Diabetiker weder sich selbst noch andere gefährdet.

Arbeiten mit Selbstgefährdung Dachdecker, Gerüstarbeiter, Schornsteinfeger, Hochofenarbeiter, Bergführer, Telegraphenarbeiter, Bauarbeiter an Hochbauten, Tätigkeiten an Maschinen mit Unfallgefahr durch rotierende Teile, Pressen, Stanzen, Walzen, Bohrmaschinen oder an Hochöfen; Elektriker, Chemiearbeiter

Arbeiten mit Fremdgefährdung Personenbeförderung (Omnibusfahrer, Lokomotivführer, Pilot), Verkehrskontrollen (Fluglotse, Schrankenwärter), Überwachungsfunktionen (Controller im Kernkraftwerk), Berufsmäßiger Waffengebrauch (Polizist, Soldat, Werkschutz)

Nach den Unfallverhütungsvorschriften der Berufsgenossenschaften.

Tab. 11.3: Für Diabetiker weniger geeignete Tätigkeiten

Die Unfallverhütungsvorschriften der Berufsgenossenschaften untersagen aus Haftungsgründen die Beschäftigung von Diabetikern an den in der Tabelle 11.3 aufgelisteten Arbeitsplätzen.

Kraftfahrtauglichkeit Beispielsweise bei der Erstmanifestation eines Typ 2 Diabetes bei einem Berufskraftfahrer oder bei einem bekannten Typ 2 Diabetiker, bei dem nicht hypoglykämieträchtige Medikamente versagt haben und evtl. nunmehr eine Insulinbehandlung ansteht, kann die Beurteilung der Fahrtauglichkeit eine besondere Rolle spielen [5]. Für solche Probleme hat der Ausschuss Soziales der Deutschen Diabetes Gesellschaft Leitlinien formuliert (Tabelle 11.4). Außerdem können Krankheitskomplikationen und Therapienebenwirkungen zu einer Beeinträchtigung der Fahrtauglichkeit des Diabetikers führen; vgl. hierzu die Tabelle 11.5 auf Seite 272.

11.3.2 Diabetes mellitus Typ 1

Der Diabetes mellitus Typ 1 ist eine relativ seltene Autoimmunerkrankung mit ca 250.000 Betroffenen in Deutschland.

In den letzten zehn Jahren hat der pharmakotherapeutische Fortschritt zu einer erheblichen Verbesserung der Einstellungsqualität insulinbehandelter

11.3 Diabetes mellitus

▷ Wer zu schweren Stoffwechselentgleisungen mit Hypoglykämien und Kontrollverlust, Verhaltensstörungen und Bewusstseinseinschränkungen oder Hypoglykämien mit ausgeprägten Symptomen, wie z. B. Schwäche, Übelkeit, Erbrechen oder Bewusstseinsbeeinträchtigungen neigt, ist nicht in der Lage, den gestellten Anforderungen zum Führen von Kraftfahrzeugen gerecht zu werden.

▷ Wer nach einer Stoffwechseldekompensation erstmals oder wer überhaupt neu eingestellt wird, ist so lange nicht in der Lage, den gestellten Anforderungen zum Führen von Kraftfahrzeugen gerecht zu werden, bis die Einstellphase durch Erreichen einer ausgeglichenen Stoffwechsellage (incl. der Normalisierung des Sehvermögens) abgeschlossen ist.

▷ Bei ausgeglichener Stoffwechsellage sind im Umgang mit der Erkrankung informierte Diabetiker, die mit Diät, oralen Antidiabetika oder mit Insulin behandelt werden, in der Lage, Kraftfahrzeuge der Gruppe I (Klasse A, A1, B, BE, M, L, T) sicher zu führen.

▷ Wer als Diabetiker mit Insulin behandelt wird ist in der Regel nicht in der Lage, den gestellten Anforderungen zum Führen von Kraftfahrzeugen der Gruppe II (Klassen C, C1, CE, C1E, D1, DE, D1E, Fahrerlaubnis zur Fahrgastbeförderung) gerecht zu werden. Ausnahmen setzen außergewöhnliche Umstände voraus, die in einem ausführlichen Gutachten im Einzelnen zu beschreiben sind. Regelmäßige Nachbegutachtungen im Abstand von höchsts 2 Jahren sind erforderlich.

▷ Diabetiker, die mit oralen Antidiabetika vom Sulfonylharnstofftyp behandelt werden, sind in der Lage, den gestellten Anforderungen zum Führen von Kraftfahrzeugen der Gruppe II (Klassen C, C1, CE, C1E, D, D1, DE, D1E, Fahrerlaubnis zur Fahrgastbeförderung) gerecht zu werden, wenn vor der Genehmigung eine gute Stoffwechselführung ohne Hypoglykämien über etwa 3 Monate vorlag. Nachbegutachtungen sind im Abstand von höchstens 3 Jahren erforderlich.

Nach 5. Auflage der Begutachtungs-Leitlinien „Krankheit und Kraftverkehr", 3. spezieller Teil, 3.5 Diabetes mellitus.

Tab. 11.4: Kraftfahrtauglichkeit von Diabetikern

Diabetiker geführt. Dies wurde erreicht durch immer atraumatischere Techniken bei der Blutzuckerselbstkontrolle, die Einführung sehr kurz aber auch sehr lang wirksamer Analoginsuline für die intensivierte Insulintherapie sowie auch durch immer unkompliziertere Injektionstechniken durch Pens und die Einstellung mit Insulinpumpen. Dem Ziel eines möglichst flexiblen Tagesablaufs für alle Diabetiker, die auf Insulin angewiesen sind, hat man sich dadurch entscheidend genähert.

Diagnostik

Zentrale Bedeutung beim Typ 1 Diabetiker besitzen die Blutzuckerselbstkontrollen mit Teststeifen, ergänzt durch Acetonbestimmungen im Harn.

Begutachtungskriterien

Die Einschätzung der qualitativen und quantitativen Leistungsfähigkeit hängt ab von der konsequenten Umsetzung von Schulungswissen und Trainingserfahrung in dauerhaftes und gewissenhaftes Selbstmanagement, insbesondere bei der intensivierten Insulintherapie oder Insulinpumpentherapie. Hierbei sind leistungsrelevante persönliche wie umweltbedingte Kontextfaktoren in die Beurteilung mit einzubeziehen, um die Bedeutung aktueller Therapiekomplikationen (z. B. Hypoglykämie) wie auch späterer Folgeerkrankungen und Komplikationen angemessen berücksichtigen zu können.

Sozialmedizinische Beurteilung

Sozialmedizinische Arbeitsplatzvorgaben, die noch auf starren Insulinregimen mit Mischinsulinen gründen, gehören seit über 10 Jahren nicht mehr zur Alltagsrealität insulinspritzender berufstätiger Diabetiker. Jeder Diabetiker kann heute seine Insulindosis an private (Wochenende, Urlaubsreise, Sport) wie berufliche Aktivitäten adaptieren, wenn er ausreichend geschult ist und das Gelernte auch anwendet.

Folgende Krankheitskomplikationen und Therapienebenwirkungen können zu einer Beeinträchtigung der Fahrtauglichkeit des Diabetikers führen:

▷ Retinopathie, Glaukom

▷ Schwere Nephropathie

▷ Kardiale und cerebrale Angiopathie

▷ Hypertonus

▷ Periphere und autonome diabetische Neuropathie (insbesondere einschränkter Hypoglykämie-Wahrnehmung)

▷ Labile Stoffwechsellage mit Entgleisungen (insbesondere Hypoglykämien)

Ärztliche Richtlinien für Kraftfahrzeug-führende Diabetiker:

▷ regelmäßige Blutzucker-Selbstkontrollen und ärztliche Blutzuckerkontrollen

▷ regelmäßige allgemeinärztliche Untersuchungen

▷ Aufklärung über mögliche Beeinträchtigungen der Fahrtüchtigkeit durch den Arzt, Dokumentation (Schutz vor straf- und zivilrechtlichen Konsequenzen)

Nach 5. Auflage der Begutachtungs-Leitlinien „Krankheit und Kraftverkehr" 3. Spezieller Teil, 3.5 Diabetes mellitus.

Tab. 11.5: Krankheitskomplikationen, die zu einer Beeinträchtigung der Fahrtauglichkeit führen können

Schichtarbeit, Nachtarbeit Häufig wechselnde Arbeitszeiten stellen besonders hohe Anforderungen an die Anpassung der Insulindosierung und sollten daher nach Möglichkeit vermieden werden. Kontinuierliche Nachtarbeit wie bei einem Pförtner oder einer Krankenschwester ist hingegen weniger ein Problem.

Akkordarbeit Arbeiten unter Zeitdruck oder gelegentliche Mehrarbeit, insbesondere wenn sie einer gewissen Regelmäßigkeit unterliegt, kann der geschulte insulinspritzende Diabetiker bewerkstelligen.

Pausenbedarf Bei der früheren unflexiblen Behandlung mit zweimaligen Gaben von Mischinsulin waren regelmäßige Zwischenmahlzeiten obligat, für die immer wieder zusätzliche Pausen gefordert wurden.

Sie können mit den kurzwirksamen Analoginsulinen heute meist völlig entfallen und sind in der Regel durch die jedem Arbeitnehmer zustehenden persönlichen Verteilzeiten ausreichend abgedeckt.

11.3.3 Diabetes mellitus Typ 2

Der Diabetes mellitus Typ 2 mit der komplexen Stoffwechselstörung des Insulinresistenz-Hyperinsulinämie-Syndroms (ca. 5–6 Millionen Betroffene in Deutschland) wurde unlängst durch die Code 2 Studie als die teuerste Einzelerkrankung von Deutschen gekennzeichnet [11]. Ca. 10 % der Kosten des deutschen Gesundheitssystems, d. h. jährlich 15 Milliarden Euro gehen zu seinen Lasten. Dabei ist bemerkenswert, dass nur ca. 7 % dieser gewaltigen Summe für Arzneimittelausgaben zur Blutzuckersenkung (die Kosten für Insulin eingeschlossen) ausgegeben werden müssen. In ähnlicher Relation verhalten sich die ambulanten Behandlungskosten. Dies bedeutet, dass der übrige gewaltige Rest für eigentlich unnötige „Reparaturkosten", d. h. für Krankenhauskosten zur Behandlung von Folgeerkrankungen ausgegeben werden muss.

Mittlerweile ist der Typ 2 Diabetes, der vor zehn Jahren noch verniedlichend als „Altersdiabetes" bezeichnet wurde, dessen Inzidenz aber in immer jüngere Generationen, selbst bis ins Kinderalter herab reicht, die häufigste Ursache für Erblindungen in Deutschland. In jedem zweiten Bett einer Dialyse-Station liegt ein Typ 2 Diabetiker, ca. 27.000 Füße und Beine müssen jährlich wegen eines diabetischen Fußsyndroms amputiert werden und die koronare Herzerkrankung, ohnehin häufigste Todesursache von Deutschen, ist bei Typ 2 Diabetikern noch fünf Mal häufiger. Auf dieses Szenario wurde bereits 1995 durch die Veröffentlichungen der Kissinger-Diabetes-Interventionsstudie (KID) hingewiesen [8, 9, 10]. Mittlerweile hat die Gesundheitspolitik mit der Einführung von Disease-Management-Programmen für Typ 2 Diabetes reagiert.

Akute Probleme der Stoffwechseleinstellung und -führung sollten angesichts der zur Verfügung stehenden modernen Behandlungsmöglichkeiten (Blutzucker-, Harnzucker-Selbstkontrolle, Insulinbehandlung mit Pens, Einsatz von kurz- und langwirksamen Analoginsulinen, Insulinpumpenbehandlung)

keine Rolle mehr spielen. Deren optimierter Einsatz setzt allerdings eine strukturierte und den individuellen Bedürfnissen des Einzelnen angepasste Diabetikerschulung voraus.

Der Fokus der medizinischen Begutachtung richtet sich auf Leistungseinschränkungen durch die heute so weit verbreiteten Folgeerkrankungen.

Diagnostik

Auch beim Diabetes Typ 2 haben Verlaufskontrollen der Stoffwechseleinstellung (Gewicht, Blutzucker oder HbA_1c, Mikroalbumin im Urin) in der Regel mehr Bedeutung als aufwändige morphologische Diagnostik.

Begutachtungskriterien

Entscheidend ist auch hier die Konstanz der Stoffwechseleinstellung und Führung mit konsequenter Kalorien- und Gewichtsreduktion unter Berücksichtigung des Hypoglykämierisikos, besonders bei insulinspritzenden Typ 2 Diabetikern.

Besonderheiten der Begutachtung beim Typ 2 Diabetes bestehen einerseits in der Erfassung von Risikofaktoren unter Einbeziehung möglicher Kontextfaktoren vor dem Hintergrund einer möglichen Reha-Indikation sowie andererseits in der Berücksichtigung bereits eingetretener Komplikationen und/oder Folgeerkrankungen. Hier orientiert sich die Leistungsbeurteilung an den funktionellen Einschränkungen bzw. den verbliebenen Aktivitäts- und Teilhabemöglichkeiten, wie sie unter 11.3.4, aber auch z. T. in den jeweiligen Organkapiteln zu finden sind. Im übrigen wird insbesondere für insulinspritzende Typ 2 Diabetiker auf den Abschnitt 11.3.2 verwiesen.

Bei guter Stoffwechseleinstellung ist in der Regel jedoch von keiner wesentlichen Aktivitäts- und/oder Teilhabestörung auszugehen.

Sozialmedizinische Beurteilung

Bei ausreichender Einstellungsqualität bestehen für alle behandelte Typ 2 Diabetiker keinerlei Einschränkungen in Bezug auf Arbeitsplatzanforderungen. Bei dem heute möglichen differenzierten, vielfach auch kombinierten Einsatz oraler Antidiabetika mit unterschiedlichem Wirkungsmechanismus und somit kaum vorhandenem Hypoglykämiepotential sind bei der motivierten Mitarbeit des Betroffenen keine Probleme zu erwarten. Auch Schichtarbeit, Nachtarbeit und Akkordarbeit bedeuten i. d. R. keine Probleme. Die Notwendigkeit zusätzlicher Pausen ergibt sich nicht mehr.

Gleichwohl ist vielfach zu hören, dass der alltägliche Arbeitsstress eine gute Einstellung verhindere. Mehr als 80 % aller Typ 2 Diabetiker sind übergewichtig und insbesondere sie sind es, die solche Argumente vorbringen. Dabei würde die Reduktion des Körpergewichtes sogar nur um einige wenige Kilogramm die Stoffwechselsituation entscheidend verbessern können.

Hinsichtlich der mit Insulin behandelten Typ 2 Diabetiker vgl. Abschnitt 11.3.2.

11.3.4 Folgeerkrankungen

Diabetische Retinopathie

Eine ganz typische diabetische Folgeerkrankung, die allein auf die Blutzuckererhöhung zurückgeführt werden kann, ist die diabetische Retinopathie. Man unterscheidet proliferative von nichtproliferativen Formen, wobei erstere zu Glaskörpereinblutungen, Bildung von fibroglinösem Narbengewebe und Netzhautablösung führen können. Hiermit ist eine erhebliche Gefährdung der Visusverminderung bis zur Erblindung gegeben.

Die sozialmedizinische Beurteilung kann sich also nicht allein auf die Diagnose diabetische Retinopathie stützen, sondern braucht eine exakte Differenzierung, die derzeit leider bei ophthalmologischen Untersuchungen häufig fehlt. Die Feststellung der Funktionseinschränkung kann sich nur am Visusverlust orientieren, wobei man in Betracht ziehen kann, dass eine Reduktion auf 0,4 immer noch das Lesen einer Tageszeitung ermöglicht. Bei jungen Typ 1 Langzeit-Diabetikern ist aber beim Vorliegen einer proliferativen Retinopathie mit Visusverlust rechtzeitig an die Umschulung auf einen Sehschwachenberuf zu denken.

Diabetische Nephropathie

Die Nephropathie des Typ 1 Diabetikers ist häufig eine reine Mikroangiopathie, beim Typ 2 Diabetiker tritt sie aber verstärkt in der Ausprägung einer Nephrosklerose zu Tage, bedingt durch eine Häufung einzelner Riskofaktoren, die über den erhöhten Blutzucker auch noch die stets begleitende Hypertonie und Dyslipoproteinämie beinhalten. Sie ist dementsprechend auch beim Typ 2 Diabetes wesentlich häufiger anzutreffen. Das erste Zeichen der diabetischen Nephropathie äußert sich in einer Mikroalbuminausscheidung. Erst in späteren Stadien kommt es zu einer Proteinurie, die auch im üblichen Urinbefund erkennbar ist, und schließlich dann sehr spät zu einer Serumkreatininerhöhung. Die frühen Stadien bleiben leider auch heute noch sehr häufig unerkannt. Deshalb ist die Entwicklung bis zur terminalen Niereninsuffizienz besonders bei Typ 2 Diabetikern (d. h. den Menschen mit einem angeblich „leichten" Diabetes) häufig. Sie könnte durch eine konsequente Stoffwechseleinstellung und Hypertoniebehandlung häufig vermieden werden.

Für die Beurteilung der Leistungsfähigkeit gelten auch bei Diabetikern die gleichen Einschränkungen der Leistungsfähigkeit wie bei Nichtdiabetikern mit Nierenerkrankungen; vgl. hierzu Kapitel 16.

Diabetische Neuropathie

Man geht heute davon aus, dass etwa ein Drittel aller Polyneuropathien metabolischen, d. h. diabetischen Ursprungs sind; vgl. Kapitel 22. Eine diabetische Polyneuropathie kann die Leistungsfähigkeit im Erwerbsleben erheblich einschränken: die autonome kardiale Polyneuropathie mit Herzfrequenzstarre beeinträchtigt die körperliche Belastbarkeit; die autonome gastrale Polyneuropathie führt durch eine Gastroparese mit unberechenbarer Entleerung des Speisebreis zu einer schweren Stoffwechsellabilität; die periphere Polyneuropathie des schlecht eingestellten Langzeitdiabetikers, der über unerträgliche Schmerzen in den unteren Extremitäten klagt, ist nur durch kontinuierliche Einnahme stark wirksamer Analgetika in den Griff zu bekommen.

Bevor solche gravierenden Störungen auftreten, gibt es aber Stadien ohne oder mit nur geringen Leistungseinschränkungen, die manchmal aggravierend dargestellt werden. So wird über Sensibilitätsausfälle der Hände geklagt, obwohl Vibrationsempfinden und Muskeleigenreflexe an den Beinen ungestört sind; oder es wird über unerträgliche Schmerzen bei der Arbeit trotz ungestörtem Nachtschlaf berichtet.

Leider gibt es auch derzeit noch kaum objektive Parameter, die die Diagnose einer peripheren diabetischen Poyneuropathie sichern könnten. Die Bestimmung der Nervenleitgeschwindigkeit erfasst nur die markhaltigen Nerven und nicht die marklose Schmerzleitung. Die Diagnose stützt sich also im wesentlichen auf die Anamnese: Die im Vordergrund stehende symetrische distale Neuropathie beginnt mit typischen Symptomen am distalen Ende der längsten Nerven, d. h. im Vorfuß mit Taubheit, Ameisenlaufen, Pelzigkeitgefühl und später mit „Burning feet" und dem Gefühl, dass die Bettdecke lästig auf den Beinen ist. Vor allem nachts auftretende Schmerzen gehören zu den verdächtigen Indizien, die hinsichtlich einer peripheren Polyneuropathie Beachtung finden sollten.

Es ist somit wenig glaubhaft, dass Sensibilitätsausfälle an den Händen angegeben werden, wenn der Reflexstatus und die Sensibilität an den Füssen noch intakt ist.

Darüber hinaus werden polyneuropathische Beschwerden typischerweise am Tage weniger ausgeprägt als in der Nacht empfunden.

Das wichtigste Instrument zur Diagose einer Polyneuropathie ist der Stimmgabel-Test mit der kalibrierten Stimmgabel nach RYDEL-SEIFFER. Sie wird in Schwingung gebracht und an den Extremitäten von distal nach proximal auf die verdächtigen Regionen aufgesetzt, insbesondere auf den Malleolus medialis und das laterale Endgelenk der ersten Zehe. Die Schwelle der Vibrationsempfindung lässt sich an einer Skala semiquantitativ ablesen. Weitere wichtige Utensilien für das Neuropathie-Screening sind ein Wattebausch bzw. ein Neurofilament zur Feststellung der Berühungsempfindlichkeit. Bei all diesen Maßnahmen ist man, abgesehen von der Erhebung des Reflexstatus, von den subjektiven Angaben des Patienten abhängig.

Abgesehen davon, dass der diabetisch-neuropathische Fuß typischerweise warm, trocken und unempfindlich ist, weisen Veränderungen der Muskeltrophik, der Hauttrophik, des Nagelwachstums und der Schweißsekretion bei Hyperkeratosen und gar Ulcera auf das Vorliegen einer symmetrischen, distalen, vorwiegend sensiblen Form einer diabetischen Polyneuropathie hin.

Demgegenüber sind alle weiteren diabetischen Polyneuropathieformen eher selten, vor allem die asymmetrische, proximale, vorwiegend motorische Form des Beckengürtels und Oberschenkels, sowie auch der Befall der Hirnnerven III, IV und VI. Sie haben auch eine wesentlich bessere Prognose als die distalen sensiblen Formen, weil sie bei einer Verbesserung der Stoffwechselsituation relativ schnell zurück gehen können. Noch seltener sind die bereits erwähnten schweren autonomen Polyneuropathieformen mit Leistungseinschränkungspotential, die praktisch nur Typ 1 Langzeit-Diabetiker mit jahrzehntelanger schlechter Einstellung aufweisen. Autonome Polyneuropathieformen treten häufig zusammen mit einer sensomotorischen Neuropathie auf, besonders wenn diese in ein Stadium mit Spontanschmerz, Dysästhesien und Temperaturempfindungsstörungen getreten sind.

Die Feststellung von Schädigungen einzelner Organsysteme erfordert teilweise eine komplizierte Diagnostik. Sie ist noch relativ einfach bei Störungen des kardiovaskulären Systems mit den Symptomen beispielsweise einer Ruhetachykardie, besonders aber einer eingeschränkten Herzfrequenzvariabilität, die im EKG im VALSALVA-Versuch nachgewiesen werden kann.

Bei den Störungen des gastrointestinalen Systems mit Magenatonie, mangelhafter Peristaltik oder verzögerter Magenentleerung mit den Symptomen der Übelkeit, Erbrechen, Völlegefühl, erschwerter Diabeteskontrolle ist die Diagnostik bei weitem schwieriger. Gelegentlich werden Isotopenuntersuchungen oder ein ^{13}C-Oktanoat-Atemtest erforderlich. Häufig beschränkt man sich auf den Nachweis der eingeschränkten Herzfrequenzvariabilität und schließt bei typischen Symptomen dann auf eine gleichzeitig vorliegende Gastroparese. Selbst in der diabetologischen Rehabilitation spielen heutzutage schwere autonome Neuropathieformen, die die berufliche Leistungsfähigkeit einschränken, bei den verbesserten Versorgungssituationen kaum noch eine Rolle.

Der diabetische Fuß

Das diabetische Fußsyndrom umschreibt einen Symptomenkomplex verschiedener Krankheitsbilder, die durch unterschiedliche Ätiologien und Pathomechanismen gekennzeichnet sind. Gemeinsam ist, dass Beschwerden und Verletzungen am Fuß des Patienten zu Komplikationen bis hin zur Amputation der Extremität führen können. Mit ca. 27.000 Amputationen pro Jahr ist das diabetische Fußsyndrom eine weit verbreitete Komplikation und birgt ein erhebliches Potenzial für Leistungseinschränkungen im Berufsleben.

Das diabetische Fußsyndrom umfasst zwei verschiedene Pathogenesetypen: den neuropathisch-infizierten und den ischämischen Typ. Mit etwas über 70 % überwiegt die neuropathische Komponente, entweder zu 50 % isoliert oder als Mischtyp in Verbindung mit einer Makroangiopathie in Form einer peripheren arteriellen Verschlusskrankheit. Nur in ca. 20 % der Fälle liegt also ein rein ischämischer Typ vor.

Der mit der sensiblen Polyneuropathie der unteren Extremitäten verbundene Sensibilitätsausfall lässt beispielsweise den Druck zu engen Schuhwerks unbemerkt, so dass es leicht zum „Wundlaufen" der Füße kommt und ideale Eintrittspforten für Keime geschaffen werden. Die sensorische Polyneuropathie ist außerdem mit einem Sistieren der Schweiß- und Talgsekretion der Fußhaut verbunden, so dass die Haut an den Füßen spröde und rissig wird. Schließlich kommt es durch sensomotorische Störungen zur Atrophie der kleinen Fußmuskel, zunächst der Zehenextensoren, wodurch es zu einer charakteristischen Klauenzehenstellung kommt, die ihrerseits wiederum zu Druckumverteilung der Fußsohle und Mehrbelastung im Fußsohlenballenbereich sowie an der Ferse führen. Hier entwickeln sich dann Hornhautschwielen, die ganz besonders zu Rissen und Gewebeläsionen unter der Schwiele führen, so dass sich dann mit eindringenden Keimen das typische Mal perforans entwickeln kann.

All dies läuft ohne jegliche Schmerzen für den Patienten ab und bleibt auch deshalb unbemerkt, weil die vielfach hauptsächlich betroffenen adipösen Typ 2 Diabetiker wegen ihres Bauchumfanges und bei bereits bestehenden arthrotischen Gelenkbeschwerden kaum noch Chancen haben, ihre eigene Fußsohle inspizieren zu können. Diese Funktion müsste ein Familienangehöriger, besser aber der behandelnde Arzt übernehmen, was aber fast regelhaft unterbleibt. Hier besteht großer Schulungsbedarf auf allen Ebenen, um die enorme Gefahr für die immer noch viel zu zahlreich Betroffenen abzuwenden.

Bei Vorliegen eines Druckgeschwürs ist die Druckentlastung des Fußes von wesentlicher Bedeutung, die in den beginnenden Stadien mit orthopädischen Einlagen zur Druckumverteilung auf einen größeren Bereich der Fußsohle abzielen muss. Ist bereits ein Mal perforans entstanden, werden Vorfußentlastungsschuhe benötigt. Häufiger muss aber eine vollständige Immobilisierung erfolgen.

Da sogar schon ulkusgefährdete Stellen des Fußes nicht belastet werden dürfen, sind jedwede Tätigkeiten, die mit einer Fußbelastung verbunden sind, zu vermeiden. Zudem muss darauf geachtet werden, dass die Möglichkeit besteht, entsprechende druckentlastende Schuhe am Arbeitsplatz zu tragen. Da diese generell aus weichem Material bestehen müssen, sind Arbeiten eingeschränkt, bei denen der Fuß mechanischen Belastungen (auch durch Arbeitsschutzschuhe), Nässe, Kälte oder Schmutz ausgesetzt ist. Speziell bei Vorliegen von Ulzerationen sind Arbeiten, die eine erhöhte Infektionsgefährdung bzw. eine verzögerte Wundheilung zur Folge haben, wie die Expositionen von Kälte, Hitze, Schmutz und Feuchtigkeit, zu vermeiden.

In den Spätstadien, in denen es nach monate- bzw. jahrelangen Infektionen in tiefen Wunden zu chronischen Osteomyelitiden gekommen ist, oder sich noch zusätzlich eine diabetische Osteopathie entwickelt hat, kann es zu einem völlig schmerzlosen Zusammensintern der Interphalangen und/oder der Mittelfußknochen kommen, d. h. zu der typischen Ausprägung eines CHARCOT-Fußes, der regelmäßig mit einer erheblichen Funktionseinschränkung verbunden ist. Die Ausbildung eines CHARCOT-Fußes ist keine Seltenheit und ein in der metabolischen Rehabilitationspraxis häufig gesehenes Krankheitsbild, wobei erstaunlicherweise einzelne Betroffene trotz eines grotesk verformten Fußskeletts wegen der völligen Symptomlosigkeit immer noch einer geregelten beruflichen Tätigkeit nachgehen. Bei diesen Ausnahmefällen bestehen aber in der Regel keine offenen Wunden, und die orthopädische Schuhversorgung mit Therapieschuhen ist generell gut, was leider heutzutage noch nicht dem Regelfall entspricht.

Hypoglykämie-Wahrnehmungsstörung

Die Empfindung für niedrige Blutglukosekonzentrationen kann sich im Laufe des Lebens eines Diabetikers ändern. Bei Langzeit-Diabetikern kann die Hypoglykämie-Wahrnehmung eingeschränkt sein oder fehlen. Dies ist gefährlich, weil dann die Kohlenhydrataufnahme als erforderliche Schutzmaßnahme des insulinspritzenden Diabetikers durch Wegfall der Warnsymptome nicht oder zu spät erfolgt.

Die Symptome der Hypoglykämie sind durch die Sekretion der Gegenregulationshormone Adrenalin, Noradrenalin, Glukagon und Kortisol bestimmt. Bei Typ 1 Diabetikern mit langer Diabetesdauer kann ihre Sekretion eingeschränkt sein, was nicht nur zu einem schnelleren Blutzuckerabfall und verlangsamtem Blutzuckeranstieg nach einer Hypoglykämie, sondern auch zu einer Einschränkung der Symptomwahrnehmung im Rahmen der Hypoglykämie führen kann. Verloren gehen also in erster Linie die markanten, adrenerg vermittelten Symptome einer Hypoglykämie, wie Tachykardie, Unruhe, Zittern, Heißhunger und Schweißneigung. Die wesentlich unspezifischeren neuroglykopenischen Symptome, wie Konzentrationsschwäche, unkontrolliertes Verhalten, Sprach- und Sehstörungen, Somnolenz und Müdigkeit sind dagegen erhalten, werden zu Beginn einer sich anbahnenden Hypoglykämie vom Patienten häufig aber nicht als gefährliche Warnhinweise gewertet und deshalb i. d. R. übersehen [6].

Hier setzt das speziell für solche Patienten entwickelte Hypoglykämie-Wahrnehmungstraining an.

Außerdem werden sie geschult, die Blutzuckerselbstkontrolle noch häufiger als sonst bei der intensivierten Insulintherapie durchzuführen.

Gleichwohl birgt das Berufsleben für Betroffene vielfache Gefahren. Man denke nur an den Mitarbeiter im Außendienst, der täglich lange Fahrten mit einem Pkw unternehmen muss und schon deshalb ein sehr unregelmäßiges Leben führt. Aber auch Arbeiten in exponierten Positionen wie auf einem Gerüst oder ähnlichem birgt für diese Patienten ein großes Selbstgefährdungspotential.

Mit dem Probanden muss ausführlich besprochen werden, dass gravierende Leistungseinschränkungen wegen einer Hypoglykämie-Wahrnehmungsstörung auch einen Wegfall der privaten Pkw-Benutzung bedeuten. Dieser Hinweis erhöht die Bereitschaft, das im Hypoglykämie-Wahrnehmungstraining Gelernte ernster zu nehmen und häufigere Blutzucker-Selbstkontrollen, z. B. beim Antritt und im Verlauf einer längeren Pkw-Fahrt durchzuführen.

11.4 Endokrine Krankheiten

Das Endokrinium hat sich in der Evolution zusammen mit dem Nervensystem zu einem zentralen Integrationsmechanismus entwickelt, der die Kommunikation zwischen Zellen und Organen ermöglicht. Es regelt Wachstum, Entwicklung und Fortpflanzung und ist für die Anpassung an die Umwelt und die Reaktion auf außergewöhnliche Belastungen und Stress unverzichtbar. Die Endokrinologie gilt bei vielen Ärzten immer noch als schwieriges Gebiet, obwohl die logische Struktur der hormonalen Regelkreise eine rationale Diagnostik, Therapie und Beurteilung erlaubt [1].

11.4.1 Allgemeines

Mit endokrinen Erkrankungen wird der Gutachter eher selten konfrontiert. Als Nebendiagnosen kommen sie häufiger vor, etwa als Z. n. Strumektomie wegen euthyreoter Knotenstruma oder als Z. n. Radiojodtherapie wegen diffuser oder nodulärer Schilddrüsenautonomie mit Hyperthyreose. Überfunktionszustände lassen sich heute bei den meisten endokrinen Krankheiten operativ, strahlentherapeutisch oder medikamentös beheben. Unterfunktionszustände, die aus den obigen Maßnahmen resultieren oder primär bestehen, können adäquat substituiert werden. Im Einzelfall wird aber immer wieder einmal auch über bleibende Leistungseinschränkungen zu urteilen sein.

Diagnostik

Anamnese und körperliche Untersuchung bei Patienten mit Verdacht auf Endokrinopathien stellen im Rahmen der Funktionsdiagnostik die bedeutsamsten Methoden dar, um klinisch relevante Hormonwirkungen oder Hormonmangelzustände einzuordnen.

Ist beispielsweise bei einer jungen Patientin mit einer hypophysären Raumforderung ein regelmäßiger Menstruationszyklus vorhanden, kann mit großer Sicherheit auf eine intakte Hypophsenvorderlappenfunktion geschlossen werden.

Nur nach kompetenter endokrinologischer Anamnese und körperlicher Untersuchung können Hormonmessungen sicher beurteilt werden.

Anamnese und Befund sind aber nicht nur wichtig zur Erfassung von Hormonwirkungen im Rahmen der Funktionsdiagnostik, sondern auch um anhand der Beschwerden des Patienten das Therapieziel, nämlich die Beseitigung dieser Beschwerden, klarer definieren zu können. Nur so wird der Fehler vermieden, dass die „Behandlung" von Hormonwerten an die Stelle der Behandlung des Patienten tritt.

Laboruntersuchungen Fast alle Hormone werden episodisch sezerniert bzw. folgen einer Tagesrhythmik (Wachstumshormon) oder einem Monatszyklus. Das Sekretionsmuster kann im Einzelfall nicht vorausgesagt werden. Daher kann eine einzelne Blutentnahme jeden beliebigen Wert zwischen dem tageszeitlich möglichen Minimum oder Maximum ergeben. Die Diagnostik muss deshalb so angelegt werden, dass sie Rhythmik und pulsatile Sekretion berücksichtigt.

Jede Hormonsekretion unterliegt einer Regulation durch negative Rückkopplung. So wirken die Hormone von Schilddrüse, Nebenniere und Gonaden auf Hypothalamus und Hypophyse zurück und regulieren die Sekretion der tropen hypophysären Hormone. Die Regelkreise lassen sich mit *Funktionstests* überprüfen. Als Faustregel kann gelten, dass bei V. a. Überfunktion ein Suppressionstest und bei V. a. Hormonmangel ein Stimulationstest durchgeführt wird.

Bildgebende Verfahren Die Funktionsdiagnostik hat Vorrang vor der Lokalisationsdiagnostik.

Zu früher und unkritischer Einsatz bildgebender Verfahren begünstigt Fehldiagnosen und falsche Therapien.

Ein typisches Beispiel ist eine kompensatorische einseitige noduläre Hyperplasie bei zentralem CUSHING-Syndrom, die ohne Funktionsdiagnostik leicht als Nebennierenrindenadenom fehlgedeutet werden kann, bis hin zur möglichen falschen therapeutischen Konsequenz einer unilateralen Adrenalektomie.

11.4.2 Hypothalamus und Hypophyse

Der Hypothalamus hat durch die Kontrolle der Funktion von Hypophysenvorder- und -hinterlappen eine zentrale Stellung im endokrinen System.

Außerdem ist er an der Regulation des Wasser-Elektrolyt-Haushalts, des Appetits und Essverhaltens, sowie an der Regulation der Körpertemperatur und des zirkadianen Rhythmus beteiligt. Er beeinflusst Schlaf, Emotion und Verhalten.

Erkrankungen der hypothalamisch-hypophysären Achse sind selten.

Isolierte Erkrankungen des Hypothalamus sind so selten, dass sie dem Sozialmediziner praktisch nie begegnen werden.

Ein wenig häufiger sind hypophysäre Störungen, ausgelöst durch Hypophysentumoren oder als Operationsfolgen.

Die wichtigsten lokalen Symptome bei hypothalamisch-hypophysären Krankheitsbildern unterschiedlichster Ätiologie sind Kopfschmerzen, insbesondere bei Hypophysentumoren, sowie bedingt durch die Nähe zum N. opticus Sehstörungen und Gesichtsfeldausfälle im Sinne eines Chiasmasyndroms.

Diagnostik

Anamnese Diese sollte u. a. die bisherige Krankheitsentwicklung, Risikofaktoren, bereits eingetretene Komplikationen und Folgeerscheinungen sowie bisherige Therapien einschließlich möglicherweise bereits erfolgter hormoneller Substitutionsbehandlungen, ggf. mit der Folge bereits resultierender Aktivitäts- und/oder Teilhabestörungen, umfassen.

Körperliche Untersuchung Diese erbringt zwar im Einzelfall recht typische Befunde (z. B. „Blickdiagnosen" bei Akromegalie, Morbus BASEDOW, Morbus CUSHING) sollte aber dennoch primär an den funktionellen Einschränkungen mit möglichen Aktivitäts- und Teilhabeeinschränkungen orientiert sein.

Labor Die Differenzialdiagnose zwischen der Insuffizienz einer peripheren Drüse (primäre Insuffizienz) und der zentralen Störung der glandotropen Hypophysenvorderlappen-Hormonsekretion ist durch die einmalige Bestimmung des jeweiligen glandotropen Hormons möglich. Bei primärer Insuffizienz ist das Hypophysenvorderlappenhormon auf Grund des fehlenden negativen Feedbacks erhöht. Stimulationstests für die glandotropen Hormone lassen sich nur in Kenntnis der peripheren Hormonspiegel interpretieren. Hierbei gilt es wiederum der zirkadianen Rhythmik, des Zyklustages und der Begleitmedikation auf die Ergebnisse der Hormonanalytik Rechnung zu tragen.

Bildgebende Verfahren Den höchsten Stellenwert hat die Kernspintomographie (NMR). Daneben gibt es aber auch eine Indikation für Schädelübersichtsaufnahmen, Computertomographie (CT) und Angiographie. Die CT eignet sich nur zum Nachweis größerer Prozesse. Ihr besonderer Wert liegt im Nachweis von Verkalkungen; hier ist sie besser als die Kernspintomographie. Für die Beurteilung einer parasellären Tumorausdehnung ist sie dagegen absolut unbrauchbar.

Perimetrie Die Perimetrie ist bei tumorbedingten Sehstörungen die wichtigste Untersuchung und im Gegensatz zur Visusprüfung die sensitivste Methode, auch für die Früherkennung eines Hypophysentumorrezidivs.

Begutachtungskriterien

Neben den hormonellen Ausfallserscheinungen, die durch die Substitution in der Regel gut ausgleichbar sind, können mitunter z. T. auch lokale irreversible Verdrängungserscheinungen (z. B. Einschränkungen von Gesichtsfeld und/oder Augenmotilität bei

Hirntumoren oder Exophthalmus) bzw. Therapiefolgen nach operativen Eingriffen (z. B. das seltener gewordene „Frontalhirnsyndrom") leistungsmindernde Bedeutung mit Rehabilitations- oder Rentenkonsequenz bekommen.

Einzelne Krankheitsbilder

Hypophysentumoren Nach histologischen Kriterien sind Hypophysentumoren fast immer gutartig. Aufgrund ihrer Lokalisation führen sie aber zu einer Vielzahl von Symptomen, die auf die Raumforderung oder auf endokrine Fehlfunktionen zurückgehen.

Typisch sind Störungen von Visus und Gesichtsfeld (Chiasma-Syndrom) sowie endokrine Ausfallserscheinungen, seltener eine eigene Hormonproduktion.

Kraniopharyngeom Die Kraniopharyngeome entstammen dem Rachendach und nicht der Hypophyse. Sie wachsen extra- oder intrasellär und sind nicht hormonaktiv. Aufgrund ihrer Lokalisation, Progressionstendenz und der Neigung zur Invasion sind sie oft nicht vollständig zu kontrollieren und neigen zu Rezidiven. Klinische Symptome sind ein Diabetes insipidus, Sehstörungen und eine HVL-Insuffizienz. Allerdings werden auch große, weit in die Hypothalamusregion ausgedehnte Tumoren beobachtet, die selbst bei differenzierter Untersuchung keine Störungen der hypothalamisch-hypophysären Funktionen aufweisen.

Prolaktinom Histologisch handelt es sich um ein chromophobes Adenom. Leitsymptome der Hyperprolaktinämie sind bei der Frau Amenorrhoe und sehr viel seltener Galaktorrhoe, beim Mann Libidoverlust und Impotenz.

Einer der größten Erfolge der klinischen Endokrinologie ist der Einsatz von Dopaminantagonisten bei Prolaktinomen, aber auch bei anderen hormonaktiven Hypophysenadenomen, durch den nicht nur in den allermeisten Fällen eine Normalisierung der Hormonkonzentrationen erreicht wird, sondern auch eine Regression der Tumorgröße. Ein solcher Behandlungsversuch sollte insbesondere bei Prolaktinomen immer der Entscheidung zu einer transsphenoidalen Hypophysenoperation vorangestellt werden.

HVL-Insuffizienz Hypophysäre Unterfunktionszustände, seien sie durch Tumorwachstum kompressionsbedingt oder aber Operationsfolge nach einem transsphenoidalen hypophysären Eingriff, lassen sich durch eine adäquate Substitutionstherapie gut ausgleichen und stellen die Leistungsfähigkeit des Betroffenen in der Regel wieder her, selbst wenn alle drei wichtigen Achsen der hypophysären Steuerung (adrenokortikotrop, thyreotrop und gonadotrop) gestört sind.

In Einzelfällen trifft man aber immer wieder auf Betroffene mit unbestimmten Befindlichkeitsstörungen, Leistungsabfall im Laufe des Tages trotz ausgeglichener Substitutionslage und Kreislaufinstabilitäten mit Orthostasesymptomatik. Letzere lassen sich dann nicht selten durch die zusätzliche Gabe eines Mineralokortikoids (z. B. Astonin H) stabilisieren.

Die klinische Rehabilitation solcher Patienten umfasst Behandlungsstrategien, die einerseits die Korrektur der Substitutionstherapien bei Ausfällen hypophysärglandulärer Achsen und andererseits die Schulung über Selbstadaptionsmöglichkeiten an die alltäglichen Belastungen und somit die Eingliederung in das Berufsleben zum Ziel haben. Bei allen rehabilitativen Maßnahmen muss sehr individuell vorgegangen werden. Ein hoher diagnostischer und therapeutischer Aufwand sowie viel Spezialwissen kennzeichnen die Rehabilitation dieser Patienten.

HHL-Insuffizienz Eine Störung der Synthese oder Sekretion von Antidiuretischem Hormon (ADH) führt zum *Diabetes insipidus centralis*, der auch nach transsphenoidalen Operationen im Bereich der Sella in 5–10 % der Fälle vorübergehend auftritt. Er ist abzugrenzen von einem fehlenden Ansprechen der Sammelrohre auf ADH, dem *Diabetes insipidus renalis*.

Beiden gemeinsam ist eine Polyurie von 10–20 l/24h bei Tag und bei Nacht. Die Patienten leiden unter extremem Durst und überleben nur kurze Zeit ohne Flüssigkeitsaufnahme. Behandelt wird mit Desmopressin (20 µg intranasal ≈ 400–600 µg oral), dessen Wirkung ungefähr 10 Stunden lang anhält.

Vom Diabetes insipidus abzugrenzen ist die *psychogene Polydipsie*. Patienten mit Diabetes insipidus haben immer eine Nykturie, solche mit psychogener

Polydipsie typischerweise nicht. Die weitere diagnostische Abklärung erfolgt unter stationären Bedingungen mit einem Durstversuch (Urin-Osmolalität). Eine Behandlung mit Desmopressin ist hier kontraindiziert.

11.4.3 Schilddrüse

Für die einzige endokrinologische Erkrankung mit volkswirtschaftlich epidemiologischer Bedeutung, die endemische Struma, liegen keine bevölkerungsrepräsentativen Prävalenzstudien in Deutschland vor. Nach sonographischen Messungen an einer nicht repräsentativen Stichprobe in Hessen liegt die Prävalenz bei 38,5 % [7].

Diagnostik

Veränderungen des Halsumfanges, Schmerzen und Kloßgefühl führen meist rasch zur Verdachtsdiagnose einer Schilddrüsenerkrankung. Typische Symptome wie Atemnot, Heiserkeit sowie Ohrenschmerzen können Ausdruck von entzündlichen, aber auch malignen Erkrankungen sein.

Anamnese Bei der Anamneseerhebung sind Fragen nach Beeinträchtigung durch Herzrhythmusstörungen, nach Veränderungen des Körpergewichtes, Wärme- oder Kälteintoleranz sowie nach Obstipation oder Diarrhö wichtig. Informationen über Veränderungen der psychischen Stabilität, gesteigerte Unruhe und Nervosität, auf der anderen Seite aber auch über auffallenden Interessenverlust weisen möglicherweise auf Über- oder Unterfunktionszustände hin. Vor allem bei älteren Patienten können sich Schilddrüsenerkrankungen aber auch mono- oder oligosymptomatisch darstellen, beispielsweise in Form gesteigerten Schlafbedürfnisses bei vermehrter Müdigkeit oder in einer abnehmenden Konzentrationsfähigkeit.

Körperliche Untersuchung

Labordiagnostik Als Suchtest bzw. zum Ausschluss einer Schilddrüsenfehlfunktion sowie zur Therapieüberwachung bei T4-Substitution eignet sich das basale TSH. Messungen von T3 und T4 werden bei pathologischem TSH abhängig von der klinischen Symptomatik eingesetzt. Der TRH-Test gilt als letzte Instanz bei widersprüchlichen Befunden. Mikrosomale Antikörper (MAK) und Thyreoglobulin-Antikörper (TAK) dienen dem Nachweis einer Autoimmunthyreoitis. Beim Morbus BASEDOW werden die Thyreotropin-Rezeptor-Antikörper (TRAK) als pathognomonisch angesehen, die das entscheidende differenzialdiagnostische Kriterium zur Abgrenzung gegenüber Hyperthyreosen aufgrund von Autoimmunthyreoitiden (HASHIMOTO-Typ) oder diffusen und fokalen Schilddrüsenautonomien sind.

Bildgebende Verfahren Die *Sonographie* ermöglicht den Nachweis diffuser Schilddrüsenvergrößerungen oder knotiger Veränderungen, die Unterscheidung von liquiden und soliden Arealen sowie die ultraschallgeführte Feinnadelpunktion suspekter Befunde. Prinzipiell sollte jeder palpable und sonographisch solide Knoten punktiert werden. Allerdings scheint die Punktion von Befunden ≤ 1–1,5 cm Durchmesser bei fehlenden klinischen Zeichen nicht sinnvoll. Dies gilt insbesondere für glatt begrenzte echodichte Knoten, die erfahrungsgemäß ein sehr geringes Malignomrisiko tragen. Bei der *Schilddrüsenszintigraphie* mit ^{99m}Tc-Pertechnetat, das ähnlich dem Jodid in die Thyreozyten aufgenommen wird, steht die Gewinnung funktioneller Informationen im Vordergrund.

Sie wird z. B. gezielt eingesetzt zum Nachweis einer fokalen oder disseminierten Autonomie bei Hyperthyreose und nach Ausschluss einer Autoimmunpathogenese.

Begutachtungskriterien

Entscheidend ist häufig die Frage hormoneller Defizite bzw. Überschüsse einschließlich deren möglicher Substituierbarkeit bzw. Therapierbarkeit, aber auch die Auswirkungen lokaler Verdrängungsprozesse (Struma, Exophthalmus) sowie mögliche Leistungseinschränkungen durch die Therapie.

Beispielsweise seien hier nur Heiserkeit und Sprachstörungen nach Schilddrüsenoperation (infolge

Rekurrensparese) als mögliche Ursachen von Teilhabestörungen genannt.

Einzelne Krankheitsbilder

Jodmangelstruma Alimentärer Jodmangel führt zu einer diffus hyperplastischen Struma, die später in eine adenomatöse Knotenstruma übergeht. Zu hoffen ist, dass durch die seit einiger Zeit verbesserte Möglichkeit einer Jodprophylaxe auch in Deutschland die hohe Prävalenz der endemischen Struma und ihrer vielfältigen Folgekrankheiten reduziert werden kann [7].

Schilddrüsenadenome Bei alimentärem Jodmangel proliferieren die Follikel entweder fokal (Adenom) oder diffus (disseminierte Autonomie). Sie produzieren bevorzugt das jodärmere und stoffwechselaktivere Trijodthyronin (T3). Die Hormonproduktion ist autonom, d. h. sie unterliegt nicht der hypothalamisch-hypophysären Regulation. Der Nachweis der Autonomie wird geführt durch ein niederes basales TSH bzw. einen supprimierten TRH-Test bei normalen (latente Hyperthyreose) oder hohen (manifeste Hyperthyreose) peripheren Hormonspiegeln (T3, T4).

Immunthyreopathien Die Pathogenese der Immunthyreopathien ist nur zum Teil aufgeklärt. Nach dem klinischen Bild unterscheidet man u. a. HASHIMOTO-Thyreoiditis, Riesenzell-Thyreoiditis DE QUERVAIN und Morbus BASEDOW. Mit Ausnahme des letzteren spielen diese Erkrankungen für die sozialmedizinische Begutachtung keine wesentliche Rolle.

Morbus BASEDOW Der Morbus BASEDOW verläuft sehr variabel. Die Hälfte der Patienten erleben eine Remission der Hyperthyreose, die andere Hälfte bedarf auf Dauer einer ablativen Therapie. Nach 1–2 Jahren Behandlung mit Thyreostatika muss ein Auslassversuch unternommen und bei Auftreten einer Rezidiv-Hyperthyreose über eine Strumektomie oder Radiojodtherapie entschieden werden. Leider sind über Jahre verschleppte Krankheitsverläufe an der Tagesordnung. Selbst wenn die medikamentöse, nuklearmedizinische oder operative Therapie zur Euthyreose geführt haben, persistieren häufig die klinischen Symptome wie innere Unruhe, Schlaflosigkeit, Durchfälle, heftige Gemütsreaktionen und plötzliche Schwächezustände über Monate. Ein rasches und zielgerichtetes Krankheitsmanagement ist daher bei dieser Erkrankung besonders angebracht.

Endokrine Orbitopathie Sie findet sich nur bei der Immuthyreopathie vom Typ des Morbus BASEDOW (erkennbar an der Erhöhung des TRAK-Antikörpers). Hierbei kommt es zu einer immunologisch vermittelten lymphozytären Infiltration von Fett-, Muskel- und Bindegewebe im Retrobulbärraum mit Exophthalmus, Motilitätsstörungen der Augenmuskeln (Doppelbilder) und mangelndem Lidschluss (Hornhautläsionen). Die endokrine Orbitopathie verläuft über lange Jahre mit häufigen Rezidiven. Ohne rechtzeitige systemische Glukokortikoidtherapie in Verbindung mit einer Retrobulbärbestrahlung drohen schwere Hornhautschäden, persistierende Doppelbilder und in ca. 10 % der Fälle eine Erblindung durch Kompression des N. opticus. Eine augenärztliche Zusatzbegutachtung ist häufig erforderlich (Kapitel 20). Doppelbilder als einziger Befund sind gewöhnlich nur dann relevant, wenn sie nicht nur beim Blick nach rechts oder links außen, sondern auch beim Blick geradeaus auftreten.

Hypothyreosen Erworbene Unterfunktionszustände der Schilddrüse, am häufigsten infolge einer lymphozytären Thyreoiditis (HASHIMOTO), werden heute zumeist rechtzeitig erkannt und verursachen bei sachgerechter Substitution keine Leistungseinschränkung im Alltagsleben.

Myxödempatienten gibt es (fast) nicht mehr. Eine angeborene Schilddrüsenunterfunktion wird i. d. R. beim Neugeborenen-Screening erkannt und adäquat substituiert.

Schilddrüsenkarzinome Etwa 90 % sind follikuläre und papilläre Karzinome, weitaus seltener sind medulläre (5 %) und anaplastische Formen. Nicht selten wird ein differenziertes Karzinom zufällig vom Pathologen nach Operation einer Struma nodosa entdeckt. Therapie der Wahl ist die totale Thyreoidektomie, u. U. gefolgt von einer Radiojodbehandlung beim follikulären und papillären Karzinom bzw. einer externen Bestrahlung beim medullären und anaplastischen Karzinom, das kein Jod aufnimmt. Danach ist eine lebenslange Substitution mit L-Thyroxin notwendig, die zu einer leichten TSH-Suppression führen sollte, ohne dass eine Hyperthyreosis factitia ausgelöst wird.

Die Prognose der Patienten mit differenzierten Schilddrüsenkarzinomen ist generell sehr gut. Bei der Begutachtung ist auf Operationsfolgen (Rekurrensparese, unbeabsichtigte Entfernung der Nebenschilddrüsen) und auf eine adäquate Hormonsubstitution zu achten.

11.4.4 Nebenschilddrüsen

Die vier oder mehr (auch atypisch gelegenen) Nebenschilddrüsen (Epithelkörperchen) regeln den Kalziumhaushalt. Der primäre Hyperparathyreoidismus ist eine autonome Mehrsekretion von Parathormon (PTH) und führt zur Hyperkalzämie. Der Hypoparathyreoidismus mit Hypokalzämie und Tetanie ist meist auf eine Halsoperation zurückzuführen.

Hyperparathyreoidismus Ursache eines *primären* Hyperparathyreoidismus (HPT) ist ein Nebenschilddrüsenadenom. Diagnostisch wegweisend ist eine Hyperkalzämie. Die häufigste Komplikation sind Nierensteine. Spätfolgen wie eine terminale Niereninsuffizienz infolge Nephrokalzinose oder ausgedehnte Weichteilverkalkungen sind selten geworden. Die Behandlung besteht in der Parathyreoidektomie. Die Lokalisationsdiagnostik hat eine schlechte Trefferquote. Ein erfahrener Chirurg findet in über 95 % das Adenom beim Ersteingriff. Nach erfolgreicher Parathyreoidektomie verbleibt meist keine Leistungsminderung. Der *sekundäre* HPT mit Hypokalzämie und Hyperphosphatämie bei Niereninsuffizienz (Kapitel 16) bildet sich mit deren Behandlung zurück. Der *tertiäre* HPT ist eine autonome Parathormon-Sekretion auf dem Boden eines sekundären HPT und wird wie der primäre operativ behandelt. Die Leistungsbeurteilung richtet sich hier nach der Grunderkrankung.

Hypoparathyreoidismus Ursache eines Hypoparathyreoidismus sind meist Operationen wie Thyreoidektomie oder Neck dissection. Hierbei muss die Nebenschilddrüse nicht unbedingt entfernt worden sein, es genügt eine Unterbrechung der Blutzufuhr. Das Risiko eines Hypoparathyreoidismus nach Thyreoidektomie liegt bei erfahrenen Chirurgen unter 2 %, steigt aber bei Zweit- oder Drittoperationen auf bis zu 5 % an. Die Hypokalzämie führt zur neuromuskulären Übererregbarkeit, die sich durch Hyperkaliämie und Hypomagnesiämie verstärkt. Typisch ist die Tetanie mit Verkrampfungen der Hand- („Pfötchen") und Fußmuskulatur, Parästhesien perioral sowie an Finger- und Zehenspitzen und den Zeichen nach CHVOSTEK und TROUSSEAU. Bei chronischen Hypokalzämien ist die Symptomatik oft nur gering ausgeprägt. Durch Substitution mit Kalzium und Vitamin-D-Analoga lässt sich die Hypokalzämie rasch normalisieren. Bleibende Funktionseinbußen sind damit nicht verbunden.

11.4.5 Nebennieren

Funktionsanomalien der Nebennieren sind selten. Der Erfahrene weiß, dass bei der systemischen Adipositas keine „Drüsenstörung" vorliegt und nur in den seltenen Fällen mit dysproportionierter Stammadipositas, Büffelnacken und schmächtigen Extremitäten ein Dexametasonhemmtest zum Ausschluss eines CUSHING-Syndroms angezeigt sein kann.

CUSHING-Syndrom Der Morbus CUSHING ist ein Hypophysenadenom mit ACTH-Sekretion und Überproduktion von Kortisol in der Nebennierenrinde; sog. *zentrales* CUSHING-Syndrom, 85 % der Fälle.

Ursache des *adrenalen* CUSHING-Syndroms ist ein Tumor der Nebennierenrinde (Inzidenz $0,2–1,0/10^5$).

Nach erfolgreicher operativer Revision und unter adäquater Substitution, die nach Hypophysen-Operationen häufiger und nach einseitiger Adrenalektomie praktisch nie erforderlich ist, sind bleibende Funktionseinbußen nicht zu erwarten. Allerdings verzögert sich in Einzelfällen die rechtzeitige Erkennung des Krankheitsbildes, so dass Folgeerkrankungen wie Diabetes mellitus, Hypertonie und Osteoporose zu Funktionseinschränkungen geführt haben können. Solche Krankheitsverläufe sind heutzutage aber glücklicherweise selten.

Conn-Syndrom Der primäre Hyperaldosteronismus ist charakterisiert durch die Trias Hypertonie, metabolische Alkalose und Hypokaliämie. Das Vollbild ist eher selten.

Subklinische Formen sind aber mit einer Prävalenz von 2,6–11 % in Spezialambulanzen eine durchaus häufige Hypertonieursache. Bis zu 90 % dieser Patienten sind normokaliämisch. Zum Screening eignet sich der Aldosteron-Renin-Quotient (ARQ). Er wird durch Betablocker oder ACE-Hemmer kaum beeinflusst, wohl aber durch Spironolacton. Bei pathologischem ARQ ist ein Bestätigungstest (z. B. NaCl-Belastung) indiziert. Da es sich um eine potenziell heilbare Erkrankung handelt, ist ein Screening bei jüngeren normokaliämischen Hypertonikern zu empfehlen, wenn mehr als zwei Antihypertensiva zur Behandlung erforderlich sind. Durch eine möglichst frühzeitige, kausale Behandlung ist bei einem Teil dieser Patienten wieder ein uneingeschränktes Leistungsvermögen zu erreichen bzw. zu erhalten.

Phäochromozytom Das ist ein Katecholamine sezernierender Tumor der chromaffinen Zellen des Nebennierenmarkes (90 %) oder der Paraganglien. Etwa jeder tausendste Hypertoniker leidet an einem Phäochromozytom. Charakteristisch ist ein konstanter oder in Blutdruckkrisen auftretender Hypertonus. Bei vorbestehendem Bluthochdruck weist die Trias aus Kopfschmerzen, Schwitzen und Tachykardie mit 94 % Spezifität und 90 % Sensitivität auf ein Phäochromozytom hin; ohne diese Symptome ist es weitgehend ausgeschlossen. Die hypertensiven Krisen werden i. d. R. nicht durch Angst oder Stress ausgelöst. Therapie der Wahl ist die operative Entfernung. Das Problem ist wiederum nicht die Behandlung, sondern die späte Diagnose mit Folgeerkrankungen, die der Gutachter berücksichtigen muss.

Nebennierenrindeninsuffizienz

Bei der *primären* NNR-Insuffizienz, dem Morbus Addison, ist die Produktion von Kortison, Aldosteron und adrenalen Androgenen vermindert und das ACTH erhöht.

Störungen der hypophysären ACTH-Sekretion bei HVL-Insuffizienz oder unter Kortisontherapie führen zur *sekundären* NNR-Insuffizienz, die vorwiegend die Glukokortikoidproduktion betrifft.

In beiden Fällen entwickeln sich Schwäche, Adynamie und Hypoglykämieneigung; Stress und interkurrente Erkrankungen können eine Addison-Krise auslösen. Spezifisch für die primäre NNR-Insuffizienz sind eine Hyperpigmentation von Handfurchen, Schleimhäuten und Narben durch das ACTH-kosezernierte Pepid MSH sowie eine Hypotonie, Hypovolämie, Hyponatriämie und Hyperkaliämie infolge Mineralokortikoidmangels.

Die lebenslang erforderliche Substitution muss den Glukokortikoid- und Mineralokortikoidmangel ausgleichen, z. B. mit 20–10–10 mg Hydrokortison plus 0,05–0,2 mg/d Fludrokortison morgens. Die Dosierung muss der Sekretionsrhythmik (Schichtarbeiter) angepasst werden. Bei fieberhaften Infekten oder Zahnextraktionen muss die Kortison-Dosis über einige Tage verdoppelt bis verdreifacht werden.

Unter adäquater Substitution sind Patienten mit Morbus Addison gut leistungsfähig, obwohl dies von einzelnen Betroffenen immer wieder in Frage gestellt wird. Häufig fehlt es aber auch an einer gezielten Schulung für diese Patienten, die lernen müssen, ihre Substitutionsdosis alltäglichen Belastungen wie Wochenend-Seminar, Interkontinentalflug oder Urlaubsstress anzupassen.

Literatur

[1] Allolio B, Schulte HM (Hrsg.): *Praktische Endokrinologie*. München; Wien; Baltimore: Urban und Schwarzenberg, 1996.

[2] Bergmann KE, Mensik GBM: Körpermaße und Übergewicht. *Gesundheitswesen* 61: 115–120, 1999.

[3] Forschungsverbund Deutsche Herz-Kreislauf-Präventionsstudie (Hrsg.): *DHP-Forschungskonzept und Ergebnisse zur Studienmitte*. Schriftenreihe des Bundesministeriums für Gesundheit, Band 27. Bonn: Eigenverlag, 1991.

[4] Haupt E: Rehabilitation bei Stoffwechselkrankheiten und endokrinen Krankheiten. In: Delbrück H, Haupt E (Hrsg.) *Rehabilitationsmedizin*, S. 310–330. Mün-

chen; Wien; Baltimore: Urban und Schwarzenberg, 2. Auflage, 1998.

[5] Haupt E: Behandlung mit insulinotropen oralen Antidiabetika. In: Mehnert H, Standl E, Usadel KH (Hrsg.) *Diabetologie in Klinik und Praxis*, S. 237–242. Stuttgart; New York: Thieme, 4. Auflage, 1999.

[6] Haupt E: Klinischer Alltag, Akutkomplikationen und Führung älterer Diabetiker. In: Rosak C (Hrsg.) *Angewandte Diabetologie*, S. 190–211. Bremen; London; Boston: Uni Med Verlag, 2000.

[7] Haupt E: Schilddrüsenerkrankungen. In: Rietbrock N, Staib AH, Loew D (Hrsg.) *Klinische Parmakologie*, S. 360–368. Darmstadt: Steinkopff, 3. Auflage, 2001.

[8] Haupt E, Herrmann R, Benecke-Timp A, et al.: The KID-Study I. Structural Baseline Characteristics of the Federal Insurance for Salaried Employees Institution (BfA) diabetic patients in inpatient rehabilitation. *Exp clin Endocrinol Diabetes* 104: 370–377, 1996.

[9] Haupt E, Herrmann R, Benecke-Timp A, et al.: The KID-Study II. Socioeconomic Baseline Characteristics, psycho-social strain, standard of current medical care and education of the Federal Insurance for Salaried Employees Institution (BfA) diabetic patients in inpatient rehabilitation. *Exp clin Endocrinol Diabetes* 104: 378–386, 1996.

[10] Haupt E, Herrmann R, Benecke-Timp A, et al.: The KID-Study III. Impact of inpatient rehabilitation on the metabolic control of type I and type II diabetics – a one year follow-up. *Exp clin Endocrinol Diabetes* 104: 420–430, 1996.

[11] Jönsson B: Revealing the cost of type 2 diabetes in Europe. *Diabetologia* 45: 5–12, 2002.

[12] Werner G, Diehl R, Klimczyk K, Rude J: *Checkliste Physikalische und Rehabilitative Medizin.* Stuttgart: Thieme Verlag, 2. Auflage, 2000.

[13] Williams R, van Gaal L, Lucioni C: Assessing the impact of complications on the costs of type 2 diabetes. *Diabetologia* 45: 13–17, 2002.

12 Herz-Kreislauf-Erkrankungen

Ingomar-Werner Franz

12.1 Allgemeines

Herz-Kreislauferkrankungen führen je nach Art und Schweregrad zu einer Beeinträchtigung der körperlichen Belastbarkeit und hieraus sich ergebenden Einschränkungen im Beruf und dem sozialen Umfeld. Deshalb muss ein wesentliches Ziel der Begutachtung sein, die körperliche Belastbarkeit möglichst objektiv zu beschreiben. Dazu sind aber einige physiologische und pathophysiologische Grundlagen [9] zum besseren Verständnis zuvor zu diskutieren.

Die körperliche Leistungsfähigkeit wird durch drei Leistungsparameter bestimmt, nämlich 1. das Vermögen, Sauerstoff aufzunehmen und an die Muskulatur weiterzugeben, 2. einen intakten Energiestoffwechsel und 3. eine adäquate neuromuskuläre Funktion. Dabei werden länger andauernde Belastungen (z. B. oberhalb von sechs Minuten) wesentlich durch das Vermögen der Sauerstoffaufnahmefähigkeit bestimmt. In diesem Zusammenhang kommt der intakten Herzfunktion eine ganz wesentliche Bedeutung zu, weil über das geförderte Blut der Sauerstoff in die tätige Muskulatur transportiert wird, ohne den der Muskel auf Dauer keine Tätigkeit verrichten kann. Daraus ergibt sich prinzipiell, dass jede Krankheit, die die Herzfunktion einschränkt, auch zu einer Einschränkung der Sauerstoffaufnahme und damit der körperlichen Leistungsfähigkeit führen kann. Ein gesundes Herz pumpt durchschnittlich in Ruhe fünf bis sieben Liter und kann unter körperlichen Belastungen diese Leistung auf 20 bis 25 Liter (bei untrainierten Personen) steigern. Dieses gelingt dann nicht, wenn der Herzmuskel sich unter körperlicher Belastung nicht adäquat kontrahieren kann, was immer dann der Fall ist, wenn zum Beispiel eine Herzmuskelschwäche (12.4.4) vorliegt oder aber wenn durch eine Sauerstoffmangelversorgung (siehe 12.3.2) der Herzmuskel mit zu wenig Sauerstoff versorgt wird. Die Pumpleistung des Herzens unter Belastung kann aber auch nur gesteigert werden bei physiologischer Herzfrequenzregulation. So führt selbst bei gesunder Herzmuskulatur und intakten Koronargefäßen ein nicht adäquater Anstieg der Herzfrequenz oder das gehäufte Auftreten von Herzrhythmusstörungen zu einer kardialen Pumpfunktionseinschränkung (12.5). Aber selbst wenn alle zuvor beschriebenen Funktionen intakt sind, so setzt eine Förderungssteigerung des Herzens eine normale Herzklappenfunktion voraus. Je nach Schweregrad führt somit jeder Herzklappenfehler zur Einschränkung der kardialen Pumpleistung (12.6).

Es ist jedoch wichtig festzustellen, dass die physiologische Anpassung an die körperliche Belastung nicht nur eine adäquate Pumpfunktion des Herzens, sondern auch eine Steigerung der Ventilation der Lunge und vor allem auch eine funktionstüchtige (trainierte) Skelettmuskulatur erfordert. Ist eine dieser Funktionen gestört, so kommt es bei alltäglichen Verrichtungen (z. B. Treppensteigen, Weg zur Arbeit) zu subjektiven Beschwerden wie Dyspnoe, die es gilt, differenzialdiagnostisch abzuklären. Dabei setzt die zuvor beschriebene Steigerung der Sauerstoffaufnahme während körperlicher Arbeit neben einem adäquaten Verhalten der Herzfrequenz und des Schlagvolumens auch ein normales Blutvolumen und vor allen Dingen eine physiologische Ventilation und Diffusionskapazität der Lunge voraus. Schon deshalb muss für eine kardiale Begutachtung eine adäquate Lungenfunktionsanalyse vorliegen. Für das Sauerstoffaufnahmevermögen eines Probanden oder Patienten, besonders im maximalen Bereich, ist aber von größter Bedeutung, ob der im arteriellen Blut herbeigeschaffte Sauerstoff während der Passage durch die tätige Skelettmuskulatur auch in optimaler Weise extrahiert werden kann. Dieses hängt wiederum von der Steuerung der Muskeldurchblutung und der Kapillardichte ab und wird bestimmt durch den Trainingszustand der Skelettmuskulatur.

Jegliche Muskeltätigkeit ist ohne einen energieliefernden Prozess nicht möglich. Je nach Art und Dauer der Kontraktionen werden als Energiequelle die energiereichen Phosphate, die Glykolyse oder unter aeroben Bedingungen die Verbrennung von Glukose und freien Fettsäuren herangezogen. Die aerobe Energiegewinnung ist bei allerdings länger dauernder Leistung (> 1–2 Stunden) begrenzt durch die Größe der vorhandenen Kohlenhydratspeicher in der Muskulatur und Leber und die Fähigkeit zur Mobilisation von Fetten. Aber auch bei großem Sauerstoffaufnahmevermögen und bei einem intakten Energiestoffwechsel ist für eine körperlicher Leistung eine gute muskuläre Funktion notwendig. Dieses gilt besonders für komplizierte Bewegungsabläufe, die ein optimales Zusammenspiel zwischen Nervenerregung und Muskelkontraktion erfordern.

Die Aufgabe der sozialmedizinischen Begutachtung ist deshalb nicht nur, durch objektive Untersuchungsmethoden die Pumpfunktion des Herzens, vor allen Dingen unter Belastungsbedingungen, zu beschreiben, sondern auch pathophysiologische Gegebenheiten anderer Organe wie zum Beispiel der Lunge oder der Skelettmuskulatur zu berücksichtigen. Die wichtigsten Untersuchungsmethoden werden anschließend im Diagnostikteil besprochen und ihre spezielle Wertigkeit bei den einzelnen Krankheitsbildern. Aufgrund der großen sozialmedizinischen Bedeutung werden die koronare Herzerkrankung und die arterielle Hypertonie ausführlich dargestellt.

12.1.1 Spezielle Diagnostik

Ziel der kardiologischen Diagnostik ist es, durch Befragung und Untersuchung des Patienten mögliche Störungen der Herz-Kreislauffunktion aufzudecken und diese durch spezielle Untersuchungsverfahren zu objektivieren. Dabei geht es nicht nur um eine möglichst exakte und reproduzierbare Beschreibung der Herzfunktion, sondern auch der globalen körperlichen Leistungsfähigkeit. Zur Befundung heranzuziehen sind stets frühere Berichte der behandelnden Ärzte, Krankenhäuser und Reha-Kliniken, weil sie besonders für den Verlauf wichtig sein können. Aus der Zusammenführung aller Befunde ergibt sich die Beurteilung des Leistungsvermögens im Erwerbsleben.

Anamnese

Störungen der Pumpfunktionen auf koronarer, myokardialer Ebene oder bei Klappendysfunktion bzw. Herzrhythmusstörungen können zu typischen Beschwerden wie Brustenge, Luftnot, Palpitation, Harndrang usw. (siehe jeweilige Krankheitsbilder) führen, die vom Patienten nicht immer dem Herzen zugeordnet werden. Sie treten häufig im Zusammenhang mit bestimmten Tätigkeiten und Zeiten auf und geben Hinweise auf bestimmte Erkrankungen, sind aber oft kein guter Indikator für die Schwere der jeweiligen Störung. Differenzialdiagnostisch sind sie abzuklären gegen thorakal-muskuläre bzw. psychosomatische Beschwerden und gegen den Zustand einer untrainierten Skelettmuskulatur und/oder durch Übergewicht hervorgerufene Einschränkung bzw. pulmonale Erkrankungen. Zu fragen ist stets nach dem zeitlichen Beginn und dem jeweiligen Verlauf, nach bereits erfolgter bzw. geplanter Diagnostik, nach durchgeführter Therapie (operativ, medikamentös) sowie dem therapeutischen Ergebnis und der Veränderung der Beschwerde-Symptomatik und nach der aktuell eingenommenen Medikation. Auch sind kardiovaskuläre Risikofaktoren einschließlich familiärer Belastungen zu dokumentieren. Nach Erhebung der Sozial- und Berufsanamnese muss eine möglichst objektive Arbeitsplatzanalyse erfolgen: was tut er, kann er es leisten, welche Beschwerden treten auf, und warum und wie lange bestanden Arbeitsunfähigkeitszeiten?

Körperliche Untersuchung

Die körperliche Untersuchung ergibt in der Regel nur bei starker Einschränkung der Pumpfunktion und somit fortgeschrittener Erkrankung richtungsweisende

Befunde, die vor allen Dingen in Form der Rechtsherzinsuffizienz mit oberer Einflussstauung, Lebervergrößerung, peripherer (prätibialer) Ödeme oder aber der Linksherzinsuffizienz mit Luftnot bzw. feinblasigen Rasselgeräuschen bei der Lungenauskultation manifest werden (siehe 12.4.6). In diesen Fällen lassen sich auch bei der Auskultation des Herzens typische Befunde erheben, was allerdings bei Herzvitien regelhaft ebenfalls bei leichtgradigem Schweregrad der Fall ist. Durch die Auskultation werden auch die Hals-, Nieren- und Inguinalgefäße beurteilt und der Ruheblutdruck an beiden Armen, gegebenenfalls zusätzlich im Stehen, gemessen. Erfasst werden müssen stets die Körpergröße und das Gewicht.

Elektrokardiographie

Das Ruhe-EKG ermöglicht die Dokumentation des Grundrhythmus, von Abnormalitäten der Erregungsausbreitung und -rückbildung, welche aber oftmals als sehr unspezifisch anzusehen sind. Das Belastungs-EKG ist nach wie vor der Goldstandard zum Nachweis einer myokardialen Ischämie (12.3) und zur Beurteilung des Rhythmus- und Blutdruckverhaltens (12.2 und 12.5) unter körperlichen Belastungen. Das Langzeit-EKG erfasst bradykarde und tachykarde Rhythmusstörungen und kann einen Bezug herstellen zu bestimmten Zeiten und Ereignissen (12.5).

Röntgenthoraxuntersuchung

Das Röntgen zur kardialen Diagnostik hat durch die Einführung der Echokardiographie stark an Bedeutung verloren und dient vor allen Dingen zur orientierenden Beurteilung der Aorta sowie der Lungengefäße und deren Hämodynamik (z. B. bei Vitien). Bei fortgeschrittenen Erkrankungen finden sich typische Zeichen der Lungenstauung wie KERLEY-Linien und Pleuraerguss.

Echokardiographie

Als nicht invasive Methode hat sich in der täglichen Routine die Echokardiographie zur Beurteilung einer myokardialen Schädigung durchgesetzt. Aufgrund zahlreicher Studien kann davon ausgegangen werden,

LVEDD	Linker Ventrikel
< 56 mm	normal
56–60 mm	leichtgradig dilatiert
61–69 mm	mittelgradig dilatiert
> 70 mm	hochgradig dilatiert

Tab. 12.1: Beurteilung der linksventrikulären enddiastolischen Dimension (LVEDD) mit Hilfe der Echokardiographie

LA-Durchmesser	Linker Vorhof
< 40 mm	normal
41–45 mm	leichtgradig dilatiert
46–50 mm	mittelgradig dilatiert
> 50 mm	hochgradig dilatiert

Tab. 12.2: Beurteilung der linken Vorhofdimension mit Hilfe der Echokardiographie

dass die bei der Katheteruntersuchung gewonnenen Daten auch echokardiographisch mit ausreichender Sicherheit ermittelt werden können. Mit Hilfe der zweidimensionalen Echokardiographie kann nicht nur eine gute Beurteilung der Größe des linken (Tabelle 12.1) und rechten Ventrikels sowie des linken (Tabelle 12.2) und rechten Vorhofs und deren Verhältnis zueinander erfolgen, sondern auch regionale Wandbewegungsstörungen im Sinne einer Myokardinfarktnarbe sicher erfasst werden. Mit Hilfe der M-Mode-Echokardiographie wird nicht nur eine exakte Bestimmung der systolischen und diastolischen Dimension und Funktion des linken (Tabelle 12.3) und rechten Ventrikels, sondern auch eine Messung der Wanddicken und eine exakte Bestimmung der linksventrikulären Muskelmasse möglich [8, 11].

Die Abgrenzung einer primären diastolischen Dysfunktion als die im höheren Alter zunehmende Form der Herzinsuffizienz ist mit gewissen Einschränkungen möglich. Mittels der Dopplerechokardiographie kann eine Differenzierung in eine funktionelle frühdiastolische Relaxationsstörung und in eine meist strukturelle spätdiastolische Compliancestörung erfolgen. Des weiteren werden mit Hilfe der Echokardiographie unter Verwendung der Dopplermethode wichtige Infor-

Ejektionsfraktion (EF)	Linksventrikuläre Funktion
> 60 %	normal
50–60 %	leichte Funktionsstörung
40–50 %	mittelschwere Funktionsstörung
< 40 %	schwere Funktionsstörung

Tab. 12.3: Die Ejektionsfraktion (EF) (aus Echokardiogramm bzw. Ventrikulographie) beschreibt die linksventrikuläre Funktion

I	Gestörte Fluss-Druck-Beziehung nur bei Belastung. HMV in Ruhe und während Belastung normal.
II	Gestörte Fluss-Druck-Beziehung in Ruhe. HMV in Ruhe und während Belastung normal.
III	HMV während Belastung eingeschränkt
IV	HMV in Ruhe eingeschränkt

Tab. 12.4: Stadien einer Funktionsbeeinträchtigung des Herzens nach ROSKAMM und REINDELL, 1989

mationen über die Klappenfunktion und das Vorliegen von Shunt-Vitien (siehe 12.6) bzw. regionale Wandverdickungen und über Veränderungen des Aortenrohres gewonnen. Liegt eine schlechte Beschallbarkeit vor, so kann die Echokardiographie auch mittels einer Oesophagussonde erfolgen, wobei die angesprochenen Daten beinahe bei allen Patienten ermittelt werden können. Die Echokardiographie stellt in der täglichen Praxis somit den Goldstandard zur Erfassung von Herzveränderungen dar. Es besteht allerdings auch für die Echokardiographie genauso wie für die Ventrikulographie die Einschränkung, dass es sich nur um eine Ruhemessung handelt und die Belastungsreaktion nicht immer sicher eingeschätzt werden kann. So kann aufgrund der Echokardiographie die Pumpfunktion unter Belastungsbedingungen sowohl unter, aber auch überschätzt werden und zu einer falschen sozialmedizinischen Begutachtung führen (siehe 12.2). Mit Hilfe der Stressechokardiographie (siehe 12.3) kann als nicht invasive Methodik die hämodynamische Bedeutung von Koronarstenosen unter Belastung beurteilt werden; sie leistet somit einen ganz wesentlichen Beitrag zur Ischämiediagnostik. Darüber hinaus können Wandbewegungsstörungen im Sinne von Infarktnarben besser erfasst werden.

Myokardszintigraphie

Szintigraphische Untersuchungen des Herzens werden noch zur Diagnostik einer Ischämiereaktion bzw. einer Myokardnarbe durchgeführt, haben aber durch die Stressechokardiographie deutlich an Bedeutung verloren.

Rechtsherzkatheter

Als zuverlässigste Methode zur Einschätzung der Pumpfunktion unter Belastungsbedingungen hat sich die Einschwemmkatheteruntersuchung bewährt, mit deren Hilfe das erzielbare Herzzeitvolumen und die dabei auftretenden intrakardialen Drucke objektiv unter Belastungsbedingungen erhoben werden können. Das gesunde Herz kann unter körperlicher Belastung das Schlagvolumen und somit das Herzzeitvolumen steigern, ohne dass es zu einem wesentlichen Anstieg des enddiastolischen Drucks im linken Ventrikel kommt. Liegt eine Kontraktilitätsstörung (global oder regional) unter Belastungsbedingungen vor, so kann zwar manchmal noch das Herzzeitvolumen gesteigert werden, aber auf Kosten eines erhöhten pulmonal-kapillaren Verschlussdruckes ($PCP_m > 20$ mmHg; Stadium I nach ROSKAMM und REINDELL). Das Stadium II ist durch die Erhöhung des PCP_m schon unter Ruhebedingungen gekennzeichnet, wobei allerdings das Herzzeitvolumen bei Belastung noch normal ist. In Stadium III und IV ist neben der PCP_m-Erhöhung auch das HZV bei Belastung bzw. schon in Ruhe reduziert (Tabelle 12.4).

Mittels der Einschwemmkatheterteechnik lässt sich nicht nur die globale Pumpfunktion beurteilen, sondern getrennt die linksventrikuläre Funktion anhand des PCP_m (wichtig für Herzinsuffizienz und KHK-Diagnostik) sowie nach Öffnung des Ballons der Pulmonalarteriendruck und nach Rückzug des Katheters in den rechten Ventrikel auch die rechtsventrikuläre Funktion. Diese Untersuchung ist für die Beurteilung der pulmonalen Hypertonie und des Cor pulmonale (siehe 12.7) von besonderer Bedeutung, da nach weiterem Rückzug in den rechten Vorhof zusätzlich ei-

12.1 Allgemeines

LVEDP	Linksventrikuläre Funktion
< 12 mmHg	normal
12–16 mmHg	leichte Funktionsstörung
16–25 mmHg	mittelschwere Funktionsstörung
> 25 mmHg	schwere Funktionsstörung

Tab. 12.5: Linksventrikulärer enddiastolischer Druck (LVEDP) und linksventrikuläre Funktionsstörung

I	Herzerkrankung ohne körperliche Leistungseinschränkung. Alltägliche körperliche Belastung verursacht keine inadäquate Erschöpfung, Rhythmusstörungen, Luftnot oder Angina pectoris.
II	Herzerkrankung mit leichter Einschränkung der körperlichen Leistungsfähigkeit. Keine Beschwerden in Ruhe. Alltägliche körperliche Belastung verursacht inadäquate Erschöpfung, Rhythmusstörungen, Luftnot oder Angina pectoris.
III	Herzerkrankung mit höhergradiger Einschränkung der körperlichen Leistungsfähigkeit bei gewohnter Tätigkeit. Keine Beschwerden in Ruhe. Geringe körperliche Belastung verursacht inadäquate Erschöpfung, Rhythmusstörungen, Luftnot oder Angina pectoris.
IV	Herzerkrankung mit Beschwerden bei allen körperlichen Aktivitäten in Ruhe. Bettlägerigkeit.

NYHA = New York Heart Association

Tab. 12.6: NYHA-Klassifikation der Herzinsuffizienz

ne Aussage möglich ist, ob eine pulmonale Hypertonie rechtsventrikulär kompensiert ist (Druck im rechten Vorhof < 10 mmHg).

Diese Untersuchungsmethode hat für die sozialmedizinische Beurteilung einen sehr hohen Stellenwert und kann durch die Echokardiographie (Ruhemessung) nicht adäquat ersetzt werden.

Linksherzkatheter

Die Koronarangiographie stellt nach wie vor die einzige zuverlässige Methode dar, Koronarstenosen in Lokalisation und Ausdehnung exakt zu erfassen, einen Patienten einer gezielten Intervention zuzuführen und Therapieergebnisse zu überprüfen.

Die invasive Beurteilung des Herzens erlaubt aber auch eine exakte Funktionsbeschreibung des Herzens sowohl durch die intrakardiale Druckmessung als auch durch die globale bzw. regionale Wandbewegungsanalyse mit Hilfe der Ventrikulographie. Anhand des enddiastolischen Druckes im linken Ventrikel (Tabelle 12.5), der Höhe des Herzindex ($> 2{,}7$ l/min/m^2), des Schlagvolumenindex (> 38 ml/m^2) und der maximalen Druckanstiegsgeschwindigkeit (> 1.400 mmHg/s) lässt sich die Funktion des linken Ventrikels exakt beschreiben. Aus dem angiographischen Bild können die enddiastolischen (< 90 ml/m^2) und endsystolischen (< 35 ml/m^2) Volumina, mit deren Hilfe die Ejektionsfraktion ($EF = EDV - ESV/EDV \times 100$) (Tabelle 12.3) berechnet werden. Neben der Beschreibung der globalen Funktion sind insbesondere regionale Kontraktionsanomalien gut zu erfassen. Hierbei unterscheidet man zwischen einer Hypokinesie (10–29 % der regionalen Wandverkürzung) (normal größer als 30 %), einer Akinesie (0–9 %) und einer Dyskinesie (< 0 %) sowie einem Aneurysma. Die jeweilige regionale Wandbewegungsstörung wird dann je nach Projektion (RAO: anterobasal, anterolateral, apikal, diaphragmal, posterobasal; LAO: septal, posterolateral) einem bestimmten Segment zugeordnet.

12.1.2 Begutachtungskriterien

Übergeordnetes und zuverlässigstes Beurteilungkriterium ist die invasive Messung der Hämodynamik. Es gilt, die Frage zu klären, ob noch ein normales oder bereits reduziertes Herzzeitvolumen in Ruhe, aber besonders unter Belastung, erreicht wird und wie sich dabei die dazu gehörigen Drucke im linken und rechten Herzen bzw. in den Vorkammern verhalten (Rechtsherzkatheter). Ergeben sich pathologische Befunde, so wird anhand der Beschreibung weiterer Kriterien die Ursache der gestörten Hämodynamik (Herzinsuffizienz) evaluiert. Immer zu beurteilen ist der **Myokardfaktor** (Geometrie der Herzhöhen, systolische und diastolische Funktion, Myokardnarben, globale regionale Wandverdickungen im Echo) und der **Koronarfaktor** (Vorhandensein und Ausmaß einer Ischämiereaktion im Belastungs-EKG, Stress-Echo sowie der Koronarstatus in der Koronarangiographie). Weitere die Hämodynamik beeinflussende Kriterien stellen der **Rhythmus** (unregelmäßig, tachykard, bradykard im Langzeit-EKG oder während Ergometrie) und die **Klappenfunktion** bzw. das Vorliegen von Shunts (Echo) dar.

Gerade für die sozialmedizinische Beurteilung gilt als wesentliches Kriterium, bei welchem Ausmaß der körperlichen Belastung (ausgedrückt in Watt) die Störung manifest wird oder aber bereits in Ruhe vorhanden ist (Tabelle 12.6) und welche jeweiligen Beschwerden im Sinne von Luftnot, Brustenge, Schwindel usw. vom Patienten ereignisorientiert angegeben werden.

12.1.3 Sozialmedizinische Beurteilung

Die sozialmedizinische Beurteilung muss die geschilderten physiologischen Anpassungen und pathologischen Störungen, aber auch die Interaktionen zwischen den verschiedenen Organsystemen berücksichtigen. Zwar ist es verständlich, dass eine leichtgradige Herzfunktionsstörung unter den Bedingungen einer körperlichen Belastung leichter diagnostiziert und eingestuft werden kann. Auf der anderen Seite kann bei Feststellung einer eingeschränkten körperlichen Leistungsfähigkeit, beurteilt anhand einer niedrigen erreichten Belastungsstufe, nicht generell auf eine schlechte Herzfunktion rückgeschlossen werden, da das erzielte Resultat auch durch eine untrainierte Skelettmuskulatur oder eben eine Einschränkung in der Lungenfunktion zustande gekommen sein kann. Solche Bedingungen sind keinesfalls selten anzutreffen. So haben zum Beispiel Patienten mit einer koronaren Herzerkrankung, die als Risikofaktor Rauchen angeben, nicht selten eine begleitende Störung der Ventilation der Lunge (COPD), die dann möglicherweise die körperliche Belastung stärker einschränkt als die kardiale Grunderkrankung. Gerade diese Patienten neigen dazu, wegen der schon bei geringer körperlicher Belastung auftretenden Luftnot sich wenig körperlich zu belasten, was wiederum zu einer weiteren Immobilisierung der Skelettmuskulatur und somit Einschränkung der körperlichen Leistungsfähigkeit auf dem Fahrradergometer führt. Deshalb muss bei der sozialmedizinischen Begutachtung grundsätzlich auch berücksichtigt werden, ob die Einschränkung der körperlichen Belastbarkeit nicht nur durch die Behandlung der primären Grunderkrankung (z. B. PTCA bei KHK, Hypertoniebehandlung) verbessert werden kann, sondern ob auch begleitende Maßnahmen zur Verbesserung bzw. Stabilisierung der Lungenfunktion dieses bewirken können. Manchmal reicht ein mehrwöchiges kontinuierlich und richtig durchgeführtes Ausdauertraining durch Verbesserung und Oekonomisierung der Skelettmuskulatur aus und führt zu einer deutlichen Steigerung der körperlichen Belastbarkeit bei gleichbleibender Grunderkrankung. Deshalb muss manchmal die sozialmedizinische Beurteilung zeitlich hinaus geschoben werden, um Therapieeffekte abzuwarten.

Eine deutliche Einschränkung der körperlichen Belastbarkeit, z. B. auf dem Ergometer, kann zwar ein Indikator für eine schlechte Prognose sein, darf aber nicht gleichgesetzt werden mit Einschränkungen im Berufsleben, wenn dieses z. B. körperlichen Einsatz nicht erfordert. Auch deshalb müssen die erhobenen Befunde aus der Diagnostik immer abgeglichen werden mit dem beruflichen Anforderungsprofil des zu Beurteilenden, aber auch mit Auslösemechanismen der Beschwerden im allgemeinen und speziell am Arbeitslatz. Die sozialmedizinische Beurteilung darf sich deshalb nicht nur auf Funktionsuntersuchungen beschränken, **sondern sie basiert auf einer gründlichen Anamneseerhebung.** Diese erhebt nicht nur exakt die momentane Beschwerdesymptomatik, sondern auch alle Begleiterkrankungen und die daraus resultierenden Beschwerden, um zu einer Beurteilung der Gesamtleistungsfähigkeit zu kommen. In diesem Zusammenhang sind natürlich die Fragen zur Situation am Arbeitsplatz von besonderer Wertigkeit. Erforderlich ist eine Tätigkeitsbeschreibung bezüglich der Notwendigkeiten von schwerem Heben und Tragen (Pressatmung), hohe Verantwortung, Arbeiten unter Zeitdruck mit ständiger Ablenkung und bezüglich des Arbeitsrhythmus insbesondere Schichtarbeiten mit Nachtdienst. Zu fragen ist auch nach Eigen- und Fremdgefährdung (Wechselwirkung zwischen Krankheit und Arbeitsauftrag) und nach belastenden Umweltfaktoren. Die sich hieraus ergebende Arbeitsbelastung muss im Einklang mit den physiologischen Leistungsreserven sein.

Weiterhin sollten natürlich der Weg zur Arbeitsstätte, das Arbeitsklima, die Betriebsgröße, die Vertretungsmöglichkeiten (das subjektive Belastungs- und Beanspruchungsgefühl) und die berufliche Zufriedenheit berücksichtigt werden.

Die Wiederaufnahme der Arbeit nach akuter Erkrankung wird nicht nur durch die Pathophysiologie der Herzfunktion und die subjektive Einschätzung der eigenen Belastbarkeit bestimmt, sondern auch dadurch, dass sehr häufig die „Seele miterkrankt" ist [9]. Die Patienten haben besonders nach akuten Ereignissen ein deutlich gestörtes Selbstwertgefühl („Was bin ich denn noch wert?") und geraten in eine Identitätskrise, die trotz gutem organischen Befund eine schlechte subjektive Befindlichkeit bewirkt. Deshalb müssen die Ängste und Befürchtungen des Patienten berücksichtigt und abgeglichen werden an den vorhandenen psychischen Belastungen am Arbeitsplatz, aber auch im Bereich der Familie und des erweiterten sozialen Umfeldes. Zur Einschätzung können Belastungssimulationen von Zeitdruck, Leistungsdruck und Untersuchung zur intellektuellen Kapazität helfen. Von besonderer Bedeutung ist die Beurteilung der Krankheitsverarbeitung. Dazu müssen erfasst werden die Angaben des Patienten zur Einstellung der Erkrankung, die Abschätzung eines krankheitsadäquaten Verhaltens und die Erfassung von Verleugnung, Aggressivität, Angst, Depressionen und die Akzeptanz der Erkrankung.

12.2 Arterielle Hypertonie

12.2.1 Allgemeines

Die Höhe des Blutdruckes wird dynamisch reguliert durch die Größe des Herzzeitvolumens (Herzfrequenz mal Schlagvolumen) und des totalen peripheren Gefäßwiderstandes. Deshalb sind kurzfristige Schwankungen der Blutdruckmesswerte die Regel. Der Blutdruck zeigt normalerweise aber auch eine zirkadiane Rhythmik mit den höchsten Werten am Vormittag, einem zweiten Gipfel am späten Nachmittag und einem Abfall der systolischen Mittelwerte um 10 bis 15% und der diastolischen um 15 bis 20% während der Nacht im Schlaf. Diese Rhythmik ist auch bei den meisten Patienten mit primärer Hypertonie erhalten, allerdings auf einem erhöhten Niveau. Exogene Faktoren, vor allem die Aktivität des Patienten, können sie modifizieren. Ein fehlender Blutdruckabfall während des Nachtschlafes oder sogar ein Blutdruckanstieg werden beobachtet bei sekundärer Hypertonie, bei Patienten mit renalen, cerebrovaskulären und kardialen Hochdruckkomplikationen, bei Schwangerschaftshypertonie, Schlafapnoe-Syndrom, Asthma bronchiale, autonomer Insuffizienz, psychiatrischen Erkrankungen und nach Herz- oder Nierentransplantation.

Bei jeder neu entdeckten Hypertonie muss prinzipiell die Frage geklärt werden, ob eine sekundäre Hypertonie (Häufigkeit ca. 3%) vorliegt [4]. Zum einen, da diese Grunderkrankungen (Erkrankung der Niere, primärer Aldosteronismus, CUSHING-Syndrom, Phäochromozytom, Aortenisthmusstenose) die Prognose und Belastbarkeit dieser Patienten wesentlich stärker beeinflussen können als die alleinige Blutdruckerhöhung. Zum anderen, da durch die Beseitigung dieser Erkrankungen eine Blutdrucknormalisierung eintreten kann.

Das kardiovaskuläre Risiko steigt nahezu linear mit dem systolischen und diastolischen Blutdruck an [10, 17]. Der Normalbereich des Blutdrucks [5, 17] wird jetzt in optimal < 120/80 mmHg, normal < 130/85 mmHg und hoch normal 130–139/85–89 mmHg eingeteilt (Tabelle 12.7) Hierin kommt klar zum Ausdruck, dass bereits im Bereich des normalen Blutdrucks ein ansteigendes kardiovaskuläres Risiko besteht und ein Schwellenwert nach dem Alles-oder-Nichts-Gesetz nicht existiert. Die Klassifikation der arteriellen Hypertonie ist allerdings nicht geändert worden; sie ist nach wie vor mit einem Blutdruck von > 140/90 mmHg definiert.

Der arteriellen Hypertonie kommt in den verschiedenen Gefäßregionen eine unterschiedliche Bedeutung für die atherosklerotischen Folgeerkrankungen zu. So zeigte sich in der GRIPS-Studie, dass der Bluthochdruck für den Schlaganfall und die periphere Verschlusskrankheit als wichtigster kardiovaskulärer Risikofaktor anzusehen ist, wogegen dies beim Myokardinfarkt für die Fettstoffwechselstörung und die erhöhte Fibrinogen-Konzentration gilt (Tabelle 12.8). Nach den Daten der Framingham-Studie steigt das relative Risiko von Normotonie über grenzwertige Hy-

Kategorie	systolisch mmHg	diastolisch mmHg
Optimal	< 120	< 80
Normal	< 130	< 85
Noch normal	130–139	85–89
Hypertonie Grad 1 (leicht)	140–159	90–99
Subgruppe: „Borderline"	140–149	90–94
Hypertonie Grad 2 (mäßig)	160–179	100–109
Hypertonie Grad 3 (schwer)	> 180	> 110
Isolierte syst. Hypertonie	> 140	< 90
Subgruppe: „Borderline"	140–149	< 90

Tab. 12.7: Normalbereiche des Blutdrucks (WHO)

	Myokardinfarkt	Schlaganfall	PAVK
1.	LDL-Cholesterin	Blutdruck	Blutdruck
2.	Familiäre MI-Disposition	Fibrinogen	Rauchen
3.	Fibrinogen	Plasmaglukose	Plasmaglukose
4.	Lp(a)	Rauchen	LDL-Cholesterin
5.	HDL-Cholesterin (invers)	Lp(a)	Lp(a)

Altersadj. univariate Ergebnisse aus GRIPS: Prosp. Kohortenstudie, > 5.000 Männer, 5 J. Follow-up.

Tab. 12.8: Wichtigste Risikofaktoren im Rahmen der Prävention verschiedener atherosklerotischer Folgekrankheiten (nach SEIDEL)

pertonie bis Hypertonie deutlich an. So ist bei Männern für die KHK der Faktor im Vergleich zwischen Normotonie und Hypertonie 2,4, wogegen dieser für den Schlaganfall und die Herzinsuffizienz sogar auf 8,2 bzw. 6,7 ansteigt.

Es ist festzustellen, dass das kardiovaskuläre Risiko und die Belastbarkeit des Hochdruckkranken nicht nur von der Höhe des Blutdruckes, sondern von begleitenden Risikofaktoren und den bereits vorhandenen typischen Organschäden bestimmt wird [5, 17].

12.2.2 Folge- und Begleiterkrankungen

Die durch die arterielle Hypertonie hervorgerufenen typischen Organmanifestationen am Herzen, den Gefäßen, im Gehirn und der Niere bestimmen ganz wesentlich die Prognose und das Leistungsvermögen des Patienten und müssen für die Risikostratifizierung des Patienten und die sozialmedizinische Beurteilung, aber auch für die Auswahl sowie das Vorgehen bei der medikamentösen Behandlung berücksichtigt werden [5, 10, 17].

Hypertensive Kardiomyopathie

Im Verlaufe der arteriellen Hypertonie kommt es schon frühzeitig zu funktionellen und strukturellen Veränderungen sowohl der Herzkammern als auch der Koronargefäße, die unabhängig voneinander zu einer gestörten Pumpfunktion des Herzens führen und das Leistungsvermögen stark einschränken können [8, 12].

Von besonderer Bedeutung in diesem Zusammenhang ist die sich entwickelnde linksventrikuläre Hypertrophie [8, 11], die im Vergleich zum durchschnittlichen Risiko des Hochdruckkranken bei Vorliegen die kardiovaskuläre Mortalität um das 8- bis 10-fache erhöht und dies nicht nur für eine sich zu entwickelnde Herzinsuffizienz (siehe 12.4) oder Schlaganfall, sondern auch für die KHK-Mortalität und den plötzlichen Herztod. Die Fünfjahresrate für das Auftreten einer KHK bei Personen mit LVH ist annähernd 30 % und bei Patienten mit KHK erhöht der Nachweis einer LVH das Risiko für einen Koronartod auf das Dreifache, mit Zustand nach Herzinfarkt auf das Vierfache. Darüber hinaus weisen Hypertoniker mit einer LVH vermehrt Herzrhythmusstörungen sowohl aus der Vorkammer im Sinne einer absoluten Arrhythmie als auch ventrikuläre Ektopien auf (siehe 12.5).

Koronare Herzkrankheit

Hochdruckkranke entwickeln nicht selten eine KHK, die koronarangiographisch gesichert werden muss. Eine ST-Streckensenkung im Belastungs-EKG mit pektanginöser Symptomatik, aber unauffälligem Koronarangiogramm bedeutet nicht stets einen falsch positiven Befund. Es konnte gezeigt werden [12], dass es bei Hypertonikern auch ohne das Vorliegen einer linksventrikulären Hypertrophie (mit einer Häufung des weiblichen Geschlechts) zu einer ausgeprägten ischämievermittelten Pumpfunktionsstörung unter Belastung kommen kann, die sich von Patienten mit 2- oder 3-Gefäßerkrankung nicht unterscheiden und somit für die Belastbarkeit wichtig ist. Diese Störung wird durch eine koronare Mikroangiopathie hervorgerufen. Zur Objektivierung eines solchen Befundes können die Rechtsherzkatheterisierung unter Belastung oder die Myokardszintigraphie eingesetzt werden. Das Leistungsvermögen wird dann durch das Ausmaß der Ischämiereaktion bestimmt.

Herzinsuffizienz

Das Auftreten einer Herzinsuffizienz bei nicht bzw. nicht ausreichend behandelten Hypertonikern ist häufig und entwickelt sich auf dem Boden einer LVH bzw. eines transmuralen Herzinfarktes. Durch die zweidimensionale Echokardiographie lässt sich sowohl das Ausmaß der Kontraktionsstörung und Zunahme der enddiastolischen Dimension des linken Ventrikels, als auch das Ausmaß einer Myokardnarbe (gegebenenfalls Stress-Echokardiographie) ausreichend beurteilen. Zur Erfassung der Hämodynamik in Ruhe und während Belastung eignet sich besonders der Einschwemmkatheter.

Artherosklerotische Gefäßveränderungen

Besonders bei gleichzeitigem Vorhandensein von Fettstoffwechselstörung, Diabetes mellitus und Nikotinabusus kommt es zu Veränderungen der hirnzuführenden Arterien. Hochgradige Karotisstenosen sind mittels Auskultation nicht auszuschließen. Zur Diagnostik von Karotisstenosen ist heute die farbcodierte Duplexsonographie die Methode der Wahl. Ein frühzeitiges Erkennen ist deshalb wichtig, weil bei höhergradigen Stenosen das Risiko, einen Apoplex zu erleiden, um den Faktor 10 ansteigen kann.

Zerebrovaskuläre Komplikationen

Unter den zerebrovaskulären Erkrankungen bzw. dem Begriff Schlaganfall werden verschiedene zerebrale Störungen zusammengefasst [4]. In ca. 80 % handelt es sich um Ischämien und nur in 15 % um intracerebrale bzw. in 5 % um subarachnoidale Blutungen. Häufige Vorboten sind transistorische ischämische Attacken (TIA), die bei 20 bis 25 % der Patienten als Ausdruck einer generalisierten Atherosklerose vor dem Schlaganfall auftreten können. Die chronische arterielle Hypertonie kann aber auch unabhängig vom Schlaganfall zu lacunären Schädigungen und Demenz führen mit gravierenden Rückwirkungen auf das Leistungsvermögen. Bei anamnestischen Hinweisen bzw. einer neurologischen Symptomatik sollte die Diagnostik mit Hilfe des CT bzw. NMR gesichert werden. Neben dieser Lokalisationsdiagnostik ist aber auch regelhaft eine weiterführende kardiologische Diagnostik unerlässlich. So weisen über 60 % der Patienten mit kardioembolisch bedingtem Schlaganfall ein Vorhofflimmern auf, welches es auch in der intermittierenden Form durch ein Langzeit-EKG zu sichern gilt. Regelhaft sollte auch eine transösophageale Echokardiographie zum Nachweis bzw. Ausschluss von Vorhofthromben, eines offenen Foramen ovale, aber auch zum Nachweis atherosklerotischer Veränderungen im Aortenbogen, die häufig Quelle einer Embolie sind, erfolgen.

Bei Verdacht auf eine Hirnleistungsstörung hat sich der Mini-Mental-Status bewährt, der anhand eines einfachen Fragebogens eine Abschätzung der kognitiven Fähigkeiten erlaubt.

Regelhaft sollte auch nach Schlaganfall eine ambulante 24-h-Blutdruckmessung erfolgen, da diese Patienten häufig nicht nur einen aufgehobenen zirkadianen Blutdruckrhythmus, sondern sogar paradoxe Blutdruckanstiege aufweisen, die für die Prognose der Patienten von entscheidender Bedeutung sind. Aber auch eine zu tiefe Blutdruckabsenkung nachts kann zur Störung der Perfusion und nächtlichen zerebralen Ischämien führen [10].

Eine weitere typische Hochdruckkomplikation stellt das Aortenaneurysma dar, welches je nach Lokalisation durch die transösophageale Echokardiographie oder die Oberbauchsonographie (einschließlich Duplexverfahren) beurteilt werden kann, ergänzt durch bildgebende Verfahren wie CT oder MRT. Veränderungen im Aortenbogenbereich erfordern zur Beurteilung der Gefäßabgänge eine Arteriographie.

Schlafapnoe-Syndrom

Bei Patienten mit obstruktiver Schlafapnoe besteht häufig eine arterielle Hypertonie, und nahezu die Hälfte weisen in der 24-h-Blutdruckmessung keine adäquate Nachtsenke auf. Auf der anderen Seite haben 10 bis 30 % der Hypertoniker gleichzeitig eine obstruktive Schlafapnoe. Derzeit ist die Beurteilung des Stellenwertes der Schlafapnoe-Diagnostik bei Hochdruckpatienten im Fluss, da eine hohe Koinzidenz beider Erkrankungen vorliegt, ohne dass immer ein kausaler Zusammenhang bestehen muss. Allerdings konnte in Studien gezeigt werden, dass die Behandlung der obstruktiven Schlafapnoe mit CPAP-Beatmung die nächtliche Hypertonie normalisieren kann und auch einen positiven Einfluss auf das Tagesprofil hat. Grundsätzlich bleibt jedoch festzustellen, dass bei jedem Hypertoniker gezielt nach der typischen klinischen Beschwerdesymptomatik (fremdanamnestisch berichtetes nächtliches Schnarchen mit intermittierenden Atempausen, eine auffällige Tagesmüdigkeit mit Einschlafneigung während des Tages oder die morgendliche Unausgeschlafenheit trotz ausreichender Schlafdauer) befragt werden muss und im Verdachtsfall einer Schlafapnoe-Abklärung zugeführt werden sollte. Das Schlafapnoesyndrom kann das Leistungsvermögen des Patienten gravierend einschränken.

12.2.3 Spezielle Diagnostik

Die sozialmedizinische Beurteilung basiert auf einer möglichst exakten Erfassung der Blutdrucklast, die auf das Herz-Kreislaufsystem einwirkt, den begleitenden Risikofaktoren und vor allen Dingen den bereits eingetretenen Folgeerkrankungen.

Anamnese

Zuerst sind nach familiärer Häufung einer Hochdruckerkrankung sowie typischer Folgeerkrankungen wie Schlaganfall und Myokardinfarkt zu fahnden. Da Antirheumatika, Steroide und Kontrazeptiva, aber auch regelmäßiger Alkoholgenuss von über 30 g/die oder Lakritze den Blutdruck erhöhen können, muss hiernach gezielt gefragt werden. Wichtig sind auch die Dauer der Hypertonie, ob der Blutdruck krisenhaft ansteigt und ob es Hinweise für Organkomplikationen gibt. Eine Angina pectoris-Symptomatik oder ein abgelaufener Myokardinfarkt weisen auf das Vorliegen einer koronaren Herzkrankheit hin, und eine Belastungsdyspnoe bzw. Nykturie können Zeichen einer Herzinsuffizienz darstellen. Eine transistorische ischämische Attacke (TIA) oder ein früherer Schlaganfall sind wegweisend für die Beteiligung der Hirngefäße bzw. eine Affektion des Zerebrums bei arterieller Hypertonie. Grundsätzlich sollte nach dem Erfolg eventuell früher eingenommener Antihypertensiva bzw. den aufgetretenen Nebenwirkungen gefragt und mögliche Kontraindikationen für Antihypertensiva erfasst werden.

Körperliche Untersuchung

Es wird nach Zeichen der Links- bzw. Rechtsherzherzinsuffizienz gesucht und mit der Auskultation nach Strömungsgeräuschen der Hals-, Nieren- und Inguinalgefäße gefahndet. Die Blutdruckmessung muss grundsätzlich bei einer Erstuntersuchung an beiden Armen erfolgen, um Blutdruckdifferenzen zu erfassen. In der Folgezeit wird der Arm mit den höchsten Werten zur weiteren Diagnostik verwendet. Durch fehlerhafte Manschettenmaße kann die Blutdruckmessung falsch sein. Bei Erwachsenen bis zu einem Oberarmumfang von 33 cm sollte eine Manschette mit einem Gummiteil Breite × Länge von 12–13 × 24 cm Verwendung finden. Bei größeren Oberarmumfängen bzw. bei Kindern erfolgt eine Manschettenbreite von 15 × 30 cm bzw. 8 × 13 cm. Besonders bei älteren Personen sollte der Blutdruck auch im Stehen gemessen werden, um orthostatisch bedingte Abfälle zu erfassen. Die Funduskopie zur Erfassung einer hypertensiven Retinopathie wird nicht mehr regelhaft erfolgen.

Blutdruckmessverfahren

Die Einteilung des Blutdruckes mag ein wenig arbiträr erscheinen, weil die Höhe des gemessenen Blutdrucks durch situative Einflüsse stark schwanken und durch Messfehler beeinflusst werden kann. Die besprochene Klassifikation des Blutdruckes basiert auf der indirekten Messung des Blutdrucks durch den Arzt („Gelegenheitsmessung" oder „Praxismessung"), die somit auch heute noch das wesentliche Verfahren zur Diagnostik einer arteriellen Hypertonie darstellt. Je nach Tageszeit und der momentanen physischen und emotionalen Situation lassen sich allerdings verschiedene Blutdruckwerte erheben. Hieraus ergeben sich für die klinische Einschätzung der arteriellen Hypertonie zwei wesentliche Probleme [7, 10]. Zum einen wird gut verständlich, dass in der Praxis durch die Gelegenheitsmessung die Klassifizierung in Normotension und Hypertension schwierig sein kann und die von der WHO vorgeschlagenen Grenzwerte rein willkürlich erscheinen. Die diagnostische Unsicherheit auf Seiten des Arztes wird dadurch verstärkt, dass ca. 20% der Patienten, die bei der Arztmessung einen erhöhten Blutdruck aufweisen, nur einen sogenannten „Weißkittelhochdruck" haben. Dieses bedeutet, dass jener Patient nur in der Sprechstunde, wenn der Blutdruck durch den Arzt ermittelt wird, erhöhte Blutdruckwerte entwickelt, außerhalb dieser Umgebung aber normale Blutdruckwerte vorliegen. Zum anderen ist zu bedenken, dass die Blutdruckmessung unter Ruhebedingungen keine Rückschlüsse auf die durch alltägliche Belastungen hervorgerufenen und zum Teil exzessiven Blutdruckanstiege erlaubt.

Um diesen diagnostischen und prognostischen Unzulänglichkeiten einer isolierten Gelegenheitsblutdruckmessung durch den Arzt zu begegnen, haben sich Messungen unter häuslichen Bedingungen (Selbstmessung), während der Aktivitäten des Tages und im Nachtschlaf (ambulante 24-h-Blutdruckmessung, ABDM) und die Messung während ergometrischer Leistung zu wichtigen ergänzenden Messverfahren entwickelt [4, 5, 10]. Die Deutsche Liga zur Bekämpfung des hohen Blutdruckes fordert, dass die Gelegenheitsmessung zumindest durch eine dieser zusätzlichen Verfahren ergänzt wird [4].

Ambulante 24-h-Blutdruckmessung (ABDM)

Durch die hohe Messdichte über den Tag (alle 15 Minuten) und die Nacht (alle 30 Minuten) ist die ambulante 24-h-Messung der alleinigen Arztmessung überlegen [5, 10]).

Die Deutsche Liga zur Bekämpfung des hohen Blutdrucks [4, 5] hat als obere Normgrenze für den Tagesmittelwert (z. B. 7 bis 22 Uhr) 135/85 mmHg festgelegt. Die Klassifizierung als „hochdruckkrank" erfolgt anhand dieses Wertes. Für den 24-h-Mittelwert gilt 130/80 mmHg, für das Nachtprofil 120/70 mmHg als obere Normgrenze. Ein Absinken des nächtlichen Blutdrucks um weniger als 10% oder ein Blutdruckanstieg ist auffällig und sollte abgeklärt werden. Prinzipiell wäre es wünschenswert, dass jeder Hypertoniker zumindest einmal eine 24-h-Messung erhält, um die Tag-/Nachtrhythmik zu überprüfen. Schlaflosigkeit während der Messungen kann ebenfalls den Blutdruck ansteigen lassen. Dies ist meist mit Anstiegen der Herzfrequenz verbunden. Dagegen haben einzelne Störungen während des Schlafes, z. B. durch den Messvorgang, keinen wesentlichen Einfluss auf den nächtlichen Blutdruckmittelwert. Die 24-h-Blutdruckmessung im Rahmen einer Begutachtung ist immer dann unerlässlich, wenn

▷ ein Missverhältnis zwischen der Höhe des Gelegenheitsblutdruckes und dem Ausmaß der Organschäden besteht (Praxishypertonie? Praxisnormotonie?),

▷ größere Unterschiede (>20/10 mmHg) zwischen den Blutdruckwerten bei der Selbstmessung und bei der Gelegenheitsmessung beobachtet werden,

▷ mit erhöhten Blutdruckwerten in der Nacht bzw. einem aufgehobenen zirkadianen Rhythmus zu rechnen ist,

▷ nach krisenhaften Blutdrucksteigerungen gefahndet werden muss.

Blutdruckmessung während Ergometrie

Bei der Beurteilung des Blutdruckverhaltens während Ergometrie handelt es sich um ein standardisiertes Testverfahren, welches reproduzierbare und damit vergleichbare Blutdruckwerte gewährleistet [7, 10]. Auf diese Weise wird die Beurteilung des Blutdruckes bezüglich Normotension und Hypertension bzw. Schweregrad erleichtert und eine standardisierte Überprüfung des Blutdruckverhaltens während sympathischer

Aktivität ermöglicht. Die prognostische Bedeutung erhöhter Belastungsblutdrucke kann so besser abgeschätzt werden [23]. Folgende Vorteile einer ergometrischen Kontrolle des Blutdruckes im Vergleich zu Arztmessungen können angeführt werden [5, 10]:

▷ Früherkennung einer Hochdruckerkrankung bei noch normalem und/oder grenzwertigem Ruheblutdruck,

▷ Exaktere Klassifizierung von Hochdruckkranken und Aufdeckung einer Praxishypertonie,

▷ Aufdeckung überschießender Belastungsblutdrucke und damit verbessertes Einschätzen des individuellen kardiovaskulären Risikos,

▷ verbesserte Therapieüberwachung (Effekt auf Belastungsblutdruck, Optimierung der Therapie) und Einschätzung der Belastbarkeit unter Therapie.

Die pathophysiologische Grundlage der Hochdruckdiagnostik durch Ergometrie ist die Überprüfung, ob ein Patient während einer dynamischen Belastung seinen totalen peripheren Gefäßwiderstand adäquat senken kann (Normotension) oder ob bereits eine eingeschränkte endothelvermittelte Gefäßweitstellung nachweisbar ist (arterielle Hypertonie). Aus einem derartig veränderten dynamischen Verhalten müssen im Gegensatz zu Normalpersonen bei ansteigendem Herzzeitvolumen während der Ergometrie nicht nur höhere systolische, sondern auch deutlich erhöhte diastolische Blutdruckwerte resultieren, wie es bei Hochdruckkranken obligat ist (Übersicht in [7, 10]). Auch Patienten mit unter Ruhebedingungen grenzwertig erhöhten Blutdruckwerten können eindeutig einem normotensiven oder hypertensiven Kollektiv zugeordnet werden und ein späterer Übergang in eine manifeste arterielle Hypertonie kann weitgehend vorausgesagt werden. Somit gelingt auf diese Weise auch die Aufdeckung einer „Weißkittelhypertonie".

Für die Beurteilung des Blutdruckes hat sich der submaximale Bereich von 50 bis 100 Watt (entspricht Altersbelastung) bewährt [4, 5, 7, 10]. Für 20- bis 50-jährige Männer und Frauen gilt als oberer normaler Grenzwert bei 100 Watt ein Blutdruck von 200/100 mmHg. Die Beurteilung des Blutdruckes auf niedriger Leistungsstufe (z. B. 75 Watt) mit 185/100 mmHg

Belastung	20–50 J	51–60 J	61–70 J
75 Watt	RR 185/100	RR 195/105	RR 205/100
100 Watt	RR 200/100	RR 210/105	RR 220/110
	HF 125 (M)	HF 115 (M)	–
	HF 145 (F)	HF 135 (F)	–
5 min nach	RR 140/90	RR 150/90	RR 150/90

Tab. 12.9: Grenzwerte für RR und HF bei der Ergometrie

empfiehlt sich immer dann, wenn es zu steil ansteigenden, überschießenden Herzfrequenzerhöhungen kommt bzw. wenn bei 100 Watt bereits eine Ausbelastung vorliegt, wie es besonders bei untrainierten Frauen der Fall sein kann (Tabelle 12.9). Ein normales Blutdruckverhalten in der Erholungsphase ist dadurch gekennzeichnet, dass in der fünften Erholungsminute (nach 100 Watt) ein Wert von 140/90 mmHg erreicht bzw. unterschritten wird.

Echokardiographie

Mit Hilfe der zweidimensionalen Echokardiographie lässt sich im Vierkammerblick eine gute Beurteilung der Größenverhältnisse der Kammern und Vorhöfe sowie eine Dilatation bzw. Hypertrophie vornehmen. So erkennt man nicht selten einen deutlich erweiterten linken Ventrikel mit ebenfalls deutlich dilatiertem linken Vorhof. Neben einem vergrößerten linken Vorhof (>40 mm) als frühe Manifestation der Hypertonie am Herzen [13] ist auch die dopplerechokardiographisch bestimmbare diastolische Funktion häufig bei Hochdruckkranken schon vor dem Vorliegen einer linksventrikulären Hypertrophie gestört und hierdurch die Belastbarkeit eingeschränkt, was in besonderem Maße auch für die systolische Funktion gilt.

Die linksventrikuläre Muskelmasse als bedeutendes Beurteilungskriterium wird aus dem M-Mode-Echokardiogramm durch Messung der Wanddicke des Septums (IVST), der Hinterwand (PWT) sowie der enddiastolischen Dimension des linken Ventrikels ($LVID_d$) nach den Richtlinien der American Society of Echocardiography (Leading-Edge-Methode) unter Zuhilfenahme der von DEVEREUX und Mitarbeitern

12.2 Arterielle Hypertonie

LVMI < 110 g/m² (Männer), < 95 g/m² (Frauen)

RWT < 0,43	RWT > 0,43
normale Geometrie	konzentrisches Remodelling

LVMI > 110 g/m² (Männer), > 95 g/m² (Frauen)

RWT < 0,43	RWT > 0,43
exzentrische Hypertrophie	konzentrische Hypertrophie

Formel zur Bestimmung der LVM nach DEVEREUX:
$$LVM_{ASE} = 0,8 \left[1,04 \left(IVST + PWT + LVID_d\right)^3 - \left(LVID_d\right)^3\right] + 0,69$$
RWT = Relative Wanddicke ($2 \times PWT/LVID_d$)

Tab. 12.10: Geometrie des Hochdruckherzens

entwickelten Formeln errechnet (Tabelle 12.10). Die so bestimmte linksventrikuläre Muskelmasse wird in Relation zum Körpergewicht und zur Körpergröße gesetzt und deshalb durch die Körperoberfläche geteilt. Auf diesem Wege erhält man den linksventrikulären Muskelmassenindex (LVMI). Nach Durchsicht der Literatur scheint der obere Grenzwert für den LVMI noch nicht exakt definiert zu sein. Es scheint sich ein oberer Grenzwert von 105–110 g/m² für Männer und 90–95 g/m² für Frauen [11] zur Trennung zwischen normalem und erhöhten Muskelmassenindex zu bewähren. Unter Berücksichtigung der relativen Wanddicke lässt sich bei normaler Muskelmasse ein Normalbefund oder ein konzentrisches Remodelling (erste geometrische Anpassung) bzw. bei erhöhtem LVMI eine exzentrische bzw. konzentrische Hypertrophie ermitteln (Tabelle 12.10). Zur Bestimmung der relativen Wanddicke wurde von DEVEREUX die Formel $2 \times PWT / LVID_d$ vorgeschlagen, wobei nach eigenen Erfahrungen und auch zunehmender Anwendung in der Literatur die Septum- und Hinterwanddicke durch 2 im Verhältnis zur diastolischen Dimension gesetzt werden sollte.

Ruhe-EKG

Das EKG als Basisdiagnostik gibt Hinweise auf eine höhergradige Myokardhypertrophie (z. B. SOKOLOW-Index) und erkennt die bei Hypertonikern häufiger auftretende absolute Arrhythmie, aber ermöglicht keine Früherkennung bzw. eine Beurteilung der veränderten Geometrie und Funktion des Herzens.

12.2.4 Begutachtungskriterien

An erster Stelle ist die tatsächliche Gefäßbelastung durch den erhöhten Blutdruck zu beurteilen. Dabei sind Messwerte aus dem ABDM und der Ergometrie der Gelegenheitsmessung überlegen. Das wichtigste Kriterium ist jedoch, ob bereits typische Organmanifestationen des Hochdrucks bzw. Folgeerkrankungen nachweisbar sind.

12.2.5 Sozialmedizinische Beurteilung

Zunächst gilt es, nochmals festzustellen, dass die alleinige Gelegenheitsmessung nicht nur zur prognostischen Abschätzung, sondern auch zur sozialmedizinischen Beurteilung der ABDM und der Blutdruckmessung unter Ergometriebedingungen [5, 7, 9, 10] deutlich unterlegen ist.

Für die 24-Stunden-Messung ist allerdings ein repräsentativer Tagesablauf erforderlich, d. h. im Regelfall wird sie an einem Werktag vorgenommen. 24-h-Messungen zum Beispiel in einer Akutklinik oder an einem Wochenende sind nicht verwertbar. Für die Zuordnung der Messwerte zu verschiedenen Tätigkeiten, Erlebnissen und zur Medikamenteneinnahme ist ein Protokoll notwendig. Aufstehen, zu Bett gehen, Einnahme von Antihypertensiva und andere relevante Ereignisse sollten mit korrekter Uhrzeit notiert werden. Nur so ist eine Zuordnung möglich. Wenn der Messvorgang beginnt, muss der Patient sofort seine momentane Tätigkeit unterbrechen und den Arm ruhig halten. Das heißt, Blutdruckmessungen während körperlicher Belastungen ist durch die ABDM im Gegensatz zur Ergometrie nicht möglich. Zwar kann man hierdurch noch ein im Vergleich zur Ruhesituation erhöhtes Blutdruckniveau erfassen, aber eben nicht den jeweils auftretenden Maximalblutdruck, da dieser in wenigen Sekunden nach Unterbrechung der Tätigkeit steil abfällt. Dies muss bedacht werden, wenn es um die Beurteilung des Blutdruckes am Arbeitsplatz oder bei körperlichen Belastungen geht. Dennoch gelingt es durch die ABDM, ein erhöhtes Blutdruckniveau während der Arbeit zu erfassen, was auch gerade für Blutdruckanstiege durch emotionale Belastungen gilt. Hieraus kann sich für Patienten eine eingeschränkte Belastbarkeit ergeben. Dies gilt auch ganz besonders für den Nachweis eines gestörten Tag-Nacht-Rhythmus, zum Beispiel bei Schichtarbeitern.

In Anbetracht der Häufigkeit und des Ausmaßes belastungsinduzierter Blutdruckanstiege im Verlaufe eines normalen, aber auch Arbeitstages, muss an blutdrucksenkende Medikamente die Anforderung gestellt werden, dass sie neben der Normalisierung des Blutdrucks unter Ruhebedingungen auch überhöhte Belastungsblutdrucke adäquat senken [7]. Dies ist jedoch nicht bei allen unter Ruhebedingungen antihypertensiv wirkenden Medikamenten in gleichem Maße der Fall. Mit Hilfe der Ergometrie kann gut kontrolliert werden, ob ein Antihypertensivum die kardiale und vaskuläre Belastung auch unter körperlicher Leistung optimal zu reduzieren vermag. Deutlich erhöhte Belastungsblutdrucke sind deshalb kein Kriterium für ein eingeschränktes Leistungsvermögen, sondern für eine Indikation zur adäquaten Therapie.

Als besonders schwierig in der Beurteilung gelten Patienten, bei denen die Blutdruckeinstellung zu scheitern scheint. Die häufigste Ursache hierfür sind Compliance-Störungen. Um diesbezüglich Sicherheit zu gewinnen, sollte die kontrollierte Einnahme einer wirksamen Kombinationstherapie unter gleichzeitiger Durchführung einer ABDM erfolgen. In der Regel findet sich dann eine befriedigende Behandelbarkeit des Blutdrucks. Allerdings gibt es den schwer einstellbaren Hochdruckpatienten, der als ein Patient definiert sei, der bei üblichem Dosierungsschema trotz guter Compliance unter einer 3fach-Kombinationstherapie nicht normotensiv wird.

Auch wenn im Individualfall nicht vorausgesagt werden kann, bei welchem Patient die arterielle Hypertonie schwer einstellbar sein wird, so gibt es doch aus der Erfahrung heraus einige begleitende Krankheitsbilder bzw. Umstände, bei denen die Wahrscheinlichkeit groß ist (Tabelle 12.11). Auf diese Krankheitsbilder und Umstände muss bei der Begutachtung geachtet werden.

Gestörte Tag-Nacht-Rhythmik
– Diabetes mellitus (diabetische Nephropathie)
– Sekundäre Hypertonie (renovaskuläre Hypertonie)
– Ausgeprägte Gefäß- bzw. Herzhypertrophie
– Dialysepflichtigkeit
– Zustand nach Herztransplantation
– Obstruktive Schlafapnoe

Einnahme von Medikamenten
– Kortison
– Ciclosporin
– Nichtsteroidale Antirheumatika
– Monoaminooxydasehemmer
– Stimulantien (Weckamine, Kokain)

Psychische Begleiterkrankungen
– Depressionen
– Alkoholkrankheit
– Angstzustände (Panikattacken)

Tab. 12.11: Schwer einstellbare Hypertonie

Schwer einstellbar sind in der Regel jene Patienten, die auch häufig in der ambulanten 24-h-Blutdruckmessung kein nächtliches Absinken des Blutdruckniveaus im Sinne einer adäquaten Tag- und Nachtrhythmik aufweisen. Hier sind an erster Stelle die Krankheitsbilder Diabetes mellitus, obstruktive Schlafapnoe, aber auch die sekundäre Hypertonie bei z. B. renovaskulärer Hypertonie zu nennen. Aber auch bei Zustand nach Transplantationen, sowohl Herz- als auch Nierentransplantationen, ist die Tag-Nachtrhythmik häufig aufgehoben, was auch für ausgeprägte Gefäß- oder Herzhypertrophien gelten kann. Bei dialysepflichtigen Patienten ist die Blutdruckeinstellung schon deshalb schwierig, weil die Blutdruckhöhe ganz entscheidend beeinflusst wird vom jeweiligen Abstand zur letzten Dialyse.

Auch die gleichzeitige Einnahme von Medikamenten kann die blutdrucksenkende Wirkung der Antihypertensiva beeinflussen und so zu einem erhöhten Blutdruckniveau führen. Von ganz besonderer Bedeutung scheint mir aber zu sein, dass es oft bei psychischen Begleiterkrankungen im Sinne von Depressionen, aber auch Angststörungen mit Panikattacken sehr häufig äußerst schwierig ist, eine arterielle Hypertonie adäquat zu normalisieren. Hier ist erst nach Stabilisierung der psychischen Erkrankung eine adäquate Blutdrucksenkung zu erreichen. Deshalb müssen Patienten mit depressiven Verstimmungen, Persönlichkeitsstörungen oder Angststörungen möglichst frühzeitig diagnostiziert werden, um mit Hilfe psychotherapeutischer Maßnahmen und natürlich gelegentlich medikamentöser Therapie die psychische Situation zu stabilisieren. Die alleinige Behandlung des hohen Blutdrucks ist wenig erfolgversprechend. Dies gilt auch für Patienten mit einer Alkoholkrankheit.

Die hohe Koinzidenz zwischen Hypertonie und Schlafapnoe-Syndrom sollte besonders bei typischer Symptomatik an das Vorliegen einer solchen Störung denken lassen, insbesondere da zahlreiche Patienten trotz deutlich eingeschränkter Leistungsfähigkeit diesen Bezug nicht herstellen.

Liegen bereits Organmanifestationen bzw. Folgeerkrankungen vor, so werden diese für die sozialmedizinische Beurteilung führend, und die Einschränkung des Leistungsvermögens ergibt sich aus der Schwere der jeweiligen Erkrankung. Auch wenn das Vorliegen einer LVH von größter prognostischer Bedeutung bei der arteriellen Hypertonie ist, so darf ihr alleiniges Vorliegen nicht als eine dauerhafte Aufhebung des Leistungsvermögens beurteilt werden. Durch adäquate antihypertensive Therapie lässt sich eine effektive Rückbildung der linksventrikulären Hypertrophie erzielen [8, 13]. Allerdings benötigt es je nach Ausprägung der LVH einen Zeitablauf von ein, drei oder mehr Jahren.

12.3 Koronare Herzkrankheit

12.3.1 Allgemeines

Die Patienten mit einer koronaren Herzerkrankung (KHK) stellen im Rahmen der Herzkreislauferkrankungen die größte und sozialmedizinisch bedeutendste Gruppe dar. Nach Schätzungen gibt es zur Zeit in der Bundesrepublik Deutschland ca. 5 Millionen KHK-Patienten und jährlich ist mit ca. 250.000 Herzinfarkten zu rechnen.

Die multifaktorielle Krankheitsursache der KHK und die gleichzeitige Manifestation der Arteriosklerose in anderen Gefäßregionen (Hirngefäße, Aorta und periphere Gefäße) stellt für den Gutachter eine besondere Anforderung dar. Das heißt, es müssen alle vaskulären Schäden in den verschiedenen Gefäßregionen diagnostisch erfasst und die vorhandenen Funktionsreserven für die sozialmedizinische Begutachtung richtig eingeschätzt werden. Auf der anderen Seite können die Symptomatik und der Verlauf durch medikamentöse und invasive Therapiemaßnahmen sowie die Beeinflussung von kardiovaskulären Risikofaktoren gebessert werden.

12.3.2 Koronarinsuffizienz

Koronare Makroangiopathie

Bei der stabilen KHK liegt eine gestörte myokardiale O_2-Bilanz mit Ischämiereaktion und konsekutiv gestörter diastolischer und systolischer Funktion sowie verzögerter Erholungsphase immer dann vor, wenn der O_2-Verbrauch (zum Beispiel bei körperlicher Belastung) ansteigt und nicht durch ein adäquates O_2-Angebot gedeckt werden kann [8, 9]. Dabei wird der O_2-Verbrauch bestimmt durch das Doppelprodukt (systolischer Blutdruck mal Herzfrequenz) und den Myokardfaktor (LVH, Kontraktionsverhalten, Wandspannung). Unter physiologischen Bedingungen kann bei erhöhtem O_2-Bedarf die Myokarddurchblutung durch Steigerung des Perfusionsdruckes und durch gleichzeitige Vasodilatation des Koronarstrombettes erhöht und hierdurch das O_2-Angebot adäquat aufrecht gehalten werden. Bei der Makroangiopathie wird die Einschränkung des O_2-Angebotes von der Zahl, der Lokalisation und dem Grad der Stenosierung der Koronararterien bestimmt. Es ist allerdings zu berücksichtigen, dass das O_2-Angebot auch von hämodynamischen Faktoren mitbestimmt wird. So wird zum Beispiel das Ausmaß der regionalen Ischämie bei hämodynamisch wirksamen Stenosen auch von der Höhe des poststenotischen Perfusionsdrucks mitbestimmt. Wird zum Beispiel der systemische Blutdruck in Ruhe und bei Belastung unter der Vorstellung der O_2-Einsparung zu stark gesenkt und damit auch der Perfusionsdruck, so kann die regionale Durchblutung hinter der Stenose überproportional abnehmen. Als wesentlich ist allerdings zu berücksichtigen, dass die normalerweise während Belastung auftretende Erweiterung des Koronarvolumens auf 123 % des Basiswertes im Bereich von nachgewiesenen Stenosen auf 71 % des Wertes unter Ruhebedingungen, sogar abnehmen kann [9]. Das heißt, unter körperlicher Belastung kann die unter Ruhebedingungen diagnostizierte Stenose durchaus höhergradiger wirksam werden. Aber auch gegenteilige Verläufe sind denkbar. Schon deshalb muss die Koronarangiographie grundsätzlich durch eine Funktionsuntersuchung unter Belastung bei der Begutachtung ergänzt werden. Bei der stabilen Angina pectoris besteht ein relativ konstantes Verhältnis zwischen Intensität der Belastung und der Symptomatik über einen längeren Zeitverlauf. Hiervon auszugrenzen ist die instabile Verlaufsform, die charakterisiert ist durch neu aufgetretene Angina pectoris in der letzten Woche, eine zunehmende Beschwerdesymptomatik und Dauer bzw. die in Ruhe auftretende Form (z. B. nachts). Hier sind Akutmaßnahmen einschließlich Koronarangiographie wegen eines drohenden Myokardinfarktes dringend angezeigt (siehe 12.3.3).

Koronare Mikroangiopathie

Bei Patienten mit koronarer Mikroangiopathie ergibt die Koronarangiographie „freie Koronarien". Diese Erkrankung ist aber dadurch charakterisiert, dass die notwendige Dilatationsfähigkeit unter körperlicher Belastung deutlich eingeschränkt ist. Diese Störung der Koronarreserve trotz unauffälligem Koronarangiogramm kann besonders bei Hypertonikern so ausgeprägt sein, dass die Patienten über typische pectanginöse Beschwerden klagen und signifikante ST-Streckensenkung im Belastungs-EKG aufweisen. Dass diese Veränderungen auch im Sinne einer echten Hypoxiereaktion zu werten sind, konnte an koronarangigraphisch unauffälligen Hypertonikern (auch ohne LVH) bei gleichzeitiger ST-Streckensenkung und Angina pectoris durch einen pathologischen Anstieg des pulmonalkapillären Verschlussdruckes im Sinne einer linksventrikulären Funktionsstörung schon bei 50 bzw. 75 Watt (also Alltagsbelastung) nachgewiesen werden, der sich nicht von einem altersentsprechendem Kollektiv mit angiographisch gesicherter überwiegender Mehrgefäßerkrankung unterschied [12]. Diese eingeschränkte Koronardilatation kommt höchstwahrscheinlich durch eine Störung der endothelvermittelten Vasodilatation bzw. endothelabhängige lokale Vasokonstriktion der Mikrozirkulation zustande. Derartige Mechanismen dürften aber auch bei der Makroangiopathie zusätzlich die Perfusionsstörung mitbestimmen (funktionelle Komponente im Bereich der Stenose, aber auch in stenosefreien Segmenten).

Koronarspasmen

Unter mentalem Stress kann es zu einer paradoxen Vasokonstriktion atherosklerotischer Gefäße kommen, die mit dem Ausmaß der Atherosklerose und der endothelabhängigen Antwort auf intrakoronare Gabe von Azetylcholin korreliert. Die durch mentalen Stress ausgelöste Ischämie ist oft stumm und tritt im Vergleich zur körperlichen Belastung schon bei niedrigen Herzfrequenzen auf und kann zu potentiell malignen Arrhythmien führen.

Hibernating und Stunning myocardium

Die bloße Vorstellung, dass die myokardiale Ischämie nur als Missverhältnis zwischen Energieangebot und Bedarf angesehen wird, hat in letzter Zeit eine Erweiterung erfahren. So geht jede Reduktion in der Durchblutung auch mit einer Reduktion der kontraktilen Funktion einher, das heißt, bei jeder Einschränkung des Energieangebotes kommt es auch zu einer Einschränkung des Energiebedarfs. Es könnte sich so ein regionales Gleichgewicht einstellen, allerdings mit zunehmender Ischämie auf niedrigerem Niveau. Eine Erklärung hierfür könnte sein, dass die primäre Minderdurchblutung einen aktiven regulatorischen Prozess bewirkt, um das Leben der Myokardzelle sicherzustellen (Hibernating myocardium und „stunning myocardium"). Durch diese pathophysiologischen Zustandsbilder des Myokards kann eine unter Ruhebedingungen gestörte Funktion sich unter Belastung wieder verbessern bzw. zuvor als avital beschriebenes Myokardgewebe nach Revaskularisierungsmaßnahmen wieder erholen. Auch deshalb lassen sich hämodynamische Resultate nach PTCA oder Bypass-Chirurgie oftmals erst nach mehreren Wochen abschließend beurteilen.

12.3 Koronare Herzkrankheit

Zirkadiane Rhythmen und Koronarinsuffizienz

Auch zirkadiane Rhythmen spielen bei der KHK bezüglich des Auftretens von Ischämien, akuten Myokardinfarkten und plötzlichem Herztod eine Rolle. So ist das Risiko eines akuten Myokardinfarktes oder eines plötzlichen Herztodes in den frühen Morgenstunden überproportional gesteigert.

12.3.3 Herzinfarkt und instabile Angina

Unter einem Herzinfarkt wird der irreversible Untergang von Myokardgewebe verstanden. Wurde diese Diagnose im akuten Stadium bisher durch die Symptomatik und typische Veränderungen im EKG bzw. in der Koronarangiographie gestellt, so wird sie jetzt auch biochemisch möglich auf Grund einer Erhöhung von Troponin T oder I im Blut im Sinne eines akuten Koronarsyndroms (d. h. Myokardinfarkt oder instabile Angina pectoris). Dabei müssen aber differenzialdiagnostisch das Vorliegen einer Niereninsuffizienz sowie myokardiale Schädigungen bei Myokarditis, dekompensierter Linksherzinsuffizienz oder Lungenembolie berücksichtigt werden. Als häufigste Ursache eines Myokardinfarktes gilt eine intrakoronare Thrombose auf dem Boden eines rupturierten Plaque (muss nicht hochgradig sein), die besonders dann das Koronargefäß komplett verschließt, wenn die Blutgerinnung aktiviert und die Fibrinolyse reduziert ist, was wiederum wesentlich vom Ausmaß der kardiovaskulären Risikofaktoren bestimmt wird. Dieser verschließende Thrombus kann im akuten Stadium durch eine aktivierte endogene Fibrinolyse aufgelöst werden (instabile Angina pectoris) oder aber erst im späteren Verlauf. Dann zeigt sich in der Koronarangiographie eine Myokardnarbe ohne Verschluss eines zuführenden Gefäßes. In seltenen Fällen kann die Thrombose auch auf dem Boden eines arteriitischen Prozesses bzw. einer Koronarembolie zustande kommen. Für die Lokalisation eines Herzinfarktes gibt es zwar typische Beziehungen zu bestimmten Gefäßen, aber nicht selten kommt es zu Abweichungen auf Grund des Versorgungstypes, der Größe des verschlossenen Gefäßes und einer vorhandenen Kollateralisierung. In der überwiegenden Zahl betrifft die Myokardnekrose den linken Ventrikel und das Kammerseptum und nur selten den rechten Ventrikel oder die Vorhöfe. Bei Verschluss des Anfangsteils des Ramus interventricularis anterior finden sich häufig große Vorderwandspitzeninfarkte, wogegen aus einem Verschluss im Mittelteil oder in den Seitenästen mittelgroße bis sehr kleine Vorderwandinfarkte resultieren. Bei Verschluss des Ramus circumflexus bzw. der Arteria coronaria dextra finden sich dagegen Seitenwandinfarkte bzw. Hinterwandinfarkte. Diese Beschreibung macht schon deutlich, dass Herzinfarkte aufgrund der Größe der sich entwickelnden Myokardnarbe gravierende oder nahezu keine Rückwirkung auf die Pumpfunktion des Herzens (siehe 12.4.4) haben können. Hinzu kommt, dass durch akute zeitgerechte Intervention innerhalb von drei (sechs) Stunden mit Hilfe einer PTCA bzw. Lyse-Therapie das Ausmaß der Myokardnekrose erheblich verkleinert werden kann.

Auch nach Ausbildung einer „stabilen" Narbe kann es im weiteren Verlauf durch Remodelling-Prozesse zu einer kontinuierlichen Verschlechterung der Pumpfunktion kommen, die aber durch eine medikamentöse Stufentherapie günstig beeinflusst werden kann (siehe 12.4.4).

12.3.4 Spezielle Diagnostik

Die Diagnostik bei KHK zielt vor allen Dingen auf die Ermittlung der Funktionsstörungen bzw. der verbliebenen Restfunktion. Dabei sollte die leistungsbezogene Diagnostik unter der aktuellen Medikation erfolgen. Zur Beurteilung des Leistungsvermögens sind die Ergometrie, Echokardiographie einschließlich Stressechokardiographie sowie das Langzeit-EKG zumutbar und mitwirkungspflichtig.

Anamnese

Durchblutungsstörungen der Herzkranzgefäße können zu typischen Beschwerden im Sinne von Brustenge, Brennen und Schmerzen führen, die nicht nur im Brustkorb, sondern auch bis in Hals-/Kopfregion, den Rücken bzw. Oberbauch eher großflächig lokalisiert sein können und nicht selten in den linken Arm ausstrahlen. Typischerweise werden sie durch körperliche Anstrengungen ausgelöst und verlieren schnell an Intensität durch Stoppen der Belastung. Außerdem sprechen sie typischerweise prompt auf Nitroglycerin an. Auslöser können aber auch emotionale Belastungen oder Kälte sein. Es gibt jedoch Patienten (z. B. Diabetiker), die trotz ausgeprägter Ischämiereaktion keine Schmerzsymptomatik verspüren. Die Sauerstoffnot des Herzens wird auch als Luftnot bei Belastung empfunden, welche das allgemeines Leitsymptom bei eingeschränkter Pumpfunktion ist. Wichtig sind die Antworten auf die Fragen, wie lange die Beschwerden bestehen, ob sie sich langsam entwickelt haben oder aber plötzlich mit großer Heftigkeit (instabiler Angina pectoris) entstanden sind, wodurch sie auslösbar sind und ob sie Bezug haben zu bestimmten Tätigkeiten im Alltag, Erwerbsleben sowie in der Freizeit. Da es eine genetische Belastung gibt, ist nach KHK bzw. Myokardinfarkt in der Familie zu fragen und nach bestehenden kardiovaskulären Risikofaktoren (Fettstoffwechselstörung, Hypertonie, Diabetes mellitus, Rauchen, Bewegungsmangel) zu fahnden.

Nicht fehlen dürfen Fragen zur Krankheitsverarbeitung.

Körperliche Untersuchung

Siehe 12.1.1.

Ruhe-EKG

50–70 % der Patienten mit einer Belastungsangina weisen ein normales Ruhe-EKG auf. Es dient jedoch dazu, Myokardinfarkte zu erkennen, zu lokalisieren und begleitende Rhythmusstörungen zu erfassen.

Belastungs-EKG

Die wichtigste Indikation zur Ergometrie ist, die nach anamnestischen Angaben wahrscheinliche Koronarinsuffizienz anhand von ST-Streckensenkung und begleitenden pectanginösen Beschwerden objektiv zu erfassen und den Schweregrad abzuschätzen, begleitende Rhythmusstörungen bzw. überschießende, aber auch abfallende Blutdruckwerte zu erfassen. Eine Überprüfung der koronaren Durchblutungsverhältnisse ist zudem nach durchgemachtem Herzinfarkt besonders sinnvoll, da geklärt werden muss, ob neben der zum Infarkt führenden Stenose weitere kritische Koronarstenosen vorhanden sind. Außerdem wird durch das Belastungs-EKG eine exaktere Überprüfung therapeutischer Maßnahmen möglich, wie zum Beispiel eines körperlichen Trainingsprogramms oder einer medikamentösen Therapie oder einer PTCA bzw. Bypass-Operation. Darüber hinaus sollte ein Ergo-EKG durchgeführt werden zur Erfassung einer noch asymptomatischen Koronarsklerose, aber auch zum Ausschluss einer koronaren Herzerkrankung bei funktionellen Herzbeschwerden.

Vor Auftreten eines Myokardinfarkts gilt für eine koronare Herzerkrankung beweisend die Senkung der ST-Strecke in den Extremitätenableitungen von mehr als 0,05 mV und in den Brustwandableitungen von mehr als 0,1 mV unter die isoelektrische Strecke. Als koronarhypoxisch gelten dabei der horizontale, der descendierende und der nach oben konvex-bogenförmige ST-Streckenverlauf. Als Referenzlinie wird die PQ-Strecke herangezogen. Die Diagnose kann umso sicherer gestellt werden, je tiefer der Abgang der ST-Strecke ist. Besteht lediglich eine Senkung zu Beginn des ST-Segments am sogenannten „Junction Point", so handelt es sich um eine nicht pathologische ascendierende ST-Streckensenkung. Allerdings muss eine langsam ansteigende Form spätestens nach 0,07 s die isoelektrische Strecke wieder erreicht haben. Die alleinige T-Negativierung unter Belastungsbedingungen ist nicht sicher koronarhypoxisch (wohl aber in der Erholungsphase hochverdächtig darauf), wogegen negative U-Wellen und neu auftretende Schenkelblockbilder Hinweise auf eine Koronarinsuffizienz geben können. Als Sonderform der Myokardischämie finden sich gelegentlich eine ST-Streckenanhebung im Sinne einer reversiblen transmuralen Reaktion oder bei PRINZMETAL-Angina pectoris. Diese Form wird durch reversible Spasmen hervorgerufen.

Bei der schriftlichen Befundung eines Ergo-EKG sollten neben dem Ausmaß und der Lokalisation der ST-Streckensenkung auch stets die dabei erreichte Leistungsstufe in Watt und besonders die Herzschlagfrequenz angegeben werden. Zu protokollieren ist, ob der Patient subjektive Anzeichen einer koronaren Herzerkrankung im Sinne einer pectanginösen Symptomatik aufweist. Ist dies der Fall, so lässt typischerweise in den ersten 30 Sekunden nach Abbruch die Beschwerdesymptomatik nach. Dies erhöht die Aussagekraft der ST-Streckensenkung wesentlich. Ebenso sollte grundsätzlich vermerkt werden, aus welchem Grund der Abbruch der ergometrischen Leistung erfolgte: z. B. subjektive bzw. objektive Kriterien der Koronarinsuffizienz, Auftreten von Rhythmusstörungen oder abnormales Blutdruckverhalten.

Da die Ischämiereaktion nach Lokalisation der Stenose und dem Stenosegrad schon bei niedriger Belastung oder aber erst erschöpfender Belastung auftritt, wird es immer dann eine falsch negative Aussage geben, das heißt ein normales Ergo-EKG bei pathologischem Koronarangiogramm, wenn nicht mindestens die Ausbelastungsherzfrequenz (200 minus Alter in Jahren) erreicht wird. Besser ist, den Patienten symptomlimitiert unter Beachtung der Abbruchkriterien (Tabelle 12.12) auszubelasten. Nicht immer ist dies aufgrund von Trainingsmangel oder orthopädischen Beschwerden sowie pulmologischen Begleiterkrankungen möglich. Ist der Patient nicht kooperativ, kann es ebenfalls zu Fehleinschätzungen kommen.

Um falsch positive Befunde zu vermeiden, muss bei der Beurteilung des Ergo-EKG eine Anzahl von Einflüssen beachtet und differenzialdiagnostisch erwogen werden, weil sie pathologische ST-Streckensenkungen vortäuschen können [9]. Von besonderer Wichtigkeit ist es, medikamentöse Störfaktoren anamnestisch abzuklären und z. B. Digoxin-Präparate 14 Tage und Digitoxin-Präparate drei Wochen vor der Untersuchung abzusetzen. Um Schwankungen der Grundlinie im EKG nicht fälschlicherweise als ST-Streckensenkung misszudeuten, sollte die ST-Strecke nur dann beurteilt werden, wenn die Spitzen von mindestens zwei oder drei R-Zacken auf gleicher Höhe stehen. Da dies besonders im höheren Leistungsbereich und bei stark atmenden Patienten nicht immer möglich ist, sollte stets unmittelbar nach Beendigung der Ergometrie das EKG registriert werden. Dazu muss man vorher den Patienten über die Wichtigkeit dieser Registrierung informieren und ihn bitten, sofort nach dem Stop-Zeichen den Körper völlig ruhig zu halten und trotz Luftnot für ca. 10 Sekunden nicht zu atmen. Unter diesen Bedingungen gelingt es nahezu ohne Ausnahme, ein EKG ohne größere Schwankung

Auftreten von Beschwerden

▷ Angina-pectoris-Anfall
▷ ausgeprägte Dyspnoe
▷ muskuläre Erschöpfung
▷ Nachweis elektrokardiographischer Veränderungen
▷ ST-Streckensenkung über 2–3 mm
▷ ST-Streckenanhebung über 1 mm im Sinne einer PRINZMETAL-Angina-pectoris
▷ gehäufte multifokale supraventrikuläre und ventrikuläre Extrasystolen in Zweier- und Dreierketten, in Salven und beim R- auf T-Phänomen
▷ paroxysmale Tachykardien
▷ Überleitungsstörungen wie AV-Block II. und III. Grades
▷ Erregungsausbreitungsstörungen wie z. B. Linksschenkelblock

Abnorme Blutdruckreaktionen

▷ Anstieg des systolischen Blutdrucks über 250 mmHg und/oder des diastolischen Blutdrucks über 120–150 mmHg (nach klinischem Bild)
▷ Ausbleiben eines Blutdruckanstiegs und besonders Abfall des systolischen Drucks während der ansteigenden Ergometrie

Erreichen der Ausbelastungsherzschlagfrequenz

▷ 200 minus Alter in Lebensjahren
▷ Ausbleibender Herzfrequenzanstieg trotz Steigerung der Leistung

Tab. 12.12: Abbruchkriterien für die Ergometrie

der Grundlinie und somit eine gute Beurteilung der ST-Streckensenkung zu erhalten, wobei der Herzfrequenzabfall in den ersten 15 Sekunden nach Ergometrie nicht so ausgeprägt ist, dass die diagnostische Aussagekraft des Ergo-EKG darunter entscheidend leiden würde.

Bei Zustand nach Myokardinfarkt sind folgende Reaktionen möglich: Ischämische ST-Streckensenkungen treten nicht auf, das heißt, es ist mit großer

Wahrscheinlichkeit davon auszugehen, dass außer dem Infarktgefäß keine weiteren kritischen Stenosen bestehen. Kommt es zum Beispiel bei durchgemachtem Hinterwandinfarkt zu ischämischen ST-Streckensenkungen im Vorderwandbereich, so spricht dies für eine weitere hochgradige Stenose außerhalb des alten Infarktgebietes. In Ableitungen mit Infarktresiduen kann es zur Anhebung der ST-Strecke bzw. T-Überhöhungen oder T-Positivierungen kommen. Diese Veränderungen sind nicht koronar-hypoxischer Natur und sprechen für das Vorhandensein eines dyskinetischen Myokardbezirks oder eines Herzwandaneurysmas.

Langzeit-EKG

Zur Erkennung einer Myokardischämie kann auch das Langzeit-EKG mit ST-Strecken-Analyse eingesetzt werden, wobei es der Ergometrie grundsätzlich nicht gleichwertig ist, aber immer dort eingesetzt werden kann, wo eine Ergometrie nicht möglich ist oder wo es gilt, unter körperlichen Ruhebedingungen (z. B. emotionaler Stress) oder aber eine nachts auftretende Angina-pectoris-Symptomatik zu objektivieren. Dabei ist von einem positiven Ischämienachweis auszugehen, wenn die Episodendauer der ST-Streckensenkung mindestens eine Minute beträgt und anschließend von mindestens einer Minute mit normalem EKG gefolgt wird. In seltenen Fällen kann es auch zu einer ST-Streckenanhebung im Sinne einer PRINZMETAL-Angina pectoris kommen. Darüber hinaus kann das Verfahren bei bekannter symptomatischer KHK zur Aufdeckung von „asymptomatischen stummen Ischämien", zum Beispiel im Alltag oder am Arbeitsplatz, eingesetzt werden, wobei natürlich zusätzlich eine Rhythmusüberwachung erfolgen kann.

Stressechokardiographie

Die Stressechokardiographie beurteilt die hämodynamische Bedeutung einer Koronararterienstenose während Belastung (während Ergometrie bzw. pharmakologischer Intervention mit Dopamin). Sind die apparativen Voraussetzungen mit zuverlässiger Endokarderkennung und digitaler Speicherung der Bilder mit synchronisierter Darstellung der Ruhe- und Belastungsformen gegeben, die Erfahrung des Untersuchers vorhanden und vor allen Dingen die Beschallbarkeit des jeweiligen Patienten ausreichend (bei 10 % der Patienten nicht gegeben), so stellt diese Untersuchungsmethode eine wesentliche Bereicherung für die Ischämiediagnostik dar.

Das Grundprinzip der Untersuchung ist, dass ein gesundes, mit Sauerstoff ausreichend versorgtes Myokardareal unter Belastungsbedingungen eine Zunahme der Wandbewegung und der Wanddicken aufweist. Liegt eine hämodynamisch wirksame Koronarstenose vor, so zeigt sich unter Belastung in diesem Areal eine Verschlechterung der Kontraktilität bzw. eine Verschlechterung eines bereits in Ruhe hypokinetischen Bezirkes hin bis zur Akinesie. Es muss einschränkend berücksichtigt werden, dass die Beurteilung des jeweiligen Befundes visuell und somit subjektiv durch den Untersucher erfolgt und deshalb eine ausreichende Qualifikation voraussetzt.

Dem Stress-Echo kommt bezüglich des Ischämienachweises die nahezu gleiche Sensitivität und Spezifität beim Nachweis hämodynamisch wirksamer Koronarstenosen zu wie der Myokardszintigraphie. Allerdings weisen beide Verfahren eine geringere Sensitivität bei Stenosen des Ramus circumflexus im Vergleich zum Ramus interventricularis auf. Bei Vorhandensein eines Linksschenkelblocks weist die Myokardszintigraphie im Vergleich zum Stress-Echo eine geringere Spezifität auf, wogegen auf der anderen Seite für die Myokardszintigraphie die geringere Untersucherabhängigkeit und die standardisierte Analyse spricht.

In einer gerade publizierten Studie [21] konnte die besondere Wertigkeit eines pathologischen Befundes in der Stressechokardiographie bezüglich der Prognose besonders für jene Patienten gezeigt werden, die bei Belastungstests eine gute körperliche Belastbarkeit aufwiesen.

Myokardszintigraphie

Zum Ischämienachweis hat sich die Myokardszintigraphie bewährt. Dabei muss berücksichtigt werden, dass bei einer Mehrgefäßerkrankung überwiegend die „limitierende Stenose" in ihrer Funktionseinschränkung als Defekt zur Darstellung kommt. Das heißt, bei einer 90%igen LAD-Stenose wird die Belastbarkeit des Patienten durch diese Stenose limitiert, wobei eine zum Beispiel 70%ige Stenose der rechten Kranzarterie nicht erkannt oder unterschätzt werden kann. Die Myokardszintigraphie wird heute vor allen Dingen zur Entscheidungshilfe bei geplanten interventionellen Verfahren eingesetzt, wobei es zum einen um die „führende Stenose", aber auch um die Größe einer Narbe und deren mögliche Wandischämie geht.

Positronen-Emissions-Tomographie und Kernspintomographie

Die Positronen-Emissions-Tomographie (PET) gilt als Goldstandard für den Nachweis von erhaltenem Metabolismus in einem funktionsgestörten Myokardareal. Das heißt, es kann hierdurch die Frage beantwortet werden, ob nach einer Revaskularisationsmaßnahme ein verbessertes Kontraktionsverhalten und damit auch eine bessere Belastbarkeit des Patienten zu erwarten ist. Die Wertigkeit der Kernspintomographie bezüglich des Stellenwerts der Vitalitätsdiagnostik lässt sich noch nicht abschließend beurteilen, lässt aber berechtigte Hoffnungen aufkommen.

Echokardiographie

Die Echokardiographie erlaubt die Erfassung einer Myokardnarbe und einer daraus gegebenenfalls resultierenden Pumpfunktionsstörung (siehe 12.1).

Einschwemmkatheter

Die Einschwemmkatheter-Untersuchung unter Belastung kann bei KHK-Patienten sowohl zur Beurteilung einer Ischämiereaktion als auch einer Myokardnarbe auf die Hämodynamik eingesetzt werden. Es muss also berücksichtigt werden, dass ein pathologischer Anstieg des PCP_m auch ischämieunabhängig durch eine gestörte Kontraktilität (Zustand nach Myokardinfarkt, disseminierte Namen, Myokardinsuffizienz anderer Genese) oder eine gestörte Compliance (z. B. ausgeprägte linksventrikuläre Hypertrophie), aber auch durch perikardiale Faktoren (Perikarditis constrictiva), intermittierende Herzrhythmusstörungen und vor allen Dingen durch zusätzliche Vitien (vor allem Mitralvitien) zustande kommen kann. Ein pathologischer PCP_m-Anstieg (>20 mmHg bei 75 Watt und >22 mmHg bei 100 Watt) sollte deshalb nur dann als Ischämieparameter gewertet werden, wenn gleichzeitig ein weiterer Ischämieindikator im Sinne einer ST-Streckensenkung bzw. des Auftretens einer zunehmenden Angina pectoris besteht. Nach Untersuchungen von ROSKAMM und REINDELL [25] lässt sich in über 95 % der Fälle eine Stenose von 50 % oder mehr nachweisen, wenn gleichzeitig der PCP_m erhöht und eine ST-Streckensenkung bzw. Angina pectoris vorhanden ist. Die Wahrscheinlichkeit liegt noch über 90 %, wenn nur ein pathologischer PCP_m-Anstieg bzw. eine ST-Streckensenkung vorliegt und noch bei 80 % bei alleinigem pathologischen PCP_m-Druckanstieg. Auch bei Patienten mit Linksschenkelblock oder jenen mit nicht eindeutig beurteilbarer ST-Streckensenkung liegt die Wahrscheinlichkeit bei pathologischem PCP_m und Auftreten von Angina pectoris bei 85 %, dass eine Stenose > 50 % vorliegt. Allgemein kann gelten, dass das Ausmaß der Gefäßveränderungen und die Wahrscheinlichkeit einer Gefäßerkrankung umso größer ist, je höher der PCP_m-Druckanstieg ausfällt, je niedriger dabei die erreichte Leistungsstufe in Watt und je ausgeprägter die ST-Streckensenkung ist. Auch nach Herzinfarkt, ohne zusätzliche Ischämie, ist die Einschwemmkatheteruntersuchung von größter sozialmedizinischer Bedeutung, weil die Kompensationsfähigkeit des Restmyokards beurteilt werden kann und damit zuverlässige Aussagen zur Belastbarkeit möglich sind.

Koronarangiographie und Ventrikulographie

Die Angiographie zur Darstellung der Herzkranzgefäße und des linken Ventrikels sowie die Druckmessung stellen in der Beurteilung den Goldstandard bei KHK und/oder Myokardinfarkt dar (siehe 12.1.1). Eine vollkommene Übereinstimmung der Ergebnisse der Koronarangiographie und des Ergo-EKG ist nicht zu erwarten [25].

Während das Ergo-EKG eine Funktionsstörung der koronaren Durchblutung aufzeigen soll, beschreibt die Koronarangiographie die genaue Lokalisation und Ausdehnung von Koronarstenosen. Dennoch besteht eine gute Korrelation zwischen dem Ausmaß der ST-Streckensenkung und der Anzahl der befallenen Gefäße. Bei einer ST-Streckensenkung von 0,2 mV liegen in über 50 % Stenosen von 90 % vor, und es ist bei 55 % mit einer 2- oder 3-Gefäßerkrankung zu rechnen. Bei ST-Streckensenkungen von 0,2 bis 0,3 mV mit Ergo-EKG ist in 80 % der Fälle von einer 2- und in 60 % von einer 3-Gefäßstenose auszugehen. ST-Streckensenkungen von über 0,3 mV lassen in 90 % der Fälle eine 3-Gefäßerkrankung erwarten. Unter Berücksichtigung der Klinik weisen Patienten mit ST-Streckensenkung und fehlender Angina-pectoris-Symptomatik während der Belastung überwiegend eine 1-Gefäßerkrankung auf. Bei nicht vorhandener ST-Streckensenkung oder geringerer Senkung als 0,1 mV findet sich dennoch bei 17 % der positive angiographische Befund einer 1-Gefäßerkrankung.

Ein falsch positiver Befund, das heißt positive Ergo-EKG-Kriterien bei unauffälligem Koronarangiogramm, ergibt sich besonders dann, wenn ST- und QRS-Veränderungen bereits in Ruhe von der Beurteilung nicht ausgeschlossen wurden. Es können sich allerdings mit zunehmendem Alter bei Frauen eine für myokardiale Ischämie typische EKG-Veränderungen trotz unauffälligem Koronarangiogramm ergeben. Eine ST-Streckensenkung im Ergo-EKG mit pektanginöser Symptomatik, aber unauffälligem Koronarangiogramm bedeutet aber nicht stets einen falsch positiven Befund sondern kann einer Mikroangiopathie (siehe 12.2) entsprechen.

12.3.5 Begutachtungskriterien

Vor einem Herzinfarkt sind die wichtigsten Kriterien der objektive Nachweis und das Ausmaß der Ischämiereaktion (Belastungs-EKG, Stressecho, Rechtsherzkatheter) unter Belastung und der Bezug zur erreichten Leistung in Watt während der Ergometrie. Bis zu welcher Watt-Stufe zeigt sich kein Ischämie-Korrelat, treten keine höhergradigen Rhythmusstörungen bzw. keine pektanginösen Beschwerden auf? Die Auswirkung der Ischämiereaktion wird am besten durch die invasive Messung der Hämodynamik objektiviert.

Nach einem Herzinfarkt sind die Größe der Myokardnarbe einschließlich regionaler Wandbewegungsstörungen und das Ausmaß des Remodelling-Prozesses im Sinne einer Herzvergrößerung, regionaler Wandverdickung bzw. Aneurysmabildung und eine daraus resultierende Funktionsstörung am bedeutsamsten und die nicht selten begleitend vorhandenen höhergradigen Rhythmusstörungen. Wichtig ist auch, stets zu hinterfragen, ob die Funktionsstörung durch eine interventionelle oder medikamentöse Therapie beeinflusst werden kann.

12.3.6 Sozialmedizinische Beurteilung

Die alleinige Tatsache des Vorliegens einer koronaren Herzerkrankung oder eines Zustands nach Herzinfarkt darf nicht automatisch zu einer Einschränkung des Leistungsvermögens führen. Je nach Lokalisation der Stenose, der Anzahl der von einer Stenose befallenen Kranzgefäße, dem Vorliegen und vor allen Dingen der Größe einer Myokardinfarktnarbe und der Art hieraus resultierender Herzrhythmusstörungen kann die Erwerbsfähigkeit nahezu uneingeschränkt oder komplett aufgehoben sein. Ein weiterer wichtiger Gesichtspunkt ist, dass heute durch Standardverfahren, wie z.B. die Ballondilatation einschließlich Stenting bzw. die Bypass-Chirurgie, nicht selten eine komplette Revaskularisierung des Myokards erzielt werden kann.

Bei der Beurteilung der Ischämiekriterien ist wesentlich, auf welcher Leistungsstufe diese nachgewiesen wird und nicht die Frage, ob eine Zwei- oder Drei-Gefäßerkrankung vorliegt (wobei letztere gut kompensiert werden kann). Die Gradeinteilung der subjektiven Beschwerden kann anhand der Klassifikation in der Canadian Cardiovascular Society, vorgenommen werden, wobei die objektiven Kriterien bei der Beurteilung überwiegen sollten. Bei therapeutisch (einschließlich interventioneller Maßnahmen) nicht beeinflussbarer Ischämie schon im Bereich kleiner Alltagsbelastungen (≤ 50 Watt) ist in der Regel von einer dauerhaft aufgehobenen Leistungsfähigkeit auszugehen; vgl. Tabelle 12.13. Liegt echokardiographisch eine normale linksventrikuläre Funktion vor, finden sich keine höhergradigen Rhythmusstörungen und treten bis 75 Watt (≥ 1 Watt/kg Körpergewicht) keine ST-Streckensenkung und Angina pectoris auf, so ist leichte Arbeit oberhalb 75 bis 125 Watt ($> 1–1,5$ Watt/kg Körpergewicht), mittelschwere und oberhalb von 125 Watt ($> 1,5$ Watt/kg Körpergewicht) auch schwere

Maximalleistung bei der Ergometrie		Dauerbelastbarkeit	Körperl. Belastbarkeit
ca. 75 Watt	ca. 1 Watt/kg KG	ca. 50 Watt	leicht
>75–125 Watt	>1–1,5 Watt/kg KG	>50–75 Watt	mittelschwer
125–150 Watt	>1,5–2 Watt/kg KG	75–100 Watt	schwer
ab 150 Watt	>2 Watt/kg KG	ab 100 Watt	schwerst

Tab. 12.13: Beziehung zwischen ergometrischer Maximalleistung, Dauerbelastung und körperlicher Belastbarkeit

körperliche Arbeit prinzipiell möglich. Die maximale Belastbarkeit lässt orientierende Rückschlüsse auf die zumutbare Dauerbelastbarkeit zu. Dabei müssen aber die besonderen Anforderungsprofile des jeweiligen Erwerbslebens und die geistige und seelische Belastbarkeit berücksichtigt werden, zumal es unter Hyperventilation und seelischem Stress zu einer koronaren Vasokonstriktion und somit Perfusionsstörung kommen kann.

Die aufgrund der Ergometrie angegebenen Beurteilungskriterien zur Leistungsfähigkeit bei KHK scheinen in gewisser Weise willkürlich zu sein, werden aber gestützt durch Untersuchung zur Prognose, wenn auch diese nicht immer gleichgesetzt werden darf mit der Belastbarkeit. In der europäischen Bypass-Studie [6] konnte gezeigt werden, dass die Überlebensrate unter konservativer Therapie durch das Ergebnis des symptomlimitierten Belastungstests wesentlich bestimmt wurde. Patienten mit einem gering ausgeprägten positiven Test (erreichte HF max. > 120/min, Watt max. > 100 Watt, ST-Senkung 0 bis 1 mm) hatten eine Lebenserwartung von 78% (konservativ) bzw. 80% chirurgisch. War der Test ausgeprägt positiv (HF max. < 120/min, max. < 100 Watt, ST-Senkung 1,5 mm), so war die Zehn-Jahres-Überlebensrate 63% (konservativ) und 76% (chirurgisch). Nach GOHLKE [15] ist die Prognose einer 3-Gefäßerkrankung schlecht, wenn die Belastbarkeit unter 70 Watt liegt und/oder dabei eine ST-Streckensenkung von mehr als 1,5 mm auftritt. Die ergometrische Beurteilung setzt voraus, dass der Patient kooperativ ist und die Belastung nicht frühzeitig beendet. Hier kann durch die Spiroergometrie nachgewiesen werden, ob wirklich eine Ausbelastung vorliegt.

Ergeben sich Schwierigkeiten bei der Beurteilung der Leistungsfähigkeit, so sei noch einmal auf die besondere Bedeutung der Rechtsherzkatheterisierung unter Belastungsbedingungen hingewiesen. Allerdings ist diese Untersuchung nicht duldungspflichtig. Bei Untersuchungen an 1.083 Koronarpatienten hatte das maximale Herzminutenvolumen bei der Uni- und Multivariatenanalyse den höchsten Vorhersagewert für die Prognose, gefolgt von der Arbeitstoleranz, dem angiographischen Befund und der Herzgröße, auch weitgehend unabhängig davon, ob es sich in der Untergruppe um Patienten mit und ohne Belastungskoronarinsuffizienz bzw. mit und ohne transmuralen Infarkt handelte. Konnte das maximale Herzzeitvolumen auf über 12,5 l/min gesteigert werden, so war die Prognose mit einer Fünfjahresüberlebensrate von etwa 94% auch in allen Untergruppen gut, bei einem Maximalwert von 10 bis 12,5 l/min bzw. unter 10 l/min mit 86% bzw. 73% deutlich eingeschränkt [15]. Die Ergebnisse zeigen zum einen, dass auch Patienten mit Zustand nach Myokardinfarkt in Abhängigkeit von der Größe und Narbe eine normale Hämodynamik und somit Belastbarkeit aufweisen können und zum anderen, dass bei größeren Narben (vor allen Dingen Vorderwandinfarkt) und zusätzlich vorhandenen Ischämiereaktionen die sozialmedizinische Beurteilung wesentlich erleichtert wird und eine Überschätzung der Belastbarkeit durch die Rechtsherzkatheterisierung vermieden werden kann. Patienten nach Myokardinfarkt haben nach fünf Jahren die beste Überlebensrate mit einer Ejektionsfraktion von > 40% (ca. 90%), die schlechteste mit einer Ejektionsfraktion unter 30% (40% Überlebensrate).

Berücksichtigt werden muss, dass die Korrelation zwischen Belastbarkeit und Pumpfunktion nicht immer eng ist, d.h. dass trotz hoher Belastbarkeit und nur geringer oder fehlender Ischämiezeichen eine gestörte Pumpfunktion vorliegen kann. Hier müssen bei der Beurteilung die Ejektionsfraktion (Tabelle 12.3 auf Seite 288) sowie der linksventrikuläre enddiastolische Füllungsdruck (Tabelle 12.5 auf Seite 289) berücksichtigt werden und vor allen Dingen die Messwerte aus dem Rechtsherzkatheter unter Belastung (Tabelle 12.4 auf Seite 288).

Die Belastbarkeit eines KHK-Patienten mit und ohne Myokardinfarkt wird zusätzlich durch das Auftreten von Rhythmusstörungen (siehe Abschnitt 12.5) bestimmt. Meist haben diese Patienten einen großen Vorderwandinfarkt mit Aneurysmabildung bzw. eine deutlich eingeschränkte myokardiale Kontraktilität. Diese Patienten sind dann besonders am Arbeitsplatz gefährdet bzw. gefährden ggf. andere durch Kammertachykardien, Kammerflimmern und den akuten Herztod. Bei diesen Patienten kann die Prognose durch einen implantierten Defibrillator gebessert werden. Auf die besonders schlechte Belastbarkeit einer bei KHK zusätzlich bestehenden Hypertrophie wurde bei der Besprechung der arteriellen Hypertonie schon eingegangen. Nicht nur bei koronarer Herzerkrankung, sondern auch bei begleitenden Herzrhythmusstörungen sind die Begutachtungskriterien zur Kraftfahrereignung zu berücksichtigen [1].

Wichtig ist, in der sozialmedizinischen Beurteilung auch auf eine nicht selten nach Myokardinfarkt bzw. Bypass-Operation, aber auch PTCA auftretende gestörte Krankheitsverarbeitung mit Einschränkung des Selbstwertgefühls, Angstzuständen und Depressivität oder Konzentrationsstörung einzugehen, die die Leistungsfähigkeit deutlich einschränken kann. Hier können Wiedereingliederungsmaßnahmen oder Wiederholungsbeurteilungen zu einem späteren Zeitpunkt hilfreich sein.

Die Berliner KHK-Studie hat gezeigt [22], dass im Dreijahreszeitraum nach Rehabilitation nur 20 % frühberentet werden mussten mit dem höchsten Anteil in der Gruppe mit Infarkt und nach Bypass-Operation. Betrachtet man nur die Gruppe der Erwerbstätigen im ersten Jahr nach der Rehabilitation, so zeigt sich, dass rund 70 % in das Erwerbsleben zurückgekehrt sind. Differenziert man nach einem Sozialschichtindex, so erhöht sich die Quote auf 80 % in den höheren und erniedrigt sich auf 64 % in der Gruppe mit niedrigem Sozialschichtindex.

Die allgemeine Prognose nach Katheterdilatation der Koronarien (PTCA) scheint gut zu sein und damit auch die Belastbarkeit [19]. Von 133 Patienten mit primär erfolgreicher PTCA blieben 65 % im Verlauf von zehn Jahren ohne kardiales Ereignis (Eingefäßerkrankung 74 %, Mehrgefäßerkrankung allerdings nur 52 %). 79 % der 1-Gefäßerkrankten und 69 % der Mehrgefäßerkrankten beklagten nach zehn Jahren keine Angina pectoris. Bei Patienten nach PTCA ist der endgültige Erfolg und damit die Belastbarkeit oft erst nach einem halben Jahr durch einen abschließenden Belastungstest zu beurteilen. Dilatierte Gefäße, die bis zu diesem Zeitpunkt nicht restenosiert sind, haben eine eher geringe Rezidivwahrscheinlichkeit, und „avitales" Myokardgewebe hat sich erholt. Auf der anderen Seite können restenosierte Gefäße erneut erfolgreich wiedereröffnet werden, wobei neben dem „Stenting" neue Verfahren zur Verhinderung von Rezidiven erfolgversprechend erscheinen. Bei Patienten mit deutlicher Angina pectoris und ischämischen ST-Streckensenkungen beim Belastungstest vor der PTCA und normalem Belastungstest nach PTCA kann von einem rezidivfreien Verlauf in der Regel ausgegangen werden. Bei Mehrgefäßerkrankungen ist häufig eine Kontrollangiographie unumgänglich. Aber auch bei diesen Patienten entscheiden die Höhe der erreichten Leistungsstufe und das Vorhandensein bzw. der Grad einer Ischämiereaktion über die Belastbarkeit. Diese ist oftmals als gut zu beurteilen, besonders wenn es noch nicht zu einem Myokardinfarkt gekommen ist.

Nach Bypass-Operation ist die Prognose einer KHK ebenfalls günstig. In der CASS-Studie [3] hatten operierte Patienten mit Dreigefäßerkrankung (Ejektionsfraktion < 50 %) und mit ausgeprägter Angina pectoris-Symptomatik mit 82 % gegen 59 % (konservativ) eine bessere Überlebensrate nach fünf Jahren. In der Regel wird die Belastbarkeit und Leistungsfähigkeit deutlich gesteigert, und nach erfolgter Thoraxstabilität und einer Belastbarkeit von > 120 Watt sind auch Arbeiter fünf Jahre nach Bypass-Operation zu 75 % wieder eingegliedert [15]. Limitierend für das Leistungsvermögen sind die unter konservativer Therapie beschriebenen Kriterien.

Kardiomyopathien
- Dilatative Kardiomyopathie
- Hypertrophe Kardiomyopathie
- Restriktive Kardiomyopathie
- Arrhythmogene rechtsventrikuläre Kardiomyopathie
- Nicht klassifizierte Kardiomyopathien

Spezifische Kardiomyopathien
- Ischämische Kardiomyopathie
- Hypertensive Kardiomyopathie
- Entzündliche und infektiös bedingte Kardiomyopathien
- Valvuläre Kardiomyopathie
- Schwangerschaftsassoziierte Kardiomyopathie
- Systemische Erkrankung mit Beteiligung des Herzens

Tab. 12.14: Klassifikation der Kardiomyopathien nach WHO/ISFC Task Force

Durch den Einsatz der Herz-Lungen-Maschine können, in der Regel zeitlich limitiert (wenige Wochen), cerebrale Minderleistungen resultieren, die durch psychodiagnostische Tests abgeklärt werden müssen.

12.4 Kardiomyopathien und Herzinsuffizienz

12.4.1 Allgemeines

Unabhängig von der Ätiologie haben Kardiomyopathien gemeinsam, dass sie die verschiedenen Stadien der Herzinsuffizienz durchlaufen und die sozialmedizinische Beurteilung vor allen Dingen die Pumpfunktionsstörung, im Kontext mit dem Anforderungsprofil des Patienten, zu beurteilen hat. Deshalb wird die Herzinsuffizienz gemeinsam mit den Kardiomyopathien abgehandelt.

Die gegenwärtig akzeptierte klinisch-pathophysiologische Einteilung der Kardiomyopathien als Herzmuskelerkrankungen, die mit einer kardialen Funktionsstörung einhergehen, unterscheidet Kardiomyopathien (KM) nach ihrer Hämodynamik und nach ihrer makroskopischen Anatomie (Tabelle 12.14).

12.4.2 Sekundäre Kardiomyopathien

Die häufigste Form der sekundären Kardiomyopathie mit Entwicklung einer Herzinsuffizienz ist assoziiert mit einer arteriellen Hypertonie (siehe 12.2) und einer KHK (siehe 12.3) vor allen Dingen bei Zustand nach Herzinfarkt.

Besonders erwähnt werden muss noch die inflamatorische KM (akute und chronische Myokarditis), die durch Viren, Bakterien, Spirochäten, Protozoen, Parasiten, aber auch als autoreaktive Myokarditis auftreten kann [20]. Diese kann komplett ausheilen oder aber eine schwere Funktionsstörung nach sich ziehen.

Bei Vitien kann es durch das Remodelling zu einer valvulären KM kommen (siehe 12.6). Auch im Rahmen von Kollagenosen sowie endokrinen und Stoffwechselerkrankungen werden Kardiomyopathien beschrieben. Stets ist auch an toxische Kardiomyopathien (Alkohol, Medikamente) zu denken. Deshalb wird bei vielen Formen der KM die Belastbarkeit im Beruf und die Prognose durch die ursächliche Erkrankung wesentlich mitbestimmt.

12.4.3 Primäre Kardiomyopathien

Die primäre dilatative Kardiomyopathie (DCM) (Prävalenz 36/100.000 Einwohner) ist als Herzmuskelerkrankung unbekannter Ätiologie definiert. Es scheint aber so zu sein, dass zumindest in einigen Fällen eine genetische Belastung (ca. 25 %) bzw. eine Autoimmunerkrankung ursächlich eine Rolle spielt.

Bei der primär hypertrophen Kardiomyopathie (HCM) (Prävalenz 15/100.000 Einwohner) handelt es sich um eine ätiologisch unklare pathologische Hypertrophie der Ventrikelwände mit (obstruktive Form, HOCM) oder ohne Druckgradienten in der linksventrikulären Ausflussbahn mit einer familiären Häufigkeit von ca. 50 %. Betroffen sind vor allen Dingen das Septum, aber auch der Apex bei einem primär kleinen Cavum des linken Ventrikels. Liegt eine Obstruktion der Auswurfbahn des linken Ventrikels durch das dicke hyperkontraktile Septum vor, so kann der linke Ventrikel sein Schlagvolumen nur gegen einen hohen Druck (Druckgradient zwischen linken Ventrikel und Aorta) auswerfen, was eine adäquate Steigerung des HZV bei Belastung nicht erlaubt.

Durch diese geometrische Veränderung ist aber auch die diastolische Funktion beeinträchtigt, so dass die Symptome der Patienten im Sinne einer Belastungsdyspnoe mit und ohne Vorhandensein einer Obstruktion sehr ähnlich sind. Die Füllung des Herzens erfolgt vorrangig während der Vorhofkontraktion unter erhöhtem Druck und führt zur typischen Vergrößerung des linken Vorhofs. Tritt Vorhofflimmern hinzu, verschlechtert sich die Hämodynamik dieser Patienten gravierend. Bei symptomatischen Patienten wird über eine jährliche Letalität von 2–4 % berichtet. Die Mehrzahl dieser Patienten verstirbt unerwartet und plötzlich. Als Ursache werden supraventrikuläre und ventrikuläre Tachyarrhythmien vermutet.

Bei der restriktiven Form kommt es zu Einlagerungen von Eisen, Amyloid und Glykogen, aber auch im Rahmen von Kollagenosen zu einer vermehrten Steifigkeit der Herzkammer.

Bei der arrhythmogenen rechtsventrikulären KM (ARVCM) (familiäre Häufigkeit 45 %) findet sich überwiegend eine rechtsventrikuläre Pumpfunktionsstörung mit fettig fibröser Umwandlung des Myokards.

12.4.4 Herzinsuffizienz

Die Prävalenz beträgt rund 1 % der Bevölkerung. Davon haben 10–20 % eine hochgradige Herzinsuffizienz. Die mittlere Prognose und Diagnosestellung ist vergleichbar der einer malignen Erkrankung mit einer mittleren Lebenserwartung von zwei bis drei Jahren. Unabhängig von der Ätiologie der Funktionsstörung im Sinne einer Herzinsuffizienz ist diese charakterisiert durch eine zunehmende Vergrößerung des linken und/oder rechten Ventrikels und eine global herabgesetzte Kontraktilität, wobei eine begleitende Störung der Relaxation hinzutreten kann. Die dilatative Kardiomyopathie und die chronische Herzinsuffizienz stellen einen dynamischen Prozess dar, deren kurzfristige Kompensationsmechanismen langfristig zu einer Progression der Erkrankung beitragen. Dabei werden die Stadien der Herzinsuffizienz nach der Klassifikation der New York Heart Association definiert (Tabelle 12.6). Der entscheidende pathophysiologische Reiz in der Entwicklung einer chronischen Herzinsuffizienz bis hin zum akuten Herzversagen ist die aus der herabgesetzten Kontraktilität resultierende Erhöhung der myokardialen Wandspannung und eine daraus sich entwickelnde kompensatorische myokardiale Hypertrophie (Vermehrung der Muskelmasse, nicht Verdickung der Wände). Bei Überforderung des FRANK-STARLING-Mechanismus und einer sich begleitend entwickelnden Fibrose kommt zu es einer systolischen und diastolischen Funktionsstörung. Neuroendokrine Anpassungsvorgänge, die das Herzzeitvolumen und damit die Organperfusion versuchen, aufrecht zu erhalten, führen zu einer Erhöhung der Vorlast und Nachlast des Herzens. Zudem entwickelt sich eine verminderte Mitochondriendichte in der Skelettmuskulatur und somit eine reduzierte metabolische Kapazität. Diese stellt auch die Basis für eine niedrig dosierte Bewegungstherapie bei Herzinsuffizienz dar.

Bei der dilatativen Kardiomyopathie bzw. bei der Herzinsuffizienz können mit dem Langzeit-EKG in ca. 80 % multiforme VES, in ca. 50 % nicht anhaltende ventrikuläre Tachykardien aufgezeichnet werden. Ca. 50 % der Patienten versterben plötzlich. Studien an kleinen Patientengruppen mit DCM zeigten zwar eine signifikante Reduktion von komplexen VES unter dem Einsatz von Amidaron, einem Antiarrhythmikum, in Bezug auf den plötzlichen Herztod ergab sich nur ein nicht signifikanter Vorteil. Als Ultima ratio in der Therapie bleibt für viele dieser Patienten nur die Implantation eines Defibrillators bzw. die Transplantation.

12.4.5 Herztransplantation

Nur durch die Herztransplantation können Patienten mit fortgeschrittener myokardialer Pumpfunktionsstörung langfristig gerettet werden. Da an einer DCM meist jüngere Patienten erkranken, deren übrige Organsysteme noch gut funktionieren, werden sie von allen Patienten, die eine Herztransplantation benötigen, am häufigsten für diesen Eingriff vorgesehen (gefolgt von der KHK) und haben dabei die beste postoperative Prognose.

Heute kann von einer Fünf-Jahres-Überlebensrate von bis zu 75 % ausgegangen werden. Da es sich bei den transplantierten Herzen um primär funktionstüchtige Organe handelt, werden der Verlauf und die Leistungsfähigkeit der Patienten kurz- und langfristig von Abstoßreaktionen, einer sich entwickelnden Koronarstenose und vom Auftreten von Infektionen bestimmt sein. Auch bei intaktem Transplantat ist zunächst die körperliche Belastbarkeit aufgrund der langen vorausgegangenen Immobilisation schlecht. Es konnte aber gezeigt werden, dass bei Transplantierten, die von einer direkten sympathischen nervalen Versorgung des Herzens abgeschnitten sind, nicht nur die Herzfrequenz im submaximalen Bereich im Sinne einer Oekonomisierung gesenkt werden konnte, sondern dass durch ein Ausdauertraining auch eine signifikant höhere maximale Herzfrequenz und Belastungsstufe erreicht wurde. Dabei ging die verbesserte Herzfrequenzregulation auch mit einer signifikanten Verbesserung der BORG-Skala einher (Bewertung der subjektiven Belastbarkeit). Prinzipiell sind deshalb Herztransplantierte langfristig grundsätzlich auch für mittelschwere körperliche Belastungen geeignet. Sie müssen allerdings spezifisch betreut werden, auch wenn nach dem ersten Jahr die Abstoßungsreaktionen und Infektionsgefahr (muss bei der sozialmedizinischen Begutachtung berücksichtigt werden) in den Hintergrund treten. Durch subakute Abstoßungsreaktionen und konsekutive Fibroseentwicklung kann sich jedoch langfristig eine Herzinsuffizienz entwickeln. Eine besonders gefürchtete Komplikation stellt die Transplantationsvaskulopathie dar, die die Koronargefäße betrifft und zu einer schnell sich entwickelnden Koronarsklerose führen kann, was auch durch den nicht selten sich entwickelnden Hypertonus ohne nächtliche Blutdruckabsenkung (ambulantes 24-h-Monitoring) begünstigt wird. Unter diesem Aspekt gilt es, gerade bei diesen Patienten kardiovaskuläre Risikofaktoren drastisch zu normalisieren. Zusätzlich ist mit einem gehäuften Auftreten von Tumorerkrankungen zu rechnen, wobei lymphoproliferative Erkrankungen die häufigste Neoplasie darstellen.

12.4.6 Spezielle Diagnostik

Unabhängig von der Ätiologie zielt die spezielle Diagnostik vor allen Dingen auf die Beurteilung des Grades der Herzinsuffizienz.

Anamnese

Da die Stadieneinteilung der Herzinsuffizienz nach den Kriterien der New York Heart Association (Tabelle 12.6) auf der Einschränkung der körperlichen Belastbarkeit basiert, ist eine exakte Befragung nach Einschränkungen im alltäglichen Leben und im Auftreten von Belastungsdyspnoe besonders wichtig. Da die Kardiomyopathien häufig mit Rhythmusstörungen einhergehen, muss nach bradykarden, aber vor allen Dingen tachykarden unregelmäßigen Herzaktionen und deren Bezug zu bestimmten Ereignissen gefragt werden. Patienten mit hypertropher obstruktiver Kardiomyopathie klagen neben der eingeschränkten Belastbarkeit häufig über Palpitationen und vor allen Dingen Schwindelgefühle, und es kann zu Synkopen kommen. Wichtig ist auch der zeitliche Verlauf der Symptomatik (plötzlich auftretende Symptomatik, schleichend progredienter Verlauf). Da für die primären Kardiomyopathien eine genetische Belastung vorliegt, sollte stets nach Vorkommen von Herzerkrankungen in der Familie gefragt werden (siehe auch 12.1).

Körperliche Untersuchung

Erfasst werden sollten die Symptome einer Linksherzinsuffizienz (Auskultation der Lunge, Auskultationsbefund des Herzens) und auch vor allen Dingen Zeichen der Rechtsherzinsuffizienz im Sinne oberer Einflussstauung, vergrößerter Leber und prätibialer Ödeme. Von besonderer Bedeutung ist neben der Blutdruckmessung im Liegen und Stehen auch die auskultatorische Beurteilung des Herzrhythmus und die Feststellung von Größe und Gewicht.

Untersuchungsmethoden zur Beurteilung der Pumpfunktion

Den Goldstandard stellt die Echokardiographie (siehe 12.1.1) dar, wobei die Linksherzkatheteruntersuchung (12.1.1) als invasive Methode die exakteste Beurteilung ermöglicht. Der Rechtsherzkatheter erlaubt vor allen Dingen eine Beurteilung der Hämodynamik unter Belastungsbedingungen bei noch nicht manifester Herzinsuffizienz (12.1.1).

12.4.7 Begutachtungskriterien

Als nichtinvasive Methode hat die symptomorientierte Stadieneinteilung nach der New York Heart Association (Tabelle 12.6) in der täglichen Routine eine Bedeutung. Für die sozialmedizinische Beurteilung sind aber die Ejektionsfraktion (ermittelt aus dem Echo oder besser aus der Ventrikulographie) (Tabelle 12.3) oder die Stadieneinteilung aufgrund der Hämodynamik (Tabelle 12.4) nach ROSKAMM-REINDELL (besonders bei der latenten Herzinsuffizienz) wichtiger. Weitere Beurteilungskriterien sind geometrische Veränderungen der Herzkammern und eine begleitende Mitral- oder Trikuspidalinsuffizienz. Da sich die Hämodynamik des in der Kontraktilität eingeschränkten Herzens durch tachykarde Herzrhythmusstörungen (auf Vorhof- oder Kammerebene) kurzfristig gravierend verschlechtern kann, müssen auch diese stets berücksichtigt werden. Bei der sekundären KM spielt auch der Verlauf der Grunderkrankung (siehe zum Beispiel KHK, Hypertonie) eine wichtige Rolle. Nicht zu vergessen als Begutachtungskriterium ist auch das Ansprechen auf eine medikamentöse oder interventionelle Therapie.

12.4.8 Sozialmedizinische Beurteilung

Die Prognose der Herzinsuffizienz im Stadium 3 und 4 der New York Heart Association ist schlecht. So stirbt etwa die Hälfte der Patienten innerhalb eines Jahres. Die Entwicklung neuer Pharmaka und die Ergebnisse kontrollierter Studien haben dazu geführt, dass die Therapie der Herzinsuffizienz eine gewisse Wandlung erfahren haben. Als etablierte Therapien gelten die Gabe von ACE-Hemmern (ersatzweise auch AT1-Rezeptorenantagonisten), die Betarezeptorenblocker, die Aldosteron-Antagonisten und als Basis die Diuretika. Hinzu gekommen ist auch die biventrikuläre Stimulation bei schwerer Herzinsuffizienz und einer QRS-Verbreiterung auf > 150 ms im Oberflächen-EKG, womit eine Verbesserung der Symptomatik erreicht werden kann. Trotz der verbesserten Therapieerfolge bleibt die Prognose der Patienten jedoch schlecht und die Progredienz der Erkrankung kann nur selten aufgehalten werden bzw. gravierende Verbesserungen sind extrem selten.

Aufgrund der begrenzten Beeinflussbarkeit des Krankheitsverlaufs und der zunehmenden Progredienz bei den dilatativen Kardiomyopathien unterschiedlicher Genese sind die Patienten im allgemeinen nur begrenzt im Erwerbsleben zu halten, wobei vorübergehend sitzende Tätigkeiten in Betracht kommen können. Im Einzelfall muss dieses jedoch genau überprüft werden. Auch wenn das Ausmaß der linksventrikulären Vergrößerung in der Regel bei der DCM eine Aussage über die Belastbarkeit ermöglicht, wird die hämodynamische Einschränkung anhand einer Ruheuntersuchung, zum Beispiel mit der Echokardiographie, manchmal über- bzw. unterschätzt. Besonders hypertensive KM weisen trotz einer in der Echokardiographie deutlich vergrößerten enddiastolischen Dimension des LV oftmals noch einen adäquaten HZV-Anstieg im submaximalen Belastungsbereich bei nur gering erhöhten Füllungsdrücken (PCP_m) auf. Besonders zu erwähnen ist auch, dass die Spontanverläufe bei der primären und sekundären DCM sehr unterschiedlich sein können. So lassen sich besonders nach Alkoholabstinenz, aber manchmal auch bei Zustand nach Myokarditis zum Teil überraschende Rekompensationen der Pumpfunktion erreichen.

Die Leistungsfähigkeit bei der DCM, aber auch bei HCM, wird nicht unwesentlich durch die begleitenden Rhythmusstörungen mitbestimmt. Bei der dilatativen Kardiomyopathie bzw. bei der Herzinsuffizienz können mit dem Langzeit-EKG in ca. 80 % multiforme VES, in ca. 50 % nicht anhaltende ventrikuläre Tachykardien aufgezeichnet werden. Ca. 50 % der Patienten versterben plötzlich. Studien an kleinen Patientengruppen mit DCM zeigten zwar eine signifikante Reduktion von komplexen VES unter dem Einsatz des Antiarrhythmikums Amidaron, in Bezug auf den plötzlichen Herztod ergab sich jedoch nur ein nicht signifikanter Vorteil. Als Ultimo ratio in der Therapie bleibt für viele dieser Patienten nur die Implantation eines Defibrillators bzw. die Herztransplantation (siehe 12.4.5).

Patienten mit einer obstruktiven Form der hypertrophen Kardiomyopathie sind oft besonders stark in ihrer körperlichen Leistungsfähigkeit eingeschränkt, obwohl in der Echokardiographie das Cavum des linken Ventrikels nicht dilatiert und eher klein ist. Dabei wird die Einschränkung durch die Höhe des Druckgradienten wesentlich bestimmt. Ist es aber schon zu einer Dilatation des linken Ventrikels und deutlicher Vergrößerung des linken Vorhofs gekommen, so ist in der Regel von einer aufgehobenen Leistungsfähigkeit auszugehen. Dieses gilt auch für das Stadium III und IV nach REINDELL und ROSKAMM für die DCM, wogegen im Stadium I und II geistige und leichte körperliche Arbeiten ausgeführt werden können. Bei der HCM muss aber neben der Hämodynamik die Symptomatik mit Schwindel, Synkopen und Palpitation berücksichtigt werden. In den letzten Jahren ist eine neue Behandlung zur Beiseitigung einer Obstruktion in den Vordergrund getreten, nämlich dass TASH-Verfahren. Dabei wird ein speziell zuvor sondierter Septalast okkludiert und damit im Septum ein begrenzter Myokardinfarkt gesetzt, der die Obstruktion in der Ausflussbahn beseitigen kann. Hierdurch lassen sich gravierende Verbesserungen des Druckgradienten und damit auch der Belastbarkeit des Patienten erzielen. Dieses muss bei der sozialmedizinischen Begutachtung berücksichtigt werden. Deshalb sollte vor einer abschließenden Beurteilung immer die Frage nach diesem Verfahren diskutiert werden und erst abschließend die sozialmedizinische Begutachtung erfolgen. Patienten mit einer Kardiomyopathie sollten halbjährlich bis jährlich auf ihre Leistungsfähigkeit hin kontrolliert werden.

12.5 Herzrhythmusstörungen

Zum Auftreten von Herzrhythmusstörungen sowohl auf Vorhofebene, aber vor allen Dingen auch auf Ventrikelebene kommt es in der Regel auf dem Boden einer begleitenden kardiovaskulären Erkrankung. Auch wenn die Herzrhythmusstörung die Prognose mitbestimmen kann, so wird in der Regel die Leistungsfähigkeit des Patienten von der Art und dem Schweregrad der Grunderkrankung bestimmt. In der sozialmedizinischen Begutachtung darf deshalb nicht die Rhythmusstörung isoliert, sondern immer im Kontext einer begleitenden KHK, eines Myokardschadens, nach Infarkt oder Myokarditis, aber auch im Zusammenhang mit einer begleitend auftretenden arteriellen Hypertonie oder dem Alkoholabusus gesehen werden.

12.5.1 Allgemeines

Herzrhythmusstörungen sind Ereignisse, die kurzfristig (Sekunden, Minuten) auftreten oder langfristig (Tage bis lebenslang) bestehen. Somit sind sie je nach Art schwer oder leicht zu diagnostizieren, wobei neben der apparativen Technik die beklagten Beschwerden wesentlich sind.

12.5.2 Bradykarde Rhythmusstörungen

Reizbildungs- und Leitungsstörungen können durch Beeinträchtigung des Sinusknotens, der Vorhofleitfähigkeit, des AV-Knotens und des HIS-Bündels verursacht sein. Unabhängig von ihrer Ursache (toxisch, infektiös, metabolisch, Medikamenteneinfluss) können sie in Abhängigkeit von der Länge der entstehenden Pausen von erheblicher sozialmedizinischer Bedeutung sein, indem sie Schwindel und Synkopen verursachen und zur Selbst- und Fremdgefährdung führen.

12.5.3 Tachykarde Rhythmusstörungen

Tachykarde Herzrhythmusstörungen sind zwar ein Indikator für ein erhöhtes kardiovaskuläres Risiko, die Konsequenzen für das Erwerbsleben werden aber ganz wesentlich von der begleitenden Grunderkrankung bestimmt. Die Hoffnung, dass Antiarrhythmika den plötzlichen Herztod verhindern können, hat sich nicht erfüllt. Trotz konventioneller antiarrhythmischer Therapie bleibt die Prognose von Patienten mit ventrikulären Tachykardien und Kammerflimmern schlecht. Für den Sekundenherztod spielen arrhythmogene Wirkungen gerade bei Antiarrhythmika der sogenannten Klasse I eine Rolle.

Vorhofarrhythmien

Auch tachykarde Rhythmusstörungen auf Vorhofebene (absolute Arrhythmie bei Vorhofflimmern, Vorhoftachykardien) können die Hämodynamik beeinflussen. Liegt zum Beispiel kein stabiler Sinusrhythmus vor und besteht eine absolute Arrhythmie bei Vorhofflimmern, so kann es durch die zeitliche Dissoziation zwischen Vorhof- und Kammeraktion zu einer beeinträchtigten Füllung des Ventrikels und somit zu einer

0	keine VES
I	≤ 30 VES/h, auch multiform
II	> 30 VES/h
	≤ 3 Episoden/h von Bigeminus bzw. Couplets
III	> 30 multiforme VES/h
IV a	> 3 Episoden/h von Bigeminus bzw. Couplets
	≤ 5 VES in Sequenz
IV b	> 5 VES in Sequenz
V	R-auf-T-Phänomen

Tab. 12.15: Einteilung der ventrikulären Extrasystolie nach LOWN

Behinderung der Pumpleistung und damit der Belastbarkeit im Beruf kommen. Dies gilt auch für das nicht rheumatische Vorhofflimmern, welches bei 2–5 % der Bevölkerung über 60 Jahre vorkommt und ein fünffach erhöhtes Apoplexrisiko aufweist. Die intermittierende Verlaufsform geht häufig mit einem ausgeprägten Angstempfinden einher, welches das Leistungsvermögen zusätzlich stark einschränken kann. Prinzipiell sollte bei Vorliegen einer Vorhofarrhythmie versucht werden, einen Sinusrhythmus wieder herzustellen, was vor allen Dingen bei kurzem Verlauf, einem normal großen linken Vorhof, bei guter Kontraktilität oder aber bei gutem postoperativen Ergebnis nach Klappenersatz möglich ist.

Präexzitationssyndrome

Beim Präexzitationssyndrom können paroxysmale Tachykardien im Sinne eines Reentry-Mechanismus auftreten, deren Frequenz und damit hämodynamische Wirksamkeit von der Refraktärzeit des akzessorischen Bündels bestimmt wird. Diese Episoden sind in der Regel kurz (wenige Minuten). Im stabilen Zustand sind die Patienten in ihrem Leistungsvermögen hingegen nicht eingeschränkt.

Ventrikuläre Rhythmusstörungen

Von LOWN wurde eine Klassifikation von Rhythmusstörungen im Langzeit-EKG (Tabelle 12.15) vorgeschlagen. Dabei muss neben der Feststellung des Grundrhythmus aber nicht nur die Gradeinteilung, sondern vor allen Dingen auch die Häufigkeit von Grad III und IV und der mögliche Zusammenhang mit klinischen Ereignissen berücksichtigt werden. Soll mittels des Langzeit-EKG die Effektivität einer medikamentösen Therapie überprüft werden, so muss die große Spontanvariabilität von ventrikulären Herzrhythmusstörungen berücksichtigt werden. So sollte eine effektive Unterdrückung von ventrikulären Extrasystolen nur angenommen werden, wenn es zu einer mindestens 60 bis 70%igen Reduktion (bei zuvor 20 bis 30 VES/Stunde) von Ereignissen kommt.

12.5.4 Spezielle Diagnostik

Anamnese

Gerade bei Herzrhythmusstörungen ist die Anamnese neben der apparativen Diagnostik sowohl zur Erkennung als auch zur sozialmedizinischen Beurteilung von entscheidender Bedeutung. So tritt das Vorhofflimmern überwiegend in einer Ruhephase, bevorzugt nachts, auf und wird beschrieben als jagender, unregelmäßiger Pulsschlag, der spontan nach Minuten oder Stunden wieder in den Sinusrhythmus umschlägt und häufig von Harndrang gefolgt ist. Es sind somit der Zeitpunkt und die Dauer des Ereignisses sowie mögliche Auslösemechanismen (Ruhe, Belastung, Kopfdrehen, Aufregung) zu erfragen und die Beschwerdesymptomatik so exakt wie möglich zu erfassen. Überwiegend bei bradykarden, aber auch bei länger andauernden tachykarden Herzrhythmusstörungen ist nach Schwindel, Bewusstseinseintrübung bzw. Bewusstlosigkeit und deren Dauer zu fahnden. Nicht selten werden jedoch Herzrhythmusstörungen, vor allen Dingen isolierte Extrasystolen, vom Patienten nicht bemerkt. Wichtig ist selbstverständlich, die bei der jeweiligen Grunderkrankung (z. B. KHK, Herzinsuffizienz) auftretende Symptomatik zu erfassen. Da bei psychosomatischen Störungen (z. B. Angstattacken) oft Schwindel und ein „tachykarder" Herzrhythmus angegeben werden, müssen diese differenzialdiagnostisch abgeklärt werden.

Körperliche Untersuchung

Die körperliche Untersuchung unterscheidet sich nicht von denen der Grunderkrankung, wobei die Auskultation einen arrhythmischen Herzschlag und die Palpation ein Pulsdefizit ergeben kann.

Ruhe- und Langzeit-EKG

Dem Ruhe-EKG kommt im Rahmen der Rhythmusdiagnostik vor allem zur Erkennung bradykarder Rhythmusstörung eine Bedeutung zu, genügt aber nicht bei der Abklärung von zum Beispiel unklaren Schwindelzuständen, da die Aufzeichnungsdauer zu kurz und die Ereignisse intermittierend auftreten können. Sollen ein Sinusstillstand bzw. eine sinuatriale Blockierung oder höhergradige atrioventrikuläre Blockierung sicher erfaßt werden, so ist in diesen Fällen ein Langzeit-EKG notwendig. Die benötigte Aufzeichnungsdauer wird in der Regel 24 Stunden betragen, wobei jedoch berücksichtigt werden muss, dass die Aussagekraft bezüglich der Erkennung höhergradiger Rhythmusstörungen nach 48 bzw. 72 Stunden-Aufzeichnung deutlich zunehmen kann. Zur genauen Beurteilung der aufgezeichneten Rhythmusstörungen ist es notwendig, einen möglichen Bezug zur vom Patienten beklagten Symptomatik herstellen zu können, weshalb der Patient ein Protokoll über seine Aktivitäten und Beschwerden führen muss.

Belastungs-EKG

Herzrhythmusstörungen können durch körperliche Belastungen ausgelöst werden oder aber verschwinden. Bei allen in Ruhe auftretenden bradykarden Formen wird überprüft, (vor allem bei Ausdauertrainierten), ob es unter Stimulation des Sympathikus zur Veränderung bzw. Normalisierung im Sinne eines adäquaten Anstiegs der Herzfrequenz, Verkürzung der PQ-Überleitungszeit oder zu einer normalen Überleitung bei einer WENCKEBACHschen Periodik kommt. Dies gilt auch für unter Ruhebedingungen nachweisbare VES, die unter Sympathikuseinfluss nicht mehr nachweisbar sind und überwiegend als prognostisch günstig angesehen werden können. Auf der anderen Seite können reproduzierbare, belastungsabhängige (ischämiebedingte) Schenkelblockierungen (besonders das Auftreten eines Linksschenkelblocks) erfaßt oder aber belastungsabhängiges Auftreten von VES dokumentiert werden. In letzterem Fall kann der Erfolg einer therapeutischen Intervention zuverlässig beurteilt werden.

Invasive Methoden

Die invasive elektrophysiologische Untersuchung zur Erkennung von bradykarden Störungen im Bereich des Sinusknotens, des AV-Knotens und des HIS-Bündels hat insgesamt etwas an Bedeutung verloren, weil eindeutige elektrophysiologische Kriterien bezüglich der Sinusknotenerholungszeit und des AV-Intervalls im HIS-Bündel-EKG als sichere Indikation zur Schrittmacherimplantation nicht vorliegen. Bei der individuellen Bewertung dieser Befunde spielen die Symptomatik des Patienten, zusätzliche Veränderungen im Langzeit-EKG, aber auch die Grunderkrankung eine wesentliche Rolle. Demgegenüber hat die invasive elektrophysiologische Untersuchung zur Überprüfung der Effektivität einer medikamentösen antiarrhythmischen Therapie bei Risiko-Patienten mit rezidivierenden Kammertachykardien bzw. Kammerflimmern an Bedeutung gewonnen.

Die besondere Wertigkeit der invasiven elektrophysiologischen Untersuchung ist darin zu sehen, jene Patienten mit einem hohen Risiko zu klassifizieren und sie einer Implantation eines automatischen implantierbaren Kardioverters bzw. Defibrillators zuzuführen.

12.5.5 Begutachtungskriterien

Das wesentliche Kriterium ist die Häufigkeit und Dauer der Störung und vor allen Dingen die daraus folgende Beeinträchtigung der Hämodynamik. Bradykarde (z. B. AV-Block III. Grades) und tachykarde Herzrhythmusstörungen (z. B. hochfrequente Kammertachykardien) können das Herzzeitvolumen so stark absenken, dass eine adäquate Hirndurchblutung nicht mehr gewährleistet ist und mit den Folgen von Schwindel bis totaler Bewusstlosigkeit zu rechnen ist. Die Wertigkeit besonders der tachykarden Herzrhythmusstörung ergibt sich aus der Art und Ausprägung der jeweiligen Grunderkrankung.

12.5.6 Sozialmedizinische Beurteilung

Die Herzrhythmusstörungen können deutlich in ihrer Ausprägung beeinflusst werden, wenn die Grunderkrankung therapiert wird, wenn sich im Rahmen einer arteriellen Hypertonie eine linksventrikuläre Hypertrophie zurückbildet oder wenn der Patient zum Beispiel eine strikte Alkoholkarenz einhält. Deshalb müssen bei der Beurteilung auch die Zeitverläufe der Grunderkrankungen bei der Beurteilung der Leistungsfähigkeit berücksichtigt werden.

Bradykarde Störungen können durch die Implantation eines Herzschrittmachers komplet behoben werden, und die Leistungsfähigkeit wird danach im wesentlichen durch die Grunderkrankung bestimmt. Dies gilt aber nur, wenn unter Sympatikuseinfluss eine Steigerung der Herzfrequenz bei Belastung möglich ist oder ein vorhofgesteuerter Schrittmacher einen physiologischen Frequenzanstieg vermittelt. Liegen diese Voraussetzungen nicht vor oder wurde ein festfrequenter Schrittmacher implantiert, so kann unter körperlicher Belastung kein adäquates Herzzeitvolumen aufgebaut werden. Folglich wird die körperliche Leistungsfähigkeit auf leichte körperliche Tätigkeiten zu beschränken sein. Durch mögliche Störungen des Aggregates sind aber Arbeiten mit elektrischen Schweißverfahren, Bohrmaschinen, aber auch in der Nähe von Transformatoren, Hochspannungsbetriebsanlagen und Induktionsöfen zu berücksichtigen.

Paroxysmale Vorhofarrhythmien (absolute Arrhythmie bei Vorhofflimmern, ektope Vorhoftachykardien, Präexzitationssyndrome) können trotz kurzer Episode von z. B. wenigen Minuten das Leistungsvermögen am Arbeitsplatz im Sinne einer Eigen- und Fremdgefährdung wesentlich einschränken bzw. aufheben. Dies nicht nur aufgrund der gestörten Hämodynamik, sondern auch aufgrund der subjektiv erlebten Symptomatik mit Angst, Unruhe, Schwindel bzw. kurzer Sinneseintrübung. Deshalb sollten vor einer abschließenden sozialmedizinischen Begutachtung die therapeutischen Optionen stets diskutiert werden.

Allein das Herstellen eines Sinusrhythmus bei vorheriger absoluter Arrhythmie kann die Leistungsfähigkeit eines Patienten gravierend erhöhen und deshalb zu einer völlig anderen sozialmedizinischen Beurteilung führen. Auch wenn bei den beschriebenen Patienten eine medikamentöse oder elektrische Kardioversion nicht gelingt, kann trotz des Vorliegens einer absoluten Arrhythmie auf Grund einer angepassten Überleitung unter Belastung eine noch relativ gute Steigerung des Herzzeitvolumens möglich sein, auch wenn die Füllung des linken Ventrikels durch die fehlende Vorhofkontraktion eingeschränkt ist. Diese Patienten können auch manchmal leichte bis mittlere körperliche Arbeiten verrichten. Entscheidend ist auch hier die Myokardfunktion.

Bei den ektopen Vorhofarrhythmien bzw. Reentry-Tachykardien beim Präexzitationssyndrom kann heute durch eine invasive, intrakardial elektrophysiologische Untersuchung und gegebenenfalls eine Katheterablation das Wiederauftreten von paroxysmalen Tachykardien in vielen Fällen komplett verhindert werden. Gelingt es bei paroxysmalen Vorhoftachykardien nicht, dauerhaft einen stabilen Sinusrhythmus herzustellen, so ist das Leistungsvermögen für Berufe mit Absturzgefahr (Eigengefährdung) oder Fremdgefährdung (z. B. Busfahrer) aufgehoben.

Bezüglich der ventrikulären Rhythmusstörungen ist es wichtig, festzuhalten, dass die prognostische Bedeutung und die körperliche Belastbarkeit ganz wesentlich von der Grunderkrankung und der linksventrikulären Funktion bestimmt wird. Ist letztere normal und liegt keine kardiale Grunderkrankung vor, so ist die Prognose gut und das Leistungsvermögen nicht eingeschränkt. Diese von Herzgesunden beklagten Extrasystolen treten nicht selten unter der Einwirkung von emotionalem Stress und von exogenen Noxen (Nikotin, Alkohol) auf. Sie sind in der Regel hämodynamisch nicht von wesentlicher Bedeutung und somit auch nicht bezüglich der Leistungsfähigkeit. Ein erhöhtes Risiko ist jedoch gesichert, wenn eine Kammertachykardie nachgewiesen wurde oder es gar zu einem Herz-Kreislaufstillstand im Verlaufe einer kardialen Erkrankung bereits gekommen war.

Durch die technische Weiterentwicklung der implantierbaren Defibrillatoren (die heute auch die Möglichkeit zur antitachykarden Stimulation bieten) hat die Verbreitung dieser Systeme deutlich zugenommen. Zwar konnte in der Sekundärprävention nach Reanimation oder synkopalen Kammertachykardien auch eine ca. 30%ige Senkung der Mortalität erzielt werden, doch wurden in dieser Studie überwiegend Patienten mit eingeschränkter Pumpfunktion (Ejektionsfraktion < 41%) untersucht. Somit wird das Leistungsvermögen auch dieser Patienten an der Einschränkung der jeweiligen Pumpfunktion zu beurteilen sein. Hinzukommt, dass Patienten mit Defibrillatoren oft aufgrund einer gestörten Krankheitsverarbeitung bei lebensgefährlicher Erkrankung sich nicht in der Lage sehen, weiterhin erwerbsfähig zu sein.

Bei Herzrhythmusstörungen müssen die Begutachtungsleitlinien zur Kraftfahrereignung [1] berücksichtigt werden.

12.6 Herzklappenfehler und Herzmissbildungen

12.6.1 Allgemeines

Die Förderleistung des Herzens wird wesentlich durch eine intakte Klappenfunktion bestimmt. Exakte Angaben zur Inzidenz der Mitral- und Aortenvitien, aber auch der Vorhofseptum- und Ventrikeldefekte liegen nicht vor. Bezüglich ihrer Häufigkeit spielen sie in der sozialmedizinischen Begutachtung im Vergleich zur Hypertonie und KHK nur eine untergeordnete Rolle. In etwa 70% der Fälle kommt es nach einem rheumatischen Fieber in der Kindheit zu einer rheumatischen Karditis unter Einbeziehung des Klappenendokards. Das heißt, die überwiegende Anzahl der Herzklappenfehler gilt als erworben.

12.6.2 Mitralvitien

Die Mitralstenose ist der häufigste isolierte Klappenfehler und entwickelt sich nach einer rheumatischen Karditis über einen Zeitraum von 10–20 Jahren. Die Patienten befinden sich in der Regel in der vierten Lebensdekade, wenn die ersten Symptome auftreten. Die Ätiologie der Mitralinsuffizienz ist vielfältiger (rheumatische und bakterielle Endokarditis, Papillarmuskeldysfunktionen bei KHK bzw. angeborenen Bindegewebserkrankungen, relative Insuffizienz bei Kardiomyopathien). Somit ist auch das erste Auftreten der Symptome variabel. Die Pathophysiologie und damit die Rückwirkung auf das Leistungsvermögen wird zum einen durch den Klappenfehler selbst, aber auch wesentlich durch die Anpassung des linken Ventrikels, des linken Vorhofs und der Lungenstrombahn bestimmt, wobei das Auftreten von Komplikationen (z. B. absolute Arrhythmie, Thromboembolien) das Krankheitsbild zusätzlich mitbeeinflusst.

Bei der Stenosierung der Mitralklappe kommt es in Abhängigkeit von der noch vorhandenen Öffnungsfläche nicht nur zu einer Abnahme des Herzzeitvolumens, sondern auch zu einer Erhöhung des linksatrialen Drucks und somit der Drücke im Lungenkreislauf mit daraus resultierender Zunahme des Lungengefäßwiderstandes. Letzterer führt wiederum zu einer weiteren Erhöhung des Pulmonaldruckes mit konsekutiver Zunahme der Nachlast für den rechten Ventrikel und somit zu einer potentiellen Entwicklung einer Rechtsherzinsuffizienz. Der linke Ventrikel ist weniger beeinflusst, und wenn, dann im Sinne der Abnahme der Auswurffraktion, die wiederum von einer gleichzeitig bestehenden rheumatischen Myokardschädigung mitbestimmt wird.

Bei der Mitralinsuffizienz kommt es dagegen trotz Regurgitation in der Regel nicht zu einer wesentlichen Drucksteigerung im Pumonalkreislauf, weil der linke Vorhof durch Größen- und Compliance-Zunahme als „Puffer" fungiert. Auch wenn es aufgrund der Regurgitation zu einer Nachlastsenkung kommt, resultieren aus dem kompensatorisch erhöhten Schlagvolumen eine Dilatation und exzentrische Hypertrophie des linken Ventrikels. Dieser Prozess führt jedoch wiederum zu einer Steigerung der linksventrikulären Nachlast und im Sinne eines Circulus vitiosus zu einer zunehmenden Dilatation des linken Ventrikels. Bei kombinierten Vitien mischen sich die hämodynamischen Rückwirkungen.

12.6.3 Aortenvitien

Die Aortenstenose scheint überwiegend angeboren zu sein und manifestiert sich dann schon im jungen Alter, bei rheumatischer Genese im mittleren und bei degenerativ verkalkender Form im späteren Lebensabschnitt. Die Ätiologie der Aorteninsuffizienz ist wiederum vielfältig (rheumatische und infektiöse Genese, zystische Medianekrose und Bindegewebserkrankung). Der häufigste Manifestationszeitpunkt liegt zwischen dem 20. und 50. Lebensjahr.

Bei der Aortenklappenstenose kommt es in Anpassung an die durch die Druckbelastung (abhängig vom Druckgradienten) erhöhte Nachlast zur Ausbildung einer zunächst konzentrischen Hypertrophie, wodurch die Nachlast „normalisiert" wird. Wenn die linksventrikuläre Hypertrophie die zunehmende Nachlast nicht mehr „kompensieren" kann, kommt es zu einer Zunahme der Wandspannung, zu einer Größenzunahme des linken Ventrikels und zur Abnahme der Auswurffraktion. Dieser Prozess wird begünstigt durch die unzureichende Kapillarisierung des hypertrophierten Myokards und die gleichzeitige Fibrosierung.

Eine hämodynamisch relevante Aorteninsuffizienz hat über viele Jahre einen günstigen Spontanverlauf, da über eine Zunahme des linksventrikulären enddiastolischen Volumens das Regurgitationsvolumen ausgeglichen wird, ohne dass es aufgrund der sich entwickelnden exzentrischen Hypertrophie des linken Ventrikels zu einer wesentlichen enddiastolischen Druckerhöhung kommt. Erst später entwickelt sich durch eine Nachlaststeigerung und weitere Vergrößerung des linken Ventrikels eine Einschränkung der linksventrikulären Funktion. Bei kombinierten Vitien entscheidet die führende Komponente.

12.6.4 Vorhofseptumdefekt

Der Vorhofseptumdefekt gehört zu den häufigsten angeborenen Herzfehlern mit 15–20 %. Er entsteht durch eine embryonale Entwicklungsstörung des Foramen ovale (Sekundum-Typ) oder durch einen Endokardkissendefekt (Primum-Typ).

Die Pathophysiologie des Links-Rechts-Shunt auf Vorhofebene wird sowohl von der Größe des Defektes als auch vom Druckgradienten bestimmt. Dabei addiert sich der Links-Rechts-Shunt dem effektiven Herzzeitvolumen, welches dem Vorhof zufließt, woraus ein deutlich gesteigerter Lungendurchfluss auf das 2- bis 5-fache resultieren kann. Es können durch die große Dehnbarkeit des Lungengefäßbettes vielfach erhöhte Herzminutenvolumina zunächst kompensiert werden, ohne dass der Lungengefäßwiderstand ansteigt und sich eine pulmonale Hypertonie ausbildet. Dennoch verdickt sich die Wand des rechten Ventrikels durch die „relative Pulmonalstenose", und der rechte Vorhof und Ventrikel passen sich dem Links-Rechts-Shunt an durch eine Größenzunahme. Diese Anpassung wird verstärkt, wenn zusätzlich eine Fehlmündung der Lungenvenen vorliegt, die den Links-Rechts-Shunt vergrößert. Die chronische Volumenbelastung des rechten Herzens führt bei Shuntvolumina von 40–50 % zu einer Rechtsherzinsuffizienz, die durch reaktive Veränderungen des pulmonalen Gefäßbettes verstärkt wird.

12.6.5 Ventrikelseptumdefekt

Der Ventrikelseptumdefekt entsteht in der sechsten bis achten Schwangerschaftswoche, wobei der hochsitzende Defekt der häufigere ist [25]. Patienten mit einem kleinen Defekt haben eine gute Prognose (cave Endokarditis); sehr große Defekte können schon nach Monaten zur Herzinsuffizienz und zum Tode führen.

Durch den physiologisch deutlich höheren Druck im linken Ventrikel im Vergleich zum rechten Ventrikel kommt es je nach Defektgröße nicht nur zu einer Volumenbelastung (bis zu 20 Liter) durch den Links-Rechts-Shunt, sondern auch zu einer Druckbelastung des rechten Ventrikels und des Lungenkreislaufs, aber auch des linken Ventrikels. Bei sehr großen Defekten kann es deshalb sehr früh zu einer Herzinsuffizienz oder einer so starken Lungengefäßwiderstandserhöhung kommen, dass sich eine Shuntumkehr im Sinne einer EISENMENGER-Reaktion entwickelt. Auf der anderen Seite führen kleinere Defekte zu keinen gravierenden Anpassungen bzw. Einschränkungen des Leistungsvermögens.

12.6.6 Pulmonalstenose

Bei der Pulmonalstenose handelt es sich um eine angeborene Störung im Sinne einer valvulären (16 % aller angeborenen Herzfehler) oder infundibularen Stenose, wobei letztere häufig mit einem Ventrikelseptumdefekt und einer reitenden Aorta (FALLOT-Tetralogie) gemeinsam auftritt.

Bei der isolierten valvulären Pulmonalstenose liegt eine reine Druckbelastung des rechten Ventrikels vor. Je nach Grad der Stenose und des vorhandenen Druckgradienten entwickelt sich eine konzentrische Hypertrophie des rechten Ventrikels, die ein Leben lang kompensiert werden (geringgradige Stenose) oder aber sehr schnell zum Abfall des Herzzeitvolumens und zur Rechtsherzinsuffizienz führen kann.

12.6.7 Trikuspidalklappenfehler

Die Trikuspidalklappenstenose kann sowohl angeboren als auch im Rahmen einer rheumatischen Endokarditis erworben sein. Hämodynamisch wirksam wird der Fehler erst, wenn die Öffnungsfläche deutlich eingeschränkt ist, so dass sie oft klinisch stumm bleibt. Die isolierte primäre Trikuspidalinsuffizienz ist sehr selten, häufig jedoch die sekundäre Form bei allen Krankheitsbildern, die zu einer deutlichen Dilatation des rechten Ventrikels bzw. des Trikuspedalklappenringes führen (z. B. Vitien, pulmonale Hypertonie, Kardiomyopathien). Die Größe des jeweiligen Pendelblutes zwischen rechtem Vorhof und Ventrikel bestimmt das Ausmaß der geometrischen Veränderung im Sinne der Vergrößerung beider Herzhöhlen.

12.6.8 Spezielle Diagnostik

Die Diagnostik muss nicht nur darauf hinzielen, den jeweiligen Grad des Herzklappenfehlers bzw. der Herzmissbildung zu erfassen, sondern auch die Rückwirkung bzw. Mitbeteiligung des Myokards.

Anamnese

Zu fragen ist nach entzündlichen Erkrankungen, besonders dem rheumatischen Fieber, nach begleitenden kardiovaskulären Risikofaktoren (als Auslöser degenerativer Veränderungen), und wichtig ist die Belastungstoleranz in Beruf und Alltag sowie der zeitliche Verlauf und die Entwicklung der jeweiligen Symptomatik. Aortenstenosen gehen häufig mit Schwindelattacken bis zur Synkope und pektanginösen Beschwerden einher. Allen Fehlern und Missbildungen ist gemein, dass sich eine Links- bzw. eine Rechtsherzinsuffizienz entwickeln kann mit der dann typischen Symptomatik. Gerade Mitralvitien gehen oft einher mit Herzrhythmusstörungen (vor allem Vorhofflimmern mit absoluter Arrhythmie), die es zu erfragen gilt.

Körperliche Untersuchung

Die Untersuchung fahndet nach Zeichen der Rechts- bzw. Linksherzinsuffizienz (12.1), dem jeweils typischen Auskultationsbefund oder begleitenden Herzrhythmusstörungen.

Dopplerechokardiographie

In der täglichen Praxis hat die Dopplerechokardiographie in vielen Fällen die invasive Diagnostik abgelöst. Für die Aortenklappenstenose wurde gezeigt, dass die dopplerechokardiographische Ermittlung des Druckgradienten (als wesentliches Beurteilungskriterium) eng mit den invasiv ermittelten Werten korreliert (Standardschätzfehler zwischen 10 und 25 mmHg), wobei allerdings vorausgesetzt werden muss, dass es sich um einen geschulten, erfahrenen Untersucher handelt und das Strömungsprofil von möglichst verschiedenen Anschallrichtungen erfasst wird, und zwar proximal der Stenose (apikales Fenster) und distal der Stenose (von rechts parasternal und suprasternal). Dabei entspricht der mittlere systolische Gradient dem mit der Katherisierung gewonnenen Druckgradient. Allerdings muss festgestellt werden, dass der gemessene Druckgradient den Schweregrad nicht immer zuverlässig charakterisiert, da dieser bei abnehmendem Schlagvolumen und ansteigender Herzfrequenz deutlich kleiner wird. Der Druckgradient ist deshalb zur Verlaufsbeurteilung nicht geeignet. Wichtig sind neben der Beurteilung des klinischen Bildes vor allen Dingen die hämodynamische Rückwirkung auf den linken Ventrikel (Septumdicke, enddiastolische Dimension).

Eine exakte Quantifizierung der Aorteninsuffizienz durch die Dopplerechokardiographie ist schwierig und nur eingeschränkt möglich. Während durch die zweidimensionale Echokardiographie nur indirekte Hinweise möglich waren, wie zum Beispiel die Dilatation des linken Ventrikels bei Aortenklappeninsuffizienz oder Größenveränderung des linken Vorhofs bei Mitralinsuffizienz, so gelingt durch die Doppler- und vor allen Dingen Farbdopplerechokardiographie eine zumindest semiquantitative Beurteilung. Zur Beschreibung einer Aorteninsuffizienz ist in der täglichen Praxis die Beschreibung der Ausdehnung der maximalen Rückstromfläche mit Hilfe der Farbdopplerechokardiogpahie am besten geeignet (Schweregrad I = klappenassoziierte Insuffizienz, Schweregrad II = Insuffizienz bis zum vorderen Mitralsegel, Schweregrad III = Insuffizienz bis zum vorderen Papillarmuskel, Schweregrad IV = Insuffizienz bis zur Spitze des linken Ventrikels). Analog kann die Abschätzung der Regurgitation an der Mitralklappe erfolgen. Bei der leichten Form der Mitralinsuffizienz ist das Signal nur frühsystolisch nachweisbar, eine mittelgradige Insuffizienz wäre bis zur Mitte des linken Vorhofs nachweisbar, wogegen eine schwere Regurgitation (Regurgitationsfläche $> 5\,cm^2$) bis zum Vorhofdach reicht. Die Erkennung einer Mitralstenose gelingt schon durch die „Dom-Stellung" der Klappe im 2D-Bild, während im M-Mode der abgeflachte EF-Slope des vorderen Segels und die eingeschränkte oder gar parallele Bewegung des hinteren Segels auffällig ist. Eine gewisse Quantifizierung kann mittels zweidimensionaler Echokardiographie durch planimetrische Vermessung des im Querschnitt dargestellten Mitralostiums erfolgen, wobei allerdings die Messgenauigkeit sehr schwankt in Abhängigkeit von der Echoverstärkung, von dem Grad der Verkalkung bei bizarrer Konfiguration und natürlich von ungünstigen Untersuchungsbedingungen. Zum Versuch der Quantifizierung der Mitralstenose ist die dopplerechokardiographische Untersuchung bei apikaler Anlotung besser geeignet, wobei die Farbcodierung das Auffinden eines exzentrischen Jets sehr erleichtert. Bewährt hat sich die Errechnung der Druckgradienten-Halbwertzeit, mit dem zusätzlich unter Berücksichtigung gewisser Einschränkungen (zum Beispiel Faktoren, die die diastolischen Eigenschaften des linken Ventrikels beeinflussen) die Mitralöffnungsfläche errechnet werden kann.

Zur genauen Lokalisation des Vorhof- bzw. Ventrikelseptumdefektes eignet sich in besonderem Maße die zweidimensionale Farbdopplerechokardiographie. Auch kann die Größe des Shuntvolumens durch das Ausmaß der geometrischen Veränderungen abgeschätzt werden. Eine bessere Einschätzung wird durch die Kontrastechokardiographie und besonders durch die transoesophageale Echokardiographie möglich.

Rechtsherzkatheter

Die Rechtsherzkatheterisierung in Ruhe und bei Belastung ist für die Beurteilung von Vitien sehr hilfreich. Bei Shunt-Vitien auf Vorhof- und Ventrikelebene können der Links-Rechts-Shunt, aber vor allen Dingen auch der pulmonale Gefäßwiderstand und die Drücke bestimmt werden, was auch für die Einschätzung einer Mitralstenose wichtig sein kann. Wenn auch unter Ruhebedingungen zum Schweregrad einer Mitralinsuffizienz bzw. Aortenstenose oder Insuffizienz keine exakten Aussagen gemacht werden können, so hilft doch das Verhalten des PCP_m-Druckes unter Belastung bei der Indikation zur Operation. Insgesamt liegt der Wert einer Rechtsherzkatheterisierung aber vor allen Dingen in der prae- und postoperativen Verlaufskontrolle (Verhalten des pulmonalen Gefäßwiderstandes, des Herzzeitvolumens und der intrakardialen Drucke), was auch besonders für den Pulmonalarterienmitteldruck bei den Shunt- Vitien gilt.

Linksherzkatheter

Bei Stenosen wird neben der Messung des jeweiligen Druckgradienten vor und nach der Stenose, der sehr abhängig ist von Herzfrequenz, dem Herzzeitvolumen und der jeweiligen Kontraktilität, vor allen Dingen auch die Klappenöffnungsfläche errechnet. Für die Aortenklappe gilt eine normale Öffnungsfläche von $2{,}6\text{--}3{,}5\,cm^2$, die bei leichter bis mittelschwerer Stenose auf $0{,}8\text{--}2{,}5\,cm^2$ und im Falle einer schweren Stenose auf $< 0{,}8\,cm^2$ verringert ist. Eine normale Mitralklappe weist eine Öffnungsfläche von $4\text{--}6\,cm^2$ auf und ist bei leichter Stenose bis $> 2{,}5\,cm^2$, bei mittelgradiger Stenose auf $1\text{--}2{,}5\,cm^2$ und bei schwerer Stenose auf $< 1\,cm^2$ verkleinert. Die Quantifizierung von Insuffizienzen (zum Beispiel an der Aorten- bzw. Mitralklappe) erfolgt durch die Beurteilung des Kontrastmittelrückübertritts über die insuffiziente Klappe nach Injektion in die Aorta ascendens bzw. in den linken Ventrikel. Bei einer Aorteninsuffizienz entspricht ein diskreter Reflux dem Grad I, ein diastolischer Reflux, der nicht vollständig in jeder Systole ausgewaschen wird, dem Grad II, eine vollständige und gleichmäßige Kontrastierung des linken Ventrikels und der Aorta ascendens dem Grad III, und der Grad IV ist durch Strom in den linken Ventrikel während der ersten Diastole und einer verzögerten Auswaschung gekennzeichnet. Bei der Mitralinsuffizienz bedeutet ein diskreter Reflux Grad I, ein systolischer Reflux mit nahezu vollständiger Kontrastierung des linken Vorhofes Grad II, eine vollständige Anfärbung des linken Vorhofes mit gleicher Dichte wie linker Ventrikel Grad III und vollständige, zunehmende Anfärbung des linken Vorhofs in die Pulmonalvene hinein Grad IV. Beim Ventrikelseptumdefekt lässt sich durch eine Kontrastmittelinjektion in den linken Ventrikel die Größe des Links-Rechts-Shunt abschätzen.

12.6.9 Begutachtungskriterien

Bei den Stenosen ist das Ausmaß der Klappenöffnungsfläche (Linksherzkatheter) wichtig, wesentlicher jedoch der daraus resultierende Druckgradient (Echo, Linksherzkatheter) und die durch letzteren hervorgerufenen geometrischen Veränderungen (Echo) des linken bzw. rechten Ventrikels bzw. Vorhofs (Größenzunahme, Wandverdickung). Bei der Mitralstenose sind mögliche Rückwirkungen auf den Lungenkreislauf (Pulmonale Hypertonie, Cor pulmonale) von entscheidender Bedeutung. Bei den Insuffizienzen spricht das Ausmaß des Refluxes (Echo, Linksherzkatheter) mit der daraus resultierenden Vergrößerung der Herzkammer bzw. Vorhöfe (Echo) die wesentlich Rolle. Bei kombinierten Vitien gilt die führende Komponente.

Bei den Shunt-Vitien ist das Ausmaß des Shunt-Volumens (Rechtsherzkatheter) und die anatomische und funktionelle Anpassung (Echo) entscheidend. Allen Herzklappenfehlern und Missbildungen ist gemein, dass sie die Hämodynamik im Sinne eines reduzierten Herzzeitvolumens und pathologischen Druckanstiegs beeinflussen können.

12.6.10 Sozialmedizinische Beurteilung

Die Patienten mit Mitralinsuffizienz hatten ein Jahr nach Diagnosestellung eine Überlebensrate von 64 % und nach fünf Jahren von nur 27 %, bei der Mitralstenose waren es 78 % bzw. 45 %, d. h. das Leistungsvermögen ist in der Regel stark eingeschränkt bzw. aufgehoben. Die kumulative Überlebensrate kann durch den Klappenersatz deutlich verbessert werden auf 82 % bei Mitralstenose und 76 % bei Mitralinsuffizienz nach fünf Jahren, wobei das Resultat unabhängig ist von der Wahl des Klappenersatzes. Die Fünf-Jahres-Überlebensrate ist bei konservativ behandelten Aortenstenosen 18 % und 39 % bei Insuffizienz. Durch Klappenersatz steigt die Rate bei überwiegender Stenose auf 86 % und bei Insuffizienz auf 87 % [18]. Das heißt, Klappenersatz verbessert nicht nur die Lebensqualität und Leistungsfähigkeit, sondern auch die Prognose.

Nach Klappenersatz bei Mitralinsuffizienz persistiert nicht selten eine erniedrigte linksventrikuläre Auswurffraktion, weil jetzt der linke Ventrikel nicht die Möglichkeit hat, sich eines großen Teiles seines erhöhten enddiastolischen Volumens gegen geringen Widerstand in den linken Vorhof zu entledigen. Bei der Mitralstenose ist durch den Klappenersatz in Abhängigkeit vom klinischen Schweregrad nicht nur in Ruhe, sondern ganz besonders auch während Belastung, eine signifikante Absenkung des Pulmonalarteriendrucks und Anstieg des Herzzeitvolumens zu erzielen. Eine mögliche Funktionsverbesserung wird begrenzt durch ein häufig persistierendes Vorhofflimmern und gegebenenfalls durch eine rheumatische Mitbeteiligung des Myokards. Biologische wie künstliche Herzklappen haben eine eingeschränkte Öffnungsfläche, die eine normale Ruhe-, aber eingeschränkte Belastungshämodynamik zulässt. Bei stärkerer Belastung und entsprechendem Anstieg des Herzzeitvolumens bzw. Schlagvolumens kommt es zu einem Anstieg des transvalvulären Druckgradienten, das heißt, die Prothese wirkt wie eine Mitralstenose. Bei gleichzeitigem Anstieg der Herzfrequenz verkürzt sich naturgemäß die Diastolendauer, was sich zusätzlich negativ auf die linksventrikuläre Füllung auswirkt; das Herzzeitvolumen kann nicht mehr gesteigert werden, sondern fällt im Gegenteil ab. Die Belastbarkeit nach Mitralklappenersatz ist außerdem vom Trainingszustand der Skelettmuskulatur und der Normalisierung einer praeoperativ gestörten linksventrikulären Funktion, einer eventuell persistierenden Erhöhung des Lungengefäßwiderstandes und einer Verbesserung der rechtsventrikulären Funktion abhängig. Ergometrisch sind Patienten nach Mitralklappenersatz deshalb sehr unterschiedlich belastbar, und eine Objektivierung der Belastbarkeit gelingt oft nur durch eine Einschwemmkatheteruntersuchung. In der Regel sind nur leichte körperliche Tätigkeiten möglich.

Bei Patienten mit präoperativer Aortenstenose kann durch den Klappenersatz in mehr als 80% eine altersentsprechende Leistungsfähigkeit wieder hergestellt werden, wogegen nach Aorteninsuffizienz das Ergebnis von der Normalisierung der linksventrikulären Funktion bestimmt wird. Es sind also durchaus mittlere bis schwere körperliche Tätigkeiten möglich. Von GOHLKE-BÄRWOLF [16] wurde bei 1.270 Patienten mit einfachem Klappenersatz der Einfluss verschiedener Parameter auf die berufliche Wiedereingliederung untersucht. Danach waren 62% der Patienten, die zum Zeitpunkt des Klappenersatzes 56 Jahre und jünger waren, berufsfähig, 2% in Ausbildung, 16% Hausfrauen, 4% arbeitslos und nur 16% berentet oder erwerbsunfähig. Neben dem praeoperativen beruflichen Status und dem Geschlecht ist das postoperative funktionelle Ergebnis der wichtigste Faktor für die berufliche Wiedereingliederung. Patienten mit Mehrfachklappenersatz müssen besonders differenziert beurteilt werden.

Dysfunktionen an mechanischen Klappen sind sehr selten, bei Bioprothesen wird jedoch nach zehn Jahren eine Dysfunktion in Mitralposition von 23% bis 32% und bei Aortenklappen von 14% bis 58% angegeben. Die Inzidenz von Prothesendysfunktionen, Thromboembolien und Blutungskomplikationen während des ersten postoperativen Jahres bei Mitralklappenersatz beträgt 3,9% und 12,1% nach zehn Jahren (kumulative Re-Operationsrate 6,3%), bei Aortenklappenprothese 4,2% bzw. 9,9% (Re-Operationsinzidenz 5,9%), d. h. die sozialmedizinische Beurteilung muss in festen zeitlichen Abständen (z. B. nach einem Jahr) aktualisiert werden.

75% der Patienten mit Vorhofseptumdefekt erreichen das 30. Lebensjahr, allerdings nur 50% das 40. und 10% das 60. Lebensjahr [2]. Die Patienten sind bis zum 30. bis 40. Lebensjahr oftmals beschwerdefrei, bis Dyspnoe und Rhythmusstörungen auf Vorhofebene auftreten. Nach postoperativem Verschluss und Unterbrechung des Links-Rechts-Shunts verändert sich die rechtsventrikuläre Anpassung bei Kindern nahezu komplett. Auch bei Erwachsenen nimmt im Verlauf vieler Monate die Größe des rechten Vorhofes und Ventrikels ab, und die paradoxe Septumbewegung verschwindet. Diese Rückentwicklung und auch die körperliche Leistungsfähigkeit wird deshalb gravierend vom Zeitpunkt der Operation (bei großem Shunt möglichst früh) mitbestimmt.

Die Mehrzahl der Patienten ist nach dem operativen Defektverschluss in ihrer Leistungsfähigkeit deutlich gebessert. Die endgültige sozialmedizinische Beurteilung sollte erst nach einem Jahr erfolgen, da dann das Ausmaß der Rückbildung auf Vorhof- und Ventrikelebene beurteilt werden kann. Auch ohne operativen Verschluss sind Patienten mit kleinem Vorhofseptumdefekt normalerweise uneingeschränkt belastbar. Patienten mit kleinem Ventrikeldefekt haben eine gute Prognose, die körperliche Belastbarkeit ist lange oder überhaupt nicht eingeschränkt, und Beschwerden treten nicht auf. Kleine Defekte bedürfen deshalb auch keiner operativen Therapie. Die postoperativen Ergebnisse werden wesentlich vom Zeitpunkt der Operation und eines schon vorliegenden Lungenhochdrucks bestimmt. Lag vor der Operation noch kein erhöhter Lungengefäßwiderstand vor, so sind die postoperativen Spätergebnisse und die Belastbarkeit oft gut. Die endgültige Beurteilung darf bei Vorhofseptumdefekt erst nach einem Jahr erfolgen, da zu diesem Zeitpunkt das Ausmaß der Rückbildung der Anpassungsprozesse beurteilbar ist. Bezüglich des Auftretens begleitender Herzrhythmusstörungen siehe Abschnitt 12.5.

12.7 Pulmonale Hypertonie und Cor pulmonale

12.7.1 Allgemeines

Faßt man alle Formen der pulmonalen Hypertonie und des Cor pulmonale zusammen, so ergibt sich eine Prävalenz von ca. 10% und somit die dritthäufigste kardiale Erkrankung [24]. Die Ursachen der pulmonalen Hypertonie sind vielfältig. Wir unterscheiden fünf

1. **Pulmonale arterielle Hypertonie**
1.1 Primäre pulmonale Hypertonie (PPH, sporadisch oder familiär)
1.2 Pulmonale arterielle Hypertonie bei Risikofaktoren
2. **Pulmonale venöse Hypertonie**
2.1 Atriale oder ventrikuläre Linksherzerkrankung
2.2 Linksseitige valvuläre Herzerkrankung
2.3 Extrinsische Kompression der zentralen Pulmonalvenen (fibrosierende Mediastinitis, mediastinale Raumforderung)
2.4 Pulmonale venookklusive Lungenkrankheit
3. **Pulmonale Hypertonie im Rahmen von Lungenerkrankungen und/oder Hypoxämie**
3.1 Chronische obstruktive Lungenerkrankung
3.2 Diffuse parenchymatöse Lungenkrankheiten
3.3 Obstruktive Schlafapnoe-Erkrankung
3.4 Zentrale alveoläre Hypoventilation
3.5 Chronische Höhenexposition
3.6 Neonatale Lungenkrankheiten
4. **Chronische embolische pulmonale Hypertonie (CTEPH)**
5. **Pulmonale Hypertonie infolge Lungengefäßerkrankungen**
5.1 Inflammatorisch bedingt (Sarkoidose, Histiozytosis X, Schistosomiasis)
5.2 Pulmonale kapilläre Hämangiomatose

Tab. 12.16: Einteilung der pulmonalen Hypertonie nach WHO

verschiedene Formen (Tabelle 12.16), wobei die pulmonale arterielle und die im Rahmen von Lungenerkrankungen bzw. Herzerkrankungen auftretende pulmonale Hypertonie am häufigsten auftreten.

12.7.2 Pulmonale Hypertonie

Die Physiologie des Lungenkreislaufs (Niederdrucksystem) ist dadurch charakterisiert, dass das gesamte Blutvolumen zur Oxygenisierung das Organ Lunge durchfließen muss. Dies ist nur aufgrund des hohen Dilatationsvermögens der kleinen Lungenarterien möglich. Entwickelt sich eine pulmonale Hypertonie, so resultiert diese immer aus einer Widerstandserhöhung des pulmonalen Kreislaufsystems durch funktionelle oder morphologische Veränderungen, wobei zusätzlich ein erhöhtes Herzzeitvolumen oder eine erhöhte Viskosität des Blutes den Pulmonalarteriendruck erhöhen können. Funktionelle Mechanismen im Sinne einer Vasokonstriktion werden vor allen Dingen durch eine Hypoxie hervorgerufen und sind in der Frühform der Erkrankung häufig noch durch Sauerstoffgabe, aber auch durch medikamentösen Einfluss korrigierbar. Zu morphologischen Veränderungen kommt es vor allen Dingen bei Lungenfibrosen, wobei chronisch-obstruktive Atemwegserkrankungen und auch das Lungenemphysem in der Regel zu keiner ausgeprägten Reduktion des Lungengefäßbettes führen, wohl aber rezidivierende Lungenembolien.

Am häufigsten wird die Druckerhöhung im Lungenkreislauf durch Mischformen hervorgerufen im Sinne von funktionellen und morphologischen Anpassungen, was vor allen Dingen für die in Deutschland häufigste Form der pulmonalen Hypertonie gilt, nämlich die bei chronisch-obstruktiven Atemwegserkrankungen. Die Dilatationsfähigkeit des Niederdrucksystems ist allerdings so groß, dass selbst Lungenflügelresektionen ausgeglichen werden und nicht zu einer Erhöhung des Pulmonalarterienmitteldrucks einer gesunden Lunge führen. Läßt sich eine pulmonale Hypertonie sichern, so deutet das bereits auf einen hohen Verlust von ca. 50 % des Lungengefäßquerschnittes hin, das heißt, es liegt schon eine deutliche pathophysiologische Veränderung vor, bevor es zur pulmonalen Hypertonieentwicklung kommt.

Eine pulmonale Hypertonie liegt definitionsgemäß vor, wenn unter Ruhebedingungen der pulmonalarterielle Mitteldruck 20 mmHg überschreitet bzw. unter einer submaximalen Belastung von mindestens 50 Watt 30 mmHg übersteigt. Die Tabelle 12.17 zeigt die mit Hilfe des Rechtsherzkatheters und der Messung der Hämodynamik mögliche, exakte Einteilung des Schweregrades unter Ruhe- und Belastungsbedingungen. Erst relativ spät im Krankheitsverlauf und somit höherem Schweregrad der pulmonalen Hypertonie und des sich entwickelnden Cor pulmonale kommt es zu klinischen Symptomen, die direkt oder zusätzlich durch die pulmonale Hypertonie erklärt werden können (sonst Einschränkung durch die Grunderkrankung, zum Beispiel COPD). Die Tabelle 12.18 zeigt die von der WHO vorgeschlagene klinische Schweregradein-

Schweregrad	Ruhe		Belastung
	PAP$_m$	R$_p$	PAP$_m$
leicht	20–29	160–319	30–39
mittelschwer	30–39	320–639	40–49
schwer	≥ 40	≥ 640	≥ 50

PAP$_m$ = Pulmonalarteriendruck (mmHg)
R$_p$ = Lungengefäßwiderstand (dyn-sec-cm^3)

Tab. 12.17: Schweregradeinteilung der präkapillären pulmonalen Hypertonie

I	Keine Symptome unter Alltagsbelastung
II	Normale körperliche Arbeit führt zu vermehrter Dyspnoe oder Müdigkeit, thorakalen Schmerzen oder Schwächeanfällen
III	Leichte Belastungen führen zu Symptomen
IV	Zeichen der manifesten Herzinsuffizienz, Dyspnoe kann bereits in Ruhe vorhanden sein

Tab. 12.18: Klinische Schweregrade der pulmonalen Hypertonie in der nach WHO modifizierten NYHA-Klassifizierung

teilung der pulmonalen Hypertonie.

12.7.3 Lungenembolie

Der Lungenembolie liegt primär eine Thrombose im venösen System der Beine und/oder des Beckenbereichs zugrunde, die sich entweder komplett oder partial von der Gefäßwand löst und über das Herz die Lungenstrombahn erreicht. Dadurch wird der Gefäßwiderstand schlagartig erhöht. Ist das Ausmaß des betroffenen Gefäßbettes groß, so kann es zu einem akuten Rechtsherzversagen kommen, was vor allen Dingen bei vorgeschädigtem rechten Ventrikel der Fall ist. In der Regel ist allerdings der rechte Ventrikel in der Lage, auch größere Gefäßverlegungen zu überwinden und ein ausreichendes HZV aufzubauen, wobei in dieser Phase oftmals eine Dilatation des rechten Herzens nachweisbar ist. Durch Perfusionsausfälle kann es akut auch zu einer Hypoxie und reaktiv zu einer Pneumonie kommen.

Der chronische Verlauf einer akuten Lungenembolie wird dadurch bestimmt, wie stark durch die endogene Fibrinolyse bzw. eine eingeleitete Antikoagulantientherapie das thrombotische Material abgebaut und damit der Gefäßwiderstand wieder gesenkt werden kann und ob sich eine pulmonale Hypertonie hieraus entwickelt. Im günstigen Falle normalisiert sich die rechtsventrikuläre Funktion komplett. Lungenembolien rezidiveren häufig klinisch stumm und sind eine nicht seltene Ursache für eine sich allmählich entwickelnde pulmonale Hypertonie und eines Cor pulmonales.

12.7.4 Cor pulmonale

Das Cor pulmonale ist pathologisch anatomisch definiert durch eine Wandhypertrophie und/oder Dilatation des rechten Ventrikels als Folge einer Struktur-, Funktions- oder Zirkulationsstörung der Lunge mit daraus resultierender pulmonaler Hypertonie (siehe Tabelle 12.17). Eine Ausnahme machen diejenigen Lungenveränderungen mit pulmonaler Hypertonie, die primär durch Erkrankung des linken Herzens oder kongenitale Vitien hervorgerufen werden. Das Cor pulmonale stellt somit einen chronischen Anpassungsvorgang an die pulmonale Hypertonie dar, um das HZV aufrecht zu halten.

Dabei können bei langsamer Anpassung pulmonalarterielle Mitteldrucke bis über 100 mmHg vom rechten Ventrikel kurzfristig aufgebracht werden. Langfristig führt jedoch die Gefäßwiderstandserhöhung zu einer Dekompensation des rechtsventrikulären Myokards im Sinne der Rechtsherzinsuffizienz bzw. des Rechtsherzversagens (siehe Herzinsuffizienz).

12.7.5 Spezielle Diagnostik

Die Diagnostik zielt auf eine exakte Gradeinteilung der pulmonalen Hypertonie und des Cor pulmonale sowie auf die primäre Grunderkrankung (z. B. COPD) hin.

Anamnese

Die Anamnese muss nach den vielfältig möglichen Ursachen der pulmonalen Hypertonie fahnden, indem das Vorliegen infrage kommender Erkrankungen und typischer Symptome (der Grunderkrankung und der pulmonalen Hypertonie) eruiert werden. Letzte dienen zur klinischen Schweregradeinteilung (Tabelle 12.18). Besonders wichtig ist das Erfragen von Zeichen der Rechtsherzinsuffizienz wie prätibiale Ödeme, Nykturie, Meteorismus und deren Häufigkeit und Ausmaß sowie der zeitliche Verlauf. Auch das Ansprechen dieser Symptome auf Medikamente (z. B. Diuretika), die frühere und jetzige Einnahme von Appetitzüglern (primäre pulmonale Hypertonie) sowie wiederholte thorakale Schmerzereignisse mit und ohne Dyspnoe (rezidivierende Lungenembolien) sind wichtig.

Klinische Untersuchung

Die klinische Untersuchung zielt auf Zeichen der Rechtsherzinsuffizienz (siehe 12.1) und typische Befunde bei infrage kommenden Grunderkrankungen (z. B. Auskultation, Perkussion der Lunge).

Rechtsherzkatheter

Zur exakten Früherkennung, Schweregradeinteilung und vor allen Dingen Testung vasodilatatorischer Therapiemöglichkeiten ist nur die Rechtsherzkatheterisierung in Ruhe und während körperlicher Belastung in der Lage [14]. Deswegen sollte jeder Patient mit Verdacht auf pulmonale Hypertonie, vor allen Dingen wenn bereits Zeichen für ein Cor pulmonale vorliegen, einer invasiven Diagnostik zugeführt werden, um sein Leistungsvermögen zu beurteilen. Dies geschieht durch eine exakte Beschreibung des Schweregrades der pulmonalen Hypertonie (Tabelle 12.17) und der rechtsventrikulären Funktion. Als besonders wertvoll zeigt sich dabei auch die Rechtsherzkatheterisierung unter körperlicher Belastung, weil bei Frühformen der Erkrankung unter Ruhebedingungen noch ein normaler Gefäßwiderstand, Herzzeitvolumen und pulmonalarterieller Mitteldruck vorliegen können und erst bei körperlicher Belastung im submaximalen Bereich im Sinne der schon eingeschränkten Vasodilatationsfähigkeit die pulmonale Hypertonie manifest wird. Ein Großteil dieser Patienten weist bereits im submaximalen Bereich eine rechtsventrikuläre Dysfunktion auf, die durch den Rechtsherzkatheter durch Rückzug in den rechten Vorhof (> 10 mmHg) exakt erfasst werden kann. Hierdurch ist nicht nur eine Frühdiagnostik des Cor pulmonale möglich und damit ein konsequentes therapeutisches Herangehen, sondern auch bei diesen Formen sehr häufig eine gute medikamentöse Beeinflussung der pulmonalen Hypertonie und auch der rechtsventrikulären Funktion gegeben [14]. Hierdurch kann langfristig das Leistungsvermögen stabilisiert werden.

Echokardiographie

Die echokardiographische Abschätzung des pulmonalen Drucks kann die Rechtsherzkatheterisierung nicht adäquat ersetzen, zumal, da sie keinerlei Aussagen über die Hämodynamik bei Belastung ermöglicht. Allerdings ist die Dopplerechokardiographie bei ausreichendem Schallfenster und vorliegender Erfahrung sehr häufig zur Beschreibung des bereits eingetretenen Cor pulmonale im Sinne einer Wandhypertrophie, Verstärkung des Trabekelwerks, Vergrößerung des rechten Ventrikels, der paradoxen Septumbewegung und dem Vorliegen einer Trikuspidalinsuffizienz bzw. dem Fehlen des atmungsabhängigen Kollaps der Vena cava inferior sehr wohl in der Lage. Auf der anderen Seite kann bei nicht vorliegenden echokardiographischen Hinweisen für ein Cor pulmonale nicht rückgeschlossen werden, dass nicht bereits eine pulmonale Hypertonie, vor allen Dingen unter Belastungsbedingungen, vorliegt.

Ruhe-EKG

Die bekannten EKG-Zeichen des Cor pulmonale mit P dextrokardiale, Rechtsabweichung der Herzachse bzw. Sagittalstellung, Vergrößerung der R-Zacke in V1 und V2 und der S-Zacke in V5 und V6 bzw. Rechtsschenkelblockbildung sind späte Veränderungen im Verlauf der Erkrankung und können daher die anderen Untersuchungsverfahren nicht ersetzen.

12.7.6 Begutachtungskriterien

Für die pulmonale Hypertonie ist das wesentliche Kriterium zur Gradeinteilung die Höhe des Pulmonalarterienmitteldrucks, des Lungengefäßwiderstandes und des Herzzeitvolumens (Rechtsherzkatheter) und ob sich ein Cor pulmonale entwickelt hat. Hieran wird auch die Bedeutung eines Zustandes nach Lungenembolie im chronischen Stadium beurteilt. Ein wichtiges Kriterium ist auch der Grad der medikamentösen Beeinflussbarkeit der pulmonalen Hypertonie und des Cor pulmonale.

12.7.7 Sozialmedizinische Beurteilung

Die Prognose bei mittelschwerer bzw. schwerer pulmonaler Hypertonie und Cor pulmonale ist außerordentlich schlecht. Die Fünfjahres-Überlebenswahrscheinlichkeit liegt bei nur 30 %, wenn der Pulmonalarterienmitteldruck in Ruhe > 30 mmHg beträgt und liegt nur bei 10 % bei einem PAP_m von > 50 mmHg. Ist es erst einmal zu einer Rechtsherzdekompensation gekommen, so liegt die Sterblichkeit nach zwei Jahren bei 70 %. Dabei werden selbstverständlich die Prognose und das Leistungsvermögen bei pulmonaler Hypertonie von der Grunderkrankung, aber auch dem Schweregrad des sich entwickelnden Cor pulmonale bestimmt. In der Regel kann man bei mittelschwerer und schwergradiger pulmonaler Hypertonie bei allen körperlich arbeitenden Personen von einer aufgehobenen Leistungsfähigkeit im Erwerbsleben ausgehen. Dieses gilt besonders dann, wenn bereits eine Rechtsherzdekompensation aufgetreten ist. Bei leichtgradiger pulmonaler Hypertonie ist unter Berücksichtigung der Grunderkrankung eine überwiegend geistige Tätigkeit möglich, wobei allerdings die Wegefähigkeit berücksichtigt werden muss. Gerade bei nicht körperlich tätigen Personen muss bei der sozialmedizinischen Begutachtung beachtet werden, dass durch die O_2-Langzeittherapie, die Möglichkeiten der oralen medikamentösen Beeinflussung der pulmonalen Hypertonie durch Kalziumantagonisten vom Dihydropyridin-Typ und die neu eingeführten Endothelinantagonisten, neue Therapieoptionen entstanden sind, die im Einzelfalle sehr effektiv sein können, aber immer invasiv hämodynamisch überprüft werden müssen.

Hinzu kommt, dass gerade für jüngere Patienten die Prognose nach Lungentransplantation sich deutlich gebessert hat und bei der endgültigen Beurteilung auch an dieses Verfahren gedacht werden muss. So ist nach den neueren Daten des Transplantationszentrums in Hannover die Einjahres-Überlebensrate 85 % und nach fünf Jahren immer noch 70 %, wobei der überwiegende Anteil der Patienten eine deutliche Steigerung der körperlichen Belastbarkeit aufweist.

Literatur

[1] Bundesanstalt für Straßenwesen (Hrsg.): *Begutachtungsleitlinien zur Kraftfahrereignung des Gemeinsamen Beirats für Verkehrsmedizin beim Bundesministerium für Verkehr, Bau- und Wohnungswesen und beim Bundesministerium für Gesundheit.* Bergisch-Gladbach: Wirtschaftsverlag NW, 2000.

[2] Campbell M: Natural history of atrial septal defect. *Br Heart J* 32: 820–827, 1970.

[3] CASS Principal investigators and their associates: Coronary Artery Surgery Study (CASS): a randomized trial of coronary artery bypass surgery: survival data. *Circulation* 68: 939–946, 1983.

[4] Deutsche Liga zur Bekämpfung des hohen Blutdruckes: *Empfehlungen zur Blutdruckdiagnostik.* Heidelberg: Springer, 2001.

[5] Deutsche Liga zur Bekämpfung des hohen Blutdruckes: Leitlinien für die Prävention, Erkennung, Diagnostik und Therapie der arteriellen Hypertonie. *Dtsch Med Wschr* 126: 201–238, 2001.

[6] European Coronary Surgery Study Group: Long-term results of prospective randomized study of coronary artery bypass surgery in stable angina pectoris. *Lancet* 2: 1173–1178, 1982.

[7] Franz IW: *Belastungsblutdruck bei Hochdruckkranken. Diagnostische, prognostische und therapeutische Aspekte.* Berlin; Heidelberg: Springer, 1993.

[8] Franz IW: *Hypertonie und Herz.* Berlin; Heidelberg; New York: Springer, 1993.

[9] Franz IW: Herz-Kreislauferkrankungen. In: Delbrück H, Haupt E (Hrsg.) *Rehabilitationsmedizin*, S. 135. München: Urban & Schwarzenberg, 1998.

[10] Franz IW: Bedeutung, Diagnostik und Therapie der arteriellen Hypertonie. In: Franz IW (Hrsg.) *Der kardiovaskuläre Risikopatient in der täglichen Praxis*, S. 20. Bremen: Uni-Med, 2002.

[11] Franz IW: Echokardiographie in der Hochdruckdiagnostik. *Dtsch med Wschr* 127: 2389–2391, 2002.

[12] Franz IW, Tönnesmann U, Erb D: Belastungshaemodynamik bei Hypertonikern mit koronarer Mikroangiopathie, koronarer Herzkrankheit und ohne Ischämiesyndrom – Effekt von Nifedipin. *Z Kardiol* 86: 936–944, 1997.

[13] Franz IW, Tönnesmann U, Müller JFM: Time course of complete normalization of left ventricular hypertrophy during longterm antihypertensive therapy with angiotension converting enzyme inhibitors. *Am J Hypertens* 11: 631–639, 1998.

[14] Franz IW, van der Meyden J, Schaupp S, Tönnesmann U: The effect of amlodipine on exercise induced pulmonary hypertension and right heart function in patients with chronic obstructive pulmonary disease. *Z Kardiol* 91: 833–839, 2002.

[15] Gohlke H, Betz P, Roskamm H: Improved risk stratification in patients with coronary artery disease. Application of a survival function using continuous exercise and angiographic variables. *European Heart J* 9: 427–434, 1988.

[16] Gohlke-Bärwolf C, Gohlke H, Peters K, Petersen J, Eschenbruch E, Birnbaum D, Roskamm H: Welche Faktoren beeinflussen die berufliche Wiedereingliederung nach Klappenersatz? *RHZ Aktuell* 5: 12–14, 1990.

[17] Guidelines Subcommittee 1999 World Health Organization – International Society of Hypertension: Guidelines for the Management of Hypertension. *J Hypertens* S. 151–183, 1999.

[18] Horstkotte D, Schulte HD, Bircks W, Strauer BE: Prognose, Komplikationen und Funktionsbeurteilung nach Herzklappenersatz. *Internist* 30: 511–518, 1989.

[19] King III SP, Schlumpf M: Ten-year completed follow-up of percutaneous transluminal coronary angioplasty: The early Zurich experience. *J Amer Coll Cardiol* 22: 353–359, 1993.

[20] Maisch B, Funker R, Alter P, Portig I, Pankuweit S: Dilatative Kardiomyopathie und Myokarditis. *Internist* 43 (Suppl 1): 45–54, 2002.

[21] McCully RB, Roger VL, Mahoney DW, Burger KN, Click RL, Seward JB, Pellika PA: Outcome after abnormal exercise echocardiography for patients with good exercise capacity. *J Am Coll Cardiol* 39: 1345–1352, 2002.

[22] Müller-Fahrnow W: Die Berliner KHK-Studie. Eine empirische Untersuchung zur Versorgungsphase I–III bei koronarer Herzerkrankung. In: Müller-Fahrnow W (Hrsg.) *Medizinische Rehabilitation*, S. 144. Weinheim; München: Juventa, 1991.

[23] Mundal R, Kjeldsen E, Sandvik L, et al.: Exercise blood pressure predicts cardiovascular mortality in middle aged men. *J Hypertens* 24: 56–62, 1994.

[24] Richter R, Gottwick M: Cor pulmonale: Interaktion mit pulmonaler Hypertonie, Schlafapnoe und Lungenerkrankungen. *Internist* 43 (Suppl 1): 519–532, 2002.

[25] Roskamm H, Reindell H (Hrsg.): *Herzkrankheiten*. Berlin; Heidelberg: Springer, 3. Auflage, 1989.

13 Gefäßkrankheiten

Günter Baitsch, Trudbert Layher

Arterielles, venöses und lymphatisches System bilden eine funktionelle Einheit. Störungen der Durchblutung einzelner Organe werden gewöhnlich diesen zugerechnet wie z. B. die koronare Herzkrankheit (Kapitel 12), die Nierenarterienstenose (Kapitel 16) oder die zerebrovaskuläre Insuffizienz (Kapitel 22). Die Angiologie befasst sich dagegen mit den nicht unmittelbar organbezogenen Erkrankungen von Arterien, Venen und Lymphgefäßen.

13.1 Arterielles System

Die Mehrzahl der Erkrankungen des arteriellen Systems geht einher mit einer Stenose oder einem Verschluss. Daher der Oberbegriff der *arteriellen Verschlusskrankheit (AVK)*. Bleiben die organbezogenen Gefäßverschlüsse außer Betracht, spricht man von der *peripheren arteriellen Verschlusskrankheit (pAVK)*, dem Schwerpunkt dieses Kapitels.

13.1.1 Diagnostik

Die arterielle Verschlusskrankheit i. e. S. ist abzugrenzen gegen Stenosen und Verschlüsse anderer Ursache wie arterielle Embolien, Aneurysmen, lokale oder mechanische Faktoren, Gefäßtraumen, postaktinische Gefäßveränderungen sowie entzündliche Ursachen (Vaskulitiden, Kollagenosen). Gefäßpatienten sind häufig multimorbide. Dehalb ist sowohl auf organbezogene Manifestationen einer Arteriosklerose (Koronararterien, Hirngefäße) als auch auf Risikofaktoren wie Bluthochdruck oder Diabetes mellitus zu achten. Begleiterkrankungen des Stütz- und Bewegungssystems können mitunter ähnliche Beschwerden wie bei der peripheren arteriellen Verschlusskrankheit hervorrufen. Daher sollte auch auf Muskelatrophien, Koxarthrose, Gonarthrose sowie Veränderungen der Wirbelsäule und Iliosakralgelenke geachtet werden.

Anamnese Beginn der Erkrankung; Art, Dauer und Lokalisation von Schmerzen (z. B. Gesäß, Oberschenkel, Wade, Fuß); Auftreten unter Belastung oder bereits in Ruhe; schmerzfreie Gehstrecke abhängig vom Gehtempo; Kältegefühl; Sensibilitätsstörungen. Bei trophischen Gewebsläsionen Frage nach Auslösern (drückende Schuhe, Fußpflege, Erfrierungen) und nach dem Alter der Läsion (Tage, Wochen, Monate).

Körperliche Untersuchung Die Untersuchung wird in einem warmen Raum am entkleideten Patienten im Liegen und im Stehen durchgeführt. Friert der Patient, fallen durch periphere Vasokonstriktion zahlreiche Befunde falsch-positiv aus. Zu achten ist auf Hautfarbe (Blässe, Röte, Zyanose), Hauttemperatur, Hyper- und Depigmentierungen, Haarverlusten an den Extremitäten, Hyperkeratosen an den Fußsohlen, trophische Störungen, Ödeme, Muskelatrophien, Störungen des Nagelwachstums, Nagelmykosen. Pulsstatus und Gefäßgeräusche geben Aufschluss über das Vorliegen und die Lokalisation einer Stenose. Eine Belastung z. B. mit zehn Kniebeugen kann vorher kaum hörbare Geräuschphänome akzentuieren. Für die Verlaufsbeurteilung ist eine sorgfältige Dokumentation unerlässlich; vgl. Tabelle 13.1.

RATSCHOW-Probe Der Patient hält im Liegen beide Beine mit Unterstützung der Hände möglichst senkrecht in die Höhe und beugt ca. 30mal pro Minute beide Füße abwechselnd nach dorsal und plantar. Abbruch nach 1–3 Minuten bzw. beim Auftreten von

Beschwerden und/oder deutlicher Abblassung eines oder beider Füße. Danach Aufsetzen des Patienten und Hängenlassen der Beine. Beim Gesunden kommt es nach leichter Abblassung der Fußsohle zu einer geringen Intensivierung der normalen Hautfarbe nach etwa 10–15 Sekunden und Füllung der Fußrückenvenen nach spätestens 20 Sekunden. Bei Ischämiekranken bleibt die Haut zunächst blass, dann tritt eine verspätete, überschießende rötliche Zyanose auf. Auch die Venenfüllung ist verzögert. Bei kalter Umgebung kann die RATSCHOW-Probe falsch-positiv ausfallen. Falsch-negative Ergebnisse entstehen bei gut kompensierten Arterienverschlüssen. Bei chronisch venöser Insuffizienz ist die „Venenauffüllzeit" nur eingeschränkt verwertbar.

Faustschlussprobe Bei erhobenen Armen des Patienten und zirkulärer Kompression der Handgelenksregion durch den Untersucher werden 5–10 kräftige Faustschlussbewegungen durchgeführt. Beim Gesunden röten sich Handinnenfläche und Finger sofort nach Belastungsende bzw. Freigabe der Handgelenkarterien, während es beim Gefäßkranken zu einer verzögerten und fleckigen Hautrötung der Handinnenfläche oder einzelner Finger kommt.

ALLEN-Test Der Untersucher komprimiert die A. radialis des Patienten. Nach 8 bis 10 kräftigen Faustschlüssen kommt es bei offener A. ulnaris zu einer geringen fleckförmigen Abblassung der Handinnenfläche. Bei Verschluss dieses Gefäßes allerdings bleibt eine deutliche Blässe der Haut der Handinnenfläche bestehen mit deutlicher reaktiver Hyperämie der Hand nach Freigabe der A. radialis. In gleicher Weise kann die A. ulnaris geprüft werden. Dieser Test ist vor allem zu Differenzierung einer primären von einer sekundären RAYNAUD-Symptomatik von Bedeutung.

Laufbandergometer Beim Gehtest auf einem elektrisch betriebenen Laufband lassen sich Tempo und Steigung exakt dosieren. Von Vorteil ist die reproduzierbare Messung, nachteilig sind die Abhängigkeit von der Motivation und Geschicklichkeit des Patienten und die mangelnde Übereinstimmung mit dem „wirklichen Gehen" im Alltag, da Tempo, Gangart und Untergrund starr vorgegeben sind. Im Stadium FONTAINE III und IV der arteriellen Verschlusskrankheit ist der Gehtest kontraindiziert.

Klinischer Befund		rechts	links
	Blutdruck		
Stenose- geräusche	A. carotis		
	A. subclavis		
Pulse	A. temporalis		
	A. carotis		
	A. brachialis		
	A. radialis		
Stenose- geräusche	A. iliaca		
	A. femoralis		
	A. fem. superfic.		
Pulse	A. femoralis		
	A. poplitea		
	A. tibialis ant.		
	A. tibibialis post.		
Varikosis			
Ödeme			
Ulzera			
Lokalbefund			
Verzögerte reaktive Hyperämie			
Periphere Dopplerdrucke		rechts	links
Systemdruck	A. radialis		
	A. tibialis ant.		
	A. tibialis post.		
Elektrisches Oszillogramm		rechts	links
Oberschenkel	mit Belastung		
	ohne Belastung		
Unterschenkel	mit Belastung		
	ohne Belastung		
Fuß	mit Belastung		
	ohne Belastung		

Tab. 13.1: Angiologischer Untersuchungsstatus

Doppler-Verschlussdrucke Die Blutdruckmessung an den Aa. radialis, ulnaris, dorsalis pedis und tibialis posterior beider Seiten mit Hilfe einer Blutdruckmanschette und einer nicht-direktionalen Ultraschallsonde ist eine einfache Standardtechnik. Voraussetzung sind

TBI	Beurteilung
> 1	Normalbefund
0,75 – 0,9	Leichte arterielle Durchblutungsstörung
0,5 – 0,75	Mittelschwere art. Durchblutungsstörung
< 0,5	Kritische Ischämie mit Amputationsgefahr

Tab. 13.2: Tibiobrachialer Index (TBI)

normal komprimierbare Weichteile und Arterien. Bei Ödemen oder Gefäßkalk (MÖNCKEBERG-Mediasklerose bei Diabetikern, Dialyse-Patienten) werden zu hohe Verschlussdrucke gemessen. Normalerweise liegt der Knöchelarteriendruck um 10–20 mmHg höher als der systolische Druck am Oberarm. Der *tibiobrachiale Index* (Quotient aus Knöcheldruck und Oberarmdruck) ist ein Maß für den Schweregrad einer Durchblutungsstörung; vgl. Tabelle 13.2. Auf eine *Belastung* mit 30 Zehenständen reagieren Gefäßgesunde mit einem maximal eine Minute lang nachweisbaren leichten Druckabfall, während es bei der pAVK zu einem mehrminütigen Abfall kommt. Eine feste Korrelation zu den FONTAINE-Stadien der pAVK besteht nicht.

Oszillometrie Dieses unblutige Verfahren macht Aussagen über die Lokalisation und die Kompensation einer arteriellen Durchblutungsstörung möglich. Im Rahmen einer ambulanten sozialmedizinischen Begutachtung ist die Oszillometrie sicherlich nicht möglich, allerdings in der angiologischen Beurteilung etwa im Rahmen eines Rehabilitationsverfahrens sollte sie Standard sein. Durch dosierte Arbeit (30 Zehenstände pro Minute) macht sie eine Beurteilung der Güte des Kollateralkreislaufs bei arteriellen Durchblutungsstörungen möglich.

Farbkodierte Duplexsonographie Hiermit werden Gefäßumgebung, Gefäßwand, intraluminale Strukturen und in Farbe die Blutströmung dargestellt. Man sieht zugleich die anatomischen Veränderungen und ihre hämodynamischen Folgen im arteriellen und venösen System. Wie alle Utraschallverfahren ist die farbkodierte Duplexsonographie in hohem Maße abhängig von der Erfahrung des Untersuchers.

Arteriographie Die radiologische Darstellung der arteriellen Strombahn nach Injektion eines Kontrastmittels erlaubt eine exakte Darstellung und Lokalisation von Stenosen. Sie ist als invasive Methode im Rahmen einer Begutachtung nicht duldungspflichtig. Vorhandene Angiographien im Rahmen der Begutachtung müssen in jedem Falle Berücksichtigung finden. Gleiches gilt für die MRT-Angiographie.

13.1.2 Begutachtungskriterien

Die Beurteilung des Leistungsvermögens im Erwerbsleben richtet sich bei der arteriellen Verschlusskrankheit nach einer Reihe von Kriterien, die nur zum Teil in den FONTAINE-Stadien (Tabelle 13.3) erfasst sind.

Lokalisation Der Ort einer Gefäßläsion bestimmt die Folgen; z. B. ein Mehretagen-Verschluss, Gefäßstenosen in mehreren Extremitäten, Kollateralen und Steal-Phänomene. Eine exakte Lokalisationsdiagnostik ist daher in der Angiologie unerlässlich.

Hämodynamik Anatomische Läsionen verändern Blutströmung sowie Zu- und Abfluss eines Gefäßes, Kollateralen können ein Strömungshindernis umgehen bzw. kompensieren. Ein Gefäßschaden lässt sich nur exakt beurteilen, wenn die Perfusion durch bildgebende Verfahren bzw. Funktionsuntersuchungen abgeklärt wurde.

Gewebsschädigung Jede Störung der Gewebsperfusion führt zu einer reversiblen oder irreversiblen Gewebsschädigung und schließlich zur Nekrose. *Hautläsionen*, Druckstelle und Ulzerationen können das Leistungsvermögen einschränken. *Muskelläsionen* manifestieren sich durch Schmerz, Atrophie und Schwäche mit entsprechenden Störungen der Motorik.

Ischämiezeichen Der *Ischämieschmerz*, den der Patient spürt, korreliert keineswegs immer mit dem angiologischen Gefäßstatus; so kann eine (diabetische) Polyneuropathie eine Claudicatio intermittens oder selbst einen ischämischen Ruheschmerz verschleiern.

Stadium I Beschwerdefreiheit trotz nachweisbarer Gefäßveränderung (Stenose, Verschluss).

Stadium II Belastungsabhängige und reproduzierbare Missempfindungen oder Schmerzen, z. B. an den Beinen nach einer bestimmten Gehstrecke als Claudicatio intermittens (intermittierendes Hinken).

An den Beinen werden nach der schmerzfreien Gehstrecke die Stadien IIa (über 200 m) und IIb (unter 200 m) unterschieden. Die Übergänge sind fließend.

Stadium III Ischämische Ruheschmerzen.

Stadium IV Auftreten von Gewebsläsionen in Form von Ulzera, Nekrosen, Gangrän. Schmerzen sind häufig, können aber bei guter Demarkation oder bei Polyneuropathie fehlen.

Hiervon zu differenzieren ist das *komplizierte Stadium II*, bei dem eine traumatische Gewebsläsion wegen arterieller Minderperfusion nicht abheilt. Bei frühzeitiger Therapie ist hier die Prognose i. A. gut.

Tab. 13.3: Stadien der AVK nach FONTAINE

Gehstrecke Sie kann durch arterielle Minderperfusion, aber auch z. B. durch eine Erkrankung des Bewegungssystems limitiert sein. Die Abgrenzung erfordert eine exakte Anamnese und körperliche Untersuchung, die sich nicht nur auf den Gefäßstatus beschränkt. Laufbanduntersuchungen sind mitarbeitsabhängig und bei der Begutachtung meist wenig hilfreich.

Amputationen Sie reichen vom Verlust eines Zehenglieds bis zum Verlust einer Extremität. Entsprechend vielgestaltig sind die Folgen. Neben dem lokalen und orthopädischen Befund (Kapitel 7) ist immer die Perfusion von Stumpf und kontralateraler Extremität zu berücksichtigen.

Begleiterkrankungen Da die Arteriosklerose eine generalisierte Gefäßkrankheit ist, muss immer nach organbezogenen Durchblutungsstörungen gesucht werden, besonders im Koronarsystem (Kapitel 12) und an den Hirngefäßen (Kapitel 22).

13.1.3 Sozialmedizinische Beurteilung

Leistungsvermögen

Abhängig von Lokalisation und Schweregrad kann eine AVK die Selbstversorgung, die Mobilität (Gehstrecke) und die Teilhabe an zahlreichen Lebensbereichen einschließlich des Erwerbslebens beeinträchtigen. Die konkreten Auswirkungen lassen sich individuell aus den o. g. Begutachtungskriterien ableiten, sind aber kaum zu schematisieren. Auch das FONTAINE-Stadium der AVK gibt nicht mehr als einen orientierenden Anhalt.

Die vom Probanden bei der Begutachtung angegebene beschwerdefreie Gehstrecke darf weder unkritisch als Richtmaß für die Stadieneinteilung übernommen noch mit der zumutbaren Gehstrecke gleichgesetzt werden, die mit dem Rechtsbegriff der Wegefähigkeit in Zusammenhang steht (siehe Abschnitt 3.4 auf Seite 54). Vielmehr sind die anamnestischen Angaben zur Gehfähigkeit situationsabhängig durch klinische Untersuchung, Testverfahren und medizin-technische Diagnostik zu verifizieren. In Bezug auf letztere besitzen Bedeutung vor allem die standardisierte laufbandergometrische Testung und die Doppler-Sonographie mit Bestimmung des Druckquotienten und der Absolutdrucke in Ruhe wie auch nach Belastung (Kniebeugen, Zehenstände). Daneben sollten die Spezialdiagnostik (Angiographie, Oszillometrie) und Begleitumstände wie Muskelstatus, Trainingszustand, Schäden des Stütz- und Bewegungssystems oder neurologische Störungen Berücksichtigung finden.

Eine derartige synoptische Betrachtung ist vor allem geboten bei der Festlegung der Gehfähigkeit in den FONTAINE-Stadien IIa und IIb. Dabei ist zu bedenken, dass die rechtlichen Vorgaben zur Wegefähigkeit (Zurücklegung einer Gehstrecke von 500 m in bis zu 20 Minuten) durchaus eine langsame Gehweise mit passageren Verzögerungen oder Kurzpausen beinhalten. Die rechtserhebliche Gehstrecke kann daher ein mehrfaches der anamnestisch berichteten oder testmäßig ermittelten Gehstrecke betragen. In den Stadien I bis IIb ist, von sonstigen gravierenden Begleitstörungen abgesehen, in der Regel eine mindestens sechsstündige erwerbsbezogene Leistungsfähigkeit gegeben.

Rehabilitation

Im *Stadium I* ist das vorrangige Ziel die Verhinderung der Krankheitsprogredienz. Priorität haben Einstellung des Rauchens, Senken der Blutfettwerte, optimale Einstellung von Blutdruck und Blutzucker mit entsprechender Schulung. Auch im *Stadium II* kann durch Senkung des kardiovaskulären Risikoprofils, ein intensives Gehtraining, und durch eine gute Beratung des Patienten meist eine ausreichende Leistungsfähigkeit erhalten bleiben. Die aktive Mitarbeit des Patienten ist jedoch eine conditio sine qua non. Im *Stadium III* ist die Grenze zu interventionellem bzw. gefäßchirurgischem Vorgehen erreicht; aber auch hier kann es bei aktiver Mitarbeit des Patienten durch ein strukturiertes Gefäßtraining gelingen, den Betroffenen in ein kompensiertes Stadium IIa zu überführen.

13.1.4 Einzelne Krankheitsbilder

Akute Arterienverschlüsse infolge einer Thrombose oder Embolie spielen in der sozialmedizinischen Begutachtung keine Rolle, wohl aber ihre Folgezustände im Sinne der chronischen arteriellen Verschlusskrankheit. Mit Abstand häufigste Ursache ist die Arteriosklerose, seltener sind die Thrombangitis obliterans (Morbus BUERGER), entzündliche Arterienerkrankungen, Gefäßdysplasien, traumatische Gefäßschäden und Kompressionssyndrome.

Die Manifestation einer arteriellen Verschlusskrankheit hängt weniger von der Ursache ab als von der Lokalisation und dem Ausmaß der Durchblutungsstörung. Die Tabellen 13.3 und 13.4 geben hierzu einen orientierenden Überblick.

Periphere arterielle Verschlusskrankheit

Die periphere arterielle Verschlusskrankheit hat im Wesentlichen drei Ursachen:

▷ die Arteriosklerose
▷ die Endangitis obliterans
▷ die arterielle Embolie (Morbus!embolicus).

Diese Erkrankungen können als systemische, generalisierte Arterienkrankheiten unter dem Begriff der arteriellen Verschlusskrankheit (AVK) im engeren Sinne zusammengefasst werden. Um die periphere Lokalisation chronischer arterieller, endangiitischer oder embolischer Durchblutungsstörungen zu markieren, spricht man auch von peripherer AVK (pAVK). Zur Problematik der ICD-Verschlüsselung siehe Abschnitt 4.1.3 auf Seite 69 ff.

Von der AVK sollten die entzündlichen Arterienerkrankungen abgetrennt werden, wie sie vor allem im Rahmen von Erkrankungen aus dem rheumatischen Formenkreis auftreten. Obgleich ihre Symptomatik dem klinischen Erscheinungsbild der pAVK ähnlich ist, unterscheiden sich die verschiedenen Krankheitsbilder hinsichtlich den therapeutischen Möglichkeiten und damit hinsichtlich ihrer langfristigen sozialmedizinischen Auswirkungen.

Weiterhin muss bei der Betrachtung der arteriellen Durchblutungsstörungen eine heterogene Gruppe mit eher lokalisiert auftretenden Gefäßveränderungen genannt werden. Hierzu gehören z. B.:

▷ Gefäßdysplasien
▷ traumatische Gefäßschäden
▷ Kompressionssyndrome.

Die AVK tritt häufig schon im berufstätigen Alter auf. Personen mit peripherer AVK haben eine reduzierte Lebenserwartung. Häufigste Todesursache sind kardiovaskuläre Komplikationen. Die Erkrankung schreitet bei Vorliegen von Risikofaktoren (inhalatives Zigarettenrauchen, Hypertonie, Diabetes mellitus, Hypercholesterinämie) rasch fort. In der Basler Studie wurde innerhalb von 5 Jahren eine Progression der Strömungsbehinderung bei 80 % der Betroffenen nachgewiesen. Bei Patienten im Stadium II der pAVK fand sich über einen Beobachtungszeitraum von 2–15 Jahren eine Amputationsrate von 2–7 %, die bei Diabetikern 10–20fach höher liegt als bei Nichtdiabetikern.

FONTAINE I Bei zufällig entdeckter und asymptomatischer pAVK stellt sich die Frage nach einer Leistungsminderung im Erwerbsleben meist nicht. Präventivmaßmahmen aber sind elementar, auch im Hinblick auf eine bereits bestehende koronare oder zerebrale Durchblutungsstörung:

Gesundheitserziehung (Einstellung des Rauchens, Senken der Blutfettwerte, optimale Einstellung von

Aortenbogensyndrom Stenose/Verschluss des Aortenbogens und seiner Gefässe bei Arteriosklerose, Arteriitis (TAKAYASU-Syndrom), Thrombosen, Lues. Fehlende Pulse an der oberen, normaler bis hoher Blutdruck an der unteren Körperhälfte, die über Kollateralen versorgt wird. An den Armen Schmerzen, Kältegefühl und Muskelschwäche (Armclaudicatio); im Gesicht Claudicatio der Kaumuskulatur, Nasenseptum-Nekrosen und Ischämie der Retina bis zur Erblindung; am Gehirn Ischämiesyndrome (TIA, PRIND) bis zum Schlaganfall.

Schultertyp Betroffen sind Truncus brachiocephalicus bzw. Aa. subclavia und axillaris. Typische Blutdruckdifferenz rechts-links, rasche Ermüdbarkeit des Armes, seltener periphere Ischämie. Bei Verschluss der A. subclavia vor dem Abgang der A. vertebralis kann es zum *subclavian steal syndrome* mit Basilarisinsuffizienz kommen.

Arm-Hand-Typ Verschlüsse der Aa. axillaris, brachialis und cubitalis sind selten, gut kollateralisiert und meist beschwerdefrei. Häufiger betroffen sind die distalen Unterarm-, Hohlhand- und Fingerarterien; dann zumeist Beschwerden i. S. e. RAYNAUD-Syndroms.

Aortenbifurkation (LERICHE-Syndrom) Typisch sind die fehlenden Leistenpulse, Gefäßgeräusche über dem Abdomen, Potenzstörungen, Schwäche der Beine, Claudicatio und Ruheschmerzen im Bereich von Hüften und Oberschenkeln. Bei Kollateralisierung über die Mesenterialarterien kommt es zum *mesenteric steal syndrome* mit Angina abdominalis beim Gehen.

Aortoiliakaler Typ Betroffen sind die Aorta und die A. iliaca externa bzw. communis. Der Leistenpuls ist einseitig abgeschwächt oder fehlt ganz. Claudicatio im Bereich von Gesäß oder Oberschenkel, seltener in der Wade. Meist gute Kollateralisierung, daher nur in fortgeschrittenen Fällen trophische Störungen oder Nekrosen.

Oberschenkeltyp Häufigste Form der peripheren AVK mit Stenose oder Verschluss der A. femoralis (meist im Adduktorenkanal) oder A. poplitea. Nicht selten ist die A. profunda femoris als wichtigstes Kollateralgefäß mitbefallen. Typische Symptome sind fehlende Pulse ab der A. poplitea und eine Wadenclaudicatio, in späteren Stadien nächtlicher Ruheschmerz, trophische Störungen und schließlich Gangrän.

Peripherer Typ Ein isolierter Verschluss der A. fibularis oder tibialis anterior ist häufig symptomlos. Bei einem Verschluss der A. tibialis posterior treten Schmerzen im Fussgewölbe und frühzeitig auch trophische Störungen auf. Charakteristisch sind kalte, pulslose Füße. Mehrgefäßverschlüsse am Unterschenkel sind meist schlecht kollateralisiert und führen häufig zur Gangrän.

Zwei- oder Mehretagenverschlüsse führen in der Regel zu schweren Durchblutungsstörungen, die operativ bzw. durch PTA angegangen werden müssen. Voraussetzung hierfür ist eine technisch einwandfreie angiographische Darstellung von Beckengefäßen, Femoralisbifurkation und Unterschenkelarterien („run-off").

Tab. 13.4: Formen der arteriellen Verschlusskrankheit

Blutdruck und Blutzucker mit entsprechender Schulung) haben Priorität, um eine Progredienz zu verhindern. Daher können Leistungen zur Teilhabe im Sinne einer medizinischen Rehabilitation bereits in diesem Stadium von Bedeutung sein, insbesondere bei erkennbarer Motivation des Patienten. Arbeiten in Räumen, in denen nicht geraucht wird, ist ebenso sinnvoll wie das Fernhalten von Arbeitsplätzen, an denen Verbrennungsprodukte entstehen oder Lösungsmittel inhaliert werden.

FONTAINE IIa Die Gefäßstenosen oder -verschlüsse führen zu einer Minderversorgung der Muskulatur unter Belastung mit einer schmerzfreien Gehstrecke von mehr als 200 m. Vom kompensierten Stadium II sprechen wir, wenn eine gute Kollateralisation der bestehenden Gefäßveränderungen vorliegt, derzeit keine Amputationsgefahr vorhanden ist und der Patient mit der Einschränkung im alltäglichen Leben gut zurecht kommt.

In diesem Stadium der Gefäßerkrankung kann durch Senkung des kardiovaskulären Risikoprofils, ein intensives Gefäß-, v. a. Gehtraining, und durch eine gute Beratung des Patienten meist eine ausreichende Leistungsfähigkeit erhalten bleiben. Die aktive Mitarbeit des Patienten ist jedoch eine conditio sine qua non, insbesondere im Hinblick auf eine medizinische Rehabilitation. Eine intensive konservative Therapie mit den benannten Zielen muss im Vordergrund stehen. Lediglich bei Arbeitern, die längere Strecken mit

Lasten gehen bzw. Lasten bergan oder treppauf tragen müssen, besteht eine Einschränkung im Hinblick auf die zumutbare Tragebelastung.

FONTAINE IIb Hier liegt die symptomlimitierte Gehstrecke unter 200 m. Wichtiger jedoch: der Patient kommt mit der Gehstreckenverkürzung im Alltag nicht mehr zurecht mit entsprechendem Leidensdruck.

Bereits die klinische Untersuchung zeigt bei diesen Patienten meist neben einem pathologischen Gefäßstatus eine Temperaturdifferenz der Füße mit einer deutlichen Verzögerung der reaktiven Hyperämie bei der Lagerungsprobe nach Ratschow von mehr als 30 Sekunden. Die Knöchelarteriendrucke bewegen sich zwischen 50 und 70 mmHg (ausgenommen bei Mediasklerose). Angiographisch stellen sich häufig hintereinandergeschaltete Stenosen oder Gefäßverschlüsse dar mit fehlender oder nur unzureichend entwickeltem Umgehungskreislauf.

Die Therapie richtet sich nach der Lokalisation der Gefäßveränderungen. In Frage kommen dabei neben einem konservativen Gefäßtraining interventionelle (Gefäßdilatation bzw. -rekanalisation) oder gefäßchirurgische Maßnahmen. Der jeweilige Behandlungserfolg ist dabei in besonderem Maße abhängig von der Bereitschaft des Patienten zu aktiver Mitarbeit. Auch in diesem Stadium der Erkrankung spielt die Gesundheitserziehung eine entscheidende Rolle.

Die sozialmedizinische Beurteilung ist in diesem Stadium häufig schwierig, vor allem bei begleitenden Erkrankungen des kardiovaskulären Systems und/oder des Bewegungsapparates. Dabei ist zu berücksichtigen, ob ein Besserung durch Therapieprinzipien invasiver oder insbesondere nicht-invasiver Art erzielt werden kann.

Bei einer Gehstrecke unter 100 m sind die Reserven, die dem Patienten zur Verfügung stehen, meist so gering, dass oft nur kleine Mehrbelastungen zu einer Dekompensation und somit Gefährdung der betroffenen Extremität führen. Aber auch in diesem Stadium der pAVK kann es jedoch, die aktive Mitarbeit des Patienten vorausgesetzt, durch ein strukturiertes Gefäßtraining im Rahmen einer medizinischen Rehabilitationsmaßnahme gelingen, den Betroffenen in ein kompensiertes Stadium IIa überzuführen und seine Leistungsfähigkeit im Erwerbsleben wiederherzustellen.

FONTAINE III Besteht eine kritische Ischämie, d. h. werden bereits Ruheschmerzen angegeben, ist eine nennenswerte Gehleistung meist nicht mehr gegeben. In diesem Fall muss der Patient schnellstmöglich einer adäquaten Therapie zugeführt werden, da in diesem Stadium bereits kleinste Verletzungen im Bereich der Akren zu Nekrosen mit drohender Amputation führen können. In diesem Stadium besteht einerseits erhöhte Schonungsbedürftigkeit, andererseits kann in vielen Fällen kurzfristig eine Besserung und Rückführung in ein günstigeres Stadium ermöglicht werden, so dass eine vorschnelle Einstufung im Sinne von Leistungsunfähigkeit mit rentenrechtlichen Konsequenzen nicht angebracht ist. Ein anhaltendes Stadium III ohne Besserungsmöglichkeit kann jedoch, abhängig von Lokalisation des Gefäßprozesses und Symptomatik, einer weiteren Erwerbstätigkeit entgegenstehen.

Allerdings sollte nach Abschluss der Therapie in jedem Fall der medizinische Sachverhalt nochmals geprüft werden mit erneuter sozialmedizinischen Beurteilung unter Berücksichtigung der aufgeführten Kriterien.

FONTAINE IV Ist die Durchblutung der Haut und der Muskulatur in Ruhe nicht mehr gewährleistet kommt es, meist im Bereich der Akren (Zehen, Ferse) zu Nekrosen, bei zusätzlicher Infektion zur Gangrän. Auch in diesem Stadium ist der Patient im Berufsleben nicht mehr einsetzbar.

Die arterielle Embolie (M. embolicus)

Die klinische Einteilung erfolgt analog zur pAVK, ebenso die sozialmedizinische Beurteilung. Wichtig ist die diagnostische Klärung der Emboliequelle.

Beurteilung nach PTA und/oder gefäßchirurgischen Eingriffen

Nach interventionellen bzw. gefäßchirurgischen Eingriffen richtet sich die Beurteilung nach den verbliebenen Funktionsstörungen. Voraussetzung hierfür sind

▷ Vorbefunde bezüglich des gefäßchirurgischen Eingriffes,
▷ exakte Anamnese der verbliebenen Beschwerden, die sorgfältig analysiert und differenziert werden müssen,
▷ aktuelle angiologische Diagnostik.

Es ist dabei im Einzelfall immer zu klären, wie sich die verbliebenen Durchblutungsstörungen bzw. Beschwerden bei den gegebenen beruflichen Umständen auswirken oder ob eine medizinische oder berufliche Rehabilitation notwendig ist. Häufig ist hierfür ein angiologisches Zusatzgutachten erforderlich, da in der allgemeinen Gutachtenssituation oft sowohl die Fachkenntnis als auch die apparative Ausstattung fehlen.

Morbus RAYNAUD

Perfusionsstörungen der Akren sind meist nur passagere Erscheinungen mit funktionellem Charakter, weshalb sie trotz weiter Verbreitung in der sozialmedizinischen Begutachtung eine eher untergeordnete Rolle spielen. Im Gutachten sind einerseits Ursachen bzw. Auslöser durch berufliche Einflüsse oder Unfallschäden, andererseits Fragen nach dem Schweregrad im Hinblick auf Einschränkung des Leistungsvermögens im Erwerbsleben zu klären.

Typischer Auslöser ist ein *Vibrationstrauma* (BK 2104), hervorgerufen durch längere Arbeiten mit Handgeräten, die niedrigamplitudige Schwingungen im Frequenzbereich von 40–800 Hz (Hauptfrequenz 100–200 Hz) übertragen. Ferner kommen als Auslöser Chemikalien wie Vinylchlorid, aromatische und aliphatische Kohlenwasserstoffe, Paraffin, Silikon, Lösungsmittel, Aniline, L-Tryptophan, Pharmaka wie Bleomycin oder Penicillamin in Betracht, die eine sog. *Scleroderma-like-disease* induzieren können.

In über 90 % der Fälle bedeutet ein RAYNAUD-Syndrom keine Einschränkung. Schwere und damit leistungsmindernde Krankheitserscheinungen sind meist durch Vaskulopathien im Rahmen einer Grundkrankheit bedingt. Wegen der Fülle möglicher Differenzialdiagnosen ist eine breit angelegte Diagnostik erforderlich, die lediglich im Rahmen eines angiologischen Fachgutachtens möglich ist. Funktionseinschränkungen mit sozialmedizinischen Auswirkungen ergeben sich dann, wenn akrale Perfusionsstörungen – anfallsweise oder dauerhaft – mit Schmerzen oder motorischen Störungen verbunden sind.

Entzündliche Gefäßerkrankungen (Vaskulitiden)

Vaskulitiden sind seltene Gefäßerkrankungen, bei denen immunreaktiv ausgelöste Gefäßentzündungen zur Schädigung betroffener Organe führen. Prinzipiell unterscheidet man primäre Vaskulitiden von den zahlenmäßig häufigeren sekundären Vaskulitiden im Rahmen von Autoimmunerkrankungen, Infektionkrankheiten, Malignomen oder Intoxikationen. Die Krankheitsbilder sind bezüglich Klinik, Diagnostik, Therapie und Prognose sehr komplex und übersteigen den Umfang einer allgemeinen sozialmedizinischen Begutachtung, weshalb bei entsprechender Fragestellung ein angiologisches Fachgutachten erstellt werden sollte.

Amputationen

Im Stadium IV der pAVK wird nicht selten eine Amputation notwendig; dies betrifft vor allem bei Patienten mit Diabetes mellitus. Die Amputation schließt eine Erwerbsfähigkeit nicht prinzipiell aus, insbesondere bei Grenzzonenamputationen.

Bei diesen Patienten sind Leistungen zur Teilhabe von entscheidender Bedeutung; vgl. auch Kapitel 7 auf Seite 139 ff. Zunächst muss im Rahmen einer medizinischen Rehabilitation eine Gangschulung sowie ggf. eine Prothesenanpassung bzw. Prothesenschulung durchgeführt werden. Nach Grenzzonenamputationen spielt eine korrekte Schuhanpassung die entscheidende Rolle. Noch während der medizinischen Rehabilitation müssen Leistungen zur Teilhabe am Arbeitsleben initiiert werden, z. B. spezielle Arbeitsschuhe, Neugestaltung des Arbeitsplatzes.

13.2 Venöses System

Etwa 20 % der Erwachsenen (w : m = 3 : 1) leiden an Krampfadern. Die Prävalenz steigt mit dem Alter. Bei den unter 30jährigen beträgt der Anteil der Patienten mit Varikosis 26 % und steigt auf über 70 % bei den 50 bis 60jährigen. Faktoren, die die Entstehung eines

Krampfaderleidens begünstigen, sind familiäre Disposition, Alter, Adipositas, Bewegungsmangel, Schwangerschaft sowie Stehberufe.

13.2.1 Diagnostik

Anamnese Als Grundlage für die gutachterliche Stellungnahme bei Venenerkrankungen steht neben dem Aktenstudium eine ausführliche Anamneseerhebung im Vordergrund. Dabei interessieren neben der Familienanamnese mit evtl. vorhandenen familiären Faktoren wie rezidivierende tiefe Beinvenenthrombosen oder familiäre Häufung von Varizenleiden in der Eigenanamnese, die berufliche Tätigkeit sowie Risikofaktoren für Gefäßerkrankungen wie Nikotinkonsum, Diabetes mellitus und arterielle Hypertonie. In der genaueren krankheitsbezogenen Vorgeschichte sollte nach dem Auftreten von Krampfadern oder einer stattgehabten tiefen Beinvenenthrombose bzw. oberflächlichen Thrombophlebitis gefragt werden, ebenso wie nach Zeichen einer chronisch venösen Insuffizienz, z. B. Ödemen, Hautekzemen an den Unterschenkeln oder dem Ulcus cruris. In der Zusammenhangsbeurteilung spielen zusätzlich stattgehabte Frakturen, Operationen oder Unfälle sowie Immobilisation eine wichtige Rolle.

Das Beschwerdebild wird sorgfältig dokumentiert und das Spektrum evtl. vorhandener anderer Krankheitsbilder wird eruiert, ebenso wie die bisher durchgeführten therapeutischen Maßnahmen.

Körperliche Untersuchung Die klinische Untersuchung von Patienten mit Venenerkrankungen muss sowohl in stehender wie in liegender Position durchgeführt werden, da varikös degenerierte Venen im Liegen meist kollabieren und daher nur in aufrechter Körperhaltung objektiv zu beurteilen sind. Eine vorhandene Varikose muss dabei genau beschrieben, evtl. skizziert und klassifiziert werden. Wegen der unterschiedlichen klinischen Bedeutung wird eine intrakutane (retikuläre) von einer subcutanen Varikose unterschieden. Des weiteren ist bereits bei der körperlichen Untersuchung ohne technische Hilfsmittel eine Differenzierung in Stamm- und Astvarikosis und/oder Perforansvarikosis möglich.

Die klinischen Zeichen einer chronisch venösen Insuffizienz wie Ödem, Corona phlebectatica paraplantaris und Ulcus cruris müssen dokumentiert werden, wobei besonders auf trophische Hautveränderungen wie Pigmentierung, Gewebeindurationen sowie Atrophie blanche und Narben abgeheilter Beingeschwüre zu achten ist. Von großer Bedeutung sind auch das Bewegungsausmaß im oberen Sprunggelenk sowie Umfangsmessungen der Extremitäten. In jedem Fall muss ein arterieller Gefäßstatus erhoben werden, um eine evtl. gleichzeitig bestehende arterielle Verschlusskrankheit nicht zu übersehen. Grob orientierend sollte auch ein neurologischer Status erhoben werden.

Lichtreflexrheographie (Photoplethysmographie) Sie gilt als Screening-Verfahren zur Beurteilung der venösen Funktion. Dabei wird von einem Messkopf handbreit oberhalb des Innenknöchels Infrarotlicht in die Haut eingestrahlt. Die Menge des reflektierten Lichtes hängt ab von der Füllung des kutanen Venenplexus. Daraus lassen sich Rückschlüsse auf die Klappenfunktion im tiefen und oberflächlichen Venensystem ziehen. Durch einen zusätzlichen Tourniquet-Test kann die Aussagekraft der Untersuchung gesteigert werden.

Venenverschlussplethysmographie Die plethysmographischen Messmethoden sind volumenmessende Verfahren, mit denen ebenfalls auf nichtinvasivem Weg eine quantitative Aussage über die venöse Funktion möglich ist. Dabei sind Messungen der venösen Kapazität und des venösen Abstromes möglich.

Dopplersonographie Die direktionale cw-Dopplersonographie dient der Einschätzung morphologischer Veränderungen im oberflächlichen und tiefen Venensystem. Die *Strömungsdiagnostik* im Liegen erfasst persistierende Okklusionen nach tiefer Venenthrombose anhand der pathologischen S- und A-Signale. Die *Refluxdiagnostik* im Stehen weist klappeninsuffiziente Venenabschnitte im oberflächlichen und mit Übung auch im tiefen Venensystem nach. Eine exakte Darstellung morphologischer Veränderungen im Venensystem erfordert bildgebende Verfahren.

Farbkodierte Duplexsonographie Mit dieser nichtinvasiven Methode lassen sich Veränderungen im tiefen und oberflächlichen Venensystem nachweisen und die meisten gutachterlichen Fragestellungen beantworten. Sie hat außerdem den Vorteil, dass auch pathologische Veränderungen in der Gefäßumgebung, wie BAKER-Zysten oder arterielle Aneurysmen, dargestellt und beurteilt werden können. Wie alle Utraschallverfahren ist sie in großem Maße abhängig von der Erfahrung des Untersuchers.

Phlebographie Bei dieser invasiven Methode, die für den zu Begutachtenden nicht duldungspflichtig ist, ist von Vorteil, dass die erhobenen Befunde aufgrund der guten Dokumentationsmöglichkeit auch bei späteren Nachbegutachtungen jederzeit nachvollziehbar sind. Allerdings kann heute in den meisten Fällen gerade wegen der Invasivität der Methode sowie der Weiterentwicklung der duplexsonographischen Untersuchungsverfahren darauf verzichtet werden.

13.2.2 Begutachtungskriterien

Ödemneigung Die Ausprägung von Ödemen, deren tageszeitliche Abhängigkeit und deren Reversibilität sind elementar zur Beurteilung der chronisch venösen Insuffizienz, vor allem unter einer konsequenten Kompressionsbehandlung.

Unterschenkelmuskulatur Die Muskelfaszienpumpe ist von entscheidender Bedeutung für den venösen Rückfluss, d. h. ohne eine suffiziente Muskulatur ist der Rückstrom des venösen Blutes nicht möglich und eine venöse Stauung die Folge.

Funktion der Sprunggelenke Die Effektivität der Muskelfaszienpumpe wird beeinflusst von der Beweglichkeit der Sprunggelenke, die eine Muskelkontraktion der Wadenmuskulatur im Rahmen des Gehens erst ermöglicht.

Hautstatus Die Hautveränderungen bestimmen den Grad der chronisch venösen Insuffizienz: Die Differenzierung einer Stauungsdermatose, evtl. -dermatitis, die Pigmentierung der Haut sowie floride oder abgeheilte Ulcera cruris sind entscheidend für die sozialmedizinische Beurteilung.

Antikoagulation Nach einer tiefen Beinvenenthrombose muss häufig eine Gerinnungshemmung durchgeführt werden. Bei diesen Patienten sollten Tätigkeiten mit einem erhöhten Unfall- und Verletzungsrisiko vermieden werden.

13.2.3 Sozialmedizinische Beurteilung

Wärmebelastung Unter Wärmeeinfluss kommt es zu einem vermehrten arteriellen Blutzustrom, was bei behindertem venösem Abfluss zum Anschwellen (Ödem) der betroffenen Gliedmaße führt. Daher sind Arbeiten mit vermehrter Wärme- und Hitzeexposition möglichst zu vermeiden. Derartige Arbeitsplätze finden sich z. B. in Kraftwerken, Gießereien oder an Hochöfen.

Verletzungsrisiko In fortgeschrittenen Stadien der chronischen venösen Insuffizienz ist die Haut in hohem Maße verletzlich. Bagatelltraumen z. B. durch drückende Schuhe oder durch leichtes Anstoßen reichen mitunter aus, um schlecht abheilende Wunden oder Ulzera auszulösen. Arbeitsplätze, an denen schweres Schuhwerk getragen werden muss, sind dann ungünstig; z. B. auf Baustellen, in der Landwirtschaft oder im Bergbau. Auch die Möglichkeit einer Verschmutzung mit Superinfektion ist zu berücksichtigen, z. B. bei Arbeiten im Klärwerk oder auf einer Müllhalde.

Sitz- und Stehberufe Es gilt die Regel: „Liegen und Gehen ist gut, Sitzen und Stehen ist schlecht, Hocken und Knien ist noch schlechter." Im Sitzen und Stehen behindert die Schwerkraft den Rückstrom des Blutes, im Hocken und Knien wird er zusätzlich gebremst; dagegen pumpt beim Gehen die Muskulatur das Blut nach zentral, und beim Hochlagern der Beine fließt das Blut der Schwerkraft folgend zurück. Daher sind Arbeiten im Wechsel von Sitzen, Stehen und Gehen zu bevorzugen. Wie konsequent diese Regel angewendet werden muss, hängt ab vom Lokalbefund und auch von der durchgeführten Kompressionstherapie; denn nur durch konsequentes Tragen von gut angepassten Kompressionsstrümpfen lässt sich die Progression mindern.

Chronische entzündliche Hautveränderungen, evtl. mit Ulzerationen, haben insbesondere in Berufen mit langem und anhaltendem Sitzen und Stehen meist eine mittel- bis schwergradige Leistungseinschränkung zu Folge.

Gehstrecke Bei schlecht rekanalisierten Beckenvenenthrombosen besteht häufig eine Claudicatiosymptomatik.

13.2.4 Einzelne Krankheitsbilder

Varikosis

Bei der *primären Varikosis* handelt es sich um ein vorwiegend anlagebedingtes degeneratives Krankheitsbild. Eine *sekundäre Varikosis* tritt auf im Rahmen eines postthrombotischen Syndroms, nach Verletzungen oder in Operationsnarben. Beide Krankheitsbilder unterscheiden sich kaum im klinischen Erscheinungsbild, wohl aber im Hinblick auf die Behandlungsmöglichkeiten und damit die Prognose.

Formen Primäre und sekundäre Varikosis werden in vier Formen unterteilt, die häufig auch kombiniert vorkommen: Besenreiser, retikuläre Varizen, Seitenastvarizen und Stammvarizen. Am häufigsten mit Komplikationen verbunden sind die ausgeprägte Stammvarikose und die Kombination von ausgeprägten retikulären und Besenreiservarizen.

Schweregrad Verbreitet ist die Einteilung nach WIDMER; vgl. Tabelle 13.5.

Lokalisation Die tiefe Arm- bzw. Beinvenenthrombose hat in der Rentenbegutachtung eine eher untergeordnete Bedeutung, wohl aber im Rahmen von Begutachtungen von Seiten der Unfallversicherung, wenn es um Zusammenhangsfragen geht, bzw. im Schwerbehindertenrecht, wenn nach dem Grad der Behinderung gefragt wird.

Stadium I Reversible Ödeme, Corona phlebectatica (dunkelblaue Hautvenenveränderungen am lateralen und medialen Fußrand), perimalleoläre Kölbchenvenen, evtl. Juckreiz an der Haut.

Stadium II Persistierende Ödeme, Purpura sowie rotbraune Hyperpigmentierung (Hämosiderose) der Haut im Unterschenkelbereich, Dermatosklerose, Lipiddermatosklerose (evtl. mit entzündlicher Rötung), Stauungsekzem mit Juckreiz und Neigung zu allergischen Reaktionen, zyanotische Hautfarbe, Atrophie blanche (depigmentierte, atrophische Hautbezirke, meist oberhalb der Sprunggelenke).

Stadium III Floride oder abgeheilte Ulcera cruris, häufig mit sekundärer Einschränkung der Sprunggelenksbeweglichkeit mit Folge der weiteren Funktionseinschränkung der Sprunggelenksvenenpumpe.

Tab. 13.5: Stadien der chronisch-venösen Insuffizienz (WIDMER)

Venenthrombosen

Thrombophlebitis Oberflächliche Phlebitiden entstehen meist als Varikophlebitis auf dem Boden eines Krampfaderleidens. Spontane Entzündungen normaler oberflächlicher Venen sind selten, sie treten meist im Rahmen einer neoplastischen Erkrankung oder als frühes Symptom einer Vaskulitis auf. Im akuten Stadium besteht meist eine Arbeitsunfähigkeit von 1–2 Wochen. Unter Kompressionsbehandlung, sofortiger Mobilisation, bei Risikopatienten auch Low-dose Heparinisierung bildet sich das Krankheitsbild rasch zurück. Folgeschäden sind nach einer einmaligen Thrombophlebitis nicht zu erwarten.

Phlebothrombose Tiefe Beinvenenthrombosen treten auf nach längerer Immobilisierung, Operationen, Beinverletzungen, langen Autofahrten oder Langstreckenflügen. Eine Exsikkose durch mangelnde Flüssigkeitszufuhr oder forcierte Diurese erhöht das Risiko. Seltener sind Thrombosen im Rahmen einer Tumorerkrankung (Paraneoplasie) oder eines Abstromhindernisses im Abdomen bei Tumor, Venensporn, Koarktation. Bei rezidivierenden spontanen Phlebothrombosen muss an eine Gerinnungsstörung (Thrombophilie) wie APC-Resistenz, Protein-C- bzw. Protein-S-Mangel, AT-III-Mangel oder ein Antiphospholipid-Syndrom gedacht werden. Insbesondere aufgrund der Lungenembolie als evtl. tödlicher Frühkomplikation handelt es sich bei der tiefen Venenthrombose um ein akutes Krankheitsbild, das umgehend adäquat, d. h. durch eine suffiziente Antikoagulation, behandelt werden muss. Im akuten Stadium besteht meist nur eine kurzzeitige Arbeitsunfähigkeit. Die in jedem Fall notwendige Antikoagulationstherapie ist i. d. R. zeitlich begrenzt auf 3–12 Monate. Lediglich bei rezidivierenden Thrombosen mit nicht behebbarer Ursache, wie z. B. einer Thrombophilie, muss sie lebenslang durchgeführt werden.

Nach einer ausgedehnten Phlebothrombose besteht aufgrund der im Rahmen des Reparationsprozesses auftretenden Zerstörung des Klappenapparates der Venen die große Gefahr des postthrombotischen Syndromes mit all seinen Folgen bis hin zum Ulcus cruris. Bei diesen Patienten ist eine Anschlussheilbehandlung mit regelmäßiger Wiederholung eines stationären Heilverfahrens zu prüfen.

Postthrombotisches Syndrom Etwa 40 % der Patienten mit einer tiefen Venenthrombose entwickeln nach einer Latenzzeit von ein bis zwei Jahren (gelegentlich aber auch sehr vielen Jahren) ein postthrombotisches Syndrom, 25 % davon ein Ulcus cruris. Die klinischen Veränderungen entsprechen der chronisch venösen Insuffizienz. Zur Abschätzung von Behandlungsmöglichkeiten und Langzeitprognose sollte die Ausdehnung der Venenschädigung mit bildgebenden Verfahren lokalisiert werden. Dabei ist auf Rekanalisationen und Verschlüsse des tiefen Venensystems zu achten. Bestehen gleichzeitig oberflächliche Varizen, ist zu klären, ob diese vor der tiefen Venenthrombose oder erst im Anschluss daran entstanden sind, ob sich der venöse Abfluss durch Ausschaltung der Varikose bessern lässt und ob die chronisch venöse Insuffizienz Folge des Krampfaderleidens oder der Thrombose ist. Schließlich muss eruiert werden, ob ein Zustand nach einmaliger oder rezidivierender Phlebothrombose und/oder Lungenembolie vorliegt und ob eine Dauerantikoagulation erforderlich ist.

Die sozialmedizinische Beurteilung entspricht der bei chronisch venöser Insuffizienz. Die Prognose hängt entscheidend von einer suffizienten Therapie ab, vor allem einer konsequente Kompressionsbehandlung mit gut angepassten, halbjährlich erneuerten Kompressionsstrümpfen. Zusätzlich kann durch Venengymnastik der venöse Rückstrom verbessert und damit der Circulus vitiosus unterbrochen werden. Aus diesem Grunde ist bei diesem Krankheitsbild, vor allem in der Frühphase, aber auch bei fortgeschrittenen Stadien der chronisch venösen Insuffizienz die medizinische Rehabilitation von entscheidender Bedeutung.

Chronisch venöse Insuffizienz Grundlage der sozialmedizinischen Beurteilung sowohl des postthrombotischen Syndromes wie auch der Varikosis ist in aller Regel die Ausprägung der chronisch venösen Insuffizienz. Darunter versteht man die Gesamtheit der klinischen Veränderungen, die im Rahmen einer chronischen Venenerkrankung auftreten können.

Nach WIDMER werden drei Schweregrade der chronisch venösen Insuffizienz (CVI) unterschieden: Im Stadium I dominieren das Ödem und die Corona phlebectatica paraplantaris. Im Stadium II stehen die trophischen Hautveränderungen wie Hyperpigmentierung, Atrophie und Dermatoliposklerose im Vordergrund, während im Stadium III das abgeheilte oder floride Ulcus cruris im Mittelpunkt steht; vgl. Tabelle 13.5 auf der vorherigen Seite. Es muss betont werden, dass sich aus der CVI-Klassifikation nach WIDMER noch keine Abstufung der Leistungsminderung ableiten lässt. Wie bereits erwähnt, ergeben die im Stadium II und III enthaltenen Veränderungen ein weites Spektrum von Symptomen, die hinsichtlich ihrer leistungsmindernden Relevanz unterschiedlich zu beurteilen sind.

Akute bzw. stark entzündliche Komplikationen der Haut, der Subkutis sowie der evtl. bestehenden Varizen im Rahmen der CVI können vorübergehend Arbeitsunfähigkeit bedingen. Häufig entstehen unter den Strümpfen Pilzinfektionen der Haut, diese können zu Mischinfektionen, vor allem bei Mikrotraumen der Haut führen. Chronische entzündliche Hautveränderungen, evtl. mit Ulzerationen haben insbesondere in Berufen mit langem und anhaltendem Sitzen und Stehen meist eine mittel- bis schwergradige Leistungseinschränkung zu Folge. Zu bevorzugen sind Arbeiten in wechselnder Körperhaltung mit überwiegender Gehbelastung ohne Hitze-, Wärme- oder Schmutzexposition. Auch sollte keine besondere Verletzungsgefahr für die Beine bestehen.

Durch Leistungen zur Teilhabe, vor allem eine medizinische Rehabilitation in einer angiologisch orientierten Fachklinik, kann das Krankheitsbild im Hinblick auf das klinische Erscheinungs- und Beschwerdebild oft nachhaltig verbessert werden. Ziel der medizinischen Rehabilitation sollte dabei sein, die chronische Stauung und deren Folgen für das Gewebe zu beseitigen durch manuelle und maschinelle Kompressionsbehandlung, einer spezifischen Venengymnastik und eine krankengymnastischen Mobilisierung des häufig funktionsgeminderten Sprunggelenkes. Im Rahmen der Gesundheitserziehung sollte der Patient die Notwendigkeit und die korrekte Durchführung einer Kompression mit Binden und Strümpfen erlernen, ebenso wie die Behandlung der erkrankten Haut. Selbstverantwortung und aktive Mitarbeit des Patienten sind bei der Prognose der CVI entscheidend.

Geprüft werden muss allerdings sowohl im Rahmen der Begutachtung, vor allem aber im Rahmen einer Rehabilitation inwieweit durch venenchirurgische Maßnahmen sich das Krankheitsbild positiv beeinflussen lässt (Exhairese der Venen, Crossektomie, Perforansligatur, Sklerosierung). Lässt sich das Venenleiden trotz aller therapeutischer Maßnahmen nicht ausreichend beherrschen, muss insbesondere bei anhaltend sitzender oder stehender Tätigkeit nach sorgfältiger Prüfung des Einzelfalles eine berufliche Rehabilitation initiiert werden, entweder im Sinne einer innerbetrieblichen Umsetzung oder evtl. sogar einer Umschulung.

13.3 Lymphatisches System

13.3.1 Diagnostik

Im Allgemeinen genügt für die Diagnose eines Lymphödems die Anamnese und die klinische Untersuchung. So sind beim Lymphödem im Gegensatz zum venösen Ödem die Zehen mitbetroffen und quaderförmig angeschwollen (Kastenzehen). Typisch sind die tief einschneidenden Querfalten an den Zehen. Die Dorsalfläche der Zehen ist oft warzig-rauh (Papillomatosis cutis). Das STEMMERsche Zeichen ist positiv, d. h. über den Zehen lässt sich keine Haut abheben.

Eine apparative Diagnostik sollte speziellen Fragestellungen vorbehalten sein. Die früher gebräuchliche Lymphographie mit öligem Kontrastmittel sowie der Farbstofftest mit Patentblau-Violett sind heute obsolet und durch die aussagekräftigere indirekte Lymphographie mit einem nichtionischen, dimeren, wasserlöslichen und jodhaltigen Kontrastmittel ersetzt. Die heute gebräuchlichste Untersuchung ist die quantitative Lymphszintigraphie.

13.3.2 Sozialmedizinische Beurteilung

In allen Stadien der Erkrankung ist die medizinische Rehabilitation in einer lymphologisch orientierten Reha-Einrichtung angezeigt. Vor allem im Stadium I ist eine konsequente Patientenschulung mit Anleitung zur aktiven Mitarbeit notwendig, um eine Progredienz des Lymphödem zu verhindern. Neben einer komplexen Entstauungstherapie müssen die Patienten das selbständige Bandagieren, das korrekte Anziehen des Kompressionstrumpfes sowie die sorgfältige Fußpflege zur Erysipel- und Mykoseprophylaxe erlernen und üben, um diese im häuslichen Umfeld fortzusetzen. An die stationäre Behandlung müssen sich Stabilisierungsmaßnahmen unter ambulanten Bedingungen anschließen (manuelle Lymphdrainage, pneumatische Kompression mittels Heimgerät, konsequentes Tragen von halbjährlich zu erneuernden und nach Maß angefertigten Kompressionsstrümpfen, weiches Schuhwerk etc.).

Im Stadium I ist das quantitative Leistungsvermögen im Erwerbsleben gewöhnlich nicht beeinträchtigt. Jedoch sollten langdauernde Steh- oder Sitzbelastung möglichst vermieden werden, ebenso wie Arbeiten mit besonderer Schmutzexposition bzw. besonderer Belastung durch Hitze oder Hautreizstoffen.

Auch ist im Hinblick auf eine Progredienz der Erkrankung eine regelmäßige Behandlung im Rahmen eines Heilverfahrens sowie die Versorgung mit Kompressionsstrümpfen notwendig.

Im Stadium II sind leichte bis mittelschwere Arbeiten in wechselnder Körperhaltung noch möglich, Arbeitsplätze mit Gefährdung durch Verletzungen, Hautreizstoffen oder Hitzebelastungen sind ungeeignet.

Im Stadium III ist das Leistungsvermögen des Patienten schwer eingeschränkt. Hier steht die Ausschöpfung aller rehabilitativen Maßnahmen im Vordergrund. Bei therapieresistenten Formen kann das Leistungsvermögen auf dem allgemeinen Arbeitsmarkt auf Dauer aufgehoben sein.

Für die sozialmedizinische Beurteilung sind vor allem gleichzeitig bestehende Grunderkrankungen zu berücksichtigen, vor allem Diabetes mellitus, pAVK sowie eine gleichzeitig bestehende chronisch venöse Insuffizienz.

13.3.3 Einzelne Krankheitsbilder

Lymphödem

Beim Lymphödem kommt es durch Einschränkung der Lymphtransportkapazität der Lymphgefäße zu einer Schwellung des subkutanen Gewebes mit Stau der Lymphflüssigkeit. Man unterscheidet dabei das primäre und sekundäre Lymphödem.

Primäres Lymphödem (ca. 10 % der Fälle): hereditäre Entwicklungstörung der Lymphgefäße, die nach kongenitalen und nicht-kongenitalen sowie familiären und nicht-familiären Formen unterschieden werden. Dabei liegen Dys-, Hypo- oder Aplasien der Lymphgefäße vor, z. T. auch Ektasien der Lymphgefäße und Klappenaplasien. Ca. 85 % der Betroffenen sind Frauen, der Altersgipfel der Erstmanifestation liegt bei 17 Jahren, wobei Spätmanifestationen auch nach dem 40. Lebensjahr möglich sind (selten).

Sekundäres Lymphödem (Mehrzahl der Fälle): Durch Tumor, Traumen, Operation, Infektion, nach Bestrahlung, aber auch im Rahmen einer venösen Stauung auftretendes Lymphödem.

Schweregrad Man unterscheidet drei Stadien:

Stadium I *Reversibles Stadium:* weiche, eiweißreiche Ödeme, die gut eindrückbar sind und bei Hochlagerung abfließen.

Stadium II *Spontan irreversibles Stadium:* zunehmender fibrotischer Gewebsumbau, Ödeme hart und nicht mehr eindrückbar, kein Abfluss bei Hochlagerung.

Stadium III *Elephantiasis:* Pachydermie, lymphatische Hyperkeratosen, wiederholte Erysipelschübe.

Prognose Die Prognose des sekundären Lymphödems ist geringfügig günstiger als die des primären. Die therapeutischen Maßnahmen sind bei beiden Formen im Wesentlichen identisch. Unabhängig von der Entstehung ist der Verlauf grundsätzlich progredient, in zwei Dritteln mit schubweisen Verschlechterungen. Die Erfolgsaussicht einer Therapie hängt im Wesentlich vom Stadium des Lymphödems zu Beginn einer Behandlung ab. Dabei gilt der Grundsatz, je früher die Therapie, desto günstiger die Erfolgsaussichten.

Die konservative Therapie besteht in der komplexen physikalischen Entstauungstherapie (KPE), welche in drei Phasen erfolgt. Dabei wird in Phase I die Entstauung erreicht, in Phase II die Optimierung des Behandlungserfolges und Phase III beinhaltet die Konservierung des Behandlungserfolges. Die KPE beinhaltet Hautpflege, manuelle Lymphdrainage, die maschinelle Kompressionstherapie und schließlich die entstauende Bewegungstherapie. Nach vollständiger Reduktion des Ödems muss die Kompression konsequent mit nach Maß angefertigten Kompressionsstrümpfen fortgesetzt werden, dazwischen mit Kompressionsbinden.

Während im Stadium I unter dieser Behandlung das Ödem völlig beseitigt werden kann, ist die Behandlung im Stadium II oft langwierig, da sich die fibrosklerotischen Hautveränderungen nur allmählich zurückbilden. Im Stadium III ist meist zwar eine Besserung des Lokalbefundes zu erreichen, allerdings vollständige Rückbildung der bestehenden Hautveränderungen ist nicht mehr möglich.

Literatur

[1] Altenkämper H, Felix W, Gericke A, Gerlach HE, Hartmann M: *Phlebologie für die Praxis*. Berlin: de Gruyter Verlag, 1991.

[2] Diehm C, Allenberg JR, Nimura-Eckert K: *Farbatlas der Gefäßkrankheiten*. Berlin; Heidelberg; New York: Springer-Verlag, 1998.

[3] Fritze E (Hrsg.): *Die ärztliche Begutachtung*. Darmstadt: Steinkopff-Verlag, 6. Auflage, 2001.

[4] Kappert A: *Lehrbuch und Atlas der Angiologie*. Bern; Göttingen; Toronto; Seattle: Verlag Hans Huber, 1998.

[5] Marx HH, Klepzig H (Hrsg.): *Medizinische Begutachtung innerer Krankheiten. Grundlagen und Praxis*. Stuttgart: Georg Thieme Verlag, 7. Auflage, 1997.

[6] Neuerburg-Heusler D, Hennerici M: *Gefäßdiagnostik mit Ultraschall. Lehrbuch und Atlas*. Stuttgart: Georg Thieme Verlag, 1999.

[7] Rieger H, Schoop W: *Klinische Angiologie*. Berlin; Heidelberg; New York: Springer-Verlag, 1998.

14 Krankheiten der Atmungsorgane

Jürgen Fischer

14.1 Allgemeines

14.1.1 Diagnostik

Für die sozialmedizinische Begutachtung von Erkrankungen der Atmungsorgane können mehrere Dimensionen der medizinischen Diagnostik von besonderer Bedeutung sein.

Anamnese

Durch gezielte Erhebung der Vorgeschichte und der zeitlichen Entwicklung sowie des Zeitpunkts des Auftretens von Beschwerden lassen sich Hinweise auf die Ätiopathogenese der Erkrankung finden.

Ohne eine ausführliche und detaillierte Arbeitsplatzanamnese ist eine sozialmedizinische Beurteilung bei Erkrankungen der Atmungsorgane nicht möglich. Die Beschreibung der Umgebungsverhältnisse des Arbeitsplatzes und die Beschaffenheit des dort herrschenden Mikroklimas ist ebenso von Bedeutung wie auch die Befragung zur persönlichen Lebensführung, der häuslichen Umgebung, Tierhaltung und sportlichen Aktivitäten.

Bei Erkrankungen, deren Ursachen vielfältig sein können, wie z. B. allergisch bedingten Erkrankungen, wie Asthma bronchiale und exogen allergische Alveolitis oder Lungenfibrose, ist der Einsatz von standardisierten und z. T. umfangreichen Anamnesebögen vorzusehen.

Wichtige Aspekte im Rahmen der Anamneseerhebung stellen im Rahmen der Familienanamnese die Fragen nach einer familiären Belastung durch Krankheiten der Atmungsorgane, atopische Diathese oder auch Tumorleiden dar.

Erkrankungen während der Kindheit, insbesondere das Vorkommen von Milchschorf, Beugenekzem, Keuchhusten und Heuschnupfen sollten ebenso erfragt werden wie frühere Erkrankungen der Atemwege wie Sinusitis, Bronchitis, Lungenentzündung, Rippenfellentzündung, Tuberkulose oder Thoraxtraumen, Herz-Kreislauf-Erkrankungen, Allergien und Glaukom.

Im Rahmen der pneumologischen Erkrankungen spielt auch die allgemeine und vegetative Anamnese eine besondere Rolle, da das hier geschilderte Allgemeinbefinden auch Hinweise auf das Ausmaß und den Schweregrad der Erkrankung aufweisen kann. Hier ist insbesondere nach Gewichtsverhalten, Nachtschweiß, Auftreten von Beinödemen, Nykturie, Schlafgewohnheiten, Schnarchen, morgendlicher Müdigkeit, spontaner Einschlafneigung am Tage (eventuell situationsbedingt), Rauchgewohnheiten früher und derzeit, sportlichen Aktivitäten früher und derzeit und der Regelmäßigkeit ihrer Ausübung zu fragen.

Bei der Berufs- und Sozialanamnese spielt die Exposition gegenüber Staub, Rauch, Nebel, Gasen, auch bei früheren Tätigkeiten und an früheren Arbeitsplätzen sowie die Art der Schadstoffe eine Rolle. Die Berücksichtigung von Kälte, Hitze, Nässe, Mikroklima am Arbeitsplatz sowie das Vorhandensein von Lüftungs- und Absaugvorrichtungen und Klimaanlagen können ebenso bedeutsam sein wie die Arbeitszeitgestaltung, wie Nacht- und Wechselschicht, die Anzahl und Dauer der betriebsüblichen Pausen sowie der am Arbeitsplatz herrschende Zeitdruck.

Die im Rahmen der Anamneseerhebung von den Patienten beklagten, z. T. organspezifischen Beschwerden, wie Husten, Auswurf, Atemnot, Atemgeräusche, thorakale Schmerzen sowie Hinweise auf bronchiale Überempfindlichkeit, stellen als Leitsymptome bereits wichtige Begutachtungskriterien dar. Sie werden unter 14.1.2 besonders besprochen.

Körperlicher Untersuchungsbefund

Die Inspektion des Patienten sowie die Auskultation und Perkussion der Lunge können diagnoseweisende Anhaltspunkte bei Erkrankungen der Atmungsorgane geben.

Bei der Inspektion der Haut- und Schleimhautfarbe kann Blässe oder Rötung als Hinweis auf Reduzierung oder Vermehrung von O_2-Transportträgern gedeutet werden.

Die Ursache für eine Zyanose von Haut und/oder Schleimhaut kann in einer respiratorischen Insuffizienz verschiedener Ursachen (thorakal, pulmonal, kardial) begründet sein. Trommelschlegelfinger mit oder ohne Uhrglasnägeln sind am häufigsten beim Bronchialkarzinom zu finden, kommen aber auch bei der idiopathischen Lungenfibrose, Bronchiektasen, Pleuratumoren, Mukoviszidose und Lungenabszess vor.

Hinweise auf funktionelle Einschränkungen der Atmungsorgane kann die Beurteilung von Thorax und Wirbelsäule geben. Beispiele hierfür sind Deformitäten wie Trichterbrust, Kielbrust, rachitischer Rosenkranz, Kyphose und/oder Skoliose, Gibbus, fassförmiger oder glockenförmiger Thorax. Bei der Perkussion des Brustkorbs weist ein hypersonorer Klopfschall auf eine Überblähung der Lunge, z. B. durch ein Lungenemphysem oder ein Volumen pulmonum auctum bei Asthma bronchiale, hin. Eine Klopfschalldämpfung kann auf eine Atelektase, Infiltration, Pleuraerguss oder Pleuraschwarte hinweisen. Durch die Perkussion ist ebenfalls eine grobe Abschätzung der Zwerchfellbeweglichkeit möglich.

Bei der Auskultation der Lunge kann ein abgeschwächtes Atemgeräusch für eine Überblähung der Lunge, aber auch für eine Pleuraschwarte oder Atelektase typisch sein. Aussagekräftiger sind Nebengeräusche, die als kontinuierliche oder trockene, wie Giemen, Pfeifen oder Brummen auftreten können. Hiervon abzugrenzen sind diskontinuierliche oder feuchte, klein- bis grobblasige Nebengeräusche. Die mit einer Obstruktion der Atemwege einhergehenden Erkrankungen, wie chronisch obstruktive Bronchitis oder Asthma bronchiale, weisen vorwiegend trockene Nebengeräusche mit einem verlängerten Exspirium auf, während für mit Infiltration einhergehende Erkrankungen wie Pneumonie oder Lungenstauung vorwiegend feuchte Nebengeräusche typisch sind.

Bei fibrosierenden Lungenerkrankungen ist häufig ein verschärftes Atemgeräusch mit diskontinuierlichen Nebengeräuschen (Sklerosiphonie) zu hören.

Psychosoziale Anamnese

Hier empfiehlt sich der Einsatz von standardisierten Fragebögen, wie z. B. der HADS [8] zur Ermittlung von Ängstlichkeit und Depressivität, die bei Patienten mit Erkrankungen der Atmungsorgane häufig vorkommen. Ebenso sollte hier ermittelt werden, inwieweit Strategien zur Krankheitsbewältigung vom Patienten bereits eingesetzt werden.

Labordiagnostik

Neben den üblichen internistischen Laboruntersuchungen müssen in Abhängigkeit von den Fragestellungen auch weitergehende Untersuchungen wie die Bestimmung des Gesamt-IgE, ggf. spezifisches IgE bei allergischen Erkrankungen und des Angiotensin-Converting-Enzym (ACE) bei Sarkoidose vorgenommen werden. Bei allergischen Erkrankungen ist die Durchführung von geeigneten Hauttests wie Scratch-, Prick-, Intrakutan- und Epikutantest notwendig.

Diagnostik mittels bildgebender, endoskopischer und elektrophysiologischer Verfahren

Neben der Basis-Röntgenuntersuchung des Thorax in zwei Ebenen kann auch eine weitere Diagnostik mittels Computertomographie, Kernspintomographie, Perfusions- und Ventilationsszintigraphie zur Diagnosesicherung und zur Feststellung des Schädigungsausmaßes erforderlich sein.

Die endoskopische Untersuchung mittels Bronchoskopie mit Gewebsentnahme und/oder bronchoalveolärer Lavage mit Differenzialzytologie und Bestimmung der Lymphozyten-Subpopulation, besonders bei interstitiellen Lungenerkrankungen (exogen allergische Alveolitis, Lungenfibrose, Sarkoidose, Asbestose), kann ebenfalls in speziellen Fällen zur weiteren Abklärung erforderlich sein. Hierbei handelt es sich aber um invasive Maßnahmen, die nicht duldungspflichtig sind.

Das Ruhe-EKG stellt eine Basis-Untersuchung dar und dient im Zusammenhang mit Erkrankungen der Atmungsorgane zum Ausschluss einer Rechtsherzbelastung. Bei Vorliegen von Herzrhythmusstörungen kann ein Langzeit-EKG erforderlich sein.

Mit der Oberbauchsonographie und Doppler-Echokardiographie können Hinweise auf eine Rechtsherzbelastung und die Pumpfunktion der Ventrikel gewonnen werden.

Bei Verdacht auf eine leistungsrelevante schlafbezogene Atmungs- und Kreislaufregulationsstörung kann eine kardiorespiratorische Polysomnographie mit Registrierung von Elektroenzephalogramm (EEG), Elektrookulogramm (EOG), Elektromyogramm (EMG), Elektrokardiogramm (EKG), Atemanstrengung, Atemfluss und Pulsoxymetrie im Nachtschlaf durchgeführt werden.

Zur Beurteilung des Ausmaßes einer Vigilanzstörung kann die Durchführung einfacher Vigilanzteste und die eines multiplen Schlaflatenztestes (MSLT) erforderlich sein.

Pulmonale Funktionsdiagnostik

Hiermit wird das Ausmaß der Schädigungen von Funktionen und Struktur des Atmungsorgans quantitativ erfasst. Hierzu wird die Lungenfunktion in Ruhe und/oder unter definierter körperlicher Belastung gemessen.

Neben den ventilatorischen Größen wie den statischen und dynamischen Lungenvolumina werden die Fluss-Volumen-Kurve und der Atemwegswiderstand in der Ganzkörperplethysmographie registriert.

Bei dem Verdacht auf das Vorliegen einer Diffusionsstörung kann im Einatemzug-Verfahren die CO-Diffusion gemessen werden. In Ruhe und unter körperlicher Belastung werden die arteriellen Blutgase aus dem Kapillarblut des hyperämisierten Ohrläppchens gemessen.

Mit der Methode der Spiroergometrie werden die Ventilation und der Gasaustausch in Ruhe und unter körperlicher Belastung bestimmt. Bei weiterem Vorantreiben der Messhierarchie kann zusätzlich noch mittels einer Einschwemmkatheteruntersuchung der Pulmonalarteriendruck und das Herzminutenvolumen in Ruhe und unter Belastung ermittelt werden.

Weitere Details hierzu sind unter 14.1.2 dargestellt.

14.1.2 Begutachtungskriterien

Umfang und Ausmaß der Schädigung von Strukturen und Funktionen stellen wesentliche Bausteine zur Beurteilung der Leistungsfähigkeit im Erwerbsleben dar.

Leitsymptome

Sie geben einerseits einen Hinweis auf das klinische Ausmaß und subjektive Empfinden des Patienten, erlauben andererseits aber auch im Rahmen der klinischen Untersuchung schon eine gewisse Graduierung der Schwere der Leistungseinschränkung.

Husten stellt eine willkürliche oder unwillkürliche heftige Entleerung der Atemluft durch die unter Druck gepresste Stimmritze dar. Es handelt sich dabei um ein Symptom bei Störungen im Bereich von Kehlkopf, Trachea und Bronchien sowie des Lungenparenchyms, der Pleura und des Zwerchfells. Auch psychogene Faktoren und extrathorakale Auslöser kommen als Ursachen in Frage.

Zum einen stellt Husten einen physiologischen Schutzreflex dar, auf der anderen Seite ist Husten jedoch als ein pathologisches Symptom zu werten. Husten kann als Symptom bei über 300 verschiedenen Erkrankungen auftreten. Am häufigsten ist es als ein Symptom von Erkrankungen des Bronchialsystems anzusehen. Die sogenannte tussive Clearance, die hustenbedingte Reinigung des Bronchialsystems, stellt einen Ersatzmechanismus für eine nicht mehr ausreichend funktionierende muköziliäre Clearance dar.

Eine eingeschränkte Klärfunktion ist ein Korrelat für eine ausgeprägte Schleimhautschädigung mit Insuffizienz des Flimmerepithels und vermehrter Sekretproduktion sowie das Freilegen von Hustenrezeptoren. In Abhängigkeit von der Art des Hustens (produktiv =

mit Sputumauswurf, unproduktiv oder trockener Reizhusten = ohne Sputumauswurf), Anlasshäufigkeit und Zeitpunkt des Auftretens des Hustens kann eine Beeinträchtigung im Erwerbsleben resultieren. Ebenso ist zu klären, inwieweit ein Bezug zum Arbeitsplatz oder zur Freizeit festzustellen ist. Dies kann insbesondere bei allergischen Erkrankungen oder berufsbedingten Erkrankungen von Bedeutung sein.

Auswurf Der Auswurf ist ein Sekret der Atemwegsschleimhaut und der Nasennebenhöhlen mit Beimengungen zellulärer Elemente wie Speichel, Nahrungsresten, Staub- und Rauchteilchen sowie eventuell pathogener Mikroorganismen wie Bakterien, Viren, Blut, Eiter u. a. In Abhängigkeit von Menge, Farbe, Beschaffenheit und Zeitpunkt des Auftretens des Auswurfes kann hieraus ein Rückschluss auf das Ausmaß der Schädigung, vorwiegend der Schleimhäute, gezogen werden.

Atemnot Die Atemnot ist nach der American Thoracic Society (1999) definiert als ein Begriff, der verwendet wird, um „eine subjektive Erfahrung einer Atmungsstörung auszudrücken, welche aus qualitativ unterschiedlichen Empfindungen besteht, die auch in ihrer Intensität variieren. Diese Erfahrung stammt aus Interaktionen verschiedener physiologischer, psychologischer, sozialer und Umgebungsfaktoren und kann verschiedene physiologische Reaktionen und Verhaltensweisen hervorrufen".

Verschiedene zeitliche Bezugsgrößen, wie die Dauer des Bestehens der Atemnot, d. h., besteht sie permanent oder anfallsweise, sowie der Zeitpunkt, d. h., besteht sie ganzjährig oder saisonal, am Tage oder in der Nacht sind für die Ermittlung der Schädigung und für die Beurteilung von verbleibenden Aktivitäten bedeutsam. Wenn sie am Tage besteht, dann ist die Belastungsabhängigkeit zu klären.

Es muss erfragt werden, ob die Atemnot auch in Ruhe oder nur unter Belastung besteht. Wenn Atemnot unter Belastung vorkommt, muss geklärt werden, ob sie schon während oder direkt nach der Belastung oder verzögert nach der Belastung auftritt.

Ebenso ist das Ausmaß der Belastung festzustellen, d. h., ob sie z. B. beim Treppensteigen oder beim

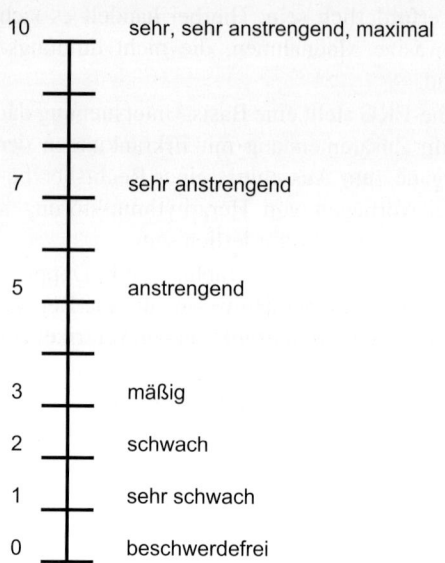

Abb. 14.1: BORG-Skala zur Beurteilung des subjektiven Empfindens des Belastung

Spaziergang mit Gleichaltrigen auftritt und diese noch keine Atemnot aufweisen. Ebenso ist der Bezug zum Ort der Aktivität festzustellen, an dem die Belastung zur Atemnot führt, wie z. B. am Arbeitsplatz, in der Wohnung oder bei Freizeitaktivitäten.

Bei Ausübung einer definierten Belastung (z. B. Ermittlung der in 6 min zurückgelegten Gehstrecke) kann von den Patienten anhand einer BORG-Skala das Ausmaß der Atemnot subjektiv definiert und in ein Zahlenmaß transformiert werden (siehe Abb. 14.1).

Atemgeräusche Atemnot ist häufig begleitet von Atemgeräuschen, die die oben (14.1.1) schon beschriebene unterschiedliche Qualität aufweisen können. Leise Atemgeräusche sind nur mittels Stethoskop zu auskultieren, gelegentlich kann aber auch ohne Hörhilfe schon ein giemendes Atemgeräusch als Distanzgiemen wahrgenommen werden.

Während des Schlafens kann das Auftreten von Schnarchgeräuschen festgestellt werden, die in Abhängigkeit von Alter und Geschlecht in unterschiedlichen Lebensaltern unterschiedlich häufig vorkommen können. Die Schnarchgeräusche können aber auch von Atempausen, sogenannten Apnoen unterschiedlicher Genese, unterbrochen sein und können dann bei entsprechender Frequenz aufgrund apnoeterminierender zentralnervöser Weckreaktionen zu Störungen der Vigilanz am Tage führen (siehe 14.8). Die Einbeziehung fremdanamnestischer Angaben ist hier erforderlich.

Bronchiale Überempfindlichkeit Die bronchiale Überempfindlichkeit kann als Husten oder Atemnot oder beides gemeinsam mit und ohne Vorkommen von obstruktiven Atemgeräuschen auftreten.

Die Art des auslösenden Reizes ist zu ermitteln, d. h., es ist zu klären, ob spezifische oder unspezifische Reize vorliegen und wenn ja, welche Art des Reizes die Beschwerden auslöst. Es kann auch eine Überempfindlichkeit gegen mehrere unspezifische und/oder spezifische Reize vorliegen. Eine Quantifizierung des Ausmaßes kann durch einen unspezifischen bronchialen Provokationstest vorgenommen werden (siehe 14.1.2).

Thorakale Schmerzen Diese treten atemabhängig bei einer Pleuritis sicca, z. B. im Rahmen eines akuten Infektes oder einer beginnenden Pleuritis exsudativa, bei Tuberkulose oder bei pleurareizenden Tumoren, wie z. B. dem Pleuramesotheliom, auf. Differenzialdiagnostisch müssen auch belastungsabhängige Schmerzen bei koronarer Herzkrankheit abgegrenzt werden. Insbesondere nach stumpfen Thoraxtraumen oder Thoraxoperationen können noch monatelang Schmerzen bestehen. Von Veränderungen der HWS und BWS ausstrahlende Schmerzen oder durch Myogelosen im Nacken-Schulterbereich hervorgerufene Dauerschmerzen müssen abgegrenzt werden.

Messbare Funktionsstörungen

Als einzelne Bausteine können verschiedene Lungenfunktions- und Leistungstests dazu beitragen, das Ausmaß der Schädigung der Strukturen der Atmungsorgane und ihrer Funktionen nicht nur qualitativ und/oder semiquantitativ über z. B. visuelle Analogskalen, sondern auch quantitativ zu ermitteln. Zusätzliche Aussagen über die Reagibilität des Bronchialsystems können durch die Applikation von pharmakodynamisch wirksamen Substanzen erlangt werden. Dieses kann einerseits ein unspezifischer und/oder spezifischer Provokationstest mit z. B. Carbachol, Metacholin oder Histamin und/oder spezifisch wirksamen Allergenen oder ein Bronchospasmolyse-Test mit β_2-Sympathomimetika oder Anticholinergika sein.

Die Bausteine zur Ermittlung eines objektiven Leistungsbildes stellen auch in Abhängigkeit von der diagnosespezifischen Fragestellung einen messmethodisch und apparativ, personell und zeitlich unterschiedlich hohen Aufwand dar. Unterschiedliche Messmethoden und die damit zu ermittelnden Parameter sind in der Tabelle 14.1 auf der nächsten Seite dargestellt.

Die kleine Spirometrie gestattet es, die Volumen-Zeit-Kurve und die Fluss-Volumen-Kurve zu registrieren. Hiermit werden vorwiegend die dynamischen Lungenvolumina und Strömungsgeschwindigkeiten nach forcierter Exspiration sowie die Vitalkapazität als statisches Lungenvolumen erfasst. Die so ermittelten Werte werden zu den Alters-, Größen- und geschlechtsabhängigen Sollwerten in Beziehung gesetzt. Lassen sich hierbei keine pathologischen Befunde ermitteln, so ist eine schwere Störung wenig wahrscheinlich. Zu berücksichtigen ist, dass diese Untersuchungen mitarbeitsabhängig sind, so dass mindestens eine Reproduzierbarkeit der zwei besten Messergebnisse für die inspiratorische Vitalkapazität (IVC) und die Ein-Sekundenkapazität (FEV_1) von 90 % erreicht werden sollte. Zur Beurteilung wird der Messwert in prozentualen Bezug zum Sollwert gesetzt. Eine Reduzierung der Werte auf weniger als 80 % des Solls ist als pathologisch zu werten.

Die Formanalyse der Fluss-Volumen-Kurve kann zusätzliche Hinweise auf funktionelle Störungen geben. Eine grobe Differenzierung in obstruktive und restriktive Ventilationsstörung ist mit der kleinen Spirometrie möglich, eine Kombination beider Störungen kann allerdings nicht ausgeschlossen werden. Die Sensitivität und Spezifität der Messwerte zur Differenzierung zwischen lungenkrank und lungengesund beträgt zwischen 80 und 90 %.

Volumen-Zeit-Kurve		Fluss-Volumen-Kurve		Lungenvolumina und Atemwegswiderstand		arterielle Blutgase in Ruhe und unter Belastung		Ventilation und Gasaustausch in Ruhe u. Belastung	
IVC	l	PEF	l/s	FRC	l	P_{aO_2}	mmHg	f_b	min^{-1}
FEV_1	l	MEF_{25}	l/s	RV	l	P_{aCO_2}	mmHg	V_T	l
FEV_1/IVC	%	MEF_{50}	l/s	TLC	l	$P_{(A-a)O_2}$	mmHg	V'_E	l/min
		MEF_{75}	l/s	RV/TLC	%	pH_a		V'_{O_2}	l/min
		MMEF	l/s	R_{aw}	kPa/l/s	BE	meq/l	V'_{CO_2}	l/min
		FVC	l					RQ	
		FEV_1/FVC	%			arterielle Blutgase Ruhe-Belastungs-Differenz		V'_A	l/min
								V_D	l
								V_D/V_T	
						ΔP_{aO_2}	mmHg	V'_E/V'_{O_2}	
						ΔP_{aCO_2}	mmHg	V'_E/V'_{CO_2}	
						$\Delta P_{(A-a)O_2}$	mmHg	V'_A/V'_{O_2}	
								V'_{O_2}/f_h	ml

Tab. 14.1: Messmethodische Hierarchiestufen der Lungenfunktionsdiagostik

Durch zusätzliche Registrierung der statischen Lungenvolumina und des Atemwegswiderstandes kann eine Steigerung der Spezifität erzielt werden. Mit der ganzkörperplethysmographischen Untersuchung können die funktionelle Residualkapazität (FRC) entsprechend dem intrathorakalen Gasvolumen (ITGV), das Residualvolumen (RV), die Totalkapazität (TLC) und kooperationsunabhängig der Atemwegswiderstand (R_{aw}) ermittelt werden. Auch diese Messgrößen müssen zu alters-, größen- und geschlechtsabhängigen Sollwerten in Beziehung gesetzt werden [11]. Mit Hilfe der Totalkapazität ist eine objektive Differenzierung zwischen einer Lungenüberblähung (TLC > 110 % des Solls), einer normal geblähten Lunge (TLC 90 bis 110 % des Solls) und einer durch Restriktion eingeschränkt lufthaltigen Lunge (TLC < 90 % des Solls) möglich.

Bei Vorliegen einer obstruktiven Ventilationsstörung ist in jedem Fall ein Bronchospasmolysetest mit einem β_2-Mimetikum und/oder einem Anticholinergikum zu empfehlen, um das Ausmaß der Reversibilität der Obstruktion zu ermitteln.

Lässt sich bei bestehendem V. a. eine Hyperreagibilität der Atemwege keine obstruktive Ventilationsstörung feststellen, so ist als nächste diagnostische Stufe ein dosisabhängiger unspezfischer Provokationstest mit Carbachol, Histamin oder Metacholin durchzuführen, um die Dosis zu ermitteln, mit der die Ein-Sekundenkapazität (FEV_1) um 20 % des Solls gegenüber dem Ausgangswert reduziert wird. Die Hyperreaktivität ist umso ausgeprägter, je niedriger die erforderliche Dosis ist, um diese auszulösen. Entsprechende Testdosimeter stehen zur Verfügung.

Besteht infolge krankhafter Veränderungen der alveolo-kapillären Membran, wie sie z. B. bei fibrosierenden Lungenerkrankungen vorkommt, der V. a. eine Diffusionsstörung, so ist die Messung der CO-Diffusionskapazität im Einatemzugverfahren mit der Bestimmung des Transferfaktors (DLCO) und des Transferkoeffizienten (DLCO/VL) möglich. Auch hier ist ein Bezug auf Sollwerte erforderlich.

Die Messung der arteriellen Blutgase erfolgt aus dem hyperämisierten Ohrläppchen-Kapillarblut und gibt Auskunft über den Wirkungsgrad des Gasaustausches der Lunge und den Säure-Basen-Status des arteriellen Blutes. Der Sauerstoffpartialdruck (p_aO_2) ist abhängig von Barometerdruck, Körperposition, Gewicht und Alter. Der Kohlendioxydpartialdruck

14.1 Allgemeines

Maximale Sauerstoffaufnahme

ml/kg/min	Einschränkung
> 25	keine
15 – 25	leichte bis mittelschwere
< 15	schwere

Maximal erreichte ergometrische Leistung

W	W/kg	Einschränkung
≥ 125	≥ 1,5	keine
75 – 125	1,0 – 1,5	leichte bis mittelschwere
50 – 75	1,0	schwere
< 50		sehr schwere

American Thoracic Society, 1982, 1986

Tab. 14.2: Bezugsgrößen bei Belastungsuntersuchungen

(p_aCO_2) ist ebenso wie der pH-Wert von diesen Größen unabhängig.

Die in Ruhe gemessenen Lungenfunktionsmessgrößen zeigen nicht in allen Fällen eine ausreichend gute Korrelation mit der symptomlimitierten max. Leistungsfähigkeit. Die Durchführung einer Belastungsuntersuchung ist daher für die Beurteilung der Leistungsfähigkeit in der Sozialmedizin bei vielen Erkrankungen der Atmungsorgane unerlässlich.

Für die definierte Leistungserfassung in der Pneumologie stehen verschiedene Belastungsverfahren zur Verfügung (Tab. 14.2). Am häufigsten wird die fahrradergometrische Belastungsuntersuchung unter gleichzeitiger Messung von physiologischen Größen der Atmung, des Herzens und des Kreislaufs durchgeführt. Das Untersuchungsprotokoll hängt wesentlich von der Fragestellung ab. Bei belastungsinduziertem Asthma bronchiale wird z. B. eine mindestens 5 min dauernde submaximale Belastung gewählt, die etwa 85 % der max. Belastung entspricht. Die Messung der Atemstoßparameter (Peak-flow, FEV_1) oder ganzkörperplethysmographische Messung (R_{aw}) muss vor, während und bis zu 30 min nach Belastung erfolgen. Für die Ermittlung des Ausmaßes von Gasaustauschstörungen unter Belastung bei chron. obstruktiven Lungenerkrankungen oder interstitiellen Lungenerkrankungen

erfolgt eine Messung der arteriellen Blutgase (p_aO_2, p_aCO_2, pH) und der kardialen Parameter (EKG, RR) in Ruhe und unter definierter Belastung. Die ergänzende Registrierung der Ventilations- und Gasaustauschgrößen ermöglicht in der nächsten messmethodischen Hierarchiestufe weitere Aussagen über Störungen der Sauerstofftransportkette, die durch die Untersuchungen der Hämodynamik (Rechtsherzkatheter) mit Messung des pulmonalarteriellen Druckes, der zentralvenös-gemischten Blutgase und der Messung des Herzminutenvolumens komplettiert wird. Da es sich bei der Messung der Hämodynamik um einen invasiven Eingriff handelt, ist dieser nicht duldungspflichtig. Bei der spiro-ergometrischen Untersuchung fallen häufig über kurze Zeit eine Vielzahl von Messdaten an, die zusätzlich zu alters-, geschlechts- und belastungsstufenabhängigen Sollwerten in Beziehung gesetzt werden müssen. In der Literatur sind verschiedene Sollwertsysteme beschrieben. Ein in sich konsistentes Sollwertsystem für alle spiroergometrisch und gleichzeitig gemessenen hämodynamischen Größen ist von RÜHLE [13] vorgelegt worden. Bei Verwendung dieser Regressionsformeln können die alters- und belastungsabhängigen (Watt, VO_2) Sollwerte unter Einschluss der physiologischen Streubreite (SD) mit den aktuell erhobenen Messwerten verglichen und spezifische Störungen der Ventilation, des Gasaustausches und der Hämodynamik dargestellt werden.

Die Art der Belastungsabstufung hat sich in den letzten Jahren gewandelt. Wegen der im Vergleich zur schnellen kardialen, verzögert auftretenden Adaption der Ventilation an die Belastung, wurde bisher die schrittweise Steady-State-Belastung empfohlen. Untersuchungen der letzten Jahre weisen aber darauf hin, dass auch mit einer Rampenbelastung keine relevante Differenz zur Stufenbelastung auftritt. Die Dauer der Rampenbelastung sollte zwischen 8 und 12 min. betragen. Die Belastungssteigerung wird in Abhängigkeit von der erwarteten Maximalleistung gewählt. So wird z. B. bei einer erwarteten Maximalleistung von 150 Watt die Steigerung etwa 15 Watt pro Minute betragen, bei einer erwarteten Maximalleistung von nur 50 Watt etwa 5 Watt pro Minute. Die Rampenbelastung ist besonders gut für die Bestimmung der anaeroben Schwelle (AT) und der max. Sauerstoffaufnahme (V'O₂max) geeignet. Die anaerobe Schwelle ist der Bereich des Übergangs von rein aerob zu partiell anaerob lactatacidgedeckter Stoffwechselleistung. Sie charakterisiert objektiv und mitarbeitsunabhängig das Ausmaß der muskulären Ausdauerleistung, sofern bei der Belastungsuntersuchung Werte oberhalb der anaeroben Schwelle erreicht wurden. Ihre Bestimmung erfolgt graphisch aus dem V-Diagramm oder elektronisch aus den kontinuierlich ermittelten Daten. Die anaerobe Schwelle stellt eine Kenngröße für die Dauerleistungsgrenze dar. Die erhobenen Messwerte werden mit Sollwerten, die aus Nomogrammen zu entnehmen sind, verglichen [15]. So liegt z. B. bei untrainierten Männern die anaerobe Schwelle bei 1200 ml V'O₂, welches etwa einer Dauerbelastung von 75 Watt entspricht.

Die max. Sauerstoffaufnahme kann als Absolutwert oder besser auf das Körpergewicht bezogen eine Einschätzung der max. Leistungsfähigkeit geben. Bei Normalpersonen besteht ein linearer Bezug zwischen Belastung in Watt und der Sauerstoffaufnahme. Bei Patienten mit Erkrankungen der Atmungsorgane ist diese aufgehoben. Bei spiroergometrischen Belastungsuntersuchungen sollte alle 3 min die Fluss-Volumen-Kurve registriert werden. Es kann so ermittelt werden, ob es eher zu strömungsbedingter Limitierung der Belastung, wie z. B. bei obstruktiven Atemwegserkrankungen oder zu volumenbedingter Limitierung der Belastung, wie z. B. bei restriktiver Ventilationsstörung kommt [7]. Zusätzlich zur Ermittlung der max. Sauerstoffaufnahme sollte auch ein Kriterium zur subjektiven Angabe von Atemnot als sogenannte BORG-Skala abgefragt werden (vgl. Abb. 14.1). Einige wichtige Parameter der spiroergometrischen Belastungsuntersuchung können zur Differenzierung zwischen pulmonaler oder kardial bedingter Limitation der Leistungsfähigkeit beitragen (Tabelle 14.3).

Neben der fahrradergometrischen Belastungsuntersuchung kann auch eine laufbandergometrische Belastungsuntersuchung durchgeführt werden. Diese Untersuchungsmethode eignet sich vorwiegend für leistungsstärkere Patienten und für sportmedizinische Fragestellungen.

Als weitere Möglichkeit zur Bestimmung der max. Leistungsfähigkeit kann die einfache Methode der Gehstreckenmessung (6 min bzw. 12 min Gehtest) mit gleichzeitigen Angaben zur subjektiven Symptomatik vorgenommen werden. Dieses Verfahren bietet sich vorwiegend bei schweren Funktionseinschränkungen und geringer körperlicher Belastbarkeit an.

Kenngröße	Kardiale Störung	Pulmonale Störung
V'_{O_2}/HF	⇓⇓	n – ⇓
V'_{O_2}/AT	⇓	n
V'_E/V'_{O_2}	n – ⇑	⇑
V_D/V_T	n – ⇑	⇑
$A - aD_{O_2}$	n – ⇑	⇑

AT = Anaerobe Schwelle, n = normal

Tab. 14.3: Kenngrößen zur Differenzierung der Belastungslimitation durch kardiale bzw. pulmonale Störungen

14.1.3 Sozialmedizinische Beurteilung

Fast alle Domänen der ICF können bei den Erkrankungen der Atmungsorgane und den damit einhergehenden Schädigungen sowohl bei der Ausübung von Aktivitäten als auch der Teilhabe Bedeutung haben.

Zur Beurteilung der Leistungsfähigkeit ist besonders die Anamneseerhebung und die körperliche Untersuchung sowie die Ermittlung der derzeitigen Lebensumstände im beruflichen und sozialen Bereich hilfreich. Zur Quantifizierung der Leistungsfähigkeit werden zusätzlich Funktionsteste der Atmungsorgane in Ruhe und unter körperlicher Belastung zur Beurteilung hinzugezogen. Unter Berücksichtigung beider Beurteilungsbereiche wird die mögliche Anpassung der Umwelt- und Kontextfaktoren empfohlen, um zum längerfristigen Erhalt und/oder Verbesserung der verbliebenen Fähigkeiten zur Durchführung von Aktivitäten und der Teilhabe am sozialen und beruflichen Leben beizutragen.

Einschränkungen sind bei Patienten mit Erkrankungen der Atmungsorgane besonders im Bereich der Mobilität und solchen häuslichen Aktivitäten zu finden, die der Selbstversorgung, der Verrichtung von Haushaltsaufgaben und der Ausübung von Arbeit und Beschäftigung zur Sicherung des Lebensunterhaltes dienen. Bei einigen Erkrankungen kann es aber auch zur Einschränkung beim Lernen und der Wissensanwendung sowie beim Erledigen von allgemeinen Aufgaben und Anforderungen kommen. Ebenso können die Aktivitäten im und die Teilhabe am Gemeinschafts-, sozialen und staatsbürgerlichem Leben eingeschränkt sein.

Als besonders relevante Kontextfaktoren, die sowohl umwelt- als auch personenbezogen sein können, sind z. B. Produkte und Substanzen des persönlichen Gebrauchs, wie Lebensmittel, Medikamente, Therapie- und Trainingsgeräte, anzusehen. Persönliche Unterstützung und Beziehungen können für die Patienten eine besondere Bedeutung haben. Dieses können Familienmitglieder, Freunde, Bekannte, Kollegen, Hilfs- und Pflegepersonal, professionelle Personen in der medizinischen Versorgung, aber auch Tiere sein.

Soziale Einrichtungen, wie z. B. das System der sozialen Sicherung, Gesundheitsbildung und Prävention, medizinische Versorgung und rehabilitative Versorgung, Langzeitbetreuung, Beratung, der Arbeitsmarkt und Freizeit- und Sportorganisationen können die Aktivitäten und Teilhabe unterstützen und verbessern. Sozio-kulturelle Strukturen, wie z. B. Familie, Verwandtschaft und Gemeinschaften sind ebenfalls hier mit einzubeziehen. Die natürliche Umwelt und die Umwelt am Arbeitsplatz und im häuslichen Bereich, wie z. B. die Geographie, Klima, Licht, Temperatur, Feuchtigkeit, Lärm, Luftqualität, Wohnraum- und Schlafzimmerausstattung sowie das Mikroklima in diesen Bereichen spielen als Umweltfaktoren bei vielen Erkrankungen der Atmungsorgane eine besonders wichtige Rolle. Als schädigende Faktoren sind hier das inhalative Zigarettenrauchen, die Schadstoffbelastung in der Wohnung und besonders am Arbeitsplatz sowie in der Umwelt zu nennen.

14.2 Obstruktive Lungenerkrankungen

14.2.1 Allgemeines

Die obstruktiven Lungenerkrankungen, wie Asthma bronchiale, chronische Bronchitis, Lungenemphysem und Bronchiektasen, sind häufig vorkommende chronische Erkrankungen, die zu einer Einschränkung der körperlichen Leistungsfähigkeit führen können. Etwa 5 % der Bevölkerung leiden an Asthma bronchiale und etwa 5 bis 10 % an einer chronisch obstruktiven Lungenerkrankung (COPD).

Die COPD stellt einen Sammelbegriff dar, der den größten Teil der Patienten mit chronischer obstruktiver Bronchitis und Lungenemphysem umfasst.

Die einzelnen Krankheitsbilder werden mit ihrer Definition, kurzen Hinweisen zur Ätiopathogenese, spezifischen Anamnese, Befunderhebung und Diagnostik sowie sozialmedizinischen Leistungsbeurteilung in den folgenden Kapiteln dargestellt.

Sowohl in verschiedenen Leitlinien [16] als auch in verschiedenen Monographien und Einzelartikeln, die sich mit der Begutachtung pneumologischer Erkrankungen beschäftigen, sind erhebliche Varianten in der Schweregraddefinition bei obstruktiver Ventilationsstörung festzustellen. Um eine gewisse Einheitlichkeit bei der Begutachtung herzustellen, wird hier die von KROIDL et al. [9] vorgeschlagene Schweregradeinteilung berücksichtigt (Tabelle 14.4). Weitere krankheitsspezifische Besonderheiten der sozialmedizinischen Beurteilung werden in den einzelnen Kapiteln dargestellt.

14.2.2 Asthma bronchiale

Definition: Das Asthma bronchiale ist eine chronisch entzündliche Erkrankung der Atemwege, bei der zahlreiche Zellen – einschließlich Mastzellen und eosinophile Granulozyten – eine Rolle spielen.

Bei prädisponierten Personen führt diese Erkrankung zu Symptomen, die in der Regel mit einer variablen Verengung der Atemwege einhergehen, verbunden mit einer Zunahme der Empfindlichkeit der Atemwege gegenüber einer Vielzahl von Stimuli. Die Atem-

Lungenfunktions-einschränkung	Obstruktion			Restriktion		
	FEV_1 % Soll	FRC % Soll	Raw (kPa/l s)	IVC % Soll	FRC % Soll	$C_{stat.}$ (l/kPa)
keine	>80	<120	<0,35	>80	>80	>2,1
leichte	70–80	120–135	0,35–0,50	70–80	70–80	1,6–2,1
mittelschwere	50–70	135–150	0,5–1,0	50–70	50–70	1,2–1,6
schwere	<50	>150	>1,0	<50	<50	<1,2
Gasaustausch-störung	Blutgasanalyse			CO-Diffusionskapazität		
	pO_2 Ruhe und Belastung Soll = Grenzwert (ULMER)		pCO_2 (mmHg)	Einatemzugmethode (ml/min × mmHg) % Soll		
keine	> Soll		<45	>80		
leichte	<5 mmHg unter Soll		<45–50	65–80		
mittelschwere	5–10 mmHg unter Soll		<50–60	50–65		
schwere	>10 mmHg unter Soll		>60	<50		

Nach KROIDL et al. [9]

Tab. 14.4: Beurteilung von Lungenfunktions- und Gasaustauschwerten

wegsobstruktion ist häufig reversibel, entweder spontan oder nach Behandlung mit β_2-Sympathomimetika. Die bronchiale Hyperreagibilität ist durch inhalative und systemische Kortikosteroide beeinflussbar. Die Klassifikation des Asthma bronchiale erfolgt unter Berücksichtigung der Ätiologie:

▷ nicht allergisches Asthma bronchiale (intrinsic)
▷ allergisches Asthma bronchiale (extrinsic)
▷ berufsbedingtes Asthma bronchiale.

Die Schweregradeinteilung des Asthma bronchiale erfolgt anhand des klinischen Krankheitsbildes und anhand einfacher, vom Patienten selbst zu kontrollierender Funktionsparameter, wie der Peak-flow-Messung. Diese regelmäßige Selbstkontrolle des Patienten, die in Form eines Peak-flow-Tagebuchs dokumentiert wird, gestattet es, Krankheitsverläufe über längere Zeiträume zu berücksichtigen. Die Variabilität des Krankheitsbildes, die Abhängigkeit vom Arbeitsplatz und die Wirksamkeit der verordneten Medikation kann so berücksichtigt werden. Hierdurch ist es möglich, eine qualifiziertere Leistungsbeurteilung über den Patienten abzugeben, als es durch einmalige Funktionsmessung oder einmalige unspezifische und spezifische Provokationsteste möglich ist.

In Tabelle 14.5 ist die im Rahmen eines internationalen Konsensusprozesses erarbeitete Klassifikation des Asthmaschweregrades dargestellt. Es muss berücksichtigt werden, dass aufgrund der ausgeprägten individuellen Variabilität bei dieser Erkrankung es zu Überschneidungen der Schweregrade kommen kann. Für die Klassifikation eines bestimmten Schweregrades können ein oder mehrere Merkmale vorhanden sein. Der Patient sollte jeweils dem höchsten Schweregrad zugeordnet werden, in dem das jeweilige Kriterium auftritt.

Das berufsbedingte Asthma bronchiale wird durch arbeitsplatzbezogene Stoffe verursacht. Es kann durch diese Stoffe in unterschiedlichen Zeiträumen von Monaten bis Jahren nach Exposition eine Erkrankung entweder ausgelöst oder ein vorbestehendes Asthma verschlimmert werden. Eine ausführliche Arbeitsplatzanamnese mit Fragen nach dem zeitlichen Auftreten der Symptomatik nach Exposition, nach Zeiträumen mit Besserung der Beschwerden an arbeitsfreien Tagen sowie Peak-flow-Vergleichsmessungen am Arbeitsplatz und in der häuslichen Umgebung können weitere Aufschlüsse über die Zusammenhangsfrage erbringen. Die Durchführung einer inhalativen Provokationstestung mit einem vermuteten Schadstoff kann entsprechend der gültigen Konventionen erforderlich sein. In der einschlägigen Literatur [9] gibt es Auflistungen von Substanzen, die in bestimmten Berufsgruppen ein Asthma bronchiale auslösen können. Ato-

Schwere der Erkrankung	Klinische Parameter vor Behandlung	Nächtliche Symptome	Lungenfunktion	Regelmäßige Medikation zur Asthmakontrolle
leicht	intermittierende, kurz anhaltende Symptome < 1–2/Woche asymptomatisch zwischen akuten Episoden	nächtliche Asthmasymptomatik < 2/Monat	Peak-flow > 80 % Soll Peak-flow-Variablität < 20 % Soll Peak-flow-Normalisierung nach Gabe eines Bronchodilatators	kurz wirksames β_2-Sympathomimetikum bei Bedarf
mittelschwer	Anfälle > 1–2/Woche	nächtliche Asthmasymptomatik > 2/Monat	Peak-flow 60–80 % Soll Peak-flow-Variablität 20–30 % Soll Peak-flow-Normalisierung nach Gabe eines Bronchodilatators	tägliche Inhalation entzündungshemmender Medikamente fakultativ täglich lang wirksamer Bronchodilatator, besonders bei nächtlichen Symptomen
schwer	häufige Anfälle ständige Symptomatik Einschränkung der körperl. Belastung Krankenhausaufenthalt während des letzten Jahres wg. Asthma lebensbedrohende Exazerbationen	häufig nächtliche Asthmasymptome	Peak-flow < 60 % Soll Peak-flow-Variablität > 30 % Soll Peak-flow unterhalb des Normalwertes trotz optimaler Therapie	tägliche Inhalation entzündungshemmender Medikamente in hoher Dosierung täglich lang wirksamer Bronchodilatator, besonders bei nächtlichen Symptomen häufiger Gebrauch systemischer Steroide

Tab. 14.5: Schweregradbeurteilung des Asthma bronchiale nach dem Internationalen Konsensusbericht 1993

pikern kann die Wahl solcher Berufe nicht empfohlen werden. Die Expositionskarenz ist unbedingt Voraussetzung für die Remission des Asthmas, wobei nicht in jedem Falle mit kompletter Reversibilität der Anfälle zu rechnen ist. Zur Vermeidung von asthmaauslösenden Ursachen (Allergene, unspezifische Reize) ist aus sozialmedizinischer Sicht auch für alle anderen Asthmaformen ggf. eine betriebliche Umsetzung oder Einleitung von Umschulungsmaßnahmen notwendig. Infekte sollten möglichst vermieden werden, so dass Arbeiten in dauernder Nässe und Kälte und mit häufigem Temperaturwechsel zu vermeiden sind. Ebenso können besondere emotionale Belastungssituationen einschließlich Schicht- und Nachtarbeit eine Verschlimmerung der Erkrankung bewirken.

Möglichst frühzeitig sollten auch ambulante oder stationäre medizinische Leistungen zur Teilhabe eingeleitet werden. Stationäre Rehabilitationsmaßnahmen haben den Vorteil, dass die schadstoff- und allergenarme Umgebung der Rehabilitationskliniken genutzt werden kann.

Ergänzend zur Optimierung der medikamentösen Therapie kann im Rahmen von Leistungen zur Teilhabe die Patientenschulung, physikalische Therapie, Sporttherapie, Verhaltenstherapie mit Entspannungs- und Angstbewältigungstraining sowie Stärkung des Selbstwertgefühls und sozialmedizinische Beratung über die Zusammenhänge von Krankheit, Beruf und privatem sozialen Umfeld erfolgen.

14.2.3 Chronische Bronchitis

Definition: Eine Erkrankung, die gekennzeichnet ist durch übermäßige Schleimproduktion im Bronchialbaum und die sich manifestiert mit andauerndem oder immer wieder auftretendem Husten mit oder ohne Auswurf an den meisten Tagen von mindestens drei aufeinanderfolgenden Monaten während mindestens zwei aufeinanderfolgenden Jahren (WHO). Unterschieden wird zwischen der

▷ einfachen chronischen Bronchitis, d. h. eine obstruktive Ventilationsstöung ist mit dem üblichen Funktionstest (Spirometrie, Ganzkörperplethysmographie) nicht feststellbar, und der

▷ chronisch obstruktiven Bronchitis.

Die häufigste Ursache für die Entwicklung einer chronischen Bronchitis stellt das inhalative Zigarettenrauchen dar. Ca. 80 bis 90 % aller chronischen Bronchitiker sind Raucher oder Ex-Raucher. Der Funktionsverlust pro Jahr, gemessen an der Ein-Sekundenkapazität (FEV_1) ist bei Rauchern doppelt so hoch wie bei Nichtrauchern. Der allgemeinen Luftverschmutzung mit Schwefeldioxyd (SO_2), Stickoxyden (NO_x) und Ozon (O_3) kommt ebenfalls eine Bedeutung, allerdings deutlich geringeren Ausmaßes, zu. Im Berufsleben spielen lungengängige Stäube, organische und anorganische Chemikalien, Dämpfe von Metallen, Halbmetallen und Fluor, im Sinne einer akuten und/oder chronischen toxischen Wirkung auf das Tracheobronchialsystems eine Rolle. Rezidivierende bronchiale Infekte durch Viren (Rhino-, Influenza A- und B-Viren), Mykoplasmen und Bakterien (Haemophilus influenzae, Streptokokken, Staphylokokken, Pseudomonas) können die Progredienz der Erkrankung und Entwicklung einer obstruktiven Ventilationsstörung erheblich beschleunigen.

Die Bevorzugung des männlichen Geschlechts ist nicht nur auf höhere Schadstoffbelastung am Arbeitsplatz, sondern vorwiegend auf das geschlechterspezifische unterschiedliche Rauchverhalten zurückzuführen. In Anbetracht des in den letzten 20 Jahren deutlich geänderten Rauchverhaltens der Frauen ist allerdings sowohl mit einer Zunahme von Leistungen zur Teilhabe bei Frauen als auch mit einer Zunahme der Frühberentungen wegen einer chronisch obstruktiven Bronchitis zu rechnen. Anhand einer Hochrechnung der Weltgesundheitsorganisation wird prognostiziert, dass die COPD weltweit die fünfthäufigste Erkrankung sein wird, die zu erheblichen Einschränkungen der Lebensqualität und Behinderungen führt.

Im Laufe der Krankeitsentwicklung kommt es von anfänglichem Husten und/oder Auswurf, zum Teil gelb-grünlich gefärbt, insbesondere im Rahmen von Infekten, zunehmend zu Atemnot, die anfänglich nur unter körperlicher Belastung auftritt. Die dazugehörige obstruktive Ventilationsstörung kann in den Anfangsstadien noch reversibel sein und nur bei Infekten auftreten. Im weiteren Verlauf einer zunehmenden obstruktiven Ventilationsstörung und einer Instabilität der Atemwege kann sich eine respiratorische Partialinsuffizienz mit Hypoxämie, anfänglich nur unter Belastung, später auch in Ruhe und schließlich eine respiratorische Globalinsuffizienz mit Hyperkapnie bei alveolärer Hypoventilation in Ruhe und/oder unter Belastung ausbilden.

Komplizierend stellt die pulmonale Hypertonie mit Cor pulmonale das Endstadium der Erkrankung dar. Das stufendiagnostische Vorgehen bei der Begutachtung der Erkrankung ist abhängig vom jeweiligen Krankheitsstadium.

Bei frühzeitigem Einsatz von Leistungen zur Teilhabe, besonders in den Anfangsstadien der chronischen Bronchitis, sind verhaltenstherapeutische Maßnahmen, wie Raucherentwöhnung, Sporttherapie und klimatherapeutische Maßnahmen, ausreichend. Mit Zunahme der Atemflusslimitation ist zusätzlich eine pharmakodynamisch wirksame Therapie sowie atemtherapeutische Behandlung erforderlich. Das Ausmaß der Reversibilität der obstruktiven Ventilationsstörung ist bei Patienten mit chronisch obstruktiver Bronchitis im Sinne einer COPD deutlich reduziert. Dennoch kann die Gabe lang wirksamer Bronchospasmolytika, insbesondere Anticholinergika, bei nur geringer Verbesserung der Obstruktion zu einer deutlichen Verbesserung der Belastbarkeit und Mobilität im Beruf, Haushalt und Freizeit und damit der Lebensqualität führen.

Bei rein beruflich bedingter Schadstoffbelastung ist die Noxe in jedem Fall zu vermeiden, wobei zusätzlich bestehendes Zigarettenrauchen ebenfalls aufgegeben werden muss. Entsprechende, die Teilhabe am Berufsleben fördernde Maßnahmen, wie innerbetriebliche Umsetzung oder Umschulung, sollten in Abhängigkeit vom bestehenden Leistungsprofil eingeleitet werden. Bei bestehendem chronischen Husten und/oder chronischer Dyspnoe kann es auch zu Einschränkungen in Berufen mit Publikumsverkehr kommen. Bei Arbeiten in dauernder Nässe und Kälte können Einschränkungen wegen der Möglichkeit des häufigen Auftretens von Exazerbationen erforderlich sein. Ebenso können aufgrund von dauernder Medikamenteneinnahme, die mit zentralnervösen Nebenwirkungen, wie feinschlägigem Tremor, einhergeht, besondere Handgeschicklichkeit erfordernde Tätigkeiten kaum noch ausgeübt werden. Dieses ist bei häufigem Gebrauch kurz wirksamer β_2-Sympathikomimetika der Fall. Bei erforderlicher systemischer Kortisontherapie müssen Begleiterkrankungen, wie Diabetes mellitus, Katarakt und Osteoporose bei der Leistungsbeurteilung berücksichtigt werden.

Eine Verbesserung der Teilhabe kann durch sport- und bewegungstherapeutische Trainingsmaßnahmen erreicht werden. Bei Patienten mit respiratorischer Insuffizienz (Partial- oder Globalinsuffizienz) kann eine O_2-Langzeittherapie entsprechend der Leitlinie der Deutschen Gesellschaft für Pneumologie die Teilhabe an sozialen und freizeitlichen Aktivitäten, insbesondere bei Verwendung von tragbarem Flüssig-Sauerstoff, deutlich positiv beeinflussen.

14.2.4 Lungenemphysem

Definition: Das Lungenemphysem ist eine Erkrankung, die gekennzeichnet ist durch Dilatation der Lufträume distal der Bronchioli terminales infolge irreversibler Destruktion des Lungenparenchyms.

Pathologisch anatomisch lassen sich verschiedene Formen des Lungenemphysems (zentrilobulär, panlobulär, paraseptal) unterscheiden. Exogene Ursachen, die zur Entwicklung eines Lungenemphysems führen können, sind inhalative Schadstoffe (Zigarettenrauch, Kohlestaub, Kadmium etc.). Die größte Bedeutung hat das Zigarettenrauchen infolge des Gehalts an oxidierenden Stoffen im Rauch, die direkt den α_1-Proteaseninhibitor (α_1-Pi) inaktivieren können. Zusätzlich geben die bei Rauchern vermindert vorhandenen Makrophagen und Granulozyten α_1-Pi inaktivierende Enzyme ab, wie dieses auch bei bakteriellen Infektionen der Lunge geschieht.

Bei Lungenerkrankungen, die mit narbigen Veränderungen einhergehen, wie Tuberkulose, Pneumokoniose und Sarkoidose können Strukturschäden des Lungengerüsts zur Entwicklung eines Narbenemphysems führen. Als Folge rezidivierender Infekte kann es, insbesondere bei chronisch obstruktiver Bronchitis und gelegentlich auch bei Asthma bronchiale, sekundär zur Entwicklung eines Lungenemphysems kommen.

Bei etwa 0,02 % der Bevölkerung Mitteleuropas spielt als endogener Faktor ein hereditärer homozygoter α_1-Pi-Mangel (PiZZ) bei der Entwicklung des Lungenemphysems eine Rolle. 2 % aller Lungenemphyseme sind auf diese Ursache zurückzuführen.

Das bedeutendste klinische Zeichen des Lungenemphysems ist die anfänglich nur unter Belastung, später auch in Ruhe auftretende Atemnot. 80 bis 90 % der Fälle weisen zusätzlich eine chronische Bronchitis mit Husten und Auswurf und häufig auch obstruktive Ventilationsstörung im Sinne einer COPD auf. Klinische Zeichen, wie abgeschwächtes Atemgeräusch, hypersonorer Klopfschall und typische fassförmige Thoraxform mit geringer Atembreite und tiefstehendem Zwerchfell geben ebenso wie die radiologischen Zeichen und lungenfunktionsanalytischen Veränderungen Hinweise auf das Vorliegen eines Lungenemphysems.

Die Veränderungen der Lungenfunktion sind gekennzeichnet durch den Elastizitätsverlust der Lunge und die Instabilität der Atemwege infolge der Lungenüberblähung. Es lassen sich typische Funktionsbefunde darstellen, die im Detail entsprechenden Büchern zur Lungenfunktionsuntersuchung zu entnehmen sind [10, 11, 12, 13]. Bei einigen Patienten (pink puffer) bestehen lange Zeit in Ruhe noch normale arterielle Blutgase und noch keine Zeichen der Rechtsherzhypertrophie oder Polyglobulie, obwohl sie klinisch eine schwere Dyspnoe aufweisen, die eine Einschränkung der körperlichen Leistungsfähigkeit dokumentiert und durch ganzkörperplethysmographische Untersuchung und Belastungsuntersuchung objektiviert werden kann.

Bei den meisten Patienten – insbesondere mit begleitender Bronchitis (blue bloater) – besteht klinisch eine eher gering ausgeprägte Atemnotsymptomatik, obwohl objektiv eine respiratorische Globalinsuffizienz und Zeichen der vermehrten Rechtsherzbelastung nachweisbar sind. Bei diesen Patienten sind eher die funktionellen Veränderungen für das Ausmaß und den Schweregrad der Leistungseinschränkung wegweisend.

Die Teilhabeleistungen dienen bei diesen Patienten vorwiegend der Durchführung und Einübung atemtherapeutischer Maßnahmen, wie Erlernen der Lippenbremse, atemerleichternder Stellungen etc. und physikalischer Therapie sowie Trainingsbehandlung. Die Ausschaltung verursachender Noxen (Rauchen, berufliche Schadstoffe) ist zum Aufhalten der Progredienz des Leidens unbedingt erforderlich. In fortgeschrittenen Fällen kann auch hier eine Sauerstofflangzeittherapie erforderlich sein. Bei fortgeschrittenem Lungenemphysem mit chronischem Cor pulmonale sind körperlich leichte Arbeiten auf Dauer nicht mehr möglich.

14.2.5 Bronchiektasen

Definition: Bronchiektasie stellt eine Sammelbezeichnung für die abnorme irreversible Erweiterung der Bronchien mit akuter und chronischer Entzündung im Bereich der Bronchialwand und des umgebenen Lungengewebes dar. Es werden erworbene und angeborene Bronchiektasen unterschieden. Von der Form her lassen sich zylindrische, variköse und zystische Bronchiektasen unterscheiden.

Angeborene Bronchiektasen sind häufig mit anderen Missbildungen verbunden (KARTAGENER-Syndrom, EHLERS-DANLOS-Syndrom etc.). Die erworbenen Bronchiektasen können lokalisiert oder generalisiert auftreten, häufig postpneumonisch, posttuberkulös oder poststenotisch, z. B. nach Fremdkörperaspiration. Meistens kommen Bronchiektasen in den Unterlappen (links > rechts) vor. Die klinische Symptomatik besteht bei infizierten Bronchiektasen aus Husten, eitrigem Auswurf, rezidivierenden umschriebenen Pneumonien und Hämoptysen. Die klassische Symptomatik mit „maulvollem" dreischichtigem Sputum kommt heute nur noch selten vor. Auskultatorisch sind in solchen Fällen umschriebene grobblasige, nicht abhustbare Rasselgeräusche wahrnehmbar. Oft ist nur exspiratorisches Giemen als Ausdruck einer generalisierten Atemwegserkrankung zu auskultieren. Respiratorische Insuffizienz und Cor pulmonale finden sich erst im Spätstadium der Erkrankung. Lungenabszesse, schwere Blutungen und Sepsis sind dank der Antibiotika-Therapie selten geworden.

Gesichert wird die Erkrankung durch die Bronchographie und bei funktionell hochgradig eingeschränkten Personen durch das hochauflösende Computertomogramm (HRCT). Die Thoraxübersichtsaufnahme kann nur indirekte Hinweise, wie Volumenverlust, vermehrte Streifenzeichnung, zystische Figuren mit oder ohne Spiegelbildung, geben. In der Funktionsdiagnostik kann ein Volumenverlust, eine relative Lungenüberblähung und bei der Hälfte der Patienten eine obstruktive Ventilationsstörung ermittelt werden.

Im Rahmen von Maßnahmen zur Verbesserung der Teilhabe nimmt die Atemphysiotherapie mit Erlernen besonderer Drainagelagerung eine besondere Stellung ein. Sie sollte in möglichst frühem Krankheitsstadium eingeleitet werden. Ebenso kann hier eine Verbesserung der Sekretmobilisation mit Autogener Drainage, Anwendung der PEP-Maske (Ausatmung gegen positiven Druck) und die Anwendung von Verfahren zur endobronchialen Perkussion (VRP 100, RC-Cornett) erlernt und durchgeführt werden. Nach erfolgter operativer Behandlung ist eine Anschlussheilbehandlung unbedingt indiziert.

Aus hygienischen Gründen ergibt sich eine berufliche Einschränkung für Tätigkeiten im Nahrungsmittel- und Gaststättengewerbe. Ebenso sind Arbeitsplätze mit häufigem Temperaturwechsel und Feuchtigkeit oder Nässe wegen der Infektgefährdung und solche mit Schadstoffbelastung durch Rauch, Stäube und Dämpfe zu meiden. Die Leistungsfähigkeit hängt wesentlich von dem Ausmaß der funktionellen Einschränkung ab, wobei die Schwere und Dauer der Krankheitsschübe gleichfalls von Bedeutung sind.

14.3 Interstitielle Lungenerkrankungen

14.3.1 Allgemeines

Erkrankungen des Lungenparenchyms, wie Lungenfibrose, Alveolitis, granulomatöse Erkrankungen, wie Sarkoidose und Pneumokoniosen werden als interstitielle Lungenerkrankungen bezeichnet. Sie kommen sehr viel seltener vor als die obstruktiven Atemwegserkrankungen. Klinisch gehen sie meistens mit trockenem Reizhusten und zunehmender Atemnot einher. Das Anfangsstadium kann mit Fieber und allgemeinem Krankheitsgefühl verbunden sein. Auskultatorisch sind meist erst im fortgeschrittenen Stadium trockene Nebengeräusche festzustellen.

In der Lungenfunktion zeigen die interstitiellen Lungenerkrankungen eine zunehmende Reduktion der statischen Lungenvolumina (TLC, FRC, IVC, RV) und auch der dynamischen Lungenvolumina, wie der Ein-Sekundenkapazität sowie eine Verminderung der Spitzenströmungsgeschwindigkeit (PEF). Ebenso wird die Lungendehnbarkeit (Compliance) als vermindert gemessen. Die arteriellen Blutgase weisen in Ruhe aufgrund der kompensatorischen Hyperventilation häufig noch einen normalen O_2-Partialdruck bei vermindertem CO_2-Partialdruck auf. Erst unter körperlicher Belastung kann, häufig schon bei relativ niedriger Belastungsstufe, eine deutliche Hypoxämie bei Normo- oder Hypokapnie auftreten. Dieses ist insbesondere bei Lungenparenchymerkrankungen mit verdickter alveolokapillärer Membran und daraus resultierender Diffusionsstörung der Fall. Eine Verminderung der CO-Diffusion kann auch im Ein-Atemzug-Diffusionstest nachgewiesen werden. Bei diffusen interstitiellen Prozessen kann es zu einer Erhöhung des Strömungswiderstandes in den kleinen Lungengefäßen, pulmonaler Hypertonie und Hypertrophie des rechten Ventrikels kommen. Es besteht ein enger Zusammenhang zwischen dem unter Belastung auftretenden Abfall des Sauerstoffpartialdrucks sowie der Differenz des Ruhe-Belastungs-Sauerstoffpartialdrucks und dem in Ruhe und unter Belastung zu registrierenden pulmonal-arteriellen Mitteldruck [5]. Im fortgeschrittenen Stadium der Erkrankungen oder bei gleichzeitig bestehender obstruktiver Atemwegserkrankung kann sich zusätzlich eine obstruktive Ventilationsstörung entwickeln. Funktionell besteht dann eine kombinierte obstruktiv-restriktive Ventilationsstörung, die gleichfalls in Abhängigkeit vom Ausmaß der Funktionseinschränkung zu eingeschränkter Leistungsfähigkeit führt. Maßnahmen zur Verbesserung der Aktivitäten und Teilhabe sind bei allen Erkrankungen indiziert.

14.3.2 Sarkoidose

Die Sarkoidose (Morbus BOECK) ist eine granulomatöse Systemerkrankung unklarer Ätiologie. Die Organmanifestation findet sich überwiegend in den intrathorakalen Lymphknoten und/oder der Lunge (90%). Andere Organe, wie Milz, Augen, Haut, Carotis, Myokard und Knochen sind sehr viel seltener befallen. Histologisch können in befallenen Organen nichtverkäsende epitheloidzellige Granulome nachgewiesen werden. Radiologisch werden vier Stadien unterschieden: Das Stadium I mit bihilärer Adenopathie kommt in 50% der Fälle vor und ist klinisch meist stumm und überwiegend zufällig entdeckt. Bei mehr als 65% der Patienten erfolgt Spontanremission. Das Stadium II kommt in 25% der Fälle vor und zeigt neben Hiluslymphomen auch röntgenologisch einen Parenchymbefall und kann mit und ohne klinische Symptomatik, wie Husten und Atemnot, einhergehen und auch schon Funktionsausfälle, besonders unter Belastung, aufweisen. Die Ausheilungsrate beträgt in diesem Stadium 40%. Das Stadium III weist einen Lungenparenchymbefall ohne Hiluslymphome auf und kommt bei 15% der Patienten vor. Funktionelle Veränderungen lassen sich vorwiegend unter körperlicher Belastung nachweisen. Die Ausheilungsrate beträgt 20 bis 40%. Im Stadium IV, dem Endstadium der Erkrankung, kommt es zur Ausbildung einer fibrosierenden Wabenlunge. Bei allen Stadien muss das Ausmaß der klinischen Symptomatik und des Funktionsausfalls nicht in direktem Zusammenhang zum Ausmaß der röntgenologisch nachweisbaren Veränderungen stehen. Zur Aktivitätsbeurteilung der Erkrankung wird die klinische Symptomatik, der radiologische Befundverlauf, die Lungenfunktionsdiagnostik im Verlauf sowie das Serum-ACE herangezogen. In der Lungenfunktionsdiagnostik finden sich eher diskrete und wenig spezifische Befunde. Am ehesten kommt es im fortgeschrittenen Stadium zu einer restriktiven Ventilationsstörung mit Minderung der Inspiratorischen Vitalkapazität (IVC) und Totalkapazität (TLC) und unter Belastung auftretender respiratorischer Insuffizienz. Bei 25 % der Patienten besteht eine bronchiale Hyperreagibilität, wenn gleichzeitig ein bronchialer Schleimhautbefall nachzuweisen ist. Insbesondere im Endstadium der Erkrankung können schwere Lungenfunktionsstörungen die Leistungsfähigkeit erheblich einschränken.

Nach anfänglicher Arbeitsunfähigkeit schließt eine Fortführung der Kortisontherapie die Wiederaufnahme der Berufstätigkeit nicht aus. Ebenso sind Umschulungen in der Regel nicht erforderlich. Leistungen zur Teilhabe können zu einer Verkürzung der Arbeitsunfähigkeitsdauer beitragen.

14.3.3 Lungenfibrosen

Definition: Fibrosierende Lungenkrankheiten sind durch Bindegewebsvermehrung des Lungengerüsts mit Verlust des Alveolarraums gekennzeichnet. Verschiedenste Noxen können zu diesem entzündlichen Reaktionsmuster der Lungen führen. Familiäre und idiopathische Formen kommen vor. Die Ätiopathogenese der akuten nichtinfektiösen Entzündungen (Alveolitiden) mit diffuser intraalveolärer und interstitieller Zeichnungsvermehrung und Fibroblastenwucherung ist sehr unterschiedlich. Ebenso sind die Progredienz und Ansprechbarkeit auf therapeutische Interventionen sehr unterschiedlich. Die exogen allergische Alveolitis entwickelt sich als Immunreaktion vom Typ III an der Lunge nach Inhalation verschiedener organischer Noxen. Als inhalative Allergene kommen Bakterien, Pilzsporen, tierische Proteine, pflanzliche Partikel und andere in Frage, die beruflich bedingt oder auch im Rahmen des häuslichen Milieus vorkommen. Anhand von vorgegebenen Fragebögen ist eine differenzierte Berufs- und Freizeitanamnese unerlässlich. Im landwirtschaftlichen Bereich kommt die durch Exposition gegenüber schimmeligem Heu mit den thermophilen Aktinomyzeten als Allergene hervorgerufene Farmerlunge besonders häufig vor. Im häuslichen Bereich ist die durch Exposition gegenüber Vogelexkrementen mit den als Allergene wirkenden Serumproteinen von Tauben, Wellensittichen und Hühnern hervorgerufene Taubenzüchter-, Vogelhalter- und Hühnerzüchterlunge von Bedeutung. Klinisch findet sich nach akuter Exposition Atemnot, verbunden mit Husten, Fieber und auskultierbaren trockenen und feuchten Nebengeräuschen sowie eine erhöhte BSG und Leukozytose. Der serologische Nachweis von Präzipitinen durch Immundiffusionstests und Veränderungen der Immunelektrophorese können die Diagnose erhärten. Im Röntgenbild der Lunge finden sich diffuse Fibrosezeichen. Die Lungenfunktion weist eine restriktive Ventilationsstörung auf mit zum Teil auch peripherer Atemwegsobstruktion. Typisch ist das Vorliegen einer Diffusionsstörung bis hin zur respiratorischen Insuffizienz in Ruhe und unter Belastung mit Entwicklung des Cor pulmonale.

Die Vermeidung jeglicher weiterer Exposition kann durch Elimination der Allergenquelle oder durch Berufswechsel gelingen. Je früher die Exposition vermieden wird und je eher die immunsupressive Therapie eingeleitet wird, umso günstiger ist die Prognose hinsichtlich eines leistungslimitierenden Funktionsausfalls. Die chronische Verlaufsform der Erkrankung ist therapeutisch kaum mehr beeinflussbar und führt zu respiratorischer Insuffizienz, Wabenlunge und Cor pulmonale. Leistungen zur Teilhabe sind indiziert. Wesentliche Bestandteile sind die Patientenschulung mit Aufklärung über die Art und Ursache der Erkrankung, Erlernen von Übungen zur Vermeidung bzw. zur Verlangsamung der Entstehung einer steroidbedingten Osteoporose, Erlernen der Einschätzung der Belastbarkeit, ggf. Erlernen des Umgangs mit Sauerstoffinhalationen und das Wissen um ungünstige Umgebungsbedingungen, wie Höhenaufenthalte und Fliegen sowie das Erlernen von atemarbeitsparenden Atemtechniken. Bei Vorliegen des Verdachts auf eine beruflich bedingte exogen allergische Alveolitis erfolgt gemäß der Berufskrankheitenverordnung eine Meldung an die Berufsgenossenschaft. Die Funktionseinschränkung im Zusammenhang mit der Schwere des klinischen Krankheitsbildes bestimmt das Ausmaß der verbliebenen Leistungsfähigkeit.

Die idiopathische Lungenfibrose stellt eine heterogene Entität dar. Auf der Basis nichtinfektiöser Entzündung unklarer Genese kommt es zu einer chronisch fibrotischen Umwandlung des Lungenparenchyms. Aufgrund der histologischen Merkmale werden heute fünf verschiedene Formen unterschieden. Klinisch lassen sich die sogenannten interstitiellen Pneumonien nicht unterscheiden. Im Vordergrund steht eine zunehmende Belastungsdyspnoe und unter Umständen ein trockener Reizhusten sowie häufig das Auftreten von Trommelschlegelfingern und Uhrglasnägeln. Im Röntgenbild können beiderseits basal netzförmige und noduläre Veränderungen mit späterem Übergang in eine Wabenlunge gefunden werden. In der Lungenfunktion lässt sich eine typische restriktive Ventilationsstörung mit Einschränkung der Diffusionskapazität sowie Verminderung der Lungencompliance darstellen. Unter Belastung kommt es zu einer deutlichen Abnahme des arteriellen Sauerstoffpartialdrucks und einer erhöhten Alveolo-arteriellen-O_2-Druck-Differenz (A-aDO_2). Es kann sich rasch eine pulmonale Hypertonie in Ruhe und/oder unter Belastung mit Cor pulmonale entwickeln. Bei stärkeren Funktionseinschränkungen und eindeutiger Progredienz kann eine dauerhafte Aufhebung der Leistungsfähigkeit vorliegen.

14.3.4 Pneumokoniosen

Definition: Unter einer Pneumokoniose wird die Ablagerung von inhalierten, anorganischen oder organischen Staubpartikeln und die dadurch ausgelöste kollagene oder nichtkollagene Reaktion des Lungengewebes verstanden. Durch chemische oder Fremdkörperreize oder immunologische Reaktion entsteht im Laufe der Zeit eine Fibrose und hieraus ein Narbenemphysem, dass schließlich bis zum Bild der Wabenlunge führen kann.

Die häufigsten Ursachen einer Pneumokoniose im engeren Sinne sind die Inhalation von quarzhaltigen Stäuben (Silikose), Asbest (Asbestose) und metallischen Stäuben (Aluminose, Berylliose, Hartmetalllunge, Thomasphosphat-Bronchopneumopathie). Die Staublungenerkrankungen sind als berufsbedingte bronchopulmonale Erkrankungen in der Liste der Berufskrankheitenverordnung (BK Nr. 4101–4302) aufgeführt.

Im Vordergrund der Staublungenerkrankung steht die Silikose. Sie kann sich bei Arbeitern im Kohlebergbau, bei Steinbrucharbeitern, der Putzmittelindustrie, Schleifern und Sandstrahlarbeitern, Zahntechnikern, Porzellan- und Steingutarbeitern, Gießereiarbeitern und Ofensetzern entwickeln. Eine differenzierte Berufsanamnese und Kenntnisse über die Arbeitsplatzbedingungen sind bei Verdacht auf Staublungenerkrankung unerlässlich. Bei Unklarheiten ist der Rat von Betriebsärzten, Arbeitsmedizinern oder Gewerbeärzten einzuholen. Bei Verdacht auf das Vorliegen einer Pneumokoniose ist eine Meldung an die Berufsgenossenschaft wegen des Verdachts auf das Vorliegen einer Berufserkrankung vorzunehmen.

Die klinische Symptomatik der Staublungenerkrankung ist anfänglich relativ gering. Das Auftreten von Komplikationen, wie der häufig vorkommenden chronisch obstruktiven Bronchitis und weiteren Komplikationen, wie Lungenemphysem, Cor pulmonale, Tuberkulose, Spontanpneumothorax, Bronchialkarzinom und Stauungslunge bei Linksherzinsuffizienz, kann zu erheblicher Einschränkung der Leistungsfähigkeit führen.

Die Diagnose wird im Zusammenhang mit einer entsprechenden Berufsanamnese durch das Röntgenbild gestellt. Die Beurteilung des Röntgenbildes sollte in Form der sogenannten ILO-Staublungenklassifikation (International Labor Office, 1980) anhand von Standardfilmen (zu beziehen gegen Gebühr bei International Labor Office CH-1211 Genf 23) erfolgen. Die Durchführung einer Lungenfunktionsdiagnostik mittels Ganzkörperplethysmographie ist für die Beurteilung des Ausmaßes der funktionellen Störung unerlässlich. Mit Fortschreiten der Erkrankung sind die statischen Lungenvolumina (TLC, IVC) nur leicht vermindert, wobei häufiger eine relative Lungenüberblähung (RV/TLC %) als Ausdruck der Entwicklung eines vikariierenden Lungenemphysems festgestellt werden kann. Schwere, röntgenologisch ausgedehnte Silikosen gehen häufig mit deutlichen Funktionseinschränkungen einher. Die obstruktive Ventilationsstörung stellt die wichtigste Komplikation dar. Zur Beurteilung des Ausmaßes der Funktionseinschränkung sollte zusätzlich eine spiroergometrische Belastungsuntersuchung mit Messung der arteriellen Blutgase durchgeführt werden. Zunehmende Rechtsherzbelastung bis hin zur Entwicklung eines Cor pulmonale sowie ausgeprägte Komplikationen führen zu einer dauerhaften Einschränkung des Leistungsvermögens.

Leichte und unkomplizierte Pneumokoniosen wirken sich auf die körperliche Leistungsfähigkeit in der Regel kaum aus. Die Aufgabe des staubbelasteten Arbeitsplatzes ist notwendig, so dass berufsfördernde Maßnahmen erforderlich werden können, die auch der Infektanfälligkeit Rechnung tragen sollten. Nach Wegfall der Staubbelastung können die pneumokoniotischen Veränderungen fortschreiten.

Die Asbest-Staublungenerkrankung (Asbestose) entsteht durch Inhalation des faserförmigen Asbeststaubes. In den letzten Jahren wird Asbest in der Industrie (Bauplatten, Asbestzement, Wärme-, Schall- und Feuerdämmung, Bremsbeläge) praktisch nicht mehr verwendet. Infolge der weiten Verbreitung bis Mitte der 80er Jahre und der langen Latenzzeit, insbesondere bis zur Entwicklung von Lungenkrebs, Pleura- und Bauchfellmesotheliom ist in den nächsten Jahren und Jahrzehnten mit weiter ansteigenden Krankheitszahlen zu rechnen. Für die sozialmedizinische Beurteilung der Asbestose gelten die gleichen Kriterien wie für die Silikose.

14.4 Infektiöse Lungenerkrankungen

14.4.1 Tuberkulose

Definition: Die Tuberkulose ist eine meldepflichtige Infektionskrankheit, hervorgerufen durch Tröpfcheninfektion mit Mykobakterium tuberkulosis. In Deutschland werden ca. 10.000 neue Erkrankungsfälle pro Jahr registriert, entsprechend einer Erkrankungsrate von 12,7 auf 100.000 Einwohner. Der bestehende Trend zur Abnahme der Erkrankungshäufigkeit setzte sich in den vergangenen Jahren weiter fort. Die Erkrankungsrate bei in Deutschland lebenden Ausländern ist fast dreimal so hoch. Das Erkrankungsrisiko für Ausländer ist 4,6fach höher. Ersterkrankungen, die früher häufig zur Frühberentung führten, sind Dank der erfolgreichen Chemotherapie und der konsequenten Behandlung meistens in spätestens 9 bis 12 Monaten ausgeheilt. Die Rezidivquote liegt unter 1 %. Problemfälle, wie Alkoholiker, AIDS-Kranke, Infektionen und Reaktivierungen mit multiresistenten Keimen und die atypischen Mykobakterien stellen Ausnahmen dar. Die Hospitalisierung beträgt in den meisten Fällen heute nur noch ein bis zwei Monate, kann allerdings bei Begleiterkrankungen, wie Diabetes mellitus, Lebererkrankungen, Arteriosklerose und Alkoholismus auch länger dauern.

Üblicherweise wird heute ein Patient mit Lungentuberkulose nach vier Wochen in ambulante Behandlung unter Fortführung der Chemotherapie, radiologischer und Sputumkontrolle entlassen. Außer bei Patienten mit Fieber, Hämoptoen, radiologisch erkennbarem Fortschreiten der Erkrankung, bei Fortbestehen der Ausscheidung von Tuberkelbakterien trotz korrekter Chemotherapie sowie bei Patienten mit Zeichen einer respiratorischen Insuffizienz oder pulmonalen Hypertonie besteht längstens drei Wochen nach Entlassung aus der stationären Behandlung unter ambulanter Chemotherapie wieder Arbeitsfähigkeit. Berufsfördernde Maßnahmen sind nur selten einzuleiten, können aber aus funktionellen Gründen und bei besonders staubbelasteten Arbeitsplätzen wegen möglicher Begleiterkrankungen, wie z. B. chronischer Bronchitis oder bei besonders ungünstigen Arbeitsbedingungen (Wechselschicht, Nachtschicht, Nässe, Überstunden oder Umwelteinflüssen) und Funktionsverlusten nach extrapulmonaler Tuberkulose erforderlich sein. Die Leistungsfähigkeit hängt in erster Linie von der verbliebenen kardiopulmonalen Funktion ab, wobei die Beurteilungskriterien denen der nichttuberkulösen Lungenkrankheiten entsprechen.

14.4.2 Pneumonien

Definition: Pneumonien sind entzündliche Erkrankungen des Lungenparenchyms mit Exsudation in das Alveolarlumen. Die Ursachen für Pneumonien sind vielfältig, es werden bakterielle, virale und mykoplasmatische Pneumonien sowie Pneumonien durch chemische und physikalische Reize unterschieden. In der Regel haben Pneumonien einen akuten Beginn und heilen vollständig aus, sie können jedoch auch tödlich verlaufen oder selten einen chronischen Verlauf mit bleibendem Gewebeumbau und Funktionsverlust der Lunge nehmen.

Bei verzögerter Rekonvaleszenz nach Pneumonie kann eine Reha-Indikation vorliegen.

In seltenen Fällen kann es auch zur Abszessbildung und zur Ausbildung von Kavitationen als Hinweis auf Nekrosebildung und Einschmelzung kommen. Dieses ist häufig bei Staphylokokken-, Klebsiellen-, Pseudomonas- und anaeroben Infektionen der Fall. Hier entscheidet der radiologische Verlauf über die verbleibenden strukturellen Schäden, wie z. B. Entwicklung von Pleuraverschwartungen. Dies ist insbesondere bei zusätzlich bestehendem Pleuraerguss bzw. bei der Entwicklung eines Pleuraempyems der Fall. Das verbliebene Leistungsvermögen kann durch Lungenfunktionsuntersuchungen und spiroergometrische Belastungsuntersuchung erst nach Beendigung des akuten Krankheitsgeschehens und Abschluss der Teilhabeleistungen beurteilt werden.

14.5 Bronchialkarzinom und Lungenmetastasen

Die Bronchialkarzinome machen etwa 20 % aller Karzinome des Menschen aus. Die Ätiologie ist unterschiedlich. Nur etwa 2 % der Patienten mit Bronchialkarzinom sind lebenslange Nichtraucher. Das Risiko, an einem Bronchialkarzinom zu erkranken, nimmt ab dem Genuss von 20 Packyears Zigaretten deutlich zu. Ein entspricht dem Genuss von 20 Zigaretten pro Tag und Jahr. Der am häufigsten vorkommende Tumor ist das Plattenepithelkarzinom mit 35 bis 40 % der bösartigen Lungentumoren. Bei ca. 25 % der Fälle liegt ein kleinzelliges Bronchialkarzinom vor, welches sich durch besonders kurze Tumorverdoppelungszeiten auszeichnet und häufig bei seiner Entdeckung schon Fernmetastasen gesetzt hat. Das Adenokarzinom tritt mit 15 % etwa gleich häufig wie das großzellige Karzinom auf. Bei dieser Tumorart dominieren die Frauen mit einem Verhältnis von 6 : 1. Den Hauptrisikofaktor für die Entstehung eines Bronchialkarzinoms stellt in mehr als 85 % der Fälle das Zigarettenrauchen in Abhängigkeit von Menge und Dauer dar. Etwa 8 % der Bronchialkarzinome entstehen durch Einfluss berufsbedingter Schadstoffe, wie z. B. Arsen, Asbest, Bis(chlormethyl)-Äther, Chrom, Teer, Senfgas, Nickel, ionisierende Strahlen u. a. Die Latenzzeiten bis zur Entwicklung eines Bronchialkarzinoms betragen zwischen 3 und 30 Jahren. Die klinische Symptomatik besteht in Abhängigkeit vom Tumorstadium in Husten, Atemnot, Gewichtsabnahme, Thoraxschmerz, Hämoptysen, Leistungsabfall und Heiserkeit. Die Diagnose wird durch Röntgenuntersuchung, Bronchoskopie und Biopsie gesichert. Die Prognose des Bronchialkarzinoms ist abhängig vom Tumortyp, Tumorstadium und der damit verbundenen Operabilität. Die Überlebensrate nach fünf Jahren ist praktisch Null, wenn der Tumor nicht operiert werden konnte. Kleinzellige Bronchialkarzinome werden infolge der häufig schon bei Diagnosestellung vorhandenen Fernmetastasen zytostatisch behandelt. Bei dem nichtkleinzelligen Bronchialkarzinom ist häufig ein chirurgisches und strahlentherapeutisches Vorgehen indiziert. Die alleinige Strahlentherapie wird häufig als palliative Maßnahme eingesetzt. Als Folge der Strahlentherapie muss mit einer Strahlenpneumonitis der Restlunge gerechnet werden, die wiederum zu erheblicher Funktionseinschränkung führen kann.

Eine stationäre Rehabilitationsmaßnahme sollte erst nach abgeschlossener Akutbehandlung (Operation, Strahlentherapie) vorgenommen werden. Vielfach befinden sich die Patienten nach Abschluss der Primärtherapie in einem schlechten körperlichen und psychischen Zustand, der durch die Ermittlung des KARNOFSKY-Index objektiviert wird. Bereits während der Primärbehandlung soll überlegt werden, ob eine Anschlussheilbehandlung durchgeführt werden soll. Für die Rehabilitationsfähigkeit sind die perspektivische

Überlebensdauer (Tumorprognose, der Allgemeinzustand, KARNOFSKY-Index), ggf. die kardiopulmonale Leistungsbreite, das Alter und das Ausmaß der therapeutischen Intervention entscheidend. Neben der medizinisch medikamentösen Therapie kommt der physikalischen Atemtherapie und psychischen und psychosozialen Beratung besondere Bedeutung zu. Die körperliche Leistungsfähigkeit kann nicht allein vom Ausfall der funktionsanalytischen Ergebnisse abhängig gemacht werden, sondern es muss der Allgemeinzustand, klassifiziert nach dem KARNOFSKY-Index, berücksichtigt werden. Ein Absinken dieses Wertes unter 80 bedeutet, dass der Patient zu normaler Aktivität oder zu aktiver Arbeit praktisch nicht mehr befähigt ist.

14.6 Erkrankungen von Thoraxwand und Pleura

Nach entzündlichen Pleuraerkrankungen, wie Pleuritis exsudativa, Pleuraempyem, operativen Thoraxeingriffen sowie Thoraxtraumen mit Hämatothorax und nach therapeutischem Pneumothorax kann es zu bindegewebigen Veränderungen der Pleura parietalis und/oder visceralis kommen. Je ausgedehnter die Pleuraschwarten sind, umso ausgeprägter ist auch die funktionelle Einschränkung, die sich vorwiegend als restriktive Ventilationsstörung mit Verminderung der inspiratorischen Vitalkapazität und Totalkapazität darstellt. Im Rahmen von Schrumpfungsprozessen kann es zusätzlich zu einem Traktionsemphysem, deformierender Bronchitis und Bronchiektasen sowie Mediastinalverziehung und Kyphoskoliose kommen. Das Vorliegen einer Kombination von restriktiver und obstruktiver Ventilationsstörung ist dann möglich.

Im Rahmen von Anschlussheilbehandlungen ist nach Abklingen der akuten Entzündung die rechtzeitige und intensive Atemgymnastik sowie eine Dehnungsbehandlung indiziert. Aufgrund der zum Teil schmerzhaften narbigen Veränderungen resultiert eine körperliche Schonung, die sich dann als Trainingsmangel eher leistungslimitierend auswirkt als die eigentliche Funktionseinschränkung der Lunge. Mit sporttherapeutischen Maßnahmen kann die Belastbarkeit häufig gesteigert werden.

Bei malignen Pleuraergüssen und/oder Tumoren ist wegen der Funktionseinschränkung, Auswirkung auf den Allgemeinzustand und der schlechten Prognose die Leistungsfähigkeit oft auf Dauer aufgehoben.

Ein Spontanpneumothorax ist wegen der Rezidivneigung in etwa 50 % der Fälle prognostisch ungünstig, aber eine Einschränkung der Leistungsfähigkeit ist damit nicht verbunden. Erst bei funktioneller Einschränkung im Sinne einer restriktiven Ventilationsstörung kann es zu einer Minderung des Leistungsvermögens kommen.

Im Rahmen einer Kyphoskoliose mit zusätzlich zu der am Rippenbuckel erkennbaren Torsionsdeformität des Brustkorbs werden die Lungenvolumina eingeschränkt. In schweren Fällen kann es zu einer ausgeprägten restriktiven Ventilationsstörung mit regional begrenzter Überdehnung und Kompression der Alveolen kommen. Bei zusätzlicher Entwicklung einer obstruktiven Ventilationsstörung kommt es im Rahmen der Ermüdung der Atempumpe (Zwerchfell) schließlich zu einer respiratorischen Insuffizienz mit Entwicklung eines Cor pulmonale. Parallel zur Ermüdung der Atempumpe nimmt auch die körperliche Leistungsfähigkeit ab. Durch Messung des maximalen Inspirationsdruckes (PI_{max}) kann das Ausmaß der Ermüdung der Atempumpe quantitativ ermittelt werden. Durch intermittierende positive Überdruckbeatmung (IPPV) kann sich über Nacht die Atempumpe im Rahmen einer nächtlichen Heimbeatmung erholen. Durch diese Behandlungsmethode kann es zu einer deutlichen Verbesserung der körperlichen Leistungsfähigkeit kommen und die Erwerbsfähigkeit längere Zeit aufrecht erhalten werden. Dieses kommt nicht nur dem Selbstwertgefühl dieser häufig noch relativ jungen Menschen entgegen, sondern verbessert auch ihre Lebensqualität deutlich.

14.7 Folgen thoraxchirurgischer Eingriffe

Postoperativ ist in jedem Fall, sei es durch Segmentresektion oder Lobektomie oder Pneumonektomie, mit einer Funktionseinbuße zu rechnen, die nicht nur durch den Verlust des reduzierten Lungenparenchyms bestimmt wird, sondern auch durch die sich postoperativ entwickelnden narbigen Veränderungen der Pleura und der Thoraxwandmuskulatur. Nach größeren Eingriffen, wie Lobektomie oder Pneumonektomie ist eine Anschlussheilbehandlung sinnvoll. Neben der medizinisch medikamentösen Therapie bedarf die physikalische Atemtherapie besonderer Beachtung mit frühzeitigem postoperativen Beginn noch im Akutkrankenhaus und Fortsetzung und Intensivierung dieser Maßnahme in einer pneumologischen Rehabilitationsklinik. Sie besteht in der physikalischen Schmerztherapie (Narbenschmerz, Verspannungen, Par- und Dysästhesien), der Prophylaxe der Deformierung des Thorax durch schrumpfenden Fibrothorax, Prophylaxe reaktiver Wirbelsäulendeformation, Atemgymnastik durch Ökonomisierung von Atemtechnik und Hustendynamik, dosierter körperlicher Belastung und konditionierender Trainings- und Bewegungstherapie. Insbesondere bei Tumorkranken ist eine psychische Betreuung wichtig. Das Ausmaß der verbliebenen Leistungsfähigkeit wird durch funktionsanalytische Untersuchungen geklärt, wobei auch in besonderen Fällen an eine gestufte Wiedereingliederung zu denken ist. Nach Pneumonektomie kann meist nur noch leichte körperliche Arbeit verrichtet werden. Es entwickelt sich bei etwa 60 % der Patienten ein Cor pulmonale. Nach Lobektomie ist in der Regel die quantitative Leistungsfähigkeit unbeeinträchtigt, allerdings entwickeln auch hier etwa 20 % der Patienten innerhalb von 10 Jahren ein Cor pulmonale, insbesondere, wenn eine entsprechende Vorschädigung der übrigen Lunge bestanden hat. Eine endgültige Beurteilung der funktionellen Veränderungen ist frühestens ein Jahr nach Abschluss der Operation möglich.

14.8 Schlafbezogene Atmungsstörungen

Definition: Schlafbezogene Atmungsstörungen werden eingeteilt in Störungen, die mit und solche, die ohne Obstruktion der oberen Atemwege einhergehen. Wenn die Obstruktion nur partiell vorhanden ist, macht sich dieses klinisch als Schnarchen und funktionell als Hypopnoe bemerkbar. Eine komplette Obstruktion wird bei einer Dauer von mehr als 10 s als Apnoe definiert. Die Anzahl der während einer Stunde Schlaf auftretenden Apnoen und Hypopnoen werden als Apnoe-Hypopnoe-Index (AHI) bezeichnet. Die ohne Obstruktion der oberen Atemwege einhergehenden schlafbezogenen Atmungsstörungen treten als primäre oder sekundäre alveoläre Hypoventilationen auf oder als die sehr seltene zentrale Apnoe.

Die schlafbezogenen Atmungsstörungen werden nach der Internationalen Klassifikation der Schlafstörungen [1, 14] als intrinsische Dyssomnien bezeichnet, die vorwiegend mit der klinischen Symptomatik der Hypersomnie und/oder Insomnie einhergehen. Das obstruktive Schlafapnoesyndrom, welches in diesem Zusammenhang die größte Bedeutung hat, ist gekennzeichnet durch wiederholte Episoden der Obstruktion der oberen Atemwege, die während des Schlafes auftreten und gewöhnlich mit einem Absinken des Sauerstoffgehaltes im Blut einhergehen. Diagnostische Kriterien sind übermäßige Schläfrigkeit und übermäßige Insomnie; die klinischen Merkmale sind dem Patienten nicht immer bewusst und werden häufig durch andere (Schlafzimmerpartner) beobachtet. Häufige Episoden obstruktiver Atmung während des Schlafes treten auf. Die Nebenmerkmale beinhalten lautes Schnarchen, morgendliche Kopfschmerzen und trockenen Mund beim Aufwachen. Männer sind zwei- bis viermal häufiger betroffen als Frauen, es besteht eine Assoziation zu kardiovaskulären Risikofaktoren, wie Übergewicht, Fettstoffwechselstörung, Diabetes mellitus und arterielle Hypertonie. Bei gleichzeitigem Bestehen von obstruktiven Atemwegserkrankungen kann es REM-Schlaf assoziiert aufgrund der veränderten Atemmechanik zu schwersten Sauerstoffentsättigungen kommen (sog. Overlap-Syndrom).

Die Diagnosesicherung erfolgt durch polysomnographische Erfassung des Funktionszustandes des zentralen Nervensystems, der Atmung und der Herz-Kreislauf-Parameter mittels Ableitung von EEG, EOG, EMG, Atemfluss, Atemanstrengung, Sauerstoffsättigung und EKG im Schlaflabor während des Nachtschlafes. Die Kriterien der Schweregrade sind nach der ICSD [1] wie folgt definiert:

Leicht verbunden mit leichter Schläfrigkeit oder leichter Insomnie. Der größte Teil der habituellen

Schlafperiode ist frei von respiratorischen Störungen. Die Apnoeepisoden sind verbunden mit geringer Sauerstoffsättigung oder gutartigen kardialen Arrhythmien.

Mittel verbunden mit mittelschwerer Schläfrigkeit oder mittelschwerer Insomnie. Kann verbunden sein mit mäßiger Sauerstoffsättigung oder geringen kardialen Arrhythmien

Schwer verbunden mit schwerer Schläfrigkeit oder schwerer Insomnie. Der größte Teil der habituellen Schlafperioden zeigt respiratorische Störungen, schwere Sauerstoffsättigung oder mäßig bis schwere kardiale Arrhythmien. Es können Anzeichen vorliegen von damit verbundenem kardialen oder pulmonalen Versagen.

Die Kriterien des Schwergrades der Insomnie und der Schläfrigkeit sind zum einen Abhängigkeit von der Häufigkeit des Auftretens sowie der Häufigkeit des Auftretens von Gefühlen wie Ruhelosigkeit, Reizbarkeit, leichter Angst, Erschöpfung, Müdigkeit (Insomnie), zum anderen die Häufigkeit des Auftretens von Schlafepisoden in Situationen, in denen geringe Aufmerksamkeit erforderlich ist, wie z. B. Hinlegen in ruhigem Raum, Fernsehen, Lesen, Beifahrer sein bzw. bei sehr leichter Aktivität, die höchstens mittelgradige Aufmerksamkeit erfordert, wie z. B. Autofahren, im Konzert, Kino oder Theater sitzen, anderen Gruppenveranstaltungen oder solchen, die bei körperlicher Aktivität leichte oder mittlere Aufmerksamkeit erfordern, wie z. B. Essen, direkte persönliche Unterhaltung, Autofahren, Spazierengehen oder körperliche Aktivitäten (Hypersomnie). Zusätzlich wird der Schweregrad der Schläfrigkeit definiert nach der Schlaflatenz im multiplen Schlaflatenztest (MSLT: leicht = 10–15 min, mittel = 5–10 min, schwer = < 5 min). Sowohl bei den Kriterien des Schweregrades der Insomnie als auch bei der Schweregradeinteilung der Schläfrigkeit wird der Beeinträchtigung der sozialen und beruflichen Leistungsfähigkeit von der Internationalen Klassifikation der Schlafstörungen eine besondere Bedeutung beigemessen. Anhand der objektiven Messungen im Schlaf, der subjektiven Angaben des Patienten und der Angehörigen sowie objektiven Untersuchungen von Vigilanz und geistiger und körperlicher Leistungsfähigkeit ergibt sich der Schweregrad der schlafbezogenen Atmungsstörungen. Zusätzlich müssen Begleiterkrankungen berücksichtigt werden.

Der Goldstandard für die Therapie der kompletten pharyngealen Obstruktion besteht in der Applikation der nächtlichen nasalen Überdruckbeatmung (n-CPAP = nasal-Continuous Positive Airway Pressure). Diese muss im Schlaflabor unter polysomnographischer Registrierung und unter intensiver Überwachung eingeleitet werden und wird dann als Heim-Dauertherapie fortgesetzt. Durch die therapeutischen Maßnahmen (insbesondere die nasale CPAP-Therapie) kann die körperliche und geistige Leistungsfähigkeit rasch und nachhaltig gebessert werden, so dass häufig eine Frühberentung vermieden werden kann. Bei schon manifesten Folgeschäden oder Begleiterkrankungen bestimmen diese im wesentlichen das verbliebene Leistungsvermögen. Die nasale Überdruckbeatmung ist nicht nur eine sehr effektive, sondern auch zumutbare Therapie. Bei Problemen mit der Akzeptanz der Therapie kann in Einzelfällen im Rahmen von Rehabilitionsmaßnahmen versucht werden, diese mit langsamer Gewöhnung an das Tragen der Maske und eventuell psychotherapeutischer Intervention zu verbessern. Patienten mit schlafbezogenen Atmungsstörungen sollten auch unter der Therapie in Nachtschichten nicht mehr eingesetzt werden, da der durch die Therapie wiedererlangte zirkadiane Rhythmus hierdurch erneut gestört wird.

Besteht trotz ausreichender CPAP-Therapie die Tagesmüdigkeit fort, sind andere Ursachen hierfür ausgeschlossen und bestätigen dies entsprechende Vigilanz- und Leistungsteste sowie auch der Multiple Schlaflatenztest, sind Tätigkeiten mit besonderen Anforderungen an die Aufmerksamkeit und Reaktionsfähigkeit und mit einer möglichen Eigen- und Fremdgefährdung risikoreich und sollten nicht mehr ausgeführt werden. Hier sind, neben dem Führen von Fahrzeugen oder Baumaschinen, das Bedienen von anderen Maschinen, Überwachungs- und Kontrolltätigkeiten sowie Arbeiten mit Absturzgefahr zu nennen. Für Berufskraftfahrer, insbesondere mit Personenbeförderung, ist nach erfolgreicher Therapieeinleitung eine engmaschige regelmäßige Kontrolle in ein- bzw. halbjährigen Abständen zu fordern. Ebenfalls sollte die Einschätzung der Compliance mit Kontrolle des Betriebsstundenzählers des CPAP-Gerätes durchgeführt werden.

Andere Störungen, die für einen nicht erholsamen Schlaf verantwortlich sein können und mit erheblicher Einschränkung der Aktivitäten und Teilhabe im sozialen und beruflichen Leben einhergehen können, müssen entsprechend der Leitlinie „Nicht-erholsamer Schlaf" der Deutschen Gesellschaft für Schlafforschung und Schlafmedizin [6] abgeklärt, therapiert und beurteilt werden.

Literatur

[1] American Sleep Disorders Association: *ICSD – The International Classification of Sleep Disorders, Revised: Diagnostic and coding manual.* American Sleep Disorders Association, Rochester, Minnesota, 1997.

[2] American Thoracic Society (ATS): Evaluation of Impairment/Disability secondary to Respiratory Disorders. *Am Rev Respir Dis* 133: 1205–1209, 1986.

[3] Borg GA: Psychophysical bases of perceived exertion. *Med Sci Sports Exerc* 14: 377–381, 1982.

[4] Deutsche Gesellschaft für Pneumologie: Empfehlungen zur Durchführung und Bewertung von Belastungsuntersuchungen in der Pneumologie. *Pneumologie* 52: 225–231, 1998.

[5] Fischer J, Costabel U, Rühle KH, Matthys H: Mechanismus und Auswirkungen restriktiver Ventilationsstörungen. In: Matthys H, Fabel H (Hrsg.) *Chronisch respiratorische Insuffizienz.* München: MMV Verlag, 1985.

[6] Fischer J, Mayer G, Peter JJ, Riemann D, Sitter H: Leitlinie der Deutschen Gesellschaft für Schlafforschung und Schlafmedizin (DGSM) „Nicht erholsamer Schlaf". *Somnologie* 5 (Suppl. 3), 2001.

[7] Fritsch J, Schwarz S: Ergospirometrie in der Begutachtung. *Atemw-Lungenkrkh* 25: 117–137, 1999.

[8] Hermann C, Buss U, Snaith RP: *Hospital Anxiety and Depression Scale – Deutsche Version: Ein Fragebogen zur Erfassung von Angst und Depressivität in der somatischen Medizin, Testdokumentation und Handanweisung.* Bern: Huber, 1995.

[9] Kroidl RF, Nowak O, Seysen S (Hrsg.): *Bewertung und Begutachtung in der Pneumologie.* Stuttgart; New York: Thieme, 2000.

[10] Matthys H, Seeger W (Hrsg.): *Klinische Pneumologie.* Berlin; Heidelberg; New York: Springer, 2002.

[11] Quanjer P, et al.: Standardized lung function testing. European Community for Coal and Steel. *Eur Respir J* 6 (Suppl. 16), 1993.

[12] Rühle KH: *Praxisleitfaden der Spiroergometrie.* Stuttgart; Berlin; Köln: Kohlhammer, 2001.

[13] Rühle KH, Fischer J, Matthys H: Sollwerte für die Spiro-Ergometrie. *Atemw-Lungenkrkr* 9: 157–173, 1983.

[14] Schramm E, Riemann D (Hrsg.): *ICSD – Internationale Klassifikation der Schlafstörungen.* Weinheim: Beltz, 1995.

[15] Wassermann K, Hansen JE, Sue DY, et al.: *Principles of exercise, testing and interpretation.* Philadelphia; Baltimore; Hongkong: Lea and Febiger, 1994.

[16] Zentralstelle der Deutschen Ärzteschaft zur Qualitätssicherung in der Medizin (Hrsg.): *Leitlinien-Clearing-Bericht „Asthma bronchiale".* München; Wien; New York: W. Zuckschwerdt, 2001.

15 Krankheiten des Verdauungssystems

Klaus Friedrich (15.4), Eberhard Zillessen (15.1 bis15.3 und 15.5 bis 15.6)

Das Verdauungssystem umfasst Speiseröhre, Magen, Dünn-, Dick- und Enddarm, welche die aufgenommene Nahrung transportieren, sie chemisch aufspalten, die nützlichen Bestandteile resorbieren und die unnützen ausscheiden; ferner die Leber als größtes Stoffwechselorgan, das die resorbierten Stoffe verarbeitet und die Galle als Fettemulgator und Abfallprodukt ausscheidet; schließlich die Bauchspeicheldrüse, die Verdauungsenzyme und stoffwechselregulierende Hormone produziert. Erkrankungen des Verdauungssystems stören die verschiedenen Funktionen der Energiebereitstellung in unterschiedlichem Ausmaß.

15.1 Allgemeines

15.1.1 Begutachtungskriterien

In der Gastroenterologie schränken typische Störungen von Struktur und Funktion die Aktivität und Partizipation ein [31]. Bei den chronischen Erkrankungen sind der zeitliche Verlauf sowie Häufigkeit und Dauer der Krankheitsschübe für die Leistungsbeurteilung relevant. Typische „Leitsymptome" werden deshalb der nosologischen Gliederung vorangestellt:

Dyspepsie Aufstoßen, Sodbrennen, Völlegefühl, Übelkeit, Erbrechen, ein unangenehmer Druck oder Schmerzen im Epigastrium sind Symptome des oberen Verdauungstraktes. Sie werden von 20–30 % der Bevölkerung zeitweilig geklagt und erlauben keinen Rückschluss auf die Grunderkrankung. Kurzzeitige oder gelegentliche Beschwerden werden symptomatisch behandelt. Alarmsymptome wie starke Schmerzen, wiederholtes Erbrechen, Blutungszeichen oder Gewichtsabnahme erfordern eine weitere Abklärung.

Für die sozialmedizinische Beurteilung sind Ursache, Dauer, Auslöser und Therapierbarkeit maßgebend. Je nach Auslösemechanismus dyspeptischer Beschwerden können die physische oder psychische Belastbarkeit eingeschränkt sein. Eine mangelnde Belastbarkeit für Stress, lange oder unregelmäßige Arbeitszeiten ist zu prüfen. Zwanghaftes Aufstoßen kann die Eignung für Publikumsverkehr einschränken.

Durchfall Eine *Diarrhö* besteht, wenn zwei der drei folgenden Kriterien erfüllt sind: Stuhlfrequenz > 3/d, Stuhlgewicht > 200 g/d, Konsistenz ungeformt wässrig. Dies lässt sich durch eine Stuhlvisite objektivieren und durch die Messung von Stuhlgewicht und Stuhlfett ergänzen. Defizite von Spurenelementen, Vitaminen oder Elektrolyten kennzeichnen eine Malabsorption. Entzündungszeichen (Fieber, Blut- oder Schleimbeimengung, BSG, Blutbild, Serumeisen, Akutphase-Proteine) beschreiben die Aktivität einer entzündlichen Diarrhö. Durchfall ist nicht selten eine Folge postoperativer Veränderungen; vgl. Tabelle 15.1. Angaben der Stuhlfrequenz, -beschaffenheit und -konsistenz allein sind sozialmedizinisch unzureichend. Die Symptomatik ist im Hinblick auf Aktivitätseinschränkungen funktionsbezogen zu hinterfragen nach Tagesrhythmus, Störung der Nachtruhe, Vorhersagbarkeit, imperativem Stuhldrang, Unterdrückbarkeit der Defäkation, Flatulenz, störenden Darmgeräuschen, Schwäche- oder Schwindelzuständen, Auslösemomenten (z. B. Angst, Stress, Nahrungsmittel) und Dauer sowie nach einer Kombination mit den anderen hier beschriebenen Leitsymptomen [32]. Aktivitätseinschränkungen können sich durch die Notwendigkeit ergeben, jederzeit schnell eine freie Toilette zu erreichen, durch eine Einschränkung des Aktions-

Operation	Pathophysiologie	Nachweis	Therapie	Prognose
Vagotomie mit Drainage-OP	*Sturzentleerung* des Magens	Klinisch, evtl. röntgenologisch	Häufige kleine Mahlzeiten	Besserungstendenz, Verhaltensanpassung
Magenresektion, Gastrektomie	*Früh-Dumping* infolge zu rascher Magen-Dünndarm-Passage	Klinisch	Häufige kleine Mahlzeiten, evtl. Umwandlungs-OP	Meist gut behandelbar. Neigung zu Tachykardien und Kollaps kann bleiben.
	Blind loop mit bakt. Überwucherung	^{2}H-Atemtest	Antibiotische Therapie	Rezidivneigung bei i. d. R. erneutem Ansprechen.
	Maldigestion infolge Pankreasinsuffizienz, durch aufgehobene Duodenalpassage	Steatorrhö	Häufige kleine Mahlzeiten, Fermentsubstitution	Oft gut behandelbar. Untergewicht & Schwäche können bleiben.
Pankreasresektion	*Maldigestion* infolge Pankreasinsuffizienz, evtl. verstärkt durch aufgehobene Duodenalpassage	Pankreas-Elastase im Stuhl, evtl. Funktionsteste	Fermentsubstitution	Unter Dauerbehandlung meist gut kupierbar. Oft ist die Alkoholkarenz entscheidend.
Kurzdarmsyndrom	*Malabsorption* bei Resektion von 70–80% oder von spezialisierten Dünndarmanteilen	Anamnese, OP-Bericht	Je nach Ausmaß Kost, Magensäureblockade, MCT-Fette, Pankreatin u. a., ggf. dauerhafte parenterale Ernährung	Besserung binnen zwei Jahren ist noch möglich. Leistungsvermögen oft dauerhaft eingeschränkt.
Resektion von terminalem Ileum, Valvula BAUHINI, Zökum	*Gallensäuren-verlust-Syndrom* durch mangelnde Rückresorption	Ex juvantibus, evtl. Steatorrhönachweis	Colestyramin, bei Steatorrhö MCT-Fette	Unter Dauerbehandlung meist gut kupierbar.
Hemikolektomie rechts	*Bakt. Dünndarmüberwucherung* infolge Wegfall der Barriere mit Motilitätsstörung	^{2}H-Atemtest	Antibiotische Therapie	Rezidivneigung bei i. d. R. erneutem Ansprechen.
Kolektomie	*Ausfall der Kolonfunktion* mit Ileostoma oder ileoanalem Pouch	Anamnese, OP-Bericht, Endoskopie bei V. a. Pouchitis	Kost, Versuch mit Loperamid, medikamentöse Therapie der Pouchitis	Besserungstendenz im ersten postoperativen Jahr. Die Stuhlmenge bleibt aber vermehrt.

Tab. 15.1: Ursachen postoperativer Durchfälle

15.1 Allgemeines

Symptom	0 Punkte	1 Punkt	2 Punkte
Stuhlfrequenz	> 3 pro Tag	2–3 pro Tag	0–1 pro Tag
Stuhlkonsistenz	überwiegend flüssig	überwiegend breiig	überwiegend fest
Stuhldrangregistrierung	regelhaft nicht oder zu spät	unsicher	immer rechtzeitig u. sicher
Warnungsperiode	gar nicht	Sekunden	Minuten
Diskrimination (Luft, flüssig, fest)	gar nicht	unsicher	sicher
Pflegebedarf (Salben, Vorlagen)	ständig	gelegentlich	nein
Symptom	**0 Punkte**	**3 Punkte**	**6 Punkte**
Stuhlschmieren	ständig	gelegentlich	nein
Inkontinenz f. Winde	ständig	gelegentlich	nein
Inkontinenz f. dünnen Stuhl	ständig	gelegentlich	nein
Inkontinenz f. festen Stuhl	ständig	gelegentlich	nein
36–31 Punkte: Grad 0 „Komplette Kontinenz"	**30–24 Punkte:** Grad I „Feinverschmutzung"	**23–12 Punkte:** Grad II „Grobverschmutzung"	**11–0 Punkte:** Grad III „Komplette Inkontinenz"

Nach KELLER und JOSTARNDT, zitiert bei [30].

Tab. 15.2: Graduierung der Stuhlinkontinenz

radius (zu Fuß, im Auto oder Bus), einer kontinuierlichen Präsenz (beispielsweise als Aufsichtsperson), der Konzentrationsfähigkeit, physischen, psychischen oder stressbedingten Belastbarkeit, bei Publikumsverkehr.

Stuhlinkontinenz Sie ist selbst in der Sprechstunde des Gastroenterologen das „heimliche Symptom". Nach unwillkürlichen Stuhlabgängen oder Schmieren muss man routinemäßig fragen. Eine strukturierte Inkontinenzanamnese z. B. nach KELLER und JOSTARNDT ist zur Quantifizierung hilfreich; vgl. Tabelle 15.2. Untersuchungsziele sind die Klärung der Pathophysiologie und der ursächlichen Krankheiten, um mögliche Behandlungsansätze zu finden [26]. Über die bei *Durchfall* beschriebenen Aktivitätseinschränkungen hinaus scheiden bei Stuhlinkontinenz schwere körperliche Arbeiten mit häufigem Bücken, Heben oder Tragen von Lasten aus. Sowohl der eingeschränkte Aktionsradius als auch das häufig vorhandene Schamgefühl verursachen eine Partizipationsstörung.

Bauchschmerz Bauchschmerzen sind häufig inkonstant und bei der Untersuchung nicht reproduzierbar. Sie erfordern eine exakte Anamnese und den Versuch, die subjektiven Beschwerden mit den objektiven Befunden in Einklang zu bringen; vgl. hierzu auch Kapitel 25. Schmerzskalen können dabei hilfreich sein. Eine konsequente Schmerztherapie ist bei der chronischen Pankreatitis, beim Morbus CROHN und beim Tumorschmerz zu fordern. Schwere oder Überkopfarbeit, Belastbarkeit für Stress oder Schichtarbeit können eingeschränkt sein. Nicht selten ist durch chronisch rezidivierenden Bauchschmerz die berufliche Belastbarkeit quantitativ begrenzt.

Gewichtsabnahme, Untergewicht, Schwäche Das Körpergewicht in Relation zur Größe lässt sich mit dem Body-Mass-Index (BMI, kg/m^2), die körperliche Belastbarkeit mit der Ergometrie (Puls-Watt-Kapazität, PWC) quantifizieren. Wichtiger als das aktuelle Gewicht ist sein Verlauf. Bei Untergewicht ist zu klären, ob eine mangelnde Kalorienzufuhr oder eine

Fehlverarbeitung der zugeführten Energie vorliegen. Die Höhe der Kalorienzufuhr ist den Angaben des Probanden oft nicht ausreichend sicher zu entnehmen und bedarf der subtilen Erhebung der Kalorienbilanz. Das Körpergewicht bzw. die mit dem Untergewicht verbundene Schwäche ist ein wesentlicher Parameter für die Beurteilung der körperlichen Leistungsfähigkeit.

Vermehrte Ermüdbarkeit Sie steht im Vordergrund bei den chronisch entzündlichen Darmerkrankungen, postoperativ nach komplizierten Verläufen, nach einer zytostatischen Therapie oder bei chronischer Anämie mit Hb-Werten < 10 g/dl; vgl. Kapitel 9. Hierbei sind im Einzelfall erstaunliche Adaptationen von Ausdauer und Kraft möglich. Nach einer Chemotherapie kann die Minderung der zeitlichen Belastbarkeit auch dauerhaft bestehen bleiben. Dann ist eine quantitative Leistungseinschränkung festzustellen. Krankheitsverschlimmerungen durch körperliche Belastung sind selten zu befürchten. Selbst Patienten mit chronisch entzündlichen Darmerkrankungen mit entzündlicher Aktivität profitieren von einem angepassten Aufbautraining.

Stabilität der Bauchwand Die Stabilität der Bauchwand nach operativen Eingriffen, bei Neigung zur Hernienbildung oder nach Anlage eines Enterostomas ist schwierig zu beurteilen. Zu beachten sind die Empfehlung des Operateurs, der Zustand der Bauchmuskulatur, der Lokalbefund und frühere Hernien in der Vorgeschichte. Üblich ist die Empfehlung, nach größeren Bauchschnitten mit Durchtrennung der Bauchwand diese 3 Monate lang nicht durch Anspannungen wie Heben und Tragen von Lasten zu beanspruchen.

15.1.2 Sozialmedizinische Beurteilung

Krankheiten der Verdauungsorgane stören die Bereitstellung von biochemischer Energie. Dies tangiert alle Leistung erbringenden Organsysteme. Wie aus Abschnitt 15.1.1 ersichtlich, macht dies die sozialmedizinische Relevanz nur zum geringeren Teil aus. Im Vordergrund stehen die anamnestischen Daten zur gastroenterologischen Symptomatik. Von Bedeutung ist die Verhaltensabhängigkeit vieler Krankheiten des Verdauungssystems von Alkoholmissbrauch und Ernährung sowie bei den chronischen Virushepatitiden eine Koinzidenz mit der i. v.-Drogenabhängigkeit.

Krankheiten der Verdauungsorgane, Organsystemen mit hoher regenerativer Kapazität, sind selten degenerativer Natur. Chronische Erkrankungen können hier früher auftreten als beispielsweise am Stütz- und Bewegungssystem oder am Herz-Kreislauf-System. Eine oft unbekannte oder multifaktorielle Ätiologie erschwert die Beantwortung von Zusammenhangsfragen. Schubweise Verläufen erschweren die Terminierung von Beginn oder Verschlimmerung.

Rehabilitation Ein Rehabilitationsbedarf wird bei Magen-Darm-Erkrankungen häufig verkannt oder erst dann festgestellt, wenn das Leistungsvermögen in Frage steht (Rentenantrag) bzw. operative Eingriffe notwendig geworden sind. Während beispielsweise Karzinompatienten zu einem hohen Anteil eine medizinische Rehabilitation erfahren, wird Reizdarmpatienten mit derselben Problematik und mit hohem Leidensdruck viel seltener eine solche Maßnahme bewilligt.

15.2 Oberer Gastrointestinaltrakt

Der obere Gastrointestinaltrakt umfasst Speiseröhre (Ösophagus), Magen und Zwölffingerdarm (Duodenum) bis hin zur Flexura duodenojejunalis.

15.2.1 Ösophagus

Refluxkrankheit Ein wiederholter Rückfluss von saurem Mageninhalt oder galligem Duodenalsaft in die Speiseröhre führt zu einer *chronischen Ösophagitis*. Der endoskopische und histologische Befund ist nach SAVARY-MILLER, MUSE, Los Angeles- oder AFP-Score zu dokumentieren. In ca. 60 % gelingt trotz typischer Beschwerden kein endoskopischer Nachweis; dann sind eine Langzeit-pH-Metrie und Ösophagus-Manometrie angezeigt. Nach Beschwerdestärke und -dauer unterscheiden sich die endoskopisch-positive und die endoskopisch-negative Refluxkrankheit nicht. Komplikationen sind die peptische Ösophagusstenose,

15.2 Oberer Gastrointestinaltrakt

ein Ösophagusulkus, bronchopulmonale Komplikationen und die Entwicklung eines Endobrachyösophagus (BARRETT-Syndrom) als Präkanzerose. Behandelt wird mit Protonenpumpenhemmern, H2-Antagonisten, Prokinetika, Schleimhautprotektiva und Antazida. Bei Therapieversagen oder Komplikationen gilt die laparoskopische Fundoplikatio als Standard, alternativ ist die offene Antirefluxoperation zu nennen.

Sozialmedizinisch wird die Refluxkrankheit selten relevant. Der Reflux kann zunehmen durch Betätigen der Bauchpresse (Heben und Tragen schwerer Lasten) und bei Arbeiten in gebückter Haltung. Häufiges Aufstoßen kann bei Publikumsverkehr belasten. Stress und ein wechselnder Tagesrhythmus (Nachtschicht) können die subjektiven Beschwerden verstärken.

Achalasie Die Achalasie ist eine seltene neuromuskuläre Erkrankung mit fehlender Erschlaffung des unteren Ösophagussphinkters beim Schlucken. Die Inzidenz liegt bei 1/100.000 pro Jahr mit einem Manifestationsalter meistens zwischen dem 40. und 50. Lebensjahr. Typische Beschwerden sind Dysphagie, Regurgitation, Thoraxschmerzen, Gewichtsverlust und bronchopulmonale Symptome infolge Aspiration. Endoskopisch sollte eine mechanische Kardiastenose z. B. durch ein Karzinom ausgeschlossen werden. Mit der Ösophagusmanometrie wird die Diagnose bewiesen und von anderen Motilitätsstörungen abgegrenzt. Therapie der Wahl war bis vor wenigen Jahren die pneumatische Dilatation des unteren Ösophagussphinkters, die in etwa 70 % erfolgreich ist. Die Injektion von Botulinustoxin hat in der Kurzzeitbeobachtung ähnliche Erfolgsraten, aber nur 30–68 % der Patienten sind nach zwei Jahren noch in der Remission. Beide Behandlungsarten können mehrfach wiederholt werden. Versagt die Dilatations- bzw. Injektionsbehandlung, kommt eine distale Myotomie nach GOTTSTEIN und HELLER in Betracht mit dem Risiko einer Refluxösophagitis.

Die Mehrzahl dieser Patienten kann von ihren Beschwerden befreit werden; bei ihnen ergeben sich sozialmedizinisch keine Einschränkungen. Bei jedem 3. bis 4. Patienten können sich Einschränkungen aus einem verminderten Kräftezustand, der Gefahr einer Regurgitation oder durch Komplikationen ergeben.

Ösophaguskarzinom In Deutschland erkranken jährlich ca. 4.000 Menschen, Männer achtmal häufiger als Frauen. Risikofaktoren sind Rauchen, hochprozentige alkoholische Getränke und ein BARRETT-Syndrom. Altersgipfel ist das 6. Lebensjahrzehnt. Zu ca. 90 % handelt es sich um Plattenepithelkarzinome. Therapie der Wahl ist die Ösophagusresektion unter Mitnahme der regionalen Lymphknoten. Als Ersatzorgan werden der Magen oder ein Koloninterponat, selten ein Jejunuminterponat gewählt. Die relative Fünf-Jahres-Überlebensrate liegt unter 10 %. Das Plattenepithelkarzinom spricht auch auf eine alleinige Strahlentherapie an. Die Kombination mit einer Chemotherapie verbessert die Überlebenszeiten. Bei fortgeschrittenen Tumoren bieten Strahlentherapie, Endoprothesen („Stents") und die perkutane endoskopische Gastrostomie (PEG) palliative Behandlungsmöglichkeiten.

Postoperative Aktivitätseinschränkungen ergeben sich aus den Folgen der Thorakotomie, von Komplikationen an den Anastomosen, saurem Reflux, Magenretention, oder des Postvagotomiesyndroms, in Form von Schmerzen und Unwohlsein, Durchfall, Dyspepsie und Dysphagie. Nach Magenhochzug sind Arbeiten mit häufigem Bücken wegen der fehlenden Refluxbarriere ungeeignet. Spezieller Rehabilitationsbedarf ergibt sich vor allem postoperativ zur Verbesserung der Ernährungssituation.

15.2.2 Magen und Duodenum

Reizmagen Zwei Drittel der Patienten, die wegen dyspeptischer Beschwerden den Arzt aufsuchen, leiden an einem Reizmagen-Syndrom, ohne dass eine Refluxkrankheit, ein Ulcus pepticum, ein Malignom, eine symptomatische Cholelithiasis oder eine chronische Pankreatitis nachgewiesen werden können. Überschneidungen ergeben sich mit Gastritis, Duodenitis, Reizdarmsyndrom und vegetativen Symptomen wie Kopfschmerzen, Schwindel, Schlafstörungen, Muskelverspannungen, Schweißneigung, funktionellen Herzbeschwerden, Reizblase. Ein Teil der Patienten spricht auf eine symptomatische Behandlung mit Antazida, Prokinetika, H2-Antagonisten oder Protonenpumpenhemmern an. Zugunsten langfristiger psychotherapeutischer Konzepte sollte man die Patienten aber nicht auf organische Ersatzdiagnosen („Gastritis") fixieren.

Magenentleerungsstörungen Eine verzögerte Magenentleerung kommt vor bei Reizmagen, Ulcus pepticum, Magentumoren, medikamentös ausgelöst (Psychopharmaka, Vagolytika) und nach einer Vagotomie. Beim Diabetes mellitus erschwert die gastrale Neuropathie im Rahmen der autonomen Polyneuropathie die Blutzuckereinstellung. Typische Beschwerden sind Übelkeit, Völlegefühl und Erbrechen. Die Diagnose erfolgt sonographisch, szintigraphisch oder mit dem ^{13}C-Oktanoat-Atemtest. Röntgen und Endoskopie erfassen primäre Motilitätsstörungen nicht. Die Manometrie ist bisher unzureichend standardisiert und ohne therapeutische Konsequenzen. Ist eine ursächliche Behandlung nicht möglich, kommen Therapieversuche mit Prokinetika in Betracht. Eventuell ist eine Drainageoperation erforderlich. Die sozialmedizinischen Konsequenzen sind uneinheitlich. Sie müssen die jeweilige Grundkrankheit berücksichtigen und ergeben sich in Analogie zu ulkusbedingten oder postoperativen Störungen.

Chronische Gastritis und Duodenitis Die nosologische Einordnung dieser Krankheitsbilder hat sich im Zeitalter der endoskopisch-bioptischen Diagnostik gewandelt. Sie sind histologisch definiert und keine Ersatzdiagnose bei Reizmagen. Neben seltenen Sonderformen wie der lymphozytären, granulomatösen, eosinophilen oder CROHN-Gastritis unterscheidet man nach der SYDNEY-Klassifikation:

Typ A *Autoimmungastritis* Sie führt zur Atrophie der Magenschleimhaut und zur Perniziosa. Häufig sind Belegzell-Antikörper nachweisbar. Die Krankheit ist selten, noch seltener ist eine maligne Entartung.

Typ B *Erregerinduzierte Gastritis* Erreger ist in ca. 90 % der Fälle Helicobacter pylori. Betroffen sind 30–70 % der Bevölkerung. Die Korrelation mit dyspeptischen Beschwerden ist gering. Nur in ca. 10 % beseitigt eine Helicobacter-Eradikationsbehandlung auch die Beschwerden. Die chronische Gastritis B ist ein Kofaktor für die Ulkusgenese. Es gibt auch eine positive Korrelation zum Magenkarzinom. Angesichts der Häufigkeit der chronischen Gastritis B ergeben sich für den Einzelfall hieraus jedoch keine eindeutigen therapeutischen Konsequenzen. Statistisch müssten 3.000 Eradikationsbehandlungen erfolgen, um ein Magenkarzinom zu verhindern.

Typ C *Chemisch-toxisch induzierte Gastritis* Die häufigsten Ursachen sind nichtsteroidale Antirheumatika oder ein Gallereflux. Erstere führen gehäuft zu hämorrhagischen Erosionen und akuten, leicht blutenden Ulcera ventriculi sive duodeni.

Angesichts der heutigen Behandlungsmöglichkeiten kommt den meisten Formen der chronischen Gastritis sozialmedizinisch nurmehr geringe Bedeutung zu.

Ulkuskrankheit Ätiologische Einordnung, Therapie und Prognose der Ulkuskrankheit haben sich in den letzten 20 Jahren völlig gewandelt. Mit H2-Blockern und Protonenpumpenhemmern sowie durch den Nachweis von *Helicobacter pylori* als nowendige Bedingung für eine Ulkuskrankheit ergaben sich wesentlich effektivere Therapieansätze als zuvor. Heute gibt es weniger Ulkuskranke. Diese können binnen 7–10 Tagen ambulant und mit geringem Rezidivrisiko behandelt und definitiv geheilt werden. Operiert wird nur noch in Ausnahmefällen und bei Komplikationen wie Ulkusperforation, unstillbarer Blutung, narbiger Stenose und (seltenem) medikamentös therapierefraktärem Verlauf. Eine Impfung gegen H. pylori ist bereits absehbar. Das Ulcus pepticum ist als Akutkrankheit noch relevant, die chronischen Verläufe sind selten geworden. So gingen von 1990 bis 2000 die medizinischen Rehamaßnahmen durch die Rentenversicherung von jährlich 5.913 um 87 % auf 767 zurück.

Hauptrisiko für ein kompliziertes Ulcus pepticum ist heute die Einnahme nichtsteroidaler Antirheumatika (NSAR). In einer großen Fallkontrollstudie erhöhte auch low-dose-Azetylsalizylsäure das Risiko für eine Ulkusblutung von einem relativen Risiko von 2,3fach (75 mg/d) bis 3,9fach (300 mg/d), die Mehrzahl der zahlreichen Studien ergab für low-dose-ASS gegenüber Placebo jedoch keine Signifikanz. Ibuprofen und wahrscheinlich die COX-2-Inhibitoren haben das geringste Blutungsrisiko. Eine Ulkusprophylaxe ist mit Misoprostol oder Protonenpumpenhemmern möglich.

Magenkarzinom Jährlich erkranken in Deutschland knapp 20.000 Personen. Magenkrebs ist bei Frauen der fünft- und bei Männern der sechsthäufigste Tumor. Die Inzidenz ist in den letzten Jahrzehnten rückläufig. Etwa 85 % der Magentumoren sind Adenokarzinome, der Rest Non-HODGKIN-Lymphome und Sarkome. Das Problem ist die frühzeitige Diagnose. Die Fünf-Jahres-Überlebensrate beim fortgeschrittenen Magenkarzinom beträgt 15–20 %, bei Operation eines mukosalen Frühkarzinoms über 90 %. Wesentliche Einschränkungen ergeben sich aus dem Operationsverfahren (partielle oder totale Gastrektomie). Übermäßige Gewichtsabnahme, Verlust des Hungergefühls, Dysphagie und Dyspepsie, Dumping-Syndrome, Durchfall und eine Pankreasfehlregulation mit exokriner Insuffizienz, Steatorrhö und erhöhtem Osteoporoserisiko sind häufig. Der Ernährung kommt für die Rehabilitation ein vorrangiger Stellenwert zu. Die Notwendigkeit einer lebenslangen parenteralen Substitution mit Vitamin B_{12} darf nicht übersehen werden.

15.2.3 Operationsfolgen

Magenoperationen können je nach Grunderkrankung und Operationstechnik zu Folgeerscheinungen führen, die sich in Gewichtsverlust, Erbrechen, Schmerzen (z. B. bei Ulcera peptica jejuni) und verschiedenen Darmstörungen äußern und meist nur qualitative Einschränkungen des Leistungsvermögens begründen.

Vagotomie Die Durchtrennung des N. vagus führt zur Verminderung der Magensekretion und beeinflusst die Motilität der Oberbauchorgane. Bei der *trunkulären Vagotomie* (TV) werden Magen, Darm, Leber, Gallenwege und Pankreas, bei der *selektiv-gastrischen Vagotomie* (SV) nur der Magen denerviert; beide Techniken erfordern eine Drainageoperation (Pyloroplastik). Bei der *selektiv-proximalen Vagotomie* (SPV) werden die antralen Vagusäste geschont, sodass eine Drainageoperation entfällt. Die Denervation des proximalen Magens beschleunigt die Entleerung von Flüssigkeit („Mageninkontinenz"), die des distalen Magens verzögert die Entleerung fester Nahrung. Drainageoperationen bei TV und SV verschlimmern die Mageninkontinenz. Sie trägt zum Dumping-Syndrom bei und ist ein Faktor in der Pathogenese der Postvagotomie-Diarrhö. Unter Durchfall leiden 1–8 % der Patienten nach SPV ohne Drainage, 4–20 % nach SV und 20–30 % nach TV mit Drainage. In den ersten postoperativen Monaten besteht eine Besserungstendenz. Therapieversuche mit Loperamid und Cholestyramin sind angezeigt.

Magenresektion

Funktionsstörungen nach Magenresektion werden unter dem Begriff „Postresektionssyndrom" (englisch „Postgastrektomiesyndrom") zusammengefasst, wobei der Begriff der Gastrektomie im Englischen weiter gefasst ist als im deutschen Sprachgebrauch.

Dumping-Syndrom Das *Frühdumpingsyndrom* entsteht durch ein rasches Einströmen von Ingesta aus dem Magen in den Dünndarm mit osmotischen und Dehnungseffekten, welche Kreislauf- und hormonelle Dysregulationen auslösen. Etwa 5–30 min postprandial kommt es zu Übelkeit, Hitzegefühl mit Schwitzen, Blutdruckabfall, Tachykardie, Aufstoßen, Völlegefühl, Erbrechen und Durchfällen. Das *Spätdumpingsyndrom* entsteht durch eine Hypoglykämie, die durch kohlenhydratinduzierte überschießende Insulinsekretion ausgelöst wird. Es ist seltener und verläuft meist weniger schwer. Die Beschwerden treten 60–180 min postprandial auf: Schwächegefühl, Kaltschweißigkeit, Müdigkeit, Hungergefühl, Somnolenz und Bewusstlosigkeit. Die Häufigkeit eines Dumpingsyndroms beträgt nach Magenresektion 15–49 %, nach Vagotomie mit Pyloroplastik 11–29 % und nach selektiv-proximaler Vagotomie 5 %. Sie sinkt mit der Zeit durch physiologische Anpassung und Lerneffekte beim Patienten. Wichtig sind häufige kleine Mahlzeiten, ferner werden Resorptionsverzögerer wie Acarbose und Guar eingesetzt, schlussendlich eine Umwandlungsoperation.

Bei unzureichend behandeltem Dumping-Syndrom treten Tachykardien und Kollapszustände auf. Daher sind Tätigkeiten mit dem Risiko der Eigen-

und Fremdgefährdung (Berufskraftfahrer), auf Leitern und Gerüsten, mit Absturzgefahr, an schnell laufenden und ungeschützten Maschinen, mit besonderen Anforderungen an Konzentration, Reaktionsvermögen und Ausdauer nicht durchführbar.

Blind-Loop-Syndrom Eingriffe am Magen, welche den interdigestiven myoelektrischen Komplex schwächen und die Säureproduktion vermindern, führen zu einer bakteriellen Überwucherung des Dünndarmes. Als Auslöser kommen eine Vagotomie, eine beschleunigte Magenentleerung oder die ausgeschaltete Schlinge beim B-II-Magen in Betracht. Prädisponierend ist ein IgA-Mangel. In der Regel kommt es nicht zu einem permanenten Befund mit klinischer Relevanz. Symptome sind anhaltende Durchfälle verbunden mit Oberbauchschmerzen. Der ^{2}H-Atemtest kann Hinweise geben. Ein Therapieversuch mit Metronidazol oder Ciprofloxacin ist zu empfehlen.

Syndrom der zuführenden Schlinge Beim BILLROTH-II-Magen kann es durch Einengung der zuführenden Schlinge zu krampfartigen Oberbauchschmerzen und schwallartigem Galleerbrechen eine halbe bis mehrere Stunden nach dem Essen kommen, wobei kaum Nahrungsreste enthalten sind. Ursache ist ein Aufstau von Galle- und Pankreassekret in der zuführenden Schlinge infolge einer Anastomosenstenose. Bei einer anderen Form gelangt infolge einer Fehlanlage der Anastomose oder einer Stenose der abführenden Schlinge der Mageninhalt bevorzugt in die zuführende Schlinge und verursacht Völlegefühl, das sich nach Erbrechen von mit Galle vermischter Ingesta bessert. Das Syndrom der zuführenden Schlinge ist selten und wurde früher überbewertet, da der Versuch einer Prävention mittels der BRAUNschen Fußpunktanastomose diese Symptomatik nicht hat ausschließen können. Vielmehr wird heute dem *duodenogastralen Reflux* eine größere Bedeutung für das morgendliche Galleerbrechen beigemessen, das von epigastrischen Schmerzen begleitet wird, die nach Erbrechen verschwinden. Es tritt nach 9–18 % aller Magenresektionen auf, bei denen das Antrum entfernt oder die Pylorusfunktion beseitigt worden ist. Wegen der Tendenz zur spontanen Besserung sollte eine Umwandlungsoperation (Y-ROUX) nicht vor Ablauf eines Jahres erfolgen.

Gastrektomie

Häufigster Grund für eine Gastrektomie („totale Magenresektion") ist ein Magenkarzinom. Ein Teil der Beschwerden ist Folge der Operationsradikalität mit Lymphadenektomie und der Entfernung benachbarter Organe oder Organteile. Die Beschwerden umfassen Appetitlosigkeit, Druck und Völlegefühl im Epigastrium, gehäuftes Luftaufstoßen, von der Nahrungsaufnahme abhängige Schmerzen, Sodbrennen, Schluckbeschwerden, Übelkeit, Erbrechen, Durchfall, Früh- und Spät-Dumping-Syndrom sowie Untergewicht in bis zu 90 %. Dabei haben sich nur die Häufigkeit des Dumping-Syndroms und die der galligen Ösophagitis als abhängig vom gewählten Operationsverfahren erwiesen. Die metabolischen Folgen münden in Malnutrition (20–50 %), Osteomalazie (15–30 %) und Anämie (30–60 %). Zugrunde liegen eine wahrscheinliche Pankreasdysfunktion, eine Störung des enterohormonalen Zusammenspiels, eine beschleunigte Dünndarmpassage, eine bakterielle Besiedelung des oberen Intestinaltraktes, infolgedessen eine unzureichende Resorption fettlöslicher Vitamine sowie Resorptionsstörungen für Eisen und Vitamin B_{12}. Eine sorgfältige Befunddokumentation ist erforderlich, angefangen mit dem OP-Bericht. Die obere Endoskopie ergibt oft behandlungsbedürftige pathologische Befunde. Die Beeinflussbarkeit vieler gastrektomiebedingter Beschwerden durch eine medizinische Rehabilitation ist mehrfach belegt und hervorzuheben.

Die sozialmedizinischen Einschränkungen entsprechen denen nach Magenteilresektion und betreffen vorwiegend die körperliche und zeitliche Belastbarkeit. Die Möglichkeit für die Einnahme von Zwischenmahlzeiten muss bestehen. Bezüglich eines unzureichend therapierbaren Dumpingsyndroms sei auf den Abschnitt 15.2.3 verwiesen.

15.3 Unterer Gastrointestinaltrakt

Der untere Gastrointestinaltrakt umfasst Dünndarm, Dickdarm und Enddarm.

15.3.1 Dünndarm

Malassimilationssyndrome

Parasitäre Darmerkrankungen, Morbus WHIPPLE, HIV-Enteropathie, bakterielle Überbesiedlung des Dünndarms und die Zöliakie/Sprue können eine längerfristige Resorptionsstörung verursachen.

Zöliakie Die Sprue ist eine Gluten-Intoleranz mit einer Prävalenz in Deutschland bei Kindern von 1:1.000 und bei Erwachsenen von 1:5.000. Leitsymptome sind Untergewicht und Durchfall, manchmal nur 1–2 voluminöse Stuhlentleerungen pro Tag, bei Kindern auch Wachstumsverzögerung. Erwachsene fallen oft erst durch eine Osteoporose oder Eisenmangelanämie auf. Diagnostisch entscheidend ist die Biopsie aus dem distalen Duodenum. Sensitivität und Spezifität der Gliadin-Antikörper im Serum sind wesentlich schlechter. Retikulin- und Endomysium-Antikörper (RA, EMA) sind hingegen sehr spezifisch und sensitiv. Eine konsequent glutenfreien Kost beseitigt die Symptome wie Durchfall und Gewichtsabnahme und die Folgen von Ernährungsdefiziten. Bis dahin kann Arbeitsunfähigkeit bestehen. In der Regel resultiert keine langfristige Einschränkung des Leistungsvermögens. Der Aufwand für die Lebensmittelzubereitung und -beschaffung ist erhöht.

Nahrungsmittelintoleranzen

Etwa 20–45 % der Bevölkerung klagen über Nahrungsunverträglichkeiten. Toxische Reaktionen sind dosisabhängig und werden durch Verunreinigungen, Bakterientoxine und zahlreiche Pharmaka ausgelöst. Bei den nichttoxischen Unverträglichkeiten handelt es sich meist um einen Disaccharidase-Mangel oder eine Nahrungsmittelallergie. Nicht selten bestehen Überschneidungen mit funktionellen Darmstörungen.

Kohlenhydratintoleranz Die häufigste Form ist der Laktasemangel, der unterschiedlich stark ausgeprägt sein kann. Typisch sind phasen- oder anfallsweise auftretende Durchfälle mit krampfartigen Bauchschmerzen. Gewichtsabnahme und Schwäche sind seltener.

Rom-Kriterien

Folgende Symptome müssen seit mindestens 3 Monaten dauerhaft oder wiederkehrend vorliegen:

1. Unterbauchschmerzen, die bei Stuhlgang nachlassen oder mit einer Änderung der Stuhlfrequenz oder -konsistenz verbunden sind,
2. eine gestörte Defäkation in mindestens 25 % der Fälle, die mit mindestens 2 der folgenden Symptome auftritt:
   – veränderte Stuhlfrequenz,
   – veränderte Stuhlkonsistenz (hart oder flüssig),
   – veränderte Stuhlpassage (Pressen, Gefühl der Dringlichkeit, Gefühl der unvollständigen Entleerung),
   – Schleimauflagerungen auf dem Stuhl, häufig begleitet von Blähungen.

Der Ausschluss organischer Ursachen wird vorausgesetzt.

Nach THOMPSON [28]

Tab. 15.3: Definition des Reizdarm-Syndroms

Bei Kohlenhydratintoleranzen können Belastungsteste (^{2}H-Atemtest) die Diagnose sichern helfen.

Nahrungsmittelallergien Nur ca. 2–5 Prozent aller Nahrungsmittelintoleranzen sind auf eine Allergie zurückzuführen. Häufig betroffen sind Kinder, einen zweiten Altersgipfel gibt es in der zweiten bis vierten Lebensdekade [22, 25]. Allergologische Testverfahren wie der Hauttest und auch die Messung von spezifischem IgE im Serum (RAST) haben wegen des hohen Anteils falschnegativer und falschpositiver Resultate nur begrenzte Bedeutung für die Diagnostik [5]. Immer noch spielen Anamnese, Ernährungstagebuch und evtl. eine standardisierte orale Provokation eine größere Rolle als darmspezifische Tests. Eine spezielle allergologische Biopsiediagnostik, die endoskopisch gesteuerte Darmlavage mit Messung der Mediatorenausschüttung oder intraluminale Provokationstests können noch nicht als Routineverfahren gelten. In der Regel lässt sich das auslösende Agens meiden. Für die Begutachtung sind diese Krankheiten selten relevant.

15.3.2 Dickdarm und Enddarm

Benigne Erkrankungen

Reizdarm Typisch sind der jahrelange Verlauf, die dramatische, oft bildhafte Beschwerdeschilderung, die Diskrepanz zum guten Allgemein- und Ernährungszustand, der Wechsel von Durchfall mit Obstipation, das Fehlen nächtlicher Durchfälle, das Fehlen pathologischer Laborbefunde und die Kombination mit multiplen Unverträglichkeiten und vegetativen Störungen. Die „Rom-Kriterien" (Tab. 15.3) erleichtern die Diagnose. Die Assoziation mit psychischen Belastungen, Depression, Schlafproblemen und Analgetikagebrauch ist hoch. Eine sorgfältige Diagnostik sollte zügig zum Abschluss gebracht werden, um die Betroffenen nicht durch immer neue Raritätensuche auf eine organische Genese zu fixieren. Eine psychologische Exploration kann sinnvoll sein, um Auslösemomente zu finden. Ersatzdiagnosen („Pilze", „Allergie") und Scheinmedikationen sind kontraproduktiv.

Chronische Obstipation Der Übergang von der Befindensstörung zur behindernden Krankheit ist fließend. Viele Betroffene werden zwar vielfältig beraten, aber nie untersucht. Zunächst ist anamnestisch zu klären, ob eine Entleerungsstörung vorliegt, da viele Menschen tägliche Stuhlentleerungen oder unrealistische Stuhlmengen erwarten. „Normal" sind 3 Stuhlentleerungen pro Tag bis zu 3 Stuhlentleerungen pro Woche. Die Stuhltätigkeit von 99 % aller Untersuchten liegt innerhalb dieser Grenzen. Dennoch klagt jeder 3. bis 4. Erwachsene über Obstipation, mehrheitlich Frauen. Die Symptome sind durchaus unterschiedlich: Sie reichen von nicht erfüllten Erwartungen, verbunden mit Ängstlichkeit, über Völlegefühl, Klagen über Blähungen und Flatulenz, quälende Defäkation mit Pressen bis zu Bauchschmerzen mit Tenesmen und analem Defäkationsschmerz. Eine Obstipation ist häufig Teilaspekt des Reizdarm-Syndroms oder eines noch nicht diagnostizierten kolorektalen Karzinoms. Auch nach Ausschluss dieser Krankheiten ist beim Verdacht auf Defäkationsstörungen weiterführende Diagnostik sinnvoll, da eine adäquate Therapie analer und rektaler Erkrankungen oder einer mangelnden Analsphinkterrelaxation (Outlet-Obstruction) die alltägliche Behinderung vermindern kann. Medizinische Rehabilitation kann hier angezeigt sein.

Hämorrhoidaler Symptomenkomplex Der Anus als Kontinenzorgan und Malignome werden an anderer Stelle behandelt. Quantitativ im Vordergrund steht jedoch der hämorrhoidale Symptomenkomplex mit Hämorrhoiden, Mariskcn, (Peri-)Analvenenthrombose, Anal- oder Rektumprolaps, Kryptitis und Papillitis, Analrhagaden, -erosionen oder -fissur, periproktitischem Abszess oder Fisteln. Typische Symptome sind Stuhlschmieren, Analjucken oder -schmerz, Nässen oder Blutungen. Seitens der Patienten verhindert oft Schamgefühl die rechtzeitige Diagnose, seitens der Ärzte werden leider immer noch leichtfertige Vermutungsdiagnosen („Hämorrhoiden") ohne proktologische Diagnostik gestellt und unkritisch topische Medikamente verordnet. Insgesamt sind die Behandlungsmöglichkeiten gut. Für die oft quälende chronische Analfissur bietet neuerdings die Injektion von Botulinustoxin eine gute Alternative zur Operation.

Sozialmedizinisch können Hämorrhoiden III. und IV. Grades, ein Rektumprolaps und anale bzw. perianale Fisteln bedeutsam werden, wenn operative Behandlungsergebnisse unbefriedigend geblieben sind und falscher Stuhldrang, Analschmerzen oder Sitzbeschwerden persistieren. Gefürchtetste Komplikation ist die Stuhlinkontinenz; vgl. Abschnitt 15.1.1.

Divertikulose und Divertikulitis Kolondivertikel sind heute die häufigste Dickdarmerkrankung. Während in den ersten 40 Lebensjahren nur 1 % der Bevölkerung Divertikelträger sind, werden es im folgenden Jahrzehnt 5 % und im Alter 30–80 %. Nur etwa 10 % der Divertikelträger werden symptomatisch, so dass man von einer Divertikel*krankheit* sprechen darf. Symptome sind dann (Unter-)Bauchschmerzen, insbesondere Tenesmen, Stuhlunregelmäßigkeiten, auch Durchfall. Die Abgrenzung zu funktionellen Störungen ist angesichts der Häufigkeit des Divertikelbefundes schwierig. Akute Behandlungsbedürftigkeit ergibt sich in der Regel bei Komplikationen. Dauerhafte Leistungseinbußen sind selten und meistens Folge von Komplikationen.

15.3 Unterer Gastrointestinaltrakt

Benigne Neoplasien Sowohl die häufigen adenomatösen Polypen als auch die seltenen Hamartome sind Präkanzerosen. Polypen unter 5 mm Durchmesser werden mit der Biopsiezange, größere durch Schlingenektomie entfernt, weshalb jede Koloskopie in Polypektomie-Bereitschaft erfolgen sollte (Patientenaufklärung, Kenntnis der Blutgerinnung, strukturelle Voraussetzungen, ggf. Interventions- und Überwachungsmöglichkeit). Bei vollständiger Entfernung wird eine Kontrolle nach 3 Jahren empfohlen. Bis auf diese Kontrollpflicht und eine dadurch evtl. induzierte Besorgtheit resultieren keine Aktivitätseinschränkungen.

Maligne Tumoren

Darmkrebs ist bei Frauen der zweihäufigste und bei Männern der dritthäufigste maligne Tumor und für beide Geschlechter die zweithäufigste Krebstodesursache. In Deutschland erkranken daran jährlich 30.000 Frauen und 27.000 Männer. Die Früherkennung wird nach wie vor unzureichend genutzt. Die Heilungsaussichten sind gut, die Fünf-Jahres-Überlebensrate liegt derzeit bei etwa 50 %.

Sporadisches kolorektales Karzinom Hier gilt zumeist die Adenom-Karzinom-Sequenz. Verwandte ersten Grades haben ein erhöhtes Risiko. Außer genetischen Faktoren spielen Lebens- und Ernährungsweise eine Rolle. Als Primärprävention werden faserreiche, fleisch- und fettarme Kost sowie körperliche Bewegung empfohlen. Zu den Operationsfolgen vgl. 15.3.4. Häufiger sind Folgestörungen nach tiefen anterioren Anastomosen oder nach posteriorer Rektotomie bei Rektumtumoren. Die häufigsten Spätfolgen sind Störungen der Blasenentleerung und der Sexualfunktion. Bei ca. 50 % der tiefsitzenden Koloneingriffe finden sich urologische Komplikationen. Es handelt sich um eine Obstruktion im Bereich der Urethra bei Prostataadenom, neurogene Blasenentleerungsstörung oder Urethrastrikturen (Kapitel 17). Für 10 % der Patienten sind sie ein Langzeitproblem. Schließlich kann eine Stuhlinkontinenz Komplikation der tiefen Rektumresektion sein; vgl. hierzu Abschnitt 15.1.1.

Familiäre adenomatöse Polyposis (FAP) Hereditäre kolorektale Karzinome machen ca. 5 % aus. Die klassische familiäre adenomatöse Polyposis prädisponiert zu mulitilokulärem Kolonkarziom und hat einen autosomal dominanten Erbgang. Genträger sind durch eine molekulargenetische Untersuchung zu identifizieren. Risikopersonen sollten ab dem 10. Lebensjahr regelmäßig endoskopiert werden. Mit Bestätigung einer klassischen FAP ist die Indikation zu einer kontinenzerhaltenden Proktokolektomie gegeben. Je nach Operationsmethode bleibt die Notwendigkeit einer jährlichen endoskopische Rektum- oder Pouchkontrolle. Das Risiko für Duodenalkarzinome bei der FAP ist hoch, 10 % der FAP-Patienten versterben daran [4]. Daher wird empfohlen, ab dem 30. Lebensjahr alle drei Jahre die Papillenregion endoskopisch zu inspizieren.

Herditäres Non Polyposis Coli Carcinom (HNPCC) Sind mindestens drei Familienmitglieder an kolortalem Karzinom erkrankt, mindestens zwei aufeinanderfolgende Generationen betroffen, ist ein Familienmitglied mit den beiden anderen erstgradig verwandt und liegt keine FAP vor, sind die Amsterdam-Kriterien für das Vorliegen eines HNPCC erfüllt [29]. Potentielle Genträger sollten molekulargenetisch untersucht und genetisch beraten werden. Kolonkarzinome treten bei den Risikoträgern im Median im 46. Lebensjahr und vorwiegend im rechten Kolon auf. Ab dem 25. Lebensjahr ist eine jährliche Koloskopie angezeigt. Auch extraintestinale maligne Tumoren finden sich gehäuft.

Kolitiskarzinom Patienten mit Colitis ulcerosa haben ein erhöhtes Karzinomrisiko, abhängig von Ausdehnung, Manifestationsalter, Aktivität und Dauer der Erkrankung. Mortalität und Letalität am Kolitiskarzinom können durch eine regelmäßige koloskopische Überwachung gesenkt werden. Bei Pankolitis sollte 8 Jahre und bei Linkskolitis 15 Jahre nach Manifestation eine totale Koloskopie mit Stufenbiopsien (40–50 Partikel) in zwei aufeinander folgenden Jahren durchgeführt werden. Finden sich dabei keine intraepithelialen Neoplasien (vormals Dysplasien), können die Kontrollintervalle auf zwei Jahre verlängert werden. Bei eindeutiger und bestätigter intraepithelialer Neoplasie ist die Indikation zur Proktokolektomie gegeben. Eine gleichzeitige primär sklerosierenden Cholangitis erhöht das Risiko für ein kolorektales Karzinom um den Faktor 3 bis 5. Beim Morbus CROHN des Kolons ist das Risiko für ein kolorektales Karzinom zwar auch erhöht, die Datenlage für die Empfehlung eines Screening-Programms aber zu uneinheitlich.

Analkarzinom Karzinome zwischen dem Oberrand der Puborektalisschlinge und der Linea anocutanea werden als Analkarzinome bezeichnet. Daran erkranken in Deutschland jährlich etwa 1.000 Menschen mit einem Altersgipfel im 6. und 7. Lebensjahrzehnt. Überwiegend handelt es sich um Plattenepithelkarzinome. Als Risikofaktoren gelten Immunsuppression, chronische (Virus-)Infektionen, Bestrahlung im Analbereich und mechanische Beanspruchungen. Auch die Sexualhygiene ist von Bedeutung. Symptome sind peranale Blutung, Defäkationsschmerz, Fremdkörpergefühl, Obstipation oder Pruritus ani. Durch eine kombinierte Radiochemotherapie werden stadienabhängige Fünf-Jahres-Überlebensraten von bis zu 90 % erzielt bei Erhaltung des Schließmuskels, so dass sich diese Therapie gegenüber der Operation durchgesetzt hat. Sozialmedizinisch relevant werden Stuhlinkontinenz, Wundheilungsstörungen oder Durchfälle als Bestrahlungsfolge, Analschmerzen beim Sitzen oder bei fortgeschrittenen Tumoren ein Kolostoma.

15.3.3 Entzündliche Darmerkrankungen

Chronisch entzündliche Darmerkrankungen sind nicht sehr häufig, sie führen aber wegen des frühen Manifestationsalters, der erheblichen Beeinträchtigungen und des schubweisen chronischen Verlaufes zu gravierenden Folgen. Beim Morbus CROHN wurden Verzögerungen der Schul- und Berufsausbildung (10–23 %), krankheitsbedingte Arbeitsplatz- oder Berufswechsel (8–13 %), Reduktion der Arbeitszeit (8–23,5 %) und Frühberentungen (bis 16 %) beschrieben. Patienten mit Morbus CROHN und Colitis ulcerosa waren nach einer eigenen und anderen Studien häufiger und länger arbeitsunfähig und arbeitslos als Patienten bzw. Rehabilitanden mit anderen gastroenterologischen und Stoffwechselkrankheiten oder andere Kontrollgruppen. Bei der Colitis ulcerosa ist die soziale Beeinträchtigung insgesamt geringer und die erfragte Lebensqualität besser als beim Morbus CROHN. Die medizinische Rehabilitation kann über die Vermittlung einer besseren Krankheitsbewältigung hierauf einen günstigen Einfluss nehmen.

Begutachtungskriterien

Auch die Häufigkeit und Dauer der entzündlichen Schübe kennzeichnen die Schwere der Erkrankung. Nach Möglichkeit sollte nicht während eines akuten Schubes, sondern nach dessen Abklingen begutachtet werden, um mittel- bis langfristige Aktivitätseinschränkungen zu erfassen. Dabei sind sowohl intestinale als auch extraintestinale Krankheitsmanifestationen zu berücksichtigen. Zu beachten sind außerdem die Operationsfolgen und die Nebenwirkungen einer langfristigen Behandlung mit Glukokortikoiden oder anderen Medikamenten.

Psychosoziale Faktoren haben einen großen Einfluss auf die Lebensqualität, wahrscheinlich auch auf den Krankheitsverlauf. Sie werden von den Betroffenen als nahezu gleichermaßen belastend erlebt wie die somatischen Symptome. Dennoch erscheint es heute nicht mehr berechtigt, chronisch entzündliche Darmerkrankungen als psychogen („Psychosomatosen") einzuordnen. Tabu- und Schamzonen sind häufig in die Symptomatik und in das subjektive Erleben der Patienten einbezogen. Fisteln, ein Ileo- oder Kolostoma, Stuhlinkontinenz oder Ängste vor einem schweren Verlauf, vor Kontrolldiagnostik, vor Abhängigkeit von Ärzten wie Medikamenten, oder vor einem Karzinom können soziale Isolierung verursachen.

Sozialmedizinische Beurteilung

Aktivitätsindizes wie der CROHN's Disease Activity Index (CDAI) nach BEST oder der Colitis-Aktivitäts-Index (CAI) nach RACHMILEWITZ beschreiben vorrangig die Akutsymptomatik. Sie wurden als klinische Entscheidungshilfe und zur Effektivitätskontrolle für Therapiestudien entwickelt. In einer eigenen Studie korrelieren sie schlecht mit den anamnestischen Daten und der sozialmedizinischen Beurteilung. Gleiches gilt für BSG, Anämie und Körpergewicht.

Zur Erfassung von Leistungsvermögen und Rehabilitationsbedürftigkeit hat SEGER [27] eine Tabelle mit fließenden Übergängen angegeben, in welche die Arbeitsunfähigkeitszeiten, Symptome, psychische, berufliche und soziale Beeinträchtigungen, Krankheitsbewältigung, Belastungen durch Diagnostik, Befunde, Entzündungsaktivität, systemische Begleiterscheinungen, Verlauf, Operationsfolgen (einschließlich Stoma) eingehen (Tab. 15.4).

Morbus CROHN

Der Morbus CROHN beginnt am häufigsten zwischen dem 15. und 30. Lebensjahr. Krankheitseinflüsse auf die wichtige Sozialisationsphase der Verselbständigung und beruflichen wie familiären Entwicklung sind daher ausgeprägter als bei der Colitis ulcerosa. Für neue Schübe gibt es keine prädiktiven Faktoren. Das Krankheitsbild wird beherrscht durch abdominelle Schmerzen. Durchfall ist nicht obligat. Gewichtsabnahme, Fieber, Anämie und Arthritiden sind häufiger als bei der Colitis ulcerosa. Bis zu 80 % der Patienten müssen im Verlauf wegen Stenosen und Fisteln operiert werden. Infolge von Resorptionsstörungen treten häufig Gallen- und Nierensteine auf. Die mögliche Beteiligung *aller* Abschnitte des Verdauungstraktes macht es notwendig, dass jedenfalls initial ein vollständiger gastroenterologischer Status mit Endoskopie des oberen Verdauungstraktes, Röntgen Dünndarm, Ileokoloskopie, evtl. Röntgen Kolon erhoben wird. Der physikalische abdominelle Befund (Stenosegeräusche, Abwehrspannung, Resistenzen) ist richtungweisend. Die Sonographie kann befallene Darmabschnitte, entzündliche Infiltrate und Abszesse aufzeigen. In der Kopenhagen-Studie waren im Jahr der Diagnose nur 37 % voll arbeitsfähig, nach 10 Jahren Krankheitsverlauf aber 75 % vollschichtig leistungsfähig [20]. Nach den ersten zwei Krankheitsjahren besteht eine Tendenz zum milderen Krankheitsverlauf mit weniger Hospitalisationen, seltenerer Operationsfrequenz und weniger Arbeitsausfällen [9].

Colitis ulcerosa

Das Manifestationsalter liegt bei der Colitis ulcerosa durchschnittlich später als beim Morbus CROHN. Ganz im Vordergrund stehen die Durchfälle, die im Schub blutig werden. Eine wichtige Differenzialdiagnose zu Beginn der Erkrankung sind infektiöse Proktokolitiden. Fieberschübe, Arthritiden bzw. Arthralgien, Gewichtsabnahme und Bauchschmerzen können hinzutreten. Eine Stuhlinkontinenz wird oft nur während der Durchfallperioden manifest. Serologische Entzündungszeichen (BSG, Blutbild) folgen oft erst spät. An weitere extraintestinale Symptome (Augen, Gallengänge, Haut) ist zu denken. Zum Risiko eines kolorektalen Karzinoms und zur primär sklerosierenden Cholangitis als Begleitkrankheit vgl. die Abschnitte 15.3.2 und 15.5.2. In der Kopenhagen-Studie hatten 90 % der Betroffenen über einen Beobachtungszeitraum von 25 Jahren einen intermittierenden Verlauf [13]. Für Schübe und Remissionen gab es keine prädiktiven Faktoren. Nach 10 Jahren war die Kolektomierate mit 24 % vergleichsweise hoch. Nach 10 Jahren Krankheitsverlauf waren 92,8 % erwerbstätig.

15.3.4 Operationsfolgen

Verwachsungen Jede Bauchoperation und jede Peritonitis hinterlässt Verwachsungen, die zu Schmerzen, Motilitätsstörungen, Subileus und Ileus führen können. Der Überlappungsbereich zu somatoformen Störungen (siehe Reizdarm) ist jedoch groß. Mitunter wirkt eine laparoskopische Adhäsiolyse nach sorgfältiger Indikationsstellung Wunder. Nur nach wiederholten oder raumgreifenden Eingriffen, nach einer ausgedehnten Peritonitis oder nach mehrfachem Ileus sollten sozialmedizinische Konsequenzen gezogen werden.

Kurzdarmsyndrom Ein Kurzdarmsyndrom entsteht nach Entfernung ausgedehnter (etwa 50–80 %) bzw. hochspezialisierter Teile des Dünndarms, deren Funktion nicht von anderen Darmabschnitten übernommen wird. Im Vordergrund stehen Durchfall und Gewichtsabnahme. Nach anfänglicher parenteraler Ernährung ist in den meisten Fällen eine orale Ernährung mit nährstoffdefinierten Diäten, MCT-Fetten, Magensäureblockade, Substitution von Pankreasfermenten, Glutamin und Wachstumshormonen, Cholylsarcosin und Octreotid möglich. Postoperativ beginnt man mit isotoner Sondenkost parallel zur totalen parenteralen

Reha-Bedarf Leistungsvermögen	niedrig hoch	mittel mittel	hoch niedrig
AU-Zeiten	selten, kurz	öfter und länger	häufig, lang andauernd
Arztbesuche	gelegentlich Hausarzt	Hausarzt, Facharzt, ggf. Krankenhaus	häufig, in kurzen Abständen
Stuhlgang	geformt, Frequenz normal	breiig bis flüssig, oft blutig, 3–10mal/d	flüssig, schleimig, eitrig, blutig, >10mal/d
Körpergewicht	konstant	abnehmend	deutlich abnehmend
Kontinenz	erhalten	gestört	erheblich gestört bis aufgehoben
Abdominalschmerz	selten oder fehlend, im allgemeinen erträglich	mehrmals im Jahr kurzzeitig, deutliche Intensitätszunahme bis zur Grenze des Erträglichen	täglich bis wöchentlich mehrfach, lang anhaltend, tageszeitunabhängig, erhebliche Beeinträchtigung der Aktivität
Psychische Beeinträchtigungen	keine oder diskrete psychische Mitbeteiligung	deutliche Hinweise auf psychische Begleiterkrankungen	nachgewiesene, manifeste psychogene bzw. psychiatrische Erkrankungen
Berufliche Beeinträchtigungen	keine bzw. geringe	nachlassende Leistungsfähigkeit, Rücksicht durch Kollegen erforderlich, erste Gespräche mit Vorgesetzten wegen nachlassender Arbeitsleistung, Arbeitsplatzumsetzung	Arbeitsplatzverlust
Soziale Beeinträchtigungen	keine bzw. gering	Beziehungs- und Akzeptanzprobleme im Wechselspiel zur Umwelt	wiederholte oder ständige Beziehungsprobleme im Familien-, Kollegen- und Freundeskreis
Krankheitsbewältigung	problemlos	Probleme in der Krankheits- und Krankheitsfolgenverarbeitung und -bewältigung	fehlende Krankheitskenntnis, -einsicht und -bewältigungsstrategien mit Problemverfestigung
Diagnostik	keine oder gelegentlich	öfters Kontrollen durch Hausarzt, zunehmend fachärztliche Diagnostik	häufige, wiederholte Untersuchungen, zunehmend invasive Diagnostik
Befunde	„gering, leicht, angedeutet, in Remission"	zunehmend anormal	„ausgeprägt, hochgradig, schwer, ausgedehnt"
Entzündungsaktivität und -ausbreitung	gering, lokal	mäßig, multilokulär, großflächig, aber noch umschrieben	deutlich, ausgedehnt, diffus, anatomische Grenzen überschreitend
Systemische Begleiterscheinungen	keine bzw. geringe	durch Therapie begrenztes Auftreten von Begleitsymptomen an Augen, Haut, Gelenken, Leber, Gallenwegen, Nieren, Blut, durch Grundleiden oder als Therapiefolgen	heftige, schwer therapierbare Gelenkschmerzen, eingeschränkte Beweglichkeit, hartnäckige Fisteln, Stuhlinkontinenz, wechselnd häufige Adhäsionsbeschwerden
Verlauf	stabil, in Remission	wechselnd	instabil
Operationsfolgen	keine	Narben, Fisteln	Verwachsungsbeschwerden, Inkontinenz, Fisteln, schwere Resorptionsstörungen, Z. n. mehrfachen Resektionen
Stoma	kontinente Irrigation, regelmäßige, planbare Beutelwechsel, Stuhl- bzw. Flüssigkeitsabsonderungen werden komplett aufgefangen	Fehler bzw. Teilkorrektur der Irrigation, technischen Versorgung, Stomapflege, Beutelwechsel meist vorhersehbar	fehlende Kenntnisse der Irrigation, der technischen Versorgungsmöglichkeiten, der Stomapflege, Beutelwechsel nicht planbar, häufige Beutelwechsel wegen großer Flüssigkeitsmengen

Modifiziert nach: Sozialmedizinische Begutachtung in der gesetzlichen Rentenversicherung, 5. Auflage 1995, Seite 291 [27]

Tab. 15.4: Rehabilitationsbedarf und Leistungsvermögen bei chronisch entzündlichen Darmerkrankungen

Ernährung. Es folgt ein systematischer Kostaufbau, der während einer AHB geleistet werden kann. Bis zu zwei Jahren postoperativ ist noch eine Besserung der resorptiven Funktionen zu erwarten, weshalb eine befristete Leistungseinschränkung sinnvoll sein kann.

Kolonresektion Resektionen selbst großer Anteile des Dickdarms (Hemikolektomie) werden gut toleriert, solange der verbliebene Darm eine normale Resorptionskapazität aufweist. Eine Anastomoseninsuffizienz mit Fisteln oder Abszessbildung bzw. eine Stenose sind der endoskopischen oder erneuten chirurgischen Therapie zugänglich. Nach Resektion der Ileozökalklappe kann es zur bakteriellen Dünndarmbesiedlung und zum Gallensäurenverlustsyndrom kommen.

Kolektomie Kontinenzerhaltende Kolektomien können als subtotale Kolektomie mit ileorektaler Anastomose, als totale Proktokolektomie mit ileoanaler Anastomose oder mit Ileumpouch durchgeführt werden. Das Operationsverfahren richtet sich nach der Grundkrankheit und nach den technischen Möglichkeiten. Bei der *ileorektalen Anastomose* bleibt die Kontinenz erhalten, und das Risiko von Blasen- oder sexuellen Störungen ist gering. Allerdings wird die Rektumschleimhaut nicht selten zum Ausgangspunkt erneuter Adenome bzw. Kolitisschübe. Nach Entfernung des Rektums entfällt dessen Kontinenzfunktion. Die *ileoanale Anastomose ohne Pouch* führt daher oft zu Inkontinenz und perianalen Hautproblemen. Eine Alternative ist die *ileoanale Pouch-Anastomose*, mit der die Mehrzahl der Patienten kontinent ist. Probleme sind die operative Komplikationsrate von ca. 30 %, die anfängliche Inkontinenz vorwiegend bei Nacht, lokale Komplikationen im kleinen Becken in Form von Störungen der Sexualfunktion, der Blasenentleerung und am Dünndarm sowie das Risiko der unspezifischen „Pouchitis". Sowohl bei der Ileorektostomie als auch beim ileoanalen Pouch ist langfristig mit 4–7 Stuhlentleerungen pro Tag zu rechnen. Zur Beurteilung von Durchfällen und Kräftezustand vgl. Abschnitt 15.1.1.

Ileostoma und Kolostoma Die sozialmedizinischen Einschränkungen durch ein Enterostoma werden oft überschätzt. Von einem gut platzierten und gepflegten Ileo- oder Kolostoma merken Umstehende meist nichts. Am ehesten belästigen Geräusche. Es ist auch kein hygienisches Problem, da ein Stoma in der Regel sorgfältiger gereinigt und gepflegt wird als der Anus. Im Vordergrund stehen Akzeptanzprobleme, pflegerische Probleme oder lokale Komplikationen. Für die Akzeptanz spielt die Grundkrankheit eine wichtige Rolle. Während ein Patient nach kompliziertem Verlauf einer chronisch entzündlichen Darmerkrankung sich befreit fühlen kann, wird das Stoma des Tumorpatienten zum Symbol für die Lebensbedrohung. Der psychischen Belastung und der subjektiv erlebten Einschränkung der Kommunikationsfähigkeit kommt bei der Begutachtung eine erhebliche Bedeutung zu. Die medizinische Rehabilitation bietet kompetente Stomatherapie und Hilfe zur Krankheitsbewältigung an.

In der Beurteilung des Leistungsvermögens scheidet wegen der Prolapsgefahr Schwerarbeit aus, weiterhin Heben und Tragen von > 10 kg, Arbeiten in überwiegend gebückter Haltung, mit Wechselschicht, wenn dadurch Irrigationsabstände variiert werden müssen, Arbeitsplätze mit großer Hitzeentwicklung (z. B. Hochofen), wenn Schwitzen die Klebehaftung beeinträchtigt, Tätigkeiten, die die Benutzung einer Toilette über längere Zeit unmöglich machen, evtl. auch Akkord- oder Bandarbeit.

15.4 Erkrankungen der Leber

Die Zahl der Personen mit einer chronischen Lebererkrankung in der BRD wird auf 2 bis 2,5 Millionen geschätzt. Darunter befinden sich ca. 400.000 im Endstadium einer Lebererkrankung, der Leberzirrhose. Von ihnen versterben jährlich 25.000. Über 4.000 Leberkranke, überwiegend Zirrhotiker, werden jährlich vorzeitig berentet. Bei 80 % von ihnen ist der Alkohol die Ursache ihrer Lebererkrankung.

15.4.1 Allgemeines

Der Verlauf chronischer Lebererkrankungen bis hin zur Zirrhose ist unabhängig von der Ätiologie relativ uniform. Unterschiedlich sind die Verlaufsdauer und die therapeutischen Interventionsmöglichkeiten.

Diagnostik

Für eine sachgerechte Begutachtung müssen sämtliche Vorbefunde, Klinikberichte usw. zur Verfügung stehen und im Gutachten berücksichtigt werden.

Anamnese Unverzichtbar sind Fragen zur Erstmanifestation und zum bisherigen Verlauf der Lebererkrankung, sowie zu Art und Dauer der bisherigen Therapie und deren Nebenwirkungen. Bei der Schilderung von Beschwerden und Einschränkungen sollte auf Diskrepanzen zwischen angegebener beruflicher Leistungsfähigkeit und Freizeitaktivitäten geachtet werden. Die beruflichen Anforderungen, das Verantwortungsprofil, die Arbeitsbedingungen und auch Wegezeiten sind präzise zu hinterfragen. Im Gespräch mit dem Patienten kann eine herabgesetzte Vigilanz mit verlangsamter und schleppender Sprache auf eine hepatische Enzephalopathie hinweisen.

Körperliche Untersuchung In den präzirrhotischen Stadien einer Lebererkrankung stellen sich außer einer tastbar vergrößerten Leber keine Auffälligkeiten und nur gelegentlich sekundäre Leberhautzeichen dar. Letztere finden sich häufiger bei Zirrhotikern. Bei atrophierender Zirrhose ist die Leber nicht mehr tastbar, wohl aber eine vergrößerte Milz. Aszitesmengen über 1.000 ml lassen sich klinisch verifizieren, fakultativ finden sich begleitend periphere Ödeme.

Labordiagnostik Zur Beurteilung der *entzündlichen Aktivität* eignen sich die Enzyme GPT (ALT), GOT (AST) und GLDH. Die *Syntheseleistung* der Leber kann an Hand mehrerer Parameter relativ gut beurteilt werden. Protein C, TPZ (Quick), Cholinesterase, Albumin und Cholesterin reagieren dabei mit unterschiedlicher Empfindlichkeit. Die *Exkretionsleistung* lässt sich mit Hilfe des Bilirubins zuverlässig einschätzen, wenn intra- und extrahepatische Abflussstörungen ausgeschlossen sind. Die *Entgiftungsleistung* kann an Hand des NH_3-Wertes beurteilt werden. Im präanalytischen Bereich besteht jedoch die Gefahr, durch gestaute Blutabnahme oder verzögerten Analysebeginn falsch pathologische Werte zu provozieren.

Bei *biliären Erkrankungen* (PBC, PSC) wird die intrahepatische Cholestase nach den Aktivitäten von AP und Gamma-GT bewertet. Zur Beurteilung der *mesenchymalen Aktivität* (Bindegewebsvermehrung) gibt es keine verlässlichen Parameter. Die Gamma-Globuline und das Prokollagen-III-Peptid (P-III-P) korrelieren nur fakultativ mit der Fibrose und dem zirrhotischen Umbau. Zur Beurteilung der chronischen *Virushepatitis B und C* ist eine aktuelle Hepatitis-Serologie (HBs-Hbe-HBc-Antigen bzw. -Antikörper, Anti-HCV) inklusive einer PCR erforderlich. Bei *autoimmunen Lebererkrankungen* können im Verlauf und unter Therapie die Titer der jeweiligen Antikörper (ANA, LKM, SMA, SLA, AMA, P-ANCA) abfallen oder negativ werden, so dass eine erneute Bestimmung keine sichere Bewertung zulässt.

Leberhistologie Alle Methoden zur Gewinnung von Lebergewebe (transjuguläre Leberbiopsie, Leberblindpunktion, sonographisch assistierte Leberpunktion, Laparoskopie und Minilaparoskopie) sind invasive, mit Risiken belastete Eingriffe und daher nicht duldungspflichtig. Ungeachtet dessen ist ein möglichst aktueller histologischer Befund für die sozialmedizinische Begutachtung von entscheidender Bedeutung.

Bei der histopathologischen Beurteilung wurde die frühere Nomenklatur mit den Begriffen der persistierenden und aktiven bzw. aggressiven chronischen Hepatitis verlassen. Sie wurde ersetzt durch ein histologisches Grading und Staging. Das *histologische Grading* (1–4) beschreibt die nekroinflammatorische Aktivität an Hand der Kriterien Infiltration der Periportalfelder, Mottenfraßnekrosen, intralobuläre Einzel- und Gruppenzellnekrosen, sowie Brückenzellnekrosen. Das *histologische Staging* (1–4) beschreibt die Leberfibrose an Hand der Kriterien Fibrosierungsgrad der Periportalfelder, intralobuläre portoportale und portozentrale Septen und Ausbildung von Pseudolobuli. Der Fibrosegrad 4 charakterisiert einen zirrhotischen Umbau, wobei nicht zwischen beginnendem, partiellem und komplettem Umbau differenziert wird.

Es resultieren dann Diagnosen wie z. B. gering aktive chronische Hepatitis C, Fibrosestadium 1, oder inaktive chronische Autoimmunhepatitis, Fibrosestadium 3. Der Vorteil dieser deskriptiven Diagnose ist, dass sie bei allen Leberkrankheiten mit Ausnahme der Fettleber zur Anwendung kommen kann. Die frühere Nomenklatur war vornehmlich der chronischen Virushepatitis B und C vorbehalten.

Bildgebende Verfahren Die *Sonographie* liefert wertvolle Informationen zur Morphologie der Leber. Aussagen zur entzündlichen Aktivität sind nicht möglich. Bisher existieren auch keine anerkannten Kriterien zur Quantifizierung einer Leberfibrose. Das Vollbild der Leberzirrhose ist sonographisch mit hinreichender Sicherheit zu diagnostizieren, vor allem bei Vorhandensein von Zeichen der portalen Hypertension wie Splenomegalie, portosystemische Kollateralen, pathologischer Pfortaderfluss und Aszites. *Computertomographie* und *Magnetresonanztomographie* können bei diffusen Lebererkrankungen den sonographischen Befund in der Regel nicht optimieren. In der Differenzialdiagnostik fokaler Leberläsionen (Hämangiom, Adenom, FNH, Metastase) liefern sie häufig aber entscheidende Befunde. Im Zweifelsfall lässt sich jedoch die Dignität einer fokalen Läsion nur durch eine Feinnadelbiopsie klären.

Endoskopie Bei Zirrhotikern ohne entsprechende Voruntersuchungen sollten durch eine Ösophago-Gastro-Duodenoskopie Ösophagus- und Fundusvarizen nachgewiesen bzw. ausgeschlossen werden. Die Diagnose einer primär sklerosierenden Cholangitis (PSC) sollte durch eine endoskopische retrograde Cholangiographie (ERC) gesichert sein oder werden.

Psychometrie Die latente hepatische Enzephalopathie kann bei neuropsychiatrisch unauffälligen Zirrhotikern mit Hilfe des Wiener Determinationsgerätes, des Zahlenverbindungstests, Liniennachfahrtests u. a. demaskiert werden mit relativ großer Bedeutung für die sozialmedizinische Beurteilung. Als neues Verfahren zur Objektivierung der latenten hepatischen Enzephalopathie muss sich die Flimmerfrequenz-Analyse im klinischen Alltag noch bewähren.

Begutachtungskriterien

Mehr als 80 % der Leberkranken klagen über chronische Müdigkeit, vorschnelle Ermüdung, Abgeschlagenheit und allgemeine Leistungsschwäche. Diese Symptomatik ist schwer objektivierbar oder graduierbar und unterliegt der subjektiven Ausgestaltung. Sie ist als Kriterium für die sozialmedizinische Beurteilung nur eingeschränkt geeignet. Bei der hepatologischen Begutachtung wird daher nicht die geklagte Beeinträchtigung sondern eher die Lebererkrankung selbst zum entscheidenden Indikator. Dabei gibt es keine strenge Korrelation zwischen der subjektiven Beeinträchtigung und dem Schweregrad der Lebererkrankung.

Ein mögliches Kriterium bei der Begutachtung ist der Fibrosescore (Staging), weil dieser die bisherigen Folgen einer chronischen Lebererkrankung repräsentativ widerspiegelt. Weniger gut geeignet ist die entzündliche Aktivität (Grading), weil ihre Intensität in relativ kurzer Zeit variabel ist. Wenn eine Lebererkrankung spontan oder durch therapeutische Intervention in den Fibrosestadien 1–3 abheilt, ist die Lebenserwartung der Betroffenen nicht nennenswert eingeschränkt. Die Prognose ändert sich grundlegend, wenn das Fibrosestadium 4, die Leberzirrhose, erreicht ist. Zum Zeitpunkt der Diagnose beträgt, unabhängig vom Lebensalter, die durchschnittliche Überlebenszeit bei CHILD-A-Zirrhosen 8,9 Jahre, bei CHILD B 1,6 Jahre und bei CHILD C ca. 3 Monate. Die Zäsur zwischen den Fibrosestadien 3 und 4 erklärt die oft abrupte Änderung der sozialmedizinischen Bewertung, da auch die Prognose mit sehr kurzfristigen Folgen quoad vitam entsprechend zu berücksichtigen ist.

Leberkranke können ihre Leistungsschwäche mitunter schwer konkretisieren. Ihr Beschwerdebild ist vergleichbar einer Burn-out-Symptomatik, die sich nicht nur im Beruf, sondern natürlich auch im Privatleben negativ auswirkt. Sie klagen darüber, dass sie ihr normales Arbeitspensum in der vorgegebenen Zeit nicht mehr schaffen oder unzulässig längere Pausen einlegen müssen. Die ständige Müdigkeit, Abgeschlagenheit, Aufmerksamkeits- und Konzentrationsstörungen bringen zunehmend Fehler bei der Arbeit mit sich. Diese führen, wenn sie häufiger vorkommen, zu Konflikten mit dem Arbeitgeber und den Arbeitskollegen. In einigen Fällen kann das Problem durch eine Arbeitszeitverkürzung oder durch Umsetzung im Betrieb auf einen weniger anspruchsvollen Arbeitsplatz gelöst werden, häufig aber auch deshalb nicht, weil sich die Fehlerquote trotz verkürzter Arbeitszeit nicht ändert. Gleiches kann für Verweisungstätigkeiten gelten.

Sozialmedizinische Beurteilung

Die Leistungsschwäche des Leberkranken hat Auswirkungen auf alle Lebensbereiche und Tätigkeiten. Daher kommen bei ausgeprägter Symptomatik Umschulungen oder Verweisungstätigkeiten nur ausnahmsweise in Betracht.

15.4.2 Diffuse Lebererkrankungen

Fettleber, Fettleberhepatitis und nicht alkoholische Steatohepatitis (NASH) Eine über die Bagatellverfettung hinausgehende *Fettleber* liegt vor, wenn mehr als 50 % der Hepatozyten histologisch großtropfige Fettvakuolen aufweisen. Die Diagnose kann näherungsweise sonographisch gestellt werden. Biochemisch findet sich bei normalen Transaminasen fakultativ eine isolierte Erhöhung der Gamma-GT, meist unter 100 U/l. Die häufigste Ursache einer Fettleber ist der Alkohol, weitere Ursachen sind Übergewicht, Diabetes, Hyperlipidämie, Medikamente und Malnutrition. Die *Fettleberhepatitis* zeigt neben der Steatosis mehr oder weniger ausgeprägte nekroinflammatorische Veränderungen, die sonographisch nicht detektierbar sind. Neben der Gamma-GT sind GOT, GPT und GLDH erhöht. Die *nicht alkoholische Steatohepatitis (NASH)* phänokopiert histologisch und biochemisch eine alkoholtoxische Fettleberhepatitis und kann wie diese in einer Zirrhose enden. Die unspezifischen Alkohol-Marker MCV, CDT und IgA sollten im Normbereich liegen. Prädisponierend sind weibliches Geschlecht, mittleres Lebensalter, Adipositas, Diabetes mellitus Typ 2 und Hyperlipidämie. Eine Fettleber oder Fettleberhepatitis begründen keine Leistungsminderung, wohl aber eine Alkoholkrankheit; vgl. hierzu Kapitel 24. Die NASH in den präzirrhotischen Stadien bedingt ebenfalls keine Leistungsminderung.

– Chronische Alkoholhepatitis
– Chronische Hepatitis B und C
– Primäre biliäre Zirrhose
– Primär sklerosierende Cholangitis
– Chronische Autoimmunhepatitis
– Genetische Hämochromatose
– Morbus WILSON
– Kryptogene chronische Hepatitis
– Nicht alkoholische Steatohepatitis

Tab. 15.5: Chronische Lebererkrankungen, die zur Zirrhose führen können.

Präzirrhotische chronische Hepatitis Unabhängig von der Ätiologie (Tab. 15.5) ist sie gekennzeichnet durch einen Fibrose-Score 1–3 ohne zirrhotische Umbauvorgänge. Die Parameter der metabolischen Leberfunktion liegen im Normbereich. Eine Leistungsminderung besteht i. d. R. nicht. In Einzelfällen lässt sich mit einer nicht beeinflussbaren, konstant hohen entzündlichen Aktivität (Grading 3–4) eine zeitlich limitierte Leistungsminderung begründen. Bei präzirrhotischen Rentenantragstellern mit einer nachdrücklich vorgetragenen, jedoch inadäquaten subjektiven Leistungsminderung, sollte eine Somatisierungsstörung (F45 nach ICD-10) in Betracht gezogen werden. Mit Hilfe eines neuropsychiatrischen Zusatzgutachtens ist zu klären, ob dieser leistungsmindernde Bedeutung zukommt.

Chronische alkoholtoxische Hepatitis Im Vordergrund steht in vielen Fällen der fortgesetzte Alkoholkonsum auch in fortgeschrittenem Stadium der toxischen Leberschädigung. Eine dominante Gamma-GT, erhöhtes MCV, CDT und IgA sind zwar nicht beweisend, jedoch starke Indikatoren bei den Patienten, die jeden Alkoholkonsum strikt negieren. Beruflich und sozial noch integrierte Personen sind häufig nicht motivierbar, professionelle Hilfe in Anspruch zu nehmen. Morphologisch ist das Ausmaß der Verfettung von untergeordneter Bedeutung, entscheidend ist der Fibrosierungsgrad. Unter Alkoholkarenz oder reduziertem Alkoholkonsum ist die Verfettung der Hepatozyten rückbildungsfähig. Bei der Leistungsbeurteilung sind andere alkoholbedingte Organschäden wie Pankreatitis bzw. Pankreasinsuffizienz, Kardiomyopathie, Polyneuropathie etc. zu berücksichtigen.

Chronische Hepatitis B und C Sozialmedizinische Probleme ergeben sich durch die antivirale Therapie mit PEG-Interferon und Ribavirin. Etwa 40 % der Patienten sind während der Therapie durch Nebenwirkungen länger als drei Monate arbeitsunfähig, ca. 20 % über die gesamte Therapiedauer. In der Regel sind diese Ausfallzeiten durch die potentielle Arbeitsunfähigkeitsdauer von 78 Wochen abgedeckt. In Einzelfällen, vor allem bei nicht erfolgreicher Therapie, fühlen sich die Patienten einer normalen Arbeitsbelastung nicht mehr gewachsen und stellen einen Rentenantrag. Diese Probleme ergeben sich in gleicher Weise bei der Interferon-Therapie der chronischen Hepatitis B. Als Alternative steht jedoch hier eine nebenwirkungsarme Behandlung mit Lamivudin zur Verfügung.

Chronische Autoimmunhepatitis (AIH) Die immunsuppressive Therapie der AIH erfolgt mit Steroiden und Azathioprin. Bei 70 % der Patienten ist eine lebenslängliche Behandlung erforderlich. Während sich die Nebenwirkungen von Azathioprin in Grenzen halten, sind die der Steroide erheblich, vor allem wenn die Schwellendosis von 7,5 mg/d zum Remissionserhalt überschritten werden muss. Die überwiegend weiblichen Patienten leiden unter ihrer cushingoiden Facies und ihrem ständig nach oben tendierenden Körpergewicht. Neben Stoffwechselstörungen bis hin zum manifesten Diabetes mellitus kann sich eine Steroid-Osteoporose mit eigenständigem Krankheitswert entwickeln. Diese Nebenwirkungen sind bei der Leistungsbeurteilung zu berücksichtigen und können unter Umständen auch in präzirrhotischen Krankheitsstadien eine erhebliche Leistungsminderung begründen. In Studien wird zur Zeit erfolgversprechend überprüft, ob das wesentlich nebenwirkungsärmere Budesonid bei der AIH die Steroide ersetzen kann.

Chronische nichteitrige destruierende Cholangitis (CNDC) Dieser Krankheitsbezeichnung ist für die Frühformen der primären biliären Leberzirrhose der Vorzug zu geben, da sie die Patienten nicht mit dem Begriff Zirrhose stigmatisiert. Die Behandlung der CNDC mit Ursodesoxycholsäure (UDC) ist zwar nebenwirkungsarm, greift aber bei wenigstens 30 % der Patienten nicht. Jedoch ist auch der Spontanverlauf der CNDC in der Regel nur langsam progredient. Den Krankheitsverlauf können Episoden mit einem schwer therapierbaren Pruritus komplizieren.

Primär sklerosierende Cholangitis (PSC) Siehe Abschnitt 15.5.2 auf Seite 391 ff.

Metabolische Lebererkrankungen Werden die genetische Hämochromatose und der Morbus WILSON in einem präzirrhotischem Stadium entdeckt, kann mit einer nebenwirkungsarmen Therapie (Aderlass, D-Penicillamin) die Entwicklung einer Zirrhose verhindert werden. Bei entsprechendem Verdacht (Hyperferritinämie) wird die Diagnose der Hämochromatose durch einen molekulargenetischen Test (C282Y-Mutation) erleichtert. Wegen multipler Mutationen steht ein vergleichbarer Einzeltest für den Morbus WILSON nicht zur Verfügung. Die Kupferspeicherkrankheit wird daher häufig erst in einem fortgeschrittenem Krankheitsstadium diagnostiziert. Dies ist mit ein Grund dafür, dass der Anteil der Lebertransplantationen wegen M. WILSON mit 1,5 % dreimal höher liegt als bei der vielfach häufigeren Hämochromatose.

Leberzirrhose

Bei nachgewiesenem zirrhotischen Leberumbau sind der metabolische Funktionszustand der Leber und das Vorhandensein von Komplikationen von ausschlaggebender Bedeutung. Orientierungshilfe bietet die Klassifizierung nach CHILD-PUGH (Tabelle 15.6).

CHILD A Versicherte mit einer kompensierten Leberzirrhose sind nicht zwangsläufig leistungsgemindert. Das Leistungsvermögen wird nicht nur durch die individuell unterschiedlich ausgeprägten Beeinträchtigungen bestimmt, sondern ganz wesentlich durch die Motivation zur Leistung.

Ösophagus- und Fundusvarizen können in allen Zirrhosestadien vorliegen. Sie werden bei der CHILD-PUGH-Klassifikation nicht berücksichtigt, führen aber zu bestimmten Einschränkungen bei Erwerbstätigen.

	A	B	C
Albumin (mg/dl)	> 3,5	3,0–3,5	< 3,0
Bilirubin (mg/dl)	< 2,0	2,0–3,0	> 3,0
Aszites	nein	kontrolliert	refraktär
Enzephalopathie	nein	angedeutet	Koma
Quick-Wert (%)	> 70	40–70	< 40

Tab. 15.6: CHILD-PUGH-Stadien der Leberzirrhose

Obwohl die blutungsauslösenden Mechanismen nicht geklärt sind, wird allgemein empfohlen, Tätigkeiten mit intrathorakaler Drucksteigerung (z. B. Anheben schwerer Lasten) zu vermeiden.

Eine latente *hepatische Enzephalopathie* kann bei neuropsychiatrisch unauffälligen Zirrhotikern episodisch anfallsartig (HE-Attacken) manifest werden und erhebliche mentale Defizite bewirken. Bei psychometrisch nachgewiesener latenter HE sind Tätigkeiten mit Gefährdungspotential (Bahn-, Bus-, Lkw-Fahrer), gehobener Verantwortung und das Bedienen komplizierter Maschinen nicht weiter zu verantworten, auch nicht in reduzierter Stundenzahl. Die latente und manifeste HE sind diätetisch durch eine disziplinierte Proteinzufuhr und medikamentös mit Laktulose und Ornithinaspartat behandelbar. Der Therapieerfolg steht und fällt mit der Compliance der Patienten und sollte durch eine erneute psychometrische Testung gesichert werden.

CHILD B und C Diese Zirrhosestadien mit beginnender und manifester Dekompensation sind mit einem aufgehobenen Leistungsvermögen vergesellschaftet. Mit Erreichen eines Stadiums CHILD C beträgt die Überlebenszeit weniger als sechs Monate und kann nur durch eine Lebertransplantation verlängert werden. Die CHILD-Stadien B und C sind potentiell reversibel. Durch therapeutische Maßnahmen oder z. B. strikte Alkoholkarenz ist eine Verbesserung von C nach B und von B nach A möglich.

15.4.3 Fokale Leberläsionen

Hepatozelluläres Karzinom (HCC) In jeder Zirrhose, unabhängig von ihrer Ätiologie, kann sich ein HCC entwickeln. Die höchste Inzidenz von 3–5 % pro Jahr, findet sich bei HCV-Zirrhosen. Als Ursache wird eine hohe onkogene Potenz des HC-Virus angenommen. Nur bei ca. 25 % der CHILD-A-Zirrhosen ist eine kurative HCC-Resektion mit einem Fünf-Jahresüberleben von ca. 40 % möglich. Die Überlebenszeit bei nicht resezierbaren HCC's liegt bei ca. 18 Monaten. Bis auf wenige Ausnahmen bedingt das HCC daher bei noch nicht berenteten Zirrhotikern endgültig eine Leistungsminderung.

Cholangioläres Karzinom (CCC) Das CCC ist häufig assoziiert mit der primär sklerosierenden Cholangitis auch in den präzirrhotischen Stadien. Betroffen sind überwiegend jüngere Versicherte, häufig mit einer Colitis ulcerosa. Selbst nach Resektion bzw. Hemihepatektomie ist die Prognose schlecht. Die Fünf-Jahres-Überlebensrate liegt insgesamt bei ca. 20 %. Da das CCC in der Mehrzahl der Fälle sehr spät entdeckt wird, ist de facto zum Zeitpunkt der Diagnosestellung meist schon eine Leistungsminderung festzustellen.

Lebermetastasen Am häufigsten kommt es zur Lebermetastasierung bei gastrointestinalen Karzinomen, teilweise synchron (ca. 25 %), häufiger metachron (ca. 40 %), auch Jahre nach Resektion des Primärtumors. Abhängig von der Zahl, Größe und Lokalisation der Metastasen können einige Patienten durch Leberteilresektion oder Hemihepatektomie kurativ behandelt werden mit einem Fünf-Jahresüberleben von ca. 30 %. Die Mehrzahl dieser Patienten befindet sich im Rentenalter. Bei jüngeren, hochmotivierten Versicherten kann die berufliche Leistungsfähigkeit längere Zeit erhalten bleiben. Bei multipler und diffuser Lebermetastasierung ohne chirurgische Interventionsmöglichkeit ist nicht nur die Prognose sondern auch der Allgemeinzustand der Betroffenen schlecht, das Leistungsvermögen in der Regel aufgehoben. Durch eine Chemotherapie kann in Einzelfällen die Überlebenszeit von durchschnittlich 1 Jahr um bis zu 2 Jahre verlängert werden.

Benigne Tumoren der Leber Fokale noduläre Hyperplasien, Adenome und seltener Hämangiome können Leberteilresektionen oder Hemihepatektomien er-

- Akute Rejektion
- Reinfektion (HBV, HCV)
- Infektion (CMV, EBV, HSV)
- Durchblutungsstörung der A. hepatica
- Chronische Rejektion
- Rekurrenz (AIH, PBC, PSC)
- Maligne Lymphome

Tab. 15.7: Komplikationen nach Lebertransplantation

forderlich machen. Da es sich überwiegend um jüngere Versicherte mit intaktem Leberparenchym handelt, verbleiben i. d. R. keine Funktionsdefizite, die eine Leistungsminderung bedingen könnten. Teilorganverluste der Leber werden durch regeneratorische Hypertrophie des gesunden Restgewebes vollständig kompensiert. *Zystenlebern*, nicht selten mit Organgewichten über 10 kg, verursachen zwar meist keine Funktionsdefizite der Leber, aber Abdominalbeschwerden, welche die Leistungsfähigkeit erheblich einschränken können. Behandlungsmethode der Wahl ist die Lebertransplantation. Solitäre oder einzelne Leberzysten, die nur selten Durchmesser über 5 cm zeigen, sind häufige Nebenbefunde ohne klinische Bedeutung. Eine Leistungsminderung lässt sich auch mit solitären Zysten über 5 cm Durchmesser nicht begründen.

15.4.4 Lebertransplantation

Die Lebertransplantation (LTX) kommt bei ca. 750 Eingriffen im Jahr nur für einen Bruchteil der Kandidaten in Frage. Über 90 % der Transplantierten sind im erwerbsfähigen Alter, der Altersdurchschnitt liegt bei ca. 50 Jahren. Zwei Jahre nach der Transplantation sind mit regionalen Schwankungen 20–50 % noch oder wieder erwerbstätig. In Diskrepanz dazu steht die Selbsteinschätzung des Gesundheitszustandes, der von ca. 80 % als gut bis sehr gut angegeben wird. Bei Rentenantragstellern nach LTX mit intakter Transplantatfunktion kann weder die ausgedehnte Laparotomienarbe, noch die Immunsuppression per se eine Leistungsminderung begründen. Auf die wichtigsten Komplikationen (Tabelle 15.7) und Nebenwirkungen wird im folgenden kurz eingegangen.

Akute Abstoßung Auch unter ständig verbesserten Regimen der Immunsuppression kommt es noch bei wenigstens 30 % der Patienten vor allem in den ersten Wochen nach LTX zu einer akuten Rejektion. Diese ist durch einen Kortisonbolus (3 Tage jeweils 500 mg Metylprednisolon i. v.) und lymphozytäre Antikörper (OKT3, ALG) in der Regel erfolgreich behandelbar. Rejektionsbedingte Organverluste sind selten.

Reinfektion Bei HBV-positiven Patienten kann eine Reinfektion durch Prophylaxe mit Hyperimmunglobulin (Anti-HBs) und Lamivudin zunächst verhindert werden. Bei ca. 30–40 % kommt es im weiteren Verlauf aus unterschiedlichen Gründen dann doch zur Reinfektion mit einer eher ungünstig verlaufenden chronischen Transplantathepatitis. Für HCV-Patienten steht keine Prophylaxe zur Verfügung, nahezu 100 % erleiden eine Reinfektion. Bei einigen wenigen immuntoleranten Patienten zeigt die Transplantatleber trotz hoher Virämie keine hepatitische Reaktion. Die Mehrzahl der Patienten entwickelt eine milde verlaufende chronische Transplantathepatitis, welche die Fünf-Jahresüberlebenszeit (ca. 70 %) nicht beeinträchtigt. Nach 10 Jahren haben jedoch 10–30 % wieder eine Leberzirrhose. Dieser Prozentsatz ist im Vergleich zum Spontanverlauf der chronischen Hepatitis C bei nicht immunsupprimierten Patienten (2–3 %) deutlich höher. Die antivirale Therapie mit Interferon und Ribavirin zeigt bei den reinfizierten Patienten eine um 10–20 % reduzierte dauerhafte Erfolgsquote.

Chronisches Cholestase-Syndrom Etwa 10 % der Patienten zeigen einige Wochen und Monate nach LTX biochemisch eine Enzymkonstellation wie bei PSC und PBC, meist ohne Ikterus. Histopathologisch findet sich oft ein schwer differenzierbares Mischbild von vanishing bile duct-Syndrom, Abstoßungsreaktion, abakterieller Cholangitis und möglicher Rekurrenz bei PSC und PBC. Perfusionsstörungen der Arteria hepatica müssen ausgeschlossen werden. Die Therapie ist unbefriedigend, Steroid-Bolus, Ursodesoxycholsäure oder ein Wechsel von Cyclosporin auf Tacrolimus sind nicht immer erfolgreich.

Immunsuppression Etwa 30 % der Patienten entwickeln postoperativ eine *arterielle Hypertonie*. Hauptverantwortlich sind Cyclosporin A und Tacrolimus. Bis zu 50 % bekommen einen *Diabetes mellitus*, 4–7 % werden in den ersten Wochen insulinpflichtig. Ein vorbestehender insulinpflichtiger Diabetes zeigt nach LTX häufig keinen gesteigerten Insulinbedarf. Diabetogen wirken besonders Tacrolimus, weniger Cyclosporin A, aber auch die initial so gut wie immer applizierten Steroide. Nach Absetzen der Steroide und Dosisreduktion von Tacrolimus und Cyclosporin A kann sich der Kohlenhydratstoffwechsel deutlich bessern. Cyclosporin A und Tacrolimus induzieren bei ca. 20 % der LTX-Patienten eine *Niereninsuffizienz*, die keine nennenswerte Progression zeigt und dosisabhängig ist. Bei einem größeren Kollektiv lag der Kreatininwert im fünften Jahr nach LTX durchschnittlich bei 160 mmol/l (1,8 mg/dl). *Gingivahyperplasie* und *Hypertrichose* sind häufiger unter Cyclosporin A, ein *Fingertremor* häufiger unter Tacrolimus.

Leistungsbeurteilung

Die Leistungsbeurteilung nach Lebertransplantation ist von den individuellen Besonderheiten des Einzelfalles abhängig zu machen. Allgemeinzustand des Patienten, die Narbenverhältnisse, Transplantatfunktion, Komplikationen und Nebenwirkungen der Immunsuppression sind zu berücksichtigen. Von nicht unerheblicher Bedeutung ist die Arbeitsplatzsituation. Arbeitsplätze mit einem erhöhten Infektionsrisiko (Krankenhaus, Kindergarten, Schule etc.) sind problematisch. Für die Beurteilung kann eine Rücksprache mit dem Transplantationszentrum hilfreich sein.

Rehabilitation

Eine stationäre Rehabilitation kann in jedem Stadium einer chronischen Lebererkrankung sinnvoll und indiziert sein. Eine entscheidende Wende im Verlauf der Lebererkrankung ist jedoch ebenso wenig zu erwarten wie eine Beseitigung der subjektiven Beeinträchtigung. Eine umfangreiche Metaanalyse hat ergeben, dass regelmäßige körperliche Aktivität und kognitive Verhaltenstherapie die einzigen Parameter sind, die das Symptom chronische Müdigkeit positiv beeinflussen, aber nicht völlig beheben können. Neben einer körperlichen Aktivierung sollten die Patienten angeleitet werden, ihre chronische Müdigkeit zu akzeptieren und sie in ihr Alltags- und Berufsleben so gut es geht zu integrieren. Besonderen Stellenwert hat die stationäre Rehabilitation für Zirrhotiker mit Komplikationen wie Aszites und/oder hepatischer Enzephalopathie. Neben der medizinischen Betreuung liegt der Schwerpunkt dabei in der diätetischen Beratung und praktischen Anleitung bei den Problemen der Kochsalz- und Flüssigkeitsrestriktion und Proteinzufuhr.

15.5 Krankheiten der Gallenblase und Gallenwege

15.5.1 Steine und Abflussstörungen

Cholelithiasis Im Durchschnitt haben 10–15 % der Bevölkerung Gallensteine, im 7. Lebensjahrzehnt sind es 46 % [16]. Hiervon bleiben 80 % asymptomatisch. *Gallengangssteine* werden zu 50–70 % symptomatisch und sind wegen Komplikationen wie Verschlussikterus, eitrige Cholangitis, akute oder rezidivierende Pankreatitis gefürchtet, obwohl wahrscheinlich die meisten spontan abgehen. Die Behandlungsmöglichkeiten wie Litholyse, Lithotripsie, endoskopische und operative Therapie sind heute so fortgeschritten, dass dauerhafte Leistungseinschränkungen im Erwerbsleben die Ausnahme bilden.

Cholezystitis Die häufigste Folgekrankheit einer Cholelithiasis ist die akute eitrige Cholezystitis, die in der Regel mittels Cholezystektomie operativ behandelt wird. Komplikationen sind heute selten. Von daher ist diese Krankheit nur selten bzw. kurzfristig sozialmedizinisch relevant.

Gallengangsobstruktion Gallengangssteine, benigne oder maligne Stenosen der Papille, papillennahe Duodenaldivertikel, eine chronische Kopfpankreatitis, Pankreatolithiasis oder Tumoren im Papillenbereich können Ursachen einer Gallengangsobstruktion sein.

Bei Einwanderern aus Ostasien ist auch an die rezidivierende eitrige Cholangitis zu denken, deren Ursache intrahepatische Gallengangssteine infolge eines Parasitenbefalls sind (*Clonorchis sinensis*).

Operationsfolgen Auf Frühkomplikationen wie Gallengangsleckage, Blutung oder akute Pankreatitis sei hier nicht eingegangen. Nach der Krankenhausentlassung können Residual- oder Rezidivsteine und Gangstrikturen manifest werden. Sie bedürfen der erneuten endoskopischen oder operativen Intervention und sind damit langfristig sozialmedizinisch wenig relevant. Zu Bauchwandhernien vgl. Abschnitt 15.1.1. Der Verdacht, durch eine Cholezystektomie erhöhe sich das Risiko für ein kolorektales Karzinom, hat sich in Untersuchungen der letzten 20 Jahre nicht bestätigt.

Postcholezystektomiesyndrom Hierunter werden völlig verschiedene Beschwerden zusammengefasst: Operationsfolgen, intraoperativ unbehandelte Befunde an Gallenwegen oder Nachbarorganen und trotz Cholezystektomie fortbestehende funktionelle Beschwerden [19]. Je nach Intensität der prä- und postoperativen Diagnostik überwiegen die letzteren. Keinesfalls kann eine Leistungseinschränkung allein mit einem Postcholezystektomiesyndrom begründet werden.

Funktionelle Hyperbilirubinämien

Eine Reihe angeborener Enzymdefekte führt zu unkonjugierten wie konjugierten Hyperbilirubinämien als Folge von Glukuronidierungs- oder Exkretionsstörungen von Bilirubin. Am häufigsten ist das GILBERT-Syndrom (Synonyme: Morbus GILBERT-MEULENGRACHT, Icterus intermittens juvenilis, familiärer nichthämolytischer Ikterus), das 3–7 % der Bevölkerung betrifft [10]. Es handelt sich möglicherweise nicht um ein einheitliches Syndrom. Bisher wird ein autosomal-dominanter Erbgang mit variabler Penetranz angenommen. Veränderungen der UDP-Glukuronyltransferasen liegen zu Grunde. Die Hyperbilirubinämie steigt nach Infektionen, durch Fasten oder Stress, bei Frauen oft prämenstruell an. Normale Laborbefunde hinsichtlich Hämatopoese, Hämolyse und Lebererkrankung sind typisch. Provokations- und Induktionsteste sind in der Regel verzichtbar. Bilirubinwerte im Serum von 3–5 mg/dl (50–80 µmol/l) werden selten überschritten. Es ist sehr fraglich, ob dem GILBERT-Syndrom überhaupt Symptome zugeordnet werden können. Die Prognose ist gut, eine Therapie nicht erforderlich, Leistungsvermögen wie Lebenserwartung entsprechen der Normalpopulation.

15.5.2 Chronisch entzündliche Erkrankungen

Chronische oder rezidivierende Entzündungen der Gallenwege gehen einher mit Juckreiz, Oberbauchschmerz, Ikterus, Gewichtsverlust, Abgeschlagenheit und Fieberschüben. Wichtigste Befunde sind eine erhöhte AP und Gamma-GT und bei ikterischen Patienten eine Erhöhung des konjugierten (direkten) Bilirubins. Den entscheidenden diagnostischen Befund liefert die endoskopische retrograde Cholangiographie (ERCP). Die häufigste Ursache sind Gallensteine.

(Primär) sklerosierende Cholangitis Die sklerosierende Cholangitis ist ein seltenes und uneinheitliches Krankheitsbild. Als primäre Erkrankung (PSC) ist sie mit systemischen oder Autoimmunerkrankungen assoziiert. Sekundär tritt sie auf bei Choledocholithiasis, postoperativen, infektiösen, pankreatitischen, toxischen oder ischämischen Läsionen. Das Durchschnittsalter bei der Diagnose liegt um 30 Jahre. Zu zwei Dritteln liegt bei der PSC eine chronisch entzündliche Darmerkrankung vor, überwiegend eine Colitis ulcerosa, zu etwa 7–15 % ein Morbus CROHN. Die PSC ist bei einer Colitis ulcerosa mit totalem Kolonbefall mit 5,5 % zehnfach häufiger als beim distalen Befall (0,5 %) [17, 21]. Der Verlauf ist sehr unterschiedlich. Bei progredientem oder symptomatischem Verlauf ist eine Behandlung mit Ursodesoxycholsäure erfolgversprechend, allerdings mit geringeren Ansprechraten als bei der PBC. Gallengangs-Strikturen und -Stenosen werden endoskopisch (ERC) mittels Dilatation und Stenteinlagen behandelt. Die PSC ist Präkanzerose für das Gallengangskarzinom. Auch deshalb ist im fortschreitenden Stadium die Lebertransplantation Therapie der Wahl. Bei Colitis-ulcerosa-Patienten erhöht eine PSC das Risiko für ein kolorektales Karzinom um den Faktor 3 bis 5, was eine Proktokolektomie nahelegt.

15.5.3 Gallenwegstumoren

Ca. 7.000 Menschen erkranken jährlich in Deutschland an Gallenwegskarzinomen, Frauen doppelt so häufig wie Männer.

Gallenblasenkarzinom Risikofaktoren sind große und symptomatische Gallenblasensteine, Porzellangallenblase, weibliches Geschlecht, Adipositas, hohe Zufuhr an Kohlenhydraten, Gallenblasenpolypen > 1 cm, Ganganomalien mit Ausbildung einer Choledochuszyste [24]. Beschwerden treten erst in fortgeschrittenen Tumorstadien auf. Eine Minderheit von 1,3 % wird zufällig anlässlich einer Cholezystektomie entdeckt. Bei T1-Tumoren ist die Prognose günstig, insgesamt jedoch wegen der späten Diagnose schlecht mit unter 10 % Fünf-Jahres-Überlebensrate. Die palliative Behandlung ist Domäne der Endoskopie. Für die Chemotherapie gibt es keine gesicherte Indikation. Die Radiotherapie ist wegen der strahlensensiblen Umgebung wenig geeignet. In Einzelfällen wird eine Afterload-Bestrahlung mit ^{192}Iridium palliativ durchgeführt.

Gallengangskarzinom Risikofaktoren für das extrahepatische Cholangiokarzinom sind die primär-sklerosierende Cholangitis (PSC), Gallengangsadenome, multiple biliäre Papillomatose, Choledochuszysten, CAROLI-Syndrom, vorangegangene Thorotrast-Exposition, Parasitenbefall in Asien (Opisthorchis viverrini oder Clonorchis sinensis), vornehmlich villöse Adenome der Papille, familiäre Adenomatosis coli (FAP, Risiko 100fach erhöht) [24]. Ein Verschlussikterus ist meist das Erstsymptom. Therapie der Wahl ist nach Möglichkeit die Operation, wobei Operationsverfahren und Prognose vom Sitz und Stadium des Tumors bestimmt werden [8]. Je weiter distal das Karzinom liegt, desto günstiger sind Operabilität und Prognose. Nach Radikaloperation beträgt die Fünf-Jahres-Überlebensrate für das periampulläre Karzinom 25–40 %, für distale Karzinome 20–40 %, im mittleren Abschnitt des Ductus hepaticocholedochus 20 %, bei proximalen Tumoren 5 % [24].

15.6 Krankheiten des Pankreas

Chronische Pankreaserkrankungen sind relativ selten (Inzidenz 2–9/100.000), haben aber eine hohe sozialmedizinische Relevanz.

15.6.1 Allgemeines

Symptomatik

Zusätzlich zu den in Abschnitt 15.1.1 beschriebenen Leitsymptomen wie Durchfall, Bauchschmerz, Schwäche leiden an der Bauchspeicheldrüse Erkrankte oft auch unter Rückenschmerzen. Weitere Symptome ergeben sich infolge der exokrinen (s. u.) bzw. endokrinen Insuffizienz mit der Ausbildung eines insulinpflichtigen Diabetes mellitus (s. Kapitel 11.3).

Diagnostik

Bei der **klinischen Untersuchung** ist auf Mangelerscheinungen, Minderung der Muskelmasse und -kraft zu achten. Eine Kombination der chronischen Pankreatitis mit anderen toxischen Krankheiten (Polyneuropathie, Leberzirrhose, organische Hirnschäden), mit der peptischen Ulkuskrankheit und mit unfallbedingten Verletzungen ist häufig [3].

Die **Labordiagnostik** beschreibt über Fermentanstiege (Serum-Amylase, -Lipase) die Gewebsnekrosen, mittels der Bestimmung von Stuhlelastase oder Stuhlfettausscheidung die exokrine Insuffizienz. Der sensitivere Pankreozymin-Sekretin-Test kommt in der Routinediagnostik nur noch selten zum Einsatz. Orlistat, ein selektiver Lipasehemmer, kann eine Steatorrhö vortäuschen. Blutzuckerbestimmung, das HbA_1c und ein oraler Glukosetoleranztest klären die endokrine Insuffizienz. Auf einen Alkoholabusus lässt sich indirekt über die Bestimmung von Gamma-GT, Triglyceride, MCV und Harnsäure schließen, besser über die CDT-Ausscheidung im Urin. Bei der Tumorsuche ist das CA 19-9 im Serum zwar sensitiv, aber nicht sehr spezifisch.

- Chronische Pankreatitis
- Z. n. akuter, ausgedehnt nekrotisierender Pankreatitis
- Pankreaskarzinom
- Z. n. Resektionen des Pankreas
- Magen-, Duodenal- oder Gallenwegsoperationen, die zu einer postzibalen pankreatikobiliären Asynchronie führen, z. B. durch eine beschleunigte Passage oder aufgehobene Duodenalpassage
- Kongenitaler Lipasemangel (sehr selten)
- Mukoviszidose (Diagnose in der Kindheit)
- ZOLLINGER-ELLISON-Syndrom (Gastrinom, selten)

Nach CASPARY [7]

Tab. 15.8: Ursachen einer exokrinen Pankreasinsuffizienz

Die **bildgebenden Verfahren** spielen für die Artdiagnose, die Prognose, bei Komplikationen und für die Therapieplanung heute eine wesentliche Rolle: Sonographie, Spiral-CT und MRT (einschl. MRCP) haben die sensitivere ERCP für diagnostische Fragestellungen mehr und mehr verdrängt.

Begutachtungskriterien

Schmerzen Rezidivierende akute Pankreatitisschübe und die chronische Pankreatitis führen zu intermittierenden und chronischen abdominellen Schmerzzuständen, die sich durch Nahrungszufuhr verstärken können. Der zeitliche Verlauf und die Intensität dieser Schmerzepisoden, welche zu häufigen AU-Zeiten führen können, sind ein wesentliches Kriterium für die Leistungsbeurteilung.

Ernährungszustand Der Ernährungs- und Kräftezustand ist bei der chronischen Pankreatitis häufig limitierend für das Leistungsvermögen; vgl. hierzu auch Abschnitt 15.1.1.

Exokrine Pankreasinsuffizenz (siehe Tabelle 15.8) Limitierend ist die Fettverdauung. Gewichtsabnahme, Schwäche, Durchfälle, Fettstühle und die Folgen einer Malabsorption fettlöslicher Vitamine wie Nachtblindheit (Vit. A), Osteoporose und Osteomalazie (Vit. D) oder seltener Gerinnungsstörungen (Vit. K) sind zu berücksichtigen. Eine Malalimentation nach Gastrektomie oder bei Alkoholabusus verschlechtert das klinische Bild. Die Substitution mit Pankreatin muss in ausreichender Dosierung lebenslang beibehalten werden. Magensaftresistente Kapseln sind bei fehlender oder beschleunigter Magenpassage zu entfernen.

Endokine Pankreasinsuffizienz Sie manifestiert sich durch einen insulinpflichtigen Diabetes mellitus (pankreopriver D. m.), der infolge unregelmäßiger Nahrungsaufnahme und Maldigestion instabil bzw. schwierig einzustellen ist; vgl. hierzu auch Kapitel 11.

Sozialmedizinische Beurteilung

Einschränkungen ergeben sich individuell aus dem Gewichts- und Kräfteverlust, durch die Schmerzsymptomatik, möglicherweise durch einen insulinbedürftigen pankreopriven Diabetes mellitus. Es können dann Tätigkeiten mit Eigen- oder Fremdgefährdung, Absturzgefahr, Fahr- und Steuertätigkeiten, Montage- und Schichtarbeit (insb. Dreifach-Schichtwechsel) ausscheiden. Generell sind die Einschränkungen für körperliche Arbeit häufiger und weitergehend als im Angestelltenbereich. Alkoholnahe Berufe wie Kellner, Gastwirt, Winzer, Brauereiarbeiter, Küfer sind zu meiden.

Eine medizinische Rehabilitation kann die Ursachen von Stoffwechseldefiziten klären, eine adäquate Therapie einleiten und den Patienten hierfür schulen, ein Muskelaufbautraining beginnen und das Suchtverhalten beeinflussen.

15.6.2 Pankreatitis

Akute Pankreatitis Die Verlaufsformen der akuten Pankreatitis reichen vom interstitiellen Ödem mit minimalen Fettgewebsnekrosen (ödematöse Pankreatitis) bis hin zu großen, konfluierenden Nekrosen und Blutungen (hämorrhagisch-nekrotisierende Pankreatitis) [12]. Ursachen sind Alkoholabusus, Gallensteine (biliäre Pankreatitis), aber auch Schock, Trauma, Medikamente, Hyperlipidämie, Hyperkalzämie oder Infektionen. Nicht selten bleibt die Ursache ungeklärt. Die Letalität ist mit 6 % hoch; sie steigt auf 10 % im Falle steriler und 15 % infizierter Nekrosen [14]. Die Therapie bedarf einer Abstimmung zwischen intensivmedizinischen, internistischen, endoskopischen und chirurgischen Methoden. Operationen erfolgen zur Drainage, als Resektion oder Nekrosektomie. Die biliäre Pankreatitis erfordert eine Sanierung der Gallenwege. Die erhebliche Leistungsschwäche nach Intensiv- oder operativer Behandlung bedarf häufig einer Anschlussrehabilitation. Sozialmedizinisch besonders relevant ist die akute alkoholtoxische Pankreatitis, da es sich hierbei in der Regel um den (ersten?) Schub einer chronischen Pankreatitis handelt. Dauerhafte Alkoholkarenz ist somit bereits ab diesem Zeitpunkt geboten und ein erstrebenswertes Rehabilitationsziel.

Chronische Pankreatitis Die chronische Pankreatitis verläuft schleichend progredient oder in rezidivierenden akuten Schüben. Die klinisch stumme Verlaufsform wird erst durch die Pankreasinsuffizienz auffällig. In ca. 70–80 % liegt ihr ein chronischer Alkoholabusus zugrunde, wobei keine Schwellendosis angegeben werden kann [1, 11]. Täglich 40 g Äthanol (2 Flaschen Bier) können als Ursache ausreichen. Da jede vierte chronische Pankreatitis nicht alkoholinduziert ist, sei aber vor voreiligen Unterstellungen gewarnt.

Die Malalimentation mit Eiweißmangel und die Resorptionsstörung der fettlöslichen Vitamine prädisponieren zu Osteoporose und -malazie, seltener zu Ödemen, hämorrhagischer Diathese und Nachtblindheit. Die Patienten sind oft vorgealtert. Infolge postprandialer Schmerzen kann eine sekundäre Anorexie auftreten. Viele dieser Patienten bedürfen einer dauerhaften und ausreichenden Schmerztherapie [18]. Nach 10jähriger Beobachtung wurden nur 47 % der Patienten mit chronischer Pankreatitis schmerzfrei [15]. Alkoholkarenz hatte weder Einfluss auf die Schmerzen noch auf die Progredienz der exokrinen Insuffizienz, verzögerte aber das Auftreten einer endokrinen Insuffizienz. Nach durchschnittlich 10jährigem Verlauf waren 15 % der Patienten arbeitslos und 25 % berentet, davon 11 % aufgrund ihrer Pankreatitis. Arbeitslose Patienten mit chronischer Pankreatitis waren zu 87 % alkoholabhängig. Wegen der hohen und frühzeitigen Gefährdung des erwerbsbezogenen Leistungsvermögens und wegen der komplexen somatischen wie psychosozialen Problematik ist der Rehabilitationsbedarf bei diesen Patienten sehr hoch [3, 23].

15.6.3 Pankreaskarzinom

Etwa 3 % aller Krebserkrankungen in Deutschland sind Pankreaskarzinome. Jährlich erkranken etwa 5.500 Frauen und 4.900 Männer [2]. Das mittlere Erkrankungsalter liegt mit 74 (Frauen) bzw. 67 Jahren (Männer) jeweils höher als für Malignome insgesamt. Als Risikofaktoren werden Rauchen und ein erhöhter Konsum an tierischen Fetten diskutiert. Die chronische Pankreatitis gilt als prädisponierende Erkrankung. Pankreasmalignome sind zu über 90 % Adenokarzinome, ganz überwiegend duktale exokrine Tumore. Deutlich seltener sind die azinären Tumore, Zystadenokarzinome und endokrinen Tumore. Ca. 70 % sind im Pankreaskopf lokalisiert. Insgesamt werden sie zumeist spät diagnostiziert und nur zu unter 5 % operativ geheilt. Dass einige chirurgische Zentren deutlich bessere Heilungsraten berichten (10–20 %), lässt sich am ehesten durch Patientenselektion erklären. Günstiger ist die Prognose des Papillenkarzinoms mit bis zu 30 % Fünf-Jahres-Überlebensraten.

Die häufigsten Symptome sind Gewichtsverlust, Schmerzen (auch Rückenschmerzen), Ikterus, Dyspepsie und eine Diabetesmanifestation. Bei resektablen Tumoren ist die Operation Therapie der Wahl. Fortschritte einer adjuvanten wie palliativen Chemotherapie sind in den letzten Jahren zu verzeichnen. Während die technischen Möglichkeiten für eine Früherkennung (Sonographie, CT, ERCP, MRCP, PET) heute weit fortgeschritten sind, fehlen geeignete Marker für ein Screening [6]. Laborchemische Tumormarker sind erst bei größeren Tumoren sensitiv, das CA 19-9 ist zudem nicht sehr spezifisch.

Sozialmedizinische Einschränkungen ergeben sich aus den psychischen Belastungen, eventuell aus den Folgen einer Chemotherapie und vor allem aus Operationsfolgen. Ein inoperabler Tumor bei der Erstdiagnose, das Rezidiv nach Operation oder Metastasen bereits bei der Diagnose lassen eine baldige Aufhebung des Leistungsvermögens wegen allgemeiner körperlicher Schwäche erwarten.

Literatur

[1] Ammann RW, Heitz PU, Klöppel G: Course of alcoholic chronic pancreatitis: a prospective clinicomorphological long-term study. *Gastroenterology* 111: 224–231, 1996.

[2] Arbeitsgemeinschaft bevölkerungsbezogener Krebsregister in Deutschland (Hrsg.): *Krebs in Deutschland – Häufigkeiten und Trends*. Saarbrücken: Eigenverlag, 3. Auflage, 2002.

[3] Armbrecht U: Chronische Pankreatitis: Gewichtsverlust und Leistungsschwäche – Erfahrungen aus einer spezialisierten Rehabilitationsklinik. *Die Rehabilitation* 40: 332–336, 2001.

[4] Arvanitis ML, Jagelman DG, Fazio VW, Lacery IC, McGannon E: Mortality in patients with familial adenomatous polyposis. *Dis Colon Rectum* 33: 630, 1990.

[5] Bischoff SC, Manns MP: Nahrungsmittelallergien. *Internist* 42: 1108–1117, 2001.

[6] Böhmig M, Wiedenmann B, Rosewicz S: Diagnostik und Staging des Pankreaskarzinoms. *Dtsch Med Wschr* 126: 113–116, 2001.

[7] Caspary WF: Maldigestion und Malabsorption. In: Caspary WF, Stein J (Hrsg.) *Darmkrankheiten*, S. 107–124. Berlin; Heidelberg; New York: Springer-Verlag, 1999.

[8] Deutsche Krebsgesellschaft (Hrsg.): *Qualitätssicherung in der Onkologie. Interdisziplinäre Leitlinien 1999: Diagnose und Therapie maligner Erkrankungen*. München; Bern; Wien; New York: Hans Huber, 1999.

[9] Eckardt VF, Lesshafft C, Kanzler G, Berhard G: Disability and health care use in Patients with Crohn's disease: A spouse control study. *Am J Gastroenterol* 89: 2157–2162, 1994.

[10] Güldütuna S: Hyperbilirubinämiesyndrome. In: Caspary WF, Leuschner U, Zeuzem S (Hrsg.) *Therapie von Leber- und Gallekrankheiten*, S. 135–146. Berlin; Heidelberg; New York: Springer-Verlag, 2. Auflage, 2001.

[11] Hanck C, Singer MV: Alkohol und Pankreas. *Verdauungskrankheiten* 18: 264–272, 2000.

[12] Klöppel G, Maillet B: Pathology of acute and chronic pancreatitis. *Pancreas* 8: 659–670, 1993.

[13] Langholz E, Munkholm P, Davidsen M, Binder V: Course of ulcerative Colitis: Analysis of changes in disease activity over years. *Gastroenterology* 107: 3–11, 1994.

[14] Lankisch PG, Burchard-Reckert S, Petersen M, Schirren CA, Köhler H, Stöckmann F, Peiper HJ, Creutzfeld W: Morbidity and mortality in 602 patients with acute pancreatitis seen between years 1980–1994. *Z Gastroenterol* 34: 371–377, 1996.

[15] Lankisch PG, Löhr-Happe A, Otto J, Creutzfeldt W: Natürlicher Verlauf der chronischen Pankreatitis – Schmerz, exokrine und endokrine Pankreasinsuffizienz und Prognose der Erkrankung. *Zentralbl Chir* 120: 278–286, 1995.

[16] Leuschner U: Cholezystolithiasis und Choledocholithiasis. In: Caspary WF, Leuschner U, Zeuzem S (Hrsg.) *Therapie von Leber- und Gallekrankheiten*, S. 217–239. Berlin; Heidelberg; New York: Springer-Verlag, 2. Auflage, 2001.

[17] Leuschner U: Primär-sklerosierende Cholangitis. In: Caspary WF, Leuschner U, Zeuzem S (Hrsg.) *Therapie von Leber- und Gallekrankheiten*, S. 71–78. Berlin; Heidelberg; New York: Springer-Verlag, 2. Auflage, 2001.

[18] Mössner J: Chronische Pankreatitis. *Internist* 41: 576–587, 2000.

[19] Mulvihill SJ, Somberg KA: Surgical management of gallstone disease and postoperative complications. In: Sleisenger MH, Fordtran JS (Hrsg.) *Gastrointestinal Disease*, S. 1826–1844. Philadelphia: W. B. Saunders Comp., 5. Auflage, 1993.

[20] Munkholm P, Langholz E, Davidsen M, Binder V: Disease activity courses in a regional cohort of Crohn's disease patients. *Scand J Gastroenterol* 30: 699–706, 1995.

[21] Olsson R, Danielsson A, Järnerot G, Lindström E, Lööf L, Rolny P, Tysk C, Wallerstedt S: Prevalence of primary sclerosing cholangitis in patients with ulcerative colitis. *Gastroenterology* 100: 1319–1326, 1991.

[22] Raithel M, Hahn EG, Benkler HW: Klinik und Diagnostik von Nahrungsmittelallergien: Gastrointestinal vermittelte Allergien Grad I bis IV. *Dtsch Ärztebl* 99: A780–A786, 2002.

[23] Rosemeyer D: Anschlußheilbehandlung nach Pankreas-Operationen. *Z Gastroenterol* 34 (Suppl. 2): 37–40, 1996.

[24] Sahm SW, Lorenz M: Maligne Tumoren der Leber und Gallenwege. In: Caspary WF, Leuschner U, Zeuzem S (Hrsg.) *Therapie von Leber- und Gallekrankheiten*, S. 357–376. Berlin; Heidelberg; New York: Springer-

Verlag, 2. Auflage, 2001.

[25] Sampson HA: Food allergy. Part 1: Immunpathogenesis and clinical disorders. *J Allergy Clin Immunol* 103: 717–728, 1999.

[26] Schiller LR: Fecal incontinence. In: Sleisenger MH, Fordtran JS (Hrsg.) *Gastrointestinal Disease*, S. 934–953. Philadelphia: W. B. Saunders Comp., 5. Auflage, 1993.

[27] Seger W: Chronische Krankheiten des Dickdarmes, Morbus Crohn und sozialmedizinische Bedeutung spezieller Symptomkomplexe. In: Verband Deutscher Rentenversicherungsträger, VDR (Hrsg.) *Sozialmedizinische Begutachtung in der gesetzlichen Rentenversicherung*, S. 286–300. Stuttgart; Jena; New York: G. Fischer, 5. Auflage, 1995.

[28] Thompson WG, Dotevall G, Drossmann DA, Heaton KW, Kruis W: Irritable bowel syndrome: guidelines for the diagnosis. *Gastroenterol Int* 2: 92–95, 1989.

[29] Vasen HF, Mecklin JP, Khan PM, Lynch HT: The international collaborative Group on Hereditary Non-Polyposis Colorectal Cancer (ICG-HNPCC). *Dis Colon Rectum* 34: 424–425, 1991.

[30] Zillessen E: *Begutachtung gastroenterologischer und hepatologischer Krankheiten*. Stuttgart: Thieme Verlag, 1997.

[31] Zillessen E: Auswirkungen von Krankheiten der Verdauungsorgane auf das Leistungsvermögen. *LVA Rheinprovinz Mitteilungen* 93 (11–12): 420–443, 2002.

[32] Zillessen E, Welt J: Die sozialmedizinische Bewertung des Leistungsvermögens bei Patienten mit chronisch-entzündlichen Darmerkrankungen. *Med Welt* 45: 308–313, 1994.

16 Krankheiten der Nieren

Emanuel Fritschka

Dieses Kapitel befasst sich mit *renoparenchymatösen* Erkrankungen, also mit Störungen der Nierenfunktion, welche die Harnbildung, den Wasser-, Elektrolyt- und Säure-Basen-Haushalt, die Regulation von Blutdruck (Renin, Angiotensin) und Blutbildung (Erythropoetin) sowie den Kalzium-Phosphat-Stoffwechsel (Vitamin D) betreffen. Die ableitenden Harnwege und die Nierentumoren folgen in Kapitel 17.

16.1 Allgemeines

Klassische Symptome von Nierenerkrankungen sind eine anämie- und urämiebedingte Belastungseinbuße, Müdigkeit, Konzentrationsschwäche und Depressionen. Häufigste Ursache der terminalen Niereninsuffizienz ist das diabetische Spätsyndrom [1]. Die häufigsten Todesursachen von Dialysepatienten sind Herzinfarkt, Herzinsuffizienz und Rhythmusstörungen, oft als Folge einer renalen Hypertonie und Linksherzhypertrophie. Renale Osteopathie, Myopathie und Polyneuropathie schränken mit fortschreitender Niereninsuffizienz die Leistungsfähigkeit weiter ein.

16.1.1 Diagnostik

Der allgemeine Ablauf einer Begutachtung (Kapitel 5) wird durch die folgenden speziellen Aspekte ergänzt.

Anamnese

Nierenkrankheiten haben häufig eine jahrelange Vorgeschichte und treten oft in Kombination mit anderen Begleit- und Folgeerkrankungen auf. Im Rahmen einer Begutachtung muss der Krankheitsverlauf anhand von Anamnese und Vorbefunden rekonstruiert werden.

Familiäre Erkrankungen Autosomal dominant oder rezessiv vererbte polyzystische Nierenerkrankungen (ADPKD, ARPKD), die juvenile Nephronophthise (autosomal rezessiv), die medulläre Nierenerkrankung (Erwachsene, autosomal dominant), eine hereditäre Nephritis (ALPORT-Syndrom) oder seltene Krankheiten wie Tuberöse Sklerose (Morbus BOURNEVILLE-PRINGLE), VON HIPPEL-LINDAU-Syndrom (in 75 % Zystennieren) oder ein FABRY-Syndrom (α-Galaktosidase-A-Mangel) sind mitunter bekannt und dann bereits anamnestisch zu erfahren.

Begleiterkrankungen Hypertonie, Linksherzhypertrophie, KHK, Arteriosklerose, Schlaganfall; Diabetes mellitus, Hyperlipidämie, Gicht; Steinleiden; Autoimmunerkrankungen (Lupus erythematodes, Vaskulitiden); Amyloidose z. B. bei Colitis; persistierende Viruserkrankungen wie Hepatitis und HIV; Streptokokkeninfektionen (Scharlach, Tonsillektomie, Zahnkrankheiten); paraneoplastische Nierenschäden, maligne Lymphome und monoklonale Gammopathien kommen als Begleitkrankheiten vor und müssen von toxischen Schäden durch Chemotherapien, Schwermetalle, Lösungsmittel usw. differenziert werden.

Aktuelle Beschwerden Häufig sind Koliken und Makrohämaturie bei Zystennieren; Ödeme bei Eiweißverlust durch Proteinurie; Flankenschmerzen und Dysurie bei Harnwegsinfekten oder Nierensteinen; extrarenale Symptome wie Knochen-, Gelenks- und Muskelschmerzen; Leistungsabfall, Müdigkeit, schlechter Appetit bei zunehmender Niereninsuffizienz; Übelkeit, gastrointestinale Beschwerden und Luftnot bei präterminaler Niereninsuffizienz. Hinzu kommen polyneuropathische Beschwerden; Erbrechen mit Elektrolytstörungen; Kopfschmerz und Sehstörungen bei Bluthochdruck. Übermäßiger Durst infolge Polyurie; Nykturie, Pollakissurie, Dysurie; schäumender Urin; ein auffälliger Gewichtsverlauf bei Wassereinlagerung bzw. Ödemen; Kratzeffekte und Hautjucken bei Urämie oder Vaskulitis sowie Fieber bei verschiedenen Systemerkrankungen weisen auf eine Nierenkrankheit hin. Eine Belastungsdyspnoe kann bei Anämie oder Überwässerung bzw. beim reno-pulmonalen Syndrom (Morbus WEGENER) oder Asthma bronchiale mit Eosinophilie (CHURG-STRAUSS-Syndrom) auffallen.

Medikamente Zahlreiche Medikamente können bei chronischem Gebrauch Nierenschäden hervorrufen, unter anderem Analgetika, Antirheumatika, Gold, D-Penicillamin.

Körperliche Untersuchung

Zu achten ist auf Ernährungszustand, Ödeme, Klopfschmerz der Nierenlager und Zeichen wie Sattelnase (M. WEGENER), Minderwuchs, Dysplasien, Augenschäden (Skleritis, Katarakt), Hautveränderungen (Petechien, braune Färbung bei Analgetikanephropathie), Zahnstatus, Mundsoor bei Immunsuppression, Gichttophi, Schwerhörigkeit bei ALPORT-Syndrom. Große Zystennieren lassen sich eventuell tasten. Erkrankungen von Herz, Kreislauf, Lunge, Gastrointestinaltrakt, Leber, Milz und Lymphknoten sowie des Zentralnervensystems und des Stütz- und Bewegungssystems im Zusammenhang mit Nierenerkrankungen müssen ausgeschlossen werden.

Labordiagnostik

Wichtig ist es, den Verlauf der Laborbefunde zu rekonstruieren, z. B. den Kreatininverlauf der letzten Jahre (stabil oder progredient?), und die spezielle nephrologische Diagnostik ggf. zu komplettieren.

Blut Blutbild, Kreatinin, Harnstoff, Glukose, Kalium, Kalzium, Phosphat, Harnsäure, Blutgase, Gesamt-Eiweiß, Elektrophorese. Die Nierenfunktion lässt sich über das Serum-Kreatinin nur ungenau abschätzen.

$$GFR = \frac{(140 - \text{Alter}) \times \text{Gewicht}}{72 \times \text{Kreatinin}} \quad [\times 0{,}85]$$

GFR in ml/min, Alter in Jahren, Kreatinin in mg/dl, bei Frauen Korrekturfaktor von 0,85 wegen der geringeren Muskelmasse

Abb. 16.1: Berechnung der GFR nach COCKROFT und GAULT

Daher wird empfohlen, diese anhand der COCKROFT-GAULT-Formel in die *glomeruläre Filtrationsrate (GFR)* umzurechnen (Abb. 16.1). Bei einem Serum-Kreatinin von 1,4 mg/dl ist die GFR bereits um ca. 50 % vermindert! *Immunologie:* Komplementfaktoren, ANA, ANCA, anti-Basalmembran-AK, ssDNA sind bei V. a. Systemerkrankungen und bei unklaren Glomerulonephritiden zusätzlich heranzuziehen.

Urin *Urinstatus* (Streifentests): Nachweis von Erythrozyten und Leukozyten. *Sediment:* Geformte Urinbestandteile wie Zylinder und Kristalle. *Quantitative Zellausscheidung*, z. B. ADDIS-Count: Hier gilt eine Erythrozyturie über 3.000/min als pathologisch. *Phasenkontrast-Mikroskopie:* Akanthozyten (deformierte Erythrozyten) bei glomerulärer Schädigung. *Bakteriologie:* Uricult. *24-Stunden-Urin:* Oxalate, Kalzium, Phosphat, Harnsäure; auch Schwermetalle wie Blei lassen sich im Urin nachweisen. *Proteinurie:* Eine Proteinurie > 150 mg/24h mit üblichen Teststreifen sollte weiter abgeklärt werden, da sie auf eine Schädigung der glomerulären Basalmembran hinweist. Eine Mikroalbuminurie besteht ab 30 mg/24h und ist durch spezielle Teststreifen (z. B. Mikraltest, Albustix) nachweisbar. Eine Proteinurie > 3,5 g/24h definiert einen nephrotischen Bereich. Die Differenzierung der Urineiweiße durch Gelelektrophorese oder Nephelometrie gibt weiteren Aufschluss über einen glomerulären bzw. tubulären Schaden. Ein Marker für tubuläre Schäden ist auch das $\beta 2$-Mikroglobulin.

Bildgebende Verfahren

Sie ergänzen die körperliche Untersuchung und geben Aufschluss über den Verlauf chronischer Nierenkrankheiten. *Nierensonographie:* Nierengröße, Parenchymbreite, Zysten, Aufstau, Tumoren, Steine. *Farbduplex-Sonographie:* Nachweis einer intra- oder extrarenalen arteriellen oder venösen Durchblutungsstörung. *Intravenöses Urogramm:* Nachweis von Abflussstörungen. *Nierenszintigraphie:* Bei einseitiger Schrumpfniere Messung der Restnierenleistung. *Angio-NMR:* Nachweis einer Nierenarterienstenose z. B. bei Verdacht auf renovaskuläre Hypertonie oder Niereninfarkte. *Angiographie:* Diagnostik und Therapie (PTA, Stent) einer Nierenarterienstenose.

Nierenbiopsie

Bei potentiell therapierbaren bzw. im Transplantat rekurrierenden Erkrankungen sollte durch den Nephrologen zur histologischen Diagnosesicherung und zur Abschätzung der Prognose eine Nierenbiopsie durchgeführt werden. Bei funktionellen Einzelnieren und im Rahmen der Begutachtung ist sie wegen des Komplikationrisikos kontraindiziert.

16.1.2 Begutachtungskriterien

Die gemeinsame Endstrecke aller schweren Nierenerkrankungen ist die akute bzw. chronische Niereninsuffizienz. Die *akute* Niereninsuffizienz spielt in der sozialmedizinischen Begutachtung keine Rolle und bleibt im Folgenden außer Betracht. Von einer *chronischen* Niereninsuffizienz spricht man, wenn die glomeruläre Filtrationsrate (GFR) länger als drei Monate unter 60 ml/min liegt oder wenn das Serumkreatinin länger als drei Monate über 1,5 mg/dl (Männer) bzw. über 1,3 mg/dl (Frauen) liegt [16].

Kreatinin   Früher wurde die körperliche Leistungsfähigkeit allein abhängig vom Serum-Kreatinin angegeben: unter 2 mg/dl keine Einschränkung (mit Ausnahmen), bei 2–5 mg/dl leichte bis mittelschwere Arbeit ganztags, bei 5–10 mg/dl leichte Arbeit ganztags und mittelschwere halbtags. Dieses Schema vereinfacht die komplexen pathophysiologischen Zusammenhänge.

Glomeruläre Filtrationsrate   Anhand der GFR lassen sich fünf Stadien der Niereninsuffizienz unterscheiden (Tab. 16.1).

Stadium		GFR
1	NS mit normaler GFR	> 90
2	NS mit milder GFR-Abnahme	60 – 89
3	NS mit moderater GFR-Abnahme	30 – 59
4	NS mit schwerer GFR-Abnahme	15 – 29
5	Nierenversagen	< 15

NS = Nierenschaden

Tab. 16.1: Stadien der Niereninsuffizienz

Bei normaler GFR stehen im Vordergrund die Diagnose und Therapie der Grunderkrankung mit dem Ziel einer Ausheilung oder wenigstens Verlangsamung der Progression. In den Folgestadien sind die Abschätzung der Progression und die Therapie von Komplikationen das vorrangige Ziel. Bei einer GFR unter 30 ml/min müssen Vorbereitungen für eine Nierenersatztherapie (Shuntanlage) getroffen werden. Dialysepflicht besteht ab einer GFR von 10–15 ml/min bzw. ab einem Kreatininwert von ca. 10 mg/dl. Diabetiker sollten früher mit der Nierenersatztherapie beginnen. Übelkeit, Perikarderguss, bedrohliche Hyperkaliämie und Azidose sowie Dyspnoe bei Überwässerung geben ebenfalls Anlass zum Dialysebeginn.

Anämie   Die renale Anämie begrenzt die Kapazität des kardiovaskulären Systems [11, 12, 13, 14]. Beginnend ab einem Hb-Wert von 14–11 g/dl sinkt die Belastbarkeit, was sich bei Werten unter 11 g/dl verstärkt. Zielgröße für die Substitution mit Erythropoetin ist derzeit ein Hb-Wert von 11 g/dl. Es lassen sich aber Argumente anführen, diesen Wert höher einzustellen und so berufliche Leistungsfähigkeit und soziale Betätigungen individuell bestmöglich zu erhalten.

Kardiovaskuläres System   Eine hochdruck- und anämiebedingte Linksherzhypertrophie und -insuffizienz, koronare Herzkrankheit, Mitral- und Trikuspidalinsuffizienz sind bei Dialysepatienten häufig. Das Herzzeitvolumen ist durch Anämie, Hypervolämie und großes Shuntvolumen in Ruhe erhöht und steigt unter Belastungen unzureichend an. Daraus resultiert eine eingeschränkte kardiale Belastbarkeit, die aber auch vom Trainingszustand abhängt [9, 10, 12, 15, 17, 18, 19, 20].

Malnutrition Bei Niereninsuffizienz nehmen der Appetit und die Protein- und Energieaufnahme ab. Weitere begünstigende Faktoren sind Azidose, Insulinresistenz, Wachstumshormonresistenz und proinflammatorische Zytokine. Hieraus resultiert in einigen Fällen eine sog. Protein-Energie-Malnutrition (PEM). Sie wird auch bei Dialysepatienten beobachtet und schränkt die körperliche Leistungsfähigkeit weiter ein.

Elektrolytstörungen Kaliumverluste z. B. bei Analgetikanephropathie oder Diuretikaabusus sind therapeutisch zu beheben. Eine Hyperkaliämie kann durch die Nierenerkrankung, durch falsche Diät und medikamentös verursacht sein. Eine Hyperphosphatämie verschlechtert die renale Osteopathie. Ein sekundärer Hyperparathyreoidismus bedarf der gezielten nephrologischen Behandlung, eine Hypokalzämie der Vitamin-D-Substitution.

Azidose Die Störung der renalen Säureelimination führt zur metabolischen Azidose, die eine Hyperkaliämie begünstigt und längerfristig die renale Grunderkrankung und die renale Osteopathie nachteilig beeinflusst. Die Azidose sollte medikamentös durch Bikarbonat ausgeglichen werden.

Osteopathie Die renale Osteopathie entsteht infolge vermehrter Stimulation der Nebenschilddrüsen durch Vitamin-D-Mangel, Hypokalzämie und Hyperphosphatämie. Eine Parathormonerhöhung ist bereits ab einer GFR von 60 ml/min nachweisbar. Folgen des sekundären Hyperparathyreoidismus sind Störungen des Knochenumsatzes (Fibroosteoklasie, Typ I), der Mineralisation (Osteoidose, Typ II) oder beides (Typ III) sowie der Knochenstruktur (Spongiosaumbau, Osteopenie, Osteosklerose). Die Rarefizierung der Trabekel ist im 3D-Mikro-CT darstellbar. Die knöchernen Umbauprozesse führen bei terminaler Niereninsuffizienz zu Knochenschmerzen, Spontanfrakturen und Wirbelsäulendeformierungen. Bei schwerem sekundärem Hyperparathyreoidismus entstehen vaskuläre, periartikuläre und viszerale Kalzifikationen mit Hautulzera und Gewebsnekrosen (Calciphylaxie), Sehnenrupturen und proximal betonte Myopathien der unteren Extremitäten. Zudem bestehen Korrelationen zwischen Störungen des Kalziumhaushaltes und der Entwicklung einer koronaren Herzerkrankung. In Einzelfällen beherrscht die Osteopathie das klinische Bild; sie sollte jedoch heute durch adäquate Prophylaxe und Therapie in den meisten Fällen vermeidbar sein.

Neuromuskuläre Faktoren Schwere Polyneuropathien mit progredienten, von distal aufsteigenden Lähmungen werden bei Niereninsuffizienten kaum noch beobachtet. Dagegen kommen gemischt polyneuropathisch-myopathische Fälle mit einer Atrophie des Fasertyps II der Muskelfibrillen und reduzierter Muskelkraft vor. Bei der Ergometrie fällt die rasche Ermüdung der Beinmuskulatur vor Erreichen der kardiopulmonalen Leistungsgrenze auf. Als Ursachen kommen urämisch-toxische Schädigungen, gestörter Vitamin-D-Metabolismus, Hyperparathyreoidismus, Osteomalazie, reduzierte Sauerstoffversorgung bei Anämie, kardiopulmonale Einschränkungen, arterielle Verschlusskrankheit und vaskuläre Erkrankungen in Betracht. Körperliche Inaktivität und Begleiterkrankungen verstärken den Muskelabbau. Die Muskelkraft von Dialysepatienten liegt bei 50–80 % und die spiroergometrische Leistungsfähigkeit bei 50 % derjenigen von altersgleichen gesunden Kontrollpersonen.

Geistige Leistungsfähigkeit Konzentrationsfähigkeit, Gedächtnisleistung und Aufmerksamkeitsspanne können messbar eingeschränkt sein. Verlangsamungen, Störungen der Reaktionszeit und der Reizschwelle sowie der Reizdiskriminierung sind ebenfalls möglich. Obwohl sich diese Befunde unter Erythropoetingabe tendenziell bessern, sind große individuelle Unterschiede möglich [21]. Für die Beurteilung der Leistungsfähigkeit sind daher sowohl medizinische als auch psychologische Untersuchungen erforderlich [22, 24].

16.1.3 Sozialmedizinische Beurteilung

Nierenerkrankungen ohne Dialysepflicht führen i. d. R. nur zu qualitativen Einschränkungen. Zeitweilig kann Arbeitsunfähigkeit bestehen. Die Möglichkeit der stufenweisen Wiedereingliederung ist zu beachten. Missbildungen mit normaler Nierenfunktion wie Ren mobilis oder Nierenzysten ohne Abflusshindernis führen nicht zu einer Leistungsminderung. Bei schwerer Niereninsuffizienz (Kreatinin 8–10 mg/dl) ist die Leistungsfähigkeit durch Grunderkrankung, Hypertonie, Elektrolytstörungen, metabolische Azidose, Polyneuropathie und Eiweißverluste auf im günstigen Fall leichte Tätigkeiten abgesunken. Nach Beginn der Dialyse folgt eine Vorbereitungszeit von ca. sechs Monaten für die Transplantationsliste. Danach sind in der Regel wieder leichte Tätigkeiten möglich. Nach einer Nierentransplantation ist erneut eine Stabilisierungsphase abzuwarten, da die meisten Komplikationen im ersten Jahr danach auftreten. Danach kann bei stabiler Transplantatfunktion mit einer Leistungsfähigkeit von bis zu 70 % derjenigen von gesunden Gleichaltrigen gerechnet werden. Einschränkungen können durch Immunsuppressiva wie Kortison und eine schwer einstellbare arterielle Hypertonie bestehen.

Selbstversorgung

Der Aspekt der Selbstversorgung spielt eine Rolle bei der *Heimdialyse*. Gravierende Begleiterkrankungen, körperliche oder geistige Behinderungen, mangelnde Compliance, ein fehlener oder ungeeigneter Partner sind Kontraindikationen für dieses Verfahren.

Soziale Aktivitäten

Bei Nierenerkrankungen ohne Dialysepflicht sind Sportarten zu vermeiden, die mit Nässe- und Kälteexposition verbunden sind (Wassersport, Wintersport); dagegen ist Ausdauersport zu empfehlen. Dialysepatienten sind durch den Zeitbedarf für die Behandlung erheblich mehr eingeschränkt.

Ausbildung Ist eine chronische Nierenerkrankung bereits bekannt, z. B. bei familiären Zystennieren, sollte die Berufsausbildung im Hinblick auf die absehbare Dialysepflichtigkeit hin ausgerichtet werden. Bei ungünstigen Arbeitsbedingungen kann eine chronische Nierenerkrankung zur Umschulung bzw. innerbetrieblichen Umsetzung zwingen. Für den bisherigen Beruf kann eine Berufsunfähigkeit bzw. teilweise Erwerbsminderung [23] bestehen.

Fahrtüchtigkeit Sie ist bei Dialysepatienten individuell unterschiedlich. Personenbeförderung und Gefahrguttransporte sollten wegen möglicher Verschlechterungen dialysetypischer Symptome und bestehender Begleiterkrankungen nur in Ausnahmefällen gestattet werden. Die Fahreignung sollte in kurzen Abständen (jährlich) überprüft werden. Hierbei spielen neben ausreichender Dialysezeit auch die Entwicklung einer Polyneuropathie und die charakterliche Eignung und Compliance bezüglich Medikamenten und Kalium-Diät eine Rolle. Bei Diabetikern ist auf Sehtüchtigkeit und kardiovaskuläre Begleiterkrankungen zu achten.

Erwerbsleben

Die Leistungsfähigkeit hängt ab von Alter, Trainingszustand, Dauer und Stadium der Nierenerkrankung sowie den Begleiterkrankungen.

Arbeitszeit Schicht- und Akkordarbeit können bei Nierenpatienten zu ungünstigen Blutdruckspitzen führen. Das Blutdruckverhalten am Arbeitsplatz ist ggf. durch eine ambulante Langzeit-Blutdruckmessung zu überprüfen. Mit zunehmender Niereninsuffizienz sind Akkord- und Nachtschichtarbeit wegen rascher Ermüdbarkeit nicht mehr möglich. Der Zeitbedarf für die Hämodialyse samt Anfahrtswegen schränkt die möglichen Arbeitszeiten u. U. weiter ein.

Arbeitsschwere Mit zunehmender Niereninsuffizienz sinkt die körperliche Belastbarkeit ab auf leichte Arbeiten. Bei renaler Osteopathie ist das Heben und Tragen von Lasten eingeschränkt. Kontrolltätigkeiten sind, wie generell alle Tätigkeiten, die eine erhöhte Aufmerksamkeit erfordern, mit zunehmender Niereninsuffizienz nicht mehr möglich.

Infektionsgefahr Sie besteht bei allen chronisch Nierenkranken und in erhöhtem Maße bei immunsupprimierten Transplantatempfängern. Beim Umgang mit infektiösem Material können (Nieren)Infektionen auftreten, welche die Grunderkrankung verschlechtern. Beispiele hierfür sind Müllabfuhr, Schlachthof, Abdeckerei, Klärwerk, Gärtner, Metzger, Landwirte, Tierpfleger, veterinärmedizinische Berufe.

Kälte, Nässe und Temperaturschwankungen erhöhen das Risiko einer Infektion und sind zu vermeiden. Chronisch Nierenkranke brauchen einen warmen, trockenen und gleichmäßig temperierten Arbeitsplatz. Gefährdet sind Arbeiter im Hoch-, Tief- und Straßenbau, in der Landwirtschaft oder in der Seefahrt.

Nephrotoxische Substanzen Eine Exposition gegenüber nephrotoxischen Substanzen wie Schwermetallen oder Lösungsmitteln ist zu vermeiden. Gefährdete Berufe sind z. B. Maler und Estrichleger. Auch in geschlossenen Räumen wirken manche Umweltgifte (Nephrotoxine) auf chronisch Nierenkranke ein, welche die Nierenfunktion langfristig ungünstig beeinflussen können. Im Einzelfall sind die Arbeitsplatzbedingungen mit einem Arbeitsmediziner abzusprechen.

Rehabilitation bei Niereninsuffizienz

Die Progression von Nierenerkrankungen lässt sich durch eine medizinische Rehabilitation beeinflussen [5, 6, 7]. So kommt es beim Diabetes mellitus 10–15 Jahre nach Erkrankungsbeginn bei 20% (D. m. Typ 2) bis 40% (D. m. Typ 1) der Patienten zur Mikroalbuminurie, deren Fortschreiten zur Proteinurie und Dialysepflicht durch konsequente Blutdruckeinstellung auf ca. 120/85 mmHg und durch Beseitigung der Mikroalbumiurie aufzuhalten ist. Bei nicht-diabetischen Patienten mit bereits eingeschränkter Nierenleistung kann durch geeignete Therapie und präventive Maßnahmen im Mittel die Dialysepflicht um mindestens drei Jahre hinausgeschoben werden. Aus ethischer wie gesundheitsökonomischer Sicht müssen die Anstrengungen intensiviert werden, nicht nur den Abfall der Nierenfunktion zu verlangsamen, sondern ihn langfristig soweit heute schon möglich aufzuhalten [6, 8].

Bestand am 31.12.2001	Anzahl	Prävalenz
Hämodialyse	54.385	$661/10^6$
Peritonealdialyse	2.803	$34/10^6$
Transplantatnachsorge	18.484	$230/10^6$
Zugänge im Jahr 2001	**Anzahl**	**Inzidenz**
Hämodialyse	14.209	$173/10^6$
Peritonealdialyse	754	$9/10^6$
Nierentransplantation	2.346	$29/10^6$
Abgänge im Jahr 2001	**Anzahl**	**Inzidenz**
Verstorbene Patienten	9.883	$120/10^6$

QUASI Niere, Report Dez. 2002 [2]

Tab. 16.2: Chronische Nierenersatztherapie in Deutschland

Ein multidisziplinärer Ansatz im Rahmen eines Gesundheitstrainingsprogrammes für Nierenkranke kann nachweislich zur einer Besserung der Langzeitnierenfunktion und der renalen Risikofaktoren beitragen [6].

Ein kontinuierliches körperliches Ausdauertraining verbessert auch bei niereninsuffizienten Menschen den aeroben Stoffwechsel und die Glukoseutilisation und verhindert den katabolen Muskelabbau. Nach eigenen Befunden führt ein Herz-Kreislauftraining bei Nierenkranken im Prädialysestadium, bei Dialysepatienten und bei Nierentransplantierten bereits nach vier Wochen zu einer signifikanten Zunahme der Belastbarkeit und maximalen Sauerstoffaufnahme [7]. Ein sechsmonatiges Rehabilitationsprogramm führte bei Dialysepatienten zu einer deutlichen Rückbildung der Muskelatrophie mit einem Zuwachs an Muskelfasern des M. vastus lateralis um 29%. Parallel dazu nahmen die maximale VO_2 um 48% sowie Belastungszeit (+29%) und Muskelkraft signifikant zu [18, 19].

Rechtzeitige Rehabilitationsmaßnahmen zum Erhalt der Erwerbsfähigkeit sind nicht erst bei langer Arbeitsunfähigkeit und drohendem Arbeitsplatzverlust sinnvoll [3, 4, 8]. Durch Gesundheitstraining kann im Einzelfall die Teilhabe am Arbeitsleben bis zur Transplantation erhalten bleiben [4, 6]. Eine Wiederherstellung des Leistungsvermögens zumindest für Teilzeittätigkeit ist je nach Alter und Begleiterkrankungen bei vielen Dialysepatienten möglich [3].

Diagnosen	Prävalenz	Inzidenz
Diabetes mellitus Typ 2	17 %	32 %
Diabetes mellitus Typ 1	5 %	4 %
Glomerulonephritis	24 %	14 %
Interstitielle Nephritis	15 %	9 %
Vaskuläre Nephropathie	11 %	17 %
Unbekannte Genese	11 %	10 %
Zytennieren	8 %	6 %
Verschiedene	3 %	4 %
Systemerkrankungen	3 %	3 %
Hereditär/Kongenital	2 %	1 %
Summe	*100 %*	*100 %*
Absolutzahlen	*51.025*	*5.870*

QUASI Niere, Report Dez. 2002 [2]

Tab. 16.3: Diagnosenverteilung bei Nierenersatztherapie

16.2 Nierenersatztherapie

Die Zahl der Dialysepatienten steigt jährlich um etwa 7 %, davon sind bis zu 50 % Diabetiker; vgl. Tab. 16.2 und 16.3. Die terminale Niereninsuffizienz ist für die Patienten ein Schicksalsschlag, der Lebensumstände und Berufsfähigkeit radikal ändert, da nun regelmäßig dreimal pro Woche 4–5 Stunden zuzüglich Wegezeiten auf die Dialysebehandlung entfallen. Ein ökonomischer Gesichtspunkt ist, dass rund 50.000 Dialysepatienten in Deutschland etwa 8 % des Gesundheitsbudgets verbrauchen. Präventive Strategien zur Vermeidung oder Verschiebung des Zeitpunktes der Dialysepflicht sind daher dringend erforderlich.

16.2.1 Hämodialyse

Bei der Hämodialyse wird das Blut durch ein Kapillarsystem aus semipermeablen Kunststoffmembranen (Dialysator) gepumpt, welches von einer Elektrolytlösung mit ähnlicher Zusammensetzung wie das Plasma (Dialysat) umspült wird. Die Permeabilität der Dialysemembran sowie die osmotische und hydrostatische Druckdifferenz zwischen Blut und Dialysat bestimmen den Flüssigkeitsentzug und den Austausch niedermolekularer Substanzen. Das Blut muss mit ca. 200–300 ml/min zirkulieren, was eine arteriovenöse Fistel (Shunt) als Zugang erfordert. Das Dialysat fließt im Gegenstrom mit ca. 500 ml/min und wird in seiner Zusammensetzung dem Dialysebedarf angepasst.

Standardmaß für die Dialysequalität ist der KT/V-Wert, der von der Clearanceleistung des Dialysators (K), der Behandlungszeit (T) und dem Harnstoff-Verteilungsvolumen (V) abhängt. Bei einer adäquaten Hämodialyse liegt der KT/V-Wert > 1,2 pro Sitzung, was einem wöchentlichen KT/V von 3,6–4,8 entspricht.

Die Technik ist kompliziert und wird nur von wenigen Patienten beherrscht (Heimdialyse); sie erfordert außerdem die Assistenz durch einen Partner.

Diagnostik

Anamnese: Grunderkrankung; Dialysebeginn, -dauer, -verfahren, -frequenz, -schicht; Shuntanlage wann und wo; dialyseassoziierte Beschwerden wie Hypotonie, Juckreiz, Polyneuropathie, Gelenksbeschwerden; Probleme mit der Trinkmenge; Stand der Transplantationsvorbereitung; Platz auf der Warteliste. *Untersuchung:* Trockengewicht; Kratzeffekte und Einblutungen an der Haut; Shuntstenosen; Herzgeräusche; extraossäre Verkalkungen (Herzklappen, Koronargefäße) bei Hyperphosphatämie; Überwässerungszeichen; Ernährungszustand; Pulsstatus; neurologischer Befund (Polyneuropathie). *Labor:* In der Regel bringen Dialysepatienten aktuelle Laborwerte zur Begutachtung mit, so dass eine Blutabnahme selten erforderlich ist.

Begutachtungskriterien

Allgemeinzustand: Er wird beeinflusst durch die Dauer der Dialysepflicht und durch Begleiterkrankungen. Zu achten ist auf adäquate Ernährung (Dialysekachexie) und Bewegung. Chronische Infektionen können oft behoben werden (Zahnsanierung). *Urämieparameter:* Sie werden gemäß den DOQUI-Leitlinien durch Wahl des Dialysators, des Blut- und Dialysatflusses und der Dialysezeit eingestellt. Der KT/V-Wert korreliert mit der Mortalität der Dialysepatienten. *Komplikationen:* Hypotonie, Hypertonie und Herzrhythmusstörungen (Hyperkaliämie); schlechte Dialysequalität bei Rezirkulationsproblemen am Shunt; Überwässerung durch hohe Flüssigkeitszufuhr bei ungenügender oder fehlender Restdiurese; Problem des Dialysezugangs nach wiederholter Shuntanlage.

Sozialmedizinische Beurteilung

Jüngere Patienten ohne wesentliche Begleit- und Folgeerkrankungen sind für leichte Tätigkeiten meist über sechs Stunden einsetzbar, falls keine Dialysekomplikationen vorliegen. Ältere, multimorbide Patienten adaptieren sich schlechter an die Dialyse und haben eine höhere Komplikationsrate, so dass häufig eine quantitative Leistungsminderung vorliegt. Der Zeitbedarf für die Dialyse von 3 × 4–5 Stunden pro Woche zuzüglich Wegezeiten kann mit der Arbeitszeit kollidieren. Ausweichmöglichkeiten durch Heimdialyse mit Partner, Spät- oder Nachtschicht bei Hämodialyse usw. sind nicht immer gegeben.

16.2.2 Peritonealdialyse

Bei der Peritonealdialyse dient das Bauchfell als Dialysator, in das ca. 2 Liter Dialysatflüssigkeit über einen Katheter instilliert werden. Bei der CAPD tauscht der Patient alle 4–6 Stunden die Dialysatflüssigkeit aus und ist ansonsten frei beweglich, bei der CCPD besorgt dies über Nacht eine Pumpe. Eine regelmäßige Beurteilung von Sitz, Durchgängigkeit und Infektionen am Katheterausgang (Exit) durch Fachpersonal ist erforderlich. Der wöchentliche KT/V-Wert sollte bei der CAPD über 2,0 (CCPD > 2,1) und die minimale tägliche Ultrafiltration über 1000 ml liegen.

Von Vorteil ist die einfachere Handhabung ohne fremde Hilfe (Heimdialyse). Nachteilig ist die schlechtere Dialysequalität, die durch eine längere Behandlungsdauer ausgeglichen werden muss. Die Permeabilität des Bauchfells nimmt mit der Zeit ab, so dass sich das Verfahren in der Regel nur für eine gewisse Zeit, gelegentlich als Brücke bis zur Transplantation eignet. Probleme können durch Hernien entstehen. Rezidivierende Peritonitiden sind heute zurückgegangen und im Durchschnitt alle 15–20 Monate zu erwarten. Ein erhöhter Eiweißverlust kann vorliegen. Das Serum-Albumin sollte über 3,5 g/dl liegen.

Diagnostik

Anamnese: Verfahren: CAPD, CCPD, IPD; Hygiene beim Dialysatwechsel zu Hause und am Arbeitsplatz; Probleme bei der selbständigen Durchführung, z. B. Flussprobleme beim Auslauf. Die Restnierenfunktion bleibt oft länger erhalten und ist zu erfragen. *Untersuchung:* Wie bei der Hämodialyse, zusätzlich Überprüfung der Katheteraustrittsstelle (Exit-Infektionen); korrekte Lokalisation der Katheterspitze im kleinen Becken; Umbilikal- oder Inguinalhernien; Ödeme, Pleuraerguss, Perikarderguss. *Labor:* Besonderes Augenmerk ist auf den Phosphatspiegel zu richten, da die Phosphatclearance bei der CAPD gelegentlich unzureichend ist. Eine Hyperglykämie wird durch hochprozentiges glukosehaltiges Dialysat begünstigt.

Begutachtungskriterien

Allgemeinzustand: Wie bei der Hämodialyse; zusätzlich Anzeichen für Proteinmangel durch Eiweißverlust; gelegentlich auch Adipositas, begünstigt durch kalorienreiche CAPD-Flüssigkeit. *Urämieparameter:* Der KT/V-Wert sollte über 2,0/Woche (ohne Einrechnung der Nierenrestfunktion > 1,7/Woche) liegen und wird vom Nephrologen mitgeteilt; er hängt vom Funktionszustand des Peritoneums ab. *Komplikationen:* Peritonitis meist durch Infektionen über die Bauchdecke oder hämatogen, aber auch als Folge einer Divertikulitis oder Cholezystitis; Katheterkomplikationen durch Dislokation oder Verstopfung.

Sozialmedizinische Beurteilung

Die Leistungsbeurteilung entspricht der bei Hämodialysepatienten. Zusätzlich ist wegen der Gefahr einer Hernienbildung schweres Heben/Tragen zu vermeiden. Die regelmäßigen Beutelwechsel erfordern ein entsprechendes hygienisches Umfeld am Arbeitsplatz und ggf. auch zusätzliche Pausen. Der geschulte CAPD-Patient trägt selbst die Verantwortung für seine Behandlung und muss physisch und psychisch handlungsfähig sein. Andererseits können Partner bei eingeschränkter Selbstversorgung angelernt werden. Bei der nächtlichen CCPD werden die Beutel maschinell gewechselt, so dass ein Beutelwechsel während der Arbeitszeit z. T. entfallen kann.

16.2.3 Nierentransplantation

Nierentransplantationen werden als postmortale oder Lebendspende durchgeführt. Die Transplantatniere wird in die rechte oder linke Fossa iliaca gebettet mit kurzstreckigem Anschluss des Harnleiters an die Harnblase und der Arterie und Vene an die Iliakalgefäße. Abstoßungsepisoden treten überwiegend im ersten Jahr nach Transplantation auf. Darüber hinaus hängt die Langzeitprognose entscheidend vom Blutdruckverhalten ab und wird durch chronisch überhöhte Blutdruckwerte deutlich verschlechtert. Die notwendige Langzeiteinnahme von Immunsuppressiva, insbesondere von Kortison, kann zu Komplikationen wie Infektionen oder Knochenschäden (aseptische Hüftkopfnekrose) beitragen.

Immunsuppression: Kortikosteroide, Ciclosporin A (CYA) + Mycophenolat mofetil (MMF); gelegentlich auch Azathioprin als Alternative zu MMF; neuerdings Sirolimus + CYA + Kortison. Nach sechs bis neun Monaten wird bei stabiler Transplantatfunktion eine Zweierkombination angestrebt: CYA + Prednisolon, CYA + MMF, Tacrolimus + Prednisolon, Tacrolimus + MMF.

Diagnostik

Anamnese: Nierengrunderkrankung; vorausgegangene Transplantationen; Komplikationen durch verzögerte Funktionsaufnahme; Abstoßungen, Infektionen, Harnabflussstörungen, Lymphozelen, Urinome, Transplantatarterienstenosen; Wechsel der Immunsuppressiva; Probleme durch die Nierengrunderkrankung; Hypertonie; Proteinurie; rezidivierende Harnwegsinfekte. *Untersuchung:* Palpation des Transplantates: Konsistenz, Größe, Druckschmerz; Strömungsgeräusch über der Transplantatarterie; Störungen der peripheren Durchblutung; AVK; Temperatur. Ansonsten Untersuchung wie bei anderen Nierenkranken mit besonderem Augenmerk auf die Funktion der Hüftgelenke und andere muskuloskelettale Befunde. Psychische Verfassung. *Labor:* Nephrologisches Labor, Medikamentenspiegel der Immunsuppressiva, CMV-Serologie.

Begutachtungskriterien

Allgemeinzustand: Erholung des körperlichen und seelischen Zustandes nach der Transplantation; Ernährungszustand; CUSHING-Syndrom; steroidinduzierter Diabetes; Pankreasfunktion unter Immunsuppression; Muskelatrophien; Ödeme; Belastungsdyspnoe; kardiopulmonale Belastbarkeit; Begleit- und Folgeerkrankungen; Alkohol; Osteoporose; Hüftkopfnekrosen; ausreichende Rehabilitation. *Transplantatfunktion:* Kreatinin-Clearance; Proteinurie, Bakteriurie; Infektionen. *Transplantatsonographie:* Ein Anstieg des Pulsatilitätsindex im Verlauf weist auf einen pathologischen Gefäßwiderstand bei Abstoßungsreaktionen hin; zusätzlich Transplantatgröße und -struktur, Abflussstörungen, Lymphozelen. *Immunsuppression:* Therapieschema; Medikamentenspiegel im therapeutischen Bereich; Rescuetherapie bei chronischem Transplantatversagen; Insulindosierung nach Pankreas-Nieren-Transplantation oder nach einer Inselzelltransplantation; Medikamentencompliance.

Sozialmedizinische Beurteilung

Nach einer Nierentransplantation nimmt die körperliche Leistungsfähigkeit bei stabiler Transplantatfunktion rasch zu. Parallel dazu geht die Anämie zurück. Erreicht wird eine Leistungsfähigkeit von ca. 70 % altersgleicher Nierengesunder. Bei stabilem Verlauf sind nach einem Jahr meist leichte bis mittelschwere Arbeiten ganztags möglich. Beachtet werden muss, dass die Berufstätigkeit keine Gefährdung für das Transplantat mit sich bringen darf. Publikumsverkehr und sonstige erhöhte Infektionsgefahr sind wegen der Immunsuppression zu vermeiden. Lasten über 15 kg sind postoperativ nicht zu heben. Kälte, Nässe und starke Temperaturgegensätze sind wie bei anderen Nierenpatienten zu vermeiden. Sportliche Aktivitäten mit Körperkontakten sind wegen Gefahr für das Transplantat ungeeignet, Ausdauersportarten sind zu empfehlen.

Bei Bezug einer Erwerbsminderungsrente unter Dialyse ist daher etwa ein Jahr nach erfolgreicher Transplantation und bei stabiler Transplantatfunktion eine Überprüfung des Leistungsvermögens sinnvoll. Begleiterkrankungen und Komplikationen wie schwere Infektionen können das Leistungsvermögen einschränken. Patienten mit multiplen Organschäden wie beim diabetischen Spätsyndrom können meist keine regelmäßige Erwerbstätigkeit ausüben. Bei Typ-1-Diabetikern sollte möglichst frühzeitig, d. h. vor dem Eintreten der Dialysepflicht, eine Pankreas-Nieren-Transplantation erwogen werden, da hierdurch ein Spätsyndrom verhindert werden kann.

16.3 Einzelne Krankheitsbilder

Eine Systematik der Nierenerkrankungen findet sich in Tab. 16.4. Die Diagnosenverteilung bei Nierenersatztherapie zeigt Tab. 16.3 auf Seite 403. Bei der Inzidenz führt die diabetische Nephropathie, gefolgt von Glomerulonephritis, vaskulärer Nephropathie und interstitieller Nephritis. Bei der Prävalenz ist das diabetische Spätsyndrom wegen seiner höherer Sterblichkeit dagegen unterrepräsentiert.

16.3.1 Glomeruläre Erkrankungen

Primäre Glomerulonephritiden (GN) werden von sekundären unterschieden, die im Rahmen von Tumoren oder Systemerkrankungen auftreten. Therapierbarkeit und Prognose sind sehr unterschiedlich. Rapid progressive Verläufe werden ebenso beobachtet wie stationäre, z. B. bei minimal change Glomerulonephritis. Glomerulonephritiden sind histologisch definiert.

Eine Nierenbiopsie ist in frühen Stadien indiziert, da nur so Therapiebedürftigkeit und spätere Rekurrenz der Erkrankung im Transplantat zu beurteilen sind. Der Verlauf lässt sich anhand von Nierenfunktion und Urinbefunden beurteilen. Charakteristisch ist das nephritische Harnsediment: Mikrohämaturie mit Akanthozyten (deformierten Erythrozyten) und eine Proteinurie unterschiedlichen Ausmaßes. Ein nephrotisches Syndrom liegt vor, wenn eine massive Eiweißausscheidung von > 3,5 g/24h zusammen mit weiteren klinischen Symptomen wie Eiweißmangel, peripheren Ödemen und Hyperlipidämie besteht. Bei akuten Verläufen werden weitere bedrohliche Zustände wie ein renopulmonales Syndrom, z. B. beim GOODPASTURE-Syndrom, oder massive Überwässerung beobachtet.

Die Leistungsbeurteilung hängt ab von der histologischen Diagnose, der Progressionsrate der Nierenerkrankung, der Nierenfunktion, der Blutdruckeinstellung und dem Ausmaß renaler (z. B. nephrotisches Syndrom) und extrarenaler (Herz, Kreislauf, Skelett, Muskulatur) Komplikationen. Bei alleiniger Nierenkrankung mit stabilem Verlauf und ohne wesentliche Komplikationen kann nach Abschluss der Behandlung meist ein über sechsstündiges Leistungsvermögen erwartet werden.

16.3.2 Interstitielle Erkrankungen

Akute interstitielle Nierenerkrankungen entstehen bei bakteriellen oder Virusinfektionen (Hantavirus) oder infolge allergischer Reaktionen u. a. auch auf Arzneimittel. Nach jahrelanger Einnahme von Mischanalgetika bzw. phenazetinhaltigen (Metabolit: Paracetamol) Schmerzmitteln und bei chronischer Intoxikation durch Blei, Kadmium, Gold, Wismut, Thallium oder Arsen entwickelt sich eine chronische interstitielle Nephropathie. Selten ist die granulomatöse interstitielle Nephritis bei Morbus BOECK. Ein Sonderfall ist die hypokaliämische Nephropathie. Bei der chronischen GN finden sich interstitielle Vernarbungen, welche die Prognose verschlechtern.

Kreatininanstieg, evtl. ein erhöhtes Serum-IgE, Erythrozyten, Leukozyten und selten Eosinophile im Sediment weisen zusammen mit den tubulären Proteinen (meist < 1 g/24h) auf die Diagnose hin. Bei Infektionen positiver Urikult. Akute interstitielle Nierenerkrankungen heilen häufig folgenlos aus, können aber auch zur Dialysepflicht führen. Chronische bakterielle interstitielle Nephritien führen in Abhängigkeit von der Grunderkrankung oft zu einer schubweisen Verschlechterung der Nierenfunktion. Behandelbare Ursachen wie Reflux oder obstruktive Uropathie (vgl. Kapitel 17) sind zu beheben, solange die Proteinurie bei Erwachsenen < 1,5 g/24h beträgt. Immunologische Erkrankungen wie der Lupus erythematodes können ebenfalls zur interstitiellen Nephritis führen. Die seltene Urogenitaltuberkulose mit „steriler" Leukozyturie erfordert eine vierfache Initialtherapie über 2–4 Monate und eine zweifache tuberkulostatische Erhaltungstherapie bis zu 12 Monaten.

Rezidivierende Harnwegsinfekte, Flankenschmerzen, Kopfschmerzen, subfebrile Temperaturen und

16.3 Einzelne Krankheitsbilder

	Akut	**Chronisch**
Glomerulär	Akute Glomerulonephritis (GN) Poststreptokokken GN GN bei anderen bakt. Infektionen, z. B. Endokarditis	Rapid progressive GN Typ I, II, III (RPGN) Nephrotisches Syndrom bei minimal change GN Fokal segmental-sklerosierende GN (FSGS) Membranöse GN Membranoproliferative GN (MPGN) IgA-Nephropathie Fibrilläre GN-immunotaktoide GN Diabetische Nephropathie (selten) Imunotaktoide GN Amyloidose
Vaskulär	Hämolytisch-urämisches Syndrom Niereninfarkt, Nierenvenenthrombose Prärenales Nierenversagen, z. B. Dehydratation, Schock Akute pulmo-renale Syndrome	Benigne und maligne Nephrosklerose Diabetische Glomerulosklerose Nierenarterienstenosen *ANCA-assoziierte Vaskulitiden:* – WEGENERsche Granulomatose – CHURG-STRAUSS-Syndrom – Polyarteriitis nodosa – Mikroskopische Polyangitis *Immunkomplexbedingte Vaskulitiden:* – Purpura SCHÖNLEIN-HENOCH, – Kryoglobulinämie, – Systemischer Lupus erythematodes (SLE) *Vaskulitis durch Antibasalmembran-Antikörper*
Interstitiell	Akute interstitielle Nephritis Durch Pharmaka, Infektionen Immunologische Erkrankungen, z. B. SJÖGREN-Syndrom	Analgetikanephropathie Chronische Pyelonephritis Granulomatöse Nephritis, z. B. bei Sarkoidose, Tbc
Tubulär	Akutes Nierenversagen (ANV)	Obstruktive Nephropathie Abstoßungsreaktion nach Transplantation Multiples Myelom Renal tubuläre Azidose (RTA)
Hereditäre Erkrankungen		*Zystische Nierenerkrankungen:* – Polyzystische Nieren (ADPKP, ARPKD) – Markschwammnieren – Nephronophthisekomplex *Erkrankungen der Glomeruli:* – Hereditäre Nephritis (ALPORT-Syndrom) – Kongenitales nephrotisches Syndrom – FABRY-Syndrom – Nail-Patella-Syndrom *Erkrankungen der Tubuli:* – VON HIPPEL-LINDAU-Syndrom – M. BOURNEVILLE-PRINGLE (tuberöse Sklerose)

Tab. 16.4: Systematik der Nierenerkrankungen

Abgeschlagenheit können zu längeren AU-Zeiten führen. Das Leistungsvermögen richtet sich nach Beschwerdebild und Nierenfunktion. Kälte, Nässe und rasche Temperaturwechsel sind zu vermeiden.

16.3.3 Tubuläre Erkrankungen

Chronische Intoxikationen mit Lösungsmitteln oder Schwermetallen (Quecksilber, Blei) verursachen tubuläre Schäden. Auch nephrotoxische Medikamente wie Cyclosporin, Cisplatin oder Methotrexat kommen als Auslöser in Betracht. Selten sind die angeborenen tubulären Syndrome wie das FANCONI-Syndrom mit renalem Phosphat- und Magnesiumverlust, renal-tubulärer Azidose, Hypophosphatämie und Osteomalazie. Eine tubuläre Obstruktion entsteht bei der Myelomniere durch Ausscheidung von Leichtketten und bei der Urat-Nephropathie (Tumorlyse-Syndrom) durch Präzipitation von Harnsäurekristallen. Bei der Bleinephropathie kommt es zur verminderten tubulären Harnsäuresekretion. Die renale tubuläre Azidose (RTA) ist eine heterogene Gruppe von Störungen mit verminderter Ausscheidung von fixen Säuren bei normaler Anionenlücke. Die proximale RTA (Typ II) entsteht durch FANCONI-Syndrom, Schwermetallvergiftung, Aminoglykosidantibiotika, altes Tetrazyklin, Paraproteinämie (Myelom) und Immunerkrankungen (SLE). Die distale RTA (Typ I, III) findet man bei Problemen der Ammoniogenese (Ketoazidose) und des NH_3-Transfers (Analgetikanephropatie) oder bei H^+-Ionen-Sekretionsdefekten (hereditäre RTA). Der Typ IV geht mit einer Hypokaliämie einher. Auch die chronische Transplantatabstoßung ist meist mit einer tubulären Schädigung verbunden.

Störungen des proximalen Tubulus führen zu Azidose, tubulärer Proteinurie und FANCONI-Syndrom. Bei Störungen des distalen Tubulus findet man eine Azidose, Hyponatriämie und Hyperkaliämie. Bei medullären Störungen ist die Konzentration des Urins vermindert. Zur Überwachung bei toxischen Schäden eignen sich tubuläre Marker wie $\beta 2$-Mikroglobulin.

Die vielfältigen tubulären Erkrankungen führen zu unterschiedlichen sozialmedizinischen Problemen, die zum Teil denen der interstitiellen Erkrankungen entsprechen. Bei berufsbedingten toxischen Schäden sind geeignete arbeitsmedizinische Untersuchungen zu veranlassen.

16.3.4 Vaskuläre Erkrankungen

Zu unterscheiden sind Mikro- und Makroangiopathien und bei letzteren die arteriellen von den venösen Erkrankungen. Mikroangiopathien im engeren Sinne sind das hämolytisch-urämische Syndrom und andere Autoimmunerkrankungen wie Sklerodermie oder Morbus WEGENER. Die Panarteriitis nodosa befällt die mittleren Arterien. Zu den Makroangiopathien zählen die Arteriosklerose mit Nierenarterienstenosen und Niereninfarkten durch Cholesterinembolien sowie die gefürchtete Nierenvenenthrombose mit großer Proteinurie. Vaskuläre Schäden sind auch Zusatzbefunde bei anderen renoparenchymatösen Erkrankungen, die mit Bluthochdruck einhergehen. Bluthochdruck ist der Hauptrisikofaktor für chronische Nierenerkrankungen. Die optimale Einstellung auf Werte unter 130/85 mmHg führt zu einem bestmöglichen Erhalt der Nierenfunktion.

Bei fast allen Nierenerkrankungen steigt der Blutdruck mit der Zeit an. Infolge eingeschränkter Natriumausscheidung mit kompensatorischer Drucknatriurese und Stimulation des Renin-Aldosteronsystems entfällt die nächtliche Blutdruckabsenkung ($> 10\%$). ACE-Hemmer und AT1-Rezeptorantagonisten führen zu einer teilweise blutdruckunabhängigen Neophroprotektion. Eine angemessene Blutdruckeinstellung ist bei Nierenkranken i. d. R. nur durch eine Kombinationstherapie möglich, die i. d. R. ein Diuretikum einschließen sollte.

Bei ungenügender Blutdruckeinstellung ist Nachtschichtarbeit nicht sinnvoll, da es hierdurch zu einer Störung des Blutdrucktagesprofils kommt. Eine ausreichende Blutdruckkontrolle am Arbeitsplatz sollte gewährleistet sein.

16.3.5 Hereditäre Erkrankungen

Mit Ausnahme der autosomal dominanten polyzystischen Nierenerkrankung (ADPKD) sind hereditäre Nierenkrankheiten selten; vgl. Tab. 16.3 und 16.4.

Autosomal dominante polyzystische Nierenerkrankung (ADPKD)

Sie geht einher mit großen, multizystisch veränderten Nieren, Leberzysten, arterieller Hypertonie und terminaler Niereninsuffizienz meist zwischen dem 40. und 60. Lebensjahr. Bei der ADPKD 1 (ca. 85 %) besteht ein Gendefekt auf dem kurzen Arm des Chromosoms 16 (Bildung von Polycystin, einem Membranprotein), bei der ADPKD 2 ein Defekt von Chromosom 4.

Beschwerden entstehen durch Verdrängungseffekte bei großen Zystennieren, Zysteninfekte oder Einblutungen. Extrarenale Manifestationen umfassen u. a. Kolondivertikulose, Herzklappenanomalien und Hirngefäßaneurysmen. Progostisch ungünstig sind PDK 1-Gen, junges Alter bei Diagnosestellung, männliches Geschlecht, Hypertonie mit Linksherzhypertrophie, rezidivierende Makrohämaturie und Harnwegsinfekte bei Männern.

Körperlich schwere Arbeiten, Zwangshaltung und Infektionsgefährdung durch Kälte, Nässe und Temperaturschwankungen sind zu vermeiden, ebenso Sportarten mit Körperkontakt.

Andere hereditäre Erkrankungen

Die *autosomal rezessive polyzystische Nierenerkrankung (ARPKD)* ist eine Erkrankung des frühen Kindesalters; nur wenige Kinder erreichen das 2. Lebensjahrzehnt. Die autosomal rezessive *juvenile Nephronophthise* mit oder ohne Augenbeteiligung (Retinitis pigmentosa) ist eine der häufigsten Ursachen der Niereninsuffizienz vor dem Erwachsenenalter. Hierbei entstehen Zysten im Mark-Rinden-Grenzbereich und eine interstitielle Fibrose. Die autosomal dominante Form der *medullären zystischen Nierenerkrankung* manifestiert sich im Erwachsenenalter. Das ALPORT-*Syndrom* ist eine vorwiegend X-chromosomal vererbte hereditäre Nephritis, der eine Störung der Bildung von Typ IV-Kollagen mit Defekten der glomerulären Basalmembran zugrundeliegt. Typisch sind Mikro-, seltener Makrohämaturie, Proteinurie, Niereninsuffizienz, Innenohrschwerhörigkeit, Sehstörungen und periphere Neuropathie. Dialysepflicht wird meist im Alter von 35 Jahren erreicht.

Sozialmedizinisch sind bei diesen recht vielgestaltigen Krankheitsbildern neben den typischen Einschränkungen für Nierenkranke zusätzlich die extrarenalen Manifestationen wie Schwerhörigkeit, Katarakt, Makulaveränderungen, Retinitis pigmentosa, Polyneuropathie usw. zu berücksichtigen; vgl. hierzu die Kapitel 20, 21 und 22 dieses Buches.

16.3.6 Nierenbeteiligung bei Allgemeinerkrankungen

Bei zahlreichen Erkrankungen sind die Nieren involviert: Diabetische Nephropathie, Plasmozytom, Leukämie, Amyloidose, obstruktive Erkrankungen (Morbus ORMOND, Retroperitonealfibrose), chronische Virusinfektionen wie die Hepatitis B (membranöse GN), chronische Harnwegsinfekte und Pyelonephritiden (Schrumpfniere). Ein Abfall der Nierenleistung wird auch bei der chronischen Herzinsuffizienz beobachtet.

Die sozialmedizinische Beurteilung richtet sich jeweils nach der Grunderkrankung und nach den funktionslimitierenden Befunden. Oft handelt es sich um weit fortgeschrittene Krankheitsbilder mit zahlreichen Organschäden, wobei die terminale Niereninsuffizienz schlussendlich nur den Auslöser für eine quantitative Leistungsminderung darstellt, die sich auch durch eine Nierenersatztherapie oder Transplantation nicht mehr beheben lässt.

Literatur

[1] Adler AI, Stephens RJ, Manley SE, Bilous RW, Cull CA, Holmann RR, on behalf of the UKPDS Group: Development and progression of nephropathy in type 2 diabetes: The United Kingdom Prospective Diabetes Study (UKPDS 64). *Kidney Int* 63: 225–232, 2003.

[2] Frei U, Schober-Halstenberg HJ: *Nierenersatztherapie in Deutschland. Bericht über Dialysebehandlung und Nierentransplantation in Deutschland.* Berlin: Quasi-Niere gGmbH, 2002.

[3] Fritschka E: Reha-Maßnahmen bei chronischen Dialysepatienten und nach Nierentransplantation zur Beeinflussung des Krankheitsverlaufs. In: Verband Deutscher Rentenversicherungsträger, VDR (Hrsg.) *9. Rehabilitationswissenschaftliches Kolloquium. Indivi-*

dualität und Rehaprozess 13.-15. März 2000 in Würzburg, DRV Schriften, Band 20, S. 148–149. Bad Homburg: WDV Wirtschaftsdienst, 2000.

[4] Fritschka E, Endlein E: Beratung von Patienten vor Dialyse und vor Nierentransplantation. In: Peter HH, Pfreundschuh M, Philipp T, Schölmerich J, Schuster HP, Sybrecht GW (Hrsg.) *Klinik der Gegenwart*, S. 3.1–3.9. München; Wien; Baltimore: Urban & Schwarzenberg, 1998.

[5] Fritschka E, Mahlmeister J: Rehabilitation bei Patienten mit chronischer Niereninsuffizienz, Dialysepatienten und nach Nierentransplantation. *Praevention und Rehabilitation* 13 (2): 67–77, 2001.

[6] Fritschka E, Mahlmeister J: *Ein Gesundheitstrainingsprogramm für chronisch Nierenkranke*. Lengerich; Berlin; Bremen; Riga; Rom; Viernheim; Wien; Zagreb: Pabst Science Publishers, 2002.

[7] Fritschka E, Mahlmeister J, Liebscher-Steinecke R, Wanner C, Birkner B, Ellgring JH: Ein neues Gesundheitstrainingsprogramm für chronisch Nierenkranke verbessert langfristig Wissen und Compliance nach stationärer Rehabilitation. In: Verband Deutscher Rentenversicherungträger, VDR (Hrsg.) *DVR Schriften Band 33*, S. 162–164. Frankfurt am Main: VDR, 2002.

[8] Fritschka E, Samtleben W: Rehabilitation bei nephrologischen Erkrankungen. In: Delbrück H, Haupt E (Hrsg.) *Rehabilitationsmedizin*, S. 535–561. München; Wien; Baltimore: Urban und Schwarzenberg, 2. Auflage, 1998.

[9] Goldberg AP, Geltman EM, Hagberg JM, Gavin JR, Delmez JA, Carney RM, Naumowicz A, Oldfield MH, Harter HR: Therapeutic benefits of exercise training for hemodialysis patients. *Kidney Int* 24: 303–309, 1983.

[10] Gutman RA, Stead WW, Robinson RR: Physical activity and employment status of patients on maintenance dialysis. *N Engl J Med* 304: 309–313, 1981.

[11] Huber W, Kettner A, Höffken B, Ritz E, Möllhoff G: Berufliche Rehabilitation und Begutachtung von Niereninsuffizienten. *Med Welt* 32: 880–883, 1981.

[12] Huber W, Müller T: Leistungssteigerung nach Erythropoietin bei Dialysepatienten. *Nieren- und Hochdruckerkrankungen* 19: 340–343, 1990.

[13] Huber W, Pytlik K: Zur beruflichen Rehabilitation bei chronischer Niereninsuffizienz. *Arbeitsmed Sozialmed Praeventivmed* 20: 104–106, 1985.

[14] Huber W, Tewes G: Der chronisch Nierenkranke im Erwerbsleben. In: Konietzko H (Hrsg.) *Handbuch der Arbeitsmedizin*. Landsberg: Ecomed, 1987.

[15] Kettner-Melsheimer A, Weiss B, Huber W: Physical work load capacity in chronic renal disease. *Int J Art Org* 10: 23–30, 1987.

[16] Kidney Disease Outcomes Quality Initiative, K/DOQI: Clinical Practice Guidelines on Chronic Kidney Disease: Evaluation, Classification, and Stratification. Part 1. Executive Summary. Work Group and Evidence Review Team Membership. *Am J Kidney Diseases* 30 (2 Pt 1): 17–31, 2002.

[17] Klang B, Clyne N: Well-Being and functional ability in uremic patients before and after having started dialysis treatment. *Scand J Caring Sci* 11: 159–166, 1997.

[18] Kouidi E, Albani M, Natsis K, Megalopoulos A, Gigis P, Guiba-Tziampiri O, Tourkantonis A, Deligiannis A: The effect of exercise training on muscle atrophy in haemodialysis patients. *Nephrol Dial Transplant* 13: 685–699, 1998.

[19] Kouidi E, Iacovides A, Iordanidis P, Vassiliou S, Deligiannis A, Ierodiakonu C, Tourkantonis A: Exercise renal rehabilitation program: Psychosozial effects. *Nephron* 77: 152–158, 1997.

[20] Lange H, Bode JC, Janssen J, Thüroff J, Tücke M: Ergometrische Untersuchungen von Dialysepatienten bei unterschiedlicher Hämoglobinkonzentration. In: Dittrich P (Hrsg.) *Aktuelle Probleme der Dialyseverfahren und Niereninsuffizienz*, S. 100–111. Friedberg: Bindernagel, 1975.

[21] McKee DC, Burnett GB, Raft DD, Batten PG, Bain KP: Longitudinal study of neuropsychological functioning in patients on chronic hemodialysis: A preliminary report. *J Psychosom Res* 26: 511–518, 1982.

[22] Tews HP, Schreiber WK, Huber W, Zelt J, Ritz E: Vocational rehabilitation in dialyzed patients. A cross-sectional study. *Nephron* 26: 130–136, 1980.

[23] Verband Deutscher Rentenversicherungsträger, VDR: Die Erwerbsminderungsrente, Grundsätze der gesetzlichen Rentenversicherung. *Deutsche Rentenversicherung (DRV)* 57 (2–3): 81–213, 2002.

[24] Wybitul K, Loeffler HD, Tilly S, Keller E: Beurteilung der Belastbarkeit und Leistungsfähigkeit von chronisch hämodialysepflichtigen Patienten im Vergleich zu Normalpersonen. *Nieren- und Hochdruckkrankheiten* 16: 17–24, 1987.

17 Urologische Erkrankungen

Winfried Vahlensieck, Horst Hoffmann [1]

Dieses Kapitel stellt nur eine Auswahl der häufigsten für die Begutachtung relevanten urologischen Krankheitsbilder dar: Harnsteinleiden, Urogenitalinfektionen, Harninkontinenz, Harnblasenentleerungsstörungen, Nieren-, Harnblasen-, Prostata- und Hodentumoren. Natürlich können auch andere urologische Erkrankungen zu einem Rehabilitationsbedarf oder Einschränkungen des Leistungsvermögens im Erwerbsleben führen. Dem Gutachter sollte es jedoch möglich sein, auch bei hier nicht aufgeführten Erkrankungen zu einer analogen Bewertung zu kommen.

17.1 Allgemeines

Nieren, ableitende Harnwege und Blase können ohne Hilfsmittel nur eingeschränkt untersucht und beurteilt werden. Im Rahmen einer Begutachtung muss man daher häufig auf die Ergebnisse technischer Untersuchungen zurückgreifen.

17.1.1 Diagnostik

Im folgenden werden die für die sozialmedizinische Beurteilung relevanten Diagnoseverfahren kurz dargestellt.

Anamnese Vorerkrankungen und Operationen; duchgeführte Therapie und deren Ergebnisse. Aktuelle Beschwerden: Allgemeinbefinden, Schmerzen, Miktionsstörungen, Hämaturie, Erektionsstörungen, Krankheitsverarbeitung; Schmerzprotokoll bei chronischen Schmerzen; Miktionsprotokoll (Miktionstagebuch) bei Harnspeicher- oder Harnentleerungsstörungen, Einsatz und Verbrauch von Hilfsmitteln wie z. B. Vorlagen oder Harnableitungssystemen.

Körperliche Untersuchung Abdomen, Nierenlager, Genitale; digitale rektale Untersuchung (DRU) = digitale rektale Examination (DRE); fachrelevante neurologische Untersuchung: Analreflex, perianale Sensibilität; Stabilität von Operationsnarben.

Labordiagnostik *Blut:* Diagnoseangepasste hämatologische und klinisch-chemische Diagnostik; Tumormarker: bei Hodentumoren β-HCG, AFP, LDH, PLAP, beim Prostatakarzinom PSA, fPSA, cPSA; Blutgasanalyse bei Darminterponaten im Harntrakt oder renal tubulärer Azidose Urinstatus; Urinkultur bei pathologischem Urinstatus und/oder Infektionen; Urinzytologie bei (V. a.) urothelialem Karzinom; spezielle Diagnostik bei (rezidivierenden) Urogenitalinfektionen, interstitieller Zystitis, Harnsteinen und unklarer Hämaturie (z. B. Kaliumchloridtest oder Erythrozytenmorphologie).

Vorlagen-(PAD)-Test zur Quantifizierung einer Harninkontinenz nach den Richtlinien der International Continence Society (ICS); Tabelle 17.1.

Bildgebende Verfahren *Sonographie:* Oberbauchorgane, Nieren, Harnblase und Harnblasenwanddicke, Prostata, Restharnbestimmung, Retroperitoneum, Skrotalorgane, transrektal, perineal, transvaginal; *Dopplersonographie:* Nieren-, Penis- und Hodengefäße. *Röntgen:* Leeraufnahme, Ausscheidungsurographie; Doppelballon-Urethrographie; Fisteldar-

---
1. Wir danken Herrn Prof. Dr. Muschter, Rotenburg/Wümme, Herrn Prof. Dr. Naber, Straubing, Herrn Prof. Dr. Palmtag, Sindelfingen, Herrn Prof. Dr. Rübben, Essen, Frau PD Dr. Schulz-Lampel, Villingen-Schwenningen, und Herrn Prof. Dr. Schüller, Bochum, für die kritische Durchsicht des Manuskriptes.

> Blase nicht entleeren lassen. Windel wiegen, einlegen.
> 15 min sitzen und 500 ml natriumarme Flüssigkeit innerhalb von 15 min trinken.
> 30 min gehen und Treppen steigen.
> 15 min Aktivität: 10mal sitzen und aufstehen, 10mal kräftig husten, 1 min auf der Stelle laufen, 5mal bücken und Gegenstände vom Fußboden aufheben, 1 min die Hände unter laufendem Wasser waschen.
> Windel entfernen, wiegen. Blase leeren und die Menge notieren.
> Bei trockener Windel Test wiederholen.

Tab. 17.1: PAD-Test nach Empfehlung der ICS 1990

stellung; (Miktions-)Zystographie; laterale Zystographie mit oder ohne Kettchen; Pouchographie; retrograde Urethrographie und Ureteropyelographie. *CT und NMR:* Lokalisationsdiagnostik bei Tumoren und Entzündungen. *Nierenszintigraphie:* Funktionelle Beurteilung des oberen Harntraktes. *Knochenszintigraphie:* Ausschluss von Knochenmetastasen.

Uroflowmetrie und urodynamische Untersuchung bei Inkontinenz sowie sonstigen Harnspeicher- und Harnblasenentleerungsstörungen. *Zystometrie* mit erstem und starkem Harndrang, maximaler und funktioneller Harnblasenkapazität, Detrusorfunktion während der Füllphase, Druck-Flussmessung während der Entleerungsphase; Leakpoint-Pressure; Beckenboden-EMG; Urethra-Druckprofil.

Endoskopie Beurteilung der Morphologie und Funktion des Harntraktes.

17.1.2 Begutachtungskriterien

Harninkontinenz Trotz flüssigkeitsabsorbierender Windeln und Vorlagen belastet der Uringeruch den Patienten und seine Umgebung im Privatleben wie am Arbeitsplatz. Häufig kommt es zur Ausgrenzung und sozialen Isolation. Der permanente Urinkontakt kann zu Hautentzündungen und Dekubitalulzera am Unterleib führen. Unvorhersehbare Inkontinenzepisoden begünstigen Unsicherheit und Vermeidungsverhalten. Eine postoperative Inkontinenz wird oft als Rückfall in die Kindheit erlebt und stört das Selbstwertgefühl massiv.

Harnentleerungsstörungen Alle Störungen der Harnentleerung können durch Harnrückstau zu aufsteigenden Infektionen und zu ein- oder beidseitigen Nierenschäden führen, wenn sie nicht behoben oder mittels geeigneter Harnableitungssysteme umgangen werden. Deren Funktion unter Alltags- und Arbeitsbedingungen ist häufig nur suboptimal und kritisch zu prüfen, um Beeinträchtigungen und Komplikationsrisiken sachgerecht einzuschätzen.

Infektionsrisiko Allein aufgrund der anatomischen Verhältnisse lässt sich das Infektionsrisiko prospektiv nur schwer abschätzen. Retrospektiv geben dagegen die Häufigkeit und Schwere aufgetretener Infektionen und der Therapiebedarf konkrete Anhaltspunkte.

Chronische Schmerzen Siehe Kapitel 25.

Operationsfolgen Je nach operativem Zugangsweg – transurethral, transureteral, nephroskopisch, laparoskopisch, transperitoneal, retroperitoneal oder thorakoabdominal – können Komplikationen und Folgezustände wie Perforationen, Fisteln, Strikturen, Störungen der Harnblasenentleerung, Lymphödeme, Nervenläsionen und Harninkontinenz auftreten, deren Auswirkungen auf das Leistungsvermögen im Erwerbsleben zu berücksichtigen sind.

Störungen des Elektrolyt- und Säure-Basen-Haushaltes können sich bei Darminterponaten im Harntrakt und/oder Nierenfunktionsstörungen ergeben.

Niereninsuffizienz Siehe Kapitel 16.

Akute oder chronische somato-psychische Belastungsreaktionen Siehe Kapitel 23.

17.1.3 Sozialmedizinische Beurteilung

Hygienische Probleme Urologische Erkrankungen können erhebliche Probleme der Alltagshygiene nach sich ziehen: Verschmutzte Kleidung oder Wäsche; häufiger Gang zur Toilette; Verwendung von Inkontinenzartikeln oder Urinableitesystemen, deren Wechsel bzw. Pflege einen geeigneten Ort mit Waschgelegenheit erfordert. Ohne dass eine Einschränkung der Gehstrecke besteht, können hierdurch die Mobilität und Teilhabe am Erwerbsleben beeinträchtigt sein, z. B. bei Außendienst- und Reisetätigkeiten (Toilette), Verarbeitung von Lebensmitteln (Sauberkeit), Publikumsverkehr (repräsentatives Auftreten, soziale Akzeptanz) oder Arbeiten ohne Möglichkeit der Pause bei Bedarf zur Harnentleerung.

Kälte, Nässe und Temperaturschwankungen erhöhen das Risiko aufsteigender Harnwegsinfektionen. Zu berücksichtigen ist die Zumutbarkeit der Verwendung geeigneter Schutzkleidung.

Arbeitsschwere Alle Operationen mit Durchtrennung der Bauchdecke ziehen in der Regel für 3–6 Monate neuromuskuläre Störungen nach sich. Anschließend besteht eine Belastbarkeit wie vor der Operation. Dauerhafte Schäden am Muskel-Nervensystem müssen individuell beurteilt werden. Bei Harnableitungen und Darminterponaten oder nach radikaler Prostatektomie ist das körperliche Leistungsvermögen auf leichte bis gelegentlich mittelschwere Tätigkeiten sechs Stunden und mehr eingeschränkt. Eine persistierende neuromuskuläre Bauchwandschwäche oder Narbenbrüche begründen eine Einschränkung auf leichte bis gelegentlich mittelschwere körperliche Arbeiten ohne häufiges Betätigen der Bauchpresse etwa beim Bücken, Heben, Klettern, Arbeiten auf Leitern oder Überkopfarbeiten. Bei ausgedehnten Brüchen ist eine operative Revision anzustreben, aber nicht immer erfolgreich; dann kann in Einzelfällen das Leistungsvermögen aufgehoben sein.

Gehstrecke Die Gehstrecke ist nach Operationen am Urogenitaltrakt in der Regel nicht eingeschränkt. Ausnahmen sind Nervenverletzungen (z. B. Peronäusparese) oder ausgeprägte Lymphödeme der unteren Extremität.

17.2 Benigne Erkrankungen

17.2.1 Harnsteine

Harnsteine entstehen durch Übersättigung des Urins mit steinbildenden Bestandteilen. Ursachen sind konzentrierter Urin bei geringer Trinkmenge und/oder eine vermehrte Ausscheidung schwer löslicher Substanzen sowie Missbildungen. Die Zusammensetzung der Steine ist wie folgt: 65 % Kalziumoxalat, 15 % Kalziumphosphat und andere Infektsteine, 15 % Harnsäure, 1 % Zystinsteine, 4 % ohne Hauptbestandteil.

Therapie Konkremente bis zu einem Durchmesser von 3–4 mm gehen in bis zu 80 % spontan ab, was durch kontinuierliche Spasmoanalgesie und Bewegung gefördert wird. Tritt dies nicht auf, ist bei tiefsitzenden Steinen eine Entfernung mittels Schlingenextraktion oder Ureteroskopie möglich, bei höher sitzenden Harnleiter- oder Nierensteinen werden ESWL und endoskopische Verfahren wie Ureterorenoskopie oder perkutane Litholapaxie alleine oder kombiniert eingesetzt. Offene Eingriffe wie Pyelolithotomie und Ureterolithotomie sind bei komplizierten Harnsteinleiden oder zur Beseitigung von Abflussstörungen selten erforderlich. In jedem Fall ist eine vollständige Sanierung anzustreben, da Restkonkremente und nicht abgeheilte Pyelonephritiden die Bildung von Rezidivsteinen begünstigen.

Begutachtungskriterien Wird die Rezidivprophylaxe (s. u.) eingehalten, kann je nach Steinleiden eine Rezidivfreiheit bei 50–80 % der Patienten oder zumindest eine starke Reduzierung der Rezidivhäufigkeit erreicht werden.

Unzureichend behandelte Harnsteine können zu Hypertonie, chronischer Pyelonephritis und Niereninsuffizienz (Kapitel 16) führen. Chronische Urinfisteln nach operativen Eingriffen sind selten und führen zum komplizierten Verlauf bis hin zur Nephrektomie.

Rehabilitation Bei Rezidivsteinen ist eine ursächliche metabolische Abklärung zur Einleitung einer Rezidivprophylaxe und gezielten Patientenschulung vorzugsweise im Rahmen einer medizinischen Rehabilitation unerlässlich. Bei allen Steinarten muss die Trinkmenge auf 2,5 l/d erhöht werden, bei Zystinsteinen bis 5 l/d. Bei Infektsteinen wird der Urin in Verbindung mit einer Infektsanierung angesäuert. Bei Kalziumoxalat-, Harnsäure- und Zystinsteinen wird der Urin durch geeignete Heilwässer, Alkalizitrate oder Bikarbonat auf einen alkalischen pH-Wert eingestellt. Diätetisch werden die Aufnahme von Kalzium und Oxalat (Kalziumsteine), Purinen (Harnsäuresteine) bzw. Proteinen (Zystinsteine) in vernünftigem Maße eingeschränkt; dabei darf die Kalziumzufuhr zur Osteoporoseprophylaxe nicht unter 1 g/d absinken (WHO-Empfehlung). Medikamentös kommen u. a. Allopurinol (Harnsäuresteine), Thiazide oder Amilorid (Kalziumsteine) und Ascorbinsäure, α-Mercaptopropionylglycin oder Captopril (Zystinsteine) zum Einsatz.

Sozialmedizinische Beurteilung Nach einmaliger Harnsteinbildung oder Harnsteinrezidiven mit Zeitabständen von mehreren Jahren besteht keine Einschränkung des Leistungsvermögens. Evtl. bestehende Nierenfunktionseinschränkungen sind nach Kapitel 16 zu bewerten, chronisch rezidivierende Harnwegsinfektionen nach Abschnitt 17.2.2.

Im Einzelfall kann bei häufigen Koliken die Fahreignung beeinträchtigt sein. Zu berücksichtigen ist ferner die Notwendigkeit einer gesteigerten Flüssigkeitszufuhr von 2,5–5 l/d mit entsprechend häufigem Gang zur Toilette. Eine hohe Steinrezidivrate kann gelegentlich zu psychischen Belastungsreaktionen führen.

17.2.2 Urogenitalinfektionen

Sozialmedizinisch relevant sind Folgen schwerer Verläufe der Pyelonephritis, Urosepsis, chronische Prostatitis und interstitielle Zystitis (IC).

Die Prostatitis wird nach dem National Institute of Health in vier Stadien eingeteilt: I akute bakterielle Prostatitis, II chronische bakterielle Prostatitis, III chronisches Beckenschmerzsyndrom, IV asymptomatische Prostatitis. Typisch sind Schmerzen bei Bewegung, im Sitzen und bei der Miktion.

Die interstitielle Zystitis ist eine chronische Entzündung der Harnblasenwand unklarer Ursache mit einer Vermehrung von Makrophagen und Nervenendungen in der Muskelwand der Harnblase. Charakteristisch sind massive Blasenschmerzen und eine Miktionsfrequenz bis zu 100/d, was zu einem auf Miktion und Schmerz ausgerichteten Leben führen kann.

Therapie

Harnwegsinfektionen werden stadienangepasst antibiotisch behandelt (unkomplizierte Zystitis der Frau: drei Tage, unkomplizierte Pyelonephritis: sieben Tage, komplizierte Harnwegsinfektion: 10–14 Tage). Ursachen der Infektionen werden operativ saniert, falls möglich.

Chronische Prostatitis Bei einer bakteriellen Prostatitis wird vier Wochen lang antibiotisch behandelt (NIH Stadium I und II), bei den nicht-bakteriellen Formen erfolgt eine symptomatische Behandlung und ggf. ein antibiotischer Therapieversuch.

Interstitielle Zystitis Bei etwa zwei Dritteln der Patienten können die Beschwerden mit Analgetika, Myotonolytika, Schleimhautprotektiva u. a. ausreichend gelindert werden.

Begutachtungskriterien

Rezidivierende akute unkomplizierte Harnwegsinfektionen heilen folgenlos aus, führen aber immer wieder zur vorübergehenden Arbeitsunfähigkeit.

Chronische rezidivierende Zystitiden oder Urethritiden können in seltenen Fällen eine Schrumpfharnblase, Harnstauungsnieren und Verschlussunfähigkeit der Ostien mit Refluxbildung sowie konsekutive Niereninsuffizienz auslösen.

Die chronische Pyelonephritis kann zu chronischen Schmerzen, renaler Hypertonie mit dem Risiko kardiovaskulärer Erkrankungen wie Herzinfarkt oder apoplektischer Insult und zur Niereninsuffizienz bzw.

Urämie führen. In 15–20 % sind Urogenitalinfektionen (Mit-)Ursache einer Dialyse; siehe auch Kapitel 16.

Rezidive bei Prostatitis treten in bis zu 36 % (Stadium I), 100 % (Stadium II) bzw. 89 % (Stadium III) auf. Der Verlauf bei interstitieller Zystitis ist wechselhaft, 5–10 % der Patienten werden schließlich wegen einer Schrumpfharnblase zystektomiert.

Rehabilitation

Rehabilitationsziele sind Verringerung der Infektrezidivrate, Schmerzverringerung, Vermeidung von Infektharnsteinen, Niereninsuffizienz, Sepsis und Tod sowie Verbesserung der körpereigenen Immunabwehr.

Sozialmedizinische Beurteilung

Bei chronisch rezidivierenden Harnwegsinfektionen ggf. mit Infektsteinbildung sind körperlich leichte bis mittelschwere Tätigkeiten sechs Stunden und mehr möglich. Nach Zystektomie mit Harnableitung ist analog zu den Abschnitten 17.2.3 und 17.3.2 zu verfahren. Eine Niereninsuffizienz ist analog zu Kapitel 16 zu bewerten. Einzelfallabhängig sind die Notwendigkeit zur regelmäßigen Flüssigkeitsaufnahme (>2 l/d) und je nach Miktionsfrequenz zum häufigeren Aufsuchen einer Toilette. Zugluft-, Nässe- und Kälteexposition sind bei Infektpatienten zu vermeiden (Schutzkleidung).

Bei einer chronischen Prostatitis sind auch bei hoher Rezidivrate in der Regel körperlich leichte bis mittelschwere Tätigkeiten in wechselnder Körperhaltung sechs Stunden und mehr möglich. Bei therapieresistenten psychosomatischen Störungen ist eine fachübergreifende Beurteilung (Urologe und Psychiater) erforderlich.

Bei interstitieller Zystitis muss zur Feststellung einer zumindest leichten körperlichen Leistungsfähigkeit im Erwerbsleben von sechs Stunden und mehr eine Verminderung der Miktionshäufigkeit (≤ 8/d) und der Schmerzen (durchschnittlich unter 5/10 einer analogen Schmerzskala) erreicht sein. Auch muss die Ausprägung von in 40 % der Fälle auftretenden Begleiterkrankungen mit berücksichtigt werden.

17.2.3 Harninkontinenz

Die Harninkontinenz ist eine Störung der Harnspeicher- und Harnentleerungsphase und ist definiert durch das Fehlen oder den Verlust der Fähigkeit, Urin willkürlich zurückzuhalten und den Zeitpunkt der Entleerung selbst zu bestimmen. Folgende Formen werden unterschieden:

Belastungsinkontinenz = Stressinkontinenz (60 %): unwillkürlicher Urinabgang bei Druckerhöhung im Abdomen (= Stress) durch Lachen, Husten, Pressen und Heben schwerer Lasten. Ursachen: Adipositas; Bindegewebsschwäche; insuffizienter Verschlussapparat nach Geburten, Operationen, Verletzungen von Harnblasenhals und/oder der Harnröhre; Medikamente: α-Blocker, Psychopharmaka; Muskelatrophie (Östrogenmangel).

Dranginkontinenz = Urgeinkontinenz (25 %) (bei nicht neurogener Hyperaktivität): unwillkürlicher Urinabgang mit imperativem Harndrang; sensorisch bei verminderter Reizschwelle (bereits bei geringer Harnblasenfüllung wird ein Harndrang wahrgenommen); motorisch mit ungewollten Detrusorkontraktionen durch insuffiziente hemmende Nervenimpulse. Ursachen: Detrusorveränderungen, Harnwegsinfektionen, Innervationsstörungen, Medikamente: β-Sympathomimetika, Obstruktion (Prostatahyperplasie, Tumor, Steine), Östrogenmangel.

Reflexinkontinenz (bei neurogener Hyperaktivität): unwillkürlicher Urinabgang aus der Harnröhre durch Verlust der Kontrolle über den Miktionsreflex oder unkontrollierte, reflektorische Detrusorkontraktionen, ohne dass der Patient einen Harndrang empfindet. Ursachen: Hirnfunktionsstörungen (supraspinale Reflex-Harninkontinenz), Rückenmarkserkrankungen = upper motor neuron lesions (spinale Reflex-Harninkontinenz).

Überlaufinkontinenz (bei chronischer Harnretention): unwillkürlicher Urinabgang bei Harnblasenüberfüllung (Harnblasendruck liegt über Harnröhrenverschlussdruck). Ursachen: hypoaktiver Detrusor (Medikamente: Tranquilizer, myogene Hy-

Schweregrad		Anamnese	Vorlagen-Test	Urodynamik
I	sporadisch	Geringer Urinabgang im Stehen und bei der Arbeit, beim Husten, Niesen, Pressen etc.	Urinverlust: < 10 ml/h Vorlagen: ≤ 1 pro Tag	Guter bis ausreichender Harnröhrenverschlussdruck
II	belastend	Urinabgang bereits im Sitzen, beim Husten etc.	Urinverlust: ≥ 10–25 ml/h Vorlagen: 1–2 pro Tag	Pathologisches Urethradruckprofil mit überwiegend positivem Stressprofil
III	schwer	Urinabgang beim Umhergehen	Urinverlust: > 25–50 ml/h Vorlagen: 2–3 pro Tag	Pathologisches Urethradruckprofil mit verringerter Drucktransmission im Stresstest
IV	absolut	Urinabgang bereits im Liegen	Urinverlust: > 50 ml/h Vorlagen: > 4–5 pro Tag	Ein Harnröhrenverschlussdruck lässt sich nicht mehr aufbauen

Gesellschaft für Inkontinenzhilfe, abgewandelt nach INGELMAN-SUNDBERG [12]

Tab. 17.2: Schweregrad der Harninkontinenz

pokontraktilität, neurogene Hyporeflexie), hyposensitive Harnblase (Alkoholabusus, Diabetes mellitus, Neurolues, Sakralmarkschaden, Urämie), subvesikale Obstruktion (benigne Prostatahyperplasie, Harnröhrenstriktur, Prostatakarzinom).

Extraurethrale Inkontinenz Urinabgang aufgrund angeborener oder erworbener Umgehung des anatomisch-physiologischen Sphinkterapparates. Ursachen: angeboren, Beckenchirurgie, Strahlenschaden (Fistelbildung).

Enuresis (nocturna) Einnässen im Schlaf nach dem 5. Lebensjahr während mindestens zwei Nächten im Monat ohne Tagessymptome oder Harnwegsinfektion. Ursachen: abnorme Trink- und Miktionsgewohnheiten, ADH-Mangel, Entwicklungsverzögerung des Zentralnervensystems, psychosozialer Stress.

Zur Einteilung in Schweregrade vgl. die Tabellen 17.2 und 17.3, zur Diagnostik den Abschnitt 17.1.1.

Therapie Bei persistierender Inkontinenz Grad II–III trotz konservativer Therapie (> 6 Monate bei Stressharninkontinenz, > 1 Jahr nach Beckenchirurgie) sowie bei der Harninkontinenz Grad IV ist eine Besserung nur operativ möglich: Sphinkterprothese beim Mann, spannungsfreie Blasenhalssuspension,

	Urinverlust pro Attacke	Produkt-Kapazität	Saugvol. pro 4 h
Tröpfel-Inkontinenz	< 50 ml	< 150 ml	150 ml
Grad 1	50–100 ml	< 300 ml	300 ml
Grad 2	100–250 ml	300–750 ml	750 ml
Grad 3	> 250 ml	> 750 ml	> 750 ml

Nach MELCHIOR und DE GEETER, 2003 [12].
Die Saugkapazität von Produkten für die Inkontinenzversorgung, Rücknässen, Hüftumfang bei Windelhosen etc. sind ergänzend zu definieren.

Tab. 17.3: Neue GIH-Klassifikation der Harninkontinenz

Zügelplastiken oder Beckenbodenrekonstruktion bei der Frau.

Begutachtungskriterien Unmittelbar in Anschluss an eine Inkontinenzoperation liegen die Erfolgsraten bei Frauen um 90 % oder besser, fallen aber mit zunehmenden Abstand zur Operation ab (20–60 % Rezidive nach fünf Jahren). Die Besserungsrate der konservativen Therapie liegt nach 4–6 Monaten bei der Stressinkontinenz Grad I–II und bei Dranginkontinenz zwischen 50 und 80 %. Eine operativ bedingte Harninkontinenz ist bis zum Ablauf von einem Jahr (Ausnahmefälle bis fünf Jahre) noch zu bessern. Danach ist in der

17.2 Benigne Erkrankungen

Regel von einer irreversiblen Schädigung des Kontinenzapparates auszugehen.

Rehabilitation Die konservative Therapie der Inkontinenzgrade I–II umfasst Versorgung mit adäquaten Hilfsmitteln, Kontinenztraining mit Erlernen eines Eigenübungsprogramms, Übungen zur Muskelrelaxation, Miktions- und Toilettentraining, Biofeedback bei schwerer Inkontinenz (> 50 g Urinverlust/h im PAD-Test); Elektrotherapie (mit Extern-, Vaginal- oder Analelektroden als Praxis- oder Heimelektrostimulationsgerät) bei unzureichender Sphinkterkontrolle, Hilfsmittel wie Konen oder Pessare, α-Sympathomimetika, Spasmolytika oder eine Hormonsubstitution (vor allem bei Dranginkontinenz oder Harnblaseninstabilität).

Sozialmedizinische Beurteilung Bei Harninkontinenz sollten keine körperliche Tätigkeiten mit Betätigung der Bauchpresse wie häufiges Bücken, Knien, Hocken, Überkopfarbeit, auf Leitern und Gerüsten, Hebe- und Tragearbeiten ohne Hilfsmittel über 10 kg durchgeführt werden. Werden Vorlagen benutzt, muss die räumliche und zeitliche Gelegenheit zum Vorlagenwechsel gegeben sein. Kälte und Nässeexposition sind zu vermeiden. Bis zum Inkontinenzgrad I sind i. d. R. mittelschwere und bis zu Grad II leichte körperliche Arbeiten über sechs Stunden möglich. Die Grade III und IV sind individuell zu beurteilen, jedoch sind die Betroffenen meist nicht mehr in der Lage, Tätigkeiten des allgemeinen Arbeitsmarktes auszuführen. Art und Dauer der Tätigkeit spielen eine Rolle, z. B. bei Lebensmittelverarbeitung, Publikumsverkehr, Außendiensttätigkeiten. Nach operativen Maßnahmen kann sich der Grad der Inkontinenz bessern.

17.2.4 Harnblasenentleerungsstörungen

Harnblasenentleerungsstörungen durch eine mechanische subvesikale Obstruktion treten z. B. bei benigner Prostatahyperplasie, Harnröhrenstriktur oder Harnröhrenstein auf. Außerdem kann eine Dyskoordination zwischen Sphinkter und Harnblase (neurogen z. B. bei Multipler Sklerose oder Myelomenigozele, nicht neurogen bei anerzogenem Fehlverhalten) vorliegen.

Harnblasenentleerungsstörungen bei Detrusor-Hypo- oder Akontraktilität sind entweder myogen, neurogen, psychogen oder habituell verursacht. Zur Harninkontinenz als kombinierter Harnspeicher- und Entleerungsstörung siehe 17.2.3.

Therapie Eine mechanische Obstruktion wird operativ saniert. Bei einer Schrumpfharnblase bleibt nur die operative Harnblasenaugmentation oder Harnableitung. Als invasive Verfahren sind sakrale Neuromodulation, Sphinkterinzision, Vesikostomie, Neoblasenanlage oder eine supravesikale Harnableitung (z. B. Ileumkonduit, Pouch bzw. Ureterosigmoideostomie) zu nennen.

Begutachtungskriterien Durch die Behandlung wird i. d. R. eine gute Blasenentleerung bei akzeptablen Druckwerten ($< 60 \, cm \, H_2O$) erreicht. Bei unzureichender Harnableitung oder manuellem Auspressen der Blase führt der Reflux zu aszendierenden Harnwegsinfektionen bis zur terminalen Niereninsuffizienz.

In Einzelfällen lassen Kontraindikationen oder technische Probleme nur einen Dauerkatheter zu. Dann besteht zwar eine gute Harnblasenentleerung, allerdings belasten die Beschwerden durch den Katheter.

Bei einer Harnableitung mittels Neoblase, Mainz Pouch I/II oder Ileumkonduit entsprechen die Krankheits- und Behandlungsfolgen den Eingriffen beim Harnblasenkarzinom (siehe 17.3.2). Bei Selbstkatheterismus und Stomaversorgung muss eine entsprechende Infrastruktur auch am Arbeitsplatz vorhanden sein (siehe 17.1.3).

Rehabilitation Eine medizinische Rehabilitation ist nach ausgedehnten Eingriffen wie Pouch oder Konduit indiziert, da viele Parallelen zum Z. n. Zystektomie wegen Harnblasenkarzinom bestehen. Als spezielle Therapieverfahren kommen die medikamentöse Steigerung des Detrusortonus (z. B. mit oralen Parasympathicomimetika oder intravesikalen Prostaglandinen), eine medikamentöse Tonusverminderung der Harnröhrenmuskulatur, Miktionstraining, intravesikale Elektrotherapie, Erlernen des intermittierenden aseptischen

(Selbst-)Katheterismus, Dauerkatheter (am besten suprapubisch), Stomaversorgung, Stomatraining (Ileum-Konduit) und das Erlernen des Umgangs mit dem Neuromodulator in Frage. Ein manuelles Auspressen der Harnblase sollte dabei nicht erfolgen.

Sozialmedizinische Beurteilung Mit einer funktionierenden Harnableitung sind leichte bis mittelschwere körperliche Tätigkeiten sechs Stunden und mehr möglich. Bei Neoblase, Pouch, Stoma oder sakraler Neuromodulation ist eine Beschränkung auf leichte Arbeiten ratsam. Die Mobilität kann wegen der Harnentleerung bei Außendiensttätigkeiten eingeschränkt sein. Zu vermeiden sind Überkopfarbeiten, schweres Heben und Tragen, häufiges Hocken, Bücken, Knien, Arbeiten auf Leitern und Gerüsten sowie eine ständige Nässe- und Kälteexposition ohne Schutzkleidung.

17.3 Urologische Tumoren

17.3.1 Nierentumoren

Risikofaktoren für das *Nierenzellkarzinom* sind VON-HIPPEL-LINDAU-Erkrankung, familiäres Nierenzellkarzinom (autosomal-dominant), zunehmendes Lebensalter, Übergewicht bei Frauen, verringerte Trinkmenge, erhöhter Alkoholkonsum, fettreiche und gemüse- bzw. obstarme Kost, chronisch eingeschränkte Nierenfunktion (5,8 % bei Dialysepatienten, die Nierenzysten entwickeln), Schmerzmittelmissbrauch, langjähriger Diuretika- und Laxantiengebrauch und die erworbene zystische Nierenerkrankung. Raucher haben gegenüber Nichtrauchern ein zweifach erhöhtes Risiko, an einem Nierenzellkarzinom zu erkranken.

Die Risikofaktoren für *Nierenbecken-* (7–18 % aller Nierentumoren) und *Harnleiterkarzinome* sind dieselben wie beim Harnblasenurothelkarzinom (17.3.2).

Therapie Bei der *Tumornephrektomie wegen Nierenzellkarzinom* werden Tumorniere, Fettkapsel und anhaftendes Peritoneum *en bloc* entfernt, optional auch die Nebenniere und paraaortale bzw. parakavale Lymphknoten. Hierbei kann es links zur Verletzung der A. lienalis bzw. der Milz mit Splenektomie kommen. In frühen Stadien (cT1) und bei funktioneller und/oder anatomischer Einzelniere kommt eine *partielle Nephrektomie* in Betracht oder optional in Zentren eine *laparoskopische Tumornephrektomie*. Eine *palliative Nephrektomie* erfolgt bei fortgeschrittenem Primärtumor mit Blutung, Harnstauung, Schmerzen oder vor (Immun-)Chemotherapie. Die *Embolisation der A. renalis* wird palliativ bei Inoperabilität angewandt. Adjuvante (Immun-)Chemotherapie und Strahlentherapie sind beim Nierenzellkarzinom keine allgemein anerkannten Therapieverfahren, können jedoch in Einzelfällen insbesondere im Rahmen von Studien eingesetzt werden.

Beim *Urothelkarzinom von Nierenbecken und Harnleiter* ist die *radikale retro- oder transperitoneale Nephro-Ureterektomie* mit Resektion einer Blasenwand-Manschette (Vermeidung von bis zu 17 % Harnleiterstumpfrezidiven) sowie retroperitonealer Lymphadenektomie des Standardverfahren. Optional wird eine *Radiotherapie* und adjuvante, ggf. induktive *Chemotherapie*, besonders bei organüberschreitenden Nierenbecken- und Harnleitertumoren durchgeführt. Organerhaltende Operationen sind die Ausnahme, v. a. bei funktionellen und/oder anatomischen Einzelnieren.

Begutachtungskriterien Die Fünf-Jahres-Überlebensrate beim *Nierenzellkarzinom* sinkt von 86 % (pT1–2) über 64 % (pT3a) und 41 % (pT3b) auf 16 % (pT4). Bei Lymphknoten- und/oder Fernmetastasen liegt sie insgesamt unter 10 %. Der nicht infiltrierend wachsende Thrombus der Vena cava unterhalb des Zwerchfells hat ohne Metastasierung (pT3bpN0M0) eine relativ gute Prognose mit einer Fünf-Jahres-Überlebensrate bis zu 69 %.

Die Fünf-Jahres-Überlebensrate beim *Urothelkarzinom von Nierenbecken und Harnleiter* sinkt von 82–100 % (pTa) über 82–95 % (pT1), 72–86 % (pT2), 33–60 % (pT3) auf 0–38 % (pT4). Patienten mit Lymphknotenmetastasen versterben zu > 90 % innerhalb von fünf Jahren an ihrem Tumorleiden.

Nach Nephroureterektomie können temporäre Miktionsstörungen durch die Entfernung der Harnblasenmanschette mit vorübergehender Kapazitätsminderung auftreten.

Rehabilitation Ernährungsberatung bei Darmfunktionsstörungen (Obstipation, Flatulenz etc.) oder eingeschränkter Nierenfunktion (Kreatinin > 2 mg/dl). Impfung nach Splenektomie gemäß Vorgaben der Deutschen Gesellschaft für Chirurgie. Gezielte Behandlung von postoperativen Miktionsstörungen. Behandlung von Chemotherapiefolgen. Schulungen zur Optimierung des Trinkverhaltens nach Nierenverlust.

Sozialmedizinische Beurteilung Bei einem ausgedehnten Tumor (T4) und bei Lymphknoten- oder Fernmetastasen ist der Allgemeinzustand häufig so stark reduziert, dass ein Leistungsvermögen von weniger als drei Stunden auf Dauer besteht. Der Verlust einer Niere bleibt folgenlos, wenn die verbliebene Niere gesund ist; andernfalls wird das Leistungsvermögen durch die Niereninsuffizienz limitiert (siehe Kapitel 16). Nach einer Splenektomie besteht ein erhöhtes Risiko für schwer verlaufende Infektionen (Opsi-Syndrom); dann sind Kälte und Nässe zu vermeiden (Schutzkleidung). Die Operationsnarbe kann zu neuromuskulärer Bauchwandschwäche und Hernien führen (siehe 17.1.2). Miktionsstörungen infolge Resektion einer Blasenwand-Manschette bilden sich i. d. R. im Verlauf einiger Monate folgenlos zurück.

17.3.2 Harnblasenkarzinom

Das Urothelkarzinom (93 % Harnblase, 3 % Harnleiter und 4 % Nierenbecken) ist nach dem Prostatakarzinom der zweithäufigste urologische Tumor. Risikofaktoren sind Alter, chemische Substanzen (z. B. Benzidin, Cyclophosphamid, Phenazetin und Nitrosamine), Bilharziose, chronische Harnwegsinfektionen (z. B. bei Harnsteinleiden oder Fremdkörpern wie Dauerkatheter), chronisch interstitielle Nephritis (Phenazetinniere), Geschlecht, Rasse und Zigarettenkonsum. Harntransportstörungen mit verlängerter Urinverweilzeit (Restharnbildung) können zu Urothelkarzinomen führen.

Therapie Die *transurethrale Elektroresektion (TUR) und/oder Laserkoagulation der Harnblase* erfolgt bei oberflächlichem Harnblasenkarzinom (pTa-pT1, G1-G2), mit anschließender Instillationsbehandlung (topische Zytostatika oder Immuntherapie mit BCG) bei pT1 und bei pTa nach dem ersten Rezidiv.

Eine *radikale Zysto-Prostato-Vesikulektomie* mit regionaler Lymphadenektomie (LA) wird bei hohem primären Malignitätsgrad (G3) oder hoher Rezidivrate bei pT1, ab pT2 bei jedem Grading durchgeführt.

Harnableitung aus Darmanteilen: Ileum-Konduit (BRICKER-Blase, ileokutane Anastomose, feuchtes Urostoma analog zum Anus praeter), Mainz-Pouch I (kutaner intermittierender Selbstkatheterismus) und Mainz-Pouch II (Urin-Kot-Kloake, kontrollierte Urinentleerung über den Darm), Neoblase (z. B. Ileumneoblase mit kontrollierter Urinentleerung über die Harnröhre).

OP-Zugang: transurethral endoskopisch (TUR), offen chirurgisch ausschließlich abdominal.

Chemotherapie und Strahlentherapie zeigen bisher bei adjuvantem Einsatz keinen Vorteil hinsichtlich der Fünf-Jahres-Überlebensrate; bei metastasierenden Tumoren kann eine Chemotherapie sinnvoll sein.

Begutachtungskriterien

Bei pTa-pT2 liegt die Fünf-Jahres-Überlebensrate zwischen 75 und 100 %. Bei pT3 sinkt sie auf bis zu 25 %, bei pT4 auf 24 %. Die Prognose verschlechtert sich erheblich bei positiven Lymphknoten: bei N1 25 %, bei N3 und/oder M1 0–5 % Fünf-Jahres-Überlebensraten.

Harninkontinenz bei Neoblase tritt häufig in der Nacht auf, verstärkt durch den Mangel an sensorischem Feedback im Gehirn, Verminderung des Muskeltonus der Beckenmuskulatur nachts, erhöhte Wassersekretion der Neoblase im Vergleich zur körpereigenen Harnblase und Ausscheidung eines hyperosmolaren Urins während der Nacht, bedingt durch erhöhte ADH-Sekretion. Harnkontinenz stellt sich am Tag in 80 % nach 3–6 Monaten durch gezielte Trainingsmaßnahmen ein. Die nächtliche Harninkontinenz ist in diesem Zeitraum bei zwei Drittel der Patienten beseitigt. Die Neoblase weist nach 3–6 Monaten in der Regel eine Kapazität von 300 ml (Speicherkapazität für 3–4 Stunden Urinproduktion) auf und kann restharnfrei entleert werden.

Hyperkontinenz mit Selbstkatherismus tritt bei 10–15 % der Männer und bei 50 % der Frauen mit Anstieg auf 70 % im Verlauf auf.

Mögliche Darmfunktionsstörungen sind Kurzdarmsyndrom, Durchfälle durch 50–80 cm Jejunumresektion oder Resektion von Dickdarmanteilen zur Bildung eines Pouches bzw. einer Neoblase und Defäkationsstörungen bei Mainz-Pouch II (Kot-Urin-Kloake mit Durchfällen und gehäufter Stuhlfrequenz). Die Darmschleimproduktion verursacht besonders bei Ileumneoblase eine erhöhte Infektionsrate. Da bei Darminterponaten im Harntrakt mit verlängerter Urinverweildauer (Ersatzblase, Pouch) ein gehäuftes Auftreten von Darmschleimhauttumoren zu erwarten ist, empfehlen sich ab dem dritten postoperativen Jahr regelmäßige endoskopische Kontrollen zumindest einmal jährlich.

Nierenfunktionsstörungen und Pyelonephritiden können bei postoperativen Harnstauungsnieren wie z. B. durch Harnleiterimplantationsstenosen verursacht werden.

Stoffwechselstörungen Als wesentliche Stoffwechselstörung kann eine metabolische Azidose bei Ileumneoblase und Mainz-Pouch I bzw. II, seltener beim Ileum-Konduit auftreten.

Infolge der Darmresektion kann nach 2–3 Jahren ein Vitamin-B_{12}- und Folsäuremangel beobachtet werden, der substituiert werden muss.

Rehabilitation

Rehabilitation der Inkontinenz wie unter 17.2.3 beschrieben. Patienten mit oder Pouch sollen die veränderte Körperfunktion akzeptieren (Verarbeitung der Tumorproblematik). Patienten mit einer Neoblase sollen den Umgang mit der Neoblase erlernen. Sie entleeren diese in 2–3stündigen Abständen im Sitzen durch Bauchpresse. Patienten mit Ileum-Konduit oder Pouch sollen erlernen, sich selbst mit dem Stomasystem bzw. durch Selbstkatheterismus zu versorgen. Sie sollen ferner durch eigenständige Beurteilung und Verlaufskontrolle lernen, sich anbahnende Komplikationen frühzeitig selbst zu erkennen. Die Stoffwechsellage (metabolische Azidose, Vitamin-B_{12}-Mangel) wird durch Alkalizitrate, Bikarbonate, geeignete bikarbonatreiche Mineralwässer und Vitamintherapie stabil eingestellt. Darmotilitätsstörungen (Neoblase, Mainz-Pouch I bzw. II) (Durchfälle, (Sub-)Ileus) sind nach ca. einem Monat durch gezielte Ernährungsberatung und entsprechende Pharmakotherapie in der Regel beseitigt. Chemotherapiefolgen wie z. B. Chemozystitis werden gezielt behandelt.

Sozialmedizinische Beurteilung

Bei berechtigtem Verdacht auf eine berufsbedingte Tumorerkrankung erfolgt eine Meldung an die BG oder Gewerbeaufsicht, sofern noch nicht geschehen. Gefährdete Berufssparten sind z. B.: Aluminiumindustrie; chemische Industrie; Druckindustrie; Exposition gegenüber Asphalt, Teer, Kohle, Koks; Farbindustrie; Friseure; gummiverarbeitende Industrie; Kammerjäger; Kontakt mit radioaktiven Isotopen; Kunststoffindustrie; Laboratoriumsangestellte; Landwirte; petrochemische Industrie; Plastikindustrie; Textilindustrie.

Nach TUR Harnblase mit oder ohne anschließender Instillationstherapie besteht ca. sechs Wochen nach TUR in der Regel eine uneingeschränkte Leistungsfähigkeit im Erwerbsleben (Ausnahme: gravierende Chemozystitis).

Bei Neoblase, Ileum-Konduit oder Mainz-Pouch I bzw. II besteht bei normalem Krankheitsverlauf (s. o) eine Leistungsfähigkeit im Erwerbsleben für leichte körperliche Arbeiten von mehr als sechs Stunden. Mit einer Wiederaufnahme der Erwerbstätigkeit kann postoperativ nach ca. sechs Monaten gerechnet werden.

Bei Patienten mit Chemozystitis nach TUR sowie Instillationstherapie und Ausbildung einer Schrumpfharnblase (Kapazität 50–100 ml) mit entsprechender Beschwerdesymptomatik (Algurie, Pollakisurie) besteht eine Einsatzfähigkeit im Erwerbsleben von weniger als drei Stunden.

Bei Neoblase, Ileum-Konduit, Mainz-Pouch I bzw. II sollten keine körperlichen Arbeiten, die zur Erhöhung des Bauchinnendruckes (Bauchpresse) führen, wie z. B. häufiges Bücken und Knien oder Hebe- und

Tragearbeiten ohne Hilfsmittel durchgeführt werden. Arbeiten auf Leitern und Gerüsten sowie Überkopfarbeiten (dadurch erhöhte Gefahr der Inkontinenzverstärkung bei Neoblase und Pouch sowie des Stomaprolapses bzw. vorzeitige Lösung des Auffangsystems bei Mainz Pouch I bzw. Ileum-Konduit) sollten vermieden werden. Bei Neoblase sollte keine Nachtarbeit oder Nachtschichttätigkeit ausgeführt werden, da wegen der ungünstigen Biorhythmik die nächtliche Harninkontinenz verstärkt wird.

Bei Ileum-Konduit und Mainz Pouch I muss in Toilettenräumen die Möglichkeit zur Erneuerung des Stomasystems bzw. zum Selbstkatheterismus (ca. alle drei Stunden) gegeben sein. Regelmäßige Flüssigkeitsaufnahme (ca. 2,5–3 l/d) über den Tag verteilt muss bei Neoblase und Pouch möglich sein.

Bezüglich persistierender Harninkontinenz wird auf Abschnitt 17.2.3 verwiesen.

Wenn bei jüngeren Patienten durch spätere Operationen (z. B. alloplastischer Sphinkter, Bauchdeckenhernienverschluss) Erwerbsfähigkeit erwartet werden kann, ist der Zeitpunkt der Überprüfung des Leistungsbildes anzugeben.

Bei Patienten mit Mainz Pouch II kann es in Ausnahmefällen zu therapeutisch nicht beeinflussbaren Defäkationsstörungen (Durchfällen) im halbstündlichen bis stündlichem Rhythmus, gegebenenfalls mit begleitender Stuhlinkontinenz kommen. In diesen Fällen liegt eine Leistungsfähigkeit im Erwerbsleben von weniger als drei Stunden vor.

In den Tumorstadien T4 und/oder N+ und/oder M1 ist die Leistungsfähigkeit im Erwerbsleben in der Regel auf weniger als drei Stunden eingeschränkt.

17.3.3 Prostatakarzinom

In den westlichen Industrieländern ist das Prostatakarzinom (PCA) der häufigste Tumor des Mannes. Nur ein Fünftel bis ein Drittel aller Tumoren wird klinisch manifest. Risikofaktoren sind ethnische Einflüsse (schwarze Amerikaner erkranken 30mal häufiger als Japaner), familiäre Häufung, Rauchen, fettreiche Ernährung, Übergewicht, Konsum von Milchprodukten sowie wenig Obst und Gemüse (Mangel an Phytoöstrogenen, Faserstoffen, Spurenelementen, Vitaminen, Lektinen und anderen immunmodulierenden pflanzlichen Substanzen).

Therapie Die *radikale Prostatektomie (RPE)* wird in den klinischen Stadien T1–T3N0M0 bei zu erwartender Mindestlebenserwartung ohne Tumor von 10 und mehr Jahren und nicht metastasiertem Stadium (cT1–3cN0cM0), retropubisch mit regionaler Lymphknotenausräumung (LA), perineal ohne LA oder laparoskopisch mit oder ohne LA durchgeführt. Auch Patienten mit histologisch kapselüberschreitendem PCA oder einer isolierten Lymphknotenmetastase profitieren von der RPE. Eine *Radiotherapie* erfolgt alternativ und/oder bei erhöhter Komorbidität als externe Bestrahlung, Brachytherapie mit Afterloading oder Seedimplantation mit hochselektiver Indikation, Brachytherapie plus externe Bestrahlung bei organbegrenztem Tumor, bei Lokalrezidiv oder bei Knochenmetastasen. Eine adjuvante Nachbestrahlung kann bei lokal fortgeschrittenem Tumor diskutiert werden. Eine *Androgendeprivation* ist primär bei generalisiertem, lymphogen oder ossär metastasiertem Prostatakarzinom, hoher Komorbidität oder hohem Alter bzw. sekundär beim Rezidiv nach RPE oder Strahlentherapie indiziert. Eine adjuvante Androgenblockade kann bei lokal fortgeschrittenem Tumor diskutiert werden. Medikamentös werden GnRH-Analoga und/oder Antiandrogene verabreicht, operativ erfolgt als Alternative eine subkapsuläre Orchiektomie.

Begutachtungskriterien Die Zehn-Jahres-Überlebensrate bei lokal begrenztem Prostatakarzinom (pT2pN0M0G1–2) liegt nach RPE bei 75–92 %, nach Strahlentherapie bei 41–70 %. Bei G3-Tumoren besteht nach fünf Jahren eine Progresswahrscheinlichkeit von 50 %. Die Zehn-Jahresüberlebensraten bei PCA mit organüberschreitendem Wachstum nach RPE betragen im Stadium pT3pN0M0 60 % und im Stadium pT3pN1M0 50–60 %.

Durch sofortige Nachbestrahlung oder antiandrogene Therapie bei lokal fortgeschrittenem Tumor konnte bisher keine verbesserte Überlebensrate gegenüber der alleinigen Operation nachgewiesen werden, jedoch fanden sich weniger Lokalrezidive und eine Progressverzögerung.

Unter Androgendeprivation bei lymphogen und/oder ossär metastasierten Tumoren lassen sich 43 % komplette Remissionen (PSA < 4 ng/ml) neun Monate nach Therapiebeginn beobachten. Etwa 20 % haben trotz Therapie einen Progress (Hormonunempfindlichkeit), die durchschnittliche Ansprechdauer auf den Androgenentzug beträgt 18–24 Monate, die mittlere Überlebenszeit 30 Monate.

Eine *Harninkontinenz* durch Schädigung urethraler Verschlussmechanismen und/oder Detrusorhyperreflexie tritt nach RPE bei 25–90 % der Patienten auf. Nach 6–12 Monaten sind noch 2–23 % der radikal prostatektomierten Patienten inkontinent, und zwar mit Anschlussheilbehandlung nach einem Jahr 5 %, ohne 19 %. *Strikturen* (auch radiogen) müssen ggf. operativ saniert werden. *Defäkationsstörungen*, selten auch Stuhlinkontinenz (7–14 %), vor allem nach perinealer RPE, bilden sich mit der Zeit durch Kontinenztraining meist zurück. Eine Harninkontinenz findet man *nach Bestrahlung* bei 0,4–12 % der Patienten. Radiogene Zystitis (12–17 %), Prostatitis, Proktitis (< 5 %) und/oder Dermatitis sind in der Regel nach 3–6 Monaten abgeklungen und nehmen selten gravierende Verläufe bis hin zum Anus praeter und/oder zur hohen Harnableitung.

Eine *Androgendeprivation* kann zu Schwäche, Anämie, androgenopriver Osteoporose, Diarrhö, Gynäkomastie, Hepatotoxizität, Hitzewallungen, Impotenz, Leistungsverminderung durch Muskelabbau, Libidoverlust, psychischen Störungen (Depressivität) und thromboembolischen Komplikationen führen.

Rehabilitation Die Rehabilitation der Inkontinenz erfolgt wie unter 17.2.3 beschrieben, die Beurteilung des Operationserfolges durch PSA-Kontrolle (rapider PSA-Abfall 4–6 Wochen postoperativ spricht zunächst für Radikalität). Bei nicht erreichter Radikalität werden weitere Therapieoptionen (z. B. Androgendeprivation oder Strahlentherapie) eingeleitet oder empfohlen.

Sozialmedizinische Beurteilung Nach Beseitigung postoperativer Funktionsstörungen ist eine mittelschwere bis gelegentlich schwere körperliche Tätigkeit über sechs Stunden möglich. Nach alleiniger Strahlentherapie (perkutan und/oder Brachytherapie) ohne Zusatztherapie (Androgendeprivation) ist, außer bei schwerer Strahlenzystitis bzw. -proktitis, keine Einschränkung der Leistungsfähigkeit im Erwerbsleben zu erwarten. Mit einer Wiederaufnahme der Erwerbstätigkeit kann 3–6 Monate postoperativ bzw. nach Therapieende gerechnet werden.

Patienten nach RPE sollten keine körperlichen Arbeiten verrichten, die zur Erhöhung des Bauchinnendruckes (Bauchpresse) führen wie z. B. häufiges Bücken und Knien oder überwiegende Hebe- und Tragearbeiten. Auf überwiegende Arbeiten auf Leitern und Gerüsten sowie Überkopfarbeiten (dadurch erhöhte Gefahr der Inkontinenzverstärkung) sollte ebenfalls verzichtet werden. Bei persistierender Harninkontinenz wird auf die Beurteilung in Abschnitt 17.2.3 verwiesen. Wenn bei jüngeren Patienten durch spätere Operationen (alloplastischer Sphinkter) Erwerbsfähigkeit erwartet werden kann, ist der Zeitpunkt der Überprüfung des Leistungsbildes anzugeben.

Bei einem primär generalisiert lymphogen oder ossär metastasierten Prostatakarzinom mit der Gefahr von Spontanfrakturen und schlechter Prognose ist eine ausreichende Leistungsfähigkeit im Erwerbsleben nicht mehr gegeben.

Bei lokalem Tumorprogress, der nicht erfolgreich mit Strahlentherapie und/oder Androgenblockade behandelt werden kann, und bei systemischem Tumorprogress ohne Ansprechen auf Androgenblockade liegt eine Leistungsfähigkeit im Erwerbsleben von weniger als drei Stunden vor.

Bei Ansprechen der Androgendeprivation kann bei 50 % der Patienten bis zu fünf Jahren der Progress verhindert werden. Die Beurteilung der Leistungsfähigkeit richtet sich in diesen Fällen auch nach der Stärke der Nebenwirkungen (allgemeine Leistungsminderung, Hitzewallungen, Muskel- und Knochenabbau, Schweißausbrüche). In der Regel sind leichte bis gelegentlich mittelschwere körperliche Arbeiten ohne zeitliche Einschränkung möglich. Es sollten keine Kälte-, Nässeexposition oder große Temperaturschwankungen auftreten. Bei starken Hitzewallungen unter antiandrogener Therapie trotz Medikation (Cyproteronacetat, Medroxyprogesteron) sind gegebenenfalls Tätigkeiten mit Publikumsverkehr und größerer Hitzeexposition auszuschließen.

I	Tumor auf den Hoden beschränkt, keine Fernmetastasen
II	Retroperitoneale Lymphknotenmetastasen unterhalb des Zwerchfells
II A	Metastasendurchmesser < 2 cm
II B	Metastasendurchmesser 2–5 cm
II C	Metastasendurchmesser > 5 cm
III	Lymphknotenmetastasen auch oberhalb des Zwerchfells (d. h. mediastinal, supraklavikulär) sowie Fernmetastasen

Tab. 17.4: Lugano-Klassifikation der Hodentumoren

17.3.4 Hodentumoren

Hodentumoren kommen typischerweise im Jugend- und frühen Erwachsenenalter vor. Risikofaktoren sind familiäre Häufung (14 %), kontralateraler Hodentumor (5 %), Maldescensus testis, Hodenatrophie und Mumpsorchitis. Histologisch unterschieden werden Seminome und (Teratokarzinome, embryonale Karzinome und Chorionkarzinome). Zum Zeitpunkt der Diagnose sind 49 % auf den Hoden begrenzt, 38 % haben retroperitoneale, mediastinale oder supraklavikuläre Lymphknotenmetastasen und 13 % Fernmetastasen vorzugsweise in Lunge, Leber, Knochen oder Gehirn.

Die TNM- und die Lugano-Klassifikation (Tabelle 17.4) werden neuerdings durch die Einteilung der International Germ Cell Cancer Collaborative Group (IGCCCG, 1997) ersetzt, die besser mit der Prognose korreliert (Tabelle 17.5 auf der nächsten Seite). Die alten Klassifikationen werden oft parallel weiter benutzt.

Therapie Primärtherapie ist bei allen Hodentumoren die inguinale Semicastratio. Die retroperitoneale, wenn möglich nervenerhaltende Lymphadenektomie (RLA) erfolgt primär oder sekundär nach Chemotherapie bei Residualtumor. *Weitere Therapieoptionen sind:* Chemotherapie (Mono- oder Polychemotherapie), primär oder sekundär; Strahlentherapie (Linearbeschleuniger) parailiakal – paraaortal – parakaval (BWK 11–LWK 4), primär oder sekundär; abwartendes Verhalten (Wait and see bzw. Surveillancestrategie) im Stadium I oder im Stadium II nach RLA oder Chemotherapie (70 % der Patienten benötigen nur eine der sekundären Therapieoptionen). *Sekundäre Standardtherapie beim Seminom:* Strahlentherapie oder Surveillance (Stadium I), Chemotherapie (Stadium II oder III). *Sekundäre Standardtherapie beim Nichtseminom:* Retroperitonale nervenschonende Lymphknotenausräumung oder Polychemotherapie oder Surveillancestrategie (letztere ebenfalls gut begründbar, verursacht aber hohe Kosten und führt zu starken Belastungsreaktionen beim Patienten) (Stadium I), Chemotherapie und RLA von Residualtumoren (Stadium II), Chemotherapie (Stadium III).

Begutachtungskriterien Stadienunabhängig werden 94 % der Hodentumorpatienten geheilt. Hodentumorpatienten sind hochmotiviert und zeigen eine gute Verarbeitung der Tumorproblematik, mit Ausnahme von Patienten, die eine Surveillancestrategie befolgen. Diese Patienten weisen die höchste psychische Morbidität (Damokles-Schwert-Syndrom) auf, da 15–30 % ein Rezidiv oder einen Progress erleiden.

Nach nicht nervenschonender RLA im Sinne der Radikalität können Ejakulationsstörungen auftreten. Eine Strahlentherapie kann zu gastrointestinalen (Ulkusinzidenz: 2–6 %), hämatologischen, kardialen (selten, entfällt bei Verzicht auf eine prophylaktische Mediastinalbestrahlung) Nebenwirkungen, Keimepithelschädigungen (in der Regel 30 Wochen nach Therapie abgeklungen) oder einer Dermatitis führen.

Nach Chemotherapie (besonders nach Cis-Platin) können gastrointestinale Störungen, Infektionen, Kardiomyopathie, Lungenfibrose, Myelosuppression, Nephrotoxizität, periphere sensorische Neuropathie (Störung der Exterozeption, insbesondere der Kälteempfindlichkeit, Kribbelparästhesien), ZNS-Schädigungen und Hochfrequenzhörverlust auftreten. Diese Schäden sind i. d. R. nach 12 Monaten abgeklungen.

Die Langzeittoxizität ab dem 91. Tag, vor allem nach aggressiver Chemotherapie im Sinne der Hochdosistherapie wird einmal nach der WHO-Graduierung von 1979 und zum zweiten nach den NCI-Toxizitätskriterien von 1993 eingeteilt.

Wichtige Nebenwirkungen der Hodentumorchemotherapie sind

▷ Nierenfunktionsstörungen: 100 %, i. d. R. leichte

"Günstige Prognose"	58 % des analysierten Patientenkollektivs	Ereignisfreies Überleben 89 % Gesamtüberleben 92 %
Nichtseminome	gonadaler oder retroperitonealer Primärtumor und „günstige" Markerkonstellation und keine extrapulmonalen Organmetastasen	AFP < 1.000 ng/ml HCG < 5.000 U/l LDH < 1,5facher oberer Normalwert
Seminome	jegliche Primärlokalisation und keine extrapulmonalen Organmetastasen	normales AFP jedes HCG, jede LDH
"Intermediäre Prognose"	28 % des analysierten Patientenkollektivs	Ereignisfreies Überleben 75 % Gesamtüberleben 80 %
Nichtseminome	gonadaler oder retroperitonealer Primärtumor und „intermediäre" Markerkonstellation und keine extrapulmonalen Organmetastasen	AFP 1.000–10.000 ng/ml HCG 5.000–50.000 U/l LDH 1,5–10facher oberer Normalwert
Seminome	jegliche Primärlokalisation und extrapulmonale Organmetastasen	normales AFP jedes HCG, jede LDH
"Schlechte Prognose"	16 % des analysierten Patientenkollektivs	Ereignisfreies Überleben 41 % Gesamtüberleben 48 %
Nichtseminome	extragonadaler mediastinaler Primärtumor oder „ungünstige" Markerkonstellation oder extrapulmonale Organmetastasen	AFP > 10.000 ng/ml HCG > 50.000 U/l LDH > 10facher oberer Normalwert
Seminome	keine	keine

Nach den Kriterien der IGCCCG (International Germ Cell Cancer Collaborative Group), 1997

Tab. 17.5: Prognose von Hodentumoren

Funktionsstörung mit einer GFR > 60 ml/min und einem Kreatinin <2 mg/dl;
▷ RAYNAUD-Syndrom: 35 %;
▷ Testosteronabfall: 34 %, i. d. R. erfolgreiche Substitutionstherapie;
▷ persistierende sensorische Neuropathie: 31 %;
▷ sexuelle Probleme: 30 %, diese können bei psychisch labilen Patienten zu akuten Belastungsreaktionen führen;
▷ Hypertonie: 24 %;
▷ sekundäre solide oder hämatologische Tumoren (auch nach Strahlentherapie), z. B. Sarkome oder Leukämie;
▷ akute somato-psychische Belastungsreaktion.

Nach hoher Semicastratio mit anschließender Strahlentherapie und/oder retroperitonealer Lymphknotenausräumung bzw. Monochemotherapie sowie unkompliziertem Krankheitsverlauf sind die Behandlungsfolgen i. d. R. nach spätestens 3–6 Monaten abgeklungen.

Rehabilitation Behandelt werden Folgen der Strahlentherapie (gastrointestinal), Chemotherapie (Langzeittoxizität, insbesondere periphere sensorische Neuropathie) und ein Ejakulationsverlust (pharmakotherapeutisch).

Sozialmedizinische Beurteilung *Seminom:* Spätestens nach drei Monaten sind mittelschwere bis gelegentlich schwere körperliche Arbeiten mehr als sechs Stunden möglich. *Nichtseminom:* Der überwiegende Teil der Patienten (91 %) ist spätestens nach sechs Monaten wieder belastbar für leichte bis gelegentlich mittelschwere körperliche Arbeiten ohne zeitliche Einschränkung.

Bei Bauchdeckenhernienbildungen nach RLA sind mittelschwere körperliche Arbeiten nicht mehr möglich. Leichte körperliche Arbeiten, ohne häufiges Bücken, sind sechs Stunden und mehr möglich.

Nierenfunktionsstörungen und eine nephrogene Hypertonie sind nach Kapitel 16 zu bewerten.

Nach Bauchdeckenhernien und/oder komplizierten Lymphozelen mit Nachoperationen oder Wundheilungsstörungen ist häufiges Bücken, Ersteigen von Treppen, Leitern sowie häufige Überkopfarbeit zu vermeiden.

Sollte es zu Gefäß- bzw. Nervenverletzungen, kardialen Schädigungen durch Mediastinalbestrahlung oder Schädigungen durch Polychemotherapie – insbesondere durch Hochdosistherapie mit dauerhaften Folgeschäden – gekommen sein, so ist einzelfallabhängig eine interdisziplinäre Begutachtung erforderlich.

Literatur

[1] Achilles W, Gundermann G, Hoffmann H, Gutenbrunner C: Das Bad Wildunger Harnstein-Intensiv-Programm – eine innovative Vorsorge- und Rehabilitationsmaßnahme für Harnsteinpatienten. *Heilbad und Kurort* 53: 307–310, 2001.

[2] Arbeitsgemeinschaft Bevölkerungsbezogener Krebsregister in Deutschland in Zusammenarbeit mit dem Robert Koch-Institut (Hrsg.): *Krebs in Deutschland – Häufigkeiten und Trends*. Saarbrücken: Eigenverlag, 3. Auflage, 2002.

[3] Bichler KH (Hrsg.): *Das urologische Gutachten*. Berlin; Heidelberg; New York: Springer, 1994.

[4] Bundesministerium für Arbeit und Sozialordnung (Hrsg.): *Anhaltspunkte für die ärztliche Gutachtertätigkeit im sozialen Entschädigungsrecht und nach dem Schwerbehindertengesetz*. Bonn: Köllen Druck und Verlag GmbH, 1996.

[5] Ganmaa D, et al.: Incidence and mortality of testicular and prostatic cancers in relation to world dietary practices. *Int J Cancer* 98: 262–267, 2002.

[6] Gundermann G, Hoffmann H, Achilles W, Gutenbrunner C: Das Bad Wildunger Harnstein-Intensiv-Programm – ein neues Konzept für die Rehabilitation von Patienten mit rezidivierender Harnsteinbildung. In: Verband Deutscher Rentenversicherungsträger, VDR (Hrsg.) *11. Rehabilitationswissenschaftliches Kolloquium*, DRV-Schriften, Band 33, S. 511–512. Bad Homburg: WDV Wirtschaftsdienst, 2002.

[7] Hesse A, Tiselius HG, Jahnen A: *Urinary stones, diagnosis, treatment, and prevention of recurrence*. Basel: Karger, 2. Auflage, 2002.

[8] Hofstetter A (Hrsg.): *Urogenitale Infektionen*. Berlin; Heidelberg; New York: Springer, 1999.

[9] Ikinger U: *Leitfaden Urologie*. Köln: Deutscher Ärzteverlag, 2002.

[10] Jonas U, Heidler H, Höfner K, Thüroff JW: *Urodynamik*. Stuttgart: Enke, 2. Auflage, 1998.

[11] Kramer A, Gutenbrunner C, Schultheis HM: Untersuchungen über die Häufigkeit von Harnwegsinfektrezidiven vor und nach urologischen Kuren. *Z Phys Med Baln Med Klim* 19: 314–319, 1990.

[12] Melchior H, de Geeter P (Hrsg.): *GIH-Manual*. Melsungen: Bibliomed, 2003. In Vorbereitung.

[13] Merkle W (Hrsg.): *Urologie*. Stuttgart: Hippokrates Verlag, 1997.

[14] Muschter R: *Therapie der BPH-Erkrankung*. Bremen: Uni-Med, 2000.

[15] Rübben H (Hrsg.): *Uroonkologie*. Berlin; Heidelberg; New York: Springer, 3. Auflage, 2001.

[16] Vahlensieck W: *Blickpunkt benigne Prostatahyperplasie*. Basel: Aesopus, 1995.

[17] van Kampen M, de Weerdt W, van Poppel H, de Ridder D, Feys H, Baert L: Effect of pelvic-floor re-education on duration and degree of incontinence after radical prostatectomy: a randomised controlled trial. *Lancet* 355: 98–102, 2000.

[18] Walsh P, Retik A, Vaughan jr E, Wein A (Hrsg.): *Campbell's Urology*. Philadelphia; London; Toronto: W. B. Saunders, 8. Auflage, 2002.

[19] Leitlinienentwurf „Urologische Rehabilitation" des Arbeitskreis Rehabilitation urologischer und nephrologischer Erkrankungen der gemeinsamen Fort- und Weiterbildungskommission der Deutschen Gesellschaft für Urologie und des Berufsverbandes der Deutschen Urologen, 2002.

[20] Nierenzellkarzinom. Urologe [A] 38/5, 1999.

[21] Thema alternative Therapien des lokalen Prostatakarzinoms. Urologe [A] 40/3, 2001.

[22] Thema Harnableitung. Urologe [A] 40/5, 2001.
[23] Thema Urothelkarzinom. Urologe [A] 40/6, 2001.
[24] Thema metastasiertes Nierenzellkarzinom. Urologe [A] 41/3, 2002.

18 Gynäkologische Erkrankungen

Barbara Ehret-Wagener, Christiane Niehues

Die Lebenssituation von Frauen ist weithin durch den Rollenkonflikt zwischen Beruf und Familie gekennzeichnet. Trotz zunehmender Erwerbsarbeit von Frauen hält sich die traditionelle, geschlechtsspezifische Arbeitsteilung, wonach die Frau für Haus und Familie und der Mann für die Existenzsicherung verantwortlich ist. Frauen nehmen häufig nicht kontinuierlich am Erwerbsleben teil und finden auf dem Arbeitsmarkt ein eingeschränktes Angebot an qualifizierten und qualifizierenden Tätigkeiten vor.

In der Frauenforschung wurde die Doppelbelastung lange Zeit nur unter dem Blickwinkel negativer Folgen beurteilt. Kompetenz in beiden Bereichen kann aber auch das Spektrum an verfügbaren Ressourcen erweitern. Dies mag der Grund dafür sein, dass nahezu alle Frauen, die Beruf und Familie vereinbaren, die Teilhabe an beiden Lebensbereichen als Vorzug nennen, und zwar unabhängig vom sozioökonomischen Status und von der Art des ausgeübten Berufes.

18.1 Allgemeines

Viele gynäkologische Beschwerden und Funktionsstörungen sind nur vor einem bio-psycho-sozialen Hintergrund verständlich. Dies hat sowohl Konsequenzen für die Rehabilitation als auch für das Leistungsvermögen im Erwerbsleben. Zur Beurteilung psychosomatischer Krankheitsbilder siehe auch die Kapitel 23 und 25.

18.1.1 Diagnostik

Neben allgemeinen Empfehlungen zur sozialmedizinischen Begutachtung (Kapitel 5) sind hier in erster Linie die fachspezifischen Gesichtspunkte zu berücksichtigen.

Anamnese

Geburten: Entbindungsmodus, Komplikationen bei Schwangerschaft und Geburt. *Fehlgeburten:* Gestationsalter, Ursachen, Komplikationen. *Familienplanung:* Kinderwunsch, Kontrazeption. *Menstruation:* Menarche, Regeltempo und -dauer, Zyklusanomalien, letzte Regelblutung, Dysmenorrhoe. *Blasen-Darm-Funktion:* Infekte, Inkontinenz. *Sexualanamnese, Traumatisierungen. Medikamente:* Orale Kontrazeptiva, Substitutionsbehandlung im Klimakterium. *Operationen:* Gynäkologische, geburtshilfliche und anderweitige abdominelle Eingriffe. *Vorsorgeuntersuchungen:* Wann, wo, mit welchem Ergebnis?

Körperliche Untersuchung

Inspektion: Abdomen und äußeres Genitale, Spekulumuntersuchung von Vagina und Portio; ggf. Kolposkopie. *Abstrichentnahme:* Zytologie von Zervixkanal und Portiooberfläche; Nativpräparat, Aziditätsmessung, ggf. auch Bakteriologie und Mykologie aus der Vagina bzw. aus dem Zervixkanal. *Pressversuch:* Hinweise auf Descensus oder Harninkontinenz. *Anspannungsversuch:* Funktion der Beckenbodenmuskulatur. *Bimanuelle Palpation, rektale Untersuchung:* Inneres Genitale, Parametrien, inguinale Lymphknoten.

Ergänzend zur Unterbauchdiagnostik werden die Mammae und die axillären, supra- und infraklavikulären Lymphabflussgebiete untersucht.

Labordiagnostik

Blut: BSG, kleines Blutbild, Eisen, Ferritin; CRP (bei entzündlichen Erkrankungen); ggf. Tumormarker.

Urin: Glukose, Eiweiß, Sediment; Bakteriologie. *Hormondiagnostik:* Prolaktin, FSH, LH, Oestradiol, Progesteron; bei Virilisierung DHEAS und Testosteron.

Bildgebende Verfahren

Vaginalsonographie: Größe, Lage und Struktur der inneren Genitalorgane. *Abdominelle Sonographie:* Unklare Tastbefunde, Raumforderungen, freie intraabdominelle Flüssigkeit. *Mammasonographie:* Unterscheidung solider von zystischen Veränderungen, Lokalisationsdiagnostik; generell ist aber hier die Mammographie der Sonographie überlegen. *Mammographie:* Früherkennung von Karzinomen, Nachsorgekontrolle, stereotaktische Lokalisation und Punktion suspekter Herde, Planung einer brusterhaltenden Therapie.

Daneben kommen je nach Fragestellung auch konventionelles Röntgen, Knochenszintigraphie, Osteodensitometrie, CT und NMR zum Einsatz.

Urologie

Im Grenzbereich zur Urologie (siehe Kapitel 17) liegen u. a. Zystoskopie, urodynamische Untersuchungen wie Urethrozystotonometrie und Uroflowmetrie, radiologische Untersuchungen wie laterales Urethrozytogramm und Infusionsurographie, Nierensonographie und Laboruntersuchungen des Urins. Diese Verfahren sind prätherapeutisch wie in der Beurteilung postoperativer Komplikationen oder Folgeschäden etwa nach onkologischen Therapien von großer Bedeutung.

Endoskopie

Endoskopische Verfahren haben sich im letzten Jahrzehnt weiter verbreitet. Die Laparoskopie ersetzt vielfach die Laparotomie, so bei der Endometriose oder der Second-look-Diagnostik nach Ovarialkarzinom. Die Hysteroskopie wird immer häufiger zur Diagnostik und Therapie von Endometriumveränderungen eingesetzt. Damit werden gezielte Biopsien suspekter Endometriumbezirke möglich und submuköse Myome, Blutungsstörungen und Uterusfehlbildungen minimal invasiv behandelbar.

18.2 Benigne Erkrankungen

Das Leben der Frau vollzieht sich in biologischen Phasen, die auch das gynäkologische Krankheitsgeschehen prägen. Zyklusstörungen sind zu Beginn und am Ende der reproduktiven Phase häufig. Bei 5–10 % der sexuell aktiven Frauen findet sich eine bakterielle Kolpitis. Auch akute und chronische Adnexitiden treten vorwiegend in der reproduktiven Phase auf. Mit zunehmendem Alter sinkt das Entzündungsrisiko. Gutartige Neubildungen wie Endometriose und Myome sind östrogenabhängige Erkrankungen mit fast sicherer Ausheilung in der Menopause.

Selbst bei guten Heilungschancen beeinträchtigen gynäkologische Erkrankungen Wohlbefinden, Körpererleben, Sexualität und Partnerschaft. Mitunter findet auch das Erleben von Machtmissbrauch, sexueller Gewalt oder Belästigungen am Arbeitsplatz Ausdruck in schwierig einzuordnenden Unterleibsbeschwerden. Viele gynäkologische Erkrankungen neigen situativ zur Chronifizierung, etwa als chronische Schmerzkrankheit, Blasenstörungen oder Juckreiz; hierzu können auch unkritische OP-Indikationen beitragen. Daraus ergibt sich häufiger eine Indikation zur Rehabilitation, seltener zu einer Berentung.

18.2.1 Zyklusstörungen

Zu unterscheiden sind Anomalien von *Regeltempo* (Oligo- und Polymenorrhoen), *Blutungsstärke* (Hyper- und Hypomenorrhoen), *Blutungsdauer* (Menorrhagien, dysfunktionelle Dauerblutungen) und schließlich die azyklischen *Zwischenblutungen* (Metrorrhagien). Eine *Dysmenorrhoe* (schmerzhafte Blutung) kommt bei der Endometriose, häufiger aber auch ohne morphologisches Korrelat vor.

Menstruationsstörungen treten in der Pubertät und in der Prämenopause als Symptome endokriner Dysbalancen auf. Häufige Ursachen für Metrorrhagien, die auch zu schweren Anämien führen können, sind Uterus myomatosus (v. a. submuköse Myome), entzündliche Veränderungen und Polypen im Portio- und Zervixbereich. Bei anhaltenden Blutungen ist immer ein Zervix- oder Korpuskarzinom auszuschließen. Perioder postmenopausale Blutungen entstehen auch unter Hormonersatztherapien und sistieren nach deren Absetzen. Differenzialdiagnostisch müssen schließlich auch Gerinnungsstörungen erwogen werden.

In der Regel ergibt sich aus diesen meist zeitlich begrenzten Störungen keine wesentliche Auswirkung auf die Leistungsfähigkeit.

18.2.2 Fertilitätsstörungen

Unfreiwillige Kinderlosigkeit kann biologische, psychische und soziale Ursachen haben. Die Sterilitätsursachen liegen zu 30–40 % beim Mann und zu 40–50 % bei der Frau (hormonelle, tubare, uterine, vaginale und psychische Ursachen). Bei Fehlschlag einer konservativen Behandlung stehen invasive Therapien wie die In-vitro-Fertilisation (IVF) zur Verfügung mit einer Erfolgsrate von maximal 16 %. Die ovarielle Stimulation verursacht in vielen Fällen heftige Schmerzen. Die Zeit nach dem Embryotransfer ist mit großer Erwartung und oft nachfolgender Enttäuschung verbunden.

Sterilität wird meist, besonders von der Frau, als sehr belastend erlebt. Zahlreiche Untersuchungen, Eingriffe und Therapien bestimmen das Leben oft über Jahre und führen bei Nichterfüllung des Kinderwunsches häufig zu schweren Trauerreaktionen. Auch habituelle Aborte und Totgeburten sind eingreifende Lebensereignisse mit nachfolgenden depressiven Verstimmungen, besonders wenn der Kinderwunsch auch weiterhin unerfüllt bleibt. Die sozialmedizinische Sachaufklärung hat diese Faktoren zu berücksichtigen.

18.2.3 Klimakterium und Menopause

Das Klimakterium ist eine natürliche Durchgangsphase zwischen dem 45. und 55. Lebensjahr. Sie ist gekennzeichnet durch nachlassende Ovarialaktivität und unregelmäßige Blutungen. Die Menopause tritt durchschnittlich mit 52 Jahren ein. In diese Lebensphase fallen oft biographische Turbulenzen. Die Kinder verlassen das Haus, die Eltern sind zu versorgen, der Wiedereinstieg in das Berufsleben ist oft frustrierend, Partnerschaftsprobleme treten auf.

Leitsymptome der Wechseljahre sind Hitzewallungen und Schweißausbrüche, die in unterschiedlicher Intensität von 75 % der klimakterischen Frauen erlebt werden und die durchschnittlich zwei Jahre anhalten. Alle anderen dem Klimakterium zugeschriebenen Symptome wie Herzrasen, depressive Verstimmungen, Schlafstörungen Scheidentrockenheit, Miktionsstörungen und Libidoverlust sind fakultativ. Durch probatorische Hormongaben ist leicht festzustellen, welche Beschwerden durch Nachlassen der Östrogenproduktion und welche durch andere Ereignisse hervorgerufen werden.

Organische Folge des Östrogenrückgangs kann eine Atrophie des Scheidenepithels mit Disposition zu atrophischer Kolpitis und Kohabitationsbeschwerden sein. Ein Verlust an Knochendichte bis zu 2 % in den ersten sechs Jahren jenseits der Menopause ist physiologisch. Bei genetischer, konstitutioneller medikamentöser oder lebensweisenbedingter Osteoporosedisposition ist die Hormonersatztherapie nur ein Behandlungsansatz unter vielen.

Zusammenfassend ist das Klimakterium weniger durch hormonelle als vielmehr durch psychosoziale Faktoren beeinflusst, die über psychovegetative Symptome oder eine depressive Verstimmung das Leistungsvermögen beeinflussen können.

18.2.4 Adnexitis

Zehn bis fünfzehn Prozent aller Frauen erleiden eine Adnexitis. Risikofaktoren sind liegendes IUP, Dauerblutungen, chronische Vaginalinfekte und Z. n. Adnexitis. Chlamydien gelten als „Leitkeim", im Prinzip handelt es sich jedoch um ein polybakterielles Erregerspektrum, das zu einer aszendierenden Entzündung via Uterus zu den Tuben (Salpingitis, Tuboovarialabszess) und in den Bauchraum (lokale bzw. ausgedehnte Peritonitis) führt. Eine Gonorrhoe als „echte" Geschlechtskrankheit ist auszuschließen. Häufige Folgezustände sind Adhäsionen unterschiedlichen Ausmaßes, Fertilitätsstörungen und Tubargraviditäten.

Von sozialmedizinischer Bedeutung sind die chronisch rezidivierenden Verläufe. Ungünstig sind Arbeitsplätze in Kälte und Nässe. Je nach Ausprägung der Schmerzsymptome, auch durch Adhäsionen als Sekundärfolgen, sind häufiges Heben und Tragen von Lasten über 15 kg sowie ständiges Stehen und

Zwangshaltungen zu vermeiden. Die medizinische Rehabilitation kann mittels intensivierter Balneotherapie (Moor) die Resorption entzündlicher Restinfiltrate verbessern und in den psychoedukativen Anteilen modifizierend auf Risikofakoren einwirken (Verbesserung der Entspannungs- und Konfliktlösungsfähigkeit, Nikotinentwöhnung u. a.).

18.2.5 Endometriose

Diese chronisch-rezidivierende Erkrankung im reproduktionsfähigen Alter betrifft 5–10 % der Frauen und bleibt häufig längere Zeit undiagnostiziert. Dabei wächst gebärmutterschleimhautähnliches, meist östrogenabhängiges Gewebe in der Gebärmutterwand (E. interna) oder außerhalb der Gebärmutter (E. externa). In der Mehrzahl der Fälle ist die Ausbreitung auf das kleine Becken beschränkt, hat eine knotig-zystische Form (oft mit Ovarialzysten) oder eine eher flächige Ausbreitung. Man unterscheidet klinisch und histologisch aktive von inaktiven Formen. Narben nach gynäkologischen Eingriffen können befallen sein, selten kommen Fernabsiedlungen in anderen Organen vor. Die Einteilung erfolgt zum Teil nach Schweregraden gemäß ASF, wobei diese Einteilung jedoch nur bedingten Aussagewert über die vollständige Ausbreitung und die Dynamik der Erkrankung hat. Über die Ursache der Endometriose gibt es viele Hypothesen, eine einheitliche Ursache ist bisher nicht bekannt. Die Ausprägung und der Verlauf sind individuell sehr verschieden. Das häufigste Symptom sind heftigste Dysmenorrhoen, Schmerzen beim Geschlechtsverkehr, gefolgt von Darm(funktions)störungen, Blutungsstörungen und Sterilität. Im aktiven Stadium der Erkrankung wird auch Erschöpfbarkeit, Infektanfälligkeit und verstärkte Müdigkeit beschrieben. Allerdings gibt es auch schmerzlose Verläufe bei ausgedehntem Organbefall, die z. B. im Rahmen der Kinderwunschbehandlung entdeckt werden.

Die Therapie richtet sich nach dem bisherigen Verlauf, der weiteren Lebensplanung und dem aktuellen Befund bzw. Beschwerdebild. Operatives Vorgehen umfasst: Herdresektion, Adhäsiolyse, Darmresektion bei destruierend wachsenden Herden, Entlastung der ableitenden Harnwege.

Ein Wiederauftreten der Erkrankung ist auch nach Entfernung aller sichtbaren Herde nicht sicher zu verhindern und umso wahrscheinlicher, je ausgedehnter der Befund ist und je rascher die Krankheitsentwicklung war. Alternativ oder additiv stehen Hormonbehandlungen mit unterschiedlicher Wirkpotenz und Nebenwirkungen zur Verfügung: GnRH-Analoga, Danazol, Gestagene, gestagenbetonte Ovulationshemmer.

Endometriosebedingte Funktionsstörungen sind sehr variabel. Häufige Rezidive, wiederholte operative Eingriffe und wechselhafte, als nicht beeinflussbar erlebte Schmerzzustände leisten Chronifizierungsprozessen Vorschub. Das Krankheitsgeschehen wirkt stark in die Biographie ein (Kinderwunsch, Partnerschaft, Sexualität, persönliches und berufliches Leistungsvermögen) und führt nicht selten zu einer depressiven Belastungsreaktion.

Sozialmedizinische Beurteilung

Eine Besonderheit der Endometriose ist, dass sie meist zyklisch (im Menstruationszyklus) und in Krankheitsschüben mit dazwischenliegenden erscheinungsfreien Intervallen verläuft. Eine genaue Beschwerde- und Therapieanamnese ist erforderlich, um das Ausmaß der Beeinträchtigung zu erfassen. Viele Betroffene sind während der Menses nicht oder nur mit starken Schmerzmitteln arbeitsfähig, was am Arbeitsplatz und im sozialen Umfeld teilweise nicht bekannt werden darf. Sekundärfolgen der Erkrankung können das Leistungsvermögen stark beeinflussen, z. B. nach Darmteilresektion oder Vielfach-Operationen. Neben den somatischen Störungen, die eine nur leichte körperliche Tätigkeit ohne Zwangshaltungen erfordern können, stehen psychische Folgen einer chronischen Schmerzsymptomatik. Depressive (Erschöpfungs-)Reaktionen sind außerdem durch wiederholte Enttäuschungen, Kränkungen, therapeutische Ratlosigkeit und Kinderwunsch-Partner-Problematik zu erklären. Im Extremfall können dann auch leichte Tätigkeiten nicht mehr ausgeübt werden.

Stationäre medizinische Rehabilitation ist in mehrfacher Hinsicht erfolgversprechend: Die Folgestörungen können durch balneophysikalische Therapien deutlich gelindert werden, körperliche Aktivität steigert das Leistungsvermögen und verbessert das Körpergefühl, ausführliche Krankheitsinformation und -beratung sowie spezifische Gruppenangebote verbessern die Krankheitsbewältigung und die Compliance.

18.2.6 Uterus myomatosus, Ovarialzysten

Funktionelle Ovarialzysten und Uterusmyome sind häufig ohne Krankheitswert. Für Myome als typisch geltende Blutungsstörungen wie Hypermenorrhoen, Meno- und Metrorrhagien kommen als Ausdruck hormoneller Dysregulation bei normalem Uterus vor, ebenso die funktionellen Ovarialzysten.

Funktionelle Ovarialzysten sind vaginalsonografisch gegenüber echten gutartigen Neubildungen wie Dermatomen, Endometriomen usw. abzugrenzen. Unterbauchschmerzen mit offensichtlich funktionellem bzw. psychosomatischem Charakter sollte nach einer evtl. einmaligen laparoskopischen Klärung nicht weiter mit chirurgischen Maßnahmen begegnet werden.

Uterusmyome sind gutartige Bindegewebsknoten, die an unterschiedlichen Stellen der Gebärmutter isoliert oder multipel entstehen können. Sie wachsen östrogenabhängig und verkleinern sich postmenopausal wieder. Asymptomatische Myome sind keine OP-Indikation. Seit einigen Jahren wird zunehmend organerhaltend, wenn möglich minimal-invasiv operiert, z. B. per Laparoskopie. In Entwicklung sind radiologische Embolisationsverfahren. Eine Östrogen-Gestagen-Dysbalance ist medikamentös ausgleichbar mit günstigen Auswirkungen auf Blutungsstörungen.

18.2.7 Deszensus und Inkontinenz

Das Problem der Harninkontinenz stellt sich aufgrund der weiblichen Anatomie mit einer relativ kurzen Urethra (3–5 cm), einer vermehrten Beanspruchung der Beckenbodenregion durch Geburten und schweres Heben sowie postmenopausal verminderter Östrogenproduktion relativ häufig. Bei genauer Befragung geben ein Drittel bis die Hälfte aller Frauen ungewollten Harnabgang an. Das Thema ist immer noch stark scham- und tabubesetzt und kann erhebliche soziale Konsequenzen nach sich ziehen.

Wichtig ist die genaue Anamnese zur Art und Häufigkeit der Symptome und die Erfassung des Leidensdruckes vor Einleitung einer evtl. Therapie. Eine Miktionsfrequenz bis zu 8mal tags und 1mal nachts ist noch normal. Zu klären sind auch nicht-gynäkologische Fragestellungen (Diuretika, Sedativa, u. a.), die das Miktionsverhalten und die Vigilanz betreffen.

Die Differenzierung von *Urge- bzw. Drang-Inkontinenz* und *Stress- bzw. Senkungs-Inkontinenz* ist nicht immer leicht (siehe auch Kapitel 17), auch geht nicht jeder Deszensus mit einer Inkontinenz einher. Bei der Stressinkontinenz unterscheidet man drei Grade: Grad I = Urinabgang bei plötzlichem abdominalen Druck (Husten, Niesen usw.), Grad II = Urinabgang bei geringer Druckerhöhung (z. B. Laufen), Grad III = Urinabgang im Stehen in Ruhe. Ausgeprägte Senkungen können zu einer Abquetschung der Urethra mit passagerem Harnverhalt führen. Abzugrenzen sind ferner die Reflexinkontinenz („neurogene Blase"), die Überlaufinkontinenz (z. B. auch infolge Nervenläsionen nach WERTHEIM-Operation) und Harnfisteln.

Die gynäkologische Untersuchung erfasst Art und Ausmaß der Veränderungen: Beckenbodeninsuffizienz, Zysto-, Urethro-, Rekto- oder Enterozele, Prolaps, Östrogenmangel-Atrophie der Vaginalhaut, Größe und Lage des Uterus. Mittels uro-gynäkologischer Diagnostik wird die Abklärung erweitert und komplettiert durch bakteriologische Urindiagnostik und Miktionsprotokolle der Patientin.

Die Therapie der Urge-Inkontinenz ist streng konservativ. Neben der Östrogenisierung der Scheide und antibakterieller Therapie bei Entzündungen werden muskelrelaxierende, alpha-mimetische und anticholinergische Medikamente eingesetzt. Wichtig sind ein gleichzeitiges Blasentraining, ggf. Beckenbodenübungen und psychische Begleitung zur Verbesserung der Entspannungsfähigkeit.

Für die Therapie eines Deszensus genitalis haben trainierende Maßnahmen (Beckenbodentraining, Konustraining, evtl. Elektrostimulation) Bedeutung. Leichte Formen der Harninkontinenz können damit vollständig geheilt werden, bei operativem Vorgehen sichert es einen besseren Langzeiterfolg. Die Existenz von mehr als 100 Verfahren zeigt die Schwierigkeit einer optimalen operativen Versorgung der Harninkontinenz. Das technische Hauptziel ist die Wiederherstellung eines suffizienten Urethralverschlusses. Dabei wird den abdominalen Zugangsverfahren der Vorzug gegeben (Abwandlungen der Technik nach BURCH, TVT-Schlingensuspension nach ULMSTEN u. a.). Die Straffung der Beckenbodenmuskulatur bei vaginalem Vorgehen kann eine zusätzliche Stützung bewirken.

Die Rezidivquote nach 3–5 Jahren liegt je nach Operationsmethode und Selektion bei 20–40 %. Funktionelle vorübergehende Probleme treten relativ häufig auf (Urgesymptome, Entleerungsstörungen, Kohabitationsprobleme). Auch kann die vita sexualis durch Narben und Stenosen stark beeinträchtigt sein, z. B. durch einen hohen häutigen Damm nach hinterer Kolporrhaphie. Schmerzen bei definierten Bewegungen oder durch einen langwierigen entzündlichen Reizzustand als Dauerschmerz werden nach Sakrospinopexien im LWS-Bereich und am Schambein nach Fixierungen am Periost beklagt. Jeder Rezidiveingriff birgt ungleich höhere Komplikationsraten als der Ersteingriff (Harnwegsverletzungen, Fisteln, Hämatome, Infektionen) sowie das Risiko der Verschlechterung der Harninkontinenz.

Sozialmedizinische Beurteilung

Nach einer erfolgreich durchgeführten Deszensus-Operation ist zur Sicherung des Operationsergebnisses während der Heilungsphase das Heben und Tragen von Lasten über 5 kg zunächst für 4–6 Monate zu vermeiden. Danach sind i. d. R. bei stabilem Befund wieder leichte bis mittelschwere Arbeiten möglich. Wichtig sind zusätzliches Beckenboden- und Blasentraining sowie beckenboden- und rückenschonendes Heben und Tragen, das sinnvollerweise im Rahmen einer Rehabilitation erlernt werden kann. Nach Operation eines Rezidiv-Deszensus und nach komplizierteren Eingriffen kann eine dauerhafte Einschränkung des Leistungsvermögens folgen. Uro-gynäkologische Zusatzbefunde oder Fachgutachten sind zu Rate zu ziehen. Meist sind leichte über sechsstündige Tätigkeiten ohne Zwangshaltungen z. B. im Bücken und ohne überwiegendes Stehen zumutbar. Dieses Leistungsbild trifft auf Büroarbeitsplätze zu, bei Tätigkeiten z. B. in der Pflege mit den berufstypischen Belastungen ist hingegen eine berufliche Umorientierung erforderlich.

Zur Leistungsbeurteilung aus urologischer Sicht vgl. auch Kapitel 17.

Harninkontinenz ist ein Problem in der hygienischen Versorgung. Im Rahmen der betriebsüblichen Pausen und der persönlichen Verteilzeit müssen sanitäre Einrichtungen ohne Schwierigkeiten erreichbar sein. Auch das Ausmaß der Inkontinenz und die individuelle Fähigkeit des Umgangs sollten berücksichtigt werden. Bei einer Urge-Inkontinenz-Komponente ist auf Kälte- und Nässeschutz zu achten, ggf. kein Zeitdruck, keine Akkordarbeit.

Die schwierigsten Fälle sind durch starke (Narben-)Schmerzen, soziale Isolation und depressive Reaktion kompliziert. Hier kann das Leistungsvermögen zusätzlich zu den genannten Einschränkungen auch zeitlich eingeschränkt sein.

In allen beschriebenen Konstellationen kann durch trainierende, psychosoziale und physikalische Elemente der medizinischen Rehabilitation eine Verbesserung erreicht werden mit dem Ziel der Stabilisierung des Operationsergebnisses, einer Minderung der Beschwerden bzw. verbesserten Umganges mit verbleibenden Einschränkungen.

18.2.8 Folgen gynäkologischer Operationen

Eine der häufigsten gynäkologischen Operationen ist die Hysterektomie. Hysterektomierte Frauen kommen durchschnittlich vier Jahre früher in die Menopause. Ursache ist in vielen Fällen eine Durchblutungsverminderung der Ovarien infolge Durchtrennung der A. uterina. Studien legen nahe, dass eine Hysterektomie in der Prämenopause Einwirkungen auf die Knochendichte hat. Das koronare Neuerkrankungsrisiko bei hysterektomierten Frauen erhöht sich um das 2,7fache. Nach einer Hysterektomie können Hitzewallungen, Schweißausbrüche, Müdigkeit, Depressionen, Blasenentleerungsstörungen, Darmstörungen und eine Veränderung des sexuellen Erlebens als sog. *Posthysterektomiesyndrom* auftreten.

Bei gynäkologischen Operationen werden aufgrund anatomischer Gegebenheiten immer auch benachbarte Organstrukturen verletzt, so dass Funktionsstörungen entstehen können, die nicht dem erkrankten bzw. operierten Organ zuzuordnen sind.

Bauchdeckenläsionen

Der Aponeurosenquerschnitt nach PFANNENSTIEL führt zu einer dreiecksförmigen, flächigen, mehrschichtigen Läsion mit der Basis am Schnitt und der Spitze unterhalb des Nabels. Die Vernarbung entspricht einer Defektheilung. Nach Wundkomplikationen (Hämatom, Serom, Nahtdehiszenz, Infektion) oder Mehrfachoperationen entstehen Narbenstränge, in die Neurinome einwachsen. Nicht selten lassen sich kleine Faszienlücken mit druckdolenten Rändern tasten. Auch laparoskopische Operationen führen gelegentlich zu schmerzhaften Narben.

Der chronische Bauchdeckenschmerz nach abdominalen gynäkologischen Operationen ist differenzialdiagnostisch ein schwieriges Problem. Klinisch sind ihm folgende Befunde zuzuordnen: (1) eingezogene, evtl. schräge, unsymmetrische Operationsnarbe mit wulstförmigen Veränderungen oberhalb; (2) Mehrfachnarben; (3) Insuffizienz der Bauchdeckenmuskulatur mit Vorwölbung und mangelhafter Einziehbarkeit; (4) lokalisierter Druckschmerz im Narbenbereich und darüber, beim Husten kleine Vorwölbung und tastbare Faszienlücke; (5) lokalisierter Druckschmerz und Verhärtungen im lateralen Narbenbereich, bes. über die Mm. obliqui interni und transversi; (6) Zunahme der Beschwerden bei körperlicher Belastung, Abnahme in Ruhe oder bei Rückenlage.

Abdominelle Adhäsionen

Adhäsionen werden verursacht durch aszendierende und deszendierende Entzündungen, Endometrioseherde und Operationen. Sie entstehen bevorzugt nach abdominellen Eingriffen wie Ovarialcystenexstirpation, Myomenukleation, Antefixation, Appendektomie, Tubensterilisation und diagnostischer Laparoskopie, aber auch nach intrauterinen Eingriffen. Wegen der kompletten Peritonealisierung finden sich bei unkomplizierter Hysterektomie selten Adhäsionen, wohl aber nach Hysterektomie nach mehreren Voroperationen. Adhäsionen stellen einen Teil des Heilungsprozesses dar. Sie sind auch bei guter Operationstechnik nicht zu vermeiden.

Die häufigste Ursache für einen Adhäsionssitus sind operative Eingriffe. Nach mehreren Adhäsionsoperationen sind die morphologisch-anatomischen Strukturen im kleinen Becken nur noch mit großen Schwierigkeiten darzustellen. Am Ende erfolgt dann häufig die Hysterektomie, die dann erneut zu Adhäsionskonglomeraten mit den Restorganen führt.

Adhäsionen verursachen u. a. Infertilität, Störungen der Darmmotilität und Schmerzen. Bei folgenden Symptomen ist an Adhaesionen zu denken: (1) wandernde, gegebenenfalls von den Mahlzeiten, der Blasen- oder Stuhlentleerung und der psychischen Befindlichkeit abhängige Schmerzen, die auch in Ruhe bemerkt werden; (2) vorübergehend ausstrahlende Schmerzen in den Rücken; (3) Veränderungen des Stuhlgangs: Obstipation, Durchfälle, spastische Stühle, Blähungen; (4) fehlende Druckdolenz bei der vaginalen Untersuchung, diffuse Druckdolenz bei der abdominalen Palpation.

Beckenbodenfunktionsstörungen

Auch bei gynäkologischen Operationen ohne Korrektur einer Senkung sind Beckenbodenfunktionsstörungen häufig infolge Zerstörung bzw. mangelhafter Rekonstruktin der Fascia pelvis superior. Die Symptome reichen von der Obstruktion über anale Schmerzen, Schmerzen im linken Unterbauch, Obstipation bis hin zu Darmblutungen, Schleimentleerungen und einem Reizcolon. Die veränderte Statik im kleinen Becken kann ein Tiefertreten der Scheide und damit eine Zysto- bzw. Rektozele verursachen.

Im Bereich des Harntraktes kann es bei ausgedehnten Eingriffen zu einer Verletzung der Ganglia pelvina kommen. Diese führt zu einer vorübergehenden, häufig aber auch langanhaltenden oder dauerhaften Blasenmuskel-Areflexie. Werden die sympathischen Fasern des Plexus hypogastricus geschädigt, geht die Harnröhreneigenspannung verloren und es kommt zur Harninkontinenz.

Der physiologische Ablauf der sexuellen Erregung und des Orgasmus bezieht die Muskulatur von Beckenboden, oberem Scheidendrittel und Gebärmutter mit ein. Klitoris, Schamlippen, Damm und Analring gehören ebenfalls zum Beckenboden. Eine Durchtrennung der nervösen und arteriellen Versorgung der Beckenbodenstützorgane und eine Verkürzung und Vernarbung des Scheidenstumpfes führt in vielen Fällen zumindest vorübergehend zu einer Einschränkung sexueller Funktionen.

Sozialmedizinische Beurteilung

Zur Sicherung des Operationsergebnisses ist das Heben und Tragen von Lasten von über 5 kg zunächst für ca. drei Monate zu vermeiden. Nach Hysterektomie ohne Komplikationen entsteht keine dauerhafte Einschränkung der Leistungsfähigkeit. Nach großen oder kompliziert verlaufenden Operationen kann das Leistungsvermögen erheblich eingeschränkt sein. Unabhängig von der ursprünglichen Indikation kann sich nach jeder Operation, vor allem aber nach Rezidiv-Operationen ein Schmerzbild unterschiedlichen Ausmaßes entwickeln. Die Leistungsbeurteilung erfolgt nach individuellen Gesichtspunkten, wobei insbesondere die häufigen Rückenschmerzen zu berücksichtigen sind. Zwangshaltungen im Bücken, ständiges Stehen, häufiges bzw. mittelschweres Heben und Tragen sind eher ungünstig. Hinsichtlich der psychischen Komponente sind hohe Stressbelastung, Akkord- und Schichtarbeit bei entsprechender Schmerzverstärkung zu vermeiden. Wenn Depressivität oder Angstsymptomatik den Verlauf komplizieren, sollte die Beurteilung fachübergreifend erfolgen. In schweren Fällen kann das zeitliche Leistungsvermögen auf unter sechs Stunden eingeschränkt sein.

Das komplexe Bild bedarf möglichst frühzeitig eines multimodalen Therapieansatzes, der die organisch und psychische Dimension gleichermaßen berücksichtigt. Rehabilitation mit gynäkologischer, psychotherapeutischer und ggf. orthopädischer Kompetenz ist dringlich indiziert.

18.2.9 Der chronische Unterbauchschmerz

Der chronische Unterbauchschmerz (sog. Pelvipathiesyndrom) der erwachsenen Frau ist immer ein psycho-somatisches bzw. somato-psychisches Geschehen im eigentlichen Wortsinn. Er kann seine Ursache in einer neurotischen Fehlentwicklung haben in Zusammenhang mit frühen (oft nicht bewussten) Traumatisierungen (Gewalterfahrungen, Vernachlässigung, sexuelle Traumatisierung), vor allem bei Fehlen jeglichen organischen Befundes. Chronische Unterbauchschmerzen können auch als Symptom einer chronischen gynäkologischen Erkrankung perpetuieren, z. B. bei Endometriose oder chronisch-rezidivierender Adnexitis. Manchmal beginnt der Leidensweg mit einer gynäkologischen Operation.

Unterbauchschmerzpatientinnen sind Problempatientinnen. Die diagnostische Abklärung ist schwierig, die Therapie oft unbefriedigend. Der Lebensweg der meisten Schmerzpatientinnen wird begleitet durch zahlreiche operative Eingriffe. Oft sind als Ausdruck eines Übertragungseffektes die Beschwerden nach dem operativen Eingriff verschwunden und kehren erst nach einigen Wochen wieder. Dies wird als Therapieerfolg gewertet, der bei Wiederauftreten der Beschwerden ein erneutes operatives Eingreifen bahnt, besonders wenn zusätzlich ein „Befund" (z. B. Corpus-luteum-Cyste) diagnostiziert wird. Nach häufigen Relaparotomien mit wiederholten Adhäsiolysen ist die Destruktion der Organstrukturen im kleinen Becken oft so ausgedehnt (*frozen pelvis*), dass organisch bedingte Schmerzen hinzukommen.

Chronische Schmerzen im Zusammenhang mit gynäkologischen Erkrankungen können auch Ausdruck von Trauer, Angst oder Abwehr sein. Als Chronifizierungsfaktoren sind der primäre und sekundäre Krankheitsgewinn, der Einfluss von sozialen Belastungssituationen, das Verhalten von Ärzten und unangemessene Coping-Reaktionen zu beachten. Die sozialmedizinische Beurteilung gestaltet sich vielfach schwierig. Sie muss sich auf sorgsame Erhebungen im somatischen und psychischen Bereich stützen, ggf. fachübergreifend.

18.3 Gynäkologische Tumoren

Psychosoziale Faktoren bei gynäkologischen Karzinomen sind wenig erforscht. Es fehlen valide Daten zur Frage, wie Frauen ihre Erkrankung verarbeiten, auf welche gesellschaftliche Unterstützung oder Widerstände sie stoßen und über welche eigenen Ressourcen sie verfügen. Verbreitet sind psychologisierende Ansichten über eine „Krebspersönlichkeit" oder über Konfliktsituationen als Ursache einer Tumorerkrankung. Sie können bei betroffenen Frauen zu Schuldgefühlen führen. Empirische Studien stützen diesen spekulativen Ansatz nicht.

18.3.1 Allgemeines

Zum Zeitpunkt einer Begutachtung ist die Primärbehandlung i. d. R. abgeschlossen. Das Gutachten zieht die Bilanz des bisherigen Verlaufes, bezieht den aktuellen Befund ein und beurteilt auf dieser Grundlage die absehbare Entwicklung sowohl der Erkrankung als auch der resultierenden Einschränkungen und Behinderungen. Hierfür müssen die Befunde der präoperativen Tumordiagnostik (Histologie, Staging, Rezeptorstatus usw.) ebenso vorliegen wie Berichte über die durchgeführte Therapie und die Behandlungsplanung.

Gravierender als die körperlichen Einschränkungen sind häufig die psychischen Folgen der Diagnose und der zumeist einschneidenden Therapie. Sie führen zu langwierigen Verläufen, Einschränkungen der Lebensqualität und erheblichen Kosten im Gesundheitswesen. Mit der Verbesserung der medizinischen Behandlung gewinnt daher – ergänzend zur Überlebenszeit – die Lebensqualität als Kriterium für die Beurteilung des Therapieerfolges zunehmend an Bedeutung.

Zu den wichtigsten Aufgaben der Rehabilitation gehören die Nutzung und Stärkung individueller Ressourcen im salutogenetischen Sinn. In diesem Prozess spielt die Reaktion des sozialen Umfeldes, besonders der Familie, eine wichtige Rolle. Die Krebserkrankung hat erhebliche Auswirkungen auf die Familienstruktur und stellt häufig eine psychische Belastung der Angehörigen dar. Besonders die Ehepartner sind stark belastet. Betroffene bezeichnen die Unterstützung durch die Familie und durch Freunde als wichtigste Hilfe während der Diagnostik und Therapie, doppelt so wichtig, wie die Unterstützung durch Ärzte und Pflegepersonal. Selbsthilfegruppen leisten einen wesentlichen Beitrag zur Krankheitsbewältigung.

Wesentliche Beurteilungskriterien für das erwerbsbezogene Leistungsvermögen sind die individuellen somatischen und psychischen Krankheits- und Therapiefolgen sowie der erreichte Kompensationszustand im Rahmen von Kontextfaktorn und Rehabilitation. Statistische Verlaufsprognosen sind demgegenüber wenig aussagekräftig.

18.3.2 Mammakarzinom

In Deutschland rechnet man mit ca. 40.000 Neuerkrankungen/Jahr mit steigender Tendenz, davon 75 % nach dem 50. Lebensjahr. Die Früherkennung verlegt die Diagnose auf einen Zeitpunkt besserer Heilungschancen. Bei T1-Stadien liegt die Zehn-Jahres-Überlebensrate bei ca. 80 %. Zusätzlich zum gesetzlich verankerten Recht auf jährliche Früherkennungsuntersuchungen durch den Arzt steht das Mammographie-Screening für Frauen zwischen dem 50. und 70. Lebensjahr in der Erprobungsphase. Ein besonderes Risiko liegt bei Frauen mit der genetischen Prädisposition durch BRCA1/2 bzw. p53 vor; dies betrifft aber nur ca. 5 % aller Mammakarzinompatientinnen.

Diagnostik

Die Diagnostik umfasst präoperative bildgebende Verfahren wie Mammographie, Sonographie oder Kernspintomographie, die histologische Sicherung durch Stanz-/Vakuumbiopsie oder Tumorektomie ggf. mit Schnellschnitt, seltener die zytologische Diagnostik. Zum Staging (Tab. 18.1) gehören außerdem Röntgen-Thorax, Lebersonographie, Skelettszintigraphie, die gynäkologische Untersuchung und Laboruntersuchungen: BB, BSG, Leberwerte, CEA, CA 15-2, Hormonrezeptoren (ER, PR) im Tumorgewebe. Die Therapieplanung richtet sich nach Tumorstadium, Histologie, Alter, Menopausen- und Rezeptorstatus (Tab. 18.2).

TNM	Brust
Tis	Carcinoma in situ (CIS)
T1	Tumor ≤ 2 cm
T1a	Tumor $\leq 0,5$ cm
T1b	Tumor $> 0,5$ cm bis ≤ 1 cm
T1c	Tumor > 1 cm bis ≤ 2 cm
T2	Tumor > 2 cm bis ≤ 5 cm
T3	Tumor > 5 cm
T4	Brustwand oder Haut
T4a	Brustwand
T4b	Hautödem, Ulzeration, Satellitenknoten
T4c	4a und 4b gemeinsam
T4d	Inflammatorisches Karzinom
N1	beweglich axillär, ipsilateral
pN1a	nur Mikrometastasen $\leq 0,2$ cm
pN1b	Makrometastasen:
i	1–3 Lymphknoten, $> 0,2$ bis < 2 cm
ii	≥ 4 Lymphknoten, $> 0,2$ bis < 2 cm
iii	Kapseldurchbruch, < 2 cm
iv	≥ 2 cm
N2	fixiert axillär, ipsilateral
N3	A. mammaria interna
M1	Fernmetastasen
M1a	nur supraklavikulär, ipsi-/kontralateral
M1b	andere Fernmetastasen

TNM = klinische, pTNM = pathologische Stadieneinteilung

Tab. 18.1: Stadieneinteilung des Mammakarzinoms

Primärtherapie

Die kurative Behandlung eines lokoregionalen Mammakarzinoms besteht aus Operation, Nachbestrahlung und ggf. einer adjuvanten Therapie.

Operation Die Operationstechnik hängt ab vom makroskopischen und histopathologischen Befund sowie vom zu erwartenden kosmetischen Ergebnis. Frühere radikale Techniken (z. B. ROTTER-HALSTED) wurden verlassen. Standard sind heute die *brusterhaltende Therapie (BET)* mit Tumorexzision und axillärer Lymphonodektomie (Level I und II) und die *modifiziert radikale Mastektomie (MRM)* mit Axilladissektion. Brusterhaltende Verfahren werden bevorzugt (ca. 60 %). Falls eine Mamma-Aufbauplastik erfolgt, wird diese meist zweizeitig in mehreren Schritten, z. T. unter Angleichung der Gegenseite durchgeführt. Verwendet werden der M. latissimus dorsi oder ein transversaler Rectus-abdominis-Muskellappen (TRAM). Kosmetisch günstige Ergebnisse werden auch durch subkutane Drüsengewebs-Rotationslappen oder freie Eigengewebstransplantate erreicht. Der Einsatz von Silikonimplantaten ist rückläufig.

Bei großen Tumoren kann präoperativ eine neoadjuvante Chemotherapie zur Tumorreduktion eingesetzt werden. Bei sehr kleinen Karzinomen mit niedrigem Malignitätgrad wird die Notwendigkeit von Lymphonodektomie und Nachbestrahlung diskutiert. Die endoskopische Operation der Axilla sowie eine stufenweise Lymphonodektomie je nach Befall des „sentinel node" werden unter Studienbedingungen erprobt. Vorrangiges Ziel bleibt die sichere lokale Tumorkontrolle.

Bestrahlung Die postoperative Bestrahlung von Restbrust und Tumorbett ist bei brusterhaltender Therapie außerhalb von Studien obligat. Bei hohem Lokalrezidivrisiko, nach Operation eines Lokalrezidivs oder bei bestimmten Konstellationen von Lymphknotenbefall wird jeweils getrennt nach Regionen die Indikation zur Nachbestrahlung gestellt. Die Therapiefolgen, speziell das Lymphödemrisiko, hängen erheblich vom Ausmaß der Radiatio ab.

Adjuvante Therapie Sie eliminiert okkulte Fernmetastasen. Als *Chemotherapie* sind sechs Zyklen CMF (Cyclophosphamid, Methotrexat, Fluorouracil) nach wie vor Standard. Zur Anwendung kommen gleichwertig anthrazyklinhaltige Schemata, z. B. EC und AC (Epirubicin bzw. Adriamycin + Cyclophosphamid) in vier Zyklen, ferner Anthrazykline in Kombination mit Taxanen. Als *Hormontherapie* haben sich bei prämenopausalen Patientinnen GnRH-Analoga statt der Ovarektomie durchgesetzt. In der Postmenopause ist der Östrogenrezeptorenblocker Tamoxifen ein wirksames Mittel, welches auch das Risiko eines kontralateralen Karzinomes senkt. Die früher nebenwirkungsreichen Aromatasehemmer wurden soweit verändert, dass ein gleichwertiger Einsatz möglich ist. Chemo-

Kriterien	Günstig (low risk)	Ungünstig (high risk)
Menopausestatus (Alter)	Post-MP Prä-MP ($\geq$ 35 Jahre)	Peri-MP Prä-MP ($<$ 35 Jahre)
Größe des Primärtumors	$\leq$ 1 cm ($<$ 2 cm)	$>$ 2 cm
Lymphknotenbefall: – Anzahl – Lymphknotenkapsel – Metastasengröße – Lokalisation	nicht befallen 1–3 befallen intakt $<$ 2 mm Level I (bis II)	befallen $\geq$ 4 befallen (besonders $\geq$ 10) durchbrochen $\geq$ 2 mm Level III
Fernmetastasen	keine	vorhanden
Histologie/Histochemie: – Grading – Gefäßeinbrüche – Multizentrizität – Hormonrezeptoren	tubulär, papillär, muzinös, medullär G1 (bis G2) nicht nachweisbar nicht vorhanden PR (ER) positiv	duktal-invasiv, inflammatorisch G3 vorhanden vorhanden PR (ER) negativ
Tumorzellen im Knochenmark	nicht nachweisbar	nachweisbar
Proliferationsmarker: – Ploidie – S-Phase – Ki67 (MIB 1) – Proteasen (z. B. Urokinase uPA)	diploid (euploid) $<$ 5 % niedrig nicht erhöht	aneuploid, polyploid $\geq$ 5 % erhöht erhöht
Genetische Marker: – Onkogene (z. B. HER2/neu) – p53-Tumorsupressor-Gen – EGF-Rezeptor – Angiogenesefaktoren	keine Überexpression Wildtyp (keine Mutation) negativ negativ	Überexpression Mutation positiv positiv

Tab. 18.2: Prognosefaktoren des Mammakarzinoms

und Hormontherapie wirken synergistisch und können gemeinsam eingesetzt werden.

Nachsorge

Die Nachsorge hat sich vom Routineprogramm zu einem individualisierten Konzept gewandelt. Ausgehend von der Erkenntnis, dass die Früherkennung symptomloser Metastasen die Überlebenszeit nicht verbessert, wurden die Untersuchungen in der Konsensusempfehlung 1996 neu festgelegt. Lokoregionale Rezidive und ein kontralaterales Mammakarzinom bedürfen besonderer Aufmerksamkeit, weil sie kurativ behandelbar sind. Eine wichtige Aufgabe der Nachsorge ist die Erkennung gesundheitlicher, psychischer und sozialer Krankheitsfolgen sowie Hilfe zu ihrer Bewältigung.

Palliative Therapie

Beim inkurablen metastasierenden Mammakarzinom hat die Lebensqualität höheres Gewicht als die Überlebensdauer. Oft werden jahrelange (Teil-)Remissionen erreicht. Prognostisch günstig sind ein langes Intervall bis zum Auftreten von Metastasen, Knochen- gegenüber viszeralen und isolierte gegenüber multiplen Metastasen. Zur Anwendung kommen Zytostatika, Hormonrezeptorenblocker, Aromatasehemmer, Gestagene, Bisphophonate und bei lokalen Skelettmetastasen die Strahlentherapie. Wichtig ist eine sachgerechte und konsequente Schmerztherapie.

Therapiefolgen

Die Behandlung eines Mammakarzinoms hat typische Gesundheitsstörungen zur Folge, die bei der sozialmedizinischen Begutachtung zu berücksichtigen sind.

Schultergelenk Eine postoperative Ruhigstellung kann innerhalb weniger Tage zur Einschränkung der Schulterbeweglichkeit führen. Das Risiko steigt nach Axillarevision, Bestrahlung der Lymphabflusswege, bei Lymphödemen und bei Vorerkrankungen der Schulter (Kapitel 7). Wichtig sind die *frühzeitige* Krankengymnastik unter Berücksichtigung der Lymphsituation und die Anleitung der Patientin zu regelmäßigen Eigenübungen. Häufig führen sekundäre Fehlhaltungen, Verspannungen nach plastischen Operationen, schützende Haltungen oder schamvolles Verstecken zu hartnäckigen Folgestörungen.

Lymphödem Durch schonende Operationstechniken und den Verzicht auf eine generelle Nachbestrahlung der Lymphabflusswege sind schwere Lymphödeme mit 10–30 % seltener geworden. Ein Ödem kann noch Jahre später durch Überlastung oder Verletzungen des betroffenen Armes entstehen. Gefürchtet ist die Entwicklung eines Erysipels (Kapitel 13). Drainierende Bewegungen, Hochlagerung des Armes und ein ungestörter Bewegungsablauf in Muskelketten fördern den Lymphabfluss, Bewegungseinschränkungen im Schultergelenk verschlechtern ihn. Zur Rehabilitation gehört eine umfassende Aufklärung über die individuelle Lymphsituation mit realistischen Verhaltensregeln und einer Anleitung zu Entstauungsübungen als Vorbeugung.

Zur Untersuchung werden am hängenden Arm die Umfänge 15 cm oberhalb und 10 cm unterhalb des Ellenbogens, am Handgelenk und an der Mittelhand auf beiden Seiten gemessen. Differenzen > 1 cm kommen auf der dominanten Seite vor. Kissenförmige Ödeme findet man am Handrücken, am Ellenbogen, auf der Innenseite von Ober- und Unterarm, in der Axilla und an der Thoraxwand. Der gekreuzte Händedruck erlaubt eine Schätzung der groben Kraft.

Neurologische Störungen Missempfindungen im Bereich der Oberarminnenseite oder Axilla sind häufig und können persistieren. Nach Operation und Radiatio kommen Plexusaffektionen bis hin zu ausgeprägten Paresen auch noch im zeitlichen Abstand zur Primärbehandlung vor; zur Untersuchung vgl. Kapitel 22. Bei plötzlichem intermittierenden Auftreten ist ein Tumorprogress auszuschließen (CT, NMR, Tumormarker).

Strahlentherapie Nach anfänglicher Gewebsreaktion mit Rötung, Schwellung und Ödem können sich als Spätfolgen ein Radioderm und eine Fibrosierung von Drüsenkörper und Subkutis entwickeln. Bei medianem Strahlenfeld kommen Perikard- und Knochenmarksschäden vor, bei Bestrahlung der Thoraxwand eine Strahlenpneumonitis und -fibrose. Der „Strahlenkater" steht in zeitlichem Zusammenhang mit der Therapie, eine Erschöpfbarkeit kann länger andauern.

Chemotherapie Die adjuvante Chemotherapie dauert bis zu sechs Monate, eine palliative ggf. unbegrenzt. Typische Nebenwirkungen sind Übelkeit, Schwäche, mäßige Knochenmarksdepression, Alopezie und Ovarialinsuffizienz. Anthrazykline wirken außerdem kardiotoxisch. Die Ermüdbarkeit überdauert die messbaren Laborveränderungen. Die körperliche und vegetative Stabilisierung benötigt in der Regel einige Monate.

Hormontherapie Der Östrogenentzug durch Ausschalten der Ovarien bzw. Absetzen einer Substitution führt zu variablen klimakterischen Beschwerden wie Schwitzen, Schlaflosigkeit, Reizbarkeit, Pulsrasen. Eine Atrophie der Vaginalhaut begünstigt Entzündungen und verursacht Probleme bei der Sexualität. Tamoxifen wird meist relativ gut vertragen; wichtig ist hier die regelmäßige sonographische Kontrolle des Endometriums wegen partieller östrogener Restwirkung.

18.3 Gynäkologische Tumoren

Psychische Folgen Unabhängig von Tumorstadium und Therapiefolgen erreichen diese bei bis zu 50 % der Frauen Krankheitswert. Zumeist handelt es sich um Angst-, Belastungs-, Anpassungsstörungen und Depressionen; vgl. Kapitel 23. Wichtig ist es, diejenigen Frauen zu identifizieren, die eine Psychotherapie brauchen. Hochbelastete Frauen in psychischen Notlagen nehmen entsprechende Angebote von sich aus kaum in Anspruch. Diagnostisch eignet sich u. a. die im Rahmen einer EU-Studie entwickelte Breast Cancer Psychosocial Assessment Screening Scale (BC-PASS).

Sozialmedizinische Beurteilung

Nach Abschluss der Primärtherapie mit Operation, Nachbestrahlung, adjuvanter Therapie und ggf. Wiederaufbauplastik ist mit weitgehender Wiederherstellung der Leistungsfähigkeit zu rechnen. Wichtig sind ausreichende Zeit zur Rekonvaleszenz und eine suffiziente Rehabilitation (AHB) mit mobilisierenden und entstauenden Übungen, Ödemprophylaxe, Lymphdrainagen und psychosozialer Unterstützung in Verbindung mit entsprechenden Angeboten am Heimatort, wozu auch Selbsthilfegruppen beitragen können.

Neben der Tumorerkrankung sind die Therapiefolgen und Komplikationen zu berücksichtigen. Wegen des Lymphödem-Risikos sind Tätigkeiten mit einer starken Beanspruchung des betroffenen Armes und der Hand zu vermeiden. Dazu gehören stundenlange monotone Bewegungen, Überkopfarbeit, Armvorhalten, schweres Heben und Tragen, Hitze- und Nässeeinwirkung, lange Sonnenexposition und erhöhte Verletzungsgefahr. Einschnürende Schutzkleidung ist ungeeignet. Bei Büroarbeitsplätzen reichen i. d. R. kurze Pausen, Lockerungs- und Entstauungsübungen. Mechanische Schreibmaschinen waren oft ein Problem, PC-Tastaturen sind es seltener. Oft gibt es geeignete Arbeitshilfen wie eine Fönaufhängung bei Friseurinnen. Angehörige von Pflegeberufen sollten im Team arbeiten. Fließbandarbeiterinnen oder Kassiererinnen belasten häufig nur einen Arm, was sich durch Veränderungen am Arbeitsplatz mitunter korrigieren lässt. Schwieriger wird es bei Köchinnen, Serviererinnen, Reinigungskräften oder (Hilfs-)Kräften im Handwerk oder in der Landwirtschaft.

Bei der Mehrzahl asymptomatischer Frauen ist nicht von vornherein eine andere berufliche Tätigkeit anzustreben. Oft zeigt erst ein Arbeitsversuch die konkreten Hindernisse am Arbeitsplatz und die Grenzen der individuellen Belastbarkeit.

Bestehen bereits Ödeme oder Schmerzen und Bewegungseinschränkungen im Arm oder an der Schulter oder treten sie unter Belastung neu auf, hat so dies Konsequenzen für den Arbeitsplatz. Zuvor sollten die Behandlungsmöglichkeiten ausgeschöpft sein, wozu auch eine medizinische Rehabilitation zählt. Schwere Lymphödeme und starke Bewegungseinschränkungen mit Schmerzen im betroffenen Arm ohne Besserungstendenz können die Leistungsfähigkeit erheblich reduzieren oder völlig aufheben.

Eine Metastasierung führt nicht immer zur dauerhaften Leistungsminderung. Hier bestimmen Lokalisation und therapeutisches Ansprechen der Metastasen, die psychosozialen Rahmenbedingungen, die Arbeitsmotivation sowie die Beschwerden durch Krankheit und Therapie das individuelle Bild.

18.3.3 Zervixkarzinom

Die Inzidenz des Zervixkarzinoms in Deutschland beträgt ca. 15/100.000 mit sinkender Tendenz. Der Altersgipfel liegt um das 50. Lebensjahr bei einem beträchtlichen Anteil Frauen unter 30 Jahren (ca. 7 %). Es bestehen Beziehungen zum Lebensstil (Sexualverhalten, Papilloma-Virus, Rauchen). Das zytologische Screening auf Zervixdysplasien (PAPANICOLAOU I–V) im Rahmen der Krebsfrüherkennungsuntersuchung hat eine hohe Sensitivität und Spezifität. Bei auffälligen Befunden erfolgt eine diagnostische Ergänzung durch HPV-Testung.

Plattenepitheldysplasie und CIS entwickeln sich meist langsam über Jahre. Bis zum Stadium pT1a (unter 5 mm Eindringtiefe) ist die Organerhaltung diskutabel. Die lokoregionale Tumorausbreitung korreliert mit Invasionstiefe und Grading. Daher wird in den Stadien T1b bis T2b eine erweiterte Hysterektomie mit pelviner und teilweise auch paraaortaler Lymphonodektomie vorgenommen. Bei der WERTHEIM-Operation werden weite Teile der Parametrien und der obere Anteil der Vagina entfernt. Einige Zentren prakti-

TNM	Cervix uteri	FIGO
Tis	Carcinoma in situ	0
T1	Tumor begrenzt auf den Uterus	I
T1a	Diagnose nur durch Mikroskopie	Ia
T1a1	Minimale Stromainvasion	Ia1
T1a2	Tiefe ≤ 5 mm, horizontal ≤ 7 mm	Ia2
T1b	Läsionen größer als in T1a2	Ib
T2	Ausdehnung jenseits des Uterus, aber nicht zur Beckenwand und nicht bis zum unteren Drittel der Vagina	II
T2a	Parametrium frei	IIa
T2b	Parametrium befallen	IIb
T3	Unteres Drittel der Vagina, Beckenwand, Hydronephrose, stumme Niere	III
T3a	Nur unteres Drittel der Vagina	IIIa
T3b	Beckenwand, Hydronephrose oder stumme Niere	IIIb
T4	*Schleimhaut* von Blase oder Rektum, jenseits des kleinen Beckens	IVa
M1	Fernmetastasen	IVb

Tab. 18.3: Stadieneinteilung des Zervixkarzinoms

zieren im Stadium T3–4 Exenterationen mit Blasen- und Darmresektionen mit nachfolgender Stomaanlage. Die Ovarektomie ist nicht obligat, weil das Plattenepithelkarzinom nicht östrogenabhängig wächst; dagegen werden beim Adenokarzinom der Zervix die Adnexe mitentfernt. Eine postoperative Radiatio, meist kombiniert als abdominale und vaginale Therapie, ergänzt die Operation je nach Histologie.

Bei primär nicht operablen Befunden oder bei Kontraindikationen zur Operation kann mit kombinierter Radiatio als Behandlungsregime beim strahlensensiblen Plattenepithelkarzinom eine Teil- und Vollremission, sogar dauerhafte Heilung erreicht werden. In fortgeschrittenen Fällen werden zusätzlich Chemotherapien, meist mit platinhaltigen Verbindungen eingesetzt, auch in Kombination mit Radiatio oder zuvor als Induktionstherapie.

Die Prognose des Plattenepithelkarzinoms ist grundsätzlich günstiger als die des Adenokarzinoms. Im übrigen ist das wichtigste prognostische Kriterium der Lymphknotenbefall. Bei bis zu 1–2 befallenen Lymphknoten und optimalem chirurgischem Vorgehen ist von einer guten Prognose auszugehen (bis zu 80% Fünf-Jahres-Überlebensrate).

Die Nachsorge ist symptomorientiert und beinhaltet eine allgemeine und gynäkologische Untersuchung. Die Intensität der Nachsorge ist vom Ausgangsbefund und vom Verlauf abhängig. Ultraschall der Nieren und ableitenden Harnwege gehören nach ausgedehnten Operationen und/oder Bestrahlungen mit zum Programm, ebenso Urinstatus und Nierenwerte.

Nach einer WERTHEIM-Operation, vor allem auch bei zusätzlicher kombinierter Nachbestrahlung, ist mit erheblichen und teilweise dauerhaften Funktionseinschränkungen zu rechnen. Lymphödeme der unteren Extremitäten, Blasenfunktionsstörungen (bis zu 50%) aufgrund der Denervierung der Blase (in der Folge hohe Restharnmengen, mangelnde Sensibilität der Blase, Harninkontinenz) und radiogene Darmfunktionsstörungen (Durchfälle, imperativer Stuhldrang) sind die häufigsten Probleme. Den Beinumfang bei Lymphödem misst man 10 und 20 cm oberhalb des inneren Kniegelenkspaltes, sowie 15 cm darunter, am Unterschenkel und Knöchel. Operations- und strahlenbedingte Scheidenverkürzungen und -verklebungen können die vita sexualis und damit die Partnerschaft beeinträchtigen. Die Minderdurchblutung der Ovarien nach Therapie führt relativ häufig zu verfrühtem Klimakterium. Eine Hormonsubstitution kann diesen Mangel weitestgehend kompensieren, ebenso ist die Verbesserung der vaginalen Verhältnisse durch östrogene Lokaltherapie sinnvoll.

Schwerwiegende Operations- und Strahlenfolgen sind Fisteln der ableitenden Harnwege oder des Darmes mit der Scheide, Ureterstenosen, Infektionen durch perioperative Bluttransfusionen.

Sozialmedizinische Beurteilung

Nach kurativer Behandlung und ausreichend langer posttherapeutischer Erholungszeit (je nach erforderlicher Operationstechnik und evtl. Radiatio mehrere Monate) sind die meisten Tätigkeiten wieder zumutbar. Leichte bis mittelschwere Arbeiten ohne ständiges Stehen und ohne Zwangshaltungen (im Bücken) sind meist auch nach großen Eingriffen möglich. Bei Vorliegen von leichteren Lymphödemen der unteren

Körperhälfte schränkt sich das Leistungsvermögen ein auf leichte Tätigkeiten in wechselnden Körperhaltungen, unter Hitze- und Nässeschutz. Intensive komplexe entstauende Lymphtherapie mit manueller Lymphdrainage, Kompressionsbestrumpfung nach Maß und Entstauungsübungen sind indiziert, evtl. Gewichtsreduktion. Rehabilitative Maßnahmen sind erfolgversprechend und können sowohl die Narbenbeschwerden, die lokale Symptomatik wie auch ein Lymphödem günstig beeinflussen. Copingstrategien können eingeübt werden, individuell anzusprechen ist der Umgang mit Sexualität. Bei Behandlungsfolgen wie z. B. Harn- oder Stuhlentleerungsstörungen oder Inkontinenz sowie bei Komplikationen wie Fisteln ist nach Schwere der Beeinträchtigung zu beurteilen.

Bei lokal weit fortgeschrittenen oder disseminierten Zervixkarzinomen und nicht kurativ behandelbaren Rezidiven ist in der Regel von einem aufgehobenen Leistungsvermögen auszugehen, das gleiche gilt für schwerere Lymphödeme der unteren Extremitäten.

TNM	Corpus uteri	FIGO
Tis	Carcinoma in situ	0
T1	Begrenzt auf das Corpus uteri	I
T1a	Auf das Endometrium beschränkt	Ia
T1b	≤ 1/2 Myometrium infiltriert	Ib
T1c	> 1/2 Myometrium infiltriert	Ic
T2	Ausbreitung auf Zervix	II
T3	Ausbreitung jenseits des Uterus, innerhalb des kleinen Beckens	III
T4	Ausbreitung auf die Schleimhaut von Harnblase/Rektum und/oder jenseits des kleinen Beckens	IVa
M1	Fernmetastasen	IVb

Tab. 18.4: Stadieneinteilung des Korpuskarzinoms

18.3.4 Korpuskarzinom

Die Inzidenz des Endometriumkarzinoms in den westlichen Ländern steigt und übertrifft inzwischen das Zervixkarzinom, der Erkrankungsgipfel liegt jedoch zwischen 60 und 65 Jahren, also postmenopausal. Auch bei jüngeren Frauen muss bei Blutungsstörungen eine Ausschlussdiagnostik mittels Abrasio erfolgen (um das 50. Lebensjahr noch 15 % Häufigkeit, bis 5 % jünger als 40 Jahre). Als Ursache für die Zunahme wird eine verstärkte Östrogen-Exposition angenommen, Risikofaktoren sind weiterhin Übergewicht, Hypertonie und eine diabetische Stoffwechsellage.

Durch eine relativ frühe Symptomatik als postmenopausale Blutung ist das Korpuskarzinom meist in günstigen Stadien operativ behandelbar. Prognostisch und therapeutisch wichtigstes Kriterium neben dem Grading ist das Ausmaß der Myometriuminfiltration und ggf. der Befall paraaortaler Lymphknoten. Für die Stadien T1a und T1b wird eine Fünf-Jahres-Überlebensrate bis zu 90 % angegeben.

Durchgeführt wird eine Hysterektomie mit Adnektomie beidseits unter Mitnahme einer kleinen sog. Scheidenmanschette. Das Ausmaß der Lymphknotentfernung und ggf. parametraner Gewebsanteile wird von der Ausbreitung in ungünstigeren Stadien abhängig gemacht und bestimmt erheblich die postoperative Morbidität und evtl. Funktionseinschränkungen, die dann denjenigen des behandelten Zervixkarzinomes entsprechen können. Da eine Metastasierung in den oberen Anteil der Vagina relativ häufig vorkommt, stellt man die Indikation zur adjuvanten Kontaktbestrahlung des Scheidenendes eher großzügig, die zusätzliche perkutane Radiatio der Abdominal- und Beckenregionen erfolgt je nach Histologie und Lymphknotenbefall. In der Palliativsituation werden Hormontherapien und Chemotherapien eingesetzt.

Bei der **Nachsorge** ist neben der klinischen Allgemeinuntersuchung ein sorgfältiger Lokalbefund zu erheben und ergänzend eine regelmäßige Mammographie indiziert wegen erhöhter Koinzidenz mit Mammakarzinomen.

Sozialmedizinische Beurteilung

Nach kurativer und komplikationsfreier Behandlung wird zumeist das volle Leistungsvermögen wieder erreicht. Bei eher selten notwendigen ausgedehnteren Eingriffen treffen die unter Zervixkarzinom beschriebenen Einschränkungen zu. Rehabilitative Maßnahmen beschleunigen den Heilungsprozess und die Krankheitsverarbeitung.

TNM	Ovar	FIGO
T1	Begrenzt auf Ovarien	I
T1a	Ein Ovar, Kapsel intakt	Ia
T1b	Beide Ovarien, Kapsel intakt	Ib
T1c	Kapselruptur, Tumor an Oberfläche, maligne Zellen in Aszites oder bei Peritonealspülung	Ic
T2	Ausbreitung im Becken	II
T2a	Uterus, Tube(n)	IIa
T2b	Andere Beckengewebe	IIb
T2c	Maligne Zellen in Aszites oder bei Peritonealspülung	IIc
T3/N1	Peritonealmetastasen jenseits Becken und/oder regionäre Lymphknotenmetastasen	III
T3a	Mikroskopische Peritonealmetastasen	IIIa
T3b	Makroskopische Peritonealmetastasen ≤ 2 cm	IIIb
T3c/N1	Peritonealmetastasen > 2 cm und/oder regionäre Lymphknotenmetastasen	IIIc
M1	Fernmetastasen (ausschließlich Peritonealmetastasen)	IV

Tab. 18.5: Stadieneinteilung des Ovarialkarzinoms

18.3.5 Ovarialkarzinom

Das Ovarialkarzinom (Inzidenz 15/100.000, Altersmittel 60–65 Jahre) hat von allen Genitalkarzinomen die ungünstigste Prognose, da Frühsymptome fehlen und über zwei Drittel der Fälle erst in den Stadien pT3 und pT4 diagnostiziert werden. Histologisch handelt es sich in 70 % um epitheliale Tumore, auf die sich die folgenden Ausführungen beziehen. Für Keimzell- und Stromatumoren wie das Chorionkarzinom oder das maligne Teratom gelten andere therapeutische und prognostische Faktoren.

Im Stadium pT1a mit günstigem Grading ist eine einseitige Adnektomie als alleinige Therapie möglich. In allen anderen Stadien ist die Radikaloperation mit dem Ziel der weitestgehenden Tumorresektion notwendig. In der Regel werden nach ausführlichem intraoperativen Staging der Uterus mit beiden Adnexen, das Omentum majus und betroffener Darm, Lymphknoten und ggf. weitere Gewebsproben entfernt. Prognostisch entscheidend ist die Größe des verbliebenen Resttumors. Frauen mit Resten unter 1 cm haben eine Fünf-Jahres-Überlebensrate von ca. 60 %, bei Resten über 2 cm sind es nur ca. 10 %. Erforscht werden Prognosefaktoren wie Proliferationsaktivität, Onkogene und andere.

Als Standard schließt sich eine adjuvante Polychemotherapie mit platinhaltigen Substanzen für sechs Zyklen an. Die Kombinationen enthalten neuerdings Paclitacel als weitere Komponente. In der Folge kommen als Palliativtherapie andere wirksame Substanzen in Frage, dann ggf. als Monotherapien.

Die Nachsorge erfolgt zunächst vierteljährlich und bezieht die vaginale und abdominale Ultraschalluntersuchung mit ein. Strittig ist, ob der Tumormarker CA 12-5 routinemäßig bei symptomfreien Frauen zu überprüfen ist. Unter laufender Therapie kann er als Beurteilungskriterium der Wirksamkeit mit herangezogen werden, sofern er prätherapeutisch erhöht war.

Die postoperativen Folgen dauern aufgrund der häufig ausgedehnten intraperitonealen Eingriffe längere Zeit an und benötigen eine entsprechende Rekonvaleszenzzeit. Bei Anlage eines Anus praeter muss der Umgang und die Pflege erlernt werden. Seltener kommt es zu Lymphödemen, da die Anzahl der entfernten Lymphknoten eher gering ist und zu Stagingzwecken dient. Folgen der platinhaltigen Chemotherapie sind unter anderem Polyneuropathien, betont an Händen und Füßen. Diese werden teilweise als außerordentlich störend empfunden und sind nur langsam und nicht vollständig reversibel.

Sozialmedizinische Beurteilung

Die Wiederherstellung der Leistungsfähigkeit ist erst nach abgeschlossener adjuvanter Therapie und zusätzlicher Erholungszeit zu erwarten, hier also nicht vor Ablauf von ca. neun Monaten nach Primärbehandlung. Bei günstigem Verlauf werden wieder leichte bis mittelschwere Arbeiten über sechs Stunden möglich, ggf. in Verbindung mit qualitativen Einschränkungen. Bei Tumorprogression, prolongierter Erschöpfung, mangelnder Regenerationsfähigkeit (Alter, Therapiefolgen) und inkurablem Rezidiv kann die erwerbsbezogene Leistungsfähigkeit aufgehoben sein. Bei Polyneuropathien ist auf die Gebrauchsfähigkeit der Hände und auf Tätigkeiten ohne Absturzgefahr (Füße) zu achten. Eine spezifische medizinische Rehabilitationsmaßnahme verbessert die Leistungsfähigkeit und das Befinden.

18.3.6 Vaginal- und Vulvakarzinom

Das Vaginalkarzinom ist mit einer Inzidenz von 0,4/100.000 sehr selten. Häufiger sind Metastasen im Vaginalbereich, die operativ oder strahlentherapeutisch behandelt werden.

Beim Vulvakarzinom (Inzidenz 2/100.000) liegt der Altersdurchschnitt bei 65 Jahren, sodass rentenrelevante Fragestellungen selten sind. Neben lokaler operativer Sanierung wird Strahlentherapie adjuvant oder alternativ zur Lymphknotenentfernung eingesetzt. Posttherapeutische Narben und Lymphödeme schränken teilweise dauerhaft längeres Sitzen ein, besonders zusätzliche Lymphödeme der Beine können das Leistungsvermögen stark beeinträchtigen oder aufheben.

Literatur

[1] Hermanek P, Scheibe O, Spiessl B, Wagner G (Hrsg.): *UICC TNM Klassifikation maligner Tumoren.* Berlin; Heidelberg; New York; London; Paris; Tokyo: Springer-Verlag, 4. Auflage, 1987.

[2] Tumorzentrum München: Manual Mammakarzinome. Empfehlungen zur Diagnostik, Therapie und Nachsorge, 2001. URL http://www.krebsinfo.de/ki/empfehlung/mamma/homepage.html.

19 Hauterkrankungen

Norbert Buhles

19.1 Allgemeines

Die bei Erwachsenen häufigsten Hauterkrankungen, die gelegentlich auch zur Erwerbsminderung führen können, betreffen vor allem Ekzemerkrankungen und die verschiedenen Formen der Psoriasis.

Akut entzündliche Hauterkrankungen lassen sich meist therapeutisch beherrschen und führen nur selten zu leistungsmindernden Folgeschäden. Allerdings können schwere Verläufe oder chronische Entzündungen zu Leistungen der Rentenversicherung oder in nicht geringem Umfang der Berufsgenossenschaften (BG) führen. Nach statistischen Daten der BGen betreffen etwa ein Drittel aller Verdachtsmeldungen von Berufskrankheiten berufsbedingte Ekzeme. Der Umstand, dass viele Hauterkrankungen berufsbedingt sind, erklärt u. a. den relativ geringen Anteil medizinischer Reha-Maßnahmen der Rentenversicherung, da hier primär die Berufsgenossenschaften leistungspflichtig sind.

Leistungsmindernde, zum Teil bis zur vollen Erwerbsminderung führende nicht-tumoröse Hauterkrankungen betreffen überwiegend die Hände und Füße. Aber auch der Befall des gesamten Integumentes (Erythrodermie) oder unbedeckter Körperpartien durch entstellende und/oder therapieresistente Hautveränderungen kann Leistungen der Rentenversicherung auslösen. Betroffene können in ihrem Erscheinungsbild und ihren sozialen oder beruflichen Kontakten so schwer eingeschränkt sein, dass eine Teilhabe am Erwerbsleben nicht mehr möglich oder zumutbar ist.

Alkalineutralisationstest
Alkaliresistenztest
Nitrazingelbtest (nach SUTER)
Benzylestertest
Corneo-, pH-, Sebu- und Evaporimetrie
Ultraschall
Laserflux- und Colorimetrie

Tab. 19.1: Funktionsproben der Haut

in vivo	in vitro
Epikutan-Test	PRIST
Foto-Patch-Test	RAST
Prick-Test	Lymphozyten-
Scratch-Test	transformations-Tests
Intrakutan-Tests	Durchfluss-Zytometrie

Tab. 19.2: Allergie-Testverfahren

19.1.1 Diagnostik

In der Dermatologie und Allergologie existiert eine breite Palette verschiedener Testverfahren und Funktionsproben, um sich ein Bild von Funktion und Struktur (incl. immunologisches Verhalten) der Haut machen zu können (Tabellen 19.1 und 19.2). Näheres ist bei den einzelnen Krankheitsbildern nachzulesen [1].

19.1.2 Begutachtungskriterien

Ursache Die Ursache einer Hauterkrankung spielt sozialmedizinisch insbesondere dann eine Rolle, wenn sich die Erkrankung durch Schutzvorkehrungen oder einen Arbeitsplatzwechsel (BfL) abstellen lässt. Dies ist allerdings keineswegs immer der Fall.

Lokalisation Die Lokalisation von Hauterkrankungen hat für den Alltag wie für das Erwerbsleben unmittelbare praktische Auswirkungen. Abhängig von der betroffenen Körperregion (z. B. Gesicht, Hände, Füße, Rumpf) – und unabhängig von der Art der Erkrankung – können spezifische Beeinträchtigungen von Aktivität und Partizipation resultieren.

Barrierefunktion Die Haut bildet eine Barriere[1] gegenüber schädigenden äußeren Einwirkungen wie z. B. Austrocknung, Infektionen, allergisierende oder toxische Substanzen, thermische Einflüsse, Nässe usw. Bei zahlreichen Hautkrankheiten ist die Barrierefunktion der Haut gestört, weshalb geeignete Schutzvorkehrungen getroffen werden müssen.

Die alleinige Empfehlung von sog. Hautschutzpräparaten reicht bei Hautkrankheiten häufig nicht aus [7]. Ein individueller *Hautschutzplan* umfasst die Verordnung einer Hautschutzsalbe und von Wasch- und Pflegemitteln, deren Verträglichkeit und Wirksamkeit individuell getestet werden müssen. Erst nach dem Abheilen der Hautveränderungen und einer Testung der Schutzmittel unter Arbeitskarenz kann ein Arbeitsversuch mit Hautschutz empfohlen werden. Wir haben hierzu einen *tätigkeitsgeprüften Hautschutztest (TGH)* entwickelt [9]. Fällt er nach mehrmaliger vollschichtiger Belastung normal aus, ist ein Arbeitsversuch in der bisherigen Tätigkeit gerechtfertigt; fällt er pathologisch aus, ist die Fortsetzung der bisherigen Tätigkeit in Frage gestellt [2].

Pruritus Der Juckreiz ist ein quälendes Symptom, das häufig zu Schlafstörungen und mitunter zu schweren psychischen Alterationen führt. Zwar lindert das Kratzen durch Reizüberdeckung vorübergehend die Beschwerden, es schädigt aber die Haut mechanisch und führt zu gehäuften Superinfektionen.

Psychosoziale Aspekte Die Haut bestimmt in erheblichem Maße das Erscheinungsbild eines Menschen. Viele chronische Hauterkrankungen gelten als abstoßend, entstellend, ästhetisch unzumutbar usw. Hinzu kommen nicht selten auch hygienische Probleme (Leibwäsche, Bettwäsche). Dies betrifft zahlenmäßig vor allem Patienten mit Psoriasis, Neurodermitis oder Urtikaria. Je nach der individuellen, sozialen oder situativen Toleranzschwelle (Partner, Arbeitsplatz, Schwimmbad) werden chronische Hauterkrankungen als entwertend empfunden und führen zu Kränkungen, Selbstwertproblemen, Ängsten und Depressionen, auf die im Rahmen einer dermatologischen Begutachtung bzw. Rehabilitation geachtet werden muss. Steht hingegen die psychosomatische Störung im Vordergrund, so dürfen dermatologische Behandlungsmöglichkeiten nicht unberücksichtigt bleiben.

19.1.3 Sozialmedizinische Beurteilung

Leistungsbeurteilung

Hier gilt es, die Schwere von Symptomen und Befunden an der Haut und deren Folgen im somatischen und psychologischen Sinne zu beschreiben. Dabei sind Umweltfaktoren oft problemverstärkend. Beispielsweise verschlechtert Feuchtarbeit den Hautbefund, Allergenbelastungen fördern Kontaktekzemreaktionen oder harmlose Gräserpollen Reaktionen an den oberen und unteren Atemwegen im Atopie-Komplex.

Die Beurteilungskriterien bezüglich der Leistungsfähigkeit im Erwerbsleben werden in den folgenden Kapiteln der speziellen Erkrankungen verständlich gemacht.

Reha-Indikation

Wesentliche Kriterien für die Beurteilung der Reha-Bedürfigkeit von Hautkranken sind neben der Ausprägung der klinischen Erscheinungsmerkmale, die für die häufigsten Reha-Diagnosen genau gewichtet werden können (SCORAD für die Neurodermitis oder PASI = Psoriasis activity and severity Index), die Häufigkeit von Rezidiven chronischer Hauterkrankungen trotz ausreichender Therapie, von stationären behandlungspflichtigen Exazerbationen und das Vorliegen be-

---
1. Die ICF (Kapitel 4.2) versteht unter Barriere (Hürde) einen hindernden Umweltfaktor, dessen Einfluss z. B. durch Rehabilitation vermindert werden soll. In der Dermatologie ist der Begriff Barriere (Schranke) positiv besetzt und bezeichnet die physiologische Schutzfunktion der Haut vor schädlichen Umwelteinflüssen.

sonderer Risikofaktoren für Rezidive durch berufliche Belastungsfaktoren wie Irritantien, Allergene, Infektionsgefährdung, psychische und/oder soziale Belastungen.

Reha-Bedürftigkeit in Abhängigkeit von individuellen Faktoren sowie der beruflichen und sozialen Umstände liegt für Hauterkrankungen vor:

▷ bei chronisch-rezidivierenden Verlaufsformen mit nur kürzeren symptomfreien Intervallen,

▷ bei Ausdehnung auf eine größere Körperoberfläche und/oder Lokalisation im sichtbaren Bereich,

▷ wenn ein therapeutischer Effekt oder die Optimierung der Behandlung mit dem Ziel der möglichst vollständigen Rückbildung nur mit Mitteln der Rehabilitation zu erreichen ist,

▷ im zeitlichen Zusammenhang nach stationären Krankenhausaufenthalten, wenn dort eingeleitete frührehabilitative Schritte durch strukturierte und interdisziplinäre Reha-Maßnahmen fortgesetzt, vervollständigt, gefestigt und abgeschlossen werden sollen (Eilt-Verfahren),

▷ bei Komorbidität mit anderen Erkrankungen (beispielsweise Atopie-Syndrom, arthritische Begleiterkrankungen bei der Psoriasis usw.), die einen interdisziplinären Rehabilitations-Behandlungsansatz auch bei weniger ausgeprägten Hauterscheinungen erforderlich machen,

▷ bei lang andauernden Arbeitsunfähigkeitszeiten zur Sicherstellung der Teilhabe am Arbeitsleben.

Bei chronischen, kurativ-medizinisch behandelbaren Hauterkrankungen mit geringer Ausprägung sowie bei ambulant behandelbaren Erscheinungsbildern mit nur wenigen Schüben pro Jahr, die auf Lokaltherapie gut ansprechen, sowie bei nachgewiesener Allergie und möglicher, aber nicht erfolgter Allergiekarenz ist die Rehabilitationsbedürftigkeit besonders kritisch zu beurteilen.

Das Vorliegen von Risikofaktoren kann auch bei geringer Ausprägung der Erkrankung zur Reha-Bedürftigkeit führen, insbesondere wenn Schulungsmaßnahmen erforderlich sind, um Faktoren, die die Ausprägung der Erkrankung negativ beeinflussen, vorzubeugen und deren Wirkung abzuschwächen.

19.2 Ekzemerkrankungen

Im angloamerikanischen Sprachgebrauch werden Ekzem und Dermatitis synonym benutzt, während im klassischen Sinne die Dermatitis für die akuten und das Ekzem für die subakuten und chronischen Formen der gleichen Entität stehen [1].

Ursachen Ekzeme lassen sich einteilen in (1) toxisch-kumulatives (Kontakt-)Ekzem, (2) allergisches (Kontakt-)Ekzem, (3) (dys-)seborrhoisches Ekzem, (4) atopisches Ekzem (Neurodermitis, endogenes Ekzem, atopische Dermatitis) und in (5) primär mikrobielle oder sekundär mikrobiell überlagerte Ekzeme. Diese Unterscheidung hat diagnostische, therapeutische und sozialmedizinische Konsequenzen. Lassen sich nämlich die Ursachen oder Auslöser eines toxischen, allergischen oder mikrobiellen Ekzems z. B. durch geeignete Schutzvorkehrungen oder einen Arbeitsplatzwechsel vollständig ausschalten, so ist das Problem aus der Welt.

Lokalisation Ekzeme bevorzugen bestimmte Körperregionen und können nacheinander oder phasenweise auftreten. Im Bereich des behaarten Kopfes sind scharf begrenzte (plaquesförmige) und schuppende Ekzemformen ähnlich häufig zu finden wie nässende Varianten, die gerne sekundär mikrobiell überlagern. Bei der Neurodermitis finden sich im Gesicht eingerissene Ohrläppchen und Mundwinkel sowie hellrosafarbene massiv juckende fein lamellös schuppende Lidekzeme (Ober- wie Unterlider) bzw. bis hin zur Pustulation neigende periorbiculäre und periorale Varianten, während die (dys-)seborrhoischen Ekzeme dort als hellrosa bis gelblich und speckig glänzende, mit fettiger Schuppung einhergehende, scharf begrenzte, die Haargrenze überschreitende Veränderungen mit Lokalisation im Bereich der Stirn und der Gesichtsmitte zu finden sind.

Morphologie Infolge unterschiedlicher Akuität, Hautstruktur und -textur entstehen verschiedene klinische Bilder: *Dyshidrotisch* aussehende Ekzeme bevorzugt im Bereich der Leistenhaut von Handflächen und Fußsohlen bzw. an dem Übergang zwischen Leistenhaut und Felderhaut. *Nummuläre* (münzförmige, flächige) Formen bevorzugt an Stamm und Extremitäten. *Lichenoide* Ekzeme (polygonale kleine dermale Knötchen mit „glänzender" Oberfläche) bevorzugt an Unterarm incl. Handgelenk bzw. Unterschenkel incl. Sprunggelenk und Fußrücken. *Keratotisch-rhagadiforme* Bilder bevorzugt an den Handflächen, Fußsohlen sowie der volaren Seiten der Finger (incl. der Fingerbeeren) und der plantaren Seiten der Zehen (incl. Zehenspitzen).

Akuität Der Gutachter sollte auch aus dem klinischen Bild Akuität und Chronizität der Ekzemerkrankung zuordnen können: nässende, bläschenbildende, durch Kratzspuren und Auslöffelung der Oberhaut bis hin zur Blutung (Artefakte) geprägte Hautveränderungen dürfen als (hoch-)akut eingestuft werden. Das andere Extrem ist die meist in der Leder- und Oberhaut verdickte und grob gefältelt wirkende (lichenifizierte) meist schmutzig braun aussehende und kaum schuppende Haut. Hier handelt es sich um sehr stark subjektiv (Juckreiz!) belastende, jedoch jede Akuität vermissende Erkrankung der Chronifizierung des Ekzems. Zwischen diesen Polen finden sich scharf begrenzte, teilweise papulös streuende, teilweise rhagadiforme und hyperkeratotisch-schuppende Varianten, die man als subakut bzw. exanthematisch oder auch rezidivierend (anamnestisch) einstufen muss.

19.2.1 Toxisch-kumulatives (Kontakt-)Ekzem

Toxische Ekzemformen entwickeln sich nach Applikation bestimmter Konzentrationen definierter Stoffe praktisch obligat, sobald das Hautorgan diesen ausgesetzt ist. Dadurch ist diese Erkrankung zumeist scharf begrenzt und auf die Einwirkung und Intensität der schädigenden Noxe bezogen lokalisiert. Streureaktionen finden sich praktisch nicht. Je nach Lokalisation und dort vorhandener „Hauttextur" finden sich jedoch typische klinische Bilder (Ödem, Exsudation, Vesikulation, hochrote Haut).

Die (sub-)toxisch degenerativen Ekzemerkrankungen (sog. Abnutzungsdermatosen) finden sich viel häufiger und sind sozialmedizinisch relevanter als die eine Akut-Therapie erfordernden toxischen Ekzemformen. Diese Ekzeme ergeben sich durch die Hautabnutzung bei chronisch unterschwelligen Schädigungsformen. Die insbesondere den Hautschutzfilm im Sinne der Entfettung zerstörenden Mechanismen führen langsam zum Ekzem. Dabei können bereits Leitungswasser als „Noxe", alkalische Seifen, andere Laugen, aber auch Säuren und oberflächenaktive Stoffe die Haut schädigen. Wiederholen sich diese schädigenden Ereignisse über einen engen Zeitraum (Überstunden im Service, keine Erholungsphasen durch siebentägige Dienstverpflichtungen in Saisonbetrieben usw.), so können daraus Störungen der Alkalineutralisationsfähigkeit entstehen. Die Reaktions-Bereitschaft der Haut nimmt zu, Entzündungen heilen unvollständig ab, die Haut regeneriert sich nicht mehr in arbeitsfreien Zeiten, es entstehen Schuppung, artifizielle Kratzstellen und Exsudationen. Der Patient mit der Veranlagung zur Sebostase (Verminderung von Menge oder Qualität des Fettschutzfilmes) oder zur Ichthyosis bzw. Neurodermitis ist stärker anfällig. Neben verschmutzenden oder auch Feucht-Berufen (häufige Waschfrequenz!) sind solche Patienten auch in Bereichen von trockenen Tätigkeiten (Buchbindereien, Verwaltungs- und Archivierungstätigkeiten) gefährdet. Eine zusätzliche Gefahr besteht in der Entwicklung eines sekundären allergischen Kontaktekzems (Zwei-Phasen-Ekzem), aufgrund der Tatsache, dass Allergene durch die gestörte Hautbarriere besser dem Immunsystem präsentiert werden und somit eher sensibilisierend wirken können. Typische Beispiele hierfür sind der Friseurberuf mit seiner toxisch-degenerativen Anfangs-Dermatose und der folgenden Kontaktsensibilisierung auf Inhaltsstoffe von Shampoos und Haarfärbemitteln. Ein weiterer Gefahrenbereich ist der Krankenpflegeberuf mit häufiger Entfettung des Hautschutzfilmes durch Waschungen sowie Desinfektionsmaßnahmen und konsekutive Latexsensibilisierung über das subtoxisch-degenerative entzündliche Hautorgan.

19.2.2 Allergisches (Kontakt-)Ekzem

Das allergische Kontaktekzem charakterisiert sich durch einerseits definitionsgemäße klinische Manifestation schon bei Kontakt mit unterschwellig geringen Dosen, die eine toxische Wirkung nicht ausüben. Andererseits kann wegen der „allergologischen Systemerkrankung" gerade bei der Kontaktsensibilisierung es sehr schnell zu Streureaktionen in nicht mit den Allergenen in Berührung kommenden Hautarealen (bis hin zu Schleimhautarealen: Schwellung der Mundschleimhaut und Zunge, Reaktion im Sinne von Konjunktivitis und Rhinitis usw.) kommen.

Offensichtlich ist die Bereitschaft, bei Kontakt mit potentiellen Allergenen eine Sensibilisierung zu erleiden, individuell genetisch geprägt.

Eine erst einmal eingetretene Sensibilisierung besteht in der Regel ein Leben lang, wobei die klinische Reaktionsbereitschaft auf allergene Noxen phasenweise sehr unterschiedlich sein kann (in klinisch stummen Phasen sind bspw. selbst solche Reaktionen im epikutanen Patch-Test nach zehnmaligem Abriss der Hornhaut (Stratum corneum) im Sinne der Typ-IV-Allergie eventuell falsch-negativ).

Neben den Streu- und Fernreaktionen wie oben genannt, sind auch Ekzemauslösungen per Ingestationem et Inhalationem möglich. Ätiopathogenetische Aufklärung ergibt sich aus dem Ergebnis der verschiedenen Allergie-Tests (siehe Abschnitt 19.1.1).

Aus Erfahrungen insbesondere mit fotoallergischen Patienten weiß man, dass die Ekzembereitschaft grundsätzlich (d. h. auch ohne erneuten Kontakt mit dem Allergen) sich nach Kontaktsensibilisierungen manifest halten kann. So erkranken Patienten allein durch Sonnenbestrahlung (ohne Foto-Allergen) regelmäßig in den ehemals betroffenen Hautregionen neu, wenn solche Ereignisse nur mit einem Teil der allergenen Substanzen (hier UV- bzw. sichtbares Licht) vorhanden sind. Mit diesem Wissen verstehen wir auch den Grund für einen eigenständigen Verlauf im Sinne der Persistenz von Ekzemreaktionen (Empfindlichkeitsekzem nach CARRIE) in der Karenz.

Während bei der subtoxisch degenerativen Form des Ekzems grundsätzlich die Ekzemheilung möglich ist, wenn die irritative Schädigung der Epidermis durch geeignete Reha-Maßnahmen lange genug unterbrochen und phasengerecht antiekzematöse Therapie erfolgt ist, kann dagegen die chronische kontaktallergische Variante des Ekzems im Zweifel auch gar nicht mehr durch Allergenkarenz völlig klinisch verschwinden. Dies wiederum unterstreicht die Bedeutung der Forderung nach einem suffizienten tätigkeitsgeprüften Hautschutzplan in der Phase des toxisch-degenerativen Handekzems, um ein Zwei-Phasen-Ekzem in Verbindung mit den oben genannten Folgen vermeiden zu helfen.

19.2.3 Konstitutionell bedingte Ekzemformen

Die konstitutionell bedingten Ekzemformen im Sinne des *endogenen* bzw. *seborrhoischen* Ekzems müssen von den vorgenannten Formen streng getrennt gesehen werden. Sozialmedizinisch bedeutsam ist hier, dass schubweise Verläufe mit sehr unterschiedlichen, manchmal gänzlich unbekannten bzw. nicht genau zu eruierenden Auslösern auftreten können. Hier ist die Eliminierung aufgrund der Unkenntnis des nächsten Auslösers bei diesen Ekzemen nicht möglich. „Prophetische" Testungen mit Ergebnis-Konsequenzen, die man nicht einhalten kann, sind hier grundsätzlich nicht valide.

Das endogene Ekzem (Neurodermitis konstitutionalis, atopische Dermatitis usw.) wird zumeist aus einer familiär belasteten Disposition heraus erklärt (Neurodermitis, Asthma, Rhinitis, Urtikaria, Nahrungsmittelunverträglichkeiten usw.). Besonders in den ersten 30 Lebensjahren (man vergesse allerdings auch nicht den Gipfel im 3. Drittel des Lebens!) treten diese chronisch rezidivierenden Hautveränderungen polytop lokalisiert, oligomorph im klinischen Bild und polygen vererbt auf. Entzündungen an beruflich exponierten Hautregionen in Feucht- und Schmutzberufen bzw. im Umgang mit potentiellen Irritantien können zur Erstmanifestation eines atopischen Ekzems führen.

Verkompliziert wird der Umgang mit dieser Erkrankung durch die Tatsache, dass aber auch die „mikrobielle Überlagerung" ansonsten nicht hautpathogener Keime wie durch Staphylokokken ebenfalls Auslöser eines solchen Ekzemschubes sein kann (Staphylokokken als Superantigene!).

Der hohe rehabilitative Bedarf ergibt sich aus der Notwendigkeit zum Training bezüglich der phasengerechten (teilweise auch antimikrobiellen) Lokal- und Systemtherapie in Verbindung mit der Schulung bezüglich des Kratzstopps, der Verbesserung des Auslöser-Erkennens u. a. m. Vermieden werden soll die Minderung der Erwerbsfähigkeit und Ziel ist die Wiedereingliederung auf beruflicher und sozialer Ebene.

Der Gutachter sollte den von HORNSTEIN geprägten Begriff des „Drei-Phasen-Ekzems" (Jahrestagung Deutsche Gesellschaft für Arbeitsmedizin [1989], Düsseldorf) kennen, welcher die drei folgenden relevanten Punkte (1) atopische Hautdisposition, (2) toxisch degenerative Hautschädigungen und (3) konsekutive Entstehung von allergischen Kontaktreaktionen meint.

ZOLLNER et al. verweisen auf die hohe Assoziationsrate bei Patienten mit atopischer Dermatitis zum exogen allergischen Asthma bronchiale (bis 50 %), zur Rhinokonjunktivitis (bis 80 %) und zu Nahrungsmittelunverträglichkeitsreaktionen (bis 8 % bei Kindern und bis 2 % bei Erwachsenen). In einer „Allergikerkarriere" – auch genannt „The Atopic March" – können diese assoziierten Erkrankungen zeitgleich bzw. auch zeitlich unabhängig bei der gleichen Person anzutreffen sein [10].

So wird klar, dass selbst zu unterschiedlichen Jahreszeiten bei derselben Person mit atopischer Disposition unterschiedliche Funktions-Störungen im Vordergrund stehen können. Denkbar ist bei einem Neurodermitiker mit klinisch relevanter Gräserpollenallergie im Sinne des Heuschnupfens, dass im ersten Halbjahr eines Jahres die Symptomatik des Heuschnupfens mit „Grippegefühlen", Durchschlafstörungen, Konzentrationsschwäche, Mattigkeit, seröser oder obstruktiver Irritation der Schleimhäute der oberen Luftwege, Miterkrankung der Nebenhöhlen bis zu „Allgemeinstörungen" wie Glieder- und Kopfschmerzen relevant ist. Im Herbst kann die Neurodermitis mit ihrer gestörten Hautbarrierefunktion, dem massiven Juckreiz und daraus resultierenden Schlaf- und Konzentrationsstörungen sowie ggf. sozialem Rückzugsverhalten bei Befall der sichtbaren Haut (Gesicht, Hals) bzw. Funktionsstörungen des Greifens, des Haltens oder des Öffnens von Gefäßen bei Handekzemen relevant sein. Die Komplexität der strukturellen Störung wird vielleicht dann auch noch im Sinne der Kreuzreaktion zwischen Gräserpollen und Petersilie durch unangenehme Sensationen bei der Nahrungsaufnahme (Kribbeln der Lippe, der Zunge, des Gaumens bis hin zu Niesreiz) verursacht durch die Petersilien-Dekoration auf den Salzkartoffeln in der Verwaltungs-Kantine verdeutlicht [5].

Bezieht man die strukturellen Störungen wieder auf das Hautorgan, dann ist bei entsprechender Barrierefunktionsstörung des Ekzems klar, dass sekundäre mikrobielle Überlagerungen die Hauterkrankung komplizieren können. Am häufigsten stellen sich bakterielle bzw. mykotische Sekundärerkrankungen dar. Fatal wird die Superinfektion durch Staphylokokkus aureus bei der Neurodermitis, weil diese im Sinne eines „Superantigens" einen erneuten Teufelskreis mit massiven subjektiven Störungen (Fieber, massiver Juckreiz, Lymphknotenschwellungen, in seltensten Fällen auch Septikämien) verursachen kann. Akut gefährlich ist das Ekzema herpeticatum (Herpes-simplex-Virus) für Neurodermitiker.

Sozialmedizinische Beurteilung

Die Aktivität des Betroffenen wird durch Juckreizkrisen, Schlaflosigkeit, Aufkratzen der Haut mit konsekutiver mikrobieller Überlagerung, Kapazitätsverlust der Abpufferung von Laugen (häufige Waschfrequenz in Pflegeberufen und bei verschmutzenden Tätigkeiten) sowie durch die zusätzliche Entwicklung von Kontaktallergien beeinträchtigt.

Die Teilhabe (Partizipation) am sozialen Leben und am Arbeitsleben kann beeinträchtigt und durch zusätzlich gefährdende Umweltfaktoren (beispielsweise Kontaktallergene) negativ beeinflusst werden mit Auslösung erneuter Erkrankungsschübe oder Erhöhung des Krankheitsschweregrades. Die kosmetische Entstellung des Betroffenen stört nicht nur den Sozialkontakt, sondern auch Selbstbild und Selbstakzeptanz, was bis hin zu reaktiven depressiven Episoden führt.

Im Kontext mit der Leistungsfähigkeit im Erwerbsleben zeichnet sich eine deutliche Beeinträchtigung der Aktivität und damit der Leistungsfähigkeit ab.

19.2.4 Primär mikrobielle Ekzeme

Die Störung der dermo-epidermalen Schutzfunktion ist auch Ursache bei den *primär* mikrobiell verursachten Ekzemen „nicht-allergischer Art", die sich klinisch gern im Bereich der (unteren) Extremitäten, aber auch am Stamm als nummuläre Formen zeigen. Hier ist die Ursachenbeseitigung der schädigenden Faktoren dieser Störung für die Therapie von entscheidender Bedeutung. Beispiele sind Versorgung von Patienten mit stauungsbedingten Ekzemen durch entsprechende Kompressionsverbände, basistherapeutische rückfettende Maßnahmen bei Funktionsstörungen im Bereich des Hautschutzfilms usw.

19.3 Psoriasis und andere nicht-infektiöse entzündliche Hauterkrankungen

19.3.1 Psoriasis

In Deutschland leiden 2–3 % der Bevölkerung an einer Psoriasis. Diese nicht-infektiöse Hauterkrankung ist bei beiden Geschlechtern etwa gleich häufig. Sie manifestiert sich meist im 2. und 3. Lebensjahrzehnt, kommt aber in allen Altersklassen vor. Zwei genetische Untergruppen unterscheiden sich in Manifestationsrisiko und Altersverteilung.

Die bevorzugte Lokalisation der geröteten und grob lamellös schuppenden Herde der chronisch stationären Formen sind die Streckseiten (Knie, Ellenbogen, Kreuzbeinregion, Fingerknöchel, Nabel, Afterfalte, Stirn/Haar-Grenzregion). Sehr häufig sind auch die Nägel mit multiplen Tüpfeln und schmutzig braunen Verfärbungen (Ölfleck-Phänomen) befallen. Diagnostisch wegweisend sind: Kerzenfleckphänomen, Phänomen des letzten Häutchens, des blutigen Taus (AUSPITZ-Phänomen) und die isomorphen Reizphänomene nach physikalischer Belastung des Hautorganes (KOEBNER-Zeichen) beispielsweise nach Verletzungen und operativen Eingriffen am Ort der Gewebe-Zerstörung [3].

Sie gilt als häufige, durch exogene und endogene Stimuli provozierbare, akut exanthematisch oder chronisch stationär verlaufende Dermatose mit genetischer Disposition. Das klassische Bild wird als streckseitig betont, isoliert oder generalisiert auftretend, durch meist symmetrisch stark infiltrierten Schuppenherd auf scharf begrenzten erythematösen Plaques gekennzeichnet. Gelenkbeteiligung ist möglich.

Aufgrund der genetischen Veranlagung ist diese Hauterkrankung letztlich nur klinisch-symptomatisch (bis hin zur Erscheinungsfreiheit) „heilbar". Auch beim klinisch Gesunden bleibt die Epidermopoese erhöht [8]. Parallel zur Entwicklung eines Therapiekonzeptes sollte nach Auslösern des aktuellen Schubes der Erkrankung gefahndet werden (Infekte, Medikamente, Stoffwechselstörungen, Stressoren). Aufgrund der grundsätzlich unterschiedlichen therapeutischen Zugänglichkeit ist dann zu unterscheiden zwischen der akut-exanthematischen und der chronisch-plaqueförmigen Psoriasis.

Die Leitlinie „Psoriasis" der Qualitätssicherungskommission von DDG und BVDD fordert unter anderem die stationäre Behandlung der Psoriasis bei Erythrodermie und Pustulosis generalisata sowie bei mehr als 25%igem Befall der Körperoberfläche. Andere Kriterien sind schwere Psoriasis und internistische Erkrankungen, Psoriasis vulgaris und -arthritis, schwere Komplikationen und ambulant therapierefraktäre Formen, unzureichende ambulante Möglichkeiten, psychisch und physisch eine starke Behinderung durch die Psoriasis bei Aktivitäten des täglichen Lebens und die Einleitung gezielter Therapieverfahren [6].

Eine grobe Hilfe bei der Festlegung der befallenen Fläche soll sein, dass die Handfläche des Betroffenen etwa 1 % des Gesamt-Integumentes ausmacht.

Während die akut-exanthematischen Formen aufgrund der Brisanz des Krankheitsbildes in der Regel eine stationäre Akutbehandlung erforderlich machen, sind die chronisch stationären Verlaufsformen die Domäne der Rehabilitation, zumal bei diesen Formen am häufigsten auch weitere Stigmata vorzufinden sind (Nagelbefall, Stirn-Haargrenzen-Betroffenheit, Befall an frei getragenen Körperstellen wie Hände, retroauriculär, behaarter Kopf usw.). Hier gilt es, Fixierungen von Partizipationsstörungen im Berufsleben entgegenzuwirken. Andererseits werden durch die berufliche Belastung bestimmte Hautregionen (Feuchtarbeit, verschmutzende und hautbelastende Tätigkeiten) geköbnert[2], und so resultiert auch im Sinne des ganzheitlichen Ansatzes eine Rehabilitationsbedürftigkeit. Selten kann in diesem Zusammenhang die Psoriasis als durch den Beruf mit dem vom Gesetzgeber geforderten wahrscheinlichen Umfange als richtungsgebend verschlimmert bewertet werden und eine berufsgenossenschaftliche Verantwortlichkeit (§ 3 BKV) definiert werden.

Aufgrund der Problematik einer sicheren Krankheitsverlaufseinschätzung muss im Einzelfall davon ausgegangen werden, dass es in der Krankheitsbiographie des Betroffenen sowohl Spontanremissionen als auch Erythrodermien (Befall vom Scheitel bis zur Sohle) geben kann. In letzterem Falle kann sich daraus eine (befristete) volle Erwerbsminderung ergeben.

Bezüglich der *Psoriasis arthropathica* wird auf das Kapitel 8 verwiesen. Die seronegative Gelenkbeteiligung ist mit 5 bis 10 % betroffener Psoriatiker die häufigste Komorbidität.

Während für die kutanen Spielarten der Psoriasis (incl. der pustulösen Variante [siehe unten]) die lokaltherapeutische Palette durch immer suffizientere systemtherapeutische Möglichkeiten (Fumarsäure, Methotrexat, Azitretin usw.) ergänzt wurde, ist das Problem der Psoriasis arthropathica therapeutisch derzeit noch nicht gelöst. Erste Ansätze bietet die experimentelle Therapie mit modernen TNF-α-Antikörpern (Infliximab: Remicade). Bis zur besseren Bewältigung dieses Problems bleiben auch die altbewährten physikalisch-therapeutischen Maßnahmen relevant.

Pustulöse Formen der Schuppenflechte können das gesamte Integument befallen – damit den Organismus deutlich in Mitleidenschaft ziehen – oder auch sehr hartnäckige Handflächen- und Fußsohlenprobleme auslösen. Die Gefährdungen der Arbeitsfähigkeit durch Störungen der Fortbewegung und der Greiffunktionen im Berufs- und Alltagsleben sind evident. Neben der gutachterlichen Bedeutung im Sinne der (befristeten) vollen Erwerbsminderung ist hier ein klarer rehabilitativer Ansatz vorhanden. Hier gilt selbstverständlich nicht die Grundregel des mindestens 25%igen Befalls des Integumentes, um stationäre Rehabilitation zu begründen.

Bei Erwerbstätigen im Service und Lebensmittelbereich, bei handwerklichen, pflegerischen und körperlich schweren Tätigkeiten kann die Psoriasis zu einer erheblichen Einschränkung der Leistungsfähigkeit führen.

Sozialmedizinische Beurteilung

Die in den speziellen Kapiteln beschriebenen morphologisch sichtbaren Veränderungen stören die Leistungsfähigkeit je nach Lokalisation unterschiedlich. Beim Befall der Fußsohlen kann die Gehfähigkeit, beim Befall der Handflächen kann die Greiffunktion, bei exanthematischem Befall der Schlaf und in der Folge die Konzentrationsfähigkeit gestört sein. Beeinträchtigungen der Partizipation können sich ergeben in der Berufsausübung (Handbefall), bei der Haushaltsführung, beim Sport (frei getragene Hautareale), in der beruflichen Integration und im Bereich der Selbstsicherheit und der sozialen Kompetenz (Ehepartner, Familie usw.).

19.3.2 Parapsoriasis-Gruppe

Diese sowohl klinisch als auch prognostisch sehr heterogenen Krankheitsbilder reichen von selbstlimitierenden, passageren, klinisch den Varizellen ähnelnden Bildern (Pityriasis lichenoides et varioliformis akuta MUCHA-HABERMANN) bis hin zu den Prä-Mykosiden (obligatorische Vorstufen des T-Zell-Lymphoms der Haut). Für die chronischen Formen und die Prä-Mykoside ergibt sich häufig Reha-Bedürftigkeit.

19.3.3 Chronisch entzündliche Dermatosen

Urtikaria (Nesselsucht)

Insbesondere die chronische Urtikaria (Nesselsucht), die häufig auch als chronisch rezidivierende Form auftritt, kann begutachtungsrelevant sein. „Chronisch" ist

---

2. KOEBNER-Phänomen = isomorpher Reizeffekt; die durch eine unspezifische Hautreizung erfolgende Auslösung der typischen Hauterscheinungen einer an anderer Stelle bereits manifesten Hautkrankheit.

hier definiert als ein länger als sechswöchiges Bestehen oder immer wieder Rezidivieren der Quaddelschübe. Während die akuten urtikariellen Exantheme in der Regel ätiopathogenetisch zugeordnet werden können (allergische bzw. Intoleranz-Reaktionen auf Infekte, Medikamente, Nahrungsmittel) ist die diagnostische Ausbeute bei der chronischen und chronisch rezidivierenden Urtikaria gering. Funktionsstörungen beispielsweise durch Juckreiz, Unberechenbarkeit des Auftretens der Effloreszenzen an frei getragenen Körperregionen, Schlaflosigkeit können zu sozialer Desintegration und zu einer Minderung der Leistungsfähigkeit im Erwerbsleben führen. Nach abgeschlossener Ursachenforschung sind rehabilitative Ansätze in fachärztlich geführten Kliniken mit dem Ziel der Therapieoptimierung, des Erlernens individueller Krankheitsbewältigungsmethoden (incl. diätetischer Ansätze) sowie der sozialen Reintegration empfehlenswert.

Lichen ruber planus

Diese subakut oder chronisch verlaufende entzündliche, nicht kontagiöse papulöse Hauterkrankung geht meist mit starkem Juckreiz und oft mit Schleimhautbeteiligung einher. Die Häufigkeit liegt bei 0,2 % Morbidität in der Bevölkerung. Bei mehr als zwei Drittel der Patienten tritt sie zwischen dem 3. und 6. Lebensjahrzehnt auf. Die Ätiologie des Lichen ruber planus (L. r. p.) ist ungeklärt, mögliche Auslöser können Infekte, Autoimmunphänomene, möglicherweise auch psychische Komponenten darstellen.

Klinisch ist der L. r. p. durch aggregierte Papeln mit milchig weißer Zeichnung auf der Oberfläche und glänzende randständige Säume (WICKHAM-Phänomen) charakterisiert. Die exanthematische Form des L. r. p. findet sich bevorzugt an den Beugeseiten der Handgelenke und Unterarme, glutäal, in der Knöchelregion und dem Genitale. Andere Formen bevorzugen die Flanken und Abdominalregion. Starker Eruptionsdruck führt über das Exanthem bis hin zur sekundären Erythrodermie. Neben der Genitalschleimhaut ist auch die Mundschleimhaut mit Wangen- und Zungen-Region vergesellschaftet mit Veränderungen des Lippenrots betroffen (fakultative Präkanzerose). Der fast unstillbare Juckreiz besonders im Genital-, Anal- und Extremitäten-Bereich erfordert große dermato-therapeutische Erfahrung und eine höchst individuelle und flexible Therapie, die phasenweise variiert werden muss.

Bei Versicherten mit L. r. p. besteht Reha-Bedürftigkeit insbesondere bei ausgedehntem Befall oder massivem Pruritus und dann in der Regel aus edukativen Gründen (Kratzstopp-Training), wegen psychosomatischer Probleme oder nach Ausschöpfung aller spezifisch dermatologischen Behandlungen ohne wesentliche Besserung.

Vaskulitiden

Eine Vaskulitits der Haut kann isoliert oder in Kombination mit anderen Organbeteiligungen auftreten. An der Haut entstehen aufgrund einer Gefäßentzündung je nach Lokalisation, Ausdehnung und Tiefe sozialmedizinisch gering bedeutsame (Purpura) bis schwere (Gangräne an den Akren) Folgen. Fachdermatologisch muss dafür gesorgt werden, dass eine phasengerechte, symptombezogene und gangrän-prophylaktische Therapie erlernt wird.

Die Folgen dieser Erkrankung können bis zur teilweisen oder vollen Erwerbsminderung reichen. Die therapeutischen Möglichkeiten beschränken sich auf die Einstellung auf Systemkortikosteroide, Antikoagulantien und ggf. Immunsuppressiva.

Sklerodermie Kutane Folgen durch Autoimmunerkrankungen finden sich bei der systemischen Sklerodermie von der RAYNAUD-Symptomatik bis hin zu Kalkeinlagerungen.

Die *zirkumskripte Sklerodermie* verläuft mit dermatogenen Kontrakturen und dermatogener „Einmauerung" des Skelettes bis hin zur Reduktion des thorakalen Exkursionsvermögens. Aber auch mit Verstümmelungen bei Befall des Gesichtes (Sclerodermia en coup de sable) mit entsprechender Stigmatisierung im Beruf bis hin zur Behinderung im Sinne der „Gesichtsversehrtheit" ist zu rechnen.

Die kutanen Sklerodermieformen führen in der Regel nicht zum Tode, sind aber relevant für Rehabilitation und in der Begutachtung der Leistungsfähigkeit im jeweiligen Tätigkeitsbereich.

Chronisch diskoider Lupus erythematodes Dieser ist die überwiegend kutane Variante des systemischen Lupus erythematodes. Die Erkrankung selbst führt zur deutlichen Atrophie der befallenen Haut, was neben der Änderung des Erscheinungsbildes des Betroffenen zur verstärkten Vulnerabilität in den befallenen Regionen führt. Die bekannte UV-Intoleranz, aber auch die weniger bekannte Unverträglichkeit von Hitze und Kälte sowie von Temperaturwechsel, grenzen den erwerbsmäßigen Einsatz der Betroffenen deutlich ein. Hier sind Reha-Maßnahmen mit dem Ziel der Vermittlung von Krankheitsakzeptanz und Therapieeinsicht (in diesem Falle Immunsuppressiva und Kortikosteroide) für die Prolongation der Erwerbsfähigkeit unerlässlich.

Die straff atrophischen Endzustände führen zu Bewegungseinschränkungen, trophischen Ulzerationen und deutlicher Leistungsminderung. Leidensgerechte Arbeitsplätze haben möglichst geringe Anteile von UV-Lichteinwirkung, Wärme, Kälte- und Nässe-Expositionen.

Dermatomyositis Als Vollbild handelt es sich um eine Entzündung des Hautorganes und der Muskulatur. Deshalb ist ein interdisziplinäres (Dermatologie, Rheumatologie) Vorgehen therapeutisch erforderlich. Die kutanen Symptome äußern sich in Rötung (typischerweise zartrosa bis livide) und Hautentzündung, wobei eine gewisse Lichtempfindlichkeit bei einigen Patienten festzustellen ist (Lichttreppenuntersuchung!). Im extrakutanen (muskulären) Bereich findet sich klinisch die Symptomatik der Muskelschwäche, was sich schon bei der Erstinspektion an der fehlenden Gesichtsmimik und dem typischen „depressiven" Erscheinungsbild nachweisen lässt. Während die kutanen Symptome in der Regel gut durch immunsuppressive Interna therapiert werden können, muss die Leistungsbeurteilung im neurologisch-rheumatologischen Bereich durch Feststellung der Rest-Kraft-Kapazitäten ermittelt werden, wobei die Lichtkomponente als Auslöser berücksichtigt werden muss.

Blasenbildende Erkrankungen

Plötzliches Auftreten schlaffer Blasen oder großflächiger Erosionen der Haut oder/und der Schleimhäute (Mundhöhle), die schon durch leichten Druck am integumentalen (stammbetont) und im intertriginösen (hautfaltenbetont) Bereich zu provozieren sind, muss differenzialdiagnostisch an die Autoimmunerkrankungen der Pemphigus- und Pemphigoid-Gruppe denken lassen. Aufgrund der morbostatisch-immunsuppressiven Therapiemöglichkeit ist eine dermatologische Langzeitbetreuung einzuleiten. Erste Schritte können nach Therapieeinstellung im Akutbereich in Form von Reha-Maßnahmen geplant werden. Dort erlernt der Patient den Umgang mit der für ihn neuen Systemtherapie und Gefahren durch Komplikationen zu erkennen und der Entstehung von Zweiterkrankungen (mikrobielle Überlagerung, narbige Restzustände und Schleimhautbefall) zu begegnen.

Keratosen/Ichthyosen

Erworbene wie erbliche Palmoplantarkeratosen sind für die Träger durch die starke Schweißsekretion äußerst unangenehm. Zusätzlich werden Rhagaden, Sensibilitätsstörungen, Behinderungen des Gehens, Stehens und Greifens die Leistungsfähigkeit im Erwerbsleben beeinträchtigen. Die Verhornungsstörungen bei Ichthyosen finden sich überwiegend am Integument und können durch Sekundärinfektionen, Ekzematisation degenerativer und allergischer Art verkompliziert werden, was die berufliche Leistungsfähigkeit gefährdet oder vermindert und Rehabilitationsbedürftigkeit begründet, wenn diese nicht vorübergehender Art sind oder der Versicherte in einem Beruf mit Publikumsverkehr tätig ist.

19.4 Infektiös bedingte Hauterkrankungen

19.4.1 Borreliose

Borreliosen werden meist durch Zeckenbisse übertragen und zeigen sich im Anfangsstadium häufig als *Erythema chronicum migrans* und seltener als *Pseudolym-*

phom (Lymphadenosis cutis benigna). Sozialmedizinisch relevante Spätfolge ist eine *Akrodermatitis chronica atrophicans* (partiell mit Arthropathie; vgl. Kapitel 8). Wird die kausale antibiotische Therapie zu spät durchgeführt, kann insbesondere im Stadium III lediglich die Entzündung und nicht mehr die Atrophie von Haut und Unterhaut reduziert werden. Die Haut erscheint meistens trocken und ist funktional gestört aufgrund des unzureichenden Hautschutzfilmes, der verminderten Dicke der Oberhaut und Störungen im Fasernetz der Lederhaut.

Präventiv arbeiten die Berufsgenossenschaften (Schutzimpfungen) bei Berufen mit hoher Zecken-Exposition (Forstbereich). Leistungen der Rentenversicherung ergeben sich zumeist aus den Spätfolgen. Durch medizinische Rehabilitation kann versucht werden, die Funktionsstörungen der Akrodermatitis in Grenzen zu halten und die Gefährdung der Erwerbsfähigkeit zu reduzieren.

19.4.2 Erysipel

Erysipele werden meist durch beta-hämolysierende Streptokokken verursacht. Durch Eintrittspforten der Haut (Ulzera, Rhagaden, erosive Mykosen) breiten sich die Erreger lymphogen aus, neigen zur Persistenz im Gewebe und somit zu Rezidiven und können durch konsekutive Reduktion des Lymphabflusses bleibende Verdickung und Zirkulationsstörungen der Extremitäten hervorrufen. Gesichtserysipele müssen wegen der Verbindung zum zentralen Nervensystem (Vena angularis mit Begleitlymphgefäßen) intensiv antibiotisch behandelt werden. Schwere Verläufe der Erysipele bis hin zu hämorrhagisch-nekrotischen Bildern finden sich auch bei Stoffwechselerkrankungen (Diabetes). Patienten mit entsprechender Komorbidität sind hoch gefährdet, Dauerschäden (Hautdefekte, extrakutane Defekte bis hin zu Osteomyelitis) zu erleiden.

19.4.3 Hauttuberkulose

Die Inzidenz der Hauttuberkulose scheint wieder anzusteigen. Insbesondere HIV-Infizierte neigen aufgrund ihrer Abwehrschwäche auch zur Tuberkulose bis hin zu verschiedenen hämatogenen Streureaktionen an der Haut. Schließlich ist die Tuberculosis cutis verrucosa immer noch eine mögliche Berufserkrankung (Pathologie), so wie jetzt neu „atypische Mykobakteriosen" (beispielsweise Mykobakterium marinae) relevant werden.

19.4.4 Mykose

Mykosen als Sekundärerkrankungen finden sich besonders bei Hauterkrankungen mit gestörtem Immunsystem (Neurodermitis, HIV, Autoimmunerkrankungen usw.) und zeichnen sich klinisch durch schwere Defekte bis hin zu schweren ulzerösen Schleimhautgranulomen und durch ihre schlechte Therapierbarkeit aus. Durch unsere globale Mobilität werden auch tropische und andere Primär-Mykosen relevant. So können die in Süd- und Nordamerika zum Teil endemisch auftretenden „Blastomykosen" gravierende, ggf. lebensbedrohliche Multiorgan-Erkrankungen verursachen.

19.5 Gewerbedermatosen

Begrifflich darf die Diagnose einer Gewerbedermatose nicht mit dem Rechtsbegriff der „Berufskrankheit" (SGB VII) gleichgesetzt oder verwechselt werden. In der Regel ergeben sich leistungsrechtliche Konsequenzen nach der Feststellung einer „Berufskrankheit" gemäß Ziffer 5101 oder 5102 der Berufskrankheitenverordnung (BKV) für die Unfallversicherungsträger. Gewerbedermatosen führen seit circa 10 Jahren die Liste der BK-Meldungen im berufsgenossenschaftlichen Bereich an und sind auch für andere Träger der sozialen Sicherung (GKV, GRV usw.) aufgrund ihrer hohen Prävalenz bedeutsam. So liegt die Prävalenz der gewerblichen Handekzeme in der BRD bei mehr als 6 % [4], wobei weibliche Erwerbstätige fast doppelt so häufig betroffen sind wie männliche. Arbeitsbedingte Hauterkrankungen entwickeln sich dann, wenn der Hautwiderstand durch die Kraft der Schädigungsfaktoren überwunden wird. In der Regel entsteht der Hautschaden durch chemische, biologische, mechanische und/oder physikalische Kräfte. Dabei handelt es sich in über 90 % um Hautkontaktreaktionen. Der Rest sind solche Hauterkrankungen wie Öl- und Chlorakne, chemisch bedingte Leukoderme, Infektionen, Kontakturtikaria (Latex!) oder entsprechende Streureaktionen.

Das Ausmaß der psychosozialen Probleme wird durch häufige Rezidive verstärkt. Die Einengung der manuellen Fähigkeiten, die fehlende Akzeptanz durch Kollegen oder die Firma, das Infektionsrisiko und weitere Probleme aufgrund des ggf. abstoßenden Aussehens bilden einen Teufelskreis der Ausgrenzung.

Bekannt ist das hohe Risiko für Atopiker, an Gewerbedermatosen zu erkranken. Dieses wird durch Arbeiten im Feuchtbereich (definiert als mehr als zwei Stunden Wasser- oder Handschuhkontakt oder mehr als 20mal Händewaschen pro Schicht) zusätzlich verstärkt. Die Entwicklung eines „Drei-Phasen-Ekzems" (siehe 19.2.3) gefährdet den Verbleib im beruflichen Tätigkeitsfeld und verschlechtert die Prognose für die Teilhabe am Arbeitsleben.

Im Sinne einer tertiären Prävention können Betroffene während stationärer Leistungen zur Teilhabe mit einem suffizienten integrierten Hautschutzplan ausgestattet werden. Dieser kann als Grundlage für Leistungen zur Teilhabe am Arbeitsleben dienen. Der Erhalt des Arbeitsplatzes ist bei etwa zwei Drittel der Versicherten möglich. Ggf. ist frühzeitig eine Eignungstestung bzw. Arbeitserprobung durchzuführen. Die Realisierung solcher Projekte erfordert erfahrungsgemäß auch im dermatologischen Fach ein gut geschultes interdisziplinär arbeitendes Team (Dermatologe/Allergologe, Ergotherapeut, sozialpädagogisch-psychologisches Know how) [2, 4, 7, 9].

19.6 Hauttumoren

Die Inzidenz der malignen Hauttumore wird zur Zeit mit ca. 250/100.000 in der deutschen Bevölkerung angegeben.

Die gutartigen Tumore der Haut sind für Leistungen zur Teilhabe kaum von Bedeutung. Dies gilt auch für Präkanzerosen, die wegen der leichten Zugänglichkeit chirurgisch oder durch andere therapeutische Maßnahmen regelmäßig zu beseitigen sind. Im Rahmen der Gesundheitsbildung muss darauf aufmerksam gemacht werden, dass beispielsweise aus aktinischen Keratosen Spindelzellkarzinome der Haut entstehen können.

Bösartige Neubildungen der Haut findet man am häufigsten als Basaliome, dann als Karzinome, maligne Melanome, Lymphome und Sarkome. Basaliome metastasieren zwar fast nie, können aber durch örtlich destruktives Wachstum („Ulcus terebrans") zum Beispiel im Kopfbereich zu schweren Gewebszerstörungen (Folgezustand: Gesichtsversehrtheit!) und ggf. tödlichen Komplikationen (beispielsweise Verblutung aus arodierten Arterien) führen.

Plattenepithelkarzinome (Spindelzellkarzinome) neigen vor allem in lymph- und blutgefäßreichen Regionen zur Metastasierung (Unterlippe, Genitale).

Die Zahl der Neuerkrankungen am Malignen Melanom steigt in den letzten Jahrzehnten ungebrochen an. Am häufigsten erkranken Personen im mittleren Lebensalter. Wissenschaftlich gesichertes Kriterium für ein doppelt so hohes Melanom-Risiko sind wiederholte starke Sonnenbrände vor dem 18. Lebensjahr. Als weitere Kofaktoren werden Modetrends (Bräunung, excessiver Gebrauch von UV-Strahlen usw.) diskutiert. Die Prognose ist bereits ab einer dermalen Invasionstiefe größer 1 mm dubios, weitergehende chirurgische und chemotherapeutische Maßnahmen verbessern die Prognose (noch) nicht sicher.

19.6.1 Leistungen zur Teilhabe

Die Indikation für die stationäre Rehabilitation von Hauttumorpatienten orientiert sich an drei sozialmedizinischen Kriterien:

▷ Defekt/Fähigkeitsstörung z. B. durch Lymphödem und Juckreiz beim T-Zell-Lymphom

▷ Funktionelle Störung z. B. des Gehens, des Greifens usw. nach Tumor-Exstirpation

▷ Soziale Desintegration, z. B. infolge Arbeitsplatzverlust, Entstellung durch tumoröse Hautveränderungen.

Neben Leistungen zur Teilhabe nach § 15 SGB VI gibt es für die onkologische Reha-Indikation darüber hinaus die Möglichkeit der Gewährung einer Nachsorge-Maßnahme nach § 31 Abs. 1 Satz 1 Nr. 3 SGB VI mit dem Ziel, die durch die Erkrankung oder die Therapie bedingten körperlichen, seelischen, sozialen und beruflichen Behinderungen positiv zu beeinflussen.

19.6.2 Sozialmedizinische Beurteilung

Die Diagnose eines Melanoms oder anderen Hauttumors bedeutet nicht automatisch den Zwang zur Berentung. Oft bedeutet die Fortsetzung der beruflichen Tätigkeit ein positives Element (Selbstwertgefühl, soziale Kontakte usw.) gegenüber möglichen Störungen des seelischen Gleichgewichtes.

Bei der Beurteilung der Leistungsfähigkeit sind sowohl die körperlichen als auch die seelischen Komponenten zu beachten. Ebenso zu berücksichtigen sind Begleiterkrankungen. Die Kontextfaktoren in Alltag und Berufsleben sind individuell und detailliert aufzuzeigen, und es ist konkret zum Erfordernis von Leistungen zur Teilhabe (medizinisch oder am Arbeitsleben) Stellung zu nehmen.

Literatur

[1] Altmeyer P, Bacharach-Buhles M: *Springer-Enzyklopädie Dermatologie, Allergologie, Umweltmedizin.* Berlin; Heidelberg; New York: Springer-Verlag, 2002.

[2] Buhles N: Tätigkeitsgeprüfter Hautschutz zur Verbesserung von Reha-Ergebnis und Prognose. *Deutsche Rentenversicherung (DRV)* 54 (12): 130, 1999.

[3] Christophers E, Mrowietz U, Sterry W (Hrsg.): *Psoriasis – auf einen Blick.* Berlin; Wien: Blackwell Wiss. Verlag, 2002.

[4] Diepgen TL, Coenrads PJ: The epidemiology of occupational contact dermatitis. In: Kanerva L, Elsner P, Wahlberg JE, Maibach HI (Hrsg.) *Handbook of Occupational Dermatology,* S. 3–16. Berlin; Heidelberg; New York: Springer-Verlag, 2003.

[5] Fuchs E, Schulz KH (Hrsg.): *Manuale Allergologicum.* München-Deisenhofen: Dustri-Verlag Dr. Karl Feistle, 1990.

[6] Korting HC, et al. (Hrsg.): *Dermatologische Qualitätssicherung: Leitlinien und Empfehlungen.* München, Bern: W. Zuckschwerdt Verlag, 2001.

[7] Müller U, Buhles N: Beruf und Neurodermitis, zum Stellenwert der Hautschutzpräparate. *hautnah derm* 1: 94–99, 1992.

[8] Schmöckel C: *Diagnostisches und differentialdiagnostisches Lexikon der Dermatologie und Venerologie.* Bonn: CITA Verlag, 1986.

[9] Scholten S: Der tätigkeitsgeprüfte Hautschutzplan. *Dermatosen in Beruf und Umwelt* 48: 188–194, 2000.

[10] Zollner TM, Boehncke WH, Kaufmann R (Hrsg.): *Atopische Dermatitis.* Berlin; Wien: Blackwell Wissenschaftsverlag, 2002.

20 Augenkrankheiten

Gisela und Wolfgang Hagenau

20.1 Allgemeines

Gutes Sehen bedeutet nicht nur Erkennen von Sehprobentafeln. Gerade an der zunehmenden Beanspruchung der Augen bei der nicht mehr wegzudenkenden Informations- und Kommunikationstechnik – sei es beruflich oder privat – lässt sich die Komplexität des Systems Sehen verdeutlichen. Da die Modernisierung der Arbeitsprozesse zu mehr kontrollierenden und informationsverarbeitenden Aufgaben hinführt, ist die Arbeit an bildschirmgebundenen Geräten unerlässlich geworden.

Diese Belastung verursacht Beschwerden; Reizungen des äußeren Auges durch Trockenheit der Schleimhäute bedingen ein neues Krankheitsbild: „Office Eye Syndrome". Die hohen Sehanforderungen bei der Bildschirmarbeit machen geringe Sehfehler schneller auffällig, lassen Akkommodationsprobleme früher auftreten, führen zu schnellerer Ermüdung und haben sogar über Verspannungen im Bereich der Halswirbelsäule indirekt einen Einfluss auf die Durchblutung des gesamten Sehorgans.

Indes bringt die Weiterentwicklung der Informationstechnik nicht nur Nachteile für die Augen mit sich, sondern sie kann gerade im Sehbehindertenwesen und in der Rehabilitation große Erleichterung für bestimmte Berufsgruppen schaffen. Man denke nur an die Vergrößerungsmöglichkeiten am Bildschirm, die mit Hilfe eines Kamerasystems auch Kleingedrucktes lesbar machen, oder an elektronische Vorlesesysteme, die für ausreichende Information bei fehlender Lesefähigkeit sorgen.

Abgesehen von Verbesserungen der technischen Hilfsmittel zum Nutzen der Rehabilitation sind auch operative Maßnahmen weiterentwickelt worden. So ist z. B. die Operation gegen den Grauen Star zur Routine geworden, mit Implantation einer Hinterkammerlinse eine anatomische optimale Versorgung gelungen. Am Grauen Star muss niemand mehr erblinden.

Die häufigste Ursache von Blindheit und hochgradiger Sehbehinderung ist heute in allen entwickelten Ländern die altersbedingte Makuladegeneration (AMD), gefolgt von Glaukom und diabetischer Retinopathie. Mit Veränderungen der demographischen Entwicklung wird sich daher die Wahrscheinlichkeit zu erblinden deutlich erhöhen (geschätzter Zuwachs ca. 25 % bis zum Jahr 2020). Entsprechend sind die steigenden volkswirtschaftlichen Kosten zu berücksichtigen, die von Renten-, Kranken- und Pflegeversicherung sowie durch Zahlungen von Nachteilsausgleichen übernommen werden müssen.

Wird Blindheit und hochgradige Sehbehinderung in rund einem Drittel der Fälle durch die altersbedingte Makuladegeneration verursacht, sind beim Diabetes ca. 15 % Erblindungsursache mit steigender Prävalenz zu erwarten. Wenn auch die demographische Entwicklung und die Zunahme der zivilisationsbedingten Erkrankungen zu einer Steigerung der Sehbehinderungen führen, lässt doch die Zukunft hoffen, therapeutisch bzw. präventiv einen günstigeren Einfluss auf Netzhautschäden durch AMD und diabetische Retinopathie oder Optikusläsionen zu nehmen.

20.2 Untersuchungen

Die Funktionstüchtigkeit der Augen lässt sich am besten erfassen durch Bestimmen der Sehschärfe und des Gesichtsfeldes. Folgende Untersuchungen erlauben aber schon Rückschlüsse auf die zu erwartende Sehleistung: die biomikroskopische Untersuchung an

	unbedingt erforderlich	nach Fragestellung und Lage des Falles
objektiv	Inspektion (Lider, Lage, Stellung und Beweglichkeit der Augäpfel, der Bindehaut) Palpation (Orbita, NAP) Spaltlampenmikroskopie Ophthalmoskopie Refraktometrie Tonometrie Prüfung des Tränenabflusses	Exophthalmometrie, Piezometrie Auskultation der Orbita Untersuchung des Kammerwinkels (Gonioskopie) binokulare Ophthalmoskopie (Panfunduskop, Dreispiegelkontaktglas) Ophthalmodynamometrie/-graphie Elektroretinographie, Elektrookulographie Elektromyographie Nystagmographie Elektrotonographie Ultraschalluntersuchung bakterielle Untersuchung des Bindehautsekrets Messung der Tränensekretion Röntgenuntersuchungen Objektive Untersuchung der Sehschärfe
subjektiv	Prüfung des Binokularsehens in Ferne und Nähe Prüfung der Stereopsis (WORTH-Test, MADDOX-WING-Test, TITMUS-Test, TNO-Test) Prüfung auf latentes Schielen (Heterophorie) Bestimmung der Sehschärfe in Ferne und Nähe Akkommodationsbreite Rechnergestützte Gesichtsfeldbestimmung mit Prüfung der Zuverlässigkeit (dynamische Perimetrie) Farbsinnprüfung mit Farbtafeln	Täuschungsproben Motilitäts- und Doppelbildprüfung (Tangentenskala, HESS-Gardine) Prüfung von Binokularsehen und Fusion Kampimetrie statische Perimetrie Dunkeladaptation Prüfung von Dämmerungssehen und Blendungsempfindlichkeit Aniseikoniemessung Farbsinnprüfung (Anomaloskop) Prüfung der „retinalen Sehschärfe" (Laserinterferenz)

Tab. 20.1: Untersuchungen in der augenärztlichen Begutachtung

der Spaltampe, die objektive Refraktionsbestimmung, Binokularstatus und Funduskopie (vgl. Tab. 20.1).

Nach Erhebung der *Anamnese*, die besonders auf familiäre Belastungen (hereditäre Erkrankungen), berufliche Belange, aber auch auf internistische Erkrankungen (Diabetes, Hypertonie) eingehen muss, erfolgt sinnvollerweise die äußere Inspektion. ICD H00–06 werden damit erkannt.

Mit der *Spaltlampe* steht dem Augenarzt die Möglichkeit zur Verfügung, die vorderen Augenabschnitte bis zur Linse und den vorderen Glaskörper biomikroskopisch genau mit bis zu 24facher Vergrößerung zu untersuchen. Das scharf begrenzte Lichtbündel der Spaltlampe lässt die Strukturen im gestreuten oder regredienten Licht im Stereomikroskop sichtbar werden. Mit Zusatzgeräten (Konkavgläsern, Dreispiegelkontaktglas, Gonioskopierlinse, Applanantionstonometer und Messzusätzen) können der Fokussierbereich erweitert und die Untersuchungsmöglichkeiten optimiert werden.

Den *Augenhintergrund* kann man nicht nur biomikroskopisch und binokular mit dem Kontaktglas an der Spaltlampe sondern auch binokular oder monokular indirekt oder direkt mit dem Augenspiegel untersuchen. Möglich ist damit die Diagnosestellung der Netzhaut- und Aderhauterkrankungen und die Beurteilung des Sehnervenkopfes (ICD H30–36, H46–48). Die Diagnosen ICD H10–45 können mit Hilfe der

Spaltlampenuntersuchung gestellt werden.

Vor der Bestimmung der Brechungsfehler bzw. der Visusprüfung muss eine funktionelle Minderwertigkeit (Amblyopie) ausgeschlossen werden. Sie entsteht entweder bei einem nicht behandelten monolateralen Schielen, durch exzentrische Fixation oder durch einen hohen einseitigen Brechungsfehler. Refraktionsanomalien lassen sich objektiv durch Skiaskopie (Schattenprobe) oder ein Refraktometer (manuell oder automatisch) bestimmen sowie durch Vermessung der Hornhautradien mit Hilfe des Ophthalmometers. Diese objektiven Methoden sind Grundlage für die subjektive Bestimmung der Sehschärfe und ggf. der notwendigen Brillengläser.

Anders gestaltet sich die Abklärung einer Schielamblyopie auf Grund einer pathologischen Sensorik. Nach der Fixationsprüfung, die den Ort und die Art der Fixation festlegen kann (Exzentrizitätswinkel, Nystagmus), muss mit dem Auf- und Abdecktest die Qualität des Schielens mit Fusionsanteil näher diagnostiziert werden. Neben der Sensorik ist auch eine Motilitätsprüfung der Augenmuskeln wesentlicher Bestandteil der Schieldiagnostik zur Unterscheidung von Strabismus incomitans und concomitans.

20.2.1 Sehschärfe

Unter *Sehschärfe* versteht man die Fähigkeit der Netzhaut, zwei Objekte getrennt wahrzunehmen (minimum separabile). Erweitert man den Begriff zur Sehleistung, muss auch die Kontrastempfindlichkeit berücksichtigt werden, die den geringsten, noch wahrnehmbaren Leuchtdichteunterschied angibt (minimum visibile).

Die Sehschärfenbestimmung ist international genormt nach DIN 58220 bzw. EN 150 8596/7. Das Normsehzeichen ist der LANDOLT-Ring (Kreisring mit Aussparung von der Größe der Strichbreite des Ringes). Der Visus ist festgelegt durch einen LANDOLT-Ring, dessen Öffnung unter einem Sehwinkel von einer Winkelminute erscheint. Die Sehzeichen werden in dekadisch logarithmischer Abstufung dargeboten und die Stufe ermittelt, bei der 6 von 10 Ringen richtig erkannt werden. Dabei muss eine Forcedchoice-Strategie angewendet werden.

Auch die Reihenfolge der Bestimmung ist festgelegt. Zuerst soll das schlechtere Auge *ohne* Korrektur, dann das andere, dann beidäugig und danach dieselbe Reihenfolge mit Korrektur geprüft werden. Ist der Binokularvisus besser als die beiden monokularen, so wird der binokulare Visus als der des besseren Auges, der monokulare Visus des schlechteren Auges als der des anderen Auges definiert. Die Visusprüfung ergibt Aussagen für die Diagnose von Sehfehlern (Hyperopie, Myopie, Astigmatismus, Presbyopie) und Augenerkrankungen (Trübungen der brechenden Medien, Erkrankungen von Netzhaut und Aderhaut, Sehnerv und Sehbahn) und eine Objektivierung von subjektiven Störungen des Patienten.

Die Sehschärfenprüfung gibt an, ob die gesetzlich und in Vorschriften festgelegten Visuswerte bei Tauglichkeitsprüfungen für bestimmte Tätigkeiten (Fahrtauglichkeit, G25, G26, G37) eingehalten werden und der Proband diese Tätigkeiten ausführen kann. Dafür ist auch die Bestimmung der Nahsehschärfe wichtig, nicht nur mit Einzeloptotypen, sondern mit Leseproben, um die Erkennung von Wörtern als Ganzes zu erfassen (minimum legibile), was für die Bewertung der Arbeitsfähigkeit von Bedeutung ist. Nach DIN 58220 ist auch die Sehschärfenbestimmung für berufsgenossenschaftliche Eignungsgrundsätze und für straßenverkehrsbezogene Sehtests geregelt.

Beidäugiges Sehen

Für die Beurteilung bestimmter beruflicher Eignungen sowie für die Einschätzung der Berufs- oder Erwerbsfähigkeit ebenso wie die Berufsförderung bei Sehbehinderten kommt dem beidäugigen Sehen große Bedeutung zu. Ein einseitiges Schielen genauso wie Doppelbildwahrnehmung macht viele Berufsausübungen aus verkehrs- oder arbeitsmedizinischen Gründen unmöglich. Nur beim intakten Binokularsehen können Tiefenunterschiede aufgrund unterschiedlicher querdisparater Bildlagen wahrgenommen werden (*Stereopsis*). Auch ist die binokulare Sehschärfe in der Regel besser als der monokulare Visus.

Stereotests Die Stereopsis stellt die höchste Stufe der Binokularität dar. Um das querdisparate Tiefensehen zu quantifizieren, insbesondere bei der Eignungsbegutachtung, müssen neben der geeigneten Brillenkorrektur Prüfentfernung und Beleuchtung beachtet werden. Als erster grober Test kann der „Treffversuch" gelten, bei dem mit ausgestrecktem Arm zwei Gegenstände ineinandergesteckt werden müssen. Gelingt dies bei flüssiger Bewegung beidäugig besser als nach Abdecken eines Auges, so ist zumindest ein grobes querdisparates Tiefensehen vorhanden.

Zur genaueren Überprüfung werden einfach zu erkennende Figuren durch einen Trenner (Rot-Grün-Brille, Polarisationsfilter) zunächst mit großer Querdisparation dargeboten. Dabei wird die statische Stereopsis geprüft. Weitere Tests sind mit flächigen Testobjekten (TITMUS-Test; Fliege, Ringe, Tiere) oder randomisiert verteilten Punktmustern möglich.

Berücksichtigt werden muss bei der Auswertung, dass auch monokular die seitliche Versetzung erkannt wird und zu falsch positiven Ergebnissen führen kann, wenn nicht die richtige Fragetechnik angewendet wird (Heraustreten aus der Testebene bei Stereopsis oder seitliches Versetzen bei Monokularität). Abwechselndes Schließen der Augen und Hin- und Herbewegen der Testfiguren verfälschen ebenfalls das Testergebnis.

20.2.2 Gesichtsfeld

Das Gesichtsfeld ist die Gesamtheit der Seheindrücke bei unbewegtem Kopf und Auge. Das zentrale Gesichtsfeld gibt Auskunft über die Funktion der Sinneszellen (Zapfen) der Netzhautmitte, das periphere Gesichtsfeld ist von der Fähigkeit der Zapfen und Stäbchen bestimmt, parazentrale und periphere Netzhautareale wahrzunehmen. Die Gesichtsfeldaußengrenzen in der Peripherie sind zur Orientierung im Raum von Bedeutung und betragen normalerweise temporal 90°, unten 70°, nasal und oben 60°.

Die *kinetische Perimetrie* verwendet bewegte Prüfmarken auf einer Halbkugel als Projektionsfläche. Sie ist besonders hilfreich bei der Aufdeckung von Sehbahnläsionen und wichtig bei Anwendungs- und Eignungsgutachten (Verkehr, Arbeit). Bei allen gutachterlichen Fragestellungen hat die kinetische Perimetrie (GOLDMANN-Perimeter, Marke III/4) entscheidende Bedeutung, für die eine Prüfstrategie festgelegt ist.

Zur Orientierung eignen sich eher vereinfachte Verfahren wie die Kampimetrie (Flache Projektionsebene mit definierter Prüfmarke) oder das Konfrontationsgesichtsfeld, wobei sich Untersucher und Patient gegenüberstehen und mit dem Finger als bewegtes Objekt die Gesichtsfeldgrenzen abgefragt werden. Zentrale Gesichtsfeldausfälle lassen sich auch mit dem AMSLER-Netz (Gitternetz in Leseabstand) erfassen (verzerrte oder fehlende Linien).

Bei der statischen Perimetrie wird mit ortsfesten Reizen die Leuchtdichte der Prüfpunkte verändert, wodurch eine Art topographische Verteilung der Empfindlichkeit für Lichtunterschiede im Gesichtsfeld resultiert. Diese Untersuchung ist nur mit computergesteuerten Geräten möglich, bietet aber eine hohe Sensitivität und Reproduzierbarkeit. Bevorzugt wird mit dieser Methode das zentrale Gesichtsfeld bis 30° untersucht (Makulaschäden, Glaukom), ebenfalls unter Anwendung einer festgelegten Prüfstrategie. Die Datenauswertung erlaubt eine Vielzahl von Befunddarstellungen.

20.2.3 Akkommodation

Der Mechanismus der Brechwertzunahme läuft über Veränderungen vornehmlich der Augenlinse durch Kontraktion eines Ringmuskels (M. ciliaris). Die Schärfe der Abbildung wird durch die Engstellung der Pupille verbessert (Beleuchtung!).

Die Akkommodationsbreite ist der Bereich zwischen Punctum remotum und Punctum proximum und kann mit Geräten wie Akkommodometer oder Optometer bestimmt werden. Bei einer Brillenbestimmung wird sie immer mit berücksichtigt. Nachlassende Akkommodation im Alter oder fehlende, wie bei Aphakie oder Lähmung des Ringmuskels, kann mit Plusgläsern kompensiert werden. Dabei muss für bestimmte Berufe auch der jeweilige Arbeitsabstand beachtet werden.

20.2.4 Farbensehen

Geprüft wird der Farbsinn orientierend mit pseudochromatischen Tafeln, z. B. mit Zahlen, die aus verschiedenen Farbflecken mit nur geringen Abweichungen zusammengesetzt sind und so vom Farbuntüchtigen nicht richtig erkannt werden (es wird eine falsche Zahl genannt). Beim Farblegetest wird von Farbschwachen eine falsche Farbreihe gelegt, die Rückschlüsse auf die Art der Farbsinnstörung zulässt. Eine genaue Analyse des Farbsinns ist nur am Anomaloskop möglich. Nach der RALEIGH-Gleichung muss der Prüfling zu spektralem Gelb aus Rot und Grün die Farbe Gelb mischen, die er als farbgleich mit der vorgegebenen empfindet. Das Ergebnis ist der Anomalquotient, der immer mit einer Einstellbreite angegeben wird.

Von großer Bedeutung sind Farbsinnstörungen im Verkehrswesen, was sich in den entsprechenden Tauglichkeitsbestimmungen wiederfindet. Unterscheidungsfähigkeit von Farbnuancen ist besonders bei Maler-, Textil- und Druckereiberufen und im Elektro- bzw. Elektronikbereich unerlässlich.

20.2.5 Fragwürdige Ergebnisse von Sehprüfungen

Bei Diskrepanzen zwischen objektivem Organbefund und einem Funktionsausfall oder zweifelhaften Angaben zur Sehschärfe muss eine Simulation ausgeschlossen werden. Man unterscheidet zwischen Aggravation, Dissimulation und falscher Aussage.

Bei der Prüfung muss auf die Art der Simulation (Sehschwäche, einseitige Blindheit, vollständige Blindheit, Gesichtsfeldausfall) mit diversen Simulationsproben und unterschiedlichen Methoden eingegangen werden. Meist beruhen sie auf geschickter Trennung zwischen rechtem und linkem Auge (haploskopische Verfahren) oder objektiv durch Auslösen eines optokinetischen Nystagmus. Mit größerem technischen Aufwand kann auch eine objektive Visusbestimmung durch VECP (Visuell Evozierte Corticale Potenziale) erfolgen, bei dem durch Darbietung eines definierten Schachbrettmusters die kortikale Antwort bewertet wird. Bei Gesichtsfeldausfällen kann durch Abstandsänderungen zum Prüfbildschirm eine „Simulationsfalle" eingerichtet werden.

20.3 Sehbehinderung und Blindheit

Zur Leistungsbeurteilung und zum Abschätzen der Indikation für eine Rehabilitation ist das Ausmaß der Herabsetzung der Funktion des Sehorgans entscheidend (Tabellen 20.2 und 20.3 auf der nächsten Seite). Die Bewertung des Schadens erfolgt nach den Richtlinien der Deutschen Ophthalmologischen Gesellschaft und ist u. a. vom Bundesministerium für Arbeit und Soziales in den *Anhaltspunkten* [1] festgelegt worden (Tabelle 20.4 auf der nächsten Seite). Die Begriffe Blindheit, hochgradige Sehbehinderung und Sehbehinderung sind darin folgendermaßen definiert:

Eine Sehbehinderung liegt dann vor, wenn nur noch ein Drittel der Sehschärfe auf beiden Augen vorhanden ist.

Die hochgradige Sehbehinderung besteht bei einer Sehschärfe von $< 0{,}05$ auf dem einen und $0{,}05$ bis $0{,}03$ auf dem anderen Auge oder bei gleichzubewertenden Störungen (Gesichtsfeld).

Blindheit ist bei vollständigem Fehlen des Sehvermögens oder bei Herabsetzung des Sehvermögens auf $1/50$ auf dem besseren Auge oder bei gleichwertigen Störungen zu attestieren.

Eine der Herabsetzung der Sehschärfe auf $1/50$ oder weniger gleichzusetzende Sehbehinderung liegt nach den Richtlinien der Deutschen Ophthalmologischen Gesellschaft bei folgenden Fallgruppen vor:

▷ Bei einer Einengung des Gesichtsfeldes, wenn bei einer Sehschärfe von $0{,}033$ ($1/30$) oder weniger die Grenze des Restgesichtsfeldes in keiner Richtung mehr als $30°$ vom Zentrum entfernt ist, wobei Gesichtsfeldreste jenseits von $50°$ unberücksichtigt bleiben.

▷ Bei einer Einengung des Gesichtsfeldes, wenn bei einer Sehschärfe von $0{,}05$ ($1/20$) oder weniger die Grenze des Restgesichtsfeldes in keiner Richtung mehr als $15°$ vom Zentrum entfernt ist, wobei Gesichtsfeldreste jenseits von $50°$ unberücksichtigt bleiben.

I	Volle Sehtüchtigkeit:	
	1. Auge mindestens Visus 1,0	
	2. Auge mindestens Visus 0,5	
II a	Gröbere einseitige Sehschädigung:	
	1. Auge mindestens 1,0	
	2. Auge 0,3 und weniger	
II b	Mäßige beidseitige Sehschädigung:	
	1. Auge 0,9 bis 0,4	
	2. Auge 0,9 bis 0,4	
III	Sehbehinderung:	
	1. Auge 0,3 bis 0,075 (1/15)	
	2. Auge 0,3 und weniger	
IV	Hochgradige Sehbehinderung:	
	1. Auge 0,05 (1/20) bis 0,03 (1/35)	
	2. Auge 0,05 (1/20) und weniger	
V	Blindheit oder der Blindheit gleichzustellen: am besseren Auge 0,02 (1/50) und weniger	

Tab. 20.2: Stufen der Sehbeeinträchtigung (Blankenagel)

	Maximum weniger als:	Minimum bei/höher als:
1	6/18 3/10 (0.3) 20/70	6/60 1/10 (0.1) 20/200
2	6/60 1/10 (0.1) 20/200	3/60 1/20 (0.05) 20/400
3	3/60 1/20 (0.05) 20/400	1/60 (Fingerzählen 1 m) 1/50 (0.02) 5/300 (20/1200)
4	1/60 (Fingerzählen 1 m) 1/50 (0.02) 5/300	Lichtscheinwahrnehmung
5	keine Lichtscheinwahrnehmung	
9	unbestimmt oder nicht näher bezeichnet	

Tab. 20.3: Stufen der Sehbeeinträchtigung (WHO)

		1.0 5/5	0.8 5/6	0.63 5/8	0.5 5/10	0.4 5/12	0.32 5/15	0.25 5/20	0.2 5/25	0.16 5/30	0.1 5/50	0.08 1/12	0.05 1/20	0.02 1/50	0 0
1.0	5/5	0	0	0	5	5	10	10	10	15	20	20	25	25	25
0.8	5/6	0	0	5	5	10	10	10	15	20	20	25	30	30	30
0.63	5/8	0	5	10	10	10	10	15	20	20	25	30	30	30	40
0.5	5/10	5	5	10	10	10	15	20	20	25	30	30	35	40	40
0.4	5/12	5	10	10	10	20	20	25	25	30	30	35	40	50	50
0.32	5/15	10	10	10	15	20	30	30	30	40	40	40	50	50	50
0.25	5/20	10	10	15	20	25	30	40	40	40	50	50	50	60	60
0.2	5/25	10	15	20	20	25	30	40	50	50	50	60	60	70	70
0.16	5/30	15	20	20	25	30	40	40	50	60	60	60	70	80	80
0.1	5/50	20	20	25	30	30	40	50	50	60	70	70	80	90	90
0.08	1/12	20	25	30	30	35	40	50	60	60	70	80	90	90	90
0.05	1/20	25	30	30	35	40	50	50	60	70	80	90	100	100	100
0.02	1/50	25	30	30	40	50	50	60	70	80	90	90	100	100	100
0	0	25	30	40	40	50	50	60	70	80	90	90	100	100	100

Nach: Anhaltspunkte für die ärztliche Gutachtertätigkeit im sozialen Entschädigungsrecht und nach dem Schwerbehindertengesetz [1]

Tab. 20.4: MdE und GdB bei Visusminderungen

20.3 Sehbehinderung und Blindheit

▷ Bei einer Einengung des Gesichtsfeldes, wenn bei einer Sehschärfe von 0,1 (1/10) oder weniger die Grenze des Restgesichtsfeldes in keiner Richtung mehr als 7,5° vom Zentrum entfernt ist, wobei Gesichtsfeldreste jenseits von 50° unberücksichtigt bleiben.

▷ Bei einer Einengung des Gesichtsfeldes, auch bei normaler Sehschärfe, wenn die Grenze der Gesichtsfeldinsel in keiner Richtung mehr als 5° vom Zentrum entfernt ist, wobei Gesichtsfeldreste jenseits von 50° unberücksichtigt bleiben.

▷ Bei großen Skotomen im zentralen Gesichtsfeldbereich, wenn die Sehschärfe nicht mehr als 0,1 (1/10) beträgt und im 50°-Gesichtsfeld unterhalb des horizontalen Meridians mehr als die Hälfte ausgefallen ist.

▷ Bei homonymen Hemianopsien, wenn die Sehschärfe nicht mehr als 0,1 (1/10) beträgt und das erhaltene Gesichtsfeld nicht mehr als 30° Durchmesser besitzt.

▷ Bei bitemporalen oder binasalen Hemianopsien, wenn die Sehschärfe nicht mehr als 0,1 (1/10) beträgt und kein Binokularsehen vorliegt.

Blindheit im wissenschaftlichen Sinne (keine Lichtscheinwahrnehmung, Amaurose) muss abgegrenzt werden zur praktischen Definition, wonach ein Sehrest, der nicht mehr nutzbar ist – weder in beruflich-wirtschaftlicher noch in sozialer Hinsicht – rechtlich der Vollblindheit gleichgestellt wird. Eine Hilfe zur Abgrenzung ist die *Orientierungsfähigkeit*, die bei einem Sehrest kleiner als Fingerzählen in 1 m Entfernung nicht mehr gegeben ist. Diese Abgrenzung ist aber historisch-geographisch unscharf und die Übergänge zur hochgradigen Sehbehinderung sind fließend, so dass eine Stufeneinteilung notwendig wird:

1. Größere, einseitige Einschränkung der Sehschärfe:

   1. Auge mindestens 1,0
   2. Auge 0,3 und weniger

   Dazu gehört Einäugigkeit. Aufgehobenes stereoskopisches Sehen und Gesichtsfeldeinschränkung führen zu „unzureichender Tiefenlokalisation im Greifraum" mit Auswirkung im bewegten Umfeld, bei älteren Personen auch im statischen Bereich.

2. Mäßige, beidseitige Einschränkung:

   1. Auge 0,7 bis 0,4
   2. Auge 0,7 bis 0,4

   Die Auswirkungen werden häufig unterschätzt, führen jedoch bei allen manuellen Tätigkeiten zu Einschränkungen der Leistungsfähigkeit.

3. Sehbehinderung:

   1. Auge 0,3 bis 0,06
   2. Auge 0,3 und weniger

   Mangelhafte Ausnutzbarkeit von Schwarzdruck und Probleme bei optischen Tätigkeitskontrollen sind die Folge.

4. Hochgradige Sehbehinderung:

   1. Auge 0,05 bis 0,03
   2. Auge 0,05 und weniger.

5. Blindheit oder der Blindheit gleichzustellen:

   Auf dem besseren Auge 0,02 und weniger.

Insbesondere in den Gruppen 3 bis 5 dieser Tabelle spielt die soziale Beeinträchtigung der betroffenen Personen eine Rolle. Bei Sehbehinderten mit mäßiger Einschränkung des Sehvermögens (Gruppe 3) wird die Sehbeeinträchtigung von der Umwelt häufig nicht erkannt. Schwierigkeiten bei der Aufnahme sozialer Kontakte, beeinträchtigte Orientierungsfähigkeit und Lesefähigkeit schränken das Spektrum möglicher Berufe ein. Die Teilnahme am motorisierten Straßenverkehr ist nicht möglich. Personen der Gruppe 5 erleiden den Verlust der optischen Umweltkontakte; dies führt zu eingeschränkter zwischenmenschlicher Kommunikation und Teilnahme am sozialen Leben, Mobilitätseinschränkung und Abhängigkeit von Begleitpersonen. Die Eigenversorgung ist erheblich erschwert, wenn nicht unmöglich. Für diese Personengruppe ist die Beschäftigungsmöglichkeit auf wenige Berufe eingeschränkt.

Kinder der Gruppen 1 und 2 besuchen die Regelschule. Kinder der Gruppe 3 besuchen Regelschule oder Sehbehindertenschule nach individueller Beurteilung. Kinder der Gruppe 4 besuchen die Sehbehindertenschule. Kinder der Gruppe 5 besuchen die Blindenschule. Eine zunehmende Anzahl von sehbehinderten Kindern und Jugendlichen erreicht mit Hilfe integrativer Maßnahmen das Abitur.

20.4 Sozialmedizinische Beurteilung

Die Anforderungen an die Sehschärfe sind in der heutigen technisierten Arbeitswelt erheblich angestiegen. Schon gering eingeschränkte Sehleistungen schließen bestimmte Berufe bzw. Arbeitsplätze aus. Zunehmend differenzierte Tauglichkeits- und Arbeitsschutzvorschriften sind die Folge dieser Entwicklung.

Eine qualifizierte Aussage zur Berufseignung darf keine „Berufeliste" schematisch zugrundelegen, weil solche Listen Mindestanforderungen aufstellen, die der individuellen Situation nicht gerecht werden. Die Berücksichtigung lediglich des Fernvisus ist ebenfalls unzureichend und nicht praxisgerecht. Zur Feststellung der beruflichen Eignung bedarf es regelhaft weiterer Parameter wie Sehschärfe in der Nähe, Lesefähigkeit, Blendungsempfindlichkeit, Beweglichkeit, Gesichtsfeld, Farbsinn und organische Sensibilität auf äußere Einflüsse wie Trockenheit, Staub oder Reizgasexposition.

Die altersbedingte Abnahme der Nahsehschärfe (Presbyopie) bedeutet keine Leistungseinschränkung, weil sie auf den jeweiligen Abstand hin korrigierbar ist. Eine einseitige Sehschwäche bzw. Einäugigkeit schließt die berufliche Verwendungsfähigkeit im Verkehrswesen (Luftfahrt, Schifffahrt, Kraftfahrzeuge) sowie in handwerklichen Berufen aus, besonders wenn zusätzliche Einschränkungen oder Behinderungen auftreten, wie z. B. die fehlende Möglichkeit, den Tastsinn zu Hilfe zu nehmen. Beispielhaft seien Berufe im Textilbereich, in der feinmechanischen und optischen Industrie, in der Feinuhrenherstellung, im Elektro- und Grafikgewerbe und auch im Maschinenbau genannt. Für Sehschwache stellen auch Arbeiten auf Leitern und Gerüsten sowie an ungeschützten Maschinen Gefährdungen dar.

Weniger bedeutsam ist ein eingeschränktes Sehvermögen in Berufsbereichen als Bäcker, Koch, Krankengymnast, Verwaltungsangestellter oder Haushaltshilfe. Bei erworbenen Sehschwächen ist nach einer angemessenen Gewöhnungszeit häufig eine Beschäftigung im vorher ausgeübten Beruf möglich. Für handwerkliche Tätigkeiten außerhalb der traditionellen Blindenberufe wie Bürstenmacher, so z. B. als Teilezurichter oder Industriearbeiter, ist eine Mindestsehschärfe von ca. 0,2 bis 0,3 notwendig. Differenzierte Aussagen zur beruflichen Verwendungsfähigkeit setzen eine angemessene Fachdiagnostik und Kenntnisse der speziellen Arbeitsplatzbedingungen voraus.

20.5 Rehabilitation

Rehabilitation und Beratung sind vor allem im Kindes- und Jugendalter von großer Bedeutung. Beginnend mit der Frühförderung der Kleinkinder über Blindenschulen, Berufsbildungswerke und Berufsförderungswerke bis zu sozialen Hilfen für ältere Menschen lässt sich die geistige, körperliche und soziale Aktivität und Selbstständigkeit verbessern. Die Frühförderung beginnt mit einem Training des Restsehvermögens, der Verbesserung der Körperwahrnehmung, der Orientierung und Mobilität. In der Schule (Landesschule für Blinde, Realschule, Berufsschule) soll die Erziehung zur Selbständigkeit, das Erlernen lebenspraktischer Fertigkeiten und blindenspezifischer Techniken im Vordergrund stehen. Die BRAILLE-Schrift sowie Orientierungs- und Mobilitätstraining ergänzen diesen Teil der Ausbildung. Kennenlernen optischer Hilfsmittel sowie Nutzung der elektronischen Medien sind weitere Schritte auf dem Weg in ein weitgehend selbständiges Leben. Die bessere Ausnutzung des Sehrestes durch optische und elektronische Hilfsmittel hat in den letzten Jahren zu verbesserten Rehabilitationsmöglichkeiten geführt. Zusätzliche Störungen wie Gesichtsfeldeinschränkungen, Motilitätsstörungen, Störungen des Kontrastsehens verursachen eine Verschiebung in eine schlechtere Gruppierung.

Berufsfördernde Maßnahmen

1. Berufsbildungswerke, Berufsförderungswerke für Sehbehinderte und Blinde. Hierbei muss zwischen früh- und spätgeschädigten Sehbehinderten unterschieden werden.

2. Die berufliche und allgemeine Rehabilitation wird unterstützt durch eine Reihe von Maßnahmen zur Wiedereingliederung Sehbehinderter und Blinder:

Mobilitätstraining Von einem speziell ausgebildeten Orientierungs- und Mobilitätstrainer wird in erster Linie das Gehen mit dem Langstock vermittelt. Es richtet sich nach Alter, Gesundheitszustand und Berufstätigkeit bzw. der häuslichen Umgebung des Blinden oder Sehbehinderten. Ergänzend zum Langstock kann der Blindenführhund für mehr Sicherheit in Mobilität und Orientierung sorgen.

Lebenspraktische Fähigkeiten Dazu gehört die Haushalts- und Wäschepflege, Zubereitung von Mahlzeiten, Essen mit Messer und Gabel, Blindenschrift schreiben und lesen, PC-Arbeit, Erkennen von Geldscheinen und Münzen, Nutzen von Hilfsmitteln.

Hilfsmittel Genannt seien aus der zunehmend größer werdenden Palette: sprechende Uhren, elektronische Notizbücher, sprechende Küchen- und Personenwaagen, adaptierte Spiele, Lese-Sprechgeräte, Farberkennungsgeräte.

Informationen sind zu erlangen über Blindenhörbüchereien, Blindenschriftbüchereien, individuellen Textservice des Blindenbundes, elektronische Zeitungen über PC und weiter in der BRAILLE-Zeile oder Sprachausgabe.

Psychische Lebenshilfe sowie Rat und Betreuung geben die 20 Landesverbände des Deutschen Blinden- und Sehbehindertenverbandes.

20.6 Erkrankungen der vorderen Augenabschnitte

Beispielhaft aus den Erkrankungen der Vorderen Augenabschnitte sei nochmals das „Office Eye Syndrom" genannt, das durch ungünstige Arbeitsbedingungen (vermehrte Bildschirmarbeit und trockene Luft der klimatisierten Büroräume) ein Beschwerdebild mit zunehmender Bedeutung in der augenärztlichen Praxis darstellt.

Dagegen ist die operative Versorgung der *Katarakt* weiter optimiert worden. Mit Ersatz der trüben Linse durch eine Kunststofflinse an anatomisch richtiger Stelle lässt sich fast eine Restitutio ad integrum erreichen, zumal jetzt auch schon die Akkommodation durch Implantate imitiert werden kann.

Während sich die Beschwerden durch ein „Trockenes Auge" nicht durch ein abstraktes Bewertungsschema klassifizieren lassen, wird eine operative Versorgung des „Grauen Stars" mit einer MdE beurteilt, wobei man unterscheidet zwischen unkorrigierter einseitiger Aphakie, intraokular korrigierter einseitiger Aphakie und korrigierbarer Linsenlosigkeit.

20.7 Erkrankungen der Aderhaut und Netzhaut

Eine Netzhauterkrankung, die im Extrem verdeutlicht, dass die Sehschärfe alleine kein Beurteilungskriterium darstellt, ist die *Retinitis pigmentosa*. Diese hereditäre, dystrophische Erkrankung des Pigmentepithels stört zunächst das Dämmerungssehen bis zur Nachtblindheit. Dann erst treten Gesichtsfeldausfälle auf, die von einem Ringskotom nach peripher und zentral fortschreiten bis zu einem Röhrengesichtsfeld von oft weniger als 5° Ausdehnung, das keine Orientierung im täglichen Leben mehr zulässt, bei häufig noch guter zentraler Sehschärfe (Blindheit im Sinne des Gesetzes). Spätere Komplikationen wie Grauer Star und Optikusatrophie lassen dann auch die Sehschärfe schlechter werden bis zur vollständigen Erblindung.

Wie die tapetoretinale Degeneration verursacht das seit 150 Jahren bekannte *Glaukom* (Grüner Star) Gesichtsfeldausfälle durch Schäden des Sehnervenkopfes. Glaubte man früher, dass allein ein erhöhter Augeninnendruck diese Erkrankung verursacht, nimmt man heute ein multifaktorielles Geschehen als Ursache an. Die derzeitige Lehrmeinung sagt sogar, dass es sich bei der glaukomatösen Sehnervenschädigung um ein klinisch spezielles Geschehen handelt, „das häufig mit erhöhtem Augeninnendruck einhergeht". Dabei gehen retinale Ganglienzellen durch Apoptose unter. Verschiedene Mechanismen wirken zusammen: Veränderungen in der Lamina cribrosa, Blockade des exoplasmatischen Transports, Glutamatexzitotoxizität, N-induzierte oxidative Veränderungen, Autoimmunprozesse und Störungen der Mikrozirkulation.

Neben der Schädigung der retinalen Ganglienzellen ist auch eine weitere Ausbreitung in die Sehbahn bekannt (transneuronale Degeneration).

Die glaukomatösen Sehnervenschädigungen sind ebenfalls zunächst durch Gesichtsfeldausfälle und erst später als Visusbeeinträchtigung festzustellen, wonach sich auch die Schädigungsbeurteilung richten muss.

Zur diabetischen Retinopathie vgl. Kapitel 11.

Anschriften

Berufsbildungswerke (BBW) und Berufsförderungswerke (BFW) für Blinde und Sehbehinderte:

BBW Chemnitz, Flemmingstraße 8c, 09116 Chemnitz, Telefon (0371) 33

BFW Düren, Karl-Arnold-Straße 132–134, 52349 Düren, Telefon (02421) 598–0

BFW Halle, Bugenhagenstraße 30, 06110 Halle, Telefon (0345) 1334–0

BFW Heidelberg, Bonhoefferstraße 1, 69123 Heidelberg, Telefon (06221) 88–0

BBW Soest, Hattroper Weg 57, 59494 Soest, Telefon (02921) 84–0

BBW Stuttgart, Am Kräherwald 271, 70193 Stuttgart, Telefon (0711) 6564–0

BFW Würzburg, Helen-Keller-Straße 5, 97209 Veitshöchheim, Telefon (0931) 9001–0

Weitere Hilfen und Informationen für Blinde und Sehbehinderte:

Deutscher Blinden- und Sehbehindertenverband e. V. (DBSV), Bismarckallee 30, 53173 Bonn, Telefon (0228) 955820

Bund zur Förderung Sehbehinderter e. V. (BFS), Ehrenstr. 19, 40479 Düsseldorf, Telefon (0211) 442836

Pro Retina Deutschland e. V. (PRDV), Vaalser Str. 108, 52074 Aachen, Telefon (0241) 870018

Deutscher Verein der Sehbehinderten und Blinden in Studium und Beruf e. V. (DVBS), Frauenbergstr. 8, 35039 Marburg, Telefon (06421) 948880

Noah Albinismus Selbsthilfegruppe e. V., Wilhelm-Hachtel-Straße 19, 70771 Leinfelden-Echterdingen Telefon (0711) 7545699

Literatur

[1] Bundesministerium für Arbeit und Sozialordnung (Hrsg.): *Anhaltspunkte für die ärztliche Gutachtertätigkeit im sozialen Entschädigungsrecht und nach dem Schwerbehindertengesetz.* Bonn: Köllen Druck und Verlag GmbH, 1996.

[2] Carl Zeiss, Oberkochen: *Handbuch für Augenoptik,* 1977.

[3] Deutsche Ophthalmologische Gesellschaft: Empfehlungen der DOG zur Qualitätssicherung bei sinnesphysiologischen Untersuchungen und Geräten. *Ophthalmologe* 97: 923–964, 2000. URL http://www.dog.org/literatur.html.

[4] Küchle HJ, Busse H (Hrsg.): *Taschenbuch der Augenheilkunde.* Bern; Stuttgart; Toronto: Huber, 3. Auflage, 1991.

[5] Küchle HJ, Busse H, Küchle M (Hrsg.): *Taschenbuch der Augenheilkunde.* Bern; Göttingen: Huber, 4. Auflage, 1998.

[6] Paliaga GP: *Die Bestimmung der Sehschärfe.* München: Quintessenz-Verlag, 1993.

[7] Pfau N, Kupsch S, Kern AO, Beske F: *Epidemiologie und sozioökonomische Bedeutung von Blindheit und hochgradiger Sehbehinderung in Deutschland.* Schriftenreihe des Instituts für Gesundheits-System-Forschung, Band 84. Würzburg: Triltsch, 2000.

[8] Pfeiffer N: *Glaukom: Grundlagen, Diagnostik, Therapie, Compliance.* Stuttgart: Thieme-Verlag, 2001.

[9] Velhagen K (Hrsg.): *Der Augenarzt,* Band 1–7. Leipzig: Georg Thieme Verlag, 1968–heute.

21 HNO-Krankheiten

Norbert Dreiner

Im HNO-ärztlichen Bereich sind Erkrankungen mit sozialmedizinischer Konsequenz unter zwei Aspekten zu betrachten. Meist aus Tumorerkrankungen und Therapie entstehen im Einzelfall körperlich gut definierbare Beeinträchtigungen der Leistungsfähigkeit. Andererseits finden sich viele Störungen von Sinnesfunktionen, die immer auch unter dem Aspekt des jeweiligen Umfeldes betrachtet werden müssen. Diese Störungen betreffen Teile komplexer Leistungen auch des ZNS, so die Hörfähigkeit, die Kommunikationsfähigkeit und das Gleichgewichtssystem. Erschwert wird die Beurteilung der letztgenannten Beeinträchtigungen noch dadurch, dass eine erhebliche Kompensationsfähigkeit besteht, welche die Einschränkungen nach akuten Schäden im zeitlichen Ablauf vermindern kann. Andererseits können die Kompensationsmechanismen durch Störungen anderer Sinnesleistungen deutlich gemindert werden.

Störungen im Bereich der Kommunikation führen zur Isolation. Störungen im Bereich der Körperwahrnehmung – hier des Gleichgewichtes – ziehen oft Einschränkungen in der Lebensführung nach sich. So ist es nicht verwunderlich, wenn z. B. reaktiv als Folge von Kommunikationsstörungen psychische Auffälligkeiten resultieren.

21.1 Untersuchungsmethoden

21.1.1 Anamnese und klinische Untersuchung

Die Erhebung der Vorgeschichte sollte vor allem die bestehenden Funktionseinschränkungen eruieren. Dabei werden die nachfolgend genannten Beeinträchtigungen erfragt, die Handicaps im Alltag erfassen. Funktionsstörungen sind häufig schon bei der klinischen Untersuchung zu erkennen. So ist bereits der Gang zum Untersuchungsstuhl von beklagtem Schwindel abhängig. Die Erhebung der Vorgeschichte wird auch von den Hör- und Sprechfähigkeiten der Patienten beeinflusst. Die klinische Untersuchung umfasst den HNO-ärztlichen Spiegelbefund sowie den Palpationsbefund des Halses.

21.1.2 Funktionsdiagnostik

Hörvermögen

Zur Überprüfung des Hörvermögens stehen verschiedene Testverfahren zur Verfügung. Orientierend kann mit den Stimmgabelversuchen und der Hörweitenprüfung eine Aussage über die Art der Schwerhörigkeit gemacht werden. Das Reintonschwellenaudiogramm liefert eine im Rahmen der subjektiven Methodik exakte Aussage über die frequenzabhängige Funktion des Innenohres. Mit der Sprachaudiometrie wird eine subjektive Aussage über das Sprachverstehen – nicht das Sprachverständnis – möglich. Die Impedanzprüfung ergibt Aussagen über die Funktion der Mittelohren.

Objektive Methoden sind die BERA (Ableitung der akustisch evozierten Hirnstammpotentiale) und die otoakustischen Emissionen. Damit werden exakte Aussagen über die Leistung des Innenohres und des Hörnerven möglich.

Das sozialmedizinisch wichtigste Instrument der Hörprüfung ist die Sprachaudiometrie. Es wird mit Wörtern (Einsilbern und Mehrsilbern) geprüft. Gemessen wird der prozentuelle Anteil der richtig wiederholten Worte. Dabei sind Einsilber schwer, Mehrsilber (Zahlwörter) gut zu verstehen. Gutachterlich entscheidende Messwerte sind die a1-Strecke und das Gesamtwortverstehen. Die a1-Strecke misst den Unterschied zum Normalhörigen in der Lautstärke (dB), die für ein 50prozentiges Verstehen der Mehrsilber erforderlich ist. Das Gesamtwortverstehen misst die Summe der richtig nachgesprochenen Einsilber bei 60, 80 und 100 dB Sprachschallpegel (maximal erreichbarer Wert 300). Das gewichtete Gesamtwortverstehen wertet den Bereich der normalen Sprachlautstärke auf, der maximal erreichbare Wert beträgt ebenfalls 300.

Gleichgewicht

Die Gleichgewichtsprüfungen werden mit der Fragestellung der Topodiagnostik oder der Ätiologie der Störung eingesetzt. Diagnostisch wird die Prüfung unter der FRENZEL-Brille auf Spontan-, Blickrichtungs-, Lage- und Provokationsnystagmus und die thermische Prüfung durchgeführt. Neben Hinweisen auf die Ätiologie der Störung wird bei der Prüfung auf Nystagmen nach Provokation durch Kopfschütteln auch eine Beurteilung der Kompensation der Störung möglich. Treten hierbei keine Nystagmen auf, so ist eine klinisch relevante vestibuläre Störung ausgeschlossen.

Auch „orientierende" Untersuchungen des gesamten Gleichgewichtssystems wie zum Beispiel der UNTERBERGERsche Tretversuch, Blindgang, Einbeinstand etc. helfen bei der Beurteilung.

Durch die thermische Prüfung wird mit einseitigem Reiz ein unterschiedlicher Funktionszustand der im Innenohr gelegenen Gleichgewichtsorgane möglich. Eine akute Schädigung hier führt zu klinisch manifestem Schwindel, oft mit vegetativen Begleitsymptomen. Im Verlauf von Wochen bis Monaten erfolgt eine Kompensation, die auch bei weiterbestehender Schädigung bis zur klinischen Unauffälligkeit führen kann. Sozialmedizinisch relevant sind die verbleibenden Störungen.

Es muss bedacht werden, dass Schwindelerscheinungen ein sehr komplexes System betreffen. So kann auch durch Störungen der Augen mit fehlender Fixation, Störungen der zentralen Koordination, Störungen der Körperwahrnehmung (Sensibilität der Füße) Schwindel bestehen. Bei Ausfällen in diesen Bereichen neben vestibulären Problemen ist die Gesamtbehinderung deshalb gravierender.

Eine vestibulär bedingte Störung wird im Laufe der Zeit durch zentrale Kompensation ausgeglichen. So fehlt nach Kompensation der Spontannystagmus bei einseitigem Ausfall des Gleichgewichtsorganes. Die subjektive Behinderung durch den Schwindel hat sich ebenfalls vermindert bis zurückgebildet. Das Ausmaß der Behinderung durch Gleichgewichtsstörungen kann dementsprechend nicht durch einen Test gemessen werden. Es ergibt sich durch die individuelle Situation mit Störungsbild im vestibulären Bereich und der zentralen Kompensation. Damit können attackenweise auftretende Schwindelbeschwerden länger und eventuell auch stärker behindern, weil hier weniger Kompensation auftritt.

Geruch und Geschmack

Die zur Verfügung stehenden Testverfahren sind – wie bei den anderen Sinnesfunktionen – überwiegend subjektiver Art. Durch Applikation von Geruchs- oder Geschmacksstoffen wird überprüft, wieweit der Proband diese wahrnimmt. Elektrophysiologische Untersuchungen sind möglich, werden jedoch kaum eingesetzt. Einschränkungen in diesem Bereich können zu einer Minderung der Leistungsfähigkeit im Erwerbsleben führen, z. B. beim Koch, Chemielaborant.

Stimme, Sprache und Sprechen

Stimm- und Sprachdiagnostik werden von Phoniatern und Logopäden durchgeführt. Bei der Stimmdiagnostik sind neben der Stroboskopie, dem auditiven Eindruck und Testverfahren auch die PC-gestützte Stimmanalyse möglich. Neben der meist vorliegenden Heiserkeit werden auch andere Parameter wie mögliche Lautstärke, Belastungsfähigkeit u. a. geprüft.

Die Sprachdiagnostik wird mit Hilfe von Testverfahren durchgeführt. Beim Erwachsenen stehen hierfür so umfangreiche Testverfahren wie der AAT (Aachener Aphasietest) zur Verfügung (s. a. Kapitel 22). Oft werden orientierende Tests eingesetzt. Geprüft wird sowohl das Sprachverstehen wie auch die Sprachproduktion.

Grad	Hörverlust	Audiometrie	Beeinträchtigung
Normalhörigkeit	0 %	0 – 20 dB	Keine
Geringgradige Schwerhörigkeit	30 %	≤ 30 dB	Reduktion des Sprachverstehens (Lärm, Entfernung)
Mittelgradige Schwerhörigkeit	50 %	≤ 60 dB	Lippenablesen als Hilfestellung
Hochgradige Schwerhörigkeit	70 %	70 – 80 dB	Sprachverstehen mit Lippenablesen
An Taubheit grenzend	90 %	80 – 90 dB	
Taubheit	100 %	≤ 100 dB	Kein Sprachverstehen

Tab. 21.1: Schwerhörigkeitsgrade

Schlucken

Die Diagnostik des Schluckaktes beruht neben der klinischen Untersuchung in einer Prüfung der Schluckmotorik. Eingesetzt werden neben der klinischen Untersuchung radiologische Verfahren und die endoskopische Untersuchung. Geachtet wird dabei auf unzureichende Nahrungs- oder Flüssigkeitszufuhr und vor allem auf Aspirationszeichen.

21.2 Beeinträchtigungen im beruflichen Alltag

21.2.1 Schwerhörigkeit

Die Behinderung durch eine Schwerhörigkeit ist abhängig von ihrem Schweregrad. Das Ausmaß der Schwerhörigkeit wird im Allgemeinen entsprechend Tabelle 21.1 unterteilt.

Der Grad der Schwerhörigkeit wird hauptsächlich nach den Ergebnissen der Sprachaudiometrie aus unterschiedlichen Tabellen eruiert. Die Wahl der Tabelle richtet sich nach dem Ergebnis der Hörprüfung und der Fragestellung. Die wesentliche Beurteilung geschieht aufgrund des Sprachaudiogramms.

Eine Schallempfindungsschwerhörigkeit besteht in der Regel nicht alleine aus einer Veränderung der Hörschwelle, sondern führt auch zu einer Absenkung der Schmerzschwelle (Recruitment). Neben dem früher einsetzenden Schmerz bei großen Lautstärken hat ein vorgeschädigtes Ohr auch weniger Reserven, eine weitere Verschlechterung durch Lärmeinfluss führt zu schnell auffallenden Hörverlusten. Deshalb ist grundsätzlich ein intensiver Umgebungslärm zu vermeiden.

Bedingt durch die engere Dynamik des Ohres und den bereits bestehenden Verlust an Hörvermögen und damit an gehörter Sprachinformation hören Schallempfindungsschwerhörige im Lärm noch schlechter. Das Sprachverstehen unter Vertäubung wird im Vergleich zum Normalhörigen noch weiter absinken.

Einseitige Hörstörungen fallen neben dem schlechteren Sprachverstehen auf der Seite des geschädigten Ohres auch durch die herabgesetzte akustische Orientierung im Raum auf. Dies kann in Einzelfällen berufliche Einschränkungen nach sich ziehen.

21.2.2 Gleichgewichtsstörungen

Gleichgewichtsstörungen sind nur zum Teil ursächlich im HNO-ärztlichen Bereich bedingt. Es bestehen Schwierigkeiten in der Bewertung der Störung insofern, als pathologische Befunde nicht unbedingt auf das Ausmaß der Leistungsminderung schließen lassen. Der Ausfall eines Gleichgewichtsorganes tritt in der Akutphase mit massivem Schwindel unter Begleitung von vegetativen Symptomen in Erscheinung. In den folgenden Wochen adaptiert sich das ZNS an den Ausfall. Bei weiterbestehenden Zeichen eines Ausfalles in der thermischen Prüfung verschwinden mit der Adaptation der anfangs bestehende Spontannystagmus und die subjektiven Beschwerden. Die Kompensation kann besonders beim jungen Patienten soweit gehen, dass keinerlei subjektive Schwindelbeschwerden mehr bestehen.

Noch schwerer bezüglich des Ausmaßes der individuellen Leistungsminderung sind attackenweise auftretende Schwindelbeschwerden zu erfassen. Der Patient kann im Intervall beschwerdefrei sein, ohne pathologische Befunde. Im Anfall können Drehschwindel mit Übelkeit und Erbrechen sowie andere vegetative Begleitsymptome auftreten. Die Diagnostik ist schwierig, oft ist man allein auf die Angaben des Patienten angewiesen. Die Attacken reichen von Sekunden oder Minuten bis zu Stunden (Morbus MENIÈRE). Gelegentlich kündigen sich die Anfälle wie beim typischen Morbus MENIÈRE an. Die Leistungsbeurteilung ist vom Gefährdungspotential und der Häufigkeit der Attacken abhängig zu machen.

Sind schwindelauslösende Momente wie schnelle Kopfbewegungen, plötzliche Beschleunigungen, Druckwechsel, Zwangshaltungen usw. bekannt, sollten diese möglichst vermieden werden; sind Prodromi bekannt, können ggf. entsprechende Arbeitspausen vereinbart werden.

21.2.3 Stimme und Sprache

Die wichtigsten Symptome einer Stimmerkrankung sind Veränderungen im Stimmklang (Heiserkeit, Höhe der Stimme, Rauhigkeit, Behauchtheit u. a.), fehlende Lautheit, fehlende Belastbarkeit. Nicht alle Symptome müssen vorhanden sein. Bei Sprechberufen ist ein Belastungstest der entscheidende Parameter in der Beurteilung der Berufsfähigkeit. Heiserkeiten und Rauhigkeiten oder Behauchtheiten reduzieren die Verständlichkeit des Gesprochenen. Fehlende Lautstärke lässt ein Verstehen aus der Entfernung oder in lauterer Umgebung nicht mehr zu.

Beeinträchtigungen betreffen die verbale Kommunikation, die z. B. bei lehrenden Berufen oder beratenden Tätigkeiten von besonderer Bedeutung ist. Auch in anderen Berufen ist das Umfeld der Stimmgebung zu beachten, so kann sich im Lärm ein Stimmkranker nicht mehr verständlich machen. Arbeiten unter Lärmbelastung sollten deshalb, soweit Stimmgebung dabei erforderlich ist, unterbleiben.

Nach Operationen oder Lähmungen im Kehlkopfbereich ist eine normale Stimmgebung gelegentlich nicht mehr möglich. Dann werden therapeutisch Ersatzstimmen angebildet wie die Taschenfaltenstimme oder, nach Entfernung des Kehlkopfes, die Speiseröhrenersatzstimme. Diese Stimmen sind auch bei guter Anbahnung in Lautstärke, Klarheit und Belastbarkeit mit einer mittel- bis hochgradig gestörten Stimme zu vergleichen. Tätigkeiten mit Stimmbeteiligung sind in der Regel nur eingeschränkt möglich.

Sprachstörungen sind durch Veränderung der Lautbildung, der Worte oder der Grammatik gekennzeichnet. Bei neurologisch bedingten Erkrankungen treten aphasische Störungen nahezu immer auch mit einer Reduktion des Sprachverstehens auf, die Wort- und Satzbildung ist in unterschiedlicher Weise verändert. Dysarthrische Störungen imponieren bei erhaltenem Sprachverstehen mit Veränderungen der Aussprache bis zur Unkenntlichkeit der einzelnen Laute oder Worte.

Im HNO-ärztlichen Bereich begründete Sprachstörungen sind gekennzeichnet durch Veränderungen der Aussprache, der Lautbildung. Sie entstehen durch anatomische Veränderungen im Bereich der Zunge, des Gaumensegels, der Wange. Bei ausgedehnten Veränderungen der Zunge kann eine Immobilität entstehen, die die Lautausformung und damit die Verständlichkeit der Sprache schwerwiegend beeinträchtigt.

Beachtet werden muss auch die Artikulationsstörung bei stärker ausgeprägter Mundtrockenheit nach Bestrahlungen im Kopf-Halsbereich. Hier kann die Verständlichkeit bei längeren Sprechphasen deutlich abnehmen und nur durch konsequente Befeuchtung verbessert werden. Berufe mit Kundenkontakt oder andere sprechintensive Tätigkeiten sind für diese Patienten oft nicht mehr möglich.

21.2.4 Schlucken

Schluckstörungen behindern in der Regel durch einen erschwerten oder verlangsamten Schluckablauf. Ursächlich kommen neben HNO-ärztlichen Erkrankungen (vor allem Tumorleiden) auch neurologische Erkrankungen der für den Schluckablauf erforderlichen Nerven in Frage. Neurologisch bedingte Schluckstörungen werden im Rahmen der Grunderkrankung therapiert oder mittels Übungs- und Stimulationsverfahren behandelt. Die Prognose wird durch die Grunderkrankung bestimmt.

HNO-ärztlich begründete Schluckstörungen bestehen in der Regel nach Operationen, vor allem wegen

Tumorerkrankungen im oberen Speiseweg und auch Luftweg. Bei veränderter Anatomie oder auch kombiniert mit Nervenausfällen besteht die Therapie in einer „Umschulung" des Schluckaktes. Dieser neu erlernte Schluckakt bedarf immer einer erhöhten Konzentration beim Essen. Dadurch werden längere Essenszeiten und damit Pausenzeiten erforderlich, oft sind viele kleine Mahlzeiten notwendig, um die Ernährung sicher zu stellen. Die im Einzelfall nötigen Pausenregelungen für die Patienten müssen plausibel beschrieben werden.

Ist eine ausreichende Ernährung oder Flüssigkeitszufuhr nicht gewährleistet, wird mit Sondenernährung über Magensonden ausgeglichen. Diese Sonden werden heute als PEG-Sonden durch die Bauchhaut gelegt. Sie bedürfen der regelmäßigen Pflege. Die Ernährung kann in Analogie zu Infusionssystemen über diese Sonde zugeführt werden. Schnelles „Essen" ist in der Regel nicht möglich. Neben der Rücksichtnahme auf Sondierungszeiten muss auch beachtet werden, dass intraabdominelle Druckerhöhungen vermieden werden sollen. Damit sind körperlich belastende Arbeiten nicht möglich.

Postradiogene Trockenheiten der Schleimhäute sind ebenfalls Ursache für Schluckstörungen. Wichtig ist hier die Essenszubereitung mit viel Flüssigkeitsanteil, weicher bis passierter Konsistenz. Das Ausmaß der Xerostomie, der Trockenheit als bleibender Zustand, ist nach ca. einem Jahr erreicht und beurteilbar.

21.3 Ausgewählte Krankheitsbilder

21.3.1 Erkrankungen des Ohres

Die **gestörte Tubenfunktion** (chronischer Tubenkatarrh) führt bei Luftdruckschwankungen zu Beschwerden mit Druck im Ohr, Schmerzen, gelegentlich auch Hörminderungen. Arbeiten unter Tage (schnelles Einfahren), als Taucher und als fliegendes Personal sind zu vermeiden.

Rezidivierende Gehörgangsentzündungen (Otitis externa) dulden keine Reize im Gehörgang. Als solche Reize sind Staub, Feuchtigkeit, Fremdkörper anzusehen. Dementsprechend sind Arbeiten mit Gehörgangsstöpseln im Lärm, Arbeiten in feuchter und in staubiger Umgebung (Arbeiten unter Tage, als Bademeister) zu meiden.

Bei der **chronischen Mittelohrentzündung** besteht ein perforiertes Trommelfell, das als Eintrittspforte für Entzündungsschübe anzusehen ist. Deshalb müssen auch hier alle Reize wie bei der Gehörgangsentzündung vermieden werden. Jede Befeuchtung des Ohres ist zu meiden. Zusätzlich besteht eine Schwerhörigkeit. Therapeutisch ist eine operative Sanierung zu diskutieren.

Die **Schallempfindungsschwerhörigkeiten** sind in ihrer Form und Ausprägung sehr unterschiedlich. Die Hörschwelle kann sowohl im Hochtonbereich abgesunken sein (Lärm- und Altersschwerhörigkeit) wie auch im Tieftonbereich (nach Hörsturz, hereditär) oder pantonal. Die unterschiedlichen Verläufe der Schwellen sind Hinweis auf die Ursache der Störung. Die Therapie chronischer Hörstörungen besteht in der apparativen Versorgung inklusive Hörtraining.

Neben den audiometrischen und sprachaudiometrischen Unterschieden sind auch die zentralen, vor allem das Verstehen des Gehörten betreffenden Störungen zu berücksichtigen. Diese Störungen sind audiologisch nur mit großem Aufwand zu erfassen. Klinisch fallen sie durch eingeschränktes Sprachverstehen auf, das auch durch Verstärkung nicht gebessert werden kann.

Schallleitungsschwerhörigkeiten betreffen die Weiterleitung des Schalles zum Innenohr. Sie sind maximal mittelgradig und betreffen in der Regel den Tieftonbereich. Die häufigsten Ursachen sind Mittelohrdefekte mit und ohne Trommelfellperforation. Den meisten Patienten kann operativ geholfen werden, zumindest mit einer Sanierung der entzündlichen Veränderungen. Eine hörverbessernde Operation ist die Therapie der Wahl. Die Schallleitungsschwerhörigkeit wirkt im Lärm wie ein Dämpfer, die Lärmempfindlichkeit des Ohres ist herabgesetzt.

Ein durchlittener **Hörsturz** kann nach der Akutphase eine bleibende Hörminderung bis zur Taubheit und einen Tinnitus hinterlassen. Die Hörminderung ist einseitig, bedarf aber bei entsprechender Ausprägung der Beachtung bezüglich Lärmempfindlichkeit, räumlicher akustischer Diskrimination und der Verminderung des Sprachverstehens im Lärm.

Nach operativ eingebrachter **Mittelohrprothetik** sind u. U. Besonderheiten in der Lebensführung zu beachten. Luftdruckunterschiede können bei direkt auf das runde Fenster aufgesetzter Prothese (z. B. nach Stapes-Operation bei Otosklerose) zu akutem Hörverlust und Schwindel führen. Dementsprechend sind nach solchen Operation berufliche Einschränkungen (z. B. Pilot, Taucher) gegeben. Auch starke Beschleunigungskräfte und Vibrationen im Kopfbereich können zur Luxation einer Mittelohrprothese führen und sind dementsprechend zu vermeiden. Ist der M. stapedius durchtrennt, so fehlt auch ein Teil des Schutzes des Ohres gegen große Lautstärken. Deshalb sollten selbst mit Hörschutz ausgeübte Arbeiten im Lärm nach Operation einer Otosklerose unterbleiben.

Der **Morbus Menière** ist eine anfallsartig auftretende Erkrankung des Innenohres mit Schwindel im Anfall, Hörminderung und Tinnitus. Im typischen Anfall verschlechtert sich das Hören, es tritt Tinnitus und Schwindel über Stunden auf. Die Anfallshäufigkeit kann nicht vorhergesehen werden. Auch wochen- oder monatelange Intervalle kommen vor. Im jahrelangen Verlauf der Erkrankung stellt sich eine dauerhafte, alle Frequenzen umfassende Hörminderung ein. Erweist sich die medikamentöse Therapie als unzureichend, kann operative Hilfe bei häufigen Anfällen erfolgen. Viele dieser Operationen schädigen das Innenohr, oft beabsichtigt. Gelegentlich muss das Innenohr ganz ausgeschaltet werden mit der Konsequenz der Taubheit auf dieser Seite, um der Anfälle Herr zu werden. Kündigt sich der Anfall an, kann der Patient sich darauf einrichten. Trotzdem müssen alle Arbeiten unterlassen werden, die durch den Schwindel im Anfall zu einer Gefährdung führen können. Arbeiten auf Leitern oder Gerüsten, mit drehenden Maschinen und auch das Führen von Kraftfahrzeugen sind zu unterlassen. Daneben gelten die Einschränkungen beim Tinnitus und der Schwerhörigkeit.

Tinnitus kann selbständig auftreten. Oft ist er ein Symptom einer Ohrschädigung. Jede Art von Krankheit im Ohrbereich kann von Tinnitus begleitet werden. Der Tinnitus wird nicht in allen Fällen als störend empfunden. Sein Einfluss auf das Alltags- und Berufsleben kann jedoch so weit gehen, dass die Leistungsfähigkeit gemindert ist. Häufig sind Konzentrations- und Schlafstörungen. Die psychische Belastung kann so stark werden, dass suizidale Gedanken geäußert werden. Die Nähe zur Depression verlangt dann nach einer psychiatrischen Mitbeurteilung. Exakte Messmethoden existieren zur Zeit nicht, sodass der Arzt auf die Beschreibung des Patienten angewiesen ist. Die Lautstärke des Tinnitus ist kein Maß für die Größe der subjektiven Störung. Eine Verdeckung, zum Beispiel durch andere Geräusche, kann helfen, den Tinnitus zu ertragen.

21.3.2 Erkrankungen der Nase und der Nasennebenhöhlen

Die Nase ist als vorgeschaltetes Organ der unteren Luftwege zu betrachten. Die Funktion der Luftbefeuchtung und Temperaturregelung ist für die regelrechte Funktion der nachfolgenden Organe der tieferen Luftwege erforderlich. Störungen in diesem Bereich ziehen oft eine Beeinträchtigung der gesamten Atemfunktion mit sich.

Eine anatomisch bedingte **behinderte Nasenatmung** ist immer auch mit einer Störung der Luftbefeuchtung und Erwärmung verbunden. Kann diese Behinderung nicht operativ beseitigt werden, ist eine ausreichende Luftbefeuchtung erleichternd. Austrocknung der Schleimhaut führt zu einer Verminderung der Abwehrfunktion und damit zu einer vermehrten Infektionsneigung. Gelegentlich reißt die zu trockene Schleimhaut auf mit der Folge rezidivierenden Nasenblutens. Bei diesen Beschwerden sollte eine Operationsindikation überdacht werden. Beruflich relevante Behinderungen sind extrem selten.

Allergisch bedingte Erkrankungen der oberen Luftwege sollten bei ausgeprägter Reaktion eine Meidung der Allergene bedingen. Eine sichere Kenntnis dieser Stoffe und ihres Vorkommens ist im Einzelfall eine große Hilfe, neben der Therapie der Allergie auch eine Expositionsprophylaxe zu gestalten. Bei Allergien gegen Stoffe, die am Arbeitsplatz vorkommen, wird ggf. auch ein anderer Einsatzort oder sogar ein Berufswechsel diskutiert werden müssen. Eine Therapie der Allergie über Hyposensibilisierung dauert drei Jahre und ist nicht immer erfolgreich.

Chronische Erkrankungen der **Nasennebenhöhlen** behindern bei Arbeiten mit Luftdruckwechsel. Es besteht eine vermehrte Infektionsneigung, die auch nach einer operativen Sanierung oft erhalten bleibt. Das Ausmaß der Beeinträchtigung ist anamnestisch zu erfragen, radiologisch nachgewiesene Veränderungen in den Nebenhöhlen sind oft auch Zufallsbefunde ohne Beschwerden oder Beeinträchtigungen seitens der Patienten. Deshalb stellen die organischen Veränderungen für sich keine alleinigen Parameter zur Beurteilung der Beeinträchtigung dar.

Eine **Anosmie** kann nach Schädelhirntraumen durch Abriss der Fila olfactoria dauerhaft auftreten. Schädigungen des Nerven durch virale Infekte sind möglich, können sich gelegentlich im Verlauf eines Jahres aber auch zurückbilden. Eine mechanische Behinderung durch Verlegung der oberen Nase kann operativ angegangen werden. Dauerhafte Störungen der Riechfunktion behindern in einigen Berufen. Für den Beruf des Kochs und vergleichbarer anderer „Nasenarbeiter" (Parfümeur, Prüfer für Weine, Kaffee u. a.) ist eine unzureichende Berufseignung Folge der Erkrankung. Der Nachweis einer Anosmie sollte dabei auch über die Olfaktometrie erfolgen. Fehlfunktionen des Geruchssinnes sind ebenso beeinträchtigend, wenn die exakt riechende Nase beruflich benötigt wird. Der objektive Nachweis dieser Fehlfunktion ist in der Regel nur schwer möglich, die Beurteilung wird den Schilderungen des Patienten und subjektiv erfolgter Testmethodik folgen müssen.

Bei den **Karzinomen der Nase und der Nasennebenhöhlen** ist das adenoidzystische Karzinom als berufsbedingt anzusprechen, wenn mit Holzstaub (Eiche oder Buche) gearbeitet wurde. Beeinträchtigungen als Folgen der Karzinome der Nase oder der Nebenhöhlen bestehen neben den eventuell auch postradiogen auftretenden kosmetischen Veränderungen vor allen Dingen in der Trockenheit und damit der Pflegebedürftigkeit der postoperativ oft weiten und trockenen Nase. Staubbelastungen, zu geringe Luftfeuchtigkeit, stark wechselnde Temperaturen und inhalative Noxen müssen gemieden werden.

Die Beeinträchtigungen sind sehr stark vom Ausmaß der Resektion in der Nase abhängig. Im günstigsten Fall verbleiben keine Beschwerden. Auch dann sollte auf jeden Fall der auslösende Stoff gemieden werden.

Nach **Nasen- oder Mittelgesichtsfrakturen** bleibt gelegentlich eine Anfälligkeit für erneute Frakturen, vor allem bei ausgedehnteren Verletzungen oder bei Untergang von Knorpel der Nasenscheidewand. In diesen Fällen sollten Tätigkeiten mit erhöhter Verletzungsgefahr im Kopfbereich unterlassen werden.

21.3.3 Erkrankungen des Kehlkopfes und der Luftröhre

Die **chronische Laryngitis** ist ein Krankheitsbild, das durch Veränderungen der Kehlkopfschleimhaut auffällt. Diese Veränderungen werden durch inhalative Reize verursacht. Einige dieser Reizsubstanzen sind als Auslöser von berufsbedingten Erkrankungen anerkannt: z. B. Teer, Kokereigase u. a. Die Symptome der chronischen Laryngitis sind oft unspezifisch, erst im Endstadium wird meist irreversibel die Stimmgebung heiser und rau. Die Therapie besteht in Reizreduktion (auch Rauchen), falls erforderlich der Abtragung von Veränderungen (auch zur Biopsie), pflegenden Lokaltherapeutika (Inhalationen). Die Möglichkeit der Entartung in ein Karzinom erfordert eine regelmäßige laryngoskopische Kontrolle. Bekannte Reize sind zu meiden, damit können bei beruflichem Kontakt Einschränkungen bestehen. Bleibende Veränderungen der Larynxschleimhaut und auch Folgen von erforderlichen bioptischen oder operativen Maßnahmen führen im Verlauf zu Stimmstörungen, die trotz Therapie eine schlechte Prognose haben. Eine berufliche Neuorientierung aufgrund der veränderten Stimmintensität kann neben der zu fordernden Reizreduktion notwendig werden.

Zum Formenkreis der chronischen Laryngitis gehört auch das REINCKE-Ödem als chronisch hyperplastische Laryngitis.

Das **Karzinom des Larynx** ist nicht nur als das Stimmbandkarzinom zu sehen. Auch bei Befall der umgebenden Organe ist der Kehlkopf nicht immer bei einer operativen Therapie zu schonen. Gerade bei den nicht auf die Stimmbandebene beschränkten oder nicht dort wachsenden Karzinomen wird eine Halsausräumung (Neck dissection) meist erforderlich. Dabei entstehen Folgeschäden, die vom Verlust eines Teiles der Halsmuskulatur bis zur Lähmung des Armes reichen können.

Die heute immer häufiger angewandte Larynxteilresektion entfernt die befallenen Areale des Kehlkopfes. Bei kleinen Tumoren (T1–2) kann u. U. so schonend reseziert werden, dass die Funktionen des Kehlkopfes erhalten bleiben. Nach Ausheilen und eventuell erforderlicher Narbenbildung (Ersatzstimmband) kann eine Stimmgebung resultieren, die kaum von der präoperativen abweicht.

Eine Teilresektion kann aber auch so ausgedehnt erforderlich werden, dass Funktionsprobleme die Folge sind. Muss eine komplette Chordektomie unter Mitnahme des Taschenbandes erfolgen, so kann nach Ausheilen und Abwarten der Vernarbung ein Zustand resultieren, der einen Verschluss des Larynx nicht mehr möglich macht. In diesen Fällen ist die laryngeale Funktion aufgehoben, d. h. ein sicherer Abschluss der Luftwege ist weder als Aspirationsprophylaxe beim Schlucken, noch als Voraussetzung des Druckaufbaues zum reinigenden Hustenstoß, noch als tonerzeugende Ebene für die Stimmgebung, noch thoraxstabilisierend für Kraftaufwendungen im Schulter-Arm-Bereich oder für die Bauchpresse möglich. Der Gewinn eines Ersatzverschlusses ist bei erhaltenem Kehldeckel möglich, allerdings ist damit nur die Aspirationsprophylaxe und eine Ersatzstimme verfügbar, ein intrathorakaler Druckaufbau kann so nur selten erreicht werden.

Die Beurteilung sollte fachärztlich, gegebenenfalls auch fachärztlich phoniatrisch erfolgen, mit Bewertung der postoperativen Anatomie und der Funktionseinschränkungen. Zur Rezidivprophylaxe und Vermeidung weiterer Schädigungen der Larynxschleimhaut ist es erforderlich, inhalative Noxen zu vermeiden. Darüber hinausgehende Beeinträchtigungen können im Bereich der Stimmfunktion, der Reinigung der Atemwege, der Armkraft bei fehlender thorakaler Stabilisierung und auch im Bereich der Essens- und Schluckfunktion gefunden werden.

Demgegenüber besteht nach Laryngektomie ein relativ klar definierter Defektzustand. Die dauerhafte Anlage des Tracheostomas ist die Voraussetzung zur Trennung der Luft- und Atemwege und somit die Versicherung gegen Aspiration. Gleichzeitig wird damit die Stimmfunktion, die nasale Vorbereitung der Atemluft und die Möglichkeit der thorakalen Stabilisierung genommen. Einige Patienten kehren ins Arbeitsleben zurück, in der Regel nach erfolgter Stimmrehabilitation mittels Ersatzstimme (Ruktus-Stimme oder „Stimmprothese"). Körperlich nicht beanspruchende Tätigkeiten (fehlende Armkraft) in ausreichender Luftfeuchtigkeit (Ersatz für die fehlende nasale Vorbereitung der Atemluft) ohne inhalative Noxen können durchaus noch über Jahre unbeschadet ausgeübt werden. Stimmlich belastende Tätigkeiten sind nicht mehr möglich, auch bei gut ausgebildeter Ersatzstimme bleibt ein hoher Heiserkeits- und Rauhigkeitsquotient bestehen.

Auch bei **Pharynx- und Mundhöhlenkarzinomen** bleibt eine individuell sehr unterschiedliche Beeinträchtigung zurück. Eine alleinige Hemiglossektomie kann funktionell ohne Defizite ausheilen. Ist aber eine Beteiligung des Mundbodens oder des Zungengrundes gegeben, wird die Motilität der Zunge und/oder des Gaumensegels oft dauerhaft beeinträchtigt. Daraus entstehen Artikulationsprobleme und Störungen der Vorbereitungsphase des Schluckens wie auch der Einschluckphase.

Die bei Tumorleiden immer wieder erforderliche Bestrahlung intensiviert die postoperativen Beeinträchtigungen durch die Austrocknung der Schleimhäute. Auf ausreichende Befeuchtung sowohl durch eine entsprechend hohe Trinkmenge wie auch durch Korrektur der Luftfeuchtigkeit muss Wert gelegt werden.

Die Beurteilung des dauerhaften Behandlungsresultates kann oft erst nach einem Jahr erfolgen. Postradiogene Schäden der Haut und Schleimhaut zeigen solange Rückbildungstendenz, die Vernarbungen, die zum Teil auch funktionell genutzt werden können, sind dann abgeschlossen. Nach einem Jahr ist in der Regel auch eine funktionelle Adaptation an den posttherapeutischen Zustand erfolgt, der in der Regel nur noch wenig ausgebaut werden kann. Therapie kann aber erforderlich sein, um den Erhalt der Ersatzfunktionen zu fördern.

Die **Lähmungen des Kehlkopfes** führen zu Beeinträchtigungen der Stimme, beidseitige Paresen können auch Luftnot bedingen. Die Beurteilung der Funktionsstörung muss sich daher an der Ausprägung der mit der Parese individuell bestehenden Beeinträchtigung ausrichten. Die Beurteilung der Stimmfunktion sollte analog den unten ausgeführten Kriterien bei Dysphonie erfolgen. Besteht eine beidseitige Lähmung mit Luftnot, so ist eine Rehabilitation zur Verbesserung der Atmung oft mit einer Verschlechterung der Stimmfunktion verbunden. Bei bestehender Luftnot ist die körperliche Belastbarkeit entsprechend gemindert. Entscheidend für die Leistungsfähigkeit ist die Stellung der Stimmbänder. Steht das gelähmte Stimmband in einer für die Funktion der Stimme günstigen Position, so ist mit einer guten Stimmfunktion zu rechnen. Es ist keine Seltenheit, dass trotz Lähmung eine unauffällige Stimme mit lediglich leicht reduzierter Belastbarkeit besteht. Bei ungünstiger Stimmbandstellung ist auch mit intensiver Therapie keine leistungsfähige Stimme zu erhalten. Es kann eine Aphonie resultieren, die den Erwerb einer „Ersatzstimme" erforderlich macht.

Beidseitige Lähmungen führen bei enger Stellung zu Luftnot. Diese Stellung kommt der Stimmfunktion nahe, deshalb kann die Stimme sehr gut sein. Akut ist eventuell eine operative Korrektur der Atmungssituation erforderlich, entweder durch Tracheotomie, also Umleitung der Luftwege, oder durch erweiternde Operationen. Mit letzteren wird allerdings auch durch Öffnen der tonerzeugenden Engstelle zwischen den Stimmbändern die Stimme verschlechtert. Es resultieren in der Regel auch weiterhin Probleme mit der Atmung bei körperlicher Belastung und eine Veränderung der Stimme. Auch die Reinigungsfunktion der Luftwege ist gestört durch fehlenden Hustenstoß. Schluckprobleme können auftreten. Ein intrathorakaler Druckaufbau und damit die Thoraxstabilität als Voraussetzung für die Armkraft und die Bauchpresse ist nicht mehr möglich. Entsprechend der Enge der Stimmbandöffnung ist die körperliche Leistungsfähigkeit insgesamt eingeschränkt.

Die **Tracheotomie** verändert die Atmung. Die eingelegte Kanüle verändert die Luftführung, auch die Sprechkanüle führt zu einem Ausfall der vorgeschalteten Nasenfunktion mit Befeuchtung und Temperaturregulation der Atemluft. Dementsprechend muss auf eine möglichst gleichmäßig temperierte und feuchte Umgebungsluft geachtet werden. Bei Sekretstau muss die Möglichkeit einer sofortigen Reinigung der Kanüle durch Wechsel oder Absaugen gegeben sein. Der Hustenstoß und damit die Reinigung der Luftwege ist behindert, umso mehr, wenn keine Sprechkanüle getragen wird. Die fehlende Abdichtung der Luftwege bedingt eine nicht mehr vorhandene Thoraxstabilität, damit ein Nachlassen der Schulter- und Armkraft.

Die **Neck dissection** (radikale Halsausräumung) erfolgt im Rahmen der Tumorchirurgie. Sie wird nach Befund unterschiedlich ausgeführt. Das Ausmaß der resultierenden Folgeschäden variiert stark von kaum vorhandenen Beeinträchtigungen bis zu Lähmungserscheinungen im Schulter-Arm-Bereich. Besteht eine Akzessoriusparese, so ist ein Heben des Armes über die Horizontale nicht mehr möglich. Arbeiten über Kopf und schon in Kopfhöhe können nicht mehr ausgeführt werden. Die Narbenbildung im Halsbereich kann ebenfalls zu Einschränkungen der Gebrauchsfähigkeit der Arme führen. Einschränkungen der Beweglichkeit des Halses können das Arbeitsfeld verkleinern. So sind für manuelle Tätigkeiten die Kraftaufwendung und auch die Feinkoordination gestört.

21.3.4 Funktionelle Störungen

Stimmstörungen

Funktionelle Stimmstörungen Die Diagnose „funktionelle Dysphonie" weist auf eine intakte Larynxanatomie bei fehlerhafter Stimmfunktion hin. Eine Fehlfunktion stellt sich durch oft jahrelangen Fehlgebrauch der Stimme ein. Er ist letztlich bei nicht mehr ausreichender Kompensationsfähigkeit erkennbar an Stimmveränderungen. Eine Rolle in der Entstehung spielen Temperament, Sprechumgebung, Stimmausbildung, auch psychische Auffälligkeiten können die Stimmstörungen mitverursachen. Sozialmedizinisch relevant sind Stimmstörungen bei Sprechberuflern oder Sängern. Gelingt es therapeutisch nicht, eine ausreichende Stimmgebung mit Verständlichkeit und Belastbarkeit zu erreichen oder durch strategischen Umgang mit der Stimme die fehlende Belastbarkeit auszugleichen, kann die Beeinträchtigung erheblich sein. Eine Reduktion der

Spitzenbelastung (bei Sportlehrern zum Beispiel der ggf. mögliche Verzicht auf den Sportunterricht in der Mehrzweckturnhalle) kann ggf. ausreichen, die Konsequenzen der Stimmproblematik im Berufsleben ausreichend zu verkleinern.

Postoperative Stimmstörungen Stimmstörungen können nach Operationen im Larynx auftreten. Bei Vernarbungen oder Glottisdefekten kann eine Stimmproblematik bis zur Aphonie dauerhaft bestehen bleiben. Therapeutisch sind operative Korrekturen und logopädisch erlernbare Ausgleichsstrategien für den Stimmgebrauch möglich. Nach einer solchen Therapie, die u. U. auch stationär oder in Rehabilitationsverfahren intensiviert werden sollte, ist bei stimmintensiven Berufen ggf. das Ausmaß der Beeinträchtigung festzustellen. Hier ist vor allem auf ausreichende Verständlichkeit und auf die Belastungsfähigkeit der Stimme zu achten.

Psychogene Stimmstörungen Sind die Ursachen der psychogenen Stimmstörung im Berufsleben zu finden, ist oft eine kombinierte logopädisch-psychologische Therapie notwendig. Wird die Ursache beherrscht, wird in den meisten Fällen auch die Stimme wieder verfügbar. Besteht die Aphonie oder Dysphonie weiter, kann ein Wechsel des Arbeitsplatzes notwendig werden. Aphone Patienten bedürfen immer der Hilfestellung bei Vorstellungsgesprächen oder der Arbeitsplatzvermittlung.

Liegt die Ursache der psychogenen Stimmstörung im Privatleben, kann eine dauerhafte Aphonie bei dadurch gravierend beeinträchtigten Tätigkeiten zu längeren Ausfallzeiten oder Arbeitslosigkeit führen. Die notwendige Therapie sollte möglichst schnell erfolgen, ggf. im Rahmen einer stationären Behandlung, und kann die Wiedereingliederung ermöglichen.

Sprachstörungen

Sprachstörungen treten in den meisten Fällen aus HNO-ärztlicher Sicht nach Operationen im Bereich der Artikulationsorgane auf. Berufliche Relevanz besteht bei sprechintensiven Berufen, die ggf. postoperativ bei fehlender Verständlichkeit der Sprache nicht mehr möglich sind, da diese Störungen meist dauerhaft verbleiben. Bei stärkeren Lautfehlbildungen wird neben der Übungsbehandlung auch eine operative Verbesserung der Zungen- oder Gaumensegelsituation zu überlegen sein. Der Dauerzustand ist in der Regel ein Jahr nach Operation erreicht. Zusätzlich erschwerend kann eine nach Bestrahlung bestehende Mundtrockenheit sein.

21.4 Kombination mit anderen Störungen

Die Kompensation von Ausfällen im Bereich der Sinnesorgane geschieht in der Regel über andere Sinneskanäle. Liegen hier ebenfalls Beeinträchtigungen vor, kann ggf. nicht mehr kompensiert werden.

Der Schwerhörige liest von den Lippen ab. Hat er auch eine Sehstörung, so wird seine Kommunikationsfähigkeit ggf. drastisch vermindert.

Schwindelerscheinungen werden über die visuelle Fixation und über die Körperwahrnehmung ausgeglichen. Bei einer Sehstörung mit Versagen der visuellen Fixation ist ein Ausgleich des Schwindels nur noch sehr begrenzt möglich. Vor allem bei anfallsartig auftretendem Schwindel fehlt die Korrekturmöglichkeit, auf Veränderungen kann nicht mehr adäquat reagiert werden, die Fallneigung ist dementsprechend deutlich höher.

Auch Störungen im Bereich der Körperwahrnehmung durch neurologische Erkrankungen wie Lähmungen, vor allem im Bereich der unteren Extremität, machen sich dann auch als fehlende Kompensation bei vestibulärem Schwindel bemerkbar. Selbst Durchblutungsstörungen der Füße können den Ausgleich des Schwindels verhindern. In diesen Fällen ist eine sehr restriktive Beurteilung der Leistungs- bzw. Einsatzfähigkeit erforderlich, um Gefahrensituationen zu vermeiden.

Kommunikationsstörungen, sowohl als Stimmstörung wie als Hörstörung, können per se in eine Isolation führen. Besteht daneben eine depressive Grundtendenz oder gar eine Depression, so ist der Trend zur sozialen Isolation nochmals deutlich größer. Depressionen können manifest werden oder sich verstärken.

Probleme der oberen Luftwege mit Reduktion der nasalen Luftbefeuchtung und Erwärmung bei fehlender Nasenatmung oder chronischen Infekten im Nasen- und Nebenhöhlenbereich bedingen eine Belüftung der Lunge mit nicht ausreichend vorbereiteter Luft. Der Gasaustausch ist in der trockenen Lunge reduziert. Bestehen neben der Nasenatmungsbehinderung auch Erkrankungen der unteren Luftwege, so ist der Patient sehr stark infektgefährdet. Dies gilt natürlich auch für den tracheotomierten Patienten.

21.5 Rehabilitationsmöglichkeiten

Hörstörungen werden in aller Regel durch Operationen oder Hörgeräte verbessert. Auch bei hochgradig Schwerhörigen ist mit einer entsprechenden Hörgeräteversorgung eine ausreichende Sprachverständlichkeit in ruhiger Umgebung möglich. Eine herabgesetzte Unbehaglichkeits- oder Schmerzschwelle kann in manchen Fällen mit einem Hörgerät, dessen Ohrpassstück keine Bohrungen enthält, und mit angepasster elektronischer Dynamikbegrenzung verbessert werden.

Die von den Lärmschwerhörigkeiten bekannte Progredienz lässt eine Beschäftigung mit unvermeidbarer Lärmbelastung nicht mehr zu. Die bei Schallempfindungsschwerhörigkeiten fast immer erniedrigte Schmerzschwelle weist auf eine vergrößerte Vulnerabilität des Ohres hin und verbietet eine entsprechende Lärmexposition. Das Risiko einer Verschlechterung oder zusätzlicher Lärmschäden ist zu groß, es sei denn, es besteht eine Schallleitungsschwerhörigkeit. Dann wirkt das Mittelohr wie ein Schalldämpfer.

Bei Schwerhörigkeit ist die Rehabilitationsmöglichkeit von deren Art abhängig. Hörverbessernd und sanierend kann bei Mittelohrerkrankungen geholfen werden. Es verbleibt oft eine leichtere Restschwerhörigkeit, die o. g. Beeinträchtigungen sind in der Regel nicht mehr erkennbar. Innenohr- oder Schallempfindungsschwerhörigkeiten können nicht operiert werden, hier ist die einzige rehabilitative Möglichkeit die Versorgung mit Hörgeräten und ein Hörtraining. Bei Taubheit ist wieder operative Hilfe möglich. Durch Implantation einer elektronischen Prothese kann die Hörfunktion teilweise wieder hergestellt werden. Das Hören mit einer solchen Innenohrprothese (Cochleaimplantat) entspricht jedoch nicht mehr dem Hören eines Hörgesunden. Alternativ oder ergänzend zum Cochleaimplantat ist ein Training im Lippenablesen.

Stimmstörungen können heute mit teilweise sehr gutem Erfolg logopädisch behandelt werden. Dabei spielt die Ätiologie eine große Rolle, wenn bleibende Einschränkungen beurteilt werden sollen. Funktionelle Stimmstörungen haben eine gute Prognose, wenn es gelingt, die zur Dekompensation führenden Einflüsse, wie z. B. Umgebungslärm, beim Sprechen zu reduzieren.

Postoperative Stimmstörungen bleiben auch unter Übungstherapie erhalten. Hier sind lediglich Verbesserungen der Stimmfunktion möglich, bei Aphonie kann eine Ersatzstimmgebung antrainiert werden.

Stimmverbessernde Operationstechniken werden heute sowohl bei funktionellen wie anatomisch bedingten Stimmstörungen diskutiert und ggf. eingesetzt.

Bei Sprach- und Schluckstörungen hat sich die (logopädische) Übungsbehandlung als Therapie der Wahl durchgesetzt. In Einzelfällen ist auch hier eine operative Korrektur sinnvoll.

Sowohl Stimm- als auch Sprachstörungen werden ambulant behandelt. Ist unter dieser Therapie keine ausreichende Verbesserung zu erreichen, kann in Rehabilitationsverfahren oder stationär die Stimmtherapie intensiviert werden. Dies macht vor allem Sinn, wenn die Umgewöhnung auf andere Stimm- oder Sprechtechniken im häuslichen oder beruflichen Umfeld nicht gelingt.

Bestehen nach Tumoroperationen Funktionsbeeinträchtigungen der Schulter oder der Arme, kann physiotherapeutisch und auch orthopädisch Hilfestellung geleistet werden. Die dabei angewandten Therapieverfahren sollten zumindestens eine Verschlechterung der Situation vermeiden, wie z. B. eine zunehmende Schultersteife. In der Kombination mit Stimm- und auch Schluckproblemen ist dies in Rehabilitationsmaßnahmen möglich.

Die nach Therapie eines Tumorleidens verbleibenden Einschränkungen, wie Trockenheit der Schleimhäute, verlangen eine Anpassung der Lebensführung. Die dazu notwendige Anleitung und Anregung kann ebenfalls im Rahmen von Rehabilitationsleistungen erfolgen.

Schwindelbeschwerden können in der Kompensationsphase nach akuter Störung der Gleichgewichtsorgane durch entsprechende Trainingsprogramme schneller abgebaut werden.

Die Rehabilitationsmöglichkeiten beim Tinnitus bestehen in einer psychologisch ausgerichteten Führung des Patienten. Auch in Rehabilitationszentren mit entsprechendem Schwerpunkt wird der Patient mit Strategien ausgerüstet, die das Leben mit dem Tinnitus erträglicher werden lassen.

Selbsthilfegruppen können wesentlich zur Rehabilitation beitragen. Auch die Kehlkopflosen haben in größeren Städten überall Selbsthilfeorganisationen aufgebaut.

22 Neurologische Erkrankungen

Peter Frommelt

22.1 Grundlagen der sozialmedizinischen Beurteilung in der Neurologie

22.1.1 Ein Ausflug in die Geschichte

Wohl in keinem anderen Feld der medizinischen Begutachtung zeigt sich das Aufeinandertreffen soziologischer, juristischer und medizinischer Perspektiven so deutlich wie dort, wo es um die „nervlichen Leiden" geht. Dabei geht es immer wieder um die Frage, wie man subjektives Leiden zu bewerten habe oder in einer den Akzent anders setzenden Formulierung um „neurologische Begutachtung bei inadäquaten Befunden" [78].

Blicken wir zurück. Etwa 1860 hatte eine Welle von Erkrankungen eingesetzt, die in England als „Railway Spine" bezeichnet wurde. Es handelte sich um Leiden mit weit über das Rückenmark reichenden Symptomen, die auf die Erschütterungen der Eisenbahnfahrt zurückgeführt wurden. Es entwickelte sich daraus ein Szenario an Argumentation, die sich in veränderter Form auch heute noch findet: Zunächst wurde eine organische Schädigung in intuitiv überzeugender, wissenschaftlich aber rein spekulativer Form postuliert: „Das ganze Gefolge der Nervenerscheinungen, welche durch Stoßen, Schütteln und Schlagen gegen den Körper entstehen und welche für die sog. Rückratserschütterung als charakteristisch zu beschreiben sind, ist in der Wirklichkeit als Entzündung der Rückratshäute und des Markes angehörend zu betrachten" [20]. Damit hatten die Beschwerden eine Diagnose. Zugleich melden sich die Gegenstimmen: in vielen dieser Fälle handele es sich um ein Rentenbestreben. Hier wird also das ökonomische Interesse, das Begehren, das sonst als Motor des ökonomischen Fortschritts betrachtet wird, als Simulantentum betrachtet, das zu entlarven es gelte.

Es komme, so argumentierte beispielsweise OPPENHEIM [61], zu einer mechanisch zu erklärenden Mitschädigung zerebraler Funktionen, da sich eine Erschütterung über sensible Bahnen direkt in das Gehirn fortsetze. Da diese mechanische Interpretation kaum geeignet erschien, die Bandbreite der Symptome zu erklären, wurde schon früh die Diskussion um die Eisenbahnunfälle um die Erschütterung des Seelenlebens erweitert.

Ein wichtiges Gegenargument von den Vertretern einer organischen Nervenschädigung war der Verlauf der Symptomatik nach erfolgter Rentenfestsetzung. Es trat keineswegs eine umgehende Besserung ein, sondern das Gegenteil: in einer Serie von Eisenbahnverletzten hatte sich bei 93 % der Verletzten der Zustand nach Berentung nicht geändert oder sich verschlechtert [38]. In späteren Langzeituntersuchungen, so an der Gruppe der „Kriegszitterer", hat sich diese negative Verlaufsprognose trotz Entschädigung bestätigt. In der Begutachtung von Opfern des Nationalsozialismus vertraten zahlreiche bundesdeutsche Gutachter die Auffassung, eine konstitutionelle psychische Schwäche und nicht die Verfolgung selbst sei die Ursache der persistierenden subjektiven Symptome. Mit Vehemenz wehrte sich KURT EISSLER nach der Lektüre zahlreicher Verfolgten-Gutachten gegen solche Auffassungen, und er überschrieb seine noch heute lesenswerte Arbeit „Die Ermordung von wievielen seiner Kinder muss ein Mensch symptomfrei ertragen können, um eine normale Konstitution zu haben?" [18]. Diese historischen Hinweise sollen daran erinnern, dass wir gerade in der sozialmedizinischen Be-

- Fertigkeiten aneignen
- Entscheidungen treffen
- Einzelaufgaben übernehmen
- Mehrfachaufgaben übernehmen
- Mit Stress umgehen
- Kommunizieren
- Kommunikationsgeräte benutzen
- Interpersonale Aktivitäten
- Entscheidungen treffen

Tab. 22.1: Auszug aus einer Kurzform der ICF zur sozialmedizinschen Beurteilung in der Neurologie

gutachtung unsere eigenen Denkmodelle kritisch reflektieren sollten. Dies gilt besonders dort, wo wir subjektives Leiden zu begutachten haben.

22.1.2 Die ICF in der neurologischen Begutachtung

Die ICF stellt ein nützliches theoretisches Konzept für die neurologische Begutachtung dar. Mit den Kategorien Funktionen, Aktivitäten, Partizipation und Kontext lassen sich Krankheit und Gesundheit umfassend in ihren sozialen Bezügen beschreiben. Die Gesamtliste der ICF ist sehr umfangreich und daher für die gutachterliche Routine nicht geeignet. Es werden daher zur Zeit Kurzformen erarbeitet. Tabelle 22.1 gibt ein Beispiel einer ICF-Kurzliste zur Erfassung der mentalen Funktionen. Diese noch unvollständige Liste soll nur erläutern, dass die ICF plausible Kategorien für die Leistungsfähigkeit enthält. Die ICF definiert Bereiche, deren Beachtung dem Gutachter Hinweise für die Beurteilung der Leistungsfähigkeit im Erwerbsleben geben. Für die Erstellung eines positiven bzw. negativen Leistungsbildes sind die Begrifflichkeiten der ICF wichtig, aber nicht deren praktische Anwendung im Begutachtungsprozess. Erste Erfahrungen zeigen auch, dass sich die betreffenden ICF-Kategorien für die Erstellung des psychischen und neuropsychologischen Befundes gut eignen. Ein Vorteil ist auch, dass die Begriffe der ICF neutral formuliert sind, man kann also Stärken und Schwächen gleichermaßen herausstellen.

Eine für die Begutachtung wichtige Verbesserung gegenüber der ICIDH ist die Einführung der Kategorie des Kontext. Damit können soziale und physische Bedingungen von Arbeitsplätzen abgebildet werden. Die Beachtung und Beschreibung von Kontextfaktoren im Gutachten ist vor allem für die Beurteilung der konkreten Leistungsfähigkeit in einer bestimmten Tätigkeit von Bedeutung, weniger für die Beurteilung des „abstrakten Leistungsvermögens", da hierbei im Sinne der Gleichbehandlung von Versicherten Kontextfaktoren nicht zu berücksichtigen sind. Nützlich ist die Kodierung von Einstellungen, so der von Arbeitskollegen.

Die ICF unterscheidet zwischen Kapazität und Performanz. Die tatsächlich beobachtete Leistung in einer realen Umgebung ist die Performanz. Unter der Kapazität dagegen wird die Leistung in einer in der ICF selbst nicht eindeutig festgelegten idealen Umwelt verstanden. Für die sozialmedizinische Beurteilung kann man also als die Performanz das Leistungsvermögen auf dem bisherigen Arbeitsplatz beschreiben. Kapazität ist im Sinne der ICF die maximal mögliche Leistungsfähigkeit, dieser Begriff ist nicht mit dem qualitativen und quantitativen Leistungsvermögen, wie es in der Begutachtung zu beurteilen ist, identisch.

Dem neurologischen Gutachter sei empfohlen, die ICF, ein im Original rotes Buch, neben die „Rote Liste" zu stellen, um sie zum Nachschlagen und als Hilfsmittel zur Formulierung von Krankheitsfolgen zu verwenden. Es geht darum, die Sprache der ICF in der Praxis einzusetzen, es geht aber nicht um die Verwendung der Kodierung. Im Gegenteil, ohne methodische Prüfung sollte die ICF nicht als ein Mess- oder Dokumentationsverfahren in die Sozialmedizin eingeführt werden.

22.1.3 Aggravation und Simulation

Jeder Gutachter erkennt eigene Patienten in der Beschreibung des englischen Neurochirurgen MILLER [57]. MILLER untersuchte 200 Personen im Mittel 14 Monate nach einem Schädel-Hirn-Trauma. Von diesen zeigten 47 in der Untersuchung ein Verhalten, das MILLER so beschreibt: Sie zeigten eine Märtyrer-Haltung, sie dramatisierten die Beschwerden, sie brachten bei der Griffkraftmessung keine Kraft zustande. „Durchgehend das wichtigste Merkmal war die unerschütterliche Überzeugung, nicht mehr arbeiten zu

Bestandteile des Gutachtens	Kategorien der ICF
– Neurologische Untersuchung – Psychischer Befund – Anamnese, Fremdanamnese – Beurteilung der Leistungsfähigkeit – Beurteilung der Teilhabe am Arbeitsleben – Rehabilitationsmöglichkeiten	– Funktionen und Strukturen – Personaler Kontext, Funktionen – Personaler und Umwelt-Kontext – Aktivitäten – Teilhabe am Arbeitsleben – Verbesserung von Funktionen und Stärkung der personalen Kontextfaktoren

Tab. 22.2: Die ICF in der neurologischen Begutachtung

können, eine Überzeugung die ganz ohne Bezug zur offensichtlichen Behinderung steht. Zu einem späteren Zeitpunkt würde der Patient seine Bereitschaft zu leichter Arbeit erklären, die selten vorhanden ist. Ein anderes Kardinalzeichen ist die absolute Weigerung, irgendein Maß von symptomatischer Besserung zuzugeben."

Genaue Zahlen über die Häufigkeit von Simulation, also bewusster Täuschung, bei neurologischen Gutachten gibt es nicht. Es ist auch keine klare Grenze zwischen Aggravation, der Überzeichnung von subjektiven Symptomen, und Simulation zu ziehen.

Ein Simulant kann verschiedene Strategien wählen, um Leistungen zu verfälschen: verlangsamen, Fehler machen, emotional reagieren. Interessanterweise berücksichtigen Simulanten in psychologischen Experimenten die Aufgabenschwere nicht. Sie machen also meist genauso viel Fehler bei leichten wie bei schweren Aufgaben. Die Gedächtnisfunktionen sind das bevorzugte Gebiet der Simulation, aber man findet über die verschiedenen kognitiven Funktionen verteilt eine durchgängig schlechte und keine fleckförmige Verteilung von guten und schlechten Leistungen.

Sowenig, wie es die Strategie der Simulation gibt, sowenig das Verfahren, um sie aufzudecken. Ein einfacher Startpunkt kann die 90%-Regel sein, die von GUILMETTE, HART und GUILIANO [32] aufgestellt wurde. Bei einer einfachen Aufgabe des Zahlenwiedererkennens, liegen 90 % der Personen mit einer Hirnverletzung korrekt.

SWEET [74] gibt eine Reihe von Strategien an, um herauszufinden, ob jemand simuliert. Simulanten schneiden bei üblichen Tests so schlecht ab, wie sonst nur sehr schwer hirngeschädigte Personen, deren Läsionen im CT oder NMR offensichtlich sind. Ein Beispiel ist die Zahlenspanne, bei der simulierende Personen deutlich schlechter abschneiden als hirnverletzte. Für die Simulation wird gefordert, dass zwischen dem Testverhalten und Alltagssituationen eine Diskrepanz besteht. Wenn bei Personen „real-life losses" bestehen, also ein Verlust der Teilhabe am privaten oder öffentlichen Leben, kann man nicht mehr von einer Simulation sprechen. Diese Personen haben meist psychische Störungen, wie somatoforme Erkrankungen. Die Beurteilung einer Person als Simulanten beruht also nie auf einem Ergebnis, auf einer Beobachtung, sondern setzt eine umfangreiche Erhebung voraus. Die mangelnde Kooperation darf nicht mit Aggravation oder Simulation verwechselt werden.

Depressivität, mangelndes Verständnis für den Sinn von Testaufgaben, Ermüdung sind nur einige mögliche Gründe für eine mangelnde Kooperation. Daher kann ein schlechtes Abschneiden bei psychologischen Testverfahren umgekehrt nicht als objektiver Beleg für eine Einbuße in der Leistungsfähigkeit gewertet werden. Testbefunde lassen sich nur im Gesamtzusammenhang der Eindrücke der Begutachtung bewerten. Die psychologische Testung ist eine Art Sonde, die man einsetzen kann, um bestimmte Fragen beantwortet zu bekommen oder um sich einen Überblick über Leistungsaspekte zu machen, die man in der rein klinischen Untersuchung nicht gewinnt.

22.1.4 Hinweise zur neurologischen Untersuchung

Bis heute sind die Kernstücke der neurologischen Untersuchung die Anamnese und die klinische Untersuchung. In kaum einem anderen Fachgebiet hat die genaue Anamnese eine solche Bedeutung, wie in der Neurologie. Der Patient erzählt seine Diagnose! Das Merkmal einer guten Anamnese ist die Liebe zum Detail. Es hat sich als nützlich erwiesen, den zu Begutachtenden zu bitten, eine chronologische Aufstellung seiner früheren Erkrankungen vor der Untersuchung zu verfassen. Damit erleichtert man sich das mühsame Suchen nach Daten.

Die neurologische Untersuchung folgt den üblichen Regeln des Faches. In der Bewertung sollte man nicht vergessen, dass es sich um eine Momentaufnahme handelt und dass wichtige Leistungsaspekte, wie die Ermüdbarkeit, nicht erfasst werden. Einfache Funktionstests, wie der Neun-Stifte-Test zur Prüfung der Fingergeschicklichkeit, erleichtern die Reproduzierbarkeit von Ergebnissen.

Prüfung der visuellen Funktionen

Für eine Reihe von Berufen werden sehr hohe Anforderungen an die visuelle Aufmerksamkeit, an die Kontrastwahrnehmung und die visuelle Exploration gestellt. Wenn der Verdacht auf eine neurologisch bedingte Sehstörung besteht, sollten folgende Untersuchungen durchgeführt werden:

Visusbestimmung, Gesichtsfeldmessung, Okulomotorik, Akkommodation und Konvergenz, binokuläres Sehen, Stereosehen. Die Kontrastwahrnehmung kann selbst bei gutem Visus beeinträchtigt sein, daher sollte bei entsprechender beruflicher Tätigkeit eine genaue Prüfung durchgeführt werden. Zu einer neurovisuellen Untersuchung gehört die Prüfung des Lesens. Eine Lesestörung kann durch einen Gesichtsfeldausfall, eine Fusionsschwäche oder durch eine genuin neuropsychologische Dyslexie hervorgerufen werden. Nicht selten sind Symptome visueller Ermüdbarkeit, wie Schleiersehen bei Bildschirmarbeit. Eher selten wird man in der sozialmedizinischen Begutachtung auf visuellen Neglect oder eine visuelle Agnosie treffen.

Reflexauslösung	Grad
Fehlen eines Reflexes	0
Reflex geringer als normal, nur angedeutet oder nach Aktivierung auslösbar	1
Reflex lebhaft, im unteren Normalbereich	2
Reflex lebhaft, im oberen Normalbereich	3
Gesteigerter Reflex, auch mit Klonus	4

Grad 2 und 3 gelten als normal.
Tab. 22.3: Myotatic Reflex Scale

Reflexe

Die Muskeldehnungsreflexe (myotatische Reflexe) sollten der Einheitlichkeit halber mit der „Myotatic Reflex Scale" [33] graduiert werden (Tabelle 22.3). Weiterhin wäre es sinnvoll, die Reflexe nach den Muskeln zu benennen, an denen sie ausgelöst werden, also statt von PSR vom Quadrizeps-Reflex zu sprechen.

Wegen seiner Bedeutung als Zeichen einer Schädigung der Pyramidenbahnen sei kurz auf das BABINSKI-Zeichen eingegangen. Der Begriff Reflex ist dabei ungenau, da es sich um eine Beugesynergie des Fußes und des gesamten Beines handelt. Die Dorsalextension der Großzehe ist nur ein Teil dieser Synergie, weiterhin gehört dazu ein Beugen im Kniegelenk und ein Beugen im Hüftgelenk. Am besten auszulösen ist das Zeichen durch Bestreichen der lateralen Fußsohle, aber der Phantasie bei der Auslösung sind wenig Grenzen gesetzt; so schlug der berühmte englische Neurologe MCDONALD CRITCHLEY einen Bentley-Schlüssel oder einen Haifischzahn vor. Alle anderen Eponyme von CHADDOCK bis OPPENHEIM sind verzichtbar [25].

Sensibilität

Für Begutachteten und Gutachter ist die Prüfung der Sensibilität der mühsamste Teil der Untersuchung. Je länger der Untersucher versucht, einen Befund zu reproduzieren, desto inkonstanter werden die Angaben. Bei der Angabe von Taubheitsgefühl oder Schmerzen in einer Hautregion lässt man den Untersuchten selber die Grenzen ertasten. Im Alltag beruhen fast al-

Grad	Beschreibung
5	Normal, 100 % der Norm
4	Kraft schwächer als auf der Gegenseite, 75 % der normalen Muskelleistung. Der Muskel ist frei beweglich, kann mittelgroßen Widerstand überwinden.
3	Ungefähr 50 % der normalen Muskelkraft, der Muskel kann das Gewicht des getesteten Muskels gegen die Erdschwere überwinden.
2	Ungefähr 25 % der normalen Muskelkraft, die Bewegung ist zwar in normalem Ausmaß möglich, nicht aber gegen die Erdschwere.
1	Ungefähr 10 % der Muskelkraft, der Muskel spannt sich zwar an, seine Kraft reicht aber nicht zur Bewegung.
0	Beim Bewegungsversuch zeigt der Muskel nicht die geringsten Anzeichen einer Zusammenziehung.

Nach JANDA [39]

Tab. 22.4: Graduierung der Muskelkraft

le sensiblen Eindrücke auf dem bewegten Tasten, motorische und sensible Elemente verschmelzen zur einer einheitlichen Funktion, der Haptik. Die bewegte Hand verschafft uns die Informationen über Objektbeschaffenheit und Textur. In der Untersuchung kann man die haptischen Fähigkeiten z. B. dadurch prüfen, dass man verschiedene Körnungen von Sandpapier ertasten lässt. Schwierig kann die Unterscheidung zwischen genuinen und simulierten sensiblen Störungen sein. Ein für neurologische Ausfälle atypisches Verteilungsmuster, sehr diskrepante Ergebnisse bei wiederholter Testung oder die Angabe einer völligen Anästhesie können auf eine Simulation hinweisen. Die Sensibilitätsprüfung, auch mit modernen computerisierten Verfahren, beruht auf einer psychophysischen Methodik, und ist daher von der Kooperation des Begutachteten abhängig.

Sensibilität und Motorik sind im Alltagshandeln nicht voneinander trennbar. Gehen in unebenem Gelände, feinmechanische Arbeiten, das feine Einstellen von Drehknöpfen oder die Tätigkeit eines Kellners, alle setzen eine intakte Sensibilität voraus.

Motorik und Koordination

Wenn wir ein Glas in die Hand nehmen, benötigen wir ein Zusammenwirken von haptischen, motorischen und visuellen Komponenten. Unsere Kenntnisse der Organisation motorischer Handlungen sprechen dafür, dass das Nervensystem an Ergebnissen orientiert ist, es erreicht Ziele unter variablen Bedingungen mit variablen Mitteln. Daher sind die Beobachtungen des Gehens über einen Flur oder beim An- und Auskleiden der Schuhe genauso informativ wie ein Knie-Hacken-Versuch. Für die Prüfung der Kraft sollte man bei peripheren und mangels eines besseren Verfahrens auch bei zentralen Läsionen die sechsteilige MRC-Graduierung verwenden (Tabelle 22.4). Bei der Interpretation ist allerdings zu beachten, dass bei Myopathien oder anderen peripheren Läsionen eine Einschränkung in dieser klinischen Kraftmessung erst eintritt, wenn es schon zu einer fast 50%igen Reduktion an verfügbarer Muskelmasse gekommen ist.

Eine quantitative Aussage zur Kraft erhält man mit der Dynamometrie. Diese hat z. B. für die Griffkraft den Vorteil, dass Normwerte vorliegen. Die Kraftprüfung hängt von der Kooperation des Probanden ab, diese sollte man auch vermerken. Zur quantitativen Prüfung der Handgeschicklichkeit eignet sich eine Aufgabe, bei der neun Holzstifte in Löcher eingefügt werden müssen (Neun-Löcher-Test nach MATHIOWETZ). Bei einer Halbseitenlähmung ist der Motricity-Index ein einfacher und unmittelbar plausibler Test [48].

In der Begutachtung stellt sich oft die Frage der möglichen Gehstrecke. Hierfür eignen sich Ausdauertests: der Patient wird gebeten, mit seiner gewohnten Ganggeschwindigkeit sechs oder zwölf Minuten zu gehen. Die Strecke, die er in dieser Zeit zurücklegt, wird gemessen. Dem Probanden wird gesagt, er könne jederzeit abbrechen, wenn er sich nicht fähig fühle, weiterzugehen. (siehe dazu MASUR [49]). Man sollte den Probanden auch am Ende einer 12minütigen Gehstrecke fragen, wie erschöpft er sich fühle. Dazu eignet sich die BORG-Skala der subjektiven Erschöpfung [6]. Wenn jemand 500 m mit einer subjektiven Belastung von 11–15 (leicht bis etwas anstrengend) von max. 20 in 12 bis 15 Minuten zurücklegt, kann man von einer zumutbaren Gehstrecke von 500 m sprechen.

Neurologische Zusatzuntersuchungen

Der Gutachtenauftrag in der Sozialmedizin bezieht sich auf die *Funktionsfähigkeit* und nicht auf die Differenzialdiagnose oder Pathophysiologie. Die Zusatzuntersuchungen wie CT, NMR oder neurophysiologische Verfahren sind allerdings primär Methoden zur Aufschlüsselung der Pathophysiologie. Daher muss man bei der Begutachtung abwägen, ob die zu erwartende Aussage einer Zusatzuntersuchung die sozialmedizinische Beurteilung maßgeblich beeinflussen wird. Die Praxis, bei jedem neurologischen Gutachten eine umfassende neurophysiologische Zusatzuntersuchung durchführen zu lassen, ist sozialmedizinisch nicht begründet. Die bildgebenden Verfahren wie das kraniale CT und die MR-Tomographie geben eine Aussage zur strukturellen Schädigung. Bei bestimmten Fragestellungen kann die Bildgebung wichtige funktionelle oder prognostische Hinweise geben, so bei der Beurteilung der Krankheitsaktivität bei der Multiplen Sklerose, bei der Einschätzung der beruflichen Prognose nach einem schweren Schädel-Hirn-Trauma oder bei zerebrovaskulären Erkrankungen. Die Bewertung von Befunden der Bildgebung sollte immer in Zusammenschau mit den klinischen und anamnestischen Daten erfolgen.

Die Ergebnisse der klinischen Neurophysiologie, also die elektromyographische und -neurographische Untersuchung sowie die Ableitung evozierter Potenziale, haben in der sozialmedizinischen Begutachtung nur einen begrenzten Stellenwert. Diese Verfahren sind unerlässlich zur Diagnosestellung und zur Beurteilung des klinischen Verlaufs, z. B. bei Myopathien oder Neuropathien. In der sozialmedizinischen Begutachtung sind die Elektromyographie und -neurographie nützlich in der Einschätzung der Prognose, sie geben aber keine Aussage zur Muskelkraft oder Funktionsfähigkeit. Die neurosonographische Diagnostik der hirnversorgenden Arterien ist bei Gutachten dann von Relevanz, wenn es um die Risikoeinschätzung eines Schlaganfalls geht.

Die Ableitung eines EEGs ist bei der Beurteilung von Probanden mit Epilepsien nicht verzichtbar. Bei diffusen zerebralen Erkrankungen, wie nach einer Enzephalitis, gibt das EEG einen Einblick in die globale Funktion des Gehirns. Für die Beurteilung der Leistungsfähigkeit hat aber auch das EEG nur dann eine Bedeutung, wenn es ein schwer abnormes Hirnstrombild zeigt. Ein normales EEG sagt nichts über die kognitive Leistungsfähigkeit aus. Bei der Beurteilung von zerebrovaskulären Erkrankungen ist das EEG ganz in den Hintergrund getreten.

Der psychische und neuropsychologische Befund

Zu den schwierigen Aufgaben einer gutachterlichen Untersuchung gehört die Erhebung eines psychischen Befundes.

Die wichtigste Forderung an einen guten psychischen Befund ist eigentlich literarischer Art: die beschriebene Person sollte vor dem Auge des Lesers entstehen. Leider liest man nicht selten formelhafte Befunde. In der neurologischen Begutachtung geht es oft um die Frage, ob neuropsychologische Folgen einer zerebralen Erkrankung vorliegen. Dazu ist die Zusammenstellung eines kleinen diagnostischen Inventars sinnvoll. Es sind Minutentests gemeint, die wie eine Sonde verwendet werden, um die Gebiete zu identifizieren, in denen eine weitere Klärung erforderlich ist. Beispiele solcher bedside-Tests finden sich z. B. bei STRUB und BLACK [73].

Gutachter und Gerichte sollten sich über die Grenzen testpsychologischer Verfahren klar werden. Für die meisten klinischen Testverfahren liegen keine Untersuchungen darüber vor, inwieweit die Tests imstande sind, Alltagsleistungen zu prognostizieren, die ökologische Validität der Verfahren ist also unbekannt. Um es in den Begriffen der ICF zu formulieren: die meisten psychologischen Tests messen auf der Ebene der Funktionen, die Korrelation zu den Kategorien von Aktivitäten und Partizipation ist unklar. Wir stehen also vor dem grundsätzlichen Problem, dass wir zwar sehr detailliert einzelne psychische Funktionen prüfen können, dass wir aber nicht vorhersagen können, wie diese sich im praktischen, z. B. beruflichen Handeln, auswirken. ROBERT STERNBERG und SPEAR-SWERLING [71] formulierten etwas pointiert, dass die Prognosen der Psychologen etwas besser lägen als die von Wahrsagern, dass jedoch die Korrelation zwischen Testergebnissen und Verhalten im Alltag in den meisten Studien nicht über 0,3 liege. Ein besonderes Gewicht hat die Stellungnahme von LEZAK [44], Autorin des wichtigsten Handbuchs der neuropsychologischen Diagnostik. Sie betont zunächst, dass Testwerte wenig Informationen über die Funktionsfähigkeit eines hirnverletzten Patienten geben, darüber, wie er Probleme löse oder an eine Aufgabe herangehe. Testwerte seien keine Daten wie Laborwerte. SBORDONE [67] fasste einige Kritikpunkte an der neuropsychologischen Testpraxis zusammen:

▷ Testdaten werden als wichtiger genommen als klinische Anamnese und Befund

▷ Defizite können unterschiedliche Ursachen haben, sie werden aber durch die Testdaten selbst nicht erklärt.

▷ Der Proband wird unter anderen Bedingungen getestet als er sie im Alltag vorfindet. Seine Schwierigkeiten treten oft erst unter Belastungsbedingungen draußen auf.

▷ Die Breite der Funktionen, die durch Tests erhoben wird, ist nicht so groß, wie es auf den ersten Blick scheint.

Festzuhalten ist, dass eine gültige gutachterliche Aussage auch ohne testpsychologische Befunde möglich ist, wenn hinreichende Beobachtungen oder andere Informationen zur Beurteilung mentaler Funktionen vorliegen. Die psychologische und neuropsychologische Testung ist wichtig, um bestimmte Fragen näher zu klären. Sie sollte hypothesenorientiert eingesetzt werden und nicht als Routine-Testbatterie. Testverfahren mit ökologischer Validität sollte der Vorzug gegeben werden [81]. Manchmal wird das Argument vorgebracht, ein Gutachten ohne testpsychologische Befunde sei qualitativ schlecht. Diese Auffassung ist sicherlich falsch. Es besteht eher die Gefahr, testpsychologische Befunde unkritisch zu übernehmen.

Welche Aspekte sollten in einem psychischen und neuropsychologischen Befund berücksichtigt werden?

1. *Situation der Begutachtung, Interaktion Gutachter-Begutachteter:* Kam der Begutachtete allein? Mit wem in Begleitung? Habitus, Auftreten? Wie empfand der Gutachter die soziale Atmosphäre: kooperativ? ablehnend?

2. *Kommunikation:* Wie sind die pragmatischen und sprachlichen Fähigkeiten des Begutachteten? Geht er auf die Fragen ein? Ist die Darstellung kohärent? Werden Nebensächliches und Wichtiges unterschieden?

3. *Dynamik der Persönlichkeit:* Wie spontan, lebhaft ist der Begutachtete? Wieviele psychische Energie-Antriebskraft lässt er erkennen? Mutlosigkeit? Resignation?

4. *Regulation des eigenen Verhaltens:* Impulsivität? Aggressive Äußerungen? Reizbarkeit?

5. *Stimmungslage:* In welcher Stimmung befindet sich der Begutachtete? Bedrückt? Ängstlich? Euphorisch? Wichtige Frage: Liegt eine Depression vor?

6. *Einstellungen, Auffassungen, Erwartungen:* Wie sieht der Begutachtete seine eigene Person? Was erwartet er von der Zukunft? Ist er der Auffassung, zukünftige Ziele erreichen zu können? Erlebt er sich als krank? Welche Hilfen erwartet er? Wie ist sein Vertrauen in sich selbst und seine eigenen Fähigkeiten?

7. *Orientierung und Gedächtnis*, dazu gehören u. a.

    a) Zeitliche, örtliche und personale Orientierung

    b) Arbeitsgedächtnis, es handelt sich um einen Kurzzeitspeicher, um Handlungen oder Mitteilungen zu Ende bringen zu können, Dauer höchstens in Minuten. Merke: die verbreitete Trennung in Kurzzeitgedächtnis mit einer Dauer von bis zu Stunden deckt sich nicht mit dem Begriff des Arbeitsgedächtnis. Neuropsychologisch gibt es kein sonstiges Kurzzeitgedächnis.

    c) Langzeitgedächtnis, dazu gehören die unterschiedlichen Gedächtnisinhalte, wie autobiographisches, semantisches (Wissen), episodisches (Erlebtes)

    d) Prospektives Gedächtnis, Fähigkeit sich zukünftige Aufgaben, Termine zu merken

e) *Prozedurales Gedächtnis*, Fähigkeit sich nonverbal Handlungsabläufe einzuprägen.

8. *Aufmerksamkeit:* Dazu gehören u. a. Konzentration, Daueraufmerksamkeit, geteilte Aufmerksamkeit, Ermüdbarkeit

9. *Visuell-räumliche Fähigkeiten:* Dazu gehören u. a. die Fähigkeit der räumlichen Vorstellung, des visuellen Überblicks, der Abschätzung von Geschwindigkeiten und andere visuelle Leistungen, die wir beispielsweise beim Autofahren einsetzen.

10. *Exekutive Funktionen:* Der für die berufliche Prognose wohl wichtigste Funktionsbereich. Dazu gehört die Fähigkeit, die eigenen Schwächen zu kompensieren und auf die eigenen Stärken zu bauen, weiterhin Handlungsplanung, eigener Kräfteeinsatz, Fehlerkontrolle.

11. *Umstellungsfähigkeit:* Neuropsychologisch entspricht der Begriff der Umstellungsfähigkeit am ehesten dem der exekutiven Fähigkeiten. Darunter wird u. a. die Fähigkeit verstanden, bei neuen Aufgaben die eigenen Kräfte richtig einzuschätzen und die jeweiligen Handlungsschritte zu kontrollieren und anzupassen. In der ICF finden sich mehrere Begriffe, die sich auf die Umstellungsfähigkeit beziehen.

In der Zusammenfassung sollte möglichst der Begriff des „Hirnorganischen Psychosyndroms" vermieden werden, auch wenn es in der ICD-10 enthalten ist, da diese Diagnose fälschlich suggeriert, es gebe eine feste Konstellation von Symptomen nach einer Hirnschädigung. Zumindest soll spezifiziert werden, welche Symptome im jeweiligen Fall unter dieser Diagnose subsummiert werden.

Die Leistungsbeurteilung nach einer Hirnverletzung ist schwierig, wenn es sich nicht um offensichtlich schwerst beeinträchtigte Probanden handelt. Besonders dann, wenn sie braungebrannt ohne jegliche nach außen sichtbaren Folgen dem Gutachter gegenüber sitzen. Es ist dann kaum vorstellbar, dass die freundliche Person noch vor ein paar Stunden zu Hause in der Aufregung vor dem Untersuchungstermin die Ehefrau und die Kinder angeschrien hat, weil die Kinder wie üblich morgens etwas herumgetobt hatten. Für den Probanden war das zuviel, die bevorstehende Untersuchung hatte ihn schon schlecht schlafen lassen. Dieses Beispiel soll illustrieren, wie groß oft die Diskrepanz zwischen klinischer Situation und Alltag ist. Oft handelt es sich um Personen mit frontalen Hirnschädigungen, deren Probleme weder durch Tests noch durch klinische Beobachtungen erfasst werden. Das quantitative Leistungsvermögen für Tätigkeiten des allgemeinen Arbeitsmarktes ist bei diesen Probanden häufig auf unter sechs Stunden reduziert.

Fremdanamnese

Natürlich nur mit Zustimmung des Begutachteten sollte man so oft wie möglich versuchen, die Perspektive eines Angehörigen oder einer anderen Begleitperson einzubeziehen. Es geht dabei nicht um eine objektive Schilderung, die gibt es nicht. Der Wert liegt vielmehr in dem Blitzlicht auf Details, in den Facetten des Alltags und in der biographischen Skizzierung. Der Gutachter kennt den Begutachteten zwei Stunden, der Ehepartner z. B. zwei Jahrzehnte.

Allerdings ist der Partner kein objektiver Berichterstatter. Es kann Kollusionen geben, so im Zusammenspiel von Proband und Angehörigem oder Proband und Dolmetscher, wenn es zum Beispiel um die Durchsetzung eines Rentenwunsches geht.

Verwendung von Skalen zur Beurteilung von Aktivitäten und Partizipation

Einige wenige etablierte Messverfahren bilden die Ebenen der Aktivitäten und der Partizipation ab; vgl. Tabelle 22.5. Einige dieser Verfahren beziehen sich auf die basale Selbständigkeit, wie der BARTHEL-Index oder der FIM, und haben damit nur eine untergeordnete Bedeutung für die Leistungsbeurteilung. Sowohl der IRES-Fragebogen als auch der SF-36 enthalten Items zu Aktivitäten und Partizipation, sie erlauben allerdings keine direkten Rückschlüsse zu quantitativen und qualitativen Leistungsaspekten.

Domäne (ICF)	Instrument	Validität
Aktivitäten, Basale Selbständigkeit	BARTHEL-Index [47]	Nicht hinreichend belegt, Fehlen kognitiver Items
Aktivitäten, Basale Selbständigkeit	Funktionale Selbständigkeitsmessung (FROMMELT, DE LANGEN [26])	Gut belegt.
Neuroverhaltensbogen	KREUTZER et al. 1999 [42]	Nicht hinreichend belegt
Aktivitäten/Partizipation	Indikatoren des Rehabilitationsstatus (IRES) [29]	Belegt
Lebensqualität	SF-36 (BULLINGER [11])	Teilweise belegt

Tab. 22.5: Häufig verwendete Assessmentverfahren

22.1.5 Neurologische Rehabilitation

Jedes sozialmedizinische Gutachten hat die Frage zu beantworten, ob durch rehabilitative Maßnahmen eine Behinderung verhindert oder gelindert werden kann. Daher sollte sich der Gutachter mit den Prinzipien, der Indikationsstellung und den Chancen der Neurorehabilitation vertraut machen. Es ist hier nicht der Raum, einen Abriss der neurologischen Rehabilitation zu geben, dazu sei auf die Lehrbücher [27] verwiesen.

Wie lässt sich das Rehabilitationspotential einschätzen?

Das Rehabilitationsziel ist im Rahmen der Rentenversicherung klar definiert: das Ziel muss der Erhalt oder die Wiedererlangung der beruflichen Leistungsfähigkeit sein. Die Einschätzung des Potenzials, dieses Ziel zu erreichen, lässt sich nur anhand einer klinischen Gesamtbetrachtung eines Rehabilitanden treffen. Sogenannte Reha-Assessments bieten Anhaltspunkte, können aber die klinische Beurteilung nicht ersetzen. Alle Versuche, mit Algorithmen oder zusammengesetzten Scores die Prognose vorherzusagen, waren bisher nicht erfolgreich. Es bleibt also bei einer klinischen Einschätzung durch einen erfahrenen Rehabilitationsneurologen.

In welche Phasen lässt sich der Rehabilitationsprozess einteilen?

Verwiesen sei auf die von einer Arbeitsgruppe des VDR erarbeitete Phaseneinteilung der neurologischen Rehabilitation, die Rehabilitationsabläufe nach einer neurologischen Akuterkrankung beschreibt. Diese Phaseneinteilung ist nur bedingt für primär chronische Erkrankungsverläufe wie bei MS oder der PARKINSONschen Erkrankung geeignet.

Sind Rehabilitationsverfahren sinnvoll während eines Rentenantragsverfahrens?

Während eines laufenden Rentenantragsverfahrens ist der Antragsteller natürlich interessiert, sein „Recht zu bekommen". Dies ist oft nicht als ein rein materielles Interesse zu verstehen, sondern entspricht einem Bedürfnis nach Rehabilitation im Sinne des Wiedererlangens einer sozialen Anerkennung. Der Begutachtete möchte die soziale Legitimation erhalten, dass er „nicht mehr kann". „Ich würde nichts lieber tun, als morgen mit der Arbeit anfangen, ich kann aber leider nicht", ist eine Formulierung, die man oft hört. Der Proband bekennt sich also zu der gesellschaftlich geforderten Arbeitsmoral. Nicht-Wollen bedeutet Drückebergerei und stigmatisiert, Nicht-Können ist sozial akzeptiert. Was bedeutet in der subjektiven Wahrnehmung einer Person, die einen Rentenantrag gestellt hat, der Vorschlag, an einer Rehabilitationsmaßnahme teilzunehmen? Der Antragsteller empfindet diesen als Anzweifeln seiner Überzeugungen. Die Rolle des Kranken kann also aus einer Art Selbstschutz nicht aufgegeben werden. Diese kritische Sichtweise auf die klassischen Angebote der Rehabilitation in dieser besonderen Situation, bedeutet aber keineswegs, dass andere Hilfestellungen nicht angenommen werden. So zeigt sich, dass Antragsteller und ihre Angehörigen einer individuellen Beratung oft sehr zugänglich sind, sie sind oft noch gar nicht hinreichend über Alternativen zur Berentung informiert.

Welche Empfehlungen zur beruflichen Rehabilitation sind sinnvoll?

Bei Rehabilitanden mit neurologischen Störungen sollte man zwischen den Rehabilitanden mit einer Hirnschädigung und denjenigen mit spinalen oder neuromuskulären Erkrankungen unterscheiden. Im Folgenden geht es um die erste Gruppe, also Personen, die einen Schlaganfall, eine traumatische oder eine andersartige Hirnschädigung erlitten haben. Da es sich um eine sehr heterogene Gruppe von Personen handelt, können die folgenden Empfehlungen nur eine Orientierung bieten. Aus fast allen Untersuchungen geht als Ergebnis hervor, dass die psychischen und sozialen Folgen einer Hirnschädigung die entscheidenden Determinanten für die berufliche Reintegration sind. Dazu gehören Einschränkungen im abstrakten Lernen und in der psychischen Energie, also eine erhöhte Ermüdbarkeit. Dadurch kommen Umschulungsmaßnahmen für diesen Personenkreis meist nicht in Frage. Wenn möglich, sollte bei der Suche nach einer neuen beruflichen Tätigkeit zunächst versucht werden, im Arbeitsumfeld der bisherigen Tätigkeit, am besten im früheren Betrieb, eine Beschäftigung zu finden. Wenn dies nicht möglich ist, sollte man an Tätigkeiten denken, die über ein praktisches Anlernen angeeignet werden können. Das Arbeitsklima, die Einstellung der Vorgesetzten und Kollegen haben einen entscheidenden Einfluss auf die Chancen der Rückkehr an einen Arbeitsplatz.

Konkrete Vorschläge zur beruflichen Reintegration werden vom Gutachter in der Regel nicht erwartet, er sollte und kann auf spezielle Angebote wie eine medizinisch-berufliche Rehabilitation Phase II oder Arbeits- und Belastungserprobungen mit ausführlichen Eignungstests verweisen.

▷ Kognitive Flexibilität
▷ Zeitmanagement
▷ Organisieren und Planen
▷ Sich Fertigkeiten aneignen
▷ Mehrfachaufgaben oder Einzelaufgaben übernehmen

Die ICF macht deutlich, wie viele Komponenten in dem Begriff der Umstellungsfähigkeit enthalten sind.

Besonders nach frontalen Hirnverletzungen sind Patienten in diesen Fähigkeiten erheblich eingeschränkt. Zu den erforderlichen Basisqualifikationen jeder Arbeitstätigkeit gehören u. a.:

▷ die Fähigkeit, Zeitstrukturen einzuhalten, z. B. Pünktlichkeit
▷ die Fähigkeit, Instruktionen zu verstehen und umzusetzen
▷ die Fähigkeit zur Kooperation mit Kollegen
▷ eine basale soziale Kompetenz
▷ ein Mindestmaß an Eigeninitiative
▷ eine Mindestfähigkeit zur Arbeitsorganisation
▷ ein Durchhaltevermögen

Wenn diese Fähigkeiten fehlen, wird der Proband grundsätzlich von jeder Tätigkeit des allgemeinen Arbeitsmarktes ausgeschlossen sein. Es gibt aber auch graduelle Einschränkungen der Umstellungsfähigkeit, die dann maßgeblich für eine fehlende Umstellungsfähigkeit auf eine nach dem Ausmaß der psychomentalen Belastungen definierte Tätigkeit in einem Arbeitsumfeld (Verweisungstätigkeiten) sind.

22.2 Zerebrovaskuläre Erkrankungen

Bei den zerebrovaskulären Erkrankungen handelt es sich um eine sehr heterogene Gruppe von Erkrankungen mit unterschiedlichen Funktionseinschränkungen. Tabelle 22.6 auf Seite 493 gibt eine Übersicht der häufigsten Formen. Die größte Gruppe sind die ischämischen Hirninfarkte. An zweiter Stelle stehen die intrazerebralen Blutungen.

22.2.1 Ischämische Hirninfarkte

Es gibt verschiedene Möglichkeiten, ischämische Hirninfarkte zu gliedern. Die aus England stammende Klassifikation hat den Vorteil, einfach zu sein und zumindest eine annähernde Schweregradeinteilung zu bieten. Es werden vier Formen von Hirninfarkten unterschieden [77].

1. *Lakunäre Infarkte:* Diese entstehen durch einen Verschluss einer kleinen Arteriole in den Basalganglien, dem subkortikalen Marklager, der inneren Kapsel oder der Pons. Da bei einzelnen Lakunen keine kognitiven Störungen vorhanden sind, ist die Leistungsfähigkeit im Erwerbsleben in der Regel nicht beeinträchtigt.

2. *Syndrome des hinteren Stromgebietes:* Die Funktionseinschränkungen sind unterschiedlich, bei Infarkten der A. cerebri posterior können neben einer Hemianopsie schwere kognitive Störungen auftreten. Die Leistungsfähigkeit im Erwerbsleben ist bei bleibenden kognitiven Störungen quantitativ deutlich reduziert, kann durch eine neurologische Rehabilitation jedoch verbessert werden. Die „Rehaprognose" ist bei isolierten Infarkten der Medulla oblongata günstiger als bei pontinen oder Posterior-Infarkten.

3. *Komplette anteriore Syndrome:* Es handelt sich um ausgedehnte, fast die gesamte Hemisphäre einschließende Infarkte. Diese Patienten sind in der Regel in ihrem zeitlichen Leistungsvermögen für Tätigkeiten des allgemeinen Arbeitsmarktes deutlich beeinträchtigt, meist ist dieses auf unter dreistündig reduziert.

4. *Partielle anteriore Syndrome:* Dies ist die größte Gruppe ischämischer Hirninfarkte. Sie werden auch als Mediainfarkte oder Grenzzonen-Infarkte nach anderen Klassifikationen beschrieben. Die klinische Symptomatik ist variabel, das Leistungsvermögen im Erwerbsleben ist meist auch nach einer Rehabilitation in qualitativer und/oder quantitativer Hinsicht reduziert.

Selbst die Patienten, die in den basalen Aktivitäten des täglichen Lebens (ADL) wieder völlig selbständig sind (BARTHEL-Summenwert 100) berichten von einer deutlich verminderten Lebensqualität im Vergleich zu nicht-betroffenen Gleichaltrigen; vgl. Tabelle 22.7 auf Seite 493. Die subjektive Lebensqualität und die Leistungsfähigkeit stehen in einem Zusammenhang. Personen, die nicht mit dem Schlaganfall „ihren Frieden geschlossen haben", trauen sich auch beruflich wenig zu. Die Akzeptanz der durch die Erkrankung veränderten Situation ist eine Voraussetzung, sich auf das Leben draußen wieder einlassen zu können.

Hinsichtlich der beruflichen Prognose liegen für Deutschland kaum verlässliche Untersuchungen vor. Die internationalen Daten für die Rückkehr in den Beruf liegen zwischen 11 % und 73 % [83]. Für Deutschland dürfte die Quote der Rückkehr in das Arbeitsleben bei den unter 45jährigen Personen bei etwa 50 % liegen. Es gibt auch zahlreiche Beispiele einer erfolgreichen beruflichen Tätigkeit trotz verbliebener ausgeprägter Hemiparese. So das Beispiel eines 45jährigen Verwaltungsangestellten mit einer ausgedehnten Putamen-Blutung rechts und einer initial kompletten Hemiparese links. Der Versicherte ist vor kurzem, sieben Jahre nach dem Schlaganfall, zum Prokuristen einer großen Reinigungsfirma ernannt worden. Seine berufliche Stärke ist seine Erfahrung im Umgang mit Lieferanten und Mitarbeitern.

Die sozialmedizinische Beurteilung der Leistungsfähigkeit nach einem Schlaganfall muss individuell erfolgen, es gibt nicht den Indikator der beruflichen Prognose. Bei jedem Probanden sollte eine Arbeitsplatzanpassung erwogen werden. Es gibt zahlreiche ergonomische Anpassungen oder technische Lösungen für Patienten nach einem Schlaganfall. Eine auch international zugängliche Informationsquelle für solche Lösungen stellt das US-Arbeitsministerium in einem Job Accomodation Network (http://www.jan.wvu.edu) zur Verfügung.

Welche Faktoren haben auf die Leistungsfähigkeit nach einem Schlaganfall einen Einfluss [66]?

Es gibt Hinweise, dass Personen, die einen Schlaganfall erlitten haben, mit zunehmendem Alter rascher an Leistungsfähigkeit abnehmen als Gesunde.

Art und Ausmaß des Schlaganfalls

Bis auf die sehr ausgedehnten Schlaganfälle, gibt es keine Korrelation zwischen Art, Größe und Lokalisation eines Schlaganfalls und der Leistungsfähigkeit im Erwerbsleben.

Medizinische Komplikationen

Etwa 5 % der Schlaganfallpatienten haben einen zerebralen Krampfanfall in den ersten beiden Wochen nach einem Schlaganfall. Das Risiko eines epileptischen Anfalls beträgt im ersten Jahr 5 % und danach jährlich etwa 1–2 %. Je größer der Schlaganfall, desto höher das Risiko. Die Leistungsbeurteilung richtet sich nach der Häufigkeit und der Form der zerebralen Krampfanfälle.

Die neurovisuellen Störungen wie Doppelbilder, Gesichtsfeldeinschränkungen und visueller Neglect haben einen wesentlichen Einfluss auf das Leistungsvermögen im Erwerbsleben, meist ergeben sich qualitative Leistungseinschränkungen. In spezialisierten Rehabilitationseinrichtungen stehen neurovisuelle Therapien für diese Probanden zur Verfügung. Selbst Gesichtsfeldausfälle lassen sich so weit kompensieren, dass in Einzelfällen eine Fahrtauglichkeit wieder gegeben ist.

Sensomotorische Störungen

Die Gehfähigkeit ist eine entscheidende Voraussetzung für die Rückkehr an den Arbeitsplatz. Zu beurteilen ist die Fähigkeit, mehrfach am Tag 500 m, auch mit einer Gehstütze, zurückzulegen. Die äußerlich sichtbaren motorischen Einschränkungen bereiten gutachterlich weniger Schwierigkeiten als die subtilen Veränderungen: die motorische Ermüdbarkeit, die leichte Ungeschicklichkeit, die Gleichgewichtsstörungen bei erhöhten Anforderungen. Eine Reihe dieser Einschränkungen entzieht sich bisher der Objektivierbarkeit, da wir auch keine Daten aus der Zeit vor dem Schlaganfall zum Vergleich heranziehen können.

Kognitive Einschränkungen

Es soll hier nicht auf die kognitiven Symptome im einzelnen eingegangen werden. Das Vorliegen eines der klassischen kortikalen Symptome wie Apraxie, multimodaler Neglect bedeutet gutachterlich, dass die Teilnahme am Arbeitsleben in der Regel nicht mehr möglich ist. Auch erhebliche Einschränkungen in einer der verschiedenen Unterfunktionen von Gedächtnis oder Aufmerksamkeit sind in der Regel mit einer Einschränkung des zeitlichen Leistungsvermögens für Tätigkeiten des allgemeinen Arbeitsmarktes verbunden. Aber auch hier gibt es Ausnahmen: Personen mit guten metakognitiven Fähigkeiten erkennen ihre Schwächen und können diese kompensieren. Selbst aphasische Störungen können kompensiert werden, wenn die Umgebung den Betroffenen unterstützt. Das Modell der ICF, die Funktionen nicht isoliert von dem Kontext zu sehen, lässt sich also auch hier anwenden.

Sprach- und Sprechstörungen

Es gibt nur wenige Studien zur beruflichen Wiedereingliederung von Personen mit einer Aphasie, nur 15–25 % nehmen wieder die Arbeit auf [35]. Bemerkenswert daran ist, dass in nur einer von fünf relevanten Untersuchungen, ein Zusammenhang zwischen der Schwere der sprachlichen Einschränkungen und der beruflichen Prognose gefunden wurde. Personen mit einer Aphasie selbst schätzen die Sprachstörung als ein größeres Hindernis ein als die Arbeitgeber [28]. Wie sich Sprach- und Sprechstörungen in Aktivitäten und der Teilhabe äußern, zeigt Tabelle 22.8 auf der nächsten Seite.

Obwohl nicht auf einer kontrollierten Studie basierend, zeigt HINCKLEY [35], dass durch eine Intensivierung der Sprachtherapie und Fokussierung auf kommunikative Kompetenz die berufliche Eingliederungsrate mehr als verdoppelt werden kann. Verbleiben auch nach einer kompetenten Rehabilitation gravierende Einschränkungen, sind schwerwiegende qualitative, aber meist auch quantitative Einschränkungen der Leistungsfähigkeit im Erwerbsleben anzunehmen.

22.2 Zerebrovaskuläre Erkrankungen

Zerebrovaskuläre Erkrankung	Häufigste Ätiologie	Inzidenz/100.000/Jahr	
Ischämischer Hirninfarkt mit transitorisch ischämischer Attacke	Atherothrombose, arteriell und kardial embolisch	Altersgruppe 0–44: 45–54: 55–64: (KOLOMINSKY-RABAS et al. [40])	16 105 508
Intrazerebrale Blutung	Hypertonie, Gefäßmalformation	Etwa 17	

Tab. 22.6: Formen und Häufigkeit einiger zerebrovaskulärer Erkrankungen

Indikatoren	Schlaganfall-patienten (n = 136)	Kontroll-personen (n = 358)
BARTHEL-Index (0–100)	96,9	99,6
Reintegration in die Gemeinde (Reintegration to Normal Living) 22–0, d. h. bester Wert 0.	2,5	0,8
Lebensqualität (EuroQuol und SF-36)		
Angst und Depressivität gaben an	26 %	10 %
Mittelwert für Vitalität (0–100)	53	64

Nach MAYO, 1998 [52]. Diese Zahlen zeigen die schon an anderer Stelle betonte Begrenztheit eines rein motorischen Instruments, wie des BARTHEL-Index, um die Probleme von Schlaganfallpatienten zu beschreiben und damit auch die Rehabilitationsverläufe abzubilden: 100 BARTHEL-Punkte bedeuten nicht das Ende des Rehabilitationsbedarfs.

Tab. 22.7: Lebensqualität bei Personen mit einem Schlaganfall, die in den basalen Aktivitäten des täglichen Lebens völlig selbständig sind (BARTHEL-Index).

Schaden	Aktivitätseinschränkung	Einschränkung der Teilhabe
Einschränkung des Sprachverständnisses	Schwierigkeiten, Gesprächen zu folgen, Dialogen im Fernsehen zu folgen	Rückzug von sozialen Kontakten
Einschränkungen in Anwendung der Syntax	Schwierigkeiten im Verstehen schriftlicher Mitteilungen	Erledigung finanzieller Angelegenheiten durch andere Familienmitglieder
Artikulationsprobleme	Telefonieren, kleine Reden halten	Soziale Kontakte erschwert. Vereinsvorsitz abgeben.

Modifiziert nach ROGERS et al. 1999

Tab. 22.8: Beispiele für Funktions- und Aktivitätseinschränkungen bei Patienten mit einer Aphasie oder Dysarthrie

Ermüdbarkeit

Nicht nur der Nobelpreisträger MEDAWAR [54] beklagte als Folge seines Schlaganfalls die Ermüdbarkeit als sein Hauptproblem, dieses kaum messbare Problem wird von einem Drittel der Schlaganfallpatienten geschildert [30]. Bei der Leistungsbeurteilung sollte man dies berücksichtigen, muss aber im wesentlichen, da es keine Möglichkeit zur Objektivierung gibt, auf subjektive Angaben der Probanden Bezug nehmen.

Grundsätzlich sollte man als Gutachter bei positiver Prognose eine stufenweise Wiedereingliederung in das Arbeitsleben empfehlen.

Emotionale Folgen des Schlaganfalls

Angst, Depressivität und emotionale Labilität sind häufige Folgen eines Schlaganfalls. Ein Vierteljahr nach dem Ereignis leiden etwa 20 % der Patienten daran. In der Entstehung lassen sich neurologische und psychologische Ursachen nicht auseinanderhalten. Die emotionale Labilität ist nicht mit pathologischem Weinen gleichzusetzen. Der Betroffene reagiert auf für ihn symbolische Zeichen, sei es ein Wort, ein Bild, mit einem starken Drang zu weinen. Für die Begutachtung ist zu beachten, dass eine verlässliche Diagnostik der kognitiven Fähigkeiten in der Phase der Depressivität nicht sinnvoll ist.

Die Leistungsfähigkeit im Erwerbsleben richtet sich nach der Ausprägung der psychopathologischen Auffälligkeiten.

Autofahren und Fliegen nach einem Schlaganfall

Für viele Menschen ist das Auto ein Teil des Selbst. Daher wird die Frage nach dem Führerschein regelmäßig gestellt. Die Richtlinien für die Fahrtauglichkeit [23] legen fest, dass nur bei nachgewiesener Eignung und bei vertretbar geringem Rezidivrisiko das Fahren wieder erlaubt werden kann. Bei Berufskraftfahrern ist die Fahreignung dauerhaft zu verneinen. Ob Schlaganfallpatienten tatsächlich ein höheres Unfallrisiko haben, ist mangels entsprechender Daten unklar. Die Prüfung der Fahrtauglichkeit sollte durch ein Team aus Neurologen und Neuropsychologen zusammen mit einem Fahrlehrer erfolgen und neben Testverfahren eine praktische Fahrprobe einschließen. Gegen das Fliegen bestehen bei den Personen, die ins Arbeitsleben zurückkehren, in der Regel keine Bedenken.

22.2.2 Subarachnoidalblutung und intrazerebrale Blutung

Die Ursache von etwa 90 % aller Subarachnoidalblutungen (SAB) ist die Ruptur eines intrakraniellen Aneurysmas. Die initiale Schwere einer Subarachnoidalblutung wird meist mit der Gradierung von HUNT und HESS eingestuft [48].

Die wichtigsten Komplikationen sind vasospastische Hirninfarkte und ein Hydrocephalus communicans. Die Prognose ist von der initialen Schwere der SAB und den Komplikationen abhängig. Eine Studie aus den Niederlanden zeigt, dass auch Patienten mit einem medizinisch guten Ergebnis in erheblichem Ausmaß Schwierigkeiten haben, im Berufsleben zu verbleiben und familiäre Schwierigkeiten haben [37]. Patienten, bei denen sich angiographisch keine Blutungsquelle nachweisen ließ, zeigen ein hohes Maß von emotionaler Belastung, oft höher als bei denjenigen, bei denen ein Aneurysma nachgewiesen und operiert wurde.

Die sozialmedizinische Begutachtung erfolgt individuell, wobei die Kriterien ähnlich denjenigen sind, wie sie bei den Personen mit einem Hirninfarkt zu beachten sind.

Die sozialmedizinische Beurteilung nach intrazerebralen Blutungen hängt von den nach Akutbehandlung und evtl. Rehabilitation verbleibenden Funktionseinschränkungen ab. Die globale Prognose hinsichtlich der Funktionsfähigkeit korreliert mit dem Volumen der Blutung: Personen mit einem Blutvolumen von 30–60 ml erreichen nur zu einem kleinen Anteil wieder eine Selbständigkeit in basalen Alltagsaktivitäten [10].

Insgesamt günstiger ist die Prognose bei den Probanden, bei denen eine Gefäßmissbildung die Ursache einer Hirnblutung ist.

GCS-Gesamtscore	Schwere des SHT	Dauer der PTA	Schwere des SHT
15 kein Bewusstseinsverlust, keine Amnesie	Sehr leicht	< 5 Minuten	Sehr leicht
14 oder 15 plus Bewusstseinsverlust < 5 min oder Beeinträchtigung von Wachheit oder Gedächtnis	Leicht	5–60 Minuten	Leicht
9–13 oder Bewusstseinsverlust > 5 min oder fokale neurologische Zeichen	Mittelschwer	1–24 Stunden	Mittelschwer
5–6	Schwer	> 1–7 Tage	Schwer
3–4	Kritisch	> 1–4 Wochen	Sehr schwer
		> 4 Wochen	Äußerst schwer

Man sieht, dass die beiden Graduierungen nicht genau kongruent sind. Die Einteilung nach Dauer der PTA sollte dann verwendet werden, wenn keine Angaben zu GCS vorliegen.

Tab. 22.9: Glasgow-Coma-Scale (GCS) und Dauer der posttraumatischen Amnesie (PTA) zur Klassifikation der Schweregrade von Schädel-Hirn-Traumas (SHT)

22.3 Schädel-Hirn-Trauma

Es gibt sehr viele Gemeinsamkeiten, was die Folgen einer traumatischen oder vaskulären Hirnschädigung bei jüngeren Personen angeht. Daher werden hier nur die Aspekte dargestellt, die bei den traumatischen Schäden von besonderer Wichtigkeit für die Begutachtung sind. Der wesentliche neurologische Unterschied besteht darin, dass die meisten Traumen multilokulär und diffus das Gehirn schädigen.

Es ist zu beachten, dass zwischen dem Ausmaß der traumatischen Hirnschädigung und dem späteren Leistungsvermögen keine enge Korrelation besteht.

Die Frage nach der initialen Schwere eines Hirntraumas ist auch mit den bildgebenden Verfahren nicht einfach zu beantworten, da einer der wichtigsten pathophysiologischen Mechanismen die diffuse axonale Schädigung ist, die sich im mikroskopischen Bereich abspielt und nicht so ins Auge fällt wie eine Blutung. Ein Ersatzmaß für die Beurteilung der Schwere einer Hirnschädigung ist die Tiefe des Komas in der Akutphase, dokumentiert in der Glasgow-Coma-Scale (GCS).

Als Alternative kann man die Dauer der posttraumatischen Amnesie heranziehen. Damit ist die Zeitspanne bis zum Wiederbeginn einer lückenlosen Erinnerung („da setzt der Film wieder ein") gemeint. Die Dauer der PTA ist ein verlässlicher Indikator des Schweregrades eines Hirntraumas; vgl. die Tabelle 22.9.

Leider gibt es keine sonstige allgemein akzeptierte Klassifikation des Schweregrades von Hirntraumen, und die ICD-10 bietet auch keine brauchbare Lösung.

Ein besonderes gutachterliches Problem stellt die Beurteilung des Leistungsvermögens im Erwerbsleben nach einer Definition des leichten SHT dar. Die Commotio cerebri wird in den Lehrbüchern so definiert [15]: Es bestehe „eine akute, voll reversible Hirnfunktionsstörung ohne nachweisbare morphologische Veränderungen" (S. 246) mit einer Bewusstseinsstörung von wenigen Minuten bis maximal 1 Stunde und einer posttraumatischen Amnesie für diesen Zeitraum. Neurologische Herdsymptome fehlen. Als postcommotionelle Beschwerden werden „Kopfschmerzen, Schwindel, Kreislauflabilität und auch Reizbarkeit und Konzentrationsschwäche" genannt, die auf „zentral-vegetative Regulationsstörungen" zurückzuführen seien. Man erkennt den Widerspruch zwischen der Annahme, dass keinerlei bleibende Hirnfunktionsstörungen bestünden und der Beschreibung des postcommotionellen Syndroms. Tatsächlich gibt es zunehmend Hinweise, dass selbst bei leichten Traumen strukturelle und funktionelle neurale Schädigungen auftreten können. Diese mikrostrukturellen Läsionen entziehen sich den klinischen Bildgebungsverfahren.

Gutachterlich ist daher Vorsicht geboten, persistierende Beschwerden nach einem leichten Schädel-Hirn-Trauma als psychogen zu bewerten. Die Beurteilung des Leistungsvermögens richtet sich nach dem Ausmaß von psychomentalen, insbesondere kognitiven Einschränkungen. Neuropsychologische Tests können hier zur Beurteilung erforderlich sein.

22.3.1 Leistungsvermögen nach SHT

Das Leistungsvermögen eines Probanden mit einer Hirnverletzung wird mehr durch die kognitiven, emotionalen und sozialen Funktionen und Aktivitäten bestimmt als durch die motorischen. Der typische junge hirnverletzte Proband ist im ersten Kontakt unauffällig, in der Untersuchungssituation verhält er sich freundlich und adäquat. Anders ist sein Verhalten im Alltag, wenn er auf eine ungewohnte Situation stößt oder wenn soziales Fingerspitzengefühl erforderlich ist. Dann kann es zu unüberlegtem oder emotional impulsivem Verhalten kommen, bildlich gesprochen bringt schon eine kleine Unebenheit das Fahrzeug zum Schleudern. Man nennt diese Schwierigkeiten Störungen der exekutiven Funktionen. Sie lassen sich in der Gutachtensituation schwer erfassen.

Üblicherweise findet man z. B. in den Abschlussberichten von Rehabilitationskliniken im neuropsychologischen Befund eine Auflistung von Testergebnissen einzelner kognitiver Funktionen wie Gedächtnis, Aufmerksamkeit usw. Man findet auch in Rechtsstreiten vorgetragen, die Beschreibung eines Verhaltens sei nicht nachvollziehbar, da entsprechende testpsychologische Belege fehlten. Ein typisches Missverständnis dabei ist die Vorstellung, bei mentalen Funktionen handele es sich um quasi-materielle Objekte, die man wie das Bewegungsausmaß eines Gelenkes vermessen könne. Dabei wird übersehen, dass es sich um hypothetische Konstrukte handelt, die oft in anderem Zusammenhang, z. B. für die Eignungsdiagnostik gesunder Personen, entwickelt wurden.

Zu der besonderen Problematik der neuropsychologischen Testung hirnverletzter Personen schrieb die Autorin des Standardwerkes auf diesem Gebiet [44]: „Für viele hirnverletzte Patienten geben die Testwerte wenig Informationen über das Funktionieren des Patienten. Das Fleisch am Knochen erkennt man oft daran, wie ein Patient ein Problem löst oder an eine Aufgabe herangeht. Einige Untersucher setzen einen Testwert mit dem Verhalten gleich, von dem angenommen wird, das es durch den Test repräsentiert werde. ... Ein auf die Testwerte gerichtetes Herangehen an ein psychologisches Assessment minimiert die Bedeutung qualitativer Daten und kann zu schwerwiegenden Verzerrungen in der Interpretation, in den Schlussfolgerungen und Empfehlungen führen" (S. 148, Übersetzung PF).

In vielen Gutachten kommen die Beobachtung im Alltag und die qualitative Beschreibung des Verhaltens und Aufgabenlösens hirnverletzter Personen zu kurz, und es lässt sich eine Neigung feststellen, die Termini der neuropsychologischen Befunde so weit von der Umgangssprache entfernt anzusiedeln, dass erst recht unklar bleibt, wie sich ein Befund in den Alltag übersetzen lässt. Dies wiederum soll kein Verdikt über die testpsychologische Untersuchung sein, sondern nur die jetzige Gewichtung zwischen Beobachtung und Messung, zwischen Labor und Alltag kritisch beleuchten. Es gibt allerdings eine Weiterentwicklung in den neuropsychologischen Tests, mit der man versucht, die Kluft zum täglichen Leben zu verringern. Das Kennzeichen dieser Verfahren ist, dass sie für den Patienten einen Alltagsbezug erkennen lassen (face validity), und dass sie Alltagsfähigkeiten prognostizieren können (ökologische Validität) [62]. Ähnlich wie wir bei der Fahreignung aufgrund der Testbefunde keine hinreichende Aussage treffen können, sondern auf das Ergebnis der Fahrprobe angewiesen sind, gilt für die Beurteilung der Leistungsfähigkeit im Erwerbsleben, dass häufig erst eine Belastungs- oder Arbeitserprobung Aufschluss über das tatsächliche Leistungsvermögen geben.

Wie kann man das Spektrum an Veränderungen, das Personen nach einer Hirnverletzung betrifft, in einen begrifflichen Rahmen bringen? Es wurde schon darauf hingewiesen, dass Begriffe, wie hirnorganisches Psychosyndrom oder Frontalhirnsyndrom nicht geeignet sind, weil sie Etiketten von Paketen mit sehr unterschiedlichen Inhalten sind. Nach einem neuen Vorschlag sollte man die Verhaltensänderungen im Alltag als „neurobehavioral disabilities", als verhaltensneurologische Beeinträchtigungen von Aktivitäten bezeichnen:

„Es umfasst Elemente dysexekutiver Funktionen, Defizite in der Aufmerksamkeit, verminderte Einsicht, unzureichendes soziales Urteil, labile Stimmung, Schwierigkeiten der Impuls-Kontrolle und eine Reihe von Persönlichkeitsveränderungen, die, wenn mit spezifischen kognitiven Problemen und prämorbiden Persönlichkeitscharakteristika kombiniert, zu einem ernsten *sozialen Handicap* führen können und durch die die Fähigkeit einer Person zu unabhängigem sozialen Verhalten unterminiert wird" ([62], S. 4, Übersetzung PF).

22.3.2 Verhaltensneurologische Beeinträchtigungen

Bei der Leistungsbeurteilung nach einer Hirnverletzung sind folgende Einschränkungen zu berücksichtigen und gegebenenfalls zu beschreiben:

Adynamie des Verhaltens

Dazu gehören verminderte Willenskraft, geringe psychische Energie, leichte Ermüdbarkeit, eine schwache Motivation und ein geringes Durchhaltevermögen. Diese Passivität zeigt sich im Alltag dadurch, dass sich die Betroffenen nicht aufraffen, Dinge zu erledigen, dass sie von sich aus keine Interessen entwickeln, darauf warten, dass sie von außen Anstöße erhalten. Sie können nicht mehr wollen. Adynamie ist nicht mit Depressivität gleichzusetzen. Auch sind die Antriebsstörungen bei depressiven Störungen viel stärker affektiv gefärbt als die Adynamie nach einer frontalen Hirnschädigung, die eher durch eine Gleichgültigkeit und das Gefühl, nicht verantwortlich zu sein, gekennzeichnet ist. Das Vorhandensein dieser Störungen vermindert in der Regel das zeitliche Leistungsvermögen für Tätigkeiten des allgemeinen Arbeitsmarktes gravierend.

Verminderte Verhaltenskontrolle, disinhibitorische Verhaltensmuster

Dazu gehören Impulsivität, Neigung zu vorschnellem Handeln, gesteigerte Kauflust, aggressive Durchbrüche, Reizbarkeit. In der Familie zeigt sich oft eine vermehrte Reizbarkeit, die Schwelle zum Ärger ist deutlich erniedrigt. Bei Jugendlichen findet man nicht selten eine Tendenz zu körperlicher Aggressivität. Solche aggressiven Durchbrüche können in so plötzlicher Form auftreten, dass sie in die Nähe von epileptischen Anfällen gerückt wurden.

Verminderte soziale Fähigkeiten

Die zahlreichen verbalen und nichtverbalen Signale in sozialer Interaktion werden unzureichend beachtet. Während ein Kind, das neu auf einen Spielplatz kommt, sich erstmals an den Rand setzt und die Akteure beobachtet, platzen Personen mit einer Hirnverletzung leicht in soziale Situationen hinein, deren Spiel sie noch nicht kennen. Ein weiteres Merkmal ist ein Defizit an Empathie, sie haben Schwierigkeiten, sich in die Gefühle eines Partners einzufühlen. Die Probleme in der sozialen Kompetenz gehören zu den wesentlichen Hindernissen bei der Rückkehr ins Arbeitsleben. Die ritualisierte Gutachtensituation lässt solche sozialen Verhaltensprobleme meist gar nicht in Erscheinung treten, es sei denn, es handele sich um eine massive Störung. Es gibt keine Testverfahren, um soziales Verhalten zu prognostizieren. Daher ist man auf Fremdbeobachtungen oder Belastungserprobungen angewiesen.

Ergeben sich Hinweise auf erheblich verminderte soziale Fähigkeiten bei einem Probanden, besteht eine Einschränkung des qualitativen Leistungsvermögens, die so schwerwiegend ist, dass sie die Aufnahme einer Tätigkeit des allgemeinen Arbeitsmarktes in der Regel unmöglich macht.

Veränderungen in den Problemlösefähigkeiten

Für die Leistungsbeurteilung haben die Einschränkungen der exekutiven Funktionen folgende Bedeutung:

▷ Die Umstellungsfähigkeit von einer Tätigkeit auf eine andere ist erschwert

▷ Die Fähigkeit, zwei Aufgaben parallel zu erledigen, ist eingeschränkt.

▷ Die Fähigkeit, ohne Instruktionen Probleme zu lösen, ist eingeschränkt. Die Leistung kann aber dann erbracht werden, wenn die Aufgabenschritte klar vorgegeben sind.

▷ Tätigkeiten unter besonderem Zeitdruck oder stark wechselndem Arbeitsdruck sind ungünstig.

Eine Eingliederung ins Erwerbsleben wird häufig nur nach einer längeren Berufsförderungsmaßnahme möglich sein. Bestehen deutliche Einschränkungen der oben beschriebenen Fähigkeiten auch nach adäquater Rehabilitation, ist die Leistungsfähigkeit im Erwerbsleben in zeitlicher Hinsicht auf 3 bis unter 6 Stunden, bei gravierenden Einschränkungen auf unter 3 Stunden reduziert.

Einschränkungen der Kommunikation

Ein typisches Kennzeichen der frontalen Hirnschädigung ist eine Störung der kommunikativen Fähigkeiten, die man als pragmatische Störungen bezeichnet. Das Sprachsystem selbst mit Lexikon und Syntax ist intakt, aber die sprachliche Interaktion ist beeinträchtigt. Häufig in Form der Tangentialität, also dem vagen Antworten oder dem Vorbeireden. Diese hirnverletzten Personen haben Schwierigkeiten, das Gespräch für die verschiedenen Themen vernünftig aufzuteilen. Weiterhin haben sie mit solchen Fragen Schwierigkeiten, bei denen es keine richtige oder falsche Antwort gibt, und sie berücksichtigen nicht genug, dass man bei offenen Problemen Lösungen aushandeln kann. In der Leistungsbeurteilung überschneiden sich die exekutiven und kommunikativen Einschränkungen.

Die Leistungsbeurteilung erfolgt bei diesen Probanden unter Berücksichtigung der nach adäquater Rehabilitation und evtl. berufsfördernden Leistungen verbliebenen neurologischen Symptome und der damit verbundenen Funktionseinschränkungen.

Die Möglichkeit einer Umschulung sollte kritisch erwogen werden: die abstrakte Lernfähigkeit ist keine Stärke der meisten Personen mit einem SHT.

22.4 Multiple Sklerose

Die internationalen Kriterien für die Diagnose einer Multiplen Sklerose (MS) sind im Jahr 2000 festgelegt worden [53].

Bei etwa 85 % der Betroffenen ist der Verlauf schubförmig, nur bei der Hälfte kommt es innerhalb von 10 Jahren zu einem sekundär progressiven Verlauf. Bei 10 % kommt es von Beginn an zu einem fortschreitenden Nachlassen neurologischer Funktionen, bei weiteren 5 % mit zusätzlichen Schüben. Man sollte sehr vorsichtig sein, für den Einzelfall eine Prognose zu stellen, da selbst komplizierte mathematische Modelle das nicht leisten können.

Die Funktionsstörungen nach einem ersten MS-Schub bilden sich bei 85 % der Personen völlig zurück. Die spätere mittlere Frequenz von Schüben beträgt 0,4 bis 1 pro Jahr. Etwa die Hälfte von Personen mit einer MS kann auch zehn Jahre nach Beginn der Erkrankung noch selbständig gehen, nach 15 Jahren sind es etwa 10 % weniger [13]. Die immunmodulatorischen Therapien haben die Prognose, auch hinsichtlich der Leistungsfähigkeit im Erwerbsleben, deutlich verbessert.

Die am häufigsten verwendeten Skalen zur Einstufung von Funktionsstörungen und Einschränkungen der Aktivitäten sind die Disability Status Scale (DSS) und die Expanded Disability Status Scale (EDSS), die nach dem Autor auch als KURZTKE-Skalen bezeichnet werden (wiedergeben in [48]). Die DSS ist achtstufig gradiert, dabei bedeutet 0 keine und 8 maximale Beeinträchtigung. Es ist zu beachten, dass sich die Werte nicht direkt in die Leistungsbeurteilung übertragen lassen. Außerdem fehlen in der EDSS wichtige Beeinträchtigungen. Die individuelle Leistungsbeurteilung lässt sich nicht durch eine dieser Skalen ersetzen.

22.4.1 Beeinträchtigungen von Funktionen und Aktivitäten

Ermüdbarkeit

Eines der größten Probleme von Personen im Arbeitsleben ist die erhöhte Ermüdbarkeit, die von fast 90 % der Erkrankten berichtet wird, und die für 30 %

das Hauptproblem darstellt [84]. Depressive Symptome und Ermüdbarkeit können sich überlappen. Hinzu kommt, dass etwa 25 % der Personen mit MS über Schlafstörungen berichten. Neben den pharmakologischen gibt es neue verhaltensmedizinische Ansätze. MATHIOWETZ et al. [50] berichten über einen erfolgreichen Kurs für Patienten zur Ökonomisierung der psychischen Energie.

Neuropsychologische Funktionsstörungen

An erster Stelle unter den psychologischen Funktions- und Aktivitätseinschränkungen bei der MS ist die Depressivität zu nennen. Die Prävalenz liegt um die 50 %. Dabei besteht keine enge Beziehung zwischen den körperlichen und psychischen Einschränkungen. Determinanten der Depressivität [58] sind u. a.:

▷ die Unsicherheit hinsichtlich des weiteren Krankheitsverlaufes („Progressions-Angst")

▷ das Erleben des Verlustes an Automie im Alltag

▷ Verminderung sozialer Kontakte

▷ Arbeitsunfähigkeit.

Die kognitiven Funktionsstörungen sind sehr variabel, die Ermüdbarkeit und eingeschränkte Mobilität werden häufiger als mehr belastend im Alltag empfunden als kognitive Störungen selbst. Die Häufigkeit kognitiver Funktionsstörungen liegt bei 40–60 % aller Personen mit MS. Dabei ist die strukturelle Intelligenz kaum betroffen, viel mehr die Bereiche Gedächtnis, Aufmerksamkeit und Geschwindigkeit der Informationsverarbeitung [9]. Im Rahmen von MS-Schüben können auch die neuropsychologischen Funktionen nachlassen und sich wie andere Funktionsstörungen wieder zurückbilden.

Motorische Funktionsstörungen

Motorische Funktionsstörungen treten in drei Hauptformen auf: als Paresen, als Spastik und als Ataxie. Zur Diagnostik und Therapie sei auf die Rehabilitationsliteratur verwiesen [56]. Am schwierigsten sind schwere ataktische Störungen zu lindern.

UTHOFF beschrieb erstmals das nach ihm benannte Phänomen einer Verschlechterung motorischer und visueller Symptome bei Temperaturerhöhung. Dies gilt nicht für alle MS-Kranken, aber bei denjenigen mit einem UTHOFF-Phänomen sollte der Arbeitsplatz im Sommer gekühlt werden können, manchmal genügen schon gekühlte Getränke [24].

Blasenentleerungsstörungen

Die Blasenentleerungsstörungen äußern sich für die Betroffenen meist als unwiderstehlicher häufiger Drang zur Blasenentleerung, obwohl die Füllung der Blase gering ist (Drang- oder Urge-Inkontinenz). Diese Personen planen Ausflüge oder Einkäufe so, dass sie sicher sind, eine Toilette in kurzer Zeit erreichen zu können. Als beschämend empfinden es viele, wenn die Entleerung nicht rechtzeitig erfolgen kann und es zu unwillkürlichem Urinabgang kommt. Urologisch handelt es sich meist um eine Hyperreflexie des Detrusors, auch verbunden mit einer unzureichenden Öffnung des Blasensphinkters, einer Detrusor-Sphinkter-Dyssynergie.

Allein der erhöhte Harndrang, auch wenn es nicht zur Inkontinenz kommt, wird von den Betroffenen als stigmatisierend empfunden.

Zur Beurteilung des Leistungsvermögens im Erwerbsleben von Probanden mit Kontinenzproblemen sei auf die Ausführungen in Kapitel 17 verwiesen.

Ergänzt sei, dass etwa 60 % der Personen mit einer MS über eine Veränderung ihrer Sexualität berichten, meist in Form eines Nachlassens der Libido.

Visuelle Funktionsstörungen

Bei der MS treten sowohl Funktionsstörungen des visuellen Systems, also des N. opticus und der kortikalen visuellen Areale auf, als auch Störungen der Augenmotilität aufgrund der Schädigung der okulomotorischen Systeme [24]. Hinsichtlich der Leistungsbeurteilung ist zu beachten, dass auch ohne eine klinisch manifeste Optikus-Neuritis etwa 40 % der Betroffenen Einschränkungen der visuellen Funktionen zeigten: Verminderte Farbwahrnehmung, vermindertes Kontrastsehen und Gesichtsfeldveränderungen. Die übliche Visusbestimmung ist manchmal unauffällig und nur in der Prüfung der Kontrastwahrnehmung tritt eine Funktionsstörung zutage. Störungen der Augenmotilität können subklinisch auftreten, sie können aber auch bei Nystagmus zu einer Oszillopsie, also Scheinbewegungen der Umgebung führen. Die Auswirkungen auf die Leistungsfähigkeit lassen sich nur im Einzelfall festlegen.

22.4.2 Beurteilung des Leistungsvermögens

Man schätzt, dass etwa doppelt soviele Personen mit einer MS nicht am Arbeitsleben teilnehmen als eine Vergleichsgruppe der Bevölkerung. Nur etwa 25 % aller MS-Kranken bleiben dauerhaft im Arbeitsleben. Die Funktionseinschränkungen sind vielfältig, sie können von einer verminderten Fähigkeit zum Kontrastsehen bis zu mangelnder Blasenkontrolle reichen. Häufig bestehen quantitative und qualitative Einschränkungen des Leistungsvermögens im Erwerbsleben.

Wichtig ist, die Diagnose „Multiple Sklerose" nicht mit einem erheblich eingeschränkten oder gar aufgehobenen Leistungsvermögen im Erwerbsleben gleichzusetzen.

22.5 Epilepsie

Obwohl epileptische Anfälle selten länger als einige Minuten dauern, reichen ihre Auswirkungen weit in das private und berufliche Leben der betroffenen Personen. Die ICF hat diesem flüchtigen Charakter der Funktionsstörungen bisher nicht Rechnung getragen. Dennoch eignet sich das Modell der ICF sehr gut, um die unterschiedlichen Aspekte der Epilepsie aufzugreifen. Für kaum eine andere neurologische Krankheit sind bisher so detaillierte Ausarbeitungen zu den Auswirkungen einer Epilepsie hinsichtlich der Teilnahme am Arbeitsleben erarbeitet worden [80].

22.5.1 Klassifikation der Epilepsien

Die diagnostische Klassifikation geht auf die Empfehlung der Internationalen Liga gegen Epilepsie zurück [68], siehe Tabelle 22.10. Die dichotome Klassifikation unterscheidet generalisierte Anfälle unter initialem

1	**Fokale Anfälle**
1.1	Einfach fokale Anfälle mit erhaltenem Bewusstsein
1.1.1	Mit motorischen Symptomen, z. B. JACKSON-Anfälle
1.1.2	Mit somatosensorischen Symptomen, z. B. Kribbeln, Geräuschen, Lichtblitzen
1.1.3	Mit autonomen Symptomen, z. B. Schwitzen, Erröten
1.1.4	Mit psychischen Symptomen, z. B. Sprachstörungen
1.2	Komplexe fokale Anfälle (psychomotorische Anfälle, Temporallappenanfälle)
1.3	Fokale Anfälle (Aura), die in einen generalisierten Anfall, z. B. Grand mal, übergehen
2	**Generalisierte Anfälle**
2.1	Absencen
2.2	Myoklonische Anfälle, Impulsiv-Petit-mal
2.3	Klonische oder tonische Anfälle
2.3.1	Tonisch-klonische Grand-mal-Anfälle

Tab. 22.10: Vereinfachte Klassifikation epileptischer Anfälle

Einbezug beider Hemisphären und die fokalen (partiellen) Anfälle. Für die sozialmedizinische Beurteilung ist die Schwere von Anfällen, also Kategorien der Funktionen und Aktivitäten in der ICF, von größerer Wichtigkeit als die Pathophysiologie.

Die Begriffe „zerebrales Anfallsleiden" oder „hirnorganische Anfälle" sollten aus dem Vokabular gestrichen werden. Der Begriff Epilepsie ist reserviert für Personen mit wiederholten epileptischen Anfällen, bezeichnet also eine chronische Erkrankung. Der Begriff der psychogenen Anfälle ist zugunsten des Terminus „dissoziative Anfälle" verlassen worden, da auch bei epileptischen Anfällen psychologische Auslösemechanismen vorliegen können.

22.5.2 Sozialmedizinische Beurteilung

Der Arbeitskreis zur Verbesserung der Eingliederungschancen von Personen mit Epilepsie hat 1999 eine Überarbeitung seiner sozialmedizinischen Empfehlungen vorgelegt. Diese sind vollständig vom Hauptverband der gewerblichen Berufsgenossenschaften übernommen worden [3]. Die Empfehlungen werden in einem Lehr-Video mit Anfallsbeispielen erläutert [1]

Für die Schweregrad-Klassifikation von Anfällen werden folgende Kriterien herangezogen. Voraussetzung ist eine genaue Anfallsbeschreibung der betroffenen Person, aber auch eines Zeugen (Selbst- und Fremdbeschreibung), die wie ein Polizeibericht ohne jeglichen Jargon mit minutiöser Detaildarstellung erfolgen sollte. Folgende Fragen sollte der Gutachter stellen:

1. Wird eine Aura (Vorgefühl) berichtet? Wie lange ist diese, wird sie effektiv und konsequent genutzt, um sich vor den Folgen eines Anfalles zu schützen?
2. Liegt eine Einschränkung der motorischen Kontrolle über Gliedmaßen vor?
3. Stürzt die Person?
4. Kommt es während oder nach einem Anfall im Rahmen einer Bewusstseinsstörung zu nicht-situationsangemessenen Verhaltensweisen?
5. Wie lange dauert es, bis die Person nach einem Anfall wieder voll funktionsfähig ist?
6. Gibt es eine feste tageszeitliche Bindung der Anfälle (z. B. nur im Schlaf oder in der ersten Stunde nach dem Aufwachen), so dass Anfälle nur außerhalb der Arbeits- und Wegezeiten auftreten?
7. Gibt es vorhersehbare und sicher vermeidbare Auslöser für Anfälle?

Durch Kombination der vier wichtigsten arbeitsmedizinischen Kategorien von Anfällen (Bewusstseinsstörung, Sturz, Störung der Willkürmotorik und unangemessene Handlungen) gelangt man zu fünf in ihrem Schweregrad zunehmenden Gefährdungskategorien, denen die Anfälle einer Person zugeordnet werden können.

Folgende Aspekte sind bei der Einschätzung des Leistungsvermögens im Erwerbsleben weiterhin zu beachten:

Häufigkeit der Anfälle

Die Anfallsfrequenz wird in vier Stufen gegliedert:

▷ Anfallsfrei
▷ Maximal 2 Anfälle/Jahr
▷ 3 bis 11 Anfälle/Jahr
▷ 12 und mehr Anfälle/Jahr.

Als anfallsfrei gelten Personen, die unter Medikation länger als zwei Jahre oder nach epilepsiechirurgischem Eingriff mehr als ein Jahr anfallsfrei sind, Personen, die länger als drei Jahre nur aus dem Schlaf heraus Anfälle hatten, und Personen, die (nur) noch Anfälle ohne Bewusstseinsstörung und ohne arbeitsmedizinisch relevante Symptome haben.

Stand der Therapie und Prognose

Bei der Beurteilung ist zu berücksichtigen, ob durch eine verbesserte Pharmakotherapie die Chancen der Anfallsfreiheit erhöht werden können oder ob ein epilepsiechirurgischer Eingriff in Frage kommt. Ist dies der Fall, sollten wesentliche Eignungsfragen erst entschieden werden, wenn der Erfolg der anstehenden Therapiemaßnahmen sicher abgeschätzt werden kann. Ein weiterer Aspekt, der bei der sozialmedizinischen Beurteilung eine Rolle spielt, ist die Fähigkeit zum Selbstmanagement des Betroffenen. Viele Personen mit einer Epilepsie sind in ein komplexes Gefüge von externen und internen Problemen verstrickt und bedürfen der Unterstützung bei der Aneignung von Problemlösestrategien. Es sollte also geklärt werden, ob nicht für diese Personen eine spezialisierte stationäre Rehabilitation geeignet wäre [70].

Prüfung, ob protektive Faktoren vorhanden sind

Wenn alle Anfälle eines Patienten durch eine Aura eingeleitet werden und er nachweislich in der Lage ist, auf die Aura zuverlässig und wirksam durch Schutzverhalten zu reagieren, kann die Einstufung in eine geringe Gefährdungskategorie (A oder B) erfolgen. Die Suche

---

1. Das Video ist erhältlich bei Rupprecht Thorbecke, MA. Epilepsiezentrum Bethel Abt. Rehabilitation, Maraweg 21–25, 33167 Bielefeld.

nach den Anfallsauslösern schließt mögliche protektive Handlungen ein.

Schichtarbeit

Verschiebungen des Schlaf-Wach-Rhythmus können bei vielen Epilepsieformen Anfälle begünstigen. Daher ist von Nachtschichten abzuraten, es sei denn, im Einzelfall haben die bisherigen Erfahrungen gezeigt, dass ein Schlafdefizit nicht zur Anfallsprovokation führt.

Quantitative Leistungsfähigkeit

Personen mit einer Epilepsie haben prinzipiell ein normales zeitliches Leistungsvermögen. Ausnahmen sind diejenigen, die aufgrund der antiepileptischen Medikation oder durch andere Ursachen verstärkt ermüdbar sind.

Berufliche Möglichkeiten

Für eine Reihe von Berufen liegen Ausarbeitungen des o. g. Arbeitskreises vor. Bei den Berufen, für die keine Entscheidungspfade ausgearbeitet sind, gilt es gleichermaßen vorzugehen. Man muss sich fragen, welche Gefährdung vom Anfall ausgeht (Gefährdungskategorien) und welche Risiken die Umgebung enthält. Es ist zu empfehlen, sich eine detaillierte Tätigkeits- und Arbeitsplatzbeschreibung zu verschaffen. Pauschale Aussagen („Darf nicht an offenen Maschinen arbeiten.") sind wertlos. Auch wird die Bildschirmarbeit immer noch als generelles Risiko dargestellt.

Manchmal sind nur bestimmte Tätigkeiten aus einem Tätigkeitsspektrum risikobehaftet. Diese sollte der Gutachter benennen. Fundierte Empfehlungen können die Spezialeinrichtungen zur Epilepsierehabilitation geben.

Prognose bei einem ersten Anfall und bei Anfallsfreiheit

Etwa 6 % der Bevölkerung erleben einmal im Leben einen nicht-febrilen epileptischen Anfall. Die Rezidivrate nach einem ersten Anfall liegt bei 20 bis 70 % [22]. Die meisten Rezividive treten innerhalb der ersten sechs Monate auf. Nach einem zweiten Anfall liegt das Risiko über 90 %, einen dritten Anfall zu erleiden. Das Ziel der Epilepsie-Therapie ist die Anfallsfreiheit. Durch eine antiepileptische Medikation werden 70 bis 80 % der Personen mit neu diagnostizierten Anfällen langanhaltend anfallsfrei. Etwa 30 % aller Personen unter antiepileptischer Medikation wechseln wegen Nebenwirkungen die Medikation.

Für die Leistungsbeurteilung sind diese Nebenwirkungen von Bedeutung, da sie kognitive Funktionen einschränken und zu erhöhter Ermüdbarkeit führen können.

Leider ist mit der Anfallsfreiheit nicht immer eine Befreiung von Funktions- und Aktivitätseinschränkungen verbunden.

22.5.3 Rehabilitation bei Epilepsie

Die drei Hauptziele der Rehabilitation von Personen mit einer Epilepsie sind:

▷ Stärkung des Selbstmanagements einschließlich der Kontrolle über Anfälle
▷ Verbesserung der sozialen und beruflichen Teilhabe
▷ Verbesserung der subjektiven Lebensqualität.

In einer wegweisenden Arbeit hat WOLF [79] gezeigt, dass allein durch eine konsequente Veränderung der Lebensweise bei 8 von 16 Patienten mit generalisierten tonisch-klonischen Anfällen es zu einer Anfallsfreiheit kam. Sensorische Schutzmaßnahmen bei Reflexepilepsien und Anfallsunterbrechung sind weitere effektive Selbstkontrolltechniken. Das Konzept der Vermittlung von Selbstmanagement wurde für einen weiten Teilnehmerkreis in einem psycho-edukativen Programm mit dem Akronym MOSES (Modulares Schulungsprogramm Epilepsie) umgesetzt [63]. Es enthält neun Module, u. a. mit folgenden Inhalten: Informationen, emotionales Coping, Selbstkontrolle von Anfällen, Stigmatisierung.

Einige Personen mit komplexen Funktions- und Aktivitätseinschränkungen bedürfen eines Spektrums an rehabilitativer Unterstützung, die ambulant nicht durchführbar ist. Dazu gehören Versicherte, die neben epileptischen noch dissoziative Anfälle haben oder junge Erwachsene, die aufgrund der Epilepsie in ihrer Selbständigkeitsentwicklung verzögert sind. Eine weitere Zielgruppe sind Versicherte nach einem epilepsiechirurgischen Eingriff. Es gibt in Deutschland spezielle Zentren für die Epilepsie-Rehabilitation, die auch Maßnahmen zur medizinisch-beruflichen Rehabilitation einschließen, so die kooperierenden Reha-Kliniken in Bielefeld-Bethel und Schaufling b. Deggendorf.

22.5.4 Leistungsbeurteilung

Der Gutachter sollte sich, auch mit Unterstützung durch Experten in der Epilepsierehabilitation, ein genaues Bild der Gefährdung durch die Anfälle selbst und durch die Situation am Arbeitsplatz machen. Die Leistungsfähigkeit kann dadurch häufiger positiv beurteilt werden als bei einer globalen Betrachtungsweise. Nachtschichten sollten in der Regel vermieden werden. Wie oben erwähnt, besteht in der Regel eine volle quantitative Leistungsfähigkeit.

Als Informationsquelle für die sozialmedizinische Stellungnahme ist der PESOS-Fragebogen zu Funktionen, Aktivitäten, Teilhabe und zur subjektiven Lebensqualität hilfreich. Dieser umfasst zwölf Bereiche, u. a. Arbeit, Ausbildung, Anfallsformen, Aktivitäten des täglichen Lebens, soziale Beziehungen, Stigma, epilepsiespezifische Angst [51].

22.6 PARKINSON-Krankheit und andere Bewegungserkrankungen

Aus dem breiten Spektrum neurologisch bedingter Bewegungskrankheiten werden nur einige häufige hier aufgegriffen. Es lassen sich Formen mit verminderter Mobilität, wie die PARKINSON-Krankheit, von solchen mit ungewünschten Bewegungen, wie die Dystonie oder der Tremor, unterscheiden. Der Gutachter sollte nicht die Bewegungsstörung als das primäre Problem sehen, sondern die subjektive Belastung und prüfen, ob die Einschränkungen der Aktivitäten und der Partizipation wirklich unmittelbare Folge der neurologischen Symptome sind oder ob es nicht modifizierende Faktoren gibt, z. B. sozialer Rückzug oder Depressivität – Themen der Rehabilitation.

22.6.1 PARKINSON-Krankheit

Das mittlere Alter bei Beginn der PARKINSON-Krankheit liegt bei 55 Jahren, jedoch erkranken 20 % vor dem 50. Lebensjahr. Bei jüngeren Personen schreitet die Erkrankung langsamer fort. Man kann motorische und neuropsychologische Hauptsymptome der Erkrankung unterscheiden; vgl. Tabelle 22.11 auf der nächsten Seite. Ob es sinnvoll ist, von Dominanztypen, z. B. tremordominanter Typ, zu sprechen, ist umstritten.

Bei 70 % der Erkrankten beginnt die Erkrankung mit einem Tremor, der überwiegend in Ruhe auftritt, aber oft von einem Aktionstremor begleitet ist. Interessant ist, dass die betroffenen Personen Tremor und Bradykinese als weniger belastend empfinden als die Verlangsamung und die Unsicherheit beim Gehen. Personen mit einer PARKINSON-Erkrankung sind nicht nur aufgrund der motorischen Verlangsamung, sondern auch aufgrund von Apathie und Depressivität häufig in ihrer quantitativen Leistungsfähigkeit eingeschränkt. Daher kommt der psychologischen Patientenschulung eine ebenso große Bedeutung in der Rehabilitation wie der Physiotherapie zu [46].

Die am weitesten verbreitete Skala zur Messung der Funktionen und Aktivitäten ist die Unified Parkinson's Disease Rating Scale (UPDRS), die stark auf den physischen Aspekten gewichtet ist [21]. Ein informativer Fragebogen (bisher nur in englischer Sprache) zur subjektiven Einschätzung von Aktivitäten, Partizipation und zu sozialer Unterstützung und Stigmatisierung ist der Parkinson's Disease Questionnaire (PDQ-39) mit 39 Fragen und guter psychometrischer Qualität [14].

Bei aller individuellen Variabilität ist bei der Beurteilung der Leistungsfähigkeit im Erwebsleben zu bedenken, dass die Erkrankung meist nur langsam fortschreitet und dass die medikamentöse Therapie die Progression verzögern kann. Es gibt eine Reihe von Personen mit PARKINSON, die mit großem Engagement ihren Beruf weiter ausüben. Vermindert kann

Einschränkungen von Funktionen	Einschränkungen von Aktivitäten
Rigidität	Verminderte Mobilität
Ruhetremor	Halten, Schreiben, Hantieren
Dysarthrophonie	Mündliche Kommunikation
Bradykinese	Verlangsamung von Tätigkeiten, Schwierigkeiten beim Schreiben, Tippen, Kochen
Einfrieren von Bewegungen	Mobilität, Bewegen in ungewohnter Umgebung
Verlust der Gleichgewichtsregulation	Sturzgefahr, Arbeit auf Leitern, Gerüsten
Depression	Aufgreifen von Aufgaben, sozialer Rückzug
Kognitive Einschränkungen	Berufliche Tätigkeit, Autofahren

Tab. 22.11: Die häufigsten Einschränkungen von Funktionen und Aktivitäten bei der PARKINSON-Krankheit

die Leistungsfähigkeit im Erwerbsleben dann sein, wenn kognitive und/oder emotionale Störungen bestehen. Hier können, je nach Ausprägungsgrad, auch Einschränkungen des zeitlichen Leistungsvermögens für Tätigkeiten des allgemeinen Arbeitsmarktes resultieren. Umstellungsfähigkeit, Flexibilität des Denkens und Handelns, Umgang mit Kunden, Tätigkeiten am Telefon, längeres Autofahren sind Funktionen und Aktivitäten, die für PARKINSON-Erkrankte problematisch sein können.

Sprechstörungen mit leiser und monotoner Sprache können qualitative Einschränkungen des Leistungsvermögens verursachen, zumal der mimische Ausdruck ebenfalls vermindert ist. Das quantitative Leistungsvermögen für Tätigkeiten des allgemeinen Arbeitsmarktes ist bei der Mehrzahl der Probanden mit einer PARKINSON-Erkrankung eingeschränkt. Grund sind häufig die Ermüdung und die motorische und mentale Verlangsamung.

22.6.2 Essentieller Tremor

Unter allen neurologischen Bewegungsstörungen ist der essentielle Tremor am häufigsten. Er betrifft meist Arme, Kopf und Stimme. Das Zittern wird durch Willkürbewegungen verstärkt (Aktionstremor), z. B. bei Aufschließen eines Schlosses. Charakteristisch ist auch die Verstärkung bei emotionaler Anspannung, was nicht zur falschen Schlussfolgerung eines psychogenen Tremors führen darf. Die häufigsten Beeinträchtigungen in Aktivitäten sind in Tabelle 22.12 zusam-

Einschränkungen der Aktivitäten	
Trinken	74 %
Schreiben	68 %
Eingießen	68 %
Benutzung eines Löffels	66 %
Tragen eines Tellers	58 %
Einfädeln einer Nadel	56 %
Benutzung eines Schlüssels	53 %
Essen in einem Restaurant	52 %
Nägelschneiden	51 %

Nach LOUIS et al. 2001 [45]

Tab. 22.12: Beeinträchtigungen von Aktivitäten bei essentiellem Tremor

mengestellt.

Hinsichtlich der Beurteilung des Leistungsvermögens im Erwerbsleben ist zu bedenken, dass der essentielle Tremor im Wesentlichen die manuellen Aktivitäten beeinträchtigt. Die Gehfähigkeit ist nicht beeinträchtigt. Es besteht in der Regel auch keine quantitative Einschränkung der Leistungsfähigkeit.

22.6.3 Dystonien

Es fällt immer wieder auf, dass Dystonien mit Spastik verwechselt werden und dass idiopathische Dystonien als frühkindliche Hirnschädigungen interpretiert werden. Zuweilen tritt die Annahme hinzu, die Intelligenz sei gemindert, weil die sprachlichen und schriftlichen Mitteilungsmöglichkeiten eingeschränkt sind. Der entscheidende Unterschied zur Spastik ist der fluktuierende Charakter der Tonuserhöhung, es kommt zu oft verdrehenden Bewegungen, oft in Form einer unerwünschten Mitbewegung bei anderen Willkürbewegungen. Es werden je nach Ausmaß fokale, segmentale und generalisierte Dystonien unterschieden.

Entsprechend muss der Gutachter auch in der Leistungsbeurteilung differenzieren. Eine Person mit einer generalisierten Dystonie kann nur leichte körperliche Tätigkeiten ausführen. Sie kann aber, um ein Beispiel zu nennen, als Bibliothekar oder Verwaltungskraft arbeiten. Die Erfahrung zeigt, dass die kognitive Leistungsfähigkeit häufig unterschätzt wird. Daher sollten auch anspruchsvolle berufliche Rehabilitationsmaßnahmen in Betracht gezogen werden.

22.7 Neoplasien des ZNS

Hinsichtlich der Häufigkeit in der sozialmedizinischen Begutachtung seien hier nur zwei Tumorformen aufgegriffen, die Astrozytome (über 60 % aller Hirntumore) und die Meningeome (20 %).

22.7.1 Astrozytome

Bei den Astrozytomen werden nach der Histologie unterschieden:

▷ Pilozystisches Astrozytom, WHO I. Meist Kinder und Jugendliche.
▷ Niedriggradiges Gliom, WHO II. Meist Alter zwischen 25 und 45 Jahren.
▷ Malignes Gliom, anaplastisches Astrozytom, Glioblastom WHO III und IV. Meist Alter ab 40 Jahren.

Die Prognose ist für den Einzelfall kaum vorherzusagen, für den Gutachter können aber einige epidemiologische Daten zur Abschätzung nützlich sein [31]:

▷ Je niedriger die WHO-Gradierung, desto besser die Prognose: bei pilozystischem Astrozytom mit umfassender Resektion 80–100 % Zehn-Jahres-Überlebensrate.
▷ Bei Astrozytom WHO II: Resektion plus Radiotherapie Fünf-Jahres-Überlebensrate: 50–70 %,
▷ Bei Glioblastom WHO III–IV bei Resektion und Radiotherapie mittlere Überlebenszeit 35–50 Wochen, bei einigen deutliche Verlängerung durch Chemotherapie.
▷ Je jünger die Patienten, desto besser die Prognose. Es gibt junge Patienten mit einem Glioblastom, die 10 Jahre überleben.
▷ Bei Patienten, die bei Beginn der Erkrankung kognitive Einschränkungen aufweisen, ist die Prognose ungünstig.
▷ Bei frontalen Gliomen eher günstiger Verlauf, bei Befall des Corpus callosum eher ungünstig.

Eine belastende Komplikation sind symptomatische epileptische Anfälle, die für die Leistungsbeurteilung mehr Gewicht haben können als die Tumorfolgen selbst. Viele jüngere Probanden mit Astrozytom Grad I und II haben eine günstige berufliche Prognose, sind sehr motiviert im Arbeitsleben zu verbleiben und verfügen durch die Auseinandersetzung mit ihrer Erkrankung über oft sehr gute Coping-Strategien. Man sollte als Gutachter eher den Optimismus teilen und sich in der Leistungsbeurteilung an der subjektiven Einschätzung des Probanden orientieren, soweit nicht ganz unrealistische Vorstellungen geäußert werden. Das quantitative Leistungsvermögen für Tätigkeiten des allgemeinen Arbeitsmarktes ist bei der häufig vorhandenen verstärkten Ermüdbarkeit entsprechend reduziert.

22.7.2 Meningeome

Weitaus günstiger ist die Leistungsfähigkeit für Personen mit einem Meningeom. Aufgrund des langsamen Wachstums sind die neurologischen oder neuropsychologischen Funktionsstörungen oft erstaunlich gering. Eine Ausnahme sind ein oder mehrere epileptische Anfälle mit der entsprechenden Einschränkung des Leistungsvermögens.

Die Prognose ist bei jüngeren Patienten günstiger und hängt davon ab, wie vollständig der Tumor reseziert werden konnte. Bei vollständiger Entfernung eines gutartigen Meningeoms sind die Rezidivquoten günstig (in Klammern die Daten bei unvollständiger

Entfernung): nach 5 Jahren 3 % (37 %), nach 15 Jahren 32 % (91 %).

Erwähnt sei noch eine Tumorform, die von den Nervenscheiden ausgeht: das Neurinom des N. acusticus. Die häufigsten Funktionseinschränkungen nach der Operation sind ein Hörverlust und eine Parese des N. facialis.

22.8 Neuromuskuläre Erkrankungen

Zur Gruppe der neuromuskulären Erkrankungen gehören ätiologisch, klinisch und vom Verlauf her sehr unterschiedliche Erkrankungen, einige mit Beginn im Kindesalter, einige erst im Erwachsenenalter. Die Klassifikation der hereditären Formen ist im Fluss, da durch die Identifizierung der genetischen Grundlagen die frühere syndromale Klassifikation abgelöst wird.

Man unterscheidet nach dem Hauptort der Pathophysiologie folgende Formen:

1. Erkrankungen der Muskeln und des neuromuskulären Übergangs. Dazu gehören die metabolischen (Muskeldystrophien) und entzündlichen Myopathien (Myositiden) sowie die Myasthenia gravis.

2. Erkrankungen der peripheren Nerven. Das Spektrum reicht von den häufigen metabolischen Neuropathien, wie der diabetischen oder alkoholtoxischen Neuropathie bis zu den traumatischen Nerven- und Plexusläsionen.

3. Motoneuron-Erkrankungen, Erkrankungen der Vorderhornzellen und der kortikospinalen Bahnen. Die Hauptform ist die Amyotrophe Lateralsklerose.

Die Begriffe Neuropathie und Polyneuropathie sind synonym. Wenn primär die Nervenzellkörper, also die Vorderhornzellen oder die sensiblen Ganglienzellen betroffen sind, spricht man auch von Neuronopathien.

22.8.1 Diagnostik

Da die Tendenz besteht, die neurographische und elektromyographische Untersuchung in den Mittelpunkt der Diagnostik zu stellen, sei darauf hingewiesen, dass auch bei den peripheren neurologischen Erkrankungen der Anamnese und der klinischen Untersuchung die Hauptrolle zukommt. Da die Differenzialdiagnose sehr weit ist, und da subakute Neuropathien der Manifestation einer Malignom-Erkrankung vorangehen können, sollte der Gutachter keine einzelnen diagnostischen Maßnahmen veranlassen sondern dem Facharzt die Klärung überlassen. Weiterhin ist zu beachten, dass einige neuromuskuläre Erkrankungen, wie die Myotonia dystrophica CURSCHMANN-STEINERT, Multisystem-Erkrankungen sind.

Bei der klinischen Untersuchung sollte die Muskelkraft mit der Pareseskala des Medical Research Council [55] geprüft werden (hier in der Ergänzung mit den Prozentangaben von JANDA [39]). Dabei sollten Zwischenstufen, wie 2–3, vermieden werden. Lediglich in der Stufe 4 hat sich zur Differenzierung zwischen einer minimalen und einer deutlichen Kraftminderung die Kennzeichnung mit einem Minus oder Plus (4+) eingebürgert.

Für die quantitative Kraftmessung stehen verschiedene Geräte zur Dynamometrie zur Verfügung, das einfachste ist die Messung der Griffkraft mit einem kleinen Gummiballon, die übliche Maßeinheit dabei sind Kilo-Pascal (kPa).

Die Beurteilung der körperlichen Leistungsfähigkeit sollte sich nicht allein auf die Kraftmessung stützen. Viele Probanden haben sich sehr gute kompensatorische Bewegungstechniken angeeignet, z. B. Schleuderbewegungen, um einen Arm in Regalhöhe zu bringen. Der Untersucher sollte Alltagsbewegungen prüfen wie Treppensteigen etc. Ein wichtiges Kriterium der Belastbarkeit ist die muskuläre Erschöpfung, die eine häufige Funktionsstörung bei neuromuskulären Erkrankungen ist. Um diese subjektive Anstrengung und Erschöpfung zu quantifizieren, eignen sich Skalen, die unter dem Namen BORG *Scale for Rating Perceived Exertion* publiziert sind [60]. Eine vereinfachte Variante ist die von HOGAN und FLEISCHMANN [36] vorgeschlagene siebenteilige Skala, die

Wert	Bedeutung	
1	Sehr, sehr leicht	
2		Zumutbare
3		Leistungs-
4	Etwas anstrengend	breite
5		
6		
7	Sehr, sehr anstrengend	

Nach HOGAN und FLEISHMAN, 1979 [36]

Tab. 22.13: Siebenteilige Skala der subjektiven körperlichen Anstrengung

sich als reliables Instrument für die subjektive körperliche Belastung an Arbeitsplätzen gezeigt hat; vgl. Tabelle 22.13.

22.8.2 Myopathien und Muskeldystrophien

Bei praktisch allen Muskeldystrophien – nicht bei der ALS und bei spinalen Muskelatrophien – kommt es zu einer Kardiomyopathie, die mit dem Auftreten von Paresen der Skelettmuskulatur parallel geht. Daher sollte man bei der Leistungsbeurteilung die kardialen und respiratorischen Funktionen prüfen [4].

Die wichtigste Komplikation ist das Nachlassen der Atemfunktionen aufgrund der unzureichenden Atemmuskulatur. Die subjektiven Zeichen einer neuromuskulären Ateminsuffizienz sind Ermüdbarkeit, Luftnot, morgendliche Kopfschmerzen und Konzentrationsstörungen. Da die Atemstörungen im Liegen zunehmen, sollte die Lungenfunktionsprüfung auch in dieser Position durchgeführt werden. Wichtig ist die Bestimmung der Fähigkeit, einen hinreichenden Hustenstoß durchzuführen (peak cough flow in l/s). Der Gutachter sollte auch nach der Therapie fragen: die Verordnung von Sauerstoff und Bronchodilatatoren birgt bei dieser Personengruppe große Risiken [4]. Bei eingeschränkter Lungenfunktion ist die nicht-invasive, zunächst nächtliche Maskenbeatmung die Methode der Wahl. Hinsichtlich der Teilhabe am sozialen Leben und der subjektiven Zufriedenheit sind die nicht-invasiven Beatmungsformen den invasiven weit überlegen. Etwa 50 % der Personen mit nicht-invasiver Beatmung können am sozialen und beruflichen Leben teilnehmen.

Zum Erhalt der Funktionen der Skelettmuskulatur ist ein regelmäßiges, jedoch mäßiges Krafttraining sinnvoll. Der dystrophe Kraftverlust ist in trainierten Muskeln geringer als in untrainierten.

Für die konkrete Beurteilung der Leistungsfähigkeit im Erwerbsleben dieser Probanden sind die motorischen Funktionseinschränkungen ausschlaggebend. Diese können so ausgeprägt sein, dass auch das zeitliche Leistungsvermögen reduziert ist. Die fachgerechte Rehabilitation und Beratung dieser Patienten erfordert spezialisierte Teams. Auch in der ambulanten Physiotherapie sollte darauf geachtet werden, dass die Therapeuten über eingehende Kenntnisse in der Therapie neuromuskulärer Erkrankungen verfügen. Der Abstand zwischen stationären Rehamaßnahmen sollte flexibel gehandhabt werden. Für eine Reihe von Personen mit neuromuskulären Erkrankungen besteht die Gefahr, dass sie ihre muskulären Reserven durch Überanstrengung erschöpfen. Ein Problem für diese Personengruppen stellen die Fußgängerzonen dar.

22.8.3 Andere neuromuskuläre Erkrankungen

Beim *Post-Polio-Syndrom* handelt es sich nicht, wie der Name suggeriert, um die Residuen einer Kinderlähmung sondern um eine Zweiterkrankung der Motorneurone mindestens fünfzehn Jahre nach der Ersterkrankung. Die häufigsten Symptome sind Muskelschwäche, erhöhte Ermüdbarkeit, Kälteempfindlichkeit und Schmerzen. Zum Erhalt der Leistungsfähigkeit sind in der Regel spezielle Rehabilitationsmaßnahmen engmaschig erforderlich.

Gemeinsam sind der *amyotrophen Lateralsklerose (ALS)* und der *myotonen Muskeldystrophie* CURSCHMANN-STEINERT, dass sich die Funktionsstörungen auf mehrere Bereiche erstrecken und dabei auch kognitive Funktionen einschließen können. Die Leistungsbeurteilung kann nur ganz individuell geschehen, da Symptomatik und Verlauf sehr variabel sind. So fanden APPEL et al. [2] bei 20 % der Personen mit ALS eine sehr langsame Progression.

Bei der *Myasthenia gravis* wird sich die Leistungsfähigkeit im Erwerbsleben nach dem Ausmaß der Ermüdbarkeit und den okulären Funktionsstörungen richten. Die okuläre Beteiligung kann eine Einschränkung bei Bildschirmarbeit und beim Autofahren bedeuten.

22.8.4 Polyneuropathien

Die Pathophysiologie der Neuropathien und ihre Verläufe sind sehr variabel. Unabhängig von der Ätiologie bestehen folgende Beeinträchtigungen von Funktionen und Aktivitäten am häufigsten: Schmerzen und sensible Störungen, Kraftminderung in Beinen und Armen, verminderte Gehstrecke und verminderte Gleichgewichtskontrolle.

Man unterscheidet hinsichtlich der Pathophysiologie drei Formen:

1. Die axonale Degeneration. Diese ist am häufigsten und tritt bei metabolischen und toxischen Neuropathien, z. B. bei Diabetes mellitus und bei Alkoholismus, auf. Typisch ist der Befall der langen Fasern von distal beginnend (dying back).

2. Die segmentale Demyelinierung, die typisch ist für Autoimmun-Neuropathien wie das GUILLAIN-BARRÉ-Syndrom oder die Chronic Inflammatory Demyelinating Polyradiculoneuropathy (CIDP).

3. Neuronopathien, bei denen die Zellkörper betroffen sind, dazu gehören rein sensible, auch paraneoplastische, Neuropathien.

Bei der Prüfung der Sensibilität sollte neben dem Vibrationsempfinden auch das aktive Tasten geprüft werden [25]. Bei Sensibilitätsstörungen der distalen unteren Extremitäten ist zu beachten, dass die Propriozeption der Füße überwiegend von in der Haut liegenden Rezeptoren vermittelt wird. Durch geeignete Schuhe kann das Risiko von Distorsionen im Sprunggelenk vermindert werden.

Bei einer Reihe von Neuropathien sind Schmerzen oder unangenehme Parästhesien ein Hauptsymptom, in Kapitel 25 finden sich Hinweise zur sozialmedizinischen Bewertung.

Der Gutachter hat vor allem mit den beiden häufigen Formen von Neuropathien zu tun, der diabetischen und alkoholischen. Beide sind überwiegend distal-sensomotorische Polyneuropathien vom axonalen Typ. Bei beiden ist die Behandlung der Grunderkrankung für die Leistungsfähigkeit entscheidend. Bei der diabetischen Neuropathie sind hinsichtlich der Belastbarkeit auch mögliche autonome Funktionsstörungen zu berücksichtigen. Bei Probanden mit einer alkoholischen Neuropathie steht die Suchtproblematik im Mittelpunkt, die Neuropathie ist nur ein Teilaspekt. Die Neuropathie tritt nur bei einer Alkoholkrankheit erheblichen Ausmaßes auf und ist teils nutritiv, teils direkt alkoholtoxisch bedingt. Die Leistungsbeurteilung muss also das Gesamtbild der Suchtkrankheit berücksichtigen.

Die qualitative Leistungsfähigkeit kann unterschiedlich beeinträchtigt sein:

▷ Die mögliche freie Gehstrecke kann bei einer schweren Polyneuropathie auf weniger als 500 m reduziert sein. Man kann aber aus dem klinischen Bild einer erheblichen Muskelatrophie, wie man sie bei einer hereditären Neuropathie sieht, nicht auf eine verminderte Gehstrecke schließen.

▷ Die Gangsicherheit und die Gleichgewichtskontrolle können durch die gestörte Propriozeption eingeschränkt, die Probanden können also auf unebenem und rutschigem Boden gefährdet sein.

▷ Bei erheblichen sensiblen Schädigungen kann die Arbeit auf Leitern und Gerüsten eine Gefährdung darstellen. Unberechtigt wird von einigen Gutachtern grundsätzlich bei der Diagnose einer Polyneuropathie eine Einschränkung hinsichtlich Arbeiten auf Leitern etc. ausgesprochen, obwohl die sensiblen Störungen nur mäßig ausgeprägt sind und eine hinreichende visuelle Kompensation besteht.

Die quantitative Leistungsfähigkeit ist evtl. auf Grund der motorischen Ermüdbarkeit und durch eine Schmerzproblematik beeinträchtigt.

22.8.5 Periphere Nervenkompressionen

Die häufigste periphere Nervenkompression ist das Carpaltunnelsyndrom (CTS). Eine kurze Anamnese und schmerzhafte nächtliche Parästhesien sind günstige Prognosezeichen. Wenn eindeutige Zeichen vorliegen, ist die operative Dekompression bei den rein mechanischen CTS in über 80 % erfolgreich. Die Prognose des CTS ist erheblich von subjektiven Faktoren abhängig: Personen mit starkem Schmerzerleben und Schonungsverhalten haben eine ungünstigere Prognose [75]. Die Chance der Rückkehr an den Arbeitsplatz liegt bei den Personen, die vorher arbeitslos waren, um 50 % niedriger [75]. Der Median der Arbeitsunfähigkeit nach einer Operation betrug 17 Tage. Bei der Beurteilung der Leistungsfähigkeit sollte man sich eine detaillierte Tätigkeitsbeschreibung geben lassen: repetitives Heben, Bedienen von Hebeln, oder Haltefunktionen der Hand belasten den N. medianus. SYLVAIN und ANDARY [75] geben einen Einblick in die amerikanische Begutachtung der Disability bei einem mittelschweren CTS. Die Invalidität wird auf 22 % (2,5 % entfallen auf die motorische, 19,5 % auf die sensiblen Defizite) für die obere Extremität eingeschätzt und von 13 % für die gesamte Person.

Das zweithäufigste Kompressionssyndrom betrifft den N. ulnaris am Ellenbogengelenk. In Zeiten starker mechanischer Beanspruchung der Arme in der Arbeit war dies die häufigste Ursache. Immerhin gibt es Schätzungen, nach denen auch heute 15–20 % der Arbeiter repetitive Bewegungen mit einem Risiko einer peripheren Nervenschädigung am Arm, also meist N. ulnaris oder N. medianus, durchführen.

Obwohl die peripheren Nervenläsionen klar umschriebene mechanische Krankheitseinheiten zu sein scheinen, sind doch die chronischen Verläufe oft gekennzeichnet durch Persistieren von Schmerzen ohne klare neurophysiologische Zuordnung, von Funktionsstörungen weit über die eigentliche Nerverläsion hinaus, von erfolglosen Rezidivoperationen und von depressiven Symptomen. Es ist daher auch bei den peripheren neurologischen Erkrankungen frühzeitig auf Chronifizierungszeichen zu achten.

22.8.6 Traumatische Nervenverletzungen

Der Schweregrad einer traumatischen Nervenschädigung ist für die Leistungsbeurteilung relevant, da die Prognose davon abhängt.

Neurapraxie Eine Schädigung, die innerhalb von ein paar Wochen völlig abheilt. Es liegt eine lokale Demyelinisierung vor. Beispiele sind leichte Drucklähmungen.

Axonotmesis Diese ist charakterisiert durch eine Diskontinuität des Axons und der Myelinscheide bei Erhalt der endoneuralen Geweberöhre. Diese leitet das Axon bei der Regeneration nach distal. Diese Verletzung tritt meist bei mäßiger Dehnung oder bei Skelett-Traumen auf. Es kann zu einer kompletten Erholung kommen, allerdings in einem Zeitraum von 18 bis 36 Monaten mit einer Ausspross-Geschwindigkeit von 1–4 mm pro Tag. Wichtig ist die Unterscheidung zur Neurotmesis, bei der es nicht zu einer spontanen Remission kommt.

Neurotmesis Es kommt nicht nur zu einer Kontinuitätsunterbrechung des Axons und der Myelinscheide, sondern auch zu einer Zerreißung des umgebenden peri- und epineuralen Gewebes. Der entscheidende Unterschied liegt also darin, dass bei der Axonotmesis das endoneurale Röhrensystem erhalten ist, während bei der Neurotmesis das Aussprossen richtungslos und wirkungslos verläuft.

Nur etwa 30 % aller traumatischen Nervenläsionen sind scharfe Durchtrennungen, häufiger sind Quetschungen und Ischämien bei Extremitätenfrakturen oder Zerrungen, wie die typischen Motorradunfälle mit Schädigung des Plexus brachialis.

Die Zusammensetzung und Art des betroffenen Nerven haben Einfluss auf die Prognose [65]: die Prognose ist bei den überwiegend sensiblen Nerven besser als bei den gemischten oder überwiegend motorischen Nerven.

Für die Beurteilung der Leistungsfähigkeit kann als Faustregel gelten, dass bei einer Axonotmesis oder Neurotmesis eine funktionell vollständige Regeneration eher die Ausnahme ist. Wenn also eine Läsion von Armnerven vorliegt, kann der Proband mit der betroffenen Hand wieder Gegenstände halten, das manuelle Geschick reicht aber nicht für eine handwerkliche Tätigkeit aus. Daher sollten bei Personen mit handwerklichen Berufen nicht zu spät berufliche Alternativen erwogen werden. Das quantitative Leistungsvermögen für Tätigkeiten des allgemeinen Arbeitsmarktes ist in der Regel nicht vermindert.

Nicht selten sind Schmerzen das dominierende Symptom peripherer Nervenverletzungen. Zur Beurteilung des Leistungsvermögens im Erwerbsleben sei auf das Kapitel 25 verwiesen.

22.9 Radikuläre Symptome

Zu den häufigsten konsiliarischen Anfragen an die Neurologie gehört die Beurteilung von radikulären Symptomen. Wegen der Häufigkeit lumbaler Schmerzen liegt der Schwerpunkt auf den lumbalen Wurzeln. Für die zervikalen Wurzeln, am häufigsten ist C6 betroffen, gibt es keine grundsätzlichen Unterschiede hinsichtlich Zusatzdiagnostik und Management.

Was sind die klinischen Zeichen einer Nervenwurzelkompression?

Es ist das Quartett aus Schmerzen, Paresen, sensiblen Ausfällen und Reflexbefund. Die Symptome lassen sich dem Versorgungsgebiet einer Nervenwurzel zuordnen. Schmerzen und Taubheitsgefühl, die als strumpfförmig oder das ganze Bein betreffend geschildert werden, sind nicht radikulär. Typisch ist die Symptomverstärkung einer Nervenkompression durch Husten oder Pressen.

Wodurch wird eine Wurzelkompression hervorgerufen?

Am häufigsten durch degenerative Veränderungen, einen Bandscheibenvorfall oder durch eine Kompression im Recessus lateralis. Selten sind andere Ursachen wie ein Neurinom. Dabei ist die Höhenlokalisation zu beachten: Bei einem Bandscheibenvorfall LWK 4/5 ist die Wurzel L5 in der Regel betroffen.

Was sind die Kennzeichen der Wurzelkompression am Bein?

Wurzel L4 Schmerzausstrahlung in die Vorderseite des Ober- und medialen Unterschenkels. Quadrizeps-Reflex abgeschwächt. Parese des M. quadriceps und des M. tibialis anterior. Prüfung des M. quadriceps durch Besteigen eines Stuhls.

Wurzel L5 Schmerzen, die über das laterale Gesäß in die laterale Hinterseite des Oberschenkels und in die laterale Wade strahlen. Typisch ist eine Hypästhesie in dem Dreieck am Fußrücken mit Einschluss der Großzehe und der zweiten Zehe. Parese des M. tibialis anterior und – typisch – des M. extensor hallucis longus. Adduktoren-Reflex oberhalb des Knies abgeschwächt.

Wurzel S1 Schmerzen von der Hinterseite des Gesäßes über die Hinterseite von Oberschenkel und Wade bis in den lateralen Fußrand und Fußsohle. Paresen oft schwer festzustellen, geeignet ist der M. flexor hallucis brevis, bei ausgeprägter Schädigung der M. gastrocnemius und die Kniebeuger. Sensibel: Hypästhesie der Fußsohle und des lateralen Fußrands. Abschwächung des Trizeps-surae-Reflexes (ASR).

Der LASÈGUE-Test dient der Auslösung eines Dehnungsschmerzes einer Nervenwurzel. Der Patient liegt flach auf dem Rücken. Das gestreckte Bein wird durch den Untersucher angehoben, wobei die eine Hand das Bein gestreckt hält und die andere die Ferse umfasst. Die Beugung im Hüftgelenk ist bei Gesunden bis 70° möglich. Wenn durch einen schmerzbedingten Widerstand dieses Anheben nicht möglich ist und eine radikuläre Schmerzausstrahlung ausgelöst wird, spricht man von einem positiven LASÈGUE-Zeichen. Wenn der Schmerz in das gegenseitige Bein ausstrahlt, nennt man dies ein gekreuztes LASÈGUE-Zeichen, während beim umgekehrten LASÈGUE die Umkehrung darin besteht, dass der Patient auf dem Bauch liegt und das Bein ebenfalls angehoben wird.

Welche diagnostischen Untersuchungen sollten bei lumbalen und zervikalen Rückenschmerzen veranlasst werden?

Wenn es keine neurologischen Ausfälle und keine Warnhinweise („red flags") gibt, sind zunächst keine weiteren Untersuchungen notwendig [76]. Es gibt drei sich ergänzende Zusatzuntersuchungen: Bildgebung mit CT und NMR, neurophysiologische Diagnostik und Laboruntersuchung.

Die Röntgen-Nativuntersuchung sollte sich auf die Patienten beschränken, bei denen der Verdacht auf eine systemische Erkrankung oder ein Trauma besteht. Ausdrücklich sprechen internationale Empfehlungen gegen einen frühen und häufigen Einsatz von CT oder NMR in der Diagnostik von Rückenschmerzen [16]. Die CT/NMR-Diagnostik sollte sich auf die Fälle beschränken, bei denen der Verdacht einer malignen Erkrankung, einer Entzündung oder ein bleibender neurologischer Ausfall besteht.

Warum können bildgebende Verfahren „iatrogene Schädigungen" bewirken?

Viele symptomfreie Personen zeigen in der Bildgebung erhebliche degenerative Veränderungen der Wirbelsäule. Diese Befunde haben also keine klinische Relevanz. Die Darstellung von degenerativen Veränderungen bei Personen mit Lendenwirbelsäulen- oder Halswirbelsäulenbeschwerden lässt also nicht den Schluss zu, dass ein ursächlicher Zusammenhang besteht. Den Patienten wird aber oft mitgeteilt, man habe einen abnormen Befund, wie einen Bandscheibenvorfall, festgestellt. Diese Personen folgern fälschlich nicht nur, dass ihre Beschwerden damit erklärt seien, sondern auch, dass eine Schonung angebracht sei. Diese Inaktivität stellt ein Risiko für die Chronifizierung der lumbalen oder zervikalen Schmerzen dar.

Können sich Bandscheibenvorfälle unter konservativer Therapie oder spontan zurückbilden?

ELLENBERG et al. [19] haben eine prospektive Studie bei Patienten mit radiologisch nachgewiesenen Bandscheibenvorfällen und eindeutiger Wurzelkompression durchgeführt. Nach im Mittel 30 Monaten hatten sich 43 % der Bandscheibenvorfälle völlig zurückgebildet, 36 % verbessert und 21 % blieben unverändert, diese letzteren verursachten aber keine Symptome mehr.

Welche neurophysiologischen Untersuchungen geben Aufschlüsse über Wurzelläsionen?

Damit der Gutachter Vorbefunde bewerten kann, seien einige Hinweise zur kritischen Bewertung elektromyographischer Befunde gegeben. Manche elektromyographischen „Kurzbefunde" sind von zweifelhaftem Wert. Der Gutachter wird nur bei besonderer Relevanz für die Leistungsbeurteilung diese doch etwas schmerzhafte Untersuchung dem Probanden vorschlagen.

Die meisten Aufschlüsse gibt die Nadelmyographie. In der Regel wird man sechs bis neun Muskeln verschiedener Myotome untersuchen. Findet man neurogene Veränderungen in zwei zu einem Myotom gehörenden Muskeln, spricht dies für eine Wurzelkompression. Je nach Ausmaß der Wurzelschädigung findet man Zeichen einer Neurapraxie oder eines Verlustes von Axonen mit pathologischer Spontanaktivität. Veränderungen finden sich zunächst in proximalen Muskeln, und es kann fünf bis sechs Wochen dauern, bis sich in distalen Muskeln Veränderungen zeigen. Das alleinige Auftreten von vermehrt polyphasischen Potenzialen von normaler Dauer und Amplitude kann nicht als Zeichen einer Radikulopathie gewertet werden [1]. Die motorischen und sensiblen Nervenleitgeschwindigkeiten sind bei den Radikulopathien nicht verlangsamt, allerdings können die zusammengesetzten motorischen Antworten (SMAP) erniedrigt sein, wenn in einer Nervenwurzel zahlreiche Axone zugrundegegangen sind. Die sensiblen und motorischen Nervenleitgeschwindigkeiten sind wichtig zur Differenzierung von peripheren Neuropathien und Plexusschädigungen. Die weiteren neurophysiologischen Techniken wie die Bestimmung der F-Welle, der H-Welle und die somatosensorisch evozierten Potenziale mit ihren verschiedenen Unterformen tragen nicht wesentlich zur Erhärtung der Diagnose bei. Die transkranielle Magnetstimulation ist für die Wurzeldiagnostik noch nicht zu empfehlen [1]. Der Gutachter sollte also an eine neurophysiologische Untersuchung folgende Anforderung stellen: Untersuchung einer hinreichenden Anzahl von Muskeln mit der Nadelmyographie, Messung der motorischen und sensiblen Nervenleitgeschwindigkeit.

Welche Warnsignale sollte man in der Beurteilung von Radikulopathien beachten?

Da nur drei Prozent aller Patienten mit lumbalen Schmerzen nicht-mechanische Ursachen aufweisen, sollte man die roten Warnflaggen nicht übersehen. Einige wichtige sind:

▷ Sensible Ausfälle S2–S5 oder Blasenentleerungsstörungen (Kauda).

▷ Trauma in der Vorgeschichte

▷ Hinweise auf entzündlichen Prozess: CRP, BKS, lokaler Befund an der LWS

▷ Hinweis auf Tumor: Schmerzen im Liegen stärker als in aufrechter Haltung, in der Vorgeschichte Karzinom, Gewichtsabnahme.

Was soll man dem Begutachteten sagen, wenn kein substanzieller Befund vorliegt?

Es ist nicht sehr hilfreich für den Patienten, wenn ihm gesagt wird, es gebe keine medizinische Ursache für seine Schmerzen. Eher sollte man darauf hinweisen, dass die Untersuchung erfreulicherweise keinen Hinweis auf eine gefährliche Ursache ergeben habe und dass es darauf ankomme, die Regenerationskräfte des Körpers aktiv zu unterstützen. Eine große Gefahr liegt in der erlernten Inaktivität: aus Angst, sich durch Belastung zu schädigen, schonen sich viele Betroffene körperlich. NACHEMSON [59] schrieb treffend, dass eine schlecht konzipierte Diagnostik und Aufklärung durch den Arzt zu abnormem Krankheitsverhalten führen kann und dies wiederum zu einem abnormen Behandlungsverhalten.

Beurteilung des Leistungsvermögens im Erwerbsleben?

Wenn eine akute Radikulopathie mit eindeutigen neurologischen Funktionsstörungen vorliegt, ist eine langfristige Wiederherstellung der Leistungsfähigkeit nach erfolgreicher konservativer oder operativer Therapie wahrscheinlich. Als Faustregel kann gelten: Akutes Auftreten, wenig Vorgeschichte, klare Neurologie, keine aktuellen psychischen Probleme weisen darauf hin, dass keine die Akutphase überdauernden gravierenden Leistungseinschränkungen zu erwarten sind. Da die meisten Untersuchungen zeigen, dass körperliche Aktivität das Rezidivrisiko einer Wurzelkompression nicht erhöht, gibt es bis auf die Beurteilung dahingehend, dass sehr schwere körperliche Tätigkeiten nicht mehr möglich sind, keine generellen Einschränkungen.

Anders ist die Beurteilung von chronischen und nicht-radikulären Rückenschmerzen. Diese Personen haben oft dysfunktionale Einstellungen entwickelt, teilweise iatrogen verstärkt, wie oben dargelegt.

Die Leistungsbeurteilung muss sich an den objektiven Funktionseinschränkungen – nicht am Röntgenbild – orientieren. Eine quantitative Einschränkung des Leistungsvermögens für Tätigkeiten des allgemeinen Arbeitsmarktes besteht in der Regel nicht. Die Literatur zeigt übereinstimmend, dass die Aufrechterhaltung körperlicher Aktivitäten günstig für die Prognose von „low-back pain" ist. Daher gibt es auch keine wissenschaftlichen Argumente, die Leistungsfähigkeit für leichte und mittelschwere Tätigkeiten zu verneinen. Sicherlich wird man sehr schwere Arbeiten ausschließen. Mehr aus klinischer Intuition als aufgrund von Studien, wird in der Regel ein Wechsel zwischen sitzender und stehender Tätigkeit empfohlen.

Bei lange bestehenden Rückenschmerzen ohne Korrelation mit einem pathologischen neurologischen Befund richtet sich die Leistungsbeurteilung nach den Kriterien, die für somatoforme Schmerzen gelten; siehe Kapitel 25.

22.10 Spinale Traumen – Querschnittlähmungen

Viermal mehr Männer als Frauen erleiden eine traumatische Querschnittlähmung, am häufigsten im Alter zwischen 15 und 25 Jahren. Die meist massive mechanische Kompression führt zu einer direkten Quetschung und Zerrung des Rückenmarks und der Wurzeln und zu Frakturen der Wirbelkörper mit Dislokation von Knochen- und Bandscheibenmaterial. Innerhalb weniger Minuten schwillt das Rückenmark an und füllt den gesamten Spinalkanal aus, so dass

22.10 Spinale Traumen – Querschnittlähmungen

A Komplette Querschnittlähmung, keine sensiblen oder motorischen Funktionen in S4 bis S5.

B Inkomplett. Unterhalb des neurologischen Niveaus einschließlich S4 bis S5 sind sensible, aber keine motorischen Funktionen erhalten.

C Inkomplett. Unterhalb des neurologischen Niveaus motorische Funktionen erhalten, die meisten Kennmuskeln zeigen Kraft < 3/5.

D Inkomplett. Unterhalb des neurologischen Niveaus motorische Funktionen erhalten, die meisten Kennmuskeln zeigen Kraft > 3/5.

E Normale motorische und sensible Funktionen.

Tab. 22.14: ASIA-Graduierung spinaler Traumen

die Blutversorgung gestaut wird. Bei fast allen Querschnittlähmungen kommt es zu einer Kombination von Rückenmarks- und Wurzelschädigungen. Wenn sich alle neurologischen Symptome innerhalb von 24 Stunden zurückbilden, spricht man von einer Commotio spinalis. Unter dem seltsamen Akronym SCIWORA (spinal cord injury without radiological abnormality) verbirgt sich ein spinales Trauma ohne radiologische Auffälligkeiten. Bei Kindern und älteren Erwachsenen kann es bei Stürzen oder einem Schlag auf den Kopf zu Querschnittsymptomen kommen, die wahrscheinlich auf einer plötzlichen Vorwölbung des Ligamentum flavum mit Kompression des Rückenmarks beruhen.

Das neurologische Niveau einer Rückenmarksschädigung wird definiert als das am meisten kaudal gelegene Segment mit normalen sensiblen und motorischen Funktionen. Wenn man von dem neurologischen Niveau spricht, so umfasst dies auch die beiden Dermatome oberhalb und unterhalb.

Die Graduierung von spinalen Traumen erfolgt anhand der American Spinal Injury Association (ASIA) Skala (Tabelle 22.14). Diese wird ergänzt durch einen neurologischen Standard-Befund mit den Kennmuskeln und 28 Dermatomen [72].

Die Bildgebung mit dem NMR ist die wichtigste diagnostische Methode, Röntgen-Aufnahmen der Wirbelsäule und die Computertomographie einschließlich der CT-Myelographie treten zunehmend in den Hintergrund. Die Aussagekraft neurophysiologischer Verfahren wie die transkranielle Magnetstimulation oder die somatosensorisch-evozierten Potenziale sind eher dann indiziert, wenn differenzialdiagnostische Fragen zu beantworten sind.

Für die *Prognose* ist die klinische Untersuchung der beste Indikator. Der beste Prädiktor ist die Sensibilität in den Dermatomen S4–S5. Ist diese in der ersten Woche vorhanden, so beträgt die Chance 50 %, eine Steh- und Gehfähigkeit zu erreichen. Die rascheste Erholung geschieht in den ersten sechs Monaten, es sind aber substanzielle Verbesserungen auch nach Jahren möglich [53]. Fast 90 % der Patienten mit einem ASIA C- bis D-Wert erlernen in der Rehabilitation das Gehen, im Vergleich dazu nur etwa 3 % der Personen mit initialem ASIA A.

Tabelle 22.15 auf der nächsten Seite orientiert über den Zusammenhang zwischen der Höhe einer kompletten Querschnittlähmung und dem zu erwartenden Hilfebedarf.

22.10.1 Komplikationen und Begleiterkrankungen

Eine Reihe häufiger Komplikationen ist bei der sozialmedizinischen Begutachtung von Personen mit einer Querschnittlähmung zu berücksichtigen.

Neurogene Blasenentleerungsstörungen

Durch ein frühzeitiges Management von Blasenentleerungsstörungen und die konsequente Einführung der Selbstkatheterisierung konnte das Risiko, an urologischen Komplikationen zu sterben, radikal gesenkt werden. Ein Hauptproblem ist die Entstehung einer Überdruckblase mit Rückstau in die Ureteren. Jede sozialmedizinische Begutachtung bei einer Querschnittlähmung muss die Blasenfunktion berücksichtigen; siehe Kapitel 17.

Kardiovaskuläre Probleme

Je höher der Querschnitt liegt, desto weniger können die Herzfrequenz und die Sauerstoffaufnahme an erhöhte Anforderungen angepasst werden. Es resultiert eine verminderte körperliche Belastbarkeit. Die-

Höhe	Hilfebedarf	Erläuterungen
C3	Voll abhängig	24-Stunden-Betreuung durch zwei Personen notwendig, umfangreiche Ausstattung mit Beatmungsgerät, Umgebungskontrolle.
C4	Voll abhängig	24-Stunden-Betreuung durch zwei Personen notwendig, elektrischer Rollstuhl, elektronische Umgebungskontrolle.
C5	Teilweise abhängig	Häufige Unterstützung durch eine Person.
C6 und C7	Teilweise abhängig	Gelegentliche Hilfestellung durch eine Person.
C8 und tiefer	Unabhängig	In einer barrierefreien, rollstuhlgängigen Umgebung.

Tab. 22.15: Hilfebedarf abhängig von der Höhe einer Querschnittlähmung

se kann durch willkürliche und elektrisch getriggerte Muskelarbeit verbessert werden. Durch eine gestörte autonome Regulation sind orthostatische hypotone Symptome häufig. Eine lebensgefährliche Komplikation stellen die autonomen Krisen dar, die auch ohne dramatische äußere Symptome ablaufen können.

Heterotope Ossifikation

Bei 15 bis 50 % der Personen mit einer Querschnittlähmung treten Verkalkungen außerhalb der Knochen auf, am häufigsten am Hüftgelenk. Meist geschieht dies in den ersten Monaten, bei einigen Personen aber auch viel später. Bei der Begutachtung sollte daher die Beweglichkeit der großen Gelenke geprüft werden.

Schmerzen

Fast die Hälfte von Patienten mit einer Querschnittlähmung schildert Schmerzen, die sie in ihren Aktivitäten einschränken. Diese Schmerzen sind nach Ursache und Lokalisation sehr unterschiedlich. Unterhalb des neurologischen Niveaus tritt oft ein „spinaler Schmerz" von brennendem, stechendem und fleckförmigem Charakter auf, der auch (allerdings unzutreffend) als zentraler Deafferenzierungsschmerz bezeichnet wird. Oberhalb des neurologischen Niveaus handelt es sich oft um Schulterschmerzen oder um Schmerzen durch eine Nervenkompression. Besonders quälend können die messerstichartigen neuropathischen radikulären Schmerzen auf der Höhe des neurologischen Niveaus sein. Diese Schmerzen sind nicht leicht zu differenzieren von zentralen Schmerzen auf der Höhe des neurologischen Niveaus, die als gürtelförmig mit Hitze- oder Kältemissempfindungen erlebt werden.

22.10.2 Rehabilitation

In Deutschland steht ein Netz von Spezialeinrichtungen zur Akutbehandlung und Rehabilitation von Personen mit einer Querschnittlähmung zur Verfügung.

Einen wesentlichen Fortschritt zur Wiederherstellung der Gehfähigkeit stellen das Laufbandtraining mit Reduktion des Körpergewichts und die motorgetriebenen mechanischen Gangtrainer dar [34]. Überhaupt ist die Rehabilitation querschnittsgelähmter Personen eine Domäne moderner Rehabilitationstechnologie. Dazu gehören Neuroprothesen, also elektronisch gesteuerte Geräte zur Muskelstimulation, um z. B. ein Greifen zu ermöglichen. Die Geräte zur funktionellen Stimulation der unteren Extremitäten haben sich in der Praxis bisher nur beim künstlichen Gehen über ganz kurze Strecken bewährt [12]. Sehr viel weiter in der praktischen Umsetzung sind elektronische Hilfsmittel zur Umgebungskontrolle.

Bis auf den Schlaf verbringt eine Person mit einer Querschnittlähmung ihr Leben im Rollstuhl. Daher ist eine der Aufgaben der Rehabilitation, den individuell zweckgerichteten Rollstuhl zu finden. Dies erfordert Spezialistenwissen. So ist ein Rollstuhl mit einer Sitzfläche parallel zum Boden ungeeignet für Personen mit fehlender Rumpfkontrolle, um nur ein Beispiel zu nennen. Man sollte daher bei der Verordnung von Hilfsmitteln die Fachkräfte hinzuziehen.

22.10.3 Psychosoziale Aspekte

Eine Querschnittlähmung fordert die Ich-Kräfte einer Person bis zur Erschöpfung. Erhebliche depressive Reaktionen kommen bei etwa 10 bis 20 % der Betroffenen vor, die Suizidrate liegt bei etwa 6 %. Dabei gibt es keinen direkten Zusammenhang zwischen Ausmaß der Schädigungen und den Beeinträchtigungen der Partizipation und der subjektiven Lebensqualität. Anders betrachtet entwickelt die überwiegende Anzahl von Personen mit einer Querschnittlähmung eine zuversichtliche und anpackende Haltung. Dieses aktive Coping zeigt sich in den häufig erfolgreichen Umschulungen und der beruflichen Position, die viele aus dieser Gruppe erreichen.

22.10.4 Leistungsbeurteilung

Voraussetzung für eine Teilhabe am Arbeitsleben ist eine hinreichende Kontrolle der Blasenfunktionen, in der Regel durch intermittierendes Selbstkatheterisieren.

Bei der Leistungsbeurteilung sollte man Person und Umgebung als Einheit betrachten. Die Leistungsfähigkeit hängt also davon ab, ob der Arbeitsplatz für eine querschnittgelähmte Person frei zugänglich und geeignet ist. Die qualitative Leistungsbeurteilung hängt von der Lokalisation der Läsion und damit davon ab, ob nur die unteren Extremitäten oder auch die oberen betroffen sind. Personen mit einer Paraplegie sind prinzipiell imstande, alle Tätigkeiten in sitzender Position zu verrichten. Eine schwere Tätigkeit mit den Armen aus dem Sitzen heraus ist meist nicht möglich. Personen mit einer Querschnittlähmung haben in der Regel mehr Mühe als vergleichbare Angestellte, den Arbeitsplatz zu erreichen, sie benötigen besondere zusätzliche Pausen, um das intermittierende Selbstkatheterisieren durchzuführen. Man sollte bei der Beurteilung der quantitativen Leistungsfähigkeit diese besonderen Belastungen berücksichtigen. Man darf nicht übersehen, dass die Gründe von Leistungseinschränkungen dieser Probanden weniger motorischer als vielmehr psychologischer Natur sind. Obwohl man erwarten würde, dass eine Tetraplegie zu einer weitaus geringeren beruflichen Wiedereingliederung führt, liegt der Unterschied zur Paraplegie nur bei 5 %.

Eine der möglichen Erklärungen liegt darin, dass die Behinderung von den Betroffenen nicht akzeptiert wird. Der Gutachter sollte auf Zeichen von Resignation, geringer Selbstzuversicht und auf Faktoren wie soziale Isolation oder Alkoholabusus achten. Die Hindernisse zur Umsetzung des verbliebenen Leistungsvermögens, also die oben genannten dysfunktionalen Einstellungen, sollten möglichst früh erkannt und durch Rehabilitation angegangen werden.

22.11 Nicht-traumatische spinale Erkrankungen

Unter sozialmedizinischen Aspekten sind die nicht-traumatischen Rückenmarkserkrankungen eine sehr gemischte Gruppe von Erkrankungen. Gemeinsam sind die Einschränkungen in der Mobilität und die Schädigung autonomer Funktionen, besonders der Blasenfunktionen, bei einigen. Die Prognose ist jedoch sehr unterschiedlich. Nach einer Meningeom-Entfernung bestehen oft keine Funktionseinschränkungen mehr, bei einer zervikalen Myelopathie sind die Aussichten nicht so günstig.

Es soll im Folgenden nur auf einige häufige nicht-traumatische Erkrankungen des Rückenmarks eingegangen werden.

22.11.1 Zervikale Myelopathie

Unter einer spondylotischen zervikalen Myelopathie versteht man eine Rückenmarksschädigung aufgrund degenerativer Wirbelsäulenveränderungen und einer gelegentlichen Verkalkung des hinteren Längsbandes. Eine der immer noch ungeklärten Fragen ist, warum die in der Bildgebung sichtbaren Veränderungen so wenig mit den klinischen Symptomen korrelieren. Immerhin haben 95 % aller Männer und 70 % aller Frauen im Alter von 60–65 Jahren degenerative Veränderungen der Halswirbelsäule (HWS). In einer Serie von 100 Patienten ohne jegliche HWS-Beschwerden wiesen im NMR-Bild 57 % eine Bandscheibenprotrusion und 26 % eine Einengung des Rückenmarks auf [69]. Der knöcherne zervikale Spinalkanal misst normal 16–18 mm in einer Röntgenseitaufnahme. In Höhe von C7 nimmt das Rückenmark 75 % des Durchmessers ein.

Durch die Kombination eines angeboren engen Spinalkanals mit degenerativen Vorwölbungen tritt eine Einengung des Rückenmarks auf, wobei meist eine Einengung unter 12 mm vorliegt. Das Leitsymptom ist eine zunehmende spastische Gangstörung. Wenn eine Bandscheibenvorwölbung auf eine Wurzel drückt, findet man eine Kombination einer radikulären mit einer spinalen Symptomatik. Der Verlauf ist bei 75 % eher schubartig, oft bleiben die Symptome stationär und 30 bis 50 % profitieren von einer konservativen rehabilitativen Behandlung. Bei Progredienz ist eine neurochirurgische Dekompression indiziert, deren Erfolgsrate liegt bei etwa 70 %. Zur Beurteilung der Ergebnisse wird zunehmend eine japanische Skala verwendet [82].

Für die sozialmedizinische Beurteilung ist im Auge zu behalten, dass nicht die NMR-Aufnahmen, die eher zu einer Überzeichnung der Einengung neigen, sondern die klinischen Ausfälle die Beurteilung bestimmen. Vielen Patienten würden Sorgen erspart bleiben, wenn nicht ein Arzt gesagt hätte, dass schon schwere Veränderungen an der Halswirbelsäule zu sehen seien. Solche iatrogenen Fehlinterpretationen sind praktisch nicht mehr zu revidieren. Nur bei wenigen Probanden kommt es zu einer Einschränkung der möglichen Gehstrecke auf unter 500 m.

Mehr ins Gewicht fallen die Schmerzen, die zu einer Einschränkung des quantitativen Leistungsvermögens für Tätigkeiten des allgemeinen Arbeitsmarktes führen können.

22.11.2 Lumbale Stenose

Das Pendant zur zervikalen Myelopathie ist die lumbale Stenose mit einem ähnlichen Pathomechanismus und einer ähnlichen Diskrepanz zwischen Bild und Klinik [64]. Die normale anterior-posteriore Weite des lumbalen Spinalkanals beträgt 15–25 mm, bei einer Stenose 5–10 mm. Am häufigsten sind die Höhen LWK 4/5 und LWK 3/4 betroffen. Als Komplikation tritt häufig eine Pseudospondylolisthesis auf, die dann zu einer erheblichen Kompression der austretenden Wurzeln führen kann. Die Symptome werden auch als neurogene Claudicatio bezeichnet: durch das Gehen nehmen Taubheit, Kribbeln und eine Schwäche in den Beinen zu. Erleichterung bringen das Sitzen und Beugen des Oberkörpers. Beim Fahrradfahren, z. B. auf dem Ergometer, spüren Patienten mit einer lumbalen Claudicatio eine Erleichterung, während die Schmerzen bei der arteriellen Verschlusskrankheit zunehmen; vgl. Kapitel 13. Der LASÈGUE-Test ist bei der lumbalen Stenose im Gegensatz zu einem Bandscheibenvorfall negativ. Die neurophysiologische Untersuchung kann in Ruhe normal und erst nach einer Gehstrecke auffällig sein.

Die Behandlung ist zunächst rehabilitativ-konservativ, solange keine Kauda-Symptomatik auftritt. Bei Progredienz der Symptome ist eine dekomprimierende Operation indiziert.

Für die sozialmedizinische Beurteilung ist von Bedeutung, dass die mögliche Gehstrecke bei einer lumbalen Stenose unter 500 m liegen kann. Manche Personen können aber, wie oben erwähnt, sich besser mit dem Fahrrad als zu Fuß fortbewegen. Eine überwiegend sitzende Tätigkeit kann für einen Versicherten mit lumbaler Stenose günstig sein. In der Leistungsbeurteilung ist auch das Ausmaß der Schmerzen zu berücksichtigen.

22.11.3 Andere nicht-traumatische spinale Erkrankungen

Die häufigsten Funktionsstörungen bei spinalen Erkrankungen sind spastische Gangstörungen, es folgen Schmerzen und Blasenentleerungsstörungen. Dabei macht es keinen wesentlichen Unterschied, worauf die spinale Schädigung beruht: auf einer nicht-erregerbedingten oder seltener erregerbedingten Myelitis. Am häufigsten wird man als Gutachter mit spinalen Symptomen einer Multiplen Sklerose befasst werden. Eine weitere Gruppe sind die spinalen Tumoren, meist gutartig wie die Meningeome. Bei einigen Erkrankungen wie der Syringomyelie oder der spastischen Spinalparalyse sind die pathologischen Mechanismen noch weitgehend ungeklärt. Jede neu aufgetretene Gangstörung mit zentralen Zeichen wie gesteigerten myotatischen Reflexen, auch wenn das BABINSKI-Zeichen nicht auslösbar ist, sollte neurologisch diagnostiziert werden. Einige Erkrankungen wie die spinalen Muskelatrophien und die Poliomyelitis betreffen nur die Vorderhornzellen und bieten daher das Bild schlaffer Paresen. Bei der amyotrophen Lateralsklerose findet man gleichzeitig Paresen und Zeichen der Schädigung der kortikospinalen langen Bahnen.

Die spastische Gangstörung kann leicht sein und sich nur bei Ermüdung zeigen, sie kann auch verbunden sein mit Störungen der sensiblen Afferenzen, so dass der Gang spastisch-ataktisch wird. Oft schildern die Patienten, dass sie leichter ins Stolpern geraten und als betrunken angesehen würden.

Gutachterlich sollte man bedenken, dass die Gangstörungen erst bei längeren Gehstrecken in Erscheinung treten können, also in der Untersuchungssituation eher harmlos erscheinen.

Rein sitzende Tätigkeiten können ungünstig sein, da ein Nicht-Benutzen auch ein Nicht-Üben bedeutet. In der Rehabilitation werden den Betroffenen neue Gangstrategien vermittelt, die sie dadurch in den Alltag umsetzen, dass sie sich voll auf das Gehen konzentrieren und sich ständig selbst korrigieren. Durch die kortikale Kontrolle wir also ein verbessertes Gangmuster automatisiert. Zyklische Bewegungen wie Radfahrbewegungen der Beine mindern häufig die Spastik. Ein kleines Pedalgerät unter dem Schreibtisch kann das ermöglichen. Eine Reihe von Personen mit spinalen Gangstörungen profitiert von jährlichen Rehabilitationsmaßnahmen, um die Progredienz aufzuhalten.

22.12 Kopfschmerzen

Am häufigsten hat der Gutachter mit Spannungskopfschmerzen, Migräne und medikamenteninduzierten Kopfschmerzen zu tun.

Von der Migräne zum Spannungskopfschmerz gibt es eine Übergangsgruppe, die chronische Migräne (transformed migraine). Diese ist gekennzeichnet durch täglichen Kopfschmerz über einen Monat lang mit einer Dauer von über vier Stunden täglich.

Die Kriterien des schmerzmittel-induzierten Kopfschmerzes sind

▷ Mindestens seit drei Monaten 50 g ASS pro Monat oder 100 Tabletten eines Mischpräparates

Aktivitäten, personaler Kontext	Migräne	Spannungskopfschmerz
Verhalten gegenüber Freunden	41	15
Beziehungen in der Familie	48	15
Veränderungen in der Sexualität	58	24
Angst vor neuen Attacken	42	25
Verminderung der Leistungen im Studium	63	24
Verminderte körperlich anstrengende Aktivitäten	17	6

Nach BIGAL et al., 2001 [5]
Tab. 22.16: Veränderungen in Aktivitäten und personalem Kontext bei Migräne und episodischem Spannungskopfschmerz

▷ Besserung langfristig nach Absetzen der Medikamente.

Chronische Kopfschmerzen können auch schon bei geringeren Dosen auftreten [17].

Die Kriterien für die Migräne sind in den Lehrbüchern zu finden. Wichtig ist die häufige Verbindung von Migräne mit einer Depression, beide zusammen können zu einer erheblichen Einschränkung der Leistungsfähigkeit im Erwerbsleben führen. Der Gutachter sollte daher die Anamnese nicht auf die Kopfschmerzen beschränken, sondern nach depressiven Symptomen und nach Einschränkung von Aktivitäten fragen.

Die Leistungsbeurteilung bei Probanden mit unterschiedlichen Formen chronischer Kopfschmerzen richtet sich nach Häufigkeit und Ausmaß der Kopfschmerzen und nach der Komorbidität. Eine Migräne oder ein Spannungskopfschmerz begründen in der Regel keine relevante Einschränkung der Leistungsfähigkeit im Erwerbsleben.

Die sogenannten zervikogenen Kopfschmerzen stellen keine eigene Gruppe dar und können auch keine Leistungseinschränkungen hinsichtlich der Körperhaltung begründen. Personen mit täglichen schweren Kopfschmerzen, bzw. einem chronischen medikamenteninduzierten Kopfschmerz können in ihrem Leistungsvermögen erheblich beeinträchtigt sein. Die Beurteilung richtet sich nach den Kriterien der Beurteilung von Schmerzpatienten (siehe Kapitel 25). Bei Probanden, bei denen die Kopfschmerzen von einer Depression begleitet oder ein Symptom der Depression sind, sind die Symptome der Depression bei der Leistungsbeurteilung zu berücksichtigen. Der Gutachter sollte möglichst früh auf Zeichen einer Chronifizierung achten und therapeutische Maßnahmen veranlassen.

22.13 Schwindel

Schwindel ist ein subjektives Symptom mit individueller Semantik [7]. Allgemein formuliert, bedeutet Schwindel die subjektive Wahrnehmung einer Instabilität im Raum. Oft wird Schwindel auch mit dem Empfinden von Benommenheit gleichgesetzt. Die Aufgabe des Gutachters ist also zunächst, eine Operationalisierung des Schwindels zu erhalten. Zu fragen ist also:

▷ Wie äußert sich der Schwindel?
▷ Wann tritt er auf?
▷ Wie lange dauert er?
▷ Was löst ihn aus?
▷ Haben Sie das Gefühl, es werde Ihnen schwarz vor den Augen und Sie würden ohnmächtig?
▷ Was macht die Umgebung? Dreht sie sich?
▷ Wie helfen Sie sich bei Schwindel?

Tabelle 22.17 auf der nächsten Seite gibt eine Übersicht über häufige Schwindelformen. Vielleicht wird man in dieser Aufstellung den zervikalen Schwindel vermissen. Es ist umstritten, ob es sich um eine eigenständige Schwindelform handelt oder ob der Schwindel nicht vielmehr gut mit dem Konzept der divergierenden Afferenzen zu erklären ist. Wenn die propriozeptiven Afferenzen der HWS andere Informationen zur Lage des Kopfes im Raum vermitteln als das Labyrinth und das visuelle System, kann das als Schwindel erlebt werden. Eine häufige klinische Beobachtung würde zu dieser Hypothese passen: Patienten berichten häufig, dass bei Über-Kopf-Arbeiten mit rekliniertem Hals, wie bei Aufhängen von Gardinen, ein Schwindel ausgelöst werde.

Etwa 30 % aller akuten Schwindelformen sind peripher-vestibulär ausgelöst. Die Diagnostik von peripher-vestibulären Schwindelformen ist nicht schwierig, wenn man eine gute Anamnese hat und Lagerungstests mit Hilfe der FRENZEL-Brille vornimmt. Die FRENZEL-Brille erlaubt dem Arzt die Augenmotilität zu beobachten, unterdrückt aber die Möglichkeit der Fixation des Blicks beim Patienten.

Die drei häufigsten peripher-vestibulären Schwindelformen sind:

1. Der häufigste ist der *benigne paroxysmale Lagerungsschwindel*. Er ist etwas „launisch", also nicht konstant reproduzierbar. Er wird durch Kopf- oder Körperbewegungen, auch Umdrehen im Bett ausgelöst und dauert bis zu einer Minute an. Bei der Seitenlagerung tritt ein Crescendo-Decrescendo-Drehschwindel auf, unter der FRENZEL-Brille beobachtet man einen rotatorischen Nystagmus zum untenliegenden Ohr. Die Ursache ist meist eine Canalithiasis, also loses Material meist im posterioren Bogengang. Durch Lagerungsmanöver kann man u. U. schon in einer Sitzung den Bogengang befreien, ansonsten ist ein spezielles Schwindeltraining notwendig [43]. Wenn man den typischen Schwindel ausgelöst hat, sind keine weiteren Untersuchungen notwendig.

2. *Neuronitis vestibularis*, eine wahrscheinlich entzündliche Affektion des N. vestibularis. Im Gegensatz zum Attackenschwindel dauert der Schwindel stunden- und tagelang an und wird durch Körperbewegungen verstärkt. Es besteht eine Fallneigung zur betroffenen Seite, der Nystagmus dagegen schlägt zur nicht-betroffenen Seite. Die kalorische Prüfung mit Nystagmographie zeigt eine einseitige Dysfunktion.

3. Bei der MENIÈRE-*Krankheit* ist die Trias aus (1) stürmischem Drehschwindel, (2) einseitigem Ohrenrauschen und (3) einer Hörminderung auf dem betroffenen Ohr zu fordern. Die Ursache ist ein Hydrops des Labyrinths.

Wenn Nachbarschaftssymptome von seiten des Hirnstammes vorhanden sind oder wenn es sich um eine sichtbare Störung der Okulomotorik handelt, ist die Diagnose nicht schwer. Einige Nystagmusformen, so

Typ des Schwindels	Beschreibung durch Patienten	Mechanismus	Häufige Ursachen	Diagnostik
Drehschwindel	Karussellgefühl, die Umgebung dreht sich	Dysbalance der vestibulären Signale	**Peripher:** Benigner paroxysmaler Lagerungsschwindel, akute einseitige Vestibulopathie, chronische bilaterale Vestibulopathie, Morbus MENIÈRE **Zentral:** Vertebrobasiläre Ischämie	Prüfung des vestibulären Systems, Untersuchung der vaskulären Risiken und der vertebrobasilären Durchblutung
Ohnmachtsähnlicher Schwindel	Schwarzwerden, als ob er gleich umkippe, Black-out	Globale zerebrale Minderdurchblutung	Kardiale Arrhythmien, Hyperventilation, vagovasale Synkope	Kardiovaskuläres System, Hyperventilation
Diffuser psychophysischer Schwindel, phobischer Schwankschwindel	Benommenheit, Unkonzentriertheit, Angst	Gestörte zentrale Integration	Angst, phobische Symptome, Depressivität	Psychiatrische Untersuchung
Dysequilibrium (Gleichgewichtsstörungen)	Gehen „wie betrunken", Gangunsicherheit, Fallneigung	Somatosensorische Koordination	Periphere Neuropathie, Kleinhirnataxie, subkortikale Gangstörung	

Tab. 22.17: Häufige Schwindelformen

ein vertikaler Nystagmus oder ein Blickrichtungsnystagmus, geben rasch den Hinweis auf eine Hirnstammläsion. Aber nicht immer sind die Symptome so klar.

Der *psychogene Schwindel* ist häufig. Er kann in der von BRANDT [8] beschriebenen Form eines phobischen Schwankschwindels auftreten, er kann auch als diffus geschilderte Benommenheit bei depressiven Störungen auftreten. Die Charakteristika des phobischen Attacken-Schwindels sind Schwankschwindel mit Gang- und Standunsicherheit, attackenartige Fallangst, keine Stürze, Auslösung durch Menschenansammlung und leere Räume, Autofahren. Oft findet sich in der Vorgeschichte eine vestibuläre Störung. Der neurologische Befund ist regelrecht. Dieser phobische Schwankschwindel lässt sich recht gut durch eine psychoedukative Therapie lindern, dabei werden die Patienten den Schwindelsituationen zunehmend stark ausgeliefert.

Sehr ungenau, mit verschiedenen Worten umschrieben werden die Schwindelformen bei depressiven Patienten: Leeregefühl im Kopf, Benommenheit, Unsicherheit.

Mit dem Modell der zentralen Integration verschiedener Afferenzen lassen sich auch die weiteren Schwindelformen erklären: Bei den Gleichgewichtsstörungen sind entweder die zentralen Reduktionsmechanismen, z. B. in Form einer Kleinhirnataxie, gestört oder die sensiblen Afferenzen ineffizient, z. B. bei einer Polyneuropathie. Schwindel bedeutet also ein ataktisches oder unsicheres Gangbild. Typisch ist die Zunahme der Instabilität bei verminderter visueller Kontrolle.

Bei den vagovasalen und kardialen Schwindelattacken handelt es sich um eine globale Minderdurchblutung des Gehirns, so dass in dem Moment auch keine Haltungsregulation mehr möglich ist.

Eine Reihe von Patienten mit Schwindelsymptomen nehmen langfristig Antivertiginosa ein, das können Präparate wie Sulpirid oder Antihistaminika sein. Die medikamentöse Therapie sollte sich auf die Akutphase beschränken.

Sehr vorsichtig sollte der Gutachter dem Probanden gegenüber mit Äußerungen über die Ursache des Schwindels sein. Der Befund einer schweren degenerativen Veränderung der Halswirbelsäule bedeutet keinesfalls, dass darin die Erklärung für einen Schwindel liegt. Für den Patienten kann eine solche Mitteilung bedeuten, dass es nicht in seiner Kontrolle steht, diesen Schwindel zu überwinden.

Sozialmedizinische Beurteilung

Eine Aussage dahingehend, dass ein Proband wegen „Schwindels" nicht mehr auf Leitern oder Gerüsten arbeiten dürfe, weist darauf hin, dass der Untersucher sich mit der Ätiologie der Schwindelsymptomatik nicht hinreichend auseinandergesetzt hat. Es sollte in jedem Einzelfall versucht werden, eine Zuordnung des Schwindels zu treffen. Als diagnostisches Instrument ist neben der klinischen Untersuchung die Posturographie geeignet. Sie setzt aber eine volle Kooperation des Untersuchten voraus, wenn sie aussagekräftig sein soll.

Bei der Verordnung von Rehabilitationsleistungen sollte gezielt eine vestibuläre Rehabilitation eingefordert werden. Dazu gehören beispielsweise Übungen, bei denen die Patienten zunächst im Sitzen kleine Kopfbewegungen, dann schließlich im Stehen und beim Gehen ausgeprägte Kopfbewegungen durchführen. Diese speziellen Programme sind evidenz-basiert [41]. Die Rehabilitationsfachkräfte sollten anhand der Befunde zu folgenden Fragen Stellung nehmen:

▷ Sicherheit beim Stehen und Gehen auf normalem Untergrund;
▷ Sicherheit auf schwankendem oder ungleichförmigem Untergrund;
▷ Sicherheit beim Arbeiten auf Leitern und Gerüsten;
▷ Sicherheit bei Überkopfarbeiten oder Tätigkeiten im Stand mit häufigen Kopfbewegungen;
▷ Sicherheit beim Bücken und Aufstehen.

Personen mit vertebrobasilären Ischämien zeigen meist noch weitere Hirnstammsymptome, besonders Störungen der Augenmotilität. Daher kommt für diese Personen keine Arbeit auf Gerüsten und in der Höhe in Frage, es sei denn, es liegt eine völlige Rückbildung und keine Rezidivgefahr vor. Patienten mit einem benignen paroxysmalen Lagerungsschwindel, die gut über die Erkrankung selbst informiert sind, können beim ersten Auftreten von Symptomen gefährdende Tätigkeiten abbrechen.

Die quantitative Leistungsfähigkeit für Tätigkeiten des allgemeinen Arbeitsmarktes ist in der Regel bei Probanden mit der Funktionsstörung Schwindel oder mit Gleichgewichtsstörungen nicht vermindert. Eine Ausnahme kann sich bei Probanden ergeben, bei denen der Schwindel mit einer depressiven Funktionsstörungen verbunden ist. Hier kann die depressive Symptomatik auch zu einer Einschränkung des zeitlichen Leistungsvermögens für Tätigkeiten des allgemeinen Arbeitsmarktes führen.

Literatur

[1] Aminoff MJ: Electrophysiological evaluation of root and spinal cord disease. *Semin Neurol* 22: 197–204, 2002.

[2] Appel S, Smith RG, Lal EC, Mosier DR, Haverkamp L: Amyotrophic lateral sclerosis. In: Evans RW, Baskin D, Yatsu FM (Hrsg.) *Prognosis in neurological disorders*, S. 513–522. New York: Oxford University Press, 2000.

[3] Arbeitskreis zur Verbesserung der Eingliederungschancen von Personen mit Epilepsie: Empfehlungen zur Beurteilung beruflicher Möglichkeiten von Personen mit Epilepsie. *Rehabilitation* 40: 97–110, 2001.

[4] Bach JR: *Guide to the evaluation and mangement of neuromuscular disease.* Philadelphia: Hanley and Belfus, 1999.

[5] Bigal ME, Bigal JM, Betti M, Bordini CA, Speciali JG: Evaluation of the impact of migraine and episodic tension-type headache on the quality of life and performance of a university student population. *Headache* 41: 710–719, 2001.

[6] Borg GA: Psychophysical basis of perceived exertion. *Med Sci Sports Exerc* 14: 377–381, 1982.

[7] Brandt T: *Vertigo: Its multisensory syndromes.* London: Springer, 2. Auflage, 1999.

[8] Brandt T, Dieterich M: Phobischer Attacken-Schwankschwindel – Ein neues Syndrom. *Münch Med Wschr* 128: 247–250, 1986.

[9] Brassinger JC, Marsh NV: Neuropsychological aspects of multiple sclerosis. *Neuropsychol Rev* 8: 43–77, 1998.

[10] Broderick J, Brott T, Duldner JE, Tomsick T, Huster G: Volume of intracerebral hemorrhage. A powerful and easy-to-use predictor of 30-day-mortality. *Stroke* 24: 987–993, 1993.

[11] Bullinger M, Ware KKJ: Der deutsche SF-36 Health Survey. Übersetzung und psychometrische Testung eines krankheitsübergreifenden Instruments zur Erfassung der gesundheitsbezogenen Lebensqualität. *Z Gesundheitswiss* 2: 21–36, 1995.

[12] Chae J, Kilgore K, Triolo R, Creasey G: Functional neuromuscular stimulation in spinal cord injury. *Phys Med N Amer* 11: 209–226, 2000.

[13] Compston A, Coles A: Multiple Sclerosis. *Lancet* 359: 1221–1231, 2002.

[14] Damiano AM, McGrath MM, Willian MK, Snyder CF, LeWitt PA, PF PFR, Richter RR, Means ED: Evaluation of a measurement strategy for Parkinson's disease: assessing patient health-related quality of life. *Quality of Life Research* 9: 87–100, 2000.

[15] Delank HW, Gehlen W: *Neurologie.* Stuttgart: Enke, 8. Auflage, 1999.

[16] Deyo RA, Weinstein JN: Low back pain. *N Engl J Med* 344: 363–370, 2001.

[17] Dieher HC: Neues bei Kopfschmerzen. *Aktuelle Neurologie* 28: 399–403, 2001.

[18] Eissler KR: Die Ermordnung von wievielen seiner Kinder muß ein Mensch symptomfrei ertragen können, um eine normale Konstitution zu haben? *Psyche* 25: 255–268, 1963.

[19] Ellenberg MR, Ross ML, Honet JC, Schwartz M, Chodoroff G, Enochs S: Prospective evaluation of the course of disc herniations in patients with proven radiculopathy. *Arch Phys Med Rehabil* 74: 3–8, 1993.

[20] Erichsen JE: On railway and other injuries of the nervous system. London, 1866. Zitiert in: E. Fischer-Homberger, Die traumatische Neurose, S. 16. Bern: Hans Huber, 1975.

[21] Fahn S, Elton RL, Members of the UPDRS Development Committee: Unified Parkinson's rating scales. In: Masur H (Hrsg.) *Skalen und Scores in der Neurologie*, S. 311–318. Stuttgart: Thieme, 1998.

[22] Foldvary NR, Wyllie E: Epilepsy. In: Evans RW, Baskin DS, Yatsu FM (Hrsg.) *Prognosis of neurological disorders*, S. 623–627. New York: Oxford University Press, 2000.

[23] Fries W, Wilkes F, Wissel H (Hrsg.): *Fahreignung bei Krankheit und Verletzung.* München: Zuckschwerdt Verlag, 2002.

[24] Frohman EM, Zimmerman CF, Frohman TC: Neuroophthalmic signs and symptoms. In: Burks JS, Johnson KP (Hrsg.) *Multiple Sclerosis*, S. 341–375. New York: Demos, 2000.

[25] Frommelt P: Neuer Wein in alten Schläuchen: Klassische Reflexe und Untersuchungsmethoden neu entdecken. In: Hacke W, Hennerici M, Diener HC, Felgenhauer K, Wallesch CW, Busch E (Hrsg.) *Neurologie*, S. 67–69. Stuttgart: Thieme, 2002.

[26] Frommelt P, de Langen E: ICIDH und Funktionale Selbständigkeitsmessung. In: Mathesius RG, Jochheim KA, Barolin GS, Heinz C (Hrsg.) *Internationale Klasifikation der Schädigungen, Fähigkeitsstörungen und Beeinträchtigungen (ICIDH)*, S. 125–142. Wiesbaden: Ullstein-Mosby, 1995.

[27] Frommelt P, Grötzbach H (Hrsg.): *NeuroRehabilitation.* 2. Auflage, 2003. Im Druck.

[28] Garcia LJ, Laroche C, Barrette J: Work integration issues go beyond the nature of the communication disorder. *J Communication Disorders* 35: 197–211, 2002.

[29] Gerdes N, Jäckel WH: Der IRES-Fragebogen für Klinik und Forschung. *Rehabilitation* 31: 73–79, 1995.

[30] Glader EL, Stegmayr B, Asplund K: Poststroke Fatique : A 2-year follow up of stroke patients in Sweden. *Stroke* 33: 1327–1333, 2002.

[31] Groves MD, Levin VA: Neoplasms. In: Evans RA, Baskin DS, Yatsu FM (Hrsg.) *Prognosis of neurolgical disorders*, S. 429–457. New York: Oxford University Press, 2. Auflage, 2000.

[32] Guilmette T, Hart K, Giuliano A: Malingering detection: The use of a forced-choice procedure. *Clin Neuropsychologist* 7: 59–69, 1993.

[33] Hallett M: NINDS myotatic reflex scale. *Neurology* 43: 2723, 1993.

[34] Hesse S, Schmidt H, Sorowka D, Werner C, Konrad M, Bardeleben A: Automatisierte motorische Rehabilitation. Ein neuer Trend. *Neurol Rehabil* 8: 80–83, 2002.

[35] Hinckley JJ: Vocational and social outcomes of adults with chronic aphasia. *J Comm Disord* 35: 563–565, 2002.

[36] Hogan JC, Fleischman EA: An index of the physical effort required in human task performance. *J Appl Psychol* 64: 197–204, 1979.

[37] Hop JWS, Rikel GJ, Algra A, van Gijn J: Quality of life in patients and partners after aneurysmal subarachnoid hemorrhage. *Stroke* 29: 798–804, 1998.

[38] Horn P: *Nervöse Erkrankungen nach Eisenbahnunfällen*. Bonn: A. Marcus und E. Webers Verlag, 2. Auflage, 1913.

[39] Janda V: *Muskelfunktionsprüfung*. Berlin: VEB Verlag Volk und Gesundheit, 1959.

[40] Kolominsky-Rabas P: Epidemiologie des Schlaganfalls. In: Hamann GF, Siebler M, Scheidt Wv (Hrsg.) *Schlaganfall*, S. 25–45. Landsberg: Ecomed, 2002.

[41] Krebs DE, Gill-Body K, Riley PO, Parker SW: Double-blind, placebo-controlled trial of rehabilitation for bilateral vestibular hypofunction: Preliminary report. *Otolaryngol Head Neck Surg* 109: 735–741, 1993.

[42] Kreutzer JS, Sander AM, Witol AD: Das unterstützte Beschäftigungsmodell: Berufliche Reintegration nach traumatischer Hirnschädigung. In: Frommelt P, Grötzbach H (Hrsg.) *NeuroRehabilitation*, S. 610–627. Berlin: Blackwell-Wissenschaft, 1999.

[43] Lempert T: *Wirksame Hilfe bei Schwindel*. Stuttgart: Thieme-TRIAS, 1999.

[44] Lezak M: *Neuropsychological Assessment*. Oxford: Oxford University Press, 3. Auflage, 1995.

[45] Louis ED, Barnes L, SM SMA, et al.: Correlates of functional disability in essential tremor. *Mov Disord* 16: 914–920, 2001.

[46] Macht M, Ellgring H: *Psychologische Interventionen bei der Parkinson-Krankheit*. Stuttgart: Kohlhammer, 2003.

[47] Mahoney FL, Barthel CW: Functional evaluation: The Barthel Index. *Maryland State Med J* 14: 61–65, 1965.

[48] Masur H (Hrsg.): *Skalen und Scores in der Neurologie*. Stuttgart: Thieme, 1995.

[49] Masur H (Hrsg.): *Skalen und Scores in der Neurologie*. Stuttgart: Thieme, 2. Auflage, 2001.

[50] Mathiowetz V, Matuska KM, Murphy ME: Efficacy of an energy conservation course for persons with multiple sclerosis. *Arch Phys Med Rehabil* 82: 449–456, 2001.

[51] May TW, Pfäfflin M: Evaluating comprehensive care: description of the PESOS and its psychometric properties. In: Pfäfflin M, Fraser RT, Thorbecke R, Specht U, Wolf P (Hrsg.) *Comprehensive care for people with epilepsy*, S. 319–340. Eastleigh: John Libbey, 2001.

[52] Mayo NE: Epidemiology and recovery of stroke. *Phys Med Rehab* 12: 355–366, 1998.

[53] McDonald JW, Sadowsky C: Spinal-cord injury. *Lancet* 359: 417–425, 2002.

[54] Medawar P: Memoir of a thinking radish. In: Kapur N (Hrsg.) *Injured brains of medical minds*, S. 283–289. Oxford: Oxford University Press, 1997.

[55] Medical Research Counsil (Hrsg.): *Aids to the examination of the peripheral nervous system*. Memorandum No. 45. London: Her Majesty's Stationary Office, 1976.

[56] Mertin I, Vaney C: Rehabilitation bei Multipler Sklerose. In: Frommelt P, Grötzbach H (Hrsg.) *NeuroRehabilitation*. 2003. Im Druck.

[57] Miller H: Accident Neurosis Lecture I & II. BMJ I 919–925, II 992–998, 1961.

[58] Mohr DC, Cox D: Multiple Sclerosis: empirical literature for the clincal health psychologist. *J Clin Psychol* 57: 479–499, 2001.

[59] Nachemson AL: Newest knowledge of low back pain. *Clin Orthopaed Rel Res* 279: 8–20, 1992.

[60] Noble BJ, Robertson RJ: *Perceived exertion*. Illinois: Champaig, 1996.

[61] Oppenheim H: *Der Fall N. Ein weiterer Beitrag zur Lehre von den traumatischen Neurosen*. Berlin: Karger, 1896.

[62] Powell GE, Wood RL: Assessing the nature and extent

of neurobehavioral disability. In: Wood RL, McMillan TM (Hrsg.) *Neurobehavioral disability and social handicap following traumatic brain injury*, S. 65–90. Hove: Psychology Press, 2001.

[63] Ried F, Goercke E, Specht U, Thorbecke R, Wohlfahrt R: *Modulares Schulungsprogramm Epilepsie*. München: Sanofi-Winthrope, 1998.

[64] Rittenberg ID: Lumbosacral spinal stenosis. *Phys Med Rehabil Clin N Am* 14: 1–161, 2003.

[65] Roosen N, Kline DG: Peripheral nerve injury. In: Evans RW, Baskin DS, Yatsu FM (Hrsg.) *Prognosis of neurological disorders*, S. 394–428. New York: Oxford University Press, 2000.

[66] Saeki S: Disability management after stroke: Its medical aspects for workplace accomodation. *Disabil Rehabil* 22: 578–582, 2000.

[67] Sbordone RJ: Ecological Validity: Some critical issues for the neuropsychologist. In: Sbordone RJ, Long CJ (Hrsg.) *Ecological validity of neuropsychological testing*, S. 15–42. Delray Beach, Fl: GR Press, 1996.

[68] Schmidt D, Elger C: *Praktische Epilepsiebehandlung*. Stuttgart: Thieme, 2002.

[69] Schmidt MH, Quinones-Hinojosa A, Rosenberg WS: Cervical myelopathy associated with degenerative spine disease and ossification of the posterior longitudinal ligament. *Semin Neurol* 22: 143–148, 2002.

[70] Specht U, Thorbecke T: Epilepsie. In: Frommelt P, Grötzbach H (Hrsg.) *NeuroRehabilitation*. Berlin: Blackwell-Wissenschaft, 2. Auflage, 2003. Im Druck.

[71] Sternberg RJ, Spear-Swerling L: Personal navigation. In: Ferrari M, Sternberg RJ (Hrsg.) *Self-awareness*, S. 232. New York: Guilford Press, 1998.

[72] Stover LS, Apple DF, Donovan WH, Ditunno JF: Standards für neurologische und funktionelle Klassifikationen von Rückenmarksverletzungen. New York: American Spinal Injury Association, 1992. In: Masur H (Hrsg.) *Skalen und Scores in der Neurologie*. Stuttgart: G. Thieme, 1995.

[73] Strub RL, Black FW: *The mental status examination in neurology*. Philadelphia: FA Davis, 1985.

[74] Sweet JJ: Malingering: Differential diagosis. In: Sweet JI (Hrsg.) *Forensic neuropsychology*, S. 255–285. Lisse: Swets & Zeitlinger, 1999.

[75] Sylvain JR, Andary MT: Disability isssues with carpal tunnel syndrome. *Phys Med Clin N Amer* 12: 695–708, 2001.

[76] Waddell G: *The back pain revolution*. Edinburgh: Churchill-Livingstone, 1998.

[77] Warlow CP, Dennis MS, Gijn Iv, Hankey GJ, Sandercock PAG, Bamford JM, Wardlaw JM: *Stroke – A practical guide*. London: Blackwell, 2001.

[78] Widder B: Kriterien zur Leistungsbeurteilung bei Schmerzpatienten. In: Suchenwirth RMA, Ritter G, Widder B (Hrsg.) *Neurologische Begutachtung bei inadäquaten Befunden*, S. 16–25. Ulm: Fischer, 1997.

[79] Wolf P: Non-pharmacological conservative management. In: Pfäfflin M, Fraser RT, Thorbecke R, Specht U, Wolf P (Hrsg.) *Comprehensive care for people with epilepsy*, S. 45–50. Eastleigh: John Libbey, 2001.

[80] Wolf P, Mayer T, Specht U, Thorbecke R, Boenigk HE, Pfäfflin M: *Berufliche Aspekte. Praxisbuch Epilepsie*. Stuttgart: Kohlhammer, 2003.

[81] Wood RL, McMillan TM (Hrsg.): *Neurobehavioral disability and social handicap following traumatic brain injury*, S. 65–90. Hove: Psychology Press, 2001.

[82] Yonenobu K, Abumi K, Nagata K, Taketomi E, Ueyama K: Interobserver and intraobserver reliability of the Japanese Orthopaedic Association scoring system for evaluation cervical compression myelopathy. *Spine* 26: 1890–1894, 2001.

[83] Zerwic JI, Ennen K, Devon HA: Stroke – Risks, recognition and return to work. *Amer Ass Occup Health Nurs J* 50: 354–359, 2002.

[84] Zimmermann C, Hohlfeld R: Ermüdung bei Multipler Sklerose. *Nervenarzt* 70: 566–574, 1999.

23 Psychische und Verhaltensstörungen

Klaus Foerster (23.4 bis 23.6), Wolfgang Weig (23.2, 23.3, 23.7 bis 23.9)

Psychische und Verhaltsstörungen wirken sich – mehr noch als andere Erkrankungen, die lediglich körperliche Funktionen beeinträchtigen – auf mögliche Aktivitäten und eine mögliche Teilhabe der Betroffenen aus. Neben krankheitsbedingten Störungen von Aktivität und Teilhabe kommt häufig als negativer Kontextfaktor eine ablehnende Haltung der Umwelt gegenüber Menschen mit psychischen oder Verhaltensstörungen hinzu.

23.1 Allgemeines

Für die Beurteilung der Leistungsfähigkeit bei psychischen oder Verhaltensstörungen ist Wissen um Anforderungen, gerade psychomentale Anforderungen an bestimmten Arbeitsplätzen sowie für Tätigkeiten auf dem allgemeinen Arbeitsmarkt, von besonderer Bedeutung. Nur dann kann der Gutachter die Frage, inwieweit die Leistungsfähigkeit des Probanden für die zuletzt ausgeübte Tätigkeit bzw. Tätigkeiten des allgemeinen Arbeitsmarktes beeinträchtigt ist, adäquat beantworten.

23.1.1 Diagnostik

Kernstück der psychiatrischen Diagnostik ist die Erhebung eines ausführlichen psychopathologischen Befundes. Dieser Befund sollte in möglichst differenzierter Form erhoben und dokumentiert werden. Es bietet sich hier die Verwendung des Manuals zur Dokumentation psychiatrischer Befunde (AMDP-System, 1995) an, das – wenn möglich – durch weitere Kategorien ergänzt werden sollte. Die im *Arbeitskreis operationalisierte psychodynamische Diagnostik* entwickelten Achsen stellen ein differenziertes Modell zur Erfassung relevanter psychischer Dimensionen dar, das mit dem diagnostischen System der ICD-10 kompatibel ist.

Anamnese

Zur Erfassung und Einordnung von psychischen und Verhaltensstörungen ist die ausführliche Anamneseerhebung von großer Bedeutung. Neben einer Eigenanamnese, auch unter biographischen Gesichtspunkten, kann die Erhebung einer Fremdanamnese weitere wichtige Aufschlüsse über die diagnostische Einordnung und auch zur Leistungsfähigkeit von Versicherten geben. Versicherte mit psychischen oder Verhaltensstörungen neigen teilweise zur Dissimulation. Es können psychopathologische Auffälligkeiten dann nur über fremdanamnestische Angaben bei der Beurteilung der Leistungsfähigkeit berücksichtigt werden.

Körperliche Untersuchung

Zu jeder psychiatrischen Begutachtung gehört auch eine körperliche Untersuchung des Probanden durch den Gutachter. Hier können sich Hinweise auf behandelbare und prinzipiell reversible körperliche Grunderkrankungen als Ursache für die psychischen bzw. Verhaltensstörungen ergeben.

Bei Hinweisen auf leistungsrelevante körperliche Erkrankungen wird eine zusätzliche Begutachtung auf dem jeweiligen Fachgebiet erforderlich werden, allerdings nur, wenn hieraus leistungsrelevante Ergebnisse zu erwarten sind.

Psychischer Befund

Der psychische Befund ist Grundlage jeder Leistungsbeurteilung von Versicherten mit psychischen oder Verhaltensstörungen.

Die Feststellung von Einschränkungen im Leistungsbild ist ohne ein im Querschnittsbefund oder Verlauf eindeutig darstellbares psychopathologisches Äquivalent nicht begründbar.

Der psychopathologische Befund ist in möglichst differenzierter Form zu erheben und zu dokumentieren. Hierzu gehört nach der Schilderung des Ersteindrucks eine ausführliche phänotypische Beschreibung, die der Individualität des Betroffenen gerecht werden muss und zugleich hinsichtlich der Gegenübertragung zu kontrollieren ist.

Diese deskriptive Darstellung, die keine wertenden oder deutenden Elemente enthalten darf, sollte eine angemessene, bündige und bildhafte Vorstellung des Untersuchten vermitteln.

Folgende Bereiche sind für die Beurteilung des quantitativen und qualitativen Leistungsvermögens, der Prognose, der Behandlungs- und Rehabilitationsbedürftigkeit sowie der Rehabilitationsfähigkeit von besonderem Interesse.

Orientierung Die Orientierung zur Zeit, zum Ort, zur Situation und zur Person ist immer zu überprüfen. Orientierungsstörungen bedingen in aller Regel eine Aufhebung des Leistungsvermögens.

Antrieb Das Vorhandensein eines ausreichenden Antriebs ist Voraussetzung dafür, dass ein Proband überhaupt zur Erfüllung gezielter Aufgaben in der Lage ist. Eng verbunden hiermit ist der Begriff der Vitalität. Störungen des gezielten Antriebs bzw. der Intentionalität sind sowohl innerhalb als auch außerhalb der Untersuchungssituation zu beobachten. Hinweise können sich auch aus Anamnese und Fremdanamnese ergeben. Bei bestimmten Erkrankungen (z. B. dementielle Abbauprozesse, Psychosen) sind unter Umständen Störungen des Antriebs zu beobachten, die eine Minderung der zeitlichen Leistungsfähigkeit bedingen können. Es finden sich aber auch Antriebsstörungen von derartiger Ausprägung, dass eine Tätigkeit gar nicht erst aufgenommen werden kann und damit die Leistungsfähigkeit aufgehoben ist.

Auffassung, Aufmerksamkeit, Konzentrationsfähigkeit Als Auffassungsstörung wird die Störung der Fähigkeit, Wahrnehmungen in ihrer Bedeutung zu begreifen und sinnvoll miteinander zu verbinden, im weiteren Sinne auch in den Erfahrungsbereich einzubauen, bezeichnet. Störungen der Auffassung, der Aufmerksamkeit bzw. der Konzentrationsfähigkeit wirken sich im allgemeinen auf Güte und Tempo der zu leistenden Arbeit aus. Die Aufmerksamkeits- bzw. Konzentrationsfähigkeit kann grundlegend gestört sein oder aber im Zeitverlauf abnehmen (Ermüdung). Je nach Ausprägungsgrad wird sich eine Einschränkung der zeitlichen Leistungsfähigkeit oder eine Einschränkung der qualitativen Leistungsfähigkeit allein ergeben. Bei der Überprüfung der Aufmerksamkeit ist zwischen Fokussierung der Aufmerksamkeit, Beibehaltung der Aufmerksamkeit, Verschiebung der Aufmerksamkeit und geteilter Aufmerksamkeit zu unterscheiden. Diese Differenzierung muss im Rahmen der Exploration und Verhaltensbeobachtung durch den Gutachter erfolgen und kann ggf. durch den Einsatz neuropsychologischer Verfahren zur Leistungsdiagnostik ergänzt werden.

Flexibilität Flexibilität ist die Fähigkeit, sich bei wechselnden Anforderungen rasch geistig umzustellen und bei Problemlösungen von einer Strategie auf die andere wechseln zu können. Anhaltspunkte für Einschränkungen ergeben sich aus der Exploration und können ggf. durch entsprechende testpsychologische Verfahren objektiviert werden.

Höheres Alter allein bedingt keine Minderung der Flexibilität.

Gedächtnis Gedächtnis bezieht sich auf die Fähigkeit der Aufnahmespeicherung und auf den Abruf von Informationen.

Die Merkfähigkeit bezeichnet die Fähigkeit, sich frische Eindrücke über eine Zeit von ca. zehn Minuten zu merken. Bei leichten Störungen der Merkfähigkeit können von drei einmal dargebotenen und vom Probanden wiederholten Zahlen oder Begriffen nur noch eine oder zwei spontan erinnert werden; bei schweren Merkfähigkeitsstörungen werden die drei Zahlen oder Begriffe nach zehn Minuten auch mit Hilfestellung nicht wiedererkannt.

Als Gedächtnis wird die Fähigkeit bezeichnet, Eindrücke oder Erfahrungen längerfristig (länger als ca. zehn Minuten) zu speichern bzw. Erlerntes aus dem Gedächtnis abzurufen. Das Gedächtnis wird auf der Zeitachse aufgeteilt in das eher labile Frischgedächtnis (bis etwa sechzig Minuten) und das eher stabile Altgedächtnis (Erinnerung an weiter zurückliegende Erfahrungen).

Gedächtnisstörungen werden in aller Regel im Rahmen der Anamneseerhebung deutlich; dies gilt insbesondere für Störungen des Altgedächtnisses. Störungen des Frischgedächtnisses beeinträchtigen die Leistungsfähigkeit häufig so erheblich, dass eine Tätigkeit gar nicht mehr möglich ist. Einschränkungen durch Störungen des Frischgedächtnisses können sich auch auf der qualitativen Ebene abbilden. Zur Objektivierung stehen standardisierte testpsychologische Verfahren ergänzend zur Verfügung.

Formales Denken Denkabläufe können in Bezug auf Geschwindigkeit, Kontrolle, Organisation und Produktivität gestört sein. Formale Denkstörungen beeinflussen grundsätzlich die kognitiven Fähigkeiten des Probanden. Treten formale Denkstörungen bei Probanden mit psychotischen Störungen auf, führen sie vor dem Hintergrund der Desorganisation der Denkabläufe häufig zu einer Einschränkung der quantitativen Leistungsfähigkeit. Bei depressiven Erkrankungen, insbesondere bei chronisch depressiven Störungen, bedingen die hier bestehenden formalen Denkstörungen vor dem Hintergrund einer Verarmung des Denkens eher eine Einschränkung der qualitativen Leistungsfähigkeit.

Inhaltliches Denken Störungen des inhaltlichen Denkens (z. B. Wahn) sind in ihren Auswirkungen auf die Leistungsfähigkeit im Einzelfall zu betrachten. Isolierte Wahninhalte müssen das Leistungsvermögen nicht unbedingt beeinträchtigen. Über möglicherweise bestehende qualitative Einschränkungen hinaus kann es, insbesondere bei stark affektiv besetzten Wahninhalten, auch zu quantitativen Leistungseinschränkungen kommen.

Affektivität Störungen der Affektivität, zu denen Einschränkungen der Gefühle, Stimmungen, Emotionalität, Schwingungsfähigkeit oder Befindlichkeit zählen, wirken sich vorrangig auf die zeitliche Leistungsfähigkeit aus. Die Grenzen zwischen gesundem Erleben und Psychopathologie ist in diesem Bereich allerdings besonders unscharf. Das quantitative Leistungsvermögen kann insbesondere bei schwerer Depressivität, Ängstlichkeit oder erheblichen Insuffizienzgefühlen eingeschränkt sein, obwohl Diskrepanzen zwischen subjektiver Bewertung und objektiv bestehender Leistungsfähigkeit nicht selten sind. Bei stärkerer Ausprägung der jeweiligen Symptomatik ist aber auch von qualitativen Beeinträchtigungen des Leistungsvermögens auszugehen. Diese Störungen – z. B. im Rahmen von Zwangskrankheiten oder bei einer Agoraphobie als Ausdruck einer Angsterkrankung – müssen sich nicht immer im unmittelbaren Querschnittsbefund äußern, sondern sind gelegentlich erst über eine differenzierte Längsschnittbetrachtung erfassbar.

Weitere relevante psychische Dimensionen

Von Bedeutung für die Einschätzung der Leistungsfähigkeit können darüber hinaus zusätzliche Kategorien innerhalb des psychischen Befundes sein:

So sind insbesondere bei somatoformen Störungen das Krankheitsverständnis und das Selbsterleben der Betroffenen auf der psychovegetativen Ebene zu beschreiben. Die somatoforme Symptomatik – z. B. als psychovegetative Funktionsstörung – spiegelt sich hier deutlich in der Befunddarstellung wider. Neben dem subjektiven Krankheitserleben und der Krankheitseinsicht können auch Introspektionsfähigkeit, Psychogeneseverständnis und Veränderungsmotivation sowie krankheitsfixierende Einstellungen oder persönliche Grundhaltungen einen wichtigen Beitrag zur Beurteilung des quantitativen und qualitativen Leistungsvermögens liefern. Das gleiche gilt für einen möglicherweise vorhandenen sekundären Krankheitsgewinn oder eine eventuelle Regressionsneigung. Zu bedenken sind auch die verfügbaren persönlichen Ressourcen

z. B. in Form von perfektionistischem Leistungsanspruch, Pflichtgefühl, Durchsetzungsvermögen, Konfliktfähigkeit oder Selbstwirksamkeit. Ein reduziertes Selbstwertgefühl oder eine verminderte interne Kontrolle bei der Ursachenattribuierung („schicksalhaftes Erleben") ist dagegen den individuellen Risikofaktoren zuzurechnen.

Die psychiatrisch-psychotherapeutische Erfahrung spricht insgesamt dafür, dass vor allem die oben beschriebenen Auffälligkeiten bei Antrieb, Auffassung, Flexibilität, Gedächtnis sowie formalem und inhaltlichem Denken zu einer Einschränkung der zeitlichen und qualitativen Belastbarkeit führen. Auch die übrigen Dimensionen des psychischen Befundes manifestieren sich letztendlich in ihren Auswirkungen auf das Leistungsvermögen auf diesen Ebenen.

Testpsychologische Untersuchungen

Als Ergänzung zur psychiatrisch-psychotherapeutischen Befunderhebung stehen testdiagnostische Verfahren zur Verfügung, die im Rahmen der klinischen Psychologie sowie der Arbeits-, Betriebs- und Organisationspsychologie entwickelt wurden.

Es handelt sich überwiegend um persönlichkeits- und leistungsdiagnostische Instrumente. Eine sinnvolle Durchführung und Auswertung ist in allen Fällen an die Mitarbeit der Probanden gebunden, auch wenn bei einzelnen Testsystemen eine Plausibilitätsprüfung eingeschlossen ist. Die Auswahl der testpsychologischen bzw. apparativen Untersuchungen ist abhängig von der jeweiligen Problemsituation. Hinsichtlich der psychometrischen Qualität müssen die drei primären Gütekriterien standardisierter Testverfahren (Objektivität, Reliabilität, Validität) erfüllt sein. Entscheidend bei der Anwendung ist die kritische Gewichtung, Interpretation und Wertung der ermittelten Testergebnisse im Zusammenhang mit den übrigen Einzelbefunden.

Durch den Einsatz testdiagnostischer Verfahren kann die Aussagekraft der sozialmedizinischen Beurteilung im Einzelfall deutlich erhöht werden. Hierfür sind spezifische Erfahrungen und Kompetenz unabdingbar. Eine objektive Befunderhebung und ein statistischer Vergleich mit unterschiedlichen Bezugsgruppen ist u. a. für folgende Bereiche möglich:

▷ Gedächtnis (verbale, visuell-räumliche, numerale Merkfähigkeit; Wiedererkennung-Reproduktionsleistung; Spanne des Arbeitsgedächtnisses, Langzeitgedächtnis)

▷ Wahrnehmung und Visomotorik; Denk- und Problemlösefähigkeit

▷ Umstellungsfähigkeit als kognitiver Stil, Interferenzfreiheit, Verarbeitungskapazität, Bearbeitungsgeschwindigkeit z. B. bei geistiger Tempoarbeit

▷ Allgemeines Wissen, verbales (= kristallines, überwiegend bildungsabhängiges) intellektuelles Leistungsniveau

▷ Allgemeine intellektuelle Leistungsfähigkeit

▷ Einstellung und Interessen, Überzeugung und Krankheitsbewältigungsstil

▷ Persönlichkeitsfaktoren und -strukturen, Selbstkonzept

▷ Angst und Depressivität

Neben verschiedenen Screening-Methoden zur orientierenden Prüfung sind auch umfassende, modular aufgebaute Testsysteme im Einsatz, die z. T. an größeren Probandengruppen normiert wurden. Die meisten Verfahren liegen mittlerweile in computergestützter Version vor. Bei spezifischen Fragestellungen muss ggf. auf neuropsychologische Zusatzuntersuchungen zurückgegriffen werden.

23.1.2 Begutachtungskriterien

Komorbidität muss selbstverständlich genauso wie körperliche Erkrankungen in der Beurteilung der Leistungsfähigkeit berücksichtigt werden. Faktoren wie praemorbide Persönlichkeit oder Krankheitsbewältigung sowie soziale Kompetenz und soziale Integration gehen als Kontextfaktoren in die Beurteilung der Funktionsstörungen bzw. der Teilhabestörungen und insbesondere in die Prognose und die Indikation zu Reha-Maßnahmen ein.

23.1.3 Sozialmedizinische Beurteilung

Maßgebend für die Beurteilung des Leistungsvermögens im Erwerbsleben ist – wie in anderen Fachgebieten auch – nicht allein die Diagnose, sondern die konkrete Symptomatik beim einzelnen Patienten. Ohne eindeutig auffälligen psychopathologischen Befund ist daher eine Leistungsminderung nicht zu begründen. Funktionelle Einschränkungen sind für die Rentenversicherung nur dann relevant, wenn sie sich auf die berufliche Leistungsfähigkeit auswirken.

23.2 Organisch bedingte psychische Störungen

Psychische Störungen infolge einer definierten körperlichen Erkrankung werden in Abschnitt F00–F09 der ICD-10 als *organische, einschließlich symptomatischer psychischer Störungen* bezeichnet [8]. Allen organischen psychischen Störungen liegt eine zerebrale Funktionsstörung zugrunde, die bei den symptomatischen Störungen im Gefolge einer Erkrankung anderer Organsysteme (z. B. hepatische Enzephalopathie bei Leberzirrhose) entsteht. Unterschieden werden vier psychopathologische Syndrome: Demenz, amnestisches Syndrom, Delir sowie Persönlichkeits- und Verhaltensstörungen; hinzu kommt eine Restkategorie sonstiger oder nicht näher bezeichneter psychischer Störungen (Tabelle 23.1). Ausgenommen sind psychische und Verhaltensstörungen durch psychotrope Substanzen (F1); vgl. hierzu Kapitel 24.

23.2.1 Allgemeines

Alle organisch bedingten psychische Störungen sind primär psychopathologisch definiert. Darüber hinaus erfordern die Diagnosen Delir, amnestische Störung und organische Persönlichkeitsstörung (Wesensänderung) den Nachweis einer adäquaten Grunderkrankung, wogegen dieser bei der Demenz und den sonstigen organischen psychischen Störungen einschließlich der leichten kognitiven Störung nicht zwingend ist. Hier ist nach Ausschluss einer Grunderkrankung die Annahme einer cerebralen Funktionsbeeinträchti-

F00	Demenz bei ALZHEIMER-Krankheit
F01	Vaskuläre Demenz
F02	Demenz bei andernorts klassifizierten Krankheiten
F03	Nicht näher bezeichnete Demenz
F04	Organisches amnestisches Syndrom, nicht durch Alkohol oder andere psychotrope Substanzen bedingt
F05	Delir, nicht durch Alkohol oder andere psychotrope Substanzen bedingt
F06	Andere psychische Störungen aufgrund einer Schädigung oder Funktionsstörung des Gehirns oder einer körperlichen Krankheit
F07	Persönlichkeits- und Verhaltensstörung aufgrund einer Krankheit, Schädigung oder Funktionsstörung des Gehirns
F09	Nicht näher bezeichnete organische oder symptomatische psychische Störung

Tab. 23.1: Organische, einschließlich symptomatischer psychischer Störungen

gung gerechtfertigt, welche sich klinisch gängigen Untersuchungsmethoden entzieht.

Diagnostik

Die Diagnostik organischer psychischer Störungen verläuft zweigleisig. Einerseits ist das psychopathologische Syndrom einzugrenzen, andererseits die auslösende körperliche Erkrankung nachzuweisen.

Psychische Diagnostik Eine organische psychische Störung wird nach psychopathologischen Kriterien diagnostiziert. Besondere Bedeutung kommt der Fremdanamnese zu, da entsprechende Veränderungen etwa bei einer Demenz den Bezugspersonen häufig stärker auffallen als dem Betroffenen selbst. Von den psychopathometrischen Verfahren eignen sich der Mini Mental Status Test (MMST) und der Syndrom-Kurztest (SKT) zum Nachweis bzw. Ausschluss einer Demenz, einer amnestischen Störung oder eines Delirs. Das strukturierte Interview und das Nürnberger Altersinventar (NAI) eignen sich zur weiteren Abgrenzung der Demenz vom ALZHEIMER-Typ, der Multi-Infarkt-Demenz sowie von Demenzen anderer Ätiologie (FIDAM). Neuropsychologische Testbatterien erlauben eine subtilere Diagnostik. Verlaufsbeobachtung und Testwiederholung helfen bei der Diagnosesicherung und bei der Beurteilung der Prozessdynamik.

Somatische Diagnostik Psychopathologie und Psychopathometrie belegen meist hinreichend genau die organische Verursachung einer psychischen Störung. Sie besagen aber – mit seltenen Ausnahmen – nichts über die zugrundeliegende körperliche Erkrankung. Bei jeder vom klinischen Bild organisch wirkenden Störung ist daher eine somatische Diagnostik notwendig, die hauptsächlich neurologische (Kapitel 22) und internistische Krankheitsbilder umfasst. Umgekehrt finden sich bei Patienten mit körperlichen Erkrankungen nicht selten organische psychische Störungen, die im Rahmen einer Begutachtung nicht übersehen werden dürfen.

Sozialmedizinische Beurteilung

Bekanntlich sind Beeinträchtigungen von Aktivität und Partizipation zwingende Diagnosekriterien für die Demenz, das organische amnestische Syndrom und die organische Persönlichkeitsstörung. Dementsprechend wirken sich organische psychische Störungen praktisch immer auf Aktivität und Teilhabe aus.

Bei einer leichten kognitiven Störung oder Demenz hängt das Leistungsvermögen stark von Kontextfaktoren ab: In einer übersichtlichen, stabilen Umgebung mit hilfreichen Bezugspersonen können meist alltägliche Verrichtungen und leichte Erwerbstätigkeiten ohne besondere Anforderungen an die kognitiven Funktionen selbständig ausgeübt werden. Dagegen führen ungünstige Umgebungsbedingungen rasch zur Dekompensation. Personen mit einem hohen prämorbiden Leistungs- und Anspruchsniveau, z. B. in akademischen Berufen und in verantwortungsvollen Positionen, sind ihren Aufgaben häufig schon bei einer leichten kognitiven Störung nicht mehr gewachsen. Selbstbeobachtung und depressive Reaktion auf die erlebte Insuffizienz verschlechtern die Situation in einer therapeutisch kaum zu beeinflussenden Weise. In diesen Fällen kann eine Minderung des zeitlichen Leistungsvermögens für Tätigkeiten des allgemeinen Arbeitsmarktes vorliegen.

Bei schwerer ausgeprägten Formen der Demenz, des amnestischen Syndrom sowie bei schwereren chronifizierten (6 Monate bestehenden) sonstigen organischen Störungen wird in der Regel ebenfalls eine Aufhebung des Leistungsvermögens auf dem allgemeinen Arbeitsmarkt anzunehmen sein.

Organische Persönlichkeits- und Verhaltensstörungen führen weniger über eine kognitive Beeinträchtigung als über ständige soziale Konflikte zu einer kaum beeinflussbaren Teilhabestörung. Tätigkeiten „im stillen Kämmerlein" ohne Anforderungen an die Kommunikation bleiben mitunter längere Zeit erhalten.

23.2.2 Einzelne Krankheitsbilder

Demenz (F00–F03)

Die Demenz ist charakterisiert durch eine Abnahme von Gedächtnis (erst Neugedächtnis, dann Altgedächtnis) und kognitiven Fähigkeiten wie Urteils- und Planungsfähigkeit, Organisations- und Informationsverarbeitung. Hinzu kommen Störungen der Affektkontrolle, des Antriebs und des Sozialverhaltens, die durch mindestens eines der Symptome emotionale Labilität, Reizbarkeit, Apathie oder Vergröberung des Sozialverhaltens gekennzeichnet sind. Auch sogenannte Werkzeugfunktionen (z. B. Aphasie, Agnosie, Apraxie) können beeinträchtigt sein. Eine Bewusstseinstrübung muss ausgeschlossen werden.

Für die Diagnose wird eine Beeinträchtigung der täglichen Aktivitäten durch Gedächtnisverlust und Abnahme kognitiver Fähigkeiten sowie eine Mindestdauer der Symptomatik von 6 Monaten gefordert. Zusätzliche Symptome – etwa Wahn, Halluzinationen oder depressive Verstimmung – sollen registriert werden. Dabei ist darauf zu achten, dass bei der Demenz wie auch bei anderen organisch begründeten psychischen Störungen vielfältige psychopathologische Symptome auftreten und vordergründig andere psychiatrische Erkrankungen (wie Schizophrenie, Depression, Angststörung) imitieren können. Eine wichtige Differenzialdiagnose ist die *Pseudodemenz* schwerer Depressionen, die durch Denkhemmung und Antriebsverminderung eine Demenz vortäuschen kann. Diagnostisch entscheidend sind die charakteristischen demenziellen Symptome, die bei den anderen Erkrankungen fehlen.

Bekannte Ursachen sind: Morbus ALZHEIMER, vaskuläre Demenz, Morbus PARKINSON, CREUTZFELDT-JAKOB-Krankheit, Demenz ausgelöst durch HIV; schließlich verbleiben die „nicht näher bezeichnete Demenzen", womit die ICD-10 solche meint, die auf einer bisher unbekannten oder nicht andernorts klassifizierten Erkrankung beruhen.

Demenzen sind vor Vollendung des 60. Lebensjahres selten mit einer Prävalenz von ca. 0,1 %. Zwischen 60 und 90 Jahren verdoppelt sich die Rate alle fünf Jahre. An einer fortgeschrittenen Demenz leiden 4–8 % der über 65jährigen und jeder dritte über 85 Jahre [14]. Trotz gewisser Erfolge der neueren Antidementiva ist eine langfristig wirksame Behandlung nicht bekannt. Schlüssige Rehabilitationskonzepte liegen nicht vor. Sinnvolles Ziel könnte beispielsweise das Hinausschieben der Pflegebedürftigkeit sein.

Organisches amnestisches Syndrom (F04)

Hier handelt es sich um relevante Störungen des Kurzzeitgedächtnisses verbunden mit Beeinträchtigungen des Langzeitgedächtnisses bei Fehlen einer Störung des Immediatgedächtnisses (der unmittelbaren Wiedergabe, geprüft zum Beispiel durch Zahlen nachsprechen), einer Bewusstseinstrübung und anderer Symptome der Demenz. Ein objektiver und/oder anamnestischer Nachweis einer adäquaten Gehirnerkrankung wird gefordert. Häufig, aber nicht immer, sind zusätzliche Merkmale wie Konfabulationen und Mangel an Einsichtsfähigkeit vorhanden (sogenanntes KORSAKOW-Syndrom). Amnestische Syndrome durch Alkohol oder psychotrope Substanzen werden gesondert klassifiziert. Die Prognose des organischen amnestischen Syndroms ist zweifelhaft und hängt von der Grunderkrankung ab.

Delir (F05)

Leitsymptom des Delirs ist die Bewusstseinstrübung, d. h. eine verminderte Klarheit der Umgebungswahrnehmung, verbunden mit einer Beeinträchtigung von kognitiven Fähigkeiten, Psychomotorik und Schlaf-Wach-Rhythmus. Hinzu kommen affektive und Wahrnehmungsstörungen (v. a. optische Halluzinationen). Die Symptomatik wechselt im Tagesverlauf rasch. Häufigste Ursache ist das Alkoholentzugssyndrom (Abschnitt 24.2.2), das die ICD-10 unter Abschnitt F10 einordnet. Delirien können aber auch im Rahmen eines Schlaganfalls, bei subduralem Hämatom, akuter Pankreatitis, akuten Intoxikationen etc. auftreten.

Delirien verlaufen in aller Regel kurzfristig reversibel und haben abhängig von der Grunderkrankung eine eher günstige Prognose [22]. Eine sozialmedizinische Beurteilung ist erst nach Abklingen des Delirs möglich und richtet sich vorwiegend nach den Folgen der Grunderkrankung.

Persönlichkeits- und Verhaltensstörungen auf organischer Grundlage (F07)

Psychische Störungen, die vordergründig dem Bild einer Persönlichkeitsstörung (Abschnitt 23.7) entsprechen, kommen auch bei somatisch definierten Hirnerkrankungen vor. Sie sind meist gekennzeichnet durch emotionale Labilität, Euphorie und inadäquaten Affekt, Reizbarkeit oder Apathie. Denken und Sprechen sind häufig durch Umständlichkeit, Zähflüssigkeit und Begriffsunschärfe gekennzeichnet. Eine Behandlung ist nur symptomatisch durch psychopharmakologische Interventionen möglich. Verlauf und Prognose hängen von der Grunderkrankung ab.

Andere psychische Störungen aufgrund einer Schädigung oder Funktionsstörung des Gehirns oder einer körperlichen Krankheit (F06)

Psychopathologische Syndrome, die im Gewand anderer Störungsbilder wie Schizophrenie, affektive Störungen oder neurotische Störungen auftreten, können eine organische Ursache haben. Namentlich aufgeführt werden die Halluzinose, die katatone Störung, wahnhafte Störung, affektive Störung, Angststörung, dissoziative Störung und emotional labile (asthenische) Störungen. Die Diagnose kann hier nur durch den objektiven Nachweis einer adäquaten cerebralen Funktionsstörung oder endokrinen Störung gestellt werden. Wiederum werden Alkohol und andere psychotrope Substanzen abgegrenzt und gesondert behandelt.

Eine Sonderstellung im Rahmen der sonstigen psychischen Störungen nimmt die *leichte kognitive Störung* (F06.7) ein. Störungen des Gedächtnisses, der Aufmerksamkeit oder Konzentration, des Denkens, der Sprache und der visuell-räumlichen Funktion, die in ihrem Schweregrad unterhalb der Schwelle der Diagnose einer Demenz, eines organischen amnestischen Syndroms oder eines Delirs bleiben, werden hier diagnostisch eingeordnet. Die Beurteilung des Leistungsvermögens orientiert sich am Ausmaß der psychopathologischen Auffälligkeiten.

23.3 Schizophrene Störungen

Wegen ihres Auftretens in jüngeren Jahren, des chronischen Verlaufs und der volkswirtschaftlichen Auswirkungen ist die Schizophrenie wohl eine der sozialmedizinisch bedeutsamsten Erkrankungen. Für die Entwicklung psychiatrischer Konzepte und Strategien spielte sie eine zentrale Rolle. Der Begriff Schizophrenie wurde von EUGEN BLEULER [4] eingeführt. Eine erste operationale Beschreibung der für die Schizophrenie charakteristischen Symptome findet sich in den „Symptomen ersten und zweiten Ranges" bei KURT SCHNEIDER [34].

23.3.1 Allgemeines

Die ICD-10 fasst in der Gruppe F20–F29 von *Schizophrenie, schizotype und wahnhafte Störungen* zusammen (vgl. Tabelle 23.2). Neben der Schizophrenie im engeren Sinne geht es dabei einerseits um psychische Störungen, die der Schizophrenie psychopathologisch ähnlich und verwandt sind, die Diagnosekriterien jedoch nicht erfüllen (unter anderem *unterschwellige Störungen*) und zum anderen die *schizoaffektive Störung* [8].

Begutachtungskriterien

Bei Versicherten mit schizophrenen Störungen finden sich sowohl im Quer- als auch im Längsschnitt in unterschiedlichem Ausmaß erhebliche Störungen des

F20	Schizophrenie
F21	Schizotype Störung
F22	Anhaltende wahnhafte Störungen
F23	Akute vorübergehende psychotische Störungen
F24	Induzierte wahnhafte Störung
F25	Schizoaffektive Störungen
F28	Sonstige nichtorganische psychotische Störungen
F29	Nicht näher bezeichnete nichtorganische Psychose

Tab. 23.2: Schizophrenie, schizotype und wahnhafte Störungen

Denkens, der Kognition und des Affekts, der Wahrnehmung und des Antriebs. Das Ausmaß dieser psychopathologischen Auffälligkeiten ist für die Beurteilung sowohl des qualitativen als auch des quantitativen Leistungsvermögens maßgeblich. Aus den psychopathologischen Auffälligkeiten ergeben sich bei Versicherten mit schizophrenen Störungen Aktivitätseinschränkungen, häufig auch Teilhabestörungen. Auch in erscheinungsfreien Intervallen können durch Reaktionsbildungen der Betroffenen oder ihrer Umgebung Beeinträchtigungen der Aktivitäten bzw. der Teilhabe resultieren.

23.3.2 Schizophrenie

Symptomatik

Für die Diagnose Schizophrenie spricht das Vorliegen bestimmter Symptome (siehe Tabelle 23.3) kontinuierlich über mindestens einen Monat hinweg. Die sichere Beurteilung der Symptome ist schwierig und sollte dem psychiatrisch Erfahrenen vorbehalten bleiben. Falsch positive Beurteilungen kommen durch die Verkennung kulturell oder subkulturell beeinflusster Ausdrucksweisen, realer Beeinträchtigungserlebnisse, übersteigerter Affekte z. B. im Rahmen einer manischen Episode oder auch geminderter Intelligenz vor. Da der Schizophrenie ähnliche Symptome auch durch organische Grunderkrankungen sowie durch psychotrope Substanzen hervorgerufen werden können, sind solche Einflüsse durch eine sorgfältige Anamnese und Untersuchung auszuschließen.

1. *Eines der Merkmale:*
1.1 Gedankenlautwerden, Gedankeneingebung, Gedankenentzug, Gedankenausbreitung
1.2 Kontrollwahn; Beeinflussungswahn; Gefühl des Gemachten; Wahnwahrnehmung
1.3 Kommentierende oder dialogische (bei K. SCHNEIDER auch imperative) Stimmen
1.4 Anhaltender kulturell unangemessener, bizarrer Wahn
2. *Zwei der Merkmale:*
2.1 Anhaltende Halluzinationen (täglich während eines Monats)
2.2 Neologismen, Gedankenabreißen, Zerfahrenheit
2.3 Katatone Symptome
2.4 „Negativsymptome" wie Apathie, Affektverflachung
3. *Ausschlusskriterien:*
3.1 Affektive Grundstörung
3.2 Organische oder substanzinduzierte Ursache

Tab. 23.3: Pathognomonische Symptome für Schizophrenie

Subtypen

Traditionell wird die Schizophrenie in psychopathologisch definierte Subtypen eingeteilt. ICD-10 kennt die *paranoide Schizophrenie* (Vorherrschen von Wahn oder Halluzinationen), die *hebephrene Schizophrenie* (vorwiegend verflachter und inadäquater Affekt), die *katatone Schizophrenie* (vorwiegend psychomotorische Störungen, wie sinnlose motorische Aktivität, Haltungsstereotypien, Negativismus, kataleptische Starre, Stupor).

Andererseits werden *postschizophrene Depressionen*, *schizophrenes Residuum* mit vorwiegender „Negativsymptomatik" (siehe unten) und *Schizophrenia simplex* (bei der sich schleichend Persönlichkeitsveränderungen und Negativsymptomatik entwickeln, ohne dass jemals „produktive Symptome" auftreten) unterschieden. Die Aussagekraft der Einteilung in diese Subtypen ist umstritten, prädiktiver Wert und sozialmedizinische Relevanz sind wohl eher als gering einzuschätzen. Lediglich der Feststellung eines schizophrenen Residuums kommt in diesem Zusammenhang Bedeutung zu.

Eine andere Einteilung wurde von ANDREASEN vorgeschlagen und zwar die in *positive* (oder produktive) *Symptome* wie Halluzinationen, Wahn, formale Denkstörungen, bizarres Verhalten und andererseits *negative Symptome* wie Sprach- und Affektverarmung, Aufmerksamkeitsstörungen, Apathie und Anhedonie (Unfähigkeit Lust und Freude zu empfinden). Wenn sich auch die Hypothese unterschiedlicher Schizophrenietypen – gekennzeichnet durch das Vorwiegen der einen oder anderen Symptomgruppe – nicht halten ließ, bleibt die Einteilung doch bedeutsam: die Funktionseinbuße, letztlich die Behinderung aufgrund der Krankheit Schizophrenie ist stärker vom Ausmaß der Negativsymptomatik als von demjenigen der vordergründig imponierenderen Produktivsymptomatik abhängig.

Verlauf

Der Verlauf der Schizophrenie ist durch verschiedene Langzeitstudien relativ gut bekannt. Bereits vor der ersten klinischen Manifestation und der Inanspruchnahme spezifischer Hilfesysteme bestehen in der Regel über mehrere Jahre zunächst unspezifische Symptome. Der langfristige Verlauf der Erkrankung ist individuell sehr variabel, wobei allerdings optimistische Einschätzungen früherer Studien bei Anwendung eines engen Schizophreniebegriffes wie der ICD-10-Definition nicht haltbar sind. In den entsprechenden Studien waren fünf Jahre nach erster Manifestation der Erkrankung nur etwa zehn Prozent der Patienten psychopathologisch unauffällig und hatten keine weitere Episode erfahren. In der langfristigen Kölnstudie blieben 7 % der Untersuchten symptomfrei, wobei nach langjährigem Verlauf etwa die Hälfte der Betroffenen eine reine Negativsymptomatik, etwa ein Drittel eine gemischte Positivsymptomatik und Negativsymptomatik und nur eine Minderheit eine reine Positivsymptomatik aufwies. Der soziale Ausgang der Schizophrenie war günstiger als es diese Daten erwarten lassen und entsprach in etwa der altbekannten Drittelregel: ein Drittel ungünstige Verläufe mit Ausprägung einer schwerwiegenden Behinderung, ein Drittel wechselnde Verläufe mit zeitweiligen Krankheitsepisoden und wiederholter Rehospitalisierung, aber Aufrechterhaltung eines zumindest zeitweise ausreichenden sozialen Funktionsniveaus, ein Drittel günstiger Verlauf mit nur geringer Beeinträchtigung der sozialen Teilhabe. Als günstige prognostische Faktoren erwiesen sich dabei weibliches Geschlecht, höheres Alter bei der Ersterkrankung (mit dem Geschlecht korreliert, was auf protektive Funktion des Östrogens zurückgeführt wurde), ungestörte prämorbide Persönlichkeit, gute prämorbide soziale Anpassung, günstige soziale Rahmenbedingungen sowie Vorliegen einer partnerschaftlichen Bindung und ungestörte sexuelle Entwicklung vor der Erkrankung. Psychopathologisch waren ein schleichender Beginn schon zu Anfang der Erkrankung, vorliegende Negativsymptomatik, akustische Halluzinationen und längeres Prodromalstadium ungünstig. Dagegen sprachen affektive Symptome und situative Auslöser der Erstmanifestation für eine gute Prognose [17].

Die Prognose der Schizophrenie ist getrübt durch die bei dieser Krankheit gegebene hohe Suizidgefahr. Die Suizidmortalität schizophrener Patienten liegt um das 20fache bis 50fache höher als in der Allgemeinbevölkerung.

Epidemiologie

Die Lebenszeitprävalenz der Erkrankung, wird in der Größenordnung von etwa 1 % angegeben, wobei sich in unterschiedlichen Kulturen keine nennenswerten Unterschiede finden. Das durchschnittliche Prädilektionsalter für den Ausbruch der Erkrankung liegt bei Männern bei 21, bei Frauen bei 26 Jahren. Überwiegend beginnen Schizophrenien zwischen der Pubertät und dem dreißigsten Lebensjahr. Das Intelligenzniveau und andere psychische oder körperliche Erkrankungen beeinflussen das Schizophrenierisiko nicht.

Ätiologie

Ätiologie und Pathogenese der Schizophrenie sind bis heute nicht restlos aufgeklärt. Eine Fülle von Befunden liegt jedoch vor, sie lässt darauf schließen, dass genetische Faktoren für die Entstehung der Erkrankung hohe Bedeutung haben. Daneben werden embryonale, peri- und postnatale subtile Hirnschädigungen einerseits, psychosoziale Einflussfaktoren wie ungünstige Familienstruktur, frühe Traumatisierung etc. anderseits angeschuldigt, zu einer „Vulnerabilität" beizutragen, die sich neurobiologisch in Strukturen/Funktionen des Gehirns, aber auch psychologisch beschreiben lässt. Bei Hinzutritt äußerer Stressoren und Versagen von Copingstrategien kommt es dann zu akuten psychotischen Dekompensationen. Abhängig von inneren und äußeren Gegebenheiten und der Behandlung ergibt sich der langfristige Verlauf. Die vielfältig miteinander interagierenden Einflüsse wurden in dem „Vulnerabilitäts-Stress-Coping-Kompetenzmodell" zusammengefasst [37].

Die aktuelle biologische Forschung zu Entstehung und Verlauf der schizophrenen Symptomatik konzentriert sich vor allem auf die Ebene der Biochemie des Hirnstoffwechsels, wobei derzeit die Vorstellung eines „Ungleichgewichtes der Neurotransmitter" mit einem relativen Überwiegen des Dopamineinflusses führend ist.

Differenzialdiagnostik

Die Diagnose der Schizophrenie wird psychopathologisch gestellt, wichtig ist die Abgrenzung zu organischen Hirnerkrankungen sowie substanzinduzierten Störungen. Eine sorgfältige Abgrenzung ist auch gegenüber affektiven Störungen notwendig: definitionsgemäß sind Phänomene wie Wahn und Denkstörungen der affektiven Störung zuzuordnen, wenn sie im Rahmen ihres Verlaufes auftreten und der Grundstimmung folgen (Katathymie). Wegen der günstigeren Prognose affektiver Störungen ist diese Unterscheidung bedeutsam.

Komorbidität

Zu diesem Thema zunächst einige allgemeine Bemerkungen: Der Vorrang rein deskriptiver atheoretischer Diagnosen im ICD-10 führt zu der Tendenz, Symptome getrennt voneinander zu sehen und viel häufiger als bisher üblich Komorbiditäten zu beschreiben. Von der Einführung neuartiger Systeme zur Leistungsabrechnung in der Krankenversorgung (Fallpauschalen) wird der Trend verstärkt in der Meinung, die Zahl der Diagnosen verbessere die Leistungsbewertung. In dieser Situation sollte die notwendige Unterscheidung nicht verloren gehen.

Unter Komorbidität im eigentlichen Sinn ist nur das Auftreten von zwei oder mehr unabhängigen Diagnosen zu verstehen, deren Kriterien jeweils vollständig erfüllt sind. Dabei können beide Diagnosen wirklich zufällig gleichzeitig auftreten oder es kann ein Zusammenhang insofern bestehen, als das Vorliegen der einen Störung das Auftreten der anderen begünstigt oder beiden gemeinsam innere oder äußere konstellierende Faktoren zu Grunde liegen. Hiervon zu unterscheiden ist das Auftreten einer **symptomatischen Störung** als unmittelbare Folge oder Begleiterscheinung eines einheitlichen Krankheitsbildes, die nicht mit einer Zweitdiagnose zu bewerten ist. Schließlich sind in diesem Zusammenhang unerwünschte Wirkungen der Therapie – unerwartet und mehr oder weniger unvermeidbar oder als Folge therapeutischer Fehlentscheidungen – zu berücksichtigen. Im Fach Psychiatrie geht es dabei nicht ausschließlich um unerwünschte Medikamentenwirkungen, sondern auch um negative Effekte von Psychotherapie und um Milieuschäden bei Hospitalisierung. All das sollte differenziert beschrieben und nicht unreflektiert in Diagnosekonvolute übersetzt werden.

Bezogen auf die Schizophrenie heißt das, dass sowohl affektive Symptome im Rahmen der Schizophrenie als auch für Schizophrenie markante Symptome wie Wahn bei affektiven Störungen vorkommen und eine sorgfältige Differenzialdiagnose erfordern. Von Komorbidität kann hier keine Rede sein. Ebenso ist per definitionem die Komorbidität einer Schizophrenie mit einer organisch begründeten psychischen Störung weitgehend ausgeschlossen – die Symptome wären hier anders einzuordnen.

Dagegen kommt die Komorbidität der Schizophrenie mit schädlichem Gebrauch oder Abhängigkeit von psychotropen Substanzen, insbesondere Alkohol, Cannabis, Opiaten sowie der gemischten Einnahme verschiedener psychotroper Substanzen (Polytoxikomanie) häufiger vor, wobei in den letzten Jahren eine Zunahme beobachtet wird. Dies dürfte auf die bessere Zugängigkeit der Drogen, aber auch die Entwurzelung und Überforderung mancher Patienten in Zeiten der Deinstitutionalisierung zurückzuführen seien. Unterschiedliche Theorien über den Zusammenhang zwischen (primärer) Schizophrenie und (sekundärem) Substanzmissbrauch wurden diskutiert, etwa im Sinne eines missglückten Selbstbehandlungsversuches von Symptomen der Schizophrenie oder des Versuches der Antagonisierung der Neuroleptika. Festzustellen ist jedenfalls, dass die *Doppeldiagnose Psychose und Sucht* eine schwerwiegende Komplikation der Erkrankung darstellt und die Prognose verschlechtert. Sie erfordert zur wirksamen Behandlung komplexe Therapieansätze unter Berücksichtigung beider Komponenten.

Auch die Komorbidität der Schizophrenie mit Persönlichkeitsstörungen wird beobachtet, wobei die Abgrenzung schwierig ist. Auch hier ist mit zusätzlichen Komplikationen und einer Verschlechterung der Prognose zu rechnen.

Behandlung

Neben kaum zu beeinflussenden genetischen Bedingungen und Umweltfaktoren entscheidet die frühzeitig eingeleitete, konsequent durchgeführte und optimal individuell angepasste Therapie über den Langzeitverlauf und die sozialen Auswirkungen der chronischen Krankheit Schizophrenie. Als erwiesen kann gelten, dass die konsequente medikamentöse neuroleptische Behandlung in individuell angepasster Dosierung, d. h. unter möglichster Vermeidung relevanter unerwünschter Nebenwirkungen, die Basis jeder Schizophreniebehandlung ist. Der Vorteil der sogenannten atypischen Neuroleptika für Compliance und Prognose aufgrund günstigerer Wirkungs-, Nebenwirkungsrelationen, besserer subjektiver Verträglichkeit und günstigerer Wirkung auf die Negativsymptomatik ist mit einigen Argumenten behauptet worden, das letzte Wort hierzu ist noch nicht gesprochen. Neuroleptika wirken (mit Ausnahme der nach Ausschöpfung aller Strategien wie Wechsel der Wirksubstanz, Dosisanpassung und Kombinationstherapie verbleibenden relativ geringen Zahl von Nonrespondern) günstig auf die produktive, in wesentlich geringerem Umfang auf die negative Symptomatik. Durch Studien hinreichend belegt ist, dass die Kombination mit psychosozialen Therapieverfahren und zwar insbesondere einer gezielten bewältigungsorientierten Verhaltenstherapie, psychoedukativen Trainingsprogrammen, Einbezug der relevanten Bezugspersonen im Sinne einer psychoedukativ orientierten Angehörigentherapie sowie Soziotherapie günstigere Ergebnisse bringt als die medikamentöse Behandlung alleine, andererseits aber auch nur in Verbindung mit der Basismedikation hinreichend wirksam ist. Soziotherapie wird hier nicht in dem engen Sinne verstanden, in dem sie neuerdings vom SGB V in das ambulante Behandlungsangebot eingeführt wurde, sondern umfasst alle von sozialen Rahmenbedingungen und Alltagshandlungen ausgehenden Therapieformen, wie Milieugestaltung, Casemanagement und Ergotherapie. Dagegen konnte ein günstiger Einfluss tiefenpsychologisch orientierter Psychotherapie bei Schizophrenie nicht belegt werden [5].

Rehabilitation

Während in der Vergangenheit bei schwereren Verlaufsformen der Schizophrenie langfristige oder sogar dauerhafte Hospitalisierung die Regel war, ist die mittlere Verweildauer in stationärer Behandlung während einer akuten schizophrenen Episode inzwischen auf etwa 40 Tage zurückgegangen. In vielen Fällen reicht diese Zeit nicht aus, um Krankheitsbewältigung zu ermöglichen, psychoedukative Verfahren wirksam werden zu lassen und eine berufliche Wiedereingliederung vorzubereiten. Für viele Betroffene ist eine Teilhabe am Leben der Gesellschaft, insbesondere auch an beruflicher Tätigkeit ohne besondere Rehabilitationsmaßnahmen nicht möglich. In der Vergangenheit gab es kein für die Zielgruppe geeignetes rehabilitatives Angebot, auch heute ist die Zahl der Schizophrenerkrankten, die an Rehabilitationsmaßnahmen teilnehmen, in Anbetracht der Bedeutung und im Vergleich zu anderen chronischen Störungsbildern noch sehr gering.

Für die komplexen Bedürfnisse psychisch Kranker, insbesondere aber schizophren Erkrankter im Bereich der Rehabilitation wurde ein eigener Einrichtungstyp – die Rehabilitationseinrichtung für psychisch Kranke und Behinderte (RPK) – geschaffen, die innerhalb einer einheitlichen Maßnahme unter Vermeidung des Wechsels von Bezugspersonen und Konzepten die erforderliche medizinische berufliche und ergänzende psychosoziale Rehabilitation ermöglicht. Die Kosten werden je nach gesetzlicher Zuständigkeit im Einzelfall aufgrund einer gemeinsamen Empfehlungsvereinbarung von den Trägern der gesetzlichen Rentenversicherung, der gesetzlichen Krankenversicherung und von der Arbeitsverwaltung übernommen. In der Bundesrepublik Deutschland existiert inzwischen ein System von RPK-Einrichtungen, das allerdings noch regionale Lücken aufweist. Die Maßnahmedauer beträgt durchschnittlich 1,5 Jahre für den gesamten Rehabilitationsverlauf. Die Rehabilitation kann in etwa 70% der Fälle erfolgreich abgeschlossen werden im Sinne einer Verbesserung der Krankheitsbewältigung, der Ermöglichung eines selbständigen Lebens, aber auch der Vermittlung in eine angemessene berufliche Tätigkeit. Dass neben der primär anzustrebenden Eingliederung im allgemeinen Arbeitsmarkt vermehrt auch Alternativen wie Integrationsbetriebe oder besondere Werkstätten für psychisch Behinderte gesucht werden müssen, hängt weniger vom erreichten Funktionsniveau der Rehabilitationsteilnehmer ab, als vielmehr von den Gegebenheiten des Arbeitsmarktes, in dem bei struktureller Arbeitslosigkeit ein Verdrängungswettbewerb herrscht. Durch die weiterhin hohe Stigmatisierung, die mit der Diagnose Schizophrenie verbunden ist, wird die Einstellung auch bei gegebener guter Leistungsfähigkeit nicht selten verhindert. Integrationsbemühungen bei Abschluss der Rehabilitationsmaßnahme und langfristigen, gegebenenfalls lebenslangen psychosozialen Begleitmaßnahmen kommt hier große Bedeutung zu [16].

Neben den RPK-Einrichtungen bieten auch andere Einrichtungen der medizinischen und beruflichen Rehabilitation wie Berufsbildungswerke, Berufsförderungswerke, berufliche Trainingszentren und freie Initiativen Rehabilitationsmaßnahmen für Schizophren Erkrankte an. In neuerer Zeit sind mancherorts besondere Angebote für komorbid an Schizophrenie und Substanzabhängigkeit Erkrankte entstanden.

Auskunft über Möglichkeiten psychiatrischer Rehabilitation in der jeweiligen Region erteilen sozialpsychiatrische Verbünde und sozialpsychiatrische Dienste vor Ort, für die RPK-Einrichtungen auf Bundesebene die Bundesarbeitsgemeinschaft Rehabilitation für psychisch Kranke (BAG-RPK).

Sozialmedizinische Beurteilung

Schizophrenie ist eine schwerwiegende, meist chronisch verlaufende Erkrankung, die bei einem Grossteil der Betroffenen (bis 90 %) zu deutlichen und längerfristigen Funktionseinbußen in den Bereichen kognitive Leistung, emotionale Stabilität und Kommunikationsfähigkeit führt und dadurch die soziale Teilhabe erheblich gefährdet. Das Ausmaß der individuellen Behinderung ist jedoch variabel und stark von äußeren Faktoren wie Reaktion der Umgebung, äußere Unterstützung, angemessene Anforderungen (Überforderung wirkt sich ebenso schädlich aus wie Unterforderung), nicht zuletzt von der Qualität der Behandlung und Rehabilitation abhängig. Prognostische Kriterien für den Ausgang der Krankheit im Einzelfall liegen zwar vor (s. o.), bieten aber keine ausreichende Sicherheit. Einschränkungen des Funktionsniveaus müssen daher aktuell im Einzelfall nach ICF ermittelt und in angemessenen Zeitabständen (spätestens alle drei Jahre) fortgeschrieben werden. Eine konkret auf die Anforderungen des Erwerbslebens abgestellte handlungsorientierte Diagnostik in Form einer strukturierten Arbeitsdiagnostik oder eine Belastungserprobung an einem konkreten Arbeitsplatz können Aufschluss über das Ausmaß der beruflichen Integrationsfähigkeit bieten. Fatal ist der Kurzschluss Schizophrenie = dauernde Erwerbsunfähigkeit, der in der Vergangenheit zu einer fast automatischen Berentung nach Stellung der Diagnose führte. Ein Großteil der an Schizophrenie Erkrankten bleibt langfristig auf dem allgemeinen Arbeitsmarkt oder wenigstens in speziellen „Nischen" bis hin zur Werkstatt für psychisch Behinderte erwerbsfähig, wenn hinreichend auf die individuellen Möglichkeiten und Bedürfnisse eingegangen wird. Gerade für an Schizophrenie Erkrankte ist der Grundsatz Rehabilitation vor Rente nicht nur volkswirtschaftlich sinnvoll, sondern im Sinne angemessener Anforderungen, Förderung basaler Fähigkeiten und Stärkung des Selbstwerterlebens in sich auch therapeutisch wirksam.

Die sozialmedizinische Bedeutung der Erkrankung ist hoch, was sich schon aus den enormen volkswirtschaftlichen Kosten ergibt.

23.3.3 Sonstige Wahnerkrankungen

Schizoaffektive Störungen

Von der Schizophrenie im engeren Sinne unterscheiden sich deutlich Störungsbilder mit gleichzeitigem Auftreten von für die Schizophrenie beweisenden Symptomen mit solchen, die für eine manische oder depressive Episode bei affektiver Störung aussagekräftig sind. Unterschieden werden können bipolare, rein schizodepressive und (selten) rein schizomanische Verläufe. Differenzialdiagnostisch ist darauf zu achten, dass wirklich die Kriterien für beide Krankheiten voll erfüllt sind und nicht fälschlich postschizophrene Depressionszustände oder katathyme Wahnentwicklungen hier eingeordnet werden. Den schizoaffektiven Störungen stehen einige atypische schizophrenieähnliche Syndrome wie die von LEONHARD beschriebenen zykloiden Psychosen nahe.

Die Prognose schizoaffektiver Störungen ist gegenüber der Schizophrenie deutlich günstiger. Die Unterscheidung hat auch Bedeutung für die Behandlung, weil hier beispielsweise eine Phasenprophylaxe mit Lithium oder anderen Substanzen in Betracht kommt. Auch genetische Unterschiede wurden diskutiert, sozialmedizinisch ergibt sich aus der besseren Prognose eine noch größere Zurückhaltung gegenüber Frühberentung.

23.4 Affektive Störungen

ICD-10 und DSM-IV klassifizieren affektive Störungen anhand der Kategorien Symptomatik, Schweregrad und Verlauf (Tab. 23.4). Die Dichotomisierung zwischen endogenen und neurotischen bzw. situativen Depressionen wurde verlassen. In diesem Zusammenhang haben Begriffe wie Zyklothymie oder Dysthymie eine geänderte Bedeutung erhalten. Gelegentlich werden sie noch in der früheren Bedeutung benutzt, ohne klar zu stellen, welche Definition nun gemeint ist. Eine solche Begriffsverwirrung ist zu vermeiden. Auch im sozialmedizinischen Gutachten sollte ausschließlich die Terminologie der ICD-10 verwendet werden.

F30	Manische Episode
F31	Bipolare affektive Störung
F32	Depressive Episode
F33	Rezidivierende depressive Störung
F34	Anhaltende affektive Störung
F38	Andere affektive Störungen
F39	Nicht näher bezeichnete affektive Störung

Tab. 23.4: Affektive Störungen

23.4.1 Diagnostik

Das Hauptsymptom affektiver Störungen ist eine Veränderung der Stimmung, entweder zum depressiven Pol, dann häufig verbunden mit Angst, oder zum gehobenen Pol hin. Ein solcher Stimmungswechsel wird begleitet von einem Wechsel des allgemeinen Aktivitätsniveaus, sei es in Richtung einer Antriebsverminderung bei der depressiven Ausprägung oder in Richtung einer Antriebssteigerung bei der manischen Symptomatik.

Die Auslenkung zum anderen Pol, dem der gehobenen Stimmung, wird als manisch bzw. hypomanisch bezeichnet. Gemeint ist damit eine situationsinadäquat gehobene Stimmung, verbunden mit vermehrtem Antrieb, wobei gehobene Stimmung und vermehrter Antrieb zu weiteren Symptomen führen.

Depressive Symptomatik

„Depression" im umgangssprachlichen Sinn ist zu einer inhaltsleeren Floskel geworden. Davon abzugrenzen ist ein *krankhaft depressiver Zustand*, der auch als *Melancholie* bezeichnet wird. Nicht jede Niedergeschlagenheit, jede Verstimmung oder jedes Unwohlsein bedeutet, dass der betreffende Mensch „depressiv" ist. Auch die Trauer ist eine normale menschliche Reaktion auf einen schwerwiegenden Verlust oder Schicksalsschlag und keine Depression im psychopathologischen Sinn; es sei denn, es kommt hierbei zu einer besonders akzentuierten Ausprägung oder einem ungewöhnlichen Verlauf.

Psychische Symptome Kennzeichnend für eine Depression ist die melancholische Gestimmtheit, beschrieben als „erlebte Leblosigkeit" oder als „Gefühl der Gefühllosigkeit". Die Patienten sind in ihrer Fähigkeit zu affektiven Regungen jeglicher Art, zu Emotionen schlechthin, erheblich eingeschränkt und herabgestimmt. Sie fühlen sich bedrückt, niedergeschlagen, schwermütig, resigniert oder trostlos. Typische Symptome sind Freudlosigkeit, Interesselosigkeit, Energielosigkeit und reduzierte Aufmerksamkeit. Die Patienten klagen über mangelndes Selbstwertgefühl, über eine negative Selbsteinschätzung und über Unsicherheit. Das Denken kann verlangsamt sein, umständlich und mühsam bis hin zur Ideenarmut mit Konzentrationsstörungen. Stehen diese Symptome im Vordergrund, so kann sich bei älteren Patienten das Problem der differenzialdiagnostischen Abgrenzung zu einem dementiellen Syndrom ergeben. Häufig finden sich Ängste, wobei der melancholische Patient Angst vor nahezu allem haben kann. In schweren Fällen kann das Gefühl einer völligen Perspektiv- oder Hoffnungslosigkeit bestehen. Dies ist stets ein sehr ernst zu nehmendes Symptom, da es zur suizidalen Gefährdung führen kann. In ausgeprägten Fällen können zusätzlich Wahninhalte auftreten, typischerweise ein Schuldwahn. Bei älteren depressiven Patienten kann ein Verarmungswahn die depressive Symptomatik prägen.

Somatische Symptome Eine Depression geht mit vielfältigen körperlichen Beeinträchtigungen einher. Typisch sind Schlafstörungen, Appetitstörungen mit Gewichtsverlust, eingeschränkte oder aufgehobene Libido, rasche Ermüdbarkeit sowie Druckgefühl im Kopf, über der Brust oder über dem Leib. Das „somatische Syndrom", auch als „vital", „biologisch" oder „melancholisch" bezeichet, ist in der ICD-10 folgendermaßen definiert: Interessenverlust oder Verlust der Freude, Frühererwachen, Morgentief, deutliche psychomotorische Hemmung, Agitiertheit, Appetitverlust, Gewichtsverlust und Libidoverlust.

Manische Symptomatik

Kernsymptom ist die abnorm und anhaltend gehobene expansive oder aber reizbare Stimmungslage. Folgende Symptome kommen hinzu: Gesteigertes Selbstwertgefühl oder Größenideen, vermindertes Schlafbedürfnis, starker Rededrang, Ideenflucht und die subjektive Erfahrung des Gedankenjagens, Steigerung zielgerichteter Aktivitäten, verbunden mit psychomotorischer Unruhe. Bei manischen Zuständen können auch psychotische Symptome i. S. eines Größenwahns auftreten.

Als Hypomanie wird eine leichtere Ausprägung eines manischen Zustandes beschrieben. Psychotische Symptome finden sich nicht.

Differenzialdiagnostisch sind bei depressiven Störungen zu berücksichtigen: akute und chronische Belastungssituationen, Anpassungsstörungen, Persönlichkeitsstörungen, Suchterkrankungen, beginnende oder in Remission befindliche schizophrene Psychosen, dementielle Syndrome, schwere körperliche Erkrankungen. Ferner ist zu berücksichtigen, dass depressive Syndrome häufig als komorbide Symptome im Rahmen anderer psychischer Störungen zusätzlich auftreten können. Zu nennen sind Persönlichkeitsstörungen, Suchterkrankungen und somatoforme Störungen. Entscheidend ist in diesen Fällen das jeweils führende Symptom.

Schweregrad

Die ICD-10 unterscheidet leichte, mittelgradige und schwere depressive Episoden. Der Schweregrad einer einzelnen depressiven Episode wird anhand von Kernsymptomen und Zusatzsymptomen beurteilt:

Kernsymptome sind gedrückte Stimmung, Interessenverlust, Freudlosigkeit, Verminderung des Antriebs mit Ermüdbarkeit.

Zusatzsymptome sind verminderte Konzentration und Aufmerksamkeit, vermindertes Selbstwertgefühl und Selbstvertrauen, Schuldgefühle und Gefühle von Wertlosigkeit, negative und pessimistische Zukunftsperspektiven, Suizidgedanken oder Suizidhandlungen, Schlafstörungen, verminderter Appetit.

Bei einer leichten depressiven Episode liegen zwei Kernsymptome und mindestens zwei Zusatzsymptome vor. Bei einer mittelgradigen depressiven Episode sind zwei Kernsymptome und mindestens drei, besser vier Zusatzsymptome zu fordern. Bei der schweren depressiven Episode werden drei Kernsymptome und mindestens vier Zusatzsymptome verlangt, von denen einige besonders ausgeprägt sein sollten. Im Rahmen einer schweren depressiven Episode können außerdem psychotische Symptome wie Wahn, Halluzinationen und/oder depressiver Stupor auftreten.

Verlaufsformen

Affektive Störungen verlaufen häufig in Episoden, die nach einem mehr oder weniger symptomenfreien Intervall rezidivieren können. Die Dauer einzelner Episoden variiert in einer Größenordnung von Wochen bis Monaten. Von einem „rapid cycling" spricht man, wenn mindestens vier Episoden pro Jahr auftreten. Daneben gibt es über Jahre anhaltende, fluktuierende Verläufe ohne abgrenzbare Remissionsphasen. Angesichts dieser Schwankungsbreite ist eine Vorhersage des Verlaufs für psychopathologisch abgrenzbare Gruppen oder gar für Einzelfälle kaum möglich.

Die Verlaufsbeurteilung einer affektiven Störung erfolgt retrospektiv, wobei Beginn, Ersterkrankungsalter, Phasenzahl, Phasendauer, Intervalldauer sowie Remissionsgrad zu berücksichtigen sind. Neben einzelnen depressiven (F32) und manischen (F30) Episoden unterscheidet die ICD-10 folgende Verlaufsformen:

Bipolare affektive Störung (F31) Eine Störung, die durch wiederholte, wenigstens zwei Episoden charakterisiert ist, in denen Stimmung und Aktivitätsniveau deutlich gestört sind, entweder in Richtung einer Manie (bipolar I), einer Hypomanie (bipolar II) oder in Richtung einer depressiven Symptomatik. – Frühere Bezeichnungen waren: manisch-depressive Psychose, manisch-depressive Erkrankung.

Rezidivierende depressive Störung (F33) Diese Störung ist charakterisiert durch wiederholte depressive Episoden, wobei diese entsprechend der jeweiligen Ausprägung als leicht, mittelgradig oder schwer beschrieben werden (s. o.). Manische oder hypomanische Symptome treten nicht auf.

Zyklothymie (F34.0) Es liegt eine andauernde Instabilität der Stimmung mit zahlreichen Perioden leichter ausgeprägter depressiver und/oder leicht gehobener Stimmung vor. Die Instabilität der Stimmung hat üblicherweise einen chronischen Verlauf. In Anbetracht der leichten Ausprägung der Symptomatik bestehen keine größeren Einschränkungen im Alltag, häufig erfolgt auch keine ärztliche Behandlung. – Frühere Begriffe: zyklothyme Persönlichkeit, zykloide Persönlichkeit, affektive Persönlichkeit.

Dysthymie (F34.1) Es handelt sich um eine chronische depressive Verstimmung, die jedoch nicht die Kriterien für eine leichte oder gar mittelgradige rezidivierende depressive Störung erfüllt. Hierbei handelt es sich um eine chronische, wenigstens mehrere Jahre andauernde depressive Verstimmung, die weder schwer noch hinsichtlich einzelner Episoden anhaltend genug ist, um die Kriterien einer schweren, mittelgradigen oder leichten rezidivierenden depressiven Störung (F33.–) zu erfüllen. – Frühere Bezeichnungen: Depressive Neurose, neurotische Depression, depressive Persönlichkeit.

23.4.2 Begutachtungskriterien

Bei der Begutachtung sind folgende Aspekte zu berücksichtigen:

Ausprägungsgrad der depressiven Symptomatik,
wobei die Einschätzung nach ICD-10 vorgenommen werden muss. Ein häufiger Fehler bei der Befunderhebung liegt darin, dass nicht genügend differenziert wird zwischen den Angaben des Probanden und den erhobenen Befunden bzw. dem in der Untersuchungssituation beobachteten Verhalten. Berichtet ein Patient, dass er „depressiv" sei, so bedeutet dies nicht unbedingt, dass er auch tatsächlich im psychopathologischen Sinne eine depressive Symptomatik aufweist. Der Sachverständige darf sich nicht mit der subjektiven Einschätzung des Patienten zufrieden geben und diese in Fachtermini übersetzen, sondern er muss eine detaillierte Anamnese erheben und einen entsprechenden psychopathologischen Befund feststellen, um zur Diagnose einer depressiven Symptomatik zu gelangen. Ein psychiatrisches Gutachten, in dem der Abschnitt „Psychischer Befund" fehlt, ist unbrauchbar.

Differenzialdiagnostische Erörterung mit der Frage, im Rahmen welcher Erkrankung, Störung oder Persönlichkeitsauffälligkeit die depressive Symptomatik zu verstehen ist.

Verlauf mit der Frage nach der Häufigkeit von depressiven Episoden, einer vollständigen oder unvollständigen Remission oder der Entwicklung einer chronifizierten Symptomatik. Patienten mit rasch aufeinander folgenden depressiven Episoden können erheblich beeinträchtigt sein, vor allem wenn ein „rapid cycling" vorliegt, d. h. wenn mindestens vier Krankheitsepisoden pro Jahr auftreten.

Die durchgeführte Behandlung ist stets unter der Fragestellung zu berücksichtigen, ob diese entsprechend den Standards einer psychiatrisch-psychotherapeutischen Therapie vorgenommen wurde. Es genügt nicht, vom Patienten zu erfahren, dass er irgendwann einmal bei einem Nervenarzt oder Psychiater in Behandlung war und irgend ein Antidepressivum genommen hat. Konsultationshäufigkeit, therapeutisches Vorgehen und ggf. medikamentöse Maßnahmen sind detailliert zu erfragen. Leider ist in der Begutachtungssituation nicht selten zu konstatieren, dass die erforderliche medikamentöse antidepressive Therapie nicht in ausreichender Dosierung und nicht in ausreichend langer Dauer vorgenommen wurde.

Die Suizidgefahr bedeutet ein erhebliches Risiko bei allen depressiven Störungen. Bei unipolar verlaufenden Störungen wird von einer Suizidmortalität von 15 % bei einmal hospitalisierten Patienten ausgegangen, bei bipolar erkrankten Patienten von einer solchen von 15 bis 30 %.

23.4.3 Sozialmedizinische Beurteilung

Depressive Störungen weisen in der Erwachsenenbevölkerung eine Prävalenz von 15 bis 30 % auf. Frauen erkranken doppelt so häufig wie Männer. Damit sind die depressiven Störungen neben den Angststörungen die häufigsten psychischen Erkrankungen.

Depressive Störungen

Bei einer mittelgradig oder schwer ausgeprägten depressiven Symptomatik besteht Arbeitsunfähigkeit. Die Frage einer stationären Behandlung richtet sich nach dem Schweregrad und ist bei einer ausgeprägten Symptomatik oder bei akuter Suizidalität in der Regel indiziert.

Die Frage, ob nach ein- oder mehrmaligem Auftreten einer depressiven Symptomatik mit dauerhaften Leistungseinbußen zu rechnen ist, ist für den Einzelfall schwierig vorherzusagen. Es ist davon auszugehen, dass die Prognose um so besser ist, je stabiler die Primärpersönlichkeit des Betroffenen ist, je weniger Episoden auftreten und je weniger schwer diese ausgeprägt sind. Kommt es zwischen den Episoden zu einer vollständigen Remission, so ist in diesen Zeiten die Leistungsfähigkeit nicht eingeschränkt.

Bei den rezidivierenden depressiven Störungen und bei der Dysthymie kann es jedoch zu einer qualitativen und quantitativen Einschränkung der Leistungsfähigkeit kommen. Die Zyklothymie ist hier weniger von Bedeutung, während bei der Dysthymie als einer definitionsgemäß chronischen Erkrankung Leistungseinschränkungen auftreten können. Der Frage der Komorbidität ist besondere Aufmerksamkeit zu widmen, da eine Komorbidität depressiver Störungen mit anderen psychischen Störungen zu einer Beeinträchtigung der Leistungsfähigkeit führen kann, die nicht auftreten würde, wenn eine solche Komorbidität nicht gegeben wäre.

Als Faustregel kann gelten, dass die Wiederherstellung einer vollen beruflichen Leistungsfähigkeit kaum zu erwarten ist, falls dies im Verlauf der Erkrankung zu einem Problem geworden ist, wenn folgende Faktoren vorliegen:

▷ mittelschwer bis schwer ausgeprägte depressive Symptomatik

▷ chronifizierter Verlauf

▷ erfolglose Behandlungsversuche im ambulanten und stationären Rahmen in unterschiedlichen therapeutischen Settings bei ausreichend langer und ausreichend hoher Dosierung der antidepressiven Medikation mit Wechsel des Medikamentes

▷ gescheiterte Rehabilitationsbehandlung.

Manische Störungen

Hypomanien können mit ihrer mitreißenden Antriebssteigerung durchaus positive Züge aufweisen, führen aber häufig zu Konflikten in Partnerschaft und Gesellschaft. Sie führen in der Regel weder zur Arbeitsunfähigkeit noch zu einer dauerhaften Einschränkung der beruflichen Leistungsfähigkeit.

In manischen Zuständen ist Arbeitsunfähigkeit gegeben. Dauerhafte Einschränkungen der beruflichen Leistungsfähigkeit sind nicht zu erwarten, es sei denn, es besteht ein ungewöhnlicher Verlauf mit langfristigem Persistieren der manischen Symptomatik oder ein „rapid cycling".

23.5 Neurotische, Belastungs- und somatoforme Störungen

In diesem Kapitel der ICD-10 werden unterschiedliche Störungen wegen ihrer historischen Verbindung zum Neurosenkonzept zusammengefasst; vgl. Tabelle 23.5. Dementsprechend erscheint hier noch das Adjektiv „neurotisch", während das Neurosekonzept als Organisationsprinzip von der ICD-10 bekanntlich nicht beibehalten wurde.

23.5.1 Angst- und Panikstörungen

Diese Störungen sind gekennzeichnet durch ausgeprägte Angstreaktionen bei gleichzeitigem Fehlen akuter realer Gefahr oder Bedrohung. Entsprechend dem Prinzip der ICD-10 wird auch hier auf ätiologische

Annahmen verzichtet. Angsterkrankungen gehören zu den häufigsten psychischen Störungen überhaupt mit einem Überwiegen der phobischen Störung. Der spontane Verlauf ist ungünstig. Bei der erstmaligen Diagnose zeigen die meisten Angststörungen bereits eine erhebliche Chronifizierung. Angststörungen führen zu einer hohen Inanspruchnahme des medizinischen Versorgungssystems. Häufig besteht eine Komorbidität mit der Entwicklung einer depressiven Symptomatik und möglichem Substanzmissbrauch.

Bei den *phobischen Störungen* wird die Angst ausschließlich oder überwiegend vor einem umschriebenen Objekt oder einer umschriebenen Situation erlebt. Dabei wird differenziert zwischen der *Agoraphobie* mit dem Auftreten der Angst in Menschenmengen, auf öffentlichen Plätzen oder bei Reisen, der *sozialen Phobie*, bei der die Angst auf bestimmte soziale Situationen beschränkt ist, und den *spezifischen isolierten Phobien*, die auf ganz spezifische Situationen oder ein spezifisches Objekt beschränkt sind. Die Situation wird unter starker Angst ertragen oder völlig vermieden.

Bei den *sonstigen Angststörungen* ist das Hauptsymptom die Angst, die nicht auf bestimmte Umgebungssituationen begrenzt ist. Dabei ist die *Panikstörung* mit Angstanfällen und angstfreien Zeiträumen zwischen den Attacken von der *generalisierten Angststörung* zu differenzieren. Die generalisierte Angststörung wurde früher auch als „Angstneurose" bezeichnet. Sowohl die phobischen Störungen als auch die sonstigen Angststörungen können episodisch auftreten oder persistieren.

Angststörungen werden häufig nicht korrekt diagnostiziert und nicht als psychische Störungen erkannt. Eine ausschließlich organmedizinisch ausgerichtete Behandlung kann zur Chronifizierung beitragen.

Sozialmedizinische Beurteilung Je nach Schweregrad und Verlauf können alle Angststörungen erhebliche sozialmedizinische Bedeutung haben. Spezifische Phobien sind in der Regel mit deutlich weniger Einschränkungen für die Lebensführung verbunden, während Agoraphobien und Panikstörungen als bedeutsamer anzusehen sind. Die soziale Phobie kann je nach

F40	Phobische Störungen
F41	Andere Angststörungen
F42	Zwangsstörung
F43	Reaktionen auf schwere Belastungen und Anpassungsstörungen
F44	Dissoziative Störungen (Konversionsstörungen)
F45	Somatoforme Störungen
F48	Andere neurotische Störungen

Tab. 23.5: Neurotische, Belastungs- und somatoforme Störungen

Grad der Generalisierung zu erheblichen Einschränkungen führen.

Bei allen Angststörungen ist vordringlich die Frage nach der korrekten Diagnose und der konsequenten Therapie. Patienten mit Angststörungen werden üblicherweise mit einer Kombinationstherapie aus verhaltenstherapeutisch orientiertem Vorgehen und Pharmakotherapie im ambulanten Setting behandelt. Stationäre Behandlungen kommen in Betracht bei schweren Beeinträchtigungen und bei zusätzlicher Komorbidität.

Welche Voraussetzungen müssen vorliegen, um eine zeitliche Einschränkung der Leistungsfähigkeit anzunehmen? Diese Frage lässt sich für die Angststörungen nicht generell und allgemein verbindlich beantworten, da die Erscheinungsformen sehr vielgestaltig sein können. Zu berücksichtigen sind die folgenden Parameter:

▷ Symptomatik
▷ Auslösesituationen bei spezifischen Phobien
▷ Dauer der Symptomatik
▷ Verlauf
▷ Komorbidität
▷ Praemorbide Persönlichkeit

Vom sozialmedizinischen Gutachter ist zu verlangen, dass er die genannten Aspekte im einzelnen exploriert, in seinem Gutachten darstellt und in ihrer sozialmedizinischen Relevanz bewertet.

Berentungen auf Zeit sind nicht sinnvoll, da hierdurch in der Regel die Chronifizierung gefördert wird.

23.5.2 Zwangsstörungen

Die Zwangsstörung ist charakterisiert durch wiederkehrende Zwangsgedanken und/oder Zwangshandlungen. Zwangsgedanken sind Ideen oder Vorstellungen, die sich dem Patienten gegen seinen Willen aufdrängen und die fast immer als sinnlos und quälend erlebt werden. Inhaltlich geht es meist um aggressive Vorstellungen oder um Vorstellungen, die mit Schmutz zusammenhängen.

Zwangshandlungen sind sich ständig wiederholende Stereotypien, meist bezogen auf Waschen oder Reinigen, Kontrollieren, Wiederholen oder Zählen. Die Zwangshandlungen dienen dazu, Anspannung oder Angst zu reduzieren.

Männer und Frauen sind gleich häufig betroffen. Differenzialdiagnostisch ist stets eine schizophrene Psychose auszuschließen. Zwangsstörungen zählen zu den häufigen psychischen Störungen. Der Verlauf ist in der Regel chronisch.

Sozialmedizinische Beurteilung Zwangsstörungen müssen differenziert werden von zwanghaften Phänomenen des täglichen Lebens, die weit verbreitet sind und denen kein Krankheitswert zukommt. Abzugrenzen ist auch die anankastische Persönlichkeitsstörung. Zwangsstörungen können zu einer quantitativen Leistungsminderung führen, wenn die Zwangshandlungen besonders ausgeprägt sind. An eine Berentung sollte allerdings erst gedacht werden, wenn mindestens zwei konsequente, auch stationäre Behandlungen ohne Erfolg geblieben sind, wobei bei Zwangsstörungen die Wirksamkeit verhaltenstherapeutischer Maßnahmen am besten belegt ist.

23.5.3 Belastungs- und Anpassungsstörungen

Posttraumatische Belastungsstörung (F43.1)

Die posttraumatische Belastungsstörung entsteht als verzögerte oder protrahierte Reaktion auf ein belastendes Ereignis oder eine Situation außergewöhnlicher Bedrohung oder katastrophalen Ausmaßes, das bei fast jedem Menschen eine entsprechende Reaktion hervorrufen würde. Typische Merkmale sind das wiederholte Erleben des Traumas in sich aufdrängenden Erinnerungen (flash backs) vor dem Hintergrund eines Gefühls der emotionalen Stumpfheit, Gleichgültigkeit sowie der Vermeidung von Aktivitäten, die Erinnerungen an das Trauma wachrufen können. Daneben besteht ein Zustand vegetativer Übererregbarkeit. Der Verlauf ist wechselhaft, in der Mehrzahl der Fälle klingt die Störung ab und hält selten länger als 6 Monate an. Sehr selten kann es zu einem chronischen Verlauf kommen.

Sozialmedizinische Beurteilung In Anbetracht der typischen psychopathologischen Symptomatik ist die Diagnose nicht schwer, wenn überhaupt daran gedacht wird. Die Gefahr einer Retraumatisierung bei der Begutachtung ist bei Anwendung einer sensiblen und subtilen Explorationstechnik, die diese Patienten nicht unnötig belastet, nicht gegeben.

Posttraumatische Belastungsstörungen stellen üblicherweise kein Problem für die gesetzliche Rentenversicherung dar, allenfalls bei chronischem Verlauf kann es in seltenen Fällen zu einer quantitativen Einschränkung der Leistungsfähigkeit kommen.

Anpassungsstörungen (F43.2)

Anpassungsstörungen können nach entscheidenden Lebensveränderungen, nach einem belastenden Lebensereignis oder auch nach schweren körperlichen Erkrankungen oder Operationen auftreten. Die Symptomatik ist sehr variabel, meist finden sich depressive Syndrome, Ängste oder eine Mischung verschiedener Symptome wie Ängste, Sorgen, Anspannung, Ärger, depressive Störungen. Bei der Diagnose zu berücksichtigen sind die folgenden Parameter: Art und Ausprägung der Symptome, belastendes Ereignis, prämorbide Persönlichkeit, Verlauf.

Definitionsgemäß halten die Symptome nicht länger als 6 Monate an, abgesehen von der längeren depressiven Reaktion, die jedoch nicht länger als 2 Jahre dauert. Zu bedenken ist allerdings, dass es aufgrund der klinischen und gutachtlichen Erfahrung eine ganze Reihe von Patienten gibt, deren Symptomatik auch länger als 2 Jahre besteht und die früher in der deutschsprachigen Psychiatrie und Psychotherapie als *Entwicklungen* beschrieben wurden. Diese Verläufe sind nach ICD-10 schwer zu klassifizieren; am ehesten bietet sich an, sie nach der konkreten Symptomatik, beispielsweise als Somatisierungsstörung, zu verschlüsseln.

Sozialmedizinische Beurteilung In Anbetracht des in der Regel günstigen Verlaufes kommt es üblicherweise nicht zu einer Einschränkung der Leistungsfähigkeit. Allerdings ist häufig mit der Entwicklung einer zusätzlichen psychischen Störung, sei es eine depressive Störung oder eine Angststörung, zu rechnen, wodurch aufgrund der Komorbidität eine Einschränkung der Leistungsfähigkeit auch im quantitativen Bereich resultieren kann. Dies gilt vor allem dann, wenn schwierige Lebenssituationen nicht oder nur geringfügig veränderbar sind, so dass auch therapeutische Bemühungen, die wie stets im Vordergrund stehen müssen, ihre Grenzen finden können. Entscheidend für die sozialmedizinische Beurteilung sind Grad und Ausmaß der konkreten psychopathologischen Symptomatik und der Verlauf mit der Klärung, ob die Symptome chronifiziert sind.

23.5.4 Dissoziative oder Konversionsstörungen

Die dissoziativen Störungen wurden früher auch als hysterische Störungen bezeichnet. In Anbetracht der problematischen Bedeutung, die das Wort „hysterisch" in der Umgangssprache erhalten hat, sollte dieser Begriff im klinischen und gutachtlichen Kontext nicht mehr verwandt werden. Symptomatologisch äußern sich die dissoziativen Störungen bzw. Konversionsstörungen durch motorische, sensorische und sensible Funktionsstörungen, durch nicht-epileptische Anfälle, durch sexuelle Begleitsymptome und unter Umständen durch die Desintegration psychischer Funktionen. Es besteht eine hohe Komorbidität mit Persönlichkeitsstörungen, Angststörungen und somatoformen Störungen. Der Schweregrad ist sehr variabel und kann von subklinischen Symptomen bis zu schwerster Ausprägung reichen. Der Verlauf kann episodenhaft oder chronisch sein.

Sozialmedizinische Beurteilung In Anbetracht der sehr variablen Symptomatik im psychischen und/oder körperlichen Bereich, der Kombination mit weiteren psychischen Störungen oder Erkrankungen und des wechselhaften Verlaufes ist es nicht möglich, allgemein verbindliche Richtlinien anzugeben. Zu berücksichtigen sind die folgenden Aspekte: Praemorbide Persönlichkeit, ggf. Vorliegen einer Persönlichkeitsstörung, vor allem einer histrionischen Persönlichkeitsstörung; Komorbidität mit sonstigen psychischen Störungen; Symptomatik; Verlauf.

Bei einer massiven Beeinträchtigung, die therapeutisch nicht zu beeinflussen ist, kann es zu einer dauerhaften quantitativen und qualitativen Leistungseinschränkung kommen. Eine solche Feststellung sollte allerdings immer erst nach mindestens zwei konsequenten Behandlungsversuchen in stationärem Rahmen erfolgen.

23.5.5 Somatoforme Störungen

Diese Störungen sind dadurch definiert, dass vom Patienten körperliche Symptome hartnäckig geschildert werden trotz wiederholter negativer Ergebnisse von körperlichen Untersuchungen und der Versicherung der Ärzte, dass die Symptome nicht körperlich begründbar sind. Frühere Bezeichnungen sind funktionelle Syndrome, psychovegetative Dystonie, psychovegetatives Syndrom oder Erschöpfungszustand.

Somatoforme Störungen sind in der allgemeinärztlichen Versorgung und in Allgemeinkrankenhäusern sehr häufig, weniger im psychiatrisch-psychotherapeutischen Bereich. Dies ist darin begründet, dass die Patienten der Meinung meist vehement widersprechen, dass psychische Faktoren eine wichtige Rolle bei der Entstehung, Auslösung und Aufrechterhaltung ihrer Symptome spielen könnten. Bei etwa zwei Drittel der Patienten liegt eine Komorbidität mit anderen psychischen Erkrankungen vor, meist mit einer depressiven Symptomatik. Patienten mit somatoformen Störungen zeigen häufig einen chronischen Verlauf, was zu langen „Patientenkarrieren" mit immer wiederholten körperlichen Untersuchungs- und Behandlungsmaßnahmen führt. Die Patienten zeigen eine ausgeprägte Inanspruchnahme medizinischer Dienste, wobei sie nicht selten als problematisch und sogar als unangenehm erlebt werden. Therapeutische Bemühungen sind dementsprechend schwierig und häufig unbefriedigend. Diese Patienten werden häufig in der psychosomatischen Rehabilitation behandelt – mit sehr unterschiedlichem Erfolg. Dabei kann der langfristige Behandlungserfolg über drei bis fünf Jahre durch folgende Faktoren prognostiziert werden: kein Rentenwunsch, geringe Anzahl ärztlicher Behandlungen, kürzere Zeiten der Arbeitsunfähigkeit [31].

Bei Verwendung des Begriffs somatoforme Störung ist prinzipiell zu bedenken, dass sowohl die Gesamtkategorie als auch die einzelnen Unterkategorien als eine provisorische operationale Klassifikation mit unscharfen Grenzen und Unterkategorien angesehen werden sollte [20]. Dabei kann die moderne diagnostische Konzeptualisierung nur vor dem Hintergrund der historischen Entwicklung richtig verstanden werden [21]. Zu bedenken ist zudem, dass auch Patienten mit somatoformen Störungen natürlich zusätzliche körperliche Krankheiten entwickeln können. Verändern sich die Klagen oder werden neue körperliche Beschwerden geschildert, ist abzuwägen, inwieweit erneute körperliche Untersuchungen durchzuführen sind.

Die Subkategorien *Somatisierungsstörung*, *undifferenzierte Somatisierungsstörung*, *hypochondrische Störung* und *somatoforme autonome Funktionsstörung* sind unscharf voneinander abgegrenzt; ein gewisser Ermessensspielraum für den Diagnostiker ist nicht zu übersehen. Am wichtigsten aus der Gruppe der somatoformen Störung ist die *anhaltende somatoforme Schmerzstörung* (F45.4), die in diesem Buch wegen ihrer erheblichen sozialmedizinischen Bedeutung in Kapitel 25 gesondert erörtert wird.

Für die *Somatisierungsstörung* (F45.0) gelten folgende diagnostische Leitlinien: (1) Mindestens zwei Jahre anhaltende multiple und unterschiedliche körperliche Symptome, für die keine ausreichende somatische Erklärung gefunden wurde; (2) hartnäckige Weigerung, den Rat oder die Versicherung mehrerer Ärzte anzunehmen, dass für die Symptome keine körperliche Erklärung zu finden ist; (3) eine gewisse Beeinträchtigung familiärer und sozialer Funktionen durch die Art der Symptome und das daraus resultierende Verhalten.

Bezüglich der Symptomatik wird in den ICD-Forschungskriterien, die eine präzise Erfassung der vielfältigen Symptome ermöglichen, gefordert, dass sechs oder mehr Symptome aus der folgenden Liste vorliegen müssen, dabei Symptome aus mindestens zwei der genannten Gruppen:

Gastrointestinale Symptome Bauchschmerzen, Übelkeit, Gefühl von Überblähung, schlechter Geschmack im Mund oder extrem belegte Zunge, Klagen über Erbrechen oder Regurgitation von Speisen, Klagen über häufigen Durchfall oder Austreten von Flüssigkeit aus dem Anus.

Kardiovaskuläre Symptome Atemlosigkeit ohne Anstrengung, Brustschmerzen.

Urogenitale Symptome Dysurie oder Klagen über die Miktionshäufigkeit, unangenehme Empfindungen im oder um den Genitalbereich, Klagen über ungewöhnlichen oder verstärkten vaginalen Ausfluss.

Haut- und Schmerzsymptome Klagen über Fleckigkeit oder Farbveränderungen der Haut, Schmerzen in den Gliedern, Extremitäten oder Gelenken, unangenehme Taubheit oder Kribbelgefühl.

Nach ICD-10 ist eine *undifferenzierte Somatisierungsstörung* (F45.1) zu erwägen, wenn zahlreiche, unterschiedliche und hartnäckige körperliche Beschwerden vorliegen, jedoch das vollständige und typische klinische Bild der Somatisierungsstörung nicht erfüllt ist. Diese Beschreibung ist offenkundig unscharf und wenig substantiiert, so dass sie sowohl für den klinischen wie für den gutachtlichen Gebrauch nicht empfohlen werden kann.

Bei der *hypochondrischen Störung* (F45.2) ist das vorherrschende Kennzeichen die beharrliche Beschäftigung mit der Möglichkeit, an einer oder an mehreren schweren und fortschreitenden körperlichen Krankheiten zu leiden, manifestiert durch anhaltende subjektive körperliche Beschwerden oder durch die ständige Beschäftigung mit der eigenen körperlichen Erscheinung. Als zusätzliche Symptome bestehen häufig depressive

Symptome und Angst. Der Verlauf ist meist chronisch und wechselhaft. Bei der hypochondrischen Störung liegt gemäß ICD-10 der Akzent mehr auf der Krankheit und den befürchteten Folgen als auf den einzelnen Symptomen wie bei der Somatisierungsstörung. Abzugrenzen ist außerdem immer eine wahnhafte Störung mit Körpersymptomen.

Die Symptomatik der *somatoformen autonomen Funktionsstörung* (F45.3) bezieht sich auf Symptome des kardiovaskulären Systems, des oberen und des unteren Gastrointestinaltraktes, des respiratorischen Systems und – seltener – des urogenitalen Systems und wird von den Patienten so geschildert, als ob sie auf körperlichen Krankheiten eines Organs oder eines Organsystems beruhte. Beispiele: Kardiovaskuläres System („Herzneurose"), respiratorisches System („psychogene Hyperventilation und Singultus"), gastrointestinales System („Magenneurose", „nervöser Durchfall").

Wie sich aus den geschilderten Definitionen ergibt, ist eine scharfe Abgrenzung der einzelnen Somatisierungsstörungen kaum möglich. Hinzuweisen ist deshalb nochmals auf den einleitenden Hinweis, dass es sich bei der gesamten Gruppe um eine vorläufige, provisorische Kategorie handelt.

Sozialmedizinische Beurteilung In Anbetracht der Häufigkeit, der Chronizität, der ausgeprägten Inanspruchnahme medizinischer Dienste, der psychosozialen Beeinträchtigung und des subjektiven Leidensdruckes haben diese Störungen ein erhebliches sozialmedizinisches Gewicht, ganz gleichgültig wie sie letztlich bezeichnet werden. Dies ist deshalb immer wieder zu betonen, weil für die sozialmedizinische Beurteilung keineswegs die diagnostische Zuordnung entscheidend ist, sondern – wie immer – Art und Ausmaß der konkreten Symptomatik und der Verlauf mit der Frage einer Chronifizierung. Dies ist deshalb entscheidend, weil bekanntlich nicht die Diagnose, sondern die Erheblichkeit einer psychischen bzw. psychopathologischen Symptomatik und die hieraus resultierenden konkreten Beeinträchtigungen eine der Voraussetzungen für die Leistungsgewährung im Bereich der gesetzlichen Rentenversicherung sind. Bei den somatoformen Störungen liegen definitionsgemäß keine körperlichen Störungen vor, die eine Leistungsminderung bewirken könnten. Daher muss sich die Beurteilung auf die gegebenenfalls vorliegenden psychopathologischen Auffälligkeiten beziehen.

Begutachtung Eine Möglichkeit, den Schweregrad einer funktionellen psychischen und körperlichen Symptomatik einzuschätzen, ist die Verwendung des Beeinträchtigungsschwere-Scores nach SCHEPANK (BSS) [11, 12, 32]. Dabei wird die Beeinträchtigung eines Menschen als Punktwert auf einer Skala dokumentiert, deren Extrempunkte 0 Punkte – völlig gesund und normal – bzw. 12 Punkte – extrem psychogen gestört – sind. Alle erfassbaren Symptome eines Probanden werden danach beurteilt, wie weit der betreffende Mensch durch ihre Auswirkungen effektiv beeinträchtigt ist. Die subjektiv leidvolle und/oder objektiv registrierbare Auswirkung der Störung wird in drei Subkategorien in fünf Stufen von 0 bis 4 gewichtet:

▷ Körperlicher Leidens- und/oder Beeinträchtigungsgrad

▷ Psychischer Leidens- und/oder Beeinträchtigungsgrad

▷ Auswirkungen auf die sozial kommunikativen Bezüge.

Eine derartig quantifizierende Darstellung allein genügt jedoch nicht, sondern für die Beurteilung des Leistungsvermögens entscheidend sind die individuellen, konkret benennbaren Beeinträchtigungen des Patienten.

Neben Grad und Ausmaß der Symptome ist der *Verlauf* entscheidend zu berücksichtigen. Dabei können folgende Aspekte Berücksichtigung finden [12]:

▷ Psychiatrische Komorbidität (Persönlichkeitsstörung, Missbrauchsproblematik, geringfügige hirnorganische Beeinträchtigung)

▷ Mehrjähriger Krankheitsverlauf bei unveränderter oder progredienter Symptomatik oder längerfristige Remission

▷ Ausgeprägter „Krankheitsgewinn"

▷ Verlust der sozialen Integration (Ehescheidung, Arbeitsplatzverlust, sozialer Rückzug)

▷ Unbefriedigende Behandlungsergebnisse trotz konsequent durchgeführter ambulanter und stationärer Behandlungsmaßnahmen auch mit unterschiedlichem therapeutischem Ansatz

▷ Gescheiterte Rehabilitationsmaßnahmen.

Die in diesem Zusammenhang häufig gestellte Frage, ob mit Sicherheit vorauszusagen sei, dass die festgestellten psychischen bzw. psychopathologischen Symptome durch Rentenablehnung verschwinden würden, ist aufgrund der Ergebnisse empirischer Studien [11, 33] in dieser eindeutigen Form kaum zu beantworten. Die Ergebnisse der genannten Studien legen vielmehr nahe, dass die Gewährung bzw. Versagung einer Rente keinen Einfluss auf das Weiterbestehen einer Symptomatik haben wird.

Das sich bei allen sozialmedizinischen Begutachtungen ergebende Problem von **Aggravation** und **Simulation** stellt sich bei diesen Patienten gar nicht selten in besonderer Weise.

Bei der *Aggravation* handelt es sich um die besondere Betonung subjektiv vorhandener Beeinträchtigungen und Beschwerden, nicht jedoch um eine bewusste Falschaussage. Aggravation ist bei der sozialmedizinischen Begutachtung häufig und in der Regel ohne weiteres zu erkennen.

Bei der *Simulation* handelt es sich dagegen um die bewusste Vortäuschung nicht vorhandener körperlicher oder psychischer Krankheitssymptome sowie das absichtliche, gezielte Erzeugen von Krankheitserscheinungen. Wie häufig Simulationen bei Begutachtungen tatsächlich vorkommen, ist nicht bekannt. Hinweise auf Simulationen können die folgenden sein [13, 36]:

▷ Zwischen den häufig massiven subjektiven Beschwerdeschilderungen und dem Verhalten des Betroffenen in der Untersuchungssituation besteht eine auffällige Diskrepanz.

▷ Die subjektiv geschilderte Intensität der Beschwerden steht in einem Missverhältnis zur Vagheit der Schilderungen der einzelnen Symptome.

▷ Angaben zum Krankheitsverlauf sind nicht präsierbar.

▷ Das Ausmaß der geschilderten Beschwerden steht nicht in Übereinstimmung mit einer entsprechenden Inanspruchnahme therapeutischer Hilfe.

▷ Ungeachtet der Angabe schwerer subjektiver Beeinträchtigungen erweist sich das psychosoziale Funktionsniveau des Betroffenen bei der Alltagsbewältigung als weitgehend intakt.

▷ Das Vorbringen der Klagen wirkt appellativ, demonstrativ oder theatralisch.

▷ In der Gegenübertragungssituation entsteht die Empfindung des Unechten, des Falschen, bis hin zum Lächerlichen.

▷ Die Angaben des Probanden weichen erheblich von fremdanamnestischen Informationen ab.

GLATZEL [15] nennt weitere Aspekte: In der Exploration das Ausweichen in nicht-sprachliche Ausdrucksformen, Beantwortung einer Frage mit langer Verzögerung, Wechsel des Themas durch den Patienten, Formulierung von Aussagen mit sorgfältiger Ambivalenz, möglicherweise Abbruch der Beziehung, wobei in diesem Abbruch nochmals alle „Symptome" in Wort und Gestik dramatisch zur Darstellung gebracht werden.

Wie sich aus diesen Überlegungen ergibt, ist die Beurteilung von Probanden mit funktionellen körperlichen Symptomen häufig schwierig, umstritten und mit einem gewissen Ermessensspielraum belastet, wodurch auch unterschiedliche gutachtliche Standpunkte begründet werden können. Dabei sollte der sozialmedizinische Gutachter obsolete und nicht definierte Begriffe wie Rentenneurose, Begehrensneurose, Sozialneurose und ähnliche Formulierungen keinesfalls verwenden.

23.5.6 Andere neurotische Störungen

Definiert ist die *Neurasthenie* (F48.0) durch anhaltende Klagen über gesteigerte Ermüdbarkeit nach geistiger oder körperlicher Anstrengung, Schwindel, Schlafstörungen und weitere unspezifische Symptome, die sowohl spontan oder auch im Anschluss an belastende Ereignisse auftreten können. Damit wurde ein altes Konzept neu formuliert. Es findet sich ein Überlappungsbereich zu den übrigen somatoformen Störungen, weshalb die Abgrenzung nicht einfach ist. Die Diagnose wird selten gestellt.

Nicht-klassifizierte Begriffe

In den letzten Jahren ist eine Reihe von sogenannten „neuen", „modernen" Krankheiten, Störungen und Begriffen formuliert worden: Multiple Chemical Sensitivity (MCS), neuerdings bezeichnet als Idiopathic Environmental Intolerances (IEI); Sick Building Syndrom (SBS); Chronic Fatigue Syndrom (CFS); Fibromyalgie-Syndrom. Das Fibromyalgie-Syndrom wird im Kapitel 25 im Rahmen der Schmerzsyndrome erörtert.

Was ist nun neu oder modern bei diesen „Krankheiten" oder „Störungen"? – Modern am Konzept der Umwelterkrankungen sind nach HAUSOTTER [19] die folgenden Aspekte:

▷ Populäre Diagnosen mit griffigen Anglizismen

▷ Besondere Aufmerksamkeit in den Medien

▷ Organisation in Selbsthilfegruppen und Interessenverbänden

▷ Opferrolle der Betroffenen in Bezug auf Umwelteinflüsse bei Ablehnung jeglicher psychischen Komponente.

Selbstverständlich handelt es sich bei diesen Beschwerden keineswegs um neue Krankheiten oder Störungen. Neu ist lediglich, dass die Symptome von Patienten, Selbsthilfeorganisationen und manchen Ärzten in einen neuen Zusammenhang gebracht werden. Die Patienten klagen über zahlreiche körperliche, psychische und neuropsychologische Beschwerden, die sich jedoch einer Objektivierung entziehen und die durch keine organische Veränderung erklärt werden können. Die Ursache wird in der Umwelt gesehen, beispielsweise in einer Überempfindlichkeit gegen Chemikalien, in der Exposition mit Holzschutzmitteln, in einer Belastung durch Quecksilber aus Amalgamfüllungen.

Immer ist die Rede von einer „schleichenden Intoxikation" durch Umweltgifte.

Keine der genannten Bezeichnungen hat Eingang in die internationalen Klassifikationssysteme gefunden, da die Abgrenzung, Ätiologie und Symptomatologie unklar und unscharf ist. Zudem fanden sich in klinischen Studien bedeutsame Überschneidungen aller genannten Begriffe untereinander sowie mit psychischen Störungen, insbesondere mit der somatoformen Störung [24].

Beim *Chronic Fatigue Syndrom (CFS)*, auch als chronisches Müdigkeitssyndrom bezeichnet, handelt es sich zweifellos um eine andere Bezeichnung der Neurasthenie (s. oben) im Gewande moderner Ätiologieüberlegungen, aber keinesfalls um ein eigenständiges körperliches oder psychopathologisches Syndrom. Gewichtige kulturelle und gesellschaftliche Einflüsse sind zu beachten, die zur Konzeptualisierung „neue Diagnose" und „Modekrankheit" beitragen können [21].

Die Beschwerden, die zur Bezeichnung *Multiple Chemical Sensitivity (MCS)* oder *Idiopathic Environmnental Intolerances (IEI)* geführt haben, sollten besser als *umweltbezogene Körperbeschwerden* bezeichnet oder als somatoforme Störung diagnostiziert werden.

Begutachtung Prinzipiell gelten die gleichen Überlegungen, die für die somatoformen Störungen (s. o.) bereits formuliert wurden. Allerdings können Patienten mit „umweltbezogenen Körperbeschwerden" erhebliche gutachtliche Probleme verursachen, wobei diese Patienten häufig gar nicht vom Psychiater gesehen werden, da eine psychiatrisch-psychotherapeutische Begutachtung von ihnen vehement – nicht selten mit Unterstützung durch Selbsthilfegruppen – abgelehnt wird. Kommt es dennoch zu einer psychiatrischen Begutachtung, so können sich die folgenden Probleme ergeben [24]:

▷ Der psychiatrisch-psychotherapeutische Gutachter muss feststellen, ob eine psychische Störung vorliegt, wobei dies von den Patienten meist vehement abgelehnt wird. Hieraus kann dann eine erhebliche Belastung der Untersuchungssituation resultieren.

▷ Die Begutachtung beim Psychiater erfolgt meist erst dann, wenn Chronifizierungsvorgänge weit fortgeschritten sind und wenn in anderen Fachgebieten kein endgültiges Urteil gefällt wurde.

▷ Auch nach Abschluss der Begutachtung können Auseinandersetzungen zwischen Proband und Sachverständigem vorkommen, da in der Regel diametral ausgerichtete ätiopathogenetische Theorien vertreten werden.

Die *Prognose* umweltbezogener Körperbeschwerden ist ungünstig, da die Chronifizierungsrate sehr hoch ist. Der *Verlauf* ist ähnlich wie bei den somatoformen Störungen, was als weiterer Hinweis dafür gewertet werden kann, dass hier dasselbe Problem in unterschiedlicher Gestalt vorliegt. Wie auch bei den somatoformen Störungen ist die Komorbidität mit depressiven Störungen, Persönlichkeitsstörungen und Angststörungen sehr hoch. Differenzialdiagnostisch ist stets das Vorliegen einer wahnhaften Störung abzugrenzen.

Für die konkrete Begutachtung gelten die bereits formulierten Überlegungen (s. o.): Keineswegs ist die Diagnose „umweltbezogene Körperbeschwerden" für die Beurteilung entscheidend, sondern die konkreten psychopathologischen Symptome und die darauf zurückzuführenden konkreten Leistungseinschränkungen. Von besonderer Bedeutung ist bei diesen Störungen der Verlauf mit der Frage der Chronifizierung. Darüber hinaus ist die psychiatrische Komorbidität in besonderer Weise zu berücksichtigen.

23.6 Verhaltensauffälligkeiten mit körperlichen Störungen und Faktoren

Von den in Abschnitt F50–F59 der ICD-10 klassifizierten Störungen (Tabelle 23.6) können die Ess-Störungen (F50) und – möglicherweise in Einzelfällen – die nicht-organischen Schlafstörungen (F51) von Relevanz für die Beurteilung der beruflichen Leistungsfähigkeit sein. Die übrigen in diesem Kapitel klassifizierten Störungen sind diesbezüglich nicht von Bedeutung. Es handelt sich um die folgenden: nicht-organische sexuelle Funktionsstörungen (F52), psychische und Verhaltensstörungen im Wochenbett, nicht andernorts klassifiziert (F53), Missbrauch von nicht abhängigkeits-erzeugenden Substanzen (F55), psychische Faktoren und Verhaltenseinflüsse bei andernorts klassifizierten Krankheiten (F54), nicht näher bezeichnete Verhaltensauffälligkeiten mit körperlichen Störungen und Faktoren (F59).

F50	Ess-Störungen
F51	Nichtorganische Schlafstörungen
F52	Sexuelle Funktionsstörungen, nicht verursacht durch eine organische Störung oder Krankheit
F53	Psychische und Verhaltensstörungen im Wochenbett, andernorts nicht klassifiziert
F54	Psychologische Faktoren oder Verhaltensfaktoren bei andernorts klassifizierten Krankheiten
F55	Missbrauch von nicht abhängigkeitserzeugenden Substanzen
F59	Nicht näher bezeichnete Verhaltensauffälligkeiten bei körperlichen Störungen und Faktoren

Tab. 23.6: Verhaltensauffälligkeiten mit körperlichen Störungen und Faktoren

23.6.1 Ess-Störungen

Die *Anorexia nervosa* und die *Bulimia nervosa* sind durch schwere Störungen des Essverhaltens gekennzeichnet. Sie haben folgende Gemeinsamkeiten [7]:

▷ Vorliegen von Körperschemastörungen

▷ Störungen der proprio- und enterozeptiven sowie der emotionalen Wahrnehmung

▷ ein ausgeprägtes Gefühl eigener Unzulänglichkeit.

Zu den Ess-Störungen gerechnet wird außerdem die *Adipositas i. S. d. psychogenen Hyperphagie*, auch bezeichnet als Binge Eating Disorder (BED). Diese Störung findet sich in ICD-10 allerdings nicht. In ICD-10 ist die Adipositas klassifiziert als Fettsucht (E66) in Kapitel IV, Endokrine, Ernährungs- und Stoffwechselerkrankungen.

Als ätiologisch relevante Faktoren für die Ess-Störungen wurden biologische Aspekte (Neurotransmitter, Neuropeptide), sozio-kulturelle Einflüsse (gesellschaftlicher Druck, schlank zu sein mit gezügeltem Ess-Verhalten) und unspezifische persönliche Belastungsfaktoren diskutiert [9]. Bei der Diagnose von Ess-Störungen sind differenzialdiagnostisch selbstverständlich somatische und psychische Erkrankungen auszuschließen, die mit Appetitlosigkeit und Gewichtsreduzierung einhergehen können, beispielsweise schwere, konsumierende körperliche Erkrankungen oder eine ausgeprägte depressive Symptomatik. Bei der Bulimia nervosa und der psychogenen Hyperphagie sind Erkrankungen abzugrenzen, die mit Appetitsteigerungen einhergehen können, wie etwa Diabetes mellitus oder Hyperthyreose.

Anorexia nervosa (F50.0) Die Hauptsymptome der Anorexia nervosa sind ein selbst herbeigeführter und aufrecht erhaltener Gewichtsverlust, eine große Angst vor Gewichtszunahme und eine deutliche Störung der Wahrnehmung der eigenen Figur und des Körperumfanges.

Als Grenze für das Untergewicht gilt ein Body-Mass-Index (BMI) von 17,5 oder weniger; vgl. Abbildung 11.1 auf Seite 266. Neben dieser Richtlinie ist zur Bestimmung des minimalen Normalgewichts auch der individuelle Körperbau und die Gewichtsentwicklung des Patienten zu berücksichtigen. Die Anorexia nervosa hat in den letzten drei Jahrzehnten deutlich zugenommen, wobei Frauen wesentlich häufiger als Männer betroffen sind (Relation 12 : 1).

Auf der *Symptomebene* finden sich neben dem Gewichtsverlust die Symptome einer endokrinen Störung im Bereich der Hypothalamus-Hypophysen-Gonadenachse, die sich bei Frauen als Amenorrhoe manifestiert. Die übrigen körperlichen Zeichen und Symptome sind dem Hungern und der daraus resultierenden Mangelernährung zuzuschreiben. Somit kann es zu ausgeprägten körperlichen Störungen kommen, beispielsweise einer Anämie, einer reduzierten Nierenfunktion, zu kardiovaskulären Störungen und zu einer Osteoporose.

Verlauf: Die Anorexia nervosa ist eines der psychiatrischen Krankheitsbilder mit der höchsten Mortalität [9]. Aufgrund von Langzeitstudien ergibt sich nach einem Verlauf von 10 bis 20 Jahren eine Mortalität von 10 bis 20 %. Dabei beziehen sich die Langzeitstudien auf Kollektive von behandelten Patienten. Eine Zusammenfassung dieser Studien ergab, dass sich die Hälfte teilweise bessert, ein Viertel der Patienten chronisch krank in ungebessertem Zustand bleibt und ein Viertel der Patienten gebessert ist [18].

Bulimia nervosa (F50.2) Die Bulimia nervosa ist gekennzeichnet durch Anfälle von Essattacken, durch Maßnahmen, die einer Gewichtszunahme entgegen steuern und durch eine übertriebene Beschäftigung mit dem Körpergewicht und der Figur. Die Störung kann nach einer Anorexia nervosa auftreten und umgekehrt. Es gibt auch Verläufe, bei denen im Rahmen einer Anorexia nervosa zusätzlich Ess-Attacken auftreten (bulimischer Typ der Anorexia nervosa). 90 % der Betroffenen sind Frauen. Die Patientinnen wenden meist mehrere Methoden an bei ihren Versuchen, die Folgen der Ess-Attacken zu verhindern. Am häufigsten ist selbstinduziertes Erbrechen. Daneben ist der Missbrauch von Laxantien und Diuretika häufig. Gelegentlich werden Appetitzügler oder Schilddrüsenpräparate eingenommen. Aufgrund des wiederholten Erbrechens kann es zu Elektrolytstörungen mit körperlichen Komplikationen kommen.

Verlauf: Nach einer Verlaufszeit zwischen 5 und 10 Jahren weisen 50 % der ursprünglich diagnostizierten Patienten die Kriterien für eine Bulimie nicht mehr auf, während bei 20 % die Kriterien nach wie vor gegeben sind. Ein Drittel der gebesserten Patienten wird allerdings innerhalb von vier Jahren nach einer Behandlung wieder rückfällig [18]. Eine bestehende Komorbidität mit Persönlichkeitsstörungen und Impulskontrollstörungen verschlechtert die Prognose ebenso wie regelmäßiges Erbrechen oder das gewohnheitsmäßige Verwenden von Abführmitteln.

Adipositas (E66), psychogene Hyperphagie Adipositas wird definiert beim Vorliegen eines Body-Mass-Index (BMI) von mehr als 30; vgl. die Abbildung 11.1 auf Seite 266. Die Adipositas ist in den psychiatrischen Klassifikationssystemen nicht aufgeführt, da nicht nachgewiesen sei, dass Adipositas regelmäßig mit einer psychopathologischen Störung einhergehe. In jüngster Zeit wird jedoch versucht, operationalisierbare Kriterien zu erarbeiten, um die Gruppe der Patientinnen mit Heißhungerattacken ohne gegensteuernde Maßnahmen zu beschreiben. Wie bei der Bulimie bestehen Ess-Attacken, doch die genannten gegensteuernden Maßnahmen fehlen. In diesen Fällen wäre von einem *Hyperphagiesyndrom mit Übergewicht* zu sprechen. Bei diesen Patienten finden sich häufig unterschiedliche psychopathologische Symptome, wobei depressive Symptome am häufigsten auftreten. Entsprechend dem Übergewicht können häufig körperliche Folgekomplikationen bestehen (vgl. Kapitel 11). Dementsprechend werden adipöse Patienten in der Regel nicht vom psychiatrischen Sachverständigen beurteilt, sondern vom internistischen Gutachter. Der Psychiater wird allenfalls um ein Zusatzgutachten gebeten.

Sozialmedizinische Bedeutung

Ganz typisch für Patienten mit Anorexia nervosa ist die subjektiv gute körperliche Leistungsfähigkeit. Dementsprechend sind die Patienten häufig gar nicht oder nur rudimentär krankheitseinsichtig und demonstrieren ihre subjektiv gute Leistungsfähigkeit auch nach außen. Erhebliche Einschränkungen können sich ergeben, wenn der Body-Mass-Index deutlich unter 17,5 sinkt und/oder wenn bereits körperliche Komplikationen eingetreten sind, die ihrerseits zu einer Reduzierung der Leistungsfähigkeit führen können. Die gleichen Überlegungen gelten für Patientinnen mit Bulimie; auch hier wird die Leistungsfähigkeit vor allem durch körperliche Komplikationen eingeschränkt.

Sowohl die Anorexie wie die Bulimie sind sehr ernsthafte Erkrankungen, die häufig einer stationären Behandlung und/oder Rehabilitation bedürfen. Bei der Anorexie kann je nach Gewichtszustand und körperlichen Komplikationen auch die Indikation für eine akute stationäre Therapie vorliegen. Sinnvoll ist bei diesen Patientinnen häufig eine stationäre Behandlungsphase, gefolgt von einer ambulanten Psychotherapie und der Teilnahme an Selbsthilfegruppen. Häufig besteht jedoch eine Behandlungsmotivation entweder gar nicht oder mit erheblicher Ambivalenz.

Bei langjährigem, chronischem Verlauf können sowohl die körperlichen Komplikationen wie auch Verhaltensauffälligkeiten, insbesondere ein sozialer Rückzug oder eine zusätzliche depressive Symptomatik, zu Einschränkungen des Leistungsvermögens bei Anorexie und Bulimie führen. Allgemein gültige Regeln lassen sich in Anbetracht der großen Variabilität der Verläufe nicht nennen. Bei der Begutachtung sind folgende Aspekte zu berücksichtigen:

▷ Komorbidität, vor allem mit Persönlichkeitsstörungen und Impulskontrollstörungen,

▷ depressive Symptome,

▷ Verhaltensauffälligkeiten (Beziehungsstörungen, Kontaktprobleme, Rückzug).

Bei entsprechendem Schweregrad der Grunderkrankung, chronischem Verlauf und zusätzlichen Komplikationen kann sowohl eine qualitative wie quantitative Einschränkung der Leistungsfähigkeit resultieren.

23.6.2 Andere Verhaltensauffälligkeiten

Nicht organische Schlafstörungen In der Literatur finden sich für diese Störungen unterschiedliche Einteilungen und Klassifikationen. In Anbetracht der sehr geringen Rentenrelevanz dieser Störungen seien lediglich zwei Syndrome genannt: Die *Narkolepsie* und das *Schlafapnoe-Syndrom*. Beide Störungen sind behandlungsbedürftig und können in seltenen Fällen zu Einschränkungen der beruflichen Leistungsfähigkeit führen, wobei die Einschränkungen aufgrund der körperlichen Symptome gegeben sind. Empirische Untersuchungen hierüber liegen allerdings nicht vor, so dass die Beurteilung von der Symptomatik und den gegebenenfalls vorliegenden psychosozialen Folgen des jeweiligen Einzelfalles abhängig gemacht werden muss.

23.7 Persönlichkeits- und Verhaltensstörungen

In der aktuellen psychiatrischen Diskussion finden Persönlichkeitsstörungen zunehmende Beachtung. Über eine Zunahme in der Klientel psychiatrischer

F60	Spezifische Persönlichkeitsstörungen
F61	Kombinierte und andere Persönlichkeitsstörungen
F62	Andauernde Persönlichkeitsänderungen, nicht Folge einer Schädigung oder Krankheit des Gehirns
F63	Abnorme Gewohnheiten und Störungen der Impulskontrolle
F64	Störungen der Geschlechtsidentität
F65	Störungen der Sexualpräferenz
F66	Psychische und Verhaltensstörungen in Verbindung mit der sexuellen Entwicklung und Orientierung
F68	Andere Persönlichkeits- und Verhaltensstörungen
F69	Nicht näher bezeichnete Persönlichkeits- und Verhaltensstörung

Tab. 23.7: Persönlichkeits- und Verhaltensstörungen

Versorgungseinrichtungen wird berichtet, dabei werden Persönlichkeitsstörungen definiert als „dauerhafte innere Erfahrens- oder Verhaltensmuster des Betroffenen, die insgesamt deutlich von den kulturell erwarteten Normen abweichen und Leidensdruck beim Betroffenen und/oder nachteiligen Einfluss auf die soziale Umwelt hervorrufen." Schon diese Definition weist auf eine grundsätzliche Schwierigkeit hin: Die Diagnose „Persönlichkeitsstörung" ist weniger von objektiv zu erhebenden psychopathologischen oder anderen Symptomen abhängig, sondern vielmehr von soziokulturellen Normen bzw. der Abweichung davon und vom Leidensdruck der Betroffenen in ihrer sozialen Umgebung, also letztlich von wandelbaren und im Kern höchst subjektiven Variablen. Es verwundert daher nicht, dass Reliabilität und Validität der Konstrukte zu Persönlichkeitsstörungen im Vergleich zu anderen auch psychiatrischen Diagnosen relativ schlecht sind. Die Grenze zu einfach auffälligem oder als störend empfundenem Verhalten, das nicht als krankhaft anzusprechen ist, zu exzentrischen Wesenszügen, aber auch zur bloßen Kriminalität ist schwer zu ziehen. Nicht zuletzt kann die Begrifflichkeit von totalitären politischen oder religiösen Systemen missbraucht werden, um abweichende Meinungen zu diskriminieren.

Andererseits lassen Alltagserfahrungen und klinische Beobachtungen keinen Zweifel daran, das es Menschen gibt, die die Kriterien der Persönlichkeitsstörung erfüllen und die aufgrund ihrer Einstellungen und Verhaltensmuster in einem Ausmaß in Konflikt mit ihrer sozialen Umgebung geraten, dass der Krankheitscharakter der Störung jedenfalls bei Anlegen eines sozialen Krankheitsbegriffs offensichtlich ist. Das diagnostische und statistische Manual der amerikanischen psychiatrischen Gesellschaft bemüht sich seit der dritten Revision (DSM-III, 1980), den schwierigen Begriff zu fassen und zu operationalisieren. Die ICD-10 schließt sich an; vgl. auch Tabelle 23.7. Der Begriff der Persönlichkeitsstörung löst dabei den älteren Terminus der Psychopathie ab [6].

23.7.1 Allgemeines

Diagnostik

Die Diagnose erfolgt im klinischen Interview, in der langfristigen Verhaltensbeobachtung und durch die Erhebung einer ausführlichen Anamnese mit der Herausarbeitung immer wiederkehrender Verhaltensmuster, die die entsprechende Störung erkennen lassen. Fremdanamnestische Hinweise können hilfreich sein. Zur verbesserten Operationalisierung der Diagnose wurden Erhebungsinstrumente eingeführt, von denen derzeit das „strukturierte klinische Interview für Persönlichkeitsstörungen" (SKID) in Deutschland am verbreitetsten ist.

Persönlichkeitsstörungen sind von auf Persönlichkeit und Verhalten bezogenen Symptomen anderer Störungen, insbesondere der Schizophrenie oder affektiver Störungen abzugrenzen, was manchmal schwierig ist, vor allem wenn es sich um „unterschwellige" (die ICD-Kriterien für die entsprechende Diagnose noch nicht erfüllende) Syndrome handelt. Wichtiger ist die Abgrenzung von organischen Persönlichkeits- und Verhaltensstörungen (organischen Wesensänderungen), für die die Psychopathologie Hinweise liefert, die abschließend aber nur durch eine entsprechende organische Diagnostik zum Nachweis oder Ausschluss zugrundeliegender morphologischer oder funktioneller Hirnveränderungen gelingt (siehe Abschnitt 23.2).

Ätiologie, Epidemiologie, Verlauf

Gesicherte Erkenntnisse zur Ursache von Persönlichkeitsstörungen liegen nicht vor. Diverse Einzelergebnisse zu genetischen Bedingungsfaktoren, eher unterschwelligen biologischen Befunden, Beeinträchtigungen in der Familiengeschichte und im sozialen Umfeld und psychischen Traumatisierungen in der Vorgeschichte ergeben kein einheitliches Bild [10].

Die Angabe der Prävalenzraten in verschiedenen Studien aus den USA und aus Deutschland differiert zwischen 5 und 18 %, überwiegend wird eine etwas größere Häufigkeit bei Frauen gegenüber Männern angenommen. Nach diesen Studien tritt die Persönlichkeitsstörung in der Regel in etwa mit der Pubertät (12.–13. Lebensjahr) hervor und nimmt dann im Laufe des Lebens insbesondere ab dem 40. Lebensjahr allmählich ab, was möglicherweise lediglich als eine Abschwächung des Verhaltens, nicht als eine eigentliche Heilung der Persönlichkeitsstörung zu interpretieren ist. Auch für die einzelnen Typen der Persönlichkeitsstörungen differieren die Prävalenzangaben in relativ weiten Grenzen. Am häufigsten wurden anankastische und abhängige Persönlichkeiten mit jeweils mehr als 6 %, Borderline-Persönlichkeiten mit 4,6 % und histrionische Persönlichkeiten sowie antisoziale Persönlichkeiten mit je 3 % gefunden [6].

Behandlung

Für Persönlichkeitsstörungen wurden in den unterschiedlichen psychotherapeutischen Schulen Behandlungsansätze entwickelt. Eine gewisse Spezifität beansprucht die kognitiv-verhaltenstherapeutische Behandlung der Borderline-Persönlichkeitsstörungen nach LINEHAN [25]. Ein günstiger Einfluss dieses Therapieansatzes konnte nachgewiesen werden. Auch medikamentöse Behandlungsstrategien mit Neuroleptika und Antidepressiva sowie Phasenprophylaktika brachten gewisse Erfolge. Insgesamt ist die Therapieforschung zu Persönlichkeitsstörungen noch defizitär. Überwiegend herrscht in der Literatur Skepsis gegenüber den therapeutischen Möglichkeiten vor.

Sozialmedizinische Beurteilung

In der sozialmedizinischen Beurteilung spielen Persönlichkeits- und Verhaltensstörungen zwar keine überragende Rolle, aber immerhin wurden im Jahr 2000 2.919 Personen mit einem Durchschnittsalter von 42 Jahren wegen dieser Diagnose berentet. Die beschriebenen Probleme und Unsicherheiten lassen eindeutige Empfehlungen zur Beurteilung der Erwerbsfähigkeit persönlichkeitsgestörter Personen nicht zu. Einschränkungen des Funktionsniveaus und Auswirkungen auf die Fähigkeit zur sozialen Teilhabe werden individuell nach der ICF zu beurteilen sein. Dabei wird man davon ausgehen können, dass am ehesten bei Persönlichkeitsstörungen der Gruppe B mit unmittelbaren Auswirkungen auf die Leistungsfähigkeit zu rechnen ist, bei Störungen der Gruppe A wird eher der Konflikt mit Bezugspersonen, in der Gruppe C eher das nicht zu überwindende subjektive Gefühl der Hilflosigkeit zu Beeinträchtigungen der Erwerbsfähigkeit führen. Wirksame Konzepte der Rehabilitation für persönlichkeitsgestörte Personen sind noch nicht bekannt.

23.7.2 Spezifische und kombinierte Störungen

Die in der ICD-10 enthaltenen Typen von Persönlichkeitsstörungen können entsprechend einer aus Nordamerika stammenden Gruppierung (APA 1994) in drei Hauptgruppen geordnet werden:

Gruppe A („sonderbare und exzentrische Personen") umfasst die paranoide, die schizoide und die schizotypische Persönlichkeitsstörung. Gemeint ist damit die Neigung zum Misstrauen und zu paranoiden Vorstellungen bei fehlendem zwischenmenschlichen Kontakt und ausgesprochener Affektarmut bis zur Gefühlskälte sowie das Auftreten von seltsamem und exzentrischem Verhalten. Die Störung ist nicht mit der Schizophrenie zu verwechseln!

Gruppe B umfasst die histrionische (früher: „hysterische"), narzisstische, dissoziale und die emotional instabile Persönlichkeitsstörung mit ihren beiden Unterformen des Borderline-Typus und des impulsiven Typus. Die zusammenfassende Beschreibung der Personen mit solchen Störungen lautet „dramatisch, emotional oder launisch". Beschrieben werden Störungen der Impulsivität, Tendenzen zur Selbstbeschädigung, wenig ausgeprägtes Selbstwertgefühl, schneller Wechsel von Idealisierung und Entwertung von nahestehenden Personen und Probleme in der Regulierung von Nähe und Distanz zu anderen Menschen. Vor allem bei der dissozialen (oder antisozialen) Persönlichkeit besteht die Gefahr, jedwedes kriminelle Verhalten als pathologisch zu interpretieren und damit zu exkulpieren.

Gruppe C schließlich umfasst die ängstlich-vermeidende (oder selbstunsichere), die abhängige, die anankastische (zwanghafte) und die passiv-aggressive Persönlichkeitsstörung mit dem gemeinsamen Charakter des Ängstlichen und Furchtsamen. Menschen mit derartigen Persönlichkeitsstörungen sind leicht verletzbar, andauernd angespannt und besorgt, entwickeln Gefühle von Hilflosigkeit und Abhängigkeit, neigen zu massiven Trennungsängsten, zu übermäßiger Gewissenhaftigkeit und fehlender Flexibilität.

Diese Gruppeneinteilung ist nicht unwidersprochen geblieben. Mischungen der einzelnen Persönlichkeitsstörungen und Gruppen kommen vor. Es handelt sich nicht um abgeschlossene Diagnosen im eigentlichen Sinne.

23.7.3 Sonstige Persönlichkeits- und Verhaltensstörungen

Neben den Persönlichkeitsstörungen im engeren Sinne (F60) und den kombinierten Persönlichkeitsstörungen (F61) kennt die ICD-10 unter der Überschrift Persönlichkeits- und Verhaltensstörungen noch einige andere Störungsbilder, die hier im Überblick besprochen werden sollen:

F62.0 Andauernde Persönlichkeitsänderung nach Extrembelastung und F62.1 Andauernde Persönlichkeitsänderung nach psychischer Krankheit Hier ist die Rede von andauernden (mindestens über zwei Jahre bestehenden) und schwerwiegenden Persönlichkeitsänderungen, die unmittelbar auf eine Extrembelastung (Konzentrationslager, Folter, Katastrophen, anhaltende lebensbedrohliche Situationen) oder auf eine klinisch abgeklungene schwerwiegende psychiatrische Erkrankung in der Vorgeschichte zurückzuführen sind. Derartige Störungen sind selten, der Versuch einer Psychotherapie ist gerechtfertigt. Während des Bestehens der Symptomatik ist die Leistungsfähigkeit auch in zeitlicher Hinsicht aufgehoben.

F63 Abnorme Gewohnheiten und Störungen der Impulskontrolle Hierunter fallen das pathologische Glücksspiel, die pathologische Brandstiftung (Pyromanie), das pathologische Stehlen (Kleptomanie), die Trichotillomanie (unwiderstehlicher Impuls sich selbst die Haare auszureißen) sowie sonstige abnorme Gewohnheiten und Störungen der Impulskontrolle.

Es handelt sich um eher seltene, das Verhalten erheblich beeinträchtigende Störungen, die von anderen Autoren auch unter die nichtstoffgebundenen Suchterkrankungen eingereiht werden und in einigen Elementen strukturelle Ähnlichkeit mit der Substanzabhängigkeit aufweisen. Psychotherapeutische und medikamentöse Behandlungsstrategien sind vorgeschlagen worden. Die sozialmedizinische Bedeutung ist eher gering.

F64 Störungen der Geschlechtsidentität Hierunter fällt vor allem der Transsexualismus, also der Wunsch als Angehöriger des anderen Geschlechts zu leben, in der Regel auch den eigenen Körper durch chirurgische und hormonelle Behandlung dem bevorzugten Geschlecht anzugleichen und der Transvestitismus (Neigung zum Tragen der Kleidung des anderen Geschlechts).

F65 Störungen der Sexualpräferenz (wiederholte sexuelle Impulse und Fantasien, die sich auf ungewöhnliche Gegenstände oder Aktivitäten beziehen wie Fetischismus, Exhibitionismus, Voyeurismus, Pädophilie, Sadomasochismus).

F66 Psychische und Verhaltensstörungen in Verbindung mit der sexuellen Entwicklung und Orientierung Die unter F64 bis F66 beschriebenen Verhaltensauffälligkeiten auf dem Gebiet der Sexualität bilden zusammen mit den nicht vorwiegend organisch bedingten sexuellen Funktionsstörungen (F52) den Gegenstandsbereich des Spezialgebietes Sexualmedizin [3]. Bei der hohen Bedeutung der Sexualität für Lebenszufriedenheit und partnerschaftliche Kommunikation erfordern derartige Störungen fachkundige Behandlung. Ihr Charakter als Krankheit im Sinne der sozialen Gesetzgebung ist inzwischen anerkannt. Die Besonderheiten hinsichtlich der Namensänderung und Geschlechtsänderung bei Transsexuellen sind in einem besonderen Gesetz (Transsexuellengesetz) geregelt. Sozialmedizinische Fragestellungen im Sinne der Rentenversicherung ergeben sich in der Regel nicht.

F70	Leichte Intelligenzminderung
F71	Mittelgradige Intelligenzminderung
F72	Schwere Intelligenzminderung
F73	Schwerste Intelligenzminderung
F78	Andere Intelligenzminderung
F79	Nicht näher bezeichnete Intelligenzminderung

Tab. 23.8: Intelligenzminderung

23.8 Intelligenzminderung

Unter Intelligenzminderung (Tabelle 23.8) versteht die ICD-10 eine angeborene oder (früh) erworbene globale Einschränkung der kognitiven Leistungsfähigkeit im Sinne des schwierigen und in der psychologischen Forschung nicht einheitlich definierten Konstruktes der Intelligenz. Intelligenzminderungen kommen bei etwa zehn Prozent der Bevölkerung vor. Sie manifestieren sich in der Regel bis zum fünfzehnten Lebensjahr. Abzugrenzen ist die *Demenz*, bei der durch ein krankhaftes Ereignis im Laufe des Lebens ein vorher höheres intellektuelles Niveau verloren geht [29].

Diagnostik

Die Diagnose kann definitionsgemäß nur aufgrund eines adäquat durchgeführten und sorgfältig normierten Intelligenztestes gestellt werden. Am bekanntesten ist in Deutschland der HAMBURG-WECHSLER-Intelligenztest (HAWIE). Anhand des Intelligenzquotienten (IQ) unterscheidet man niedrige Intelligenz (IQ 70–84), leichte (IQ 50–69), mittelgradige (IQ 35–49), schwere (IQ 20–34) und schwerste (IQ unter 20) Intelligenzminderungen. Zur Messung des wenig sprachgebundenen abstrakt logischen Denkens hat sich der RAVEN-Matrizentest bewährt. Bei sehr niedrigem Intelligenzniveau sind diese Standardtests ungeeignet und teilweise auch nicht durchführbar, hier wurden Spezialverfahren entwickelt.

Schwerere Grade der Intelligenzminderung sind i. d. R. organisch begründet. Mögliche Ursachen sind genetische (chromosomale) Aberrationen, embryonale, fetale, perinatale oder frühkindliche Hirnschädigungen, metabolische oder endokrine Störungen. In etwa 70 % der Fälle bleibt die Ätiologie unklar. Bei grenzwertig geringer Intelligenz und leichter Intelligenzminderung sind auch Normvarianten aufgrund der im wesentlichen genetisch bedingten Verteilungskurve der Intelligenz und Milieuschäden durch frühkindliche Deprivation und geringe Förderung in Betracht zu ziehen.

Begutachtungskriterien

Zusätzlich zur Feststellung der Intelligenzminderung, ihres Ausmaßes und ggf. ihrer Struktur ist mittels Anamnese und psychiatrischer Untersuchung nach Komplikationen und Komorbiditäten zu suchen. Eine sorgfältige körperliche Abklärung dient der Aufdeckung möglicher Ursachen und der Erfassung somatischer Komorbiditäten.

Komplikationen Eine Intelligenzminderung geht in vielen Fällen mit psychischen Störungen, insbesondere Verhaltensauffälligkeiten einher. Diese entstehen teils durch Interaktion mit der sozialen Umgebung auf dem Boden der verringerten kognitiven Fähigkeiten, teils durch die – zumindest schwereren Intelligenzminderungen – meist zugrundeliegenden Hirnerkrankungen. Die ICD-10 kodiert neben der Schwere der Intelligenzminderung (F70–F73) zusätzlich das Ausmaß der Verhaltensstörung bzw. das Niveau der sozialen Kompetenz.

Komorbidität Intelligenzgeminderte Menschen können in etwa gleicher Häufigkeit wie Gesunde an allen denkbaren psychischen Störungen erkranken. Diese nehmen aufgrund der Intelligenzminderung eine besondere Färbung an und können diagnostische und therapeutische Probleme aufwerfen. Besonders gilt dies für die Komorbidität von Intelligenzminderung und Schizophrenie.

Häufig ist die Kombination einer schweren Intelligenzminderung mit körperlichen, insbesondere auch neurologischen Erkrankungen und Behinderungen aufgrund genetischer Defekte oder von Hirnveränderungen.

Sozialmedizinische Beurteilung

Die isolierte Intelligenzminderung ist keine behandlungsbedürftige Krankheit. Sie führt aber abhängig vom Schweregrad und den Anforderungen der Umgebung zu einer mehr oder weniger ausgeprägten Behinderung. Leichtere Behinderungsgrade (IQ etwa 50–80) werden dabei als Lernbehinderung, schwerere Behinderungsgrade (IQ etwa 30–55) als geistige Behinderung bezeichnet. Schwere und schwerste Intelligenzminderungen schließen eine Bildbarkeit auch in Sonderschulen aus und führen zu lebenslanger Pflegebedürftigkeit. Die bestmögliche Förderung intellektuell behinderter Menschen ohne begleitende psychische Störung ist Aufgabe der Heil- beziehungsweise Sonderpädagogik [2].

Eine Intelligenzminderung bleibt im wesentlichen konstant. Eine kausale Therapie ist in aller Regel nicht möglich. Durch geeignete Förderung können Trainingseffekte erzielt und vorhandene Fähigkeiten optimal genutzt werden. Im Vordergrund stehen Maßnahmen der Rehabilitation einschließlich der Sonder- oder Heilpädagogik und der Integration. Es besteht ein Versorgungssystem für intelligenzgeminderte Menschen, das sich auf die Werkstätten für Behinderte und besondere Wohnformen für diesen Personenkreis stützt.

Die sozialen Auswirkungen einer Intelligenzminderung hängen vom Schweregrad, den Komplikationen und dem erreichten Rehabilitationserfolg ab: Während bei grenzwertig niedriger Intelligenz und leichter Intelligenzminderung selbständige soziale Teilhabe gelingen kann und die Beschäftigung mit leichten Arbeiten auf dem allgemeinen Arbeitsmarkt denkbar ist, führen das Auftreten von nicht ausreichend beherrschbaren Komplikationen sowie die Schweregrade der mittelschweren und schweren Intelligenzminderung regelmäßig zur Hilfsbedürftigkeit. In diesen Fäl-

F80	Umschriebene Entwicklungsstörungen des Sprechens und der Sprache
F81	Umschriebene Entwicklungsstörungen schulischer Fertigkeiten
F82	Umschriebene Entwicklungsstörung der motorischen Funktionen
F83	Kombinierte umschriebene Entwicklungsstörungen
F84	Tiefgreifende Entwicklungsstörungen
F88	Andere Entwicklungsstörungen
F89	Nicht näher bezeichnete Entwicklungsstörung

Tab. 23.9: Entwicklungsstörungen

len ist jedoch die Eingliederung in eine Werkstatt für Behinderte möglich und sinnvoll. Bei sehr schweren und schwersten Intelligenzminderungen besteht in der Regel dauernde Pflegebedürftigkeit [30].

23.9 Entwicklungsstörungen

Unter dem Begriff Entwicklungsstörungen (Tabelle 23.9) werden Minderleistungen in einem oder mehreren Lernbereichen (Teilleistungsschwächen) zusammengefasst, die im Kleinkindes- oder Kindesalter beginnen, auf einer Reifungsstörung des zentralen Nervensystems beruhen und einen kontinuierlichen Verlauf zeigen. Dabei ist die allgemeine Intelligenz normal. Unterschieden werden umschriebene Entwicklungsstörungen des Sprechens und der Sprache sowie umschriebene Entwicklungsstörungen schulischer Fertigkeiten wie Lese- und Rechtschreibstörungen (Legasthenie) oder Rechenstörungen (Akalkulie) sowie umschriebene Entwicklungsstörungen der motorischen Funktionen. Spezielle Förderprogramme für Menschen mit Teilleistungsschwächen sind von pädagogischer Seite entwickelt worden, das Wissen um derartige Störungen und die angemessene Berücksichtigung bei der Leistungsbeurteilung können entlasten. Teilleistungsstörungen führen zu gewissen Einschränkungen in der Berufswahl und den zu erwartenden Fertigkeiten, darüber hinaus gehende sozialmedizinische Probleme ergeben sich nicht.

Von den Teilleistungsstörungen zu unterscheiden sind tiefgreifende Entwicklungsstörungen, insbesondere der Autismus (F84). Dabei entwickeln sich vor dem dritten Lebensjahr schwere Störungen der Sprache, der sozialen Interaktion und Kommunikation. Nach dem Stand der Forschung ist davon auszugehen, dass autistische Störungen weitgehend genetisch begründet sind. Durch Frühfördermaßnahmen und intensive ambulante und mobile Hilfen, notfalls Aufnahme in betreuende Institutionen konnte die soziale Eingliederung gebessert werden. Frühkindlich autistische Menschen bleiben jedoch in der Regel auch im Erwachsenenalter auffällig, nur etwa zwei bis drei Prozent werden symptomfrei, etwa vierzig Prozent entwickeln leichte bis mittlere Auffälligkeiten. Bei den übrigen Betroffenen ist die Prognose ungünstig, sie bleiben lebenslang auf Hilfe angewiesen.

Literatur

[1] American Psychiatric Association, APA (Hrsg.): *Diagnostic and statistic manual of mental disorders (DSM-IV)*. Washington: APA, 4. Auflage, 1994.

[2] Bach H: *Geistigbehindertenpädagogik*. Berlin: Marhold, 1968.

[3] Beier KM, Bosinski HAG, Hartmann U, Loewitt L: *Sexualmedizin*. München, Jena: Urban & Fischer, 2001.

[4] Bleuler E: Dementia praecox oder Gruppe der Schizophrenien. In: Aschaffenburg G (Hrsg.) *Handbuch der Psychiatrie*. Leipzig: Deuticke, 1911.

[5] Brenner HD, Hodel B, Kube G, Roder V: Kognitive Therapie bei Schizophrenen, Problemanalyse und empirische Ergebnisse. *Nervenarzt* 58: 72–83, 1987.

[6] Bronisch T: Persönlichkeitsstörungen. In: Möller HJ, Laux G, Kapfhammer HP (Hrsg.) *Psychiatrie und Psychotherapie*, S. 1524–1558. Berlin; Heidelberg: Springer, 2000.

[7] Bruch H: *Eating Disorders*. New York: Basic Books Inc. Publishers, 1973.

[8] Dilling H, Mombour W, Schmidt MH, Schulte Markwort E (Hrsg.): *Weltgesundheitsorganisation: Internationale Klassifikation psychischer Störungen, ICD-10, Kapitel V (F) Forschungskriterien*. Bern; Göttingen; Toronto; Seattle: Huber, 1994.

[9] Fichter MM: Anorektische und bulimische Eßstörungen. In: Berger M (Hrsg.) *Psychiatrie und Psychotherapie*. München; Wien; Baltimore: Urban & Schwarzenberg, 1999.

[10] Fiedler P: *Persönlichkeitsstörungen*. Weinheim: Beltz, 2. Auflage, 1995.

[11] Foerster K: *Neurotische Rentenbewerber*. Stuttgart: Enke, 1984.

[12] Foerster K: Psychiatrische Begutachtung im Sozialrecht. In: Venzlaff U, Foerster K (Hrsg.) *Psychiatrische Begutachtung*. München; Jena: Urban & Fischer, 3. Auflage, 2000.

[13] Foerster K, Winckler P: Forensisch-psychiatrische Untersuchung. In: Venzlaff U, Foerster K (Hrsg.) *Psychiatrische Begutachtung*. München; Jena: Urban & Fischer, 3. Auflage, 2000.

[14] Förstl H (Hrsg.): *Lehrbuch der Gerontopsychiatrie*. Stuttgart: Enke, 1997.

[15] Glatzel J: Über Simulation oder: Von den Grenzen empirischer Psychopathologie. *Fund Psychiat* 12: 58, 1998.

[16] Grosch E, Weig W (Hrsg.): *Rehabilitation psychisch Kranker – die Heilung der Unheilbaren?* Hannover: Akademie für Sozialmedizin, 1995.

[17] Häfner H: *Was ist Schizophrenie?* Stuttgart; Jena; New York: Fischer, 1995.

[18] Halmi KA: Eßstörungen. In: Helmchen H, et al. (Hrsg.) *Psychiatrie der Gegenwart*, Band 6. Berlin; Heidelberg; New York: Springer, 2000.

[19] Hausotter W: *Begutachtung somatoformer und funktioneller Störungen*. München; Jena: Urban & Fischer, 2002.

[20] Janca A, Isaac M, Costa de Silva JA: WHO international study of somatoform disorders – background and rationale. *Eur J Psychiat* 9/2: 100, 1995.

[21] Kapfhammer HP: Somatoforme Störungen. *Nervenarzt* 72: 487, 2001.

[22] Kurz A: Organische psychische Störungen. In: Möller HJ, Laux G, Kapfhammer HP (Hrsg.) *Psychiatrie und Psychotherapie*, S. 844–851. Berlin; Heidelberg: Springer, 2000.

[23] Lauter H: Die organischen Psychosyndrome. In: Kisker KP, Lauter H, Meyer JE, Müller C, Strömgren E (Hrsg.) *Psychiatrie der Gegenwart*, Band 6. Berlin; Heidelberg: Springer, 3. Auflage, 1988.

[24] Leonhardt M, Foerster K: Diagnose, Differentialdiagnose und psychiatrische Begutachtung von umweltbe-

zogenen Körperbeschwerden. *Med Sach* 97: 214, 2001.

[25] Linehan MM: *Cognitive–behavioral treatment of borderline personality disorder.* New York: Guilford, 1993.

[26] Möller HJ, Deister A: Schizophrenie. In: Möller HJ, Laux G, Kapfhammer HP (Hrsg.) *Psychiatrie und Psychotherapie*, S. 998–1068. Berlin; Heidelberg: Springer, 2000.

[27] Möller HJ, Laux G, Deister A (Hrsg.): *Psychiatrie.* Stuttgart: Hippokrates Verlag, 1996.

[28] Möller HJ, Laux G, Kapfhammer HP (Hrsg.): *Psychiatrie und Psychotherapie.* Berlin; Heidelberg: Springer, 2000.

[29] Neuhäuser G, Steinhausen H (Hrsg.): *Geistige Behinderungen. Grundlagen, klinische Symptome, Behandlung und Rehabilitation.* Stuttgart: Kohlhammer, 1990.

[30] Remschmidt H, Niebergall G: Intelligenzminderungen. In: Möller HJ, Laux G, Kapfhammer HP (Hrsg.) *Psychiatrie und Psychotherapie*, S. 1568–1578. Berlin; Heidelberg: Springer, 2000.

[31] Sandweg R, Bernardy K, Riedel H: Prädiktoren des Behandlungserfolges in der stationären psychosomatischen Rehabilitation muskuloskelettärer Erkrankungen. *Psychother Psychosom Med Psychol* 51: 394, 2001.

[32] Schepank H: *Psychogene Erkrankungen der Stadtbevölkerung.* Berlin: Springer, 1987.

[33] Schier U: *Der Langzeitverlauf sozialgerichtlich begutachteter Rentenantragsteller mit funktionellen Störungen.* Med. Diss., Universität Tübingen, Tübingen, 1991.

[34] Schneider K: *Klinische Psychopathologie.* Stuttgart: Thieme, 13. Auflage, 1987.

[35] Warnke A: Entwicklungsstörungen. In: Möller HJ, Laux G, Kapfhammer HP (Hrsg.) *Psychiatrie und Psychotherapie*, S. 1581–1610. Berlin; Heidelberg: Springer, 2000.

[36] Winckler P, Foerster K: Zum Problem der „zumutbaren Willensanspannung" in der sozialmedizinischen Begutachtung. *Med Sach* 92: 120–124, 1996.

[37] Zubin J, Spring B: Vulnerability – a new view of schizophrenia. *J Abnorm Psychol* 86: 103–126, 1977.

24 Sucht und suchtähnliche Erkrankungen

Caspar Friedrich Sieveking

24.1 Allgemeines

Die Bedeutung der sozialmedizinischen Folgen des Suchtmittelkonsums ist enorm, wenn man zum einen die Häufigkeit und das Ausmaß der Schäden durch Suchtmittelkonsum betrachtet (Tabelle 24.1), und wenn man zum anderen die zumindest theoretisch sehr einfache Vermeidbarkeit der Schäden durch Verzicht auf Suchtmittelkonsum bedenkt.

	Tabak	Alkohol	Medik.	Drogen
Riskanter Konsum	16,7 Mio	7,8 Mio	—	0,30 Mio
Davon Abhängigkeit	5,8 Mio	1,5 Mio	1,4 Mio	0,15 Mio
Mortalität	111.000	42.000	—	2.000
Krankheitskosten €	17 Mrd	20 Mrd	—	—

Quelle: Jahrbuch Sucht 2002 [5]

Tab. 24.1: Prävalenz und Folgen des Suchtmittelkonsums

24.1.1 Begriffsbestimmungen

Für das Verständnis der Entstehung und für die Behandlung der Suchterkrankungen hat sich wie für kaum ein anderes medizinisches Krankheitsbild das von ENGEL [6] postulierte und von der Rehabilitationsmedizin als Paradigma adaptierte [4] *bio-psycho-soziale Krankheitsmodell* als überaus passend und fruchtbar erwiesen und wurde von der Fachwelt aller Schulen – mehr oder minder explizit – akzeptiert. Suchtkrankheiten im Rahmen eines Netzes sich gegenseitig bedingender biologischer, psychischer und sozialer Faktoren zu sehen und zu beeinflussen, ist seit langem Tradition in den verschiedenen Einrichtungen der Suchtkrankenhilfe, insbesondere in der stationären Rehabilitation der Suchterkrankungen.

Zwar spielen Begleiterkrankungen nicht selten eine wichtige Rolle in der Chronifizierung von Suchterkrankungen, es erübrigt sich jedoch eine Unterscheidung in *primäre* und *sekundäre* Suchterkrankungen, die ein biomechanisches, monokausales Krankheitsverständnis beinhaltet und daraus folgert, dass mit der Behandlung einer primär verursachenden Krankheit (z. B. einer Depression) zugleich auch die daraus entstandene Suchterkrankung kausal und hinreichend kurativ zu behandeln sei. Eine solche Sichtweise wird dem komplexen Krankheitsgeschehen der Sucht nicht gerecht.

Sowohl die ursächlichen Faktoren als auch die resultierenden Beeinträchtigungen einer Suchtkrankheit können sich auf allen drei Ebenen des Krankheitsgeschehens – der biologischen, der psychischen und der sozialen Ebene – manifestieren und stehen in Wechselwirkung miteinander. Dies spiegelt sich auch in der Komplexität der rehabilitativen Suchtbehandlung und der sozialmedizinischen Beurteilung von Abhängigkeitskrankheiten wieder.

Der Begriff „Sucht" wird nach wie vor sehr viel verwandt, sowohl im allgemeinen Sprachgebrauch als auch in der medizinischen Alltagssprache und in Institutionen der „Sucht"krankenhilfe. Als medizinische Diagnose im Bereich der Renten- und Krankenversicherung und in wissenschaftlichen Zusammenhängen ist der Begriff jedoch wegen der Schwierigkeit, ihn zu definieren und zu operationalisieren, weitgehend verlassen und durch den Begriff „Abhängigkeitssyndrom" ersetzt worden. In diesem Kapitel wird der Begriff „Sucht" gleichbedeutend mit „Abhängigkeit" entsprechend der Definition der ICD-10 (Kapitel V, Kategorie F10–F19) verwandt.

F10	Störungen durch Alkohol
F11	Störungen durch Opioide
F12	Störungen durch Cannabinoide
F13	Störungen durch Sedativa und Hypnotika
F14	Störungen durch Kokain
F15	Störungen durch andere Stimulanzien einschließlich Koffein
F16	Störungen durch Halluzinogene
F17	Störungen durch Tabak
F18	Störungen durch flüchtige Lösungsmittel
F19	Störungen durch multiplen Substanzgebrauch und Konsum anderer psychotroper Substanzen

Tab. 24.2: Psychische und Verhaltensstörungen durch psychotrope Substanzen nach ICD-10

Die ICD-10 verlangt für die Diagnose eines Abhängigkeitssyndroms die Einnahme einer Substanz, die psychotrop ist und ein Abhängigkeitspotential besitzt. Damit scheiden sogenannte „nicht stoffgebundene Süchte" (wie z. B. Spielsucht) sowie Schäden durch unsachgemäße Einnahme nicht psychotroper Substanzen (wie z. B. Laxantien oder peripher wirkende Analgetika) und Psychopharmaka ohne nachgewiesenes Abhängigkeitspotential (z. B. Antidepressiva) aus der Definition der Abhängigkeit nach ICD-10 aus und werden in diesem Kapitel nicht besprochen; zum pathologischen Glücksspiel siehe die Empfehlungen der Spitzenverbände der Krankenkassen und Rentenversicherungsträger für die medizinische Rehabilitation.

In der ICD-10 werden die bekannten psychotropen Substanzklassen mit Abhängigkeitspotential benannt (Tabelle 24.2). Wenn auch die Abhängigkeit nach der ICD-10 für alle Suchtmittel durch die gleichen Kriterien (Tabelle 24.6) definiert wird, so ist doch die pharmakologische Wirkung der Suchtmittel auf den Organismus und damit auch ihre leistungsmindernde Schädlichkeit außerordentlich unterschiedlich. Viele Suchtkranke setzen unterschiedliche Suchtmittel sogar zur Leistungssteigerung ein und erzielen zumindest vorübergehend auch eine derartige Wirkung. Zur Leistungsminderung durch das Suchtmittel selbst kommt es oft erst durch das Auftreten von Entzugsphänomenen, von Toleranz, Dosissteigerung und Überdosierung sowie vor allem – bei manchen Suchtmitteln wie z. B. Tabak sogar fast ausschließlich – durch Folgeerkrankungen.

Aus sozialmedizinischer Sicht sind vor allem Störungen durch Alkohol, Opioide, Sedativa und Hypnotika sowie durch Tabak von Bedeutung.

Die ICD-10 kennt keinen Unterschied zwischen legalen Suchtmitteln und illegalen Drogen. Sie unterscheidet lediglich aufgrund der chemisch-pharmakologischen Eigenschaften der Suchtmittel. Aus der Diagnose „Opioidabhängigkeit" ist somit nicht zu entnehmen, ob es sich z. B. um eine ältere Person mit einer Pentazocinabhängigkeit in Zusammenhang mit einem chronischen Schmerzsyndrom oder um einen heroinabhängigen Fixer handelt. Die Gesellschaft und das Behandlungssystem einschließlich der Rehabilitationsmedizin unterscheiden jedoch aus guten Gründen – vor allem aufgrund des unterschiedlichen sozialen Hintergrundes – sehr deutlich zwischen diesen Ausprägungen der gleichen Krankheit und es ist damit sinnvoll, dies auch in sozialmedizinischen Zusammenhängen (wie auch in diesem Beitrag) zu tun.

Für die sozialmedizinische Beurteilung ist von großer Bedeutung, dass die Sucht bzw. die Abhängigkeit nicht das einzige und auch nicht das häufigste klinische Erscheinungsbild des Suchtmittelkonsums ist (s. u.). Je nach Pharmakologie des Suchtmittels treten häufig schädliche Folgen eines Suchtmittelkonsums auf, ohne dass es zu einer Entwicklung einer Suchterkrankung gekommen ist.

Früher (ICD-9) erfolgte die diagnostische Einordnung dieser Fälle dadurch, dass eine Unterscheidung zwischen *Abhängigkeit* und *Missbrauch* getroffen wurde, wobei sich der Missbrauch vom „normalen" Gebrauch vor allem durch die Umstände und die Dosierung des Konsums unterschied. Diese Unterscheidung hatte den Vorteil, dass auch *potentiell* schädigende Konsummuster, z. B. riskanter Alkoholkonsum oder unsachgemäßer Medikamentenkonsum, diagnostiziert werden konnten. Die Schwierigkeit bestand allerdings in der von gesellschaftlichen Gepflogenheiten abhängigen Abgrenzung von normalem und missbräuchlichem Konsum.

Die ICD-10 hat an die Stelle des Missbrauchs den Begriff des *schädlichen Konsums* gesetzt, der sich nicht am Konsummuster sondern an den Folgen orien-

24.1 Allgemeines

▷ Kann es sich bei der Gesundheitsstörung um die Folge von Suchtmittelkonsum handeln?

▷ Läßt sich durch Eigen- und Fremdanamnese oder weitere medizinische Befunde ein gesundheitlich relevanter Suchtmittelkonsum nachweisen oder wahrscheinlich machen?

▷ Bestehen Hinweise auf eine Abhängigkeit?

▷ Handelt es sich um eine akute oder um eine chronische Gesundheitsstörung?

▷ Besteht eine Aussicht auf Besserung der Gesundheitsstörung durch Reduktion des Suchtmittelkonsums bzw. durch Abstinenz?

▷ Welche Möglichkeiten einer stufenweisen Beeinflussung des Suchtmittelkonsums sind bereits versucht worden bzw. müssen als nächstes veranlasst werden?

▷ Folgt daraus, dass es sich um eine besserungsfähige Leistungsminderung handeln könnte, oder ist ein Dauerzustand anzunehmen?

Tab. 24.3: Sozialmedizinische „Checkliste" bei Verdacht auf schädlichen Suchtmittelkonsum

Diagnostik der Abhängigkeit Anamnese des Suchtmittelkonsums; Kriterien der ICD (Tab. 24.6); suchtmittelspezifische Zusatzinstrumente; biologische Marker des Suchtmittelkonsums; Intoxikationserscheinungen, Entzugsphänomene; Verlauf der Suchterkrankung; Erfolg bisheriger Behandlungen.

Psychische Diagnostik Psychische und Verhaltensstörungen; Komorbidität; Psychosomatische Störungen; Hirnleistungsstörungen; Selbstverwirklichung und Selbstwertgefühl; Beziehungsgestaltung; Krankheitseinsicht und -verarbeitung; Motivation.

Somatische Diagnostik Folgeschäden, bes.: innere Organsysteme, zentrales Nervensystem, peripheres Nervensystem; Begleiterkrankungen.

Soziale Diagnostik Arbeit und berufliche Beziehungen; Familie und partnerschaftliche Beziehungen; soziale Kompetenzen.

Tab. 24.4: Diagnostik zur sozialmedizinischen Beurteilung von Suchterkrankungen

tiert und den Nachweis einer körperlichen oder psychischen Schädigung voraussetzt.

Die Feststellung von schädlichen Folgen durch Suchtmittelkonsum hat erhebliche sozialmedizinische und gesundheitspolitische Bedeutung, die den in der medizinischen Grundversorgung und in der sozialmedizinischen Beurteilung tätigen Ärzten eine große Verantwortung auferlegt, die insgesamt gesehen noch keineswegs ausreichende Beachtung findet.

In Anbetracht der enormen Vielfalt der möglichen Gesundheitsschäden durch Suchtmittelkonsum stellen sich bei der Feststellung von Gesundheitsschäden im Rahmen der sozialmedizinischen Beurteilung generell folgende Fragen (Tabelle 24.3). Erst nach deren Beantwortung lässt sich letztlich die sozialmedizinisch relevante Entscheidung treffen, ob die festgestellten Störungen eine aktuelle, vorübergehende Arbeitsunfähigkeit bedingen, oder ob eine dauerhafte oder sogar irreversible Minderung der Leistungsfähigkeit im Erwerbsleben zu befürchten oder bereits eingetreten ist. Der sozialmedizinischen Begutachtung kommt daher in vielen Fällen eine wegweisende Bedeutung bei der Einleitung und Durchführung notwendiger Behandlungsschritte zu.

24.1.2 Diagnostik

Die Diagnostik einer Suchterkrankung betrifft nicht nur die Abhängigkeit selbst, sondern den gesamten Organismus in ganzheitlichem Sinne, d. h. diejenigen körperlichen und seelischen Gegebenheiten in ihrem sozialen Kontext, die sowohl als Entstehungsbedingungen der Suchterkrankungen infrage kommen, wie auch von ihren Folgen betroffen sein können. Dabei sind ursächliche Faktoren, Folgezustände und unabhängige Begleitumstände nicht immer eindeutig zu differenzieren. Zu untersuchen sind die verschiedenen gegebenenfalls betroffenen Organsysteme und psychischen Qualitäten, jeweils auf der Ebene der Struktur- und Funktionsstörungen, der dadurch behinderten Aktivitäten, insbesondere der Leistungsfähigkeit im Erwerbsleben, sowie der eventuell eingeschränkten Partizipation. Zu beachten sind jedoch auch die zur Verfügung stehenden Kompensationsmöglichkeiten und Ressourcen [2].

Diagnostik der Abhängigkeit

Die Diagnostik der Abhängigkeit orientiert sich an der Anamnese des Suchtmittelkonsums und an den Kriterien der ICD-10. Für einzelne Suchtmittel stehen spezifische zusätzliche Untersuchungsinstrumente zur Verfügung. Die Untersuchung spezieller biologischer Marker, die Feststellung von Zeichen aktueller Intoxikation oder von Entzugsphänomenen kann gegebenenfalls einen aktuellen oder chronischen Suchtmittelkonsum objektivieren. Der Verlauf und die bisherigen Behandlungen der Suchtkrankheit geben wichtige Anhaltspunkte für den Schweregrad und die Prognose.

Psychische Diagnostik

Die psychische Diagnostik erfordert in der Regel eine Untersuchung durch einen Facharzt für Psychiatrie oder psychotherapeutische Medizin. Sie ermöglicht ein besseres Verständnis der individuellen Ausprägung der Suchterkrankung, lässt Zusammenhänge psychischer und somatischer Störungen erkennen, lässt das Ausmaß psychisch bedingter Leistungsminderung beurteilen und gibt außerordentlich wichtige Hinweise auf die Grenzen der Beeinflussbarkeit der Störungen, die psychotherapeutischen Veränderungsmöglichkeiten und auf die Prognose. Bei Verdacht auf Hirnleistungsstörungen ist häufig eine ausführliche testpsychologische Untersuchung und eine neurologische Untersuchung, gegebenenfalls mit bildgebender Diagnostik erforderlich.

Unter *Komorbidität* werden im engeren Sinne psychiatrische Erkrankungen verstanden, die nicht direkte Folge des Suchtmittelkonsums sind, sondern zusätzlich zur Suchterkrankung bestehen, allerdings den Suchtmittelkonsum mehr oder weniger stark beeinflussen können, z. B. Psychosen, Persönlichkeitsstörungen, depressive Syndrome, Angststörungen oder somatoforme Störungen.

Somatische Diagnostik

Eine orientierende *körperliche Untersuchung* und eine laborchemische Basisuntersuchung (z. B. Blutbild, Leberenzyme) gehören standardmäßig zur Diagnostik einer Suchterkrankung. Die Notwendigkeit weiterer fachärztlicher Untersuchungen ergibt sich aus den anamnestisch angegebenen Beschwerden und Leistungseinschränkungen sowie aus den zu erwartenden, für das konsumierte Suchtmittel typischen somatischen Folgeschäden. Meistens wird es sich dabei um internistische und neurologische Untersuchungen handeln.

Auch die Diagnostik vermeintlich unabhängiger, z. B. orthopädischer Erkrankungen sollte in Zusammenhang mit der Diagnostik der Suchterkrankung erfolgen. Häufig gewinnen diese Begleiterkrankungen unter dem Licht der psychischen Diagnostik einer Suchterkrankung eine völlig andere sozialmedizinische Bedeutung.

Kontextfaktoren

Selbstverständlich ist die eingehende Erhebung von Kontextfaktoren von erheblicher Bedeutung sowohl für das Verständnis der Entwicklung und der Aufrechterhaltung einer Suchterkrankung als auch für die Beurteilung der Folgen und Leistungseinschränkungen sowie der Veränderungsmöglichkeiten. Eine wichtige Quelle dafür kann ggf. ein Sozialbericht sein.

24.1.3 Begutachtungskriterien

Die Beurteilung des Leistungsvermögens von Suchtmittelkonsumenten hat vier Einflussgrößen zu berücksichtigen: (1) die Abhängigkeit selbst, (2) die Folgeerkrankungen, (3) die Begleiterkrankungen (Komorbidität) und (4) die Kontextfaktoren, hier insbesondere die berufstypischen und arbeitsplatzspezifischen Anforderungen an den Versicherten.

Die Unterscheidung zwischen *Folge-* und *Begleit-*erkrankungen hat erhebliche Bedeutung für die Behandlungsplanung z. B. im Rahmen der Rehabilitation, für die Prognose und für die sozialmedizinische Beurteilung.

Die Behandlung der *Folgekrankheiten* besteht in der Regel vor allem in der Behandlung der Suchterkrankung selbst und hat bei erfolgreicher Behandlung, d. h. längerfristiger Aufrechterhaltung von Suchtmittelabstinenz oftmals eine relativ günstige Prognose.

24.1 Allgemeines

F1_.0 akute Intoxikation
F1_.1 schädlicher Gebrauch
F1_.2 Abhängigkeitssyndrom
F1_.3 Entzugssyndrom mit/ohne Krampfanfall
F1_.4 Entzugssyndrom mit Delir mit/ohne Krampfanfall
F1_.5 psychotische Störung
F1_.6 amnestisches Syndrom
F1_.7 Restzustand und verzögert auftretende psychotische Störung
F1_.8/9 sonstige/nicht näher bezeichnete psychische und Verhaltensstörungen

Tab. 24.5: Klinische Erscheinungsbilder der psychischen und Verhaltensstörungen durch psychotrope Substanzen (F10–F19) nach ICD-10

Die Besserung der Symptome stärkt dabei die Abstinenzmotivation.

Begleiterkrankungen lassen sich zwar auch oft unter abstinenten Bedingungen leichter und wirksamer behandeln. Bei vielen Begleiterkrankungen verschlechtern sich jedoch auch die Symptome unter Abstinenz, da das Suchtmittel zur Unterdrückung der Symptome eingesetzt wurde bzw. die Wahrnehmung der Symptome verhinderte. In diesen Fällen ist konsequente Mitbehandlung der Begleiterkrankungen von großer Bedeutung für die Aufrechterhaltung der Abstinenz, um die Gefahr von Rückfällen als „Selbstbehandlungsversuch" zu reduzieren.

Leistungsminderung durch die Abhängigkeit

In der ICD-10 wird das Abhängigkeitssyndrom als eines der klinischen Erscheinungsbilder der Psychischen und Verhaltensstörungen durch psychotrope Substanzen aufgeführt (Tabelle 24.5). Die verursachenden Substanzen werden durch die dritte, die klinischen Erscheinungsbilder durch die vierte Stelle kodiert.

Die *akute Intoxikation* (F1_.0) und die Entzugssyndrome (F1_.3/4) sind naturgemäß kurzzeitige, vorübergehende Störungen, die je nach Pharmakologie des Suchtmittels leichte Befindlichkeitsstörungen oder schwerere Beeinträchtigungen mit Arbeitsunfähigkeit bis hin zu vital bedrohlichen, intensivbehandlungs-

F1_.1 schädlicher Gebrauch

Konsum psychotroper Substanzen, der zu Gesundheitsschädigung führt. Diese kann als körperliche Störung auftreten, etwa in Form einer Hepatitis nach Selbstinjektion der Substanz oder als psychische Störung z. B. als depressive Episode durch massiven Alkoholkonsum.

F1_.2 Abhängigkeitssyndrom

Eine Gruppe von Verhaltens-, kognitiven und körperlichen Phänomenen, die sich nach wiederholtem Substanzgebrauch entwickeln. Typischerweise besteht ein starker Wunsch, die Substanz einzunehmen, Schwierigkeiten, den Konsum zu kontrollieren, und anhaltender Substanzgebrauch trotz schädlicher Folgen. Dem Substanzgebrauch wird Vorrang vor anderen Aktivitäten und Verpflichtungen gegeben. Es entwickelt sich eine Toleranzerhöhung und manchmal ein körperliches Entzugssyndrom.

Das Abhängigkeitssyndrom kann sich auf einen einzelnen Stoff beziehen (z. B. Tabak, Alkohol oder Diazepam), auf eine Substanzgruppe (z. B. opiatähnliche Substanzen), oder auch auf ein weites Spektrum pharmakologisch unterschiedlicher Substanzen

Tab. 24.6: Kriterien des schädlichen Gebrauchs und der Abhängigkeit nach ICD-10

pflichtigen Krankheitszuständen hervorrufen können. Zum Teil sind diese Störungen als diagnostischer Hinweis auf eine Abhängigkeit von Bedeutung (s. u.).

Die ICD-10 unterscheidet ferner zwischen einem schädlichen Gebrauch (F1_.1) und einem Abhängigkeitssyndrom (F1_.2), die nicht immer leicht und eindeutig voneinander abzugrenzen sind (Tabelle 24.6).

Der *schädliche Gebrauch* (F1_.1) setzt definitionsgemäß eine körperliche oder psychische Gesundheitsschädigung durch Suchtmittelkonsum voraus, die durchaus zu einer aktuellen bzw. dauerhaften Leistungsminderung bzw. zu eingeschränkter Partizipation führen kann, auch ohne dass ein Abhängigkeitssyndrom besteht. Das Ausmaß und die Dauer der Beeinträchtigung hängen von der Ausprägung der Folgeschäden (s. u.) ab.

Andererseits ist fortgesetzter Konsum des Suchtmittels trotz Nachweises bereits eingetretener Schädigung ein wesentliches Kriterium der Abhängigkeit, es muss jedoch nicht zwingend vorhanden sein.

Die *Abhängigkeit* (F1_.2) an und für sich, d. h. ohne leistungsrelevante Folgeschädigung kann zwar je nach Art des Suchtmittels bei akuter Intoxikation und Steuerungsunfähigkeit sowie bei aktuellem Entzugssyndrom eine Arbeitsunfähigkeit bedingen. Sie begründet in der Regel jedoch keine dauerhafte Leistungsminderung, da von einem Abhängigen erwartet werden kann, dass er sich – mit oder ohne professionelle Hilfe – in die Lage versetzt, Abstinenz einhalten und dadurch seine Arbeitsfähigkeit wiederherstellen zu können. Die Annahme professioneller Hilfe kann von dem Versicherten mit Hinweis auf seine Mitwirkungspflicht (§ 63 SGB I, § 51 SGB V) verlangt werden, und zwar von der Rentenversicherung im Hinblick auf drohende oder eingetretene Erwerbsminderung und von der Krankenkasse bei längerer oder wiederholter Arbeitsunfähigkeit als Folge von Suchtmittelkonsum.

Eine dauerhafte Leistungsminderung entwickelt sich zumeist erst im Zusammenhang mit dem Auftreten von Folgeerkrankungen und -störungen. Die Behandlung einer Abhängigkeit führt daher auch nicht an und für sich zu einer Besserung der Leistungsfähigkeit, sondern bewirkt im Sinne einer Sekundär- bzw. Tertiärprophylaxe die Verminderung der Beeinträchtigung durch Folgeerkrankungen bzw. -störungen.

Nach einer „erfolgreichen" Therapie ist – bei Fehlen leistungsrelevanter Folge- oder Begleitschäden – in der Regel von Arbeits- und Erwerbsfähigkeit auszugehen. Als erfolgreich sind zunächst einmal alle regulär abgeschlossenen Therapiemaßnahmen anzusehen, da alle anderen Erfolgskriterien unsicher und von der Therapierichtung abhängig sind. Auch bei irregulärem Therapieabschluss kann durchaus Abstinenzfähigkeit erzielt worden sein. Diese ist in diesen Fällen individuell abzuschätzen.

In einigen besonderen Fällen, die vor allem durch spezielle Bedingungen der Berufstätigkeit charakterisiert sind, ist jedoch durch die Diagnose der Abhängigkeit selbst bereits eine Leistungsminderung gegeben, die sich – je nach Dauer – als Arbeitsunfähigkeit oder Berufs- bzw. Erwerbsunfähigkeit auswirken kann (Tabelle 24.7).

Abhängigkeit als Sicherheitsrisiko	für den Betroffenen für die Allgemeinheit
Rückfallgefahr durch die Arbeitsbedingungen	Griffnähe zum Suchtmittel Überforderung Arbeitsorganisation Arbeitsanforderungen Arbeitsbeziehungen
Abstinenzunfähigkeit	

Tab. 24.7: Einflussmöglichkeiten der Abhängigkeit auf die Leistungsfähigkeit im Erwerbsleben

Abhängigkeit als Sicherheitsrisiko

In einigen Berufen ist eine Abhängigkeit unabhängig davon, ob aktuell konsumiert wird oder nicht, als Sicherheitsrisiko anzusehen, und zwar allein schon wegen der bestehenden Rückfallgefahr und der damit verbundenen verminderten Steuerungsfähigkeit. Hierzu gehören z. B. Berufskraftfahrer, Lokomotivführer oder Piloten.

Zu unterscheiden sind dabei das Sicherheitsrisiko für den Abhängigen selbst und das Risiko für die Allgemeinheit. Für die sozialmedizinische Beurteilung ist das *Risiko der Berufsausübung für den Versicherten selbst* zu beachten, das der Gutachter anhand seines Eindrucks von dessen Abstinenzfähigkeit einzuschätzen hat. Auch hier ist nach einer „erfolgreichen" Therapie davon auszugehen, dass der Suchtkranke fähig ist, z. B. ein Kraftfahrzeug suchtmittelfrei zu führen, und damit als Berufskraftfahrer arbeits- und erwerbsfähig ist.

Im Rahmen einer sozialmedizinischen Begutachtung für die Rentenversicherung ist lediglich das qualitative und quantitative *Leistungsvermögen im Erwerbsleben* zu beurteilen. Die Prüfung der *Eignung* und des *Risikos für die Allgemeinheit* obliegt anderen Institutionen (z. B. Arbeitgeber, Straßenverkehrsamt, TÜV, Bahnarzt, Polizeiarzt etc.). Die Kriterien der sind in der Regel wesentlich strenger als diejenigen der Beurteilung der Fähigkeit. Sie sind von den Interessen der Allgemeinheit bestimmt.

So wird beispielsweise von den Straßenverkehrsämtern bei der Prüfung der Eignung zum Führen eines Kraftfahrzeuges ein besonderer Nachweis der Abstinenzfähigkeit verlangt [3]. Abhängige müssen in der Regel nach erfolgreicher Therapie eine einjährige Abstinenzzeit durch Nachweis einer Teilnahme an einer Selbsthilfegruppe und ärztlicher Kontrolle der einschlägigen Laborwerte glaubhaft machen.

Im Rahmen eines kommerziellen Dienstleistungsangebotes wie z. B. einer Personenbeförderung ein Höchstmaß an Sicherheit für die Allgemeinheit durch regelmäßige ärztliche Untersuchungen der Bediensteten anhand spezieller Kriterien zu gewährleisten, ist nicht Sache des sozialmedizinischen Gutachters bei der Beurteilung des Leistungsvermögens, sondern ist Sache des Dienstleistungsunternehmens und des von ihm beauftragten medizinischen Dienstes bzw. der Aufsichtsbehörde.

Beispielsweise lässt die Deutsche Bahn AG die Diensttauglichkeit eines Lokomotivführers durch einen eigenen ärztlichen Dienst prüfen. Wird hierbei eine Abhängigkeit festgestellt, so wird der Bedienstete in der Regel aus Sicherheitsgründen nach Durchführung einer Therapie noch für ein Jahr in einen weniger sicherheitsrelevanten Arbeitsbereich versetzt. Das heißt, er ist für diese Zeit nicht geeignet, eine Lokomotive zu führen, ist jedoch nicht dienstunfähig.

Ein aktuell abstinenter suchtkranker Berufskraftfahrer, bei dem z. B. am Ende einer Entwöhnungsbehandlung mit guter Abstinenzprognose zu rechnen ist, ist als Kraftfahrer arbeits- und erwerbsfähig zu beurteilen. Ist jedoch der Führerschein eingezogen und dem Betroffenen aufgrund seiner Abhängigkeit vom Straßenverkehrsamt eine Sperre auferlegt worden, so ist die vorübergehende Verweisbarkeit in eine andere Tätigkeit durch den Arbeitgeber (z. B. Tätigkeit als Beifahrer) zu prüfen.

Rückfallgefährdung durch besondere Arbeitsbedingungen

Nicht selten wird von Suchtkranken vorgebracht, sie seien zwar in ihrem Beruf leistungsfähig, die Arbeitsbedingungen seien jedoch rückfallgefährdend. Es stellt sich dabei die Frage der Arbeits- und Berufsfähigkeit.

Eine Rückfallgefährdung durch Arbeitsbedingungen kann dadurch gegeben sein, dass eine Tätigkeit mit der Einnahme von Suchtmitteln verbunden ist oder zumindest eine besondere „Griffnähe" zum Suchtmittel beinhaltet; näheres siehe bei der Darstellung der einzelnen Suchtkrankheiten. In diesen Fällen sind je nach individuellen Gegebenheiten die Möglichkeit der Veränderung der Arbeitsbedingungen, der Verweisbarkeit in eine andere Tätigkeit oder die Hilfestellung für einen Wechsel der Berufstätig durch Gewährung berufsfördernder Maßnahmen zu prüfen.

Eine erhöhte Rückfallgefahr durch die Arbeitsbedingungen kann auch dadurch bedingt sein, dass ein Missverhältnis zwischen der psychomentalen Belastbarkeit einerseits und den Arbeitsanforderungen andererseits besteht. Suchtkranke weisen oft eine weniger elastische psychische und vegetative Reaktionsbereitschaft auf Stressanforderungen auf. Nicht selten bestehen bei ihnen gleichzeitig erhöhte Leistungsanforderungen an sich selbst und eine geringe Frustrationstoleranz, d. h. sie können sich eigene Fehler schlecht verzeihen und Kritik bzw. ausbleibende Belohnung und Anerkennung schlecht aushalten. In vielen Fällen wird dann versucht, das Versagensgefühl durch die Konstruktion einer „Mobbingsituation" zu mildern und eine Lösung in der medizinischen Anerkennung einer Leistungsunfähigkeit zu finden.

In einer solchen Situation zumindest tendenziell eine bessere Ausbalancierung der Fähigkeiten des Arbeitnehmers einerseits und der Arbeitsanforderungen andererseits zu erreichen, ist eine der wichtigsten Aufgaben der Rehabilitation.

Dabei gilt es, auf der Seite des Arbeitnehmers die Selbsteinschätzung der eigenen Stärken und Schwächen, die Akzeptanz der Grenzen der Leistungsfähigkeit und die Selbstsicherheit im mitmenschlichen Umgang mit Kollegen und Vorgesetzten zu bessern.

Zugleich ist jedoch auch zu prüfen, inwieweit Einfluss auf die Arbeitsbedingungen genommen werden kann und sollte, um dem durch seine Suchtkrankheit behinderten Arbeitnehmer die Teilhabe am Arbeitsleben zu erleichtern. Dazu gehört die Überprüfung von

Arbeitsorganisation Es ist davon auszugehen, dass bei Suchtkranken der jahrelange Konsum psychotroper Substanzen zu einer längerfristig anhaltenden Störung der vegetativen Regulation zwischen

Spannung und Entspannung im zirkadianen Rhythmus führt. Es dürfte daher nachvollziehbar sein, dass in der Regel eine Arbeitsorganisation wie z. B. eine Wechselschicht einschließlich Nachtdienst, die erhöhte Anforderungen an die psychovegetative Regulationsfähigkeit stellt, eine erhöhte Rückfallgefahr beinhaltet und für Suchtkranke nicht zumutbar ist.

Ähnliches trifft für Tätigkeiten mit ständig wechselndem Einsatzort und häufiger Abwesenheit von zuhause (z. B. Montagearbeit) zu.

Arbeitsanforderungen Aus ähnlichen Gründen ist gegebenenfalls individuell zu prüfen, inwieweit Anforderungen unter besonderem Zeitdruck oder mit besonderen emotionalen Belastungen (z. B. Tätigkeiten im Rettungsdienst) oder im Umgang mit Aggressivität (z. B. Tätigkeiten in Justizvollzugsanstalten oder bei der Polizei) einen Suchtkranken – auch ohne Nachweis sonstiger psychischer Erkrankungen – überfordern können und nach Möglichkeit zu mildern sind.

Kritisch zu sehen ist auch der häufige Wunsch arbeitsloser Suchtkranker, in einen sozialen (z. B. Altenpflege oder Suchtkrankenhilfe) Beruf umzuschulen. Zwar ist das Bestreben, gerade in einem Bereich, in dem in der Vergangenheit unter Hilflosigkeit und Versagen gelitten wurde, sich zum Fachmann und Helfer zu machen, nachvollziehbar und im geeigneten Fall durchaus zu unterstützen. Auf der anderen Seite ist zu prüfen, inwieweit Suchtkranke bei der ihnen eigenen Schwierigkeit der Grenzziehung sich innerlich nicht in professioneller Weise vom Leiden der ihnen Anvertrauten abgrenzen können und sich dadurch überfordern und einer erhöhten Rückfallgefahr aussetzen.

Beziehungen am Arbeitsplatz Vermeintliche Mobbingsituationen, denen sich Suchtkranke am Arbeitsplatz ausgesetzt fühlen, resultieren häufig nicht nur aus Fehlleistungen der Vergangenheit, sondern auch aus gestörten zwischenmenschlichen Beziehungen, für die zum einen die Beziehungsschwierigkeiten vieler Suchtkranker, zum anderen auch Vorurteile der Kollegen und Vorgesetzten verantwortlich sind. Für den Erhalt der Leistungsfähigkeit am Arbeitsplatz kann es von entscheidender Bedeutung sein, in dieser Hinsicht auf beiden Seiten zu einer Haltungsänderung beizutragen.

Leistungsunfähigkeit aufgrund von Abstinenzunfähigkeit

Rückfälligkeit ist ein Symptom der Abhängigkeit, mit dessen Auftreten in jedem Stadium der Krankheit, als Ausdruck der Krankheit zu rechnen ist. Dennoch wird im allgemeinen auch bei rezidivierender Rückfälligkeit davon ausgegangen, dass sich ein Abhängiger gegebenenfalls durch wiederholte Behandlungsmaßnahmen in die Lage versetzen kann, Abstinenz einzuhalten und seine Leistungsfähigkeit zu erhalten. Auch wiederholte Rückfälligkeiten werden daher aus sozialmedizinischer Sicht – ohne dass gravierende Folge- oder Begleiterkrankungen eingetreten sind – in der Regel nicht als Begründung für eine verminderte Leistungsfähigkeit im Erwerbsleben angesehen, sondern zum Anlass erneuter rehabilitativer Hilfsangebote genommen. Viele Fachkliniken verfügen über spezielle Angebote für Therapiewiederholer.

Zweifellos gibt es aber auch Fälle, in denen ein Abhängiger nur bei dauernder Unterbringung in geschützter oder kontrollierender Umgebung in der Lage ist, Abstinenz einzuhalten. Zum einen trifft dies zu für Fälle mit fortgeschrittenem hirnorganischen Psychosyndrom, wobei die eingeschränkten mentalen Fähigkeiten keine ausreichende Krankheitseinsicht und Abstinenzmotivation ermöglichen; zum anderen auch für bestimmte schwere Persönlichkeitsstörungen, bei denen trotz erhaltener intellektueller Leistungsfähigkeit und Einsichtsfähigkeit eine derart eingeschränkte Frustrationstoleranz besteht, dass auf die Regulation der emotionalen Befindlichkeit durch das Suchtmittel nicht verzichtet werden kann. In solchen Fällen ist eine Leistungsminderung bzw. Leistungsunfähigkeit im Erwerbsleben festzustellen.

Leistungsminderung durch Folgeerkrankungen

Je nach Art des konsumierten Suchtmittels sind unterschiedliche Folgeschäden auf biologischer und psychosozialer Ebene zu erwarten, deren gründliche Untersuchung durch jeweils zuständige Fachärzte in vielen Fällen von erheblicher Bedeutung für die sozialmedizinische Beurteilung ist, da die Leistungsfähigkeit der Suchtkranken meistens durch das Ausmaß der Folgeschäden limitiert ist. Die Verursachung der Schädigung durch Suchtmittelkonsum wirkt sich dabei vor allem auf die Prognose aus, denn die Ursache suchtmittelbedingter Schäden lässt sich im Unterschied zu vielen anderen vollständig beseitigen.

Leistungsminderung durch Begleiterkrankungen

Suchtkrankheiten können sich in jedem Alter entwickeln. Insbesondere in höherem Alter ist mit Multimorbidität zu rechnen. Nicht selten sind Suchtkranke zusätzlich von Krankheiten betroffen, die nicht in ursächlichem Zusammenhang zum Suchtmittelkonsum stehen. Auch wenn diese Krankheiten von Suchtkranken oft in den Vordergrund gestellt werden, da sie ihre Suchtkrankheit verbergen oder nicht wahrhaben wollen, sind sie doch genauestens, gegebenenfalls fachärztlich zu untersuchen. Diese Krankheiten können je nach Ausprägung durchaus leistungslimitierend sein. Sie können auch zum Suchtmittelkonsum veranlassen und Rückfälligkeit fördern. Sie sind daher auch im Rahmen der medizinischen Rehabilitation Suchtkranker mitzubehandeln.

Einfluss der Kontextfaktoren

Die Arbeitsbedingungen, die familiären und partnerschaftlichen Beziehungen sowie die Möglichkeiten der Freizeitgestaltung und Selbstverwirklichung, also letztlich die Gesamtheit der Partizipation sind von großer Bedeutung für den Verlauf von Suchterkrankungen. Sie können sowohl als subjektive oder objektive Defizite zur Aufrechterhaltung des Suchtverhaltens beitragen wie auch als Ressourcen die Abstinenzhaltung stabilisieren.

Für die sozialmedizinische Beurteilung sind vor allem die Arbeitsbedingungen von Bedeutung. Hierbei geht es nicht nur um die Frage, inwieweit die konkreten Leistungsanforderungen am Arbeitsplatz in angemessenem Verhältnis zur Leistungsfähigkeit des Versicherten stehen, sondern auch um die Einschätzung, inwieweit die Bedingungen der Leistungserbringung rückfallfördernde Belastungen oder rückfallhemmende Ressourcen darstellen. Zufriedenstellende Arbeitsbedingungen haben einen wesentlichen Einfluss auf die Motivation im Hinblick auf Lebensmut, Abstinenzhaltung und die Bereitschaft, seine Arbeitskraft zur Verfügung zu stellen. Das heißt nicht, dass die bei Suchtkranken häufig anzutreffende fehlende Anpassungsbereitschaft bzw. Anpassungsfähigkeit den Kontextbedingungen angelastet werden soll. Eine Einschränkung der Partizipation beruht jedoch in der Regel auf einem Zusammenwirken individueller und Kontextfaktoren. Der Versuch der Beeinflussung sollte daher „vorurteilsfrei" auf beiden Seiten erfolgen.

Der Sozialmediziner sollte sich bei der Begutachtung Suchtkranker bewusst sein, dass die Feststellung der Aufhebung der Leistungsfähigkeit im Erwerbsleben, zu der er nicht selten vom Versicherten, von Angehörigen, vom Arbeitgeber oder anderen Institutionen gedrängt wird, zwar eine medizinisch gerechtfertigte Entlastung herbeiführen kann, jedoch zugleich auch die Einschränkung der Partizipation des Betroffenen festschreibt und damit unter Umständen die Rückfallgefahr erhöhen kann. Es sollten daher immer auch die Möglichkeiten der Nutzung einer Restleistungsfähigkeit durch Einflussnahme auf den Arbeitsprozess, Feststellung einer partiellen oder zeitlich begrenzten Leistungsminderung und durch berufsfördernde Leistungen geprüft werden.

24.1.4 Sozialmedizinische Beurteilung

Die sozialmedizinische Beurteilung einer Suchterkrankung sollte nach Möglichkeit nicht auf einer einmaligen Querschnittsuntersuchung beruhen. Da das Ausmaß der Beeinträchtigung durch eine Suchterkrankung weniger durch die Abhängigkeit selbst als durch die Folgeschäden bestimmt wird und da ferner Störungen auf der Ebene der Organstrukturen und -funktionen, der Aktivitäten und der Partizipation sowohl Ursachen als auch Folgen der Suchtentwicklung sein können, wird eine sozialmedizinische Beurteilung dem Einzelfall nur gerecht, wenn sie möglichst alle Aspekte der Abhängigkeitserkrankung berücksichtigt.

> **Für eine *ambulante* Rehabilitation sprechen:**
> ▷ ein guter Gesundheitszustand,
> ▷ der Nachweis einer Abstinenzfähigkeit,
> ▷ eine gute Behandlungsdisziplin
> ▷ ein stabilisierender sozialer Rahmen am Heimatort
>
> **Für eine *stationäre* Rehabilitation sprechen:**
> ▷ gravierende Folge- und Begleiterkrankungen
> ▷ fortbestehende Arbeitsunfähigkeit
> ▷ geringe Abstinenzerfahrung bzw. vergebliche Abstinenzversuche
> ▷ eine noch mangelhaft ausgeprägte Krankheitseinsicht und Behandlungsdisziplin
> ▷ ein destruktiver sozialer Hintergrund.

Tab. 24.8: Indikationen für eine ambulante oder stationäre Suchtrehabilitation

Die intensivste und differenzierteste Behandlung dieser Art erfolgt im Rahmen einer stationären Rehabilitation in einer Fachklinik. Jedoch wurden in den letzten Jahren unter dem Eindruck der begrenzten finanziellen Mittel und der im Vergleich zur hohen Prävalenz eingeschränkten Inanspruchnahme durch die Versicherten auch die ambulanten und teilstationären Behandlungsmöglichkeiten ausgebaut.

Mit der Diagnose einer Abhängigkeit von Alkohol, Medikamenten oder Drogen ist zugleich die Indikation zu einer Entwöhnungsbehandlung als medizinische Rehabilitationsmaßnahme gegeben, auch ohne dass eine konkrete, bereits eingetretene Erwerbsminderung nachgewiesen werden muss. Allerdings ist die Feststellung bereits eingetretener Schäden neben der Beurteilung der Motivation und der sozialen Begleitumstände von entscheidender Bedeutung bei der Wahl zwischen ambulanter, teilstationärer oder stationärer Rehabilitation und bei der Auswahl der geeigneten Behandlungseinrichtung (Tabelle 24.8).

Der Erfolg der Rehabilitationsmaßnahmen bei Suchtkranken hängt wesentlich davon ab, ob es bereits während der Maßnahme gelingt, konkrete Schritte der Förderung der Teilhabe am Arbeitsleben einzuleiten. Hierzu dient eine auf die berufliche Reintegration ausgerichtet Arbeitstherapie, die Möglichkeit von Belastungserprobungen, die Ableistung berufsbezogener Praktika sowie die Vermittlung in eine sogenannte Adaption. Diese erfolgt in speziellen Einrichtungen, die nach erfolgter Entwöhnungsbehandlung Hilfen zur weiteren beruflichen und sozialen Reintegration bieten und damit das vor allem unmittelbar nach Entlassung aus der Therapie hohe Rückfallrisiko reduzieren.

24.2 Alkoholismus

Der Alkoholismus ist gewissermaßen der Prototyp aller Abhängigkeitserkrankungen. Er hat die tiefsten kulturellen Wurzeln, ist am längsten und intensivsten erforscht und bietet die vielfältigsten klinischen Erscheinungsformen, Störungen und Beeinträchtigungen. Die Unterscheidung der klinischen Erscheinungsbilder der Störungen durch Suchtmittelkonsum (siehe Tabelle 24.5 auf Seite 563), die Merkmale der körperlichen Abhängigkeit mit Entzugssyndrom und Toleranzsteigerung, der psychischen Abhängigkeit mit Zwang zu konsumieren, Kontrollverlust und Einengung der Verhaltensmuster etc. (siehe Tabelle 24.6 auf Seite 563) wurden aus der Beobachtung der Erscheinungsformen des Alkoholismus abgeleitet und in der ICD-10 als Kriterien der Diagnosestellung auf die Störungen durch alle anderen Suchtmittel übertragen, auch wenn diese Merkmale für die meisten anderen Suchtstoffe nur zum Teil zutreffen.

Aus epidemiologischer Sicht sind die Häufigkeit und das Ausmaß alkoholbedingter Gesundheitsschäden weniger von der Häufigkeit der Alkoholabhängigkeit bestimmt als vielmehr von der durchschnittlich pro Tag aufgenommenen Alkoholmenge. Mit Blick auf die Primärprävention epidemischer Schäden durch Alkoholkonsum wird daher eine Unterscheidung nach der Trinkmenge ungeachtet des Trinkmusters und damit zusammenhängender psychischer Störungen getroffen (Tabelle 24.9 auf der nächsten Seite).

Im Hinblick auf die Sekundär- und Tertiärprävention bei bereits eingetretenen Schäden und die sozialmedizinische Beurteilung sind jedoch nicht nur die individuelle Konsummenge, sondern auch das Trinkmuster und die zugrundeliegende psychische Störung von Be-

24.2 Alkoholismus

Konsumverhalten	Männer		Frauen		Gesamt	
Abstinenz	0 g/d	4,8 %	0 g/d	6,2 %	5,5 %	2,6 Mio
Risikoarmer Konsum	< 30 g/d	73,7 %	< 20 g/d	82,9 %	78,0 %	37,5 Mio
Riskanter Konsum	30–60 g/d	14,9 %	20–40 g/d	8,3 %	11,7 %	5,6 Mio
Gefährlicher Konsum	60–120 g/d	5,7 %	40–80 g/d	2,0 %	3,9 %	1,9 Mio
Hochkonsum	> 120 g/d	0,9 %	> 80 g/d	0,6 %	0,7 %	0,35 Mio

Quelle: Jahrbuch Sucht 2002 [5]

Tab. 24.9: Alkoholkonsum der erwachsenen Bevölkerung (18–59 Jahre)

deutung (Tabellen 24.5 und 24.6). Unterschieden werden hauptsächlich vier klinische Erscheinungsbilder:
1. akute Intoxikation,
2. Entzugssyndrom,
3. schädlicher Konsum und
4. Abhängigkeitssyndrom.

24.2.1 Akute Alkoholintoxikation

Die akute Alkoholintoxikation (F10.0) ist ein vorübergehender Zustand und bedingt je nach klinischem Schweregrad und zeitlichem Abstand zum Arbeitsbeginn allenfalls eine Arbeitsunfähigkeit.

Unter bestimmten Bedingungen kann die akute Alkoholisierung jedoch ein bedeutsamer Hinweis auf eine chronische Störung sein:

▷ Werden gleichzeitig Schäden festgestellt, die zumindest differenzialätiologisch auf Alkoholkonsum zurückgeführt werden können, spricht dies für einen schädlichen Alkoholkonsum (F10.1, s. u.).

▷ Wird Alkoholisierung trotz bereits bekannter Alkoholschäden festgestellt, so ist damit eines der Kriterien der Abhängigkeit nach ICD-10 (siehe Tabelle 24.6 auf Seite 563) erfüllt.

▷ Eine akute Alkoholisierung zum Zeitpunkt einer ärztlichen Untersuchung z. B. bei Begutachtung widerspricht den Regeln eines gesellschaftlich üblichen Trinkverhaltens (Tab. 24.6) und ist ebenfalls ein Indiz für eine Abhängigkeit (siehe auch MALT-Test).

▷ Eine hohe Blutalkoholkonzentration (BAK) bei relativ unauffälligem Funktionszustand spricht für eine Toleranzsteigerung und damit gleichfalls für eine Abhängigkeit. So wird bei der MPU zur Prüfung der Fahrtauglichkeit ein relativ unauffälliges Fahrverhalten bei einer BAK ab 1,6 Promille als pathognomonisch für eine Alkoholabhängigkeit gewertet.

Wird bei aktueller Alkoholisierung eine Abhängigkeit vermutet, so ist von fehlender Kontrollfähigkeit bezüglich des Alkoholkonsums und von Abstinenzunfähigkeit auszugehen, das heißt, es handelt sich nicht um einen vorübergehenden Zustand, sondern um ein Symptom einer chronischen Störung. Der Betroffene ist bis zur Sicherstellung der Abstinenzfähigkeit zum Verzicht auf das Führen eines Kraftfahrzeug aufzufordern, eventuell bei akuter Gefahr sogar daran zu hindern. Eine geeignete Behandlungsmaßnahme sollte eingeleitet werden.

24.2.2 Alkoholentzugssyndrom

Die Symptomatik des Alkoholentzugssyndroms variiert zwischen vegetativen Exzitationen mit internistischen und neurologischen Störungen jeden Schweregrades, psychotischen Phänomenen und zerebralen Krampfanfällen. In jeder Phase des Entzuges besteht die Gefahr der Entwicklung eines Delirs mit lebensbedrohlichen Komplikationen. Ohne Behandlung hat ein Delir eine hohe Letalität. In der Regel ist daher bei Auftreten von Entzugserscheinungen eine Krankschreibung und die Einleitung einer angemessenen Behandlung erforderlich.

Körperliche Entzugsphänomene sind ferner eines der sichersten Kennzeichen einer Abhängigkeit und weisen damit auf die Indikation zu einer Rehabilitationsmaßnahme hin. Die Entgiftung mit Behandlung der Entzugssymptomatik stellt zwar entsprechend den Empfehlungsvereinbarungen zwischen Renten- und Krankenversicherung eine Maßnahme der Akutversorgung zu Lasten der Krankenkassen dar. Sie sollte allerdings nach Möglichkeit in einer Einrichtung erfolgen, die sogenannte „qualifizierte Entgiftungen" durchführt, in die eine Motivationsbehandlung integriert ist, um den Abhängigen zu dauerhafter Abstinenz und möglichst auch zu einer Rehabilitationsmaßnahme zu bewegen.

24.2.3 Schädlicher Alkoholkonsum

Von allen Suchtmitteln weist Alkohol die vielfältigsten körperlichen und psychischen Schädigungsmöglichkeiten durch chronischen Konsum auf. Es gibt kaum ein Organ, eine Struktur oder eine Funktion des menschlichen Organismus, die nicht durch anhaltenden Alkoholkonsum geschädigt werden können (Tabelle 24.10). Die sozialmedizinische Beurteilung der Folgeschäden durch Alkoholkonsum ergibt sich aus der fachspezifischen Diagnostik der betroffenen Organsysteme und wird in den entsprechenden Kapiteln dieses Buches abgehandelt.

Die häufigsten Alkoholfolgeschäden, die auch bei abstinenter Lebensführung mit dauerhafter Minderung der Leistungsfähigkeit im Erwerbsleben verbunden sein können, sind Leberzirrhose, chronische Pankreatitis, Kardiomyopathie, Blutbildungsstörungen, Stoffwechselstörungen, Krebserkrankungen, Polyneuropathie, toxische Enzephalopathie und hirnorganisches Psychosyndrom, Persönlichkeitsveränderungen.

Die Erkennung einer alkoholtoxischen Genese einer Krankheit ist allerdings von erheblicher sozialmedizinischer Bedeutung: Sie eröffnet erfolgversprechende Behandlungsmöglichkeiten und verbessert damit in der Regel die Prognose der Erkrankung. Beispielsweise hat eine alkoholtoxische Leberzirrhose, wenn sie als solche erkannt und behandelt wird, eine bessere Prognose als eine virusbedingte Leberzirrhose, da sich der für das Fortschreiten der Krankheit verantwortliche Faktor wirksamer beseitigen lässt. Das Ausmaß einer alkoholtoxischen Dauerschädigung kann daher in der Regel erst festgestellt werden, nachdem eine mehrmonatige Abstinenzphase sichergestellt worden ist.

Darüber hinaus ist zu bedenken, dass die meisten Menschen mit Alkoholproblemen sich nicht primär an eine Institution der Suchtkrankenhilfe wenden, sondern aufgrund von Folge- und Begleiterkrankungen jene Ärzte aufsuchen, die mit der medizinischen Grundversorgung oder der sozialmedizinischen Beurteilung befasst sind. Diesen kommt daher nach übereinstim-

---

Leber Alkoholische Fettleber und Hepatitis (akut, chronisch); alkoholische Leberzirrhose (kompensiert, dekompensiert), ZIEVE-Syndrom

Pankreas Akute und chronische Pankreatitis

Oberer Verdauungstrakt Zahnschäden, Schleimhautatrophie, Cheilosis, Parotitis; Pharynx- und Ösophaguskarzinome; Refluxösophagitis, BARRET-Ulkus, Ösophagusvarizen, -blutung

Magen Gastritis, Ulzera, MALLORY-WEISS-Syndrom

Herz-Kreislauf-System Dilatative Kardiomyopathie, Herzrhythmusstörungen, Endokarditis, arterielle Hypertonie

Blutbildung Anämie, Leukopenie, Thrombopenie

Stoffwechsel Metabolisches Syndrom, Fettstoffwechselstörungen, Diabetes mellitus; Hämochromatose; Porphyrie

Endokrines System Hyperöstrogenismus, sexuelle Störungen

Atemwege Infektanfälligkeit, Tuberkulose

Bewegungsapparat Myopathie, DUPUYTRENsche Kontrakturen, Osteopathie

Peripheres Nervensystem Polyneuropathie

Zentralnervensystem Toxische Enzephalopathie, toxische Kleinhirnatrophie, Opticusneuritis, Epilepsie

Psyche Hirnorganisches Psychosyndrom: Intelligenzminderung, amnestisches Syndrom, affektive Nivellierung; paranoide Syndrome; affektive Störungen; Persönlichkeitsveränderungen

Embryonalentwicklung Alkoholembryopathie

Tab. 24.10: Die wichtigsten Alkoholfolgeschäden

menger Meinung der Fachleute eine Schlüsselrolle in der Prävention alkoholbedingter Folgeschäden zu.

Die präventive abstinenzorientierte psychotherapeutische Behandlung von Patienten mit schädlichem Alkoholkonsum, die nicht alkoholabhängig sind, ist allerdings bisher nicht im Indikationskatalog der Rehabilitationsmaßnahmen zu Lasten der Rentenversicherungen enthalten. Sie werden von einigen Krankenkassen im Rahmen von speziellen Projekten und Vereinbarungen mit Behandlungseinrichtungen getragen.

Ein fortgesetzter Alkoholkonsum trotz Aufklärung über eine bereits bekannte alkoholtoxische Schädigung ist allerdings ein Merkmal der Abhängigkeit (s. u.) und sollte zur Einleitung einer Rehabilitationsmaßnahme veranlassen.

24.2.4 Alkoholabhängigkeit

Diagnostik

Die Diagnose der Alkoholabhängigkeit im Rahmen der sozialmedizinischen Beurteilung hat nach den Kriterien der ICD-10 (siehe Tabelle 24.6 auf Seite 563) zu erfolgen. Einige dieser Kriterien sind mehr oder weniger objektiv beobachtbar. Im Wesentlichen beruht die Diagnose jedoch auf den anamnestischen Angaben des zu Begutachtenden und seiner Bezugspersonen. Glaubwürdige anamnestische Daten sind allerdings nur zu erhalten, wenn eine vertrauensvolle Gesprächsbereitschaft erreicht werden konnte, eine gewisse Einsicht des Betroffenen in die Problematik besteht und die Bereitschaft zur Kooperation gegeben ist. Da diese Bedingungen oft erst das Ergebnis einer motivierenden Therapie sind und in der Begutachtungssituation nicht vorausgesetzt werden können, sollten möglichst viele „objektive" Befunde hinzugezogen werden, auch wenn durch diese Befunde zumeist nur der schädliche Alkoholkonsum, nicht jedoch die Abhängigkeit nachzuweisen ist.

Zu den wichtigsten ärztlich beobachtbaren Hinweisen auf das Vorliegen einer Abhängigkeit gehört die Feststellung eines körperlichen Entzugssyndroms, insbesondere von deliranten Entzugserscheinungen und von Entzugskrampfanfällen, das Eintreten einer Toleranzentwicklung sowie fortgesetzter Alkoholkonsum trotz Nachweises schädlicher Folgen.

Cut down	Haben Sie (erfolglos) versucht, Ihren Alkoholkonsum zu reduzieren?
Annoyed	Haben Sie sich geärgert, weil Ihr Trinkverhalten von anderen kritisiert wurde?
Guilty	Haben Sie Schuldgefühle wegen Ihres Trinkens?
Eye-opener	Haben Sie Alkohol benutzt, um morgens „in Gang" zu kommen?

Tab. 24.11: CAGE-Test zur Erfassung problematischen Alkoholkonsums

Einige Laborwerte, insbesondere das *Mittlere korpuskuläre Volumen* (MCV) der Erythrozyten und das *Carbohydrate Deficient Transferrin* (CDT), weisen auf längerfristigen hochdosierten Alkoholkonsum hin und können damit auch als Beleg für die toxische Genese von Folgeschäden verwendet werden. Sie können jedoch allein nicht als Nachweis einer Abhängigkeit dienen, da die Menge des Konsums nur ein untergeordnetes Kriterium der Abhängigkeit darstellt.

Die anamnestisch zu erfassenden Abhängigkeitskriterien sind in der Formulierung der ICD-10 nur schlecht operationabel. Es wurde daher eine Reihe von mehr oder weniger gut validierten testpsychologischen Untersuchungsinstrumenten entwickelt, die der standardisierten Erhebung des Trinkmusters und der subjektiven Alkoholproblematik dienen.

Der einfachste und kürzeste Test ist der sogenannte CAGE-Test (Tabelle 24.11), der lediglich aus vier Fragen besteht und als ein erster Screening-Test zur Ermittlung von problematischem Alkoholkonsum dient. Er kann z. B. in Wartezimmern von Arztpraxen, Gesundheitsämtern und anderen Einrichtungen des Gesundheitswesens ausgelegt werden und den Klienten zu einer Selbstbeurteilung anregen.

Im deutschen Sprachraum ist der von FEUERLEIN et. al. [7, 8] entwickelte MALT-Test am besten validiert. Er ist für sozialmedizinische Zwecke dadurch besonders gut geeignet, dass er neben einem Selbstbeurteilungsteil (S-Teil) mit 24 Items auch einen Fremdbeurteilungsteil (F-Teil) mit 7 Items enthält, in den medizinische Befunde des Arztes und Aussagen von Bezugspersonen eingehen können.

Der MALT-Test ist vor allem dann angezeigt, wenn der Betroffene selbst Zweifel an einer Abhängigkeit hat. Wenn er sich jedoch – zum Beispiel durch Gespräche mit Suchtberatern oder Selbsthilfegruppenmitgliedern – bereits über das Vorliegen einer Abhängigkeit im Klaren ist und dies offenbart, lässt sich die Diagnose in der Regel leicht in einem Anamnesegespräch, das sich an den ICD-Kriterien orientiert, stellen. Der MALT-Test bringt dann keine zusätzliche diagnostische Information, sodass auf ihn verzichtet werden kann. Beim MALT-Test ist oberhalb eines Grenzbereiches von 8 bis 10 Punkten eine Alkoholabhängigkeit anzunehmen.

Angesichts der überaus vielfältigen Möglichkeiten der Folgeschädigung durch Alkoholkonsum (Tabelle 24.10) erfordert die sozialmedizinische Beurteilung der Alkoholabhängigkeit eine umfassende psychische und somatische Diagnostik (Tabelle 24.4).

Begutachtungskriterien

Sofern keine Alkoholfolgeschäden eingetreten sind, bedingt die Alkoholabhängigkeit in der Regel keine dauerhafte Leistungsminderung, sondern veranlasst zur Einleitung einer abstinenzorientierten Rehabilitationsmaßnahme. Bei regulärer Absolvierung einer solchen Maßnahme ist von Arbeits- und Erwerbsfähigkeit auszugehen.

Im Einzelfall können sich allerdings besondere Umstände der Berufstätigkeit und des Arbeitsplatzes leistungsmindernd auswirken:

▷ In Berufen, in denen die krankheitsbedingte Rückfallgefahr ein besonderes Sicherheitsrisiko für den Betroffenen oder für die Allgemeinheit darstellt, können sich dadurch Einschränkungen der Partizipation des Versicherten ergeben, die für die sozialmedizinische Begutachtung relevant sein und zu berufsfördernden Maßnahmen Anlass geben können. Hierzu gehören Berufskraftfahrer, Lokomotivführer, Piloten und andere besonders sicherheitssensible Berufe.

▷ Einige Berufe bedingen eine besondere „Griffnähe" zum Alkohol. Hierzu gehören Tätigkeiten in der Alkohol- und Getränkeproduktion und in der Gastronomie. In diesen Fällen kann aus den Arbeitsbedingungen resultieren, dass die Versicherten ihre bisherige Tätigkeit nicht mehr ohne erhöhte Gesundheitsgefahr durchführen können. Daraus muss jedoch keineswegs immer die Notwendigkeit eines Berufswechsel folgen. Gerade für Köche lassen sich erfahrungsgemäß häufig Tätigkeitsbereiche finden, in denen auf die Verarbeitung von Alkohol gänzlich verzichtet werden kann oder sogar muss, z. B. als Koch in einer Rehabilitationseinrichtung.

▷ Zu prüfen ist ferner, inwieweit in der Vergangenheit Alkoholkonsum und Rückfälligkeit in Zusammenhang mit einer relativen Überforderung durch die konkreten Arbeitsbedingungen stand (s. Arbeitsorganisation, Arbeitsanforderungen, Beziehungen am Arbeitsplatz), inwieweit auf diese Bedingungen Einfluss genommen werden kann oder ein Wechsel des Arbeitsplatzes angezeigt ist. Lässt sich eine solche Entscheidung mit der Abhängigkeitserkrankung begründen, resultiert daraus zwar keine Leistungsminderung, da diese unter anderen Bedingungen nicht eingeschränkt ist. Bei krankheitsbedingter Aufgabe eines Arbeitsplatzes lässt sich jedoch eine Sperre des Arbeitslosengeldes vermeiden.

Auch nach regulär durchgeführter Rehabilitation ist auf die Dauer mit Rückfälligkeit zu rechnen. Diese ist ein Symptom der Krankheit. Ein Rückfall bedeutet nicht, dass die Behandlung erfolglos war, sondern gibt Anlass zu weiteren Hilfsmaßnahmen, zum Beispiel einer spezifischen Wiederholungsbehandlung, die an den Ergebnissen der vorausgegangenen Behandlung ansetzt. Auch längere Abstinenzintervalle zwischen Rückfällen sind als Behandlungserfolg anzusehen und machen erneute Behandlungen gesundheitlich und wirtschaftlich sinnvoll. Erst wenn wiederholte Behandlungen mit unterschiedlichen Mitteln keine längeren Abstinenzphasen erreichen, muss eine längerfristige Abstinenzunfähigkeit mit Aufhebung der Leistungsfähigkeit im Erwerbsleben angenommen werden. In der Regel resultiert daraus eine Betreuung bzw. die Unterbringung in einer beschützenden Einrichtung.

In den meisten Fällen ist es allerdings nicht die Abhängigkeit selber, sondern es sind die Folgeschäden, die die Leistungsfähigkeit begrenzen. Da die Alkoholfolgeschäden eine relativ gute Prognose haben, ist das Ausmaß der dadurch bedingten Leistungsminderung erst nach einer gesicherten Abstinenzzeit von mehreren Monaten zu beurteilen.

Die Häufigkeit der Alkoholabhängigkeit nimmt mit steigendem Lebensalter zu. Naturgemäß nimmt dabei auch die Häufigkeit anderer Erkrankungen zu. Nicht selten wird daher die Leistungsfähigkeit insbesondere älterer Versicherter weniger durch die Alkoholabhängigkeit und die Alkoholfolgeschäden, sondern durch zusätzliche körperliche oder seelische Leiden begrenzt.

Oftmals stehen diese Begleiterkrankungen aus Sicht des Versicherten im Vordergrund und sind nicht selten Anlass für einen Rentenantrag. In einer umfassenden Rehabilitationsmaßnahme kann sich dann heraus stellen, dass die vermeintlich alkoholunabhängige Erkrankung doch in engem Zusammenhang zum Alkoholkonsum steht und der Verschiebung der Problematik dient: Entweder der Betroffene will seine Suchterkrankung nicht wahrhaben und weicht in einen weniger peinlichen Leidensbereich aus, oder die Abhängigkeit und die Begleiterkrankungen haben die gleichen Wurzeln, die durch angemessene Behandlung beeinflussbar sind, z. B. die Neigung zu Selbstüberforderung oder relative Überforderung durch besondere Arbeitsplatzbedingungen.

Es resultiert daraus, dass auch diejenigen leistungsmindernden Gesundheitsstörungen, die nicht kausal auf Alkoholkonsum zurückzuführen sind, mit einer bestehenden Alkoholabhängigkeit in Zusammenhang betrachtet und behandelt werden müssen. Dies ist allein schon deshalb angebracht, weil viele körperliche und psychische Erkrankungen, auch wenn sie nicht durch Alkohol hervorgerufen wurden, sich unter abstinenten Bedingungen wesentlich besser behandeln lassen (z. B. Diabetes, Hypertonie, Epilepsie etc.). Im Rahmen einer solchen ganzheitlichen Behandlung kann sich gelegentlich auch eine überraschende Besserung der Prognose der Begleiterkrankungen ergeben. Umgekehrt kann eine erfolgreiche Behandlung von Begleiterkrankungen die Rückfallgefahr vermindern, wenn der Alkohol zur Linderung der Symptome der Begleiterkrankungen eingesetzt wurde.

Sozialmedizinische Beurteilung

Aufgrund der tiefen kulturellen Verwurzelung des Alkoholkonsums in unserer Gesellschaft und den vielfältigen biologischen, psychischen und sozialen Entstehungsbedingungen und Folgen der Alkoholabhängigkeit kann eine sozialmedizinische Beurteilung eines Alkoholabhängigen in der Regel erst nach umfassender abstinenzorientierter rehabilitativer Behandlung erfolgen. Oftmals sind mehrere Behandlungen erforderlich. Bei schwierigen sozialen Bedingungen, insbesondere längerer Arbeitslosigkeit, Wohnungslosigkeit und zerbrochenen Familienverhältnissen sind zusätzliche adaptive Rehabilitationsmaßnahmen zu erwägen, um Hilfestellung bei der beruflichen und sozialen Reintegration zu geben.

Die Bemühungen, den Alkoholabhängigen zu einer Änderung seiner Einstellungen und seines Verhaltens zu veranlassen, richten sich somit nicht nur auf die Motivation des Betroffen, sondern auch auf die beeinflussbaren Kontextfaktoren.

Wenn bei Alkoholabhängigen alkoholbedingte Folgeerkrankungen und Leistungseinschränkungen aufgetreten sind, kann in der Regel erst nach sichergestellter Abstinenz von mindestens sechs Monaten beurteilt werden, ob es sich um einen trotz Abstinenz fortbestehenden Zustand handelt. Auch die wechselseitige Beeinflussung der Sucht und der Begleiterkrankungen ist zu berücksichtigen.

24.3 Medikamentenabhängigkeit

Unter dem Begriff Medikamentenabhängigkeit werden die Abhängigkeitserkrankungen von jenen in der ICD-10 aufgeführten Suchtmitteln (Tabelle 24.12) zusammengefasst, die als Arzneimittel verordnet werden können. Zu beachten ist, dass zahlreiche relativ harmlose Medikamente wie z. B. Sekretolytika und einfache, peripher wirksame Schmerzmittel wie Paracetamol dadurch zu Medikamenten mit Suchtpotential gemacht werden, dass sie mit Kodein bzw. Koffein in einer Arznei kombiniert werden.

F11	Psychische und Verhaltensstörungen durch Opioide *Beispiele:* Kodein und Kombinationen mit Kodein; zentral wirksame Analgetika, z. B. Pethidin, Pentazocin, Tilidon, Levomethadon, Buprenorphin, Tramadol u. a.
F13	Psychische und Verhaltensstörungen durch Sedativa und Hypnotika *Beispiele:* Benzodiazepine (auch als Muskelrelaxantien), Barbiturate, Zopiclon u. a.
F15	Psychische und Verhaltensstörungen durch andere Stimulanzien, einschließlich Koffein *Beispiele:* Appetitzügler (z. B. Norpseudoephedrin), Psychoanaleptika (z. B. Fenetyllin), Methylphenidat, Kombinationen mit Koffein

Tab. 24.12: Abhängigkeit von Medikamenten nach ICD-10

	Alkohol	Medik.	Drogen	Mehrfach
Männer	28.643	168	8.223	4.587
Frauen	7.440	245	1.602	769
Zusammen	36.083	413	9.825	5.356

Quelle: VDR nach Jahrbuch Sucht 2002 [5]

Tab. 24.13: Bewilligungen stationärer Entwöhnungsbehandlungen durch die gesetzliche Rentenversicherung 1999

Den Hauptanteil der Medikamentenabhängigen bilden die Benzodiazepinabhängigen, gefolgt von den Schmerzmittelabhängigen, während eine Abhängigkeit von stimulierenden Medikamenten in der Suchtkrankenhilfe nur selten diagnostiziert wird.

Mit F11.2 und F15.2 werden nicht nur Medikamentenabhängigkeiten, sondern auch Abhängigkeiten von illegalen Drogen der gleichen pharmakochemischen Substanzklassen klassifiziert, da die ICD-10 nicht zwischen legalen und illegalen Suchtmitteln unterscheidet.

Die missbräuchliche Anwendung von Medikamenten ohne psychotrope Wirkung, z. B. Laxantien, Diuretika und peripher wirksame Schmerzmittel sowie von Psychopharmaka ohne nachgewiesenes Suchtpotential, z. B. Antidepressiva wird nach ICD-10 nicht als Abhängigkeit diagnostiziert, sondern als „Missbrauch von Substanzen, die keine Abhängigkeit hervorrufen" (F55). Der Missbrauch dieser Substanzen steht in der Regel in Zusammenhang mit somatoformen Störungen oder Essstörungen und fällt daher in den Bereich psychosomatischer Erkrankungen.

Die Prävalenz der Medikamentenabhängigkeit ist ähnlich hoch wie die der Alkoholabhängigkeit (Tabelle 24.1). Dem entspricht jedoch in keiner Weise der Anteil der Medikamentenabhängigen bei der Inanspruchnahme professioneller Hilfe (Tabelle 24.13).

Berücksichtigt man neben den Zahlen des VDR auch die Statistik der Suchtkrankenhilfe [5], die allerdings die Unterscheidung legaler und illegaler Drogen nur beschränkt ermöglicht, so ergibt sich, dass 70–80 % der behandelten Suchtkranken alkoholabhängig sind, während der Anteil der Medikamentenabhängigen deutlich unter 10 % liegt. Bilden bei der Alkohol- und Drogenabhängigkeit die Männer den weit überwiegenden Anteil, so sind es bei der Medikamentenabhängigkeit die Frauen. Untersuchungen der Krankenkassen über die Benzodiazepinverordnungen [9] zeigen, dass es sich bei den Betroffenen in erster Linie um ältere Frauen um 70 Jahre handelt.

Die geringe Inanspruchnahmen der Suchtkrankenhilfe durch die Medikamentenabhängen erklärt sich aus einigen Besonderheiten, welche die Medikamentenabhängigkeit gegenüber anderen Suchterkrankungen aufweist (Tabelle 24.14 auf der nächsten Seite).

24.3.1 Diagnostik

Jede über vier Wochen hinausgehende Einnahme von Medikamenten mit Suchtpotential muss an die Entwicklung einer Abhängigkeit denken lassen. Eine Toleranzentwicklung mit eigenmächtiger Dosissteigerung ist ein besonders deutliches Zeichen der Abhängigkeit, jedoch findet sich gerade bei den Benzodiazepinen häufiger eine Abhängigkeit im Niedrigdosisbereich, die ebenfalls zu erheblichen Absetzphänomenen und Folgestörungen führen kann.

Aufgrund der überwiegend iatrogenen Verursachung, der häufigen Niedrigdosisabhängigkeit und der selteneren organischen Folgeschäden ist oft schwer zwischen Missbrauch bzw. schädlichem Konsum und

- Häufige iatrogene Verursachung durch unsachgemäße ärztliche Verordnung [9]. Die Patienten gehen davon aus, dass die ärztliche Verordnung ihrer Gesundheit dient [10], und tun sich deshalb besonders schwer, die Diagnose einer Suchterkrankung zu akzeptieren.
- Low-dose-dependency, besonders bei Benzodiazepinabhängigkeit.
- Häufige Komorbidität, die zur Verordnung und Einnahme der Suchtmittel veranlasst, insbesondere Schlafstörungen, Angststörungen, Schmerzsyndrome, Somatisierungsstörungen.
- Reboundeffekte beim Absetzen und besonders lang anhaltende psychovegetative Entzugssyndrome, die ähnliche Beschwerden verursachen wie die komorbide Störung, die zum Suchtmittelkonsum veranlasste.
- Seltener organische Folgeschäden, häufiger psychische und psychiatrische Folgestörungen wie z. B. Persönlichkeitsveränderungen und Hirnleistungsstörungen, die oft schwer von den primären komorbiden Störungen und den Absetzphänomenen zu unterscheiden sind.
- Im Vergleich zur Alkohol- und Drogenabhängigkeit hat die Medikamentenabhängigkeit in sehr viel geringerem Maße eine Einschränkung der Partizipation zur Folge. Zum einen fallen die Betroffenen selten „aus der Rolle" und werden daher seltener von der Umwelt als suchtkrank erkannt. Zum anderen ergibt sich aus der Alters- und Geschlechtsverteilung, dass für den überwiegenden Teil der Medikamentenabhängigen sich die Frage der Leistungsfähigkeit im Erwerbsleben nicht stellt.

Tab. 24.14: Besonderheiten der Medikamentenabhängigkeit

- Anamnese des Medikamentenkonsums: Suchtpotential der Medikamente, Dosis und Dauer der Einnahme, Dosissteigerungen (nicht notwendig)
- Nachweis durch Drogenscreening
- Intoxikationserscheinungen bzw. Residualeffekte
- Absetzphänomene bzw. Reboundeffekte
- Begleiterkrankungen, die zur Verordnung von Suchtmitteln veranlassen können, insbesondere schlafstörungen, Schmerzsyndrome, Somatisierungsstörungen, Angst- und andere psychische Störungen
- Zweckentfremdeter Einsatz der Medikamente als Rauschmittel, Aufputschmittel, Beruhigungsmittel oder zur Konfliktharmonisierung
- Psychische Störungen als Folge des langzeitigen Medikamentenkonsums
- Andere Suchtmittelprobleme, insbesondere Alkohol und Drogen
- Besondere Verfügbarkeit der Medikamente für medizinische Berufe

Tab. 24.15: Spezielle Diagnostik bei Verdacht auf Medikamentenabhängigkeit

Abhängigkeit nach ICD-10 zu unterscheiden. Die klinischen Erscheinungsbilder überschneiden sich.

Intoxikationserscheinungen bzw. Residualeffekte durch die Einnahme lang wirksamer Substanzen werden häufig verkannt. Typischerweise treten Müdigkeit (Hang-over), Konzentrationsstörungen, Beeinträchtigungen des Reaktionsvermögens und Bewegungs- bzw. Gleichgewichtsstörungen auf. Mit einer erhöhten Unfallgefahr und Verkehrsgefährdung besonders bei älteren Menschen ist zu rechnen.

Ein besonderes Problem der Medikamentenabhängigkeit besteht darin, dass beim Absetzen der Medikamente oft noch über einen Zeitraum von Wochen und Monaten Entzugsphänomene und Reboundeffekte auftreten können, welche die Beschwerden und Störungen, die ursprünglich zur Medikamenteneinnahme führten, wieder auftreten lassen und verstärken. Ferner kann der langzeitige Gebrauch dieser Psychopharmaka auch zu psychischen Veränderungen und Störungen führen, so dass letztlich ein Zustand schwerer mentaler, affektiver, psychovegetativer und schmerzhafter Beeinträchtigung resultieren kann, bei dem Ursache, Wirkung und Begleitstörungen des Medikamentenkonsums nicht mehr sicher zu differenzieren sind.

Gelegentlich kann bereits die Anamnese Hinweise auf einen zweckentfremdeten Einsatz der Medikamente ergeben, wenn zum Beispiel Schmerzmittel nicht nur bei Schmerzen, sondern auch als Rauschmittel, zur Verstärkung von Alkoholeffekten oder zur Entspannung in Konfliktsituationen und zur Leistungssteigerung eingesetzt werden.

Dies trifft besonders auch für Angehörige der medizinischen Berufe zu, die gelegentlich – verführt durch die leichte Verfügbarkeit – Medikamente wie Alkohol oder andere Drogen einsetzen.

Vorbestehende andere Suchtmittelprobleme, insbesondere Alkohol- und Drogenabhängigkeit, prädisponieren in besonderer Weise zur Entwicklung einer Medikamentenabhängigkeit [11], so dass bei diesen Personen die Verordnung von Medikamenten mit Suchtpotential in der Regel kontraindiziert ist und bei längerfristiger Einnahme dieser Medikamente von der Entwicklung einer Mehrfachabhängigkeit auszugehen ist. Diese Abhängigen setzen Medikamente häufig zur Selbstbehandlung von Entzugsbeschwerden und Befindlichkeitsstörungen ein, wenn sie vermeiden wollen, durch Suchtmittelkonsum leistungsunfähig zu werden und unangenehm aufzufallen.

24.3.2 Begutachtungskriterien

Akute Intoxikationserscheinungen bedingen selbstverständlich Arbeitsunfähigkeit, die Einleitung angemessener Maßnahmen zur Detoxikation sowie die Prüfung der Indikation zu einer Rehabilitationsmaßnahme.

Entzugssyndrome sind bei Medikamentenabhängigkeit für den Betroffenen besonders quälend und lang anhaltend. Diese Beschwerden bessern sich häufig erst im Rahmen einer langzeitigen Rehabilitationsmaßnahme.

Im Unterschied zu Alkohol- und Drogenabhängigen verhalten sich Medikamentenabhängige oft lange Zeit unauffällig und erfüllen formal ihre Leistungsanforderungen. Sie entwickeln selten suchtmittelbedingte organische Folgeschäden. Dennoch ist längerfristig mit schweren psychischen Folgeschäden und der Gefahr einer Leistungsminderung im Erwerbsleben zu rechnen, wenn nicht Suchtmittelabstinenz erreicht wird.

Bei primärer Alkohol- oder Drogenabhängigkeit steht diese in der Entwöhnungsbehandlung sowie in der sozialmedizinischen Begutachtung in der Regel im Vordergrund.

Bei Einnahme von medikamentösen Suchtmitteln zur Behandlung von komorbiden Störungen ist die Prognose hinsichtlich der Leistungsfähigkeit im Erwerbsleben wesentlich von einer suffizienten alternativen suchtmittelfreien Behandlung der komorbiden Störungen abhängig.

Auch bei längerfristiger Suchtmittelfreiheit resultiert oft ein Folgezustand mit verminderter Stressfähigkeit, der zur Verminderung der Rückfallgefahr eine Anpassung der Arbeitsbedingungen und Arbeitsanforderungen bzw. die Feststellung qualitativer und quantitativer Leistungseinschränkungen erforderlich macht. Zur Feststellung dieser Leistungsminderungen ist eine neurologische und psychiatrische Diagnostik sowie eine eingehende testpsychologische Untersuchung nach mehrmonatiger Abstinenz erforderlich.

24.3.3 Sozialmedizinische Beurteilung

Die Komplexität des Krankheitsbildes erfordert die interdisziplinäre Kooperation von Psychiatern, Organmedizinern, Psychotherapeuten und gelegentlich Schmerztherapeuten. Dabei kann sich in der psychotherapeutischen und sozialtherapeutischen Behandlung einerseits erweisen, dass das Suchtmittel gar nicht so sehr zur Behandlung einer mehr oder weniger vorgeschobenen komorbiden Störung diente, sondern zur Linderung verleugneter psychosozialer Probleme. Andererseits kann eine suffiziente Behandlung komorbider Störungen durch alternative suchtmittelfreie Behandlungsmethoden die Rückfallgefahr erheblich vermindern.

Da zwischen Psychiatern, Organmedizinern, Psychotherapeuten und Schmerztherapeuten oft erhebliche Meinungsverschiedenheiten bezüglich eines rationalen und verantwortungsbewussten Medikamenteneinsatzes besteht, ist es erforderlich, die interdisziplinäre Zusammenarbeit in suchttherapeutischer Kompetenz zu koordinieren.

24.4 Drogenabhängigkeit

Die Prävalenz der Drogenabhängigkeit ist im Vergleich zu den anderen Suchterkrankungen deutlich geringer. Auch ist der Anteil an Rentenversicherten mit Rentenanspruch bei gesundheitlich bedingter Leistungsminderung erheblich niedriger, sodass sich die Aufgabe einer rentenrechtlichen sozialmedizinischen

> Der Anteil der unter 30jährigen Patienten liegt bei Opiatabhängigen über 60 %, bei Alkoholikern unter 10 %
>
> Der Anteil der Patienten ohne abgeschlossene Ausbildung und der Anteil der Arbeitslosen ist bei Opiatabhängigen doppelt so hoch wie bei Alkoholabhängigen.
>
> Sozial eingebunden in Familie oder Partnerschaft sind mehr als doppelt so viele Alkoholiker im Vergleich zu Opiatabhängigen.
>
> Therapieabbrüche und Rückfälle sind bei Opiatabhängigen doppelt so häufig

Quelle: Jahrbuch Sucht 2002 [5]

Tab. 24.16: Unterschiedliche Rahmenbedingungen bei Opiat- und Alkoholabhängigen

Begutachtung relativ selten stellt. Die sozialmedizinische Herausforderung der Drogenabhängigkeit besteht in der Jugendlichkeit der Konsumenten, den ungünstigeren psychosozialen Bedingungen und in der schlechteren Prognose (Tabelle 24.16).

Grundsätzlich wird in der sozialmedizinischen Beurteilung der Drogenabhängigkeit ähnlich verfahren wie bei Alkohol- und Medikamentenabhängigen. Die Kriterien zur Beurteilung einer Leistungseinschränkung ergeben sich vor allem aus vorbestehenden, begleitenden und Folgeerkrankungen, während die Abhängigkeit selbst nur in Einzelfällen eine Leistungsminderung im Erwerbsleben bedingt, da prinzipiell Abstinenzfähigkeit nach Absolvierung angemessener Behandlungsmaßnahmen angenommen wird.

Dabei wird allerdings außer Acht gelassen, dass die Jugendlichkeit der Abhängigen, ihre nonkonformistische Lebenseinstellung, ihre halbherzige Haltung zur Abstinenz und ihre geringe Motivation zur Leistungserbringung eine schlechte Prognose hinsichtlich der Erhaltung bzw. Wiederherstellung der Leistungsfähigkeit im Erwerbsleben bedingen. Dessen ungeachtet stellen alle genannten Faktoren zwar einen Mangel an Ressourcen aus der Sicht der Leistungsgesellschaft dar, haben jedoch keinen Krankheitswert im Sinne der Kranken- und Rentenversicherung.

Die sozialmedizinische Begutachtung Drogenabhängiger hat sich in der Regel auf eine eingehende neurologische, psychiatrische und testpsychologische Untersuchung zu stützen. Zum einen sind prämorbide Störungen zu beachten wie z. B. Entwicklungsstörungen, Intelligenzminderung und schwere Persönlichkeitsstörungen, die die Entwicklung der Suchterkrankung begünstigt haben können und die auch bei dauerhafter Abstinenz weiterhin die Leistungsfähigkeit beeinträchtigen können.

Zum anderen ist mit Folgeerkrankungen zu rechen. Hierzu gehören neben somatischen Folgen wie Infektionskrankheiten (Hepatitis B und C, HIV, Tuberkulose), Unterernährung und anderen Auswirkungen körperlicher Verwahrlosung, vor allem auch psychische Schäden in Form schwerer Persönlichkeitsveränderungen. Letztlich resultiert ein Mischbild aus vorbestehenden psychischen Defiziten und suchtbedingten Persönlichkeitsdestruktionen mit der Folge von Hirnleistungsstörungen, insbesondere Störungen der Wahrnehmung, der Konzentration und der Merkfähigkeit, sowie Einstellungs- und Verhaltensauffälligkeiten.

Gravierend sind die sozialen Folgen mit einer weitgehenden Beeinträchtigung der Partizipation in allen Lebensbereichen. Diese wiegt um so schwerer, als die jugendlichen Suchtkranken oft nicht über die Ressource der Erfahrung einer befriedigenden Sozialisation verfügen. Diese sozialen Folgen begünstigen ihrerseits den Suchtmittelkonsum und die Rückfälligkeit.

Die Rehabilitation Drogenabhängiger erfolgt ganz überwiegend unter stationären Bedingungen. Dabei ist der Erfolg der Behandlung sehr weitgehend davon abhängig, ob es bereits in der Therapie gelingt, die Partizipation zu fördern. Dies geschieht durch Einbeziehung in Arbeits- und Lebensprojekte sowie durch Vermittlung in adaptive Maßnahmen, die nach Abschluss der Drogenentwöhnung die Hilfe bei der beruflichen und sozialen Reintegration zum Ziel hat und besonders bei Drogenabhängigen die Prognose entscheidend beeinflusst.

24.5 Tabakabhängigkeit

Von allen Abhängigkeitserkrankungen hat die Tabakabhängigkeit die bei weitem größte epidemiologische Bedeutung. Wie aus Tabelle 24.1 ersichtlich, hat die Tabakabhängigkeit die höchste Inzidenz aller Suchterkrankungen, ist mehr als aller anderer Suchtmittelkonsum an der Verursachung von Morbidität und Mortalität beteiligt und führt zu enormen Krankheitskosten.

Diese herausragende Bedeutung in der Verursachung von sozialmedizinisch relevanten Folgezuständen steht in krassem Gegensatz zu der geringen Relevanz, die der Tabakabhängigkeit selber gemeinhin in der sozialmedizinischen Begutachtung zukommt. Die Tabakabhängigkeit an und für sich stellt weder eine Begründung für ein Leistungsminderung im Erwerbsleben dar, noch gilt sie als Indikation für eine Rehabilitationsmaßnahme. In vielen Fällen wird die Tabakabhängigkeit nicht einmal als eigenständiges Krankheitsbild in der Diagnosenstellung gewürdigt. Sogar in den Einrichtungen der professionellen Suchtkrankenhilfe wird die Tabakabhängigkeit im stationären Bereich nur bei 50 %, im ambulanten Bereich nur bei 20 % der Patienten als Diagnose dokumentiert [5].

Die geringe sozialmedizinische Beachtung der Tabakabhängigkeit hat vor allem drei Ursachen:

▷ Der Tabakkonsum selbst führt auch bei ausgeprägter Abhängigkeit nicht zu einer Leistungsminderung, sondern wirkt zumindest bei mentalen Anforderungen eher leistungssteigernd.

▷ In Deutschland führt der Tabakkonsum in aller Regel (bisher) nicht zu einer Einschränkung der Partizipation. Während in anderen Ländern wie in den USA die beruflichen Chancen für Tabakkonsumenten schlechter sind, weil viele Firmen Nichtraucher bei Einstellung bevorzugen, ist dies in Deutschland kaum der Fall. Während der Konsum anderer Suchtmittel an den meisten Arbeitsplätzen verboten ist, wird der Konsum der leistungssteigernden Drogen Nikotin und Koffein am Arbeitsplatz oder in der Nähe des Arbeitsplatzes in der Regel ermöglicht.

▷ Die Tabakabhängigkeit ist gemessen an der Rückfallgefahr therapeutisch ähnlich schwer zu beeinflussen wie die Heroinabhängigkeit, so dass sowohl unter den Betroffenen wie unter den Behandlern eine resignative Haltung verbreitet ist.

Die Bedeutung des Tabakkonsums für die Leistungsfähigkeit im Erwerbsleben ergibt sich aus den körperlichen Folgeschäden: Herz-Kreislauferkrankungen (Arteriosklerose, arterielle Verschlusskrankheit, koronare Herzkrankheit), Atemwegserkrankungen und Krebserkrankungen. Ihre Begutachtung ist in den entsprechenden Kapiteln dieses Buches dargestellt. Die sozialmedizinische Relevanz des Tabakkonsums in Zusammenhang mit diesen Erkrankungen besteht vor allem in der großen Auswirkung auf die Prognose bzw. Prävention. In der Rehabilitation dieser Folgekrankheiten hat daher die Sekundär- bzw. Tertiärprävention durch Nikotinentwöhnung einen hohen Stellenwert. Die Prognose dieser Erkrankungen hängt wesentlich von der Erreichung einer Nikotinabstinenz ab. Insofern hat die Tabakabhängigkeit bzw. der schädliche Tabakkonsum über die verursachten Folgeerkrankungen eine sozialmedizinische Bedeutung, die in der Rehabilitation und der sozialmedizinischen Beurteilung oftmals immer noch unterschätzt wird.

Immerhin gehören Angebote von Hilfen zur Tabakentwöhnung heutzutage zum Standard der stationären Rehabilitation. Dies gilt vor allem für die Rehabilitation der Folgeerkrankungen sowie für die Rehabilitation anderer Suchterkrankungen und psychosomatischer Erkrankungen. Letzteres hat sein Ursache in der nachweislichen Komorbidität verschiedener Suchterkrankungen und psychosomatischer Störungen. So rauchen beispielsweise Alkoholiker häufiger in abhängiger Weise als die Normalbevölkerung und auch bei Menschen mit depressiven Störungen besteht vermehrter Nikotinkonsum [1].

Nicht alle Tabakkonsumenten sind abhängige Raucher. Legt man die Kriterien der ICD-10 zugrunde, wird bei 70–80 % der Raucher eine Tabakabhängigkeit diagnostiziert [1]. Zur Beurteilung des Schweregrades des Abhängigkeit eignet sich der FAGERSTRØM-Test, bei dem die Antworten auf sechs Fragen zum Tabakkonsum bewertet werden.

Etwa 17 % der Raucher sind stark abhängig und benötigen für eine Entwöhnung im Allgemeinen ärztliche Hilfe [1].

Zur Behandlung der Tabakabhängigkeit existieren anerkannte Leitlinien [1]. In ihnen wird die Evidenz der verschiedenen Behandlungsformen dargestellt. Bewährt hat sich vor allem ein standardisiertes verhaltenstherapeutisches Entwöhnungsprogramm, wobei eine zusätzliche Behandlung des Nikotinentzugs mit medikamentöser Nikotinsubstitution sowie eine begleitende Behandlung mit bestimmten Antidepressiva (vor allem Buprion) die Erfolgsaussichten der Tabakentwöhnung erhöhen.

Literatur

[1] Arzneimittelkommission der deutschen Ärzteschaft (Hrsg.): *Tabakabhängigkeit, Empfehlungen zur Therapie von Tabakabhängigkeit.* AVP-Sonderheft Therapieempfehlungen. Düsseldorf: nexus GmbH, 2001.

[2] Aßfalg R: *Die Diagnose der Suchterkrankung.* Hamburg: Neuland-Verlag, 1990.

[3] Bundesanstalt für Straßenwesen (Hrsg.): *Begutachtungs-Leitlinien zur Kraftfahrereignung.* Berichte der Bundesanstalt für Straßenwesen, Heft M 115. Bremerhaven: Wirtschaftsverlag NW, Verlag für neue Wissenschaft GmbH, 2000.

[4] Delbrück H, Haupt E (Hrsg.): *Rehabilitationsmedizin.* München; Wien; Baltimore: Urban & Schwarzenberg, 1996.

[5] Deutsche Hauptstelle gegen Suchtgefahren e V (Hrsg.): *Jahrbuch Sucht 2002.* Geesthacht: Neuland, 2002.

[6] Engel GL: The need for a new medical model: A challenge for biomedicine. *Science* 196: 224–233, 1977.

[7] Feuerlein W, Küfner H, Ringer C, Antons K: *Münchner Alkoholismustest MALT, Manual.* Weinheim: Beltz, 1979.

[8] Feuerlein W, Küfner H, Soyka M: *Alkoholismus, Mißbrauch, Abhängigkeit.* Stuttgart; New York: Georg Thieme Verlag, 1998.

[9] Jahnsen K, Glaeske G (Hrsg.): *GEK-Arzneimittel-Report 2002.* Sankt Augustin: Asgard-Verlag, 2002.

[10] Loos HJ, Jansen HH: Klinische Behandlung von Medikamentenabhängigen in der Suchtklinik. Medikamentenabhängigkeit als Gesundungserkrankung. In: Deutsche Hauptstelle gegen Suchtgefahren (Hrsg.) *Medikamentenabhängigkeit.* Freiburg i. Br.: Lambertus-Verlag, 1992.

[11] Poser W, Poser S: *Medikamente – Mißbrauch und Abhängigkeit.* Stuttgart; New York: Georg Thieme Verlag, 1996.

25 Schmerzsyndrome

Bernhard Widder

Die Beurteilung von Schmerzsyndromen gehört zu den schwierigsten und strittigsten Problemen der Begutachtung. Bei rund zwei Dritteln der vor einem Sozialgericht zur Verhandlung kommenden Fälle des neurologisch-psychiatrischen Fachgebietes stehen Schmerzen im Vordergrund der Beschwerden [40].

Von ihrer Schutzfunktion ausgehend, hat sich die Schmerzempfindung im Laufe der Menschheitsgeschichte wesentlich verändert. In den letzten Jahrzehnten ist die nicht zuletzt angesichts der Erwartungshaltung an die eigene Gesundheit nochmals deutlich gesunken. Wie jeder von sich selbst weiß, spielen beim Erleben von Schmerzen zusätzlich zahlreiche Faktoren der aktuellen Lebenssituation sowie biographische Einflüsse eine Rolle; vgl. Abbildung 25.1.

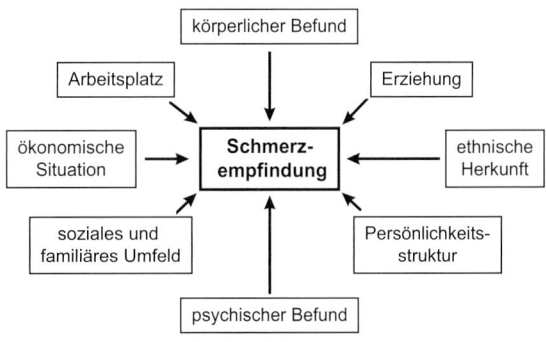

Abb. 25.1: Einflussgrößen auf das Schmerzempfinden

25.1 Nosologie

Von einem *Schmerzsyndrom* im engeren Sinne ist zu sprechen, wenn der Schmerz über einen längeren Zeitraum hinweg das führende Symptom einer Gesundheitsstörung ist und durch entsprechende organische Befunde nicht oder nicht hinreichend zu erklären ist.

Hiervon abzugrenzen sind Schmerzen, die lediglich das *Begleitsymptom körperlicher Erkrankungen* darstellen, und die in den MdE- bzw. GdB-Tabellen des Sozialrechts auch als „übliche" Schmerzen bezeichnet werden; vgl. Tabelle 25.1. Sie bereiten im allgemeinen gutachterlich keine Probleme. Allerdings gilt auch hier zu berücksichtigen, dass es letztlich keine Normwerte für die Schmerzempfindung gibt.

Sind Schmerzen körperlich nicht oder nicht hinreichend erklärbar, wird aus psychiatrischer Sicht von einer *anhaltenden somatoformen Schmerzstörung* (ICD-10: F45.4) gesprochen; vgl. Tabelle 25.2. Diagnostisch und gutachterlich relevante Abgrenzungsprobleme ergeben sich hierbei nach zwei Seiten:

▷ Neuralgien, Kausalgien und andere artverwandte Schmerzsyndome (Tabelle 25.3), die in den MdE- bzw. GdB-Tabellen als „außergewöhnliche" Schmerzen kategorisiert werden, sind zumindest auf den ersten Blick häufig nicht durch apparative Verfahren fassbar. Dies betrifft insbesondere die komplexen regionalen Schmerzsyndrome, die eine subtile diagnostische Abklärung erfordern; vgl. Abschnitt 25.7.2.

▷ Zum anderen gehen psychiatrische Erkrankungen nicht selten mit Schmerzsyndromen einher. Bei der larvierten Depression können diese so weit im Vordergrund stehen, dass der weniger Erfahrene die zugrundeliegende psychiatrische Störung übersieht.

Somatische Sicht	Psychiatrische Sicht
„Üblicher" Schmerz „Außergewöhnlicher" Schmerz	Adäquate Schmerzverarbeitung
Körperlich nur zum Teil erklärbarer Schmerz	Somatoforme Schmerzstörung
Körperlich nicht erklärbarer Schmerz	Schmerz bei psychischen Erkrankungen

Tab. 25.1: Einteilung von Schmerzsyndromen aus somatischer und psychiatrischer Sicht

Kriterien der „somatoformen Schmerzstörung" (ICD-10 F45.4)

a) Übermäßige Beschäftigung mit Schmerz seit mindestens 6 Monaten, und

b) entweder (1) oder (2):

(1) In eingehenden Untersuchungen werden keine organischen Erkrankungen oder pathophysiologischen Mechanismen gefunden (z. B. eine körperliche Erkrankung oder Auswirkungen einer Verletzung), die für den Schmerz verantwortlich gemacht werden können.

(2) Sollte der Schmerz mit einer organischen Erkrankung in Beziehung stehen, gehen die Beschwerden bzw. die daraus resultierenden sozialen oder beruflichen Beeinträchtigungen weit über das aufgrund des körperlichen Befundes erwartete Ausmaß hinaus.

Tab. 25.2: Kriterien der „somatoformen Schmerzstörung" (ICD-10 F45.4)

Neuralgie	Anfallsartige Schmerzen im Verlauf und Ausbreitungsgebiet peripherer Nerven, meist bedingt durch Kompressionssyndrome von Nerven.
Stumpf-, Narben-, Neuromschmerz	Meist durch Berührungsreiz ausgelöste, jedoch auch spontan auftretende schmerzhafte Missempfindungen (Hyperpathie) in der Umgebung einer Verletzungsstelle oder im Versorgungsgebiet eines geschädigten Nerven.
Phantomschmerz	Krampfartige, oft brennende, dauerhafte oder einschießende Schmerzen in einem nicht mehr vorhandenen Gliedmaßenteil.
Kausalgie	Brennender Dauerschmerz bei komplexen regionalen Schmerzsyndromen.
Komplexes regionales Schmerzsyndrom (CRPS)	Oberbegriff für sympathisch vermittelte Schmerzsyndrome (siehe 25.7.2).

Tab. 25.3: Ursachen „außergewöhnlicher" Schmerzen

Basis für die Entstehung somatoformer Störungen könnte ein zu eng gefasster Gesundheitsbegriff im Sinne der Abwesenheit jeglicher körperlicher Missempfindung sein [31]. Besteht aufgrund einer angstbezogenen Persönlichkeitsstruktur die Neigung, körperliche Störungen katastrophisierend zu bewerten, führt dies zu einem Aufschaukelungsprozess. Darüber hinaus scheinen Vermeidungsmechanismen eine Rolle zu spielen, wenn der Rückzug in die Krankheit emotional belastende Situationen vermeidet [12].

Negative Prädiktoren bei somatoformen Schmerzstörungen sind ein langjähriger, chronifizierender Verlauf, das Fehlen eigener Versuche, trotz bestehender Einschränkungen ein ausreichendes Aktivitätsniveau zu erhalten, sowie das Festhalten an einer somatischen Genese der Erkrankung ohne die Bereitschaft, multifaktorielle Ursachen gelten zu lassen (Tabelle 25.4). Vor allem bei der Fibromyalgie (Abschnitt 25.7.1) ist auch der Einfluss von Interessengruppen, Medien und behandelnden Ärzten von Bedeutung, wenn diese den Betroffenen in seiner Überzeugung bestärken, an einer schwerwiegenden somatischen Störung zu leiden. Leider hat sich die Forschung mit derartigen iatrogenen Konditionierungseffekten bisher nur wenig beschäftigt.

Demgegenüber ist die Prognose umso besser, je eher das Beschwerdebild als sekundär im Rahmen einer behandelbaren somatischen Erkrankung zu erklären ist. Ebenfalls als prognostisch günstig anzusehen ist der Erhalt des beruflich-sozialen Umfeldes. Dies kann als Hinweis darauf gewertet werden, dass es auch bei erheblichen Beeinträchtigungen das Ziel sein sollte, den Betroffenen möglichst lange beruflich integriert zu halten („Reha vor Rente"); vgl. Abschnitt 25.6.2.

25.2 Diagnostik

25.2.1 Apparative Verfahren

Da Schmerzsyndrome gemäß der o. g. Definition typischerweise durch das Fehlen entsprechender körperlicher Befunde charakterisiert sind, tragen bildgebende Verfahren (CT, MRT, PET, SPECT), neurophysiologische Untersuchungstechniken (Elektromyographie, evozierte Potenziale, Elektroneurographie) sowie Laboruntersuchungen nur wenig zur Klärung der Frage bei, ob und wie stark jemand Schmerzen empfindet. Inwieweit funktionelle bildgebende Untersuchungen der Schmerzempfindung [36] zukünftig zu einer Schmerzquantifizierung beitragen können, ist derzeit noch nicht abzuschätzen. Die Hauptbedeutung apparativer Untersuchungen liegt daher darin, eine relevante körperlich begründbare Störung auszuschließen. Eine Ausnahme stellen komplexe regionale Schmerzsyndrome dar, bei denen der positive Nachweis typischer Veränderungen im Nativröntgenbild, der Drei-Phasen-Szintigraphie und/oder der MRT den klinischen Befund einer solchen Störung erhärten [11].

Bildgebende und andere apparative Untersuchungsverfahren sind bei der Beurteilung von Schmerzsyndromen nur von untergeordneter Bedeutung.

In diesem Zusammenhang sei darauf hingewiesen, dass umgekehrt auch das Vorliegen pathologischer bildgebender Befunde letztlich nichts über die Qualität und Quantität der Schmerzempfindung und die damit verbundene Funktionsstörung bzw. die Einschränkung der beruflichen Leistungsfähigkeit aussagt. So konnten Jensen et al. [17] bei 98 völlig beschwerdefreien Personen im Durchschnittsalter von 42 Jahren zeigen, dass die Hälfte der Untersuchten im lumbalen MRT Bandscheibenprotrusionen aufwiesen. Bei rund 30 % (!) waren diese sogar von der Qualität eines Bandscheibenvorfalles.

25.2.2 Fragebogen und Skalen

Der Einsatz von Fragebogen und Selbstbeurteilungsskalen ist heute bei der Einschätzung zahlreicher Krankheitsbilder nicht mehr weg zu denken. In der gutachterlichen Situation kommt allerdings als zusätzliche Dimension der Wunsch nach materieller oder immaterieller Kompensation der empfundenen Beschwerden hinzu, der sich häufig in einer verständlichen Verdeutlichungstendenz ausdrückt. Entsprechend überraschen die Erfahrungen von CHAPMAN und BRENA [9] nicht, die bei schwebenden Rentenverfahren eine erhebliche Inkonsistenz von Fragebogeneinschätzungen fanden. Erwartungsgemäß besteht auch

Schlechte Prognose	Lange Krankheitsdauer
	Erfolglosigkeit mehrerer adäquater (!) Therapieversuche
	Fehlen eigener Bewältigungsstrategien
	Unverrückbare somatische Krankheitsüberzeugung
	Symptomverstärkung durch das Verhalten der behandelnden Ärzte
	Ausgeprägter primärer oder sekundärer Krankheitsgewinn
Gute Prognose	Weiterbestehende beruflich-soziale Integration
	Beschwerdebild (zum Teil) somatisch erklärbar

Tab. 25.4: Prädiktoren des Verlaufs bei somatoformen Schmerzsyndromen

kein Zusammenhang zwischen der Selbsteinschätzung von Beschwerden in Fragebögen und dem tatsächlichen Arbeitsplatzverhalten [22].

Schmerzbeurteilung Der Versuch, ein subjektiv empfundenes Phänomen wie Schmerz objektiv messen zu wollen, stellt letztlich einen Anachronismus dar. Trotzdem besitzt die Schmerzmessung (Algesimetrie) z. B. in der Therapie von Tumorschmerzen ihre Bedeutung, sind auf diese Weise doch wichtige Aussagen zum Verlauf und zum Therapieerfolg möglich. Die Erfassung von Schmerzen erfolgt dabei üblicherweise anhand von Fragebogen und/oder Selbstbeurteilungsskalen. Der verbreitetste Fragebogen ist der sog. MCGILL-Pain-Questionnaire [24], der in einer validierten deutschen Übersetzung vorliegt [20]. Für Verlaufsbeobachtungen können auch sogenannte Schmerztagebücher mit detaillierter Aufschlüsselung der Schmerzintensität über den Tag hinweg bei verschiedenen Tätigkeiten hilfreich sein [39]. Werden Schmerztagebücher im Rahmen der Begutachtung somatoformer Störungen vorgelegt, zeigen diese jedoch nach eigener Erfahrung ein bemerkenswert uniformes Bild, so dass hiervon kaum neue Aspekte zu erwarten sind. Psychophysische Methoden wie die Bestimmung der Schmerzschwelle anhand zunehmender Reize haben in der klinischen Praxis bislang wenig Anwendung gefunden.

Schmerzzeichnung Einen schnellen Überblick über die Einschätzung von Schmerzsyndromen als eher somatisch oder eher psychisch bedingt gibt die Einzeichnung der geklagten Schmerzen in ein Körperschema. Körperlich begründbare Schmerzzustände resultieren erfahrungsgemäß in eher spärlichen Einzeichnungen, die segmentalen oder peripheren Nerven folgenden Verläufen entsprechen, während somatoforme Schmerzstörungen häufig mit einem symmetrischen, bunten Bild zahlreicher Schmerzlokalisationen vergesellschaftet sind [28].

Selbstbeurteilung von Beeinträchtigungen Trotz der oben genannten, grundsätzlichen Einschränkungen erscheinen Fragebögen auch geeignet, einen schnellen Überblick über die Selbsteinschätzung der Beschwerden zu erhalten. Unverzichtbare Voraussetzung für deren Brauchbarkeit ist allerdings, dass die gemachten Angaben vom Gutachter nicht unkritisch übernommen, sondern im Kontext mit der Beobachtung während der Untersuchungssituation sowie ggf. der Fremdanamnese gewertet werden. Nach eigener Erfahrung erscheint dabei auch die Konfrontation des Probanden mit Angaben, die im Kontrast zum Erscheinungsbild während der Untersuchung stehen, von Bedeutung, da sich hierbei wichtige Indizien zur Plausibilitätsbewertung geben; s. a. Abschnitt 25.5. Die Zahl der inzwischen zur Verfügung stehenden Fragebögen ist inflationär und kaum mehr übersichtlich. Brauchbare Fragebögen sind nach eigenen Erfahrungen der MOPO-Test (Measurement Of Patient Outcome) [16], die deutsche Version des Fibromyalgia Impact Questionnaire [27], sowie – als Kurzform – der Funktionsfragebogen Hannover-Rücken [29]; vgl. Tabelle 25.5.

Können Sie sich strecken, um z. B. ein Buch von einem hohen Schrank oder Regal zu holen?	[1]	[2]	[3]
Können Sie einen mindestens 10 kg schweren Gegenstand (z. B. vollen Wassereimer oder Koffer) hochheben und 10 Meter weit tragen?	[1]	[2]	[3]
Können Sie sich bücken und einen leichten Gegenstand (z. B. Geldstück oder zerknülltes Papier) vom Fußboden aufheben?	[1]	[2]	[3]
Können Sie sich über einem Waschbecken die Haare waschen?	[1]	[2]	[3]
Können Sie 1 Stunde auf einem ungepolsterten Stuhl sitzen?	[1]	[2]	[3]
Können Sie 30 Minuten ohne Unterbrechung stehen (z. B. in einer Warteschlange)?	[1]	[2]	[3]
Können Sie sich im Bett aus der Rückenlage aufsetzen?	[1]	[2]	[3]
Können Sie Strümpfe an- und ausziehen?	[1]	[2]	[3]
Können Sie im Sitzen einen kleinen heruntergefallenen Gegenstand (z. B. eine Münze) neben ihrem Stuhl aufheben?	[1]	[2]	[3]
Können Sie einen schweren Gegenstand (z. B. einen gefüllten Kasten Mineralwasser) vom Boden auf den Tisch stellen?	[1]	[2]	[3]
Können Sie 100 Meter schnell laufen (nicht gehen), etwa um einen Bus noch zu erreichen?	[1]	[2]	[3]

Legende: [1] Ja, ohne Schwierigkeiten; [2] Ja, aber mit Mühe; [3] Nein oder nur mit fremder Hilfe (nach RASPE [29])

Tab. 25.5: Funktionsfragebogen Hannover-Rücken

Depressionsskalen Während Selbstbeurteilungs-Fragebögen für schmerzbedingte Beeinträchtigungen in der gutachterlichen Situation stets mit Zurückhaltung zu interpretieren sind, erscheinen Depressionsskalen nach eigener Erfahrung wesentlich valider. Möglicherweise ist dies durch die recht komplexen Fragestellungen bedingt, deren Bedeutung für die gutachterliche Einschätzung nicht bereits auf den ersten Blick ersichtlich ist. Gut validierte, relativ schnell durchzuführende Verfahren sind die BECK- und ZUNG-Depressionsskala [4, 44]. Einen guten Überblick über die Persönlichkeitsstruktur gibt das Freiburger Persönlichkeits-Inventar (FPI).

Die Verwendung von Schmerz-Fragebögen ist in der Begutachtungssituation wertlos, wenn diese nicht kritisch hinterfragt und mit dem klinischen Bild korreliert werden.

25.3 Die Begutachtung subjektiver Beschwerden

25.3.1 Das Problem der „Objektivierung"

In der medizinischen Versorgung gilt als selbstverständlicher Vertrauensgrundsatz, dass ein Patient, der über Beschwerden klagt, auch an solchen leidet. Angesichts des Versagens objektiver Bemessungskriterien liegt der Gedanke nahe, diesen Vertrauensgrundsatz auch auf die Begutachtung bei somatoformen Schmerzstörungen auszudehnen. Hieraus müsste resultieren, dass ein Proband, der sich aufgrund seiner Beschwerden nicht mehr für leistungsfähig hält, auch keine Leistung mehr im Erwerbsleben erbringen kann. Dies umso mehr, wenn er möglicherweise aufgrund seines Alters und seiner Vorgeschichte in einer Situation ist, in der er auf dem heutigen Arbeitsmarkt keine realistische Chance hat einen neuen Arbeitsplatz zu finden.

Wie erst unlängst von STEVENS und FOERSTER [34] bemerkt, ist es jedoch ein fundamentaler Irrtum zu glauben, es gäbe für die Beurteilung subjektiver Befunde ohne adäquaten körperlichen Befund keine objektiven Kriterien. Diese lassen sich vielmehr aus dem Vergleich zwischen dem Umfang der Beeinträchtigun-

"Normale" Darstellung		"Zweckgerichtete" Darstellung	
Adäquate Schilderung	Verdeutlichungstendenz	Aggravation	Simulation

Tab. 25.6: Fließende Übergänge „normaler" und „zweckgerichteter" Formen der Beschwerdeschilderung

gen im außerberuflichen Umfeld mit dem Ausmaß der geklagten Beeinträchtigungen im beruflichen Bereich herausarbeiten, denn wer Schmerzen bei der Arbeit hat, hat diese auch in der Freizeit [38]. Der Sachverständige muss sich dabei darüber im klaren sein, dass diese Beurteilung mit üblichem ärztlichen Denken und Handeln kaum etwas zu tun hat. Vielmehr handelt es sich um eine Konsistenzprüfung, bei welcher der Gutachter als Ermittler mit medizinischem Rüstzeug [39] eingesetzt wird.

Zwar steht der Gutachter meist vor dem Problem, dass er aufgrund einer einmaligen Untersuchung über kein Längsschnittbild verfügt. Die Beobachtung während der Untersuchung, die minutiöse (!) Anamnese des Tagesablaufes und der außerberuflichen Aktivitäten, die Intensität und der berichtete Erfolg von Behandlungsversuchen, Parameter der Schmerzschilderung, die Diskussion von Verweistätigkeiten sowie die – selbstverständlich mit Zustimmung des Probanden zu erhebende – Fremdanamnese (Tabelle 25.7 auf Seite 588) ermöglichen jedoch dem Erfahrenen anhand der Zusammenschau aller Indizien [40] zuverlässige Aussagen über die Konsistenz der geklagten Beschwerden; vgl. Abschnitt 25.5.1.

25.3.2 Simulation und Aggravation

Zwar zeigt erfahrungsgemäß nur ein geringer Teil der zu begutachtenden Probanden Zeichen einer bewussten Simulation, zwischen adäquater Beschwerdeschilderung und Simulation liegende Zwischenstufen stellen in der Begutachtungssituation jedoch eher die Regel als die Ausnahme dar; vgl. Tabelle 25.6. Nach WINCKLER und FOERSTER [42] ist dabei zu berücksichtigen, dass eine Übertreibung nicht immer betrügerischen Motiven entspringen muss, sondern Ausdruck des Bemühens sein kann, dem fremden Untersucher in der zeitlich befristeten Untersuchungssituation die eigenen Beschwerden möglichst eindrücklich zu vermitteln. In pointierter Form hat BOCHNIK [7] hierzu vermerkt, dass psychogene Symptome während der Begutachtung zumeist auf Verhaltensfehler des untersuchenden Arztes zurückgehen. Tatsächlich besteht ein enger Zusammenhang zwischen einem desinteressierten, oberflächlichen Untersucher und einer zunehmenden Verdeutlichungstendenz des Probanden. Die Begutachtung somatoformer Schmerzstörungen erfordert daher eine detaillierte und umfassende Exploration des Probanden, weswegen hierfür regelmäßig ein deutlich erhöhter Zeitbedarf von wenigstens 1–2 Stunden auch für geübte Untersucher einzurechnen ist.

Die gutachterliche Beurteilung somatoformer Schmerzstörungen erfordert gegenüber vielen anderen Gutachten einen erhöhten Zeitbedarf.

25.3.3 Zumutbare Willensanspannung

Über die genannten Probleme bei der Objektivierung subjektiver Beschwerden hinaus soll der Gutachter gemäß den juristischen Anforderungen an das Gutachten die Frage beantworten, ob ein Proband in der Lage ist, berufliche Tätigkeiten bei zumutbarer Willensanspannung wieder aufzunehmen. Der Sachverständige sollte sich stets darüber im Klaren sein, dass es sich hierbei um eine eher philosophische Frage handelt [1, 42], die vom Gutachter kaum zu klären ist. Für die Willensanspannung bei der Überwindung von Beschwerden spielen verschiedene Aspekte eine Rolle:

▷ Der Wille ist keine naturwissenschaftlich messbare Größe, sondern ist kulturell und zeitlich variablen Konventionen unterworfen, von denen sowohl der zu Begutachtende als auch der Gutachter beeinflusst ist.

▷ Verharren in der Krankheit ist häufig mit einem wesentlich besseren sozialen Status verbunden als willentliches Überwinden mit der danach folgenden Nichtvermittelbarkeit auf dem heutigen Arbeitsmarkt, so dass die Motivation zur Willensanspannung verständlicherweise oft nur gering ist.

▷ Die Krankheit kann im Dienste der Aufrechterhaltung des psychischen Gleichgewichtes stehen und ist dann kaum durch eine einfache Verhaltensänderung aufzugeben.

▷ Bei längerem Zeitverlauf und abhängig vom primären und/oder sekundären Krankheitsgewinn kann eine dem willentlichen Zugriff zunächst durchaus zugängliche Neigung zur Überbewertung von Beschwerden in zunehmendem Maße chronifizieren und letztlich sogar eigenständigen Krankheitscharakter gewinnen; vgl. Abschnitt 25.6.

25.4 Inhalt von Schmerzgutachten

25.4.1 Anamnese

Arbeits-, Sozial- und Krankheitsanamnese Eine detaillierte Erfassung der persönlichen Entwicklungsgeschichte einschließlich der erlebten Gesundheitsstörungen sollte selbstverständlicher Bestandteil jeder medizinischen Begutachtung sein. Im Hinblick auf die in Abschnitt 25.5 genannte Plausibilitätsprüfung kommt jedoch Fragen nach der Arbeitsbiographie einschließlich besonderer psychischer und physischer Belastungen am Arbeitsplatz, der Dauer und Begründung für Arbeitslosigkeit und Arbeitsunfähigkeit, sowie der Entwicklung der familiären Situation und deren Belastungen eine besondere Bedeutung zu.

Schmerzanamnese Die Frage nach typischen Schmerzcharakteristika sowie nach deren Verlauf, Dauer und Abhängigkeit von bestimmten Situationen, Körperhaltungen und Tageszeiten gibt wichtige Hinweise auf die Konsistenz der Beschwerden. So lassen z. B. Tag und Nacht gleich andauernde Schmerzen ohne jegliche Besserung oder Verschlechterung erhebliche Zweifel aufkommen, ob die geklagten Schmerzen tatsächlich in dieser Form vorhanden sind, ob es sich hier nicht um primär psychisch verursachte Schmerzen oder aber auch um einen im Vordergrund stehenden Rentenwunsch handelt. Gleiches gilt für die Angabe, dass die laufend eingenommenen Medikamente oder selbst erheblicher Alkoholkonsum zu keiner – auch nicht vorübergehenden – Besserung führt. Umgekehrt sind berichtete Besserungen z. B. im Urlaub, während therapeutischer Maßnahmen und bei bestimmten Körperhaltungen wichtige Indizien für das tatsächliche Bestehen von Beeinträchtigungen, deren Relevanz auf diese Weise besser abschätzbar wird.

Behandlungsanamnese Die Erfragung bisheriger und aktueller Behandlungsstategien ist von entscheidender Bedeutung für die nachfolgende Plausibilitätsprüfung, da es sich hierbei letztlich um den einzigen Parameter handelt, der im Zweifelsfall anhand ärztlicher Unterlagen bzw. des Leistungsauszugs der Krankenkasse objektiv nachprüfbar ist. Häufigster Fehler ist das unkritische Übernehmen der vom Untersuchten mitgebrachten Sammlung an Medikamenten in die gutachterliche Beurteilung. Es sollte vielmehr für jedes einzelne Medikament detailliert erfragt werden, in welcher Dosierung es wie lange, wie oft und mit welchem Ergebnis eingenommen wurde. Bei diffusen Angaben gehört hierzu auch im Einzelfall das Öffnen mitgebrachter Medikamentenschachteln, um anhand der noch vorhandenen Tabletten und der Frage, wann konkret dieses Medikament verschrieben wurde, zu einer klareren Einschätzung der Einnahmehäufigkeit zu kommen. Der Abbruch einer medikamentösen Therapie bereits bei niedrigen Dosierungen nach wenigen Tagen aufgrund von wenig gravierenden Nebenwirkungen kann Hinweise auf das Ausmaß der Beeinträchtigung durch die dem Behandlungsversuch zugrunde liegenden Beschwerden geben.

In ähnlichem Umfang gilt es, Arztkontakte, physiotherapeutische Behandlungen sowie eigene Maßnahmen (z. B. Fitnesstraining, Besuch im Thermalbad) detailliert in ihrer Häufigkeit und in ihrem Nut-

Anamnese

Arbeitsanamnese	Ausbildung mit/ohne Abschluss, Arbeitsbiographie, psychische und physische Belastungen am Arbeitsplatz, Dauer und Begründung für Arbeitslosigkeit und Arbeitsunfähigkeit.
Sozialanamnese	Entwicklung der familiären Situation und deren Belastungen, insbesondere Krankheits-, Verlust- und Gewalterlebnisse in der Kindheit.
Krankheitsanamnese	Allgemeine Anamnese der körperlichen und psychischen Erkrankungen; aktuell und unter Einbeziehung früherer Lebensabschnitte einschließlich familiärer Belastungen.
Schmerzanamnese	Lokalisation, Häufigkeit und Charakter der Schmerzen; Abhängigkeit von Körperhaltungen, Tätigkeiten und Tageszeiten, Verlauf mit/ohne Remissionen.
Behandlungsanamnese	Dauer, Intensität und Ergebnis bisheriger Behandlungsmaßnahmen; Häufigkeit und Regelmäßigkeit von Arztbesuchen; Häufigkeit und Dauer der Einnahme von Medikamenten; Intensität physiotherapeutischer Behandlungen; Einbringen eigener Bewältigungsstrategien.
Aktivitäten des täglichen Lebens	Schlaf, Tagesablauf, Mobilität, Selbstversorgung; Kochen, Putzen, Waschen, Bügeln, Einkaufen, Gartenarbeit; erforderliche Ruhepausen; Fähigkeit zum Auto- und Radfahren.
Partizipation an Lebensbereichen	Familienleben einschließlich Sexualität und schmerzbedingter Partnerprobleme; soziale Kontakte, Freundschaften und Besuche; Freizeitbereich wie Sport, Hobbys, Vereinsleben, Halten von Haustieren, Urlaubsreisen.
Berufliche Leistungsfähigkeit	Eigene Einschätzung des positiven und negativen Leistungsbildes, z. B. anhand einer Diskussion von geläufigen Verweisungstätigkeiten mit geringer körperlicher Beanspruchung.
Fremdanamnese	Immer mit Einverständnis, aber möglichst nicht in Anwesenheit des Probanden.

Klinische Befunde

Beobachtung	Gangbild vor/während/nach der Begutachtung, Spontanmotorik, Fähigkeit zum Stillsitzen, erforderliche Entlastungsbewegungen, Bewegungsmuster beim An- und Auskleiden.
Erscheinungsbild	Körperhaltung, Körperpflege, Kleidung, Haartracht, Finger- und Zehennägel, Hand- und Fußverschwielung, Muskulatur, Körperbräune.
Allgemeinbefund	Vor allem objektive Beweglichkeit, Druckschmerz.
Neurologischer Befund	Hirnnerven, Motorik und Sensibilität, Reflexstatus, Koordination, Sprache.
Psychopathologischer Befund	Verhalten, Affektivität, Kontakt- und Rapportfähigkeit, Antrieb, Psychomotorik, formaler und inhaltlicher Denkablauf, Konzentrationsfähigkeit, Auffassungsvermögen, Wahrnehmung, Ich-Erleben, Erinnerungs- und Merkfähigkeit.
Apparative Befunde	Soweit in Abhängigkeit von der Fragestellung bzw. Erkrankung erforderlich.
Skalen zur Selbsteinschätzung	Bewertung von Selbsteinschätzungsskalen wie FPI, SF-36, Depressionsskalen, Mobilitätsfragebögen, Schmerzfragebögen, Schmerztagebücher im Kontext mit den übrigen Befunden.

Tab. 25.7: Anforderungen an den Inhalt von Schmerzgutachten

zen zu erfassen. Da über diese Behandlungsmaßnahmen in den Akten häufig Berichte vorliegen, ergibt sich bei Diskrepanzen zwischen den schriftlichen Angaben und dem eigenen Erleben die Möglichkeit den Untersuchten damit zu konfrontieren. Dessen Reaktion ist erneut ein wichtiger Baustein der Plausibilitätsprüfung.

Aktivitäten des täglichen Lebens Die detaillierte Erfassung der Aktivitäten des täglichen Lebens gehört zum Standardrepertoire der Schmerzbegutachtung. Fragebögen können diese Exploration vereinfachen, ersetzen jedoch nicht die eingehende Diskussion mit dem Untersuchten, warum und seit wann welche konkreten Tätigkeiten nicht mehr möglich sind. Um nicht in diffuse Aussagen abzugleiten, sollte der Ablauf eines konkreten Tages (z. B. gestern, vergangener Sonntag) abgefragt werden. Auch soll nicht unerwähnt bleiben, dass „geübte" Probanden mit Gutachtenerfahrung die Fallstricke bei den zugehörigen Fragen zum täglichen Leben oft gut kennen. Die Diskriminierung tatsächlicher von lediglich behaupteten Beeinträchtigungen hat daher oft mehr mit bayerischem Fingerhakeln zu tun, bei dem jeder den anderen über den Tisch ziehen will, als mit einer medizinischen Anamnese, wie sie der Arzt während seiner Ausbildung gelernt hat; vgl. Abschnitt 25.5.4. Als Gegenprobe kann hier – zumindest bei weniger „geübten" Gutachtenprobanden – ggf. die Fremdanamnese (s. u.) dienen.

Soziale Partizipation Die Exploration der Partizipation in verschiedenen Lebensbereichen gibt Hinweise auf die verbliebene Lebensqualität. Sie kann sich im Allgemeinen auf wenige Kernbereiche des Lebens konzentrieren, die auch einer fremdanamnestischen Überprüfung zugänglich sind. Dies sind:

Partnerschaft Der Gutachter sollte sich hier nicht scheuen, krankheitsbedingte Partnerprobleme anzusprechen (Kann Ihr Partner mit Ihnen überhaupt noch etwas anfangen?). Die Reaktion des Probanden kann wichtige Hinweise darauf geben, inwieweit der Untersuchte noch im Leben steht und in wieweit ein möglicher sekundärer Krankheitsgewinn vorliegt.

Familienleben Wichtige Parameter sind hier z. B. die Beschäftigung mit Kindern oder Enkeln, gegenseitige Familienbesuche sowie Familienfeiern.

Freizeitbereich Die Beschäftigung mit Hobbys und Vereinsaktivitäten – einschließlich möglicher Vorstandsposten – erscheint von besonderer Bedeutung, da es hier nach eigener Erfahrung auch „geübten" Probanden schwer fällt, nicht vorhandene Beeinträchtigungen konsistent zu vertreten. Zur Erfassung des Freizeitbereichs gehört auch die Frage nach Haustieren, die oft wesentliche Aktivitäten binden.

Urlaubsreisen Die detaillierte Anamnese der letzten Urlaubsreisen gibt wichtige Hinweise zur Dauerbelastbarkeit (Dauer der Anreise, notwendige Pausen), die Besserung unter therapeutischen Bedingungen (z. B. am warmen Strand) sowie die soziale Belastbarkeit (bei Urlauben in der Gruppe).

Eigenanamnese der beruflichen Leistungsfähigkeit Dieser Punkt mag auf den ersten Blick überraschen, da es doch erst das Ziel der Begutachtung ist, hierzu Aussagen zu machen und die Untersuchung ohne einen entsprechenden Rentenantrag gar nicht zustande gekommen wäre. Die Selbsteinschätzung der eigenen beruflichen Leistungsfähigkeit führt jedoch immer wieder zu überraschenden Ergebnissen. Eine engagierte, sachgerechte Diskussion der verbliebenen Fähigkeiten und Defizite stellt ein gewichtiges Indiz dar, dass die übrige Beschwerdeschilderung glaubhaft ist, während bei Probanden, die jede Art von Arbeit pauschal als unmöglich ablehnen, Zweifel aufkommen können. Wichtig ist, mit dem Probanden möglichst konkrete, an seinen speziellen Fall angepasste Verweistätigkeiten zu diskutieren.

Fremdanamnese Insbesondere bei wenig kooperativen, sehr klagsamen Probanden ist der Wert der Fremdanamnese nicht hoch genug einzuschätzen. Die – selbstverständlich mit Einverständnis des zu Begutachtenden vorzunehmende – Exploration von Familienangehörigen oder Freunden in Abwesenheit (!) des Probanden ist oft der einzige Weg, um Einblicke in das Alltagsleben des Betroffenen zu erhalten, und deckt

Ungereimtheiten in der Schilderung von Beeinträchtigungen auf. Bewusste Falschaussagen der Befragten stellen nach eigener Erfahrung die extreme Ausnahme dar und sind meist unschwer dadurch zu vermeiden, dass die Anamnese noch im Beisein der Befragten diktiert und um Korrektur möglicher Missverständnisse gebeten wird.

25.4.2 Klinische Befunde

Beobachtung Die Beobachtung des Gangbildes und der Spontanmotorik im Rahmen der gutachterlichen Untersuchung ergibt weitere Indizien hinsichtlich der Konsistenz der Beschwerden. Hierzu gehört auch die Situation vor der Untersuchung im Warteraum und das Verhalten wärend der entlastenden Situation am Ende der Begutachtung. Geübte Probanden kennen zwar die entsprechenden Kriterien, nach eigenen Erfahrungen erscheint es jedoch kaum möglich, über einen Zeitraum von mehr als 1 Stunde mit rasch wechselnden Fragen und Eindrücken hinweg ein artefiziell eingeübtes Bewegungsmuster konsistent beizubehalten, so dass hier weniger dem Erscheinungsbild als solches als Veränderungen im Verlauf Bedeutung zukommt.

Erscheinungsbild Im Einzelfall mag das äußere Erscheinungsbild täuschen. In die Hornhaut eingeschlossene Schmutzreste sowie Schwielen an Händen und auch Füßen sind jedoch langanhaltende Indikatoren körperlicher Tätigkeit. Gleiches gilt für die Muskelmasse, die altersangepasste Hinweise auf die körperliche Aktivität gibt. Nicht zuletzt vermittelt der Zustand der Kleidung und insbesondere auch der Schuhe zusammen mit der Befragung des Kaufverhaltens einen Eindruck über die Konsistenz der gemachten Angaben.

Körperliche Befunde Nachdem definitionsgemäß bei somatoformen Schmerzstörungen erklärende körperliche Befunde fehlen, kommt der allgemeinmedizinischen, orthopädischen und neurologischen Befunderhebung nur eine beschränkte Bedeutung zu. Die körperliche Untersuchung beinhaltet jedoch wiederum einen wesentlichen Baustein der Konsistenzprüfung, wenn hierbei Lähmungen und Bewegungseinschränkungen demonstriert werden, die anhand objektiver klinischer und apparativer Untersuchungsbefunde nicht nachvollzogen werden können.

Psychopathologischer Befund Angesichts der bei Schmerzsyndromen regelmäßig vorhandenen Abgrenzungsprobleme zu primär psychiatrischen Erkrankungen kommt der sachgerechten psychopathologischen Befunderhebung enorme Bedeutung zu. Die Erfassung mittels Selbstbeurteilungsskalen (z. B. FPI, ZUNG-Depressionsskala) ist zwar hilfreich, ersetzt jedoch nicht die eingehende Exploration psychopathologischer Kenngrößen. Nicht zuletzt sei hier auf die Benutzung provozierender Fragen (z. B. zur Partnerschaft, zur Fahrtauglichkeit oder zu möglichen Verweisberufen) hingewiesen, die Aufschlüsse über die Affekt- und Impulskontrolle geben.

25.4.3 Diagnose

Wie bei anderen Begutachtungen sollten Diagnosen als Funktionsdiagnosen aufgeführt werden.

25.4.4 Zusammenfassung und Beurteilung

Vergleichbar der Begutachtung bei anderen Krankheitsbildern enthalten auch Schmerzgutachten zum Schluss eine zusammenfassende Beschreibung der im Verlauf des Lebens aufgetretenen Gesundheitsstörungen im Kontext mit der beruflichen und sozialen Entwicklung. Zusätzlich ist eine detaillierte Plausibilitätsprüfung der erhobenen Befunde zu erwarten (Abschnitt 25.5), und auch die abschließende sozialmedizinische Beurteilung enthält einige Besonderheiten, auf die im Folgenden näher eingegangen werden soll (Abschnitt 25.6).

25.5 Plausibilitätsprüfung

25.5.1 Hinweise auf Inkonsistenzen

Angesichts der Fehlens objektiver Messmethoden zur Quantifizierung von Schmerzen kommt der Frage, inwieweit in der Zusammenschau von Anamnese, klinischen Befunden und Aktenlage die geklagten Beschwerden und Beeinträchtigungen plausibel sind, entscheidende Bedeutung zu. Hinweise auf Inkonsistenzen geben nachfolgende Befunde [13, 30, 40, 42]:

▷ Die geklagten Beschwerden sind nach Art und Lokalisation mit den übrigen Befunden nicht in Einklang zu bringen.

▷ Es besteht eine Diskrepanz zwischen der subjektiven Beschwerdeschilderung (einschließlich der Selbsteinschätzung in Fragebögen) und der körperlichen Beeinträchtigung in der Untersuchungssituation.

▷ Trotz intensiv geschilderter Beschwerden ist nur ein geringer Leidensdruck zu erkennen.

▷ Die Schilderung der Beschwerden und des Krankheitsverlaufes bleibt trotz Nachfragens vage, wechselhaft und unpräzise.

▷ Es bestehen Diskrepanzen zwischen eigenen Angaben und fremdanamnestischen Informationen (einschließlich Aktenlage).

▷ Es werden andauernde Beschwerden angegeben, die sich zu keiner Tageszeit bessern und bei denen weder Medikamente (auch Alkohol) noch bestimmte Körperhaltungen zu einer Entlastung führen.

▷ Es bestehen Diskrepanzen zwischen den geschilderten Beeinträchtigungen und den zu eruierenden Aktivitäten des täglichen Lebens (z. B. Hobbys, Urlaube, Fahrtüchtigkeit).

▷ Trotz ausgeprägt beschriebener Beschwerden erfolgen keine adäquaten therapeutischen Maßnahmen, wobei hierzu auch eigene Strategien und Maßnahmen zur Schmerzbewältigung gehören.

▷ Bei der Diskussion von Verweistätigkeiten werden diese ohne sachliche Begründung als unmöglich abgelehnt.

▷ Es finden sich appellativ-demonstrative Klagen, ohne dass beim Gutachter das Gefühl des Betroffenseins entsteht.

25.5.2 Schmerzempfindung und -schilderung bei Migranten und Arbeitnehmern ausländischer Herkunft

Aufgrund des anderen Schmerzverständnisses sind aus dem ländlichen Mittelmeerraum und/oder dem islamischen Religionskreis stammende Personen in erheblichem Umfang getrennt zu betrachten. Hier gilt es zu berücksichtigen, dass Krankheit und Schmerz in viel stärkerem Umfang als in Mitteleuropa ganzheitlich, als selbständig existierendes Sein, zum Teil auch als von Gott kommende Strafe, empfunden wird, was erheblichen Einfluss auf die Bereitschaft zur Willensanspannung besitzt. Auch werden Depressionen so gut wie immer als ausschließlich körperliche Störung erlebt, und der Betroffene verneint entschieden jede seelische Ursache [35, 37].

Letztlich gilt zu berücksichtigen, dass Gastarbeiter der ersten Generation (gleiches gilt für Aussiedler aus den östlichen Ländern) vor ihrer Erkrankung oft besonders leistungsbereit waren, einen übermäßigem Arbeitseifer zeigten, und ihre ganze körperliche und seelische Kraft für die soziale Besserstellung der nachfolgenden Generation opferten. Es braucht dann relativ wenig, um dieses labile psychische Gleichgewicht zum Kippen zu bringen. So genügt häufig bereits ein Bagatelltrauma, um den Betroffenen schlagartig bewusst zu machen, dass sie jahrelang über ihre Verhältnisse gearbeitet haben und was ihnen im Leben versagt geblieben ist.

25.5.3 Übertragungsprobleme des Gutachters

In keinem vergleichbaren Gebiet wie bei der Beurteilung objektiv nicht (hinreichend) begründbarer Beschwerden spielen Übertragungsprobleme des Gutachters eine so gravierende Rolle (Tabelle 25.8). Die Palette reicht dabei vom „Hardliner", der an sich und andere strenge Maßstäbe anlegt und zunächst stets vermutet, einen Drückeberger vor sich zu haben, der könnte, wenn er nur wollte, bis hin zum „Softi", der voller Mitleid für den Probanden dessen Rentenwünsche vorbehaltlos unterstützt und sich mit ihm über-

> *Eigenes Weltbild*; z. B. Wertvorstellungen und Maßstäbe der Gesellschaft, aus der man stammt, eigenes sozialpolitisches Denken
> *Eigene Körpererfahrung*; z. B. selbst erlebte Erkrankungen oder Behinderungen
> *Eigenes Erleben des Probanden*; z. B. Abwehrhaltung bei klagsamen und missgestimmten Probanden
> *Eigene Tagesform*; z. B. bestehende Migräne
> *Zeitdruck von Seiten des Auftraggebers*

Tab. 25.8: Mögliche Einflussgrößen auf das Verhalten des Gutachters gegenüber dem Probanden

identifiziert. Entscheidend für den Gutachter ist hier, sich mit den eigenen und unbewussten Emotionen einem Probanden gegenüber auseinanderzusetzen, um ihm dadurch besser gerecht zu werden.

25.5.4 Der Gutachter als „Kriminalist"

Auch wenn selbst erfahrene Gutachter vor der Aussage zurückschrecken [23], bedeutet die Beurteilung der „Konsistenz" und „Plausibilität" objektiv nicht nachweisbarer Beschwerden letztlich nichts anderes, als dass hier Aussagen darüber gemacht werden müssen, ob diese glaubhaft sind oder ob der zu untersuchende Proband lügt. Damit rückt der Gutachter bei „Schmerzgutachten" unversehens in eine Rolle, die ihm aufgrund seiner Ausbildung und seines Selbstverständnisses als Arzt eigentlich fremd ist. Während im Rahmen der übrigen ärztlichen Tätigkeit die Regel gilt, dass „Schmerz hat, wer über Schmerz klagt", muss der Gutachter hier als „Kriminalist mit medizinischem Rüstzeug" dies kritisch hinterfragen und versuchen, das tatsächliche Ausmaß der geklagten Beschwerden im Sinne eines Indizienbeweises herauszuarbeiten.

Um dieses Ziel zu erreichen, ist das **Verstehen** der persönlichen Situation des Probanden und der damit verbundenen psychodynamischen Zusammenhänge unverzichtbar. Als neutraler Sachverständiger hat er es jedoch strikt zu vermeiden, **Verständnis** im Sinne von Parteinahme für den zu Untersuchenden zu zeigen. Wer sich aufgrund seines ärztlichen Selbstverständnisses mit diesem unterschiedlichen Blickpunkt nicht arrangieren kann, sollte daher darauf verzichten, Gutachten zu erstatten. Leider zeigt die Erfahrung, dass dies häufig nicht berücksichtigt wird. Nicht zuletzt muss unter diesem Gesichtspunkt auch die Kennzeichnung von Gutachten als „psychotherapeutisch" oder „schmerztherapeutisch" als fragwürdig gesehen werden; vgl. Abschnitt 25.8.2.

Zusätzlich zu den Problemen des ärztlichen Selbstverständnisses sind weitere Rollenkonflikte zu erwarten, wenn der betreuende Arzt gleichzeitig auch als Sachverständiger fungiert, wie dies in jüngster Zeit von Interessengruppen, jedoch auch von politischer Seite gefordert wird. Begründet wird dies insbesondere damit, dass nur dieser seinen Patienten gut genug kenne, um über ihn Aussagen machen zu können. Da der betreuende Arzt jedoch gemäß seinem Auftrag die Interessen seines Patienten zu vertreten hat, kann er zwangsläufig nicht gleichzeitig als neutrale Instanz, die dem Versicherten und der Gemeinschaft der Versicherten gleichermaßen verpflichtet ist, handeln.

25.6 Sozialmedizinische Beurteilung

Vor der abschließenden gutachterlichen Beurteilung der beruflichen Leistungsfähigkeit gilt es zunächst zu klären, ob alle erforderlichen therapeutischen Optionen ausgeschöpft sind. Andernfalls hat zunächst ein Rückverweis auf eine adäquate Behandlung zu erfolgen; vgl. Abschnitt 25.6.2.

25.6.1 Leistungsbeurteilung

Hierbei können sich die folgenden Konstellationen ergeben:

Konsistente Befunde Keine Probleme bestehen, sofern das Gesamtbild aus Eigen- und Fremdanamnese, Untersuchungsbefunden und erkennbaren Beeinträchtigungen während der Untersuchung mit den geklagten Beschwerden im Einklang steht.

Inkonsistente Befunde Inkonsistenzen zwischen den geklagten Beschwerden und der im Rahmen der gutachterlichen Anamnese und Untersuchung erkennbaren Beeinträchtigung lassen bezweifeln, ob das tatsächliche Ausmaß der Beeinträchtigung dem der geklagten Beschwerden entspricht. Der Gutachter sollte sich in diesem Fall nicht scheuen, klar auszudrücken, dass es ihm trotz eingehender Exploration und Untersuchung aufgrund des Verhalten des Untersuchten nicht gelungen ist, das tatsächliche Ausmaß der Beschwerden und Beeinträchtigungen herauszuarbeiten.

Fehlende Kooperation Ist aufgrund fehlender Kooperation keine klare Beurteilung des Umfanges der tatsächlichen Beeinträchtigung möglich, darf der Sachverständige sich gleichermaßen nicht scheuen, diese Situation klar zu legen. Im Vergleich zu den oben genannten Inkonsistenzen gehört das Fehlen einer Kooperation in der Untersuchungssituation jedoch eher zu den Ausnahmen.

Sekundärer Krankheitsgewinn Im Einzelfall sehr schwierig zu beurteilen sind solche Probanden, bei denen zwar ein sozialer Rückzug nachzuweisen ist, sich jedoch die Frage stellt, inwieweit ein sekundärer Krankheitsgewinn soweit im Vordergrund steht, dass gar kein Leidensdruck besteht und der Proband seine Schmerzen lediglich dazu benutzt, um (Regressions)Wünsche gegenüber seiner Umgebung durchzusetzen. Diese Konstellation lässt sich oft fremdanamnestisch am besten beurteilen. Typisch für einen bewussten oder bewusstseinsnah gesteuerten sekundären Krankheitsgewinn sind Probanden, die trotz ihrer Beschwerden im familiären Umfeld die Leitungsposition innehaben bzw. ihre Beschwerden erkennbar dazu benutzen, ihre Führungsrolle aufrecht zu erhalten. Nicht selten zeigt sich allerdings, dass mit zunehmender Chronifizierung ein zunächst erheblicher Krankheitsgewinn verblasst und einer dem willentlichen Zugriff entzogenen Störung von Krankheitswert Platz macht. Dann ist es Aufgabe des Sachverständigen, diese Entwicklung darzustellen.

Primär psychische Erkrankung Schmerzen können Ausdrucksmittel einer primär psychischen Erkrankung sein; vgl. Abschnitt 25.7.3. Diese Situation findet sich z. B. fast regelmäßig bei depressiven Probanden aus südlichen Ländern, die ihre seelische Erkrankung als vordergründig körperliche Störung erleben. Die gutachterliche Einschätzung orientiert sich in diesem Fall an der zugrundeliegenden psychischen Erkrankung und den hierdurch hervorgerufenen Funktionsstörungen.

25.6.2 Rehabilitation

Im Rahmen der Begutachtung von Schmerzsyndromen finden sich bei Erfragung der Behandlungsanamnese gegenüber anderen, überwiegend somatisch erklärbaren Krankheitsbildern in bemerkenswert hohem Umfang insuffiziente sowie häufig auch inkonsequente Therapieversuche. Sofern die Chronifizierung der Schmerzsymptomatik noch nicht so weit fortgeschritten ist, dass rehabilitative Maßnahmen aussichtslos erscheinen – was vom Gutachter deutlich zu machen ist –, ist es Aufgabe des Sachverständigen hier – nicht zuletzt unter Hinweis auf die Mitwirkungspflicht des Versicherten – die Weichen für eine lege artis durchgeführte Therapie zu stellen.

Nach den Leitlinien der Arbeitsgemeinschaft der Wissenschaftlichen Medizinischen Fachgesellschaften (AWMF)[1] beruht die Therapie chronischer Schmerzsyndrome im Wesentlichen auf drei Säulen:

1. Medikamentöse Therapie vor allem mit Thymoleptika in ausreichend hoher Dosierung über einen ausreichend langen Zeitraum.

2. Aktive und passive physiotherapeutische Maßnahmen zur Schmerzreduktion und Muskelrelaxation sowie zur Erhöhung des körperlichen Aktivitätsniveaus in ausreichender Häufigkeit über einen ausreichend langen Zeitraum.

3. Eingehende psychotherapeutische Maßnahmen zur Schmerz- und Stressbewältigung in ausreichender Häufigkeit über einen ausreichend langen Zeitraum.

Die Indikation zu rehabilitativen Maßnahmen kann dann begründet sein, wenn die bisherige Behandlung eines oder mehrere dieser Kriterien nicht erfüllt.

---
1. http://www.uni-duesseldorf.de/awmf

25.7 Spezielle Problemfälle

25.7.1 Das „Fibromyalgie-Syndrom"

Die Fibromyalgie bzw. das Fibromyalgie-Syndrom („FMS") stellt einen emotional stark belasteten Sonderfall dar, der im folgenden näher beleuchtet werden soll. Es herrscht ein heftiger „Glaubenskrieg" darüber, inwieweit es sich bei der erst seit etwa Mitte der 80er Jahre in der medizinischen Fachliteratur zunehmend beschriebenen „neuen Krankheit" um ein eigenständiges „Syndrom" handelt. Gegen eine derartige Annahme spricht, dass bis heute keine spezifischen laborchemischen oder bildgebenden Befunde für das „FMS" beschrieben sind. Diskutiert werden vor allem Störungen des Serotoninmetabolismus, ohne dass hierfür jedoch eindeutige Ergebnisse vorliegen

Andere Arbeiten sprechen mehr allgemein von einer neuroendokrinologischen und/oder -immunologischen Störung, die sich vor allem im limbischen System abspiele. Angesichts der Tatsache, dass gemäß neueren Forschungsergebnissen auch depressive Störungen und Panikstörungen als Ausdruck einer neuroendokrinen Dysbalance interpretiert werden, erstaunt immer wieder die Vehemenz, mit der bei Fibromyalgie-Syndromen und anderen „neuen Krankheiten" wie der „Multiple Chemical Sensitivity" (MCS) oder dem „Chronic Fatigue Syndrom" (CFS) eine „Psychiatrisierung" abgelehnt wird. Immerhin gibt es zahlreiche ernstzunehmende Hinweise, dass es sich hierbei um eine multifaktorielle Störung mit erheblichen psychischen Anteilen, häufig induziert durch eine körperliche Grundsymptomatik mit sekundärer Konditionierung, handelt. Vergleichbare Konditionierungseffekte sind z. B. beim sogenannten „phobischen Schwindel", der immerhin die zweithäufigste Schwindelursache darstellt, bestens bekannt und wissenschaftlich unbestritten.

Klinisch ist das primäre „Fibromyalgie-Syndrom" gemäß den rein deskriptiven Kriterien des American College of Rheumatology [43] durch ausgeprägte, generalisierte und andauernde Muskelschmerzen in Verbindung mit mindestens 11 von 18 definierten Schmerzpunkten, sogenannten *tender points* definiert. Abzugrenzen sind die Patienten, bei denen sich histologisch und laborchemisch definierbare entzündliche Weichteilerkrankungen nachweisen lassen („sekundäre Fibromyalgie"). Zu Recht hat daher HAUSOTTER [14] darauf hingewiesen, dass der Krankheitsbegriff eigentlich entbehrlich und problemlos unter dem Sammelbegriff der „anhaltenden somatoformen Schmerzstörung" zu subsummieren sei. Insbesondere Interessengruppen weisen demgegenüber häufig darauf hin, dass die „Fibromyalgie" eine eigene ICD-Nummer habe und daher eine „anerkannte Krankheit" sei. Dies trifft nicht zu. Vielmehr „drückt sich" die ICD-10 vor dieser Aussage, indem der Begriff der „Fibromyalgie" unter der Rubrik „M79.0 Rheumatismus, nicht näher bezeichnet" erscheint. [2]

Für den Gutachter führt die Bewertung der Fibromyalgie als eigenständiges „Syndrom" zu dem Problem, dass sowohl von Laien einschließlich deren Interessenverbänden als auch von zahlreichen Ärzten die Diagnose eines „Fibromyalgie-Syndroms" regelmäßig mit dem Vorliegen einer schwerwiegenden beruflichen Leistungsminderung gleichgesetzt wird. Das subjektive Empfinden von Schmerzen im Bereich des Bindegewebes und der Muskeln, was die wörtliche Übersetzung des Begriffes „Fibromyalgie" ist, sagt jedoch in keiner Weise etwas über den Umfang der tatsächlichen Beeinträchtigung aus und es gibt keinen Grund, bei der gutachterlichen Beurteilung von den o. g. Kriterien für die Begutachtung somatoformer Schmerzstörungen abzuweichen. Dies betrifft auch die Verwendung von Selbstbeurteilungsskalen, die sich bei der „FMS" großer Beliebtheit erfreuen. Wie bereits in Abschnitt 25.2.2 erwähnt, mögen sie zur Verlaufsbeobachtung therapeutischer Maßnahmen zwar hilfreich sein, versagen jedoch im Zusammenhang mit gutachterlichen Fragestellungen.

> **Fibro-my-algie**
> = griechisch-lateinische Umschreibung für Schmerzen ($\alpha \lambda \gamma o \varsigma$) im Bereich des Bindegewebes (fibra) und der Muskeln ($\mu \upsilon \varsigma$).

---

2. Die ICD-10 verschlüsselt nicht nur Krankheitsdiagnosen im Sinne der Internationalen Nomenklatur der Krankheiten (IND), sondern auch andere Sachverhalte wie Symptome, abnorme Laborbefunde, Verletzungen, Vergiftungen usw.

25.7.2 Komplexe regionale Schmerzsyndrome

Eine besondere, oft nur wenig beachtete Schmerzproblematik stellen die sogenannten „komplexen regionalen Schmerzsyndrome" (Complex Regional Pain Syndrome, CRPS) dar. Der von der International Association for the Study of Pain (IASP) vorgeschlagene, deskriptive Terminus [33] soll die früher gängigen, oft jedoch unscharf benutzten Begriffe wie *Morbus* SUDECK, *sympathische Reflexdystrophie, Algodystrophie* und *Kausalgie* ersetzen. Gutachterlich sind die „komplexen regionalen Schmerzsyndrome" vor allem deswegen von Bedeutung, weil das Ausmaß der damit verbundenen Beschwerden definitionsgemäß in krassem Missverhältnis zum Schweregrad des auslösenden Ereignisses steht [3] und zumindest beim Typ I (Tabelle 25.9) keine Hinweise auf eine Läsion (größerer) Nerven vorliegen. Auch hält sich die Lokalisation der Schmerzsyndrome nicht an das Versorgungsgebiet von Nerven, sondern zeigt eine Neigung zur Ausbreitung.

Die Ursache der CRPS ist bis heute nicht eindeutig geklärt, was für gutachterliche Belange jedoch nur von untergeordneter Bedeutung ist. Neben der typischen Anamnese stützt sich die Diagnose vor allem auf die objektivierbaren Begleitsymptome wie ödematöse Verquellung, Hautverfärbungen, Schweißsekretions-, Temperatur- und trophische Störungen (Tabelle 25.10 auf der nächsten Seite). Radiologische, szintigraphische und kernspintomographische Untersuchungen stützen die Diagnose, ergeben jedoch nur bei Schädigungen der distalen Extremitäten typische Befunde. Komplexe regionale Schmerzsyndrome können aber auch an jeder anderen Stelle des Körpers auftreten.

25.7.3 Schmerzen bei primär psychiatrischen Erkrankungen

Insbesondere bei depressiven Störungen finden sich in einem hohen Ausmaß begleitende Schmerzsymptome, die bei der so genannten „larvierten" oder „maskierten" Depression soweit im Vordergrund stehen können, dass die psychopathologischen Symptome wie Verstimmung, Freudlosigkeit, Denk- und Antriebsstö-

CPRS	Synonyme	Auslöser
Typ I	M. SUDECK, sympathische Reflexdystrophie	Meist nach schmerzhaften Traumen der distalen Extremitäten (wie z. B. Quetschungen, Frakturen) ohne offensichtliche Läsion größerer Nerven.
Typ II	Kausalgie	Nach partiellen, klinisch und elektrophysiologisch nachweisbaren peripheren Nervenläsionen.

Nach STANTON-HICKS [33]
Tab. 25.9: Komplexe regionale Schmerzsyndrome (CRPS)

rung übersehen oder fehl bewertet werden können. Der enge Zusammenhang zwischen Schmerz und Depression ist gemäß neueren Untersuchungen aufgrund gemeinsamer anatomischer Strukturen nicht überraschend [2]. Im Vergleich zu „isolierten" somatoformen Schmerzstörungen sind depressive Störungen jedoch regelmäßig einer Behandlung gut zugänglich und neigen auch erst relativ spät zu einer Chronifizierung. Vor Annahme einer dauerhaften Leistungsminderung im Erwerbsleben ist daher in jedem Fall zu fordern, dass zunächst sämtliche medikamentös-psychotherapeutischen Behandlungsverfahren hinreichend ausgeschöpft werden.

25.8 Qualitätssicherung

25.8.1 Inhaltliche Standards

Qualifizierte Gutachten zur Beurteilung der beruflichen Leistungsfähigkeit bei Schmerzsyndromen ohne (adäquaten) körperlichen Befund („Schmerzgutachten") sollten als Mindeststandard neben dem körperlichen Befund folgende Merkmale aufweisen:

▷ Detaillierter psychopathologischer Befund

▷ Aussagen zum Erscheinungsbild und Verhalten des Probanden während der Begutachtung im Kontext mit der Beschwerdeschilderung

Schmerzsymptome	Heftige, meist brennende oder bohrende Spontanschmerzen. Verstärkung der Schmerzen bei Bewegungen, Herabhängenlassen der Extremität, Berührungsreizen, Wärme- und/oder Kälteexposition.
Sensible Symptome	Meist keine Hypästhesie oder Hypalgesie.
Motorische Symptome	Mögliche Kraftminderung bei komplexen Bewegungen. Erhaltene Muskeleigenreflexe.
Autonome Symptome	Distale Extremität im Vergleich zur gesunden, normal temperierten Seite mehr als 1,5 °C kälter oder wärmer. Rötlich-livide oder blass-zyanotische Hautfarbe. Gestörte Schweißproduktion (Hyper- oder Hypohidrosis). Ödeme (insbesondere bei herabhängender Extremität).
Trophische Störungen	Gestörtes Nagel- und Haarwachstum. Hyperkeratose, Fibrosierung und/oder Atrophie der Haut. Gelenkversteifungen, Sehnenverkürzungen und/oder Muskelatrophien. Knochenstoffwechselstörung mit Demineralisation (Röntgen, Szintigraphie, MRT).

Tab. 25.10: Symptomatik komplexer regionaler Schmerzsyndrome

▷ Detaillierte Aussagen zu vorhandenen Aktivitäten im außerberuflichen Bereich

▷ Detaillierte Aussagen zur Dauer und Intensität bisher Behandlungsversuche

▷ Soweit möglich, Einschluss einer Fremdanamnese

▷ Aussagen zur Glaubhaftigkeit und zur Konsistenz der Beschwerdeschilderung

Allgemeine wissenschaftliche Erwägungen über die Schmerzempfindung z. B. bei „Fibromyalgie", ausführliche tiefenpsychologische Erklärungsversuche der Beschwerden sowie Bewertungen im Hinblick auf die tatsächliche berufliche Vermittelbarkeit erscheinen demgegenüber für die gutachterliche Einschätzung entbehrlich.

25.8.2 Fachkompetenz

Bislang nicht abschließend geklärt ist die Frage, welche medizinischen Fachgebiete für die Begutachtung von Schmerzsyndromen am besten geeignet sind. Dies drückt sich nicht zuletzt darin aus, dass sich in der Literatur der letzten Jahre sowohl von chirurgisch-orthopädischer [25, 29], neurologischer [41], psychiatrischer [8], psychosomatischer, psychotherapeutischer, rheumatologischer [25] sowie schmerztherapeutischer [10] Seite Empfehlungen finden. Unabhängig vom tatsächlichen Fachgebiet kann als grundlegende Forderung gelten, dass bei derartigen Störungen zwingend sowohl *somatische* als auch *psychiatrische* Kompetenz vorhanden sein sollte. Nur dann erscheinen Sachverständige in der Lage, das bei somatoformen Schmerzstörungen regelmäßig vorhandene Mischbild aus somatischen und psychischen Anteilen sachgerecht zu beurteilen.

Geeignete Kompetenz dieser Art findet sich bei der – allerdings wohl aussterbenden – Spezies des Nervenarztes sowie bei psychosomatisch tätigen Fachkollegen, sofern sie über eine psychiatrische Ausbildung verfügen. Allerdings ist darauf hinzuweisen, dass der Begriff der „Psychosomatik" in Deutschland bislang nicht durch die ärztlichen Weiterbildungsordnungen geschützt ist, so dass eine „psychosomatische Tätigkeit" nichts über die zugrundeliegende Qualifikation ausdrückt. Ob „reine" Neurologen und Fachärzte für Psychiatrie und Psychotherapie über ausreichende

Kenntnisse verfügen, um das jeweils andere Fachgebiet mit zu beurteilen, erscheint eher fraglich.

Inwieweit die Zusatzbezeichnung „Schmerztherapie" für die Begutachtung somatoformer Schmerzstörungen qualifiziert, muss sehr skeptisch betrachtet werden. Gemäß eigener Definition sind Schmerztherapeuten Spezialisten für die „Therapie" von Schmerzen. Dies drückt sich nicht zuletzt in der aktuellen Weiterbildungsordnung aus, in der die Vermittlung gutachterlicher Spezialkenntnisse ausdrücklich nicht gefordert wird. Wie jedoch oben dargestellt, handelt es sich bei der Begutachtung von Schmerzen um eine grundsätzlich andere Aufgabe, die weniger ärztlich-therapeutisches Handeln als Wahrheitsfindung auf der Basis ärztlichen Wissens erfordert. Gleiches gilt für Rheumatologen, sofern sie nicht über psychiatrische Kenntnisse verfügen, um die oft schwierige Differenzierung zu psychischen Störungen leisten zu können.

Auch bei Psychotherapeuten stellt sich die Frage, inwieweit ihr Verständnis als „Therapeuten" mit den genannten Erfordernissen der Begutachtung korreliert. Darüber hinaus ist hier gleichermaßen nachweisliche Kompetenz im somatischen Gebiet zu fordern, um der „Zwittersituation" der meisten Schmerzsyndrome gerecht zu werden. Die Durchführung von „Schmerzgutachten" durch nicht-ärztliche, psychologische Psychotherapeuten ist daher grundsätzlich abzulehnen.

> Die abschließende Begutachtung von Schmerzsyndromen sollte durch Ärzte erfolgen, die nachweislich sowohl über somatische als auch psychiatrische Kompetenz verfügen.

Literatur

[1] Aschoff JC: Zur Frage der „zumutbaren Willensanspannung" bei der Überwindung eines Leidens. Ein schwieriges sozialmedizinisch-gutachterliches Problem. *Versicherungsmedizin* 43: 5–9, 1991.

[2] Bader JP, Hell D: Der psychische Schmerz als Symptom der Depression. *Fortschr Neurol Psychiat* 68: 158–168, 2000.

[3] Baron R, Jänig W: Schmerzsyndrome mit kausaler Beteiligung des Sympathikus. *Anaesthesist* 47: 4–23, 1998.

[4] Beck AT, Ward CH, Mendelson M: An inventory for measuring depression. *Arch Gen Psychiat* 4: 561–571, 1961.

[5] Berg PA (Hrsg.): *Chronisches Müdigkeits- und Fibromyalgiesyndrom. Eine Standortbestimmung.* Berlin; Heidelberg: Springer, 1999.

[6] Berger HD: Die gutachtliche Beurteilung des Fibromyalgiesyndroms nach dem Schwerbehindertengesetz im Spannungsfeld zwischen psychischen und auf die Stütz- und Bewegungsorgane bezogenen Funktionsbehinderungen. *Med Sach* 93: 193–195, 1997.

[7] Bochnik HJ: Psychiatrie. In: Verband Deutscher Rentenversicherungsträger, VDR (Hrsg.) *Sozialmedizinische Begutachtung in der gesetzlichen Rentenversicherung*, S. 453–492. Stuttgart; Jena; New York: G. Fischer, 5. Auflage, 1995.

[8] Breckner J, Herbold A, Nauerz U, Rudelitz M, Schwander C: Diagnose Fibromyalgie? – Erfahrungen mit einem Syndrom in der sozialmedizinischen Begutachtung für die Rentenversicherung. *Med Sach* 98: 22–26, 2002.

[9] Chapman SL, Brena SF: Patterns of conscious failure to provide accurate self-report data in patients with low back pain. *Clin J Pain* 6: 178–190, 1990.

[10] Dertwinkel R, Graf-Baumann T, Zenz M: Die Begutachtung in der Schmerztherapie. *Schmerz* 13: 283–291, 1999.

[11] Fialka V, Schimmerl S, Schurawitzki H, Schneider B, Uher E: Vergleichende klinische, röntgenologische, szintigraphische und kernspintomographische Untersuchungen bei der sympathischen Reflexdystrophie. *Wien Med Wochenschr* 141: 383–388, 1991.

[12] Hasenbring M, Hallner D, Klasen B: Psychologische Mechanismen im Prozess der Schmerzchronifizierung. *Schmerz* 15: 442–447, 2001.

[13] Hausotter W: Aggravation und Simulation in der neurologischen Begutachtung. *Med Sach* 91: 10–13, 1995.

[14] Hausotter W: Fibromyalgie – ein entbehrlicher Krankheitsbegriff? *Versicherungsmed* 50: 12–17, 1998.

[15] Hausotter W: *Begutachtung somatoformer und funktioneller Störungen.* München; Jena: Urban & Fischer, 2002.

[16] Jäckel W, Cziske R, Andres C, Jacobi E: Messung der körperlichen Beeinträchtigung und der psychosozialen Konsequenzen bei chronischen Kreuzschmerzen. *Z Rheumat* 46: 25–33, 1987.

[17] Jensen MC, Brant-Zawadzki MN, Obuchowski N, Modic MT, Malkasian D, Ross JR: Magnetic resonance imaging of the lumbar spine in people without back pain. *New Engl J Med* 331: 69–73, 1994.

[18] Kapfhammer HP: Somatisierung – somatoforme Störungen – ätiopathogenetische Modelle. *Fortschr Neurol Psychiat* 69: 58–77, 2001.

[19] Keel P: Psychological and psychiatric aspects of fibromyalgia syndrome (FMS). *Z Rheumatol* 57 (Suppl 297): 100, 1998.

[20] Kiss I, Müller H, Abel M: The McGill Pain Questionnaire – German Version. A study on cancer pain. *Pain* 29: 195–207, 1987.

[21] Kissel W, Mahnig P: Die Fibromyalgie (Generalisierte Tendomyopathie) in der Begutachtungssituation. Analyse von 158 Fällen. *Schweiz Rundsch Med Prax* 87: 538–545, 1998.

[22] Lehmann TR, Spratt KF, Lehmann KK: Predicting long-term disability in low back injured workers presenting to a spine consultant. *Spine* 18: 1103–1112, 1993.

[23] Mayer K: Neurologische Begutachtung des Schmerzes. Gutachterliche Beurteilung in der gesetzlichen Unfallversicherung. *Nervenheilkunde* 14: 230–232, 1995.

[24] Melzack RD: The McGill Pain Questionnaire. In: Melzack R (Hrsg.) *Pain Measurement and Assessment*, S. 41–47. New York: Raven Press, 1983.

[25] Müller W, Kühl M, Stratz T, Wild J: Die Begutachtung der Fibromyalgie. *Med Sach* 93: 189–192, 1997.

[26] Offenbächer M, Glatzeder K, Ackenheil M: Self-reported depression, familial history of depression and fibromyalgia (FM), and psychological distress in patients with FM. *Z Rheumatol* 57 (Suppl. 2): 86–94, 1998.

[27] Offenbächer M, Waltz M, Schöps P: Validation of a German version of the Fibromyalgia Impact Questionnaire (FIQ-G). *J Rheumatol* 27: 1984–1988, 2000.

[28] Ransford AO, Cairns D, Mooney V: The pain drawing as an aid to the psychologic evaluation of patients with low-back pain. *Spine* 1: 127–134, 1976.

[29] Raspe HH: Mindestanforderungen an das ärztliche Gutachten zur erwerbsbezogenen Leistungsfähigkeit von Kranken mit chronisch-unspezifischen Schmerzen. *Versicherungsmedizin* 49: 118–125, 1997.

[30] Rauschelbach HH: Neurologische Begutachtung von Schmerzzuständen im Versorgungswesen und nach dem Schwerbehindertengesetz. *Nervenheilkunde* 14: 233–236, 1995.

[31] Rief W, Cuntz U, Fichtner MM: Diagnostik und Behandlung somatoformer Störungen (funktioneller körperlicher Beschwerden). *Versicherungsmedizin* 53: 12–17, 2001.

[32] Schneider W, Henningsen P, Rüger U (Hrsg.): *Sozialmedizinische Begutachtung in Psychosomatik und Psychotherapie*. Bern: Huber, 2001.

[33] Stanton-Hicks M, Jänig W, Hassenbusch S, Haddox JD, Boas R, Wilson P: Reflex sympathetic dystrophy: changing concepts and taxonomy. *Pain* 63: 127–133, 1995.

[34] Stevens A, Foerster K: Genügt für den Nachweis einer Erkrankung die Beschwerdeschilderung? Zum Verhältnis von Beschwerden, Befund, Diagnose und Beeinträchtigung. *Versicherungsmedizin* 52: 76–80, 2000.

[35] Teusch L: Begutachtung von kranken Gastarbeitern. *Dtsch Ärztebl* 83: 3616–3618, 1986.

[36] Tölle TR, Kaufmann T, Siessmeier T, Lautenbacher S, Berthele A, Munz F, Zieglgansberger W, Willoch F, Schwaiger M, Conrad B, Bartenstein P: Region-specific encoding of sensory and affective components of pain in the human brain: a positron emission tomography correlation analysis. *Ann Neurol* 45: 40–47, 1999.

[37] Vadasz F: Funktionelle Beschwerden südländischer Gastarbeiter. Ein Beitrag zum Problem der „psychogenen" Invalidität beziehungsweise Renten-„Neurose". *Schweiz Rundsch Med* 73: 375–380, 1984.

[38] Widder B: Kriterien zur Leistungsbeurteilung bei Schmerzpatienten. In: Suchenwirth RMA, Ritter G, Widder B (Hrsg.) *Neurologische Begutachtung bei inadäquaten Befunden*, S. 16–25. Ulm: Gustav Fischer, 1997.

[39] Widder B: Schmerzsyndrome und Befindlichkeitsstörungen. In: Rauschelbach HH, Jochheim KA, Widder B (Hrsg.) *Das neurologische Gutachten*, S. 422–444. Stuttgart: Georg Thieme Verlag, 2000.

[40] Widder B, Aschoff JC: Somatoforme Störung und Rentenantrag: Erstellen einer Indizienliste zur quantitativen Beurteilung des beruflichen Leistungsvermögens. *Med Sach* 91: 14–20, 1995.

[41] Widder B, Hausotter W, Marx R, Puhlmann HU, Wallesch CW: Empfehlungen zur Schmerzbegutachtung. *Med Sach* 98: 27–29, 2002.

[42] Winckler P, Foerster K: Zum Problem der „zumutbaren Willensanspannung" in der sozialmedizinischen

Begutachtung. *Med Sach* 92: 120–124, 1996.

[43] Wolfe F, Smythe HA, Yunus MB, Bennett RM, Bombardier C, Goldenberg DL, Tugwell P, Campbell SM, Abeles M, Clark P, The American College of Rheumatology (ACR): Criteria for the classification of fibromyalgia: Report of the multicenter criteria committee. *Arthritis Rheum* 33: 160–172, 1990.

[44] Zung WWK: A self rating depression scale. *Arch Gen Psychiat* 12: 63–70, 1965.

A VDR-Statistiken

Die elektronische Datenverarbeitung (EDV) erlaubt sowohl eine verlässliche Einzelfalldokumentation mit raschem Zugriff und sicherer Archivierung als auch eine Gesamtdokumentation mit differenzierten statistischen Auswertungsmöglichkeiten. Die Diagnosenverschlüsselung (siehe Kapitel 4.1) macht das Reha- und Rentengeschehen – bezogen auf einzelne Diagnosen – transparenter und übersichtlicher. Voraussetzung hierfür ist eine valide Diagnosenfestlegung und Verschlüsselung durch den Arzt.

Das statistische Berichtswesen der gesetzlichen Rentenversicherung wird vor dem Hintergrund vielschichtiger Entwicklungen kontinuierlich den neuen Anforderungen angepasst [2].

Mit dem nachfolgenden ausgewählten Statistik-Material verfolgen wir zwei Ziele:

Wir wollen zum einen deutlich machen, dass die Diagnosenschlüssel nicht auf einem „Datenfriedhof" landen, sondern für verschiedenste Zwecke genutzt werden können und auch genutzt werden. Zum anderen soll die Neugierde geweckt werden auf das vorhandene große statistische Material und dessen Interpretationsmöglichkeiten. Vor einer direkten, voreiligen epidemiologischen Interpretation der Beispieldaten ist aber zu warnen. Die jeweils verwendeten ersten Diagnosen spiegeln keinesfalls direkt das Krankheitsgeschehen im Rehabilitationsbereich und bei den Frühberentungen wider, da typischerweise oft Multimorbidität, d. h. mehr als eine Krankheitsdiagnose zugrunde liegt. Im übrigen empfiehlt sich generell ein vorsichtiger Umgang mit Statistiken [1].

Für eine weitergehende Information stehen Statistiken über *Rentenzugang* [5] und *Rehabilitation* [4] sowie aktuell der Band *Rentenversicherung in Zeitreihen* [3] zur Verfügung. Die Tabellendateien und die Ergebnisse der VDR-Statistikbände sind auch als Download im Internet und auf CD-ROM erhältlich. Im Internet sind sie unter der Adresse http://www.vdr.de/Statistik zu finden. Gegliedert nach Statistikreihen und Berichtsjahren liegen fast alle Tabellen der aktuellen Statistikbände als kostenlos herunterladbare Dateien vor. Die Tabellen jeweils eines Bandes sind dabei zu einer Datei zusammengefasst. Zur Nutzung wird der Statistik-Tabellen-Viewer VDRSY benötigt, der ebenfalls kostenlos heruntergeladen werden kann. Die in der Publikation *Rentenversicherung in Zeitreihen* enthaltenen ausgewählten Ergebnisse aus dem gesamten Spektrum der Statistik der Rentenversicherung werden direkt angezeigt, können aber auch als MS-Excel-Tabellen komplett heruntergeladen werden. Mitarbeiter der Rentenversicherung können darüber hinaus auch Ergebnisse im Informationssystem der Rentenversicherung ISRV II/III finden.

Literatur

[1] Krämer W: *So lügt man mit Statistik*. Reihe Campus; Band 1036. Frankfurt am Main; New York: Campus Verlag, 6. Auflage, 1995.

[2] Rehfeld U: Die Statistiken der gesetzlichen Rentenversicherung. Zu Stand und Perspektiven des leistungsfähigen, viel genutzten Berichtswesens. *Deutsche Rentenversicherung (DRV)* 56 (3–4): 160–188, 2001.

[3] Verband Deutscher Rentenversicherungsträger, VDR (Hrsg.): *Rentenversicherung in Zeitreihen 2002*. DRV-Schriften, Band 22. Bad Homburg: WDV Wirtschaftsdienst, Juli 2002.

[4] Verband Deutscher Rentenversicherungsträger, VDR (Hrsg.): *VDR Statistik Rehabilitation – Leistungen zur medizinischen Rehabilitation, sonstige Leistungen zur Teilhabe und Leistungen zur Teilhabe am Arbeitsleben der gesetzlichen Rentenversicherung im Jahre 2001*, Band 142. Frankfurt am Main: VDR, September 2002.

[5] Verband Deutscher Rentenversicherungsträger, VDR (Hrsg.): *VDR Statistik Rentenzugang des Jahres 2001 einschließlich Rentenwegfall, Rentenänderung/Änderung des Teilrentenanteils in der Deutschen gesetzlichen Rentenversicherung*, Band 141. Frankfurt am Main: VDR, Mai 2002.

ICD-10	Bezeichnung	437.445	100,0 %
M54	Rückenschmerzen	55.302	12,6 %
M51	Sonstige Bandscheibenschäden	37.884	8,7 %
I25	Chronische ischämische Herzkrankheit	28.681	6,6 %
F10	Psychische und Verhaltensstörungen durch Alkohol	23.232	5,3 %
M53	Sonstige Krankheiten der Wirbelsäule und des Rückens, a. n. k.	16.846	3,9 %
C61	Bösartige Neubildung der Prostata	14.608	3,3 %
M16	Koxarthrose (Arthrose des Hüftgelenkes)	13.312	3,0 %
M17	Gonarthrose (Arthrose des Kniegelenkes)	9.736	2,2 %
M47	Spondylose (Degeneration der Gelenkflächen)	8.678	2,0 %
I10	Essentielle (primäre) Hypertonie	8.276	1,9 %
F43	Reaktionen auf schwere Belastungen und Anpassungsstörungen	7.351	1,7 %
E11	Nicht primär insulinabhängiger Diabetes mellitus (Typ 2)	6.683	1,5 %
M50	Zervikale Bandscheibenschäden	5.994	1,4 %
M75	Schulterläsionen	5.892	1,3 %
F19	Psychische und Verhaltensstörungen durch multiplen Substanzgebrauch	5.876	1,3 %
M42	Osteochondrose der Wirbelsäule	5.581	1,3 %
I63	Hirninfarkt	5.347	1,2 %
J45	Asthma bronchiale	5.251	1,2 %
F32	Depressive Episode	4.768	1,1 %
C18	Bösartige Neubildung des Dickdarmes	4.373	1,0 %
F45	Somatoforme Störungen	4.329	1,0 %
C34	Bösartige Neubildung der Bronchien und der Lunge	4.265	1,0 %
J44	Sonstige chronische obstruktive Lungenkrankheit	3.597	0,8 %
C64	Bösartige Neubildung der Niere, ausgenommen Nierenbecken	3.342	0,8 %
C20	Bösartige Neubildung des Rektums	3.334	0,8 %
E66	Adipositas	3.299	0,8 %
F33	Rezidivierende depressive Störung	3.113	0,7 %
M45	Spondylitis ankylosans	3.056	0,7 %
L40	Psoriasis	2.915	0,7 %
F41	Andere Angststörungen	2.903	0,7 %
I21	Akuter Myokardinfarkt	2.771	0,6 %
C67	Bösartige Neubildung der Harnblase	2.711	0,6 %
M43	Sonstige Deformitäten der Wirbelsäule und des Rückens	2.617	0,6 %
C16	Bösartige Neubildung des Magens	2.607	0,6 %
I70	Atherosklerose	2.035	0,5 %
F48	Andere neurotische Störungen	1.969	0,5 %
M19	Sonstige Arthrose	1.938	0,4 %
I35	Nichtrheumatische Aortenklappenkrankheiten	1.921	0,4 %
M48	Sonstige Spondylopathien	1.712	0,4 %
I42	Kardiomyopathie	1.701	0,4 %
Summe		**329.806**	**75,4 %**

Tab. A.1: Reha-Entlassungsbericht 2001, die vierzig häufigsten Erstdiagnosen bei Männern

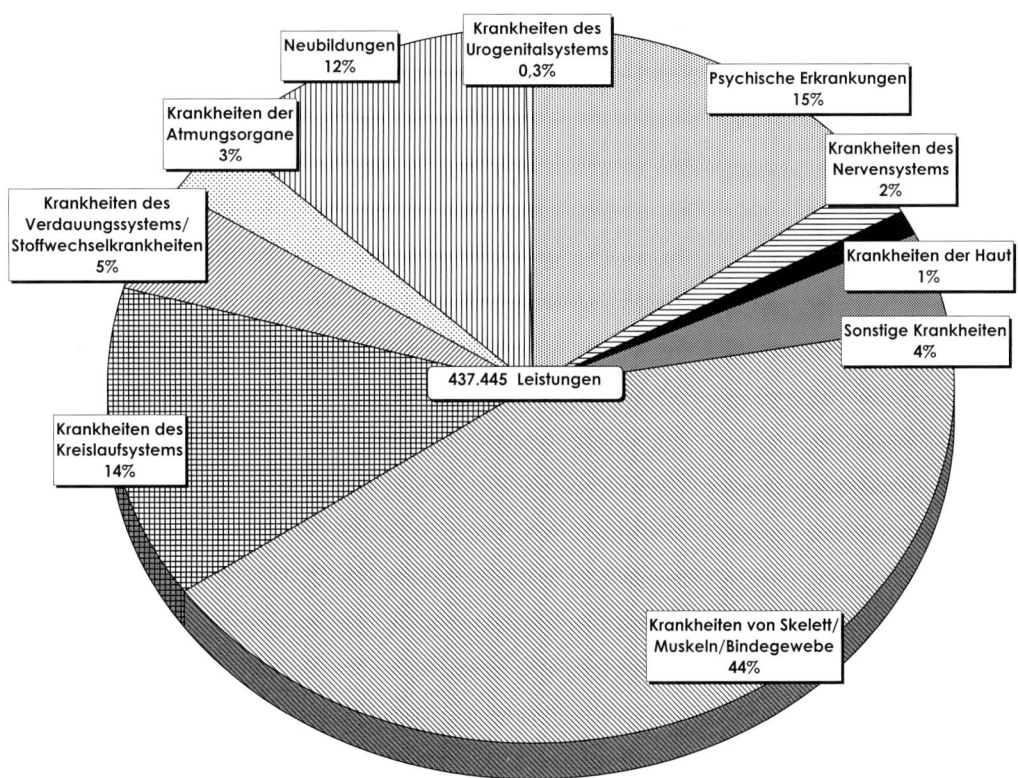

Abb. A.1: Reha-Entlassungsbericht 2001, Diagnosehauptgruppen bei Männern

ICD-10	Bezeichnung	388.569	100,0 %
M54	Rückenschmerzen	41.977	10,8 %
C50	Bösartige Neubildung der Brustdrüse (Mamma)	33.028	8,5 %
M53	Sonstige Krankheiten der Wirbelsäule und des Rückens, a. n. k.	28.787	7,4 %
M51	Sonstige Bandscheibenschäden	23.723	6,1 %
F43	Reaktionen auf schwere Belastungen und Anpassungsstörungen	14.818	3,8 %
M16	Koxarthrose (Arthrose des Hüftgelenkes)	11.040	2,8 %
F32	Depressive Episode	10.743	2,8 %
M17	Gonarthrose (Arthrose des Kniegelenkes)	8.554	2,2 %
F33	Rezidivierende depressive Störung	8.033	2,1 %
F45	Somatoforme Störungen	7.564	1,9 %
J45	Asthma bronchiale	6.818	1,8 %
M47	Spondylose (Degeneration der Gelenkflächen)	6.431	1,7 %
M50	Zervikale Bandscheibenschäden	5.852	1,5 %
I10	Essentielle (primäre) Hypertonie	5.640	1,5 %
F10	Psychische und Verhaltensstörungen durch Alkohol	5.542	1,4 %
F41	Andere Angststörungen	5.099	1,3 %
C18	Bösartige Neubildung des Dickdarmes	5.066	1,3 %
M42	Osteochondrose der Wirbelsäule	4.835	1,2 %
I25	Chronische ischämische Herzkrankheit	4.688	1,2 %
F34	Anhaltende affektive Störungen	4.663	1,2 %
M75	Schulterläsionen	4.569	1,2 %
M79	Sonstige Krankheiten des Weichteilgewebes, a. n. k.	3.496	0,9 %
F48	Andere neurotische Störungen	3.343	0,9 %
E11	Nicht primär insulinabhängiger Diabetes mellitus (Typ 2)	3.022	0,8 %
C56	Bösartige Neubildung des Ovars	2.931	0,8 %
C54	Bösartige Neubildung des Corpus uteri	2.887	0,7 %
E66	Adipositas	2.758	0,7 %
C20	Bösartige Neubildung des Rektums	2.615	0,7 %
C64	Bösartige Neubildung der Niere, ausgenommen Nierenbecken	2.432	0,6 %
I63	Hirninfarkt	2.360	0,6 %
M41	Skoliose	2.350	0,6 %
F50	Essstörungen	2.235	0,6 %
C53	Bösartige Neubildung der Cervix uteri	2.183	0,6 %
L20	Atopisches (endogenes) Ekzem (Neurodermitis)	2.167	0,6 %
G35	Multiple Sklerose (Encephalomyelitis disseminata)	2.064	0,5 %
C16	Bösartige Neubildung des Magens	2.062	0,5 %
J44	Sonstige chronische obstruktive Lungenkrankheit	2.060	0,5 %
L40	Psoriasis	1.998	0,5 %
F40	Phobische Störungen	1.838	0,5 %
C34	Bösartige Neubildung der Bronchien und der Lunge	1.779	0,5 %
Summe		**294.050**	**75,7 %**

Tab. A.2: Reha-Entlassungsbericht 2001, die vierzig häufigsten Erstdiagnosen bei Frauen

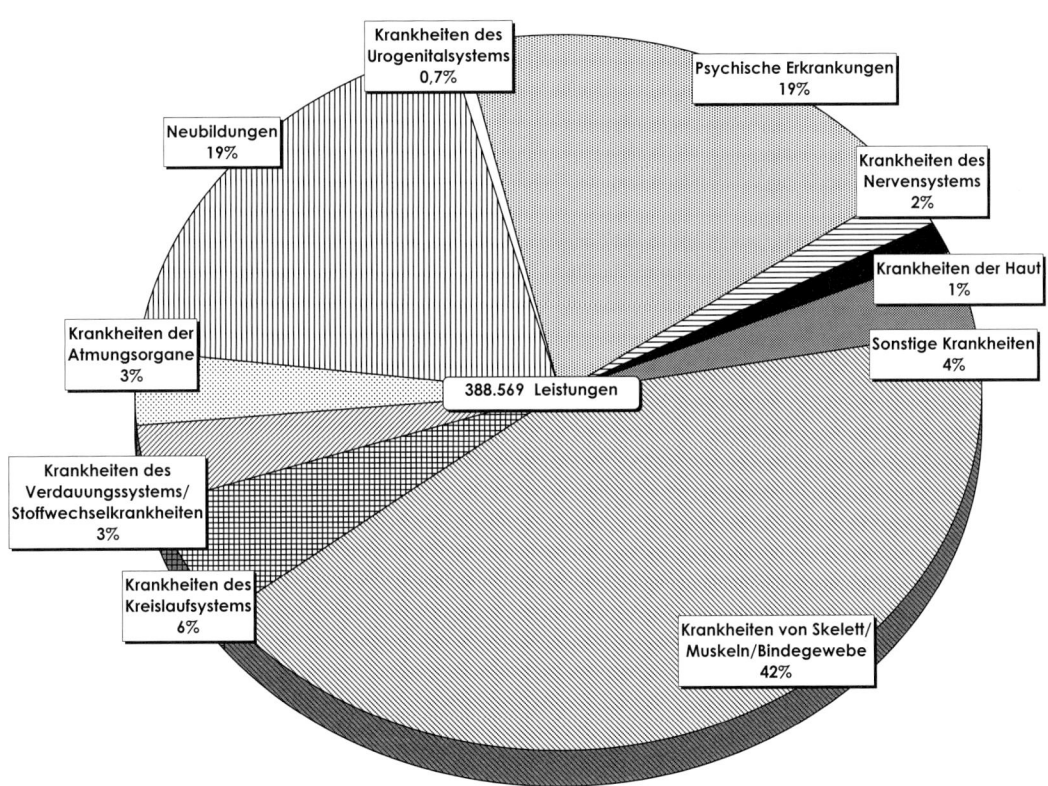

Abb. A.2: Reha-Entlassungsbericht 2001, Diagnosehauptgruppen bei Frauen

ICD-10	Bezeichnung	119.501	100,0 %
I25	Chronische ischämische Herzkrankheit	5.624	4,7 %
M54	Rückenschmerzen	5.055	4,2 %
M51	Sonstige Bandscheibenschäden	4.634	3,9 %
F10	Psychische und Verhaltensstörungen durch Alkohol	4.519	3,8 %
F32	Depressive Episode	2.924	2,4 %
M17	Gonarthrose (Arthrose des Kniegelenkes)	2.806	2,3 %
F20	Schizophrenie	2.787	2,3 %
I63	Hirninfarkt	2.499	2,1 %
M16	Koxarthrose (Arthrose des Hüftgelenkes)	2.490	2,1 %
C34	Bösartige Neubildung der Bronchien und der Lunge	2.380	2,0 %
F33	Rezidivierende depressive Störung	1.777	1,5 %
J44	Sonstige chronische obstruktive Lungenkrankheit	1.760	1,5 %
M47	Spondylose (Degeneration der Gelenkflächen)	1.697	1,4 %
M53	Sonstige Krankheiten der Wirbelsäule und des Rückens, a. n. k.	1.683	1,4 %
I42	Kardiomyopathie	1.564	1,3 %
F43	Reaktionen auf schwere Belastungen und Anpassungsstörungen	1.547	1,3 %
E11	Nicht primär insulinabhängiger Diabetes mellitus (Typ 2)	1.519	1,3 %
I70	Atherosklerose	1.503	1,3 %
I10	Essentielle (primäre) Hypertonie	1.476	1,2 %
M50	Zervikale Bandscheibenschäden	1.376	1,2 %
F07	Persönlichkeits- und Verhaltensstörung aufgrund einer Krankheit, Schädigung oder Funktionsstörung des Gehirns	1.362	1,1 %
K70	Alkoholische Leberkrankheit	1.342	1,1 %
M42	Osteochondrose der Wirbelsäule	1.326	1,1 %
F45	Somatoforme Störungen	1.281	1,1 %
M75	Schulterläsionen	1.255	1,1 %
F41	Andere Angststörungen	1.099	0,9 %
F34	Anhaltende affektive Störungen	1.010	0,8 %
F60	Spezifische Persönlichkeitsstörungen	909	0,8 %
M19	Sonstige Arthrose	861	0,7 %
C61	Bösartige Neubildung der Prostata	828	0,7 %
G35	Multiple Sklerose (Encephalomyelitis disseminata)	825	0,7 %
C20	Bösartige Neubildung des Rektums	804	0,7 %
C18	Bösartige Neubildung des Dickdarmes	770	0,6 %
F06	Andere psychische Störungen aufgrund einer Schädigung oder Funktionsstörung des Gehirns oder einer körperlichen Krankheit	768	0,6 %
I50	Herzinsuffizienz	687	0,6 %
C16	Bösartige Neubildung des Magens	645	0,5 %
E10	Primär insulinabhängiger Diabetes mellitus (Typ 1)	630	0,5 %
S06	Intrakranielle Verletzung	600	0,5 %
M45	Spondylitis ankylosans	570	0,5 %
C71	Bösartige Neubildung des Gehirns	544	0,5 %
Summe		**69.736**	**58,4 %**

Tab. A.3: Frührentenzugang 2001, die vierzig häufigsten Erstdiagnosen bei Männern

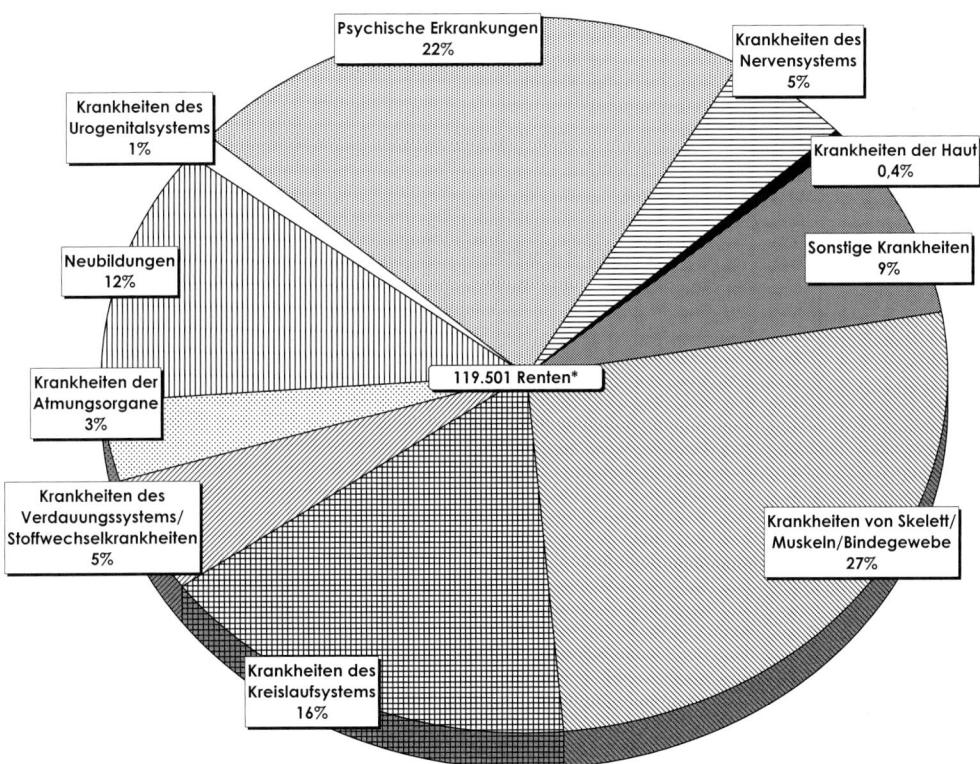

Abb. A.3: Frührentenzugang 2001, Diagnosehauptgruppen bei Männern

ICD-10	Bezeichnung	80.592	100,0%
F32	Depressive Episode	4.518	5,6%
C50	Bösartige Neubildung der Brustdrüse (Mamma)	3.994	5,0%
F33	Rezidivierende depressive Störung	3.223	4,0%
F45	Somatoforme Störungen	2.841	3,5%
M54	Rückenschmerzen	2.397	3,0%
F43	Reaktionen auf schwere Belastungen und Anpassungsstörungen	2.334	2,9%
M51	Sonstige Bandscheibenschäden	2.224	2,8%
F20	Schizophrenie	2.142	2,7%
F41	Andere Angststörungen	2.122	2,6%
F34	Anhaltende affektive Störungen	1.937	2,4%
G35	Multiple Sklerose (Encephalomyelitis disseminata)	1.876	2,3%
M17	Gonarthrose (Arthrose des Kniegelenkes)	1.851	2,3%
M53	Sonstige Krankheiten der Wirbelsäule und des Rückens, a. n. k.	1.359	1,7%
M16	Koxarthrose (Arthrose des Hüftgelenkes)	1.331	1,7%
F60	Spezifische Persönlichkeitsstörungen	1.088	1,4%
I63	Hirninfarkt	950	1,2%
F10	Psychische und Verhaltensstörungen durch Alkohol	934	1,2%
I25	Chronische ischämische Herzkrankheit	845	1,0%
M50	Zervikale Bandscheibenschäden	837	1,0%
C34	Bösartige Neubildung der Bronchien und der Lunge	766	1,0%
I10	Essentielle (primäre) Hypertonie	732	0,9%
F25	Schizoaffektive Störungen	720	0,9%
M47	Spondylose (Degeneration der Gelenkflächen)	665	0,8%
M79	Sonstige Krankheiten des Weichteilgewebes, a. n. k.	635	0,8%
C56	Bösartige Neubildung des Ovars	622	0,8%
M05	Seropositive chronische Polyarthritis	609	0,8%
M42	Osteochondrose der Wirbelsäule	608	0,8%
F48	Andere neurotische Störungen	597	0,7%
J44	Sonstige chronische obstruktive Lungenkrankheit	582	0,7%
E11	Nicht primär insulinabhängiger Diabetes mellitus (Typ 2)	531	0,7%
F07	Persönlichkeits- und Verhaltensstörung aufgrund einer Krankheit, Schädigung oder Funktionsstörung des Gehirns	508	0,6%
M06	Sonstige chronische Polyarthritis	493	0,6%
M75	Schulterläsionen	493	0,6%
C53	Bösartige Neubildung der Cervix uteri	458	0,6%
J45	Asthma bronchiale	445	0,6%
C18	Bösartige Neubildung des Dickdarmes	430	0,5%
F06	Andere psychische Störungen aufgrund einer Schädigung oder Funktionsstörung des Gehirns oder einer körperlichen Krankheit	422	0,5%
M15	Polyarthrose	411	0,5%
C71	Bösartige Neubildung des Gehirns	392	0,5%
C16	Bösartige Neubildung des Magens	378	0,5%
Summe		**50.300**	**62,4%**

Tab. A.4: Frührentenzugang 2001, die vierzig häufigsten Erstdiagnosen bei Frauen

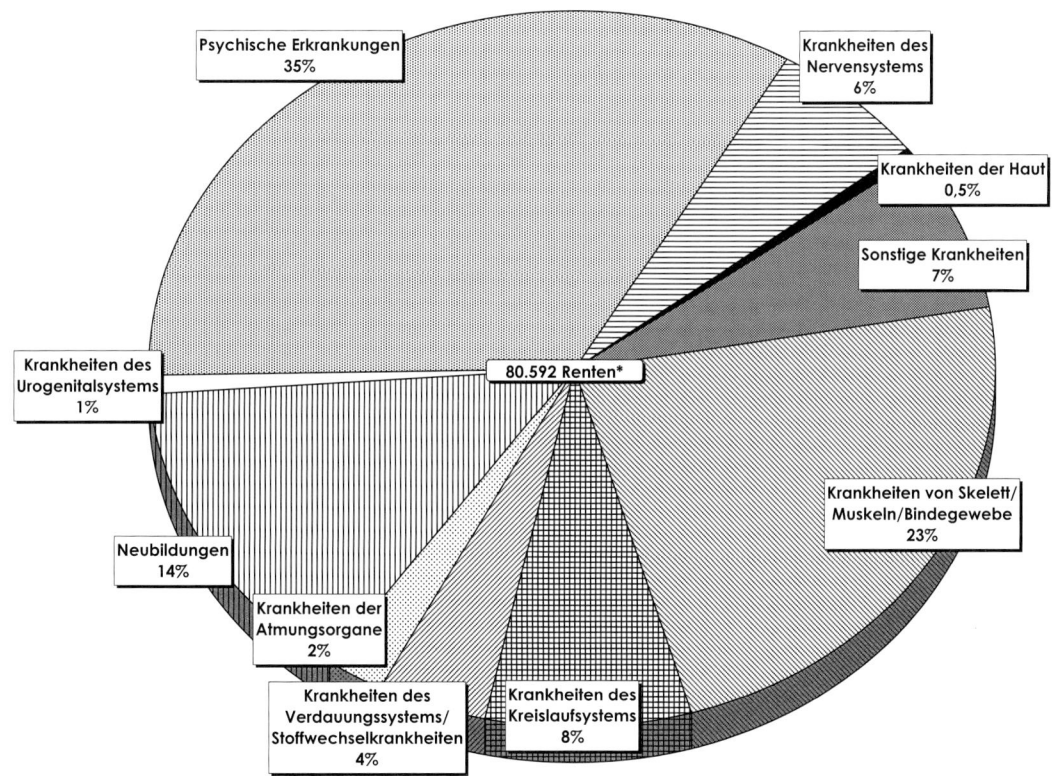

Abb. A.4: Frührentenzugang 2001, Diagnosehauptgruppen bei Frauen

B Glossar

In diesem Glossar werden ausgewählte sozialmedizinische Begriffe in einer auch für Nichtmediziner verständlichen Sprache definiert, die häufig bei der Beschreibung des Leistungsvermögens in der sozialmedizinischen Begutachtung genutzt werden. Die Anwendung der Begriffe muss immer auf der Grundlage einer ganzheitlichen sozialmedizinischen Beurteilung erfolgen.

Die Auslegungsgrundsätze in der Fassung vom 18.07.2002 dienen der Klärung der Grundbegriffe der Leistungen zur Teilhabe, sollen jedoch keine Festschreibung bewirken (siehe auch Kapitel 1).

Die ausgewählten Begriffe der ICF entsprechen nicht der üblichen sozialrechtlichen bzw. sozialmedizinischen Terminologie (siehe auch Kapitel 4.2).

Abwenden einer wesentlichen Verschlechterung [Auslegungsgrundsätze]

Durch die Leistungen zur Teilhabe kann eine weitere, nicht nur geringfügige oder nicht nur kurzzeitige Verschlechterung der Erwerbsfähigkeit des Versicherten verhindert werden. Dabei kommt es nicht auf ein rentenrechtlich relevantes Absinken der Leistungsfähigkeit an.

Akkordarbeit

Zu unterscheiden ist zwischen Stück- und Zeitakkord sowie Einzel- und Gruppenakkord.

Stückakkord Basislohn-Bemessungsgrundlage ist eine bestimmte Anzahl erarbeiteter Einheiten.

Zeitakkord Basislohn-Bemessungsgrundlage sind Vorgabezeiten, die nach standardisierten Regeln erhoben werden.

Bei der sozialmedizinischen Beurteilung muss bei Einschränkungen auf die unterschiedlichen Akkordformen eingegangen werden.

Aktivität [ICF]

Eine Aktivität ist die Durchführung einer Aufgabe oder einer Handlung durch ein Individuum. Bei der Beurteilung einer Aktivität wird zwischen → Leistung und → Leistungsfähigkeit unterschieden. → Beeinträchtigung der Aktivität.

Arbeitspausen

Arbeitspausen werden im Arbeitszeitgesetz als Ruhepausen definiert. Ruhepausen sind Zeiten, in denen der Arbeitnehmer nicht zur Leistung von Arbeit herangezogen werden darf und sich auch nicht zu Arbeitsleistung bereit halten muss. Ruhepausen umfassen mindestens 30 Minuten bei einer Arbeitszeit von mehr als 6 Stunden und 45 Minuten bei einer Arbeitszeit von mehr als 9 Stunden täglich. Eine Aufteilung in Zeitabschnitte von jeweils mindestens 15 Minuten ist zulässig.

Zusätzliche Arbeitspausen, die dann im Regelfall als Arbeitszeit rechnen, sind zulässig. Sie sind im Arbeitszeitgesetz nicht geregelt, sondern auf der Basis von Einzelarbeitsverträgen, Betriebsvereinbarungen oder Tarifverträgen möglich.

Betriebsunübliche Pausen Unterbrechungen der Arbeitszeit, die das im Betrieb übliche Zeitmaß überschreiten.

Aufmerksamkeit

Aufmerksamkeit beschreibt einen Zustand gerichteter Wachheit und dadurch bedingte Auffassungs- und Aktionsbereitschaft des Menschen.

Barriere [ICF]

Barrieren sind → Umweltfaktoren, welche die → Funktionsfähigkeit beeinträchtigen. → Förderfaktor

Beeinträchtigung (Einschränkung) der Aktivität [ICF]

Eine Beeinträchtigung der Aktivität ist eine Schwierigkeit oder die Unmöglichkeit, die ein Individuum haben kann, die → Aktivität durchzuführen.

Beeinträchtigung der Partizipation (Teilhabe) [ICF]

Eine Beeinträchtigung der → Partizipation ist ein Problem, das ein Individuum in Hinblick auf sein Einbezogensein in eine Lebenssituation erlebt.

Behinderung [Auslegungsgrundsätze]

Die körperliche Funktion, geistige Fähigkeit oder seelische Gesundheit weicht mit hoher Wahrscheinlichkeit länger als sechs Monate von dem für das Lebensalter typischen Zustand ab, und daher ist die Teilhabe am Leben in der Gesellschaft beeinträchtigt.

Behinderung [ICF]

Behinderung ist nach ICF jede Beeinträchtigung der → Funktionsfähigkeit. Dieser Behinderungsbegriff ist weiter als der des SGB IX.

Besondere Hautbelastungen

Tätigkeiten unter Einwirkung von Schmutz, toxischen Substanzen oder Lösungsmitteln. Tätigkeiten, die zu Hautirritationen führen, eine häufige Hautreinigung erfordern oder die im feuchten Milieu stattfinden.

Beurteilungsmerkmal [ICF]

Mit Beurteilungsmerkmalen werden die beobachteten Items der Klassifikationen im Sinne von Symptomen, Befunden näher beschrieben. Das erste Beurteilungsmerkmal, das für alle Klassifikationen gleich ist, gibt den Schweregrad des Problems an. Bei den Umweltfaktoren besteht das Problem in → Barrieren. Es können jedoch auch die Funktionsfähigkeit förderliche Faktoren (→ Förderfaktoren) kodiert werden. Die weiteren Beurteilungsmerkmale sind klassifikationsabhängig.

Domäne [ICF]

Domänen sind praktikable und sinnvolle Mengen von entsprechenden physiologischen Funktionen, anatomischen Strukturen, Handlungen, Aufgaben oder Lebensbereichen. Die Domänen bilden die verschiedenen Kapitel und Blöcke innerhalb jeder → Komponente.

Eigen- und Fremdgefährdung

Tätigkeiten mit erhöhter Unfall- bzw. Verletzungsgefahr bei bestimmten Erkrankungen, z. B. auf Leitern und Gerüsten, mit Starkstrom, an laufenden Maschinen ohne geeignete Schutzvorrichtung, Tätkeiten im Personenbeförderungsverkehr.

Erhebliche Gefährdung der Erwerbsfähigkeit [Auslegungsgrundsätze]

Durch die gesundheitlichen Beeinträchtigungen und die damit verbundenen Funktionseinschränkungen ist innerhalb von drei Jahren mit einer Minderung der Leistungsfähigkeit zu rechnen.

Erwerbsfähigkeit [Auslegungsgrundsätze]

Die Fähigkeit Versicherter, unter Ausnutzung der Arbeitsgelegenheiten, die sich ihnen nach ihren Kenntnissen und Erfahrungen sowie ihren körperlichen und geistigen Fähigkeiten im ganzen Bereich des wirtschaftlichen Lebens bieten, Erwerbseinkommen zu erzielen.

Förderfaktor [ICF]

Förderfaktoren sind → Umweltfaktoren, welche die → Funktionsfähigkeit ermöglichen oder verbessern.
→ Barriere

Früh-/Spätschicht

Zweischichtsystem mit kontinuierlicher oder diskontinuierlicher Arbeitszeit am Tage.
   Je nach Branchen und Produktionsbedingungen gibt es viele Varianten von Organisationsformen der Schichtarbeit.

Arbeiten innerhalb eines Zeitrahmens von 6.00 Uhr bis 18.00 Uhr (Arbeitszeitgesetz) werden als „Normalschicht" bezeichnet.

Funktionsfähigkeit [ICF]

Funktionsfähigkeit umfasst alle Aspekte der funktionalen Gesundheit bezüglich → Körperfunktionen, → Körperstrukturen, → Aktivitäten und → Partizipation vor dem Hintergrund der → Kontextfaktoren der betreffenden Person. → Behinderung

Gelegentlich

Bis zu 5 % der Arbeitszeit.

Der Begriff „gelegentlich" wird in Verbindung mit bestimmten Funktionen gebraucht, wie z. B.:

▷ Heben und Tragen
▷ Bücken
▷ Bildschirmtätigkeit.

Häufig

Der Umfang (ca. 51–90 %) deckt sich in etwa mit demjenigen von „überwiegend".

Der Begriff „häufig" wird in Verbindung mit bestimmten Funktionen gebraucht, wie z. B.:

▷ Heben und Tragen
▷ Bücken
▷ Bildschirmtätigkeit.

Heben und Tragen

Bewegen von Lasten in vertikaler (Heben/Senken) und horizontaler (Tragen) Richtung ohne technische Hilfsmittel.

Die Einschränkung ist nach Art, Schwere, Häufigkeit und Dauer zu differenzieren.

Hitze

Hitze ist störend hoch empfundene oder schädigende Temperatur. Die Einwirkung hängt ab von der Dauer und Art der Wärme (insbesondere Luftfeuchtigkeit), Luftbewegung und der muskulären Belastung.

Spezielle arbeitsmedizinische Vorsorgeuntersuchungen sind für kurzzeitige Belastung ab 35 °C CNET (CNET: korrigierte normale Effektiv-Temperatur) bei leichter Arbeit, 33 °C CNET bei mittelschwerer Arbeit und 30 °C CNET bei schwerer Arbeit vorgeschrieben.

Bei Dauerbelastung liegt die Grenze bei 32 °C CNET (leichte Arbeit), 30 °C CNET (mittelschwere Arbeit) und 28 °C CNET (schwere Arbeit).

Im Freien

Ständig oder überwiegend außerhalb von temperierten Räumen oder Werkhallen; auch in ungeheizten (offenen) Hallen.

Inhalatorische Belastungen

Einwirkungen von Staub, Rauch, Gasen und/oder Aerosolen. Einwirkungen von Gas, Staub, Rauch, und/oder Aerosol mit irritativer, toxischer oder allergisierender Wirkung auf die Atemwege können auch im Rahmen der gesetzlich erlaubten Arbeits- und Schadstoffkonzentration belästigend, störend oder gesundheitsschädlich sein.

Kälte

Kälte ist störend niedrig empfundene oder schädigende Temperatur. An Arbeitsplätzen mit stärkerer Luftbewegung und/oder hoher Luftfeuchtigkeit wird dem Körper in erhöhtem Maße Wärme entzogen und der Kälteeffekt verstärkt. Bereits bei Temperaturen unterhalb von +15 °C kann von Kälteeinwirkung auszugehen sein.

Die Möglichkeit, Schutzkleidung zu tragen, ist bei der Beurteilung zu berücksichtigen.

Spezielle arbeitsmedizinische Vorsorgeuntersuchungen sind an „tiefkalten" Arbeitsplätzen (ab −25 °C) erforderlich.

Komponente [ICF]

Komponenten sind die vier Teilklassifikationen (Körperfunktionen, Körperstrukturen, Aktivitäten und Partizipation, Umweltfaktoren) der ICF.

Kontextfaktoren [ICF]

Oberbegriff zu → Umweltfaktoren und → personbezogenen Faktoren.

Körperfunktionen [ICF]

Körperfunktionen sind die physiologischen Funktionen von Körpersystemen (einschließlich psychologischer Funktionen). → Schädigungen

Körperstrukturen [ICF]

Körperstrukturen sind anatomische Teile des Körpers, wie Organe, Gliedmaßen und ihre Bestandteile. → Schädigungen

Krankheit [Auslegungsgrundsätze]

Ein regelwidriger körperlicher, geistiger oder seelischer Zustand.

Konzentration

Die Fähigkeit, die Aufmerksamkeit ausdauernd einer Tätigkeit oder einem Thema zuzuwenden.

Lärm

Lärm ist „störender Schall", der zu Belästigungen oder Gesundheitsstörungen führt.

Zur Abschätzung des Risikos von Lärmhörschäden kann als obere noch zulässige Lärmbelastung ein äquivalenter Dauerschallpegel für den 8-Stunden-Arbeitstag von 85 dB(A) angenommen werden.

Leichte Arbeit

Arbeiten, wie Handhaben leichter Werkstücke und Handwerkszeuge, Bedienen leichtgehender Steuerhebel und Kontroller oder ähnlicher mechanisch wirkender Einrichtungen.

Auch langdauerndes Stehen oder ständiges Umhergehen (bei Dauerbelastung).

Z. B. Tragen von weniger als 10 kg.

Es können auch bis zu 5 % der Arbeitszeit (oder zweimal pro Stunde) mittelschwere Arbeitsanteile enthalten sein.

Leichte bis mittelschwere Arbeit

Bei leichter bis mittelschwerer Arbeit ist der Anteil mittelschwerer Arbeit auf höchstens 50 % begrenzt.

Leistung [ICF]

Die tatsächlich erbrachte Leistung ist ein Aspekt bei der Beurteilung einer → Aktivität. Sie bezieht sich auf Umfang und Art der Durchführung einer Aktivität unter realen Lebensbedingungen, insbesondere den gegenwärtigen Lebensbedingungen einer Person. → Leistungsfähigkeit

Leistungsfähigkeit [ICF]

Die Leistungsfähigkeit ist ein Aspekt bei der Beurteilung einer → Aktivität. Sie bezieht sich auf das maximale Leistungsvermögen einer Person bezüglich der Aktivität unter Testbedingungen oder Standard-, Ideal- oder Optimalbedingungen. → Leistung

Mechanische Schwingungen

Mechanische Schwingungen können belästigend, leistungsmindernd oder gesundheitsschädlich sein. Die Belastung wird maßgeblich durch Teil- oder Ganzkörperschwingungen bedingt und kann die verschiedenen Organsysteme in unterschiedlicher Weise betreffen.

Minderung der Erwerbsfähigkeit [Auslegungsgrundsätze]

Eine infolge gesundheitlicher Beeinträchtigungen erhebliche und länger andauernde Einschränkung der Leistungsfähigkeit, wodurch der Versicherte seine bisherige oder zuletzt ausgeübte berufliche Tätigkeit nicht mehr oder nicht mehr ohne wesentliche Einschränkungen ausüben kann.

Mittelschwere Arbeit

Arbeiten, wie Handhaben etwa 1–3 kg schwergehender Steuereinrichtungen, unbelastetes Begehen von Treppen und Leitern (bei Dauerbelastung), Heben und Tragen von mittelschweren Lasten in der Ebene (bis 15 kg) oder Hantierungen, die den gleichen Kraftaufwand erfordern.

Leichte Arbeiten mit zusätzlicher Ermüdung durch Haltearbeit mäßigen Grades, wie Arbeiten am Schleifstein, mit Bohrwinden und Handbohrmaschinen.

Es können auch bis zu 5 % der Arbeitszeit (oder zweimal pro Stunde) schwere Arbeitsanteile enthalten sein.

Belastende Körperhaltungen (Haltearbeit, Zwangshaltungen) erhöhen die Arbeitsschwere um eine Stufe. Belastende Umgebungseinflüsse sind ebenfalls zu berücksichtigen.

Nachtschicht

Arbeiten in der Zeit von 20.00 Uhr bis 6.00 Uhr, meist im Ein- oder Dreischichtsystem.

Nachtarbeit nach dem Arbeitszeitgesetz erstreckt sich von 23.00 Uhr bis 6.00 Uhr.

Partizipation (Teilhabe) [ICF]

Partizipation ist das Einbezogensein in eine Lebenssituation. → Beeinträchtigung der Partizipation

Personbezogene Faktoren [ICF]

Personbezogene Faktoren sind der besondere Hintergrund des Lebens und der Lebensführung eines Individuums und umfassen Gegebenheiten des Individuums, die nicht Teil ihres Gesundheitsproblems oder -zustands sind, wie z. B. Alter, Geschlecht, Lebensstil, Gewohnheiten, Erziehung, Bildung usw.

Qualitatives Leistungsvermögen

Zusammenfassung der positiven und negativen Leistungsmerkmale für die Ausübung einer Erwerbstätigkeit.

Quantitatives Leistungsvermögen

Zeitlicher Umfang, in dem eine Erwerbstätigkeit täglich ausgeübt werden kann. Zulässig sind drei Angaben:

▷ 6 Stunden und mehr
▷ 3 bis unter 6 Stunden
▷ unter 3 Stunden

Die bisherigen Begriffe: vollschichtig (= übliche, ganztägige Arbeitszeit), halb- bis unter vollschichtig (= mindestens die Hälfte der üblichen Arbeitszeit) und unter halbschichtig (= weniger als die Hälfte der üblichen Arbeitszeit) sind rentenrechtlich nur noch für die Fallgestaltungen bedeutsam, deren Leistungseinschätzung sich aus Gründen des Vertrauensschutzes an dem bis Dezember 2000 geltenden Recht orientiert.

Schädigungen [ICF]

Schädigungen sind Beeinträchtigungen einer → Körperfunktion oder → Körperstruktur, wie eine wesentliche Abweichung oder ein Verlust.

Schichtarbeit

Unter Schichtarbeit versteht man sowohl Arbeiten zu wechselnden Tageszeiten als auch zu immer gleichen, aber unüblichen Zeiten außerhalb der Tagesschichten.

Es gibt Mehrschichtsysteme, die regelmäßige Nachtarbeit einschließen können.

Schwere Arbeit

Arbeiten wie Tragen von bis zu 40 kg schweren Lasten in der Ebene oder Steigen unter mittleren Lasten und Handhaben von Werkzeugen (über 3 kg Gewicht), auch von Kraftwerkzeugen mit starker Rückstoßwirkung, Schaufeln, Graben, Hacken.

Mittelschwere Arbeiten in angespannter Körperhaltung, z. B. in gebückter, kniender oder liegender Stellung.

Ständig

Mehr als 90 % der Arbeitszeit.

Taktgebundene Arbeit

Arbeit, bei der das Arbeitstempo von außen vorgeben wird und nicht individuell beeinflusst werden kann.

Teilhabe → Partizipation

Testbedingungen [ICF]

Testbedingungen dienen dazu, bestimmte Aspekte der Funktionsfähigkeit (z. B. → Körperfunktionen, → Aktivitäten) ohne störende Einflüsse befunden oder beurteilen zu können. Sie sind auf das Problem adjustierte → Umweltbedingungen.

Überwiegend

51 % bis 90 % der Arbeitszeit.

Umstellungs- und Anpassungsvermögen

Die Fähigkeit zum situationsgerechten Denken und Handeln bei unterschiedlichen körperlichen, psychischen und sozialen Belastungen im Arbeitsprozess, insbesondere bei beruflicher Neuorientierung. Die Flexibilität als Ausdruck der vielfältigen Einsatzmöglichkeiten erlaubt eine erfolgreiche Einarbeitung und Aufgabenbewältigung in neuen Tätigkeitsbereichen.

Umweltfaktoren [ICF]

Umweltfaktoren bilden die materielle, soziale und einstellungsbezogene Umwelt, in der Menschen leben und ihr Dasein entfalten. → Barrieren, → Förderfaktoren, → Testbedingungen

Verantwortung

Die Anforderung, alle Arbeitsaufgaben den Vorschriften, der Sache und den beteiligen oder betroffenen Personen gemäß sorgfältig und zuverlässig ausführen zu können.

Voraussichtlich [Auslegungsgrundsätze]

Der angestrebte Erfolg wird mit überwiegender Wahrscheinlichkeit eintreten.

Wegefähigkeit

Vermögen, eine Arbeitsstelle aufzusuchen. Laut Bundessozialgericht muss viermal täglich eine Wegstrecke von mehr als 500 m einschließlich kurzer Pausen jeweils in der Zeit von bis zu 20 min zu Fuß zurückgelegt werden können.

Die unter den Gesundheitsbedingungen mögliche Benutzung öffentlicher und privater Verkehrsmittel ist zu erörtern.

Wesentliche Besserung [Auslegungsgrundsätze]

Eine nicht nur geringfügige oder nicht nur kurzzeitige Steigerung der durch gesundheitliche Beeinträchtigungen geminderten Leistungsfähigkeit des Versicherten im Erwerbsleben; eine wesentliche Besserung der Erwerbsfähigkeit liegt nicht vor, wenn

▷ nur eine Linderung des Leidens oder eine sonstige Erleichterung in den Lebensumständen erreicht wird oder
▷ volle Erwerbsminderung bestehen bleibt, unbeschadet der Sonderregelungen für Versicherte in einer Werkstatt für Behinderte.

Wiederherstellung der Erwerbsfähigkeit [Auslegungsgrundsätze]

Die Minderung der Leistungsfähigkeit im Erwerbsleben wird dauerhaft behoben.

Zeitdruck

Im Vergleich zur Normalleistung erhöhte Anforderung von Arbeitsaufgaben.

Normalleistung ist diejenige Leistung, die von jedem hinreichend geeigneten Arbeitnehmer nach genügender Übung und ausreichender Einarbeitung ohne Gesundheitsschädigung auf Dauer in der zur Verfügung stehenden Arbeitszeit erreicht werden kann.

Zeitweise

Ca. 10 % der Arbeitszeit.

Zwangshaltungen

Länger dauernde Arbeiten in ungünstiger Körperhaltung, verbunden mit statischer Muskelarbeit (z. B. Überkopfarbeit, mit Armvorhalt, Bücken, Knien).

Die zu vermeidenden Zwangshaltungen sind nach Art, Häufigkeit und Dauer zu differenzieren.

Index

Abhängigkeit
    Alkohol-, 571–573
    Begriffsbestimmung, 559–561
    Diagnostik, 562
    Drogen-, 576–577
    Komorbidität, 562
    Medikamenten-, 573–576
    Sicherheitsrisiko, 564–565
    Tabak-, 577–579
Abstinenz, 564
Abstinenzunfähigkeit, 566
Abszess, periproktitischer, 378
Achalasie, 373
Achillessehnenruptur, 186
Achondroplasie, 204
Achsenbeteiligung, 213, 215
ACR-Kriterien, 212
ADDISON-Krise, 283
Adenom
    Dickdarm, 379
    Hypophyse, 279, 282
    Leber, 388
    Nebennierenrinde, 282
    Nebenschilddrüse, 282
    Schilddrüse, 281
Adenom-Karzinom-Sequenz, 379
Adenomatosis coli, familiäre, 379, 392
Adhäsionen, 433
Adipositas, 266–267, 550
Adnexitis, 429–430
Adoleszentenkyphose, 154
Adynamie, 497
ÄZQ, 119
Affektivität, 527
Aggravation, 482–483, 547, 586
Agnosie, visuelle, 484
Agoraphobie, 542
AIDS, *siehe auch* HIV-Infektion
    definierende Erkrankungen, 259–262
    nicht-definierende Erkrankungen, 262
Akalkulie, 556
Akkommodation, 462

Akkordarbeit, 53, 97
Akrodermatitis chronica atrophicans, 455
Akromioplastik, 163
Aktengutachten, 39, 107
Aktivitäten (ICF), 72, 76, 97, 99
Akzessoriusparese, 477
Algesimetrie, 584
Algodystrophie, 170, 595
Alkohol
    Abhängigkeit, 571–573
    Entzugssyndrom, 569–570
    Folgeschäden, 570
    Intoxikation, akute, 569
    Konsum, schädlicher, 570–571
    Marker, 386, 571
Alkoholismus, 568–573
ALLEN-TEST, 330
Allergie, 237
    Licht-, 449
    Mehlstaub, 58
    Nahrungsmittel-, 377
Alltagsdrogen, 97, 99
Altersdiabetes, *siehe* Diabetes mellitus, Typ 2
Altersrenten, 24–25
Altersteilzeitarbeit, 25
Aluminose, 361
Alveolitis, exogen allergische, 58, 360
Amaurose, 465
Amblyopie, 461
Amelie, 205
Amphiarthrose, 174, 188
Amputation
    Arm, 159
    Bein, 173
    Finger, 171, 172
    Fuß, 194
    Hand, 159, 171
    Oberarm, 164
    Oberschenkel, 181
    Unterarm, 167
    Unterschenkel, 188
    Zehen, 194

Amputationen
    Diabetes mellitus, 275
    Verschlusskrankheit, arterielle, 336
Amtsermittlung, 29
Amtsermittlungspflicht, 41–42
Amyloidose, 213, 219, 235, 246
    Nieren-, 409
Anämie
    aplastische, 235
    Ermüdbarkeit bei, 372
    hämolytische, 233–234
    makrozytäre, 233
    mikrozytäre, 232–233
    perniziöse, 374
    renale, 399
    Sichelzell-, 234
Analfissur, 378
Analfistel, 378
Analgetika-Nephropathie, 406
Analkarzinom, 380
Analprolaps, 378
Analrhagaden, 378
Analvenenthrombose, 378
Anamnese, 98–100
Anamnese, biographische, 100
Anaphylaxie, 237
Androgendeprivation, 421, 422
Anfall
    dissoziativer, 500
    psychogener, 500
Anforderungsprofil, 61–62, 84
Angina pectoris
    instabile, 300–301
    PRINZMETAL-, 302, 304
    stabile, 300
Angioödem, 238
Angiotensin-Converting-Enzym (ACE), 346
Angstneurose, 542
Angststörung, 531, 541–542
Anhedonie, 533
Anknüpfungstatsachen, 40
Ann-Arbor-Klassifikation, 244
Anorexia nervosa, 549, 550
Anosmie, 475
Anpassungsstörung, 543–544
Anschlussheilbehandlung (AHB), 11
Anschlussrehabilitation (AR), 11
Antikoagulation, 249–250
Antikörper
    anti-ds-DNA, 220
    antinukleäre (ANA), 213, 224
    Belegzell-, 374
    Endomysium- (EMA), 377
    extrahierbare (ENA), 213
    Gliadin-, 377
    Retikulin- (RA), 377
    Schilddrüsen-, 280
    Zentromer-, 224
Antiphospholipid-Syndrom, 220, 340
Antrag
    auf Erwerbsminderungsrente, 85–90
    auf Leistungen zur Teilhabe, 8–9, 90–95
    nach § 125 SGB III, 9, 80
    nach § 15 SGB VI, 80
    nach § 240 SGB VI, 80
    nach § 242a SGB VI, 80
    nach § 31 Abs. 1 Ziff. 3 SGB VI, 80
    nach § 43 SGB VI, 80
    nach § 48 SGB VI, 80
    nach § 51 Abs. 1 SGB V, 9, 80
    nach dem GSiG, 80
Antragsprinzip, 23
Antragsumdeutung, 23, 80, 91
Antrieb, 526
Anus praeter, *siehe* Enterostoma
Aortenaneurysma, 293
Aorteninsuffizienz, 317
Aortenklappenersatz, 322
Aortenstenose, 317
Apathie, 531
APC-Resistenz, 340
Aphasie, 492
Aphasietest, Aachener, 470
Aphonie, 477
Apnoe-Hypopnoe-Index (AHI), 365
Apprehensiontest, 160
ARA-Kriterien, 221
Arachnodaktylie, 204
Arbeit, *siehe auch* Tätigkeit
    Fließband-, 52
    Fremdgefährdung, 270
    körperlich leichte, 86
    Selbstgefährdung, 270
    taktgebundene, 52–53
Arbeitnehmer, ausländische
    Begutachtung, 111
    Schmerzempfinden, 591
Arbeitsanamnese, 100

Arbeitsassistenz, 12
Arbeitsaufgabe, 49
Arbeitserprobung, 12, 93, 496
Arbeitslosigkeit, 25
Arbeitsmarkt, 20–22
    allgemeiner, 17, 20, 21, 83–84
    Teilzeit-, 16, 22
    verschlossener, 22
Arbeitsorganisation, 52–53
Arbeitspausen, *siehe* Pausen
Arbeitsstättenverordnung (ArbStättV), 55
Arbeitsumgebung, 49, 54–60
Arbeitsunfähigkeit, 19, 81
Arbeitsunfall, 7, 8, 54
Arbeitsweg, 54
Arbeitszeit, 21, 50–52, 85
Arbeitszeitgesetz (ArbZG), 51
Arteriitis temporalis, 225–226
Arteriographie, 331
Arteriosklerose, 299, 333
Arthralgie, 209
Arthritis, 209, 211–216
    Iliosakral-, 156, 215
    juvenile idiopathische, 214
    psoriatica, 214–215
    reaktive, 215–216
    rheumatoide, 152–153, 211–214
Arthrodese
    Ellenbogengelenk, 167
    Fingergelenk, 171
    Handgelenk, 171
    Hüftgelenk, 180–181
    Kniegelenk, 188
    Schultergelenk, 164
    Sprunggelenk, 193
Arthrodesenstuhl, 175
Arthrogryposis multiplex congenita, 205
Arthrose
    Akromioklavikulargelenk, 162
    BOUCHARD, 169
    Daumensattelgelenk, 169, 171
    Ellenbogengelenk, 165
    Fingergelenke, 169
    Handgelenk, 169
    HEBERDEN, 169
    Hüftgelenk, 177–178
    Kniegelenk, 183–184
    Retropatellar-, 184
    Schultergelenk, 162

    Sprunggelenk, 190
Arthroskopie, 183, 187
Artikulationsstörung, 472
Arzt
    als Sachverständiger, 32
    beratender, 108
    Berufsordnung, 36, 79, 113
    Doppelrolle, 36
    Schweigepflicht, 79–80, 112–113
    Unabhängigkeit, 120–121
Arzt-Patient-Beziehung, 106
Asbestose, 58, 361
Assessmentcenter, 83
Assessmentverfahren, 489
    BLANKENSHIP, 145
    EFL nach ISERNHAGEN, 50, 60, 61, 101, 145
    ERGOS, 60, 101, 145
    FCE-Systeme, 101
Asthma bronchiale, 353–356
Astrozytom, 505
AT-III-Mangel, 340
Atemgeräusch, 348–349
Atemnot, 348
Atemtest
    ^{13}C-Oktanoat-, 275, 374
    ^{2}H-, 370, 376, 377
Atemwegswiderstand, 350
Atmungsstörungen, schlafbezogene, 365–367
Atopie, 449–450
Attacke, transitorische ischämische (TIA), 293
Außenbandruptur, 192
Auffassung, 526
Aufklärungspflicht, 43
Aufklärung des Sachverhaltes, 29–30
Aufmerksamkeit, 526
Ausdauerleistung, 87
Auslegungsgrundsätze der GRV, 6, 80, 88, 91
Auswurf, 348
Autismus, 557
Autoimmungastritis, 374
Autoimmunthrombozytopenie, 236
Autonomie, disseminierte, 281
Avoidance-Endurance-Modell, 149
AWMF, 118
Axonotmesis, 509
Azetylsalizylsäure, 236
Azidose
    Laktat-, 259
    metabolische, 400, 420

renale tubuläre (RTA), 408, 411

Bäckerasthma, 58
Bänderriss, Sprunggelenk, 192
BAKER-Zyste, 184, 212
Ballondilatation, 306
Bandscheibenvorfall, 510–512
    lumbal, 157–158
    zervikal, 150–151
BARRETT-Syndrom, 373
Barrierefunktion der Haut, 446
Barrieren (ICF), 73, 77
BARTHEL-Index, 488
Basaliom, 456
BAT-Wert, 58
Bauchpresse, 373, 420, 476, 477
Bauchschmerz, 371
Bauchspeicheldrüse, *siehe* Pankreas
Bauchwand
    Instabilität, 413, 433
    Schmerz, 433
    Stabilität, 372
Beanspruchung, 50
    geistige, 85
Becken, 174–181
Beckenboden, Funktionsstörungen, 433–434
Befangenheit, 36
Befundtatsachen, 40
Begabung, 83
Begleitperson, 92, 132
Begutachtung, *siehe auch* Gutachten, 79–124
    Auftragsvergabe, 81
        Begutachtungspflicht, 34–35
        Weigerungsgründe, 35
    Durchführung, 81–83, 98–106
        Anamnese, 98–100
        Beurteilung, sozialmedizinische, 104–106
        Diagnosen, 103
        Epikrise, 103–104
        Hilfskräfte, 33
        Untersuchung, 101–103
        Vorbereitung, 98
    Fragestellungen, 80–95
        Erwerbsminderung, 85–90
        Leistungen zur Teilhabe, 8, 90–95
        Unwahrscheinlichkeit, 87–90
        Zeitgrenzen, 87
    ICF, Bedeutung der, 96–98
    Qualitätssicherung, *siehe* Qualitätssicherung

Begutachtungskosten, 122
Begutachtungskriterien, 108
    Begabung, 83
    Eignung, 83
    Ermessen, 111
    Gleichbehandlung, 110, 111, 122
    Grenzwerte, exakte, 110
    Objektivität, 109–110, 121
    Plausibilität, 121
    Reliabilität, 121
    Validität, 108–109, 121
    Wissenschaftlichkeit, 107
Behandlungsanamnese, 99
Behandlungsbedürftigkeit, 7
Behinderte, Werkstatt für (WfB), 12
Behinderung, 6, 19
    geistige, 556
    Lern-, 556
Behinderungsbegriff (ICF, SGB IX), 73, 90
Beinlängendifferenz, 176
Beinvenenthrombose, 339
Beinverkürzung, Therapie bei, 173
Belastbarkeit, Dauer-, 87
Belastung, 49
Belastungs-EKG, *siehe auch* Ergometrie
    Abbruchkriterien, 303
    bei koronarer Herzkrankheit, 302–304
    bei Rhythmusstörungen, 315
Belastungsdyspnoe, 294, 310
Belastungserprobung, 93, 496
Belastungsfaktoren, 49
Belastungsinkontinenz, 415
Belastungsstörung, posttraumatische, 543
Beleuchtung, 54
Bergleute, Rente für, 17
Berufsanamnese, 100
Berufsfindung, 93
Berufsförderungswerk, 93
Berufsgenossenschaften, 62
Berufskrankheit, 7, 8
    Alveolitis, exogen allergische, 361
    Gewerbedermatose, 455–456
    Lärmschwerhörigkeit, 55, 479
    Pneumokoniose, 361–362
    Staublunge, 361–362
    Urothelkarzinom, 420
Berufsschutz, 17
Berufsunfähigkeit, 16, 17
Berylliose, 361

Beschäftigungsverbot, 63
Beschleunigungstrauma, 151–152
Beurteilung, sozialmedizinische, 104–106
Bewegungsabläufe, 142
Bewegungskette, 209, 210, 214, 215
Bewegungsmaße, 142
    Hüftgelenk, 174
    Schultergelenk, 160
Beweisanordnung, 31
    Erweiterung der, 32
Beweismittel, 29, 79
Bezugsperson, *siehe* Begleitperson
BILLROTH-II-Magen, 376
Binge Eating Disorder (BED), 549
Binokularsehen, 461–462
Bio-psycho-soziales Modell, 73, 90, 559
Biologische Arbeitsplatztoleranz (BAT), 58
Biomechanik
    Beckengürtel, 174
    Ellenbogengelenk, 164
    Hand- und Fingergelenke, 167–168
    Kniegelenk, 181
    Schultergürtel, 160
    Sprunggelenk und Fuß, 188–189
BLANKENSHIP, *siehe* Assessmentverfahren
Blind-Loop-Syndrom, 376
Blindenschrift, 466
Blindheit, 463–466
Blue bloater, 358
Blutdruck, Normalbereiche, 292
Blutdruckmessung, 294–296
Blutgase, 347, 350
Blutgerinnung, Störungen der, 235–237
Blutung, intrazerebrale, 494
Body-Mass-Index (BMI), 266, 371, 550
Bodyplethysmographie, 347
BORDERLINE-Persönlichkeit, 553
BORG Scale for Rating Perceived Exertion, *siehe*
    BORG-Skala
BORG-Skala, 311, 348, 352, 485, 506
Borreliose
    Arthritis, 216
    Hauterscheinungen, 454–455
BRAILLE-Schrift, 466
BRICKER-Blase, 419
Bronchialkarzinom, 363–364
Bronchiektasen, 358–359
Bronchitis, chronische, 356–357
Bronchoskopie, 346

Bronchospasmolysetest, 350
Brustwirbelsäule, 153–155
    Verletzungen, 154
Budgetverantwortung, 120
Bulimia nervosa, 549, 550
BURKITT-Lymphom, 245
Burning-feet-Syndrom, 274
Bursitis olecrani, 166
Bypass-Operation, koronare, 300, 307, 308

C1-Esteraseinhibitormangel, 238
CA-Richtlinien, 15, 95
CAGE-Test, 571
Carpaltunnelsyndrom, *siehe* Karpaltunnelsyndrom
CD4-Zellzahl, 253, 255, 256
CDC-Stadium, 254, 256
CHARCOT-Fuß, 276
Chemikaliengesetz (ChemG), 58
Chemotherapie, zytostatische, 247–248
Chiasma-Syndrom, 278, 279
CHILD-PUGH-Klassifikation, 387
Cholangiokarzinom, 392
Cholangitis
    chronische nichteitrige destruierende (CNDC), 387
    primär sklerosierende (PSC), 387, 391–392
Cholelithiasis, 390
Cholestase, 384, 389
Cholezystektomie, 391
Cholezystitis, 390
Chondrodysplasie, 204
Chondromatose
    Ellenbogengelenk, 165
    Kniegelenk, 185
Chondropathia patellae, 184
Chondrosarkom, 202, 205
CHOPART-Gelenk, 188
Chronic Fatigue Syndrom (CFS), 548, 594
Claudicatio
    intermittens, 331
    lumbale, 516
    neurogene, 516
    spinalis, 157
    venöse, 339
CMV-Retinitis, 259
Cochleaimplantat, 479
Colitis ulcerosa, 380–382
    (Spond-)arthritis, 156, 219–220
    Cholangitis, primär sklerosierende, 391
    Kolitiskarzinom, 379

Colitis-Aktivitäts-Index (CAI), 380
Commotio
    cerebri, 495
    spinalis, 513
Computertomographie, 141, 210
CONN-Syndrom, 283
COPD, 353, 356
Cor pulmonale, 288, 322–326
Coxa
    antetorta, 176
    saltans, 177
    valga, 176
    vara, 176
Coxalgie, 176
CPAP-Therapie, 294, 366
CREST-Syndrom, 224
CROHN-Gastritis, 374
CROHN's Disease Activity Index (CDAI), 380
Crus varum congenitum, 206
CUSHING-Syndrom, 282
Cytomegalievirus, Retinitis, 259

Darmerkrankungen, chronisch entzündliche, 380–382
Darmkrebs, *siehe* Kolonkarzinom
Daseinsentfaltung, 77
Dauerbelastbarkeit, 60
Dauerrente, 22
Deformität
    MADELUNG-, 205
    SPRENGEL-, 205
Delir, 531
Demenz, 530–531
Denken
    formales, 527
    inhaltliches, 527
Depression
    Begutachtungskriterien, 540
    Beurteilung, sozialmedizinische, 541
    Komorbidität, 541
    larvierte, 581
    Schweregrad, 539
    Symptomatik, 538
Depressionsskalen, 585
Depressivität
    bei Multipler Sklerose, 499
    nach Schlaganfall, 494
Dermatitis, 447–451
    allergische, 449
    atopische, 449–450

    mikrobielle, 451
    toxisch-kumulative, 448
Dermatomyositis, 227–228, 454
Deszensus genitalis, 431–432
Diabetes insipidus, 279–280
Diabetes mellitus, 268–277
    Berufswahl, 270
    Folgeerkrankungen, 273–277, 397
    Kraftfahrtauglichkeit, 270
    pankreopriver, 393
    Spätsyndrom, 273–277, 397
    steroidinduzierter, 405
    Typ 1, 270–272
    Typ 2, 272–273
    Verschlüsselung (ICF), 70–71
    WHO-Klassifikation, 268
Diagnosen, 103
Diagnosenthesaurus, 66
Diagnostik
    medizinisch-technische, 102
    Operationalisierte Psychodynamische (OPD), 525
Dialyse, 403–404
Diarrhö, 369–371
Dictionary of Occupational Titels (DOT), 50, 60
Diensttauglichkeit, 565
Diffusionskapazität, 347, 350
DIMDI, 65
DIN-ISO-Normen, 114–115
Disaccharidase-Mangel, 377
Dispositionsfreiheit, Einschränkung der, 23
Distorsion
    Halswirbelsäule, 151
    Sprunggelenk, 190, 192
Divertikulitis, 378
Divertikulose, 378
Doppelbilder, 281
Dopplerechokardiographie, 319–320
Dopplersonographie, 337
Dopplerverschlussdrucke, 330
Dranginkontinenz, 415
    bei Deszensus, 431
    bei Multipler Sklerose, 499
Drei-Phasen-Ekzem, 450
Drescherlunge, 58, 360
Drogenabhängigkeit, 576–577
Duldungspflicht, 45, 46
Dumping-Syndrom, 375
Duodenitis, 374
Duplexsonographie, 331, 338

DUPUYTREN-Kontraktur, 170
Durchfall, 369–371
Dysarthrie, 472
Dyslexie, 484
Dyspepsie, 369
Dysphonie, 477
Dysplasie
    Cervix uteri, 439
    Hüftgelenk, 177
    kleidokraniale, 205
    multiple epiphysäre, 204
    spondyloepiphysäre, 204
Dyspnoe, 285, 348, 399
Dyssomnie, 365
Dysthymie, 537, 540, 541
Dystonie, 504–505
    psychovegetative, 544

Echokardiographie, 287
    bei arterieller Hypertonie, 296–297
    bei Herzfehlern, 319–320
    bei pulmonaler Hypertonie, 325
EFL, *siehe* Assessmentverfahren
EHLERS-DANLOS-Syndrom, 205
Eigenanamnese, 99
Eignung, 83, 564
Eignungsprüfung, 564
Eingliederung in das Erwerbsleben, 14
Einschwemmkatheter, 288–289, 347
    bei koronarer Kerzkrankheit, 305
Eisenmangelanämie, 233, 377
Eisenspeicherkrankheit, 387
Eisenüberladung, 233, 234
Ejektionsfraktion, 289
EKG
    Belastungs-, *siehe* Belastungs-EKG
    Langzeit-, *siehe* Langzeit-EKG
    Ruhe-, *siehe* Ruhe-EKG
Ekzem, 447–451
    allergisches, 449
    Drei-Phasen-, 450
    endogenes, 449–450
    mikrobielles, 451
    seborrhoisches, 449–450
    toxisch-kumulatives, 448
    Zwei-Phasen-, 448
Elektrokardiographie, 287
Ellenbogengelenk, 164–167
Elliptozytose, 233

Embolie, 249
    arteriell, 242
    kardiogen, 293, 317, 322
    peripher, 333, 335
    zerebral, 293
    venös, 242, 324
Endangitis obliterans, 333
Endobrachyösophagus, 373
Endometriose, 430–431
Endometriumkarzinom, 441
Endoprothese
    Ellenbogengelenk, 167
    Hüftgelenk, 180
    Kniegelenk, 187–188
    Schultergelenk, 164
    Sprunggelenk, 193
Enterostoma, 372, 383
Entgiftung, qualifizierte, 570
Enthesitis, 219
Entleerungsstörung
    Darm, 378
    Harnblase, 412, 417–418
    Magen, 275, 374
Entwicklungsstörung, 556–557
Entwöhnungsbehandlung, 11
Entzugssyndrom, 563
    Alkohol-, 569–570
Enuresis, 416
Enzephalomyelitis disseminata, *siehe* Multiple Sklerose
Enzephalopathie
    bei HIV-Infektion, 262
    hepatische, 384, 388, 529
    urämische, 400
Epikondylitis humeri, 166
Epikrise, 103–104
Epilepsie, 500–503
    Klassifikation, 500
    nach Schlaganfall, 492
    Rehabilitation, 502
    Schulungsprogramm, modulares (MOSES), 502
    Schweregrad, 501
Epiphyseolyse
    Femurkopf, 178, 203
Episkleritis, 212
Episode, depressive, 539
Ergebnisqualität, 121–122
Ergometrie, *siehe auch* Belastungs-EKG
    Abbruchkriterien, 303
    bei koronarer Herzkrankheit, 302–304

Blutdruckmessung, 295–296
Grenzwerte für HF und RR, 296
Spiro-, 351–352
ERGOS, *siehe* Assessmentverfahren
Erkrankungen, interkurrente, 7
Ermessen
  gutachterliches, 111
  pflichtgemäßes, 34
Ermüdbarkeit
  bei Anämie, 372
  bei chron. entzündl. Darmerkrankungen, 372
  bei Multipler Sklerose, 498–499
  nach Schlaganfall, 494
Ersatzstimme, 472, 476
Erschöpfungszustand, psychovegetativer, 544
Erwerbsfähigkeit, 6, 21, 80
  Abwenden einer Verschlechterung der, 6
  Besserung der, wesentliche, 6
  Gefährdung der, erhebliche, 6, 91
  Minderung der, 6, 19
  Sicherung der, 15
  Wiederherstellung der, 6
Erwerbsleben, Eingliederung in das, 14
Erwerbsminderung, 16
  Leistungsfall, 18
  Rente wegen, 16–24
    befristete, 22
    unbefristete, 22
  teilweise, 17
  Ursachen, 19
  volle, 17
Erwerbsunfähigkeit, 16
Erysipel, 455
Erythema chronicum migrans, 454
Erythropoetin, 399
Erythrozyten, Erkrankungen der, 232–234
Essstörung, 549–551
Euphorie, 531
Evidence Based Medicine (EBM), 119
EWING-Sarkom, 202
Exartikulation
  Hüftgelenk, 181
  Kniegelenk, 188
  Schultergelenk, 164
  Unterarm, 167
Exophthalmus, 281
Exostosen, multiple kartilaginäre, 205
Extrasystolie, ventrikuläre, 314
Extremität
  obere, 158–172
  untere, 172–194
Extrinsic Asthma, 354

FAB-Klassifikation, 240
Fähigkeit, 564
Fähigkeiten, soziale, 497
Fähigkeitsprofil, 60–61, 84
Fähigkeitsprüfung, 564
Fahrtauglichkeit, *siehe* Kraftfahrtauglichkeit
Faktoren, personbezogene (ICF), 72, 97
Familiäre adenomatöse Polyposis (FAP), 379
Familienanamnese, 99
FANCONI-Syndrom, 408
Farbsehen, 462–463
Farmerlunge, 58, 360
Faustschlussprobe, 330
FCE, *siehe* Assessmentverfahren
Fear-Avoidance-Modell, 149
Femurdefekt, proximaler fokaler, 206
Femurrollennekrose, 185
Fersensporn, 191
Fertilitätsstörungen, 429
Fettleber, 386
  nicht alkoholische, 386
Fettleberhepatitis, 386
Fettsucht, 266–267
Fibromyalgie-Syndrom, 69, 199, 548, 594
Fibrositis-Syndrom, 199
Fibulaaplasie, 206
Fibulahypoplasie, 206
Filtrationsrate, glomeruläre, 399
Fingerpolyarthrose, 169
Flachrücken, 154
Flaschen-Zeichen, 212
Flexibilität, 526
Fließbandarbeit, 52
Fluss-Volumen-Kurve, 349
Förderfaktoren (ICF), 73, 77
Folsäuremangel, 233
FONTAINE-Stadien, 331, 332
Fragebogen, *siehe auch* Index, Skala
  Acute Low Back Pain Screening Questionnaire, 149
  Fibromyalgia Impact Questionnaire, 584, 594
  Hannover Rücken, 145, 584, 585
  IRES, 488
  MCGILL-Pain-Questionnaire, 584
  Measurement Of Patient Outcome (MOPO), 584

Mini-Mental-Status, 293
Parkinson's Disease Questionnaire, 503
PESOS (Epilepsie), 503
Schmerzskalen, 583
Screening Psychosozialer Risikofaktoren (SPR), 149
Fraktur
    Becken, 179
    Ellenbogen, 166
    Femur, 179
    Fibula, 186
    Finger, 171
    Fußwurzel, 193
    Humerus, 163
    Kalkaneus, 193
    Kniegelenk, 186
    Knöchel, 193
    Mittelfuß, 193
    Mittelgesicht, 475
    Mittelhand, 171
    Nase, 475
    Navikulare, 169, 171
    Radius, 166
    Schenkelhals, 179
    Talus, 193
    Tibia, 186
    Ulna, 166
    Zehen, 193
Freiburger Persönlichkeits-Inventar (FPI), 585, 590
Freiheitsstrafe, Leistungsausschluss bei, 7
Fremdgefährdung, Arbeiten mit, 270
FRENZEL-Brille, 518
Frontalhirnsyndrom, 279
Frozen pelvis, 434
Frühdumpingsyndrom, 375
Fundusvarizen, 387
Funktionen (ICF), 72, 75, 97, 99
Funktionsdiagnose, 69, 103
Funktionsfähigkeit (ICF), 72, 73
Funktionsstörung, somatoforme autonome, 546
Funktionstests, 145
Funktionstraining, 14
Fuß, 188–194
    CHARCOT-, 276
    diabetischer, 275–276

GAENSLEN-Zeichen, 212
Gallenblasenkarzinom, 392
Gallengangskarzinom, 392
Gallengangsobstruktion, 390
Gallensteine, 390
Gammopathie, monoklonale, 246
Ganglion
    Handgelenk, 170
    Kniekehle, 184
    Meniskus, 184
Gangstörung, spastische, 516
Ganzkörperplethysmographie, 347
Gasaustausch, 354
Gastrektomie, 376
Gastritis, 374
Gebrauch, schädlicher, 563
Gebrauchshand, 214
Gebrechlichkeitsgutachten, 80
Gedächtnis, 487, 526–527
Gefahrstoffe, 58
Gefahrstoffverordnung (GefStoffV), 58
Gehörgangsentzündungen, 473
Gehörlosigkeit, 471
Gehstrecke, 80
    in der Angiologie, 332, 339
    in der Neurologie, 485, 508, 516
    in der Orthopädie, 143, 173
    in der Pulmologie, 352
    in der Urologie, 413
Gelenkmaus, 185
Gelenktopologie, 210, 213–215
Genu valgum, 183
Genu varum, 183
Geräusch, Atem-, 348–349
Gerichtsgutachten, 33
Gerinnungsstörung, 236
Geruchsprüfung, 470
Geschmacksprüfung, 470
Gesichtsfeld, 462
Gesundheit
    funktionale (ICF), 72, 90
    Komponenten der (ICF), 74
    Tätigkeit auf Kosten der, 111
Gewerbedermatose, 455–456
Gewichtsabnahme, 371
Gicht, 268
GIRDLESTONE-Hüfte, 181
Glasgow-Coma-Scale (GCS), 495
Glasknochenkrankheit, 204
Glaukom, 459, 467
Gleichgewichtsprüfung, 470
Gleichgewichtsstörung, 471–472

Glioblastom, 505
Glomeruläre Filtrationsrate, 399
Glomerulonephritis, 406
Glücksspiel, pathologisches, 560
Gluten-Intoleranz, 377
Gonalgie, 183
Gonarthrose, 183–184
Grad der Behinderung (GdB), 19, 105, 463
Graft-versus-host-Reaktion, 240, 248
Granulom, eosinophiles, 234
Granulopoese, Störungen der, 234
Grauer Star, 467
Greiffunktion, 169, 171, 452
Grenzwerte, exakte, 110, 143
Grenzzoneninfarkt, 491
Grüner Star, 467
Grundsicherungsgesetz (GSiG), 80
GUILLAIN-BARRÉ-Syndrom, 508
Gutachten, *siehe auch* Begutachtung, 32, 79–124
    Aufbau, 40–41
    Auftraggeber, 32–34, 36
    Auftragsvergabe, 81
    Bedeutung, 31
    Begriff, 107–108
    Durchführung, 81–83, 98–106
        Anamnese, 98–100
        Beurteilung, sozialmedizinische, 104–106
        Diagnosen, 103
        Epikrise, 103–104
        Untersuchung, 101–103
        Vorbereitung, 98
    Formen, 38–39
        Gutachten aufgrund Untersuchung, 107
        Gutachten nach Aktenlage, 39, 107
        Gutachten, mündliches, 39
        Obergutachten, 39, 108
        Parteigutachten, 30
        Schriftform, 38
        Teamgutachten, 39
        Termingutachten, 38
    Fragestellungen, 80–95
        Erwerbsminderung, 85–90
        Leistungen zur Teilhabe, 90–95
        Unwahrscheinlichkeit, 87–90
        Zeitgrenzen, 87
    ICF, Bedeutung der, 96–98
    Leistungsfall, Datierung, 105
    Qualitätssicherung, *siehe* Qualitätssicherung
    Urkundenbeweis, 107
    Vorbereitung, 81
    Zeitbedarf, 81
    Zusammenhangs-, 41
Gutachter, *siehe auch* Sachverständiger, 29–41, 79
    Ablehnung, 36
    als Kriminalist, 592
    Auftraggeber, 32–34, 36
    Auswahl, 31–32
    Befangenheit, 81
    Benennung, 9
    Beratender Arzt, 108
    Beurteilungsfreiheit, 121
    Beziehung zum Probanden, 35–36
        Übertragungsprobleme, 109, 591
    Entscheidungskompetenz, 32, 106
    Ermessensspielraum, 111
    Fachkompetenz, 37–38, 81
    Objektivität, 109–110
    Rechte und Pflichten, 37
    Rolle des Arztes, 106–107
    Rolle des Gutachters, 42–43
    Schweigepflicht, 35, 79–80, 112–113
    Selbstablehnung, Recht auf, 36
    Sorgfaltspflicht, 37
    Überzeugung, persönliche, 107, 110, 111, 121
    Unabhängigkeit, 116, 120–121
    Unparteilichkeit, 36, 107
    Weigerungsgründe, 35

Hämophilie, 196
HAART (Highly Active Antiretroviral Therapy), 253
Hämangiom, Leber-, 388
Hämarthros, 237
Hämatopoese, Störungen der, 232–235
Hämatothorax, 364
Hämochromatose, 387
Hämodialyse, 403–404
Hämoglobinopathie, 234
Hämolyse, 233
Hämophilie, 236
Hämorrhoiden, 378
HAGLUND-Exostose, 203
Hallux
    rigidus, 192, 194
    valgus, 192, 194
Halluzination, 533
Halluzinose, 531
Halsausräumung, 475, 477
Halswirbelsäule, 149–153

Haltungsfehler, 154
Hammerzehe, 192, 194
Hand, 167–172
Handgeschicklichkeit, 53
Harnableitung, 419
Harnblasenentleerungsstörung, 417–418
    bei Querschnittlähmung, 513
Harnblasenkarzinom, 419–421
Harnentleerungsstörungen, 412
Harninkontinenz, 412, 415–417, 431–432
Harnröhrenstriktur, 417
Harnretention, 415
Harnsteine, 413–414
Hartmetalllunge, 361
Hautschutz, 446
Hauttumoren, 456–457
HbA_1c, 269, 273
Heimdialyse, 401, 403, 404
Heiserkeit, 472
Helicobacter pylori, 374
Hemianopsie, 465
Hemikolektomie, 383
Hemmkörperhämophilie, 236
Hepatitis
    chronische alkoholtoxische, 386–387
    chronische Autoimmun- (AIH), 387
    chronische präzirrhotische, 386
    chronische Virus-, 387
    Transplantat-, 389
Herditäres Non Polyposis Coli Carcinom (HNPCC), 379
Herz-Lungen-Maschine, 309
Herzinfarkt, 301
Herzinsuffizienz, 293, 310
    NYHA-Klassifikation, 289, 310
Herzkatheter, 288–289
Herzklappenfehler, 317–322
Herzklappenprothese, 249, 321–322
Herzkrankheit
    hypertensive, *siehe* Kardiomyopathie, hypertensive
    koronare, *siehe* Koronare Herzkrankheit
Herzmissbildungen, 317–322
Herzrhythmus, 290
Herzrhythmusstörungen, 313–317
Herzschrittmacher, 316
Herztransplantation, 310–311
HHL-Insuffizienz, 279–280
Hibernating myocardium, 300
Hirnblutung, 494
Hirninfarkt, 491–494

Hirnschädigung, frontale, 490, 497
Hirnstamminfarkt, 491
Histiozytose, maligne, 241
Histologie, Leber-, 384
Hitze, 56
HIV-Infektion, *siehe auch* AIDS
    Epidemiologie, 255
    Stadieneinteilung, 256
    Therapienebenwirkungen, 258–259
    Verlauf, 255–258
HLA-B27, 156, 218
Hochdruckherz, 297
Hodentumoren, 423–425
Hörgerät, 479
Hörprüfung, 469–470
Hörsturz, 473
Hohlfuß, 191
Hüfte, 174–181
Hühnerzüchterlunge, 360
Humeruskopfnekrose, 162
Husten, 347–348
HVL-Insuffizienz, 279
HWS-Schleudertrauma, 151–152
Hydrocephalus communicans, 494
Hyperaldosteronismus, 283
Hyperbilirubinämien, funktionelle, 391
Hyperglykämie, 268
Hyperlipoproteinämie, 267–268
Hyperparathyreoidismus
    primärer, 282
    sekundärer, 282, 400
    tertiärer, 282
Hyperphagie, psychogene, 549, 550
Hyperplasie, fokale noduläre, 388
Hyperreagibilität, bronchiale, 349–350
Hypersensitivitätsvaskulitis, 235
Hypersomnie, 365
Hyperthyreose, 280, 281
Hypertonie
    arterielle, 291–299
    CONN-Syndrom, 283
    pulmonale, 288, 322–326
    renale, 401, 408
    schwer einstellbare, 298
    und koronare Herzkrankheit, 292–293
Hypertrophie
    Linksherz-, 292, 297, 299, 309, 310, 318
    Rechtsherz-, 319, 358
Hyperurikämie, 268

Hypoglykämie, 268
    Wahrnehmungsstörung, 276–277
Hypomanie, 539
Hypoparathyreoidismus, 282
Hypophyseninsuffizienz, 279–280
Hypophysentumoren, 279
Hypopnoe, 365
Hypothyreose, 281
Hysterektomie, Folgen der, 432

ICD-10, 65–71
    Kodierung, 69–71
    Kreuz-Stern-System, 68
    Rechtsgrundlagen, 65
    Systematik, 66–69
    Versionen, 66, 68
ICF, 72–78
    Anwendung, Ausbildung in der, 77–78
    Begutachtung, in der
        neurologischen, 482–483
        sozialmedizinischen, 96–98
    Beurteilungsmerkmale, 77
    Definitionen, 72–74
    Normalitätskonzept, 74
    Teilklassifikationen, 75–77
    Zielsetzungen, 75
Ichthyose, 454
ICIDH, 72
Icterus intermittens juvenilis, 391
Idiopathic Environmental Intolerances (IEI), 548, 594
IGCCCG-Klassifikation, 424
Ileostoma, 383
Ileum-Konduit, 419, 420
Ileum-Pouch, 383
Immunsuppression, 249, 390
Immunthyreopathie, 281
Impingement, 160
Impression, pseudobasiläre, 213
Index, *siehe auch* Fragebogen, Skala
    Apnoe-Hypopnoe- (AHI), 365
    BARTHEL-, 488
    BEST-, 380
    Body-Mass- (BMI), 266, 371
    Colitis-Aktivitäts- (CAI), 380
    CROHN's Disease Activity (CDAI), 380
    KARNOFSKY-, 364
    RACHMILEWITZ-, 380
    SOKOLOW-, 297
    tibiobrachialer (TBI), 331

Inkontinenz
    Harn-, 415–417, 420, 431–432
    Magen-, 375
    Stuhl-, 371, 378, 380, 381, 383
Innenohrprothese, 479
Innenohrschwerhörigkeit, 473
Insomnie, 365
Instabilität, *siehe auch* Stabilität
    Bauchwand, 433
    Beckenboden, 431–432
    Daumengrundgelenk, 170
    Ellenbogengelenk, 166
    Patella, 184
    Schultergelenk, 163
    Sprunggelenk, 190–191
    Wirbelsäule, 157
Insuffizienz
    Aortenklappe, 318
    Beckenboden, 431–432
    chronisch venöse, 339–341
    Herz, *siehe* Herzinsuffizienz
    Hypophysenhinterlappen, 279–280
    Hypophysenvorderlappen, 279
    Koronar-, *siehe* Koronarinsuffizienz
    Mitralklappe, 317
    Nebennierenrinde, 283
    Nieren, *siehe* Niereninsuffizienz
    Pankreas, *siehe* Pankreasinsuffizienz
    respiratorische, 357
    Trikuspidalklappe, 319
    vertebrobasiläre, 213
Intelligenzminderung, 555–556
Intelligenztest, 555
Interventionsmöglichkeiten, 90
Intoleranz
    Gluten-, 377
    Nahrungsmittel-, 377
Intoxikation, 563
    Alkohol-, akute, 569
Intrinsic Asthma, 354
Iridozyklitis, 219
Iritis, 212, 219
Ischämie, vertebrobasiläre, 520
Ischämiekriterien, 306
Ischämieschmerz, 331

Job rotation, 53
Jobanalyse, 50
Jodmangelstruma, 281

Juckreiz, 446, 448, 450, 453
Jugendarbeitsschutzgesetz (JArbSchG), 53

Kälte, 57
KAPOSI-Sarkom, 261
Kardiastenose, 373
Kardiomyopathie, 309–310
    arrhythmogene rechtsventrikuläre, 310
    dilatative, 309
    hypertensive, 292
    hypertrophe, 309
    primäre, 309–310
    sekundäre, 309
KARNOFSKY-Index, 364
Karpaltunnelsyndrom, 170, 213, 508
Karzinom
    Anus, 380
    Cervix uteri, 439–441
    Corpus uteri, 441
    Gallenblase, 392
    Gallengang, 392
    Harnblase, 419–421
    Haut, 456
    Kolon, 379–380
    Larynx, 475–476
    Leber, 388
    Lunge, 363–364
    Magen, 375
    Mamma, 435–439
    Mundhöhle, 476
    Nase, 475
    Niere, 418–419
    Ösophagus, 373
    Ovar, 442–443
    Pankreas, 394
    Pharynx, 476
    Prostata, 421–422
    Rektum, 379–380
    Schilddrüse, 281–282
    Vagina, 443
    Vulva, 443
Katarakt, 467
Katheter
    Einschwemm-, 288–289
    Harnblasen-, 417, 421
    Linksherz-, 289
    Rechtsherz-, 288–289
    suprapubischer, 418
Katheterdilatation
    Arterien (PTA), 335, 399
    Koronarien (PTCA), 300, 301, 308
Kausalgie, 581, 595
Kehlkopfkarzinom, 475–476
Keratokonjunktivitis, 223
Keratose, 454
Kernspintomographie, 141, 210
KiHB-Richtlinien, 16, 130
Kinder-Rehabilitation, 15–16, 129–136
    Aufgaben, 131–132
    Begleitperson, 16, 135
    Berufsberatung, 135
    Einleitung, 132–135
    Qualitätssicherung, 136
    Rahmenkonzept, 129, 131
    Reha-Bedürftigkeit, 133
    Reha-Dauer, 133–134
    Reha-Erfolgsprognose, 133
    Reha-Fähigkeit, 133
    Reha-Motivation, 133
    Reha-Wiederholung, 134–135
    Richtlinien, 16
    Schulunterricht, 135
    SGB IX, 131
    Zuständigkeitsverlagerung, 131
Kinderheilbehandlungen, 15–16, 130
Klappenfunktion, 290
Klappenprothese, 249, 321–322
Klassifikationssysteme, 65–78
Klaviertastenphänomen, 160
Klavikulaaplasie, 205
Kleptomanie, 554
Klima, 55
Klimakterium, 429
Klumpfuß, 191
Klumphand, 205
Knalltrauma, 55
Kniegelenk, 181–188
    Bandinstabilität, 185
    Bandplastik, 186
    Luxation, kongenitale, 206
    Reizzustand, 183
Knochen, Stoffwechselerkrankung, 142, 199
Knochendichtemessung, 141
Knochenmetastasen, *siehe* Skelettmetastasen
Knochennekrose
    Capitulum humeri, 165
    Femurkondylus, 185
    Femurrolle, 185

Hüftkopf, 177, 178, 203
Humeruskopf, 162
Os lunatum, 169
Tuberositas tibiae, 185
Knochennekrosen, aseptische, 202–204
Knochenszintigraphie, *siehe* Skelettszintigraphie
Knochentumoren, 201–202
Koagulopathie, 236
Kodierrichtlinien (ICD), 66
Körperbeschwerden, umweltbezogene, 548
Körperfunktionen (ICF), 72, 75, 97
Körpergewicht, 371
Körperstrukturen (ICF), 72, 97
Kohlenhydratintoleranz, 377
Kolektomie, 383
Kolitiskarzinom, 379
Kollagenose, *siehe* Konnektivitis
Kolonkarzinom, 379–380
Kolonresektion, 383
Kolostoma, 383
Kombinationsschäden
    Bewegungssystem, 194–206
Kommunikation, 498
Komorbidität, 447
    bei depressiven Störungen, 541
    bei der Schizophrenie, 534–535
    bei Intelligenzminderung, 555
    bei Suchterkrankungen, 562
Kompensationsmechanismen, 143
Komplexbewegungen, 140
Kompressionstherapie, 339, 341
Konjunktivitis, 212
Konnektivitis, 220–228
Konsistenz, 592
Konsum, schädlicher, 560
    Alkohol, 570–571
Kontaktekzem
    allergisches, 449
    toxisch-kumulatives, 448
Kontextfaktoren (ICF), 72, 86, 90, 97, 99
Kontraktur
    DUPUYTRENsche, 170, 171
    VOLKMANNsche, 163
Konversionsstörung, 544
Konzentrationsfähigkeit, 526
Koordination, Prüfung, 485
Kopfschmerz, 517–518
    HWS-induzierter, 153
    medikamenteninduzierter, 517

    zervikogener, 517
Koronarangiographie, 289, 305–306
Koronare Herzkrankheit, 299–309
    bei Hypertonie, 292–293
Koronarfaktor, 289
Koronarinsuffizienz, 299–301
Koronarspasmen, 300
Korpuskarzinom, 441
Korrekturosteotomie, *siehe* Osteotomie
Koxarthrose, 177–178
Koxitis, 178
Kraftfahrtauglichkeit
    Alkoholkrankheit, 564, 565, 569
    Augenkrankheiten, 461
    Diabetes mellitus, 270
    Dialysepatienten, 401
    Leberzirrhose, 388
    Schlaganfall, 494
Krallenzehe, 192, 194
Krampfadern, 336
Kraniopharyngeom, 279
Krankenbehandlung, 7
Krankenhausbehandlung, 7
Krankheit, 6, 19
Krankheitsbewältigung, 132
Krankheitsgewinn, 546
Krankheitsmanagement, 132
Krankheitszeichen, reflektorische, 145
Krebskranke
    Begutachtung, 110
    Nachsorgeleistungen, 15
Kreuz-Stern-System, 68
Kreuzbandplastik, 186
Kryptitis, 378
Kryptokokken-Meningitis, 262
Kryptosporidiose, 262
KT/V-Wert, 403, 404
Kundenbegriff, 116–117
Kundenorientierung, 116
Kundenzufriedenheit, 116, 122
Kupferspeicherkrankheit, 387
Kurzdarmsyndrom, 381
KURZTKE-Skala, 498
Kyphose, 346
    idiopathische juvenile, 154
Kyphoskoliose, 364

Labilität, emotionale, 531
Labordiagnostik

HIV-Infektion, 253
Leber, 384
Nieren, 398
Pankreas, 392
Stütz- und Bewegungssystem, 142, 209
Urologie, 411
Lärm, 54
Lärmschwerhörigkeit, 55, 479
Läsion
    BANKART-, 163
    HILL-SACHS-, 163
Lagerungsschwindel, 518
Laktoseintoleranz, 377
Langzeit-EKG, 287
    bei koronarer Herzkrankheit, 304
    bei Rhythmusstörungen, 315
Laryngektomie, 476
Laryngitis, 475
Larynxkarzinom, 475–476
Lateralsklerose, amyotrophe (ALS), 506, 507
Laufbandergometer, 330
Lebensbereiche (ICF), 72, 76
Leberadenom, 388
Leberhistologie, 384
Lebermetastasen, 388
Lebertransplantation, 389–390
Leberzirrhose, 383, 387–388
Legasthenie, 556
Leistung (ICF), 76
Leistungen
    ergänzende, 13–14
    sonstige, 14–16, 94–95, 130
Leistungen zur Teilhabe, *siehe auch* Rehabilitation
    am Arbeitsleben, 12–13, 93
    ambulante, 10
    Antrag auf, 8–9
    Ausschluss von, 6–7
    Dringlichkeit, 92
    medizinische, 9–12
    Motivation, 92
    stationäre, 10
    Voraussetzungen, 4–6
    Wiederholung, 92
    Zuständigkeitsklärung, 8–9
Leistungsbereitschaft, 83
Leistungsbeurteilung, 104
    Unwahrscheinlichkeit, Begriff der, 87–90
    Zeitgrenzen, 87
Leistungsbild

Herleitung, 105
    negatives, 20, 85, 104
    positives, 20, 85, 104
    qualitatives, 84, 104
    quantitatives, 84, 104
Leistungseinschränkung
    Dauer, voraussichtliche, 106
    Summierung ungewöhnlicher, 86
Leistungsfähigkeit, 76, 80, 83, 84
    Determinanten der, 83
    quantitative, 85
Leistungsfall, Datierung, 105
Leistungsunvermögen, 60
Leistungsunwilligkeit, 60
Leistungsvermögen, 83
    Einschätzung, 60
    zeitliches, 20
Leitlinien, 117–121
    Qualität von, 118, 119
    Risiken und Nebenwirkungen von, 120
Lendenwirbelsäule, 155–158
Lernbehinderung, 556
Lesefähigkeit, 465
Leukämie
    akute lymphatische, 240
    akute myeloische, 240–241
    chronische lymphatische, 245
    chronische myeloische, 241–242
Leukenzephalopathie, progressive multifokale, 261
Leukozyten, Erkrankungen der, 234
Lichen ruber planus, 453
Lichtallergie, 449
Links-Rechts-Shunt, 318
Linksherzkatheter, 289
    bei Herzfehlern, 320–321
Lipodystrophie, 258
LISFRANC-Gelenk, 188
Lobektomie, 364
Lugano-Klassifikation, 423
Lunatummalazie, 169, 171
Lungenabszess, 363
Lungenembolie, 249, 324, 340
Lungenemphysem, 357–358
Lungenentzündung, 363
Lungenerkrankung
    interstitielle, 359–362
    obstruktive, 353–359
Lungenfibrose, 360–361
Lungenfunktionsdiagnostik, 349, 350, 354

Lungenmetastasen, 363–364
Lungentransplantation, 326
Lungentuberkulose, 362
Lungentumoren, 363–364
Lupus erythematodes
    diskoider, 220, 454
    systemischer, 220–222, 406
Luxation
    Ellenbogengelenk, 166
    Hüft-Endoprothese, 180
    Hüftgelenk, 177
    Kniegelenk, 206
    Patella, 184
    Schultergelenk, 160, 163
Lyme-Borreliose, 216
Lymphadenosis cutis benigna, 455
Lymphödem, 342
    nach Mammakarzinom, 438
    nach Zervixkarzinom, 440
Lymphogranulomatose, 243
Lymphographie, 341
Lymphom
    BURKITT-, 245
    gastrointestinales, 245
    hochmalignes, 245
    Magen-, 245
    niedrigmalignes, 245
    Pseudo-, 455
    ZNS-, 245
Lymphszintigraphie, 341

MADELUNGsche Deformität, 205
Magenatonie, 275, 374
Magenhochzug, 373
Mageninkontinenz, 375
Magenkarzinom, 375
Magenresektion, 375–376
Mainz-Pouch, 419, 420
MAK-Liste, 57
MAK-Wert, 58
Makroangiopathie
    diabetische, 269
    koronare, 299–300
Makuladegeneration, 459
Mal perforans, 275, 276
Maldigestion, 393, 394
Malnutrition
    bei exokriner Pankreasinsuffizienz, 393, 394
    bei Niereninsuffizienz, 400

    nach Gastrektomie, 376
MALT-Lymphom, 245
MALT-Test, 569, 571, 572
Mamma-Aufbauplastik, 436
Mammakarzinom, 435–439
Manie, 538–539, 541
Manifestationen, viszerale, 210, 213
Manual zur Dokumentation psychiatrischer Befunde (AMDP), 525
MARFAN-Syndrom, 204
Marisken, 378
Mastektomie, 436
Maximale Arbeitsplatz-Konzentration (MAK), 58
Mediainfarkt, 491
Mediasklerose, 331
Medikamentenabhängigkeit, 573–576
Mehrfachbegutachtung (§ 96 SGB X), 8
Melancholie, 538
Melanom, malignes, 456
Meningeom, 505–506
Meniskusläsion, 184
Menopause, 429
Menstruationsstörungen, 428
Merkfähigkeit, 526
Metastasen
    Leber, 388
    Lunge, 363–364
    Skelett, 201–202
    Wirbelsäule, 155, 158
Migräne, 517
Migranten
    Begutachtung, 111
    Schmerzempfinden bei, 591
Mikroangiopathie
    diabetische, 269, 274
    koronare, 300
    renale, 408
Minderung der Erwerbsfähigkeit (MdE), 19, 105
Mischkollagenose, 226–227
Missbrauch (ICD-9), 560
Mitralinsuffizienz, 317, 321
Mitralklappenersatz, 321–322
Mitralstenose, 317, 321
Mittelohrentzündung, 473
Mittelohrschwerhörigkeit, 473
Mitwirkung des Versicherten, 41–48
Mobilität, 54, 76, 143
Mobilitätshilfen, 54
MÖNCKEBERG-Sklerose, 331

Monotonie, 53
Monozytose, 234
Morbus, *siehe auch* Syndrom
    ADDISON, 283
    AHLBÄCK, 185, 203
    ALZHEIMER, 531
    BASEDOW, 281
    BECHTEREW, 156, 217–219
    BOECK, 359–360, 406
    BUERGER, 333
    CROHN, 380–382
        (Spond-)arthritis, 156, 219–220
        Cholangitis, primär sklerosierende, 391
        Kolitiskarzinom, 380
    CUSHING, 282
    DUPUYTREN, 170, 171
    embolicus, 333, 335
    FORESTIER, 153
    GILBERT-MEULENGRACHT, 391
    HODGKIN, 243
    KIENBÖCK, 169, 203
    KÖHLER I, II und III, 203
    LEDDERHOSE, 192
    MENIÈRE, 472, 474, 518
    ORMOND, 409
    OSGOOD-SCHLATTER, 185, 203
    OSLER-WEBER-RENDU, 235
    PANNER, 165, 203
    PARKINSON, 503–504
    PERTHES, 177, 178, 203
    RAYNAUD, 224, 336
    RECKLINGHAUSEN, 206
    REITER, 156
    SCHEUERMANN, 154, 203
    SINDING-LARSEN, 203
    SUDECK, 170, 595
    VON HIPPEL-LINDAU, 418
    WEGENER, 408
    WERLHOF, 236
    WHIPPLE, 377
    WILSON, 387
Motilitätsstörung
    Magen, 275, 374
    Ösophagus, 373
Motivation, 87
Motorik, Prüfung, 485
MRC-Skala, 506
Mukopolysaccharidosen, 205
Multiple Chemical Sensitivity (MCS), 548, 594

Multiple Sklerose, 498–500
    Harnblasenentleerungsstörung, 417
Mundhöhlenkarzinom, 476
Muskeldehnungsreflexe, 484
Muskeldystrophie, 506–507
Muskelenzyme, 227
Muskulatur, 142
Mutterschaft, 7
Myasthenia gravis, 506, 508
Myelofibrose, idiopathische, 242–243
Myelom, multiples, 246
Myelomniere, 408
Myelopathie
    lumbale, 157, 516
    zervikale, 151, 157, 213, 515–516
Mykobakterien, atypische, 261
Mykosen, 455
Myofasziales Schmerzsyndrom, 199
Myokardfaktor, 289
Myokardinfarkt, 301
Myokarditis, 309
Myokardszintigraphie, 288
    bei koronarer Herzkrankheit, 304–305
Myopathie, 506–507
    Steroid-, 249
    urämische, 400
Myositis, 227, 506
Myotatic Reflex Scale, 484
Myotonia dystrophica CURSCHMANN-
    STEINERT, 506, 507
Myxödem, 281

Nach- und Festigungskuren, 15
Nachsorgeleistungen, onkologische, 15, 95
Nachtarbeit, 51
    bei Diabetes mellitus Typ 1, 271
    bei Diabetes mellitus Typ 2, 273
    bei Nebennierenrindeninsuffizienz, 283
Nachtblindheit, 394
Narkolepsie, 551
Nasenatmung, behinderte, 474
Navikulare-Pseudarthrose, 169
Nebennierenrindeninsuffizienz, 283
Neck dissection, 475, 477
Neglect
    multimodaler, 492
    visueller, 484, 492
Neoblase, 419, 420
Nephrektomie, 418

Nephritis, interstitielle, 406–408
Nephro-Ureterektomie, 418
Nephronophthise, 409
Nephropathie, diabetische, 274
Nervenkompression, periphere, 508–509
Nervenverletzung, periphere, 509–510
Nervenwurzelkompression, 510–512
Nesselsucht, 452–453
Neuralgie, 581
Neurapraxie, 509
Neurasthenie, 547
Neuritis N. optici, 499
Neuroborreliose, 216
Neurodermitis, 449–450
Neurofibromatose, 206
Neuronitis vestibularis, 518
Neuropathie, *siehe auch* Polyneuropathie, 506, 508
    diabetische, 274–275
        gastrale, 274, 374
        kardiale, 274
        periphere, 274
Neurose, depressive, 540
Neurotmesis, 509
Neutral-Null-Methode, 60, 140, 142, 158
New-York-Kriterien, 217
Nicht-Seminome, 423
Nichtraucherschutz, 55
Nieren, polyzystische, 409
Nierenarterienstenose, 408
Nierenbiopsie, 399, 406
Nierenersatztherapie, 403–406
Niereninfarkt, 408
Niereninsuffizienz, 399, 401–402
Nierenkarzinom, 418–419
Nierentransplantation, 405–406
Nierenvenenthrombose, 408
Nierenzellkarzinom, 418
Nikotinabhängigkeit, 577–579
Nikotinentwöhnung, 578
Nikotinsubstitution, 579
Non organic physical signs, 146
Non-Hodgkin-Lymphome, 243–246, 261
Normalarbeitszeit, 51
NYHA-Klassifikation, 289, 310

Oberarm, 160–164
Obergutachten, 39, 108
Oberschenkel, 174–181
Obstipation, chronische, 378

Ösophagitis
    Reflux-, 372
    Soor-, 259
Ösophagusersatzstimme, 472
Ösophaguskarzinom, 373
Ösophagusstenose, 372
Ösophagusvarizen, 387
Östrogendeprivation, 438
Omarthrose, 162
Operationenschlüssel (OPS), 65
Optikusatrophie, 467
Optikusneuritis, 499
Orbitopathie, endokrine, 281
Orientierung, 487, 526
    akustische, 471
    visuelle, 462, 465
Ossifikation, heterotope, 180, 514
Osteochondrose, 150
Osteochondrosis dissecans, 185
Osteodensitometrie, 141, 199
Osteogenesis imperfecta, 204
Osteomalazie, 199–201, 394
Osteomyelitis, 179, 186
Osteomyelofibrose, 242–243
Osteopathie, renale, 400
Osteopenie, 199–201
Osteoporose, 199–201, 377, 394
Osteosarkom, 202
Osteotomie
    Becken-, 179
    Fußwurzel-, 193
    intertrochantere, 178–180
    kniegelenksnahe, 183, 186
    Mittelfuß-, 194
    Stumpf-, 164
    subkapitale, 179
    Unterschenkel, 206
    Vorfuß-, 192, 194
Oszillometrie, 331
Otosklerose, 474
Ovarialkarzinom, 442–443
Overlap-Syndrom
    bei Schlafapnoe, 365
    bei Sklerodermie, 224

Packyear, 363
PAD-Test, 411, 412
Panarteriitis nodosa, 408
Panikstörung, 541–542

Pankreas-Nieren-Transplantation, 406
Pankreasinsuffizienz
    endokrine, 393
    exokrine, 393
Pankreaskarzinom, 394
Pankreatitis
    akute, 393–394
    chronische, 394
Panzytopenie, 235
Papillitis, 378
Paraplegie, 515
Parapsoriasis-Gruppe, 452
Parese
    N. accessorius, 477
    N. laryngeus recurrens, 476–477
PARKINSON-Krankheit, 503–504
Parteigutachten, 30
Patellainstabilität, 184
Patellaluxation, 184
Patellektomie, 187
Pausen, 52, 85
    arbeitsbedingte, 53
    atypische, 52
    betriebsunübliche, 81, 86, 105
    freie, 53
    maskierte, 53
    selbstgewählte, 53
    vorgeschriebene, 53
    willkürliche, 53
    zusätzliche, 21, 52
Pausenbedarf, 81
Peak-flow, 351, 354
Peer-Review-Verfahren, 114, 122
Pelvipathiesyndrom, 434
Pemphigoid, 454
Pemphigus, 454
Periarthropathia coxae, 177
Perikarditis constrictiva, 305
Peritonealdialyse, 404
Perniziosa, 374
Peromelie, 205
Persönlichkeitsstörung, 551–555
Personbezogene Faktoren (ICF), 72
Personenbeförderung, 270
Petechien, 236
Pflicht zur Begutachtung, 34–35
Phäochromozytom, 283
PHALEN-Zeichen, 212
Pharynxkarzinom, 476

Philadelphia-Chromosom, 240, 241
Phlebographie, 338
Phlebothrombose, 339
Phobie, 541–542
Phokomelie, 205
Pink puffer, 358
Plasmozytom, 202, 246
Plattfuß, 191
Plausibilität, 592
Pleuraempyem, 363, 364
Pleuraerguss, 364
Pleuraschwarte, 364
Pleuritis, 349, 364
Plexusläsion, 509, 511
    nach Mammakarzinom, 438
Pneumokoniose, 361–362
Pneumonektomie, 364
Pneumonie, 363
    Pneumozystis-carinii-, 259
Pneumothorax, 364
Poliposis coli, familiäre, 379
Polyarthritis, chronische, 152–153, 211–214
Polyarthrose, 169, 196–198
Polydaktylie, 206
Polydipsie, psychogene, 279
Polyglobulie, 358
Polymyalgia rheumatica, 225–226
Polymyositis, 227–228
Polyneuropathie, *siehe auch* Neuropathie, 508
    diabetische, 274–275, 374
    gastrale, 274
    kardiale, 274
    periphere, 274
    sensible, 275
    urämische, 400
Polyp, Dickdarm, 379
Polyradiculoneuropathy, Chronic Inflammatory
    Demyelinating (CIDP), 508
Polyserositis, 211
Polysomnographie, 347, 365
Polyzythämia vera, 242
Poplitealzyste, 184
Post-Polio-Syndrom, 507
Postcholezystektomiesyndrom, 391
Posterior-Infarkt, 491
Postgastrektomiesyndrom, 375–376
Posthysterektomiesyndrom, 432
Postnukleotomiesyndrom, 148
Postresektionssyndrom, 375–376

Postvagotomie-Diarrhö, 375
Pouch, 417, 420
    ileoanal, 383
    Mainz- I und II, 419, 420
Pouchitis, 383
Präexzitationssyndrom, 314, 316
Presbyopie, 466
Privatgutachten, 36
Problematik, funktionale, 90, 97
Problemlösefähigkeit, 497
Prognose, 90
Prolaktinom, 279
Prostatahyperplasie, 417
Prostatakarzinom, 421–422
Prostatektomie, radikale, 421
Prostatitis, 414
Protein-C-Mangel, 340
Protein-S-Mangel, 340
Prothese
    Aortenklappe, 322
    Mitralklappe, 321–322
    Oberarm, 164
    Oberschenkel, 173, 181
    Unterarm, 167
    Unterschenkel, 173, 188
Prothesenschulung, 173
Protrusio acetabuli, 177
Provokationstests, 145
Prozessqualität, 122–123
Prüfarzt, 108
Pruritus, 446, 448, 450, 453
Pruritus ani, 378
Pseudarthrose
    Navikulare-, 169, 171
    Unterschenkel-, 206
Pseudodemenz, 530
Pseudolymphom, 455
Pseudothrombozytopenie, 235
Psoriasis
    arthropatica, 214–215
    vulgaris, 451–452
Psychopathie, 552
Psychopathometrie, 528
PTA, 335, 399
PTCA, 300, 301, 308
Pulmonale Hypertonie, 322–326
Pulmonalstenose, 318
Purpura SCHOENLEIN-HENOCH, 235
Pyelonephritis, 414

Pyromanie, 554

Qualität
    Ergebnis-, 121–122
    Prozess-, 122–123
    Struktur-, 123–124
Qualitätsmanagement, *siehe* Qualitätssicherung
Qualitätssicherung, 113–124
    DIN-ISO-Normen, 114–115
    Empfehlungen, 118
    Kinder-Rehabilitation, 136
    Kundenbegriff, 116–117
    Leitlinien, 117–121
    Memorandum, 118
    Peer-Review-Verfahren, 114
    Qualiätsaudit, 115
    Qualiätsbegriff, 114
    Qualiätszirkel, 115
    Qualitätsmanagement, 115
    Richtlinien, 117
    Standards, 117
    Stellungsnahmen, 118
    Total Quality Management (TQM), 115
Querschnittlähmung, 154, 512–515

Rapid cycling, 539–541
RATSCHOW-Probe, 329
Rattenbißnekrosen, 224
Rauche, toxische, 58
Raucherentwöhnung, 578
RAYNAUD-Syndrom, 224, 226, 336
Rechtsherzkatheter, 288–289, 351
    bei Herzfehlern, 320
    bei pulmonaler Hypertonie, 325
Rechtsmittelverfahren, 80
Recruitment, 471
Red flags, 146, 512
Reflex
    Adduktoren-, 510
    BABINSKI-, 484
    myotatischer, 484
    Quadriceps-, 510
    Triceps-surae-, 510
Reflexdystrophie, sympathische, 595
Reflexinkontinenz, 415, 431
Reflexprüfung, 484
Reflux
    duodenogastraler, 376
    gastroösophagealer, 372

vesikoureteraler, 417
Refluxkrankheit, 372
Regelmäßigkeit, 21
Reha vor Rente, 5, 18
Rehabilitation, *siehe auch* Leistungen zur Teilhabe
    ambulante, 10
    Bedarf, 8, 91, 104
    Bedürftigkeit, 90, 91
        bei Kindern, 133
    Begleitperson, 92
        bei Kindern, 16, 135
    berufliche, 12–13, 93
    Dauer bei Kindern, 133–134
    Dringlichkeit, 92
    Erfolg, 91
    Erfolgsprognose, 90, 91
        bei Kindern, 133
    Fähigkeit, 90, 91
        bei Kindern, 133
    Gestaltung, 92
    Inhalt, 91
    Jugendliche, *siehe* Kinder-Rehabilitation
    Kinder, *siehe* Kinder-Rehabilitation
    medizinische, 9–12
    Motivation, 90, 92
        bei Kindern, 133
    Peer-Review-Verfahren, 114
    Rahmenkonzept der GRV, 92
    stationäre, 10
    Wiederholung, 92
        bei Kindern, 134–135
    Ziele, 91
    Zuweisungssteuerung, 92
Rehabilitationseinrichtung für psychisch Kranke und Behinderte (RPK), 536
Rehabilitationssport, 14
Rehabilitationsträger, 4
REINCKE-Ödem, 475
Reizbarkeit, 531
Reizdarm-Syndrom, 377–378
Reizeffekt, isomorpher, 451
Reizmagen, 373–374
Rektumprolaps, 378
Rekurrensparese, 281, 282, 476–477
Remissionsstatus, 238
Rente
    Alters-, 24–25
    Erwerbsminderungs-, 16–24
    für Bergleute, 17
    Hinterbliebenen-, 25–27
    wegen Todes, 25–27
Rentenentziehung, 23
Rentenleistungen, 16–28
Rentenverfahren, 27–28
Rentenversicherung
    Diagnosenschlüssel, einheitlicher der, 68
Rentenversicherungsträger
    Auslegungsgrundsätze der, 6, 80, 88, 91
Resektion
    Dickdarm, 383
    Dünndarm, 381
    Magen, 375–376
Resektionshüfte, 181
Residualkapazität, 350
Residualvolumen, 350
Restleistungsfähigkeit, 83
Restleistungsvermögen, 17, 19
Retinitis pigmentosa, 467
Retinopathie, diabetische, 273, 459
Retroperitonealfibrose, 409
Rezidivprolaps, 148
Rheuma, 209–228
Rheumafaktor, 213
Rheumaknoten, 213
Rheumatismus, entzündlicher, 209–228
Rheumatoide Arthritis, *siehe* Arthritis, rheumatoide
Rhinitis, allergische, 474
Rhizarthrose, 169, 171
Rhythmusstörungen
    bradykarde, 313
    tachykarde, 313–314
Richtlinien, 117
Riesenzellarteriitis, 225–226
Risikofaktoren, 99
Röntgen, 141, 210
Rolle des Arztes, 106–107
Rotatorenmanschette
    Arthropathie, 163
    Rekonstruktion, 163
    Ruptur, 163
RPK-Einrichtungen, 536
Rückenschmerz
    entzündlicher, 217
    Objektivierung, 147
    unspezifischer, 148–149
Rückfallgefährdung, 565–566
Ruhe-EKG, 287
    bei Rhythmusstörungen, 315

Ruktus-Stimme, 476
Rundrücken, 154

Sachaufklärung, 29–30
Sachkenntnis, 30
Sachverständigengutachten, 29
Sachverständiger, *siehe auch* Gutachter, 8, 29–41
    Ablehnung, 36
    Auswahl, 31–32
    Beauftragung, 32–34
    Beratender Arzt, 108
    Beurteilungsfreiheit, 121
    Beziehung zum Probanden, 35–36
      Übertragungsprobleme, 109, 591
    Entscheidungskompetenz, 32, 106
    Ermessensspielraum, 111
    Fachkompetenz, 37–38, 81
    Objektivität, 109–110
    Rechte und Pflichten, 37
    Rolle des Arztes, 106–107
    Rolle des Sachverständigen, 42–43
    Schweigepflicht, 35, 79–80, 112–113
    Selbstablehnung, Recht auf, 36
    Sorgfaltspflicht, 37
    Stellung, 31
    Überzeugung, persönliche, 107, 110, 111, 121
    Unabhängigkeit, 116, 120–121
    Unparteilichkeit, 36
Sarkoidose, 359–360, 406
Sarkom
    Chondro-, 202, 205
    EWING-, 202
    KAPOSI-, 261
    Magen-, 375
    Osteo-, 202
Scale, *siehe* Index, Skala
Schädigung (ICF), 72
Schädel-Hirn-Trauma, 495–498
Schichtarbeit, 51
    bei Diabetes mellitus Typ 1, 271
    bei Diabetes mellitus Typ 2, 273
    bei Epilepsie, 502
    bei exokriner Pankreasinsuffizienz, 393
    bei Nebennierenrindeninsuffizienz, 283
Schielamblyopie, 461
Schilddrüsenkarzinom, 281–282
Schilddrüsenüberfunktion, *siehe* Hyperthyreose
Schilddrüsenunterfunktion, *siehe* Hypothyreose
Schizophrenia simplex, 533

Schizophrenie, 532–537
    hebephrene, 533
    katatone, 533
    Komorbidität, 534–535
    paranoide, 533
Schlafapnoe-Syndrom, 294, 365–367, 551
Schlaganfall, 491–494
Schluckstörung, 472–473
Schmerz
    außergewöhnlicher, 582
    Bauch, 371, 433
    Bauchwand, 433
    bei larvierter Depression, 581
    bei psychiatrischen Erkrankungen, 595
    bei Querschnittlähmung, 514
    Haltungs- und Bewegungssystem, 143
    Kopf, 517–518
    Quantifizierung, 583, 584
    Thorax, 349
    üblicher, 582
    Unterbauch, 434
Schmerzempfinden, 581
    bei Migranten und ausländischen Arbeitnehmern, 591
Schmerzgutachten
    Aggravation, 586
    Aufbau und Inhalt, 587–590
    Inkonsistenzen, 590–591
    Leistungsbeurteilung, 592–593
    Objektivierung, 585–586
    Qualitätssicherung, 595–597
    Schmerzempfinden, 591
    Simulation, 586
    Übertragungsprobleme, 591
    Willensanspannung, zumutbare, 586–587
Schmerzmerkmale, 140
Schmerzstörung, somatoforme, 545, 582, 594
Schmerzsyndrom, 581–597
    komplexes regionales (CRPS), 595–596
    myofasziales, 199
Schmerztoleranz, 581
Schmetterlingserythem, 220
Schnarchen, 365
Schubladentest, 160, 182
Schulter(teil)steife, 163
    nach Mammakarzinom, 438
Schultergürtel, 160–164
Schulterinstabilität, 163
Schulterluxation, 160, 163

Schuppenflechte, 451–452
Schutzfaktoren, 132
Schwäche, 371
Schwangerschaft, 7
Schwankschwindel, phobischer, 519
Schwedenstatus, 160
Schweigepflicht, ärztliche, 35, 79–80, 112–113
Schwerbehindertengesetz (SchwbG), 3
Schwerbehinderung, 19
Schweregrad körperlicher Arbeit, 84
Schwerhörigkeit, 471
Schwindel, 518–520
    psychogen, 519
    vestibulär, 471–472
Schwingungen, mechanische, 59–60
SCIWORA, 513
Score, siehe Index, Skala
Sebostase, 448
Sehbehinderung, 463–466
Sehprüfung, 459–463, 484
    Akkommodation, 462
    Binokularsehen, 461–462
    Farbensehen, 462–463
    Gesichtsfeld, 462
    Sehschärfe, 461
Sekundenkapazität, 349
Selbstbestimmung, 77
Selbstgefährdung, Arbeiten mit, 270
Selbstkatheterismus, 417, 419–421
Seminom, 423
Senkfuß, 191
Senkniere, 401
Senkungs-Inkontinenz, 431
Sensibilität, Prüfung, 484–485
Sexualmedizin, 554
SGB IX
    Begutachtung, 8
    Budgets, persönliche, 3
    Entscheidungsfristen, 9
    Kinder-Rehabilitation, 131
    Rehabilitationsbedarf, 8
    Servicestellen, gemeinsame, 3
    Träger, erstangegangener, 8
    Träger, zweitangegangener, 9
    Wunsch- und Wahlrechte, 3
    Zuständigkeitsklärung, 8–9
SHARP-Syndrom, 226–227
Sicca-Syndrom, 222–224
Sichelzellanämie, 234

Sick Building Syndrom, 548, 594
Sideroblastenanämie, 232
Silikose, 58, 361
Simulation, 482–483, 547, 586
Sinusitis, chronische, 475
SJÖGREN-Syndrom, 222–224
Skala, siehe auch Fragebogen, Index
    American Spinal Injury Association (ASIA) Scale, 513
    BECK-Depressionsskala, 585
    Beeinträchtigungsschwere-Score (BSS), 546
    BORG-, 311, 348, 352, 506
    Breast Cancer Psychosocial Assessment Screening Scale (BC-PASS), 439
    Disability Status Scale (DSS), 498
    Expanded Disability Status Scale (EDSS), 498
    Freiburger Persönlichkeits-Inventar (FPI), 585, 590
    Glasgow-Coma-Scale (GCS), 495
    HOGAN-FLEISHMAN-, 507
    KURTZKE-, 498
    Medical Research Council (MRC) Scale, 506
    Myotatic Reflex Scale, 484
    Unified Parkinson's Disease Rating Scale (UPDRS), 503
    ZUNG-Depressionsskala, 585, 590
Skelett, siehe auch Knochen
Skelettmetastasen, 201–202
Skelettmissbildungen, 204–206
Skelettszintigraphie, 141, 210
Ski-Daumen, 170
Sklerodermie, 224–225
    Nieren, 408
    zirkumskripte, 453
Sklerose, multiple, siehe Multiple Sklerose
Sklerosiphonie, 346
Skoliose, 155, 346
Skotom, 465
Smouldering-Myelom, 246
SOKOLOW-Index, 297
Somatisierungsstörung, 545
SOMEKO, 96, 114
Sonographie, 141, 210
Sozialanamnese, 100
Spätdumpingsyndrom, 375
Spätsyndrom, diabetisches, 273–277, 397
Spalthand, 206
Spannungskopfschmerz, 517
Spannungszeichen, 146
Speiseröhre, siehe Ösophagus

Sphärozytose, 233
Spielsucht, *siehe* Glücksspiel, pathologisches
Spinalkanal, enger, 151, 157, 515–516
Spiroergometrie, 347, 351–352
Spirometrie, 349
Spitzfuß, 191
Spondarthritis, 217–220
    enteropathische, 219–220
Spondylarthritis, 152
Spondylarthrose, 150
Spondylitis, 152
    ankylosans, 156, 217–219
Spondylodiszitis, 148, 152
Spondylolisthese, 156–157
Spondylose, 150, 153
Spondylosis hyperostotica, 153
Spontanmotorik, 140
Spontanpneumothorax, 364
Sprachdiagnostik, 470
Sprachstörung, 472, 478
    nach Schlaganfall, 492
Spreizfuß, 191, 194
SPRENGELsche Deformität, 205
Sprue, 377
Sprunggelenk, 188–194
Sputum, 348
Stabilität, *siehe auch* Instabilität
    Bauchwand, 372, 413
    Beckengürtel, 174, 175
    Ellenbogengelenk, 165
    Extremitäten, obere, 158
    Extremitäten, untere, 172, 174, 200
    Halswirbelsäule, 149
    Handgelenk, 168
    Kniegelenk, 182, 185
    Knochen, Gelenke, Sehnen, Bänder, 142
    Schultergelenk, 160, 161
    Sprunggelenk, 188, 189
    Wirbelsäule, 147, 200
Stäube
    allergisierende, 58
    fibrinogene, 58
    krebserregende, 58
    toxische, 58
Stammzelltransplantation, 235, 242
Standard, 117
    der medizinischen Versorgung, 115
    medizinischer Erkenntnisse, 7
Statistik

Rehabilitation, 601–610
Rentenzugang, 601–610
Status lacunaris, 491
Staublunge, 58, 361–362
Steatohepatitis, nicht alkoholische (NASH), 386
Stellungsdiagnose, 145
Stenose
    Aortenklappe, 317
    Kardia, 373
    lumbale, 157, 516
    Mitralklappe, 317
    Ösophagus, 373
    Pulmonalklappe, 318
    Trikuspidalklappe, 319
    zervikale, 157, 515–516
Stent, 308, 399
Stereopsis, 461
Steroiddiabetes, 250
Steroidmyopathie, 249, 250
Stimmbandkarzinom, 475
Stimmbandlähmung, 476–477
Stimmdiagnostik, 470
Stimmgabel-Test, 274
Stimmstörung, 472, 477–478
Störung
    affektive, 531, 537–541
    anankastische, 543
    Angst-, 531, 541–542
    Anpassungs-, 543–544
    Belastungs-, 543
    bipolare, 539
    der Verhaltenskontrolle, 497
    disinhibitorische, 497
    dissoziative, 531, 544
    emotional labile (asthenische), 531
    Ess-, 549–551
    exekutiver Funktionen, 496
    hypochondrische, 545
    hysterische, 544
    katatone, 531
    kognitive, 492, 532
    organisch bedingte psychische, 529–532
    Panik-, 541–542
    Persönlichkeits-, 551–555
    phobische, 541–542
    pragmatische, 498
    schizoaffektive, 537
    schizophrene, 532–537
    Schluck-, 472–473

sensomotorische, 492
  somatoforme, 544–548
  Sprach-, 472, 478
  Stimm-, 472, 477–478
  Verhaltens-, 551–555
  wahnhafte, 531
  Zwangs-, 543
Stoma
  Ileo-, 383
  Kolo-, 383
  Tracheo-, 476
  Uro-, 417, 419–421
Stressechokardiographie
  bei koronarer Herzkrankheit, 304
Stressinkontinenz, 415
  bei Deszensus, 431
Strukturen (ICF), 72, 97
Strukturen, anatomische, 142
Strukturqualität, 123–124
Struma, 280
Stuhlinkontinenz, 371, 378, 380, 381, 383
Stunning myocardium, 300
Subarachnoidalblutung, 494
Sucht, *siehe* Abhängigkeit
Sulcus N. ulnaris Syndrom, 166, 509
Symptome
  B-, 231
  Conus-Cauda-, 157
  depressive, 538
  des oberen Verdauungstraktes, 369
  dialysetypische, 401
  glanduläre, 223
  Hypoglykämie-, 276
  in der ICF, 75, 82
  körperlich nicht begründbare, 544
  kortikale, 492
  manische, 538–539
  muskuläre, 228
  negative, 533
  pektanginöse, 302
  produktive, 533
  psychovegetative, 429
  radikuläre, 141, 157, 510–512
  somatoforme, 527
  vegetative, 151, 471
Syndaktylie, 206
Syndrom, *siehe auch* Morbus
  Abhängigkeits-, 563
  ALPORT-, 409

  amnestisches, 531
  BARRETT-, 373
  BERNARD-SOULIER-, 236
  Blind-Loop-, 376
  BORDERLINE-, 553
  Burning-feet-, 274
  Chiasma-, 278
  Chronic Fatigue (CFS), 548, 594
  CONN-, 283
  CREST-, 224
  CUSHING-, 282
  der zuführenden Schlinge, 376
  Dumping-, 375
  EHLERS-DANLOS-, 205, 358
  Entzugs-, 563
  FANCONI-, 408
  Fibromyalgie-, 69, 199, 548, 594
  Fibrositis-, 199
  funktionelles, 544
  GILBERT-, 391
  GOODPASTURE-, 406
  GUILLAIN-BARRÉ-, 508
  hämolytisch-urämisches, 408
  Karpaltunnel-, 170, 213, 508
  KARTAGENER-, 358
  KLIPPEL-FEIL-, 150
  komplettes anteriores, 491
  KORSAKOW-, 531
  MARFAN-, 204
  metabolisches, 266–268
  myelodysplastisches, 233, 241
  Overlap-
    bei Schlafapnoe, 365
    bei Sklerodermie, 224
  paraneoplastisches, 339
  Pelvipathie-, 434
  Post-Polio-, 507
  Postcholezystektomie-, 391
  postcommotionelles, 496
  Postgastrektomie-, 375–376
  Posthysterektomie-, 432
  Postresektions-, 375–376
  postthrombotisches, 340
  psychovegetatives, 544
  RAYNAUD-, 224, 226, 336
  Reizdarm-, 377–378
  Reizmagen-, 373
  Schlafapnoe-, 294, 365–367, 551
  Schmerz-, 581–597

SHARP-, 226–227
Sicca-, 222–224
Sick Building (SBS), 548, 594
SJÖGREN-, 222–224
somatisches, 538
Sulcus N. ulnaris, 166, 509
Tarsaltunnel-, 213
TIETZE-, 203
Tumorlyse-, 408
vibrationsbedingtes vasospastisches (BK 2104), 59
VON WILLEBRAND-, 236
Wasting-, 262
zervikocephales, 152
Synostose, radioulnare, 205
Systemsklerose, progressive, 224–225
Szintigraphie, 141
    Lungen, 346
    Skelett-, 210

Tabakabhängigkeit, 577–579
Tabakentwöhnung, 578
Tachykardie, paroxysmale supraventrikuläre, 314
Tätigkeit, *siehe auch* Arbeit
    auf Kosten der Gesundheit, 111
    zuletzt ausgeübte, 83–84
Tarsaltunnelsyndrom, 213
Taschenfaltenstimme, 472
TASH-Verfahren, 313
Taubenzüchterlunge, 360
Taubheit, 471
Teamgutachten, 39
Technische Regeln für Gefahrstoffe (TRG), 58
Technische Richtkonzentration (TRK), 58
Teilhabe
    Leistungen zur, *siehe* Leistungen zur Teilhabe
    Recht zur, 3
Teilhabe (ICF), 72, 76, 97, 99
Teilleistungsschwäche, 556
Teilzeitarbeitsmarkt, 16
Tendomyopathie, generalisierte, 199
Tendomyosen, generalisierte, 198–199
Tendovaginitis, 170
Tennisarm, 166
Termingutachter, 38
Tests, psychologische, 528
Tetanie, 282
Tetraplegie, 515
Thalassämie, 234
Thermoregulation, 56

Thesaurus, Diagnosen-, 66
Thomasphosphat-Lunge, 361
Thrombangitis obliterans, 333
Thrombasthenia GLANZMANN, 236
Thromboembolie, 235
Thrombophilie, 339
Thrombophlebitis, 339
Thrombozythämie, essentielle, 242
Thrombozytopathie, 236
Thrombozytopenie, 235–236
Thyreoiditis
    DE QUERVAIN, 281
    HASHIMOTO-, 281
    Riesenzell-, 281
Tibiaaplasie, 206
Tibiahypoplasie, 206
TIETZE-Syndrom, 203
TINEL-Zeichen, 212
Tinnitus, 474, 480
Total Quality Management (TQM), 115
Toxoplasmose, zerebrale, 259
Tracheostoma, 476
Tracheotomie, 477
Trainingszustand, 87
Traktionsemphysem, 364
Transferfaktor, 350
Transfusionssiderose, 233, 234
Transplantation
    Herz, 310–311
    Leber, 389–390
    Lunge, 326
    Niere, 405–406
    Stammzellen, 235, 240, 242, 248–249
Transsexualität, 555
Transvestitismus, 554
Trauer, 538
Trauma, Schädel-Hirn-, 495–498
Tremor
    Aktions-, 503, 504
    essentieller, 504
    PARKINSON-, 503
    Ruhe-, 503
TRH-Test, 280
Trichotillomanie, 554
Trichterbrust, 346
Trikuspidalinsuffizienz, 319
Trikuspidalstenose, 319
TRK-Wert, 58
Trommelfellperforation, 473

Trommelschlegelfinger, 346, 361
Tubenkatarrh, 473
Tuberkulose
    Haut, 455
    Lungen, 362
    Nieren, 406
    und HIV-Infektion, 261–262
Tumorlyse-Syndrom, 408
Tympanoplastik, 474

Überbrückungsgeld, 12
Überempfindlichkeit, bronchiale, 349–350
Übergangsgeld, 13
Übergewicht, 266–267
Überlaufinkontinenz, 415
Überzeugung, ärztliche, 79, 121
Uhrglasnägel, 346, 361
Ulcus
    cruris, 340
    pepticum, 374
    terebrans, 456
Ulkuskrankheit, 374–375
Ultraschall, *siehe* Sonographie
Umdeutung eines Antrags, *siehe* Antragsumdeutung
Umstellungsfähigkeit, 490
Umstellungsosteotomie, *siehe* Osteotomie
Umweltfaktoren (ICF), 72, 97
Unfallgefahren, 53
Unfallverhütungsvorschriften (UVV), 58, 62
Unfallversicherung, 62
Unkovertebralarthrose, 150
Unterarm, 164–167
Untergewicht, 371
Unterschenkel, 181–188
Untersuchungsgutachten, 107
Untersuchungshaft, Leistungsausschluss bei, 7
Unwahrscheinlichkeit, Begriff der, 87–90
Upper limb tension test (ULTT), 146
Urat-Nephropathie, 408
Urgeinkontinenz, 415
    bei Deszensus, 431
    bei Multipler Sklerose, 499
Urogenitalinfektionen, 414–415
Urogenitaltuberkulose, 406
Urosepsis, 414
Urostoma, 417, 419, 420
Urothelkarzinom, 418–421
Urtikaria, 238, 452–453
Uterus myomatosus, 431

UTHOFF-Phänomen, 499

Vaginalkarzinom, 443
Vagotomie, 375
Validität, ökologische, 486
Varikosis, 339
Vaskulitis, 336
    Haut, 453
    Hypersensitivitäts-, 235
    Nieren, 408
Vaskulopathie, 235
Venenthrombose, 339
Ventilationsstörung, obstruktive, 350
Ventrikelseptumdefekt, 318
Ventrikulographie, 305–306
Verbrauchskoagulopathie, 235
Verfahren
    nach § 125 SGB III, 93
    nach § 14 SGB IX, 8–9
    nach § 51 SGB V, 93
Verhalten, bizarres, 533
Verhaltenskontrolle, 497
Verhaltensstörung, 551–555
Verhornungsstörungen, 454
Verschlusskrankheit, arterielle, 329
    FONTAINE-Stadien, 331, 332
    Formen, 334
    Verschlüsselung (ICF), 71
Versicherter, 79
    Fähigkeiten, 93
    Kenntnisse, 93
    Mitwirkung, 41–48
    Neigungen, 93
    Rolle, 42
Verteilzeit, 21, 52
Vertrauensschutz, 17
Verwachsungen, 381
Verweisungstätigkeit, 63
Vibrationen, 59–60
Vibrationstrauma, 336
Viruslast, 253, 256
Visus, 461
Vitamin-B_{12}
    Anämie, makrozytäre, 233
    Substitution, 375
Vitamin-D
    Analoga, 282
    Mangel, 201
    Substitution, 400

Vogelhalterlunge, 360
VON WILLEBRAND-Faktor, 236
Vorhofarrhythmie, 313–314, 316
Vorhofflimmern, 249, 316
Vorhofseptumdefekt, 318
Vorhoftachykardie, 316
Vorsorgeuntersuchungen, 62
Vulvakarzinom, 443

Wahn, 533
Wahrheitsfindung, 32, 34
Wasting-Syndrom, 262
Wegefähigkeit, 54, 80, 86, 105, 332
Wegeunfall, 54
Weichteilrheumatismus, extraartikulärer, 199
Weigerungsgründe, 35
Werkstatt für Behinderte (WfB), 12, 556
WERTHEIM-Operation, 440
Western-Blot-Bestätigungstest, 253
Wiedereingliederung, stufenweise, 11
Willensanspannung, zumutbare, 586–587
Wirbelgleiten, 156–157
Wirbelsäule, 144–158
    operierte, 147–148, 151
    Tumoren, 155, 158
Wirbelvariationen, 150, 155

Xerostomie, 223, 473, 476

Yellow flags, 146

Zeichen
    BABINSKI, 484
    BRAGARD, 146
    CHVOSTEK, 282
    DREHMANN, 174
    DUCHENNE, 174
    Flaschen-, 212
    GAENSLEN, 212
    GOTTRON, 227
    KOEBNER, 451
    LASÈGUE, 146, 510
    MACRAE, 217
    MENELL, 217
    NERI, 146
    OTT, 217
    PHALEN, 212
    SCHOBER, 217
    SPURLING, 151
    STEMMER, 341

TINEL, 170, 212
TRENDELENBURG, 174
TROUSSEAU, 282
ZOHLEN, 182
Zeitgrenzen, 87
Zeitrente, 22
Zervixdysplasie, 439
Zervixkarzinom, 439–441
Zeuge, 30–31
Zeuge, sachverständiger, 30–31
Zittern, *siehe* Tremor
ZNS-Lymphom, 245
Zöliakie, 377
Zuckerkrankheit, *siehe* Diabetes mellitus
Zumutbarkeit, 43, 45
Zusammenhangsgutachten, 41
Zuständigkeitsklärung, 8–9, 91
Zwangsstörung, 543
Zwei-Phasen-Ekzem, 448
Zyklothymie, 537, 540, 541
Zyklusstörungen, 428–429
Zyste
    Leber, 389
    Niere, 401
    Ovar, 431
Zystektomie, radikale, 419
Zystenleber, 389
Zystennieren, 397, 401, 409
Zystitis, interstitielle, 414
Zytostatikatherapie, 247–248